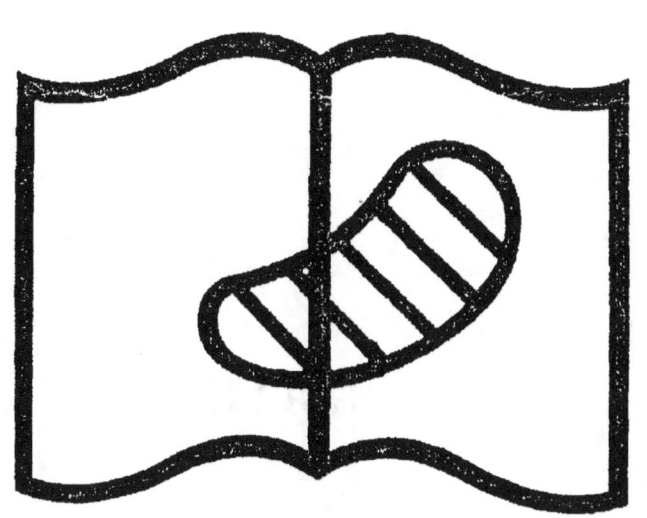

Illisibilité partielle

ALABLE POUR TOUT OU PARTIE

U DOCUMENT REPRODUIT

COLLECTION

DES

DOCUMENTS INÉDITS

SUR L'HISTOIRE DE FRANCE.

SCEAU DU CHAPITRE DE SAINT-VINCENT DE MACON (1228).

Belle figure, représentée debout et la tête nimbée, tenant dans sa main gauche une couronne, et dans sa droite la palme du martyre; à la droite du saint est une étoile à six pointes, entre lesquelles sont placées six petites boules ou pommettes.

Légende : *Sigillum Sci (sancti) Vincencii Matiscensis eccle(sie)*.

CARTULAIRE

DE

SAINT-VINCENT DE MACON

CONNU SOUS LE NOM

DE

LIVRE ENCHAINÉ

PUBLIÉ

SOUS LES AUSPICES ET AUX FRAIS DE L'ACADÉMIE DE MACON

PAR M.-C. RAGUT

L'UN DE SES MEMBRES, ARCHIVISTE DU DÉPARTEMENT DE SAÔNE-ET-LOIRE, ETC.

MACON,
IMPRIMERIE D'ÉMILE PROTAT.

1864.

AVERTISSEMENT.

Parmi les documents que le passé nous a légués sur l'histoire de Mâcon, l'un des plus importants est l'antique recueil des chartes de l'église Saint-Vincent de cette ville, connu généralement sous le nom de *Livre enchaîné*. C'est cet important recueil qui a fourni aux Fustailler, aux Bugnyon, aux Seyvert la plupart des renseignements auxquels leurs écrits doivent l'intérêt qu'ils offrent aujourd'hui. Là est la source où ces auteurs ont puisé et où viendront puiser encore ceux qui, jaloux d'écrire l'histoire du Mâconnais, voudront s'entourer de notions certaines sur la topographie, les mœurs, la condition des personnes et des terres de cette contrée au moyen âge.

Pendant longtemps, le Cartulaire de Saint-Vincent demeura perdu pour les études historiques. Les extraits qu'en avait faits Fustailler, au XVIe siècle, s'étaient dispersés, et le livre lui-même, ainsi que nous l'apprend saint Julien de Balleure, avait été détruit lors des troubles religieux qui éclatèrent à Mâcon de 1562 à 1567. « Me Fustailler, dit
» l'auteur des *Antiquitez de Mâcon*, advocat mâconnais, avait extrait, tant d'un livre
» enchaîné au Thrésor de l'église cathédrale que d'autres mémoires qu'il avait pu
» recueillir, un sommaire de l'histoire mâconnaise, qu'il prétendait enrichir de la copie
» des titres et chartes vidimées en icelui livre ; mais, prévenu par mort, son dessein
» demeura simplement revêtu des dates d'iceux, sans aucunes preuves et approbations.
» Or, ce Livre enchaîné brûlé au saccagement dudit Thrésor par les auteurs des troubles
» religieux qui éclatèrent à Mâcon, et les copies extraites par ledit Fustailler perdues,
» ne restait plus que certain sommaire qui vaguait par les mains de bon nombre
» d'hommes curieux de le faire transcrire. Pour donc relever un chacun de cette peine,
» M. Bugnyon l'a fait imprimer et traduire en français, à l'utilité publique. »

C'est cette traduction qui valut plus tard à son auteur le reproche que lui adressa Guichenon, « d'avoir gâté le bel ouvrage de Fustailler par les fautes qu'il y mit. » Saint Julien de Balleure posséda une copie de ce sommaire « qui vaguait par les mains. » Mais là paraît se borner la connaissance qu'il eut du Cartulaire de Saint-Vincent ; aussi ne put-il redresser les erreurs que Fustailler lui-même avait commises dans son rapide écrit, encore moins profiter pour l'histoire qu'il a laissée des matériaux importants renfermés dans le *Livre enchaîné*.

Il y a quelques années, M. Ragut, archiviste du département de Saône-et-Loire et membre de l'Académie de Mâcon, découvrit dans les archives préfectorales une copie authentique du Cartulaire de Saint-Vincent. Il fit part à l'Académie de son importante découverte et lui proposa de faire imprimer ce précieux document. Sur le rapport de l'un de ses membres, M. de Surigny, qui n'a pas seulement étudié le moyen âge en artiste passionné pour l'art primitif de cette naïve époque, mais en docte investigateur des choses de l'archéologie, cette société savante décida que le Cartulaire serait imprimé *in extenso* à ses frais, et que l'impression serait immédiatement commencée en laissant à M. Ragut le soin de surveiller l'accomplissement du travail.

L'on se mit aussitôt à l'œuvre; mais, quel que fût le désir de livrer le plus tôt possible au monde lettré un document si impatiemment attendu, l'édition du Livre enchaîné dut être ajournée plus longtemps qu'on ne l'aurait voulu, par la mise au jour de pièces originales que l'on se détermina à y ajouter. Les travaux de transcription, de collation de ces diverses pièces, les recherches qu'elles nécessitèrent occasionnèrent, à plusieurs reprises, des lenteurs dans l'impression. Toutefois, devant l'intérêt qui s'attachait à ces documents, l'Académie ne pouvait hésiter, et elle préféra retarder la publication du volume, plutôt que de le livrer sans les intéressantes additions qui le complètent si heureusement.

L'ouvrage que l'Académie de Mâcon offre au public se compose donc d'abord du Cartulaire de Saint-Vincent, ou Livre enchaîné, lequel comprend 633 chartes qui embrassent une période de six siècles, depuis 593 jusqu'à 1220, puis de pièces qui touchent de diverses façons soit à l'histoire trop peu connue de Mâcon, soit à l'histoire générale. Les unes ont été placées en tête du Cartulaire sous le titre de *Prævia*. Ce sont : 1º les cinq conciles tenus à Mâcon en 581, 585, 627, 1153 et 1286; 2º le Pouillé du diocèse de Mâcon, fait en 1513 par Thomas Seyvert; 3º la nomenclature des évêques, des doyens, prévôts, etc. Les autres ont été mises comme Appendices à la suite des chartes dans l'ordre suivant : 1º une transaction entre l'évêque Aymon et le sire de Bâgé qui s'engage à réparer les dommages qu'il a causés à l'Église de Mâcon; 2º une enquête concernant le droit du chapitre de percevoir un denier par livre sur la monnaie frappée dans le comté de Mâcon et au Bois-Sainte-Marie; 3º un arrêt du parlement de Paris qui défend au bailli de Mâcon de ne rien exiger du chapitre sans un ordre spécial; 4º une transaction entre le comte Amédée VI de Savoie et le chapitre de Saint-Vincent concernant sa juridiction sur les bois d'outre-Saône; 5º des lettres du duc de Savoie qui permettent au doyen et au chapitre d'exercer leur juridiction au bourg Saint-Laurent; 6º une ordonnance de Louis XI portant confirmation des priviléges et libertés de l'Église de Mâcon; 7º une transaction qui fixe les limites des châtellenies de Saint-Trivier et de Pont-de-Vaux, et celles de la baronnie de Romenay; 8º la formule du serment prêté par les évêques de Mâcon à leur première entrée dans la ville; 9º inventaire de divers titres établissant la justice du chapitre en Bresse; 10º extrait des registres du parlement de Paris concernant les droits et priviléges de l'évêque et du chapitre; 11º le règlement du même chapitre de Saint-Vincent; 12º le terrier de l'église cathédrale dudit Saint-Vincent de Mâcon; 13º la rétractation du chapitre en ce qui concerne la bulle *Unigenitus* et son acceptation de cette bulle.

Trois tables complètent le volume : la première, qui précède immédiatement le texte des chartes, en donne l'ordre chronologique; les deux autres, qui sont placées à la fin, sous le titre d'*Index generalis* et de *Dictionnaire géographique*, contiennent les noms de personnes et de lieux cités dans les textes du Cartulaire. Viennent enfin les additions et rectifications, où se trouve encore, comme appendice, une charte de l'évêque Bernon en faveur de Cluny, qui avait été omise et à laquelle nous regrettons de n'avoir pu donner une place plus convenable.

Le manuscrit que nous publions n'est autre que celui qu'a laissé le lieutenant Bernard, et dont l'authenticité est amplement attestée par un procès-verbal qu'on trouvera à la suite des chartes. Il existe une autre copie du Cartulaire à la Bibliothèque Impériale. Cette copie, qui est de la main de l'illustre président Bouhier, a été minutieusement conférée par M. Ragut avec celle qui a servi à notre impression, et qui fait actuellement partie des archives du chef-lieu de Saône-et-Loire.

Un des membres de l'Académie, M. Chavot, connu déjà par plusieurs articles sur l'histoire locale, et auteur d'un mémoire « sur l'influence de l'abbaye de Cluny au XIe siècle, » que la Société a honoré, en 1851, d'une médaille d'argent, a composé, à l'aide du Cartulaire lui-même, une étude étendue sur la condition de la propriété foncière et sur l'état social de la population du Mâconnais pendant le règne féodal, qui a été placée en tête de l'ouvrage en guise de préface.

Nous regrettons qu'il ne nous appartienne point de donner à ce travail les éloges que mérite une œuvre consciencieusement faite, et où le texte de notre Cartulaire a trouvé un commentateur aussi laborieux que patient. Déjà le Cartulaire avait inspiré à M. l'abbé Cucherat, l'auteur du mémoire couronné par l'Académie sur la question que nous avons rappelée plus haut, une étude des plus solides et des plus instructives touchant l'*Emploi des biens ecclésiastiques* au moyen âge. Là, sans doute, ne se borneront pas les travaux auxquels le Livre enchaîné aura donné lieu.

Mais, s'il ne convient pas que nous appréciions l'introduction due à la plume de M. Chavot, nous croirions manquer à un impérieux devoir si nous ne consignions ici, soit comme membre, soit comme interprète de l'Académie, l'expression de la reconnaissance due par tous ceux qui s'intéressent aux études historiques, non moins que par l'Académie elle-même, à M. Ragut, qui, après avoir eu la rare bonne fortune historique d'exhumer des archives départementales le Cartulaire que nous publions, a mené à bonne fin la lourde tâche d'en assurer l'impression dans les meilleures conditions possibles de correction, et en a complété la publication par d'utiles appendices, fruits de ses infatigables recherches. M. Ragut s'était signalé déjà par un important ouvrage sur la statistique du département et par divers écrits historiques. Le Cartulaire de Saint-Vincent, dont il est le véritable éditeur, continue dignement une si laborieuse carrière, et prendra place, nous osons l'espérer, parmi ces travaux qui assurent à leurs auteurs ce glorieux titre que l'Académie des Inscriptions se plut à inscrire sur la tombe de l'illustre Guérard, celui de *digne Continuateur des bénédictins*.

Le Secrétaire perpétuel,

Ch. PELLORCE.

PRÉFACE.

APERÇU GÉNÉRAL.

Il est peu de monuments qui jettent sur les questions relatives à la condition des personnes et des terres au moyen âge plus de lumières que les chartes. De nombreux cartulaires ont été déjà publiés, et les études approfondies auxquelles ils ont donné lieu ont montré que leurs documents contenaient les notions les plus précieuses sur notre histoire civile. Nous avons cru qu'il ne serait pas sans utilité pour l'histoire locale de rechercher, dans les documents conservés par le Cartulaire de Saint-Vincent, cet *antique* recueil de chartes de l'église cathédrale de la ville de Mâcon, quelle pouvait être la condition de la propriété foncière, plusieurs siècles après la conquête germanique, avant et pendant le régime féodal, dans le but de faire connaître quel était alors l'état social de la population du Mâconnais.

Cette population se composait de races d'origines diverses.

Les Burgondes, originaires des régions septentrionales de la Germanie, s'emparèrent, dès les premières années du Ve siècle, de la partie orientale des Gaules et, en 456, ils envahirent tout le pays Éduen (a). Ils s'établirent sur le territoire conquis avec leurs femmes et leurs enfants, partagèrent avec les sénateurs gallo-romains, avec les grands propriétaires, les terres et les esclaves, reçurent, dans ce partage, la moitié des cours et jardins, les deux tiers des terres labourées et le tiers des esclaves, ce qui faisait probablement la moitié du tout. Les forêts restèrent en commun (aa).

Gens de métiers (b), ils se regardaient comme les *hôtes* et non comme les vainqueurs des Gallo-Romains, ces primitifs possesseurs du sol. La douceur de leur caractère les distinguait profondément des autres conquérants germains, et leur esprit de justice fit conserver l'égalité dans leurs rapports avec les vaincus.

A la fin du même siècle, le roi Gondebaud, petit-fils du fondateur de la monarchie burgonde, voulut réunir dans un même code les anciennes et les modernes dispositions de la législation nationale, en les modifiant suivant les besoins du moment, et régler en même temps les rapports entre les conquérants et les Gallo-Romains. Pour atteindre ce double but, il introduisit dans son code de nombreuses dispositions du droit romain. Ce code, dit *Loi Gombette*, du nom de son auteur, reçut, après la mort de Gondebaud, plusieurs additions.

Le même roi, conformément à la promesse qu'il avait faite dans son code, publia, dans les dernières années de son règne (bb) et pour l'usage particulier de ses sujets gallo-romains, un petit recueil extrait principalement du code Théodosien et connu généralement sous le nom de *Papien*.

Le royaume de Burgondie prit fin en l'année 534, par la conquête qu'en firent les Francs. Cette nouvelle invasion laissa les Burgondes sur

---

(a) En 443, la *Sapaudia* leur fut donnée pour être partagée avec les habitants (chronique de Prosper Tiro). Ce ne fut qu'en 456, d'après la chronique de Marius (D. Bouquet, II, p. 13), qu'ils prirent possession de la Lyonnaise. Et même en 458, ils n'occupaient pas encore la ville de Lyon, suivant Sidoine Apollinaire.

(aa) V. la traduction de la loi Gombette par M. Peyré, et Savigny, *Histoire du droit romain au moyen âge*, chapitre v.

(b) V. Socrate, liv. VII, chap. XXX; *apud scriptores rerum francicarum*, t. I, p. 604.

(bb) Savigny prétend que cette publication doit être attribuée à son successeur Sigismond. Mais la critique moderne a réfuté cette opinion.

le territoire qu'ils occupaient depuis près d'un siècle (c). Ces nouveaux vaincus conservèrent, pour le règlement de leurs intérêts, leur loi nationale, le code de Gondebaud. Mais la conquête franke introduisit sur le même territoire la loi des vainqueurs, la loi *Salique*. De là trois législations bien distinctes, appliquées suivant le système alors général des lois *personnelles*, chacune des races occupant le sol étant régie par sa législation d'origine :

La loi romaine puisée à diverses sources et suivie par les Gallo-Romains ;

La loi Gombette régissant les Burgondes, et la loi Salique, les Francs.

La persistance du droit romain, comme législation des peuples vaincus, est prouvée par un grand nombre de documents.

Ces diverses législations, agissant parallèlement sans se confondre, ont régné pendant plusieurs siècles. A la fin du IXe, les lois Salique et Gombette étaient encore, suivant les témoignages d'Agobard et d'Hincmar (d), appliquées comme législations personnelles. Néanmoins, les races germaniques, en révisant leurs lois nationales, longtemps après la conquête, ont introduit de nombreuses dispositions du droit romain dans leurs codes et préparé ainsi l'alliance définitive des deux législations.

Au Xe siècle, la fusion des races était presque accomplie et rendait extrêmement difficile, sinon impossible, les distinctions d'origine. Dès lors s'est formée une législation commune, reposant plutôt sur des usages, sur des coutumes, que sur les dispositions précises d'une législation positive, une législation régissant indistinctement tous les habitants du même territoire.

La distinction des races fut remplacée par celle des classes, des rangs, au sein de cette société unique, mais reposant sur des inégalités graduées dont le dernier rang ne conservait plus à l'homme sa personnalité. A cette époque, la législation des anciens conquérants

---

(c) Les rois francs ne confisquèrent que les propriétés des rois burgondes. En effet, s'il est vrai que les Francs aient respecté dans les Gaules la propriété privée (Savigny, t. I, p. 226 et 243), de quelle autre source proviendraient les nombreuses propriétés territoriales que, jusqu'à la fin du IXe siècle, les rois ont possédées dans nos contrées ? V. *infrà* IIe partie, chap. II.

(d) V. Savigny, t. II, p. 8, traduction de Guénoux.

acquiert une prépondérance souveraine dans le régime et la transmission de la propriété foncière, et elle conserve cette prépondérance jusqu'aux derniers temps de la féodalité. Le sol fut, en effet, à l'image de la société et à un double point de vue, cause de prééminence et de dépendance. Il était le signe et le titre conservateur de la liberté du propriétaire ; il était le signe et la cause permanente de la servitude du colon. La perte du sol ou la transformation de son titre entraînait changement dans la condition de son ancien maître. Histoire de la propriété territoriale, en ces temps, et histoire de ses possesseurs sont donc les deux faces d'une même question, s'éclairant réciproquement l'une l'autre.

Le Mâconnais fut, dès les temps féodaux, réputé pays de *droit écrit*, c'est-à-dire observant les lois romaines comme droit commun. Mais il ne faut admettre cette classification territoriale et législative qu'avec restriction.

En effet, si la population gallo-romaine était, après la conquête comme au IXe siècle, de beaucoup la plus nombreuse ; si, à cette dernière époque, elle était encore régie par sa législation d'origine, néanmoins, dès le siècle suivant, elle entra dans le régime féodal, soit pour le subir généralement, soit partiellement pour l'imposer. Sa législation a donc dû se plier à ces vicissitudes des conditions sociales.

La prédominance du droit germanique, au Xe siècle, est prouvée par les conditions d'infériorité et de dépendance que font peser sur les personnes comme sur les biens les lois féodales dont l'origine germanique n'est plus contestée. Et nous savons quel était le caractère et quelle a été la durée du régime féodal !

La féodalité établie, la persistance du droit romain se manifestait par quelques-unes de ses formules, par plusieurs règles de procédure acceptées par le droit féodal, par son observation entre les quelques hommes libres en dehors de la société féodale et principalement dans la société ecclésiastique. La renaissance des études du droit romain, au XIe siècle, donna, dans la pratique des affaires, un développement considérable à cette législation qui, par la multiplicité de ses dispositions et la largeur de ses principes, offrait seule une règle à des intérêts nombreux nouvellement créés.

Les documents de l'époque à laquelle se réfère plus particulièrement notre dissertation consistent presque exclusivement dans les transactions privées, intervenues entre les maîtres du sol. C'est là qu'il faut chercher quelles modifications avait subies le régime de la conquête, quelle était alors la condition sociale de la population.

Le Cartulaire de Saint-Vincent nous fournit, sur ce sujet, des renseignements précieux que, pour notre contrée, l'on chercherait vainement ailleurs. Les documents qu'il renferme, quoique bien postérieurs au Ve siècle, portent néanmoins de nombreuses empreintes de la conquête et nous permettent de reconnaître cet état intermédiaire et de transformation qui a succédé à la conquête et précédé l'établissement de la féodalité. Il contient, en effet, quelques chartes de cette époque où les législations agissaient parallèlement. Les chartes de l'époque de transition des lois personnelles au régime féodal, de l'époque où ce dernier régime se forme, sont nombreuses. Enfin, plusieurs appartiennent au temps où il est assis et dans son plein développement.

Les documents, transcrits sans ordre chronologique, n'ont été réunis dans ce cartulaire qu'à la fin du XIIe siècle (e). Le cartulaire original a été anéanti lors des guerres religieuses du XVIe siècle (f); il en subsiste seulement deux copies prises sur de précédentes. A en juger par ces copies, celle qui composait le cartulaire primitif a été parfois incomplète (g) et souvent défectueuse. Et il y a tout lieu de croire que les défauts de ce cartulaire ont été aggravés par les copies successives.

Quoi qu'il en soit, les dispositions de ces documents nous intéressent plus que la pureté du texte, pour le but que nous nous proposons. Mais il nous a été souvent difficile d'en rétablir et retrouver le sens vrai, et nous ne nous flattons pas d'avoir toujours réussi.

(e) Des cartulaires plus anciens ont existé. Dans la charte 612 (XIIe siècle), le copiste se plaint de ce que des chartes ont été arrachées des *livres* ou détruites.

(f) V. Severt, *chronologia episcoporum Matisc.*, p. 50.

(g) A la fin de la charte 61e, l'écrivain avoue qu'il n'a pu lire en son entier l'ancien diplôme.

LE TERRITOIRE, SON ÉTENDUE, SES QUALIFICATIONS DIVERSES, SES SUBDIVISIONS.

1. Le territoire de l'évêché de Mâcon était d'une forme très-irrégulière. Il avait pour confins (*a*), *à l'est*, la rive droite de la Saône qu'il suivait depuis Tournus (évêché de Chalon) jusque près de Thoissey (évêché de Lyon). Il comprenait, néanmoins, de l'autre côté de la Saône, Saint-Laurent (*b*).

Au midi, il touchait l'évêché de Lyon dont il était séparé par une ligne brisée. Cette ligne partait de la rive droite de la Saône, de l'embouchure de la rivière de l'Ouby, entre Saint-Romain et le port de Thoissey, laissait,

Dans le diocèse de Lyon :	*Dans celui de Mâcon :*
Corcelles,	Lancié,
Cercié,	Régnier,
Quincié,	Durette,
Marchamp,	Claveysoles,
Vaux,	Lamure,
Chambost,	Grandris,
Saint-Just-d'Avray,	Cublize,
Rono ;	Saint-Jean-de-Bussières.

La rivière du Rhins, qui a son embouchure dans la Loire, au-dessous et près de Roanne, continuait la délimitation au midi.

A l'ouest, la ligne séparative, partant de l'embouchure du Rhins, suivait la rive droite de la Loire, s'arrêtait au-dessus de Melay et en face d'Iguerande. Une ligne des plus irrégulières séparait ensuite le diocèse de Mâcon de celui d'Autun, et laissait,

Dans le diocèse de Mâcon :	*Dans celui d'Autun :*
Saint-Julien-de-Cray,	Semur,
Saint-Laurent, Bosdemont,	Marcigny,
La Clayette,	Bois-Sainte-Marie,
Chapelle-sous-Dun, Chassigny,	Aigueperse, Saint-Bonnet-des-Bruyères,
Mussy,	Saint-Igny-de-Vers,

(*a*) Nous suivons, en général, la carte que M. Aug. Bernard a jointe aux cartulaires de Savigny et d'Ainay, publiés par lui.
(*b*) Au Xe siècle (ch. 503), Asnières et Vésines n'en faisaient pas partie.

Azolette, Chenelette,	Propières,
Les Ardillats,	Monsols,
Saint-Antoine-d'Ouroux, Saint-Jacques,	Saint-Mamert,
Germolles,	Trades,
Saint-Pierre-le-Vieux, Trambly,	Matour,
Montagny, Chapelle-du-Mont-de-France,	Dompierre, Meulin,
Curtil, Buffières, Pressy,	Suin,
Ste-Colombe, Saint-Quentin, Le Rousset.	Saint-Bonnet, La Guiche.

Le diocèse d'Autun formait ainsi enclave depuis Bois-Sainte-Marie et Dompierre jusqu'à Propières et Saint-Antoine-d'Ouroux, et divisait le diocèse de Mâcon en deux parties presque égales, l'une au midi, l'autre au nord, reliées ensemble par l'espace étroit qui s'étend de Durette aux Ardillats par Beaujeu.

Au nord, le diocèse de Mâcon était limité par celui de Chalon. La ligne partant du Rousset aboutissait près et au midi de Tournus, englobait, *dans le diocèse de Mâcon* : Marry, Colonges, Genouilly, Saint-Martin-de-Croix, Savigny, Bissy, Chapaize, Cruzille, Plottes, et laissait, *dans le diocèse de Chalon* : Mont-Saint-Vincent, Saint-Gengoux, Brancion, Grevilly et Tournus.

Le territoire dont nous venons d'indiquer le périmètre était encore, au XIe siècle (ch. 6, 518) et pour le spirituel, désigné sous le nom de paroisse *(parochia)*, dont le chef-lieu était l'*Eglise de Mâcon* [*ecclesia Matisconensis* (c)].

Les besoins du service religieux avaient, depuis longtemps, fait multiplier sur le territoire de la paroisse primitive les chapelles et les églises; de là l'origine d'une foule de petites paroisses rurales relevant de l'Eglise de Mâcon considérée comme métropole.

Le mot *episcopatus* est employé dans le sens de *parochia* dans la ch. 518 (1025); il est employé dans le sens de *pagus*, dès le XIe siècle, dans les ch. 6, 483, 494, 538, 568.

2. La désignation laïque était le *pagus Matisconensis* ou *Matiscensis* (le pays Mâconnais). Charlemagne, dans le partage de son empire entre ses fils, en 806, l'attribua à Louis (cc).

(c) V. dans le même sens *parochia lugdunensis*, ch. 582, 583. En 1216, le sire de Beaujeu se disait *paroissien* de l'évêque de Mâcon.
(cc) *Capitulare primum* dans Baluze, I, col. 441.

Le *pagus* avait la même étendue que la paroisse ou l'évêché. En effet, étaient situés *in pago Matisconensi vel Matisconensium* (ch. 367), savoir :

Au midi, Lancié (ch. 336 du cartulaire d'Odilon); Lantignié (ch. 22 de notre cartulaire); Rigné (ch. 70); Apanié, près de Beaujeu, en 974 (ch. 227 du cartulaire de Saint Mayeul); Lamure (ch. 62 d'Odilon).

Au sud-ouest, Saint-Martin-de-Varennes-sous-Dun (ch. 68, 120, 164); Cours, Saint-Vincent-de-Rhins, Cublize (ch. 423); Mardore, La Grêle (ch. 531, 532); Iguerande *(Gallia christiana*, t. x, p. 1,126); Charlieu avec La Celle-de-Régny, en 946 (diplôme de Louis d'Outremer dans Bouquet, ix, 602).

A l'ouest, Avenas (ch. 346), Buffières (ch. 234), Chidde, Pressy, Sainte-Colombe (cartulaires de Cluny, au Xe et au XIe siècle); Saint-Quentin, Le Rousset, Saint-Marcelin, Crais (ch. 374, 465, 498; le cartulaire de Percy, dans Pérard, p. 29; la ch. 136 d'Odilon).

Au nord-ouest, Genouilly (ch. 55).

Au nord, Savigny (cartulaire de l'abbé Aymard, ch. 11); Ameugny (ch. 224); Sercy (ch. 479); Chardonnay (ch. 429).

Romenay (ch. 316, 391), Bagé (ch. 310), Replonges (ch. 371), *sur la rive gauche de la Saône;* Dracé (ch. 490), Quincié (ch. 52 d'Odilon), Marchamp (ch. 36), *au midi*, faisaient, au contraire, partie du *pagus* Lyonnais; Tournus, du Chalonnais (ch. 56); Saint-Igny-de-Vers, Gibles, Montmelard, Dompierre, Trivy, Matour, Sivignon, Vauzelles et Vaux-(sous-Suin), *au soir*, étaient du *pagus* d'Autun (d).

Le *pagus* se subdivisait en de nombreux *agri* (dd), c'est-à-dire en territoires qui prenaient le nom d'un village de quelque importance, par exemple (ch. 74) : « *Ecclesia Sanctæ-Mariæ quæ est sita in pago Matisconensi, in agro fusciacensi, in villâ Cantriaco.* — L'église de

---

(d) V. ch. 24 de Bernon, 31 d'Odon, 219 d'Aymard, 46, 195, 225, 251, 294, 297, 684, 799, 833 du cartulaire de Saint Mayeul, 375 de celui d'Odilon.

(dd) V. la table générale de notre cartulaire au mot *ager* et la nomenclature générale des *agri* du Mâconnais insérée à la fin de cette dissertation.

Sainte-Marie, située dans le Mâconnais, territoire de Fuissé, village de Chaintré (e). »

Ces villages devinrent naturellement les chefs-lieux des nouvelles paroisses rurales (f).

Dans nos cartulaires, l'*ager* ne doit pas toujours être considéré comme circonscription administrative. L'existence contemporaine des *vicairies* ou *vigueries* dont nous allons parler, la multiplicité de nos *agri*, les fréquents changements dans leur étendue et les fréquentes substitutions de l'un à l'autre, le feraient déjà pressentir. D'autre part, lorsque les *agri* sont des arrondissements administratifs, ils ne dépassent pas les limites du *pagus* dont ils dépendent. Cependant, du temps de l'abbé Bernon (ch. 24), Vauzelles-(sous-Suin), dépendant du *pagus* d'Autun, est dit situé dans l'*ager* de Chevagny-sur-Guye. Buffières, situé réellement, d'après notre cartulaire, dans l'*ager* de la Lienne *(Laliacensis)*, est souvent dit, dans les cartulaires de Cluny, être dans l'*ager* de Meulin *(Mediolanensis)* dépendant, malgré quelques variantes, du *pagus* d'Autun (g). Curtil, qui appartient au *pagus* de Mâcon, serait aussi, suivant la ch. 318 du cartul. d'Odilon, de l'*ager* de Meulin. Ecussoles serait tantôt de l'*ager* de Matour et du *pagus* d'Autun (h), tantôt de l'*ager* de Tramayes et du *pagus* de Mâcon (i). Il devient dès lors évident que, pour désigner une localité du *pagus* Mâconnais, on employait souvent l'*ager* d'un *pagus* étranger, mais voisin. C'est en ce sens que, dans la ch. 574 du cartul. de Saint Mayeul, datée de 982, Matour, dans le *pagus* d'Autun, est dit *in viciniâ* (dans le voisinage) d'Ecussoles. On ne pouvait donc, dans ces cas, se référer à une subdivision administra-

---

(e) Le mot *agro* est remplacé par celui de *fine* dans la charte 97 du cartulaire d'Aymard, en 944, et dans la ch. 363 de notre cartulaire, XIe siècle. *Fine* a le sens de *villâ* dans la ch. 121 de ce dernier cartulaire, vers 900. Il est aussi utile de faire remarquer que, dans nos chartes, *villa* ne désigne pas seulement les habitations composant un village, mais encore le territoire autour de ce village, le *finage* (v. Ducange, v° villa).

(f) V. dans Baluze, 2, col. 1481, le diplôme de Charles-le-Chauve, daté de 861 : « Guisadus Urgellensis ecclesiæ Episcopus dixit nobis de quibusdam pagellis *qui suæ sunt parochiæ*. » V. aussi charte du VIe siècle dans Pérard, p. 5 : *In villâ seu agro albiniaco.*

(g) Ch. 292, 483 et 495 du cartul. de Saint Mayeul, et 385 de celui d'Odilon.

(h) Ch. 227, 286, 295 du cartul. de Saint Mayeul.

(i) Ch. 633 du même cartulaire.

tive. On objecterait en vain que, dans la ch. 53 du cartul. d'Odon, l'*ager* est assimilé à la *viguerie* « *in vicariâ seu in agro*, » car il est question dans cette charte de Ternant, situé dans le Lyonnais.

Dès la fin du IXe siècle, plusieurs *agri* furent qualifiés *pagi*. La charte 425 (de 882 à 884) mentionne une église située *in pago Tolvedonensi* (Tourvéon, près Beaujeu); mais le rédacteur de la charte n'est pas bien sûr de la justesse de l'expression, car il ajoute à la fin : « *Quæ ecclesia est in pago vel in* agro *prememorato.* » Au Xe siècle, cette qualification se multiplie; en ce siècle nous trouvons, en effet, le *pagus Dunensis* (ch. 420, 586).

3. Plusieurs chartes de Cluny subdivisent, au Xe siècle, le *pagus* et le *comitatus* en vicairies ou vigueries *(in vicariis)*. Cette subdivision est encore désignée sous le nom de *centena* (centaine) dans la 4e charte du cartulaire d'Odon. Cette circonscription territoriale a été ainsi nommée parce qu'elle formait le district de la juridiction inférieure d'un viguier réunissant l'autorité civile et militaire. Des siéges de cette justice étaient établis dans les localités suivantes : Chevagny-sur-Guye, comprenant dans sa circonscription St-Martin-de-Salencey (ch. 236 du cartul. de St Mayeul) et Bussières; Salornay-sur-Guye, dont la circonscription, vers 928 (ch. 11 du cartul. d'Odon), s'étendait, au midi, jusqu'au village de Dombine (commune de La Vineuse); Massy (à la fin du Xe siècle, ch. 83 de Saint Mayeul); Buffières, qui avait dans sa circonscription Donzy-(le-Royal) et Marchizeuil (ch. 138 de Bernon, 15 d'Odon, 268 d'Odilon); Château (ch. 159 d'Aymard); Berzé-(le-Châtel), qui, au temps de l'abbé Aymard (ch. 232), avait Igé dans sa circonscription; Igé (du temps de Saint Mayeul, ch. 725); Verzé (ch. 28 d'Odilon); Bassy (commune de Saint-Gengoux-de-Scissé), qui, en 956 (v. ch. 165 d'Odilon), avait Péronne dans sa circonscription; Chardonnay, comprenant, en 969 (ch. 139 de Saint Mayeul), dans sa circonscription Bassy; Chevignes; Tramayes, qui avait dans sa circonscription, au Xe siècle, Chevagny-les-Chevrières et même Asnières; Chaintré (ch. 6 d'Odon), dont la circonscription s'étendait, au midi, jusqu'à Arpayé; Lancié (ch. 78 d'Aymard); Tourvéon (ch. 263 d'Aymard); Saint-Point (au

temps d'Aymard (ch. 94); Bourgogne, village près de Saint-Point, était le chef-lieu du temps de son prédécesseur (ch. 23 d'Odon); Ecussoles (ch. 96 d'Aymard); Rufey, près Cluny, en 928 (ch. 24 d'Odon); Fuissé, en 982 (ch. 704 de Saint Mayeul) (*j*).

Comme on le voit, les circonscriptions de plusieurs vigueries, et même leurs chefs-lieux, ont varié dans le cours du Xe siècle.

La circonscription de la *viguerie* s'étendit souvent, au moins dans notre contrée, sur plusieurs *agri*. C'est ainsi que Salencey (Saint-Martin-de-), qui, vers 954, faisait partie de l'*ager* de Chigy (Catchiacensis) (*k*), était, en 967, du ressort de la viguerie de Chevagny-sur-Guye (*l*). La viguerie de Salornay-sur-Guye s'étendait, au midi, dans les premières années du Xe siècle, sur l'*ager* de Massy, même jusqu'à Dombine (*m*); celle de Berzé, au temps de l'abbé Aymard (ch. 231 de son cartul.), sur l'*ager* d'Igé (ch. 253 de notre cartul.); celle de Chaintré, en 936, sur l'*ager* d'Arpayé (ch. 6 du cartul. d'Odon); celle de Buffières, sur l'*ager* de Donzy. Aussi les vigueries paraissent-elles avoir été dans le Mâconnais moins nombreuses que les *agri*.

4. Le comté était la qualification administrative du même territoire. Le comté de Mâcon est mentionné, en 853, par Charles-le-Chauve; en 879, dans le diplôme de Boson au profit du monastère de Charlieu : « *In comitatu Matiscensi super sonam fluvium* (*n*); » dans les chartes 72, 206, 499, 500, 501, du Xe siècle; dans Pérard, p. 44 (village de Buffières); dans la charte 483 du XIe siècle (donation par Guichard, chevalier *(miles)* de Beaujeu, du manse de la Bruyère, commune de Durette); dans la ch. 21 du cartul. d'Aymard, datée de 936

(*j*) V. pour Chevignes, *Bibliot. Clun.*, col. 266; Dom. Bouquet, IX, p. 577. Pour Tramayes, M. de Gingins, *loc. cit. infrà*. Pour Chevagny, Pérard, p. 40 et 44. Au moyen âge, il existait des châteaux féodaux dans ces diverses localités.

(*k*) Le Gros-Chigy, com. de St-André-le-Désert; Cartul. de Cluny, coté A, f° 90, et Pérard, p. 29.

(*l*) Cartul. de Saint Mayeul, ch. 236. En 984, un manse donné à Cluny est dit situé *in comitatu Matisc., in fine Salenciaco, in potestate Sancti Martini* (ch. 315 de Saint Mayeul).

(*m*) Ch. 11 du cartul. d'Odon, en 928, et 402 de notre cartulaire.

(*n*) Baluze, t. 2, col. 70, 1,506. Charlieu et Saint-Martin-de-Régny sont mentionnés, comme faisant partie du comté de Mâcon, dans le concile d'Anse, en 990. V. *Thesaurus anecdotorum* de Martène, t. 4, col. 74.

(Iguerande); dans la ch. 59 du cartul. de Saint Mayeul, datée de 961 (Sainte-Colombe, commune de Saint-Martin-de-Salencey); dans la 390ᵉ du cartulaire de l'abbé Odilon (1035, Cenves); dans les ch. 243, 567, 738 du cartulaire de Saint Hugues. Les villages mentionnés dans ces diverses chartes, comme faisant partie du comté, se retrouvent également dans les désignations de l'évêché ou du *pagus*.

M. de Gingins (*Souveraineté* du Lyonnais, au Xᵉ siècle, p. 30, et *Administration politique* du Lyonnais, même siècle, p. 4, 8 et 20) prétend que, dans ce siècle, le comitat lyonnais s'était accru, vers le nord-ouest, de la portion du Beaujolais entre Beaujeu et Tramayes; qu'ainsi, dans le Mâconnais, se trouvait comme enclavé un *arrondissement* qui dépendait du comté de Lyon. Il en attribue la cause à ce que, dès le IXᵉ siècle, il existait à Tramayes un palais qui servait de résidence aux rois de Provence et de Bourgogne jurane, et invoque, à l'appui de son opinion, les expressions suivantes, extraites d'une charte de Louis, fils de Boson, roi de Provence, en faveur du comte Hugues, fils du comte Richard : « *Quasdam res de comitatu Lugdunensi conjacentes* in *comitatu Matisconensi*, *villa quæ dicitur Caprineras* (Chevagny-les-Chevrières). » Plusieurs des chartes que nous venons de citer, et elles ne sont pas les seules, ne permettent pas de croire à cette division administrative, à cet arrondissement enclavé dans le comté de Mâcon. Les expressions citées par ce savant distingué n'ont pas été comprises par lui et, dès lors, mal traduites. Que serait-ce, en effet, qu'une portion de comté située *(conjacens)* dans un autre comté? Ces expressions signifient purement et simplement que les propriétés dont s'agit dépendaient du bénéfice attaché au titre de comte de Lyon : « *Quasdam res de comitatu Lugd.*, » comme dans d'autres chartes que nous citerons l'on dit : « *Res de ratione, de jure, de causâ comitatús, vicecomitatús, vel ex suo vicecomitatu esse* (o). » Les comtes pouvaient, en effet, posséder des propriétés en dehors de leurs comtés. C'est ainsi que, dans la ch. 14 du cartul. d'Aymard, l'on voit Léotald Iᵉʳ, comte de Mâcon,

---

(o) V. ch. 36 de Bernon et les chap. 6 et 7 de la deuxième partie *infrà*.

et Berthe, son épouse, disposer, au profit de Cluny, de leur *alleu* de Moncel, situé dans le *comté* de Lyon, près Thoissey (oo).

Au *nord*, le comté ne dépassait pas les limites du *pagus*, et si, en 1172 (ch. 631), Joscerand-le-Gros, sire de Brancion, reconnaît devoir fidélité au comte de Mâcon, c'est à raison de ses nombreuses possessions dans le comté. En 1220, le sire de Brancion reconnaît pour son seigneur Jean, comte de Chalon. La charte 53 du cartulaire de Saint Mayeul mentionne l'église de St-Gengoux comme située dans le comté de Chalon, et si celui de Mâcon y est également mentionné, c'est à raison des dépendances de cette église situées dans ce dernier comté.

Au XIIIe siècle, il est vrai, Saint-Gengoux-le-Royal faisait partie du bailliage de Mâcon, mais c'est par suite de la réunion qu'en fit Saint Louis, et il ne faut pas confondre le bailliage avec le comté.

Dès le siècle précédent, en effet, l'autorité royale s'exerçait à Saint-Gengoux par suite d'un traité ou plutôt d'une association contractée par Louis VII avec les moines de Cluny. Aussi, dans ce traité, qui date de 1166, ce bourg n'est nullement mentionné comme faisant partie de l'évêché de Mâcon, et même, en 1219, l'évêque de Chalon traite avec l'abbé de Cluny au sujet des *procurations* (prestations en nature) qu'il prétendait avoir le droit de réclamer dans le doyenné de Saint-Gengoux comme dans ceux de Beaumont et de Jully, situés dans son diocèse.

A l'est, le comté était limité par la rive droite de la Saône; cependant, dès les premières années du Xe siècle (ch. 501), l'on voit figurer Saint-Laurent dans ce comté.

A l'ouest, il parait avoir franchi les limites de l'évêché et du *pagus*, du temps des comtes héréditaires, et s'être étendu jusqu'au Bois-Sainte-Marie. En effet, Saint Louis ayant fait l'acquisition du comté en 1238, son bailli lui rendit, dès 1239 et 1249, compte des revenus du bailliage. L'on voit figurer, parmi les prévôtés, celles de Charlieu, Châteauneuf, *Bois* et Dun (p), et, dans le registre des

---

(oo) V. aussi les chartes citées dans la note *u infrà*.

(p) V. Brussel, *Usage des fiefs*, p. 455.

olim, année 1263, Bois-Sainte-Marie, où le roi frappait alors monnaie, est considéré comme faisant partie, d'ancienneté, du comté de Mâcon.

Le comté de Chalon, dont le Charollais formait une des prévôtés dès le XIe siècle (*pp*), s'étendait aussi sur une partie du *pagus Augustudunensis*. Ce comté ne fut réuni au duché de Bourgogne qu'en 1237 par l'acquisition qu'en fit Hugues IV, duc de Bourgogne.

5. Quelle est, parmi ces diverses qualifications, celle qui a précédé les autres ou, autrement dit, quelle est la circonscription territoriale qui a servi de base aux subséquentes?

Mâcon, *in pago Æduensi*, est mentionné par Jules César (lib. VII, *de bello Gallico*); Peutinger le porte sur ses tables; la *Noticia provinciarum et civitatum Galliæ* le qualifie de *castrum;* au VIe siècle, Grégoire-de-Tours lui donne, dans son histoire, le titre d'*urbs*, d'*oppidum*. L'*urbs* ou l'*oppidum* désigne la ville capitale d'une *cité ;* la *civitas* dans sa signification primitive, non-seulement cette ville, mais encore son territoire; le *castrum*, une dépendance de la cité (*q*).

L'administration germanique ou le *comitatus* n'a pu donner à notre contrée sa première circonscription. En effet, les barbares acceptèrent généralement les divisions territoriales qu'ils trouvèrent établies (*qq*), et, dans l'administration, le comte burgonde remplaça le magistrat romain (*r*): le *præses* de la première Lyonnaise, dont faisait partie le *castrum* de Mâcon, résidait à Lyon (*rr*). Ce n'est, du reste, qu'au temps de la législation carolingienne que les devoirs réciproques imposés au comte et à l'évêque durent donner à leur administration la même circonscription territoriale.

Serait-ce à l'ancienne *parochia* que le *pagus Matisconensis* devrait son origine ? L'église de Mâcon est la moins ancienne de celles qui l'entouraient, et sa circonscription a dû être limitée par celles préé-

---

(*pp*) V. note *u infrà;* v. aussi le traité de Guillaume, comte de Chalon, avec l'abbé de Cluny, en 1180, au sujet de Paray, dans l'*illustre Orbandale*, t. Ier, preuves, p. 158.

(*q*) V. Adrien de Valois dans sa *Notitia Galliarum*, préface, et Ducange, v^{is} *castrum, urbs, oppidum, civitas*.

(*qq*) V. Guizot, *hist. moderne*, 1828, 8e leçon, p. 301.

(*r*) V. la préface de la *Loi Gombette;* Savigny, *loc. cit.* 1, 223, et le § 1er du chap. 2 *infrà*.

(*rr*) V. la *Notitia dignitatum* du code Theodos. (Godefroi, t. 6, p. 344 : « *Præses lugdunensis primæ*, Antonius, 319. » L. 1, *sine censu*). V. Guizot, *hist. moderne*, t. I, p. 51, 2e leçon.

tablies. Le diocèse et le *pagus* de Lyon occupaient déjà toute la rive gauche de la Saône et, au midi, une grande partie du territoire que l'on a nommé plus tard le Beaujolais ; au nord, le diocèse de Chalon ; à l'ouest, celui d'Autun qui, s'étendant librement, s'est tellement prolongé au sud-est qu'une partie de son territoire s'est, par la suite, trouvée enclavée dans celui du diocèse de Mâcon. De là dériverait la forme irrégulière de ce dernier.

Devons-nous, au contraire, chercher cette origine dans l'administration romaine ? Maîtres de toutes les contrées environnantes, les Romains ont-ils pu créer pour la ville de Mâcon une circonscription administrative aussi bizarre, ne s'étendant pas, à l'est, au delà de ses portes, resserrée au midi, au nord et à l'ouest, et s'étendant démesurément au nord-ouest et au sud-ouest ?

C'est un principe géographique généralement reçu que les circonscriptions épiscopales ont été basées sur les circonscriptions civiles. *Tota ecclesiarum distributio ad formam imperii facta est*, dit Van Espen (s). C'est donc dans l'administration civile que nous devons chercher l'origine du *pagus Matisconensis*. D'après la *Notice des Gaules* précitée, Mâcon n'était encore, dans les dernières années du IV° siècle, qu'un *castrum* de la *cité* des Eduens, dont Lyon était la métropole. Aucun document ne nous fait connaître que Mâcon fut alors un chef-lieu d'administration, la proximité de Lyon ferait présumer le contraire. Cela serait-il que le territoire de ce *castrum* n'aurait pas été désigné par le mot *pagus*.

Mais enfin, d'anciennes copies de la *Notice des Gaules* nous apprennent que, dans le cours du V° siècle, Mâcon fut, comme Chalon, élevé au rang de *cité* (ss). Le *pagus Matisconensis* date donc de la première moitié du V° siècle, car le *pagus major*, dit Adrien de Valois, ne diffère en aucune manière de la *cité* (t).

(s) *Jus ecclesiasticum*, pars. I, tit. XIX, n°° 5, 6, 7 ; v. aussi les conciles cités dans ces passages ; d'Anville, *Notice de la Gaule*, p. 27 ; Guérard, *divisions territoriales* passim.

(ss) V. la *Notice sur le diocèse de Lyon* par M. A. Bernard, p. 21, et la *Notice des Gaules* annotée par M. Guérard, *Essai sur les divisions territoriales de la Gaule*, p. 12 et 13, notes 3, 4, 5 et 6.

(t) *Notice des Gaules*, préface, p. X. « *Pagus aut. civitas.* » Lex Burgund. in prœm. Cela est vrai au moins pour le Mâconnais.

6. Ce qui précède peut se résumer ainsi :

1° Le Mâconnais doit son origine à la *cité* des derniers temps de l'empire romain;

2° L'évêché établi dans la cité a précédé le comté;

3° Le comté, circonscription administrative, d'abord limité, au soir, par le comté d'Autun, s'est étendu ensuite jusqu'au comté de Chalon comprenant, au XI° siècle, le Charollais. Cette régularisation de territoire n'était pas encore faite à la fin du X° siècle; car, en 983 et 993, Trades, Montmelard et Vigousset faisaient encore partie du comté d'Autun, suivant les chartes 16, 47 et 55 du cartul. de Saint Mayeul (*u*). De tous les autres côtés, le comté avait la même étendue que le *pagus Matisconensis*, parce que, au delà, ce *pagus* touchait à d'autres circonscriptions administratives; au nord, le comté de Chalon; au sud-ouest, le comté du Forez.

La dissertation qui va suivre sera divisée en quatre parties :

Ire PARTIE. — *Des personnes et de leur condition sociale.*

IIe PARTIE. — *De la propriété foncière et de ses rapports avec les possesseurs.*

IIIe PARTIE. — *Des différentes manières d'acquérir la propriété.*

IVe PARTIE. — *De l'organisation judiciaire et de la juridiction.*

(*u*) A la fin de ce siècle, Lambert, comte de Chalon, fondateur du monastère de Paray, possédait la partie du *pagus* ou du comté d'Autun qui a formé le Charollais. Il préside un plaid où assistaient les seigneurs de Charolles, alors *Castrum*, et donne, en 983, au monastère de Cluny Vigousset (commune de Montmelard). Mais les qualifications ne sont pas encore changées, Paray, Montmelard, Matour continuent d'être dans le *pagus*, comme Trades et Vigousset dans le comté d'Autun (cartul. de Saint Mayeul, ch. 16, 46, 47, 473, 574, 860; *bibliotheca sebusiana*, p. 42). En 1025, Marcigny, du diocèse d'Autun, faisait partie du comté *Avaleni* (cartulaire d'Odilon, ch. 324), bien qu'il fût toujours dans le *pagus Æduensis* (ch. 21 du cartul. de Saint Hugues). Le comté *Avalensis* est également mentionné dans la ch. 480 de notre cartulaire.

Le mot *avaleni* ne désigne pas Avallon *(Aballo)*, la situation des lieux ne le permet pas, mais plutôt *avalois* (d'aval), expression générique. L'on a donc voulu désigner le comté d'*aval* par opposition à celui d'*amont*, le comté du Forez, dont Pouilly faisait déjà partie en 967, bien qu'il fût aussi et en même temps du *pagus* Lyonnais (ch. 24 et 270 du cartul. de Saint Mayeul). La position de Marcigny sur les bords de la Loire justifie cette interprétation. V. Ducange au mot *avallerræ*.

Iʳᵉ PARTIE.

DES PERSONNES ET DE LEUR CONDITION SOCIALE.

CHAPITRE Iᵉʳ.

LES ECCLÉSIASTIQUES.

SECTION Iʳᵉ. — ECCLÉSIASTIQUES SÉCULIERS.

§ 1ᵉʳ. — L'ÉVÊQUE.

L'origine de l'évêché de Mâcon est ignorée. On la fait généralement remonter au VIᵉ siècle seulement, en se fondant sur les documents qui constatent l'existence, à cette époque, d'un évêque à Mâcon.

Nous croyons cette origine plus ancienne, antérieure à l'invasion des Burgondes.

L'on sait, en effet, que les évêchés de Lyon, Autun, Chalon ont précédé cette invasion; on connaît les limites de ces évêchés. Il n'est pas probable que le territoire qui a formé plus tard le diocèse de Mâcon soit resté jusqu'au VIᵉ siècle sans avoir été confié à la direction spéciale d'un évêque; car il serait extraordinaire que Mâcon, ville importante dans les derniers temps de l'empire romain, n'eût pas attiré ni mérité, sur ce point, l'attention des propagateurs de la foi nouvelle.

Les circonscriptions ecclésiastiques, nous l'avons dit, se réglèrent sur les divisions politiques du territoire de l'empire : les cités d'une même province relevant de la capitale de cette province, les évêchés établis dans ces cités relevaient également de l'évêché de cette capitale ; et le magistrat établi au chef-lieu de la province civile possédant une supériorité de juridiction sur les autres fonctionnaires, l'évêque de la métropole acquit aussi sur les autres évêques certains droits et diverses prérogatives. La supériorité de l'évêque métropolitain était reconnue même avant Constantin, mais cette reconnaissance était libre alors, et le pouvoir civil ne la sanctionnait pas. Elle était fondée sur des souvenirs d'origine, sur des habitudes de relations locales, sur des décisions de conciles respectées et observées entre les fidèles (a).

Jusqu'au IV° siècle, les évêchés n'ont pas été, en effet, considérés comme institutions publiques. Jusqu'alors le pouvoir politique ne reconnut pas aux évêques une autorité publique, même en matière religieuse, à plus forte raison une juridiction dans l'étendue d'un territoire quelconque. Tout était limité aux rapports des chrétiens avec les chefs de la *parole* nouvelle.

A dater du règne de Constantin, l'influence des évêques dans la direction des intérêts politiques leur fit conférer, en matière religieuse, une autorité, une juridiction sanctionnée par le pouvoir civil. Ce pouvoir laissait aux fidèles pleine liberté d'établir des siéges épiscopaux dans les cités où il était utile de propager comme de maintenir la foi chrétienne (aa).

Ne nous arrêtons pas plus longtemps aux considérations générales : l'on sait que notre contrée a reçu sa première éducation évangélique de Lyon, de cette église primitive qui, jusqu'à ce jour, a conservé le titre de métropole. Aussi, au XI° siècle, Hugues, archevêque de cette métropole (ch. 581), donne-t-il à l'Eglise de Mâcon le titre de *fille* de l'Eglise de Lyon.

(a) V. Van Espen, *jus ecclesiasticum*, pars. 1, tit. 19, n° 8, et les conciles par lui cités.

(aa) Si subitò aut vicus aliquis aut modica Civitas, cui satis est unus presbiter, voluerit sibi episcopum ordinari, ne vilescat nomen episcopi et auctoritas, non debent illi ex aliâ provinciâ invitati facere episcopum, nisi aut in his civitatibus quæ episcopos habuerint, aut si qua talis aut tam populosa est quæ mereatur habere episcopum. Hoc omnibus placet? Synodus respondit : Placet. V. le concile de Sardique, can. 6, anno 347, et capitulare aquisgranense, anno 789, cap. 19, dans Baluze, 1, col. 220.

PRÉFACE.   XIX

Le premier évêque mentionné dans les documents connus, Saint Placide, n'existait qu'au commencement du VIe siècle; mais, ainsi que le font remarquer Severt (*Histoire des évêques de Mâcon*, p. 170) et les auteurs de la *Gallia christiana*, plusieurs autres ont pu précéder. L'église de Mâcon est, à cet égard, dans la même position que presque toutes les églises anciennes.

Cependant nous savons que Mâcon fut élevé au rang de *cité* dans les dernières années de l'empire romain. Et comme généralement chaque cité devenait promptement le siége d'un évêché (*b*), il est naturel de croire que celui de Mâcon date aussi de la première moitié du Ve siècle (*c*).

Voyons si cette induction ne trouve pas un appui dans quelques documents de notre cartulaire.

Au commencement du IXe siècle (ch. 539), l'évêque Hildebaud se plaignait à l'empereur Louis-le-Débonnaire de ce qu'on avait enlevé à l'église de Mâcon : 1° le tiers soit du tribut *(telonei)* que l'on percevait au dedans et au dehors de la cité de Mâcon sur les denrées mises en vente, soit des salines (impôts pour le sel) établies sur les possessions rurales (*cc*); 2° le village et l'église de Chamvers (près de Decize), choses à elle échues par le partage qui, dans les temps anciens, avait été et dû être fait *(secundùm divisionem (d) quæ olim-du-*

(*b*) V. Ducange, 2e édition, V[is] *castrum, civitas*, et le concile de Calcédoine, en 451, can. 17.

(*c*) V. Guérard, *Essai sur le système des divisions territoriales de la Gaule sous les rois des Francs*, p. 112. Parmi les évêques de la province de Lyon qui ont été convoqués et ont assisté, en 517, au concile provincial d'Epaône (Albon, diocèse de Vienne, et non *Yène* en Savoie), on ne voit pas, il est vrai, figurer l'évêque de Mâcon ni son représentant. Mais les documents qui ont conservé les dispositions de ce concile ne sont pas d'accord sur le nombre des évêques qui les ont délibérées. Binius, dans son recueil (t. III, p. 725), en cite 24; Sirmond et les *Acta conciliorum*, 25. Suivant un manuscrit intitulé *indiculus synodorum* et cité par Isidore, dont les expressions sont mentionnées dans le *Décret de Gratien* (XI, distinct. XVI), le nombre des évêques était de 27. Dès lors on peut croire que, si cet ancien et dernier document eût été conservé, le nom de l'évêque de Mâcon serait un de ceux omis dans les textes imprimés.

(*cc*) Il y a dans le texte : *tertia pars de salinis quæ sunt in jugis*. Ces dernières expressions démontrent qu'il s'agit d'un impôt territorial, *pro modo jugerum*. V. le code Théodosien, titres *de annonâ et tributis; de censu;* le commentaire de Jacques Godefroy, t. IV, p. 2 et suiv., et t. V, p. 113, 116, 118, surtout la fin de son commentaire sur la loi 2 de ce dernier titre; v. aussi dans Ducange *jugum terræ;* Salvaing, *usages des fiefs*, chap. 67.

(*d*) La même expression est répétée dans cette charte et dans la 64e. Au moyen âge elle est fréquemment employée pour désigner le lot provenant de partage. C'est en ce sens qu'elle figure dans les ch. 10, 467, 477; V. aussi Ducange, v° *divisa*.

dùm-priscis temporibus-facta est et esse debebat). Comme on le voit, ces expressions ne se réfèrent pas à un acte de libéralité, mais à un acte nécessaire, forcé. Et, si nous devons les prendre dans leur sens naturel, quel est l'événement qui a rendu le partage nécessaire? En vertu de quel droit revenait-il au roi les deux tiers et à l'évêque le tiers du tonlieu et des salines, si ce n'est en vertu du partage imposé par les Burgondes et consacré par la loi de Gondebaud?

Voici comment, selon nous, les choses ont dû se passer :

Les tributs dont s'agit sont d'origine romaine, ainsi que le constate le code Théodosien (*dd*). Lors de la conquête, les rois burgondes, comme successeurs des empereurs romains, se sont emparés de toutes les propriétés mobilières et immobilières du fisc, ont imposé le partage à celles qui étaient tombées dans la possession privée et continué de lever des impôts sur les possessions territoriales des Gallo-Romains. Il est maintenant certain (*e*) que les cités, dans les temps de confusion qui se sont écoulés entre la cessation de l'administration romaine et l'organisation du gouvernement de la conquête, ont hérité d'une partie des impôts payés autrefois au fisc et que la perception s'en faisait par l'évêque, défenseur naturel et reconnu de la cité, qu'elle eût ou non une curie.

Quelle était la nature de cet impôt? C'étaient : 1° un tribut prélevé au préjudice des marchands *(mercatorum)* qui venaient sur le marché de la cité ou dans les environs vendre leurs denrées ; 2° un impôt assis sur les propriétés territoriales et dont la quotité était déterminée par l'étendue de ces propriétés. Les agents fiscaux romains ayant disparu, il n'y a rien d'étonnant que ces tributs aient continué d'être perçus, soit sur ces étrangers, soit sur les Gallo-Romains détenteurs de la propriété, par celui qui semblait continuer l'admi-

---

(*dd*) V. les titres ci-dessus cités; le titre *de indulgentiis debitorum*, loi 3; Cassiodore, liv. v, *variarum epist.* 39. Pour la persistance de ces tributs sous les Burgondes, voyez la *Lex romana*, titre XL.

(*e*) V. Thierry, *temps mérov.*, chap. v et 7ᵉ récit (8ᵉ édition, t. 1ᵉʳ, p. 202; t. II, 7ᵉ récit.); histoire du *Tiers État*, p. 15; Guizot, *Histoire générale de la civilisation*, 2ᵉ leçon, p. 27 et suiv., et *Cours d'histoire moderne*, 1828, 8ᵉ leçon *in fine*. V. aussi, pour la continuation soit des impôts sur les possessions territoriales, soit de la perception de certains droits du fisc, Pardessus, *loi salique*, p. 513, 541, 562.

nistration romaine dans la même cité, par l'évêque. Aussi y avait-il souvent confusion entre les revenus de l'église épiscopale et les finances de la cité.

Louis-le-Débonnaire ayant, sur la plainte d'Hildebaud, fait faire une enquête par l'archevêque Leidrade, ce prélat reconnut qu'elle était bien fondée. Alors l'empereur fit à l'évêque restitution des droits réclamés, en défendant à ses fidèles de leur porter à l'avenir aucune atteinte. Cette déclaration fut plus tard confirmée par Charles-le-Chauve (ch. 64).

Suivant la *Notice chronologique* des églises d'Autun, de Chalon et de Mâcon, la plus ancienne église paroissiale de cette ville était dédiée à Saint Pierre. L'église principale, que l'on croit avoir été fondée par Saint Tyrse, était sous l'invocation de Saint Barthélemy; quelque temps après elle fut dédiée à Saint Gervais et à Saint Protais, puis enfin à Saint Vincent, martyr de Saragosse, lorsque Childebert l'eut enrichie, comme celle de Chalon, d'une partie des reliques de ce saint.

L'évêque était élu par le peuple et les clercs, conformément aux anciens canons de l'Eglise. Mais, au Xe siècle, Maimbod obtint du pape Agapet que désormais l'évêque serait élu par les religieux laïques et les chanoines attachés à l'église de Saint-Vincent et choisi parmi ces derniers. Philippe-Auguste confirma, en 1209, ce privilége, en ce sens que les chanoines furent dispensés, à raison de la longueur des distances, de demander au roi la permission préalable de procéder à l'élection; mais l'élu devait se rendre près de lui, et, après serment de fidélité, en recevoir les *régales* (ee).

L'évêque, considéré comme personne privée, possédait des propriétés, les administrait et en disposait à sa volonté (plusieurs chartes). Néanmoins, le pape Célestin III décida, au XIIe siècle, que, suivant les *anciennes coutumes* de l'église de Mâcon, les propriétés du chanoine élu évêque devaient être réunies à celles du Chapitre.

Comme chef de l'église épiscopale, ses pouvoirs s'étendaient au temporel comme au spirituel.

(ee) Martène, t. Ier, p. 1087; Brussel, p. 307.

Au temporel, il avait l'administration des propriétés de l'évêché. A ce titre, il était le *fidèle* du roi. Pepin, maire du palais (ch. 66), et Charles-le-Chauve le qualifient ainsi. Louis-le-Débonnaire concède à l'évêque diverses propriétés sous la condition qu'il lui obéira *fidèlement* (ch. 98). Il était le *pair* du comte (ch. 589).

Il ne pouvait aliéner ou engager les propriétés de l'évêché qu'avec le concours du Chapitre (ch. 392, 514). Les nombreuses concessions ainsi faites à titre de bénéfices ont créé des vassaux de Saint-Vincent ou de l'évêque (ch. 485, 605 et autres). Les évêques n'ont pas constamment respecté ces règles d'administration. Quelques-uns, de leur propre autorité, ont vendu les propriétés de Saint-Vincent; d'autres les ont données à leurs parents ou en ont disposé à leur décès. Drogon, en 1004, a voulu faire cesser cet abus (ch. 33).

Au spirituel, il avait la juridiction *ordinaire* sur tous les établissements religieux situés dans le diocèse.

Les églises et les chapelles ne pouvaient être érigées que de son consentement; il les consacrait (ch. 532) (*f*) et pourvoyait à leur dotation (ch. 397, 403).

Nous verrons que l'abbaye de Cluny, après avoir reconnu que, comme les autres monastères, elle était soumise à la juridiction épiscopale, en a été affranchie au XIe siècle.

§ 2. — LE CHAPITRE.

Dès les premiers siècles de l'ère chrétienne, les évêques s'adjoignirent, dans l'administration de leur diocèse, les prêtres et les diacres de la ville épiscopale qui formèrent ainsi le *conseil* de l'évêché. Ce conseil, en laissant l'administration à l'évêque, devait être consulté dans tous les actes importants, et les intérêts de l'évêché ne pouvaient être compromis sans son consentement. Le nombre des prêtres s'augmentant, les évêques furent obligés d'en faire un choix.

(*f*) La chapelle de Chevigne, fondée par les moines de Cluny, fut, sur la prière de l'abbé Aymard et du comte Léotald, consacrée par l'évêque Maimbod. Les archidiacres, les abbés et les autres ministres composant l'*ordo sacer* de l'Église de Mâcon avaient émis préalablement un avis favorable (ch. 138 du cartul. d'Aymard).

PRÉFACE. XXIII

Au commencement du VIIIe siècle, le conseil de l'évêque de Mâcon était encore désigné sous le nom général de *clerus* (ad petitionem cleri, diplôme de Pepin, maire du palais, ch. 66).

Le nom de chanoines *(canonici)* leur fut donné à raison de leur étude plus constante et de leur observation plus exacte des *canons* de l'Eglise. A la fin du même siècle, les chanoines furent soumis généralement à la vie *régulière, en commun* (v. ch. 224 du IXe siècle). Les chanoines attachés à la cathédrale de Mâcon étaient, au Xe et au XIe siècle, sous la direction spéciale d'un abbé (*g*). « *Abbas is nuncupabatur*, dit Severt, p. 78, *qui sub episcopo primi juris eminentiam consequebatur inter regulares.* » De là le nom de *monastère (cœnobium*, ch. 443, 523; *claustrum*, ch. 567, 602; *monasterium*, ch. 544*)*, donné au local qu'ils occupaient. La vie commune paraît avoir cessé au XIIe siècle (*h*). Les chartes 24, 554, 568, 608 indiquent, en effet, qu'elle existait encore dans les premières années de ce siècle. Leur congrégation commença dès lors à être désignée sous le nom de *Chapitre*.

Les parents consacraient leurs enfants à la vie canonicale souvent dès le bas âge *(ad litteras mittebant)*, prenaient même quelquefois cet engagement à l'égard d'un fils à naître (*i*). Cette dignité *(contubernium canonicale)* était habituellement acquise au prix de dons faits à Saint-Vincent (ch. 30, 35, 345, 386, 442, 459, 524, 536). A la différence des moines, les chanoines conservaient leurs propriétés privées et avaient la faculté d'en disposer (ch. 594, 602).

(*g*) Ch. 78, 167, 243, 253. Le supérieur conserva le nom d'abbé dans certaines églises, même après la cessation de la vie commune. V. Van Espen, pars. I, cap. II, tit. 31, n° 2.

(*h*) V. Severt, p. 109, et Van Espen, *jus ecclesiasticum*, pars. I, tit. 7, et *de instituto canonicorum*, pars. III, cap. VI. — L'auteur anonyme du *Mémoire* (manuscrit) *sur l'évêché et l'église cathédrale de Mâcon*, déposé aux archives de l'évêché d'Autun, prétend (1re partie, p. 6; v. aussi Fustailler, édition de 1846, p. 12) que, jusqu'à la fin du XIIIe siècle, il existait à Saint-Vincent, et en même temps, des chanoines réguliers et des chanoines séculiers. Il invoque à l'appui de son opinion l'ancien nécrologe clos au XIVe siècle. Ce document ne nous semble pas, d'après les passages cités, devoir être considéré comme une preuve de ce que cet auteur avance. En effet, l'on inscrivait dans le nécrologe l'anniversaire du décès, mais rarement la date. Cet usage ayant été observé au temps de la vie commune comme en celui de la sécularisation, il n'est dès lors pas étonnant que, *dans le même jour*, l'on voie figurer et des chanoines réguliers et des chanoines séculiers.

Cet auteur cite souvent le cartulaire de Saint-Vincent, mais il ne le comprend pas.

(*i*) Cependant plusieurs chartes de Cluny (ch. 439 de Saint Hugues) réservent le consentement ultérieur de l'enfant, conformément à la législation des Capitulaires (*Addit.* 1, 36).

Ils pouvaient acquérir, plusieurs chartes l'attestent; recevoir, à titre de précaire, des propriétés de Saint-Vincent (ch. 562); mais une bulle de Pascal II, en 1108 (ch. 579), leur interdit d'aliéner les propriétés par eux acquises depuis leur ordination, et ordonna de les laisser intactes à Saint-Vincent.

Les chanoines devaient aider l'évêque dans l'administration, non-seulement du culte, mais encore des propriétés de Saint-Vincent qui, nous l'avons dit, ne pouvaient être aliénées ou engagées sans le consentement réciproque de l'évêque et des chanoines (ch. 31 et autres).

Ils devaient assister l'évêque dans les causes judiciaires qui lui étaient soumises (ch. 590, 596), et donner leur assentiment à la nomination des dignitaires (ch. 538).

C'était enfin aux chanoines à pourvoir à l'administration de l'évêché vacant (ch. 5), et nous avons vu que, dès le Xe siècle, l'évêque élu avec leur concours devait être choisi parmi eux. Philippe-Auguste (charte citée dans le précédent paragraphe) leur permit de recueillir les *régales* et de les conserver pour le futur évêque.

§ 3. — LES DIGNITAIRES DU CHAPITRE.

1. — LE PRÉVOT (PRÆPOSITUS).

Le prévôt était le premier dignitaire après l'évêque. Chanoine lui-même (ch. 45, 49), sa suprématie sur les autres frères lui donnait la direction de l'évêché pendant la vacance du siége (ch. 45).

A son office appartenaient spécialement soit l'administration du temporel de l'évêché (ch. 33, 378) et, par suite, le soin de pourvoir les chanoines de tout ce qui était nécessaire à leur nourriture et à leur entretien, soit la poursuite des actions judiciaires (ch. 359). Severt (p. 78) dit « *nuncupabatur præpositus is qui jurisdictioni præerat et temporalium ecclesiæ negotiorum potissimam curam gerebat.* »

Ce dignitaire paraît avoir abusé des prérogatives de ses fonctions temporelles. Il se permettait, au préjudice des propriétés de l'évêché, de fréquentes usurpations. Cet abus en avait profondément affecté les intérêts.

En 1064, les chanoines et les clercs se réunirent, portèrent leurs plaintes à l'évêque Drogon, le prièrent de remédier à leur misère et de faire restituer par la prévôté les propriétés usurpées. Drogon reconnut la justice de cette demande, abolit cette fonction, ses prérogatives et même son nom qui jusque-là avaient été en usage dans l'Eglise de Mâcon, et restitua à la communauté *(communioni)* les droits attachés à la prévôté (ch. 33, et Severt, p. 104).

L'on trouve encore, dans quelques chartes postérieures à cette date, l'expression *præpositus*, mais elle ne s'applique qu'à des clercs *préposés* à l'administration de propriétés ou de chapelles rurales (ch. 531, 555, 586).

2. — LE DOYEN (DECANUS).

Le doyen était chargé de la direction spirituelle des chanoines et des clercs inférieurs. Du temps de l'évêque Maimbod, Aymoin était archidiacre et doyen (ch. 15 du cartul. Saint Mayeul) *(ii)*.

Gauthier, neveu et contemporain de l'évêque du même nom (ch. 459, 475), signe comme doyen la ch. 443 de notre cartulaire. A dater de 1064, le doyen appose sa signature dans divers actes (ch. 5, 30, 34, 541, 549, 555, 593, 597, 630, 632).

Dans l'église de Mâcon il n'y avait qu'un doyen nommé par le Chapitre, et cette dignité lui donnait la prééminence sur les autres chanoines.

Aux temps féodaux, le doyen exerçait une juridiction contentieuse quant aux intérêts temporels de l'évêché, « *in curia decani arrationatus respondeat,* » porte la ch. 597; ce qui semble indiquer que ses fonctions s'étendaient alors à l'administration des propriétés. Cette présomption est confirmée par le privilége de 1209, émané de Philippe-Auguste *(j)*.

(ii) Dans la première moitié du XIe siècle, Gauthier cumulait les mêmes fonctions. V. ch. 110 de notre cartulaire.

(j) V. *infrà* IIe partie, chap. 4, § 1er, et les ch. 551, 567.

3. — LE PRÉCENTEUR (PRÆCENTOR), LE CHANTRE (CANTOR).

Le précenteur nommé par le Chapitre dirigeait le chœur dans les offices. Cette fonction lui donnait une préséance sur les autres chanoines et un pouvoir disciplinaire dans son exercice. Comme signe de son pouvoir, le précenteur portait, les jours de grandes fêtes, un bâton d'argent.

Il est fait mention de lui dans plusieurs chartes (5, 536, 555, 557, 620), et dans la 596ᵉ il lègue à Saint-Vincent toutes ses propriétés situées à Tramayes.

4. — LE CHANCELIER (CANCELLARIUS), L'ARCHI-CHANCELIER.

Le chancelier était le garde des sceaux du Chapitre. Il rédigeait les titres et y apposait les sceaux (ch. 5, 11, 13, 22, 24, 25, 32, 34, 37, 481 datée de 936).

Au Xe siècle, il existait déjà un archichancelier (ch. 480, datée de 929 ; 543). Le chancelier était souvent remplacé par un autre ecclésiastique « *per manum pontii subscriptoris ad vicem rannulfi cancellari*, ch. 24, 30, 32, 50, 527 (*jj*). »

Au XIe siècle, Rannulf paraît avoir cumulé ces fonctions avec celles de précenteur (ch. 5).

5. — LE SCOLASTIQUE.

Il existait près de la cathédrale une école destinée à former des clercs. Un chanoine, d'un âge avancé, signalé par ses vertus, la surveillait et dirigeait.

Une charte du commencement du XIIe siècle (608) nous a conservé le nom de celui qui remplissait alors ces fonctions « *paganus hujus temporis scholasticus claustri.* »

Ce fonctionnaire ne doit pas être confondu avec le *magister*, car la même charte porte « *Galterius magister dictavit hanc cartulam,*

(*jj*) V. *infrà* IIIe partie, chap. VII.

paganus scripsit. » Le même personnage signe la charte suivante. Le titre de *magister* est habituellement précisé par la nature de la fonction. Il ne l'est pas dans nos deux chartes ; ce *magister* n'était-il pas un pédagogue ? Dans les ch. 557 et 558, cette qualification est purement honorifique.

6. — LE TRÉSORIER.

Le trésorier était le dépositaire et le gardien *(custos, claviger)* soit des titres et priviléges, soit des reliques, soit des vases et ornements sacrés. Le lévite Beraud signe en cette qualité la charte Ire du cartulaire de l'abbé Odon, émanée de l'évêque Bernon et datée de 933. Le trésorier *(thesaurarius)* de Saint-Vincent est également mentionné dans la ch. 142 de notre cartulaire *(k)*.

§ 4. — LES DIGNITAIRES DE L'ÉVÊCHÉ.

1. — LES ARCHIDIACRES.

Une charte de 929, émanée de l'évêque Bernon et insérée au n° 2 du cartulaire de l'abbé Odon, mentionne deux archidiacres. La ch. 555 de notre cartulaire (XIe siècle) est également signée par deux archidiacres. Mais, au XIIe siècle, quatre signent la ch. 508.

En 958 (ch. 435), les fonctions de prévôt et d'archidiacre étaient remplies par la même personne. La ch. 25 d'Aymard atteste le même fait.

Au XIIe siècle (ch. 602), Etienne, *dapifer*, était parvenu aux fonctions d'archidiacre. L'évêque avait, en effet, son *dapifer*, c'est-à-dire son majordome (ch. 604, 605, 612). Le *dapifer* avait la direction du palais épiscopal, et il portait, lorsqu'il était laïque, l'étendard dans les guerres que soutenait l'évêque *(a)*.

(k) Le trésorier de l'église cathédrale de Saint-Vincent de Chalon avait le droit d'entrer dans l'église en habits séculiers avec des bottes et les éperons d'or, et l'épervier sur le poing (V. l'*illustre Orbandale*, t. II, p. 107).

(a) V. notes de Bignon sur Marculfe dans Baluze, t. II, col. 912.

Les chanoines avaient aussi leur majordome (*dapifer*, ch. 586), et, au Xe siècle, leur sénéchal, c'est-à-dire un officier préposé à la direction du réfectoire (ch. 76 et 155) (*aa*).

Quelles étaient dans l'Eglise de Mâcon les fonctions de l'archidiacre? Elles dépendaient, en général, de l'usage et de la volonté de l'évêque. Le décret de Gratien sur ce sujet (Ire partie, *distinction* 25) ne doit donc être suivi qu'avec précaution.

Elles avaient principalement pour objet :

De veiller à la conservation et au renouvellement des ornements ainsi qu'aux réparations de la cathédrale ;

De faire préparer par les diacres (ch. 574) et les sous-diacres (ch. 480, 500) tout ce qui était nécessaire à la célébration des offices, et de marquer ce que l'on devait chanter aux fêtes solennelles.

Il exerçait un pouvoir disciplinaire sur les diacres, sous-diacres et prêtres inférieurs de la cité épiscopale.

Vicaire de l'évêque qui le nommait (bulle de Célestin III), il visitait les paroisses du diocèse, proposait l'érection de nouvelles paroisses et la nomination des titulaires.

Les chapelles et les églises rurales se multipliant, il fut nécessaire d'augmenter le nombre des archidiacres qui, à l'égard de ces églises, exerçaient des fonctions analogues à celles de l'archidiacre de la cathédrale. Suivant Guérard (*Divisions territoriales de la Gaule*, p. 88, 89), jusqu'au VIIIe siècle il n'y eut, dans chaque diocèse, qu'un seul archidiacre, et l'institution des archidiacres *ruraux*, créée à la suite de la suppression des chorévêques, ne remonterait pas au delà du IXe siècle. Le mot *archidiaconatus* n'apparaît même que beaucoup plus tard, il ne désigne qu'un *office* dans la ch. 86 d'Odilon, en 994.

De droit commun, l'archidiacre avait sous sa juridiction plusieurs archiprêtres (Guizot, *Hist. moderne*, 1829, 13e leçon, t. II, p. 21) et, aux époques de notre cartulaire, il résidait au chef-lieu de sa circonscription (Guizot, *eod. loc.* et ch. 604; voir aussi Guérard, *loc. cit.*, p. 94). Mais, dans le diocèse de Mâcon, nous voyons le titre d'archi-

---

(*aa*) *Ego Leotaldus comes et uxor mea Berta donamus servum Alemanum ad mensam fratrum et ad ministerium senescali ibi ad refectorium servientis.*

diacre porté en 938 (ch. 15 du cartul. de Saint Mayeul) par le doyen du Chapitre; en 958 (ch. 435 de notre cartul.), par le prévôt; en 981 (ch. 13 de Saint Mayeul), les archidiacres se distinguent des archiprêtres; vers 1150 (ch. 604, 605, 606 de notre cartul.), ce titre est, au contraire, porté par un doyen rural (Etienne, archidiacre et doyen de Beaujeu); en 1182 (ch. 508), les quatre archidiacres sont chanoines et membres du Chapitre de la cathédrale; au XIIIe siècle, les archiprêtres de Vérizet et de Beaujeu ne sont pas archidiacres; postérieurement, les titres des archidiaconés ont été les mêmes que ceux des archiprêtrés, l'archiprêtré de Beaujeu excepté. Les archidiaconés n'ont donc pas fait naître, dans notre diocèse, des circonscriptions territoriales particulières. Cependant les chapelles et les églises des suburbes paraissent avoir été sous la juridiction spéciale de l'archidiacre de Mâcon (*a ter.*)

2. — LES ARCHIPRÊTRES, LES CHAPELAINS.

Le nombre croissant des fidèles et la difficulté des communications avec le chef-lieu ont dû faire établir, dès les premiers temps, sur le territoire de l'évêché, de nouvelles églises dont la direction fut confiée à des prêtres spéciaux. Ces prêtres relevaient de l'évêque, soit pour l'ordination, soit pour la nomination, et étaient soumis à sa surveillance, à sa discipline et à sa juridiction.

D'autre part, les nombreuses et vastes propriétés données aux établissements ecclésiastiques obligèrent les directeurs de ces établissements à confier l'administration de ces propriétés à des religieux soumis à leur autorité; et, comme ces préposés *(obedienciers)* devaient pouvoir continuer la célébration des saints offices, il leur fut construit

---

(*a ter.*) Le pouillé du diocèse de Mâcon, dressé par Thomas Severt (ancêtre de Jacques) porte que, au XVIe siècle, les titres des quatre archidiacres de la *cathédrale* étaient les suivants : le premier était archidiacre de Mâcon; le second, du Rousset; le troisième, de Vérizet; le 4e, de Vaurenard; que, comme grands vicaires, ils aidaient l'évêque dans l'administration du diocèse, mais qu'ils n'avaient aucune juridiction en vertu de leurs titres d'archidiacres, aucuns revenus ou, du moins, de bien modiques; qu'ils jouissaient cependant de toutes les prérogatives des anciens chanoines, car, après le doyen et le chantre, ils avaient le pas dans les processions et au Chapitre, dans les options de portions et dans tous les autres droits honorifiques (traduction de M. Laplate, en 1765; v. la *Notice sur le diocèse de Lyon*, par M. Bernard, p. 36, 37.

des oratoires. Les défrichements, en étendant les propriétés, augmentèrent naturellement la population autour de ces oratoires qui, par la suite, donnèrent naissance à de nouvelles paroisses (*b*).

Le nom primitif du prêtre rural fut celui de *chapelain*, parce que, à l'origine, il n'y eut dans les campagnes que des chapelles établies dans les localités les plus importantes du diocèse. La chapelle devint l'église paroissiale, et la paroisse rurale forma un être moral représenté par son *sacerdos*, son curé. Le chapelain représentait aussi, au spirituel, dans l'étendue de la paroisse, l'évêque diocésain, toutefois l'administration de certains sacrements demeurait réservée à ce dernier.

Au temporel, le curé de la paroisse avait des attributions privilégiées, notamment quant aux dîmes et aux oblations pour sépultures.

Le nombre des chapelles rurales se multiplia tellement, avec le temps, que l'évêque sentit la nécessité de les répartir par cantons et de les soumettre à la surveillance spéciale d'archiprêtres (*bb*). C'est peut-être à cette occasion que certains *agri* ont pris le nom de *pagi*. Car le *pagus Dunensis* (ch. 420, 586) et le *pagus Tolvedonensis* (ch. 425) étaient soumis à des archiprêtres (v. *suprà* p. X).

La ch. 36, datée de 919, et la ch. 445 (vers 939) mentionnent chacune un archiprêtre dans notre diocèse. La ch. 13 de Saint Mayeul, datée de 981, est signée par deux archidiacres et deux archiprêtres. Ceux qui ont signé la ch. 359 de notre cartulaire, datée de 906, semblent appartenir au diocèse de Lyon (*c*). Les archiprêtres *ruraux* seraient aussi, suivant Guérard (*loc. cit.*, p. 96), nés de la suppression des chorévêques, et les archiprêtrés dateraient de la même époque environ que les archidiaconés. Ces archiprêtres étaient nommés, de droit commun, sur la présentation de l'archidiacre, par

---

(*b*) *Capella erat cincta undique silvâ densissimâ, quâ passim incisâ aliqui homines undecumque adventantes habitacula sibi commoda prepararunt in circuitu prædicti oratorii…. Tetbaldus, nomos cabilonensis, requirebat in silvâ capturam cervorum, aprorum, caprearum ceterorumve animalium silvestrium et ob hoc culturam agrorum in ipsâ silvâ fieri prohibebat, acceptis autem ab Hugone abbate centum solidis verpivit quod injustè requirebat in silvâ* (ch. 689 du cartul. de Saint Hugues, anno 1064); v. aussi ch. 71 de Bernon, « *paroisse de Cotte près de Cluny*. »

(*bb*) V. le concile de Pavie, de 850, dans la *Collection* du P. Labbe, t. VIII, col. 66-67.

(*c*) V. la *Notice sur le diocèse de Lyon*, par M. Aug. Bernard, p. 38.

l'évêque qui pouvait les révoquer. Leur autorité s'exerçait sur les églises de la campagne divisées par circonscriptions. Leurs fonctions consistaient principalement à présider le *Chapitre rural*, à visiter les paroisses de leur doyenné, à veiller à la bonne conduite des prêtres qui administraient les paroisses et à faire leurs rapports à l'évêque sur tout ce qui intéressait le culte et la discipline ecclésiastique.

Leur résidence fut établie, dès le principe, au chef-lieu de leur circonscription rurale (v. Guizot, *loc. cit. suprà*, Van Espen, et, dans Baluze, II, les col. 23, 353, 356). Les circonscriptions des archiprêtrés, alors existants dans l'évêché de Mâcon, ne nous sont pas indiquées par nos cartulaires. En 1117 (ch. 586), nous trouvons un archiprêtre à Dun; en 1233, un autre à Vérizet; au milieu du XII° siècle (ch. 604, 605, 606), Etienne est désigné sous la double qualification d'archidiacre et doyen de Beaujeu, ou simplement sous celle de doyen. Cette dernière qualification est évidemment prise ici pour celle d'*archiprêtre*, et Ducange en donne des exemples (v. aussi dans Van Espen, pars. I, tit. VI, l'assimilation du *doyenné rural* avec l'*archiprêtré*, et Guérard, *loc. cit.*) En 1271, Jacob était archiprêtre de Beaujeu et y résidait (*cc*).

SECTION II°. — ECCLÉSIASTIQUES RÉGULIERS.

Le cartulaire de Saint-Vincent nous a conservé fort peu de renseignements, soit sur l'origine et l'importance, soit sur la destinée des monastères situés dans la circonscription de l'évêché de Mâcon. Nous utiliserons néanmoins, dans les limites que nous nous sommes imposées, les notions éparses qu'il renferme.

(*cc*) V. la ch. originale intitulée *ultima voluntas petri de Sancto Joane domicelli*, dans les archives de la Préfecture de Saône-et-Loire, section de Saint Rigaud. Le pouillé précité de 1513 porte qu'il y avait dans le diocèse quatre archiprêtrés; que la circonscription de chacun était limitée; que le premier était établi à Beaujeu, le deuxième au Rousset, le troisième à Vérizet, le quatrième à Vaurenard. Et l'auteur ajoute : « Les archiprêtres ont droit d'exiger, à la mort de chaque curé établi dans leur circonscription, le lit du défunt garni d'un matelas, d'un traversin, de deux couvertes, de quatre draps, et son surplis ; c'est un ancien usage qui a force de loi, parce qu'il n'a jamais été interrompu.... Les lits des quatre archiprêtres appartiennent à l'évêque. » V. aussi le pouillé publié par M. Bernard à la suite du cartulaire de Savigny, p. 1044.

Ces monastères étaient indépendants sous la juridiction épiscopale, et avaient, à leur origine, le titre d'abbaye. Ils suivaient diverses règles, et plusieurs de ceux qui ont prolongé leur existence au delà du VIe siècle ont adopté la règle de Saint-Benoît.

Les moines étaient morts à la vie civile, mais le monastère, comme personne morale, avait des biens composant sa dotation, les administrait par ses fonctionnaires, disposait des fruits et parfois de la propriété, recevait des libéralités, etc.

§ 1er. — ABBAYE DE SAINT-LAURENT PRÈS MACON.

Saint-Laurent, bien que situé sur la rive gauche de la Saône, était dans les *suburbes* de Mâcon (ch. 2). Son abbaye, qui existait déjà au IVe siècle, aurait été, à la fin du VIe, réunie par Gontran, roi de Bourgogne, à Saint-Vincent (*a*). Cependant, en 830, Louis-le-Pieux concède les propriétés de cette abbaye, situées *in pago Lugdunensi*, à Hugues, marquis de Bresse et comte de Bâgé (*b*), et, à la fin du même siècle (ch. 284), Saint-Laurent avait encore son *avoué*.

En 965, un autre Hugues, comte de Bâgé, restitue ces propriétés non pas à l'abbé, mais à l'évêque Téotelme, et Lothaire confirme cette restitution en 967 (*c*).

Enfin, en 1023, l'évêque Gaulêne (ch. 2, et Severt, p. 89) concéda à Raoul, sire de Bâgé, et à ses héritiers, comme biens dépendant de Saint-Vincent *(aliquid ex prefati martiris rebus)*, l'abbaye qui, d'*ancienneté*, portait le nom de Saint-Laurent, et *toutes* les propriétés qui en dépendaient. Il fit cette concession du consentement de ses frères, c'est-à-dire des chanoines auxquels les propriétés données appartenaient *(de quorum ratione ipsæ res fore videbantur)*.

§ 2. — ABBAYES DE SAINT-MARTIN ET DE SAINT-JEAN.

Ces abbayes, de peu d'importance, étaient situées aussi dans les suburbes de Mâcon. La dernière n'est pas même mentionnée dans le

---

(*a*) V. la notice chronologique citée *suprà*, p. XXI.
(*b*) *Historia sebus*, pars. I, p. 41.
(*c*) Severt, p. 73; *Gallia christiana*, t. IV, col. 1110.

cartulaire de Saint-Vincent. La première était, suivant le diplôme qui va être cité, *de ratione beati Martini turonensis*.

En 946, Louis d'outre-mer les transmit au monastère de Cluny (*d*) ou plutôt il ne fit que confirmer *(confirmamus)* la donation qui en avait été faite antérieurement (*e*).

Saint-Martin paraît avoir conservé le titre de prieuré pendant le XIe siècle, car son prieur fit, environ en 1050, un échange avec Valter, abbé de Saint-Pierre (*f*). Il est considéré comme *monastère* de Cluny dans la ch. 520 (vers 1040).

Au milieu du XIIe siècle, Saint-Martin de Mâcon était un doyenné de l'abbaye de Cluny, dont les revenus étaient perçus par un moine préposé par l'abbé à son administration. Cruzille, au nord ; Nancelle, à l'ouest, et Replonges, au sud-est, relevaient de ce doyenné (*g*).

§ 3. — ABBAYES DE SAINT-CLÉMENT ET DE SAINT-ÉTIENNE.

Ces deux abbayes, situées également près des portes de la ville de Mâcon, existaient au IVe siècle et furent réunies, dans le VIe, par le roi Gontran à Saint-Vincent (chronologie déjà citée).

Les propriétés de l'ancienne abbaye de Saint-Clément ayant été usurpées, Louis d'outre-mer, sur la prière de l'évêque Maimbod et du consentement du marquis Hugues et du comte Léotald, les fit restituer à Saint-Vincent pour subvenir à la pauvreté des chanoines (*Gallia christ.*, col. 1,114). Le pape Agapet confirma cette restitution (ch. 69).

L'abbaye de Saint-Etienne, mentionnée seulement dans la ch. 401 (Xe siècle), ayant été détruite, son emplacement avec ses dépendances aurait été concédé à des Juifs (*h*).

(*d*) Severt, p. 69 ; *Bibliotheca Cluniacensis*, col. 274 et 1,709.
(*e*) *Bullarium Cluniacense*, p. 5.
(*f*) *Gallia christ.*, col. 1,114.
(*g*) Cartulaire de Cluny coté B, *census obedientiarum*.
(*h*) Saint Julien de Baleure, p. 234, 247.

§ 4. — ABBAYE DE SAINT-PIERRE.

Cette abbaye, située près de la porte occidentale de la ville, paraît avoir été fondée par des moines ou chanoines de Saint-Vincent, qui s'y retirèrent (chronologie citée); et bien que les documents en notre pouvoir n'en constatent l'existence qu'au commencement du Xe siècle, il y a lieu de croire sa fondation plus ancienne. Saint Gérard, évêque de Mâcon, y fut enseveli. En 970 environ, l'évêque Adon, sur la demande des chanoines, en confia la direction à Odon et déclara même que, dans le cas où Leubold, fils de Varulf et parent d'Odon, survivrait à ce dernier, il lui succéderait (ch. 406 et 478). Adon concéda par le même acte diverses chapelles et propriétés, mais sous la condition qu'après la mort d'Odon et de Leubold elles seraient restituées à Saint-Vincent. Au nombre des églises concédées se trouvait celle de Saint-Pierre dit le *Vieux*, touchant les murs extérieurs de la ville (ch. 406). C'était la plus ancienne église paroissiale (chronologie citée).

Les moines de Saint-Pierre devaient, chaque année, une *réfection* aux chanoines et l'avaient fournie du temps des évêques Bernon, Maimbod et Téotelme (ch. 306).

Au commencement du XIe siècle, cette abbaye *ancienne* était en ruine et ses propriétés avaient été usurpées. C'était le lieu d'inhumation pour les chanoines de Saint-Vincent ; Gaulène (1020) voulut, principalement en cette considération, rétablir l'abbaye. A cet effet, il la pourvut de frères qui chaque jour devaient y célébrer les louanges du Seigneur, et, pour subvenir à leur nourriture, il leur concéda des dîmes, oblations, chapelles, etc., dépendant de Saint-Vincent (*Gallia christ.*, *loc. cit.*)

Gauthier ne poursuivit pas l'œuvre de restauration commencée par son prédécesseur ; des laïques retenaient les dîmes et les héritages de Saint-Pierre, et cette abbaye continua à rester pauvre et faible. Les évêques eux-mêmes disposaient de ses biens, car, en 1072,

Drogon, sur la prière des chanoines, promit de s'en abstenir à l'avenir.

La basilique fut enfin restaurée, et Gebuin, archevêque de Lyon, en venant la consacrer, donna plusieurs églises de son diocèse.

Au temps de Landric, le monastère ayant été brûlé, cet évêque le fit reconstruire, y établit le premier des chanoines *réguliers*, le dota richement (v. Severt, p. 118, 119, 130), mais unit (1090) à la dignité épiscopale le titre abbatial. Saint-Pierre ne fut plus, dès lors, qu'un prieuré (ch. 540, 576, 622).

§ 5. — ABBAYE DE CHARLIEU.

L'abbaye de Charlieu, dédiée à Saint Etienne, fut fondée au IXe siècle par Ratbert, évêque de Valence, et Edouard, son frère. Peu de temps après cette fondation, en 876, l'évêque de Valence, son frère étant déjà mort, se présenta au concile de Pont-sur-Yonne et la fit confirmer par les Pères du concile. En 879, Boson, roi de Provence et de Bourgogne, sur la prière du comte Sjuvald, son fidèle, unit à Charlieu la petite abbaye *(abbatiolam)* de Saint-Martin, située dans les environs, avec toutes ses dépendances, soit églises, soit propriétés (*i*). Carloman, fils de Louis-le-Bègue, lui concéda des immunités (*j*).

Au synode de Chalon, en 886 ou 887, il fut permis aux moines d'élire leurs abbés, conformément aux statuts de la règle de Saint-Benoît. Ce privilége fut confirmé lors du synode tenu au monastère même de Charlieu en 926.

Au temps de l'abbé Odon et de Hugues-le-Grand, le monastère de Charlieu fut soumis à l'abbaye de Cluny par Léon VII. Louis d'outre-mer, en 944, et le pape Agapet, en 969, confirmèrent cette soumission.

Le monastère a dû dès lors perdre le titre d'abbaye, et, devenu simple prieuré, il a dû, conformément à la règle de Cluny, recevoir

---

(*i*) V. Baluze, t. II, col. 1,506.
(*j*) Charte de Cluny dans la *bibliotheca sebus*, p. 201.

de l'abbé ses prieurs. Cependant le titre d'*abbatia* lui est encore donné dans une charte de 953 (*k*).

Odilon, abbé de Cluny, fit reconstruire le monastère (*l*). Philippe-Auguste confirma la donation du bourg de Thizy (*m*).

§ 6. — ABBAYE DE SAINT-RIGAUD.

La 6ᵉ charte de notre cartulaire (1071) nous fait connaître dans quelles circonstances ce monastère a été fondé : Eustorge, moine de Saint-Austremon *(Austrumenii)* en Auvergne, se retira dans la forêt d'Aveize, située dans l'évêché de Mâcon, lieu complètement désert. Soutenu par la Providence divine et aidé par la piété des fidèles, il défricha et cultiva une partie du désert et y éleva un monastère où se réunit un petit groupe de moines.

Eustorge se rendit ensuite à Rome, et, appuyé par Aganon, évêque d'Autun, il supplia Alexandre II de recevoir le monastère sous sa protection apostolique et de lui en accorder les priviléges, afin que, sous le patronage spécial de l'Eglise romaine, cette mère de toutes les Eglises, le monastère pût, sous tous les rapports, voir croître sa prospérité et échapper, avec plus de sécurité, aux périls du monde.

Le pape concéda à son *très-cher fils* Eustorge, à ses moines et à ses successeurs le privilége réclamé, l'étendit à toutes les possessions présentes et futures du monastère, défendit, sous peine d'excommunication, à tous princes, évêques ou abbés de commettre une usurpation quelconque au préjudice du monastère, déclara que serait seul reconnu comme abbé celui que les moines auraient élu conformément à la règle de Saint-Benoît; que l'évêque de Mâcon, dans la paroisse duquel était le monastère, devait consacrer l'abbé élu, sans percevoir aucune rétribution, et que, dans le cas où cet évêque tenterait d'empêcher l'élection ou exigerait un prix pour la consé-

---

(*k*) Severt, p. 68, 69; *Bibliot. Clun. notæ*, col. 62, 73; cartul. d'Aymard, ch. 29.
(*l*) V. Jotsaud dans *Bibliot. Clun.*, col. 1820.
(*m*) *Bibliot. seb.*, *suprà:* v. aussi *Gallia christ.*, t. iv, col. 1,111. En 1180, le même roi confirma les priviléges, et son diplôme indique quelles étaient alors les possessions de ce monastère dont il résume l'histoire.

cration, le pape ferait, sur la demande des moines, l'ordination et la consécration.

Eustorge paraît avoir survécu peu de temps à cet acte qui assurait l'existence de sa fondation. Car, en 1072 (ch. 5), les moines de Saint-Rigaud usant, pour la première fois, du privilège concédé l'année précédente, élurent abbé Hugues, l'un d'entre eux. Hugues, élevé dès son enfance sous la règle de Saint-Benoît, se faisait remarquer par son instruction dans les écritures sacrées et les dogmes ecclésiastiques. Le siége épiscopal de Mâcon, auquel les moines se reconnaissaient soumis, étant alors vacant par la mort récente de l'évêque Drogon, la consécration du nouvel abbé fut, du consentement des chanoines, demandée à Humbert, archevêque de Lyon, et faite par ce prélat (*mm*).

§ 7. — ABBAYE DE CLUNY, CHEF D'ORDRE.

La puissante abbaye de Cluny appartient à l'histoire générale. Néanmoins, les nombreux documents conservés dans ses cartulaires manuscrits (*n*), et principalement ceux qui ont pour objet les vastes possessions territoriales par elles acquises, du Xe au XIIe siècle, dans l'évêché de Mâcon nous fournissent, pour le but que nous désirons atteindre, de précieux renseignements que nous ne pouvons négliger.

D'autre part, son indépendance et l'affranchissement de la juridiction de l'Ordinaire, concédés, dès le principe, à ce chef d'ordre par les puissances séculières et ecclésiastiques, lui furent contestés vivement, et le cartulaire de Saint-Vincent a conservé le souvenir de ces luttes entre l'abbé de Cluny et l'évêque de Mâcon, dans lesquelles ce prélat, d'abord triomphant, finit par succomber au XIe siècle.

En 825, Cluny n'était qu'une simple *villa* appartenant aux chanoines de St-Vincent (ch. 55). En cette année, l'évêque Hildebaud comprit cette propriété et toutes ses dépendances dans un échange

---

(*mm*) V. Severt, p. 107, et, dans le t. II des *Annales* de l'Académie de Mâcon, un article de M. Cucherat sur ce monastère.

(*n*) M. Aug. Bernard en prépare, depuis quelques années, la publication.

qu'il fit avec le comte Varin et Albane, son épouse. Il reçut en contreéchange Genouilly, situé également dans le *pagus Matisconensis*. Cet échange fut fait sur l'ordre de Louis-le-Débonnaire et confirmé par cet empereur (même charte), probablement parce que Cluny avait fait partie des propriétés du fisc avant de devenir celle de Saint-Vincent. Mabillon et Urbain Plancher (t. Ier, p. 147) disent, en effet, que Charlemagne avait donné cette propriété à l'église cathédrale. Il était, du reste, de règle générale que les échanges faits par les Églises devaient être sanctionnés par l'autorité royale (*nn*). Quelques jours après cet échange, Varin reçut de l'évêque Hildebaud et de l'empereur, réunis à Cluny en la maison seigneuriale *(casa dominica vel dominicata)*, l'investiture suivant les formes symboliques alors usitées : « *Per hostium (ostium) de ipsá casá vel cespitem de ipsá terrá*, — en lui ouvrant la porte du castel seigneurial en signe de tradition du village, et en lui remettant en la main un gazon en signe de tradition des propriétés territoriales. »

En 888, Cluny était devenu la propriété de Ave. Elle était alors abbesse, mais, suivant Mabillon, elle aurait été autrefois mariée et aurait porté le titre de comtesse. Quoi qu'il en soit, elle donna Cluny à Guillaume, comte d'Auvergne, son frère, sous la double condition qu'elle en conserverait la jouissance pendant sa vie et que son frère lui céderait l'usufruit de l'une de ses propriétés située dans le comté de Chaumont.

Cluny appartenait en souveraineté à Guillaume. Aussi Orderic Vital, moine de Cluny et historien du XIIe siècle, dit-il que ce prince fonda le monastère dans son *alleu*. Les termes de la donation, en date de 940, sont en rapport avec le titre de la propriété : « *res juris mei de propria* trado *dominatione* ss. apostolis Petro et Paulo. » Plus loin il ajoute : « Il nous a aussi plu de faire insérer dans la présente donation qu'à partir de ce jour, les moines rassemblés à Cluny seraient indépendants de notre pouvoir et de celui de nos parents, et qu'ils ne seraient soumis ni à la suprême puissance *(fascibus)* de la majesté

(*nn*) V. *Capitul.* de Charles-le-Chauve, tit. XXXVII, c. 6, dans Baluze, t. II, col. 198, 1205; notes de Bignon sur Marculfe, col. 918.

royale, ni au joug d'une puissance terrestre quelconque. Au nom de Notre Seigneur Dieu et de tous les saints que j'invoque (et j'en appelle au jour du dernier jugement), qu'aucun prince séculier, aucun comte, aucun évêque ou pontife de l'Eglise romaine n'envahisse les biens de ces serviteurs de Dieu. »

Guillaume, suivant une lettre de Benoît VIII (*bullarium Clun.*, p. 6), fit corroborer ces priviléges par le pape, l'empereur, les rois de France et de Bourgogne. « Il est certain, porte cette lettre, que le monastère de Cluny a été, avec le concours de son fondateur et de ces princes, affranchi de toute sujétion soit envers le roi, soit envers l'évêque, et qu'il ne doit soumission qu'à Dieu, à Saint Pierre et au Souverain Pontife. »

Le roi Raoul, en 927, Louis IV, en 939, Lothaire, le roi Robert et leurs successeurs, presque tous les papes, ont approuvé successivement les priviléges primitifs et en ont concédé de nouveaux, de manière à ne laisser aucun doute sur l'indépendance dont jouissait ce monastère. C'est ce qui a fait dire à Thomassin *(Discipline de l'Eglise)* que Cluny a été fondé sur un lieu qui ne reconnaissait ni l'empereur, ni aucun roi, ni aucun évêque.

Bernon fut, comme on le sait, le premier abbé de Cluny. Après l'avoir régi 16 ans, prévoyant sa fin prochaine, il fit réunir autour de lui toute la congrégation, et, en sa présence, il confia Cluny et deux autres monastères à la direction d'Odon, et laissa à celle de Gui tous les autres. Au nom de l'amitié la plus vive, dit la chronologie contemporaine (cartulaire coté A), il pria Odon et Gui, et même leur ordonna de rester à toujours unis l'un à l'autre, de corriger et de ramener à l'ancienne observance les prieurs des monastères qui en dévieraient.

Telle fut l'origine de cette unité de discipline observée dans tous les monastères qui relevaient de Cluny, et l'auteur de la chronologie nous apprend que cette mesure eut l'approbation et l'appui de tous les princes.

Odon était près de Tours, en 944, au monastère de Saint-Julien qu'il avait fondé lui-même, lorsqu'il vit sa fin approcher. Il fit alors appeler les frères et disposa de tous ses monastères. Comme il gardait le silence au sujet de Cluny, on lui en demanda la cause : « Dieu, répondit-il, s'est réservé la disposition de Cluny, et nous ne devons rien prescrire à son égard. »

Aymard fut élu à Cluny la même année, et reçut la consécration de l'évêque d'Autun. Cet abbé, atteint de cécité en 954, se fit remplacer, avec le consentement des frères, par Mayeul que l'évêque de Chalon consacra.

Sous la longue administration de ce saint abbé, la piété des fidèles et la munificence des princes augmentèrent les possessions territoriales dans des proportions considérables, et le monastère étendit dans les contrées lointaines son influence religieuse.

Il mourut en 994 à Souvigny, monastère qu'il avait fondé. Dans ses derniers moments il avait désigné pour son successeur Odilon, issu d'une noble famille d'Auvergne et l'un de ses disciples. Le jour de la Pentecôte de la même année, l'archevêque de Besançon sacra Odilon.

En 1048, Hugues, issu d'une noble famille de Bourgogne, succéda à Odilon. Elu abbé à l'âge de vingt-cinq ans, il fut consacré par l'archevêque de Besançon.

Sous son administration, Cluny vit accroître, au delà de ce que l'on pourrait croire, suivant l'expression de la chronologie citée, le nombre et l'étendue de ses possessions.

Ponce, aussi distingué par sa naissance que par son esprit, succéda à Hugues en 1109. Elu par toute la congrégation, il fut sacré par l'archevêque de Vienne, et le peuple témoigna une grande joie lorsqu'il prit possession de son siége.

En 1122, Ponce s'était rendu à Rome pour traiter quelques affaires. Sous l'empire de l'irritation, on ne dit pas pourquoi, il donna sa démission et partit pour Jérusalem. Sur des incitations secrètes, il revint quelque temps après, séjourna en Lombardie, et, favorisé par des moines et des bourgeois de Cluny, il arriva subitement en cette ville, s'empara du monastère à main armée et le dévasta. Frappé d'anathème, il fut obligé de se rendre à Rome; condamné par le pape, il finit ses jours dans la détention.

Hugues II avait été élu aussitôt après la démission de Ponce. Cet abbé, n'ayant vécu que trois mois, fut remplacé par Pierre. Pierre Maurice, issu d'une noble famille *(arimaniá)*, régit l'abbaye jusqu'en 1157. Il mourut à Cluny le premier jour de cette année, c'est-à-dire, suivant la chronologie citée, le jour de la Nativité de Notre-Seigneur (o).

Nous ne poursuivrons pas plus loin la chronologie des abbés.

Cluny, affranchi dès le principe de toute juridiction épiscopale, pouvait pourvoir librement à l'administration et à la direction de ses prieurés. Les institutions canoniques elles-mêmes, réservées aux évêques, n'étaient pas, à son égard, le privilége du diocésain. Ce fut là une des conditions de son unité, un des éléments, une des causes de sa puissance religieuse. Les papes, qui voyaient en Cluny un actif propagateur de la réforme religieuse, un régénérateur de l'Eglise, un puissant appui de la papauté dans toute la chrétienté, se firent les ardents défenseurs et protecteurs de l'abbaye contre les prétentions de l'épiscopat.

Cette indépendance, nous l'avons dit, fut néanmoins contestée par les évêques, notamment par ceux de Mâcon. En 1025, l'archevêque de Vienne s'était rendu à Cluny et avait, sans l'assentiment de l'évêque de Mâcon, Gaulène, conféré les ordres à plusieurs moines. Gaulène ayant porté plainte à l'archevêque de Lyon, son métropolitain, les parties comparurent devant le concile réuni à Anse. L'évêque de Mâcon ayant formulé sa plainte, l'archevêque de Vienne appela à son aide Odilon. Cet abbé exhiba les priviléges apostoliques qui affranchissaient la congrégation de Cluny de la juridiction épiscopale et lui permettaient de faire faire les consécrations ou ordinations par l'évêque de son choix. Les Pères du concile, après avoir pris lecture notamment des sentences du concile de Calcédoine commandant aux abbés et moines obéissance envers leur propre évêque et interdisant à tout autre de faire des ordinations ou consécrations dans sa *paroisse*, décidèrent que le titre produit par l'abbé ne présentait pas un caractère de certitude suffisant ou serait contraire aux règles canoniques,

---

(o) A Cluny comme à Rome, l'année datait donc de Noël et non de Pâques.

et qu'en conséquence Odilon n'avait pu autoriser l'infraction dont l'évêque se plaignait. L'archevêque de Vienne, reconnaissant son erreur, demanda pardon à Gaulène, et, pour l'indemniser, lui promit, sous caution, de lui fournir chaque année, pendant la vie de l'un et de l'autre, au temps de la Quadragésime, de l'huile d'olive pour confectionner le saint chrême (ch. 518).

Quelques années après, l'évêque du Puy, étant à Cluny, consacra, sur la prière des moines, un autel. Gauthier, irrité de cette usurpation, adressa ses plaintes à Odilon et lui fit dire par ses clercs que, s'il ne lui était pas donné satisfaction, il s'en vengerait par tous les moyens. L'abbé répondit qu'il était absent lors de la consécration, et permit aux clercs de détruire l'autel.

L'évêque et l'abbé s'étant ensuite réunis dans un lieu indiqué préalablement, intervint entre eux, à la suite de longues contestations, une transaction en vertu de laquelle Odilon donna, à titre d'indemnité, un cheval de la valeur de dix livres et un vase d'argent doré. L'évêque fut invité à venir faire les ordinations à la prochaine époque (ch. 519).

Quelque temps après cette transaction, Odilon, s'étant reposé la nuit dans son monastère de Saint-Martin, se rendit à pied le lendemain matin, accompagné de quelques moines, à l'église de Saint-Vincent. Voulant parler à l'évêque et aux chanoines, il entra au Chapitre; à son arrivée, tous les assistants se levèrent devant ce *grand homme*.

Odilon se jeta à genoux, demanda pardon des actes qu'il avait pu commettre au préjudice de Saint-Vincent et des chanoines, se repentit de sa désobéissance envers l'Église cathédrale et promit qu'à l'avenir il remplirait son devoir envers elle. Le pardon gracieusement accordé et accepté avec remercîment, Odilon se retira en paix après avoir fait à Saint-Vincent et aux clercs des dons considérables; entre autres valeurs, il donna deux magnifiques tapis et cent sous de la monnaie du Montcassin (ch. 520, vers 1040).

La puissance de l'abbaye continuant son mouvement ascensionnel, Cluny put reconquérir son indépendance. En 1062, l'évêque Drogon, incité par ses clercs, dit une chronique contemporaine (*p*), tenta d'étendre sa domination sur le monastère de Cluny. Entouré d'hommes armés et sous prétexte de prédication ou de décision judiciaire, il parvint jusqu'à l'église de Saint-Mayeul, mais il n'y put pénétrer. Drogon espérait établir ainsi un précédent favorable à ses prétentions de domination.

L'abbé Hugues, aussi prudent et prévoyant que religieux, repoussa avec horreur, en sa qualité de possesseur libre, le joug de la servitude, et s'opposa à cette tentative inopinée. Il se rendit sans retard au synode de Rome, et, narrateur fidèle, il exposa ses plaintes...

Pierre Damien, qui se trouvait parmi les Pères, sans être découragé par les dangers d'un voyage aussi long et aussi difficile, s'offrit aussitôt pour porter secours à ce saint lieu dans le péril nouveau qui le menaçait.

Un synode fut réuni à Chalon en 1063.

Suivant la chronique citée, l'évêque de Mâcon, ainsi que tous les autres, ratifia les priviléges apostoliques, déclara, en présence de tous, qu'il les respecterait à toujours, et prêta serment sur les saints Evangiles.

Suivant la relation rapportée dans la ch. 521 du cartulaire de Saint-Vincent, le légat reprocha à Drogon de s'être introduit par violence dans le monastère de Cluny, d'avoir contristé l'abbé et méprisé les priviléges apostoliques.

L'évêque se proposait de se disculper et d'articuler ses griefs contre les moines. On ne le lui permit pas, et il dut affirmer par serment que ce n'était pas sciemment qu'il avait porté atteinte aux priviléges apostoliques et enfreint les ordres du pape.

Le rédacteur de la charte ajoute : Le légat romain, trop favorable aux moines *(nimium cœnobilis)*, et qui, sur leurs instances, était venu dans l'intention de les favoriser, ne voulut pas entendre les plaintes de l'évêque et de son Eglise ; les droits exercés par les précédents évêques sur le monastère furent seulement approuvés et réservés. L'Eglise de Mâcon, dit-il enfin, protesta comme elle put

---

(*p*) *Bullarium Clun.*, p. 209.

contre les priviléges acquis par les moines, contrairement à la règle ecclésiastique et par tous moyens; son évêque ne les approuva pas, la cathédrale resta dans ses droits et les moines persistèrent dans leur rébellion contre l'autorité canonique.

Lorsque Landric de Berzé fut sacré à Rome en 1074 par Grégoire VII, il se plaignit de ce que le monastère de Cluny avait dépouillé son Eglise de droits que ses prédécesseurs, même simoniaques, avaient possédés sans contradiction. Grégoire VII écrivit à l'abbé de Cluny (ch. 14), lui recommanda de régler amiablement les contestations existantes entre eux, de ne pas troubler l'Eglise épiscopale dans ses possessions, de faire, au besoin, des échanges, et lui dit qu'à défaut d'entente entre eux, l'évêque de Die serait chargé de mettre fin à ces contestations.

Cette lettre paraît être restée sans effet, car la charte 20 de notre cartulaire en contient une autre du même pape à Hugues, évêque de Die, dans laquelle le Souverain Pontife se plaint vivement de l'esprit de ruse de l'abbé *(serpentis astutia)*, et voit en l'évêque la simplicité de la colombe; l'abbé doit s'abstenir de toute nouveauté, respecter les droits antiques de l'église épiscopale et les règles canoniques. Et lorsque Hugues aura reconnu quels étaient les droits des parties, il devra avec fermeté en obtenir l'observation.

Enfin, Grégoire VII, au concile général de Rome, en 1078, s'exprima ainsi en faveur de l'indépendance du monastère : « Nous défendons à tout évêque, archevêque, à tout prince, et même à tous nos légats, d'exercer un pouvoir quelconque au préjudice de ce lieu. Nous voulons qu'il conserve à toujours et intactes l'autorité et la liberté qui lui ont été concédées par nous et nos prédécesseurs; et que, sous la protection apostolique, il repose à l'abri de toute attaque dans le sein de l'Eglise de Rome. » S'adressant alors aux Pères du concile : « Vous plait-il qu'il en soit ainsi? L'approuvez-vous ? » Ils répondirent : « Nous l'approuvons. »

Cependant Landric, continuant à soutenir les prétentions de l'Eglise de Mâcon, avait interdit des chapelles et excommunié des chapelains. Varmond, archevêque de Vienne, revenant de Cluny où il avait ordonné prêtres plusieurs moines, avait été en butte aux violences les plus graves. L'abbé Hugues envoya alors à Rome Odon, prieur de Cluny. Grégoire VII, après avoir examiné les prétentions diverses, se décida à envoyer sur les lieux Pierre, évêque d'Albano. Ce cardinal romain arriva à Cluny dans les premiers jours de février 1079, leva l'interdiction des chapelles prononcée par l'évêque de Mâcon, et convoqua le même mois un synode à Anse pour mettre fin à cette discorde.

Le légat demanda à Landric, en présence des Pères du Synode, s'il voulait se soumettre aux ordres apostoliques, il répondit qu'il le ferait volontiers. Alors Varmond exposa sa plainte : « Lorsque je revenais de Rome, il y a quelque temps, dit-il, je me rendis à Cluny pour faire connaître à son abbé les ordres dont le pape m'avait chargé. C'était à l'époque où l'on faisait les ordinations ; sur la prière de l'abbé et conformément aux priviléges concédés, j'en fis quelques-unes. A mon retour, je tombai dans une embuscade dressée par les chanoines de Mâcon. Des gens se précipitèrent à main armée sur moi et mes bagages ; m'enlevèrent mon bâton pastoral, ma propre tunique et mon cheval ; maltraitèrent mes serviteurs, et me portant une lance à la gorge, ils crièrent : « Mort à celui qui vient de violer l'épouse de Saint-Vincent ! » Je fus obligé, à la suite de ce traitement indigne, de revenir à Cluny. L'évêque de Mâcon était absent, mais, par mes lettres, je lui ai demandé en vain jusqu'à ce jour justice. »

Pierre frappa d'anathème les clercs et les laïques auteurs de ces violences. Quant à l'évêque de Mâcon, il cherchait à s'excuser sur ce qu'il n'avait pas lu les priviléges de Cluny ; Hugues lui répondit qu'il les lui avait fait connaître. Pierre fit lecture de celui concédé par Grégoire VII. L'évêque, refusant toujours de donner satisfaction, fut alors suspendu de ses fonctions. Les chanoines, irrités de cette sentence, osèrent adresser des menaces et des injures au légat (q).

Grégoire, dans une nouvelle lettre (ch. 17), manifesta son étonnement et son mécontentement d'une pareille conduite. Il ordonna

---

(q) *Bull. Clun.*, p. 210.

à Landric de se réunir à l'abbé de Cluny dans un lieu désigné d'avance entre Mâcon et Cluny, de confirmer le privilége de cette abbaye, et qu'alors il serait rétabli dans ses fonctions épiscopales ; recommanda de conserver la paix jusqu'à ce que l'évêque de Die eût terminé les contestations qui, à défaut de règlement, seraient évoquées devant lui ; ordonna enfin que les clercs qui avaient eu la hardiesse d'assaillir en troupe l'évêque d'Albano et l'archevêque de Vienne se rendraient en silence et pieds nus à Cluny, feraient amende honorable devant l'autel de Saint-Pierre et seraient alors absous.

L'évêque de Mâcon avait pour lui dans ce grave débat l'autorité des saints canons et l'appui énergique et constant des évêques du ressort de la métropole. Nous trouvons encore dans la ch. 584 une lettre de Hugues, archevêque de Lyon, adressée à l'abbé de Cluny, dans laquelle il lui dit que, comme archevêque, il doit à l'Eglise de Mâcon, cette *fille* de l'Eglise de Lyon, l'appui dont elle a besoin contre le monastère. Il s'adresse en même temps (charte suivante) aux évêques d'Autun, de Langres et de Chalon, ses suffragants, et les prie de joindre leurs efforts aux siens pour venir en aide à Bérard (successeur de Landric) qui, seul, ne peut obtenir des moines la justice qui lui est due et lui est refusée.

L'évêque et l'abbé, sur les instances du pape Pascal II, firent enfin la paix (ch. 564), au moins momentanément (*r*). Mais Bérard étant parti pour la Terre-Sainte, les moines saisirent cette occasion pour faire consacrer en leur monastère le saint chrême, ce qui était une usurpation grave sur les droits de l'Eglise épiscopale. Pascal ordonna à l'abbé Ponce qu'à l'avenir les moines eussent à s'abstenir d'un pareil acte, et recommanda de nouveau que la paix fût conservée entre le monastère et la cathédrale (même charte) (*rr*).

Nous croyons inutile de dire quels étaient les dignitaires de l'abbaye et quelles en étaient les fonctions. On peut s'éclairer sur ce sujet avec trop de facilité. On sait que l'abbaye avait son archidiacre qui,

(*r*) Cette contestation se renouvela avec vivacité en 1740, et se termina en 1744 à l'avantage de l'évêque. Voir, dans les bibliothèques de Cluny et de Mâcon, un vol. in-folio contenant les mémoires imprimés et publiés sur ce sujet par les deux parties.

(*rr*) V. aussi la bulle de Calixte II, insérée au n° 38 du cartulaire de Ponce, abbé de Cluny.

comme délégué de l'abbé, exerçait à Cluny la juridiction épiscopale. Nous avons, du reste, au point de vue temporel, indiqué dans une autre publication quelles étaient les attributions du prieur (s), de l'aumônier, du camérier, du cellerier, du custode, des doyens ou obédienciers, du grèneticr (ss), etc. Ces attributions ont varié suivant les temps (t).

(s) Jusqu'au XIe siècle, le monastère eut son prévôt qui occupait le premier rang après l'abbé, administrait sous sa direction et le remplaçait en son absence (v. ch. 146 d'Odon, 215 d'Aymard, 155, 350 et 413 de Saint Mayeul, 86 d'Odilon). Badin, représentant l'abbé Odon dans la ch. 112, est qualifié *prieur;* ce dignitaire était probablement le même que le prévôt.

(ss) V. Ulric, *anciennes coutumes* du monastère de Cluny, dans le spicilége d'Achery, t. 1er.

(t) V. *Dispositio rei familiaris,* par Pierre-le-Vénérable, dans le cartul., coté A, p. 4.

CHAPITRE II.

LES LAÏQUES.

SECTION Ire. — LES SEIGNEURS.

§ 1er. — LE COMTE.

La date de l'érection du Mâconnais en comté nous est inconnue. L'existence de ce comté ne nous est révélée qu'au IXe siècle (*a*). En ce siècle, en effet, chaque ville épiscopale était, presque constamment, la résidence et de l'évêque et du comte, en raison des devoirs réciproques que leur imposaient les capitulaires des rois carolingiens.

Il n'est guère possible de croire que, dès l'époque de la conquête, les Burgondes aient établi un comte à Mâcon; car la loi Gombette, signée par tous les comtes, ne porte qu'un petit nombre de signatures, trente seulement. Dès lors leur juridiction s'exerçait sur de vastes étendues; dès lors Mâcon, voisin de Lyon, ne pouvait être la résidence d'un comte.

Sous les carolingiens, les subdivisions administratives se multiplièrent, et le comte dut prendre alors sa résidence au chef-lieu épiscopal.

Chef militaire, administrateur, juge ordinaire, il devait en même temps percevoir les tributs dus au fisc et les verser annuellement au trésor royal (*b*).

(*a*) V. *suprà*, p. XI.
(*b*) V. Marculfe II, 8, et notes de Bignon dans Baluze, t. II, col. 890.

Nous n'avons pas à rechercher quelle a été la suite, quelle a été la généalogie des divers comtes, même sous l'époque féodale. Sur ce sujet, le cartulaire de Saint-Vincent n'est pas toujours d'accord avec ceux de Cluny (*bb*). Mais il nous importe de savoir à quelle époque les comtes, d'abord simples délégués du gouvernement central, ont conservé leur pouvoir à titre héréditaire, à quelle époque le comté héréditaire est devenu *seigneurie*.

L'on sait généralement qu'à dater du règne des derniers carolingiens, l'hérédité des fonctions devint commune; que la législation de ces princes (v. capitulaire de 877) favorisait cette transmission. Mais si l'hérédité transmettait le pouvoir, si, comme conséquence, le *bénéfice* attaché au titre devenait *propriété*, cette hérédité n'affranchis-

---

(*bb*) Cette généalogie mériterait un travail spécial qui ne serait pas sans intérêt ni sans difficulté. Nous voulons seulement faciliter la comparaison de nos cartulaires sur ce sujet; à cet effet, nous allons indiquer les chartes de Cluny du Xe et du XIe siècle (cartul. A et B), qui nous donnent à cet égard des éléments d'appréciation :

ABBÉS.	CHARTES.	COMTES.	DATES.
Bernon	129	Raculfe (1)	898.
Odon (926 à 943)	1	Albéric (2)	933.
Idem	125	Léotald et Ermengarde (3), son épouse	935.
Idem	164	Léotald	942.
Aymard (944 à 954)	15, 140	Léotald	943.
Idem	14	Léotald et Berthe (4), son épouse	943.
Idem	153	Léotald	947.
Idem	19	Léotald	949.
Idem	148	Léotald; Richilde (5), son épouse; Albéric, leur fils	949.
St Mayeul (954 à 994) (7).	787	Léotald; Richilde; Albéric, leur fils	949.
Odon	23	Léotald	950.
Bernon	144	Idem	951.
Aymard	138, 187	Idem	951.
Idem	284	Léotald; Richilde (6); Albéric, et « *pro salute animæ matris meæ Etolanæ.* »	954 environ.

(1) *Quid de Willelmus Junior?* V. ch. 9 de Bernon et 501 du cartulaire de Saint-Vincent, en 928 « comte palatin. » V. aussi l'introduction du cartulaire de Savigny, par M. Bernard, p. 52 et 53.

(2) L'évêque Bernon lui fait une donation en précaire, vers 930 (ch. 8, 404 et 496 du cartulaire de Saint-Vincent). Dans ces chartes, Léotald et Humbert, ses fils, sont déjà nommés, et même, d'après la dernière, Léotald serait déjà marié avec Berthe. Albéric serait mort en 945 et aurait été inhumé à Saint-Etienne de Besançon, suivant l'*Art de vérifier les dates*. Son fils Léotald peut néanmoins lui avoir succédé dès 935 dans le comté de Mâcon.

(3, 4, 5 et 6) Suivant l'*Art de vérifier les dates* (comtes de Bourgogne). Léotald aurait eu trois femmes : Ermengarde, Richilde, de laquelle serait né Albéric, et Berthe. D'après les ch. 488 et 496 du cartulaire de Saint-Vincent, Berthe aurait été, au contraire, la première épouse. Les chartes de Cluny, que nous venons de citer, donnent le dernier rang à Richilde.

(7) Les chartes ne sont pas toujours insérées dans les cartulaires auxquels elles appartiennent par leurs dates.

PRÉFACE.

sait pas le comte de ses devoirs envers le gouvernement central, elle n'emportait pas, en faveur du comte, la concession des propriétés et des revenus libres du fisc, elle favorisait seulement l'appropriation ou plutôt l'usurpation soit de ces propriétés, soit des tributs et charges qui y étaient attachés.

Les comtes n'ont acquis ce second degré de puissance que successivement ; à cet effet, ils concédèrent, en leur nom propre et non en celui du roi, des bénéfices, se créèrent ainsi des vassaux, et s'approprièrent les redevances qu'ils percevaient auparavant au nom du roi (c). Le comté ne fut plus alors qu'une seigneurie où le comte exerçait le pouvoir souverain.

ABBÉS.	CHARTES.	COMTES.	DATES.
Saint Mayeul............	696............	Léotald; Albéric, son fils......	956.
Aymard....	130............	Léotald « *Jussu nepotis mei Humberti, dono; actum Matiscone.* »...................	957.
Saint Mayeul............	575............	Léotald (8); Albéric, son fils...	959.
Idem	564............	Albéric II...................	961.
Idem	35, 272, 569....	Idem	962.
Idem	202............	Idem	965.
Idem	227............	Idem	974 (9).
Odilon (994 à 1049).....	550............	Guillaume (Otte)............	996.
Idem	575............	Guillaume ; Ermentrude, son épouse; Gui, son fils......	1002.
Idem	76, 81.........	Otte-Guillaume et Raynaud, son fils	1015 à 1023.
Saint Mayeul............	106............	Otton	1019.
Odilon................	18............	Otte-Guillaume (contemporain de l'évêque Gaulène (10); Raynaud, son fils....................	1019 à 1023.
Idem	98............	Otton	1019 à 1023.
Idem	37...	Otton ; Adélaïde, son épouse; Raynaud, son fils; Otton, son petit-fils..................	sans date.
Idem	231............	Otte-Guillaume ; Raynaud, son fils; Otton, petit-fils; Gui, fils.	1019 à 1023.

(8) Severt, p. 73, cite l'anniversaire du décès de Léotald, et indique sa mort au 17 septembre 965.

(9) V. Juénin, *Histoire de Tournus*, preuves, p. 110. Cet Albéric serait décédé en 975, laissant le comté à son fils Léotald II, qui, après avoir régné huit ans, mourut et eut pour successeur Albéric III, son frère, encore enfant, sous la tutelle de Berthe, sa mère. (V. Severt, d'après Bugnon, p. 75 ; Chifflet, preuves, p. 284, et l'*Art de vérifier les dates* (comtes de Bourgogne). Mais Severt conteste cette généalogie, du moins la date du décès. V. aussi la page 80 où cet historien expose le débat au sujet de la succession d'Albéric III entre Berthe et Guillaume, oncle paternel, en 990.

(10) V. cependant, dans le cartul. de Saint-Vincent, la charte 487 « *Otto adolescens comes.* » et la ch. 490. Otte-Guillaume serait mort le 21 septembre 1027, suivant Juénin, et l'*Art de vérifier les dates*.

(c) V. Chantereau-Lefebvre, liv. Ier, chap. VIII, et liv. III, chap. III; Brussel, liv. I, chap. III.

En 853 (*d*), Charles-le-Chauve désigne les *Missi* qui doivent inspecter le comté.

En 860 (ch. 109), le même roi revendique au profit de son fisc une propriété située dans le *pagus Lugdunensis* et la concède à St-Vincent.

En 876 (ch. 97), il fait restituer à l'évêque de Mâcon, par celui de Chalon, des immeubles situés à Saint-Albain et provenant du fisc. Par le même acte, il fait don au même évêque de propriétés du fisc situées à Château.

En 879, Boson, roi de Provence (*dd*), concède des immeubles au monastère de Charlieu, situé dans le comté de Mâcon, et agit en cet acte dans la plénitude de sa souveraineté (*e*).

ABBÉS.	CHARTES.	COMTES.	DATES.
Odilon....................	382............	Otton (11)...................	1021.
Idem.................	182............	Raynaud, fils d'Otte-Guillaume; Adélaïde, sa femme.........	1023.
Idem.................	361............	Otton II (il se donne pour père Gui, pour aïeul Otte-Guillaume, pour bisaïeul Léotald, pour fils Gaufroi...............	1024 ou 1025.
Idem.................	88............	Otton; Gaufroy, son fils.......	sans date.
Idem.................	653............	Otton II; Elisabeth, son épouse.	1025.
Idem.................	219............	Otton II.....................	1028.
Idem.................	380............	Otton II (12); Elisabeth, son épouse......... antérieure à	1031.
Idem.................	490............	Otton II; Gaufroy, son fils; Gui, fils de Gaufroy............	1031.
St Hugues (1049 à 1109).	313, 645.......	Gaufroy....................	sans date.
Idem.................	145............	Gui........................	1074.
Idem.................	70 (comes), 567 (quondam comes).	Gui (13)...................	1078.
Idem.................	506 et 606......	Raynaud II, fils de Guillaume (le-Grand), comte de Bourgogne...................	1078 à 1087.
Idem........ ...	738............	Guillaume (l'Allemand), fils de Raynaud II, comte teutonique (14)............vers	1104.

(11) Le comte Guillaume préside un plaid à Mâcon (ch. 734, sans date).
(12) V. Chifflet, *Histoire de Tournus*, preuves, p. 298. La ch. 688 du cartul. d'Odilon (sans date) est signée du comte Otton et d'*Ilsa* (Elisabeth?), son épouse.
(13) V. ch. 243 et 660 du même cartulaire, sans dates.
(14) V. Juénin, preuves, p. 327; dans l'*Art de vérifier les dates*, les *comtes de Bourgogne*, et *infrà*, IIe partie, chap. VI, note v, et IIIe partie, chap. Ier, § 2, notes c et cc.

(d) Baluze, t. II, col. 70.
(dd) Dans ses *Bosonides*, M. de Gingins ajoute *roi de Bourgogne*.
(e) Baluze t. II, col. 1,506.

En cette année, Bernard, marquis de Gothie, chassé de ses domaines méridionaux, se réfugia en Bourgogne où il était comte d'Autun et de Mâcon. L'année suivante, les fils de Louis-le-Bègue, ligués contre Boson, entrèrent en cette province, la soumirent et prirent ou tuèrent Bernard dans Autun ou Mâcon (*f*).

En 884, Bernard dit *Plantepelue*, comte d'Auvergne, fut, en récompense de ses services, investi du comté de Mâcon par le roi Carloman. Il perdit la vie en 886 dans la guerre qu'il soutenait contre Boson qui s'empara de nouveau de Lyon et de Mâcon.

Ce Bernard avait été marié deux fois, sa première femme s'appelait Lieudgarde et la seconde Ermengarde. Raculfe, son fils, issu de l'un de ces mariages, est qualifié comte de Mâcon dans la charte 284 de notre cartulaire et dans la ch. 129 du cartulaire de l'abbé Bernon. Il ne lui est donné que le titre de vicomte dans la donation de Cluny, en 888, par Ave à Guillaume-le-Pieux, et dans la septième de notre cartulaire. Dans la ch. 284 (vers 892), le nom de Raculfe est suivi de ces expressions : « *vocatus comes.* »

Raculfe ne laissa qu'une fille, du nom de *Colatia, Ecolane, Detolane*. Albéric, fils de Mayol, vicomte de Narbonne, épousa Colatia et devint, par cette alliance, comte de Mâcon. Léotald, fils issu de cette union, se maria en premières noces avec Ermengarde, en secondes noces avec Berthe, et succéda à son père vers 935 (ch. 125 du cartulaire d'Odon et 488 de notre cartulaire) (*g*).

Dès la première partie du Xe siècle, nous voyons le comte entouré de ses vassaux et s'emparant, non-seulement des propriétés du fisc, mais encore des propriétés et des dîmes d'origine fiscale que Saint-Vincent tenait de la munificence des rois. En 915, concile de Chalon, qui ordonne à Raculfe, sous peine d'excommunication, de rendre les biens de l'Eglise dont il s'était emparé (v. *Recueil des conciles*,

---

(*f*) V. Pérard, cartulaire de Perrecy; Henri Martin, *Histoire de France*, t. II, p. 472 et 474, 4e édition ; Paradin, *Histoire de Bourgogne*; Menestrier, *Histoire de Lyon*, p. 250.

(*g*) V. Baluze, *Histoire généalogique de la maison d'Auvergne*, t. 1er, p. 4 et 6, et les autorités qu'il cite; Paradin, p. 116; Fustailler, édition de 1846, p. 22, et la note *bb*, p. XLIX.

par Sirmond). Les ch. 70, 71, 72 (*h*), 156, 157, 292, 420, relatives à des restitutions faites par le comte en faveur et sur les prières de l'évêque, constatent cette appropriation. Le comte faisait ou laissait participer ses vassaux à ces usurpations (*i*).

Aussi Saint-Vincent, qui tenait presque toutes ses propriétés et tous ses revenus de la piété et de la libéralité des rois, n'obtint-il plus d'eux, à dater du Xe siècle, que de simples actes de confirmation ou de protection. L'acte inséré dans la 99e charte n'a pas d'autre caractère et d'autre but que de consacrer les restitutions qui font l'objet des ch. 71 et 72. Les diplômes émanés des rois Raoul, Louis IV, Lothaire, et inscrits dans les cartulaires de Cluny sont également de simples actes de confirmation ou de protection accordés à ce monastère pour leurs possessions dans le Mâconnais (*j*).

Le fisc royal s'est donc converti, quant aux immeubles, en propriété *comtale* (*k*), et les tributs, en rentes féodales.

Le comte possédait tous les attributs de la souveraineté ; la preuve de sa puissance souveraine résultera de l'ensemble de la dissertation. Mais il fut obligé, à la fin du XIIe siècle, de reconnaître la suzeraineté du roi pour ses possessions les plus importantes et dans les circonstances suivantes :

Louis VII, appelé dans nos contrées soit pour mettre fin à la guerre entre Girard, comte de Mâcon, et le comte de Bagé (*l*), soit pour remédier aux vexations et usurpations commises par les seigneurs, notamment au préjudice des Eglises (*m*), profita de cette occasion pour faire reconnaître sa suzeraineté par le comte de Mâcon.

(*h*) « Reddiderunt aliquid ex rebus quas tenebant et quæ dudùm Sancto Vincentio delegatæ fuerant. — Didisci quòd quasdam de rebus Sancti Vincentii multi antecessores mei habent dissipatas sive abstractas injustè pro diversis locis ubi potuerunt. — Proclamavit quòd nonæ et decimæ de fiscis matisconensibus, quibus prœterito tempore canonici vestiti fuerunt, injustè eis ablatæ fuerant. »

(*i*) Mêmes chartes et 243; Chantereau, liv. Ier, chap. VIII, et Brussel, p. 59 et 69.

(*j*) V. le cartulaire des priviléges coté C.

(*k*) Cette propriété est qualifiée ainsi dans plusieurs chartes de dates diverses, 32, 47, 183, 336, 274, 487.

(*l*) *Histoire du Beaujolais*, par M. de la Carelle, t. Ier, p. 70 et suiv.; Guichenon, *Histoire de Bresse*, p. 50.

(*m*) Martène, t. Ier, p. 875; Chifflet, *Histoire de Tournus*, preuves, p. 452. Guillaume, comte de Chalon, avait attaqué et dévasté l'abbaye de Cluny, en 1170.

Le roi fut obligé de déclarer la guerre à Girard. La lutte fut longue, et les possessions de l'évêché eurent à en souffrir. Les parties se réunirent enfin au château de Vinzelles, et, sur le conseil de leurs barons, elles firent la paix en 1172 (ch. 631). Girard se déclara l'*homme* du roi; reconnut avoir reçu en *casement* ou fief (*n*) les châteaux de Vinzelles, Montbellet et La Salle; prêta serment de fidélité au roi; promit d'observer le traité qui était intervenu entre Humbert de Beaujeu et lui, de conserver à toujours la paix envers l'Eglise de Mâcon, de réparer les dommages qu'elle avait soufferts à l'occasion de cette guerre, et d'indemniser, autant que possible, Ulric de Bagé; enfin fit remise des droits de gîte qu'il exerçait sur la terre de Romenay appartenant à l'évêché. En cas d'infraction au traité de paix, Humbert de Beaujeu et Joscerand-le-Gros, sire de Brancion, étaient déliés de leurs devoirs de fidélité envers le comte et devaient se joindre au roi jusqu'à ce que réparation eût été faite; ces seigneurs le promirent par serment et sur les injonctions de Girard lui-même (*o*).

§ 2. — LE VICOMTE.

Le vicomte était le lieutenant du comte et le remplaçait dans la présidence du Mâl (*oo*).

Mayeul est le premier vicomte dont il soit fait mention dans les cartulaires soit de Saint-Vincent (ch. 185), soit de Cluny (*p*); sa nomination remonterait à peu près à 940. Antérieurement le délégué du comte prenait le seul titre temporaire de *missus* (ch. 152, 504). Mayeul est mentionné dans la ch. 23 du cartul. d'Odon, datée de 943, et dans les ch. 30 et 140 du cartulaire d'Aymard; dans la première il préside, conjointement avec l'évêque Maimbod, le mâl public réuni à Mâcon dans le mois de mai.

(*n*) Ces deux expressions ont la même signification. V. ch. de Cluny citées dans l'*Album* de Saône-et-Loire, t. II, p. 164, 165, et la ch. 536 de notre cartulaire.

(*o*) Voir *infrà*, II° partie, chap. VI.

(*oo*) Ch. 186 de notre cartul. et 575 de celui de Saint Mayeul.

(*p*) Cependant la ch. 354 de notre cartul. (899 à 923), presque répétée au n° 188 et probablement rédigée à Mâcon, est signée d'un vicomte Etienne. Mais vicomte de quelle contrée? On ne le voit plus reparaître.

Walter a succédé à Mayeul vers 946. Son nom figure à côté de celui du comte Léotald dans la ch. 165 d'Aymard, datée de 947, et dans la 564° de Saint Mayeul, datée de 961 (*pp*).

Narduin, qui antérieurement est considéré dans diverses chartes comme simple fidèle, a succédé à Walter vers 962. Son nom figure également à côté de celui du comte Albéric dans la ch. 202 de Saint Mayeul, datée de 965.

Les ch. 96, 113 et 589 du cartul. de Saint-Vincent, ainsi que les documents conservés par Severt (p. 86, 90, 109, 118), mentionnent l'existence de vicomtes au XI° siècle. Il en est de même pour le XII°, suivant la ch. 622 et celles citées soit par Severt (p. 143), soit par Juénin (p. 329).

Le comte de Mâcon semble n'avoir eu qu'un vicomte. Il est vrai que la ch. 71, répétée au n° 157, mentionne le vicomte Albéric à côté du vicomte Walter. Mais le premier paraît avoir été étranger à notre contrée, car, à la différence de Mayeul et de Walter souvent cités dans divers documents, notamment dans les cartulaires de Cluny, on ne voit plus figurer nulle part Albéric. Nous ferons la même observation au sujet du vicomte Willaume mentionné seul dans la ch. 48, datée de 948.

Le vicomte ne prend pas le titre de *matisconensis*. Lorsque l'on veut préciser sa mission, on ajoute le titre de *missus* du comte nominativement désigné (*q*). Une charte du XII° siècle, citée par Juénin (*r*), qualifie même Artaud du titre de vicomte de *Girard*.

Le vicomte de Mâcon n'était donc que l'agent du comte. Néanmoins, considéré comme fonctionnaire subalterne, sa juridiction s'étendait sur tout le comté. Aussi, bien que la plupart de ses actes soient datés de Mâcon, on voit le même vicomte remplir ses fonctions dans diverses parties du comté.

Sa résidence paraît avoir été établie à Mâcon, ce qui s'induit et du nombre des actes datés de cette ville et de la situation des propriétés attachées à son titre (ch. 183).

(*pp*) V. aussi ch. 71, 157 et 186 du cartul. de Saint-Vincent.
(*q*) Ch. 186 de notre cartul. et 575 de celui de Saint Mayeul.
(*r*) *Histoire de Tournus, preuves*, p. 319.

Au XIe siècle, la vicomté était héréditaire et inféodée, car, dans la ch. 589, le vicomte n'est pas indiqué par son nom et partage le produit du ban-à-vin.

De ce qui précède, il résulte que l'existence de vicomtes et même l'érection d'une vicomté dans le Mâconnais n'ont pas fait naître de subdivisions territoriales administratives. Il en a été autrement pour certains comtés d'une grande étendue (s), mais alors le vicomte prenait le titre de la petite ville, chef-lieu de sa circonscription (t).

§ 3. — VASSAUX DU COMTE.

Les vassaux du comte étaient nombreux, plusieurs d'entre eux sont dénommés dans diverses chartes (u). Parmi ces vassaux, figuraient de puissants seigneurs; nous avons vu, en effet, à la fin du paragraphe premier, que les sires de Beaujeu (v) et de Brancion avaient pour suzerain le comte de Mâcon, à raison de leurs possessions dans son comté (x). Les uns ne relevaient que du comte, d'autres tenaient leurs possessions en arrière-fiefs, par exemple les seigneurs de Vinzelles, Montbellet, La Salle, après la reconnaissance par Girard de la suzeraineté du roi (ch. 631).

§ 4. — PAIRS DU COMTE.

L'évêque de Mâcon, comme seigneur féodal, ne relevait pas du comte. En effet, les propriétés des chanoines possédées *integrè et purè*,

---

(s) V. Brussel, p. 675 et suiv.

(t) V. *infrà*, IIIe partie, chap. VII, *propriété vicomtale*.

(u) Voir notamment ch. 156, 157, 501, 631.

(v) La ch. 483 de notre cartulaire (XIe siècle) et la ch. 682 du cartulaire de Saint Hugues (1097) qualifient le seigneur de Beaujeu du titre de *miles*. A cette époque cette expression avait, dans les rapports féodaux, la même signification que celle de *homo* (vassal). V. Brussel, p. 679. Joscerand-le-Gros (du château d'Uxelles) s'exprime, en 1074, dans les termes suivants : « Ego tenebam et pro me miles *meus* Dalmacius quasi in hereditarium fevum tenebat ecclesiam de villâ Ainâ (ch. 143 du cartul. de Saint Hugues).

(x) Aussi Joscerand, d'Uxelles, ne dispose-t-il au profit de Cluny de diverses propriétés situées dans le comté, notamment de l'église de Saint-Laurent, que « *cum consensu seu laudamento Matisconensis comitis Widonis,* » ch. 145 du même cartulaire. De même, dans la ch. 682 citée dans la note précédente, le sire de Beaujeu n'est qu'un des juges du plaid présidé par le comte de Mâcon. V. aussi ch. 75 du cartulaire de Saint Mayeul.

liberè, conformément aux anciens priviléges concédés par les rois (ch. 66, 98), et confirmés par le pape (ch. 514, 579), étaient affranchies *omni comitali consuetudine* (ch. 580). Aussi ces propriétés sont-elles parfois qualifiées du titre d'*alleu* (ch. 464, 489).

L'évêque n'était vassal que du roi (ch. 59, 102).

Le comte n'était également que le *pair* et non le suzerain des abbés de Cluny et de Tournus (*y*).

L'abbé de Cluny, souverain sur ses terres, avait aussi de nombreux vassaux relevant directement de lui (*z*). Nous avons fait insérer ailleurs, notamment dans le t. II de l'*Album* de Saône-et-Loire, diverses dissertations sur l'étendue de la puissance temporelle de l'abbé de Cluny; nous nous croyons dispensé de les analyser ici. Un résumé a été, du reste, publié par l'Académie de Mâcon en 1851.

SECTION II. — LES ROTURIERS.

§ 1er. — HOMMES LIBRES.

Les seigneurs et les ecclésiastiques formaient les classes supérieures; les colons et les serfs, les classes inférieures; les hommes libres, la classe intermédiaire (*a*).

Cette dernière classe, nombreuse à la suite de la conquête, et composée soit des conquérants, soit des Gallo-Romains qui avaient conservé leur liberté et leurs possessions, alla en diminuant de siècle en siècle. Au temps de la féodalité, les hommes libres, en général,

---

(*y*) Ch. 682 du cartul. de Saint Hugues; *Album* de Saône-et-Loire, t. II, p. 166, 167.

(*z*) V. Notamment ch. 149 et 536 du cartul. de Saint Hugues.

(*a*) M. Guérard (prolégomènes du polyptique d'Irminon) divise les hommes libres, en général, en trois ordres : ceux du premier ordre étaient établis sur leurs propres terres dont l'administration et la juridiction, au moins en partie, leur appartenaient; ceux du second étaient propriétaires, mais ne jouissaient d'aucune immunité et n'avaient pas de juridiction ; ceux du troisième n'avaient ni propriété ni juridiction. Au fond, cette division ne diffère pas de la nôtre, car les seigneurs représentent le premier ordre; les hommes libres propriétaires, le second; les colons, le troisième. Nous n'avons eu communication de ces prolégomènes qu'après notre travail terminé, c'est ce qui explique pourquoi nous n'avons cité cette savante étude que sur quelques points et dans des notes supplémentaires. Nous pourrions répéter la même observation à l'égard de plusieurs autres œuvres modernes.

étaient devenus seigneurs, vassaux ou ecclésiastiques (*aa*), ou bien étaient entrés dans le colonage en conservant la liberté de leurs personnes ou avaient perdu même la liberté.

Cependant nos chartes, même au temps de la féodalité, conservent encore de nombreuses traces de l'existence, dans notre contrée, de cette classe intermédiaire.

En effet, un grand nombre de chartes des IXe, X^e et XIe siècles contiennent des dispositions de propriétés territoriales au profit de Saint-Vincent par leurs possesseurs, simples particuliers (*b*), agissant souverainement (*bb*).

Les possesseurs qualifient même, parfois, leur propriété du titre d'*alleu* (*c*). D'autres fois, elle est dite *indominicata* (par ex. : ch. 358).

On lit aussi fréquemment dans les cartulaires de Cluny les expressions de *mansus vel curtillus indominicatus*, d'*allodium* (*d*).

Il est donc constant qu'il existait sur notre sol une classe de libres propriétaires en dehors de la féodalité.

Notre cartulaire donne encore d'autres preuves de ce fait. Le comte ou le vicomte, lorsqu'il présidait le mâl, devait être assisté de *scabins* (échevins), habituellement au nombre de sept, c'est-à-dire d'assesseurs ou de juges choisis parmi les hommes libres du canton. Or, à la fin du IXe siècle (ch. 284) et au Xe siècle (ch. 186, 501), nous voyons des échevins *(scamini* pour *scabini)* siéger avec le comte, président du mâl. La ch. 420 (954 à 960) mentionne une enquête faite à Mâcon par le comte, à laquelle assistent et dans laquelle sont entendus ses *fidèles*, des *citoyens* et des habitants.

Nous avons dit que, au temps de la féodalité, le nombre des propriétaires indépendants était fort restreint. Incapables, en effet,

---

(*aa*) La 18e charte du cartul. de Bernon, datée cependant de 950, contient les expressions suivantes : « Moi Léotald, me dispose à quitter le ceinturon militaire et à faire couper ma chevelure et ma barbe pour prendre l'habit monastique. »

(*b*) Quemdam virum, ch. 253; Ego Drogbertus, ch. 417. Les seigneurs sont désignés par *viri nobiles vel illustres*, par ex. : ch. 243, 393, ou par la nature des droits qu'ils exercent ou concèdent.

(*bb*) V. notamment ch. 185, 295.

(*c*) Ch. 253, 365, 392, 417, 603, 608.

(*d*) V. *Album* de Saône-et-Loire, p. 159.

de se protéger eux-mêmes, ils obtenaient la protection du seigneur voisin plus puissant en lui transférant le domaine direct de leurs possessions qu'ils retenaient à titre de bénéfice ou de cens. Parfois un sentiment d'excessive piété les portait à donner aux établissements religieux non-seulement leurs propriétés, mais encore leurs personnes et leurs enfants. C'est ainsi qu'en 968 (ch. 365), nous voyons un père, ses fils et sa fille donner aux chanoines de Saint-Vincent leurs propres personnes et toutes les propriétés dépendant de leur alleu situé près de Viré (*dd*). Ils conservent néanmoins ces possessions, mais à la charge d'un cens annuel de six deniers et sous la condition qu'au décès du survivant les chanoines pourront en disposer librement (*e*).

Les chartes d'affranchissement conférées aux villes vinrent augmenter le nombre des citoyens ou des bourgeois. Celle donnée à la ville de Cluny par Saint Hugues, à la fin du XIe siècle, est connue. Nous avons expliqué dans le t. IIe de l'*Album* de Saône-et-Loire la nature et l'étendue des droits qu'elle conférait et comment le serf lui-même pouvait acquérir la liberté et le droit de cité.

Nous croyons que, au XIe siècle, les comtes ont conféré aux habitants de Mâcon des droits de bourgeoisie. En effet, à la fin de la ch. 626, il est fait mention de plusieurs *bourgeois* qui comparaissent comme témoins à Mâcon devant le Chapitre de St-Vincent.

Dans son ordonnance de 1346 (*f*), Philippe de Valois s'exprime ainsi : « Nous avons vu les *franchises, libertés, us* et *coutumes* de la ville de Mâcon, desquels les *citoyens* et habitants d'icelle ville

---

(*dd*) La 4e charte du cartulaire de l'abbé Bernon est ainsi conçue : « Ego Lilia trado ad Cluniacum memet ipsam, quandiù vixero, Deo servituram, et dono res quas habere videor. »
Si l'homme libre ne pouvait réparer pécuniairement le dommage qu'il avait causé par le meurtre d'un serf, il devait payer ce dommage de sa propre personne et de sa liberté. La ch. 235 du cartul. d'Aymard, datée de 945, est ainsi conçue : « Moi Sicher, j'ai tué un des serfs de Saint-Pierre et de Saint-Paul. A raison de ce fait, j'abandonne au monastère de Cluny ma personne et ma liberté. Dès lors, tout ce que j'acquerrai appartiendra à ce monastère, et je ne pourrai rien faire et aller nulle part sans la permission de l'abbé et des moines qui pourront, en toutes choses, disposer de moi à leur volonté. » V. aussi les ch. 121 et 557 de St Mayeul, et les capitulaires de Charlemagne, liv. III, chap. LXV, dans Baluze, 1, col. 766).

(*e*) V. la formule 44e de Sirmond : « *Qui se in alterius potestate commendat ingenuili ordine.* »
(*f*) V. t II des ordonnances, p. 348.

usaient *au temps des comtes* et usent depuis que la comté est annexée à la couronne, contenant cette forme, etc.

» Les citoyens et habitants ne devaient ni tailles, ni toltes, ni autres exactions (art. 18). »

La participation aux priviléges s'acquérait par résidence d'an et jour dans la cité. L'article 18 porte même que les larrons, les meurtriers et tous malfaiteurs sont jugés par les citoyens.

La rédaction en vieux français de ces anciens statuts, vue par Philippe de Valois, est sans doute postérieure à l'acquisition du comté par Saint Louis, car il n'y est jamais question du comte comme seigneur, mais toujours du roi. Néanmoins le préambule de ces statuts constate, d'une manière formelle, que leur origine remontait au temps des comtes, et les mentions de la ch. 626 ci-dessus citée indiquent le XIIe siècle.

Charlieu n'a été affranchi que dans les premières années du XIIIe siècle (*ff*).

Thizy, fondé dans le XIIe siècle par les sires de Beaujeu, fut, dès son origine, déclaré ville libre et franche *(villa franca et libera)*. Philippe-Auguste le qualifie de *bourg* (*g*). Sa liberté et ses franchises furent successivement maintenues par les divers seigneurs de Beaujeu (*h*); et la donation dont il est fait mention dans le diplôme de Philippe-Auguste ne pouvait avoir pour objet que certaines redevances réservées par le seigneur.

§ 2. — LES COLONS.

Les colons sont habituellement distingués des serfs : *coloni et colonæ, servi et ancillæ* (ch. 392), *ingenui et servi manentes* (ch. 67,

---

(*ff*) V. la charte publiée par M. Aug. Bernard, en 1857, dans une notice sur l'histoire de cette ville.

(*g*) V. *suprà*, chap. Ier, section II, § 5, p. XXXV.

(*h*) V. le spicilége d'Achery, t. IX, p. 259, charte de 1273; Ducange, v^{is} *franca villa*.

Les habitants de Tournus avaient obtenu des droits de bourgeoisie au XIIe siècle, néanmoins ils restèrent soumis à la mainmorte et à la taille. En 1202, cette coutume *odiosa et nimis dira* cessa par suite d'une transaction entre l'abbé et les habitants. V. Chifflet, *preuves*, p. 452 et 455. Ce n'est que dans la première moitié du XIIIe siècle que Humbert concéda des droits de bourgeoisie aux habitants de Beaujeu.

98) (*hh*). Les ecclésiastiques ont respecté cette distinction avec plus de scrupule que les seigneurs laïques (*i*).

Les vastes possessions des abbayes de Cluny et de Tournus et celles de l'évêché ont fait maintenir, dans notre contrée, au profit des colons, la condition qui les distinguait des serfs de la glèbe.

En effet, les ch. 225, 279, 427 et 444 du cartulaire d'Odilon donnent pour confins *terra francorum*, et en fixent la position au soir de Massy. Même mention dans la ch. 629 du cartulaire de Saint Hugues pour un fonds près de St-Gengoux-de-Scissé. Le cartulaire de Saint-Vincent reproduit cette qualification pour des propriétés situées à Igé (ch. 107, 189, 250), à Viré (342), à Chaintré et Vinzelles (464). Guichenon (*j*) rapporte une donation par le comte Léotald à l'abbé Aymard, en 954, d'un manse situé près de Fuissé (v. aussi ch. 134) et ayant pour confins, au nord, *terra francorum*. Enfin, la ch. 371 de notre cartulaire qualifie de *terra francalis* une propriété près de Replonges *(in pago lugdunensi)*.

La terre des *francs* doit être prise, dans ces chartes, par opposition à la terre des *serfs*. La ch. 402 de Saint Mayeul contient, en effet, les expressions suivantes : *in villâ Senosano francorum et in Senosano servorum*. Pérard (p. 147) reproduit une charte de 867 où on lit : « *sui servi et sui franci.* » La ch. 58 de Bernon s'exprime ainsi : « Ego Ascherius dono in cautione homines *meos* francos in villâ Vetuscourt et *terram* (*jj*) quam ibi habeo. » La ch. 124 d'Aymard : « Ego dono unum francum *cum* franchidiâ *suâ* quam *tenet*..... Dono etiam servos..... »

Le privilége concédé par Louis-le-Jeune, en 1146, à l'abbaye de Tournus, contient les expressions suivantes : « *Servi, coloni seu franci super terram monachorum commanentes* (*k*). »

(*hh*) Homines *eorum* liberos ac servos, dit Louis-d'Outre-mer, en 939 (dans un diplôme en faveur des moines de Cluny), nemo distringat.

(*i*) V. notes de Bignon sur Marculfe dans Baluze, t. II, col. 953.

(*j*) *Biblioth. sebus*, p. 275. Dans la ch. 745 d'Odilon on lit : *Nemus francorum hominum*.

(*jj*) Cette terre est qualifiée *frangisia* dans la ch. 122 d'Odon, et *franca* dans la ch. 49 de Bernon. La *frangisia* pouvait se composer de plusieurs fonds (ch. 241 de Saint Hugues).

(*k*) V. Chifflet, *preuves*, p. 447; ch. 686 de Saint Mayeul : « Nec à francibus hominibus nec à servis in villâ Colonias commanentibus audeat exactiones aliquis distringere; » Ducange, v° *franci*, 1.

Il devient dès lors évident que les *franci* étaient des colons libres cultivant les terres d'autrui (*kk*). Aussi ces colons étaient-ils soumis à des redevances désignées quelquefois sous le nom de *franchisiæ mansi* (ch. 274, 334, 380, 389 du cartul. de Saint Hugues et 46 du cartul. de Saint Mayeul). Le manse qu'ils cultivaient était-il aliéné? Les redevances passaient, comme accessoires, au pouvoir du nouveau maître et parfois elles étaient désignées par la personne même qui les payait. En effet, disposer du *franc* ou de ses redevances, c'était exprimer la même idée (ch. 124 d'Aymard; 256 et 268 du cartul. d'Odilon).

Quelle espèce de propriété désignaient les mots *terra vel nemus francorum?* Distincts de la tenure privée, cette terre et ce bois constituaient la possession de colons libres habitant une *villa* ou partie d'une *villa* et formant une communauté. En effet, les ch. 402 et 837 du cartul. de Saint Mayeul désignent un village du territoire de la *villa* de Senozan par les mots *villa Senozana francorum*. Ces communautés et ces possessions ont eu probablement pour origine l'établissement dans notre contrée de colonies de Francs qui, dès le principe, ont laissé des terrains dans l'indivision en les affectant à la jouissance commune. Le malheur des temps a fini par réduire ces hommes libres à la condition de colons sur leurs propres terres, mais sans leur enlever la jouissance des communaux. Les seigneurs, en affranchissant les serfs de leurs villages, les ont aussi fait *francs*, mais *francs* soumis à la condition de colons (v. 195 de notre cartul.), et, soit par imitation, soit dans un but d'utilité, leur ont concédé des biens communaux.

La condition du colon, soit qu'elle fût due à la liberté de son origine, soit qu'elle émanât de la volonté du seigneur, était, à chaque instant, compromise par l'abus du pouvoir seigneurial. Attaché à la possession par l'effet de sa volonté, du moins à son origine, il eut le désir naturel de s'y perpétuer et de la transmettre à sa famille.

(*kk*) La ch. 366 d'Odilon contient la définition suivante : « *Terra francorum qui burgentii vocantur.* » *Burgentii* pour *burgarii*. M. de Gingins (Souveraineté du Lyonnais au Xe siècle, p. 21, note 2), traduit les mots : *à sero, terrâ francorum*, extraits d'une charte de Cluny, par les expressions suivantes : « limité, au soir, *par la frontière de France!* »

Le serf et sa famille furent aussi attachés à la possession, mais forcément. Les redevances payées par l'un et par l'autre et tirées du sol étaient de même nature; il n'y avait de différence que dans les proportions mal définies et dans la cause, circonstances que la suite des temps faisait oublier. Le seigneur finissait donc par ne plus distinguer, dans l'étendue de son domaine, le colon du serf, et cette confusion devait réagir contre la liberté personnelle du colon et le rapprocher de la condition du serf. Opprimé par les exactions, quittait-il sa possession, le seigneur le forçait à rentrer (*l*). Sa possession assimilée à une tenure servile, le seigneur disposait à volonté et du colon et de son avoir particulier (*m*).

Au temps des chartes que nous avons citées, le colon *franc* avait sans doute un droit de possession sur la propriété qu'il cultivait, puisque le serf lui-même ne devait pas en être détaché par le propriétaire (*mm*). Ce droit était également transmissible héréditairement. Mais il ne pouvait, pas plus que le serf, aliéner la propriété, car il n'en était que le *cultivateur* (ch. 198, année 1022). Il ne pouvait pas même céder sa possession à un autre, car il aurait ainsi porté atteinte aux droits du propriétaire. Il était, de fait, attaché au sol (*n*).

Qu'est-ce qui le distinguait donc du serf de la glèbe ?

C'était, indépendamment d'une liberté plus grande dans les alliances et des droits du père de famille, le pouvoir d'acquérir par contrat et par succession, de conserver et de disposer; c'était la connaissance de ses charges, la limite qui leur était imposée (*o*), le

---

(*l*) *Vita Sancti Geraldi* par Odon, lib. I, c. XXIV, dans *biblioth. Clun.*, col. 78, 79. Appendice de Marculfe, form. 1, 2, 4, 5 et 12, et Bignon, form. 6; v. aussi l'excellente dissertation de M. Revillout sur le *colonat chez les Romains*, 2ᵉ article, p. 9, 17, 21, 26, 34, 36, 43, 51, 58, 59 et 63.

(*m*) V. ch. 268 du cartul. d'Odilon : *Dono unam coloniam cum duobus francis* B. *et* L. *et eorum hereditatem.*

(*mm*) V. Pardessus, *Loi salique*, p. 521, et M. Revillout, *loc. cit.*, p. 37.

(*n*) Appendice de Marculfe, formule 32, et M. Revillout, *loc. cit.*.

(*o*) V. ch. 198. Aussi Sirmond, dans ses notes sur les capitulaires (Baluze, t. II, col. 806), dit-il que le *mansus ingenuilis* se distingue du *mansus servilis* en ce que ses charges sont plus légères. Bignon, dans ses notes sur Marculfe (*eod. loc.*, col. 906), ajoute que le *mansus ingenuilis* était la résidence du colon libre. M. Guérard (polyptique de l'abbaye de Saint-Remy de Reims, p. 14) a établi que, par la suite des temps, cette distinction avait cessé d'être exacte. V. aussi M. Revillout, *loc. cit.*, p. 22, 39.

droit de la faire respecter en justice (*oo*); il n'était pas, en un mot, taillable et corvéable à merci, ni mainmortable. Cette différence était considérable, parce que, par l'économie, elle faisait naître l'espérance d'un complet affranchissement. La conversion en argent des prestations en nature aida puissamment; le colon devint censitaire, put se considérer comme propriétaire et le devint effectivement.

La condition du colon franc ou libre, dans les premiers siècles de la féodalité, était à peu près semblable à celle du colon romain qui fait l'objet du titre IX, liv. V du Code Théodosien (*p*); mais elle en différait en ce que souvent, malgré sa liberté, le colon était astreint à des services corporels (*pp*). Le colonage était enfin une demi-liberté et une demi-servitude, une demi-liberté dérivant de la condition de sa personne, une demi-servitude dérivant de la possession de la terre à laquelle il était attaché.

§ 3. — LES SERFS.

L'esclavage antique avait comme disparu au Xe siècle. Les esclaves étaient passés de la maison du maître à la campagne, du service de la personne à la culture des terres. D'esclaves ils étaient devenus serfs, manants, *casés* ou colons.

Cependant des chartes du XIe siècle (447, 454, 474, 527, 530; v. aussi ch. 143 et 706 d'Odilon) attestent encore l'existence partielle de la servitude personnelle. Les maîtres donnent à Saint-Vincent, indépendamment de toute propriété, et pour racheter leurs âmes et celles de leurs parents, leurs esclaves avec femmes et enfants, pour que, à perpétuité, ils soient attachés au service de l'Eglise et des chanoines, comme *servi ecclesiastici* ou *secundùm morem ecclesiasticorum* (*q*).

(*oo*) V. M. Revillout, *loc. cit.*, p. 31, 37 et 39.
(*p*) V. Jacques Godefroy dans ses paratitles sur le titre *De fugitivis colonis, inquilinis et servis.*
(*pp*) V. loi 1, tit. LIV, liv. XI du Code Justinien : *Ne rusticani ad ullum obsequium devocentur.*
(*q*) Pérard (p. 57) reproduit une charte du IXe siècle portant affranchissement, *per cartam*, de deux esclaves, à la charge par eux et leurs enfants de payer un cens annuel et en deniers aux chanoines de Saint-Etienne de Dijon. Les affranchis *per chartam vel tabulam* étaient, à raison du mode employé, dits *Cartularii*. Ce mode d'affranchissement se réalisait dans l'église,

La charte 195, que nous croyons du IXe siècle, nous donne un exemple d'affranchissement de la servitude personnelle : « Au nom de Dieu, moi Adalgise, lévite, je fais *francs* quelques esclaves m'appartenant, et leur donne un curtil avec sa demeure dépendant de mes propriétés et situé près des murs de la ville de Mâcon, dans le bourg d'en haut. Ils le possèderont pendant leur vie, et, à leur mort, il écherra à Saint-Vincent. Si quelqu'un ose contester cette *ingénuité*, qu'il soit condamné à une amende de quatre livres d'or. »

Ces affranchis deviennent propriétaires libres, mais viagers, et Saint-Vincent doit recueillir leur propriété par substitution. Leur postérité s'est probablement perpétuée sur la possession, mais à titre de colons libres. La ch. 149 du cartulaire d'Aymard, datée de 947, a également pour objet une donation d'esclaves, et le donateur ajoute : « Ces esclaves sont sains de corps et d'esprit et ne sont ni fugitifs ni captifs. » La charte 115 d'Odilon contient aussi les expressions suivantes : *Tradimus ancillam nostram L., non fugitivam, nec furtivam*.

La servitude se changea donc en servage lorsque le maître attacha l'esclave à la culture de la terre. Le temps, en consacrant cette destination, la rendit définitive, et le maître lui-même ne put la révoquer. Le serf suivait le sort de la terre (*qq*). Mais, s'il était lié à la terre, s'il en était une dépendance, un accessoire, il en était aussi protégé. Sa condition, en effet, acquit une fixité que ne pouvait lui garantir la servitude personnelle et domestique. En déclarant

---

devant l'archidiacre, et acte en était rédigé. L'affranchi suivait la loi romaine et restait sous le patronage de l'Eglise. « Les individus affranchis par l'Eglise, porte le chap. VII du 2e concile de Mâcon, en 585, seront jugés par l'évêque. »

L'affranchissement *per denarium ante regem* dérivait des lois germaniques, et l'affranchi restait sous le patronage du roi. L'affranchi *per epistolam privatam* restait soumis, comme le *denarialis*, à la loi de l'ancien maître et sous son patronage ou celui de quelque puissant personnage adopté, sinon sous celui du roi. (V. formule 1re de Bignon ; notes du même sur Marculfe, col. 904, 945, 947 ; pour les affranchis *in ecclesiâ*, l'appendice de Marculfe, form. 56, et notes de Bignon, col. 968 ; Laboulaie, *Histoire de la propriété*, p. 443 ; Pardessus, *Loi salique*, 2e dissertation, p. 448, et 7e, p. 527 et 531). Pérard, p. 36, cite deux chartes du cartul. de Perrecy (816 à 821) ayant pour objet la revendication devant le mâl du serf Maurice qui vivait *sub lege salicâ*. — L'affranchi sans ressource redemandait parfois à reprendre le joug de la servitude. V. ch. 590 du cartul. de Saint Mayeul.

(*qq*) V. A. Thierry, du *Tiers-Etat*, p. 7, 9, 10 et 12. Les esclaves rustiques furent incorporés au sol, en 374, par une constitution de Valentinien et de Valens.

son mariage sacré et indissoluble, l'Eglise lui assura une famille et les droits naturels qui en découlent, lui donna un *état* et le fit homme, de chose qu'il était (v. loi 1, liv. II, tit. II du code Théodosien). Toutefois, ce mariage ne lui donnait pas les droits civils de la puissance paternelle sur ses enfants (*r*).

Le servage fut donc un progrès.

L'on reconnaît les serfs aux qualifications de *servi* ou *mancipii* auxquelles on ajoute presque constamment les expressions de *manentes*, *commanentes*, *supermanentes*, *ibi aspicientes* (*rr*). Ils sont, parfois, désignés par la seule expression de *chasati* (ch. 2), *casés*, c'est-à-dire fixés sur la propriété et habitant la case affectée à son exploitation. La ch. 180 du cartulaire de Saint Hugues, datée de 1089, nous montre que, parmi les serfs établis dans la *villa* de Chazelles, appartenant aux moines de Cluny, deux étaient préposés à l'exploitation du moulin *(molendinarii)*, un autre à la surveillance des troupeaux *(bubulcus)*, et trois à la garde soit des forêts, soit même des autres propriétés *(forestarii)*.

Nous avons dit que le maître ne pouvait séparer le serf de sa possession et de sa famille. Cette règle n'était pas rigoureusement observée dans les premiers temps de la féodalité, car, dans la dernière moitié du IXe siècle, nous voyons un donateur (ch. 60) transférer la propriété avec les serfs et se réserver néanmoins l'un d'entre eux, un enfant. Dans la première moitié du siècle suivant (ch. 379), l'évêque Maimbod donne aux chanoines une famille serve et des enfants pour pourvoir à la culture de leurs vignes (*s*).

Au IXe siècle, le seigneur ne reconnaissait encore en faveur du serf aucun droit de propriété. Le donateur de la terre transférait au donataire tout ce qui appartenait au serf, même son pécule (ch. 58,

---

(*r*) V. sur ce sujet la 7e dissertation de Pardessus, *loc cit.*, p. 524, et Michelet, dans son rapport sur *les causes qui ont amené l'abolition de l'esclavage ancien* (Mémoires de l'Académie des Sciences morales et politiques, 1839, t. III, p. 658). La loi II, liv. III, tit. 38 du code Justinien défend de séparer dans les partages la femme du mari et les enfants de leur père. V. M. Revillout, p. 58.

(*rr*) V., entre autres chartes fort nombreuses, les n°s 8, 55, 59, 70.

(*s*) Les cartulaires de Cluny donnent plusieurs exemples de faits semblables, même pour le XIe siècle.

60 et 224 ; v. aussi 313, du Xe siècle) (*ss*). L'on sait également que si le mariage lui constituait une famille (ch. 224), le serf ne pouvait néanmoins le contracter que dans l'étendue de la seigneurie, à moins de conventions spéciales entre les seigneurs voisins (ch. 589), sinon les enfants, suivant le sort de leur mère, appartenaient au maître de cette dernière (ch. 185 et 557 de Saint Hugues). Il ne pouvait devenir clerc ou moine sans l'assentiment de son maître qui alors l'affranchissait pour qu'il pût se consacrer au culte divin. C'est dans ce but que Tetsa, mère de l'évêque Gauthier, affranchit un de ses serfs du nom de Durand, et le donna au monastère de Cluny (*t*). Il ne pouvait intenter une accusation contre son maître ; et ce dernier devait représenter au tribunal son serf accusé, sinon il répondait pour lui.

Les chartes que nous avons citées au commencement de ce paragraphe indiquent une différence de condition entre les serfs des ecclésiastiques et ceux des seigneurs séculiers. Ces derniers n'observaient ni règle, ni mesure dans leurs exactions, et méritaient les reproches que leur faisait Pierre-le-Vénérable (*u*). Les ecclésiastiques, au contraire, animés de sentiments plus humains que la religion leur inspirait et commandait, n'exigeaient de leurs serfs que les redevances usuelles et respectaient leur pécule. Leur condition se rapprochait ainsi de celle du colon soumis à des redevances fixes, aussi abandonnaient-ils les terres des seigneurs séculiers pour passer

(*ss*) Guichenon (*Histoire de la Bresse, preuves*, p. 61), reproduit la ch. 361 de l'abbé Odilon, émanée du comte Othon, où le pécule est qualifié *alleu*. Même expression dans la ch. 280 du même cartulaire ainsi que dans le diplôme de Louis d'Outre-mer, en 946, inséré dans *Biblioth. Clun.*, p. 275. Cette qualification prouve que si le seigneur pouvait transmettre au donataire la terre, les serfs qui la cultivaient, ainsi que leur pécule, quelle que fût la nature de ce pécule, néanmoins il laissait alors à ses serfs la faculté de disposer de ce pécule qui, par ce motif, était considéré comme leur alleu. En ce sens, le mot *alleu* comprend tous les biens meubles et immeubles (v. Gans, *Histoire du droit de succession en France*, traduction par de Loménie, p. 59 ; Pardessus, *Loi Salique*, p. 538). Diverses chartes de Cluny, au XIe siècle, désignent le pécule par le mot *hereditas* (ch. 129 d'Odilon et 634 de Saint Hugues) : *cum hereditate quam servus conquesivit; cum hereditate et prædio quod habent* (ch. 202 de Saint Mayeul.

(*t*) Ch. 119 du cartul. d'Odilon ; v. Lindembrog, formule 101 ; « *Homo tailliabilis nec homo franchus*, » dit, à ce sujet, l'art. 43 des *Coutumes des Dombes*, dans *Biblioth. Dumbensis*, p. 126.

(*u*) In apol. Cluniac., lettre à Saint Bernard, dans le *Bibliotheca Clun.*; v. aussi *Histoire de Cluny*, par M. Lorain, p. 146.

dans celles des ecclésiastiques (*v*). Le temps et l'économie accroissant le pécule, ils purent en faire emploi et devenir propriétaires (*vv*). Nous avons une preuve de ce fait, si important dans ses conséquences, dans la 13ᵉ charte, qui date de la fin du XIᵉ siècle : il y est dit positivement qu'un serf de Saint-Vincent avait vendu à d'autres serfs de la même Église une terre située à l'entrée du pont de Mâcon et sur laquelle ces derniers avaient construit un four. Les faits relatés remonteraient au commencement du même siècle. La conséquence naturelle de ce droit de propriété, c'est que, en 1077, leurs enfants avaient déjà cessé d'être serfs et disposaient du four en faveur de Saint-Vincent. Les serfs ecclésiastiques osaient même, parfois, s'approprier et vendre la terre qu'ils cultivaient (ch. 327).

Un autre emploi, plus fréquent et non moins important, du pécule, c'est qu'ils purent convertir en argent leurs prestations en nature, et, comme les colons, il finirent par devenir censitaires.

Indépendamment de ces conséquences naturelles de leur manière d'agir envers leurs serfs, souvent les ecclésiastiques leur concédèrent directement l'affranchissement et les élevèrent à la condition de colons libres (*x*). En 1103, Saint Hugues (ch. 798 de son cartulaire) déclare formellement qu'il a concédé l'*ingénuité* aux serfs du hameau de Purlanges ; qu'ils sont affranchis de la servitude et qu'ils travaillent en *liberté* pour Saint-Pierre (*y*).

C'est ainsi que, de degré en degré, une partie considérable des

---

(*v*) Ch. 589 : *Homines comitis penes canonicos suscepti*. V. aussi ch. 711 du cartulaire de Saint Hugues.

(*vv*) La ch. 51 de l'abbé Aymard mentionne la vente d'une vigne par un serf de Saint-Pierre ; mais un des moines intervient dans cet acte et donne son consentement. Dans la charte 141 d'Odilon (du temps du roi Robert), Eldin, serf de Saint-Pierre, vend (*causâ famis*) aux moines, ses maîtres, un curtil situé à Massy et composé de prés, de terres et de vignes.

(*x*) Guichenon (*Histoire de la Bresse*, preuves, p. 5), reproduit un acte d'affranchissement d'une famille serve, suivant les usages *(consuetudines)* et les effets de la loi salique, accordé en 1185 par Jean, seigneur de Balmay, moyennant 18 livres viennoises.

La loi salique, telle qu'elle a été éditée, ne nous a pas conservé de disposition sur ce sujet ; le titre 28 en fait une simple mention. Cette circonstance, jointe à d'autres, nous indique que plusieurs dispositions non écrites de cette loi se sont maintenues néanmoins dans les usages. V. notes de Bignon sur Marculfe, col. 905, et Marculfe, liv. Iᵉʳ, form. 22 ; appendice, form. 24 et 48.

(*y*) Cette charte par nous traduite a été imprimée, en 1851, dans les *Annales* de l'Académie de Mâcon ; v. aussi ch. 473 et 616 du même cartulaire.

deux classes inférieures de la société éleva sa position sociale au niveau commun à la généralité des habitants.

§ 4. — LES JUIFS. — LES AUBAINS *(albani, advenæ)*.

Il existait plusieurs colonies juives dans les environs de la ville de Mâcon. Notre cartulaire en indique la situation au nord des murs de la ville (ch. 195), à Salornay (549), à Davayé (46), à Mouhy (122) (*z*), à Hurigny (140, 148, 270), et près de Fuissé (142). Le cartulaire d'Odilon en mentionne également l'existence à Sennecé et à Salornay (ch. 369, 653).

Jusqu'à la fin du XIe siècle, les Juifs conservèrent, en notre contrée, la liberté de leurs personnes et la libre disposition de leurs propriétés. Ils pouvaient acquérir, vendre et échanger. Au commencement du Xe siècle, l'évêque Girard fait un échange de divers fonds avec l'hébreu Juston, Belise son épouse et leurs enfants (ch. 122). A la fin du même siècle (ch. 273), les chanoines font également un échange de propriétés avec Salomon et Benignus. La ch. 653 précitée relate un acte de même nature émané de l'abbé Odilon. Ces chartes portent que les Juifs pourront disposer des immeubles reçus en échange comme bon leur semblera, les donner ou les vendre.

Le juif Paredonius avait acquis un curtil avec des vignes situées à Fuissé, le comte Albéric en devint propriétaire (*a*) et le concéda à Saint-Vincent (ch. 86, 153).

Les Juifs habitant les cités étaient soumis à des redevances dont la nature faisait l'objet de leur commerce. Ceux de Mâcon étaient tenus de remettre chaque année, le jour des Innocents, au chantre de Saint-Vincent (ch. 529), une certaine quantité de poivre *(consuetudinem debitalem pigmenti)* (*b*). Par suite de difficultés élevées par eux, ils étaient parvenus à diminuer cette ancienne redevance. La mesure et le poids en furent déterminés dans une reconnaissance ;

(*z*) Commune de Prissé.
(*a*) *Per præcepta regalia*, dit la charte.
(*b*) En ces temps le poivre était très-cher et s'achetait au poids de l'or. V. Ducange v^{is} *pigmentum* et *piper*.

mais, en 1051, il en manquait déjà presque le quart. Alors la quantité fut fixée à une livre, dont les deux tiers devaient être de bonne qualité et l'autre tiers de qualité supérieure. La livraison, qui fut garantie par plusieurs cautions, dut être faite à Noël; à Pâques, ils devaient, en outre, fournir des chausses (bottines) du meilleur drap *(caligas (c) de optimo panno)*.

La haine populaire, surexcitée contre les Juifs « meurtriers du Christ, » à l'occasion de la première croisade, fut la cause d'un changement profond dans leur condition sociale (*d*). Les seigneurs en profitèrent non-seulement pour les frapper de cens annuels fort lourds, mais encore pour opérer, à leur préjudice et sur un prétexte quelconque, des confiscations générales ou particulières. Ils furent, enfin, comme serfs des seigneurs, soumis aux droits de suite et à la mainmorte (*e*).

Aubains : Etaient considérés comme aubains les individus qui venaient s'établir dans une seigneurie où ils n'étaient pas nés. Les seigneurs acquéraient à leur égard des droits de succession et même de déshérence (*f*). C'était un gain féodal. Voilà pourquoi, dans une charte du commencement du XII° siècle (589), contenant transaction entre Raynaud, comte de Mâcon, et l'évêque Bérard, il est dit qu'il serait permis aux étrangers dits communément *pieds poudreux (pulverei)* de fixer leur résidence au lieu de leur première arrivée, soit sur les terres du comte, soit sur celles de l'évêque.

(*c*) *Caliga* était une espèce de chaussure montant jusqu'aux genoux, différente, par cette raison, des sandales proprement dites. Les évêques portaient plus particulièrement la première chaussure. V. Ducange, v° *caliga*.

(*d*) De 1010 à 1015, ils avaient été persécutés en Europe sous le prétexte qu'ils avaient incité le calife Hakim à renverser l'église du Saint-Sépulcre. V. Raoul Glaber.

(*e*) Nous nous sommes expliqué sur ce sujet au t. II de l'*Album* de Saône-et-Loire, p. 168 et 169.

(*f*) V. Brussel, p. 944 et suiv.

IIᴱ PARTIE.

DE LA PROPRIÉTÉ FONCIÈRE, DE SES RAPPORTS AVEC LES POSSESSEURS, ET DE SES CHARGES OU REDEVANCES.

CHAPITRE Iᵉʳ.

DES IMMEUBLES ET DE LEURS DIVERSES QUALIFICATIONS.

L'objet de la donation, de la vente, de l'échange, du déguerpissement, etc., est désigné fréquemment par certaines expressions dont le sens est aujourd'hui oublié. Il importe de le rappeler et préciser ; à cet effet, nous citerons quelques exemples :

Dono vel concedo *mansum, mansum indominicatum, ex indominicatu, in beneficio, vestitum, apsum, parciarincum;* dono *casam dominicatam, curtem, hospitium, condaminam indominicatam, curtilum, campum, aplanamenta, cum exitibus et regressibus.*

1. — Le *mansus* (manse, mas, meix) se composait d'une certaine étendue de fonds avec une construction servant à l'habitation du colon et à l'exploitation de la propriété (a).

2. — Le *mansus indominicatus vel ex indominicatu* est, dans notre cartulaire, considéré sous un double rapport : 1° comme manse seigneurial par opposition aux manses des colons (par ex. : ch. 55) ; 2° comme manse dont le maître a conservé la libre disposition

---

(a) V. Ducange sur ce mot.

par opposition à celui possédé *in beneficio*. Le *mansus indominicatus* a ce sens dans les ch. 11 et 484 de notre cartulaire. En effet, dans ces chartes il n'est pas qualifié ainsi parce qu'il servait d'habitation au maître, parce que le maître le cultivait ou le faisait cultiver et en percevait les fruits ; ce qui le prouve, indépendamment de l'opposition de termes que nous venons de signaler, c'est que, dans la dernière charte, il est soumis à un cens en argent et en nature envers le maître. Le *mansus indominicatus* était donc alors celui dont le maître avait conservé la libre et pleine propriété, bien qu'il fût cultivé par des colons libres ou serfs. Le *mansus in beneficio* était, au contraire, celui dont la possession et le domaine utile étaient passés dans les mains d'un tiers en vertu d'une concession émanée du propriétaire, qui s'était réservé seulement le domaine direct et certaines prestations annuelles.

3. — Le *mansus vestitus* était celui cultivé et pourvu des instruments d'agriculture.

Le *mansus absus* vel *apsus* (chartes 61, 484) était-il inculte? Eichornn (*b*) prétend que le *vestitus* se distinguait de l'*absus* en ce que les colons du premier jouissaient de certains droits de possession, tandis que ceux du second pouvaient être, comme simples locataires, renvoyés à la volonté du maître. Les expressions suivantes de la ch. 484 : *mansi absi et parciarinci*, semblent justifier cette conjecture, car il s'agit là de *mansi* dont les fruits étaient partagés entre le colon et le propriétaire; aussi ne sont-ils pas suivis de l'énumération de leurs cens. Ils n'étaient donc pas incultes. Cependant le *Gallia christiana* (*c*) rapporte une charte de 920 qui dit formellement et avec précision que le *mansus absus* était inculte. Le sens particulier et opposé de chacune de ces expressions, néanmoins accolées, se conciliera si l'on considère qu'à son origine la concession de culture à moitié fruits avait eu pour objet un fonds inculte.

(*b*) *Histoire du droit germanique*, VI, p. 468.
(*c*) *Provincia Lugd., instrumenta ecclesiæ augustud.*, p. 69 : « In comitatu augustudunensi, in montibus scilicet eidem civitati prominentibus, penitùs absos et omni culturâ destitutos, pascuis solummodò animalium aptos, quos à potestate comitali domnus Jonas, antecessor noster, regiâ auctoritate adeptus est. Juxta murum quoque ipsius civitatis, mansum unum similiter absum. »

Les *vestiti* et les *absi* sont dits les uns et les autres *indominicati* par opposition à ceux *in beneficio* (ch. 484), et la ch. 61, après avoir énoncé qu'une propriété se composait de cinq *vestiti* et de deux *absi*, indique la contenance de cette propriété (cent meytérées) et la qualifie de *terra dominicata*. Cette différence d'expression ne vient donc pas, comme le dit Eichornn, d'une différence de condition entre les colons (*cc*).

4. — *Casa dominicata* vel *indominicata* avait la même signification que *mansus indominicatus*, puisque la charte 55, datée de 825, s'exprime ainsi : Casa dominicata et *reliqui* mansi.

5. — Les expressions *curtilus*, *curtile*, sont répétées très-fréquemment dans notre cartulaire. A cette époque, ce mot n'avait plus une signification bien précise. En effet, nous trouvons les mentions suivantes dans la ch. 77 : Dono aliquid ex rebus meis sitis in villâ Vincellâ, hoc est *curtilus* cum vineâ insimul tenente, qui terminat... Et dono in ipsâ villâ vineam quæ terminat.... » La première disposition comprend deux objets formant un seul ténement, le premier était l'habitation et le second la vigne qui la touchait, le tout est qualifié *curtil*. Aussi la ch. 104 s'exprime-t-elle ainsi : Donamus curtillum cum vineâ, situm...., hunc curtilum cum *domo* et vineâ.... (*d*) » Dans la seconde disposition de la ch. 77, la vigne, bien que située dans le même village, n'est pas qualifiée *curtil*, parce qu'elle est isolée d'une habitation. Un grand nombre de chartes présentent les mêmes circonstances.

La ch. 32 contient la mention suivante : Donamus quamdam terram cum vineâ et viriariâ sibi adjunctis, sitam in villâ Casotis. Terminatur iste *curtilus*.... » Le curtil ne paraît plus se rattacher à une habitation, et bien que les fonds forment toujours un seul ténement, ils ne sont qualifiés *curtil* que parce qu'ils sont situés dans l'enceinte du village (*e*). C'est, en effet, la dernière signification qui lui est

---

(*cc*) Guérard, loc. cit., p. 590, prétend que le *mansus* était dit *absus*, parce qu'il manquait de tenanciers *réguliers*, et que les terres ne rendaient pas ce qu'elles devaient rendre.

(*d*) Idem, ch. 107, 142. *Curtifer* avait la même signification, ch. 73, 87, 190, 200.

(*e*) *Idem*, ch. 113. Curtilus vel *vircaria*, dit la ch. 291 d'Odilon.

restée ; l'on nomme encore aujourd'hui *curtils* les fonds qui sont dans le voisinage d'une habitation ou d'un village.

6. — Qu'est-ce qui distinguait le *mansus* du *curtilus?*

Le *mansus* était une exploitation agricole composée de divers fonds (ch. 24) situés dans la même localité, mais ne formant pas ténement (*f*).

Le *curtilus* était principalement une habitation avec son enclos.

Ces deux qualifications se sont, par la suite des temps, confondues, car les ch. 49 et 87 donnent au curtil la même étendue qu'au *mansus* (*g*). La ch. 87 mentionne les serfs qui cultivent le *curtil*, comme la ch. 76 les serfs attachés à la culture du *manse*.

7. — L'expression *curtis* est employée assez fréquemment dans les cartulaires de Cluny, par ex. : « confirmamus monasterio *curtem* nomine Escutiolam cum ecclesiis, casis, etc. » Elle désigne alors un village (*h*).

8. — Les mêmes cartulaires contiennent aussi l'expression *hospitium*. L'hospice était un diminutif du manse (*hh*). L'on trouve également dans ces cartulaires les mots *pagina* vel *paginella* vineæ, prati, campi, pour désigner une *pièce* ou *parcelle* de vigne, de pré, de champ (ch. 24 d'Odilon et 612 de Saint Mayeul).

9. — *Condamina* était une terre arable (ch. 24, 484) ainsi désignée parce qu'elle avait été probablement affranchie à son origine de toute prestation agraire.

10. — *Campus*, malgré sa signification générale, désignait plus spécialement un fonds cultivé comme terre (ch. 55, 75, 105). La

---

(*f*) Dans la ch. 199, le curtil n'est, en effet, considéré que comme une partie du *mansus*. V. aussi notes de Bignon sur Marculfe, col. 906, 980. D'autres fois le *mansus* n'est que l'habitation (*mansio*) du curtil. « Curtilus cum vineâ et manso superposito, ch. 314, 338, 362. »

(*g*) *Idem*, ch. 200, 243, 472.

(*h*) V. notes de Bignon, col. 964.

(*hh*) V. Ducange sur ce mot. Suivant Guérard, p. 627, l'*hospice* différait du manse, en ce que sa possession était révocable et temporaire, tandis que le manse était toujours héréditaire ; 2° en ce que ses charges étaient variables et arbitraires, tandis que les manses étaient soumis à des lois communes et constantes formant le *droit de la terre* ou de la *cour*. C'est probablement en ce sens qu'il est dit, dans la ch. 34 du cartulaire de Saint Hugues, que le *service annuel* d'une possession (*colonia*) était celui d'un manse *plein;* que cette possession rendait tout ce qu'on exigeait d'un pareil manse.

ch. 297 du cartulaire de Saint Hugues, désignant des immeubles situés à Chaveiriat, emploie le mot *biens* dans le sens actuel : « Facio donationem de *bonis* meis quæ mihi hereditario jure subvenerunt. »

11. — *Applanamentum* a la même signification que *exartum* (essard) et indique le fonds cultivé provenant d'un récent défrichement. (ch. 11, 557, 567).

12. — Les mots *exii* et *regressi, cum exitibus et regressibus* désignent les *fruits* ou *revenus* de la propriété.

CHAPITRE II.

PROPRIÉTÉS DU FISC OU ROYALES.

Les chefs ou les rois des nations barbares, comme successeurs des empereurs romains, s'emparèrent des propriétés du fisc impérial (i). Ils y trouvèrent un moyen facile de libéralités envers leurs compagnons d'armes et les établissements religieux.

De ce vaste domaine que les confiscations avaient accru et continuèrent d'accroître, les rois en détachaient certaines parties qu'ils concédaient ordinairement à titre de *bénéfices* aux séculiers et à titre de *propriétés* (ii) aux évêchés et aux abbayes. C'est aussi de cette source que provenaient les *bénéfices* attachés aux titres de comtes.

Au IXe siècle, les rois avaient encore conservé, dans le Mâconnais, la pleine possession de quelques propriétés ou plutôt de ces immeubles qui, suivant une charte du VIIIe siècle (67), étaient *sub jussione regis* et consacrés *ad suum opus*.

Plusieurs actes de donation au profit de Saint-Vincent, soit d'immeubles, soit de dîmes, nous apprennent, par l'indication de leur origine, que le fisc avait possédé dans cette contrée de vastes étendues territoriales.

En 801, Charlemagne, sur la prière de l'évêque Leduard, son archichancelier, restitue Scissé avec l'église de Saint-Gengoux, et Saint-Martin de Varennes-sous-Dun avec son église (ch. 68). Il confirme cet acte sur la demande de Guichard, également son archichancelier et successeur de Leduard (ch. 120).

(i) V. sur ce sujet M. Pardessus, *Loi salique*, 8e dissertation, p. 534, 541, 542; A. Thierry, *du Tiers-État*, p. 8.

(ii) In alodum concedimus, ch. 59. — Res juris nostri ecclesiastico jure perpetuò habendas regaliter delegamus. ch. 56. V. aussi A. Thierry, *du Tiers-État*, p. 8.

En 842, Charles-le-Chauve concède Saint-Albain et sa chapelle à l'évêque Landric (ch. 59). Quelques années plus tard, cet évêque en fait don à Saint-Vincent (ch. 60).

En 853, il concède à l'évêque Brendevic Tournus avec trente manses situés dans les environs et alors possédés comme bénéfices par le prêtre Radon qui, à ce titre, devait les conserver jusqu'à son décès. Le donateur ajoute : « veluti eas *dominii usu* habuisse nos manifestum constat (*j*). »

En 876, le même prince donne toutes ses terres situées à Château, l'église ainsi que ses dépendances (ch. 97).

En 878, Louis-le-Bègue concède diverses propriétés situées notamment à Fuissé et à Sancé (ch. 97).

Diverses autres concessions royales sont rappelées dans les ch. 66, 67 et 69.

Cluny (*k*), Vinzelles, Montbellet et La Salle (ch. 631) avaient également fait partie du fisc royal.

Enfin des *nones* et des dîmes, mises à la charge des détenteurs de propriétés d'origine fiscale, sont mentionnées dans les ch. 69, 70, 103 et 156 « *nonas et decimas ex fiscis matisconensibus.* »

Les concessions à titre de *bénéfices* étaient faites à charge d'assister le concédant en toutes les circonstances où l'aide du bénéficiaire était utile, indépendamment du service militaire et de l'assistance aux plaids qu'il devait comme homme libre (*kk*).

(*j*) Charte 59 de notre cartulaire rapportée par Chifflet, *Histoire de Tournus*, *preuves*, p. 538. — Dùm abbas Geilo devenisset (875) ad oppidum Trenorcium, sciscitatur à monachis et ab incolis provinciæ qualitatem, quânam libertate gauderent, quove servitio premerentur. Didiscit ab ipsis locum quietâ prorsus libertate foveri nullisque subditum nisi regiæ ditioni (*Chronicon Trenorciense* du moine Falcon dans Chifflet, *preuves*, p. 17).

(*k*) Ch. 55 et *suprà*, 1ʳᵉ partie, sect. 1ʳᵉ, § 7, p. XXXVIII.

(*kk*) V. Guérard, loc. cit., p. 558.

CHAPITRE III.

LES ALLEUX.

De nombreux documents distinguent les *alleux* des *bénéfices*, et nous retrouvons cette distinction dans nos chartes.

L'alleu n'était pas assujetti à la révocabilité et aux charges du bénéfice, et son propriétaire pouvait en disposer librement : « Si aliquis ex fidelibus nostris, dit Charles-le-Chauve (*l*), in *alode suo* quietè vivere voluerit, nullus ei aliquod impedimentum facere præsumat, neque aliud aliquid ab eo requiratur nisi solummodò ut ad patriæ defensionem pergat. »

Aux temps féodaux, l'alleu n'était pas soumis à la foi et à l'hommage. Ces franchises se sont maintenues jusqu'aux temps modernes.

Nous avons vu *suprà* (*m*) qu'au Xe siècle le nombre des alleutiers était très-restreint et nous en avons indiqué les causes. Cela ne doit néanmoins s'entendre que des petits propriétaires d'alleu qui furent obligés, pour se soustraire aux vexations des seigneurs et aux charges militaires imposées *ad patriæ defensionem* par les comtes, de se mettre, comme simples bénéficiaires, sous la protection de leurs puissants voisins. Ils choisissaient, de préférence, les établissements ecclésiastiques ; notre cartulaire renferme un grand nombre de chartes qui n'ont pas d'autres causes.

Mais lorsque l'alleu se trouva entre les mains d'un seigneur capable de se défendre lui-même, il conserva sa franchise. Aussi, dans nos chartes contenant transmission de propriétés, distingue-t-on soigneusement l'alleu du bénéfice (11, 60) (*n*).

(*l*) Baluze, II, 264.
(*m*) Ire partie, chap. II, sect. 2, § 1er, p. LVII.
(*n*) « *Jus hereditarium, militare beneficium.* » Charte de 1006 dans Pérard, p. 171; v. aussi Pardessus, *Loi salique*, 8e dissertation, p. 539.

Les contractants ne se servent pas constamment, à cet effet, du mot spécial *alleu*, très-souvent ils emploient des expressions générales, mais dont le sens est tout aussi caractéristique, par ex. : *res juris mei* (24, 54), *hereditas* (462), *jus proprietatis* (60), *proprietas* (36), *dominicatus* (11).

L'alleu était, dans le principe, la terre provenant des ancêtres (*terra aviatica*) (*o*). Ce dernier mot est, suivant Gans, la traduction réelle, mais plus appropriée aux idées de l'époque, de l'expression primitive de *terra salica*. Il se distinguait, en ce sens, de l'acquêt (*comparatum* ch. 422, *conquisitum*). L'acquêt, confondu dans les biens reçus des ancêtres, finit, dans les mains de l'héritier, par participer à la nature (*p*) de l'alleu, quant à la transmission (*q*).

Dès lors l'on réserva la qualification d'*alleu* à tout héritage libre.

(*o*) V. notes de Pithou sur les Capitulaires et de Bignon sur la *loi salique*, dans Baluze, II, col. 703, 707, 853; Gans, *Histoire du droit de succession en France*, traduction par de Loménie, p. 60. Il devait être divisé par l'intermédiaire et en présence du magistrat; voir formules de Marculfe, liv. Ier, chap. 20. — La *terra salica* était la terre adhérente à la maison (*sala*) du Germain. Suivant l'opinion commune, ce fut la portion de terrain distribuée aux Francs après la conquête (v. Gans, *loc. cit. suprà*). Guérard (sur le polyptyque d'Irminon, p. 487, 490 et suiv.), après avoir établi l'identité de la *terre salique* et du *mansus indominicatus*, en distingue l'état suivant trois âges : dans le premier, c'était l'enceinte dépendant de la maison du Germain (suivant Montesquieu); dans le deuxième, c'était la terre du *manse seigneurial* (faisant partie de l'alleu); dans le troisième, c'était simplement la terre possédée en *propre*, quelquefois donnée en tenure. — Salvaing (*usage des fiefs*, chap. XLIV) cite, en effet, des autorités desquelles il résulte que, dès le temps d'Abbon, les mots *proprium* et *alode* étaient synonymes.

(*p*) V. notes de Sirmond, Pithou et Bignon dans Baluze, t. II, col. 707, 764, 875 et 895.

(*q*) V. ch. 24, 60, et le chap. des *successions*, IIIe partie *infrà*.

CHAPITRE IV.

PROPRIÉTÉS DE SAINT-VINCENT (r).

L'évêque Lambert disait à Charles-le-Chauve, en 876, que la faible fortune que possédait son Eglise lui provenait de libéralités royales (ch. 97).

Cette fortune s'accrut au Xe siècle par suite de nombreux actes de libéralités émanés soit de seigneurs, soit de simples particuliers.

Mais en butte à des déprédations (ch. 70, 97) et sous l'influence de leur origine, les propriétés de l'évêché étaient dans un état perpétuel de fluctuation et d'instabilité, malgré les priviléges qui, à diverses reprises, avaient tendu à leur donner de la stabilité et de la fixité.

La ch. 70 (Ire partie du Xe siècle) donne néanmoins une assez longue liste de ces propriétés. Il serait sans utilité de les énumérer ici et d'y ajouter celles que nous indiquent d'autres chartes, l'instabilité que nous venons de signaler et la publication du cartulaire nous en dispensent. Le caractère et les conditions de ces propriétés doivent être dans ce chapitre l'objet spécial de notre examen.

(r) L'évêque, considéré comme simple particulier, conservait ses propriétés patrimoniales et pouvait en disposer (ch. 3, 70, 103 et 447).

Aux temps de la vie commune, sous la direction de l'évêque (*canonicis episcopo subjectis* (ch. 267) vel *fratribus sub ejus regimine militantibus* (ch. 198), les propriétés de Saint-Vincent devaient être également communes entre les chanoines et l'évêque (ch. 224, IXe siècle). L'unité d'intérêts n'aurait dû cesser qu'avec cette vie. Cependant la ch. 343 (996 à 1018) contient une donation par l'évêque Letbald II aux chanoines d'un champ appartenant à l'évêché, et la ch. 392 distingue formellement les propriétés *de ratione fratrum* de celles *de ratione episcopali* (v. aussi ch. 9, 296, 394, Xe siècle).

Toutefois, les propriétés de la cathédrale et celles du Chapitre seront ici comprises sous la dénomination générale de *propriétés de St-Vincent*. Les ch. 36, 72, 267 et 358 (Xe siècle) nous autorisent, par les expressions suivantes, à ne pas faire une distinction, d'ailleurs sans intérêt : « *Jus proprium Sancti Vincentii et pontificum. — Reddo in usus pontificum et fratrum. — Serviens Sancti Vincentii et episcopatûs. — Terra episcopalis et ad canonicos.* »

§ 1ᵉʳ. — IMMUNITÉS.

En 743, Pepin, maire du palais, renouvela et concéda en son nom l'immunité qui avait été accordée autrefois à Saint-Vincent et dont la charte avait été brûlée par suite de la négligence du gardien. S'adressant à ses comtes, il s'exprime ainsi dans la ch. 66 : « Nous défendons à vous, à vos juges inférieurs *(juniores)*, à vos successeurs, à tous juges publics, de vous introduire, à quelque époque que ce soit, pour y rendre la justice *(ad causas aut altercationes audiendas)*, dans les possessions rurales *(villas)* et dans les habitations *(casas)* dont Saint-Vincent a la pleine propriété *(indominicatas)* et qu'il a reçues de la libéralité du roi ou de celle des particuliers, ou qu'il acquerra de la piété des fidèles; d'imposer aux personnes qui les habitent et de recevoir d'elles, au profit du fisc, aucune composition ou amende *(freda)*, aucune charge de logement *(mansiones)* ou prestation de vivres *(paradas)*, et de les contraindre à fournir des fidéjusseurs (pour leur comparution en justice et la garantie du payement des amendes). Nous voulons qu'à toujours l'évêque et ses successeurs puissent posséder lesdites propriétés en pleine immunité (sans aucune charge). »

Louis-le-Débonnaire a confirmé ce privilége en 815 (ch. 98), et Louis IV en 948 (ch. 99).

Les papes Agapet (ch. 69), Urbain II, en 1096 (ch. 514), et Pascal II, en 1100 (ch. 579), lui ont donné leur sanction.

Aussi diverses chartes portent-elles que les concessions de propriétés sont faites en *alleu* (ch. 59 et 70). En 1166, Louis VII était à Chalon et, assisté de ses barons, il y rendait la justice. Devant sa cour comparut le comte Girard qui déclara : 1° qu'à l'occasion de la vacance de l'évêché, il n'avait aucun droit sur les propriétés mobilières et immobilières de Saint-Vincent *(rr)*; 2° que les propriétés de ladite Eglise étaient complétement libres et que

---

(rr) Ce passage semble indiquer qu'autrefois le comte de Mâcon s'était attribué le droit de *régale*.

dans ses villages il ne lui était dû aucune *procuration* ou *hospice* (*s*). Le comte Raynald avait déjà déclaré, au commencement du même siècle (ch. 589), dans un traité avec l'évêque, que les possessions de l'évêché étaient *integræ et puræ, sine omni comitali consuetudine.* Enfin le privilège de 1166 fut confirmé par Philippe-Auguste en 1180 (*t*), et ce prince y ajouta que les chanoines pourraient fortifier le cloître de l'église ainsi que celui de leur résidence, et construire des châteaux forts sur toutes les terres où ils en avaient autrefois, notamment à Saint-Clément.

Les *régales* de l'évêché vacant, c'est-à-dire les fruits des bénéfices royaux concédés à St-Vincent, étaient perçues au profit du roi. En 1209, Philippe-Auguste les abandonna à l'évêque et à ses successeurs (*u*). Pendant la vacance, les produits étaient recueillis par le doyen et le Chapitre qui devaient les conserver pour le futur évêque. Le roi ne se réserva que son droit de gîte (droit d'être logé et nourri gratuitement lors de son passage dans la contrée) et le service de guerre (ost). Cette dernière réserve fut ainsi stipulée : « Lorsque nous, notre fils, le maréchal, le sénéchal ou le connétable de France nous rendrons dans ces contrées à la tête de notre armée, l'évêque de Mâcon devra venir nous rejoindre avec ses vassaux en armes, sans être tenu d'aller au delà de Dijon. »

§ 2. — NONES ET DÎMES.

Si les rois et les princes furent d'une grande générosité envers les Églises, s'ils accordèrent des priviléges qui devaient pour toujours maintenir dans leur intégrité leurs possessions, ils furent loin d'être fidèles à ces sentiments et à ces engagements. Très-fréquemment, en effet, ils concédèrent à leurs hommes d'armes ou réunirent au bénéfice attaché au titre de comte de la contrée *(comitatui sociaverunt)* (*uu*) les immeubles appartenant aux Églises et provenant de

---

(*s*) Martène, t. I, p. 875, et Brussel, p. 520
(*t*) Martène, I, 944.
(*u*) Martène, I, 1087; Brussel, p. 306.
(*uu*) Voyez, sur ce dernier point, dans la *Gallia christ.*, t. IV, Instrumenta, col. 61 et 63, deux diplômes de Louis-le-Bègue et de Carloman.

leurs propres libéralités, soit que tel fût leur bon plaisir (*v*), soit qu'à la mort de l'évêque ils considérassent ces dons comme de simples *bénéfices* viagers (*x*). Toutefois ils imposèrent aux bénéficiaires la charge de payer chaque année à l'Église, à laquelle avaient appartenu les immeubles, les nones et dîmes des fruits qui en proviendraient (*y*).

Ce fait, important pour l'histoire soit de la propriété, soit de l'Eglise, nous est attesté clairement par la ch. 57, dont la date remonte à 816 (*yy*), et que nous allons analyser : « Le vénérable Hildebaud, évêque de Mâcon, nous a prié, dit Louis-le-Débonnaire, d'obliger tous les détenteurs des bénéfices provenant de son Église à payer chaque année les *nones* et les dîmes de ces mêmes bénéfices, pour pourvoir proportionnellement aux réparations des édifices. L'empereur, notre prédécesseur, l'avait déjà ordonné, nous ordonnons également que tous ceux qui, *par l'effet de notre libéralité*, possèdent, à titre de bénéfices, des terres de ladite Eglise payent chaque année, sans difficulté ni négligence, les nones et les dîmes à Hildebaud ou à ses successeurs. Qu'aucun de ceux qui détiennent ces possessions n'ose enfreindre nos ordres s'il veut conserver notre faveur et le bénéfice même ! » Aussi les capitulaires qualifient-ils de bénéfices *royaux* ceux qui proviennent des propriétés ecclésiastiques (*z*).

Le nones et les dîmes mentionnées soit dans les ch. 69, 70, 103 et 156, comme provenant de fiscs, soit dans la ch. 67, n'ont pas d'autre origine.

(*v*) V. Hincmar, *de divortio Hlotarii* et *Thietbergæ*, p. 399 et 412; notes de Bignon sur Marculfe, col. 898.

(*x*) V. Flodoard, lib. III, *Hist. rhem.*, cap. IV; Glossaire de Pithou, *vis beneficiario jure;* Ducange, *v° regalia*, et le chap. VI *infra*, note *bb*. — Le roi pouvait reprendre le précaire concédé par l'Église, si, soumis à des devoirs envers lui, le possesseur négligeait de les remplir. V. Capitul. de Charles-le-Chauve, en 853, dans Baluze, II, col. 60, et notes col. 1265. L'on sait déjà que les fruits de l'évêché vacant appartenaient au roi.

(*y*) Si autem res datæ, dit une charte de Raoul (Pérard, p. 163), de episcopatu tractæ fuerint, nonas et decimas, sicut mos ecclesiarum est, beneficiarii persolvant. V. aussi Capitul. de Charles-le-Chauve, en 868, dans Baluze, 2, col. 205.

(*yy*) *Idem*, ch. 67, du VIII° siècle.

(*z*) *Capitula Caroli magni*, lib. I, cap. CXXXII. V. aussi charte de Charles-le-Chauve, en 877, dans Pérard, p. 154; autre de Charles-le-Gros, p. 160; autre de Raoul, en 933, p. 163; notes de Bignon sur Marculfe, col. 933.

Il y avait cette différence entre les *nones* et les *dîmes* payées par les bénéficiaires, en ce que les premières étaient dues à raison de la jouissance du bénéfice *(jure colonario)*, et les secondes comme dette commune à tous les chrétiens envers le clergé *(jure ecclesiastico)* (a).

Ces dations en bénéfices par les princes, contraires à la destination des propriétés ecclésiastiques, inspiraient aux donateurs des craintes sur l'avenir de leurs libéralités. Aussi prenaient-ils parfois la précaution de les interdire sous peine de retour à leur profit ou au profit de leurs héritiers. Plusieurs chartes, notamment trois du Xe siècle, prononcent cette prohibition (323, 330 et 333) : « *Si aliquis voluerit beneficiare vel in beneficio habere, ad proprios revertatur* (b). »

La féodalité étendit son domaine même sur les dîmes. Il nous en est donné des exemples dans la ch. 11 : « Si canonici adquirere potuerint de *decimis* ab illis qui illas antè in *beneficio* tenent...., » et, dans la ch. 597 : « *decimam* de Broder ab ecclesià in *feodum* accepit Otgerius et indè Decano *hominium* cum fidelitate fecit. »

§ 3. — PRÉCAIRES.

Les propriétés accumulées, au Xe siècle, en la possession de Saint-Vincent, permirent à l'évêque et aux chanoines d'en faire de nombreuses concessions à titre de *précaires*. Les propriétés ainsi cédées étaient nommées *précaires* parce que le concessionnaire ne les obtenait habituellement que sur sa prière.

Les chanoines étaient incités à agir ainsi, soit à raison des difficultés attachées à l'administration de propriétés vastes et multiples, soit par le désir d'en voir améliorer la culture (ch. 34) et d'accroître dans l'avenir les revenus de l'évêché (ch. 86 d'Odilon), soit aussi dans le but de multiplier le nombre de leurs tributaires dans la

---

(a) Ducange, v° *nona*. Le payement de la dîme est ordonné, sous peine d'excommunication, par le concile de Mâcon, en 585.

(b) *Idem*, ch. 116, 452, 488. La ch. de fondation du monastère de Cluny interdit également ce genre de concession.

classe élevée, d'y trouver des appuis (c) et d'y étendre en même temps leur influence.

C'était, du reste, un usage général parmi les établissements religieux : « La coutume fait loi, quoique non écrite, disait Saint Mayeul, abbé de Cluny, au Xe siècle (ch. 798 de son cartulaire), et déjà, par l'usage commun, on tient pour loi qu'il soit concédé, sous charge de cens et par titre écrit, quelques parties des biens ecclésiastiques à toutes personnes, même à des séculiers. »

Le précaire fut aussi constitué fréquemment par l'acte même de donation au profit de l'établissement religieux. Le donateur reprenait immédiatement, à ce titre, l'immeuble dont il venait de céder la propriété. La ch. 360, dont la date remonte aux premières années du IXe siècle, nous en donne un exemple (v. aussi ch. 425). Cette retenue fut souvent stipulée au profit de l'épouse et des fils du donateur (d), quelquefois au profit de tiers (e). Ce mode de transmission fit presque disparaître les alleux (la propriété libre). Le donateur s'engageait, en effet, à payer annuellement à Saint-Vincent un cens le plus souvent en argent, quelquefois en produits du sol (ch. 86 et 87), acquérait la protection de l'Eglise et satisfaisait ainsi ses sentiments de piété sans compromettre sensiblement sa position de fortune, mais seulement son titre de propriétaire libre et indépendant.

Parmi les concessionnaires figurent le comte Albéric lui-même et ses fils (ch. 8 et 38), les sires de Brancion (18) (f), des seigneurs et leurs fils (34, 265, 391, 393, 480 et 543), une femme noble et ses filles (92), des vassaux (22, 410 et 485), l'évêque même (70) (g), des chanoines (37 (h) et 562), un prêtre (39), des clercs (392). Les concessionnaires sont, en un mot, seigneurs, ou, tout au moins, hommes libres (*viri*, ch. 9, 36, 391, 398 et 411).

(c) *Beneficiarii debuerant episcopo auxiliare*, ch. 521.
(d) Ch. 38, 85, 87 et 94.
(e) Ch. 90 et 121.
(f) *Quia Bernardus grossus utilis erat canonicis in omnibus, et ipsorum ecclesiam diligebat, benignè suscipientes ejus petitionem dederunt....*
(g) *Ado episcopus deprecatus est canonicos ut præstarent ei aliquid ex terrâ communi indominicatu.*
(h) Dans la ch. 37, le précaire est concédé à un chanoine et à ses deux fils.

Tout ce qui faisait partie de la propriété de Saint-Vincent pouvait former l'objet du contrat de précaire, même des églises et des chapelles (22, 391, 480, 465 et autres), même des dimes (22, 26 et autres), au profit de séculiers (*i*).

Le contrat ne pouvait intervenir que du consentement des chanoines et faisait passer l'objet du souverain domaine *(ex indominicatu)* de Saint-Vincent *in laicali potestate* (ch. 22), mais sous les conditions suivantes : 1° l'immeuble devait rentrer dans le domaine de Saint-Vincent au décès du concessionnaire (*j*), même avec les améliorations qu'il avait reçues et que l'on recommandait (36, 39, 360, 460 et 512), et sans qu'il fût nécessaire d'en demander alors l'investiture « *nullâ expectatâ judicis sententiâ, absque ullâ expectatâ traditione;* » 2° le concessionnaire devait payer chaque année un cens en argent (*k*). Il y était ajouté quelquefois de légères prestations en nature (92); dans la ch. 360, le cens annuel ne consiste que dans une livre de cire.

Le précaire constituait entre les mains du détenteur un droit purement viager, un usufruit (*sub usu et fructu, usufructuariè*, ch. 39, 360, 425 et 505). Aussi était-il interdit de l'aliéner ou de le détériorer (mêmes chartes).

Les précaires constitués sous ces conditions étaient en réalité des *bénéfices* soumis seulement à de légères redevances pécuniaires. Au décès des concessionnaires, ils devaient rentrer en la possession de St-Vincent; la ch. 391 nous donne l'exemple d'un retour réellement effectué et de la concession des mêmes immeubles, au même titre, à d'autres personnes (v. aussi ch. 86 d'Odilon).

Les précaires subirent la même destinée que les bénéfices, car l'hérédité finit par les atteindre et les consolider entre les mains des détenteurs. Aussi les donateurs prirent-ils parfois la précaution de les interdire tout aussi bien que les bénéfices (*l*). Cette consolidation,

---

(*i*) La ch. 8 a pour objet un *fisc* primitivement donné en aumône. Le mot *fisc*, dans cette charte, désigne purement et simplement un héritage. V. Ducange sur ce mot.

(*j*) Il n'est pas fait mention dans notre cartulaire de l'obligation de renouveler la concession à chaque période de cinq ans.

(*k*) Le précaire est, dans la ch. 460, qualifié *datio in censum*.

(*l*) V. les chartes citées à la fin du paragraphe précédent.

qui avait sa base dans la nature humaine comme dans les tendances de l'esprit du temps, fut amenée par les circonstances suivantes :

1° Les enfants du concessionnaire comparaissaient très-souvent dans le contrat, et la survivance était stipulée au profit du dernier vivant (8,391, 460 et autres);

2° Au décès du détenteur, la concession était habituellement renouvelée au profit des enfants (475) (*m*);

3° Au commencement du XIe siècle, il était parfois stipulé que le précaire passerait au premier enfant à naître (475 et 543). Mais il y a une différence importante entre les dispositions de ces deux chartes : dans la dernière, datée de 996 environ, la succession est stipulée tant au profit de la *fille* que des fils; dans la première, datée de 1031 à 1060, le *fils aîné* est seul appelé. L'influence croissante de l'esprit féodal devient ici évidente;

4° Enfin les héritiers des détenteurs se dispensaient souvent de demander le renouvellement de la concession en leur profit et conservaient les biens (26 et 341) *jure perpetuo*, dit la ch. 568 (*n*).

Consolidés par l'hérédité comme les bénéfices, ils en prenaient le nom (465), et leurs possesseurs devenaient *hommes* de l'évêque (même charte), dont la suzeraineté était attestée par la redevance (*o*) qui, par cette raison et sa modicité, ne pouvait être assimilée au cens ordinaire. Cette redevance, dit Hincmar (*p*), empêchait que le précaire ne fût considéré comme un alleu; autrement dit : c'était une reconnaissance du *domaine* (*q*).

§ 4. — PROPRIÉTÉS *in medium plantum* (COMPLANTS).

Saint-Vincent possédait des terrains favorables à la culture de la vigne; et soit qu'ils fussent incultes (ch. 371), soit que l'on espérât

---

(*m*) V. charte de Raoul, citée dans la note *y supra*.

(*n*) Abbas Sancti Benigni interpellavit quosdam homines de rebus beati Benigni, proclamans quoniam pater eorum eas pro beneficio tenuerat, illi, malo ordine, in propriis usibus usurpabant alodum. Charte de 870 citée par Pérard, p. 150.

(*o*) Elle est désignée quelquefois par *vestitura, investitura*, ch. 42, 316 et 318.

(*p*) Lib. III, cap. XXVI.

(*q*) V. notes de Bignon sur l'Appendice de Marculfe, dans Baluze, II, 961.

obtenir un produit plus avantageux, ses recteurs prirent parfois le parti de les concéder, sous la condition que le concessionnaire y élèverait, dans le délai de cinq ou six ans, une vigne qui serait ensuite partagée par moitié (*qq*). Des chartes (premières années du XI° siècle) nous attestent ce fait : « *Vobis (Adalberto et Eldegardæ) dono campum ut, ad quinque annos, vinea edificata sit, et post quinque annos, rectores Sancti Vincentii medietatem habeant, aliam medietatem Adalbertus et Eldeberga possideant* (*r*). »

On imposait habituellement au concessionnaire la condition de ne vendre ou engager sa moitié qu'en faveur de Saint-Vincent (mêmes chartes). Mais si, après avis donné par trois fois (ch. 380), les chanoines ne voulaient pas acquérir à juste prix, le concessionnaire pouvait disposer à volonté de sa propriété (ch. 174 et 380); il ne jouissait donc pas alors *jure usufructuario*, comme le prétend Ducange (*s*).

La ch. 371 accorde au concessionnaire l'usufruit des deux parts, mais, après sa mort, Saint-Vincent devait rentrer dans la propriété de l'une et de l'autre. La ch. 285 ne concède également qu'un usufruit sur la moitié, parce que le fonds provenait d'un précaire.

(*qq*) Suivant deux chartes du X° siècle, citées par Salvaing *(Usage des fiefs*, v^is *datio in medium plantum)*, ces concessions avaient pour origine *mos Galliarum* vel *Burgundionum*.

(*r*) Ch. 263. — Post quinque annos, unusquisque quod suum est recipiat, dit la ch. 380. — Idem, ch. 174, 371 et 470 de notre cartulaire; 35 et 103 de celui de Bernon, et 258 d'Aymard. « Ego dono monachis (ch. 532 de Saint Hugues) partem quæ mihi jure pro meis laboribus obvenit. »

(*s*) V° *plantum*. — La ch. 106 contient la vente par Sambin d'un *medium plantum* situé à Sancé; cette vente est faite du consentement des chanoines, parce que l'immeuble leur appartenait en commun. Le vendeur impose à l'acquéreur la condition de le laisser à sa mort à Saint-Vincent.

CHAPITRE V.

PROPRIÉTÉS ABBATIALES.

Les abbayes ont dû également leur fortune immobilière à la générosité des princes et à la piété des fidèles. Leurs propriétés avaient la même nature et étaient soumises aux mêmes conditions que les propriétés épiscopales.

Les abbés les concédaient également à titre de précaires. Les ch. 396 et 629 du cartulaire de Saint Hugues contiennent même des concessions à titre d'alleu.

Il serait donc inutile de répéter ici ce que nous venons d'exposer dans les précédents chapitres. Il suffira de dire que, dans le Mâconnais et aux temps féodaux, les propriétés abbatiales et spécialement celles de Cluny étaient beaucoup plus considérables que les propriétés de l'évêché (t).

Saint Mayeul, confiant à la garde d'Humbert de Beaujeu, avec l'approbation du comte Albéric, les obédiences de Pouilly, d'Ecussoles et d'Arpayé, s'exprima dans les termes suivants (charte 75 de son cartulaire, de 960 à 975) : « En réparation des maux innombrables que tu nous a faits et à raison desquels nous voulions t'excommunier, je confie à ta garde et te recommande de protéger lesdites obédiences contre les attaques des hommes méchants et pervers. Tu rendras à nos pauvres colons ce que tu leur as enlevé, et je t'interdis formellement la perception de tout cens, quoique autorisée par la coutume. Néanmoins, si, accompagné de six à dix chevaliers, tu passes près d'une obédience et que le moine préposé à son administration t'invite, tu pourras y prendre un repas, mais aussitôt après tu reprendras ton chemin. »

(t) V., du reste, notre article sur la *Juridiction temporelle* des abbés de Cluny, dans l'*Album* de Saône-et-Loire, II, 67.

Au X° et au XI° siècle, le comte de Mâcon exerçait aussi un droit de garde *(advocatio, custodia)* sur quelques possessions de l'abbaye de Cluny (*u*). Cette protection n'était pas accordée gratuitement, car le seigneur recueillait, à son occasion, certains avantages. Il avait également un droit d'*albergue* (gîte, procuration) dans certaines possessions de l'abbaye, notamment à Chevignes. En vertu de ce droit, le seigneur pouvait aller, une fois l'année, visiter une maison, un château, un village, y coucher avec sa suite pendant trois jours et devait être défrayé de tout par les habitants du lieu. Le comte s'en démit en 1180 au profit de Cluny, ainsi que de toutes autres coutumes ou prestations.

En 1215, l'évêque de Mâcon se départit, moyennant cent marcs d'argent, des *procurations* qu'il disait lui être dues, lors de ses visites pastorales, par les doyennés de Cluny du ressort de son diocèse (*v*).

L'on trouvera dans nos dissertations sur la *Juridiction temporelle* des abbés et la *Commune* de Cluny de longs développements, soit sur l'origine, la nature et l'indépendance des possessions de cette abbaye, soit sur ses rapports avec les seigneurs voisins, soit enfin sur l'étendue des pouvoirs législatif et judiciaire des abbés, en un mot, sur la *souveraineté* de cette abbaye.

(*u*) Ch. 682 du cartulaire de Saint Hugues, et Guichenon, *bibliot. sebus*, p. 138.
(*v*) Cartulaire D, p. 66.

CHAPITRE VI.

PROPRIÉTÉS DU COMTE.

Au Xe siècle, le comte avait des propriétés dans diverses parties du Mâconnais et disposait de ces propriétés en souverain maître. Ce double fait nous est attesté par les donations qu'il a faites soit à Saint-Vincent, soit à l'abbaye de Cluny (*x*).

D'où lui provenaient ces propriétés ?

Leur origine fut multiple :

1° Propriétés libres du fisc (*y*), surtout les forêts (*z*);

2° Celles dépendantes du bénéfice royal attaché probablement au titre de comte (*zz*);

3° Précaires ou bénéfices concédés au comte par Saint-Vincent et les autres établissements religieux (*a*).

Les propriétés du comte durent leur accroissement principalement à la cause suivante : Le comte s'était perpétué par hérédité, il est

---

(*x*) V. ch. 70, 71, 76 et 471 de notre cartulaire; 125 d'Odon; 19 et 130 d'Aymard et 787 de Saint Mayeul.

(*y*) Pérard (p. 49) rapporte une ch. de Charles-le-Gros, datée de 887, contenant les expressions suivantes : Antistes lingonensis deprecatus est ut omnia, ex fisco nostro infrà Lingonis civitatem *ad jus comitis* pertinentia, et omne illud ex jure fisci nostri quod in Campo Bello sistit, Lingonensi ecclesiæ per auctoritatis nostræ præceptum perdonare dignaremur. Dans la même charte, on lit : Omnia ex jure fisci nostri *ad causam comitis* pertinentia. On voit combien il fut facile aux comtes devenus héréditaires de s'attribuer les propriétés du fisc.

(*z*) Elles avaient été laissées par la loi Gombette (tit. 13, 31 et 67) dans l'indivision entre les Burgondes et les Gallo-Romains. Mais cette indivision n'avait pour objet que les forêts dépendantes du domaine privé (titre 67). Les chefs ou rois se réservèrent les propriétés du fisc, dont faisaient partie de vastes forêts (v. le titre 78 de la loi ripuaire). Ce fait est attesté par la loi Gombette elle-même (titre 54, § 1er), puisqu'il y est question des domaines et des esclaves que le Burgonde tenait de la *munificence du roi* (v. aussi A. Thierry, *du Tiers-Etat*, p. 8).

(*zz*) Aussi, dans la charte de 887 qui vient d'être citée, distingue-t-on les fiscs appartenant *ad jus* vel *causam comitis* des autres propriétés fiscales. Les deux chartes de Louis-le-Bègue et de Carloman, citées dans le chap. IV *suprà*, § 2, note *uu*, p. LXXXII, ont pour objet la restitution d'immeubles enlevés par les prédécesseurs de ces rois à l'évêché d'Autun et *comitatui sociata*.

(*a*) V. notamment ch. 8, 11, 38 et 404.

vrai, dans ses fonctions; toutefois il dut encore, dans les premiers temps, être considéré, dans son comté, comme le représentant du pouvoir royal et l'exercer à son profit particulier.

En conséquence, à la mort des bénéficiaires, il usait de ses pouvoirs pour faire rentrer en ses mains leurs possessions. Les héritiers des bénéficiaires pouvaient objecter, et l'ont fait sans doute, que leurs titres valaient le sien, mais ce ne fut pas toujours avec succès, car il y avait là d'abord le pouvoir judiciaire « *malli ordo*, ch. 204 » que le comte exerçait, puis la raison du plus fort. Or, la ch. 471 nous prouve positivement qu'à la fin même du Xe siècle, l'hérédité des bénéfices n'était pas irrévocablement reconnue et consacrée dans le Mâconnais. Les cartulaires de Cluny nous en donnent également la preuve, même pour la première partie du XIe siècle (*b*).

D'autre part, nous savons que les dons faits par les rois au profit de Saint-Vincent, bien que qualifiés de perpétuels, étaient, de fait, considérés comme bénéfices ordinaires. A la mort de l'évêque donataire, si son successeur n'en obtenait pas la confirmation, les immeubles étaient réunis au domaine du fisc, malgré les protestations élevées par l'évêque ou les chanoines et fondées sur leurs titres (*bb*). De là la cause de ces actes successifs et multipliés de confirmation, relatifs à l'objet d'une donation, même ancienne.

Les actes de restitution que, dès les premières années du Xe siècle, le comte accomplit, sur la *très-humble prière* de l'évêque, s'expliquent par le fait que nous venons d'indiquer. La ch. 70 s'exprime ainsi : « *Reddidit (Leotaldus comes benignissimus) aliquid ex rebus quas tenebat et quæ dudùm Sancto-Vincentio delegatæ fuerant, videlicet abbatiam*

(*b*) Ego Otto comes dono cœnobio Cluniensi aliquid de meâ hereditate sitâ in villâ Cavaniaco, sicut Stephanus, Artaldi filius, de me tenebat in *beneficio;* et nuper moriens, licèt irrationabiliter suam hereditatem faciens, pro elemosinâ suâ delegaverat Sancto-Petro. Ego verò injustæ ipsius donationi contradicens, irritam feci (ch. 98 d'Odilon).

(*bb*) Cùm omnia ferè prædia episcopatuum, dit Ducange *(v° regalia)*, regalia sint, id est à regibus olim iis concessa, eodem jure reguntur quo beneficia militaria seu feuda, iisdemque, quibus ea, servitiis obnoxia. Extinctis quippè personis ecclesiasticis, ad regem *ipso jure* redeunt, donec alia iisdem investiatur.

Sancti-Clementis, etc. » Dans les ch. 71 (*c*), 157 et 420, les chanoines fondent leurs droits à la restitution, soit sur les diplômes émanés des rois, soit sur leur ancienne possession.

Dans la ch. 72, Hugues II, seigneur de Bâgé (*cc*), qui prend le titre soit de prince (70), soit de comte *par la grâce de Dieu* (72), soit de marquis (103), s'exprime ainsi : Didisci ab habitatoribus de comitatu Matisconensium quòd *quasdam de rebus Sancti-Vincentii multi antecessores mei habent dissipatas sive abstractas injustè* pro diversis locis ubi potuerunt. Ego pro dei amore reddo aliquid quod *exindè in manibus meis Dominus dedit*, hoc est : Silvam quam supra fluvium sagonam in meo dominio teneo, *tertiam partem, quæ indè ablata fuit*, reddo. »

De ces citations il résulte :

1° Que les titres et l'ancienneté de la possession ne donnaient pas à Saint-Vincent une suffisante garantie contre la dépossession. Nous avons vu que le roi lui-même ne les respectait pas (chap. IV, *suprà*, § 2, p. LXXXII);

2° Que cette dépossession a été exercée par les comtes eux-mêmes;

3° Que si elle est qualifiée *injuste*, les comtes ne rendent néanmoins les propriétés que sur l'humble prière des chanoines, *purâ voluntate* (71 et 103) et pour l'amour de Dieu *qui les leur a données* (*d*);

4° Qu'enfin ils n'en restituent qu'une *partie*, pour subvenir aux besoins de l'évêque et des chanoines.

Nous savons que les comtes s'approprièrent même les nones et les dimes imposées par le roi aux bénéficiaires des propriétés de Saint-Vincent (ch. 103 et 156) (*dd*).

(*c*) On lit dans cette charte : « Maimbodus antistes, *cum collegio utriusque ordinis cleri ac populi*, serenitatem Leutaldi.... expetiit...., ut redderet.... » Ces expressions n'indiquent pas l'existence d'un *collège* ou d'un *conseil permanent composé de clercs et de laïques*, mais veulent dire purement et simplement que l'évêque, *accompagné de clercs et de laïques*, se rendit près du comte Léotald pour solliciter la restitution de possessions usurpées.

(*cc*) V. Guichenon, *Hist. de Bresse*, p. 42 et 43.

(*d*) Dans la ch. 284 du cartulaire d'Aymard (Lothaire régnant), le comte Léotald détache de la possession *que Dieu lui a concédée* le manse de la Massonnière, situé dans l'*ager* de Fuissé, et le donne à l'abbaye de Cluny pour le salut de son âme, de celle de son fils Albéric et de celle de sa mère Ecolane.

(*dd*) V. Ire partie, chap. II, section I, § 1er, p. LIII.

Les propriétés du comte ont donc eu pour origine le fisc, et ont dû leur accroissement principalement au retour des bénéfices. Aussi Reginon, historien du Xe siècle (e), dit-il que l'*hérédité* du comte Utto se composait de *bénéfices* (f), et nous savons à quelles propriétés cette qualification était étendue par les rois et les princes (chap. IV *suprà*, § 2, p. LXXXIII).

Vésines (sur la rive gauche de la Saône) appartenait, en vertu d'une ancienne concession, à Saint-Vincent. Cette possession étant échue depuis au comte à raison de son titre de comte de Mâcon (g), Léotald Ier, aïeul d'Otton, en disposa, conformément à un diplôme *(præceptum)* de Louis IV, au profit des moines de Cluny. Otton II (vers 1025) le donna de nouveau ou plutôt le rendit aux mêmes.

L'origine des propriétés du comte reconnue, il nous reste à expliquer leur changement de caractère et de condition. Il nous suffira de dire sur ce sujet que l'hérédité des fonctions amena naturellement l'hérédité des possessions et la rupture de tout lien de dépendance envers le roi. Les *bénéfices* se convertirent en *propriétés* dans les mains du comte. Aussi le voyons-nous en disposer comme maître et conférer le même titre aux donataires (h). Le bénéficiaire Gotfroy (ch. 111) étant décédé, le comte Léotald en concède les possessions à Saint-Vincent (hh). Ainsi se trouve constituée la propriété *comtale* (i).

(e) An 940, chron. lib. II.
(f) V. Ducange, v[is] *Beneficiciario jure possidere*.
(g) Mot à mot, *au droit de notre comté* : « villa Aniscus quæ *ex hereditate Sancti-Vincentii ad jus comitatûs* olim ab antiquis delegata obvenit, » charte 361 du cartulaire d'Odilon, reproduite par Guichenon, *Histoire de Bresse, preuves*, p. 61. Dans cette charte, Otton, comte de Bourgogne, ensuite de Mâcon, par Elisabeth, sa femme, se donne pour bisaïeul Léotald; pour aïeul Otton, surnommé Guillaume, qui conserva les comtés de Dijon et de Mâcon, après son abdication du titre de comte de Bourgogne en 1016; pour père, Gui; pour épouse, Elisabeth; pour fils, Gaufroy. A cette charte, datée du temps où Robert régnait conjointement avec son fils Hugues (1017 à 1025), Elisabeth et le vicomte Gui ont apposé leurs sceaux. La ch. 125 d'Odon, datée de 935, a pour objet une donation émanée de Léotald et d'Ermengarde, son épouse. Léotald se donne pour père et mère Albéric et Tolosane (Colatia). Dans la ch. 14 d'Aymard il a pour épouse Berthe. La ch. 787 du cartulaire de Saint Mayeul contient une donation par Léotald, qui avait pour épouse Richilde et pour fils Albéric. Les ch. 148 et 284 d'Aymard donnent les mêmes noms.
(h) V. les chartes citées au commencement de ce chapitre et surtout la 76e.
(hh) V. aussi ch. 471.
(i) V. les chartes citées sur ce point dans la 1re partie, chap. II, sect. 1re, § 1, p. LIII; ch. 550 et 771 du cartulaire d'Odilon; 444 et 543 du cartulaire de Saint Hugues.

Toutefois les possessions que le comte tenait directement de Saint-Vincent, à titre de précaires considérés comme bénéfices (ch. 11), ont pu constituer des fiefs, parce que l'évêque et les chanoines étaient là pour en rappeler l'origine et faire valoir leurs droits.

Nous avons vu, p. LIII, qu'au XIIe siècle (ch. 631), le comte Girard fut obligé, à la suite d'une guerre, de se déclarer l'*homme* du roi et de reconnaître qu'il tenait de lui, à titre de *casement*, les châteaux de Montbellet, La Salle (*ii*) et Vinzelles. En 1180, le sénéchal de France rendit un arrêt (*j*) portant que le même comte tenait en fief son château de Mâcon; qu'il n'aurait dans cette ville pas d'autre forteresse que la tour existante; et, comme il l'avait fortifiée récemment, il fut déclaré que le roi pourrait en prendre possession quand il lui plairait et y introduire des hommes d'armes.

Sous Louis VII et Philippe-Auguste le pouvoir royal commençait, en effet, à renaître et à se faire sentir dans les provinces, et les opprimés l'invoquaient. Ce fut sur les plaintes de l'évêque de Mâcon et à la suite de guerres motivées sur l'indiscipline et les licences que se permettaient depuis longtemps les seigneurs de Bourgogne, *en l'absence du pouvoir royal*, que les liens de vassalité et de dépendance furent imposés au comte de Mâcon (*k*). Ces faits mêmes prouvent que, jusqu'à la fin du XIIe siècle, le comte de Mâcon ne fut soumis à aucune vassalité, et qu'il agissait antérieurement en *souverain* dans son comté (*kk*).

(*ii*) V. la dissertation de Ducange sur le mot *sala*, dans l'histoire de St Louis, par Joinville.
(*j*) Martène, I, 944; Brussel, p. 523.
(*k*) V. Martène, t. I, p. 875 et 944.
(*kk*) Le passage suivant, extrait du liv. II, chap. Ier, *De miraculis* de Pierre-le-Vénérable (dans *Bibliot. Clun.*, col. 1,299), est favorable plutôt que contraire à cette opinion : « Est Matiscus in finibus regni Francorum quod à Teutonicorum vel Romanorum imperio Arar fluvium determinat. Quæ Matiscus à quibusdam Oppidum vocata, à quibusdam Urbis nomine honorata, in primatu Lugdunensi quintæ sedis obtinet locum. Hæc, quantùm ad jus ecclesiasticum, Lugd. Primati; quantùm ad jus seculare, Francorum regi subditur. Hujus urbis principatum quodam tempore sub nomine comitis quidam (ce serait Guillaume l'Allemand, suivant les notes du même livre, col. 162) obtinens, super personas et res ecclesiasticas execrandam tyrannidem exercebat. »

CHAPITRE VII.

PROPRIÉTÉ VICOMTALE.

La terre *vicecomitalis* est mentionnée une seule fois en notre cartulaire, dans la ch. 183 qui, sans date, nous parait être de la fin du X° siècle. Cette terre était située dans la banlieue de Mâcon, sur les bords de la Saône et près d'une propriété du comte.

Severt (p. 118) cite une charte datée de Mâcon, en 1096, contenant une donation au profit de l'Eglise de Saint-Pierre par le vicomte Hugues, et la charte ajoute : « *Sunt eæ res de* vicecomitatu *quem teneo.* »

En 944, Adhémar, vicomte de Lyon *(Lugdunensis)* (*l*), possédait aussi sa *terre vicomtale*, et, considérant Thoissey comme une dépendance de cette terre, il le revendiquait contre les moines de Cluny. La charte précitée s'exprime ainsi : « *in suos usus retorquere tentabat Adhemarus, Lugdunensis vicecomes, dicens res de Tosciaco ex suo vicecomitatu esse* (*ll*). »

Nous savons qu'au XI° siècle (ch. 589), le vicomte partageait avec le comte et l'évêque le produit du *banvin*. Dans le même siècle (vers 1072, Severt, p. 109), le comte Gui et le vicomte Artaud donnent à l'Eglise de Saint-Pierre : « *Omnes consuetudines, censum ac debitum quod in quibusdam terris ejus habent.* »

La propriété vicomtale devait provenir d'une concession du comte qui l'avait attachée au titre. Aussi, dans la charte ci-dessus citée, le vicomte Hugues ne fait donation à l'Eglise de Saint-Pierre de propriétés dépendantes de sa vicomté qu'avec le consentement du comte Gui, son seigneur « *consentiente comite Widone, seniore suo* (*m*). » Lorsque le titre de vicomte est devenu héréditaire, la propriété a dû suivre le même sort (*n*).

(*l*) Charte 36 du cartulaire de Bernon.
(*ll*) V. aussi diplôme de Louis d'Outre-mer, du 1ᵉʳ juillet 946, confirmatif de cette restitution.
(*m*) V. aussi ch. 292 du cartulaire de Saint-Vincent, vers 960.
(*n*) V. *suprà*, Iʳᵉ partie, p. LIV.

CHAPITRE VIII.

PROPRIÉTÉS FÉODALES.

Au XIe siècle, la propriété féodale s'est constituée dans nos contrées. Les *bénéfices* devenus héréditaires constituèrent les *fiefs*. Nous trouvons encore en ce siècle l'emploi simultané de ces deux expressions pour désigner le même objet (*nn*). Dans la charte 640 du cartulaire de Saint Hugues, il est dit que divers immeubles situés à Saint-Point avaient été concédés en *fiefs* par Odilon au chevalier Hugues-le-Déchaussé; qu'après la mort de ce dernier, l'abbé Hugues en disposa de nouveau au profit de la veuve et des enfants. La féodalité n'était donc pas encore bien assise (v. la note *b* du chap VI *suprà*, p. XCII).

Le *fief*, en effet, se distingue du *bénéfice* en ce que : 1° sa transmission héréditaire est reconnue et consacrée; 2° la concession nouvelle n'est plus alors nécessaire et s'est réduite au serment de foi et hommage prêté entre les mains du suzerain. La ch. 567 de notre cartulaire (dernières années du XIe siècle) le dit positivement : « Pro hoc beneficio a canonicis sibi collato, Landricus hominium fecit et fidelitatem juravit Domino Artaldo decano; et in pacto fuit, *ut quicumque de successoribus* et hoc beneficium a canonicis tenuerit, decano matisc. ecclesiæ *hominium faciat et fidelitatem juret.* » C'est bien là le fief, quelle que soit sa qualification, le fief héréditaire et soumis seulement, dans ses transmissions héréditaires, à la foi et à l'hommage. Il est parfois désigné sous les noms de *casamentum* (ch. 536 et 632), et d'*honor* (ch. 34, du XIe siècle). Guichenon (*o*) rapporte

---

(*nn*) Conférez les ch. 205 et 472 d'Odilon avec la ch. 610 de Saint Hugues et 567 du cartul. de Saint-Vincent. — Le bénéfice est assimilé à l'emphytéose dans la ch. 658 d'Odilon.

(*o*) *Bibliot. seb.*, p. 451.

une charte de 1234, par laquelle Gui de Sercy reconnaît avoir reçu de l'abbé de Cluny, *en casement et fief*, tout ce qu'il possède depuis le bois de Sercy jusqu'aux portes de Cluny, et promet hommage à l'abbé et à ses successeurs.

Parmi les fiefs provenant des bénéfices de Saint-Vincent, quelques-uns étaient qualifiés *presbytéraux* (charte 103, Xe siècle). Ces fiefs comprenaient, indépendamment des propriétés attachées à une Eglise, les oblations pour baptême, mariage, sépulture, etc. (*oo*).

A côté des fiefs et au-dessous d'eux, il existait des arrière-fiefs. Les grands seigneurs *bénéficiaires* voulurent se créer des vassaux particuliers qui, relevant directement d'eux et médiatement du premier suzerain, pussent les soutenir dans leurs luttes. A cet effet, ils concédèrent diverses parties de leurs bénéfices (*p*), et l'hérédité les perpétua dans les mains de ces arrière-vassaux (v. ch. 507), à tel point que les possesseurs finirent quelquefois par les considérer comme leurs alleux (*pp*).

L'abbaye de Cluny, comme le comte et l'évêque de Mâcon, avait ses vassaux (*q*). De même plusieurs seigneurs du Mâconnais; dans la ch. 569, l'un d'eux cède à Saint-Vincent les droits féodaux qu'il exerçait sur ses feudataires *(feodatarii)*.

Saint-Vincent, Cluny, et, dans les premiers temps de la féodalité, le comte de Mâcon ne relevant pour leurs possessions d'aucune autorité supérieure et les tenant allodialement, leurs vassaux ne connaissaient pas d'autres suzerains. L'on sait qu'il fallut une guerre pour que, à la fin du XIIe siècle, le comte se résignât à faire au roi hommage de Montbellet, La Salle, Vinzelles, ainsi que de son château de Mâcon.

Quelles conditions étaient imposées aux possesseurs de fiefs?

1° Le feudataire devait la foi et l'hommage au suzerain, il devenait son fidèle ou vassal, son *homme* (462, 465 et 567), son homme lige (604);

(*oo*) V. Ducange, 2e édition.
(*p*) V. Brussel, p. 62.
(*pp*) Ch. 98 et 103 d'Odilon.
(*q*) V. notamment ch. 149 de Saint Hugues et *Album* de Saône-et-Loire, II, p. 167.

2° Il ne pouvait transmettre ou diminuer son fief qu'avec le consentement du suzerain, et son acquéreur était obligé de réclamer l'investiture (plusieurs chartes; v. aussi ch. 20 d'Odilon);

3° Il lui devait le service militaire; en conséquence, son fief devait rester intact et se transmettre héréditairement suivant un ordre particulier de succession (ch. 631; v. *infrà*, IIIe partie, chap. Ier, § 2);

4° Il devait à son suzerain le service de plaid; nous citerons ultérieurement plusieurs chartes où il remplit ce devoir.

La féodalité n'était pas une pure dépendance, elle avait établi une réciprocité de devoirs : Le suzerain devait aide et protection à son feudataire, il ne pouvait le déposséder que pour infraction aux devoirs féodaux, et le vassal avait pour garantie le jugement de ses pairs (*r*).

Ainsi, entre vassaux et suzerain, il existait des devoirs et des obligations que l'on considérait comme la législation de la féodalité. Mais, comme dans toute organisation sociale sans garantie, la force et la violence venaient souvent entraver l'application de la règle ou renverser ce qu'elle avait édifié, parce qu'il n'existait aucun pouvoir supérieur capable d'imposer sa volonté dans l'intérêt de l'ordre et de la justice (*rr*).

(*r*) V. ch. 205 du cartulaire d'Odilon et 149 du cartulaire de Saint Hugues.
(*rr*) V. Guizot, *Histoire générale de la civilisation*, 1828, 4e leçon.

CHAPITRE IX.

CENSIVES.

Dans un grand nombre de chartes, le mot *cens* exprime des redevances soit en nature, soit en argent, « *annis singulis, in censum, modium de musto aut* 12 *denarios solvemus,* » dit la ch. 158. La ch. 484 dit également : « *solvunt vel reddunt in censum soldos, pullos, frexingias, etc.* » Dans la ch. 516, les redevances sont ou exclusivement pécuniaires ou composées d'argent et de prestations en nature.

Il est utile de distinguer le caractère du cens mentionné dans ces chartes. Dans la première, il a pour objet une possession d'une nature particulière, un précaire, dont le possesseur est libre; dans les deux autres, il constitue la charge du colon ou du serf *(serviens)*. Dans la première, résultat direct d'un contrat, il constitue, par son origine, sa modique valeur et sa destination, un simple signe de dépendance envers le suzerain (v. *suprà*, chap. IV, § 3, p. LXXXVII). Dans les autres, imposé par la seule volonté du maître, il représente la part de fruits revenant au propriétaire.

La *censive*, d'origine plus récente, ressemblait au précaire en ce qu'elle venait aussi d'une concession; elle en différait en ce que : 1° elle était roturière, tandis que le précaire était noble (v. *suprà*, p. LXXXV); 2° son cens représentait originairement la part de fruits due au propriétaire.

Elle différait de la tenure du colon ou du serf en ce que son possesseur n'était pas lié au sort de la propriété d'autrui et qu'il était même propriétaire à charge de cens. Elle différait, enfin, de l'alleu par son origine et ses charges.

D'où venait-elle? D'une modification du colonage et du servage.

Nous désignerons donc par *censives* les immeubles provenant d'autrui, possédés *more rustico* (ch. 574) par l'affranchi et devenus sa propriété sous charges de redevances annuelles.

Expliquons-nous sur l'origine, les causes et la nature de cette propriété. Nous en attribuons l'origine :

1° A la conversion en redevances pécuniaires des prestations en nature dues par le colon ;

2° A l'affranchissement conféré directement par le seigneur à ses serfs ;

3° A la concession directe par le propriétaire au tenancier libre.

1re Origine : Tant que les prestations en nature subsistaient, elles assignaient à la possession son caractère et en conservaient le souvenir. Le propriétaire et le colon étant liés par des rapports continus et indissolubles, ils eurent dès lors le désir réciproque de régler ces rapports d'une manière fixe. Les redevances en nature étaient incertaines et variables, l'argent présentait seul le moyen d'assurer au propriétaire un revenu fixe et certain. Le colon lui-même, trouvant en cette conversion plus d'indépendance, une limite à ses charges et en même temps un obstacle patent aux exigences du maître, chercha à s'affranchir des prestations en nature.

Les redevances pécuniaires payées pendant de longues années ne furent plus considérées comme *revenus* (*redditus*, ch. 516), mais comme simples *dettes*. Et comme le colon se maintenait dans la possession et ne pouvait en être écarté, il arriva que la propriété changea insensiblement de mains et passa dans celles du colon. L'ancienne propriété s'était, de fait, convertie en *créance* grevant le fonds devenu la propriété de l'ancien colon ; l'ancien maître ne put faire rentrer le fonds dans son domaine qu'à défaut de payement du cens. Enfin le colon n'étant plus lié au sort de la possession put l'abandonner pour s'affranchir de ses charges.

Cette conversion fut l'œuvre du temps ; subordonnée soit à la volonté et aux besoins du maître (s), soit aux moyens du colon, elle procéda le plus souvent partiellement, mais souvent aussi elle finit par atteindre l'ensemble de la prestation. La ch. 493, relative aux diverses prestations dues par les serfs de Romenay, constate que la

---

(s) Unusquisque mansus debet in anno servitium in denariis vel in aliâ quâlibet re *secundùm meum velle;* Charte du comte Albéric, datée de 971, dans Chifflet, p. 286.

redevance en porcs avait été convertie en argent : « *debent ipso anno, festivitate Sancti Andreæ, soldos denarios duos pro porcis (t).* » Nous croyons ce document de la fin du IXe siècle.

La ch. 516, qui est un *breve memoratorium* des *revenus* de Vérizet rédigé, nous le croyons, au XIIe siècle, contient un grand nombre de redevances exclusivement pécuniaires; plusieurs sont en argent et en nature; quelques-unes exclusivement en nature. Le rédacteur ajoute que tous les manses de Vérizet, qui doivent la *maréchaucée (marescaliciam)*, doivent aussi le *complacitum generale* et tous les travaux que les chanoines voudront faire exécuter à Vérizet : « *Omnes predicti mansi, qui debent marescaliciam, debent et complacitum generale et quidquid ibi volumus facere.* »

Guichard III de Beaujeu, en 1193, fit remise aux hommes de l'Eglise de Belleville de la *marescalia (u).* Cette redevance était également usitée dans les Dombes et consistait en prestation de seigle, à laquelle étaient assujétis les colons possesseurs d'animaux de labour. Dans notre espèce, nous croyons qu'il s'agit plutôt du droit qu'avaient les seigneurs de prendre du foin, de l'avoine, etc., pour la nourriture de leurs chevaux, car dans le *memoratorium* il n'est pas question de prestations de seigle, tandis que celles d'avoine figurent dans divers articles (v).

Le *complacitum generale* n'était pas, à Vérizet, une prestation personnelle, puisqu'il était à la charge des manses. Dès lors cette redevance peut être prise dans le sens de *foagium*, droit dû au seigneur pour chaque *feu* (x) ou manse.

(t) Suivant le rédacteur, qui n'a pas daté son *memoratorium*, Romenay *(potestas romanaca)* provenait d'une donation du roi Gontran. Fustailler, p. 12, donne à cette libéralité la date de 584.

(u) V. Ducange sur ce mot.

(v) *Cibariæ ad equos*, v. ch. 198 et 476; *equorum receptacula*, ch. 495; v. aussi Guérard, **Prolégomènes** du cartulaire de Saint Père de Chartres, p. 151 : « *Mareschaucia, jus in pratis.* »

(x) V. Ducange, v[is] *Placitum generale*, et la *bibliot. Dumbensis*, par M. Valentin Smith, p. 23. — Le mot *placitum* a peut-être ici la signification donnée par Salvaing *(Traité du plait seigneurial)*, d'après laquelle il désignait le droit seigneurial dû à raison de la mutation soit du seigneur, soit du tenancier (la mouvance ou le relief). Cette redevance devenait *générale* par le changement du seigneur. Ce fut là, en effet, une des premières conditions de cette nouvelle propriété.

Ces dernières prestations et les expressions générales qui les suivent démontrent à elles seules quelle était la différence, quant à la position du censitaire, entre une prestation pécuniaire et une prestation en nature. Dans le premier cas, le censitaire était *abonné* (y).

Les cartulaires de Cluny nous attestent également, dans divers documents, la conversion en argent de la prestation en nature. C'est ainsi que nous trouvons dans l'état intitulé : « *Cens des obédiences de Cluny* (z), et dont la date remonte à 1156, les mentions suivantes : « Il est dû, pour les héritages tenus à bordelages *(de bordalariis)*, dans le doyenné de Cluny, 60 sous. A Laizé, le cens des terres est de 12 livres et celui du village de 37 sous ; à Saint-Martin-de-Mâcon, de 8 livres 10 sous 3 deniers ; à Cruzilles, de 20 sous. A Lourdon, près de Lournand, le cens en vin, chair, poisson, etc., était *alors* converti en *revenus* pécuniaires; la corvée d'un faucheur était estimée deux deniers, et, à la volonté de l'abbé, perçue en argent (a). »

A la suite de ces transformations, le serf et le colon sont devenus *vilains* (habitants de village). Cette expression, répétée dans l'état précité, est employée dans la ch. 476 qui date de la première moitié du XIe siècle.

L'on sait que la redevance, même partiellement pécuniaire, affranchissait, dans certaines coutumes, l'héritage de la mainmorte (b).

Ces changements de nature dans les prestations, fréquents au XIe siècle, produisirent leur effet naturel le siècle suivant sur la condition de la personne et de la propriété.

2° Origine : L'affranchissement conféré par le seigneur à ses serfs ruraux dut plus promptement amener la transformation du cens. Devenus colons libres et vilains, une partie de leurs redevances fut immédiatement fixée en argent, et ils eurent plus de ressources et de facilités pour racheter les autres.

(y) V. Lathaumassière sur les *anciennes coutumes* du Berry.
(z) Cartulaire coté B, p. 292.
(a) V. *Album* de Saône-et-Loire, II, p. 69.
(b) Dans la ch. 511 (premières années du XIIe siècle), les prestations de Guichard, *prudens rusticus*, sont presque entièrement en argent. L'art. 59 de la coutume de Troyes contenait la disposition suivante : « Si les héritages sont chargés d'argent avec charges de chair, pain ou grain, ou l'une d'icelles, ils ne sont mainmortables, car l'*argent rachète la mainmorte.* » V. de Laurière, *Ténement de 5 ans*, p. 156.

Cette transformation fut habituellement l'effet immédiat de l'affranchissement des serfs des villes, parce qu'ils étaient créés citoyens ou bourgeois. C'est ainsi que, par suite de l'affranchissement de Cluny par Saint Hugues, dans les dernières années du XIe siècle ou les premières du siècle suivant, ses habitants payaient, suivant l'état précité, pour le cens des héritages ruraux, 10 livres; pour celui des maisons, 6 livres; pour le *banvin*, qu'ils avaient racheté, même somme. Aussi la rédaction, sous l'abbé Etienne, en 1172, des anciennes coutumes, dont l'origine remontait également à Saint Hugues, consacre-t-elle la propriété des habitants et en règle-t-elle la transmission héréditaire. La charte concédée en 1188 par l'abbé Hugues III prescrit comme moyen de contraindre au payement des cens, d'abord la prise d'un gage, à défaut de gage la remise de la possession dans le domaine de l'abbé, mais seulement jusqu'à ce que le débiteur se soit acquitté.

Enfin l'état de redevances précité constate qu'à Cluny les *lods et ventes* produisaient annuellement 40 livres; ils étaient dus à raison ou comme condition du consentement donné par l'abbé aux transmissions entre vifs (c).

3e ORIGINE : La ch. 571 (premières années du XIe siècle) nous en donne un exemple : Alard, surnommé l'Apostolique, tenait, depuis longtemps, de l'archidiacre Bernard, à charge de service roturier et annuel (*more rustici et ad servicium annale*), un manse situé près des murs de la ville de Mâcon et de l'église de Saint-Jean. Par l'incurie (*incuriâ*) du tenancier, ce manse, dont faisait partie une vigne qui n'avait pas même été piochée, était tombé presque en friche et restait exposé aux excursions des animaux. Bernard irrité traduisit, après diverses plaintes infructueuses, Alard en justice *(ad rationem posuit)*. Mais ce dernier refusa de rendre la propriété, et, à l'aide de ruses et de difficultés, il rendit sans effet les plaintes et l'action de Bernard. Cependant, sur les sollicitations de tiers, toutefois de sa pleine

---

(c) V. Pasquier, *Recherches*, liv. II, chap. XVI, p. 132; *Album* de Saône-et-Loire, loc. cit., et p. 169; ch. 149 de Saint Hugues : « Prior culpavit Umbertum de terris quas emerat *sine laude domini abbatis*. »

volonté, Alard promit de se démettre, moyennant argent, du manse et de la vigne. Bernard ayant accepté par divers motifs cette proposition, Alard et son épouse Greuze lui vendirent ces immeubles pour quatre livres ; la femme reçut, en outre, 5 sous pour son approbation *(laudamento)*.

Ainsi l'on voit que, malgré l'origine reconnue de la possession et quel que fût son état, l'ancien propriétaire éprouvait des difficultés pour la faire rentrer dans son domaine. Son action n'était pas fondée sur un défaut de payement du cens, mais sur l'état de dégradation de la possession. Dès lors ce cens ne pouvait être qu'en argent, et Alard objectait sans doute qu'il ne devait rien, de ce chef, à Bernard. Alard était donc devenu propriétaire, aussi Bernard *rachète-t-il* l'immeuble (*d*).

Telles sont les origines, la constitution et les conditions de la censive.

(*d*) Les *priviléges* de la ville de Cluny (rédaction du XIIe siècle), ceux de Beaujeu (XIIIe siècle), ainsi que quelques chartes des cartulaires de Cluny (XIe siècle, ch. 202 de Saint Hugues ; et XIIe siècle, dans l'*Album*, II, 60 et 70), mentionnent des héritages concédés à titre de *bordelage*. Ces concessions, émanées du seigneur, étaient faites sous la charge de prestations en nature onéreuses et de services semblables à ceux de la taille ; le parent n'héritait de la possession que s'il était commun en biens avec le défunt, et le seigneur ne donnait son consentement à l'aliénation qu'en prélevant une forte partie du prix. Dans le principe, ces concessions n'avaient pour objet que les fonds de terre situés à la campagne et auxquels était attachée une habitation *(bord)* ; elles s'étendirent ensuite aux habitations des villes (v. *Coutumes du Nivernais*, chap. VI, *des Bordelages* ; le commentaire de Coquille et son *Histoire du Nivernais*, p. 430; enfin la *bibliot. Dumbensis* passim.

CHAPITRE X.

COLONAGE.

Nous connaissons quelles sont les différences de conditions dans leurs personnes et leurs possessions, entre le colon proprement dit et le serf (e); entre le serf, le colon et le censitaire (f).

Nous connaissons également quelle était la nature du lien qui les attachait à la possession, quelles sont les modifications que le temps et certaines circonstances ont apportées à leur condition, comment cette condition a changé de nature.

Nous n'avons donc plus à nous occuper ici que des diverses prestations dues par le serf ou le colon à raison de sa possession.

Elles étaient perçues à divers titres et sous des noms variés :
Pour taille réelle (*solarium*, ch. 493);
— droit de seuil (*solagium areæ*, ch. 627);
— tasque (*taschia*, prestation agraire, ch. 516, 534 et 557);
— gerberie (prélèvement de quelques gerbes; v. Guichenon, *bibliot. seb.*, p. 138);
— prémices de la récolte (ch. 533 et 604);
— droit de garde de la propriété (*custodia*, *salvamentum*, prestation pour protection accordée par le seigneur séculier, ch. 27, 476 et 567);
— droit de pacage et usage des eaux (ch. 198 et *Album* de Saône-et-Loire, II, 172);
— droit d'usage dans les forêts (ch. 198 et 567);
— prestations de vivres dues au seigneur (*paratas vel eulogias*, ch. 198 et 479; v. Ducange, v° *Eulogiæ*, 5. Ces mots désignent le cens synodal dans les ch. 92, 265, 392, 402, 410 et 411);

(e) 1re partie, chap. II, section II, § 2 et 3, p. LX et LXIV.
(f) V. le chapitre précédent.

Pour nourriture des chevaux (ch. 198 et 476);
— nourriture des chiens (ch. 293 d'Odilon);
— droit de garde des chemins (ch. 589).

Signalons encore le droit, que s'était arrogé le seigneur, de défendre aux habitants la vente, pendant un certain temps, de leur vin, afin de favoriser la vente du sien. Ce droit se nommait *banvin*. Le comte, le vicomte et l'évêque s'étaient adjugé, à Mâcon, chacun 15 jours.

Les prestations consistaient en corvées, en argent ou en produits agricoles. Nous n'avons plus à nous occuper des prestations pécuniaires.

§ 1er. — CORVÉES.

Les serfs de Romenay (ch. 493) devaient :

1° Réparer chaque année les toits des églises de Saint-Vincent et de Saint-Gervais;

2° Réparer complétement, à l'exception des murs, l'église de Saint-Pierre à Romenay, les bâtiments dépendant de la maison de maître *(curtis)*, ainsi que la grange, l'étable et la cuisine;

3° Labourer deux condemines près du village; semer, dans l'une, du froment et du seigle; dans l'autre, de l'avoine; en faire la récolte et la charrier jusqu'à la grange;

4° Faucher deux prés *(brolios)*, l'un près de Saint-Romain *(ff)*, l'autre sur la Reyssouze; en faner le foin et le rentrer aux calendes de mai.

Dans la ch. 516, plusieurs manses de Vérizet, désignés par les noms des colons, devaient fournir un nombre déterminé d'hommes pour bêcher *(fossorem)*, sarcler *(serclatorem)*, paisseler *(palatorem)*, moissonner *(secatorem)*, faucher et faner *(fenatorem)*, couper du bois *(lignarium)*, voiturer *(carrarium)*, battre le blé *(palatorem areæ)*. Quelques-uns devaient, en outre, trois corvées.

Il serait inutile de nous arrêter plus longtemps sur ce sujet, car les corvées étaient à peu près les mêmes dans l'étendue du Mâconnais,

(ff) Saint-Romain-du-Breuil, commune de Romenay.

ainsi que le prouvent les cartulaires de Cluny. Ces corvées étaient employées à la culture des propriétés, dont les produits étaient recueillis par le maître, aux réparations de son château et à l'entretien des fossés *(g)*. Il n'est pas encore question dans nos chartes du droit de guet.

En général, le corvéable devait se nourrir à ses dépens *(gg)*.

§ 2. — REDEVANCES EN NATURE.

Les serfs de Romenay (charte précitée) devaient fournir chacun un muids d'avoine et 25 perches propres à faire des cercles; tous les trois ans, chacun deux tonneaux; de la Saint-Martin aux calendes de mars, du bois de chauffage en quantité suffisante; à Noël, la charge d'un bateau de bois (de service, *navatam unam ex lignis*), une table et des chaises *(tripodes)*.

Les manses de Vérizet (charte précitée) devaient des pains, du vin, de l'avoine, des chapons, des moutons, des agneaux, du foin, même de la viande.

La ch. 484 énumère parmi les cens quatre porcs de moyenne taille *(frexingias)* (*i*), une brebis *(verbicina)*, des poulets, des œufs; plusieurs autres, du froment.

Ces diverses prestations sont répétées dans un grand nombre de chartes.

L'état précité des cens des obédiences relevant de Cluny constate que sur les 66 sous que rendait le doyenné de Berzé-(la-Ville), dix étaient dépensés pour la nourriture des vilains qui les apportaient, et que sur les 510 pains que devait le doyenné de Lourdon, 110 recevaient la même destination. Il y a dès lors lieu de croire que la nourriture du corvéable était également à la charge de l'abbé.

(*g*) Ch. 493 *suprà* et 293 du cartulaire d'Odilon.
(*gg*) V. cependant le § suivant.
(*i*) V. Pithou dans Baluze, II, col. 721.

CHAPITRE XI.

PROPRIÉTÉ COMMUNALE.

Nous nous sommes expliqué (*suprà*, Ire partie, p. LXII) sur l'origine probable et la destination de la *terra* et du *nemus francorum*. Nous devons y renvoyer le lecteur. La ch. 274 (vers 950) contient la donation d'une vigne située dans l'*ager* d'Igé. Cette vigne est confinée, au matin, par le pâquier communal *(pascario communale)*, et, au midi, par la terre du comte Léotald. Dans cette charte, le pâquier communal, parfaitement distinct de la terre du seigneur, semble être la propriété d'une universalité. Dans la charte 85 du cartulaire d'Odon, un champ donné à l'abbaye de Cluny, situé à Chazeux, finage de Chissey, a pour confins, au nord, *terram communem*. La ch. 240 de Saint-Vincent (vers 900) a pour objet l'échange de fonds situés, l'un à Igé, et l'autre dans l'*ager* d'Aynard *(aganensi)*. Ce dernier est confiné, d'un côté, par la terre des *consorts (terrá consortorum)*. La ch. 8 du cartulaire de Bernon, datée de Mâcon en 916, contient, en faveur de l'abbaye de Cluny, donation d'un moulin situé à Massilly et limité, au midi, également par *terrá consortorum*. La ch. 69 de Saint Mayeul, datée de 982, contient les mêmes expressions dans la désignation des limites de fonds situés à Taizé.

On lit dans Frontin (*de controversiis agrorum*, édition de Rigault, p. 54), le passage suivant : « *Est et pascuorum proprietas pertinens ad fundos, sed in commune ; propter quod ea compascua multis locis in Italiá* COMMUNIA *appellantur ; quibusdam in provinciis* PROINDIVISO. »

L'art. 6 du titre Ier du premier supplément de la loi des Burgondes est, dans la traduction de M. Peyré, conçu ainsi : « L'usage des bois, des montagnes et des pâturages doit être commun à chacun dans la proportion de son droit. » Enfin le titre LXXVIII de la loi ripuaire a pour objet la répression du vol de bois commis *in silvá communi*.

Quelle pouvait être l'origine du pâquier communal et de la terre des consorts mentionnés dans nos chartes? Les expressions isolées que nous venons de rapporter permettent toutes les conjectures sur ce sujet.

Était-ce un ancien *pratum publicum* (ii)? Cela n'est pas probable, puisque ce n'était pas une cité, mais plutôt un simple village qui en était le possesseur. Le passage ci-dessus cité de Frontin s'applique aussi spécialement aux communaux soit de l'Italie, soit des colonies établies dans les provinces.

Était-ce un de ces anciens pacages dépendant autrefois d'un domaine des empereurs romains et dans lesquels les habitants voisins pouvaient, moyennant une légère redevance, envoyer pacager leurs bestiaux concurremment avec ceux attachés à la propriété du prince (j)?

Ou bien ne provenait-il pas d'une concession faite sous les rois barbares, à la charge d'une redevance perçue en leur nom par les comtes?

Avait-il, enfin, son origine dans une concession féodale?

La distinction précise entre le fonds communal et la terre du comte, puis l'ancienneté de la date permettent de ne pas croire à cette dernière origine.

Les propriétés du fisc impérial étant devenues celles du fisc des rois barbares, la 2e et la 3e hypothèse sont fondées sur une cause identique, sauf la différence de dates. Dès lors il y a naturellement plus de probabilité en faveur du pouvoir le plus récent. La possession communale dont s'agit proviendrait donc du démembrement d'un ancien fisc.

(ii) V. le Code Théodosien, liv. VII, tit. VII, *de pascuis*, loi 3.
(j) V. Code Théodosien, loc. cit., loi 2.

Quoi qu'il en soit, le mot *communal*, étranger ici à toute idée politique, nous démontre que, dans notre contrée et à cette époque, les habitants d'un simple village pouvaient constituer une universalité, un être moral, administré par ses agents ou par ceux du seigneur (*majoribus*, *villicis*, *ministerialibus*). Néanmoins il ne faudrait pas en tirer des conséquences trop favorables à leur état social, car les droits communaux furent, de tous temps, attachés ou à *la résidence* ou à la propriété voisine, quel que fût l'état du possesseur. Aussi, dans le territoire de la *villa* de Senozan, les serfs habitant un village particulier constituaient-ils, comme les francs, une communauté.

Quelle était la nature de cette possession?

Les mots *pascuarius communalis*, *terra communis* indiquent une propriété (*jj*); les mots *terra consortorum* une copropriété (*k*). D'autre part, le possesseur était perpétuel. C'était donc alors une propriété ayant pour objet un fonds particulier plutôt qu'un droit d'usage.

Cependant, une charte de Cluny, datée de 1180 (*kk*), nous montre le comte de Mâcon exerçant le droit de garde sur les pacages situés dans la même localité, à Igé, et porte que ces pacages ou plutôt les redevances qui les grevaient étaient *communes* entre ce comte et l'abbé de Cluny.

La propriété communale a eu aussi pour origine des concessions féodales et pour objet des droits d'usage. L'on sait que ces concessions avaient pour but d'attirer la population sur les terres seigneuriales et de favoriser ainsi la culture et l'augmentation des produits de ces terres. La charte 567 (vers 1100) contient donation, moyennant redevances, d'un droit d'usage dans un bois, au profit de paroisses.

Dans la ch. 372 (vers l'an 1000), l'on donne aux détenteurs présents et futurs de deux manses, sans charge de redevances, des droits d'usage étendus dans la forêt de *Naisse*, dite *Sylva vulgaris*. Cette concession démontre qu'il s'agit d'une forêt privée. Cette forêt

---

(*jj*) V. cependant Ducange, v^{ia} *communia*, II; *communa* et les autorités qu'il cite.
(*k*) V. Ducange, v° *consortes* et Loi des Burgondes, tit. XLIX, art. 3.
(*kk*) V. *bibliot. sebus.*, p. 138 et *Album* de Saône-et-Loire, II, p. 174.

avait peut-être été usurpée sur une communauté, ou bien la multiplicité des droits concédés et le grand nombre des concessionnaires lui ont fait donner cette qualification (même expression dans la ch. 342)(*l*).

(*l*) La connaissance tardive que nous avons eue de l'*Histoire des biens communaux*, publiée par M. A. Rivière et couronnée en 1856 par l'Académie des Inscriptions et Belles-Lettres, ne nous a pas permis d'en faire ici un utile emploi.

IIIᴱ PARTIE.

DES DIFFÉRENTES MANIÈRES D'ACQUÉRIR LA PROPRIÉTÉ.

CHAPITRE Iᵉʳ.

SUCCESSIONS.

Les biens qui composaient l'*hérédité* du défunt étaient-ils distingués suivant leurs origines?

Tous les enfants étaient-ils admis au partage de ces biens?

La représentation était-elle admise soit en ligne directe, soit en ligne collatérale?

Comment les parents remédiaient-ils aux exclusions prononcées par la législation nationale, ou des institutions d'héritiers?

Les ascendants héritaient-ils de leurs enfants prédécédés?

Quel était le mode de succession aux fiefs?

§ 1ᵉʳ. — ALLEUX. — ACQUÊTS. — TENURES A CENS.

Suivant la législation des peuples barbares (*ll*) qui envahirent les Gaules, l'*alleu (terra aviatica)* devait échoir, de droit, aux fils, à

(*ll*) A l'exception de la loi Visigothe.

l'exclusion des filles, parce que eux seuls étaient capables de le défendre les armes à la main (*m*).

Les acquêts étaient, au contraire, à la libre disposition du propriétaire (*mm*). Tous les enfants, quel que fût leur sexe, avaient une égale part dans leur partage (*n*).

De là, dans les successions, la distinction entre les propres et les acquêts. Toutefois nous savons que *l'acquêt* du père devenait le *propre* de l'enfant.

Les tenures à charge de cens, devenues *propriétés* par hérédité ou autrement, ne purent être frappées de l'indisponibilité attachée aux alleux. Dès lors leur dévolution par succession, affranchie de cette distinction, se régla suivant l'ordre naturel et s'opéra en faveur de tous les enfants. Aussi les anciennes chartes d'affranchissement et les anciennes coutumes se servent-elles, en cette matière, des expressions générales *héritiers* et *biens* du défunt (*nn*).

Toutefois, à l'égard des gens de condition servile, le seigneur ne respectait le droit de succession qu'en faveur des parents de cette condition, communs et demeurant avec le défunt. Si la communauté avait cessé, il s'attribuait tout ou partie de la succession, dont la disposition par testament était, du reste, interdite. C'est ce qu'on appelait *mainmorte*. Les bourgeois eux-mêmes, malgré leurs chartes d'affranchissement, restaient quelquefois soumis à cette coutume oppressive (v. *suprà*, p. LX, note *h*). Mais, habituellement, ces chartes contenaient des dispositions dont le but était de consacrer, vis à vis du seigneur, et le droit de succession en faveur de tous les parents et le droit de tester (*o*).

L'exclusion des filles du partage des biens paternels froissait les

(*m*) V. *Loi salique* (tit. LXII, art. 6); *ripuaire* (tit. LVI et LVIII, art. 5); *Gombette* (tit. XIV, art. 1er; tit. LXXVIII, art. 1er); v. aussi Gans, *Hist. du droit de succession*, p. 61; Pardessus, *Loi salique*, p. 715; Laboulaie, *Condition civile des femmes*, p. 79.

(*mm*) *Loi Gombette*, tit. 1er, art. 1er; Galland, du *franc-alleu*, p. 25.

(*n*) V. Heineccius, *Elem. juris germanici*, § 214 et suiv.; v. M. Peyré, dans son édition de la *Loi salique*, p. 211; Pardessus, sur la même loi, p. 698, 708 et 717; Laboulaie, *Condition civile des femmes*, p. 166; v. aussi la fin du chap. III de la IIe partie *suprà*, p. LXXIX.

(*nn*) V. ch. des *privilèges* de la ville de Cluny citée *infrà*.

(*o*) V. les *coutumes* de Cluny citées dans ce chapitre et dans le suivant.

parents dans leurs sentiments d'équité et d'égale affection. Aussi cherchèrent-ils à prévenir sur ce point les effets de la législation nationale. Dans ce but, invoquant la loi romaine et l'autorité qu'elle donne à la volonté du testateur, ils *rappelèrent* les filles au partage des alleux. Marculfe nous a conservé plusieurs formules de ce *rappel* (oo). Il se réalisait par une institution en vertu de laquelle la fille venait, conjointement et par égalité avec ses frères, au partage soit de l'alleu, soit des acquêts (p). La fille était-elle morte, ses enfants étaient appelés à concourir, en son lieu et place, avec leurs oncles dans la succession de l'aïeul (q). Ce n'était pas là une représentation, puisque leur mère n'aurait pas été héritière des propres, mais une institution restreinte à la part qu'elle aurait pu recevoir : « *quam de alode recipere potuerat.* » Cette participation de la fille à l'ensemble de l'héritage paternel, introduite dans la pratique, finit par être considérée comme un droit.

La représentation n'était pas admise, par la législation, même en faveur des enfants du *fils* décédé, à l'égard soit des alleux, soit des acquêts, soit des tenures (r). Ce ne fut qu'à une époque tardive, après diverses tentatives infructueuses, à l'époque de la rédaction des coutumes, qu'elle fut reçue d'abord en ligne directe (s). Les anciennes coutumes de Cluny, dans leur rédaction du XIIe siècle, s'expriment ainsi sur ce sujet : « *Si quis, non facto testamento, obierit, is qui defuncto, genere aut cognatione propinquior fuerit, bona ejus habebit.* — Si quelqu'un meurt sans avoir fait de testament, son parent le plus proche dans la ligne directe ou collatérale héritera de ses biens. » Les mêmes coutumes ajoutent : « *Si quis, non facto testamento, sine herede et uxore decesserit, bona ejus ad Ecclesiam devolvuntur.* — Si quelqu'un meurt intestat, sans laisser ni héritier ni épouse, ses biens seront dévolus à l'abbaye. » Il résulte de ce

(oo) Liv. II, formules 10 et 12; appendice, 49; Sirmond, 22.
(p) Formules 12 et 49 *suprà*.
(q) Formules 10 et 22 précitées.
(r) Lindembrog, formule 55.
(s) V. divers auteurs, notamment Loisel dans ses *Institutes coutumières*, tit. v, *des successions*, règle 5, dissertation de de **Laurière**.

dernier passage que l'épouse, comme successeur irrégulier, empêchait la déshérence au profit de l'abbé, seigneur du lieu.

Les ascendants succédaient à leurs enfants décédés sans postérité. La *Loi salique* (tit. LXII, art 1er) leur donnait la préférence quant aux biens composant l'hérédité générale, sauf les distinctions relatives à l'alleu à l'égard de la mère ; la *Loi Gombette* (tit. LI, art. 2 et tit. LIII) donna à la mère d'abord la jouissance vis à vis des frères et sœurs du *fils* décédé, puis seulement la moitié en propriété (*ss*).

La ch. 466 de notre cartulaire (XIe siècle) contient les expressions suivantes : « *Ego Matselina femina dono omnia quæ mihi advenire debent de infantibus duobus quos Livoni, seniori meo, genui, qui post mortem illius multis vixerunt diebus.* »

Le partage de l'alleu s'opérait avec solennité devant le magistrat. Celui des autres biens était consigné par écrit, et il paraît que cette dernière forme finit par être considérée comme suffisante à l'égard même de l'alleu (*t*). Cependant la première était encore employée pour l'*hérédité* au commencement du Xe siècle (*u*).

Notre cartulaire a conservé quelques espèces qui se réfèrent aux dispositions de la législation germanique. Mais, en notre contrée, cette législation n'était pas seule suivie dans la transmission des biens par succession.

En 960 (ch. 467), Alexandra donne à sa chère fille Landrade, pour lui tenir lieu de partage *(in locum divisionis)*, un alleu *(mansum indominicatum)* situé à Ecoles. Cette disposition s'explique par l'exclusion du partage de l'alleu que Landrade aurait subie à la mort de sa mère.

Quarante ans après (ch. 468), Landrade dispose de la même propriété au profit d'Adalgarde, sa sœur, et de Josserand, fils de cette dernière. Mais le fils de la donatrice, Hugues, approuve la donation.

(*ss*) V. Laboulaie, *Condition civile des femmes*, p. 90 et 166; Pardessus, *Loi salique*, p. 700 et 715.

(*t*) Ch. 476 et formule 18 de Bignon.

(*u*) Ch. 185 ; v. aussi le chapitre suivant.

Au XI° siècle (ch. 10), Fromald, noble homme, avait disposé d'une propriété au profit de Saint-Vincent. Hugues de Sennecé était en contestation avec Fromald au sujet de cette propriété, parce qu'elle provenait d'Arluf et de Telina, frère et sœur des parties, et dès lors inquiétait les chanoines dans leur possession. La contestation fut portée devant l'évêque et le comte de Mâcon présidant le plaid, et se termina par la décision suivante :

Hugues et les chanoines se feraient réciproquement raison des propriétés divisées jusqu'à concurrence de moitié. Quant aux terres arables et aux défrichés qui n'avaient pas été divisés, les fruits en seraient répartis également par moitié jusqu'au partage. En outre, si la partie détenue par les chanoines était d'une valeur supérieure à celle de Hugues à raison d'améliorations, cette circonstance ne devait pas être prise en considération dans le partage, attendu que Hugues pouvait en faire autant sur sa part.

Hugues et Fromald avaient donc hérité par égalité de la succession et du frère et de la sœur (*v*).

A la fin du IX° siècle (ch. 295), Statevert et Goda, sa femme, donnèrent à Saint-Vincent, indépendamment d'un curtil avec sa vigne, situé à Sancé, toutes les autres propriétés qu'ils possédaient *de jure suo, dominatione*, sous réserve toutefois de la *quarte falcidie (quarta falcidia quam nobis reservamus)*. Cette réserve s'explique par la légitime qui, par la suite, aurait pu être due aux enfants des donateurs et dont ces enfants pouvaient être désintéressés d'avance (*x*). Il ne s'agit pas là, en effet, de la *quarte* réservée à l'héritier testamentaire contre les légataires et les fidéicommissaires.

Cette charte nous donne une preuve patente de la persistance du droit romain dans nos contrées et de l'application contemporaine de législations d'origines diverses dans la transmission des propriétés (*y*).

(*v*) Voyez *Loi Gombette*, tit. LI, art. 2 et 6. La ch. 666 du cartul. de Saint Hugues se réfère à un partage d'alleu fait par égalité entre les fils, en ces termes : « Ego Stephanus de Oblaco (d'Ublé) dono monasterio Cluniacensi totius hereditatis quartam partem quæ mihi obvenit hereditario jure in villà Oblaco (Zublé, commune de Massy), factà cum tribus fratribus meis divisione.

(*x*) V. loi 8, § 6 et 10, au Digeste, *de inofficioso testamento*, et la loi 31, au Code, même titre; v. aussi tit. XXIX, *de inofficiosis donationibus*.

(*y*) V. aussi le chap. IV *infrà*.

§ 2. — FIEFS.

Les fiefs devenus héréditaires participaient à la nature des alleux. Le feudataire était maître sur ses terres et n'était redevable envers son suzerain que de droits honorifiques.

La principale de ces charges était le service militaire. Il aurait été difficile d'obtenir ce service,

1° Si le fief fut devenu l'héritage des filles ; de là leur exclusion comme dans le partage de l'alleu ;

2° S'il se fut morcelé par le partage entre tous les fils ; de là le droit de primogéniture ou d'aînesse, inconnu dans le partage de l'alleu.

Les puînés n'étaient pas cependant exclus, d'une manière absolue, du partage du fief. Ils étaient admis à ce partage à titre d'apanage, et faisaient hommage de leurs parts à l'aîné.

« Cet hommage, dit Hervé (z), était plutôt une prérogative d'honneur qu'un acte de soumission féodale. Il n'altérait point la véritable égalité que la nature avait mise entre les cadets et l'aîné ; il ne mettait aucune différence dans le titre de leur propriété ; enfin, le puîné était tellement l'égal de son aîné, il tenait tellement au même titre que lui, qu'il était à son choix ou de lui porter l'hommage ou de le porter au seigneur duquel l'aîné relevait lui-même. Cette raison d'égalité fit appeler cette manière de tenir *parage* de *paritas*.

» L'aîné était obligé d'acquitter les cadets qui tenaient de lui en parage, de l'hommage, des droits de rachat, et généralement du service ordinaire, envers le suzerain. »

Ce n'est qu'à la fin du XII° siècle que le parage paraît s'être introduit dans le Mâconnais. Dans les premières années de ce siècle (ch. 589), le comte Raynaud, avec l'approbation de son frère Guillaume, transige avec l'évêque Bérard au sujet soit des murs, terres et enclos de l'évêché, soit de leurs droits particuliers de justice. Sous l'évêque Josserand, successeur de Bérard, c'est, au contraire,

---

(z) *Théorie des matières féodales*, t. 1ᵉʳ, 210.

le comte Guillaume qui, avec l'approbation et par l'intermédiaire du comte Raynaud, son frère (ch. 590) (*a*), fait abandon aux chanoines de ses prétentions sur leurs châteaux forts, bâtiments et maisons situés soit à Mâcon, soit au dehors. Et comme ils se donnent l'un à l'autre l'approbation de leurs actes respectifs, il ne peut y avoir là l'effet d'un hommage dû par l'un à l'autre. Le consentement réciproque des frères s'explique naturellement par le désir de prévenir l'exercice du retrait lignager sur les choses données et considérées comme faisant partie du propre ou de l'alleu du disposant.

Mais, en 1172 (ch. 631), le comte Girard ne fit hommage à Louis VII des châteaux de Montbellet, La Salle et Vinzelles que sous réserve de la fidélité qu'il devait au comte Etienne, son frère aîné (*b*), « *Salvâ fidelitate primogeniti fratris sui comitis Stephani*; » et ne se démit soit du droit de gîte qu'il exerçait à Romenay, soit d'autres prétentions, qu'avec le consentement de son frère. En cas d'infraction par Girard aux clauses du traité de paix alors stipulé, le comte Etienne promit par serment de se rendre, dans les 40 jours, à dater de l'avis qui lui en serait donné, entre Sens et Paris, pour y rester en ôtage jusqu'à ce que réparation fut faite. C'est bien là le parage; seulement l'hommage reste encore dû directement au frère aîné (*c*).

L'héritier du fief était-il trop jeune pour porter les armes, un de ses proches parents lui était substitué jusqu'à ce qu'il eût atteint l'âge nécessaire. De là l'origine de la garde noble (*d*).

(*a*) Suivant Fustailler, p. 55, d'après Othon de Freisingen, Raynaud était alors comte de Bourgogne. V. aussi ch. 589.

(*b*) Il est considéré comme tel dans une charte de 1147, transcrite dans une autre de 1233 émanée de Guillaume, évêque de Chalon (v. Guichenon, dans la note suivante).

(*c*) Girard semble tenir, à ce titre, la totalité du comté, et Etienne l'avait possédée avant lui. Girard, qui eut pour père Guillaume, et pour mère *Poncia*, existait encore en 1180 (charte de Cluny rapportée par Guichenon, *bib. seb.*, p. 138; *Album de Saône-et-Loire*, 2, p. 174). Guillaume et Gaucher, ses deux fils, signèrent cette charte. Suivant Guichenon (*loc. cit.*, p. 309), Guillaume devint comte de Vienne et de Mâcon (v. Pérard, p. 321). Il mourut en 1224 et fut inhumé dans l'église de Tournus (Chifflet, p. 195, et *preuves*, p. 460). Girard, fils aîné de ce Guillaume et seigneur de Vienne, administrait le comté de Mâcon en 1211 et 1220 (Chifflet, p. 458). Jean de Dreux devint comte de Mâcon par son mariage avec Alice, fille de Girard (Chifflet, p. 470).

(*d*) Hervé, *loc. cit.*, p. 216.

A défaut d'héritier mâle du même degré, les filles finirent aussi par hériter du fief, considéré comme héritage ordinaire (ch. 575, datée 1130); mais elles devaient épouser un homme capable de porter les armes, et ne contractaient cette alliance qu'avec le consentement du suzerain.

Enfin, les ascendants ne succédaient point aux fiefs, parce que, dit Hervé (e), un aïeul n'aurait été qu'un mauvais vassal sous les armes (ee).

(e) *Loc. cit.*, p. 219.

(ee) Albéric III étant mort en bas âge, en 996, Berthe, sa mère, et Guillaume, son oncle paternel, élevèrent des prétentions exclusives à la succession du comté. La mère invoquait les dispositions du droit romain et l'oncle celles du droit germanique. L'évêque Milon mit fin, par un mariage entre les prétendants, à cette contestation que les parties soutenaient les armes à la main (v. Severt, p. 80).

CHAPITRE II.

TESTAMENTS.

Le testament, d'origine romaine, a été introduit dans la société barbare par le clergé. La *Loi Gombette* (tit. XLIII) en règle les formes.

Le testateur en confiait habituellement la rédaction aux ecclésiastiques et la garde aux Eglises. Ce mode de disposition fut pour les établissements religieux la source de nombreuses libéralités et de grandes richesses.

Pour faciliter ces libéralités, les testaments furent affranchis de presque toutes les formalités. La loi romaine n'avait permis le testament verbal qu'en faveur du soldat en campagne; il fut permis de tester verbalement en faveur de l'Eglise. Gui Chapel « *nobilis juvenis* » (ch. 321 de Saint Hugues, de la fin du XIe siècle) avait, dans ses derniers moments, disposé, au profit de l'abbaye de Cluny, de condemines situées dans la paroisse de Rogneins (St-Georges-de-), sur les bords de la Vauxonne et dans le *pagus* de Lyon. Ponce de Vicorzon avait été témoin de cette disposition, et, à sa mort, l'avait fait connaître à son fils Beraud, en lui recommandant de l'attester par serment, s'il en était besoin. La succession de Gui fit naître des contestations entre ses héritiers; le comte de Mâcon, qui en avait épousé la sœur, revendiquait la totalité du fief « *omnem honorem,* » et, pour se donner des appuis dans sa réclamation, il concéda les condemines à Robert (l'*Enchaîné*), qui était alors *puissant dans cette contrée.* Cependant, vaincu par le témoignage de Beraud, Robert se rendit à un plaid réuni au port d'Arciat et fit abandon desdits fonds moyennant 400 sous, monnaie de Lyon. Ce déguerpissement fut approuvé à Cluny par la comtesse alors délaissée par le comte de Mâcon et remariée au chevalier Vitfred (*f*). La charte est signée d'Humbert II, sire de Beaujeu, de son frère Dalmace et de plusieurs de ses *magnats* (v. ch. 125 du même cartulaire, 476 et 483 de celui de Saint-Vincent).

Les libéralités pieuses étaient sans limites (v. cependant le Capitulaire de 803, chap. VII, dans Baluze, I, col. 398). Raynaud de Sologny « *homo senex* » avait disposé, au profit du monastère de Cluny, de diverses propriétés situées principalement à Berzé et à Bussières. Cependant il avait plusieurs fils. Le camérier crut devoir faire cadeau à ces fils d'un palefroi, parce qu'ils étaient pauvres (*quia pauperes erant*, ch. 734 du cartulaire de St Hugues, datée de 1108). Les substitutions étaient également permises à tous les degrés. La ch. 673 du même cartulaire contient le passage suivant : « Si Achard, mon fils, meurt sans héritier légitime, le monastère de Cluny recueillera toutes les propriétés que je possède près de Merzé. Si, au contraire, il a un héritier, et que ce dernier meure sans postérité, Cluny recueillera également tout. »

Le testament fut facilement accepté, parce qu'il ne dépouillait pas le donateur, de son vivant, et que, d'autre part, il permettait de corriger la sévérité de la législation nationale, quant à la transmission des biens. Les testateurs l'employaient, en effet, soit pour appeler au partage de l'alleu les filles ou leurs enfants, soit pour remédier en faveur des petits-enfants au défaut de représentation (v. le chapitre précédent).

Dans les premières années du Xe siècle, Landric (ch. 185) avait, à sa mort, réparti *(divisit)* son hérédité entre ses enfants et Raingarde, sa femme. Mais il n'avait pas consigné par écrit ces dispositions. Raingarde et ces enfants se présentèrent alors devant le Mâl présidé par le vicomte et demandèrent un bref d'hérédité *(brevem hereditariam)* (*ff*). Le partage fut accompli suivant les formalités solennelles

---

(*f*) *Comes eam reliquerat ob certas causas et sortitus fuerat in conjugium miles Witfredus.* Le divorce était-il donc encore admis conformément au titre XXXIV de la loi des Burgondes et malgré les Capitulaires de 744, chap. IX, et de 789, chap. XLII, et les dispositions de divers conciles?

(*ff*) Il y a dans le texte *brevem heleemosinariam*, ce qui ne signifie rien. V. Appendice de Marculfe, formule 47 ; Lindembrog, formule 62, *charta hereditaria*, dans Baluze, II, col. 462 et 528.

prescrites en pareil cas (*g*); la part de Raingarde fut déterminée, et reconnaissance par écrit *(notitia)* lui fut délivrée.

Des titres du XIIIe siècle nous prouvent encore l'existence, à cette époque, du testament verbal (*h*). Une charte originale, déposée aux archives de la Préfecture de Saône-et-Loire (section de Saint Rigaud), nous indique quelles étaient les formalités employées pour constater les dispositions ainsi faites : Le damoiseau Pierre de Saint-Jean mourut en 1271, après avoir disposé de ses biens par testament nuncupatif ou sans écrit (*nuncupativo vel sine scriptis*). Sur les instances de quelques amis ou parents du défunt, l'évêque Guichard commit Jacob, archiprêtre de Beaujeu, pour recevoir, en présence des parties intéressées, les témoignages des personnes présentes au moment de ces dispositions et pour indiquer le jour de la publication des témoignages. L'archiprêtre ayant accompli sa mission, transmit les dépositions à l'évêque. Au mois de mars, le jour indiqué, la publication en fut faite en présence de la sœur du défunt, et procès-verbal en fut réglé. Le principal témoin, Jean, chapelain de Chauffailles, déposa ainsi : « Pierre de Saint-Jean, atteint de la maladie dont il est mort, désirait être inhumé dans le cimetière de Saint-Rigaud. A cet effet, il donna à ladite Eglise son tènement des *Mures* qu'il tenait d'elle en fief. De plus, il ajouta qu'à l'égard de la disposition de ses autres biens mobiliers et immobiliers, il s'en rapportait pleinement à ce qu'ordonnerait le moine Simon, son frère, ce qu'il était prêt à confirmer par serment. » On demanda au témoin comment il connaissait ces dispositions, il répondit qu'il était présent. — En quel lieu avaient-elles été faites? — Dans la maison du damoiseau Guillaume Gaudemart, en la paroisse de Mardore. — A quelle époque? — Le lundi soir, mardi de la Pentecôte, 1271 (*i*). Tous les autres témoins confirmèrent cette déposition, notamment le moine Simon.

(*g*) Marculfe, lib. I, form. 20; Appendice, form. 54.

(*h*) V. les cartulaires de Cluny des Xe et XIe siècles, notamment ch. 321 de Saint Hugues, et *Album* de Saône-et-Loire, II, p. 165, note 69.

(*i*) L'année commençait alors à Pâques.

L'on observait les formalités de la loi romaine dans les testaments écrits; il en existe encore plusieurs originaux dans les archives de Cluny (*j*).

La charte des priviléges de cette ville porte la disposition suivante : « *Si quis testamentum fecerit, quod de rebus suis, non contra jus, statuerit, ità servandum est.* — Si quelqu'un a fait un testament, la disposition de ses biens, pourvu qu'elle ne soit pas contraire au droit, devra être respectée. » Il ne faut pas oublier que cette disposition était rendue en faveur de *bourgeois*, dont les biens étaient, en général, disponibles; aussi nous représente-t-elle presque la formule absolue du droit romain. Toutefois, la réserve « pourvu qu'elle ne soit pas contraire au *droit*, » nous autorise à croire, à raison de ses termes généraux, qu'elle se réfère aux restrictions formulées par le dernier état de la jurisprudence romaine, que suivaient plus volontiers les bourgeois, comme à celles que le seigneur avait imposées pour la garantie de ses droits. Du reste, nous savons que le testateur était admis à déroger aux prohibitions découlant de la nature des biens ou relatives à la représentation.

La même charte ajoute qu'à défaut de testament, le parent qui héritera devra faire ensevelir le défunt et faire des offrandes pour le rachat de son âme *(mortuum sepelire et pro animâ ejus benefacere debet)*. Les dons en faveur de l'Eglise étaient donc, dans les testaments, une condition prescrite. Mais cette disposition prouve en même temps que l'abbé, comme seigneur du lieu, s'était interdit la confiscation des valeurs mobilières du bourgeois décédé *intestat*, c'est-à-dire sans confession, sans viatique et sans legs pieux (v. Ducange, *v° intestatio*). La ch. 363 du cartulaire d'Odilon contient une donation pour sépulture faite par des parents avant l'inhumation. Un grand nombre de donations entre vifs sont faites *pro sepulturá* (*k*). Le don est,

---

(*j*) V. *Album* de Saône-et-Loire, II, p. 77. La ch. 323 du cartulaire de Saint Hugues (1075) débute ainsi : Gerbertus Mironis ægritudine detentus, loquelam integram habens memoriamque plenam, jussit suum facere testamentum litteris tantùm editum.

(*k*) V. les cartulaires de Cluny au Xe siècle; ch. 303 du cartulaire de Saint Hugues, et, dans le nôtre, ch. 82, 439, 440 et 469.

parfois, fait par les exécuteurs testamentaires (*vadiatores* (*l*), ch. 224) ou par les parents du défunt (ch. 440) (*ll*). Plusieurs conciles, plusieurs papes furent obligés d'interdire les exactions commises, en cette occasion, au préjudice des familles (*m*), sans défendre toutefois les dons librement offerts *(oblations)* (*n*).

(*l*) Les *vadiatores* avaient les biens en gage pour l'exécution du testament. Les cartulaires de Cluny emploient fréquemment le mot *heleemosinarii* : « *Nos eleemosinarii donamus, pro animâ ejus, sicut* ORE SUO *ipse jussit nobis...,* » ch. 37 du cartulaire de Saint Mayeul, datée de 983.

(*ll*) Pro sepulturâ fratris nostri interfecti donamus unum curtile (ch. 187 d'Odilon). Pro Vilenco milite qui subitanea morte occubuit dedi unam vineam (ch. 35 de Saint Hugues).

(*m*) V., à cet égard, Van Espen, tit. XXXVIII, *de sepulturis*, nos 19 et suiv., t. 1er, p. 1255.

(*n*) V. aussi bulle de Pascal II, en 1100, ch. 579.

CHAPITRE III.

DOT. — DOUAIRE. — DONATIONS ENTRE ÉPOUX. — RÉGIME DES BIENS DURANT LE MARIAGE.

La dot était constituée, conformément à la législation romaine, par les parents à la future épouse.

Le douaire a son origine dans la législation germanique, car il n'est qu'une transformation du *pretium* et du *morgengab* (don du matin) (nn). Considéré comme une condition du mariage légitime (o), le douaire était constitué par le futur époux à sa fiancée pour pourvoir à ses besoins, dans le cas où elle deviendrait veuve.

L'époux pouvait, durant le mariage, augmenter ses libéralités envers son épouse et lui en conférer la pleine propriété.

Quel était le régime des biens durant le mariage?

§ 1er. — DOT.

Pons Seuglar (charte 477) avait constitué en dot *(donavit in maritatu)* (oo) à sa petite-fille *(nepti suæ)*, lors de son mariage avec Bernard de Verneuil, la part qui lui appartenait *(jure)* dans un moulin. Cette petite-fille donna, avec l'autorisation et le concours de son mari *(per manum mariti sui)*, cette part à Saint-Vincent.

(nn) V. tit. LII de la *Loi Gombette;* Gans, *Histoire du droit de succession en France,* traduction par de Loménie, p. 32 et 34; Laboulaye, *Condition civile des femmes,* p. 15, 117 et 192; Baluze, II, col. 1492.

(o) V. le concile d'Arles de l'an 524 et les autorités citées par Ragueau dans son *Glossaire du droit français,* v° *Douaire;* et la *Bibliot. Dumbensis,* p. 35.

(oo) V., dans l'*Album* de Saône-et-Loire, II, 77, la mention de diverses dots constituées au XIIIe siècle suivant la loi romaine; v. aussi Marculfe, liv. II, form. 15.

§ 2. — DOUAIRE.

« Undrade (ch. 210), ma chère fiancée *(sponsa)*, moi Vuitrad, ton fiancé *(sponsus)*, pour l'amour et la bonne volonté que j'ai pour toi, je te donne en *douaire (in dotalicium)* toutes les propriétés qui sont mentionnées dans une charte expresse. Je t'en fais l'attribution intégrale, et tu en feras ce que tu voudras *(p)*. » Le douaire est attribué ici en toute propriété (v. aussi ch. 224).

Les chartes suivantes nous indiquent quelles en étaient la nature habituelle et la destination, à quelle époque et comment il était constitué *(q)*.

« Raimbergane, ma chère fiancée (ch. 250, XIe siècle), moi Osbert, ton fiancé, je te donne en douaire *(in esponsalitium vel in titulum dotis)* deux *rases* de vigne. . . . .

» Nous en conserverons la jouissance *(usum et fructum)* pendant notre vie; elles feront retour *(r)* à l'enfant qui naîtra de notre mariage. Si nous n'avons pas d'enfants, elles feront retour à nos proches parents. »

« Matseline, ma chère et aimable fiancée (ch. 463), moi Livo, je veux, suivant le conseil de nos parents *(rr)*, et s'il plaît à Dieu, m'associer à toi. En conséquence, je te donne en douaire quelques-unes de mes propriétés, savoir . . . .

(p) Il y a dans le texte : Infra istos terminos *lanceæ partione* (hâcce pactione?) tibi dono ad integrum ut facias quod volueris. V., sur cette matière, Appendice de Marculfe, form. 33; Bignon, 5; Lindembrog, 65. Les mots *lanceæ partione* s'expliquent peut-être par l'indivision et le partage futur des immeubles mentionnés dans la charte à laquelle la donatrice se réfère.

(q) V. aussi *Loi Gombette*, tit. 14 et 24, art. 2 « donatio nuptialis; » 42, art. 2 « morgengab; » 62, art. 2 « dos. »

(r) Il y a dans le texte *perveniat*, dans d'autres chartes *revertatur;* ces expressions indiquent que c'était par une sorte de substitution que l'enfant ou les parents recueillaient. Dès lors la possession des parents était plus qu'un usufruit ordinaire. Lindembrog, form. 78.

(rr) V. loi des Burgondes, tit. LII, et la 16e formule du liv. II de Marculfe.

» Je te donne, *en outre*, le tiers d'une autre hérédité pour ce qui est acquis et à acquérir. . . . .

» Chacun de nous en aura la *jouissance* pendant sa vie (s). S'il naît un héritier de notre mariage, il recueillera lesdites propriétés. A défaut de cet héritier, la moitié fera retour à mes proches, et tu feras de l'autre moitié ce que tu voudras. »

Il est né de ce mariage deux enfants qui survécurent de quelques jours à leur père (ch. 466). En conséquence, leur mère donna à Saint-Vincent la totalité soit du douaire qui lui avait été constitué, soit de ce qui lui reviendrait dans la succession de ses enfants. L'existence de ces derniers, à l'époque du décès du père, avait empêché le retour au profit des parents, et, par suite de leur décès, la mère avait hérité.

Comme on le voit, les règles constitutives du douaire n'étaient pas alors bien déterminées et n'avaient rien de fixe. En effet, ou il se réalisait par le transfert irrévocable de propriétés présentes et déterminées, ou bien il constituait *un gain de survie* au profit quelquefois des deux époux, auxquels étaient substitués, pour tout ou partie, les enfants ou les parents.

§ 3. — DONATIONS ENTRE ÉPOUX.

Le droit romain prohibait la donation entre époux, à l'exception de celle *propter nuptias;* le droit germanique, au contraire, était favorable à ces dispositions.

« Eve, ma chère épouse (*uxor*), moi Idrène (ch. 194), je te donne quelques-unes de mes propriétés, savoir. . . . .

» Elles appartiendront à l'un et à l'autre pendant notre vie commune, puis au survivant; enfin, après le décès de l'un et de l'autre, à Berer. Dans le cas où, après mon décès, ta volonté ou la

---

(s) Dans la ch. 606 d'Odilon, datée de 1037, le mari dispose au profit de Cluny du douaire qu'il avait constitué à sa femme; mais la libéralité ne doit recevoir effet qu'après la mort de cette dernière.

nécessité t'obligerait de les vendre, tu le feras au profit de Berer pour 20 sous (*ss*). »

Ermengarde (ch. 430, XIe siècle) dispose en faveur de St-Vincent de diverses propriétés que Uldric, son mari *(senior suus)*, lui avait données par écrit (*idem*, ch. 224), avec cette clause qu'elle pourrait en disposer gratuitement au profit de toutes personnes. Cette clause était insérée dans le but de prévenir les répétitions que les héritiers auraient eu le droit d'exercer contre les détenteurs étrangers.

§ 4. — RÉGIMES DES BIENS DURANT LE MARIAGE.

Du IXe au XIe siècle, la femme désigne son mari par le titre de *senior* (seigneur et maître) (*t*). Cette expression nous indique la puissance maritale. Cependant la femme conservait, durant le mariage, et sa personnalité et ses droits. Le mari n'était pas propriétaire, mais seulement administrateur des biens de sa femme (v. ch. 647 de Saint Hugues et *loi des Burg.*, add. 1, chap. 13). Aussi, dans la ch. 194, les époux se considèrent-ils comme *pairs (pares)* l'un de l'autre, c'est-à-dire égaux ; et, dans la ch. 222, ils agissent conjointement en donnant à complant une vigne, recueillie depuis, dans la succession de l'un et de l'autre, par leurs enfants communs.

La femme fut même associée, de fait, aux acquisitions. Dans les ch. 167 et 264 (Xe siècle), les épouses acquièrent conjointement avec leurs maris. La 4e charte du cartulaire de Bernon contient les expressions suivantes : « Moi Lilia, je donne les propriétés que, conjointement avec mon mari, j'ai acquises, à juste prix, dans le comté de Mâcon. » La charte 73 du même cartulaire et un grand nombre d'autres expriment le même fait.

(*ss*) Une charte de 952, rapportée par Pérard, p. 64, contient les expressions suivantes : Res Adalberti levitæ, quas mater sua ei dedit, et ipsa legitimè, *secundùm legem romanam, in conjugio* adquisivit de Archemrado, seniore suo. V. aussi, dans Marculfe (liv. II, form. 7), une donation entre époux sans enfants, et, dans Sirmond, la form. 18 contenant retour au profit des enfants à naître.

(*t*) V. ch. 145, 180, 185, 224, 430 et 466.

Cette participation personnelle de la part de la femme devint si fréquente qu'en l'absence même de l'épouse, le mari ne fut plus considéré que comme le gérant de l'intérêt commun. La 40ᵉ formule de l'Appendice de Marculfe contient les expressions suivantes : *Quod, manente conjugio, apud jugale meo visa sum conquisisse vel in meá portione recepi, trado;* de là la communauté entre époux (*u*).

L'égalité entre le mari et la femme amena, en effet, par une conséquence naturelle, l'association dans les bénéfices faits ensemble (*v*).

(*u*) V. *Loi ripuaire*, tit. XXXVII, art. 2; Marculfe, liv. II, form. 17; Bignon, dans ses notes, col. 940, sur le passage suivant de cette formule : « Quod stante conjugio adquisivimus, conjux nostra tertiam indè habere potuerat; propter ipsam tertiam villas istas in compensationem recipiat. » Dans la même formule, la femme s'exprime ainsi : Domine et jugalis meus, *si mihi superstes fueris*, quod in tuo servitio laboravimus et quod in *tertia mea accepi*, quicquid exindè facere eliges. V. aussi form. 7, liv. II de Marculfe, et 50 de Lindembrog. Plusieurs auteurs attribuent cependant l'origine de la communauté conjugale aux communautés des serfs et des vilains. V. Laboulaie, *loc. cit.*, p. 291, 336 et 373.

(*v*) Les associés étant égaux en droits, les bénéfices doivent être communs entre eux. Les moines de Cluny associèrent *(consociaverunt)*, en 1166, Louis VII en la châtellenie de Saint-Gengoux; comme conséquence il fut stipulé que les acquêts seraient payés à l'aide des revenus communs, et dès lors resteraient en communauté. Les legs furent exclus formellement de cette communauté.

CHAPITRE IV.

DONATIONS. — VENTES. — ÉCHANGES.

Nous connaissons la nature des biens et les conséquences qui en découlent quant à leur disposition en général.

Les alleux, les propres, considérés comme patrimoine de la famille, ne pouvaient être aliénés qu'avec le consentement des héritiers présomptifs qui souvent ne l'accordaient qu'en recevant quelques présents. C'est ce qui explique leur concours dans la plupart des actes d'aliénation. A défaut de ce consentement, les parents, lorsque leurs droits étaient ouverts, pouvaient, moyennant la restitution du prix payé, reprendre les immeubles aliénés (vv). De là l'origine du retrait lignager sous le régime féodal.

Le *bénéfice* devenu *fief* ne pouvait, nous l'avons dit, être aliéné qu'avec l'approbation du suzerain, sinon retrait féodal (v., parmi de nombreuses chartes, la 738ᵉ du cartulaire de Saint Hugues). Cette approbation s'achetait souvent à l'aide d'un présent (ch. 443 d'Odilon) ou d'une somme d'argent (ch. 321 de Saint Hugues).

Le seigneur ne permettait l'aliénation de la censive roturière qu'en faisant acheter son consentement; de là l'origine des *lods* et *ventes*. Nous en avons cité des exemples pris dans les cartulaires de Cluny (x).

La veuve ne pouvait aliéner les immeubles qui lui avaient été constitués en douaire qu'avec le concours des héritiers de son mari. Un exemple formel nous en est donné dans la ch. 117. Cette charte

---

(vv) Otto, miles. de Berziaco, olim concesserat monasterio Cluniacensi molendinum de Firmitate. Sed postea in jus sororis ejus devenerat, dotis occasione (ch. 660 et 662 du cartulaire de Saint Hugues).

(x) V. *Album* de Saône-et-Loire, II, p. 71 et 167, notes 22 et 81; v. aussi *suprà*, IIᵉ partie, chap. IX, note c, p. CIV.

nous prouve en même temps l'application de la loi salique dans le Mâconnais (*y*).

Elle est ainsi conçue : « Domino, fratri Aldagiso : Ego Altasia et filii mei Beraldus et Vulfardus venditores, vendimus res nostras quæ sunt sitæ in pago Matisconensi, in agro Fusciacensi, in villâ Varennas. Sicut mihi obvenerunt in sponsalitio de parte senioris mei Humberti, ego et filii mei ipsas res tibi vendimus *secundùm legem salicam*, tradimus atque transfundimus, et accipimus de vobis pretium in valore solidorum X, et pro ipso pretio de ipsis rebus tibi werpitionem facimus, et fiat de ipsis quidquid volueris. »

La loi salique, telle que nous la connaissons, n'a pas, à la différence de la loi des Bavarois (tit. XV, n° 9) et de celle des Ripuaires (tit. LXI), de dispositions sur le contrat de vente. Mais, ainsi que le fait observer Savigny (*z*), le texte imprimé n'est qu'un extrait incomplet où ne sont même pas mentionnées les matières les plus importantes.

Les expressions *secundùm legem salicam* de notre charte se réfèrent ou aux formalités de la vente et de la tradition, ou à la nature de l'objet vendu. La première hypothèse ne doit pas être admise, puisque la vente et la tradition ne s'accomplissent pas devant le Mâl présidé par le comte, c'est-à-dire suivant les règles de la tradition germanique, et ne sont constatées que par un simple acte écrit en présence de témoins, c'est-à-dire suivant les formalités de la loi romaine.

Ces expressions se rapportent donc à l'objet de la vente. Or, cet objet provenait du douaire qui avait été constitué au profit de la venderesse. Nous avons vu, dans le chapitre précédent, quelles étaient la nature et la destination du douaire. La veuve n'en dispose ici qu'avec le concours des héritiers de son mari, auxquels il revenait de droit, conformément à la règle des législations d'origine germanique (*a*).

(*y*) Pérard (*Histoire de Bourgogne*, p. 34 et 35) cite deux chartes du IXe siècle, extraites du cartulaire de Perrecy, où la loi salique est formellement invoquée comme loi personnelle. V. aussi charte de la fin du même siècle, p. 161.

(*z*) Traduction de Guenoux, t. I, p. 97.

(*a*) V. notes de Bignon sur Marculfe, dans Baluze, II, col. 943; Gans, *Histoire du droit de succession*, p. 34.

Cette charte sans date nous paraît être du commencement du Xe siècle.

La ch. 179 du cartulaire d'Aymard, datée de Mâcon, contient aussi les expressions suivantes : *Omnia vobis vendimus, tradimus atque transfundimus secundùm legem salicam*. Dans la charte suivante, le vendeur, qui avait usurpé les mêmes immeubles, en fait le déguerpissement suivant les formalités de la loi salique « *secundùm legem salicam* », c'est-à-dire en présence du comte Léotald présidant à Mâcon l'assemblée des *bons hommes*, et en investit le représentant des moines *per suum andelangum*. Ces derniers mots indiquent la remise dans les mains de ce représentant d'un objet symbolique comme signe de tradition (*aa*). La ch. 290 du cartulaire de Saint Hugues contient la disposition suivante : « *Ego Sicbaldus, vadiator Attoni, dono, sicut ipse moriens per andelannum delegavit, ut mos est salicæ legis, aliquid de rebus nostris in pago Matiscensi sitis, in villâ Rufiaco* (Rufey près Cluny.) »

Les chartes 103 du cartulaire d'Odon, 269 et 591 du cartulaire de Saint Mayeul mentionnent des donations par le parrain au profit de son filleul (*in filiolatico*, filiolage). Ces donations étaient faites à la suite du baptême et en signe d'adoption spirituelle. La ch. 668 du cartulaire de Saint Hugues mentionne une adoption ordinaire.

Dans la ch. 79 de Bernon, Mauguin, tuteur *(advocatus)* de Gui, son petit-fils, donne au monastère de Cluny des propriétés appartenant à son pupille (*b*).

Enfin, les ch. 132 et 246 d'Odilon contiennent, au profit du même monastère, la première, une donation de biens à recueillir dans une succession future, et la seconde, une donation à charge de rente viagère.

(*aa*) V. ch. 247 du cartulaire d'Odilon, mais datée de 947 : Per *andelancum* facta traditione, in conspectu altaris fratribus Clun. cartam fieri compromisit Leotgardis. Egritudinem, antequàm hoc impleret, incurrit, atque obtestata est Hisnardum fidelem suum ut cum *andelanco* ad predictum monasterium *curreret* et suam partem fratribus largiretur.

(*b*) Nos cartulaires n'indiquent pas à quel âge cessait alors la tutelle. En 1285 (ch. de Cluny dans le cartulaire coté D, p. 72), l'abbé plaidait contre les enfants de Perraud de Mulziaud, décédé. Les pubères étaient assistés seulement d'un curateur donné par le bailli du Mâconnais; les pupilles étaient représentés par leur tuteur donné par le même bailli.

PRÉFACE.

Nous croyons devoir donner ici quelques explications, soit sur les mesures agraires et de capacité, soit sur la monnaie mâconnaise.

§ 1ᵉʳ. — MESURES AGRAIRES.

La principale mesure agraire était la perche (*pertica agripedalis*, ch. 80; *erpinalis*, ch. 326 du cartulaire d'Odilon).

Cette mesure paraît avoir varié suivant les temps. La ch. 453 lui donne 6 pieds près de Viré et de Charbonnières (ch. 462).

La ch. 348 lui donne plus de 7 pieds. A Clessé, elle avait plus de 8 pieds et demi (ch. 388).

Enfin la ch. 95 lui donne plus de 18 pieds dans le village de Fontenailles, commune de Saint-Clément (*bb*).

Dans la charte 754 du cartulaire d'Odilon, on lit qu'au village de Bioux, commune de Charnay, une vigne avait, en longueur, 23 *dextres* (*dextri*), et en largeur 2 dextres et 3 pieds. Cette mesure agraire, usitée dans les contrées méridionales, n'était probablement dans la nôtre que la perche de 10 pieds. — La pause (*tres pausæ de terrâ arabili*, ch. 91 d'Odilon, mesure agraire encore usitée), indiquait l'étendue qu'une charrue pouvait labourer dans un jour.

L'*Andain*, c'est-à-dire l'espace qu'une faux mise en mouvement par un faucheur prend en largeur sur l'étendue variable du champ, était une mesure spéciale aux prés. Cette mesure, dont l'expression est encore employée, est mentionnée dans la charte 577 de St Mayeul, datée de 984 : « *Tres andaneos de prato secùs Guandam* (la Guande). »

La seitérée (*sexterata*) était usitée au village de Mouhy et sur les rives de la petite Grosne (ch. 502). Son étendue se déterminait par la semence d'un sextier de blé (ch. 331); de là son nom.

La seitérée était aussi usitée sur la rive gauche de la Saône, soit à Chaveyriat (ch. 331), soit à Asnières (ch. 503).

(*bb*) V., dans Ducange, les nombreuses variétés de mesures de la perche. La ch. 59 de Bernon fait mention du *journal*. L'*arpent* est mentionné dans la ch. 440 d'Odilon. Dans la ch. 446 du même cartulaire, Adalbert donne une *tille* de champs située à La Vineuse (v. Ducange, vᵒ *telia*).

La *modiata* (muyée, meytérée?) était aussi, dans la contrée d'outre-Saône, une mesure agraire; son étendue était de la semence d'un muids; de là son nom.

La *rase (rascia)* était une mesure spéciale aux vignes. La ch. 453, qui a pour objet une vigne près de Viré, indique, ainsi qu'il suit, l'étendue de cette mesure : « Je donne une rase de vigne qui a, en longueur, 13 perches, et, en largeur, 9 pieds, c'est-à-dire une perche et demie. » La ch. 385 dit aussi : « *una vinea quæ facit tres rascias (c)*. » Deux rases, à Varenges, ont, en longueur, 19 perches, et, en largeur, 5 perches (ch. 371 d'Odilon, vers 1030). La perche, usitée aux environs de Cluny, avait alors 12 pieds. La rase variait donc dans son étendue suivant les localités. Enfin, dans la ch. 118, il est fait don de deux *cameras (d)* de vigne. La *camera* était probablement le *quartier*, c'est-à-dire le carré compris entre de grandes allées.

§ 2. — MESURES DE CAPACITÉ.

Le muids et le sétier étaient des mesures communes aux solides et aux liquides (ch. 87 et 190, et cartulaire d'Aymard, ch. 104).

Le bichet et le quartaut étaient employés spécialement pour la mesure des grains, et la *mine* plus spécialement pour les liquides (e).

Il serait très-difficile d'indiquer avec précision quels étaient alors les rapports de ces diverses mesures entre elles. Les documents nous manquent. Cependant, après avoir comparé soit diverses chartes entre elles, soit l'état des redevances de Vérizet, inséré dans la ch. 516, avec le résumé qui termine cette charte, nous essaierons de donner quelques appréciations. Nous nous sommes aidé aussi, à cet effet, de l'état des redevances des doyennés de Cluny, dressé, au XIIe siècle, par Henri de Vinchester, et inséré à la fin du cartulaire coté B.

(c) V. ch. 118, 136, 138, 385, 388 et 453. La rase est aujourd'hui une partie du quartier; elle se compose habituellement de 6 à 8 rangs contenus entre deux petites allées, sa longueur comprend 50 à 55 ceps.

(d) Il y a dans le texte *cambras*. V. Ducange, v° *camera*, et ch. 842 de Saint Mayeul.

(e) Cependant, dans la ch. 607, on trouve *mina de siliginis*, à Belmont (Loire).

Ainsi, pour les grains :

Le sétier contenait six bichets, le bichet deux quartaux.

Le muids de blé contenait, suivant l'état des redevances du doyenné de Montbertoud, neuf sétiers.

Pour le vin, la *mine* était la moitié du sétier.

Le sétier et le muids de vin étaient de la même capacité que le sétier et le muids de grains, comme semblent l'indiquer les diverses chartes citées (*f*).

La ch. 24 (XIe siècle) mentionne le *provendier (provendarius)* comme mesure de grains. Deux de froment et trois de seigle suffisaient à la nourriture d'une personne pendant un mois.

Enfin, la *juste (justicia)* (*g*) était une mesure de capacité dont la dimension peut être comparée à celle de notre litre, car c'était la mesure journalière, en vin ou autres provisions, fournie à chaque moine.

L'état dressé par Henri de Vinchester nous donne, au XIIe siècle, les comparaisons suivantes pour certaines mesures locales :

50 sétiers, à Laizé, valaient 120 bichets à la mesure de Tournus;

Le sétier de blé, à Cluny, produisait 240 livres de pain et valait deux bichets et demi de Tournus (*h*);

Trois sétiers de vin (mesure de Cluny) valaient quatre sétiers à la mesure de Tournus (*i*).

§ 3. — MONNAIE MACONNAISE.

La monnaie mâconnaise est mentionnée fréquemment soit dans les cartulaires de Cluny, soit dans celui de Saint-Vincent.

Etait-elle royale? Etait-elle baronnale? Autrement dit : le comte avait-il le droit de battre monnaie? A ce seul point de vue la question

---

(*f*) Deux muids de vin sont considérés, dans la ch. 24, comme devant suffire à la provision d'une personne pendant un an.

(*g*) V. redevances de Montbertoud dans l'*Album*, loc. cit., et *statuta Sancti Hugonis*, dans *Bibliot. Clun.*

(*h*) V. *Album*, II, p. 78.

(*i*) V. *Album*, loc. cit. Les ch. 238 et 396 du cartulaire de Saint Hugues mentionnent l'*ânée* de vin.

serait intéressante, car elle touche au droit de souveraineté du comte (*j*).

A l'appui de l'opinion qui la considère comme monnaie royale, l'on peut dire : 1° qu'aucun document ne mentionne de concession royale sur ce sujet; 2° que si cette concession eût existé, les comtes auraient, au moins quelquefois, fait imprimer leur légende sur la monnaie, tandis que toutes les pièces que l'on possède portent la légende royale pendant la possession héréditaire du comté; 3° que plusieurs barons féodaux, quelle que fût leur puissance, n'avaient pas droit de battre monnaie.

Nous croyons cependant que la monnaie mâconnaise était baronnale. Ducange (*v° moneta baronum*) et Trebutien Duby (*k*) la considèrent comme telle. Ce dernier auteur, plus explicite que le premier, dit positivement que les comtes de Mâcon ont joui, de bonne heure, du droit de battre monnaie. Dans ses additions (t. Ier, p. 64), il ajoute : « Ce fut en 1239 que Saint Louis acquit le comté de Mâcon, *avec le droit de battre monnaie*, » et il cite la *Table alphabétique des matières des registres du Parlement*. Si cette dernière mention est exacte, comme il y a lieu de le croire, il ne peut plus y avoir de doute sur le droit du comte à cet égard, car l'autorité du document qu'il cite se fonde sur l'acte même d'acquisition (*l*). Or, cet acte constaterait qu'en acquérant le comté, le roi a en même temps racheté le droit de battre monnaie.

Les objections de l'opinion contraire ne sont pas irréfutables :

1° Le défaut de mention, dans l'histoire, du document royal portant cette concession, n'est pas une preuve qu'il n'ait pas existé; d'ailleurs les comtes féodaux étaient assez puissants pour s'en passer, et ils le firent souvent.

2° La permanence de la légende royale sur les monnaies mâconnaises s'explique par deux raisons : suivant la première, ce serait

---

(*j*) Il est constant que l'évêque de Mâcon n'avait pas droit de battre monnaie (v. les *Olim*, années 1260 et 1263, p. 126 et 181, et la *Statistique* de Saône-et-Loire, par M. Ragut, p. 428).

(*k*) *Monnaie des barons*, t. II, p. 125.

(*l*) Nous n'avons pu retrouver cet acte.

une condition de la concession, ainsi qu'il en existe plusieurs exemples ; c'est l'opinion de Duby. La monnaie frappée par le monastère de Tournus, à dater de l'approbation de Lothaire, porte même les mots *permissione regis*. Suivant la seconde raison, plusieurs barons continuèrent d'imprimer sur leurs monnaies le type royal pour lui donner plus de crédit et en faciliter le cours en dehors de leurs baronnies. Saint Louis, par son ordonnance de 1262, fut obligé d'interdire cet abus préjudiciable aux droits de la royauté et contraire à la bonne foi dans les transactions.

3° Si plusieurs barons puissants n'avaient pas droit de battre monnaie, c'est parce que souvent le pouvoir ecclésiastique local était déjà en possession de ce droit.

Nous croyons donc que les comtes de Mâcon frappaient monnaie.

Il était de principe, dans le droit féodal, que la monnaie d'un seigneur n'avait régulièrement cours que sur ses possessions, à moins de traités spéciaux avec les seigneurs voisins (*m*). C'est ainsi qu'en 1212, Béatrix, comtesse de Chalon, permit que la monnaie de Cluny eût *seule* cours dans ses terres, à l'exception toutefois de la prévôté de Chalon (*n*).

Le roi lui-même ne pouvait introduire sa monnaie sur les possessions du seigneur frappant monnaie. Cette prohibition lui fut opposée dans les circonstances suivantes : Dans le traité précité de 1166 entre Louis VII et les moines de Cluny au sujet de Saint-Gengoux, on avait inséré cette clause : « *Moneta Cluniacensis eadem curret in burgo illo quæ currit in Cluniaco.* » En 1281, les moines se plaignirent à Philippe-le-Hardi de ce que l'on faisait battre la monnaie du roi à St-Gengoux au préjudice de l'abbaye, dont la monnaie devait *seule* avoir cours dans cette localité, conformément au traité précité. Le roi, après avoir ouï le bailli de Mâcon et les commissaires nommés de part et d'autre, ordonna qu'on ne battrait plus monnaie royale à Saint-Gengoux (*o*).

(*m*) Brussel, p. 198.
(*n*) V. *Album*, II, p. 80.
(*o*) *Album*, loc. cit.

Cependant, en dehors de tout traité et sous l'empire de la nécessité des relations sociales et commerciales, l'usage des monnaies étrangères dans l'intérieur de la seigneurie fut toléré. C'est pourquoi dans une foule de transactions les conditions pécuniaires sont stipulées en autre monnaie que celle locale; la monnaie viennoise notamment figure fréquemment dans les traités intervenus dans notre contrée. Mais celle du seigneur local formait naturellement la base des cens imposés à ses tenanciers (*p*) ou vassaux. Dans notre cartulaire, les mentions de sous et de deniers, sans autre qualification, se réfèrent donc à la monnaie mâconnaise.

A la fin du XIe siècle (ch. 552), les monnaies de Mâcon et de Gigny étaient de même valeur. A la même époque (ch. 585), celles de Cluny et de Mâcon paraissent également avoir été de même valeur. En 1197, suivant une charte citée par Chifflet (*preuves*, p. 455), Otger devait payer au monastère de Tournus un cens annuel de dix livres, monnaie de Tournus ou de Mâcon (*pp*).

La monnaie mâconnaise se composait, suivant la règle générale, de sous, de deniers et d'oboles (ch. 628).

Il y avait des sous en argent (*soldos argenti*, ch. 39 et 487) et des sous en cuivre. Il en était de même des deniers (*q*).

On trouve les expressions suivantes : *solidos nummorum* (ch. 110 et 505); *solidos denariorum* (ch. 108); six livres *denariorum* (604 et 605). Le *nummus* (petite monnaie) n'était rien autre que le denier (*r*).

L'expression *denier* était générique. C'est pourquoi l'on disait 18 sous de deniers (ch. 387), 10 livres de deniers (ch. 604), pour 18 sous ou pour 10 livres payées en deniers, monnaie la plus commune (*s*).

(*p*) Une charte du temps de Norgaud, évêque d'Autun, contient le passage suivant : De *paratis* judicatum est ut si ecclesiæ Cluniacenses, secundùm diversitatem terrarum in quibus sitæ sunt, possunt probare se, tempore Aganonis, cum pace illius usque ad tempora istius episcopi, dedisse *monetas terrarum* in quibus sitæ sunt *sicut* per ipsas terras *currunt*, probent.

(*pp*) Nous avons indiqué dans l'*Album*, t. II, p. 180 et 181, la valeur relative, au XIIIe siècle, des monnaies de Cluny, de Chalon et de Souvigny.

(*q*) V. la ch. précitée de Béatrix, *loc. cit.*

(*r*) V. Ducange, v^{is} *Denarius* et *nummus*.

(*s*) On lit dans la ch. 34 : *sex deneratas ceræ*, *loco census*. Le cens consistait donc dans une livraison de cire de la valeur de six deniers.

Nous allons, par quelques exemples, faire apprécier la valeur en échange de la monnaie mâconnaise.

Au Xe siècle (ch. 158), un muids de vin nouveau est estimé 12 deniers ; en 991, un cheval 50 sols (ch. 540 de Saint Mayeul). Au XIe siècle, l'abbé Odilon fait cadeau à l'évêque de Mâcon d'un cheval de luxe estimé 10 livres. Un bon cheval est estimé cent sols (ch. 304 de Saint Hugues); deux chevaux ordinaires, l'un une livre, l'autre 30 sols (ch. 160 d'Odilon et 622 de Saint Hugues); un bœuf, 6 sols et demi (ch. 340 d'Odilon); deux bons bœufs, 20 sols (ch. 488 de Saint Hugues); un mulet, cent sols (ch. 588 d'Odilon, 304 et 610 de Saint Hugues); une mule, 10 livres (ch. 273 de Saint Hugues); un porc, 2 sols (ch. 493 de Saint Hugues). Achard, partant pour l'Espagne, délaissa aux chanoines son bénéfice, à la charge par eux de payer à sa mère infirme une pension destinée à sa nourriture et à son entretien, dont il indiqua la nature et la quotité. Ils devaient notamment lui donner à la St-Martin 6 sous dont 5 devaient être employés en achat de vêtements et le sixième en achat de bois.

Au XIIe siècle, un cheval ordinaire est estimé 20 sous (ch. 607); une selle, 6 sols (606); une chappe, 5 sols (605); la corvée d'un faucheur, 2 deniers (t).

Une vigne à Viré, dont la longueur était de 16 perches et la largeur de 5 perches environ, fut, dans les premières années du XIe siècle, vendue 18 sols (387). Dans le cours du même siècle et du siècle suivant, une vigne à Vinzelles, dont la longueur était de 18 perches 3 pieds et la largeur de 4 perches 2 pieds, est vendue 5 sous (159); une autre vigne, dans la même localité, longue de 10 perches, large, au midi, d'une perche 3 pieds, et, au soir, d'une perche 4 pieds, est vendue 20 deniers (162); enfin, un champ situé dans le village de Mouhy, long de 36 perches et large de 5 perches 4 pieds, est vendu 2 sous (175) (u).

(t) V. *Album*, t. II, p. 80.
(u) V. dans la **Statistique** citée *suprà*, la numismatique du département de Saône-et-Loire.

CHAPITRE V.

FORMES DIVERSES DE LA TRADITION.

La vente, l'échange, la donation, le partage de l'alleu, le déguerpissement étaient accompagnés d'actes solennels destinés à en manifester l'existence et conserver le souvenir.

La transmission de la propriété, but de ces contrats, s'effectuait devant le roi, devant le comte ou son *missus* présidant le Mâl (*v*), et, plus tard, devant le plaid de la cour féodale, par la tradition se manifestant par des actes symboliques (*x*).

En 825 (ch. 55), le comte Varin prit possession de Cluny en présence de Louis-le-Débonnaire et en reçut l'investiture de l'évêque Hildebaud « *per hostium de ipsâ casâ vel cespitem de ipsâ terrâ* (*xx*). »

Gerbaud donna ses propriétés au monastère de Cluny, en fit à Mâcon la tradition devant le comte Guillaume-le-Jeune et en présence soit des évêques Anschérius (*y*) et Gérauld, soit de plusieurs *optimates*. Il se rendit ensuite au monastère de Cluny, lut la charte de donation, la déposa sur l'autel de St-Pierre et de St-Paul (*yy*); puis, accompagné d'un des moines, il se transporta dans le comté de Chalon, sur le lieu de situation des propriétés, et abandonna au monastère, en la personne de son représentant, la possession de ces propriétés (charte 9 du cartulaire de Bernon). Ainsi, la tradition symbolique, accomplie soit à Mâcon devant le Mâl, soit à Cluny, a été suivie d'une prise de possession réelle.

(*v*) V. notes de Bignon sur Marculfe, dans Baluze, II, col. 894. — Ante Hildinum comitem cum scabinis et pluribus personis (ch. de 876); — Ante presentiam bonorum hominum vendiderunt (ch. de 1009), dans Pérard, p. 14 et 172. La ch. 175 d'Odon a pour objet un déguerpissement accompli dans les mêmes conditions.

(*x*) V. Bignon, *loc. cit.*, col 896.

(*xx*) V. la traduction *suprà*, Ire partie, chap. Ier, sect. II, § 7, p. XXXVIII. La ch. 74 exprime le même fait « per ostium et axidoria tradidit. » V. form. 155 de Lindembrog, et, sur ce sujet, Lahoulaie, *Hist. de la propriété*, p. 374.

(*y*) Archevêque de Lyon. V. *Gallia christiana*, ecclesia lugd., col. 70.

(*yy*) *Idem*, ch. 58, 265 et 512 du cartulaire de Saint Hugues et 554 de notre cartulaire, vers 1100. Ch. 20 d'Aymard : « Hæc carta, jubente domno Stephano (donatore), lecta est in Curte Eniziaco ante dominum Villelmum comitem in presentiâ domni Stephani Arvernorum episcopi. »

Odon (ch. 243, vers 960) restitua à l'évêque Maimbod la chapelle et les dimes de Saint-Gengoux-de-Scissé, en présence du comte Léotald présidant le Mâl, et, en signe de déguerpissement, il lui remit un couteau *(per cultrum werpivit)*. La ch. 187 d'Aymard, datée de 951, contient également un déguerpissement en présence du même comte, de ses fidèles et de plusieurs échevins (v. aussi ch. 30).

Notre cartulaire et ceux de Cluny nous donnent de nombreux exemples de traditions symboliques devant les plaids de cours féodales. Ervée fit, devant le comte Otton, le vicomte Hugues (*x*) et Ulric (ch. 96; 1018 à 1023), abandon de possession par le fétu ou rameau *(per festucam)*.

Humbert (ch. 149 du cartulaire de Saint Hugues), condamné par ses pairs à restituer à l'abbé de Cluny les usurpations qu'il avait commises, en délaissa la possession en leur présence, par la remise d'une pierre en les mains du prieur (*zz*).

Dans un grand nombre de chartes, l'évêque ou les chanoines exercent des revendications, et, en invoquant l'investiture *légitime* qui leur avait été faite autrefois, ils se réfèrent à ces actes solennels. La prise de possession n'était, en effet, régulière et légitime qu'à dater de leur accomplissement (*a*).

De toute ancienneté, l'Eglise fut dans l'usage de constater par écrit les conventions qui l'intéressaient et les libéralités qui lui étaient faites : « *Sacrorum ordo patrum olim benigne instituit*, dit la ch. 401 (937 à 954), *ut cuncta quæ à primatibus ecclesiarum acta forent litterali auctoritate et placidâ firmitate corroborata haberentur* (*aa*). » Le temps

---

(*x*) Le déguerpissement mentionné dans la ch. 426 semble fait devant le plaid présidé par le *viguier (vicarius)*.

(*zz*) Werpitionem fecerunt, astantibus multis, etiam cum lapide quodam qui monachis in testimonium et in signum fieret (ch. 257 de Saint Hugues).

(*a*) Veniens ergò comes Raynaldus Matisconem laudavit placitum (traité) Ladonii factum episcopo et canonicis, et quæcumque habebant eis dimisit (ch. 589). L'échange, convenu antérieurement entre Varin et Hildebaud, ne s'accomplit que devant le roi; v. Appendice de Marculfe, form. 19 et 20.

(*aa*) La ch. 6 du cartulaire de St Mayeul, en se référant à la loi romaine comme à l'autorité ecclésiastique, donne à cette règle une application générale : « Auctoritas jubet ecclesiastica et lex consistit romana ut *quicumque* rem suam in qualicumque potestate transfundere voluerit, per paginam testamenti eam infundat ut pro multis temporibus soluta et quieta permaneat. »

emportait, en effet, avec lui le souvenir de ces traditions solennelles, si un acte écrit ne venait le conserver (*b*).

La législation romaine des derniers siècles ne faisait plus de la solennité de la tradition une condition nécessaire de la transmission de la propriété; la prise de possession, de quelque manière qu'elle se manifestât, produisait cet effet. La perpétuité du droit romain dans les usages des nations vaincues maintint, à côté de la tradition germanique devant le Mâl ou le magistrat, la tradition romaine beaucoup plus simple dans ses conditions.

Néanmoins, une certaine publicité devait l'accompagner, et des témoins certifiaient et le contrat et la tradition. Un acte écrit consacrait également le souvenir de l'un et de l'autre (*bb*). Le dépôt en était parfois confié à l'Eglise, c'est ce qui explique pourquoi plusieurs actes entre simples particuliers sont insérés dans notre cartulaire (*c*).

De nombreuses chartes du même cartulaire attestent ce mode de tradition et sa constatation par écrit et par témoins (*cc*) pour des ventes, acquisitions, donations, constitutions de dot, déguerpissements, etc. (*d*).

Un acte symbolique, manifestant le fait matériel de la prise de possession, venait aussi fréquemment s'adjoindre à cette tradition (*e*).

(*b*) Per instrumenta cartarum vobis tradidi, et per quadium et andalugum, seu per istos breves commemoratum habeo (donation par le comte Eccard, vers 850, dans Pérard, p. 25 et 27.)

(*bb*) Ego ipse feci et hanc rogavi cartam conscribi ut sit in signum et testimonium traditionis meæ (ch. 445 du cartulaire de Saint Hugues).

(*c*) Dans les cités qui avaient conservé le régime municipal, les anciennes formalités de publicité et d'inscription des actes continuaient à être suivies, ainsi que le prouve Marculfe, liv. II, form. 37 et 38, *Gesta secundùm legem romanorum* : « peto vos, municipes et curiales, ut mihi codices publicos patere jubeatis et, ut mos est, ipsa donatio gestis municipalibus inseratur. »

(*cc*) Ad Cluniacum legaliter coram testibus trado (ch. 563 du cartulaire d'Odilon).

(*d*) V. ch. 74, 117, 334, 336, 401, 417, 426, 571, 585 et 397 « per cessionis paginam dare; » 124 « hác epistolá venditionis in tuá tradimus potestate. » La ch. 21 d'Aymard contient les expressions suivantes : « Je donne à Cluny les propriétés dont Asbert et son fils m'ont, *suivant leur loi*, fait *tradition per legalem cartam;* v. aussi ch. 140 d'Odilon.

(*e*) V. dans notre cartulaire, ch. 26 « per annulum Landrici episcopi reddidit; » ch. 585 « cum libro obtulit. » Les cartulaires de Cluny en contiennent de nombreux exemples, v. notamment ch. 455, 732, 733 et 734 du cartulaire de Saint Hugues. Quelquefois l'instrument symbolique restait attaché à la charte « cum uno lapide, qui in cartá inclusus est, werpivit, » ch. 157 de Saint Hugues.

CHAPITRE VI.

CONTRAT DE GAGE.

L'on ne trouve pas de trace de l'hypothèque dans notre cartulaire. Les prêts pécuniaires sont garantis par un gage immobilier désigné sous le nom de *vadimonium* (*f*).

Comment se constituait ce gage? Quels en étaient les effets?

Aymon et Landric, son frère (ch. 114; 937 à 962), remettent en gage *(incautionant)* aux chanoines de Saint-Vincent un curtil pendant 12 ans, et même jusqu'au remboursement, pour prêt de 6 sous (*g*).

Joscerand, chevalier d'Ameugny, et ses deux frères Gauthier et Guichard, du consentement de Rosceline, leur mère, donnent en gage aux chanoines de St-Vincent (ch. 585; 1096 à 1108) toute la terre que cette dernière possédait à Ameugny, ainsi que les serfs qui la cultivaient, pour prêt de 75 sous de monnaie mâconnaise et clunisoise.

Ils concèdent, en outre, pour le salut de leurs âmes, tous les fruits qui proviendront de la terre.

Les conditions du contrat sont formulées ainsi :

Si Joscerand meurt avant d'avoir rédimé la terre, il donne dès à présent toute sa portion ;

Si l'un des deux autres frères meurt sans avoir rédimé, le survivant pourra, *de suo censu proprio*, rédimer sa portion et celle du décédé, sans être tenu de rendre la somme afférente à la portion de Joscerand ;

S'ils meurent l'un et l'autre sans avoir rédimé, ils font dès à présent don de leurs parts.

Ils confirmèrent ce *vadimonium* et ce don par serment.

En signe de tradition, Joscerand remit un livre.

Ce pacte est fait publiquement à Cluny dans la maison d'un archiprêtre et en présence de témoins.

(*f*) *Idem*, dans les cartulaires de Cluny; mais, dès les premières années du XIIIe siècle, l'hypothèque apparaît.
(*g*) Mêmes impignorations dans les ch. 118, 131, 134 et 135.

Ainsi le *vadimonium* n'emportait pas, même momentanément, aliénation de la propriété, puisque les emprunteurs la donne seulement en cas de non-payement, puis qu'ils font un don particulier des fruits. Les ch. 19 et 605 prouvent, du reste, ce point. C'est pourquoi une terre tenue en précaire pouvait être remise *in vadimonium* (ch. 587).

Pourquoi a-t-il été fait un don particulier des fruits? Parce que, sans cela, le contrat aurait constitué un prêt à intérêts qu'interdisaient les préceptes ecclésiastiques.

Guichard de Beaujeu et l'abbé Hugues, son frère (ch. 586, en 1117), remettent en gage, entre les mains des chanoines, tout ce qu'ils possèdent, soit dans le village d'Avenas, anciennement appelé *monastère de Pélasge*, soit dans les manses de Châtillon et de Mont-Superbe, *cum forestariâ præsidis*, pour prêt, pendant deux ans, de 30 marcs d'argent le *plus pur*, à l'exception de 5 marcs (provenant d'Humbert, archidiacre comparaissant) qui avaient seulement la valeur du sterling (*h*). Il fut stipulé qu'après l'expiration des deux ans (*post duos blados*), et jusqu'à la fin de mars suivant, les emprunteurs pourraient rédimer leurs terres; mais que ce délai passé, ils ne pourraient le faire qu'à la même époque de l'année suivante; qu'il en serait de même pour toutes les autres années jusqu'au remboursement.

Guichard promit de ne pas inquiéter les chanoines dans la possession des propriétés mises en gage et donna plusieurs cautions qui, en cas de décès ou de longue absence, devaient être remplacées par d'autres. Si Guichard commettait une infraction à sa promesse, ses cautions devaient, dans les 14 jours (*hh*) de l'interpellation qui leur serait adressée, venir tenir otage dans le château de Beaujeu jusqu'à ce que réparation eût été faite (*i*).

(*h*) Pro 30 markis argenti purissimi, exceptis 5 markis Umberti qui fuerunt Esterlini, usque ad duos blados. Ces dernières expressions désignent le nombre des années par celui des moissons.

(*hh*) Dans la ch. 204 (fin du IXe siècle), le délai prescrit pour une enquête est de 14 *nuits*. Le temps est alors compté suivant l'ancien mode germanique et gaulois. V. Tacite, *de moribus Germ.*, XI, et César, *de bello Gallico*, VI, 18.

(*i*) La ch. 588 donne un exemple détaillé d'une constitution d'otages et des obligations qui leur étaient imposées.

CHAPITRE VII.

DE LA FORME DES ACTES.

L'existence des conventions et des libéralités même testamentaires s'établissait, en principe (v. 19ᵉ formule du liv. II de Marculfe), par la preuve testimoniale, cette preuve n'aurait-elle même consisté que dans un simple ouï-dire (ch. 321 de Saint Hugues). C'était la règle générale. En cas de contestation, les témoins, la notoriété publique, la possession étaient invoqués. Mais le temps, en faisant disparaître les témoins, effaçait le souvenir de la convention ou de la libéralité et faisait naître des contestations judiciaires. Il était prudent de prévenir ces contestations en préservant des atteintes du temps le souvenir des conventions; de là l'origine et le but de l'*acte écrit*, de la charte désignée souvent sous le nom de *Notice* (ch. 420 et 426), quelquefois sous celui de *Testamentum* (attestation, ch. 426 de notre cartulaire et 6 de celui de St Mayeul). C'est ce qu'expriment de nombreuses chartes : « *Omnia, quæ processu temporis solida debent persistere, apicum characteribus opportet adnotare, ut valeant inconvulsa per diuturna tempora subsistere,* » ch. 8.

La ch. 55 nous donne l'exemple d'un échange constaté dans deux originaux d'un même contexte : « *duas uno tenore epistolas inter nos confirmavimus.* »

La simple mention par écrit du fait accompli ne pouvait être suffisante. La rédaction de l'acte devait remplir certaines conditions destinées à en assurer l'authenticité et à lui donner la force probante.

Les chartes conservées par notre cartulaire consistent en des bulles, diplômes de princes, actes émanés de l'évêque, des chanoines, de seigneurs ou de simples particuliers. Ces chartes constatent des donations entre vifs, des dispositions testamentaires, des ventes, des échanges, des concessions en précaires, des déguerpissements, des plaids, des synodes, etc.

La rédaction devait varier suivant la nature des actes (*ii*) et le caractère des personnages desquels ils émanaient. Cependant certaines règles générales présidaient à la rédaction des divers actes, et l'on est dans l'usage d'en classifier les clauses ainsi qu'il suit (*j*) : l'invocation, la suscription, les noms des parties, la disposition et ses motifs, la désignation de l'objet, la sanction, les fidéjusseurs, l'énonciation de l'apposition des sceaux et des signatures soit par les parties, soit par les témoins; la date, le nom du rédacteur et la salutation. Nous ne devons citer que quelques exemples sur chacune de ces subdivisions.

§ 1er. — INVOCATION.

Le diplôme de Pepin, maire du palais (VIIIe siècle), est intitulé : *In Dei nomine* (ch. 66); la ch. 72, vers 950, émanée du comte Hugues : *In nomine Dei*.

Les diplômes royaux, au IXe siècle, débutent habituellement ainsi : *In nomine sanctæ et individuæ Trinitatis* (ch. 68, 97, 99 et 102); *In nomine Dei et salvatoris nostri Jeshu Christi* (ch. 98, 100 et 101). Le diplôme de 1172 (ch. 634) : *In nomine sanctæ et individuæ Trinitatis, amen.*

De nombreux actes, même entre simples particuliers, commencent ainsi : *Domino, fratribus*, puis viennent les noms des parties, par exemple : *Duranno et uxori suæ : Ego Rotbert* (ch. 303). D'autres fois : *Domino, fratri Adalgiso : Ego* (ch. 128). *Domino, Ardrado : Ego* (ch. 172). Le mot *Domino* doit être pris ici pour une invocation, comme s'il y avait *Domino inspirante*, bien que, dans quelques chartes (par ex. : 128), le mot *Ego* soit suivi de ceux *in Dei nomine* qui constituent une seconde invocation.

L'invocation a été parfois insérée après la suscription (par ex. : charte 60) et même le préambule (voir diverses chartes). Elle est supprimée dans de nombreux actes.

(*ii*) Les diplômes royaux débutent par : *In nomine sanctæ et individuæ Trinitatis;* les actes d'échange par : *Placuit et convenit inter...;* les précaires souvent par : *Notum sit omnibus futuris et presentibus quod...* (ch. 34, 37 et 38); de même les déguerpissements (ch. 10, 25, 30 et 31).

(*j*) V. les *Eléments de paléographie*, par M. de Wailly, t. Ier.

§ 2. — SUSCRIPTION.

La suscription, dans le cartulaire de Saint-Vincent, consiste dans le nom de la partie à laquelle l'acte est adressé. On ajoute quelquefois à ce nom la qualité de la personne.

Exemples : *Sacrosanctæ ecclesiæ Sancti Vincentii martyris quæ est constructa infra muros Matisconis* (plusieurs chartes); *Dilecto Aboni et uxori suæ Stephanæ* (ch. 131). De même, les expressions *fratribus*, *fratri Adalgiso*, *Ardrado* qui suivent le mot *Domino*, constituent la suscription dans les ch. 128, 173 et 303 citées dans le paragraphe précédent. La convention qui fait l'objet de cette dernière charte étant intervenue entre de simples particuliers dans leurs intérêts privés, le mot *fratribus* doit probablement s'expliquer par cette circonstance que l'acte devait être déposé et conservé dans les archives de l'évêché (*jj*). Cette adresse n'est jamais suivie du mot *salutem*.

§ 3. — NOMS DES PARTIES.

La plupart des noms conservés par notre cartulaire sont d'origine germanique. Ils ne sont pas encore héréditaires, dès lors la constatation de l'identité des parties devait par la suite devenir difficile ; aussi, indépendamment du nom particulier de l'individu, le désigne-t-on fréquemment comme fils ou père ou frère d'un autre individu d'un nom différent.

Dès le XI° siècle, l'on ajoute au nom un surnom (*cognomen*) donné à l'occasion d'une habitude, d'un défaut, d'une difformité, d'un événement heureux ou malheureux pour la personne, du lieu de naissance, etc. Par ex. : Pierre *le moine* (ch. 1), Bernard ou Landric *le gros* (ch. 18 et 26), Achard ou Etienne *le blanc* (ch. 25 et 30), Alard *l'apostolique* (ch. 571), Hugues *le brun* (ch. 37 d'Odilon), Robert

---

(*jj*) Dans la ch. 235 du cartulaire de Saint Mayeul, on lit : « Ego Achinus presbiter volo vobis (fratribus Clun.) *insinuare* scriptisque in futuro tempore conservare. » Cette charte a pour objet un testament; néanmoins, le mot *insinuare* ne semble pas se référer à une demande de dépôt de l'acte dans les archives du monastère; il a plutôt le sens de *notification*.

l'enchaîné (ch. 321 de Saint Hugues et 613 de Saint-Vincent), Lambert *le déchaussé*, Hugues *l'abandonné*, Bernard *le veau* (ch. 149, 674 et 684 de Saint Hugues), Guillaume *l'Allemand* (ch. 7). Dans la ch. 665, on lit les noms de Etienne *Darbot*, Etienne *Buterie*.

Dès le même siècle, les seigneurs ajoutèrent à leur nom celui de leur terre. Ainsi l'on voit Joscerand *de Clessé* (ch. 10), Humbert *de Beaujeu* (ch. 21), Girard *de Mardore* (id.), Bertrand *de Ver* (ch. 26), Mayeul *de Vinzelles* (ch. 30), Hugues *de Marchampt* (ch. 476), etc. Dans la ch. 116 d'Odon (Xe siècle), le donateur est déjà désigné par les noms d'Humbert *d'Azé*.

Le mot *dominus* indique le seigneur féodal dans la ch. 2 (premières années du XIe siècle, *Rodulfus dominus Balgiaci*). Le titre de *Miles* se trouve dans les ch. 19, 198, 483 et 505 de notre cartul. (XIe siècle), 143 et 682 de celui de St Hugues.

Le titre d'évêque est, dans la ch. 39 (IXe siècle), précédé de la formule suivante : *Divinâ suffragante misericordiâ ;* dans la ch. 40 : *Opitulante gratiâ Dei eterni*. A la fin de ce siècle, Gontard signe *humilis episcopus;* au Xe siècle, Adon signe *peccator episcopus*. Dans ce dernier siècle, l'évêque est qualifié *venerabilis, venerandus, illustris,* et son nom propre est précédé du titre de *Domnus* (ch. 53 et 93).

Le titre de comte est, dans la ch. 72 (première moitié du Xe siècle), et dans la ch. 35 de Saint Mayeul, datée de 962, précédé de la formule *gratiâ Dei*. A ces expressions ne s'attachait pas encore une idée d'indépendance ou de droit divin (v. M. de Wailly, *loc. cit.*, p. 198).

Au XIe siècle, l'on a commencé à substituer au *W* germanique les lettres *Gu*, par ex. : *Gualterius* pour *Walterius* (ch. 33), *Guillelmus* pour *Willelmus*.

§ 4. LA DISPOSITION ET SES MOTIFS.

Nous n'avons plus à nous expliquer ici sur les diverses dispositions, leurs conditions et leurs effets, mais seulement sur leurs motifs.

Les motifs des actes à titre onéreux, de la vente, de l'échange, n'ont pas besoin d'explication. D'autre part, nous avons indiqué en leurs lieux les motifs, soit des concessions à titre de précaire, soit des *recommandations*. L'on sait aussi que les bulles des papes avaient pour but ou la discipline ecclésiastique ou la protection de possessions territoriales.

Nous devons donc nous borner aux motifs des libéralités. Ces libéralités sont inspirées, en général, par le désir de subvenir aux besoins de l'Eglise de Saint-Vincent et par l'espérance de racheter ainsi les péchés commis et d'acquérir la vie éternelle.

La ch. 58, datée de 815 et émanée de Louis-le-Débonnaire, s'exprime ainsi : « Si liberalitatis nostræ munere, de beneficiis à Domino nobis conlatis, locis Domino dicatis aliquid conferimus, id nobis est ad mortalem vitam feliciter transigendam et ad eternam perpetualiter obtinendam profuturum liquidò. Idcircò.... »

Le comte exprime la même idée dans la ch. 73 (941-954) : « Quicumque Sanctorum locis et Domino famulantium catervis aliquid conferre desiderat, ad sibi profuturum, pro transitoriis eterna commutans, minimè diffidit. Quapropter.... »

Dans la ch. 77, Leutberge s'exprime ainsi : « Cogitans de Dei misericordiâ et ut ipse animam meam ab inferno eripiat, propterea dono.... »

Dans les actes ordinaires de libéralités, le motif est habituellement indiqué par ces simples mots : « *pro remedio vel salute animæ* » ou « *pro sepulturâ.* »

Lorsque la libéralité a aussi pour but de subvenir aux besoins des chanoines, le donateur la consacre *ad mensam vel in stipendia fratrum*.

§ 5. — DÉSIGNATION DE L'OBJET.

Nous avons donné, dans le chapitre 1er de la IIe partie, l'explication d'anciennes expressions, et nous ne devons pas revenir ici sur le même sujet.

Mais l'on ajoutait habituellement à l'expression principale beaucoup d'autres dans le but de détailler l'objet et d'en indiquer l'étendue ; d'autre part, l'on en précisait l'emplacement par l'indication des confins. Il est utile de donner quelques explications sur ces circonstances accessoires.

Le manse ou le curtil est transmis, suivant diverses chartes, *cum omnibus mancipiis ibi aspicientibus, domibus, vineis, campis, pratis, vircariis, silvis, pascuis, aquis, aquarumque decursibus, exiis et regressis, accessisque* (v. ch. 87, vers 900). Il ne faudrait pas croire que le manse ou le curtil donné contenait toujours tous les immeubles exprimés. C'était une clause de style exprimant que toutes les dépendances suivaient le sort de l'immeuble principal, c'est ce que l'on a fini par exprimer plus simplement par les mots : *cum omnibus pertinentiis* ou *quantumcumque ibi visus sum habere*.

Le donateur retenait-il la possession pendant sa vie, il ajoutait fréquemment les mots : *totum quæsitum et inquirendum* « tout ce que j'ai acquis et ce que j'acquerrai ; » ou bien *tàm de hereditate quàm de conquisto, et quicquid in antea, Domino propitio, conquirere potuero* (v. ch. 422 et 423 du Xe siècle). Les expressions relatives aux acquisitions futures ne doivent s'entendre que des immeubles qui seront par la suite annexés à la propriété donnée.

Ces dénombrements étaient trop vagues dans leurs expressions pour y trouver une désignation utile, aussi la précision de l'objet se trouvait-elle dans ses confins. On lit fréquemment, dans l'énonciation des propriétés situées sur les limites de celle dont on dispose, des expressions comme celles suivantes : *Terrâ Sancti-Martini, Sancti-Verrani, Sancti-Mauricii*, etc. Les Eglises paroissiales étaient sous le patronage de Saints, et leurs dots consistaient principalement en immeubles ; de là la désignation de ces immeubles comme propriétés de ces saints patrons, par ex. : « Ego dono mansum quod est in comitatu Matisc., in fine Salentiaco, in potestate Sancti-Martini.... ; terminatur, ex uno latere, terrâ Sancti-Martini, » ch. 345 du cartul. de Saint Mayeul, datée de 984.

A la suite du fonds donné pour confins, on lit parfois *cum heris*, par ex. : *terrâ Hugone cum heris, vineâ Geldron cum heris, terrâ Arneno cum heris* (ch. 417 et 419). Ces expressions signifient que le champ qui appartient à Hugues, à Geldran ou à Arnaut est, en partie, cultivé (*terra*) et en partie en friches (*heris*), et que ces deux parties limitent, d'un côté, le fonds qui fait l'objet de la disposition.

§ 6. — LA SANCTION.

L'on fixait habituellement dans l'acte la peine pécuniaire dont serait frappée l'infraction, par ex. : *Si quis donationem istam contradixerit, auri uncias IV componat* (ch. 45 et 46). La ch. 46 répartit cette amende ainsi : *medietatem regi et aliam medietatem cui litem intulerit*. En général, l'attribution de l'amende n'est pas indiquée.

Plusieurs chartes font suivre le mot *componat* des expressions suivantes : *Et presens donatio firma et stabilis permaneat cum stipulatione subnixá*. Cette formule *cum stipulatione subnixá* doit être considérée comme l'expression d'un souvenir des stipulations du droit romain. Nous ne pouvons croire qu'il s'agisse ici du *fétu* (*stipula*, *festuca*) qui était attaché (*subnexa*) aux actes pour attester la tradition ; car nous trouvons, au Xe siècle, dans les cartulaires de Cluny, les formules suivantes : *firmum permaneat stipulatione subnixum* (ch. 801 de Saint Mayeul) ; *cum* OMNI *stipulatione* (ch. 1 d'Aymard) ; *roborandum plenissimá constipulatione institui* (ch. 127 d'Odon) : au XIe siècle, *ut firmior sit* hæc nostræ *astipulationis* assertio, hanc nostrâ auctoritate firmamus ; enfin, dans notre cartulaire (ch. 55, datée de 825), *stipulatione interpositá*. C'est aussi l'opinion de M. Pardessus (sur la *Loi salique*, p. 645 et suiv.) Toutefois, M. de Wailly (*loc. cit.*, p. 238) croit que cette formule annonce aussi les signatures.

Nous avons vu *suprà*, p. LXXXVI, dans le paragraphe spécial au *précaire*, que le donateur stipulait souvent le droit de retour à son profit ou au profit de ses héritiers, dans le cas où sa libéralité serait détournée de sa destination. La négligence du détenteur du précaire à payer le cens stipulé était aussi prévue quelquefois par la formule suivante : *In duplum cogatur exsolvere* (ch. 108).

Mais, en ces temps dénués de toute garantie sociale, ces clauses étaient de pur style et n'avaient pas d'efficacité, car il n'existait pas de force commune destinée à faire plier la résistance privée devant le bon droit et à faire respecter la sainteté des engagements. Aussi avait-on recours aux terreurs inspirées et aux récompenses promises par la religion pour obtenir le respect des conventions et de la propriété.

L'on connaît les malédictions et les anathèmes formulés dans les bulles des papes.

Dans la ch. 8 (vers 930), l'évêque Bernon, dans le but d'assurer le retour du précaire à la mort du concessionnaire (le comte Albéric de Narbonne), a fait insérer à la fin de la charte la clause suivante : Si quispiam ex illis quibus ista donantur vel ex heredibus eorum distulerit Sancto-Vincentio aut rectoribus ejus, excommunicatus habeatur; et à liminibus sacræ Ecclesiæ sequestratus, et consortio christianorum et perceptione Corporis et Sanguinis Domini suspensus sit. Pars ejus cum Dathan et Abiron et Chore et cum Judà traditore Domini; omnesque maledictiones quæ in libris continentur divinis veniant super eum. » Ces malédictions étaient, comme on le voit, conditionnelles, et, en conséquence, habituellement précédées de la formule « *Quod absit!* » : Si verò, quod absit, quispiam hæc immutare visus fuerit.... (ch. 480, vers 929).

Un donateur, simple lévite (ch. 42), formule l'anathème suivant : « Ex auctoritate Dei patris omnipotentis et filii ejus Domini nostri Jeshu Christi et Spiritûs Sancti anathematisamus ut nemo hunc mansum laicali habitu constitutis concedat; quòd si fecerit Beatorum sit communione privatus. »

Un acte de donation, émané d'un laïque (ch. 60, vers 870), contient aussi la clause suivante : « Si ego aut ullus ex heredibus meis aut ulla opposita persona contra hanc donationem calumniam aliquam inferre voluerit, et à me vel heredibus meis defensatum non fuerit, tunc simus, tàm ipse qui temptat quàm et nos, reprobi ante tribunal Christi. »

§ 7. — LES FIDÉJUSSEURS (FIDEJUSSORES, OBSIDES).

Dès la fin du XIe siècle, l'on chercha à garantir par la dation de cautions l'exécution des décisions prononcées dans les plaids et ordonnant principalement des déguerpissements (ch. 149 de Saint Hugues). Le déguerpissement aurait-il été accompli volontairement, qu'il n'aurait pas été prudent de se fier au serment du délaissant, promettant de respecter à l'avenir la propriété *(se pacem tenere super rem)*; aussi jugeait-on utile de faire intervenir un tiers comme *fidejussor de sacramento tenendo* (ch. 573 et 587).

Ces stipulations de garantie, insérées dans les actes, devinrent communes au XIIe siècle (ch. 578, 586, 612, 613 et 617). Dans la ch. 604, datée de 1144, Gaufroy *de l'Aubépine* jure, avec neuf chevaliers, de ne porter à l'avenir aucune atteinte à la propriété dont il délaisse la possession; et, dans le cas où il commettrait un dommage et ne le réparerait pas dans les sept jours, à dater de la réclamation formée par les chanoines, les chevaliers, qui ont *juré la paix*, et lui-même devront se constituer prisonniers dans le village de Saint-Amour (*in villâ Sancti-Amoris capti tenerentur*) jusqu'à ce que réparation ait été faite. Les cautions, qui devaient rester ainsi en otages (ch. 588 et 595), pouvaient, parfois, s'en libérer par la dation d'une somme stipulée (ch. 634, en 1172). Cette dernière charte indique en même temps que les obligations imposées aux fidéjusseurs pouvaient varier suivant la nature de leurs rapports avec l'auteur des dommages.

§ 8. — INDICES DE L'AUTHENTICITÉ DE L'ACTE.

L'authenticité de l'acte se manifeste par l'apposition des sceaux et des signatures soit des parties, soit des témoins; par la mention de sa rédaction par certains officiers ayant mission à cet effet, par ex. : les chanceliers, les notaires; ou, au moins, par l'existence de l'une de ces conditions (*k*). L'accomplissement de ces formalités était mentionné habituellement dans l'acte, mais souvent on les remplissait sans les mentionner (*kk*).

Plusieurs de nos chartes n'ont conservé aucune trace de ces caractères d'authenticité, par exemple, ch. 385; cet état est proba-

---

(*k*) Licèt hoc donum ità sit manifestum ut à stipulatione et testimonio non indigeat testium, tamen, ut stabilius perseveret, etiàm testium assertio illud confirmet et roboret (ch. 683, de Saint Hugues, en 1100).

(*kk*) V. M. de Wailly, *loc. cit.*, p. 237.

blement dû à la faute des copistes qui se sont attachés aux dispositions et ont négligé la transcription des clauses finales.

Sceaux : L'usage des sceaux, qui date de l'antiquité, est prescrit par la loi XXI du titre *de testamentis* dans le code de Justinien et par le titre XLIII de la *Loi Gombette*. Mais il n'en est fait mention que très-rarement dans notre cartulaire et presque exclusivement dans des diplômes royaux du IXe siècle (v. ch. 56 à 68 et 100). Cependant la ch. 99, émanée de Louis d'Outre-mer et datée de 948, contient les expressions suivantes : « *annuli imagine nostri eam insigniri precipimus.* » Ces diverses chartes emploient constamment le mot *annulus*. On ne retrouve ensuite l'usage du sceau qu'au milieu du XIIe siècle, dans la ch. 601, datée de 1142 et émanée du fils du comte de Nevers, où l'expression *annulus* est remplacée par celle de *sigillum*. Cette dernière expression est déjà employée dans une charte du roi Raoul insérée au n° 2 du cartulaire de l'abbé Odon et datée de 929.

Signatures : Les signatures des parties et des témoins sont parfois annoncées dans le corps de l'acte, sans que la transcription de cet acte dans notre cartulaire en soit suivie, par ex., ch. 40, vers 900. Dans un grand nombre de documents, au contraire, le corps de l'acte n'en fait pas mention, et cependant il est suivi des signatures et des parties et des témoins, ou seulement de celles des témoins. D'autres fois, l'on se contente de la simple mention des témoins dans l'acte (par ex. : ch. 204, vers 900 ; ch. 21, de la fin du XIe siècle ; ch. 574 et 612 du XIIe siècle).

Les notices des Mâls sont signées soit par des échevins, soit par des hommes libres (ch. 284 et 501) ; celles des plaids de cour féodale, par le comte ou le vicomte et plusieurs fidèles (ch. 156, 157 et 420).

Les signatures des parties contractantes sont très-souvent accompagnées des expressions suivantes : « *qui fieri et firmare rogaverunt.* »

Les signatures ne consistèrent d'abord que dans l'expression des noms propres auxquels on ajouta parfois les qualités, surtout quand il s'agissait d'ecclésiastiques ; ce ne fut qu'au XIe siècle, comme nous l'avons dit, qu'on y joignit les surnoms.

Les signatures des parties et des témoins sont indiquées dans notre cartulaire par le simple sigle *S (signum)* suivi du nom au génitif, par ex. : *S. Duranni, S. Umberti, S. Ugonis*, etc. D'autres fois, le rédacteur n'ajoute pas le sigle et transcrit simplement le nom au nominatif, par ex., ch. 39.

Comme nous ne possédons pas les originaux de ces chartes, il est dès lors impossible de vérifier comment étaient exprimées ces signatures et si elles ont été apposées par les parties et par les témoins ou par le rédacteur même de la charte.

L'on sait, en effet, que, dans ces temps d'ignorance et de barbarie, fort peu de personnes, même parmi les ecclésiastiques, étaient capables de signer leurs noms. Le rédacteur inscrivait au bas de la charte les noms des parties et des témoins qui alors traçaient au-devant une croix (v. les ch. 19, 42 et 90 du cartulaire de Saint Hugues). La ch. 631 de notre cartulaire, datée de 1172, nous indique cet usage par les expressions suivantes : *adstantibus his quorum subscripta sunt nomina et signa*.

Cependant, certaines expressions de nos chartes pourraient faire croire que les signatures ont été parfois écrites par les parties elles-mêmes. En effet, on lit dans plusieurs chartes : *Domnus episcopus illam propriâ manu firmavit et fidelibus suis firmandam tradidit* (ch. 53, XIe siècle); *antistes et fratres hanc precariam propriis manibus corroboraverunt* (ch. 108, du Xe siècle); *Leotaldus comes et Walterius vicecomes hanc notitiam propriis manibus roboraverunt* (ch. 292, du même siècle). Mais une charte citée, d'après Mabillon, par M. de Wailly (*loc. cit.*, p. 239) explique le sens de la formule *manu corroborare* en y ajoutant le mot *tangendo*. La ch. 9 de notre cartulaire, datée de 949, exprime le même fait par les expressions suivantes : *Antistes hanc precariam propriis manibus roboravit et suorum contribulum digitis firmari jussit*. Nous ne pouvons néanmoins certifier l'exactitude de cette interprétation, car la charte 25 du cartulaire d'Aymard, émanée de l'évêque Maimbod, s'exprime ainsi : *Pontifex hanc precariam propriis manibus roboravit et residentium digitis* SIGNANDAM *porrexit*. La ch. 140 du cartulaire d'Odilon est plus précise : *Et ut firmior sit, eam* TACTU MANUUM NOSTRARUM *roboramus*. Enfin, la 344° du même cartulaire est formelle : « *Et ut ista carta firma permaneat perpetualiter, testes subtersignati manibus suis tangendo eam corroboraverunt.* L'on sait, en effet, que, lorsque les parties ou les témoins n'apposaient pas même une croix, elles touchaient de leurs mains la charte comme signe de ratification de la souscription de leurs noms par le rédacteur (*l*).

La formule suivante : *manu nostrâ eam subter firmavimus*, insérée dans des diplômes royaux du IX° siècle (ch. 56, 58, 59, 62, 64, 65 et 100), ou *manu propriâ subter eam firmavimus* (ch. 99, du X° siècle), autorise à croire que les parties elles-mêmes ont apposé au bas de ces chartes une signature quelconque. Les formules *manu propriâ subscripsi* (ch. 36, datée de 919); *subscribimus manu propriâ et fidelibus nostris subscribendo roborare precipimus* (ch. 40, vers 900), et les expressions *scripsi et subscripsi* (ch. 501, en 928) ou simplement *subscripsi* (ch. 55, datée de 825), insérées dans des chartes émanées d'évêques, ne permettent pas le doute sur ce fait. Pepin, maire du palais, termine aussi la ch. 66 par les expressions suivantes : *manús nostræ subscriptione infrà roborare decrevimus*. Les signatures ainsi indiquées pouvaient ne consister qu'en de simples monogrammes ou être écrites en toutes lettres.

§ 9. — LA DATE.

Un très-grand nombre de nos chartes sont malheureusement sans dates. De ce nombre, plusieurs peuvent être datées approximativement d'après les noms et les faits qui y sont relatés ; plusieurs aussi ne fournissent à cet effet aucun élément d'appréciation.

Les dates insérées dans les autres chartes sont très-souvent insuffisantes. En effet, quelques-unes se bornent à l'indication d'un jour, par ex. : *kalendis novembris* (ch. 67, du VIII° siècle); IV *(ante) kalendas februarii* (ch. 30, XI° siècle); *Dominicâ quâ cantatur* « *judica me, Domine, et discerne,* » (ch. 622, du XII° siècle); IV^a *feria infra octavas Epiphaniæ Domini* (ch. 4, du même siècle). Plusieurs chartes

---

(*l*) V. Ducange, v^{is} *Tangere chartam*.

de Cluny contiennent cette seule mention : « *Regnante Domino nostro Jeshu Christo;* » v. ch. 516 et 539 de Saint Hugues.

Plusieurs ajoutent au jour ou au mois le règne seul du prince, par ex. : *Die Pentecostes, regnante rege Rotberto* (ch. 53 et 54 du XIe siècle); *mense julio, regnante Ludovico rege* (ch. 32, Xe siècle). La ch. 170, imitée par plusieurs autres, énonce seulement : *regnante Ludovico rege*. Sous quel Louis a-t-elle été rédigée?

D'autres s'expriment avec plus de précision, par ex., la bulle insérée dans la ch. 23 : *Data kalendas januarii, imperante piissimo Augusto Constantino* (Constantin IV, dit Copronyme), *annuente Deo, coronato piissimo rege Karolo* (Charlemagne), *anno primo patriciatûs ejus*. Les faits cités se rapportent à l'année 774. La ch. 602 indique l'année 1147 dans les expressions suivantes : *Actum est anno illo quo rex Ludovicus Franciæ cum maximo exercitu processerat ad ferocitatem Gentilium deprimendam et orientalem Ecclesiam exaltandam.*

La date précisée indique très-souvent et le lieu et le temps, soit dans la même phrase (ch. 30), soit dans des phrases distinctes, même séparées par les signatures (ch. 46, vers 972; 49, vers 1004; 501, en 928).

La date du lieu est habituellement précédée du mot *actum*, par ex. : *actum Matiscone* (ch. 25, XIe siècle), quelquefois du mot *factum* (ch. 4) ou de *scriptum* (ch. 37, XIe siècle). Elle est quelquefois suivie du mot *publicè* : *Actum Matiscone urbe publicè* (ch. 40, vers 900; 46, vers 972; 491, vers 996, et 624, XIIe siècle). Suivant Ducange, le mot *publicè* s'applique à l'acte rédigé ou au moins lu devant le magistrat et les juges en audience publique. C'est ce qu'exprime notre charte 548 (fin du XIe siècle), puisqu'elle a été rédigée dans l'auditoire d'un tribunal, en présence d'ecclésiastiques, de chevaliers et de vilains. La ch. 40 précitée démontre que l'acte, passé au sein d'un synode diocésain, était aussi considéré comme *public*.

Au XIIe siècle, on indiquait non-seulement la localité, mais encore l'emplacement où l'acte était passé, ex. : *factum Matisconi in camerá episcopi* (ch. 4); *laudatum Matiscone ante portam episcopi* (ch. 574); *factum in turre episcopi* (ch. 556); *facta est hujusce modi werpitio per manum Humberti lugdunensis archiepiscopi, in prato juxta domum suam Matisconis* (ch. 612). La ch. 217 du cartulaire d'Aymard, datée de 949, nous donne déjà un exemple pareil, car il y est dit qu'elle a été rédigée *in atrio Sancti-Petri*. Le diplôme de Pepin (ch. 66) porte aussi : *Actum in civitate Metis in palatio regio*.

La date du temps est, depuis les premières années du Xe siècle, exprimée quelquefois par l'année du siècle ayant son point de départ dans l'année de l'Incarnation de Notre Seigneur, par ex., ch. 5, 33 et 36, en 919; 359, en 906; 495, 559, 575, 578, 595, 604, 613 et 618 : ou du Verbe (ch. 634, datée de 1172). Cette date se trouve quelquefois au commencement de la charte (ex. : ch. 5, 33, 36 et 359), habituellement à la fin.

Presque toutes les dates sont indiquées par l'année du règne du prince et sont mentionnées à la fin de chaque charte. Notre cartulaire emploie habituellement le mot *data*, quelquefois *datum* (ch. 86 et 504) ou *factum* (ch. 26), ou *scripta* (ch. 37), souvent *hactum* (ch. 345 et suiv. des IXe, X^e et XIe siècles). Cette dernière expression n'est habituellement suivie que de l'indication du règne. Dans la ch. 180 du cartulaire d'Aymard et la ch. 480 du nôtre, datée de 929, le rédacteur emploie le mot *datavi*.

Les dates sont exprimées en chiffres romains. Plusieurs chartes du VIIIe au XIIe siècle contiennent les subdivisions du mois en calendes, nones et ides. La ch. 32 (fin du XIe siècle) exprime le quantième du mois comme on le fait aujourd'hui : *IX aprilis*. La ch. 559 donne la date suivante : *Actum est apud Paredum, anno ab incarnatione Domini MCXI, indictione IIII, epacta VIIII, concurrente VI post III cum B, VIII idus aprilis, (februarii V, XXIIII), Paschali II romanæ urbis papa, regnante in Franciá Ludovico Philippi filio* (*ll*).

§ 10. — LE RÉDACTEUR.

Nous savons que les établissements religieux avaient leurs fonctionnaires chargés de la rédaction des titres ; que spécialement le Chapitre de Mâcon avait ses chanceliers et archichanceliers (*m*).

(*ll*) V. la table chronologique de l'*Art de vérifier les dates;* v. aussi les ch. 577, 578 et 586.
(*m*) V. *suprà*, Ire partie, chap. Ier, Ire section, § 3, n° 4, p. XXVI.

Cependant cette rédaction n'appartenait pas exclusivement à ces dignitaires, comme nous allons le voir.

Le rédacteur mentionne les fonctions qu'il a remplies, quelquefois par ces mots : *scripsit et datavit* (ch. 481), ou bien par ceux-ci : *Data per manum P. scriptoris* (ch. 30, 32 et 527); plus souvent par cette seule expression : *scripsit* (ch. 36, 55, 113, 176, 417, 460, 463, 467, 468, 501 et 504). Dans ces divers cas, un seul a rédigé l'ensemble de la charte, le texte comme la date.

Habituellement, le nom du rédacteur n'est énoncé que dans la date du temps. Mais, ne trouvant pas dans les chartes de notre cartulaire un rédacteur spécial du texte et un autre de la date, nous devons considérer ce dernier comme le rédacteur de l'acte entier.

Au IXe siècle, nous trouvons un diacre et un sous-diacre rédacteurs des ch. 55 et 62, datées de 825 et 878. Un diacre, cardinal romain, est rédacteur de la bulle de 1095, insérée sous le n° 514. Un archidiacre est rédacteur de la ch. 497, vers 939.

Les chartes suivantes, du Xe et du XIe siècle, 36, 46, 53, 54, 113, 130, 142, 471 et 543, ont été rédigées par de simples lévites. Dans la dernière, datée de 996, le lévite agit *ad vicem archicancellarii*.

Dans chacune des chartes suivantes, rédigées dans les mêmes siècles, le rédacteur prend le titre de *presbyter*, 45, 176, 462, 463, 470, 486, 491, 500, 503, 504 et 505.

Les rédacteurs n'indiquent pas leurs qualités dans celles dont les numéros suivent : 28, 38, 43, 44, 47, 71, 72, 73, 75, 76, 77, 78, 80, 81, 83, 86, 89, 90, 95, 114, 417, 429, 432, 436, 443, 460, 467, 468, 487, 488, 489, 490, 495, 496, 501 et 542. Mais tout semble indiquer qu'ils sont lévites ; aussi voit on figurer plusieurs fois les mêmes personnages, par ex. : Otger, Villaume, Aymin, Bérard, Rannulfe. La ch. 55, rédigée par Agebert, porte deux dates ; lors de la première, Agebert est qualifié lévite ; dans la seconde, sa qualité n'est pas indiquée.

D'autre part, des rédacteurs non qualifiés figurent dans d'autres chartes comme témoins, avec la qualification de lévites (*mm*).

(*mm*) Comparez aussi les ch. 22 et 496.

La ch. 3 a été écrite par un chanoine; les ch. 26 et 649 semblent l'avoir été par l'évêque. La ch. 49, en 1004, est datée *per manum Teudonis* FRATRIS.

Nous ne rappellerons pas ici les chartes rédigées par les chanceliers, archichanceliers ou par ceux qui ont agi *ad vicem cancellarii*, nous renvoyons à la page ci-dessus citée.

Le *notaire* est mentionné dans les diplômes royaux compris sous les n⁰ˢ 56, 68 et 109, datés du IXᵉ siècle. Il contresigne ces chartes « *Hildebodus notarius ad vicem Ludovici recognovit;* » par cette formule, il certifiait avoir revu la rédaction du diplôme. Le contre-scing apposé aux diplômes 59 et 65, du même siècle, émane probablement de ce fonctionnaire. La ch. 631, datée de 1172, se termine par la phrase suivante : *vacante cancellariá, Petrus notarius subscripsit*. La ch. 144 du cartulaire d'Odon, datée de Cluny et contenant une donation ordinaire, est close par ces mots : *Data per manum Addradi notarii vicecancellarii*, et la ch. 174 d'Odilon, datée de 1026, par ceux-ci : *Notario Advaldo scribente*.

Le plus grand nombre de nos chartes n'indique pas le nom du rédacteur.

§ 11. — LA SALUTATION.

Les ch. 12 (sans date) et 600 (XIIᵉ siècle) se terminent par le mot *valete*; la ch. 549 (fin du XIIᵉ), par *sic fiat, fiat!*

Les diplômes royaux 56 (daté de 853) et 98 (daté de 815) sont clos par la formule *Actum..... in Dei nomine feliciter, amen*; les diplômes 57, 58 et 59 (de la première moitié du IXᵉ siècle), par l'invocation *In Dei nomine*. Ces diverses expressions ne sont plus insérées à la fin des diplômes 60, 61, 62, 64, 97 et 100 (de la deuxième moitié du même siècle).

IVᴱ PARTIE.

ORGANISATION JUDICIAIRE ET JURIDICTION.

CHAPITRE Iᵉʳ.

TEMPS ANTÉRIEURS A LA FÉODALITÉ.

Le comte, simple délégué du roi, était le juge ordinaire dans l'étendue de sa circonscription administrative (*n*). Les chanoines portaient devant le comte de Mâcon les réclamations que faisait naître l'usurpation de leurs propriétés (*nn*).

Il devait rendre la justice aux plaideurs suivant les règles de leur loi personnelle (*o*). A cet effet, il choisissait les juges parmi les personnes qui *professaient* la même loi, et, dans le cas où les parties obéissaient à des lois différentes, le Mâl ou le plaid (*oo*) était composé de juges appartenant à ces diverses catégories.

(*n*) V. Pardessus, *Loi salique*, 9ᵉ dissertation, p. 571. Suivant le *Capitulaire* promulgué par Charlemagne à Héristall, en mars 779, le vassal du roi *(vassus dominicus)* exerçait, dans l'étendue de son bénéfice, une justice *privée*. S'il négligeait de remplir ce devoir, le comte de son canton pouvait l'y contraindre (v. Baluze, t. Iᵉʳ, col. 198; *Loi lombarde*, liv. II, tit. LII, § 2; *Capitulaires* de Carloman, tit. II, cap. II, et Ducange vⁱˢ *vassi dominici*; v. cependant le chap. 9 du *capitulaire* de 779 et *additio quarta* (Baluze, I, 1220) : *De latronibus ad placitum comitis exhibendis*). L'allentier et l'établissement ecclésiastique jouissant d'immunité (v. 3ᵉ formule de Marculfe, liv. Iᵉʳ, et notes de Bignon, dans Baluze, II, col. 879) exerçaient, à *fortiori*, la même justice privée (v. *Præceptum* de 815, dans Baluze, II, col. 1406). Cette justice, à laquelle le dernier Capitulaire cité apporte une restriction importante au point de vue criminel, était-elle personnelle ou soumise aux conditions de forme et de garantie prescrites par la législation générale sur l'organisation judiciaire? (v., sur ce dernier point, la note *au* du chap. suivant, p. CLXIX; v. cependant le Capitulaire *de villis* et le *Præceptum* de 815).

(*nn*) V. les chartes citées *infrà*.

(*o*) V. Pardessus, *Loi salique*, 2ᵉ dissertation, p. 446 et 448; la 6ᵉ, p. 510, et la 10ᵉ, p. 608 et 609; v. aussi Aug. Thierry, *Temps mérovingiens*, 5ᵉ récit.

(*oo*) Placitum quod vocant mallum, dit la ch. 575 du cartulaire de Saint Mayeul.

Il présidait l'assemblée sans avoir voix délibérative et en faisait exécuter les décisions.

L'assistance au Màl était un droit et un devoir restreints, sous la seconde race de nos rois, à un certain nombre d'hommes libres spécialement désignés.

L'infraction à ce devoir était punie d'une amende, les comtes y trouvaient un bénéfice. Dans ce but, ils multipliaient les plaids et en faisaient une charge fort onéreuse, dont chacun aspirait à être délivré.

Il y avait les plaids généraux, habituellement au nombre de deux par an et à des époques solennelles, et les plaids inférieurs *(minora)*, où les affaires de moindre importance et les plus nombreuses étaient expédiées.

Les juges, nommés *scabins* (échevins), pris dans la localité où siégeait le Màl (*p*), étaient habituellement au nombre de sept. Mais souvent un plus grand nombre d'hommes libres assistaient à l'assemblée et prenaient part à la décision.

Les plaids généraux se tenaient ordinairement dans une localité fixe, au chef-lieu (*pp*); les plaids inférieurs, dans diverses localités suivant les circonstances, et souvent en plein air.

La juridiction de ces assemblées n'était pas seulement criminelle et contentieuse, elle s'étendait à une foule d'actes civils qui avaient besoin de solennité (*q*).

Au Xe siècle, à cette époque de transition de la législation germanique au régime féodal, nous retrouvons, dans notre cartulaire, plusieurs traces de l'organisation judiciaire suivant la législation carolingienne.

La ch. 152 (vers 880) nous donne une espèce de formule des réclamations portées devant le Màl; mais, inexacte et incomplète, elle nous instruit peu sur la procédure suivie devant ce tribunal.

(*p*) V., dans le cartulaire de Perrecy (Pérard, p. 34 et 35), plusieurs chartes du IXe siècle. La justice est rendue, p. 33 et 34, dans le comté d'Autun, par les *missi dominici* qui fecerunt venire ipsos pagenses nobiliores et cæteros quàm plures de jam dicto comitatu, per bannum domini regis. L'*advocatus* du comte Hildebrand se présente devant le Màl et dirige la plainte.

(*pp*) V. ch. 152 et autres.

(*q*) V. notamment pour le partage de l'alleu, ch. 185.

Les chartes que nous allons citer à un autre point de vue nous instruiront mieux, même sur ce sujet.

A la fin du IXe siècle, sous le règne du roi Eudes (ch. 284), le comte Raculfe présidait *(qq)* le Mâl public réuni à Mâcon pour juger les contestations régulièrement formées. Le comte était assisté de Berolt, Rainolt, Adalart et des autres échevins mâconnais *(ceteris scamineis matisconensibus)* Eldevert, Sievert, Rolmant, Ratbert, Célest, Roltan, Warnier, Maised, Arluf, Odeléon, Ardrad, Laidrède, Sicher, Gui, Grimius, ainsi que de plusieurs autres. Devant le Mâl se présentèrent Sievert et Gui, avoué de Saint-Laurent. Gui cita devant cette assemblée *(mallavit) (r)* Walcaud, à raison de ce qu'il retenait injustement une vigne et un champ situés dans le village de Bioux. Walcaud, qui était présent, répondit que lui et ses auteurs en avaient été investis légalement depuis plus de trente ans *(rr)* sans les tenir aucunement *(absque ullâ partione)* de Saint-Laurent ou de ses recteurs. Alors les échevins décidèrent par jugement préparatoire *(per inquisitum judicium) (s)* que Walcaud affirmerait par serment, ainsi que sa loi le lui permet *(cùm sua lex est)*, que lui et ses auteurs avaient été investis légalement depuis plus de trente ans des propriétés revendiquées. Walcaud et Bernard promirent de le faire.

Il est utile de faire remarquer les faits suivants :

1° Si les échevins mâconnais sont en majeure partie d'origine germanique, néanmoins parmi eux figurent des Romains *(ss)*;

2° La distinction des lois personnelles était encore observée ;

3° Les échevins, et non le comte, prononcent le jugement.

Le lundi des calendes de mai 927 ou 928 (ch. 501), Ranulfe présidait à Mâcon le Mâl du comte et était assisté de Gondulric,

---

(qq) Dans la ch. 186, vers 955, Léotald Ier est remplacé par Walter, son vicomte. Il est fait mention de ce vicomte dans plusieurs chartes de Cluny.

(r) Contrapellavit (ch. 186), *proclamavit* (ch. 152),

(rr) La législation barbare avait adopté la prescription romaine (v. 41e formule de Sirmond). Des chartes de Cluny (XIe et XIIe siècles) mentionnent une prescription de 31 ans (v. formule 33 de l'Appendice de Marculfe).

(s) Per verum inquisitum, ch. 152.

(ss) Il en est de même dans les ch. 186 et 501. V. la 8e dissertation de M. Pardessus sur la *Loi salique*, p. 578.

Ennard, Letbald, Gislard, Rotcon, Isard, Arigérius, autre Ennard, ainsi que des échevins Adalbert, Aymon, Téotard, Déotade, Ambald et de plusieurs *autres bons hommes (ceteri boni homines)*. Devant le Mâl se présentèrent des individus de ce comté, se plaignant de ce que les pontonniers de Saint-Laurent percevaient, sans droit, deux deniers pour l'aller et le retour d'une voiture.

Ranulfe et les autres *bons hommes* voulant s'enquérir, sous la foi du serment, par *semonce* et sous peine d'interdit (inquisitionem fecerunt per excommunicationem et per conjurationem) (*t*), si l'usage était de ne payer qu'un denier, interrogèrent les clercs et les laïques qui étaient présents; tous répondirent qu'il en était ainsi (*tt*).

Les échevins ordonnèrent alors que les principaux laboureurs des environs de Mâcon affirmeraient par serment que tel était l'usage. Ce serment fut promis *(arramitus)* (*u*). Trois jours après, ces laboureurs se réunirent dans l'église de Saint-Nicet et prêtèrent ainsi le serment : « Que Dieu nous soit en aide ! Sur les saintes reliques déposées en cette église, nous jurons que, suivant la loi et la coutume, il n'est dû qu'un denier pour les deux transports, aller et retour.

L'ont ainsi juré Angésis, du village de Sancé, etc.

Arigérius, *missus* (délégué) de Guillaume, comte palatin (*uu*), reçut ces témoignages en présence d'Adalbert, d'Arnulf, Léotbald, Gislard, Rotcon et de trois Ennard.

Cette *notitia juratoria* nous fait voir :

1° Que les échevins n'avaient pas seuls droit d'assister au jugement;

2° Que les échevins, comme les autres assistants, étaient qualifiés *bons hommes;*

3° Que tous participèrent aux divers actes de procédure;

(*t*) Sub interdicto, dit la ch. 570.

(*tt*) Le demandeur devait préalablement affirmer ou faire affirmer le droit qu'il réclamait.

(*u*) V. notes de Bignon sur l'Appendice de Marculfe, cap. I, dans Baluze, II, col. 952. Cette promesse, garantie par un gage quelconque, portait que tel jour l'on se rendrait dans un lieu indiqué pour prêter un serment solennel. D'*arramitus* est dérivé notre mot *arrhes.*

(*uu*) Dans la 9ᵉ charte de Bernon, Guillaume-le-Jeune, petit-fils d'autre Guillaume, préside à Mâcon un plaid dans lequel Gerbaud délaisse à l'abbaye de Cluny des immeubles situés dans le comté de Chalon. Ce comte était contemporain des évêques Gérard et Anschérius et de l'abbé Bernon (925 ou 926). V. *supra*, p. XLIX, note (1).

4° Que Ranulfe, qui représentait le comte lors du jugement, fut remplacé par Arigérius lors de la prestation de serment.

Indépendamment de l'enquête et du serment solennel, le duel était encore admis comme preuve judiciaire.

Dodlène (ch. 282, vers 950) s'était emparé de propriétés appartenant à St-Vincent et situées à Flacé. Il fut jugé qu'il soutiendrait, avec le bouclier et le bâton *(cum scuto et fuste)* (v), son droit contre le défenseur *(advocatum)* de Saint-Vincent. Le comte Hugues et Albéric, son fidèle, présidaient au duel. Argod, Josbert et Mayeul ne purent d'abord vaincre Dodlène, cependant ce dernier finit par succomber, et le comte a réinvesti les *avoués* de Saint-Vincent de la terre revendiquée.

Le jugement qui ordonna le duel n'étant pas rapporté dans cette *notitia redditoria*, nous ignorons s'il fut rendu par des échevins. Dans les actes postérieurs à cette date, nous ne voyons plus figurer de juges sous ce titre (vv).

Nous avons vu (*suprà*, p. X et XI) qu'au Xe siècle, le Mâconnais était subdivisé en vicairies. A la tête de chacune d'elles se trouvait un fonctionnaire inférieur connu sous le nom de vicaire ou de viguier. Sa juridiction était, comme son ressort, bien moins étendue que celle du comte; le viguier ne connaissait pas, en effet, des questions d'état, de propriétés territoriales ou de liberté. Néanmoins, elle était criminelle et civile et s'exerçait dans des plaids inférieurs ou cantonaux composés de propriétaires libres ou prud'hommes du canton présidés par ce magistrat; la décision était sans appel (x).

(v) Dodlène était donc simple roturier.

(vv) La ch. 187 du cartulaire d'Aymard, où figurent des échevins présidés par le comte Léotald, est datée d'avril 951. En 956 et 959, Léotald, qui prend le titre de *prince*, et son fils Albéric président des plaids composés exclusivement de leurs fidèles et de leurs officiers : « Ubi resideruut missi et prepositi domini Leotaldi comitis, videlicet Walterius, vicecomes, etc., cum comministris suis » (cartulaire de Saint Mayeul, ch. 575 et 696).

(x) V. la 9e dissertation de M. Pardessus sur la *Loi salique*, p. 579 et 580; M. de Gingins (*Administration du Lyonnais*, p. 10); le 3e Capitulaire de 812, chap. IV; la ch. 426 de notre cartulaire (Xe siècle) mentionnant un plaid présidé par le viguier; la charte 14 du cartulaire d'Odon contenant les expressions suivantes : « Secundùm mundialem legem, is qui intulerit calumpniam, XII libras auri, cogente *vicariâ* potestate, compulsus exsolvat; » mais le copiste a peut-être écrit *vicariâ* pour *judiciariâ*.

CHAPITRE II.

TEMPS FÉODAUX.

Au X° siècle, la distinction des races s'effaça, et il ne fut plus possible d'appliquer aux plaideurs et aux accusés leurs lois personnelles. Il se forma alors dans chaque localité une législation générale connue et appliquée comme *coutume*. Cette uniformité de législation, quant aux personnes, devait favoriser plutôt que restreindre l'exercice du pouvoir judiciaire du comte.

Nous venons de voir le comte héréditaire exercer la justice dans l'étendue de son comté vis-à-vis de toutes personnes. En ces circonstances, il n'était encore considéré que comme le représentant de l'ancien pouvoir central. Mais la transmission héréditaire du comté devait bientôt faire considérer un des principaux attributs de son pouvoir, la justice, comme lui appartenant au même titre que le comté lui-même. Elle devint dès lors sa propriété.

Le fractionnement de la justice, dans l'intérieur du comté, en faveur des principaux seigneurs, fut, sans aucun doute, indépendant de la volonté du comte. Il fut la conséquence des immunités ou priviléges concédés par les rois à une époque où le comte ne pouvait encore considérer la justice comme sa propriété. Telle a été l'origine des deux principales justices féodales indépendantes du comte de Mâcon, celle de l'abbé de Cluny (*xx*) et celle de l'évêque.

Les seigneurs ecclésiastiques ou séculiers ayant concédé une grande partie de leurs propriétés en précaires ou bénéfices, la condition expresse ou implicite imposée aux bénéficiaires ou vassaux fut d'aider leur suzerain de tous leurs pouvoirs; l'assister dans l'administration

---

(*xx*) V. *Album* de Saône-et-Loire, t. II, p. 157 et suiv.

de la justice vis-à-vis des vassaux eux-mêmes (y), fut une de ces charges. De là l'origine des cours féodales. Et il est à remarquer, dès à présent, que, dans la composition de ces cours et dans leurs procédures, les traditions du Mâl se sont conservées. Seulement, au lieu d'échevins l'on voit figurer les vassaux et les pairs.

Les bénéficiaires eux-mêmes exercèrent une justice patrimoniale dans l'étendue de leurs fiefs. Ce nouveau démembrement fut, comme l'hérédité des bénéfices, le résultat des mœurs du temps comme de la tolérance ou de l'impuissance du suzerain. Néanmoins, ce dernier conserva habituellement la haute justice.

La création des vassaux rendait inutile le concours des échevins et des hommes libres. Ce concours, nous l'avons dit, était considéré plutôt comme une charge que comme un droit, et chacun aspirait à s'en voir libéré. La preuve que c'était une charge, c'est que son exemption ou sa simple conversion en prestation pécuniaire et annuelle fut souvent l'objet d'un privilége (z). La disposition des esprits était donc favorable à l'abolition de la justice du Mâl, et elle fut acceptée comme un bienfait.

L'abbé Odilon (a), après avoir réglé les prestations et corvées dues par les colons de Gevrey (Côte-d'Or), ajoute cette disposition remarquable : « Ils ne viendront pas au plaid général (aa), à moins qu'ils ne veuillent venir spontanément. Si quelqu'un leur fait injure (b) ou

---

(y) Ch. 569 de notre cartulaire et 149 de Saint Hugues; *Album*, II, 167.

(z) V. Ducange, v^{is} *placitum, servitium placiti.*

(a) Ch. 149 de son cartulaire, vers 1020. Les colons, dont il est question dans cette charte, étaient probablement d'anciens hommes libres que la rigueur des temps avait réduits à l'état de colons sur leur ancienne propriété.

(aa) Voyez, dans Martène, t. Ier, p. 381, la constitution émanée, à la fin du Xe siècle, de Leduin, abbé de Saint-Waast d'Arras, et constatant que l'abbé avait alors ses plaids généraux, dont les charges pesaient sur les hommes de l'abbaye, et qu'assisté d'échevins, il les présidait lui-même ou bien les faisait présider par son prévôt. Les priviléges concédés à Saint-Waast comme à Cluny défendaient probablement au comte de s'introduire sur les terres de l'abbaye *ad causas audiendas.* Dès lors, dans l'administration de la justice, l'abbé remplaçait le comte dans l'étendue de l'immunité, même vis-à-vis des hommes libres y résidant, et dut procéder suivant les mêmes formes. V. aussi le plaid présidé par les *Missi* de l'archevêque Hincmar, dans Baluze, II, col. 823, et Pérard, p. 150. Ce n'était pas sans hésitation que nous avions émis notre opinion sur ce sujet, aussi est-ce avec satisfaction que nous l'avons trouvée depuis exprimée par M. Pardessus dans sa 9e dissertation.

(b) Un tort quelconque.

qu'ils s'en rendent coupables envers quelqu'un, qu'ils fassent et reçoivent justice par jugement du maire *(majoris)* (c) de Saint-Pierre, si la réclamation est portée devant lui (d). »

Voilà donc la justice seigneuriale constituée. La faculté qu'Odilon laissait aux colons de Gevrey de venir aux plaids généraux devait laisser tomber en désuétude cette juridiction.

Les hommes du fief, soumis à la volonté d'un même maître, s'habituèrent à l'uniformité de ses prescriptions. A ce degré, la justice était proprement dite *patrimoniale*, et l'on put dire : *point de justice sans fief* et *point de fief sans justice*.

La justice du seigneur s'étendit même sur les hommes qui habitaient dans un certain rayon, mais en dehors de ses possessions. A ce second degré, elle fut proprement dite *seigneuriale*.

C'est par l'effet de ces circonstances que la législation, de *personnelle* qu'elle avait été, devint *territoriale*.

Nous ne suivrons pas la justice seigneuriale dans ses diverses modifications, nous devons rester dans les limites de notre cartulaire.

De quelle époque date l'exercice de la justice féodale, soit par le comte, soit par l'évêque?

§ 1er. — JURIDICTION FÉODALE DU COMTE.

Dès les premières années de la seconde moitié du Xe siècle, nous voyons le comte, entouré seulement de ses *fidèles*, présider la cour féodale.

La ch. 420, du temps du roi Lothaire, est, en effet, ainsi conçue :

« A Mâcon, devant le comte Léotald, entouré de ses fidèles, Walter, vicomte; Nardin, Ratier, Robert et de plusieurs autres, se présentèrent plusieurs chanoines de Saint-Vincent. Ils se plaignirent de ce que ses fidèles s'étaient emparés de l'église de Saint-Martin-de-Licy,

---

(c) Le préposé principal du monastère.

(d) Ad placitum generale non venient, nisi sponte venire voluerint. Si quis eis injuriam fecerit, aut ipsi alicui, per judicium majoris Sancti-Petri justiciam faciant et accipiant, si reclamatio ante illum venerit.

située dans le *pagus* de Dun, bien que Saint-Vincent en ait été investi depuis un grand nombre d'années. Le comte s'enquit de ce fait près de ses fidèles et d'habitants circonvoisins, reconnut la justice de la réclamation et, en présence de tous les assistants, rendit aux chanoines ladite église. »

On voit dans cette charte les chanoines invoquer la justice du suzerain des usurpateurs, le suzerain, prononcer la décision, l'imposer à ses vassaux et l'exécuter lui-même.

L'on reconnaît dans les ch. 156 et 157, malgré la défectuosité de leur texte, des actes de même nature.

La justice véritablement féodale du comte établie, voyons quelques-uns de ses actes et comment elle procédait :

En 1002 (e), devant le comte Guillaume, accompagné d'Ermentrude, son épouse, de Gui, son fils, et assisté de plusieurs nobles hommes, se présenta Mayeul. Il réclama certaines redevances qui lui auraient été dues à Blanot, Cotte, Villars, Varenges et Lourdon, appartenant à Saint-Pierre de Cluny. Les moines, entendant cette réclamation, comparurent devant le comte et toute sa cour *(curtem)*, et dirent qu'ils étaient prêts à prouver contre Mayeul, comme le comte l'ordonnerait, qu'il n'avait aucun droit dans ces propriétés. Mayeul, voyant les moines ainsi disposés, et, convaincu par les paroles du comte et des autres chevaliers qu'il n'avait aucun droit, se démit de ses prétentions.

Pierre, abbé de Tournus, et ses moines s'étant emparés des pêcheries que Cluny possédait sur les bords de la Seille et de la Saône (f), Hugues, cellerier de Cluny, se rendit près du comte de Mâcon, à la garde duquel lesdites possessions avaient été déléguées, et devant lui, en sa qualité de *pair (ut par erat)*, Hugues formula sa plainte. En conséquence, un plaid de nobles hommes ayant été réuni en présence du comte, et la plainte ayant été renouvelée devant tous, il fut jugé que l'une et l'autre partie affirmeraient réciproquement leurs droits, et, en outre, pour plus de sûreté, fourniraient

---

(e) Ch. 575 du cartulaire d'Odilon.
(f) Ch. 682 du cartulaire de Saint Hugues, en 1097.

des cautions entre les mains du comte. Ce qui fut fait (*g*). Ces formalités remplies, un plaid composé des seigneurs du pays *(patriæ)*, sous la présidence du comte, et auquel assistait le susdit abbé avec les siens, se réunit, au jour fixé, près de Mâcon. La décision de la contestation ayant été soumise à la délibération et à la sagesse des juges, il fut ordonné par jugement commun (Humbert, chevalier de Beaujeu, parlant pour tous), que l'abbé de Tournus restituerait les propriétés qu'il avait envahies et payerait les dommages *(capitalem pecuniam)*. Dans un autre plaid tenu pour la même cause, un homme de Saint-Pierre avait déposé que, depuis 31 ans, il avait vu les moines de Cluny posséder ces propriétés sans aucun trouble judiciaire. Mais « souvent l'esprit de rapacité ne cède pas au témoignage de la justice : ledit abbé, comme autrefois Pharaon, endurcissant son cœur, ne se démit pas de ses injustes possessions. Il s'y maintint jusqu'à ce que ledit Hugues, cellerier, par l'intermédiaire de messagers sûrs, eût porté ses plaintes aux oreilles apostoliques. Alors, le pape Urbain II donna des lettres à son légat, et l'envoya à Hugues, archevêque de Lyon, ordonnant d'interdire audit abbé l'exercice de ses fonctions jusqu'à ce qu'il eût restitué les possessions injustement envahies et donné satisfaction convenable.

Vaincu par ce commandement, l'abbé promit de délaisser ses usurpations, et, au jour convenu, il vint, avec les moines qui le soutenaient, à un plaid qui se tint au bois près du village de Péronne. » Ce plaid fut présidé par le comte de Mâcon, accompagné de plusieurs chevaliers. Sur les injonctions de cette assemblée *publique*, Pierre restitua ce qu'il avait pris, fit abandon des possessions usurpées et demanda seulement indulgence pour le payement des dommages.

Dans cette charte, ainsi que dans quelques autres du même cartulaire (*h*), le comte de Mâcon préside des *plaids* où se débattent des intérêts de l'abbaye. Il ne faudrait pas croire cependant que ce

---

(*g*) La ch. 257, du même cartulaire, donne un exemple très-net d'une dation de fidéjusseurs par l'abbé, pour garantie de sa comparution au plaid à une époque fixe. Même disposition dans la ch. 30 de notre cartulaire.

(*h*) Ch. 321, 475 et 724.

fut en vertu d'un droit de suzeraineté, car, dans la charte que nous venons de citer, la contestation ne lui est soumise que parce que l'objet était sous sa *garde;* il n'était, en effet, que *pair*, ainsi qu'il est dit formellement.

Le plaid, qui va être mentionné, a pour objet une contestation relative aux propriétés des chanoines de Saint-Vincent.

Fromald, noble homme (ch. 10), avait donné son hérédité à Saint Vincent. Hugues de Sennecé, son parent, prétendant que ces biens provenaient de leurs auteurs communs, les contestait aux chanoines. Cette difficulté durait depuis longtemps, lorsque les chanoines et Hugues, accompagné de ses parents, amis et seigneurs, se rendirent au plaid devant l'évêque Landry et le comte Gui.

A la suite de longs débats, l'évêque et le comte, assistés de plusieurs autres juges, reconnurent les droits de l'Eglise de Saint-Vincent et prescrivirent plusieurs mesures pour l'exécution du jugement (i).

Dans les chartes qui viennent d'être citées, l'exercice de la juridiction féodale du comte a pour objet le règlement des rapports judiciaires des seigneurs entre eux. Voyons maintenant quelle était l'étendue de son pouvoir judiciaire sur les hommes de certains fiefs.

Nous avons vu la juridiction du Mâl disparaître vers 950, celle des cours féodales succéder. Tout semble donc indiquer que, sous le double rapport criminel et civil, la justice seigneuriale proprement dite s'est établie à la même époque dans le Mâconnais. Aussi, dès la fin du Xe siècle, il n'est plus question des vigueries dans nos cartulaires.

Lors de l'avènement de Raynaud II au comté de Mâcon (ch. 589), il existait entre ce seigneur, d'une part, l'évêque et les chanoines, de l'autre, des difficultés au sujet de leurs pouvoirs judiciaires. Les parties firent choix de clercs et de laïques qui réglèrent les droits de chacune d'elles :

1. — A la justice du comte appartenaient les coupables d'adultères publics et de vols publics, ainsi que les plaintes criminelles *(clamores)*, et il devait faire indemniser les parties lésées ou leurs maîtres.

(i) V. *suprà*, IIIe partie, chap. 1er, p. CXVII.

2. — Si la plainte dirigée contre les hommes de l'évêque ou des chanoines était portée devant lui ou ses juges inférieurs *(ministros)*, l'amende due en pareil cas (*j*) appartenait au comte.

3. — Il n'avait rien à percevoir au sujet des simples délits *(de injuriis)* dont plainte n'était pas portée devant lui.

4. — Si une contestation s'élevait entre les hommes de l'évêque ou des chanoines et ceux du comte, et que le prévôt du comte ne voulût pas se rendre dans la maison de l'évêque ou des chanoines, le prévôt et l'agent de l'évêque ou des chanoines devaient se réunir dans le carrefour où était la maison d'Arnaud et terminer là la contestation par accord ou suivant le droit *(per rectum)*.

Il s'agit dans cette charte du règlement des droits de justice du comte sur les hommes de l'évêque, ils ne pouvaient lui être contestés sur les siens. La haute justice, la justice criminelle et ses amendes appartenaient au comte. Les contestations civiles entre les hommes de l'évêque et ceux du comte étaient jugées par l'un et l'autre ou par leurs agents réunis.

Le comte avait son prévôt dès la fin du Xe siècle (charte 550 d'Odilon) (*jj*). Dans cette charte, le prévôt agit même comme administrateur.

Le comte exerçait aussi la haute justice sur les hommes de Chevigne, obédience de Cluny. Une charte de 1180 (*k*) porte qu'il a droit de justice « sur le larron, l'adultère, l'homicide et l'usurier qui, en présence du doyen de Chevigne, auront avoué leurs crimes ou en auront été légitimement convaincus. »

Disons ici, en quelques mots seulement, quelle était la nature de la peine qui, en notre contrée et dans les premiers temps de la féodalité, frappait le crime de meurtre.

A la fin du Xe siècle et au commencement du XIe, la mutilation ou le meurtre d'un serf par un homme libre se rachetait encore par la cession d'un autre serf ou d'une propriété au profit du maître lésé (ch. 572 et 699 du cartulaire d'Odilon).

(*j*) *Legem clamæ* et non *legem clam*, comme dans le texte.
(*jj*) V. aussi ch. 653 du même cartulaire et ch. 645 du cartulaire de Saint Hugues.
(*k*) Guichenon, *bibliot. seb.*, p. 138.

A défaut de ce moyen de réparation, l'homme libre perdait sa propre liberté et devenait l'esclave du propriétaire lésé (ch. 235 du cartulaire d'Aymard; v. aussi ch. 121 et 557 de Saint Mayeul, datées de 994; *Capitularia Caroli magni*, lib. III, cap. LXV, dans Baluze, I, col. 766; Pardessus, *Loi salique*, p. 518 et 564).

A la même époque, la *composition* pour le meurtre d'un homme libre était encore payée aux parents; le suzerain même devait être indemnisé du meurtre de son vassal (ch. 464 et 500, en 1024, du cartulaire d'Odilon). Le premier cas s'explique par cette circonstance que, d'après l'ancienne organisation de la famille germanique, le meurtre de l'un de ses membres était pour tous une offense donnant un droit de vengeance rachetable par la *composition*, dont le produit devait dès lors être partagé (*Loi salique*, tit. LXV; Tacite, *Germ.*, chap. XXI). Le meurtre du vassal était également une offense envers le suzerain, son chef et son protecteur (v. Pardessus, *Loi salique*, note 161 et p. 655).

§ 2. — Juridiction féodale de l'évêque.

Nous n'avons pas à nous expliquer sur la juridiction conférée aux évêques par Théodose.

Cette juridiction constituait un véritable arbitrage en faveur des laïques qui voulaient soustraire au pouvoir séculier la décision de leurs contestations. Mais, confirmée par Charlemagne d'après une prétendue loi de Constantin (*l*), elle prit dès lors un caractère obligatoire et finit par s'étendre à des cas si nombreux qu'au XIIIe siècle les rois et les barons durent chercher à la restreindre (*m*).

La juridiction, qui fait l'objet de ce paragraphe, est celle exercée par l'évêque considéré comme seigneur féodal à raison des propriétés de l'évêché ou des chanoines.

Nous avons vu (chap. I et II *suprà*) au Xe, et même au XIe siècle, les chanoines porter les contestations relatives à leurs propriétés ou

---

(*l*) V. Baluze, t. 1er, col. 906, *de litigatoribus*, et 985; t. II, col. 1218.

(*m*) V. Van Espen, *jus ecclesiasticum universum*, IIIe partie.

répondre à ces contestations soit devant le Màl, soit devant la cour du comte.

Vers 1070 (ch. 30), Mayeul de Vinzelles contestait aux chanoines une propriété qu'ils tenaient de l'un de ses parents. Les chanoines s'engagèrent par fidéjusseurs à comparaître devant la cour. Les parties se rendirent donc au *plaid*. Les chanoines étaient prêts à prouver leurs droits par serment et par champion (*mm*), comme il avait été ordonné. Mayeul ne voulut pas accepter et se démit de ses prétentions. Composaient cette cour plusieurs nobles hommes, entre autres Aimon de Laizé et Udulric *de Monte Pavone*.

En cette circonstance, les parties avaient remis la décision de la contestation à leurs pairs.

Mais, vers la même époque (ch. 31), une difficulté de même nature s'était élevée entre les chanoines et Hugues Burdin. Les parties comparurent au plaid devant la *cour de l'évêque*. Quelques années plus tard, la même hérédité ayant fait naître une contestation avec Hugues de Sennecé (v. le paragraphe précédent), le plaid fut présidé et par l'évêque Landry et par le comte Gui.

La ch. 593 (première moitié du XIIe siècle) nous montre les chanoines et leurs adversaires comparaissant devant la cour de l'évêque Joscerand.

A peu près à la même époque (ch. 590), le comte Guillaume, frère du comte Raynaud, avait élevé des prétentions au sujet des fermes, bâtiments et maisons possédés par l'évêque et les chanoines à Mâcon et au dehors. Les parties remirent leur contestation à l'arbitrage du comte Raynaud et de Guichard, sire de Beaujeu. Sur le conseil de ces seigneurs, Guillaume se démit de ses prétentions. Mais, à l'égard des acquisitions postérieures au décès du comte Guillaume-l'Allemand, père d'autre Guillaume, les arbitres décidèrent que, si le comte voulait réclamer des droits, il devrait se présenter devant la cour de l'évêque et accepter la décision de cette cour;

(*mm*) Dans la ch. 434 l'adversaire des chanoines offre lui-même le combat. En leur qualité d'ecclésiastiques, ils se faisaient représenter par des défenseurs (ch. 282). V. Hincmar, Opp., t. I, p. 598 et suiv.

que si cette décision ne mettait pas fin à la contestation, les parties comparaîtraient devant Guichard; qu'enfin si cette comparution avait le même résultat, le comte Raynaud et Guichard se réuniraient à Saint-Marcel et seraient tenus de prononcer une sentence que les parties devraient exécuter.

En 1182 (ch. 508), le Chapitre de Mâcon et la dame de Veyle comparurent devant la cour de l'évêque Etienne pour faire statuer sur leurs prétentions respectives au sujet d'un bois qu'ils possédaient en commun entre Veyle et By. Les débats furent longs; le Chapitre produisit des témoins qui, par serments prêtés sur les Saints Evangiles, affirmèrent son droit. Ce témoignage fut sanctionné par jugement de la cour, dont faisaient partie Raynaud de Vergy, chantre; Robert de Sancé, Gannetier de Berzé, Aymoin de Pizay, Humbert de Brancion, archidiacres; Ponce de Bammiers, Etienne de Montbellet, Etienne de Mailly, Guillaume-le-Gras, Mayeul Rabutin, Hugues de Dommange, Oger de Chigy et André de Veyle.

La contestation existait-elle entre les chanoines et d'autres ecclésiastiques, il y était statué par l'évêque. C'est ainsi que, vers 1090 (ch. 540), l'évêque Landry, assisté de Hugues, archevêque de Lyon, d'Aganon, évêque d'Autun, et de Gauthier, évêque de Chalon, régla judiciairement les prétentions opposées des chanoines de Saint-Vincent et des réguliers de Saint-Pierre, au sujet des offrandes pour sépulture dans le cimetière de cette dernière église. De même, Bernard, prêtre de Suin, s'étant emparé d'une partie des dîmes de Sivignon appartenant aux chanoines, ces derniers recoururent à Etienne, évêque d'Autun, qui commit deux archiprêtres pour statuer sur cette contestation (ch. 570; de 1112 à 1139).

Voyons maintenant quels étaient les droits de justice de l'évêque sur ses hommes:

La justice civile lui appartenait incontestablement, ainsi que cela résulte de la ch. 589, citée dans le paragraphe précédent. La concordance de cette charte avec la 632e (1167 à 1184) fera ressortir divers faits intéressants au point de vue de la justice soit civile, soit criminelle : L'Eglise de Saint-Vincent et Hugues de Berzé voulurent connaître quelle était l'étendue de leurs droits sur les hommes et les propriétés de Pierreclos. Ils eurent, à cet effet, recours aux témoignages de plusieurs ecclésiastiques et de plusieurs séculiers. Cette enquête constata les faits suivants :

1° Tout habitant du village de Pierreclos qui aura causé un dommage (*aliquid injuriè fecerit*) à son voisin ou à un étranger, ne sera pas pour ce fait justiciable de Hugues.

2° A Hugues ou à son prévôt, il appartient de poursuivre et de punir l'individu qui aura avoué avoir commis dans le village un vol ou un adultère, ou en aura été légitimement convaincu.

3° Si l'on impute à un individu la détention de faux poids ou de fausses mesures, le chapelain et les honnêtes hommes (*n*) du lieu sont dans l'usage d'être saisis de cette accusation et d'infliger la peine, mais en présence du prévôt qui ne doit cependant rien recevoir en cette occasion.

Ces deux chartes prouvent donc que l'évêque de Mâcon n'avait pas le droit de haute justice.

La dernière nous a conservé le souvenir de *l'asyle*, que le clergé accordait aux coupables comme aux opprimés qui venaient chercher un refuge dans les églises et leurs dépendances. Le clergé maintenait le droit d'asyle comme un de ses priviléges (*o*) : « Hugues promit de

---

(*n*) Pour la police, les villageois servaient alors d'aides et d'assesseurs ; v. A. Thierry, *du Tiers État*, p. 13. « L'autorité des sages, des anciens du village s'étendait jusqu'à déterminer et fixer la coutume et, par conséquent, jusqu'à exercer une sorte de pouvoir législatif, » dit M. Beugnot, *Introduction aux Assises de Jérusalem*. V. aussi la *Bibliot. Dumbensis*, publiée et annotée par M. Valentin Smith, p. 16 et 17.

(*o*) V. chap VIII du deuxième concile de Mâcon, en 585. Cette franchise était passée du temple païen à l'église chrétienne. Elle fut d'abord un moyen de convertir le *droit de vengeance privée* en *composition* pécuniaire. Nous lisons dans la *Revue historique du Droit français*, 1858, p. 75, les expressions suivantes, extraites d'une formule du VIIIe ou du IXe siècle : « Quidam homo vester N. *ante altare Sancti Stephani venit, et ibi* querebat *auxilium* eo quod *occiderit* alium hominem vestrum, necessitate compulsus, sicut iste nobis referebat ex ordine, petivitque ut sibi *wergeltum ejus* componere licuisset. Ideo precamur ut, quia *auxilium ab isto loco quesierat*, misericordia vestra ab eo non recedat, et *delicta peremendet.* » La lettre qui contient cette formule est adressée au comte (v. le *Capitul.* de Louis-le-Pieux, de 819, c. XIII, dans Baluze, I, col. 602).

Plus tard, le droit d'asyle affranchissait le coupable de la justice séculière ou le libérait de la peine prononcée, s'il se soumettait aux pénitences infligées par l'Eglise (*Précis de l'Histoire du Droit français*, par M Poncelet, p. 51 ; v. aussi les *Capitulaires* de Charlemagne, tit. de *confugis ad ecclesias*, et lib. I. *legum francicarum*, cap. 134).

respecter, à l'avenir, les coutumes et la liberté du cimetière, de n'exercer et de ne faire exercer aucune violence contre l'habitant ou l'étranger qui s'y serait réfugié, et affirma par serment qu'il ne s'emparerait pas de leurs biens. »

Les deux chartes réservent à l'évêque cette justice de *cour de chrétienté (justicia christianitatis)*, que nous avons mentionnée au commencement de ce paragraphe : « A l'évêque (ch. 589) appartient intégralement la justice de chrétienté ; lui seul peut connaître des questions relatives à la trève, à la paix, aux cimetières, aux clercs, et statuer soit sur les faits, de quelque nature qu'ils soient, dont seraient accusés les clercs, soit sur les choses ecclésiastiques. »

La ch. 632 ne fait qu'une réserve générale, en faveur des obédienciers de Pierreclos ou en faveur de l'évêque, de ces causes dont le plus grand nombre n'avait, à cette époque, que des rapports fort éloignés avec les intérêts de la religion, et dont l'énumération se trouve dans divers auteurs (*p*).

(*p*) V. aussi Ducange V^{is} *Curia christianitatis*.

APPENDICE.[*]

TABLEAUX

DES

DIVISIONS ET SUBDIVISIONS TERRITORIALES ET ADMINISTRATIVES

DU MACONNAIS,

DU IXe AU XIIe SIÈCLE.

Nos cartulaires fournissant de nombreux documents relatifs aux divisions et subdivisions anciennes de notre contrée, nous avons cru devoir en classer à part les détails. Cette classification rendra en même temps ostensibles ces divisions et subdivisions. L'appendice que nous ajoutons à notre *dissertation*, sera donc un complément de la partie géographique insérée au commencement.

MATISCO (1) (Mâcon), capitale.

Nous avons reproduit, *suprà*, p. XIV, les mentions relatives à cette ville, soit sous l'empire romain, soit dans les premiers siècles de l'empire frank.

---

[*] M. Valentin Smith, conseiller à la Cour impériale de Lyon, nous ayant engagé à compléter les notions géographiques relatives à notre sujet, nous avons cru devoir ajouter cet appendice à notre dissertation. Nous saisissons avec plaisir cette occasion de remercier cet honorable magistrat, si avantageusement connu par ses travaux historiques, de la bienveillance de ses conseils et de la complaisance qu'il a eue de mettre à notre disposition sa bibliothèque.

(1) *Matisconus* (ch. 471, 490 et autres du cartulaire de Saint-Vincent); *Matiscus* (v. *suprà*, p. XCV); *Masconus* (ch. 586 du cartul. d'Odilon).

Nous avons dit aussi, p. XV, que la *cité mâconnaise*, considérée comme division territoriale et circonscription administrative, remontait au Ve siècle.

L'on sait, en effet, qu'à l'époque de l'invasion des Gaules par les Barbares, les derniers empereurs romains cherchèrent à faire renaître dans cette province la vie politique et les institutions municipales dans l'espoir d'y trouver une force de résistance contre les attaques extérieures et un lien rattachant les diverses parties de l'empire à la patrie commune, à Rome. C'est dans ce but que les empereurs Honorius et Théodose-le-Jeune adressèrent, en 418, au préfet des Gaules siégeant alors à Arles, un rescrit établissant, pour le midi de cette province, une sorte de gouvernement représentatif (1). C'est dans le même but que Majorien tenta de réorganiser les vieux municipes et même d'en créer de nouveaux (2). Les Gallo-Romains eux-mêmes, craignant de voir disparaître avec l'empire les dernières traces de la civilisation, cherchèrent à les conserver au sein de leurs municipalités, se rattachèrent aux institutions municipales et créèrent ainsi entre eux un lien que le temps ne put depuis entièrement briser.

Cette résurrection de la vie municipale au Ve siècle, constatée par divers historiens, s'explique donc naturellement.

Quelle a été la destinée de la municipalité mâconnaise ? La puissance épiscopale paraît avoir absorbé promptement le pouvoir municipal. En effet, nous voyons, au commencement du IXe siècle (ch. 64 et 539) (3), l'évêque, invoquant des droits antiques, revendiquer et percevoir seul des redevances qui ont évidemment appartenu à la municipalité *(tertia pars telonei civitatis atque totius pagi)*. D'autre part, l'évêque administrait et disposait des propriétés de Saint-Vincent avec le concours des chanoines seuls (4). Cependant, au Xe siècle, nous voyons encore des laïques associés aux chanoines, non-seulement

---

(1) V. la traduction de ce rescrit dans Guizot, *Histoire générale de la civilisation*, 2e leçon.
(2) V. le Code Théodosien, liv. I, tit. XI, dans le commentaire de Jacques Godefroi, p. 61 et suiv., et le titre V des Novelles de Majorien, à la fin du dernier volume du même commentaire, p. 35, et l'*Histoire des biens communaux*, par M. A. Rivière, p. 96 et suiv.
(3) V. *suprà*, p. XIX et suiv.
(4) V. *suprà*, p. XXII et LXXX.

pour l'élection de l'évêque (ch. 69), mais encore pour la revendication des propriétés de Saint-Vincent, si toutefois les expressions de la ch. 71 : « *cum collegio utriusque ordinis cleri ac populi* » indiquent l'existence d'un collége ou d'un conseil permanent (1). Ces chartes n'auraient-elles pas conservé ainsi un faible souvenir des droits de l'ancienne municipalité? Enfin, la ch. 420 signale l'existence, dans le même siècle, de *citoyens* à Mâcon (2).

Mâcon est habituellement qualifié, dans nos cartulaires, du titre de *civitas* (cité), mais il ne faut plus prendre cette expression dans son sens primitif. Elle ne désigne plus que la *ville*. Le mot *urbs* est aussi employé fréquemment (3).

La ch. 354 (vers 900) contient les expressions suivantes : « *Res sunt sitæ in* OPPIDUM *civitatis, in Contla vocant et in Audinita.* » *Oppidum* ne peut désigner ici que les fortifications de la ville. Presque toutes les chartes de notre cartulaire font mention des murs *(muri, menia)* de la cité. *Contla* doit être pris pour *conclave*, espace renfermé, *audinita (auduica)* pour *andita*, chemin ou place située à l'entrée de la ville.

Nos chartes signalent une porte à l'orient, une autre à l'occident.

Mâcon était la résidence de l'évêque et du comte. Ce dernier y possédait un château fort (v. *suprà*, p. XCV). Il semble résulter, soit de la ch. 589 (vers 1104), soit des ch. 556 et 590, ainsi que du privilége concédé par Philippe Auguste en 1180, que l'église de Saint-Vincent et les cloîtres étaient entourés d'une enceinte particulière et fortifiée (v. *suprà*, p. LXXXII).

SUBURBES (banlieue).

Au dehors des murs de la ville s'étendait une zone limitée, au matin, par la Saône; au nord, à l'ouest et au sud, par les territoires des *villa* de Flacé, Charnay, Fontenailles et Varennes, dépendant

---

(1) V. *suprà*, p. XCIII, note *c*.

(2) V. *suprà*, p. LVIII.

(3) Le mot *urbs* a encore le sens primitif de *civitas* dans le passage suivant : « *Res sunt in* URBE *Lugdunensi, in vicariâ Tonavianense, in loco qui dicitur Brolisus* » (ch. 153 du cartul. de Bernon).

des *agri* de Salornay et de Fuissé (1). C'était le sol *suburbicaire*, autrement dit la *banlieue*.

Les chartes 183 et 471 de notre cartulaire indiquent diverses possessions comme situées dans cette banlieue.

Les anciennes abbayes de Saint-Clément (ch. 69, 70, 99 et 103), de Saint-Pierre (ch. 406 et 478), de Saint-Etienne, de Saint-Martin (des Vignes) et de Saint-Jean (2), même de Saint-Laurent, étaient *suburbicaires* (3).

Les églises et les établissements religieux de ce territoire furent, dès le principe, en dehors de la circonscription des archiprêtrés, et probablement sous la surveillance spéciale de l'archidiacre de la cathédrale.

Cette circonscription paraît s'être, dans la suite, étendue, car Thomas Severt, dans son pouillé daté de 1513, compte les six églises suivantes dites *cathédrantes* :

1° L'église de Saint-Pierre de Mâcon ;
2° Celle de Saint-Etienne de Mâcon ;
3° Celle de Flacé ;
4° Celle de Saint-Clément ;
5° Celle de Saint-Laurent ;
6° Celle de Charnay.

« Ces églises, dit-il, ne sont point dans les archiprêtrés et n'en dépendent aucunement, c'est pourquoi les lits des curés de ces paroisses n'appartiennent à aucun archiprêtre, mais à l'évêque. »

SECTION Ire.

Episcopatus (l'évêché).

Nous nous sommes expliqué, p. XVII et suiv., sur l'origine de l'évêché. Le célèbre P. Pagi (t. 2, an 509), compte aussi 27 signatures

---

(1) V. *infrà*, les *agri Fusciacensis et Salorniacensis*. Les Chaneaux et même Neuf-Clés (près la Grange-Saint-Pierre), à l'ouest et à peu de distance de la ville, auraient fait partie du premier *ager*.

(2) Située près des murs de la ville (ch. 571 de Saint-Vincent; 141 et 157, datée de 952, du cartul. d'Aymard.)

(3) V. *suprà*, p. XXXII et suiv.

apposées au bas des statuts du concile d'Epaone (en 517), et, dans ce nombre, celle de l'évêque de Mâcon. M. Roget de Belloguet, dans sa *Carte annotée du premier royaume de Bourgogne* (1), croit également à l'existence contemporaine de l'évêché de Mâcon, mais il conteste l'existence de cette signature et ne sait comment en expliquer l'absence.

L'emploi du mot *episcopatus*, comme désignation d'une circonscription territoriale et administrative, très-rare au Xe siècle, devint plus fréquent dans le siècle suivant (2).

Sont indiqués comme faisant partie de l'*évêché* de Mâcon les villages suivants :

VILLÆ.	NOMS MODERNES.	CARTULAIRES.	CHARTES.	DATES.
Amoniacus.	Ameugny.	Bernon.	32	»
		Saint Hugues.	165	»
Bierias.	Le Nière, commune de Château.	Odon.	71	»
Berziacum.	Berzé.	Saint Hugues.	660	»
Boscus de Cenva, de Grange, de Tremblet.	Cenves, la Grange (du Bois), Trambly.	Id.	508	1078
Bruelis, Montari, Miciacus, Cliger.	....	Id.	508	1078
Cicognas.	Seugne, commune de Malay.	Odilon.	518	»
Cirgos.	Ciergue, com^e de Donzy-le-R.	Saint Maycul.	115	»
Coblaisolas.	....	Saint Hugues.	480	»
Curciacus.	....	Odilon.	598	»
Donziacus.	Donzy.	Odon.	60	»
Falgerias.	....	Odilon.	603	»
Floriacus.	Fleurye.	Saint-Vincent.	568	1096-1124
S. Jangulfus, Saviniacus.	St-Gengoux (le Royal), Savigny.	Saint Hugues.	394	»
Iggiacus.	Igé.	Id.	291	1078
Laciacus.	Laizé.	Odilon.	204	1031-1049
Maciacus.	Massy.	Pierre-le-Vénérable.	34	1125
Marziacus.	Merzé, com^e de Cortambert.	Odilon.	132	»
Mons polinus.	....	Id.	569	996-1031
Mulnet.	Le Munet, commune d'Igé.	Saint Hugues.	209	»
Orodes (3).	....	Id.	355	»
S. Pontius.	Saint-Point.	Id.	621	»
Rufiacus.	Rufey, près Cluny.	Id.	382	»
Salorniacus.	Salornay (sur Guye).	Odilon.	606	1037
		Pierre-le-Vénérable.	34	1125
S. Saturnus.	Saint-Sorlin.	Odilon.	68	»
Serciacus, S. Martinus.	Sercy, Saint-Martin (de Croix).	Saint Hugues.	394	»
Uriniacus, Miliacus	Hurigny, Milly.	Saint-Vincent.	473, 494	1031-1062
Vallis.	Vaux.	Odilon.	750	»

(1) V. les *Mémoires de l'Académie de Dijon*, 1847-1848, p. 331.
(2) Le *pagus* et l'*episcopatus* sont assimilés dans la ch. 209 du cartul. de Saint Hugues.
(3) Ce ne peut être Rhodes, commune de Château, dont le nom vient de l'ancienne commanderie, suivant Cassini.

SUBDIVISIONS.

Nous avons vu (*suprà*, p. XXIX,) que la création des archidiaconés n'avait pas fait naître, dans notre contrée, de subdivisions territoriales. Il en a été autrement des archiprêtrés.

§ 1er. — ARCHIPRÊTRÉS.

Les archiprêtrés semblent avoir été institués, dans notre diocèse, dès les dernières années du IXe siècle, dans tous les cas, dès les premières années du siècle suivant (v. *suprà*, p. XXX). Cependant nos cartulaires gardent le silence sur l'étendue de leurs circonscriptions respectives, et ce n'est qu'au XIIe siècle que nous voyons un archiprêtre résidant à Dun, un autre à Beaujeu; en 1233, un troisième à Vérizet (v. p. XXXI); enfin, en 1236, un quatrième au Rousset (1). En 1271, l'archiprêtré de Dun était déjà réuni à celui de Beaujeu (2).

L'archiprêtre Théodoric possédait, à titre de précaire, en 939 (ch. 415), l'église d'Aynard (commune de Bonnay). Cette localité, alors importante, n'était-elle pas le chef-lieu de l'archiprêtré, dont le siége a été transféré plus tard au Rousset?

§ 2. — PAROISSES RURALES.

Certains hameaux, plus favorisés que d'autres par leur situation, attirèrent à eux la population agricole, et les habitations rurales se groupant autour du noyau primitif, le hameau devint village.

Cette agglomération de population devait amener la construction d'une chapelle destinée à pourvoir aux besoins religieux (v. *suprà*, p. XXIX et XXX), et la chapelle fit naître la paroisse rurale (3), c'est-à-dire une circonscription nouvelle à la fois religieuse et politique (4).

L'évêque, en consacrant la chapelle, lui constituait en dot « *in parochiam* » les dimes et oblations dues par les villages voisins

---

(1) Vers 1100 (ch. 585 de Saint-Vincent), l'archiprêtre Gonthier semble résider à Cluny (*apud Cluniacum*), et sa juridiction se serait étendue jusqu'à Ameugny.

(2) V. *suprà*, p. CXXIII.

(3) Le mot *parochia* désigne l'*évêché* dans les ch. 6 et 518 du cartul. de Saint-Vincent et 335 du cartul. de Saint Hugues.

(4) V. A. Thierry, du *Tiers-Etat*, p. 9, et M. Beugnot, sur les *Municipalités rurales en France*, dans la *Revue française*, année 1838.

(ch. 403, 407, vers 870, et 397, datée de 907). De là l'origine de la circonscription paroissiale.

Les habitants de cette circonscription, unis par des intérêts communs, soit civils, soit religieux, prirent le nom de paroissiens et formèrent une université ayant ses charges et ses droits comme ses administrateurs particuliers (ch. 414, datée de 950, et 567, vers 1100).

La *paroisse* rurale est regardée comme circonscription territoriale dès 915, dans la charte 144 de notre cartulaire. Le nombre des paroisses, très-restreint au Xe siècle, se multiplia graduellement du XIe au XIIIe.

PAROISSES.	VILLAGES en dépendant.	CARTULAIRES.	CHARTES.	DATES.
Ameugny.	Sercy.	Saint-Vincent.	479 585 (1), 624, 625	1031–1062 1096–1108, 1144–1184
Saint-Amour.	....	Id.	604, 605, 606	1144–1166
Berzé (la ville).	....	Saint Hugues.	153, 154	1093 ou 1094
Buffières (St-Martin-de-).	....	Saint-Vincent.	570	1112–1139
Chaintré et Chànes.	....	Id.	553, 554	1096–1124
Château.	Vécourt (Ravery).	Id.	594	1116
Cotte (près Cluny).	....	Saint Hugues.	364	»
		Bernon.	71	»
Saint-Clément.	Fontenailles.	Saint-Vincent.	144 455 567	915 1031–1062 vers 1100
Saint-Germain (2).	Rufey, près Cluny.	Saint Hugues.	368	»
La Grèle.	....	Id.	382	»
Saint-Jean-de-Bussières.	....	Saint-Vincent.	531	1096–1124
Lantignié.	....	Id.	535	1080
La Vineuse (Notre-Dame-de-)	....	Id.	593	1121–1143
Mardore.	....	Id.	509	»
Saint-Martin (de Croix).	....	Id.	532, 533	1096–1124
Massy.	....	Saint Hugues.	394	»
Massilly.	....	Id.	624	»
Merzé.	....	Id.	647	»
Milly.	....	Id.	640	»
Pierreclos.	....	Saint-Vincent.	403	864–872
Savigny.	....	Id.	584, 596	1147
Sologny.	....	Saint Hugues.	894	»
		Saint-Vincent.	414, 633	950, 1167–1184
Tramayes.	....	Id.	596	1144–1166
Verzé.	....	Id.	593	1121–1143
Saint-Vincent (de Rhins).	....	Id.	534	1080
Vitry.	....	Saint Hugues.	717 (3)	»

(1) La paroisse de *Notre-Dame-d'Ameugny* est aussi mentionnée dans une charte insérée dans la *Biblioth. sebusiana*, p. 222, émanée de Bernard-le-Gros et datée de 1055.

(2) Un pré conserve encore ce nom.

(3) La *Bibliot. sebus.*, p. 436, 445 et 451, mentionne, au XIIIe siècle, les paroisses de Berzé, Besornay, Saint-Vincent-des-Prés, Trivy et Curtil.

§ 3. — OBÉDIENCES.

On appelait *obédiences* les *celles, prévôtés* ou *granges* dépendant des monastères et dans lesquelles l'abbé, en vertu de l'*obéissance* qui lui était due, envoyait des moines pour les gérer et administrer. Ces obédiences, que l'on désignait aussi par *doyennés (decaniœ)*, ne constituaient que des subdivisions purement domaniales.

Les religieux préposés à leur administration, appelés quelquefois *obédienciers (obedientiarii)* et habituellement *doyens (decani)*, percevaient les fruits ou revenus de la terre et les remettaient à des époques déterminées à l'établissement ecclésiastique auquel la possession appartenait (1).

L'administration de l'obédience, confiée à plusieurs moines, donnait lieu à la construction d'une chapelle afin que ces préposés pussent remplir leurs devoirs religieux. L'un d'entre eux était alors élevé au rang de *prieur*. De là la conversion des obédiences en *prieurés ruraux* (2).

Saint-Vincent, comme Cluny, confiait l'administration de ses possessions à des obédienciers. Notre cartulaire mentionne les obédiences suivantes :

Ameugny.	ch. 585	vers 1100
Saint-Clément.	567	1096-1124
Chevagny (les Chevrières) . . .	628, 629, 630	1167-1184
Pierreclos	632	id.
Toriacus (Thoiriat, commune de Crèches).	609	1121-1143

L'obédiencier de Chevagny, dans les chartes citées, était en même temps archidiacre.

Les cartulaires de Cluny nous signalent un grand nombre d'obédiences relevant de ce monastère. Celui coté B contient même un état de leurs revenus dressé au XII° siècle (1155 à 1160), par Henri,

---

(1) V. Ulric, *Anciennes coutumes* du monastère de Cluny, liv. I°r, chap. 46, et liv. III, chap. 5, dans le *Spicilége* d'Achery, t. I°r, p. 686 et suiv., et la *Dispositio rei familiaris* de Pierre-le-Vénérable, citée *infrà*.

(2) V. Ducange, v° *Obedientiaria*.

archevêque de Winchester, qui, suivant la chronologie contemporaine souvent citée, était venu, à la sollicitation de Pierre-le-Vénérable, du pape Adrien, de Louis le Jeune, etc., se réfugier à Cluny. Cet état incomplet peut être complété soit par la *Dispositio rei familiaris* de Pierre-le-Vénérable (cartulaire coté A), soit par la charte des *gîtes*, émanée de l'évêque de Mâcon, et datée de 1215 (cartulaire coté D, p. 66), soit enfin par diverses chartes particulières que nous allons indiquer, en nous renfermant toutefois dans les limites de l'évêché.

Ce mode d'administration nous est signalé dès le X° siècle.

OBÉDIENCES.	CARTULAIRES.	CHARTES.	DATES.
Berzé (la ville), Lourdon et Chevagny, commune de Lournand.	Saint Hugues.	711	1105
	Id.	439	»
Besornay.	Ponce.	18	1116
Chevignes.	Saint Hugues.	357, 391	»
Cluny.	Id.	431	»
Saint-Hippolyte.	Id.	182, 711	1105
Jalogny.	Id.	699, 700, 701	»
	Ponce.	20	1117
Ouilly.	Saint Hugues.	658, 733	1108
Péronne.	Id.	512, 711	1105
Pouilly (sur Loire).	Odilon.	321	»
Saint-Point.	Id.	297	1031-1049
Pouilly (en Mâconnais), Arpayé, Ecussoles, les Augoyats (1).	Saint Mayeul.	75	960-975

L'état dressé par Henri, de Winchester, signale, en outre, les doyennés de Laizé, Malay, Mazille et Saint-Martin (des Vignes). Ce dernier comprenait les églises de Cruzille (près Mâcon), Varennes et Naucelle, avec des rentes à Replonges. Le doyenné de Lourdon comprenait les églises de Blanot, Prayes, Cotte, Taizé et Massy, avec des rentes à Dombines. Les chapelles de Sercy et du Bourget faisaient partie du doyenné de Saint-Gengoux-le-Royal, situé dans l'évêché de Chalon. La charte de 1215, émanée de l'évêque Ponce II, ajoute à cette liste Chazelles.

---

(1) On trouve dans la commune de Saint-Pierre-le-Vieux *les Augoyats*. Cependant, dans la ch. 4 d'Odon, datée de 929, Artaud fait don à Cluny de la chapelle de Saint-Victor, située dans le *pagus* d'Autun, et la *centaine* (*centena*) appelée *Alsgoia* (*Algogio, in monte Algoico*). Ne serait-ce pas Argaud, commune de Matour ?

L'on voit que cette répartition se faisait sans égard aux circonscriptions civiles ou religieuses, mais bien au point de vue soit de l'intérêt privé, soit de la propriété, c'est-à-dire conformément au principe féodal (1).

§ 4. — BANLIEUE DE CLUNY.

L'abbaye de Cluny avait aussi sa *bannie* ou *banlieue*, c'est-à-dire un territoire autour de la ville, dans l'intérieur duquel l'abbé exerçait, à l'exclusion de tout autre pouvoir, la juridiction soit religieuse (2), soit civile.

En 1079, Pierre, évêque d'Albano et légat de Grégoire VII, voulant protéger le monastère contre les brigandages exercés par les seigneurs voisins, traça autour de ce monastère des limites dont la violation fut défendue sous les peines religieuses les plus sévères (3). Cette sanction fit donner à ce territoire le titre de *ban sacré (sacer bannus)*.

Voici ces limites : *A rivo de Salnac et ab ecclesiâ rufiacensis villæ et cruce de Lornant; à termino quoque molini de Tornesac per villam quæ dicitur Varenna, cum nemore Burserio; à termino etiàm qui dicitur Perois ad rivum de Salnac.*

Luce II, en 1144, a porté plus loin les limites du *ban sacré* : *Termini sacri banni sunt hi : Versùs Berziacum, terminus est ad bivium citra Sarratam, undè una via venit ad Cluniacum, altera ad Masilias. In stratâ* (4) *versùs Bellumjocum, terminus est contra quarruvium,*

(1) Les ch. 400, 551, 582, 608, 620, 651, 652, 668, 698, 711, 717 et 730 du cartulaire de Saint Hugues mentionnent les doyens des diverses obédiences qui viennent d'être énumérées. Suivant la ch. 732 du même cartulaire, datée de 1108, un doyen était également établi à Champagne, commune de Péronne.

(2) V. la bulle de Grégoire VII à Saint Hugues dans le cartulaire des priviléges, et lettre d'un bénédictin, du 8 mai 1740, p. 8, dans le recueil déjà cité des pièces de procédure contre l'évêque de Mâcon.

(3) Cartul. des Priviléges, coté C, p. 8.

(4) C'était l'ancienne voie romaine mentionnée dans divers documents du moyen âge et signalée dans une dissertation de M. d'Aigueperse (v. *Hist. du Beaujolais*, par M. de la Carelle, t. II, p. 315). Le document que nous citons en précise la direction au midi et au nord de Cluny. Cette voie partait de *Lunna*, passait par Saint-Jean-d'Ardière, Villié, Avenas, Saint-Antoine-d'Ouroux, Saint-Jacques-des-Arrêts, Germolles et Tramayes, suivait la vallée de Saint-Point, traversait la Grosne à un kilomètre environ au-dessous de l'embouchure de la *Valouze*, sur un pont au lieu dit encore aujourd'hui *Pré-du-Pont*, vis-à-vis le hameau de la

quod est de super molendinum cellarii Cluniacensis citra Viengias (1) *ultra Cluniacum. Versùs Masilias, terminus est ad bivium, undè una via tendit ad Masilias, altera ad Sanctam Mariam de Bosco. Supra Rufiacum, terminus est ad summitatem defensi ad bivium, undè una via tendit ad Besorniacum, altera ad Carrelam. Versùs Segiacum, terminus est intra quarruvium citra locum ubi dicunt ad Turgum. In strata* (2) *versùs Cabilonensem pagum, terminus est ad grossam cassaniam super Merziacum. Versùs Brancedunum terminus est in viâ super boscum Bannedum* (3). *Versùs Trinorchium, terminus est super rivulum quem dicunt Longuam Aquam inter Blanoscum et Donziacum. Versùs Perronnam et Lasiacum, terminus est ad tres fagos, ubi partiuntur vester boscus de Cluniaco et boscus communitatis* (4). *Versùs Igiacum, terminus est ad carmos super Montem Medium.*

Nous donnons la traduction de ces deux dispositions distinctes telle que nous l'avons trouvée insérée dans un acte judiciaire daté de 1484 :

1° Les limites sont depuis le rosseaul de Sonnay (Saunat) et l'église de Ruffi (Rufey) tendant à la croix de Lornant ; de ladite croix au

Pierre-Folle; puis, cotoyant la rive gauche de la Grosne, passait près de la fontaine dite de *Douceroux*, située au midi et à 1,500 mètres de Cluny. Dans le champ où est le bassin de cette fontaine, dont les eaux sont abondantes et excellentes, l'on a trouvé des pavés de l'ancienne voie, les fondations d'anciennes constructions, des débris de poterie, une statuette en bronze (aujourd'hui dans le cabinet de M. Ochier), une fibule, des médailles, dont la plus ancienne remonte au temps d'Auguste, des pièces de monnaie et quelques objets d'art du moyen âge.

Nous devons dire cependant que, suivant une tradition locale, cette voie ne passait pas dans la vallée de Saint-Point ou de la Valouze, mais dans celle de la Grosne, par Clermain et Sainte-Cécile. Elle aurait traversé la rivière de la Valouze, presque à son embouchure, sur un pont tout récemment détruit, et ses traces seraient encore visibles sur divers points. Nous croyons que ce pont et le vieux chemin qui se dirige sur Sainte-Cécile ne datent que du moyen âge et ont peut-être eu pour objet une rectification de cette ancienne voie.

La ch. 517 du cartul. d'Odilon, datée de 998, signale aussi une *via regia* passant par Vigousset et Bois-Sainte-Marie (v. pour la signification du mot *strata* le cartulaire de Saint-Père de Chartres, publié par Guérard, p. 847, v^{is} *regia strata*).

(1) Aujourd'hui, d'après d'anciens terriers, les *Litauds*, commune de Sainte-Cécile, sur la rive gauche de la Valouze.

(2) C'était, du côté du nord, la continuation sur la rive gauche de la Grosne de la voie mentionnée dans la note précédente. Elle se dirigeait, comme on le voit, sur le Chalonnais, en croisant, près de Malay, la route romaine de Mâcon à Autun.

(3) Le chemin de Cluny à Cortambert, par Varenges.

(4) Quelle était cette communauté ? N'était-ce pas une de celles que nous avons signalées *suprà*, p. LXII et CXI ?

molin appelé Tornesac par la ville *(villa)* que l'on appelle Varennes (1) avec tout le bois de Boursier, et dès le lieu qui s'appelle Perroir (2) tendant audit rosseaul de Sonnay.

2° Du côté de Verzy (Berzé), les termes et limites sont dès le bief (double voie) et le rosseau d'eau de la Salare (3), auquel lieu sont deux chemins, l'un tendant audit Cluny et l'autre à Mazille (4). Du côté de Beaujeu, sont dessus le quarrouge qui est dessus le molin du cellerier de Cluny (5). Du côté de Mazille, sont depuis le bièz (auquel lieu sont) deux chemins dont l'un tend audit Mazille et l'autre à Sainte-Marie-du-Bois (6). Du côté de Ruffi, sont depuis le plus haut de la montaigne tendant au bièz (où sont) deux chemins, dont l'un tend à Besornay et l'autre à Charrolle (7). Du côté de Segy (Sigy), sont entre le quarrouge qui se dit Turgé (Dent-Turge) (8). Du côté de Chalon, sont tendant à ung chatenier (9) du côté de Merzy (Merzé). Du côté de Brancion, sont sur le chemin tendant du bois de Bennand (Banand) (10). Du côté de Tournus, sur le rousseau qu'on appelle la

(1) Les Dagonnaux ?
(2) La Raverotte ?
(3) C'est le ruisseau descendant sur Berzé, à l'ouest du château. Les défrichés l'ont fait disparaître dans la partie supérieure de la vallée, entre les hameaux de la Mutte et des Gottiales, commune de Berzé-le-Châtel.
(4) Ce dernier chemin traversait les bois à l'ouest et descendait dans la vallée de la Grosne en passant près du hameau de la Combe-Naguin.
(5) Ce moulin était probablement établi sur le cours de la Valouze, entre les Litauds et la Grosne. Ne serait-ce pas Champloup ?
(6) Par Saint-Léger, les Cadolles et Bergesserin.
Ainsi, au sud-est, la ligne séparative partait de la borne placée sur l'ancienne route de Cluny à Mâcon (aujourd'hui dite *Chemin de la Mutte*), au sommet de la montagne, au hameau des Gottiales, commune de Berzé-le-Châtel, où se trouve une croix, touchait à la borne au nord et près du village des Litauds (Vinges), commune de Sainte-Cécile. Au sud-ouest, la ligne partant de ce dernier point aboutissait à une autre borne placée au sud de Borde, commune de Château, sur le chemin de Mazille à Cluny par Jalogny.
(7) La Croix-Micaud indique l'emplacement de la borne. Le chemin de Besornay descendait à droite par Chemilly ; celui de Charolles, à gauche, et passait entre Dombine et le Martras, commune de La Vineuse, puis au Champ-Papillon, Tillome, etc.
(8) Au soir, la ligne séparative partait donc de la borne placée près de Borde au point d'intersection des chemins de Mazille et de Bergesserin, passait à la Croix-Micaud et aboutissait à la Dent-Turge.
(9) Mais le long du chemin, ainsi que l'indique le texte latin.
(10) Le texte latin ne dit pas « sur le chemin *tendant de Banand*, » mais « *au-dessus* du bois de Banand. » « *Bannum de Cluniaco*, porte une charte de 1236, *est propè Varengias*. » La ligne séparative, au nord, partait donc de la Dent-Turge, passait par Merzé et aboutissait au nord de Varenges et au-dessous de Boutavent.

APPENDICE.   CXCIII

Longue-Eau, venant de contre Blanot et Donzy (le Pertuis) (1). Du côté de Perronne et Laizy (Laizé), sont là où se mespers (se partagent) le bois de Cluny et le bois de la communauté (2). Du côté d'Igier, est le terme et limite ès charmes dessus la montaigne de Montmain (3).

Les limites assignées par le privilége de 1079 comprenaient les trois anciennes paroisses de la ville de Cluny. Ces limites (le côté occidental excepté) sont encore à peu près celles de la commune actuelle. Ces paroisses étaient, suivant la bulle précitée de Luce II, affranchies de toute juridiction épiscopale (4).

Le second privilége ne constituait pas seulement une sauvegarde pour les possessions de l'abbaye situées au dedans des nouvelles

(1) Il y a dans le texte latin « le ruisseau de la Longue-Eau, *entre* Blanot et Donzy. » Dès lors c'est la Mouge, qui coule sur le versant oriental et dont le cours se prolonge jusqu'à la Saône. La borne devait être placée au point où l'ancien chemin de Cluny à Tournus, par les Brûlés, les Quatre-Vents et Donzy-le-Pertuis, était traversé par cette rivière, au-dessous de ce dernier village.

(2) Le chemin de Cluny à Péronne et Laizé passait par la Croix-des-Brigands, le hameau du Devant (au midi), Vaux, etc. La borne était placée au point où ce chemin coupait le chemin fétral qui, du nord au midi, sépare encore les bois de Cluny des bois et terrains communaux appartenant à diverses communes situées à l'est.

(3) La borne devait être le long du chemin d'Igé (aujourd'hui chemin de la Gremoule, aboutissant au Pont-de-l'Etang), au sommet de la montagne où le chemin fétral croise, sur une place vide, cet ancien chemin d'Igé. Un peu au-dessous, sur le versant occidental et sur une surface plane dite *Plastre-de-Montmain*, existait l'ancienne chapelle de Ste-Radegonde. Détruite déjà depuis longtemps, une partie de ses pierres a été employée à la reconstruction du corps de l'église de St-Marcel. Ainsi la ligne séparative, au nord-est, partait de la borne placée sur le chemin au-dessus du bois de Banand, près et au nord de Varenges, franchissait, à l'est, la montagne, en laissant au nord le château de Boutavent appartenant alors aux sires de Brancion, et aboutissait, sur le versant oriental, au point où le chemin de Tournus traversait la Mouge. A l'est, la ligne partait de ce dernier point, passait au soir du hameau du Devant, suivait le chemin fétral au-dessus de Boursier et aboutissait enfin à la borne placée sur l'ancienne route de Cluny à Mâcon, au hameau des Gottiales, à 2 kilomètres environ au nord-ouest du château de Berzé.

Une bulle de Pascal II, datée de Chalon (1106), en interdisant la perception, au préjudice de toutes personnes allant à Cluny ou en revenant, de tous péages dans un rayon déterminé, indique la direction des grands chemins partant de ce monastère : « A Matiscone (Mâcon) usque Cluniacum; à Sancto Johanne de Arderia (Saint-Jean-d'Ardière, *Lunna?*) usque Cluniacum; à Bellojoco (Beaujeu) usque Cluniacum; à Sancta Maria de Bosco (Sainte-Marie-du-Bois) usque Cluniacum; à Carrella (Charolles) usque Cluniacum; à Monte Sancti Vincentii (Mont-Saint-Vincent) usque Cluniacum; à Juliaco (Jully-lès-Buxy) usque Cluniacum; à Branceduno (Brancion) sive Trinorchio (Tournus) usque Cluniacum; neque à mediis horum terminorum per paria spacia viis usque Cluniacum nullus presumat pedaticum levare. »

(4) V. le privilége concédé par Urbain III dans le *Bullarium Clun.*, p. 83; celui concédé par Luce II, en 1144, dans *Bibliot. Clun.*, col. 1383; les mémoires publiés par l'avocat Chanterenne contre l'évêque de Mâcon, de 1740 à 1744, et *suprà*, p. XLVI, note r.

XXV

limites, mais encore indiquait l'étendue du territoire affranchi de la juridiction temporelle ordinaire (1). En effet, Saint Louis fit l'acquisition du comté de Mâcon en 1238, et, en 1249, Baudoin de Pyan, son bailli, écrivait la lettre suivante : « A notre excellente et très-chère dame Blanche, par la grâce de Dieu, reine des Français, de Pyan, son bailly du Mâconnais, donne le salut en toutes choses, avec toute révérence et honneur. Je notifie à votre Excellence que je me suis transporté en personne au lieu ou bois que l'on nomme *Boursier*, et que, soit par l'enquête que j'ai fait faire soigneusement par mes gens, soit par la renommée publique, j'ai appris que le seigneur abbé a, depuis un temps au delà de toute mémoire, constamment eu *pleine juridiction et toute justice* dans ledit bois, et *même* au-dessous des limites *apposées et privilégiées* que nous avons vues. Ce fait nous paraissant constant, et n'osant passer outre sans votre permission spéciale, je vous notifie, par les présentes lettres, le résultat de notre enquête, afin que vous en fassiez ce que votre Excellence jugera convenable. Donné en l'an de Notre Seigneur MCCXLIX, le vendredi après la fête de la Pentecôte (2). »

SECTION II.

Comitatus (LE COMTÉ).

Le comté de Mâcon, considéré comme circonscription géographique, doit son origine à l'administration du *pagus* par des magistrats particuliers portant le titre de comtes (3).

Nous nous sommes expliqué, p. XI, XIV et XLVIII, sur l'époque probable de l'érection du Mâconnais en comté. Mais l'on doit croire que le *pagus Matisconensis* a été administré par des comtes particuliers avant qu'on ait donné à son territoire la qualification de *comté*.

---

(1) V. *suprà*, p. XXXVII et suiv. Ce territoire, divisé par le cours de la Grosne et limité, au soir et au matin, par les montagnes qui courent du midi au nord, avait, du sud au nord, une étendue d'environ 10 kilomètres, et, de l'est à l'ouest, à peu près la même étendue. Cluny en occupait presque le point central au fond de la vallée.

(2) V. *Album* de S.-et-L., t. II, p. 178.

(3) Le comté de Mâcon est dit « *in pago Burgundiæ* » dans la ch. 324 de Saint Mayeul, datée de 957. *Pagus* est évidemment pris ici dans le sens général de *contrée*.

APPENDICE. CXCV

La circonscription du comté était la même que celle de la *cité* ou de l'évêché. Aussi, dans les ch. 179 et 793 de saint Mayeul, le *pagus* et le *comitatus* sont-ils pris l'un pour l'autre ; à l'imitation du *pagus*, le comté est parfois subdivisé en *agri*, réciproquement le *pagus* est, comme le comté, subdivisé en *vicairies* ou *vigueries*.

Nous avons vu cependant que, dès la fin du X° siècle, Pouilly-sur-Loire, Iguerande et Saint-Julien-de-Cray faisaient partie du comté du Forez (1).

Le cartulaire de Saint-Vincent fait mention des villages suivants comme situés dans le comté de Mâcon :

AGRI.	VILLÆ.	NOMS MODERNES.	CHARTES.	DATES.
. .	Buscianus,			
. . . .	Bussiacus,	Bissy, commune de Saint-	394, 408,	937-954,
. . . .	Bisiacus (ecclesia sancti Eusebii).	Martin-la-Patrouille.	499 et 515	996-1018
Villié.	Bruerias.	La Bruyère, com° de Durette.	483	1031-1062
Chardonnay.	Fabricas.	Farges.	206 et 500	928-936, 998-1013
.	Modoy.	Modoy.	236 et 501	1031-1062, 928

Le tableau qui va suivre a été composé à l'aide des documents fournis par les cartulaires de Cluny.

AGRI,	VILLÆ.	NOMS MODERNES.	CAR-TULAIRES.	CHARTES.	DATES.
. . . .	Æguiranda.	Iguerande, sur les bords de la Loire, « Juxta fluvium Lierim. »	Aymard.	21, 80	936
. . . .	Arinziacus.	. . . .	St Mayeul.	437	992
. . . .	. . . .	Blanot.	St Hugues.	683	»
. . . .	Bainas.	Baine, com° de La Vineuse.	St Mayeul.	640	991
. . . .	Besorniacus.	Besornay.	Id.	93, 273, 806	982, 986
Jalogny.	Bugdo (Buydo)	Bulliet, com° de Château.	Id.	197	959
. . . .	Buferias.	Buffières.	Id.	793	960
Poncetys (2).	Busserias.	Bussières.	Odilon.	325	1006
. . . .	Burgundia.	Bourgogne, com° de Bourg-vilain.	Id.	503, 787	1002
. . . .	Camiliacus.	Chemilly, com° de La Vineuse	St Mayeul.	640	991

(1) V. *suprà*, p. XVI et ch. 524 de Saint Hugues. Le territoire Brionnais *(territorium Briennense)*, où est situé Saint-Julien-de-Cray, est mentionné dans les ch. 614 et 705 de St Hugues, la dernière datée de 1105.

(2) V. *infrà l'ager* Pontiacus.

APPENDICE.

AGRI.	VILLÆ.	NOMS MODERNES.	CARTULAIRES.	CHARTES.	DATES.
Rufey.	Cariniacus.	Le Carruge (près de la Dent-Turge) (1).	Aymard.	204	060
Fuissé.	Casiniacus.	....	Odilon.	458	096-1031
....	Castellum.	Château.	Bernon.	4, 14	956
			Odon.	10	930
....	Cavaniacus.	Chevagny, com^e de Lournand	St Mayeul.	57	956
			Odilon.	511	1018
....	Canevas (2).	Les Liats, com^e de La Vineuse	St Mayeul.	279	982
Aynard.	Cavaniacus.	Chevagny-sur-Guye.	Odon.	40	048
....	Cancelliaca.	Chasselas ?	Bernon.	140	»
....	Ciciacus.	Chissey.	St Mayeul.	341	994
			St Hugues.	683	1100
....	Circus.	Ciergue, com^e de Donzy-le-Royal ?	St Mayeul.	131	088
			Bernon.	1	910
....	Cluniacus.	Cluny.		59	961
			St Mayeul.	182	957
				636	982
				821	»
....	....	Ste-Colombe, com^e de St-Martin-de-Salencey.	Id.	59	961
....	Donziacus.	Donzy.	Odilon.	303	996-1031
....	....	Dombines, commune de La Vineuse.	St Mayeul.	195	»
....	Engoenius.	Angoin, com^e de Salornay.	Odilon.	109	1003
....	Fargias.	Farges, commune de Saint-Vincent-des-Prés.	Id.	319	956
....	Flagiacus.	Flagy.	St Hugues.	667	1096
....	Hedias (Kedias)	Chidde, commune de Pressy.	St Mayeul.	364	982
....	Igiacus.	Igé.	Odilon.	685	994
....	Laisiacus, Laxiacus.	Laizé.	Id.	671, 748, 771	1000
....	Lamniriacus.	....	Id.	370	1031
....	Lanco.	Lanque, com^e de Péronne.	Id.	298	»
....	....	Lournand.	St Hugues.	668	»
			Odon.	109	
....	Marciacus.	Merzé, com^e de Cortambert.	St Mayeul.	349, 415, 427, 622	936, 962, 984
....	Morgonus.	Morgon.	Odon.	139	946
....	Monzaniacus.	....	St Hugues.	644	»
....	Marchesolium	Marchiseuil, com^e de Pressy.	Aymard.	136	»
			Odilon.	502, 792	995, 1020
Aynard.	Maxiliacus.	Massilly.	St Mayeul.	655	957
....	Montelius.	Montillet, près Cluny ?	Id.	183	»
....	....	Nogle, com^e de La Vineuse.	Id.	347	964
Massy.	Oblatus.	Zublé, commune de Massy.	Id.	298, 537	983, 996
Grevilly.	Osiacus.	Ouxy, commune de Cruzille.	Odilon.	341	996-1031
....	....	Prayes.	St Hugues.	683	»
....	Petrona (Vicairie de Bassy.)	Péronne.	Odilon.	165	956
....	Roliacus (Vicairie de Lancié.)	....	Aymard.	78, 93	942
....	Rufiacus.	Rufey, près Cluny.	Bernon.	4, 14	956
			Odon.	10	930
Massy.	Saciacus.	Sassy, com^e de La Vineuse.	Aymard.	59	958

(1) V. la section qui précède, § 4, p. CXCII, et les *agri Rufiacensis et Marciacensis*.
(2) V. *infrà l'ager Rufiacensis*.

APPENDICE.

AGRI.	VILLÆ.	NOMS MODERNES.	CARTULAIRES.	CHARTES.	DATES.
....	Salliacus.	Sailly.	Id.	130	957
			St Mayeul.	611	987-996
....	Salenciacus (Vicairie de Chevagny-sur-Guye.)	Salencey (Saint-Martin-de-)	Id.	236, 345	967, 984
....	Scia (Segia).	La Chize, com^e de Milly.	Bernon.	127	936
			Odon.	119	»
			Odilon.	191	996-1031
....	Suriacus.	....	St Mayeul.	402	»
....	Schola.	Ecole, commune de Verzé.	Odilon.	297	1031-1049
....	Solosanus (Senozanus?)	Sologny (Senozan?)	Id.	392	1030
....	....	Sennecé.	St Mayeul.	242	984
....	Tasiacus.	Taizé.	Odilon.	90	»
....	Turris.	La Tour, com° de Massy ?	St Mayeul.	179, 295	979
Igé.	Verziacus, Virgiacus.	Verzé.	Odilon.	619, 733	1001
....	Villarus.	Villars, commune de Flagy.	St Mayeul.	279	982
....	Vircariacus.	....	Id.	411	»
....	Volufus.	....	Odilon.	367	1004

SUBDIVISIONS.

Nous savons (v. *suprà*, p. LIV) que la vicomté ne fit pas naître de subdivisions territoriales dans le Mâconnais (1). Il en a été autrement des vicairies ou vigueries.

§ UNIQUE. — VICAIRIES OU VIGUERIES.

La viguerie nous apparaît comme arrondissement, comme canton, dès les premières années du Xe siècle. Il est probable, dès lors, que cette subdivision géographique du comté de Mâcon datait du siècle précédent. Nous nous expliquerons d'ailleurs sur cette question d'origine dans la section suivante, lorsqu'il sera question des *agri*.

Nous devons renvoyer à ce que nous avons dit *suprà*, p. X, XI et CLXVII, soit sur la nature de la juridiction du viguier, officier subalterne du comte, soit sur l'étendue territoriale de cette juridiction.

(1) Artaud, vicomte de *Girard* (p. LV), est dit vicomte *matisconensis* dans une charte de Cluny, datée de 1180.

APPENDICE.

VIGUERIES.	VILLAGES EN FAISANT PARTIE.		CAR-TULAIRES.	CHARTES.	DATES.
	VILLÆ.	NOMS MODERNES.			
Bassy, comᵉ de St-Gengoux-de-Scissé.	....	Péronne.	Odilon.	165	956
Berzé (le Châtel).	....	Igé, le Munet.	Aymard.	232	»
Bourgogne, près St-Point.	....	Le Mont.	Odon.	23	943
Buffières.	....	Donzy-le-Royal, Chidde, Marchizeuil.	Bernon.	138	»
			Odon.	15	941
			Odilon.	268	vers 996
Chaintré.	....	Arpayé.	Odon.	6	936
Chardonnay.	Bassiacus.	Bassy, commune de St-Gengoux-de-Scissé.	St Mayeul.	139	969
	Godasiacus.	....	Id.	785	960
Château.	Calmariacus.	St-Léger, comᵉ de Château	Aymard.	159	962
Chevagny (sur Guye).	....	St-Martin-de-Salencey (1)	St Mayeul.	236	967
Ecussolles.	Lineracus.	Le Logneret, commune de St-Pierre-le-Vieux.	Aymard.	96	»
Fuissé.	....	....	St Mayeul.	704	»
Igé.	....	....	Id.	725	977
Lancié.	Roliacus.	....	Aymard.	78	»
Massy.	....	La Tour-d'Ublé.	St Mayeul.	83	967
Saint-Point.	....	Bourgogne.	Aymard.	84	»
Rufey, près Cluny.	....	....	Odon.	24	928
Salornay (sur Guye).	....	Dombines, commune de La Vineuse.	Id.	11	vers 928
Tourvéon.	Vacivarias.	....	Aymard.	263	»
Verzé.	Minciacus.	....	Odon.	23 (2)	»

Les châtellenies, dans le Mâconnais, ne datent que de la fin du XII⁰ siècle (3). Les *castella* de Lourdon, Sigy, Beaujeu, sont mentionnés fréquemment dans nos cartulaires, mais comme forteresses.

SECTION III.

PAGUS (le pays Mâconnais) (4).

Le *pagus*, ancienne subdivision de la *cité*, élevé parfois au rang de cité sous l'administration romaine, est habituellement assimilé à la *cité* sous les deux premières races de nos rois. Nous avons indiqué l'origine du *pagus*, p. XV, et son périmètre, p. VII et suivantes.

(1) La Bussière, commune de Saint-Marcelin, faisait, suivant des chartes de Perrecy (datées de 924 et 964 et citées par Pérard, p. 40 et 44), partie de la vicairie de Chevagny-sur-Guye.
(2) Nous avons ajouté, p. X et XI, d'après les documents indiqués dans la note *j*, à la liste qui précède, les vigueries de Chevignes et de Tramayes. M. A. Bernard (cartul. de Savigny, p. 1097) a lu dans une charte de Cluny, datée de 979 environ, *Silensis vicaria* comprenant dans sa circonscription *villa Casellas*, et il ajoute que, s'il s'agit de Chazelle-sur-Grosne, il faut lire *Lisensis*, Lys, commune de Chissey.
(3) V. *suprà*, p. CXXX, note *v*.
(4) *Matisconensis, Matiscensis, Matisconicus* (ch. 730 de Saint Hugues).

Le mot *pagus* est remplacé par celui de *territorium* dans les ch. 270 d'Aymard, 259, 279 et 601 d'Odilon, et 180 de Saint Hugues. La ch. 777 du cartul. d'Odilon (1096-1031) désigne notre contrée par la seule expression de *Matisconensis*, le *Mâconnais*.

L'expression *pagus*, pour désigner le Mâconnais, fut employée plus rarement au XI° siècle que dans le siècle précédent. Les rédacteurs des documents n'indiquaient souvent, au XI° siècle, les localités que par les noms des villages. Cependant l'énonciation du *pagus* se remarque jusque dans des documents du XII° siècle.

Les villages situés sur les confins du *pagus* sont quelquefois considérés comme dépendant du *pagus* voisin. C'est ainsi que Buffières, qui certainement faisait partie du Mâconnais, serait, suivant la ch. 594 de Saint Mayeul, du *pagus* d'Autun. Nous ferons la même observation à l'égard d'Ecussoles (ch. 228 de Saint Mayeul), de Pressy-sous-Dondin (ch. 96 de Bernon), de Collonges-en-Charollais (ch. 686 de St Mayeul) et de Genouilly (ch. 72 d'Aymard). Réciproquement, c'est aussi par erreur que Trécourt près Matour (ch. de Saint Mayeul), Vigousset (ch. 517 de St Hugues) (1) et Meulin (ch. 485 et 492 de St Mayeul) sont, parfois, considérés comme situés dans le *pagus* de Mâcon.

Certains villages appartenant au Mâconnais sont aussi quelquefois indiqués comme situés dans l'*ager* d'un *pagus* voisin. Ainsi Ecussoles *(in pago Matisc.)* est dit être dans l'*ager* de Matour (ch. 286 de Saint Mayeul); Buffières *(in pago Matisc.)* serait dans l'*ager* de Meulin (ch. 101 d'Aymard, 295 de Saint Mayeul et 385 d'Odilon); enfin, Bassy et Boye (commune de Saint-Gengoux-de-Scissé), Ouxy et Collonge (commune de Cruzille), seraient dans l'*ager* de Grevilly (ch. 156 de Bernon, 340 et 341 d'Odilon).

Ces indications n'ont pas toujours été, quant aux *agri*, le résultat d'erreurs commises par les rédacteurs, puisque plusieurs des documents où on les remarque ont été rédigés sur les lieux mêmes. Ces indications sont dues à ce que, aux X° et XI° siècles, l'*ager* était plutôt considéré comme un *finage* que comme une circonscription administrative (*supra*, p. IX, et *infra*, le § qui suit).

---

(1) Cette charte non datée peut être, il est vrai, de la fin du XI° siècle. V. *supra*, p. XVI.

SUBDIVISIONS.

Le *pagus* était subdivisé en *agri*, et l'*ager* en *villæ*.

§ 1er. — AGRI.

Les subdivisions du *pagus* en *agri* sont sans doute très-anciennes. Elles doivent leur origine et leur multiplicité à l'importance acquise, à l'aide du temps, par certaines localités. Les relations d'administration soit civile, soit religieuse, des habitants des *villæ* voisines ont ensuite fait déterminer les limites de ces nouveaux centres secondaires.

L'*ager* fut donc une subdivision géographique (1). C'est ce qui nous paraît certain pour les grands et anciens *agri* de notre contrée, par exemple Aynard, Rufey près Cluny, Viré, Salornay (près Mâcon), Fuissé, Tourvéon.

Le comte, administrateur du Mâconnais, avait des officiers subalternes qui, avec le titre de *centeniers (centenarii)* ou de *viguiers (vicarii)*, exerçaient une juridiction permanente ou une juridiction temporaire. Cette juridiction était à la fois civile et militaire, mais purement personnelle. C'est par ces officiers, dont les noms, comme la judiridiction, finirent par se confondre, que les *agri* étaient administrés, jugés et commandés.

Dans le cours du IXe siècle, la juridiction du centenier ou du viguier, établi au chef-lieu ou dans la circonscription de l'*ager*, était, dans notre contrée, devenue territoriale, et cette circonscription fut alors désignée sous le nom de *centaine* ou de *viguerie*. Aussi, à cette époque, la viguerie et l'*ager* ne formaient-ils qu'une seule et même circonscription (2).

---

(1) V., sur ce sujet, la note de Guérard (*Essai sur les divisions territoriales*), insérée au bas de la p. 48.

(2) Cette similitude est encore établie, en 938, pour Ternant (*pagus* de Lyon), dans la ch. 53 d'Odon, en ces termes : « *Sunt ipsa res sita in pago Lugd.* IN VICARIA *seu* IN AGRO *Ternanse, in villa Madaliaco ;* » en 939, pour Thomery, près de Collonge-en-Charollais et dans le *pagus* de Chalon, par les expressions suivantes de la charte 98 du même cartulaire : « *In* VICARIA *et* AGRO *Tamariaco, in pago Cabilonensi.* » V. aussi Guérard, *loc. cit.*, p. 48.

Les *agri* s'étant fractionnés et multipliés dans le Mâconnais, il dut arriver que plusieurs se trouvèrent réunis sous la juridiction du même viguier, et le siége de la viguerie donna son nom à l'ensemble de la circonscription. C'est ce qui explique pourquoi, au X⁰ siècle, la circonscription des vigueries du Mâconnais comprenait plusieurs *agri* (1).

L'*ager* n'étant plus alors considéré comme circonscription administrative, mais comme simple *finage*, il prit parfois cette dernière qualification (*confinium*, ch. 386 du cartul. d'Odilon) (2).

Nous donnerons néanmoins la liste des *agri* du Mâconnais mentionnés dans nos cartulaires. Cette liste ne serait pas sans intérêt historique, lors même que tout caractère de circonscription administrative aurait disparu à l'époque de nos cartulaires, car les limites de ces anciennes circonscriptions subsistaient encore à l'égard de plusieurs d'entre elles.

Le mot *finis* remplace fréquemment, dans nos cartulaires, celui d'*ager*; il a la même signification et la même étendue (3).

La désignation de l'*ager*, habituelle au X⁰ siècle, devient, dans nos documents, plus rare dès le commencement du siècle suivant, disparait presque à dater de 1050, et tout à fait au XII⁰ siècle.

§ 2. — VILLÆ.

L'*ager* s'étendait à plusieurs villages, autrement dit il se subdivisait lui-même en *villæ*.

La *villa* n'était pas, en effet, une simple agglomération d'habitations, elle avait aussi sa circonscription territoriale Cette circonscription était quelquefois très-étendue; c'est ainsi qu'en 936 (ch. 128 et 130 d'Odon), Bray était situé dans la *villa* de Varenges, commune de

---

(1) V. la section précédente et *suprà*, p. IX, X et XI ; v. aussi, sur le même sujet, Guérard, *loc. cit.*, p. 35, 54, 57, 59 et 60.

(2) Dans la ch. 271 d'Aymard, datée de 950, on lit : « *Res sitæ sunt in pago Augustud., in agro sive* IN TERMINIS *de Carrella* (Charolles), *in villa Colonicas* (Collange, commune de Vendenesse); dans la ch. 20 d'Odilon : « *Sunt ipsæ res in pago Augustud.* IN VICINIO *castri Borboni*, » v. aussi Ducange, v⁰ *terminus*.

(3) V. notamment ch. 164 et 357 du cartul. de Saint-Vincent.

Cortambert, bien qu'il en fût éloigné de 4 kilomètres environ, et La Verrière (ch. 131 d'Odilon) dans la *villa* de Salencey (St-Martin-de-). Aussi ce territoire est-il désigné 1° sous le nom d'*ager* dans la ch. 318 d'Odilon : « *In villa de Berziaco et* IN AGRO EJUS; » 2° par le mot *territorium* (ch. 683 d'Odilon) : « *terra* IN TERRITORIO *de Masiliis;* » 3° par celui de *finis* (1); 4° enfin par *potestas* (2) : « *hæc* POTESTAS *sive* VILLA *in pago Eduensi est sita.* »

Nous devons faire remarquer néanmoins que le mot *potestas* désigne habituellement une propriété ou plutôt une seigneurie (ch. 43 et 217 d'Odilon).

Villa est la désignation presque exclusivement employée dans nos cartulaires. Cependant Cluny (ch. 21 de Bernon), Ouxy (ch. 111 d'Odon, datée de 926), Jalogny (ch. 45 d'Odon, datée de 929), Chaintré (ch. 42 de Saint-Vincent), Lanque, commune de Péronne (ch. 74 de Saint Mayeul, datée de 987), sont qualifiés *vici*. La signification de cette expression n'est pas différente, car des chartes d'une date contemporaine ou postérieure donnent aux mêmes localités la qualification de *villa*.

Ouilly, alors obédience de Cluny, reçoit, dans la ch. 658 du cartul. de Saint Hugues (sans date), le titre de *bourg*. Cette dernière expression n'indiquerait pas une enceinte fortifiée autour de ce village, mais plutôt sa construction sous les murs du château féodal appartenant alors à Gaufroy (v. Ducange, v° *burgus*).

Les villages, habités par une population agricole soumise plus ou moins aux charges du colonage, étaient administrés, dans un intérêt privé, par les agents des seigneurs. Ces préposés, connus généralement sous les titres de *villici*, *majores* ou *ministeriales* (3), étaient eux-mêmes, dans le principe, engagés plus ou moins dans les liens de la servitude. Leur fonction consistait principalement à faire payer par les tenanciers les redevances dues aux seigneurs (4).

(1) V. ch. 454 et 537 du cartul. d'Odilon, la dernière datée de 993, 121, 283 et 363 du cartul. de Saint-Vincent.
(2) V. ch. 315 de Saint Mayeul et 568 de Saint Hugues.
(3) V. ch. 72, 101 (en 878) et 156 (941-960 du cartul. de Saint-Vincent).
(4) V. Ducange, v° *Ministeriales*.

Nous allons terminer par la liste des *agri* du Mâconnais mentionnés dans nos cartulaires. Chaque *ager* sera suivi des *villæ* qui, d'après les mêmes cartulaires, seraient dans son territoire. Nous n'avons dû admettre que celles qui sont indiquées formellement par nos documents comme situées dans l'*ager*.

Il est souvent très-difficile de faire l'application du nom latin (fréquemment altéré) à un village moderne. Cette application est même parfois impossible, parce que l'ancien village a disparu ou changé de nom. Ce changement est souvent dû à cette circonstance que le nom primitif a été remplacé par celui du saint, patron de la paroisse.

Nous avons recueilli de nombreux renseignements sur ce sujet, et, dans nos recherches, nous nous sommes aidé soit de nos anciens pouillés, soit des cartes géographiques dressées par Cassini et par les officiers de l'Etat-Major, soit de la *carte du pays et du comté du Mâconnais*, dressée en 1775 par Demiége, géographe de ladite province, soit de la liste des *agri* donnée par M. A. Bernard dans le cartulaire de Savigny, soit enfin de l'*Annuaire* de S.-et-L. (édition de 1856, contenant la liste générale des communes avec leurs hameaux), publié avec beaucoup de soin par M. Monnier. Mais, malgré nos recherches, il arrivera encore qu'à côté de l'ancien nom latin, la place du nom moderne restera vide.

Les dates énoncées dans nos documents sont souvent erronées ; beaucoup de chartes n'appartiennent pas, par leurs dates, aux cartulaires où elles sont insérées, et fréquemment les points de départ des dates varient. On remarque notamment ce défaut d'unité dans les chartes datées du règne de Lothaire.

Nous avons, en général, accepté les dates énoncées en les conférant avec celles données par l'*Art de vérifier les dates*. Agir autrement, c'était nous exposer à des discussions interminables, sans résultat sérieux.

APPENDICE.

VILLÆ.	NOMS MODERNES.	CAR-TULAIRES.	CHARTES.	DATES.

AGENACENSIS, AYNIACENSIS, AYNACENSIS, AINACUS (AYNARD) (1).

VILLÆ.	NOMS MODERNES.	CAR-TULAIRES.	CHARTES.	DATES.
Ammoniacus.	Ameugny.	Odilon.	701	1008
		St-Vincent.	224	851-863 (2)
Busiacus, Bussiacus.	Bissy, commune de Saint-Martin-la-Patrouille.	Aymard.	183, 213	946, 953
		Odilon.	612	1001
Burziacus.	Burzy.	Aymard.	282	947
		Odon.	136	948
Cavaniacus.	Chevagny-sur-Guye.	Aymard.	274	953
		St Mayeul.	516, 740	973 (3)
Cimandris (Comandis?)	Command, comᵉ de Cray.	Bernon.	122	936
Engoniacus.	Angoin, comᵉ de Salornay-sur-Guye.	St Mayeul.	359, 595	986
Flagiacus.	Flagy.	Id.	289	979 (4)
Montiniacus.	Montagny, comᵉ de Saint-Ythaire.	Odilon.	785	1050 (5)
Prissiacus.	Pressy-sous-Dondin.	Aymard.	153	950 (6)
Rancusas.	Les Rochards, commune de Chevagny-sur-Guye?	St-Vincent.	240	886-927 (7)
Salorniacus (super fluvium Vivæ) (8).	Salornay-sur-Guye.	Odilon.	546 (9), 696	998
Tasiacus.	Taizé.	St Mayeul.	69	982

AMNIACUS, AMNIACENSIS (AMEUGNY) (10).

VILLÆ.	NOMS MODERNES.	CAR-TULAIRES.	CHARTES.	DATES.
Ad Crenadicios.	....	Odilon.	344	996-1031
Flagiacus.	Flagy.	St Mayeul.	834	980 (11)
Massiliacus.	Massilly.	Odon.	55	938 (12)
Sarciacus.	Sercy.	St Mayeul.	461	983

ARPAIACUS, ARPAGIACENSIS (13) (ARPAYÉ).

VILLÆ.	NOMS MODERNES.	CAR-TULAIRES.	CHARTES.	DATES.
Arpagiacus (14).	Arpayé, comᵉ de Fleurye.	St Mayeul.	332	»
Pontiacus.	Poncié, même commune.	Aymard.	152	»

BRIENDONENSIS (BRANDON).

VILLÆ.	NOMS MODERNES.	CAR-TULAIRES.	CHARTES.	DATES.
Clermannus.	Clermain.	St Mayeul.	742	974
Francia.	Mont-de-Fr. (Chapelle-du-)	Bernon.	18	»

(1) Commune de Bonnay. Plusieurs voies pavées convergeaient vers Aynard. De cette ancienne paroisse, dont l'église est démolie, il ne subsiste qu'une maison (v. l'*Annuaire* publié en 1856 par M. Monnier).
(2) V. *ager Amniacus*.
(3) V. *ager Caxaniacensis*.
(4) V. *ager Flagiacensis*.
(5) L'on retrouve dans la ch. 66 de Saint Mayeul, datée de 980, la même *villa* sous le mot altéré de *Morciniacus*.
(6) V. *ager Prisciacensis*.
(7) Pérard, p. 29, désigne cette *villa* par *Rangusa*.
(8) Dès les premières années du XIIIᵉ siècle, on écrit *Guia* au lieu de *Viva*.
(9) Le copiste a écrit par erreur *Athanacensis* pour *Aganacensis*.
(10) V. *ager Agenacensis*.
(11) V. *ager Agenacensis*.
(12) V. *ager Masiliacensis* et *ager Marciacensis*.
(13) V. ch. 465 d'Odilon.
(14) V. *ager Lanciacus*.

APPENDICE.

VILLÆ.	NOMS MODERNES.	CAR-TULAIRES.	CHARTES.	DATES.
\multicolumn{5}{c}{BUCIACENSIS (BISSY).}				
Ipsa villa.	Bissy, com^e de St-Martin-la-Patrouille.	St Mayeul.	643	972 (1)
\multicolumn{5}{c}{BUFERIACENSIS, BUFERIAS (BUFFIÈRES) (2).}				
Dunziacus.	Donzy-le-Royal.	St Mayeul.	601	963 (3)
Nantodis (locus).	....	Aymard.	170	1018
\multicolumn{5}{c}{CANTRIACENSIS (CHAINTRÉ).}				
Cantriacensis (vicus).	Chaintré.	St-Vincent.	42	»
\multicolumn{5}{c}{CARDONIACENSIS, CARDONIACUS, CARDONENSIS (CHARDONNAY) (4).}				
Cambonas.	Champvent, com^e de Chardonnay?	St-Vincent.	346, 358	954-986, 972-977
Deven (5).	....	St Mayeul.	77, 137	987
Fabricas.	Farges.	St-Vincent.	500	998-1013
Geru (6) (Gerii, Geon).	Goy, commune de Plottes?	Id.	353, 369	968-971
Petrotnus.	Péronne?	St Mayeul.	696	956
Paradilis (Pradilis).	Prayes?	Odilon.	508	996-1031
		St Hugues.	539	»
\multicolumn{5}{c}{CATGIACENSIS, CATCIACENSIS (CHIGY) (LE GROS) (7).}				
Cortiniacus.	Cutigny, com^e de Pressy-sous-Dondin.	Odon.	158	936
Pretiacus.	Pressy-sous-Dondin.	Id.	158	936 (8)
Salenciacus.	Salencey (Saint-Martin-de-)	Aymard.	27 (9)	»
\multicolumn{5}{c}{CAVAINIACENSIS, CAVANIACUS (CHEVAGNY-SUR-GUYE) (10).}				
Cavaniacus.	Chevagny-sur-Guye.	St Mayeul.	310	933 (11)
Villa Larcio, Villarcio.	Les Valliers, commune de Saint-Martin-de-Salencey.	Aymard.	87	936-954
Volzella.	Vauzelle-sous-Suin.	Bernon.	24 (12)	»

(1) M. A. Bernard (cartulaire de Savigny, p. 1089) admet dans sa liste, d'après plusieurs chartes de Cluny, *Buciacus vel Bociacus ager* ayant une église dédiée à Saint-Eusèbe. Les pouillés démontrent qu'il s'agit non de Saint-Huruge, mais de Bissy, hameau de Saint-Martin-la-Patrouille.

(2) V. *ager Laliacensis.*

(3) V. *ager Donziacensis.*

(4) V. *ager Plotensis.* Chardonnay, chef-lieu de l'*ager*, est mentionné dans la ch. 350 de Saint-Vincent (954-962), ainsi que dans les ch. 366 et 381 du même cartulaire.

(5) Expression altérée.

(6) Même observation.

(7) Commune de Saint-André-le-Désert.

(8) V. *ager Prisciacensis.*

(9) V. *ager Salenciacus.*

(10) La petite Guye.

(11) V. *ager Agenacensis.*

(12) Ce village était néanmoins situé dans le *pagus* d'Autun.

APPENDICE.

VILLÆ.	NOMS MODERNES.	CARTULAIRES.	CHARTES.	DATES.
\multicolumn{5}{c}{CHISSIACENSIS, CHISSIACUS (CHISSEY) (1).}				
Cunlacus, Cuculacus.	Culey, com^e de Chissey.	St Mayeul.	81	984
Kasoctus, Chasautus,		Aymard.	....	951
Chasavas.	Chazeux, com^e de Chissey.	Odilon.	146, 478	1006, 996-1031
\multicolumn{5}{c}{CICIACENSIS, CISSIACUS, SICIACENSIS (SCISSÉ) (SAINT-GENGOUX-DE-)}				
Bassiacus (2).	Bassy, commune de Saint-Gengoux-de-Scissé.	Bernon.	....	915
		St Mayeul.	215	962
Campanias.	Champagne, com^e de Péronne	Id.	784, 823	974
		Bernon.	88	936
Carciniacus, Karciniacus.	Le Carruge, com^e de Péronne	St Mayeul.	168, 194, 368, 412, 741, 817	970, 979, 982, 987, 994
		Odilon.	343, 763	1003
Coiciacus, Coisiacus (Ciciacus?)	Scissé, chef-lieu de l'*ager* (3).	St Mayeul.	243, 470, 823, 824	964, 974
Lancus.	Lanques, com^e de Péronne.	Id.	71, 517	969, 987
Perogus (Peronus?)	....	Id.	144	983
\multicolumn{5}{c}{CLUNIACENSIS (4) (CLUNY).}				
Bieria.	Le Nière, com^e de Château.	Bernon.	4	910 à 918 (5)
Castellum.	Château.		4	Id. (6)
Cluniacensis (villa).	Cluny.	St Hugues.	330 (7)	»
Rufiacus.	Rufey, commune de Cluny.	Bernon.	4	910 à 918 (8)
\multicolumn{5}{c}{CUBLIACENSIS (9), CUPRIACENSIS (CUBLIZE).}				
Curte Supernence.	Cours?	St-Vincent.	423	887-898
Leotorcisus, Leodreticus.	Lorcy? (10).	Id.	416, 422	872-882, 882-884
\multicolumn{5}{c}{CRAIACENSIS (CRAY) (11).}				
Craiacensis (villa).	Cray.	Aymard.	86 (12)	957
\multicolumn{5}{c}{CUULIACENSIS (CULEY).}				
Chalmagn (13) (mansus) et Aviles (mansus).	....	Odon.	132	»

(1) Le copiste a écrit par erreur *Clisiacensis*, *Climsiacensis*.
(2) V. *ager Iggiacensis*.
(3) Choiseaux, commune de Saint-Albain, est, en effet, trop éloigné.
(4) V. aussi ch. 77 d'Odon, datée de 933.
(5) V. *ager Galoniacensis*.
(6) Même observation.
(7) V. *ager Marciacensis* et *ager Rufiacensis*.
(8) V. *ager Rufiacensis*.
(9) Au lieu de *Aubliacensis* ou de *Trubliacensis*, v. cartul. de Savigny, p. 1088 et 1098.
(10) Entre Saint-Bonnet-de-Troncy et Saint-Vincent-de-Rhins; v. cependant le cartul. de Savigny, p. 1098.
(11) L'*ager Comminandis* (Command, hameau de Cray) serait, suivant M. Bernard (loc. cit., p. 1090), mentionné dans une charte de Cluny, datée de 884.
(12) Cette charte a pour objet un champ entre *Masiriacus* et *Gatgiacus* (Sigy ou Chigy?). Pérard, p. 45, cite une charte de 942 d'après laquelle Cray aurait été alors dans l'*ager* d'Aynard. V. *ager Masiriacus*.
(13) Cette expression est altérée. L'on a peut-être voulu désigner *les Charmes*, commune de Chissey? V. cependant *ager Tremayas*.

APPENDICE. CCVII

VILLÆ.	NOMS MODERNES.	CARTULAIRES.	CHARTES.	DATES.
DONZIACENSIS, DUNZIACUS (DONZY-LE-ROYAL) (1).				
Dunziacensis (villa).	Donzy-le-Royal.	Odilon.	554	1011 (2)
Hedias (Kedias?).	Chidde, com^e de Pressy.	Odon.	110	954-986
Prissiacus.	Pressy-sous-Dondin.	Id.	161 (3)	»
In Seiono (villa).	....	Id.	186	940
DONZIACUS (DONZY-LE-PERTUIS).				
Cotis.	Cotte, com^e de Cortambert.	St Mayeul.	727	982
ERNIACENSIS, IRNIACENSIS, AIRNIACENSIS (BESORNAY?) (4).				
Besorniacus.	Besornay.	Odilon.	551, 709	1008 (5)
		St Hugues.	536	»
In Curbeia.	....	Odilon.	858	996-1031
Donziacus.	Donzy-le-Royal.	Aymard.	226 (6)	»
Misiacus.	Mazilly, com^e de St-André?	St Mayeul.	789	
		Odilon.	167 (7)	987-996
Mons.	Le Mont.	St Mayeul.	789	987-996
EWIRANDIS (IGUERANDE).				
Escutiacus (8).	Ecreux?	St Mayeul.	353	966
EVORIACENSIS, EUVREI, EWREI, EURIACUS, EURIACENSIS, URIACUS, WERLÆ AGER (9).				
Aciacus, Aziacus.	Azé.	St Mayeul.	690, 756	974
Ayna, Ayona.	Aisne, commune d'Azé.	Id.	500	992
		Odilon.	621	»
Bruelias.	La Bruyère, com^e d'Igé.	St Mayeul.	551	990
Buxida.	Burchère, commune d'Azé?	Id.	264 (10)	987-996
Colonicas.	....	Id.	274	972
		Odon.	92	931
		Aymard.	269	044
Conflans.	Conflans.	St Mayeul.	828	968
		Odilon.	350, 531, 587	1003
		St Hugues.	230	»
Vallis.	Vaux-sur-Aisne.	St Mayeul.	596	983
		Odilon.	605	1014

(1) Le chef-lieu de cet *ager* est mentionné 1° dans les ch. 103, 110, 113 et 168 d'Odon; 2° dans la ch. 127 d'Aymard, datée de 949; 3° dans la ch. 406 de Saint Mayeul, datée de 980 (v. aussi ch. 772 du même cartulaire, datée de 978).
(2) V. *ager Buferiacensis*.
(3) V. les *agri Prisciacensis* et *Catgiacensis*.
(4) *Erniacensis* ne serait-il pas une abréviation ou une altération de *Besorniacensis*?
(5) V. *ager Fenestracensis*.
(6) V. *ager Buferiacensis* et *ager Donziacensis*.
(7) V. *ager Misiacus*.
(8) Ce village était situé sur les bords de la Loire (*Lira fluvius*) près de Fleurye.
(9) Ce chef-lieu était près d'Azé. Ne serait-ce pas Saint-Maurice-des-Prés? *Anaziacus* (Azé) est mentionné dans la 5e charte de Bernon (910 à 918).
(10) Il y a dans le texte *Lorniacensis* pour *Evoriacensis*.

VILLÆ.	NOMS MODERNES.	CARTULAIRES.	CHARTES.	DATES.
	FABRIACENSIS, FABRIAS (FARGES) (1).			
Crusiacus, Crosiacus (2).	Croze, com^e de St-Bonnet-de-Joux.	Aymard.	275	953
		St Mayeul.	726	974
Massariacus, Masiriacus.	Meurseaux, com^e de St-Vincent-des-Prés ou Mazilly, com^e de Saint-André?	Id.	759	974
		Odon.	94, 185	951, 952
Marchesolium, Marchesoth.	Marchizeuil.	Aymard.	17, 267	953, 954
		St Mayeul.	111, 231, 576, 645, 855	954, 974, 992
		Odilon.	164	987-996
Mons.	Le Mont.	St Mayeul.	576 (3)	»
FENESTRACENSIS, FENESTELACENSIS, FESTENIACENSIS, FENESTELAYACENSIS, FENESTRAGUS, SANCTÆ MARIÆ AGER (4) (LA VINEUSE).				
Besorniacus.	Besornay.	Odilon.	738	992 (5)
Mons.	Le Mont (6).	Bernon.	133	923 à 926
Noglas.	Nogles, com^e de La Vineuse.	Aymard.	74, 261, 277	941 (7)
	FINIACENSIS (8).			
Bionius.	|............................|	Aymard.	273	954-986
	FLAGIACENSIS ET MARCIACENSIS (FLAGY ET MERZÉ) (9).			
Tiliensis (villa).	Tillouzot (10).	Odilon.	304 (11)	»
	FUSCIACENSIS, FUSCIACUS (FUISSÉ).			
Alburnacus, Alburniacus, Albuciniacus, Albunacus.	Arbigny, au midi de Varennes-lès-Mâcon.	St-Vincent.	41, 87, 131, 179, 190	885 à 927
A Casiniacus.	|............................|	Odilon.	458	996-1031
Aloniacus, Ayloniacus.	Les Alognys, au midi de Pierreclos.	St-Vincent.	47, 48	947, 1018
Bulon.	La Belouze, com^e de Davayé, ou plutôt les Buland, com^e de Saint-Vérand.	St Mayeul.	303, 444	975 à 990
		Odilon.	609	»
Caderias.	Les Cadeaux, hameau de Vinzelles?	St-Vincent.	142	1018

(1) Hameau de la commune de Saint-Vincent-des-Prés. Le chef-lieu de l'*ager* est mentionné dans la ch. 506 de Saint Mayeul, datée de 992. L'*ager* est en outre mentionné dans la ch. 319 d'Odilon, datée néanmoins de 956.
(2) *Crosiacus* serait, suivant M. Bernard (loc. cit., p. 1090), mentionné comme chef-lieu de l'*ager Crosiacensis* dans une charte de Cluny, datée de 904.
(3) Dans la ch. 577, il est fait mention du même village et d'un pré sur la Gande. Ce village était situé entre Nogles et Saint-Vincent. Un lieu dit *le Mont* en a seul conservé le nom.
(4) Ces dernières expressions indiquent La Vineuse, dont l'église est sous le vocable de Notre-Dame (v. ch. 509 de St-Vincent). En effet, Nogles, qui, du temps d'Aymard, faisait partie de l'*ager Fenestracensis*, est, du temps d'Odilon (ch. 702), dans l'*ager* de Notre-Dame. *Fenestragus* (Fenestranges?) ou *Fenestella* (Fenestelle?) est probablement le nom primitif de La Vineuse.
(5) V. les *agri Erniacensis*, *Maciacensis* et *Misiacus*.
(6) V. note 3 suprà et *ager Erniacensis*.
(7) V. *ager Maciacensis*.
(8) Cet *ager* nous est inconnu.
(9) L'*ager* est ainsi indiqué. La *villa* de Flagy figure aussi dans les *agri Agenacensis* et *Marciacensis*.
(10) Hameau sur les limites des communes de Massilly et de Taizé.
(11) V. la ch. 557 du même cartulaire.

APPENDICE.

VILLÆ.	NOMS MODERNES.	CARTULAIRES.	CHARTES.	DATES.
Cancellacus, Cacellaicus, Cacella.	Chasselas.	St Mayeul.	78, 476, 757	957, 982, 989
Casno.	Les Chaneaux, près la Grange-Saint-Pierre.	St-Vincent.	193	886-927
Cantriacus.	Chaintré.	Id.	74, 165	815-850 (1)
Cavaniacus.	Chevagny-les-Chevrières.	Id.	459	1031-1062 (2)
Chivineas.	Chevignes, com^e de Prissé.	St Mayeul.	683	970
Cropia.	Crèches.	St Hugues.	309	»
		St-Vincent.	46, 119, 451	972 à 1060
Davajacus, Davagiacus.	Davayé.	Aymard.	16	948
		Odilon.	201	»
Exartis.	Les Esserteaux, commune de Bussières.	St-Vincent.	86, 153	971-974 (3)
Frontanacus (Fontanacus?)	Fontenay, com^e de St-Verand	Id.	226	937-962
Imiringas.	Emeringes.	Odilon.	201	»
Lannariacus.	....	Id.	579	1040
Lopchiacus, Lochiacus.	Loché.	St-Vincent.	133	981-996
		St Mayeul.	602	»
Macionetius.	Massonne, com^e de Prissé.	Aymard.	284	vers 954
Manciacus, Massiacus.	Méziat, com^e de Vinzelles?	St-Vincent.	132	»
		St Mayeul.	248	974
Molonacus (4) (Melonacus?).	....	Odilon.	653, 711	1025
Muison (5).	Mouhy, com^e de Prissé.	Aymard.	61	948
		St-Vincent.	125, 166, 169	»
Nocleus.	Neuf-Clés, près la Grange-Saint-Pierre.	St Mayeul.	503	974
Oratorius.	Ouroux.	St-Vincent.	76, 155	936-953, 960
Poliacus (6).	Pouilly (en Mâconnais), com^e de Solutré.	St Mayeul.	130, 444, 602, 790, 810	968 à 980
Prisciacus (7).	Prissé.	Id.	130	980
		Odilon.	447	1015
Romanesca.	Romanèche.	St-Vincent.	170 (8)	»
Satonacus.	Satonnat, com^e de St-Amour.	Id.	127, 136	928-936
		Aymard.	148, 164	949
Solustriacus.	Solutré.	St Mayeul.	735, 743, 765	961 à 986
Toriacus, Tauriacus.	Thoiriat, com^e de Crèches.	St-Vincent.	88, 89, 90, 158, 191, 405	879 à 962
Varennas.	Varennes (sur la petite Grosne)	Id.	117, 139, 143, 147, 150, 151, 162, 178, 431	937 à 1062
		Aymard.	132	
Vercheson, Vergeson, Vegesonus.	Vergisson.	St Mayeul.	114, 130, 315, 758, 788, 791, 814	948 à 994
		Odilon.	596	
Vincella.	Vinzelles.	St-Vincent.	77, 154, 159, 176, 461	1031-1062
		Odilon.	722	1003

(1) V. *ager Cantriacensis*.
(2) V. *ager Melionacensis* et *ager Salorniacensis*.
(3) V. *ager Salorniacensis*.
(4) Ne serait-ce pas le chef-lieu de l'*ager Melionacensis*?
(5) V. les *agri Melionacensis* et *Salorniacensis*.
(6) V. *ager Salorniacensis*.
(7) V. les *agri Prisciacensis* et *Salorniacensis*.
(8) V. *ager Torrensis*.

APPENDICE.

VILLÆ.	NOMS MODERNES.	CARTULAIRES.	CHARTES.	DATES.
	GALONIACENSIS, GALONIACUS, JALONIACUS (JALOGNY) (1).			
Bierias, Bieras, Bieria, Bieri.	Le Nière, comᵉ de Château.	Bernon.	11, 13, 150 (2)	915
		Odon.	145	939
		St Mayeul.	241, 477, 801	962, 985
Buido, Budo, Bugdo, Bugdonus, Bucdonus, Buias.	Buillet, même commune (3).	Bernon.	21	»
		Odon.	81, 106	930, 936
		Aymard.	214	943
		St Mayeul.	197, 241, 465, 589, 630, 651	959, 966, 984, 986, 989, 991
		St-Vincent.	418	981-996
Calmeriacus, Camiriacus, Camiliacus (capella sᵗⁱ Leodgarii).	Saint-Léger, même comᵉ.	Odon.	127 (4), 188	929, 935
		St Mayeul.	159, 631, 653, 734	962, 986, 987
Castellum.	Château.	Odon.	178, 188	928, 929
		St-Vincent.	200	886-927
		St Mayeul.	152, 207	963, 994
		St Hugues.	534	»
Curchevisas.	Corchevay, même comᵉ (5).	Aymard.	9	951
Lorniacus.	Orloux, près et au soir de Jalogny (6)?	St Mayeul.	359, 595	985, 986
Montelius (7), Montilius.	Montillet, près Cluny.	Aymard.	216, 262	942, 946
		St Mayeul.	171, 653	974, 986
		Odilon.	300	996-1031
Prulengias (8).	Purlanges.	St Mayeul.	241	985
Vallis.	Vaux-sous-Jalogny.	Odon.	114, 160	929, 938
		Aymard.	207	949
		Odilon.	537	1017
Vetuscurtis, Vescurtis, Vetiscot.	Ravery (9), comᵉ de Château.	Bernon.	142	»
		Aymard.	9, 157, 222, 224	943, 948, 951, 952
		St Hugues.	512	»
	GENOLIACENSIS (GENOUILLY) (10).			
Maioticas.	....	Aymard.	72	945
Ad Aquarias (villa).	....	Id.	72	945

(1) Son territoire s'étendait, au nord, jusque près du monastère de Cluny (ch. 428 de Saint Mayeul, vers 984) ; au midi, jusque près de Mazille (ch. 495 du même cartul., vers 973). Le chef-lieu de l'ager est mentionné dans les ch. 223, 239, 240 et 250 d'Aymard, 789 de Saint Mayeul.

(2) Le rédacteur de cette charte, indiquant l'ager, a écrit *Valiciacensis*.

(3) Il y a néanmoins dans la commune de Jalogny, au-dessous de la montagne de Roche, un lieu dit *Pré-Bedon*.

(4) Il y a par erreur *Baloniacensis*.

(5) Sur le chemin de Château aux Cadolles.

(6) V. la carte de Cassini.

(7) Le même nom est mentionné dans la ch. 647 de Saint Mayeul, datée de 964, mais celui de l'ager est altéré.

(8) V. les *agri Miliacensis* et *Tisiacensis*.

(9) *Vetuscurtis* vel *Raveridis*, porte la ch. 417 d'Odilon.

(10) La ch. 72 d'Aymard indique à tort cet *ager* comme situé dans le Chalonnais.

APPENDICE. CCXI

VILLÆ.	NOMS MODERNES.	CARTULAIRES.	CHARTES.	DATES.

GINACIACENSIS (1).

Madriacus.	....	St-Vincent.	399	864-873

GRIVILIACENSIS, GRIVILIACUS (GREVILLY) (2).

Albiniacus (3).	....	Aymard.	217	949
Ayrodius.	....	Bernon.	156	951
Boiacus.	Boye, commune de Saint-Gengoux-de-Scissé.	Id.	156	951
Bussiacus.	Bissy-la-Mâconnaise.	Id.	156	951
Colonicas.	Collonge, com^e de Cruzille.	Id.	156	951
Fargias.	Farges.	Aymard.	217 (4)	949
Lasherias.	Lancharre, com^e de Chapaize?	Odilon.	329	»
Luviniacus.	Lugny.	St Mayeul.	109	982
Molinis.	Le Moulin-Meurier, com^e de Cruzille ?	Odilon.	739	996-1031
Pontiacus (5).	....	Bernon.	156	951
Usiacus, Osiacus (Hisiacus)	Ouxy, com^e de Cruzille.	Odilon.	340, 341	996-1031

IGGIACENSIS, IDGIACENSIS, ITGIACENSIS, IBJACENSIS, IPGIACENSIS, IDGIACUS, ERGIACENSIS, AIGIACUS (IGÉ) (6).

Bassiacus.	Bassy (7).	St Mayeul.	272	964
Belna.	Blany.	Aymard.	29	943
Classiacus.	Clessé.	St-Vincent.	238	»
Curciacus, Cruciacus (Curgiacus).	En Créau, commune d'Igé ?	St Mayeul. / Odilon.	556 / 390	962 / 996
Dionna	....	St Mayeul.	322	969
Dommanacus.	Dommange, commune d'Igé.	St-Vincent. / St Mayeul.	217 / 35	972-977 / 962
Gigniacus.	....	St-Vincent. / St Mayeul.	432 / 76	1031-1060 / 979
Liorniacius, Lyornacus, Liurnacus, Ledornay.	....	St-Vincent. / Odon.	212, 213, 245, 246, 426 / 56	968-971 / 936

(1) Dans la 24e charte de Saint-Vincent (1060-1108) on lit : « villa Gigniaci in loco Moncellis. » *Moncellis* (Montceau) est mentionné dans l'*ager Iggiacensis* et dans l'*ager Salorniacensis*.

(2) Grevilly n'est pas indiqué, dans nos cartulaires, comme situé dans le *pagus* de Mâcon. Il ne figure pas même dans l'*ager* qui porte son nom. Situé dans le *pagus* de Chalon, il ne peut être considéré ici que comme simple *finage* (v. *suprà*, 3e section, p. CXCIX).

(3) Ne serait-ce pas Arbigny, bien que situé outre-Saône et dans le *pagus* de Lyon ?

(4) La charte ajoute : « *in villa Marchisolio.* » Ces derniers mots prouvent qu'il s'agit de Farges, hameau de Saint-Vincent-des-Prés, et non de Farges, sur les bords de la Saône. Il y a donc eu erreur, de la part du rédacteur de la charte, quant à la désignation de l'*ager*.

(5) V. l'*ager* de ce nom. Dès lors n'y a-t-il pas eu erreur dans l'indication de l'*ager* ?

(6) Igé, chef-lieu de l'ager, est mentionné dans la ch. 272 de Saint Mayeul, datée de 962 ; dans la ch. 426 d'Odilon et dans les ch. 105, 248, 250, 251 et 264 du cartul. de Saint-Vincent.

(7) V. *ager Ciciacensis*.

VILLÆ.	NOMS MODERNES.	CARTULAIRES.	CHARTES.	DATES.
Mariniacus.	Marigny, com^e de Verzé.	St-Vincent.	424	968-971
Minciacus (Mariniacus ?) Misiriacus, Maniciacus.	....	Id. Odilon.	198, 247, 495 461	1022 1038
Nuciacus, Nuceacus.	....	St-Vincent.	253, 263	938-958, 996-1033
Privisiacus (1).	....	Aymard. St Mayeul.	175 272	954 964
Prudulengias.	....	Id.	452	954
Seia (2), Segia.	La Chize, com^e de Milly.	Aymard. St Mayeul.	47 700	942 960
Tasiacus (Laisiacus?)	Loizé ?	St-Vincent.	427	898-923
Vallis.	Vaux, com^e de Verzé (3).	St Mayeul.	845	972
Verchisotis.	Verchizeuil.	St-Vincent.	424, 430, 458	968-971, 1031-1062
Viriacus, Virgiacus, Verriacus, Verciacus, Virciacus, Virziacensis villa, Verziacus.	Verzé.	Id.	107, 199, 201, 205, 207, 215, 221, 228, 229, 232, 233, 237, 424	962 à 1026
		St Mayeul.	117, 153, 171, 262, 275, 356, 432, 792	961 à 984
		Odilon.	381, 619, 733	1001
		St Hugues.	343	»

JUNCIACENSIS, JOVENCIACUS (JONCY) (4).

Dias.	Le Guide? (dans le bourg de Joncy).	Aymard.	257	950
Vigniacus (locus).	....	Odilon.	195, 222 (5)	1036
Fons hadulfus, Fontana Chadulfus.	Malfontaine, com^e de Burzy?	Id.	195, 222 (6)	1036

ISSIACENSIS (OUXY) (7).

Issiacus.	Ouxy, com^e de Cruzille.	Odon.	111	926

LALIACENSIS (LA LIENNE) (8).

Bufferias (9).	Buffières.	St-Vincent.	234	928-936

(1) V. *ager Verriacensis.*
(2) V. les *agri Laliacensis* et *Soliniacensis.*
(3) Il existe plusieurs villages du même nom dans le voisinage.
(4) *Juhencias*, au XIIIe siècle.
(5 et 6) Ces chartes sont datées de l'*Effondrée*, hameau de Saint-Clément-sur-Guye.
(7) Peut-être Fissy, commune de Lugny ?
(8) Hameau de Buffières.
(9) V. *ager Bufferiacensis.*

APPENDICE. CCXIII

VILLÆ.	NOMS MODERNES.	CAR-TULAIRES.	CHARTES.	DATES.

LALIACENSIS, ALALIACENSIS, ALIACENSIS, LILIACENSIS, LALIACUS
LA LIE (COMMUNE DE SAINT-SORLIN) (1).

VILLÆ.	NOMS MODERNES.	CARTULAIRES.	CHARTES.	DATES.
Aiocs (2) (in confinio Cluniacensi).	....	Odilon.	156	992
Belplana (3).	....	St Mayeul.	222, 681	980, 993
Buxeria (4).	Bussières.	Odilon.	333	999
Curziacus, Curciacus (Curiacus).	Le Carruge, com^e de Pierreclos.	St Mayeul.	205, 445	992
Laliacus.	La Lie, com^e de St-Sorlin.	St-Vincent.	216, 256, 257(5)	996-1018
Laorniacus (6) (Morniacus?)	....	Odilon.	144	»
Moinus.	En Moins, com^e de Sologny.	St Mayeul.	566 (7)	954-986
Morniacus (8) (Mariniacus?)	Marigny, com^e de Verzé?	Aymard.	230	943
Soloniacus (9).	Sologny.	St Mayeul.	354	986
Seia (10).	La Chize.	Aymard.	259 (11) 260, 272	953
		St Mayeul.	212, 304, 352, 497, 672, 730, 783, 854, 857, 482, 483	966 à 986
		Odilon.	137, 515 (12)	996-1031
		St Hugues.	261 (13)	»
Turniacus.	Les Tourniers, commune de Berzé-le-Châtel.	St Mayeul.	367	984
		Odilon.	170	996-1031

LANCIACUS (LANCIÉ).

| Arpaiacus (14). | Arpayé. | Aymard. | 109 | 954 |
| Alichier (locus). | .... | St-Vincent. | 436 | 1031-1060 |

(1) Les copistes des cartulaires de Saint-Vincent et de Cluny ont confondu parfois cet *ager* avec celui de *la Lienne* près Buffières. *Laliacus* (parfaitement distinct de *Milliacus*) était situé au matin de St-Sorlin, entre le Molard et les Allogniers. Aujourd'hui une montagne et une carrière ont seules conservé le nom de l'*ager* et celui de *la Lie* (v. ch. 403 de Saint-Vincent et 19 d'Aymard). Ce chef-lieu d'*ager* portait aussi, en effet, le nom de *Laliacensis* ou *Liliacensis*, même celui de *Laliacus* (ch. 482 et 483 de Saint Mayeul, datées de 969), car c'est ainsi qu'il faut lire au lieu de *Laisiacus*. D'autre part, Purlanges (ch. 292 de Saint Mayeul, vers 972), est indiqué expressément dans l'*ager Miliacensis* (Milly). N'est-ce qu'une erreur du copiste, ou bien faut-il lire dans les autres chartes *Miliacensis* au lieu de *Liliacensis*? Le voisinage des lieux et la presque similitude de désignation rendent les erreurs faciles dans la classification des *villa*. V. *ager Miliacensis*.

(2) Expression probablement altérée.

(3) *Belplana* et *Segia* (Seia? La Chize) sont mentionnées dans la ch. 582 de St Mayeul, vers 985. Cependant, suivant M. Bernard, p. 1093, *Belplana* figurerait aussi dans l'*ager Mediolanensis* (Meulin), ce qui en reporterait la situation près de Buflières, dans l'*ager Laliacensis*.

(4) V. *ager Pontiacus*.

(5) Il y a dans le cartulaire de Saint-Vincent *Meliacensis* pour *Laliacensis*, à moins que *Meliacensis* n'indique Milly.

(6) V. *ager Iggiacensis*.

(7) L'*ager* est désigné à tort dans cette charte par le mot *Megoniacensis*.

(8) V. aussi ch. 259 d'Aymard et *ager Verriacensis*.

(9) V. *ager Soliniacensis*.

(10) V. les *agri Iggiacensis* et *Soliniacensis*.

(11) L'*ager* est indiqué par *Maloniacensis* pour *Saloniacensis*, *Miliacensis* ou *Laliacensis*.

(12) Le copiste, indiquant l'*ager*, a écrit par erreur *Aretariacensis*.

(13) V. ch. 251 de Saint Hugues.

(14) V. *ager Arpaiacus*.

VILLÆ.	NOMS MODERNES.	CARTULAIRES.	CHARTES.	DATES.

MACIACENSIS, MATIACUS (MASSY) (1).

VILLÆ.	NOMS MODERNES.	CARTULAIRES.	CHARTES.	DATES.
Baynas, Baginas, Baina.	Baine.	Aymard.	172, 191, 225 (2)	953, 957
		St Mayeul.	136, 165, 543, 819	974, 980
Besorniacus (3).	Besornay.	Odon.	35	936
Canavas, Canevas, Kanevas, Canaves (5).	Les Liats, comᵉ de La Vineuse	St Mayeul.	650, 658, 697 68, 284 (4), 430, 457, 498, 534, 543, 641, 657, 674, 675, 677, 679, 701, 752, 826 (6)	962, 987, 992 962 à 984
		Id.		
Cavanas, Cavenas, Cavaniacensis (villa) (7).	Chevagny, comᵉ de Lournand	Bernon.	65	936
		Odon.	54, 155	931
Dumbinas.	Dombine, comᵉ de La Vineuse	Aymard.	172	957
		St Mayeul.	543, 685	974, 982
Fargias (8).	Farge, comᵉ de St-Vincent.	Aymard.	100, 278	936-954
Montiniacus.	Montagny, hameau de Sailly	Id.	223 (9)	»
Nogulas (10).	Nogle, comᵉ de La Vineuse.	Odon.	108	939
		Id.	131	»
Obladus.	Zublé, commune de Massy.	St Mayeul.	298 (11), 537	983, 996
		Odilon.	368, 781	1016
Pestonicas?	. . . .	St Hugues.	275	»
Saciacus.	Sassy, comᵉ de La Vineuse.	Bernon.	19 (12)	926
		Aymard.	59	958
		St Mayeul.	638, 652, 722 (13), 809	959, 980
Sisiria?	Les Sarilles, comᵉ de Cortambert? (14)	St Hugues.	576	»
Visando.	Sandon, comᵉ de La Vineuse?	St Mayeul.	654, 719 (15)	959, 971
Vitriacus.	Vitry.	St-Vincent.	402	898-923
		Odon.	126	936
		Odilon.	161	987-996

(1) *Mattiacus*: « *Res propè Lordonum* » ch. 183 d'Odon. Massy, chef-lieu de l'*ager*, est mentionné dans les ch. 534 et 662 de Saint Mayeul, datées de 967 et 974.
(2) Le copiste, indiquant l'*ager*, a écrit par erreur *Petriiacensis*.
(3) V. *ager Fenestracensis*.
(4) Il y a par erreur *Marciacensis*.
(5) V. *ager Rufiacensis*. Les expressions citées ne désignent pas Chevagny, car *Canevas* était, d'après les nombreuses chartes citées, situé dans les environs de Baine et de Dombine (v. notamment ch. 279 de St Mayeul, datée de 982).
(6) Il y a par erreur *Marciacensis*.
(7) Ce village doit appartenir plutôt à l'*ager Marciacensis* (Merzé). Le copiste, qui a mis Sassy, Zublé et Sandon dans ce dernier ager, a, à l'égard de Chevagny, écrit *Maciacensis* pour *Marciacensis*. Chevagny figure en effet dans ce dernier *ager*.
(8) V. les *agri Fabriacensis* et *Misiacus*.
(9) Le copiste a aussi écrit *Peirriacensis*.
(10) V. *ager Fenestracensis*.
(11) Il y a par erreur *Marciacensis*.
(12 et 13) Même observation.
(14) Il faudrait alors *Marciacensis* au lieu de *Maciacensis*.
(15) Il y aurait par erreur *Marciacensis*.

APPENDICE.　　　　　　　　　　　　　　CCXV

VILLÆ.	NOMS MODERNES.	CARTULAIRES.	CHARTES.	DATES.
	MARCIACENSIS, MARZIACUS (1), DARRIACENSIS, DARIACUS (2) (MERZÉ).			
Aidrolus.	Les Agrelets, près Varanges?	Aymard.	28	953
Blangas.	Blangue, com^e de Lournand.	Bernon.	23	916
Carriniacus.	Le Carruge? (3).	Id.	15, 22	»
		St Mayeul.	331	974
Cassanias, Casagnias.	La Chassagne (4).	Aymard.	103, 169, 200, 205, 264	951, 953, 957
		St Mayeul.	313, 410, 607, 627	977, 984
Cavaniacus, Kavaniacus, Cavaniacensis villa, Chavaniacus.	Chevagny, com^e de Lournand.	St Mayeul.	108, 196, 277, 529, 624, 659	964, 980, 982, 992
		Odilon.	688	»
Cluniacus et monasterium Cluniacense (5).	Cluny.	Bernon.	20	925
		Odon.	91	929
Colonicas.	Colonge, com^e de Lournand.	St Mayeul.	221, 351	970, 979
Escartellas (Essartellas), Asartellis.	Essard-Michaud, com^e de Donzy-le-Pertuis?	Id.	583, 648, 771	969, 974, 977
Flagiacus (6).	Flagy.	Odilon.	110	1003
Maliacus.	Mailly (7).	St Mayeul.	616	962
		Odilon.	114	996
Maxiliacus, Massilliacus (8)	Massilly.	Aymard.	33, 181, 200	954
		St Mayeul.	236, 717, 753, 807	974, 982, 984
Montellus.	. . . .	Id.	96	979
Scotia (Cotta).	Cotte, com^e de Cortambert.	Aymard.	105 (9)	»
		St Mayeul.	338	981
Varingas, Varanas.	Varenges, même commune.	Aymard.	9, 71, 116, 117, 118, 126, 150	951, 953
		St Mayeul.	248, 312, 346, 515, 649, 763, 820	963 à 991
		Odilon.	484, 509, 532	1002, 1004, 1005
		St Hugues.	236	»

(1) Cet *ager* s'étendait, au soir, jusqu'au village de Sous-Lourdon (ch. 314 de Saint Mayeul, datée de 963). Merzé, chef-lieu de l'*ager*, commune de Cortambert, sur les bords de la Grosne, est mentionné dans les ch. 171 d'Aymard, datée de 954, et 802 de Saint Mayeul, datée de 987.

(2) Une charte de Cluny, de 940 environ, citée par M. Bernard, p. 1091, contient les expressions suivantes : « *in agro Marciacense vel Dariacense.* » C'était donc le même *ager* sous des expressions différentes. Aussi les mêmes villages sont-ils indiqués dans l'un comme dans l'autre *ager*. Toutefois, *Dariacus* et *Marciacus* semblent avoir formé deux villages distincts. En effet, on lit dans la ch. 163 d'Odilon (996-1031) : « *villa Dariacus*, » comme dans les chartes citées dans la note précédente : « *villa Marziacus.* »

(3) V. *suprà*, banlieue de Cluny, p. cxcii. Ce village était situé près de la Chaume, commune de Lournand. V. *ager Rufiacensis*.

(4) Ce hameau était près de Merzé, au soir de la Grosne (v. *suprà*, Banlieue de Cluny, et ch. 627 de Saint Mayeul). Des champs situés sur la rive gauche de la Grosne, sur les limites des communes de Lournand et de Massilly, ont seuls conservé le nom de ce hameau.

(5) V. les *agri Cluniacensis* et *Rufiacensis*.
(6) V. les *agri Agenacensis*, *Flagiacensis* et *Rufiacensis*.
(7) V. moulin de Mailly, dans l'*Album* de S.-et-L., 2, 164, et *ager Rufiacensis*, *infrà*.
(8) V. *ager Masiliacensis*.
(9) V. *ager Donziacus*.

APPENDICE.

VILLÆ.	NOMS MODERNES.	CARTULAIRES.	CHARTES.	DATES.
\multicolumn{5}{c}{MARGONICUS ? (1).}				
Villæ ad Montetum, Petronna (Péronne?), Bernetus (Vernet?), In Filnarias (Fougnières?)	....	Aymard.	64	952
\multicolumn{5}{c}{MASILIACENSIS (MASSILLY) (2).}				
Masiliacus.	Massilly.	Bernon.	12	»
\multicolumn{5}{c}{MASIRIACENSIS, MASIRIACUS (3).}				
Craus, Graius.	Cray (4).	St Mayeul.	774, 811	966
Masiriacus.	Chef-lieu de l'*ager*.	Id.	732	964
\multicolumn{5}{c}{MELIONACENSIS, MELENIACENSIS, MELONIACENSIS (5).}				
Cavaniacus.	Chevagny-les-Chevrières (6).	St-Vincent.	135, 141	968-971
Condaminas.	Condemine, com^e de Charnay	Id.	129, 167	1018
		St Mayeul.	463	980
Funtanilias.	Fontenailles (7), commune de Saint-Clément.	St-Vincent.	83, 95, 137, 160, 177, 189	996-1018
		St Mayeul.	309	»
Marontis (villa).	Marboux, com^e de Charnay?	St-Vincent.	364	968-971
Moyson.	Mouhy, com^e de Prissé (8).	Id.	75, 114, 115, 121, 122, 123, 124, 126, 128, 134, 138, 168, 171, 175, 194	886 à 996
\multicolumn{5}{c}{MILIACENSIS (MILLY).}				
Pruilingas.	Purlanges (9), com^e de Sainte-Cécile.	St Mayeul.	292	vers 972

(1) Le nom primitif a été probablement altéré. Parmi les villages de la circonscription, il nous semble reconnaître Fougnières, commune de Blanot. Mais quel était le chef-lieu de l'*ager*? La charte a été rédigée à Brancion.
(2) V. les *agri Amniacus* et *Marciacensis*.
(3) Suivant nous, il ne s'agit ni de Maiseret, près de Bissy-sur-Fley, ni de Marizy, ni de Marry, mais du village aujourd'hui connu sous le nom de St-Marcelin, dénomination religieuse qui a remplacé le nom primitif, ainsi que cela est arrivé fréquemment. Pérard, p. 29, cite, en effet, une charte du cartulaire de Perrecy contenant les expressions suivantes : « *Ecclesia sancti Marcellini cum tota villa Crasia* (Cray), *in Buxeriis* (la Bussière), *Rangusa villa* (les Rochards), *Ad Fictam Petram* (Saint-Quentin, etc.) » *Masiriacus* pourrait aussi indiquer Mauny, près de Saint-Marcelin.
(4) V. *ager Craiacensis*.
(5) Suivant la ch. 550 d'Odilon, datée de 987, le chef-lieu de cet *ager* serait sur les bords de la petite Grosne « *Craona currente... valle Sardoni.* »
(6) V. les *agri Fusciacensis* et *Salorniacensis*.
(7) V. *ager Salorniacensis*.
(8) V. les *agri Fusciacensis* et *Salorniacensis*.
(9) V. les *agri Galoniacensis* et *Tisiacensis*.

APPENDICE.   CCXVII

VILLÆ.	NOMS MODERNES.	CARTULAIRES.	CHARTES.	DATES.
	MISIACUS (MAZILLY?) (1).			
Bisurniacus (2).	Besornay.	Odilon.	681	»
Farcas (3).	Farge, com^e de St-Vincent.	St Mayeul.	150	987-994
	PLOTENSIS (PLOTTES).			
Cardonacus (4).	Chardonnay.	St-Vincent.	429	1031-1060
	PONTIACUS, POTIACUS, POTIACENSIS, APOZIACUS (PONCETYS) (5).			
Belosia.	La Belouse, com^e de Davayé.	Odon.	»	933
Brualias.	La Bruyère, même com^e.	Odilon.	479	1005
		St Mayeul.	256, 542	984
Buciacus, Busserias (6).	Bussières.	Odilon.	325, 427, 468, 751	1006, 1008, 1031-1049
Clutgiateus, (Dipgiacus?) (7) Diviacus	Davayé?	St Mayeul.	326	992
Frontiniacus, Frontancus (8), (Fontanacus?).	En Fontensy, commune de Saint-Vérand?	Id.	149	993
		Odilon.	795	1008
	PRISCIACENSIS, PRISCIACUS (PRISSÉ) (9).			
Clipgiacus, Dipgiacus (Diviacus?)	Davayé?	St-Vincent.	231 (10)	»
Prisciacus (villa).	Prissé.	St Mayeul.	73	979
		St-Vincent.	241, 252	968-971
Tassiacus.	....	Odon.	181	934
Ad Volofonum (11).	....	St Mayeul.	481	»
	PRISCIACENSIS (12) (PRESSY-SOUS-DONDIN).			
Calbonensis (villa).	Les Combes?	Bernon.	81	»
Chedias.	Chidde, com^e de Pressy.	St Mayeul.	522	984
Prisciacensis (villa).	Pressy-sous-Dondin.	Aymard.	135	948
	QUINTIACENSIS (13).			
In Lamolia.	....	Odilon.	200	996-1031

(1) Le chef-lieu de cet *ager* est mentionné dans les ch. 487 et 492 de Saint Mayeul. *Misiacus* ne serait-il pas l'abréviation de *Masiriacus* (Meursœaux, hameau de Saint-Vincent-des-Prés), ou bien Mazilly, hameau de Saint-André? V. les *agri Erniacensis* et *Fabriacensis*.
(2) V. les *agri Erniacensis* et *Maciacensis*.
(3) V. les *agri Fabriacensis* et *Maciacensis*.
(4) V. *ager Cardoniacensis*.
(5) Hameau de Davayé.
(6) V. *ager Laliacensis*.
(7) V. *ager Prisciacensis*.
(8) V. *ager Fusciacensis*.
(9) V. autre *ager Prisciacensis*.
(10) La ch. 255 du même cartulaire mentionne *Clippiacus* « super fluvium Craonam. »
(11) *Volufus*, ch. 367 d'Odilon, datée de 1004.
(12) V. l'*ager* qui précède.
(13) Cette localité, dont le nom primitif est probablement altéré, était située sur les bords de la petite Grosne, dans les environs de Chevignes et de Prissé (ch. 200 d'Odilon).

VILLÆ.	NOMS MODERNES.	CARTULAIRES.	CHARTES.	DATES.
	BUFIACENSIS (RUFEY, PRÈS CLUNY) (1).			
Alfragia, Fratgiacus, Flatgiacus (2).	Flagy.	Bernon.	17, 91	926
Bainas (Baginas) (3).	Baine, com^e de LaVineuse.	Odon.	167	935
		Aymard.	201	956
Cariniacus (4).	Le Carruge ?	Id.	204	960
Cluniacus (villa), et monasterium Cluniacense (5).	Cluny et son monastère.	Id.	47, 97, 123	942, 951
		Id.	39, 110, 115	948, 949
Iletis (villa) « Canaves vocatur (6). »	Les Liats, commune de La Vineuse (7).	St Mayeul.	454, 639, 782, 335	982, 987 à 994 934 à 986
		Odilon.	228, 346, 376	995, 1021
		St Hugues.	22	»
		St-Vincent.	244	886-927
Lornant.	Lournand.	Bernon.	25, 98	»
		Aymard.	193	»
		St Mayeul.	458	974
		Odilon.	272	996-1031
		St Hugues.	412, 543	»
Maliacus.	Mailly (8).	Odilon.	670	1016
Turrus.	Le Moulin-Thury, commune de Mazille (9).	St Mayeul.	665	969
Vetus Canevas, vetus Chanavas, vetus Canavas (10)	La Vieille-Chaume, com^e de Lournand ?	Bernon.	10	»
		Odon.	19	951
Vetus Molinis « in finibus Rofiaci. » (11).	Le Vieux-Moulin.	Id.	151	1005 (12)
	SALENCIACUS (SALENCEY (SAINT-MARTIN-DE-).			
Salenciacus (potestas S^{ti} Martini) (13).	St-Martin-de-Salencey.	St Mayeul.	315	984

(1) Du temps de Bernon, cet *ager* se serait étendu, au nord, jusqu'à Flagy ; du temps de Saint Mayeul, jusque près de Lourdon (ch. 494 de son cartulaire, datée de 966). Rufey, son chef-lieu, est mentionné dans la ch. 188 d'Aymard, datée de 944, dans la ch. 409 de St Mayeul, datée de 980, et dans la ch. 263 d'Odilon, datée du règne de Rodolphe III.
(2) V. *ager Marciacensis*.
(3) V. *ager Maciacensis*.
(4) A l'ouest de Rufey et au nord-ouest de Château, il existait un hameau dit Carruge-de-Pontoux, aujourd'hui *Croix-Carjat*. V. cependant *ager Marciacensis*. Dans les environs de Cluny, plusieurs localités portaient le nom de *Carruge*. Cette expression est la traduction de *Quarruvium*, *Quaterviam* (les Quatre-Chemins).
(5) V. les *agri Cluniacensis* et *Marciacensis*.
(6) V. l'*ager Maciacensis*.
(7) Entre Baine et la Chaume, au soir de la Dent-Turge et de la route de Cluny à Salornay.
(8) V. *ager Marciacensis*. Une fontaine, au nord de Cluny, près de la carrière dite *des Moines*, a seule conservé le nom de ce hameau.
(9) V. le cartul. de Savigny, p. 1095.
(10) *Sive Canabinas*, dit la ch. 189 d'Odon, datée de 939. V. les ch. citées *suprà* au mot *Iletis* et l'*ager Maciacensis*.
(11) Il était situé dans la colline des prés, entre Rufey et Cluny.
(12) La charte est, dans le cartulaire, datée de la 9e année de Robert. Le copiste n'aurait-il pas écrit Robert pour Raoul (932) ?
(13) V. *ager Catgiacensis*.

VILLÆ.	NOMS MODERNES.	CAR-TULAIRES.	CHARTES.	DATES.

SALORNIACENSIS, SALORNIACUS (SALORNAY, COMMUNE D'HURIGNY) (1).

VILLÆ.	NOMS MODERNES.	CAR-TULAIRES.	CHARTES.	DATES.
Amalberti (villa).	....	St-Vincent.	53	996–1018
Boscido, Buscido.	Bioux, com^e de Charnay?	Id.	147, 271, 301	936–954
Busciacus (2).	Bussières.	Id.	249	»
Carbonerias.	Charbonnières. (3).	Id.	463	997–1031
Carnacus, Carniacus.	Charnay.	Id.	50, 437	1060–1108
		St Mayeul.	»	987
		Odilon.	653, 737	1025
Casotis (villa).	Chazou, com^e d'Hurigny.	St-Vincent.	32, 275, 303, 307, 469	942 à 1072
Cavaniacus.	Chevagny-les-Chevrières (4).	Odilon.	219	1018
		St-Vincent,	148	996–1018
Exartis (villa).	Esserteaux, commune de Bussières (5).	Id.	85	»
Flaciacus.	Flacé.	Id.	281, 283, 308	936–954 / 954–986
Fontanilias.	Fontenailles, commune de Saint-Clément (6).	Id.	84, 182, 449, 450	1031–1060
Fossa Alsaci.	....	Id.	35, 524	1031–1062
Laisiacus.	Laizé ?	Odilon.	35	»
Liviniacus.	Levigny, com^e de Charnay.	St-Vincent.	94, 163, 174, 184	1015–1033
		Odilon.	399, 592	»
Maneciacus.	....	St-Vincent,	203	»
Moncellis.	Monceau, com^e de Prissé.	Id.	149, 197, 262	996–1018
		Odilon.	485	1005
Moyson.	Mouhy, même commune (7).	St-Vincent,	42, 43, 80, 438, 455	996–1060
Poilliacus.	Pouilly (8).	Id.	81, 218	1018–1030
Prissiacus.	Prissé (9).	Aymard.	141, 142	951
Sanciacus.	Sancé (10).	St-Vincent,	28, 268, 269, 272, 286 à 289, 294, 297, 299, 372, 470, 484, 486	923 à 1060

(1) Salornay, chef-lieu de l'*ager*, est mentionné dans la ch. 244 d'Aymard, datée de 952, et dans la ch. 113 de Saint-Vincent (1018-1030). Aucune charte ne nous indique Salornay-sur-Guye comme chef-lieu d'*ager*. La 11e charte d'Odon le mentionne comme chef-lieu de *viguerie* étendant sa circonscription jusqu'à Dombine. Mais nous avons établi (*suprà*, p. XI et CCI) que l'*ager* et la *viguerie* ne devaient pas, au moins dans notre contrée et à ces époques, être assimilées.

(2) V. les *agri Laliacensis* et *Pontiacus*.
(3) V. *ager Viriacensis*.
(4) V. les *agri Fusciacensis* et *Melionacensis*.
(5) V. *ager Fusciacensis*.
(6) V. *ager Melionacensis*.
(7) V. les *agri Fusciacensis* et *Melionacensis*.
(8) V. *ager Fusciacensis*.
(9) V. *ager Prisciacensis*.
(10) V. *ager Sanciacensis*.

VILLÆ.	NOMS MODERNES.	CARTULAIRES.	CHARTES.	DATES.
Someriacus.	Somméré, comᵉ de St-Sorlin.	Id.	197	996-1018
Trion.	....	Id.	362	996 à 1031
Uriniacus.	Hurigny (1).	Id.	82, 300, 389	996-1018
		St Mayeul.	767	975
Verchesolis.	Verchizeuil, comᵉ de Verzé.	St-Vincent.	219	968-971
Verziacus.	Verzé (2).	Odilon.	296 (3)	»
SANCIACENSIS, SANCIACUS (SANCÉ) (4).				
Sanciacus.	Sancé.	St-Vincent.	279, 290, 293, 302, 305	893 à 971
Bussontgi (5).	....	Id.	291	928-936
SAVINIACENSIS, SAVINIACUS (SAVIGNY) (6).				
Cigonias.	Seugne, comᵉ de Malay.	St Mayeul.	825	990
Potiolus.	Pontot, comᵉ de Savigny.	Aymard.	182	»
		Odilon.	786	1031-1049
Vallis.	Vaux, comᵉ de St-Ythaire.	Aymard.	35, 229	956, 959
		St-Vincent.	208	»
SIBRIACENSIS, SIBRANICENSIS (SUBRAN?) (7).				
Agroledas.	La Gresle (8).	St-Vincent.	39, 425	882-884
SIGIACUS (SIGY).				
Buxiacus.	Bissy, commune de Saint-Martin-la-Patrouille.	Odilon.	721	1039
SINICIACENSIS (SENNECÉ-LÈS-MACON).				
Senozana.	Senozan (9).	Aymard.	208, 229	948
Siniciacus	Sennecé (10).	Id.	16, 176, 177	948
SOLINIACENSIS (SOLOGNY) (11).				
Seia.	La Chize (12).	St Mayeul.	67 (13)	962

(1) V. *ager Uriniacensis*.

(2) V. *ager Verziacensis*.

(3) La ch. 89 du cartul. de Savigny, datée de 1004, et le cartulaire d'Aynay placent Sennecé dans l'*ager* de Salornay (v. p. 620 et 1096 de ces cartulaires, publiés par M. Bernard).

(4) V. *ager Salorniacensis*.

(5) M. Bernard, *loc. cit.*, p. 1096, indique Bussonge, commune de Saint-Martin-de-Senozan. Nous n'avons retrouvé nulle part cette localité.

(6) Dans la ch. 11 d'Aymard, datée de 958, il est fait mention de l'église dédiée à Saint Gengoux.

(7) M. Bernard, *loc. cit.*, p. 1097, croit, à raison des distances qui séparent Subran de la Gresle, que le chef-lieu de cet *ager* serait Sevelinges.

(8) V. *ager Tolvedonensis*.

(9) V. *ager Viriacensis*.

(10) V. *ager Salorniacensis*, note 3 *suprà*.

(11) V. *ager Laliacensis*.

(12) V. le même *ager*.

(13) Cette charte mentionne également Purlanges et La Vallouze.

APPENDICE. CCXXI

VILLÆ.	NOMS MODERNES.	CARTULAIRES.	CHARTES.	DATES.
	TISIACENSIS, TISIACUS, TISI (1).			
Burgundia.	Bourgogne, com^e de Bourg-vilain ou de Saint-Point.	Aymard.	88, 92, 131, 231	950, 954, 957
		St Mayeul.	259	972
		Odilon.	394	1002
Corcellas.	Corcelles, com^e de Bourg-vilain.	St Mayeul.	299, 311	984
Fargias.	La Fâ, même commune.	Aymard.	88, 92, 131, 231	950, 954, 957
		St Mayeul.	750	979
		Odilon.	310	994-996
Montilius (2).	Le Mont, com^e de St-Point?	Aymard.	175	954
Provilingias.	Purlanges (3).	Odon.	14	929
Rocca.	La Roche, com^e de St-Point.	Aymard.	67	»
	TOLVEDONENSIS (TOURVÉON, PRÈS BEAUJEU) (4).			
Agroledas (5).	La Gresle (Notre-Dame-de-)	St-Vincent.	39, 425	882, 882-884
	TORRENSIS (LES THORINS?) (6).			
Romanorumvilla.	Romanêche? (7)	St-Vincent.	357	899-927
	TREMAYAS (TRAMAYES).			
Scozolas (8).	Ecussole, commune de Saint-Pierre-le-Vieux.	St Mayeul.	633	966
	URINIACENSIS (HURIGNY).			
Uriniacus.	Hurigny (9).	St-Vincent.	140, 278	937-962
Torrens finis (10).	....	Id.	140	937-962

(1) Tisi, La Vallouze, Varennes, Bourgogne et Purlanges sont mentionnés dans les ch. 306 et 606 du cartul. de Saint Mayeul. Le chef-lieu de l'*ager (Tisiacus)* est aussi mentionné dans les ch. 67 et 246 d'Aymard, la dernière datée de 944. La Roche, commune de Saint-Point, était dans le territoire de cette *villa* (ch. 67 d'Aymard et 253 d'Odilon). Tisi était donc, suivant toute apparence, situé entre Bourgvilain et Saint-Point.

(2) *Montellius super sanctum Pontium* (ch. 196 d'Odilon).

(3) V. *ager Miliacensis*.

(4) Tourvéon est aussi considéré comme chef-lieu de *pagus* dans les ch. 39 et 425 qui vont être citées, et dans la 416e du même cartulaire. Dès lors sont indiqués comme *agri* de ce *pagus* les *agri Cubliacensis* et *Sibranicensis* ci-dessus mentionnés. D'après le cartulaire de Savigny, publié par M. Bernard (p. 221, 233 et 357) faisaient partie de l'*ager Tolvedonensis*:

1° La vallée d'Orval, à l'ouest de Claveizolles; 2° Saint-Nizier-d'Azergues; 3° Monténard, *Nova villa* et *Pramenou*. Suivant le même cartulaire (p. 106, n° 142), Tancon était chef-lieu d'*ager* (*Tecommensis ager*) et Saint-Germain-la-Montagne en faisait partie.

(5) V. *ager Sibranicensis*.

(6) M. Bernard, *loc. cit.*, p. 1098, considère cette interprétation comme douteuse. V. *ager Uriniacensis*.

(7) V. *ager Fusciacensis*.

(8) M. Bernard, p. 1091, aurait lu dans une charte de Cluny *Escusoliacensis ager*, dont faisait partie *villa Resedunt* (*vicus Resedo*). Resedon serait le bourg même de Saint-Pierre-le-Vieux.

(9) V. *ager Salorniacensis*.

(10) *Finis* a ici le sens de *villa*. Mais quelle était cette *villa*? La *villa Romanorum* n'était-elle pas située dans les environs? V. *ager Torrensis*.

VILLÆ.	NOMS MODERNES.	CARTULAIRES.	CHARTES.	DATES.
VENCENNIAS (VETUS CANEVAS?) (1).				
Rufiacus.	Rufey, près Cluny.	St Mayeul.	280	989
VERRIACENSIS, VERSIACENSIS (VERZÉ) (2).				
Caismiacus (Cariniacus?)	Le Carruge, commune de Berzé-le-Châtel?	St Mayeul.	851	975
Domanacus (3).	Dommange, com^e d'Igé.	St-Vincent.	222	968-971
Idgiacensis (villa).	Igé (4).	Id.	259	996-1018
Manesiacus (Mariniacus?)	Marigny (5)?	Id.	202	»
Privisiacus (6).	....	Bernon.	94, 96 (7)	»
Seloniacus.	Sologny (8).	St-Vincent.	349	»
VILLIACENSIS (9), BILIACENSIS, BILIACUS (VILLIÉ).				
Avenacus.	Avenas.	St-Vincent.	347, 351, 365, 375, 387	954 à 1031
Brurerias.	La Bruyère, com^e de Durette	Id.	483	1031-1062
Castellum.	Le Château (au nord d'Avenas)	Odilon.	455	»
Lintiniacus.	Lantigné.	Id.	209	994-996
Rumaco (10) (Runiaco).	....	Aymard.	147	948
VIRIACENSIS (VIRÉ) (11).				
Belosia.	Boulaise, com^e de Viré.	Odilon.	595	994
Beraciacus, Beriacus, Beresiacus.	Vérizet.	St-Vincent.	360	814-850
		St Mayeul.	850	974
Carbonerias.	Charbonnières (12).	St-Vincent.	462, 466	1009 / 1031-1062
Causel.	Choiseau, com^e de St-Albain.	Id.	352, 368, 376, 378, 382	954 à 1033

(1) V. les *agri Rufiacensis* et *Maciacensis*.
(2) Le chef-lieu de l'*ager* (*Viriacus*) est mentionné dans les ch. 260, 342, 343, 383 et 384 du cartulaire de Saint-Vincent. V. *ager Viriacensis*, note 11 *infrà*.
(3) V. *ager Iggiacensis*.
(4) V. le même *ager*.
(5) V. *ager Laliacensis* et *ager Salorniacensis*.
(6) Cette *villa* est considérée, dans la ch. 272 de Saint Mayeul, datée de 964, comme située dans l'*ager* d'Igé. V. cet *ager*.
(7) La même *villa* est, dans cette charte, désignée à tort sous le nom de *Prisciacus*.
(8) V. les *agri Soliniacensis* et *Laliacensis*.
(9) Il y a par erreur, dans le cartul. de Saint-Vincent, *Viriacensis*. Le chef-lieu de l'*ager* est mentionné dans la ch. 147 d'Aymard.
(10) L'expression est probablement altérée.
(11) Il est parfois difficile, dans la classification des villages, de distinguer entre Viré et Verzé, car ces deux *agri* sont souvent indiqués par les mêmes noms (*Viriacensis* et *Viriacus*).
(12) V. *ager Salorniacensis*.

APPENDICE.

VILLÆ.	NOMS MODERNES.	CARTULAIRES.	CHARTES.	DATES.
Colongicas.	Collongette, com^e de Lugny.	Odilon.	595	994
		Bernon.	30	»
Senosanus.	Senozan (1).	St Mayeul.	837	975
		Odilon.	220	996-1031
Turiciacus.	Thurissey, commune de Montbellet.	St-Vincent.	385	996-1018
Valcelletas.	....	St Mayeul.	317	969

(1) V. *ager Siniciacensis*.

OBSERVATION. C'est par erreur que les cartulaires de Cluny indiquent comme situés dans le *pagus* de Mâcon les *agri* suivants :

1° *Noviliacensis* (Neuilly, près Matour, ch. 694 de Saint Mayeul, datée de 993). L'*ager* de Neuilly était situé dans le *pagus* d'Autun (v. ch. 803 du même cartulaire);

2° *Cosenacensis* (ch. 835 de St Mayeul, datée de 977, et 505 d'Odilon, datée de 996). Cet *ager* appartient au Lyonnais ;

3° *Balodrensis, villa Barbareias* (ch. 360 de Saint Mayeul, datée de 984). Ces localités dépendent du Chalonnais (v. ch. 518 du même cartulaire, datée de 993).

Mâcon, juin 1860.

TH. CHAVOT,

Membre de l'Académie de Mâcon, Société des Sciences, Arts et Belles-Lettres.

FIN.

ERRATA ET ADDITIONS.

Page VIII, ligne 10, au lieu de t. X, lisez t. IV, p. 1126.
— VIII, — 20, — ch. 310, — ch. 110.
— IX, note (f), la citation de Pérard doit suivre immédiatement la note précédente.
— IX, note (g), au lieu de ch. 292, lisez ch. 295.
— IX, id., — ch. 495, — ch. 492.
— X, ligne 27, — Odilon, — ch. 28 d'Odon.
— XI, — 1, — ch. 94, — ch. 84.
— XI, — 14, — ch. 231, — ch. 232.
— XIV, — 25, ajoutez : Cependant, dès le temps de Grégoire de Tours, la cité était administrée, dans l'ordre civil, par un comte, et dans l'ordre ecclésiastique, par un évêque. V. *Géographie de Grégoire de Tours*, par M. Jacobs.
— XIX, dernière ligne, au lieu de 477, lisez ch. 476.
— XXI, ligne 21, après le mot *derniers*, ajoutez ch. 69.
— XXII, — 13, au lieu de 1004, — 1064.
— XXIII, — 12, — { ch. 443, — ch. 444. / ch. 544, — ch. 554. }
— XXIII, — 14, — ch. 568, — ch. 567.
— XXIII, note (h), — p. 109, — p. 199.
— — p. 6, — § 6.
Page XXXIV, — 18, — ch. 306, lisez ch. 406.
— XL, — 17, — 1048, — 1049.
— LV, note (r), — p. 319, — p. 329.
— LVII, ligne 3, — ch. 580, — ch. 589.
— LIX, — 19, — XIe, — XIIe.
— LXI, — 11, — ch. 189, — ch. 199.
— LXV, — 15, — Odilon, — Odon.
— LXVI, note (r), — loi II, — loi 11.
— LXIX, ligne 6, — ch. 549, — ch. 249.
— LXXIV, — 20, — Odilon, — Odon.
— LXXVII, — 12, — ch. 97, — ch. 61.
— LXXVII, note (j), — ch. 59, — ch. 56.
— LXXXVIII, note (r), — ch. 258, — ch. 268.
— XCVIII, ligne 1, — 1231, — 1232.

—	CIX, ligne	8,	*au lieu de* universalité,	*lisez* communauté.	
—	CXI, —	3,	— id.,	— id.	
—	CXXVI, note (*nn*),		— p. 15,	— p. 115.	
—	CXXVII, note (*p*),		— form. 33,	— form. 37.	
			— 65,	— 75.	
—	CXXIX, ligne	25,	— ch. 73,	— ch. 76.	
—	CXXXVI, note (*i*),		— ch. 396,	— ch. 306.	

— CXXXVII, note (*l*),   *ajoutez :* Ce document a été depuis imprimé dans les *Annales* de l'Académie de Mâcon (IIᵉ partie, 1860, p. 169), et nous devons dire qu'il ne contient rien sur la monnaie mâconnaise.

—	CLVIII, ligne	5,	*au lieu de*	ch. 32,	*lisez* ch. 22.
—	CLX, —	15,	—	1095,	— 1096.
—	CLXI, —	1,	—	ch. 649,	— ch. 549.
—	CLXI, —	22,	—	(fin du XIIᵉ),	— (fin du XIᵉ).

— CLXIII, — 1 de la note (*n*), *ajoutez :* v. aussi *Capitulare secundum* de 803, *cap.* II; Baluze, I, col. 387.

—	CLXIX, note (*a*),		*au lieu de*	ch. 149,	*lisez* ch. 190.
—	CCXVI, note (5),		—	987,	— 996.

TABLE DE LA PRÉFACE.

Aperçu général... I
Le territoire, son étendue, ses qualifications diverses, ses subdivisions.... VI

Ire PARTIE.

Des personnes et de leur condition sociale.

CHAPITRE Ier.
LES ECCLÉSIASTIQUES.

1re SECTION. — *Ecclésiastiques séculiers.*

§ 1er. L'évêque... XVII
§ 2. Le Chapitre... XXII
§ 3. Les dignitaires du Chapitre... XXIV
    1. Le prévôt... XXIV
    2. Le doyen.. XXV
    3. Le précenteur... XXVI
    4. Le chancelier... XXVI
    5. Le scolastique.. XXVI
    6. Le trésorier.. XXVII
§ 4. Les dignitaires de l'évêché... XXVII
    1. Les archidiacres.. XXVII
    2. Les archiprêtres, les chapelains.................................... XXIX

2e SECTION. — *Ecclésiastiques réguliers.*

§ 1er. Abbaye de Saint-Laurent... XXXII
§ 2. Abbayes de Saint-Martin et de Saint-Jean................................ XXXII
§ 3. Abbayes de Saint-Clément et de Saint-Etienne............................ XXXIII
§ 4. Abbaye de Saint-Pierre.. XXXIV
§ 5. Abbaye de Charlieu... XXXV
§ 6. Abbaye de Saint-Rigaud... XXXVI
§ 7. Abbaye de Cluny, chef d'ordre... XXXVII

CHAPITRE II.

LES LAIQUES.

1re Section. — *Les seigneurs.*

§ 1er. Le comte	XLVIII
§ 2. Le vicomte	LIV
§ 3. Vassaux du comte	LVI
§ 4. Pairs du comte	LVI

2e Section. — *Les roturiers.*

§ 1er. Hommes libres	LVII
§ 2. Les colons	LX
§ 3. Les serfs	LXIV
§ 4. Les Juifs. — Les aubains	LXIX

IIe PARTIE.

De la propriété foncière, de ses rapports avec les possesseurs et de ses charges ou redevances.

CHAPITRE Ier. Des immeubles et de leurs qualifications diverses	LXXI
CHAPITRE II. Propriétés du fisc ou royales	LXXVI
CHAPITRE III. Les alleux	LXXVIII
CHAPITRE IV. Propriétés de Saint-Vincent	LXXX
— § 1er. Immunités	LXXXI
— § 2. Nones et dimes	LXXXII
— § 3. Précaires	LXXXIV
— § 4. Propriétés *in medium plantum* (complants)	LXXXVII
CHAPITRE V. Propriétés abbatiales	LXXXIX
CHAPITRE VI. Propriétés du comte	XCI
CHAPITRE VII. Propriétés vicomtales	XCVI
CHAPITRE VIII. Propriétés féodales	XCVII
CHAPITRE IX. Censives	C
CHAPITRE X. Colonage	CVI
— § 1er. Corvées	CVII
— § 2. Redevances en nature	CVIII
CHAPITRE XI. Propriété communale	CIX

IIIᵉ PARTIE.

Des différentes manières d'acquérir la propriété.

CHAPITRE Iᵉʳ. Successions...........................	CXIII
— § 1ᵉʳ. Alleux, acquêts, tenures à cens..............	CXIII
— § 2. Fiefs.................................	CXVIII
CHAPITRE II. Testaments............................	CXXI
CHAPITRE III. Dot, douaire, donations entre époux, régime des biens durant le mariage.............................	CXXV
— § 1ᵉʳ. Dot...............................	CXXVI
— § 2. Douaire.............................	CXXVII
— § 3. — Donations entre époux.................	CXXVIII
— § 4. Régime des biens durant le mariage.........	CXXIX
CHAPITRE IV. Donations, ventes, échanges...............	CXXXI
— § 1ᵉʳ. Mesures agraires......................	CXXXIV
— § 2. Mesures de capacité....................	CXXXV
— § 3. Monnaie mâconnaise....................	CXXXVI
CHAPITRE V. Formes diverses de la tradition.............	CXLI
CHAPITRE VI. Contrat de gage........................	CXLIV
CHAPITRE VII. De la forme des actes...................	CXLVI
— § 1ᵉʳ. Invocation...........................	CXLVII
— § 2. Suscription...........................	CXLVIII
— § 3. Noms des parties.......................	CXLVIII
— § 4. La disposition et ses motifs...............	CXLIX
— § 5. Désignation de l'objet...................	CL
— § 6. La sanction...........................	CLII
— § 7. Les fidéjusseurs........................	CLIII
— § 8. Indices de l'authenticité de l'acte...........	CLIV
— § 9. La date..............................	CLVII
— § 10. Le rédacteur..........................	CLIX
— § 11. La salutation.........................	CLXI

IVᵉ PARTIE.

Organisation judiciaire et juridiction.

CHAPITRE Iᵉʳ. Temps antérieurs à la féodalité............	CLXIII
CHAPITRE II. Temps féodaux.........................	CLXVIII
— § 1ᵉʳ. Juridiction féodale du comte..............	CLXX
— § 2. Juridiction féodale de l'évêque.............	CLXXV

APPENDICE.

Tableaux des divisions et subdivisions territoriales et administratives du Mâconnais,

DU IXe AU XIIe SIÈCLE.

Matisco (Mâcon), capitale...	CLXXXI
Suburbes (banlieue)...	CLXXXIII

1re SECTION.

Episcopatus (l'évêché)...	CLXXXIV

SUBDIVISIONS.

§ 1er. Archiprêtrés......................................	CLXXXVI
§ 2. Paroisses rurales...	CLXXXVI
§ 3. Obédiences..	CLXXXVIII
§ 4. Banlieue de Cluny..	CXC

2e SECTION.

Comitatus (le comté)...	CXCIV

SUBDIVISION.

§ Unique. Vicairies ou vigueries...................................	CXCVII

3e SECTION.

Pagus (le pays Mâconnais)..	CXCVIII

SUBDIVISIONS.

§ 1er. *Agri*...	CC
§ 2. *Villae*..	CCI

CHARTULARIUM MATISCONENSE.

PRÆVIA.

I.

CONCILIA.

CONCILIUM MATISCONENSE PRIMUM,

Guntramni regis evocatione congregatum die kalendarum novembrium, indictione XV, id est, anno Christi DLXXXI, *Pelagii* II *papæ* V, *Guntramni ejusdem et Chilperici regum* XXI.

TITULI CANONUM.

I.	Ut clerici cum extraneis feminis non habitent.	584.
II.	Ne clerici aut laici puellarum monasteria ingredi vel cum illis colloqui temere præsumant.	
III.	Ut mulier cubiculum episcopi, nisi cum testibus, non ingrediatur.	
IV.	Ut qui oblationes fidelium defunctorum retinent excommunicentur.	
V.	Ut clerici habitu decenti utantur.	
VI.	Ut archiepiscopus missas sine pallio non dicat.	
VII.	Ne judex secularis clericum extra causam criminalem distringat.	
VIII.	Ne clericus ullum clericum trahat ad judicem secularem.	
IX.	Ut a festo Sancti Martini ad Natalem Domini, secunda, quarta et sexta feria jejunetur, et canones legantur.	
X.	Ut clerici dies feriatos celebrent cum episcopo.	
XI.	Ut honoratiores clerici, qui ad pristinas uxores redierint, dignitate priventur.	
XII.	Ut puellæ Deo devotæ, quæ postea nupserint, usque ad exitum vitæ cum adulteris suis excommunicentur.	

XIII. Ne judæi judices sint, vel telonarii, inter christianos.
XIV. Ut judæi, a Coena Domini ad secundam feriam Paschæ, non vagentur; et ut clericis honorem impendant.
XV. Ut Judæorum conviviis christiani non participent.
XVI. Ut nullus christianus judæo deinceps serviat, et ut mancipia quæ nunc sunt redimantur.
XVII. De his qui alios ad perjurium, seu falsum testimonium sollicitant, et iis qui illis consentiunt.
XVIII. De illis qui innocentes accusant.
XIX. De Agnete monacha.

PRÆFATIO.

Cum ex evocatione [1] gloriosissimi domni Gunthramni regis, tam pro causis publicis quam pro necessitatibus pauperum, in urbe Matiscensi nostra mediocritas convenisset; primo in loco visum nobis est, ut in nomine Domini, non tam nova, quam prisca patrum statuta sancientes, idipsum constituamus quod titulis præsentibus in canonibus legitur insertum.

CANONES.

I.

Ideoque definitum est ut episcopi, vel presbyteri, atque diaconi, ita sanctæ conscientiæ luce resplendeant, ut effugiant improbitatem actuum, maledicorum obloquia, ac testimonium in se divinum implere contendant, quod Dominus ait : *Sic luceat lux vestra coram hominibus, ut videant vestra bona opera et magnificent Patrem vestrum qui est in coelis.* Igitur auctoritate canonica, atque mansura in ævum constitutione sancimus, ut fugiatur ab his extranearum mulierum culpanda libertas, et tantum cum avia, matre, sorore, vel nepte, si necessitas fuerit, habitent.

II.

Ut nullus episcopus, presbyter, diaconus, clericus, vel quicumque secularis, in monasteriis puellarum, nisi probatæ vitæ et ætatis provectæ, præter [2] utilitatem, aut quamcumque reparationem monasterii, ad quas-

---

(1) Ad injunctionem (ex notis. *Jac. Sirmond.*)
(2) Propter *(Collectio Andegarensis).*

cumque earum necessitates habitare, aut secretas collocutiones habere præsumant, nec extra [1] salutatorium, aut oratorium ulterius ingredi permittantur. Præcipue judæi, non pro quorumcumque negotiorum occasione, puellis intra monasterium Deo dicatis aliquid secretius colloqui, aut familiaritatem, vel moras ibi habere præsumant.

III.

Ut nulla mulier in cubiculum episcopi absque duobus presbyteris, aut certe diaconis, ingredi permittatur.

IV.

Ut qui oblationes fidelium defunctorum, quæ ecclesiis conferuntur, retinent, veluti retentatores ecclesiæ, aut egentium necatores, ab ecclesiæ liminibus arceantur.

V.

Ut nullus clericus sagum, aut vestimenta vel calceamenta secularia, nisi quæ religionem deceant, induere præsumat. Quod si post hanc definitionem clericus, cum indecenti veste, aut cum armis inventus fuerit, a seniore ita coerceatur ut triginta dierum inclusione detentus, aqua tantum et modico pane [2] diebus singulis sustentetur.

VI.

Ut archiepiscopus sine pallio missas dicere non præsumat.

VII.

Ut nullus clericus de qualibet causa extra discussionem episcopi sui, a seculari judicio injuriam patiatur, aut custodiæ deputetur; quod si quicumque judex cujuscumque clericum, absque causa criminali, id est, homicidio, furto, aut maleficio, hoc facere fortasse præsumpserit, quamdiu episcopo loci illius visum fuerit, ab ecclesiæ liminibus arceatur.

VIII.

Ut nullus clericus ad judicem secularem quemcumque alium fratrem de clericis accusare, aut ad causam dicendam trahere quocumque modo præsumat; sed omne negotium clericorum, aut in episcopi sui, aut in

---

[1] Intra. *(Jac. Sirmond.)*
[2] Modici panis usu *(Codex Lugdunensis)*, modici panis portiuncula *(Cod. Bellovacensis).*

presbyterorum, vel archidiaconi præsentia finiatur. Quod si quicumque clericus hoc implere distulerit, si junior fuerit, uno minus de quadraginta ictus accipiat; sin certe honoratior, triginta dierum conclusione mulctetur.

IX.

Ut a feria Sancti Martini usque ad Natale Domini, secunda, quarta et sexta sabbati jejunetur, et sacrificia quadragesimali debeant ordine celebrari. In quibus diebus canones legendos esse speciali definitione sancimus, ut nullus se fateatur per ignorantiam deliquisse.

X.

Ut presbyteri, diaconi, vel quolibet ordine clerici, episcopo suo obedienti devotione[1] subjaceant, et non alibi dies feriatos, nisi in obsequio illius, liceat tenere aut celebrare. Quod si quis per quamcumque contumaciam, aut per cujuscumque patrocinium, hoc facere fortasse distulerit, ab officio retrogradetur.

XI.

Episcopi, presbyteri, vel universi honoratiores, cum sublimi dignitatis apice sublimantur, actibus omnino renuntient seculi, et sacro electi ministerio, repudient carnale consortium ac permixtionis pristinæ contubernium permutent germanitatis affectu. Et quisquis ille est, divino munere benedictione percepta, uxoris prius suæ frater illico efficiatur ex conjuge. Eos vero quos reperimus ardore libidinis inflammatos, abjecto religionis cingulo, ad vomitum pristinum et inhabita rursus conjugia repetisse, atque incesti quodammodo crimine clarum decus sacerdotii violasse, quod nati etiam filii prodiderunt. Quod quisquis fecisse cognoscitur[2], omni in perpetuum, quam admisso jam crimine perdidit, dignitate privabitur.

XII.

De puellis vero quæ se Deo voverint, et præclaræ decore ætatis[3] ad terrenas nuptias transierint, id custodiendum esse decrevimus, ut si qua puella voluntarie, aut parentibus suis rogantibus, religionem professa, vel benedictionem fuerit consecuta, et postea ad conjugium, aut illecebras

---

(1) Ita subjaceant ut..... *(Jac. Sirmond.)*
(2) Quisquis facere præsumpserit. *(Codex Lugdun.)*
(3) Præclari decoris ætate. *(Codex Lugdun.)*

seculi, quod potius stuprum est quam conjugium judicandum, transgredi præsumpserit, usque ad exitum, cum ipso qui se hujusmodi consortio miscuerit, communione privetur. Quod si se pœnitentia ducti sequestraverint, quamdiu episcopo loci illius visum fuerit, a communionis gratia suspendantur; ita tamen, ut propter infirmitatem, aut subitaneum transitum, viaticum illis miserationis intuitu non negetur.

XIII.

Ne judæi christianis populis judices deputentur, aut telonarii esse permittantur, per quod illis, quod Deus avertat, christiani videantur esse subjecti.

XIV.

Ut judæis a Cœna Domini usque ad primum pascha, secundum edictum bonæ recordationis domni Childeberti regis, per plateas aut forum, quasi insultationis causa, deambulandi licentia denegetur, et ut reverentiam cunctis sacerdotibus Domini, vel clericis impendant; nec ante sacerdotes consessum, nisi ordinati, habere præsumant. Qui hoc facere fortasse præsumpserit, a judicibus locorum, prout persona fuerit, distringatur.

XV.

Ut nullus christianus judæorum conviviis participare præsumat. Quod si facere quicumque, quod nefas est dici, clericus aut secularis præsumpserit, ab omnium christianorum consortio se noverit compescendum, quisquis eorum impietatibus fuerit inquinatus.

XVI.

Et licet quid de christianis, qui aut captivatis incursu, aut quibuscumque fraudibus judæorum servitio implicantur, debeat observari, non solum canonicis statutis, sed et legum beneficio pridem fuerit constitutum : tamen quia nunc ita quorumdam querela exorta est, quosdam judæos, per civitates aut municipia consistentes, in tantam insolentiam et proterviam prorupisse, ut nec reclamantes christianos liceat vel precio de eorum servitute absolvi. Idcirco præsenti concilio, Dei auctore, sancimus, ut nullus christianus judæo deinceps debeat deservire; sed datis pro quolibet bono mancipio XII solidis, ipsum mancipium quicumque christianus, seu ad ingenuitatem, seu ad servitium, licentiam habeat redimendi; quia nefas est ut quos Christus Dominus sanguinis sui effusione redemit, persecutorum vinculis maneant irretiti. Quod si acquiescere his quæ statuimus quicumque judæus noluerit, quamdiu ad pecuniam constitutam venire distulerit, liceat mancipio ipsi cum christianis, ubicumque voluerit, habitare. Illud etiam specialiter sancientes, quod si qui judæus christianum mancipium ad errorem judaicum convictus fuerit persuasisse, ut ipso mancipio careat et legandi damnatione plectatur.

XVII.

Id etiam pari conniventia placuit (quia in universo populo multi peccatis involuti esse dicuntur, qui ambitionis instinctu sunt perjuriis irretiti) ut si quis convictus fuerit alios ad falsum testimonium vel perjurium attraxisse, aut quacumque corruptione solicitasse', ipse quidem usque ad exitum non communicet; hi vero qui ei in perjurio consensisse probantur, post ab omni sunt testimonio prohibendi et secundum legem infamia notabuntur.

XVIII.

De his vero qui innocentes aut principi, aut judicibus accusare convicti fuerint, si clericus honoratior fuerit, ab officii sui ordine retrogradetur; si vero secularis, communione privetur donec malum quod admisit per publicam pœnitentiam digna satisfactione componat.

XIX.

Et licet priori titulo legatur definitum quid de puellis, quæ se divinis cultibus, aut parentum, aut sua voluntate dicaverint, debeat observari: tamen quia monacha, nomine Agnes, quæ de monasterii septis fuga ante aliquot annos discesserat, in eodem est monasterio revocata; et dicitur, instigante diabolo, agellos vel quascumque res ad se pertinentes, aliquibus potentibus velle donare, dummodo per eorum patrocinium se possit de intra monasterii sui septa subtrahere, et voluptatibus seculi clandestina vel singulari habitatione vacare: ideo præsenti constitutione sancimus ut tam illa quam quæcumque alia monacha quæ sub hac argumentatione se de religionis habitu ad illecebras seculi subtrahere, aut res suas pro tam iniquæ deliberationis causa quibuscumque dare censuerit, tam illa quæ hoc dare voluerit quam illi quicumque hoc acceperint, ne, quod Deus avertat, ambitionis instinctu religionis videatur regula vitiari, tamdiu sint a communionis gratia sequestrati, quamdiu res ipsas eis, a quibus has acceperant, digna pœnitentiæ satisfactione restituant.

SUBSCRIPTIONES EPISCOPORUM.

Priscus in Dei nomine episcopus ecclesiæ Lugdunensis constitutionibus nostris subscripsi.

Evantius peccator episcopus ecclesiæ Viennensis constitutionibus nostris subscripsi.

Artemius episcopus ecclesiæ Senonicæ constitutionibus nostris subscripsi.

Remedius [1] in Christi nomine episcopus ecclesiæ Bituricæ constitutionibus nostris subscripsi.

Gallomagnus in Christi nomine episcopus ecclesiæ Tricassinæ constitutionibus nostris subscripsi.

Silvester in Christi nomine episcopus ecclesiæ Vesontiensis constitutionibus nostris subscripsi.

Syagrius episcopus Æduorum constitutionibus nostris subscripsi.

Aunacharius in Christi nomine episcopus ecclesiæ Autisiodorensis constitutionibus nostris subscripsi.

Hesychius episcopus ecclesiæ Gratianopolitanæ constitutionibus nostris subscripsi.

Victor episcopus ecclesiæ Tricastinæ constitutionibus nostris subscripsi.

Heraclius episcopus ecclesiæ Diniensis constitutionibus nostris subscripsi.

Ragnoaldus episcopus ecclesiæ Valentinæ constitutionibus nostris subscripsi.

Namatius episcopus ecclesiæ Aurelianensis constitutionibus nostris subscripsi.

Eusebius episcopus ecclesiæ Matisconensis constitutionibus nostris subscripsi.

Agricola episcopus ecclesiæ Nivernensis constitutionibus nostris subscripsi.

Mummolus episcopus ecclesiæ Lingonicæ constitutionibus nostris subscripsi.

Flavius episcopus ecclesiæ Cabilonensis constitutionibus nostris subscripsi.

Hiconius episcopus ecclesiæ Mauriennatis constitutionibus nostris subscripsi.

---

[1] Remigius *(Jac. Sirmond).*

Pappus episcopus ecclesiæ Aptensis constitutionibus nostris subscripsi.
Artemius episcopus ecclesiæ Vasensis constitutionibus nostris subscripsi.
Martianus episcopus ecclesiæ Tarantasiæ constitutionibus nostris subscripsi.

Explicit Synodus Matiscensis quæ fuit facta anno 21[1] *regni domini nostri Gunthramni regis die kalendarum novembrium indictione* xv.

CONCILIUM MATISCONENSE SECUNDUM,

Guntramni regis jussu anno regni ejus XXIV *celebratum, id est anno Christi* DLXXXV*; Pelagii* II *papæ* VIII*; Clotarii junioris regis* II.

TITULI CANONUM.

585.
I. De intermisso diei Dominicæ cultu restituendo.
II. De Paschate per sex dies festos agendo.
III. De baptismo in Paschate celebrando.
IV. De oblationibus in omnibus Dominicis diebus populo faciendis.
V. De decimis a populo clericis antiquo more solvendis.
VI. De missis non nisi a jejunis celebrandis.
VII. De libertorum causis ab episcopis judicandis.
VIII. De reis ab ecclesia non extrahendis.
IX. De episcopis ad secularia judicia non trahendis.
X. De clericis coram episcopis conveniendis.
XI. De hospitalitate servanda.
XII. De viduis et pupillis, non nisi coram episcopis judicandis.
XIII. De canibus et accipitribus ab episcopis non alendis.
XIV. De violentia potentum in miseros coercenda.

[1] Anno 22 *(Codex Bellovacensis).* — Anno 20 *(Jac. Sirmond).*

xv. De honore clericis honoratioribus a secularibus exhibendo, adeo ut clerico pedestri eques obviam secularis ad terram desiliat.
xvi. De uxoribus clericorum, ne post eorum mortem ineant secunda matrimonia.
xvii. De alieno sepulturæ jure non usurpando.
xviii. De incestuosis copulationibus vitandis.
xix. De clericis, ne forum criminale frequentent, nec reorum neci intersint.
xx. De concilio tertio quoque anno celebrando.

PRÆFATIO.

Residentibus Prisco, Evantio, Prætextato, Bertechranno, Artemio, Sulpitio, metropolitanis episcopis, cum omnibus consacerdotibus eorum, Priscus episcopus patriarcha dixit : Gratias agimus Domino Deo nostro, Fratres et consacerdotes mei, qui nos in hoc die congregans, alterna nos fecit sospitate gaudere. Ceteri episcopi metropolitani responderunt : Gaudemus, frater sanctissime, quod omnes episcopi, qui in regno gloriosi domini Guntramni regis episcopali honore funguntur, in uno se conspiciunt coadunati concilio. Propterea indesinenter omnes nos orare oportet, ut Dei omnipotentis majestas, et regis nostri incolumitatem solita pietate conservet, et nos omnes, qui membra sumus uno sub nostro capite Christo coadunati, illa nos operari concedat, quæ serenitati ac majestati ejus rite complaceant. Universi episcopi dixerunt : Congratulamur et nos, Patres sanctissimi, qui per intervella temporum separati, hodie noscimur, post tot temporum curricula, fraterna dilectione corporaliter jungi; ideoque petimus ut quæ tractanda sunt, vobis præcipientibus, celeriter pertractentur, ne nos sævæ hiemis procellosa tempestas a sedibus propriis, quia longe sunt, longitudine sua arceat. Metropolitani omnes dixerunt : Deo auxiliante, communi deliberatione singula quæ necessaria sunt a nobis definientur. Hoc universæ fraternitati vestræ suademus, ut ea quæ, Spiritu sancto dictante per ora omnium nostrorum, terminata fuerint, per omnes ecclesias innotescant, ut unusquisque quid observare debeat, sine aliqua excusatione condiscat. Quoniam nos individua Trinitas, quemadmodum spiritu, corpore quoque in uno copulavit conventu, debemus sapienti consilio omnibus subvenire, ne forte taciturnitas nostra et nobis præjudicium divinatis afferat et subjectos in tentationem inducat.

CANONES.

I.

Vidimus enim populum christianum temerario more diem Dominicam contemptui tradere, et sicut in privatis diebus operibus continuis indulgere. Propterea per hanc synodalem nostram epistolam decernimus ut unusquisque nostrum in sacrosanctis ecclesiis admoneat sibi subditam plebem. Et siquidem admonitioni consensum præbuerint, suis proderunt utilitatibus; sin autem, subjacebunt pœnis a nobis divinitus definitis. Omnes itaque christiani qui non incassum hoc nomine fruimini, nostræ admonitioni aurem accomodate, scientes quoniam nostræ est auctoritatis utilitati vestræ prospicere et a malis operibus coercere. Custodite diem Dominicam, quæ nos denuo peperit et a peccatis omnibus liberavit. Nullus vestrum litium fomitibus vacet; nullus causarum actiones exerceat; nemo sibi talem necessitatem exhibeat, quæ jugum cervicibus juvencorum imponere cogat. Estote omnes in hymnis et laudibus Dei animo corporeque intenti. Si quis vestrum proximam habet ecclesiam, properet ad eamdem, et ibi Dominico die semetipsum precibus lacrymisque afficiat. Sint oculi manusque vestræ toto illo die ad Deum expansæ. Ipse est enim dies requietionis perpetuus : ipse nobis per septimæ diei umbram insinuatus noscitur in lege et prophetis. Justum igitur est ut hanc diem unanimiter celebremus, per quam facti sumus quod non fuimus : fuimus enim ante servi peccati, sed per eam facti sumus servi justitiæ. Exhibeamus Domino liberam servitutem, cujus nos novimus pietate de ergastulis liberatos erroris. Non quia hoc Dominus noster a nobis expetit, ut corporali abstinentia diem Dominicam celebremus; sed quærit obedientiam, per quam nos calcatis terrenis actibus ad cœlum usque misericorditer provehat. Si quis itaque vestrum hanc salubrem exhortationem parvipenderit, aut contemptui tradiderit, sciat se pro qualitatis merito principaliter a Deo puniri, et deinceps sacerdotali quoque iræ implacabiliter subjaceret. Si causidicus fuerit, irreparabiliter causam omittet; si rusticus aut servus, gravioribus fustium ictibus verberabitur; si clericus aut monachus, mensibus sex a consortio suspendetur fratrum. Hæc namque omnia et placabilem erga nos Dei animum reddunt et plagas morborum vel sterilitatem amovent atque repellunt. Noctem quoque ipsam, quæ nos inspiratæ luci inaccessibili reddidit, spiritualibus exigamus excubiis; nec dormiamus in ea quemadmodum dormitant qui nomine tenus christiani esse noscuntur, sed oremus et vigilemus operibus sacris ut digni habeamur in regno heredes fieri Salvatoris.

II.

Pascha itaque nostrum, in quo summus sacerdos et pontifiex pro nostris delictis nullam habens obnoxietatem peccati immolatus est, debemus omnes festivissime colere et sedulæ observationis sinceritate in omnibus venerari : ut illis sanctissimis sex diebus nullus servile opus audeat facere; sed omnes simul coadunati, hymnis paschalibus indulgentes, perseverationis nostræ præsentiam quotidianis sacrificiis ostendamus, laudantes creatorem ac regeneratorem nostrum, vespere, mane et meridie.

III.

Relatione quorumdam fratrum nostrorum comperimus christianos non observantes legitimum diem baptismi, pene per singulos dies ac natales martyrum, filios suos baptizare, ita ut vix duo vel tres reperiantur in sancto pascha, qui per aquam et Spiritum sanctum regenerentur. Idcirco censemus, ut ex hoc tempore nullus eorum permittatur talia perpetrare, præter illos quos infirmitas nimia, aut dies extremus compellit filiis suis baptismum percipere. Ideoque præsentibus admonitionibus a suis erroribus vel ignorantia revocati, omnes omnino a die quadragesima cum infantibus suis ad ecclesiam observare præcipimus, ut impositionem manuum certis diebus adepti et sacri olei liquore peruncti, legitimi diei festivitate fruantur et sacro baptismate regenerentur : quo possint et honoribus, si vita comes fuerit, sacerdotalibus fungi et singularis celebrationis solennitate frui.

IV.

Residentibus nobis in sancto concilio cognovimus quosdam christianos, relicto [1] fratrum cœtu, a mandato Dei aliquibus locis deviasse, ita ut nullus eorum legitimo obsecundationis parere velit officio deitatis, dum sacris altaribus nullam admovent hostiam. Propterea decernimus ut omni-

---

(1) Relatu fratrum, a mandato... *(Codex Bellovacensis)*.

bus Dominicis diebus altaris oblatio ab omnibus viris et mulieribus offeratur tam panis quam vini : ut per has immolationes, et peccatorum suorum fascibus careant et cum Abel, vel ceteris justis offerentibus, promereantur esse consortes. Omnes autem qui definitiones nostras per inobedientiam evacuere contendunt, anathemate percellantur.

V.

Omnes igitur reliquas fidei sanctæ catholicæ causas, quas temporis longitudine cognovimus deterioratas fuisse, oportet nos ad statum pristinum revocare; ne nobis simus adversarii, dum ea quæ cognoscimus ad nostri ordinis qualitatem pertinere, aut non corrigimus aut, quod nefas est, silentio præterimus. Leges itaque divinæ, consulentes sacerdotibus ac ministris ecclesiarum, pro hereditatis portione omni populo præceperunt decimas fructuum suorum locis sacris præstare, ut nullo labore impediti horis legitimis spiritualibus possint vacare ministeriis. Quas leges christianorum congeries longis temporibus custodivit intemeratas, nunc autem paulatim prævaricatores legum pene christiani omnes ostenduntur, dum ea quæ divinitus sancita sunt adimplere negligunt. Unde statuimus ac decernimus ut mos antiquus a fidelibus reparetur, et decimas ecclesiasticis famulantibus ceremoniis populus omnis inferat, quas sacerdotes aut in pauperum usum, aut in captivorum redemptionem prærogantes suis orationibus pacem populo ac salutem impetrent. Si quis autem contumax nostris statutis saluberrimis fuerit a membris ecclesiæ omni tempore separetur.

VI.

Item decernimus, ut nullus presbyter confertus cibo, aut crapulatus vino, sacrificia contrectare, aut missas privatis festisque diebus concelebrare præsumat. Injustum est enim ut spiritali alimento corporale præponatur : sed si quis hoc attentare curaverit, dignitatem amittat honoris. Jam enim de tali causa et in conciliis Africanis definitum est. Quam definitionem nostro quoque dignum duximus sociare decreto : Et ad locum *Ut sacramenta altaris non nisi a jejunis hominibus celebrentur, excepto uno die anniversario, quo Cœna Domini celebratur.* Quæcumque reliquiæ sacrificiorum post peractam missam in sacrario supersederint, quarta vel sexta feria innocentes ab illo cujus interest, ad ecclesiam adducantur, et indicto eis jejunio, easdem reliquias conspersas vino percipiant.

VII.

Quæ dum postea universo cœtui secundum consuetudinem recitata innotescerent, Prætextatus et Pappulus viri beatissimi dixerunt : Decernat itaque, et de miseris libertis vestræ auctoritatis vigor insignis, qui ideo plus a judicibus affliguntur, quia sacris sunt commendati ecclesiis : ut si quas quispiam dixerit contra eos actiones habere, non audeat eos magistratui contradere ; sed in episcopi tantum judicio, in cujus præsentia litem contestans quæ sunt justitiæ ac veritatis audiat. Indignum est enim ut hi qui in sacrosancta ecclesia jure noscuntur legitimo manumissi, aut per epistolam, aut per testamentum, aut per longinquitatem temporis libertatis jure fruuntur, a quolibet injustissime inquietentur. Universa sacerdotalis congregatio dixit : Justum est ut contra calumniatorum omnium versutias defendantur qui patrocinium immortalis ecclesiæ concupiscunt. Et quicumque a nobis de libertis latum decretum superbiæ ausu prævaricare tentaverit, irreparabili damnationis suæ sententia feriatur. Sed si placuerit episcopo ordinarium judicem, aut quemlibet alium secularem, in audientiam eorum accersiri, cum libuerit fiat, et nullus alius audeat causas pertractare libertorum, nisi episcopus cujus interest, aut is cui idem audiendum tradiderit.

VIII.

Item christianæ religionis negotia pertractantes comperimus, quosdam pseudochristianos de sacrosanctis ecclesiis suæ religionis oblitos, fugitivos subtrahere. Ideoque vim illatam nequaquam inultam relinquentes, censemus pro Dei timore, ut quicumque, culpa compellente, aut potentum importunia non sustinens, suæ gremium matris ecclesiæ petierit, usque in præsentiam sacerdotis in eodem loco inconcusse permaneat; nulli permittentes, quolibet dignitatis gradu functo, fugitivo etiam in locis sacris violentiam inferre. Si enim mundani principes suis legibus censuerunt, ut quicumque ad eorum statuas fugerit, illæsus habeatur, quanto magis hi permanere debent indemnati qui patrocinia immortalis regni et cœlestis adepti sunt. Si tamen aliquo facto tenentur obnoxii, qui ad ecclesiam sunt a fuga versi, coram sacerdote culpæ eorum innotescant, et ipse consultum ferat qualiter Dei habitaculum per subtractionem non violetur illorum.

IX.

Licet reverendissimi canones atque sacratissimæ leges, de episcopali audientia in ipso bene christianitatis principio sententiam protulerint: tamen quoniam eadem postposita, humana in sacerdotes Dei grassatur temeritas; ita ut eos de atriis venerabilium ecclesiarum violenter abstractos, ergastulis publicis addicant : censemus ut episcopum nullus secularium fascibus præditus, jure suo contumaciter et perperam agens, de sancta ecclesia, cui preest, trahere audeat. Sed si aliquid contentionis adversus episcopum potentior persona habuerit, pergat ad metropolitanum episcopum et ei causas alleget, et ipsius sit potestatis honorabiliter episcopum, de quo agitur, evocare ut in ejus præsentia accusatori respondeat, et oppositas sibi actiones extricet. Quod si talis fuerit immanitas causæ ut eam solus metropolitanus definire non valeat, advocet secum unum vel duos coepiscopos. Quod si et ipsis dubietas fuerit, conciliabulum definito die vel tempore instituant, in quo universa rite collecta fraternitas coepiscopi sui causas discutiat, et pro merito aut justificet aut culpet. Nefas est enim ut illius manibus episcopus, aut jussione, de ecclesia trahatur, pro quo semper Deum exorat, et cui, invocato nomine Domini, ad salvationem corporis animæque eucharistiam sæpe porrexit. Hoc enim decretum a nobis præfixum qui fuerit audacter transgressus, tam ipse quam omnes qui ei consenserint, usque ad generale concilium anathemate de ecclesia separentur.

X.

Quod de episcopis censuimus, obtinet et in clero, ut neque presbyter, neque diaconus, neque subdiaconus de ecclesiis trahantur, aut injuriam aliquam inscio episcopo eorum patiantur ; sed quidquid quis adversus eos habuerit, in notitiam episcopi proprii perducat ; et ipse causam justitia præeunte discutiens, animo clericos accusantis satisfaciat.

XI.

Sectatores nos hospitalitatis esse non solum dominus Jesus, cum se dicit in hospite receptum fuisse, sed etiam ejus apostolus omnibus pene suis præceptis. Propterea, beatissimi fratres, unumquemque nostrum oportet non solum semetipsum ad hoc opus hortari, sed etiam omnium fidelium mentes, ut possint apud Deum misericordiæ operibus pro nostris peccatis intercedere, et nos ei per puram hospitalitatem reconciliare. Si quis ergo nostrum non admonuerit, aut exemplum exhortationis suæ ipse prius opere non comprobarit, indignationem procul dubio incurret Domini majestatis. Prædicetur hoc nostræ mediocritatis statutum in auribus omnium christianorum.

XII.

Quid autem scriptura divina de viduis et pupillis præcipiat, nobis clam non est. Ideoque, quoniam provisioni nostræ, Deo auctore, causæ principaliter viduarum et pupillorum sunt commissæ, pervenit ad nos quod a judicibus crudelius pro levissimis causis, veluti defensore carentes, irremediabiliter affligantur. Ob quam causam decernimus ut judices non prius viduas et pupillos conveniant, quam episcopo nuntiarint, cujus sub velamine degunt. Quod si episcopus præsens non fuerit, archidiacono vel presbytero cuidam ejus, ut pariter sedentes, communi deliberatione causis eorum terminos figant, ita juste ac recte est deinceps de talibus antedictæ personæ non conquassentur. Quod si is qui judex est, aut impetitor, eis aut injuriam aliquam ingesserit, aut definitionem tanti concilii transgressus fuerit, a communione suspendatur. Quibus igitur magnarum rerum causæ commissæ sunt, nec minimarum dignum est causas parvipendere personarum. Solent enim et minima paulatim despecta in magnum malum trahere.

XIII.

Propterea tractatis omnibus quæ divinæ legis, vel humani juris fuerunt, et ad finem usque perductis, putavimus congruum esse, de canibus etiam vel accipitribus aliqua statuere. Volumus igitur quod episcopalis domus, quæ ad hoc Deo favente instituta est, ut sine personarum acceptione omnes in hospitalitate recipiat, canes non habeat; ne forte hi qui in ea miseriarum suarum levamen habere confidunt, dum infestorum canum morsibus laniantur, detrimentum versa vice suorum sustineant corporum. Custodienda est igitur episcopalis habitatio hymnis, non latratibus, operibus bonis, non morsibus venenosis. Ubi igitur Dei est assiduitas cantilenæ monstrum est et dedecoris nota, canes ibi vel accipitres habitare.

XIV.

Ex interpellatione quorumdam cognovimus, quod calcatis canonibus et legibus, hi qui latere regis adhærent, vel aliqui qui potentia seculari inflantur, res alienas competere et nullis exertis actionibus, aut convictionibus prærogatis, miseros non solum de agris sed etiam de domibus propriis exulare; idcirco in remedium consulentes decernimus, ut deinceps hujus mali licentiam quispiam non habeat; sed secundum canonum atque legum tenorem causarum suarum actionem proponat; ut nullus miserorum rebus suis per vim, aut assentationem quamlibet defraudetur. Illi autem qui contra dispositum non solum nostrum, sed etiam antiquorum patrum et regum, venire tentaverint, procellosi anathematis ultione plectantur.

XV.

Et quia ordinationi sacerdotum, annuente Deo, congruit de omnibus disponere, et causis singulis honestum terminum dare, ut per hos reverentissimos canones, et præteritorum canonum viror, ac florida germina maturis fructibus enitescant; statuimus ut si quis secularium quempiam clericorum honoratorum in itinere obvium habuerit, usque ad inferiorem gradum honoris veneranter, sicut condecet christianum, illi colla subdat, per cujus officia et obsequia fidelissima christianitatis jura promeruit. Et siquidem ille secularis equo vehitur, clericusque similiter, secularis galerum de capite auferat et clerico sinceræ salutationis munus adhibeat. Si vero clericus pede graditur, et secularis vehitur equo sublimis, illico ad terram defluat et debitum honorem prædicto clerico sinceræ caritatis exhibeat; ut Deus, qui vera caritas est, in utrisque lætetur et dilectioni suæ utrumque adsciscat. Qui vero hæc, quæ Spiritu sancto dictante sancita sunt, transgredi voluerit, ab ecclesia quam in suis ministris deshonorat, quamdiu episcopus illius ecclesiæ voluerit, suspendatur.

XVI.

Illud quoque rectum nobis visum est disponere, ut quæ uxor subdiaconi vel exorcistæ, vel acolythi fuerat, mortuo illo, secundo se non audeat sociare matrimonio. Quod si fecerit, separetur et in cœnobiis puellarum Dei tradatur, et ibidem usque ad exitum vitæ suæ permaneat.

XVII.

Comperimus multos necdum marcidatis mortuorum membris sepulcra reserare et mortuos suos superimponere, vel aliorum, quod nefas est, mortuis suis religiosa loca usurpare, sine voluntate scilicet domini sepulcrorum. Ideoque statuimus ut nullus deinceps hoc peragat. Quod si factum fuerit, secundum legum decreta (1) superimposita corpora de eisdem tumulis rejactentur.

XVIII.

Incestam copulationem, in qua nec conjunx, nec nuptiæ rectæ appellari leges sanxerunt, catholica omnino detestatur atque abominatur ecclesia; et gravioribus pœnis eos afficere promittit, qui nativitatis suæ gradus libidinoso ardore contemnentes in merda, quod nefas est, sua, ut sues teterrimi convolvuntur.

XIX.

Cognovimus etiam quosdam clericorum infrunitos ad forales reorum sententias frequenter accedere. Propterea prohibitionis eorum accessus hunc canonem protulimus, definientes ut ad locum examinationis reorum nullus clericorum accedat; neque intersit atrio sauciolo, ubi pro reatus sui qualitate quispiam interficiendus est. Si tamen nunc aliquis eorum definita contemnens illuc accesserit, aut interfuerit, defraudatus honesti honoris stola, illis gregibus examinatorum societur quos divinis prætulit mysteriis.

XX.

Universæ fraternitatis deliberatione ac definitione complacuit ut antiquorum patrum juribus in omnibus custoditis, ad synodum post trietericum tempus omnes conveniant; ut de alterna principaliter sospitate exhilarati, causas exsurgentes tam divinæ religionis, quam humanæ necessitatis, discutiant et omnibus justum æquumque finem imponant. Et hoc adimplere sollicitudinis sit metropolitani Lugdunensis episcopi, una cum dispositione magnifici principis nostri, prius definientis locum mediterraneum, ad quem omnes episcopi sine labore alacres congregentur. Et si aliquis eorum

---

(1) Legum auctoritatem *(Cod. Bellovac.)*

contumax fuerit, aut excusationem falsæ necessitatis, quare non intersit, invenerit, et postea publicatum fuerit quod inepta erat ejus excusatio, volumus ut usque ad concilium universale a communione et caritate fraterna maneat alienus.

SUBSCRIPTIONES EPISCOPORUM.

Priscus episcopus ecclesiæ Lugdunensis subscripsi.
Evantius episcopus ecclesiæ Viennensis subscripsi.
Prætextatus episcopus ecclesiæ Rothomagensis subscripsi.
Bertechramnus episcopus ecclesiæ Burdigalensis subscripsi.
Artemius episcopus ecclesiæ Senonicæ subscripsi.
Sulpitius episcopus ecclesiæ Brituricæ subscripsi.
Syagrius episcopus ecclesiæ Æduorum subscripsi.
Faustus episcopus ecclesiæ Ausciorum subscripsi.
Orestes episcopus ecclesiæ Vasaticæ subscripsi.
Aunacharius episcopus ecclesiæ Autisiodorensis subscripsi.
Esitius episcopus ecclesiæ Gratianopolitanæ subscripsi.
Silvester episcopus ecclesiæ Vesontiensis subscripsi.
Theodorus episcopus ecclesiæ Massiliensis subscripsi.
Ferreolus episcopus ecclesiæ Limovicinæ subscripsi.
Palladius episcopus ecclesiæ Santonicæ subscripsi.
Ragnoaldus episcopus ecclesiæ Valentinæ subscripsi.
Pappolus episcopus ecclesiæ Carnotinæ subscripsi.
Heraclius episcopus ecclesiæ Diniensis subscripsi.
Eusebius episcopus ecclesiæ Matiscensis subscripsi.
Namatius episcopus ecclesiæ Aurelianensis subscripsi.
Agricola episcopus ecclesiæ Nevernensis subscripsi.
Ragnemodus episcopus ecclesiæ Parisiorum subscripsi.
Mummolus episcopus ecclesiæ Lingonicæ subscripsi.
Marius episcopus ecclesiæ Aventicæ subscripsi.
Trapetius episcopus ecclesiæ Arausicæ subscripsi.
Flavius episcopus ecclesiæ Cabilonensis subscripsi.
Veranus episcopus ecclesiæ Cabellicarum subscripsi.
Antidius episcopus ecclesiæ Agennensis subscripsi.
Carterius episcopus ecclesiæ Petrocoricæ subscripsi.

Rusticus episcopus ecclesiæ Vicojuliensis [1] subscripsi.
Savinus episcopus ecclesiæ Benarnensium [2] subscripsi.
Rufinus episcopus ecclesiæ Convenicæ subscripsi.
Nicasius episcopus ecclesiæ Aquilimensium [3] subscripsi.
Baudigisilus episcopus ecclesiæ Cenomannorum subscripsi.
Cariatto episcopus ecclesiæ Genavensis subscripsi.
Lucerius episcopus ecclesiæ Ebronensium subscripsi.
Amelius episcopus ecclesiæ Bigorritanæ subscripsi.
Ursicinus episcopus ecclesiæ Cadurcinæ subscripsi.
Urbicus episcopus ecclesiæ Regensis subscripsi.
Aredius episcopus ecclesiæ Vappicensis subscripsi.
Emeritus episcopus ecclesiæ Ebredunensis subscripsi.
Hiconius episcopus ecclesiæ Mauriennatis subscripsi.
Agrœcius episcopus ecclesiæ Glannatinæ subscripsi.
Item 15 missi episcoporum qui in ea synodo subscripserunt.
Sapaudi episcopi ab Arelato.
Optati episcopi ab Antipoli.
Deuterii episcopi a Ventio.
Desiderii episcopi a Telone.
Pientii episcopi ab Aquis.
Pauli episcopi a Dea.
Laban episcopi ab Elusa.
Magnulfi episcopi a Tolosa.
Pologronii episcopi a Segesterico.
Martiani episcopi a Tarantasia.
Artemii episcopi a Vasione.
Boetii episcopi a Carpentorato.
Pappi episcopi ab Apta.
Eusebii episcopi ecclesiæ Tricastinorum.
Catulini episcopi a Nicia.
Heliodori episcopi a Sedunis.
Joannis episcopi ab Avenione.
Vigilii episcopi a Senetio.

[1] Id est Aturensis (ex notis *Jacobi Sirmondi*).
[2] Lascarensium (*Jac. Sirmond.*).
[3] Engolismensis (*Jac. Sirmond.*).

Agrœcii a Tricassibus.
Felicis a Belica.
Item 16 episcopi qui in ea synodo fuerunt non habentes sedes.
Fronimius episcopus.
Promotus episcopus.
Faustianus episcopus.

PRÆCEPTIO GLORIOSISSIMI REGIS GUNTRAMNI [1],
Ad episcopos et judices regni sui, post synodum suprascriptam edita, de observando die Dominico, et aliis.

Guntramnus rex Francorum omnibus pontificibus ac universis sacerdotibus, et cunctis judicibus in regione nostra constitutis.

Per hoc'supernæ majestatis auctorem, cujus universa reguntur imperio, placari credimus, si in populo nostro justitiæ jura servamus; et ille pius Pater et Dominus, qui humanæ fragilitatis substantiam suo semper adjuvare consuevit auxilio, melius dignabitur cunctorum necessitatibus quæ sunt opportuna concedere, quos cognoscit præceptorum suorum monita custodire. Dum pro regni ergo nostri stabilitate et salvatione regionis, vel populi sollicitudine attentius pertractaremus, agnovimus infra regni nostri spatia, universa scelera quæ canonibus et legibus pro divino timore puniri consuerant, suadente adversario boni operis perpetrari : et ex hoc procul dubio indignatione cœlesti, per diversas seculi tempestates, homines ac pecora, aut morbo consumi censentur, aut gladio, dum divina judicia non timentur; atque ita fit, ut admittendo illicita per ignorantiam multi depereant, et non solum præsentem vitam celerius cogantur amittere, sed et inferni supplicia sustinere. Ad vos ergo, sacrosancti pontifices, quibus divina clementia potestatis paternæ concessit officium, inprimis nostræ serenitatis sermo dirigitur, sperantis quod ita populum vobis providentia divina commissum frequenti prædicatione studeatis corrigere, et pastorali studio gubernare, quatenus dum universi diligendo justitiam conversatione præcipua cum omni honestate studuerint vivere melius, cuncta rerum

---

(1) Post peractam synodum Matisconensem II, rex Guntramnus hanc sanctionem ad episcopos atque judices scriptam edidit : qua, ut decet religiosissimum principem, eosdem hortatur episcopos, verbi inprimis prædicationi invigilare, suumque ut officium non per vicarios, sed per seipsos expleant. Utinam omnes christiani principes, hujus regis exemplo, ad populi mores corrigendos, atque ad judices emendandos se convertant, dum peste, penuria, bello aliisque calamitatibus affliguntur. (Nota *Severini Binii*.)

adversitate remota, cœlesti beneficio concedatur tranquillitas temporum, et congrua salvatio populorum. Et licet absque nostra admonitione ad vos specialiter prædicandi causa pertineat, attamen reliquorum peccatis vos omnino credimus esse participes, si filiorum vestrorum culpas non assidua objurgatione corrigitis, sed silentio præteritis. Nam nec nos, quibus facultatem regnandi superni regis commisit auctoritas, iram ejus evadere possumus, si de subjecto populo sollicitudinem non habemus. Idcirco hujus decreti ac definitionis generalis vigore decernimus, ut in omnibus diebus Dominicis, in quibus sanctæ resurrectionis mysterium veneramur, vel in quibuscumque reliquis solennitatibus, quando ex more ad veneranda templorum oracula universæ plebis conjunctio devotionis congregatur studio, præter victum quem præpari convenit, ab omni corporali opere suspendantur, nec ulla causarum præcipue jurgia moveantur : sed vos, apostolici pontifices, jungentes vobiscum consacerdotes vestros, et filios seniores ecclesiæ, ac judices locorum, quoscumque agnoscitis quod vitæ qualitas honesta commendat, ita universam populi multitudinem constanti vel Deo placita jugiter prædicatione corrigite, ut et bene viventes mysticus adhortationis sermo mulceat, et excedentes ad viam recti itineris correctio pastoralis adducat : quatenus omnes unanimi deliberatione laudabiliter studeant vivere, vel æquitatem et justitiam conservare ; qualiter ab omni peccatorum fece liberos suos sancta suscipiat ecclesia christianos. Enim vero quicumque sacerdotum, aut secularium, intentione mortifera perdurantes, crebrius admoniti, emendare neglexerint, alios canonica severitas corrigat, alios legalis pœna percellat : quoniam nec innocentes potest reddere collata securitas liberos, nisi culparum probatio punierit criminosos ; nec minor est pietas protervos conterere quam relevare compressos. Convenit ergo ut justitiæ et æquitatis in omnibus vigore servato, distringat legalis ultio judicum, quos non corrigit canonica prædicatio sacerdotum. Quo fiat ut dum præterita resecantur scelera, nullus audeat perpetrare futura, et ita universos excedentes pro disciplinæ tenore servando correctionis frena constringant, ut in universa regione nostra pacis et concordiæ jura proficiant. Cuncti itaque judices justa, sicut Deo placet, studeant dare judicia. Nam non dubium est, quod acrius illos condemnabit sententia nostri judicii, a quibus non tenetur æquitas judicandi. Non vicarios, aut quoscumque de latere suo per regionem sibi commissam instituere vel destinare præsumant qui, quod absit, malis operibus consentiendo, venalitatem excerceant, aut iniqua quibuscumque spolia inferre præsumant. Clericorum transgressiones cum adversario instigante contigerint, quatenus illis pro divino amore reverentia major impenditur, tantum convenit ut acrius resecentur : quoniam si sancti pastores, aut instituti judices, quod nefas est, subjectorum suorum scelera potius occultare quam resecare tentaverint, se ex hoc amplius reos esse vel noxios non ignorant. Cuncta ergo quæ hujus edicti tenore decrevimus, perpetualiter volumus custodiri; quia in sancta synodo Matisconensi hæc omnia, sicut nostis, studuimus definire, quæ præsenti auctoritate vulgamus. Subscriptio domni Gunthramni regis, Perrunas data sub die quarta idus novembris, anno vigesimo quarto regni suprascripti regis.

ADDITIO [1] AD CONCILIUM MATISCONENSE II,
anno Christi DLXXXV *celebratum.*

In eodem concilio Matisconensi tractata est quæstio de Faustiano ad episcopatum Aquensem ordinato a Bertechranno Burdegalensi, Oreste Vasatensi, et Palladio Sanctonico episcopis, deque Ursicino Cadurcensi episcopo, qui ad illud concilium convenire jussi sunt, ibique diversa pœnitentia unicuique illorum ob crimen illis commune imposita est; legitur quoque ibidem de Theodoro Massiliensi episcopo, quorum sane omnium nomina leguntur in subscriptionibus episcoporum de quibus sic loquitur Gregorius Turonensis, lib. 8. hist., cap. 12 et 20.

« Ratharius dux Theodorum Massiliensem episcopum vallat, fidejussores
» requirit, et ad præsentiam regis Gunthramni direxit, ut scilicet ad
» synodum quæ Matiscone futura erat, quasi ab episcopis damnandus
» esset; sed post hanc, Theodorus ad urbem suam regressus, favente
» omni populo cum laude susceptus est.

» Interim dies placiti advenit, et episcopi ex jussu regis Gunthramni
» apud Matiscensem urbem collecti sunt. Faustianus autem, qui ex jussu
» Gundobaldi Aquensis urbis episcopus ordinatus fuerat, ea conditione
» removetur ut eum Bertechramnus, Orestesque, sive Palladius, qui eum
» benedixerant, vicibus pascerent, centenosque ei aureos annis singulis
» ministrarent. Nicetius tamen ex laico, qui prius ab Chilperico rege
» præceptum elicuerat, in ipsa urbe episcopatum adeptus est. Ursicinus,

---

(1) Ad ea quæ superius edita sunt hæc adduntur ex *Gregorio Turon.* lib. 8, cap. 20, necnon ex *Jac. Sirmond.* supplem. pag. 59.

» Cadurcensis episcopus, excommunicatur pro eo quod Gundobaldum
» excepisse publice est confessus; accepto hujusmodi placito, ut pœni-
» tentiam tribus annis agens, neque capillum, neque barbam tonderet,
» vino et carnibus abstineret, missas celebrare, clericos ordinare, eccle-
» siasque et chrisma benedicere, eulogias dare penitus non auderet,
» utilitas tamen ecclesiæ per ejus ordinationem, sicut solita erat omnino
» exerceretur. »

Deinceps Gregorius Turon. addit :

« Extitit enim in hac synodo quidam ex episcopis qui dicebat mulierem, hominem non posse vocitari. Sed tamen, ab episcopis ratione accepta, quievit : eo quod sacer veteris Testamenti liber edoceat, quod in principio, Deo hominem creante, ait : *Masculum et feminam creavit eos, vocavitque nomen eorum Adam*, quod est homo terrenus; sic utique vocans mulierem ceu virum, utrumque enim hominem dixit. Sed et dominus Jesus Christus ob hoc vocitatur filius hominis, quod sit filius Virginis, id est mulieris.... Multisque et aliis testimoniis hæc causa convicta quievit, Prætextatus vero Rotomagensis episcopus orationes, quas in exilio positus scalpsit, coram episcopis recitavit. Quæ quibusdam quidem placuerunt, a quibusdam vero, quia artem secutus minime fuerat, reprehendebantur; stilus tamen per loca ecclesiasticus et rationabilis erat. Cædes autem magna tunc inter famulos Prisci episcopi et Leudegisili ducis fuit. Priscus tamen episcopus ad coemendam pacem multum pecuniæ obtulit. »

CONCILIUM MATISCONENSE TERTIUM,

In quo regula Beati Columbani et Agrestini calumniis per Eustasium abbatem defensa atque approbata est anno Christi DCXXVII [1], *Honorii papæ* II, *Clotarii junioris regis* XLIII.

627. Synodi occasio fuit Agrestinus, ex Theodorici quondam regis notario monachus Luxoviensis, qui post alia, quibus innotuerat, pravi et arrogantis ingenii argumenta adversus Sancti Columbani regulam, velut inanem ac superstitiosam, obtrectare cœpit; donec in synodo Clotarii regis jussu Matiscone congregata, per Eustasium abbatem repressus cum suis atque retusus est. Quæ fusius a Jona monacho narrantur in vita Eustasii ejusdem abbatis Luxoviensis.

« Tandem, *inquit*, adversus regulam Beati Columbani livido dente garrire cœpit Agrestinus, ac velut cænosa sus grunniens per quoscumque potuit parilitatis suæ similes abominabile murmur excitavit annuente sibi Appellino Genavensis urbis episcopo, qui ei consanguinitate proximus erat. Hic denique Appellinus vicinos episcopos singulatim sibi jungere in auxilium Agrestini nisus est omni studio, ita ut regem Clotarium tentaret, si suæ partis assentator fieri voluisset. At ille sciens et experimento cognitam habens beati Columbani sanctitatem, et discipulorum ejus doctrinam, postquam diu redarguere tentavit grunnientis hæretici sectam, nec prævalere potuit adversus eam, statuit ut synodali examinatione probaretur, non ambigens de auctoritate venerabilis viri Eustasii, quin omnes adversantes sanctæ regulæ sua prudentia superaret. Tunc emanante regali auctoritate multi jam Burgundiæ episcopi in suburbio Matisconensis urbis conveniunt: inter quos maximus hæreticorum Warnacharius quidam, dum et ipse fieri vellet assentator Agrestianæ partis, ipso die quando adversus Eustasium altercatio futura erat, morte præventus interiit. Sed nec eo terrore turbati ceteri confautores adversæ partis qui convenerant deductum in medium Agrestinum depromere cogunt quid contra regulam Columbani

[1] 624 *(Mansi).*

vel Eustasii objiciendum haberet. Tum ille trementibus labiis assistens et
nihil auctoritatis vel elucubrati eloquii habens, ait superflua quædam, et
canonicæ institutioni contraria in eorum studiis teneri. Cochleam videlicet,
quam lamberent, crucis signo crebro signari; et in ingressu cujuslibet
domus intra cœnobium, tam introeuntem quam egredientem benedictionem
postulare. Columbanum etiam a ceterorum ecclesiasticorum more desciscere, et sacra missarum solennia multiplicatione orationum vel collectarum
celebrare. Auditis hujusmodi objectionibus, beatus Eustasius conversus ad
suæ partis episcopos dixit : Vos, o decus sacerdotii, probare debetis qui in
ecclesiis veritatis ac justitiæ seminarium distribuant, et qui veritati ac
religioni aliena tradant. Quidquid enim a norma veri tramitis dissentit,
extra ecclesiæ corpus segregari debet. Vestrum est discernere objecta an sint
a scripturarum serie aliena. Agrestinus ait : tuo ore nobis edicito, nosse
enim a te volumus quod dignum super hoc responsum reddas. Sanctus
Eustasius respondit : nequaquam, ait, reor contrarium esse religioni, si
cochleam quam christianus lambit, vel quodcumque vas aut poculum crucis
signo munit, cum per adventum signi Dominici pellatur pestis adversantis
inimici. Introeuntem vero monachum cellulam, vel exeuntem, benedictione
Domini armari ratum duco juxta psalmistæ vocem : *Dominus custodit te ab
omni malo; custodiat animam tuam Dominus. Dominus custodiat introitum tuum et exitum tuum ex hoc nunc et usque in seculum.* Licet enim
hoc ad unumquemque christianum referatur, ut gratia baptismi per fidem
in ecclesia servetur, in eo videlicet qui ad eam ingreditur, et usque ad finem
perseverantiæ vigore firmetur; de quotidiano tamen motu, sive ingressu vel
egressu, seu progressu unumquemque nostrum signo crucis armari, vel
benedictione sodalium fas duco roborari. Multiplicationem vero orationum
in sacris officiis, credo omnibus proficere ecclesiis, quia dum plus Dominus
quæritur, plus invenitur, et cum uberius oratione pulsatur, eo citius exaudire probatur. Nihil enim amplius desiderare debemus quam orationi incumbere, sicut Dominus sub apostolorum numero hortatur : *Vigilate et orate,
ne intretis in tentationem.* Sic et Apostolus nos sine intermissione jubet
orare; sic omnis scriptura sacra hortatur nos ad Dominum sine cessatione
clamare. Nihil equidem tam utile tamque salutare quam creatorem multiplicatione precum et assiduitate orationum pulsare. His et horum similibus
responsis confusus Agrestinus addit garrulitatis noxam. Calumniatur capitis
comam inepte præcidi, et ab omnium hominum more descisci. Eustasius

autem, ut erat virtute patientiæ et scientiæ comptus : in præsentia, ait, omnium horum qui præsto sunt sacerdotum ; ego ejus discipulus et successor, cujus tu disciplinam et instituta damnas, te ad divinum judicium cum eo intra præsentis anni circulum causaturum invito, ut justi judicis examine sentias cujus famulum tuis detractionibus maculare procures. His dictis metus quosdam eorum qui Agrestinianæ partis fautores erant perculit ; hortanturque omnes ut pacis nexu corda jungerent, et ut iste temeritatis audaciam tolleret, et ille paterno affectu labentem piis correptionibus foveret. Ad hæc Eustasius : Vestris, inquit, libens satisfacerem precibus, si misera mens duritiam vecordiæ molliret, et correctis cauterio morbis, vel antidoto visceribus desectis, redux ad salutifera monita remeare nitatur. Cogentibus vero cunctis, Agrestinus simulatam pacem postulat, quod postea actibus deprompsit. Eustasius vero mitis animi suasione flexus poscentium pacem tribuit, et pacis osculum illi porrexit. »

CONCILIUM MATISCONENSE (QUARTUM).

1153. Anno Domini MCLIII, propter nimiam et effrenatam longe plus solito pessimorum raptorum malitiam, qui præcipue in res Cluniacenses furiose desæviebant, rogatu domni Petri[1] abbatis Cluniacensis et amicorum Cluniacensium, domnus Oddo, sanctæ Romanæ ecclesiæ cardinalis et apostolicæ sedis legatus, domnus Heraclius Lugdunensis archiepiscopus electus, cum suffraganeis Lugdunensis ecclesiæ, hoc est, Eduensi, Matiscensi, Cabilonensi episcopis ; cum comite etiam Burgundionum Willermo, comite Cabilonensi altero Guillelmo, Humberto de Bellojoco, Joceranno Grosso, Hugone de Berziaco, Hugone de Scalciaco, et aliis Burgundiæ nobilibus non paucis, convenerunt apud Matisconem in ecclesia Sancti Vincentii. Qui tractarunt ibi, circiter spatium trium dierum, de negociis et præcipue de pace ecclesiæ Cluniacensis reformanda : ita quod, coram universo clero et populo civitatis prædictæ, decretum est ab eis jam prælibatis dominis ut monachi dicti clerici et laici, et omnes res ad Cluniacum pertinentes,

[1] Pierre-le-Vénérable.

quæ infra terminos Araris, Ligeris et Rhodani fluminum continentur, additis partibus illarum terrarum quæ infra Eduensem civitatem et Castrum Camonis [1], quod est ultra Cabilonem, constitutæ sunt, plena et secura pace maneant. Et quicumque per dictum Cluniacum transeuntes cum ipsis et rebus ipsorum securi et pacifici permaneant et conserventur. Ita quod prædicti domini de omnibus suis promiserunt prædictos Cluniacenses servare indemnes, tam in rebus quam personis ; etiam usque procedere contra taliter malefacientes dictis monachis Cluniacensibus vel rebus ipsorum ad arma, et obsidenda castra vel loca in quibus tales malefactores se retraxerint. Et habitatores civitatis Cluniacensis promiserunt ibidem dum hæc peragerentur quod quotiens essent requisiti de procedendo ad arma, cum dictis nobilibus et dominis, quod irent.... Et etiam prælati, ex parte eorum, contra tales promiserunt similiter procedere, etc. [2]

CONCILIUM MATISCONENSE (QUINTUM). [3]

In nomine Domini, amen. Anno incarnationis ejusdem MCCLXXXVI, die jovis post festum beatorum Petri et Pauli, apud Matisconem; quamvis sanctorum patrum canones adversus nequitias spirituales, et ad reprimendas perversorum insolentias summa et exactissima sollicitudine secundum suæ

1286.

---

[1] Château-Chalon, à 3 lieues N.-N.-E. de Lons-le-Saunier. Les moines de Cluny avaient dans cette petite ville une abbaye de leur ordre.

[2] Seyvert, *Archiep. Lugdunenses*, pag. 244. — Dom Marrier, *Bibliotheca Cluniacensis*, pages 592 et 1650. — Chifflet, pages 148 et 149 des Preuves de la lettre touchant Béatrix, comtesse de Chalon ; Dijon, Philib. Chavance, 1656, 1 vol. in-4°.

[3] Ce concile, publié dans l'Histoire ecclésiastique du diocèse de Lyon par La Mure, est précédé de cette note :

« Ce ne sera pas une petite illustration à l'histoire ecclésiastique de France que la publication que nous allons faire de ce concile provincial dans toute sa teneur, aussi bien que d'un autre qui fut tenu quelque temps après à Anse, par un autre archevêque de Lyon ; car ces deux conciles provinciaux n'ont point encore paru dans les recueils qu'on a fait des conciles, même de ceux de France, et cependant ils viennent ici à la connoissance publique par une voie sûre et irréprochable, car ils sont tirés d'un vieux livre imprimé en lettre ancienne contenant les statuts synodaux du diocèse de Lyon, depuis la tenue du premier de ces deux conciles jusqu'au temps de l'archevêque Charles de Bourbon, depuis cardinal, duquel les statuts, datés de l'an 1466, sont mis les derniers en ce livre, et duquel aussi l'écusson est empreint au dehors sur le cuir de sa couverture. Ce rare livre, qui par l'ancienneté de son impression équipolle à un registre,...... »

editionis tempora fuerint instituti, quia tamen iidem canones et legitimæ sanctiones propter varietatem temporum et excrescentem malitiam in quam natura humana de facili prolabitur, non potuerunt ut sufficerent ad omnia promulgari : idcirco novis morbis nova convenit medicamina præparare. Nos igitur Radulphus, permissione divina primæ Lugdunensis ecclesiæ archiepiscopus, vocatis ad concilium nostrum provinciale apud Matisconem; die martis post festum apostolorum Petri et Pauli, venerabilibus fratribus nostris suffraganeis necnon abbatibus, capitulis, prioribus et aliis qui fuerunt evocandi ad reformationem morum quorumdam, et expellendas fraudes et malitias perversorum, assistentibus nobis venerabilibus fratribus nostris Eduensi et Cabilonensi episcopis, necnon venerabili viro magistro Petro archidiacono Lingonensi, procuratore venerabilis fratris nostri episcopi Lingonensis, et officiali Matisconensi, episcopo in remotis agente; habita plena deliberatione et consilio diligenti cum suffraganeis præsentibus et procuratore prædicto, authoritate provincialis concilii statuenda duximus quæ sequuntur.

CANONES.

I.

Ne plures prioratus uni conferantur personæ (Rubrica c. 1).

Quoniam nonnulli abbates et conventuales priores non tantum in scandalum populi, sed etiam in grave periculum animarum plures prioratus uni committere seu concedere non formidant, facta sua plerumque palliantes, eo quod asserunt prioratus aliquos mole opprimi debitorum, et per unum citius et facilius quam per plures posse ex debitorum onere relevari; ne forte ex talibus adinventionibus cogitatis improba prodigalitas conferentis et recipientis ambitiosa cupiditas in salutis æternæ perniciem accipiant velamentum, statuimus authoritate præsentis provincialis concilii, et sub pœna excommunicationis districtius inhibemus ne abbates aut priores conventuales plures prioratus alicui de cætero conferant vel concedant, pœnam præsentis constitutionis extendentes non tantum ad eos qui conferunt, sed ad eos qui contra statutum præsentis concilii plures prioratus recipiunt et acceptant, nisi ex causa probabili diocesano loci exposita et per eum approbata, adjicientes constitutioni præsenti sub pœna prædicta ne dicti abbates conventuales et priores minori decem et octo annorum prioratum aliquem concedant ; statuentes etiam et præcipientes sub prænominata pœna ut postquam prior ætatis legitimæ prioratum aliquem adeptus fuerit, infra annum in presbyterum ordinetur. Si vero qui adeptus fuerit prioratum legitimæ ætatis non fuerit, infra annum postquam ad ætatem legitimam devenerit in presbyterum se faciat ordinari, nisi ex causa probabili diocesano loci exposita et per eum approbata. Statuimus siquidem et præcipimus abbatibus et prioribus conventualibus prædictis sub pœna prædicta ut per numerum monachorum ab antiquo consuetum in monasteriis et prioratibus divinum servitium faciant observare, nisi ex causa probabili diocesano loci exposita et per eum approbata : et quia secundum canonicas sanctiones monachus in juvenili ætate in claustro debet instrui regularibus disciplinis, statuimus et inhibemus abbatibus et prioribus, sub pœna sæpe dicta, ne monachos suos ad scholas mittant extra monasterium suum causa grammaticen addiscendi.

II.

De Prædonibus bonorum ecclesiæ et clericorum (Rubrica c. 2).

De prædonibus, raptoribus et invasoribus locorum religiosorum, et personarum ecclesiasticarum, et bonorum earumdem statuimus et firmiter præcipimus ut si quis ad locum aliquem bona prædicta duxerit vel posuerit, ibidem cessetur penitus a divinis, quamdiu erit ibi prædo vel præda, vel qui bona eadem capi mandaverit, vel etiam qui bona eadem detinebit ; si autem in ipsa parochia, vel loco conventuali, vel collegiata fuerit ecclesia, clausis januis et exclusis parochianis ejusdem parochiæ, divina ibi voce submissa celebrentur, ita quod de foris minime audiantur. Forma autem hujus præsentis constitutionis et præceptum diligenter observetur, si de præmissis constiterit per facti evidentiam, vel per sacramentum spoliati, ita tamen si eadem persona spoliata honesta fuerit et legalis ; si quid autem quæstionis circa hoc emerserit, ordinarii judicio relinquatur ; sacerdotes locorum illorum quibus de præmissis constiterit per evidentiam facti, vel per sacramentum spoliati, sicut præmisimus, statim sententias et mandata præsentis constitutionis diligenter teneant et observent. Adjicimus insuper ut si prædo, invasor, raptor, vel detentor rerum locorum sacrorum, vel personarum ecclesiasticarum, monitus non satisfecerit, excommunicationis sententia percellatur ; postquam autem excommunicationis sententia fuerit innodatus, dominus ejusdem superior si quem habet moneatur ut prædonem, raptorem, invasorem et detentorem ad satisfactionem compellat infra mensem a tempore monitionis sibi factæ, quod si forte neglexerit, ex tunc terra ejus secundum qualitatem facti, et quantitatem rei, ecclesiastico supponatur interdicto, prius tamen interdicta terra prædonis, raptoris, invasoris, vel detentoris. Quod autem dicimus de prædone, raptore, invasore et detentore, extendi volumus ad eos qui maleficio præstant auxilium, consilium et juvamen; si qui vero pro maleficio prædicto excommunicati in diœcesim alienam se transtulerint, judices ordinarii locorum qui super hoc requisiti fuerint excommunicatos ipsos malefactores denuntient et faciant evitari, terram si quam habent ibidem nihilominus supponentes interdicto; hoc autem extendi volumus non tantum ad malefactores sed etiam ad receptatores eorumdem. Idem dicimus et statuimus de detentoribus clericorum et religiosarum personarum. Statuimus etiam quod capientes clericos, monachos, et alias personas religiosas excommunicati incontinenti denuntientur, nisi de mandato et voluntate ordinarii capti fuerint vel detenti.

III.

De Abusoribus litterarum (Rubrica c. 3').

Quia multi diversis modis in grave dispendium plurimorum prædas et sæpe alienas injurias atroces et varias quærentes litteris domini papæ et legatorum ipsius abutuntur, excommunicamus omnes qui litteras obtentas aliis ejusdem nominis tradunt, et eos qui eas tali modo recipiunt. Item omnes illos qui citant seu citari faciunt aliquem ad loca æquivoca, ut fraudulenter, vel malitiose citatum decipiant, ut vexent injuste laboribus et expensis. Item omnes illos qui per litteras domini papæ, vel legatorum ipsius personas non comprehensas in scriptis per excogitatam malitiam fallaciter litem, ubi non est simulantes citari faciunt, vel procurant, ad perhibendum testimonium veritati. Item omnes illos qui litteras apostolicas vel legatorum ejusdem sedis ad futuras trahunt controversias quæ nondum tempore impetrationis erant exortæ; hoc autem contra abusores litterarum domini papæ vel legatorum ipsius statuimus, auctoritate ejusdem sedis apostolicæ et legatorum in omnibus semper salva.

Ne clerici vel religiosi clericos vel religiosos coram seculari judice conveniant.

Auctoritate provincialis concilii statuimus ne clericus vel religiosus trahat vel conveniat clericum vel religiosum in foro seculari super mera actione personali vel spirituali, vel alia quæ non sit de foro judicis secularis : tractus vero vel conventus non respondeat fori allegans privilegium; alioquin tam clerici quam religiosi contravenientes quam etiam judices seculares qui eos compulerint respondere : vel quia non responderint animadverterint in eosdem, aut in rebus eorum damnum dederint, vel personis injuriam intulerint, arbitrio judicis ordinarii graviter puniantur. Sententia lata a judice seculari super hoc non teneat, cum sententia a non suo judice lata nullam obtineat firmitatem.

IV.

De laicis qui prohibent ne in foro ecclesiæ litigent (Rubrica c. 4).

Præsentis constitutionis auctoritate excommunicamus dominos, præpositos et alios justitiarios seculares qui prohibent subditis suis, et sub banno vel pœna seu communicatione, ne in foro ecclesiastico litigent cum a judicibus ecclesiasticis fuerint vocati vel citati.

V.

De laicis qui bona clericorum capiunt pro eo quod nolunt coram eis litigare (Rubrica c. 5).

De laicis qui pignora vel bona clericorum vel religiosorum capiunt, vel capi facient, eo quod in curia sua non respondent vel litigant; nisi sint de iis qui ad forum judicis secularis pertinent, vel quia coram judice ecclesiastico citant aliquos, statuimus quod tanquam excommunicati evitentur, et excommunicati publice nuntientur.

Ordinariis autem locorum auctoritate præsentis provincialis concilii præcipientes injungimus ut per presbyteros parochiales in ejus parochiis publice et solemniter constitutiones nostri provincialis concilii et earum sententias, singulis diebus Dominicis faciant annuntiari ; si vero prædicti parochiales presbyteri in promulgatione et denunciatione constitutionum nostrarum prædictarum et sententiarum earumdem negligentes, inobedientes vel remissi fuerint, ordinariorum suorum arbitrio mulctandi graviter puniantur. Datum ut supra.

Nos autem Radulphus [1] archiepiscopus Lugduni, et nos Jacobus [2] Eduensis, Guillelmus [3] Cabilonensis, episcopi prædicti, nosque idem

[1] Raoul de la Torrete.
[2] Jacques de la Roche.
[3] Guillaume de Bellevesvre.

archidiaconus Lingonensis, procurator reverendi patris et domini G. [1] Dei gratia Lingonensis episcopi, et officialis Matisconensis, iis præsentibus concilii provincialis constipulationibus sigilla nostra duximus apponenda.

CONCILIUM APUD CARILOCUM HABITUM.

(Ex tabulis Carilocensis monasterii.)

926. Anno incarnationis Dominicæ DCCCCXXVI. Domnus Anchericus [2] sanctæ Lugdunensis ecclesiæ archiepiscopus, domnus quoque Geraldus Matiscensis ecclesiæ venerabilis pontifex, necnon Odelardus Maurianensis episcopus, etc., ad Carilocum monasterium convenerunt ibique diu vigilanti cura synodali consuetudine tractaverunt, qualiter ecclesiis locisque sanctorum desolatis propter pravorum hominum nequissimam cupiditatem subvenire potuissent, etc.

Enumerantur deinceps ecclesiæ decem, quas synodus monasterio diversis locis ablatas restitui jussit [3].

Et post brevem periodum, ex quadam additione restitui mandarunt religiosis viris omnes ecclesias ad se pertinentes, videlicet : ecclesiam Beati Martini Cubliacensis, ecclesiam Sancti Petri Tisiacensis, Sancti Sulpitii Montagniensis et alias septem quas præterimus [4].

Hoc concilium fuit centesimum quadragesimum primum celebratum in Gallia, anno Christi 926, Joan X papæ, 14, Caroli Simplicis, 34; de quo ex tabulis Carilocensis monasterii hæc habentur : Anchericus Lugdunensis archiepiscopus, Gerardus Matiscensis episcopus et Odolardus Maurianensis ad Carilocum monasterium convenerunt, ibique vigilanti cura synodali consuetudine tractaverunt qualiter ecclesiis desolatis subvenirent, et ecclesias diversis locis ablatas prædicto monasterio restituerent [5].

(1) Guy, de Genève.
(2) Anscheric, S. Gérard, évêque de Mâcon, et Odillard, de St-Jean-de-Maurienne.
(3) Ph. Labbe et Cossart, *Concilia*, tom. IX.
(4) Seyvert, *Archiep. Lugd.*, pag. 194.
(5) Barth. Carranza, ord. prædicator. *Summa omn. Conciliorum*, app. pag. 22.

II.

POLETUS

SEU DECLARATIO BENEFICIORUM ET OFFICIORUM

IN DIŒCESI MATISCONENSI EXISTENTIUM.

Incipit liber dictus Poletus in quo continentur et describuntur nomina et cognomina abbatiarum, capitulorum, prioratuum, dignitatum, personatuum, ecclesiarum parochialium, capellaniarum, hospitalium, leprosoriarum, et aliorum quorumcumque beneficiorum et officiorum ecclesiasticorum, electivorum aut collectivorum, in diœcesi Matisconensi existentium et fundatorum, et ad quem seu quos spectet et pertineat ipsorum electio, confirmatio, præsentatio, collectio, provisio, institutio, aut alia quævis dispositio, respective loquendo et singula singulis referendo, prout ego Thomas Seyvert, archypresbyter de Rosseyo, ecclesiæ Matisconensis canonicus, qui viginti annis ultimo præteritis fui procurator generalis et fiscalis reverendi in Christo patris et Domini Domini Stephani de Longovico, tunc episcopi Matisconensis, et officium dicti procuratoris exercui, administrationemque negotiorum et titulorum dictæ Matisconensis ecclesiæ habui, ex archivis supradictæ ecclesiæ, poletis, seu matriculis, antiquissimisque et novis fundationibus elicere et colligere valui et experientia probavi quomodo majorem partem beneficiorum prædictis durantibus viginti annis vacare et conferri, aut prælatos seu rectores ad eadem assumi vidi et scivi, aut a majoribus meis, et senioribus fide dignis, et probatis et expertis viris audivi; eaque in hoc volumine ad perpetuam rei memoriam redegi, anno a nativitate Domini millesimo quingentesimo tertio decimo, me dicto Seyvert officiali sedis episcopalis Matisconensis pro reverendo in Christo patre et D. D. Claudio de Longovico Dei et apostolicæ sedis gratia Matisconensi episcopo, dicti domini Stephani nepote et successore existente.

1513.

Primo est ecclesia cathedralis ad honorem invictissimi martyris Sancti Vincentii fundata, in qua præest episcopus.

Redditus Episcopi. — Fructus et emolumenta dignitatis episcopalis valent annuatim communi æstimatione duo millia ducentum libras Turonenses, computato et æstimato Romenayo ultra fluvium Araris a parte Imperii sito et a civitate Matisconensi per quinque leucas distante, ad novem centum libras vel circa. Et licet dictus Romenayus situetur ultra Ararim seu Sagonem, est tamen de Regno et ressorto Regni, sub superioritate curiæ parlamenti Parisiensis.

Canonici. — Sunt in eadem ecclesia viginti canonici et viginti una præbendæ, nam decanus habet præbendam, etiamsi non fuerit canonicus prout esse potest. Si vero fuerit canonicus, habet duas præbendas, unam veluti decanus et aliam tanquam canonicus; duplicesque distributiones percipit si divinis intersit; et ultra dictam præbendam habet redditus et proventus ad causam dignitatis decanatus a mensa capitulari distinctos et separatos.

Eorum residentia. — Sunt in dicta ecclesia redditus, decimæ, proventus et emolumenta qui seu quæ dictis decano et canonicis, presbyteris aut diaconis, presentibus aut absentibus, qui tamen post eorum promotionem in jam dicta ecclesia per sex menses continuos residentiam fecerint, et aliis capacibus pro præbendis, ultra quotidianas distributiones quæ divinis interessentibus dumtaxat librantur, assignantur.

Divisio inter eos. — Itaque, uno defuncto aut cedente canonicatum, seu eo privato, redditus et proventus dicto tali decedenti pro præbendis assignati et quos ipse decedens tempore decessus tenebat et possidebat, inter cæteros capaces, ut prædictum est, dividuntur, absque eo quod successor illius decedentis in dictis redditibus aliquid habeat aut de eisdem percipiat. Qui redditus, proventus et emolumenta communi æstimatione, omnibus refusis, valent ii^m viii^c (duo millia octingenta) libras.

Episcopus particeps distributionum. — Episcopus vero in dictis redditibus et proventibus nihil percipit. Recipit tamen et habet distributiones quotidianas præsentibus debitas et librari solitas in pane, vino et argento, sicut unus canonicorum præsentium. Lucratur etiam bladium quod lucrantur præfati domini canonici in civitate residentes, ad rationem videlicet unius asinatæ frumenti pro quolibet mense, quantum bladium bursæ durat et satisfacere potest, aliquando plus aliquando minus, secundum numerum canonicorum residentium.

Dignitates Sancti Vincentii. — In jamdicta ecclesia sunt sex dignitates: videlicet decanatus, cantoria et quatuor archidiaconatus, quorum quinque, scilicet cantoria et quatuor archidiaconatus teneri et possideri consueverunt per canonicos dictæ ecclesiæ et non alios. Aliqui tamen asserunt quod aliis habituatis conferri possint, quod temporibus meis non vidi, nec a majoribus et senioribus meis, licet pluries fuerim scrutatus, visum fuisse audivi.

Decanus. — Decanatus vero a non canonico teneri et non canonicus in decanum eligi potest, quoniam, ut prædictum est, habet præbendam, necnon, ut dictum est, fructus distinctos et separatos a mensa capitulari valentes cxx libras.

Ejus electio. — Decanus, occurrente vacatione, per canonicos eligitur et per episcopum confirmatur; et in archivis dignitatis episcopalis confirmationem nonnullorum decanorum vidi et legi.

Cantoria. — Cantoria per capitulum dictæ ecclesiæ confertur pleno jure.

Archidiaconi. — Quatuor archidiaconatus per episcopum pleno jure conferuntur; loca tamen in capitulo eisdem per dictum capitulum assignantur et per eumdem capitulum admittuntur non ad mandatum episcopi, sed ad rogatum ipsius.

Tituli dictorum archidiaconorum sunt hi : primus Matisconis, secundus de Rosseyo, tertius Viriseti, quartus Vallis Regnaudi.

Eorum privilegia. — Dicti archidiaconi nullam, ad causam dictorum archidiaconatuum, habent jurisdictionem, nullos aut paucos redditus. Hoc tamen habent honoris, emolumenti, commodi et utilitatis quod cæteris canonicis dictæ ecclesiæ post decanum et cantorem in processionibus, in sessione capitulari, in optatione portionum, et cæteris actibus ad honores præferuntur.

Collatio præbendarum — Collatio et provisio præbendarum dictæ ecclesiæ spectat et pertinet ad capitulum ejusdem pleno jure.

Sacristia — Est in dicta ecclesia officium sacristiæ, quod est unitum mensæ episcopali; et percipit emolumenta episcopus, et onera sustinet, et ad deservitionem ipsius solus committit.

Confratres. — Sunt etiam in dicta ecclesia septem qui confratres nuncupantur, quorum tres dicuntur majoris altaris, qui, suo ordine, cum dominis episcopo, decano, cantore et certis canonicis magnam missam in magno altari celebrant et in divinis vices canonicorum supplent; habitum tamen canonicale non defferunt nec habent, nisi eisdem, de gratia speciali, fuerit concessum, nec etiam in capitulo vocem aut locum habent. Alii quatuor dicuntur minoris altaris, quia missam Primæ in dicto parvo altari celebrari solitam celebrare, et horas canonicas in dicta ecclesia dicendas incipere, vicissim et suo ordine, tenentur.

Preterea sunt in dicta ecclesia plures capellaniæ diversimode et per diversos fundatæ, prout infra suo ordine latius videbitur.

Abbatia Cluniaci. — In dicta diœcesi Matisconensi sunt duo monasteria, seu duæ abbatiæ. Prima est Cluniaci, et ista cum omnibus suis monasteriis et prioratibus est exempta; et, infra muros villæ Cluniaci, abbas habet jurisdictionem spiritualem in clero et populo, et exemptus a jurisdictione episcopali. In dicta abbatia sunt plura officia claustralia de quibus, quia exempta, hic nulla fiet mentio.

Ecclesiæ parochiales Cluniaci. — In dicta villa Cluniaci sunt tres ecclesiæ parochiales, videlicet Nostræ Dominæ de Panellis, Sancti Mayoli, et Sancti Marcelli, spectantes ad collationem domini abbatis pleno jure; et, infra easdem ecclesias, plures capellæ seculares per diversos fundatæ et ad collationem diversorum spectantes.

Redditus Abbatiæ. — Fructus et emolumenta dictæ abbatiæ, in capite et membris, scilicet mensarum abbatis, conventus et officiariorum claustralium, comprehensis membris ab antiquo dictis *mensis unitis*, valent annuatim communi æstimatione viginti millia libras Turonenses, licet in impositionibus et collectis auctoritate Concilii Pisani et Ecclesiæ Gallicanæ, annis millesimi quingentesimi undecimi, duodecimi et tertii decimi factis, non fuerint æstimati nisi a sexdecim millia libras Turonenses.

Abbatia Sancti Rigaudi. — Alia et secunda abbatia est Sancti Rigaudi, cujus abbas, occurrente vacatione, per conventum seu religiosos eligitur et per reverendum in Christo patrem dominum episcopum Matisconis, ejus proximum et immediatum superiorem, confirmatur, et per eundem dominum episcopum visitatur, et in omnibus eidem subjicitur, eidemque domino episcopo visitanti per abbatem et conventum procuratio quater viginti grossorum debetur.

Ejus officia. — Sunt in eadem abbatia tria officia claustralia, videlicet camerariatus, cantoriatus et sacristia, ad collationem dicti domini abbatis spectantia pleno jure.

Redditus. — Emolumenta mensæ abbatialis et officiariorum dictæ abbatiæ, cum membris suis et annexis, æstimari et taxari consueverunt octo centum libras Turonenses, et tantum fuerunt taxata in impositione annis præannotatis facta.

Ulterius sunt in jam dicta diœcesi Matisconensi duæ ecclesiæ collegiatæ, quarum una est regularis ordinis Sancti Augustini, alia est secularis.

Ecclesia Sancti Petri Matisconis. — Regularis vero est ecclesia, seu conventus Sancti Petri Matisconis, in qua preest prior major qui per canonicos eligitur, et per reverendum dominum episcopum, ejus superiorem, confirmatur.

Ejus officia. — In eadem ecclesia seu conventu Sancti Petri sunt plura officia claustralia ad collationem dicti prioris majoris pleno jure spectantia, et sunt hæc : prior claustralis, camerariatus, sacristia, eleemosinaria, præpositura, cantoria, refectoria.

Nobilitas. — In ipsa non est numerus certus canonicorum, sed per priorem et conventum, secundum quod suppetunt ecclesiæ facultates, recipiuntur; debentque esse recipiendi nobiles ex utroque parente.

Olim dicta ecclesia erat extra muros villæ Matisconis, hodie vero infra villam, ad ecclesiam parochialem dictæ villæ auctoritate apostolica translata.

Redditus. — Dicti prior major et officiarii supra nominati habent, quilibet ipsorum ratione suæ administrationis, fructus discretos et distinctos. Et ultra illos ipsi et conventus dicti monasterii habent quamplures redditus, decimas et emolumenta quæ per alterum canonicorum dictæ ecclesiæ, per priorem et conventum eligendum et deputandum, amovibilem ad nutum, correarium nuncupatum, gubernari, regi et canonicis dicti conventus ministrari et librari singulis diebus consueverunt.

Qui fructus et emolumenta, pro priore, conventu et officiariis, taxari et æstimari consueverunt communi æstimatione sex mille libras Turonenses vel circa, quorum major pars situatur et existit in Imperio, scilicet Sabaudia et Bressia ; et qui seu quæ in Regno sunt et situantur, pro priore majore et officiariis ad mille quater centum libras Turonenses communi et solita æstimatione taxantur, ecclesia parochiali Sancti Petri Matisconis, mensæ conventuali unita, comprehensa.

Subdita episcopo. — Prior major habet primam correctionem in suos officiarios et canonicos. In reliquis vero jurisdictionem concernentibus, ipse prior major cum suis canonicis seu religiosis subjiciuntur dicto reverendo qui de eorum causis habet cognoscere, ipsosque et dictam eorum ecclesiam visitare, corrigere et punire; eidemque domino visitanti, secundum taxam et constitutionem antiquam quas habent conventus ultra duodecim, dicti prior et conventus procurationem octo viginti grossorum solvere tenentur.

Ecclesia Bellijoci. — Collegiata vero ecclesia secularis est ecclesia Beatæ Mariæ Castri Bellijoci, in qua olim non erat certus numerus canonicorum, hodie vero ad duodecim cum decano est redactus, et per canonicos juramento firmatus, et per sedem apostolicam confirmatus.

Licet, ut prædictum est, sit certus canonicorum et præbendarum numerus, redditus tamen et proventus ipsarum sunt indivisi et indistincti, et, prout supra de reddititibus ecclesiæ cathedralis dictum est, casu adveniente, inter capaces dividuntur et partiuntur.

Dignitates. — In eadem sunt dignitates sequentes, videlicet:

Decanatus, Cantoriatus, Sacristia. — Ad capitulum dictæ ecclesiæ, ex antiqua consuetudine, spectat electio decani, necnon collatio ac omnimoda dispositio aliarum dignitatum et præbendarum.

Redditus. — Fructus et emolumenta dictæ ecclesiæ, comprehensis dignitatibus seu officiis prænominatis ac ecclesiis parochialibus Sanctorum Nicolai et Johannis Bellijoci, mensæ unitis, taxari et æstimari communi æstimatione solent et consueverunt mille quinque centum libras Turonenses.

Prioratuum regularium diversorum ordinum, conventualium aut non conventualium, in dicta Matisconensi diœcesi fundatorum et existentium nomina et cognomina, cum designatione valorum et emolumentorum, ut supra, sequuntur.

La Grange-du-Bois. — Prioratus Sanctorum Fiacri et Julliani de Ruppe, ordinis Sancti Augustini, vulgo *Grangia bonorum hominum* nuncupatus, in quo consuevit esse unus religiosus; cujus fructus et emolumenta communi æstimatione valent nonaginta libras Turonenses.

Charlieu. — Collatio ad dominum abbatem Cluniaci pleno jure. — Prioratus conventualis Cariloci, ordinis Cluniacensis, in quo est prior et officiarii claustrales, videlicet: camerarius, sacrista, eleemosinarius, cantor, celerarius. Prior confert officia pleno jure.

Est et aliud in dicto prioratu officium pitanciariæ nuncupatum, quod est commune priori et conventui.

Prior et supradicti officiarii habent fructus et proventus distinctos, actiones tamen suas deducunt nomine prioris et conventus.

Fructus et emolumenta dicti prioratus pro priore et conventu et officiariis, deductis oneribus, valent annuatim et æstimari consueverunt mille septem centum libras Turonenses. Solvere consuevit prior pro procuratione episcopi visitantis, ratione altaris parochialis et cimiterii qui in eodem existunt, prout antiquissimis registris apparuit, VIII ^{xx} x (octo viginti et decem libras).

Thisy. — Prioratus Thisiaci, ordinis prædicti, in quo est prior, sacrista et duo aut tres religiosi; et in eodem est altare parochiæ, ad causam cujus solvere consuevit, pro dicta procuratione, episcopo visitanti, IIII ^{xx} x (quatuor viginti et decem libras).

Confert prioratum pleno jure prior Cariloci, et sacristiam prior Thisiaci prædicti.

Fructus et emolumenta pro priore valent, communi æstimatione, quater centum libras Turonenses, et pro sacrista duodecim.

Reigny. (1) — Prioratus Regniaci, ordinis praedicti Cluniacensis, in quo praeest prior, habet sacristam cum uno alio religioso, et solvere consuevit pro procuratione praedicta, ratione ecclesiae in eo existentis, xxvii libras.

Confert prior Cariloci pleno jure, et sacristiam confert prior Regniaci.

Emolumenta pro mensa prioris, oneribus deductis, valent communi aestimatione iii^c xx libras, et pro sacrista l libras.

Saint-Laurent-en-Brionnois. — Prioratus Sancti Laurentii Briennensis, valoris annui iiii^{xx} librarum.

Villeneuve. — Prioratus Villaenovae Perronaci (2), valoris annui lx lib.

Grand Rys. — Prioratus Grandis Rivi, valoris annui lxx lib.

Saint-Victor. — Prioratus Sancti Victoris, annui valoris lxx lib.

Dicti quatuor prioratus sunt ordinis Cluniacensis et uniti sacristiae dicti Cluniaci, qua de re praetendunt se exemptos a praestatione dictae procurationis. In dicto prioratu Villaenovae est sacristia, cujus fructus aestimari consueverunt xl libras.

Et confert sacrista Cluniaci.

Saint-Nizier-d'Asergues. — Prioratus Sancti Nicetii d'Asergues, ordinis Sancti Benedicti, ex consuetudine praedicta solvere consuevit pro procuratione vii^{xx} libras.

Emolumenta dicti prioratus valent annuatim et aestimari consueverunt centum quadraginta libras Turonenses, imo clxx libras.

Sancé. — Prioratus Sanciaci, ordinis praedicti Sancti Benedicti, unitus mensae abbatiali Athanacensi, valoris annui centum decem librarum, communi aestimatione debet, pro dicta procuratione, secundum consuetudinem antiquam iiii^{xx} libras.

Le Villars. — Prioratus de Villario, in quo sunt moniales, cujus fructus et emolumenta, oneribus deductis, communi aestimatione sunt ducentum librarum, quorum major pars situatur et existit ultra Sagonem a parte Imperii, et quae in Regno existunt non excedunt octoginta libras et tantum dumtaxat aestimantur. Prior asserit se exemptum a dictae procurationis praestatione.

Ad collationem abbatis Trenorchiensis.

Saint-Oyen. — Prioratus Sancti Eugendi Montisbelleti, ordinis praedicti. Fructus communi aestimatione, deductis oneribus, valent centum viginti libras Turonenses. Debet, pro dicta procuratione, episcopo visitanti xxiv libras.

Ad collationem abbatis Sancti Claudii.

Saint-André-le-Désert. — Prioratus Sancti Andreae Deserti, dicti ordinis, annui valoris, communi aestimatione, nonaginta librarum Turonensium, debet, pro dicta procuratione, juxta dictam consuetudinem vii^{xx} libras.

Confert abbas monasterii Sancti Johannis *en l'Auxois*.

Saint-Nicolas-de-Sigy. — Prioratus Sancti Nicolai Sigiaci, ordinis Sancti Benedicti praedicti, cujus fructus valent annuatim quater viginti libras, debet pro dicta procuratione, juxta saepe dictam consuetudinem vii^{xx} libras.

Ad collationem prioris Perreciaci.

(1) Regny (Loire).
(2) Perreux (Loire).

Chapaize vers Uxelles. — Prioratus de Campasia, sæpe dicti ordinis Sancti Benedicti, annui valoris octoginta librarum Turonensium, unitus est mensæ abbatiali Sancti Petri Cabilonensis, a quo dependet, et pro dicta procuratione....

Prieurs assistants au Synode. — Priores prioratuum Sancti Eugendi Montisbelleti et S. Andreæ Deserti supra designati tenentur interesse synodo generali, singulis annis, die martis post dominicam de *Quasimodo*, in ecclesia Matisconensi celebrari solita, et cum aliis vocantur qui in dicta synodo interesse debent.

Commanderie de l'isle Saint-Jean. — Sunt præterea in dicta diœcesi duæ præceptoriæ, una ordinis Sancti Johannis Hierosolimitani sub titulo seu vocabulo Sancti Johannis de Insula prope et extra muros villæ Matisconis, ex qua dependent duo membra, scilicet Bellævillæ et d'Espinassy, valoris annui pro capite et membris, secundum communem æstimationem, septem centum librarum Turonensium, imo mille.

Commanderie Saint-Anthoine. — Alia præceptoria est ordinis Sancti Antonii prope et extra muros dictæ villæ, cujus fructus et emolumenta, communi æstimatione, taxari et æstimari debent tres centum libras Turonenses, tam in Regno quam in Imperio; et pro fructibus et questis, in Regno, ad centum sexaginta libras duntaxat.

Archipresbyteri. — Ulterius sunt in dicta diœcesi quatuor archipresbyteri cognominibus sequentibus cognominati:

Archipresbyter Bellijoci, xxx libras.
Archipresbyter de Rosseyo, l libras.
Archipresbyter Viriseti, xx libras.
Archipresbyter Vallis Regnaldi, lxx libras.

Archipresbyteratus prædicti spectant, pertinent et sunt ad collationem episcopi pleno jure; et licet duo ex ipsis habeant ecclesias parochiales annexas, videlicet de Rosseyo, ecclesiam Sancti Martini de Crucibus, prope Sanctum Gengulphum, et Vallis Regnaldi, ecclesiam Prissiaci (1), possunt et consueverunt teneri cum simplici tonsura, nec sunt cum quocumque beneficio incompatibilia, sed compatibilia.

Eorum privilegia. — Dicti archipresbyteratus habent quilibet suos limites, et archipresbyteris dictorum archipresbyteratuum et cuilibet ipsi competit jus et facultas ex usu, more et consuetudine laudabili antiquissima, legitime præscripta, hactenus et inconcusse observata, habendi et percipiendi lectum munitum culcistra pulminali, duobus coopertoriis, quatuor linteaminibus et superalio cujuslibet curati decedentis, ecclesiam parochialem infra limites archipresbyteratus, dum viveret, obtinentis et habentis, et dictum lectum sicut supra munitum tradendi et expediendi hæredes dicti curati decedentis cogendi.

Nomina et cognomina ecclesiarum parochialium civitatis et diœcesis Matisconis, et ad quem, seu quos, ipsarum præsentatio, collatio, institutio et quævis alia dispositio respective loquendo spectet et pertineat, sequuntur.

Notandum est tamen quod a capite cujuslibet nominis, a parte sinistra, describitur valor beneficii secundum communem æstimationem temporis præsentis et a viginti

---

(1) Prissé (*Mémoires manusc.* de M. l'abbé Laplatte).

annis citra, quo tempore durante ego dictus Thomas Seyvert recepi duas decimas papales integras, duas subventiones charitative et gratuite episcopo factas, necnon tres impositiones per modum subsidii gratuiti auctoritate Concilii Pisani et Ecclesiæ Gallicanæ impositas, quas curati et rectores solverunt ad rationem æstimationis infra scriptæ. A dextra vero describitur quantum debet quælibet ecclesia seu rector ejusdem, pro procuratione, episcopo visitanti, et loco dictæ procurationis visitando recipere consuevit subventionem ad taxam et æstimationem prædictam, ut infra post nomina cujuslibet particulariter continetur.

Sex ecclesiæ cathedræ. — Notandum est præterea quod in civitate et suburbiis ejusdem sunt sex ecclesiæ parochiales quæ *Cathedræ* nuncupantur. Quæ ad dictam procurationem minime tenentur, nec aliqua jura synodalia seu cathedralica solvere et dare debent. Tenentur tamen personaliter in dictis ecclesiis residere et residentiam personalem facere, nisi cum eisdem per dominum episcopum aut ejus vicarium fuerit dispensatum. Et ultra, loco præmissorum jurium, curati et rectores earumdem per se vel alium presbyterum assistere debent circumcirca altare, in dictis sacerdotalibus vestimentis, quando episcopus celebrat in pontificalibus, et ibidem stare. Quæ assistantia, seu statio, vulgo *Musa* nuncupatur; et hoc sub pœna unius marchæ argenti per quemlibet deficientem committenda, et dicto domino episcopo applicanda, prout ego dictus Seyvert, tempore meo, dictam pœnam eis declarare et exigere vidi et scivi, scilicet semel contra quemdam dominum Petrum Morelli alias Duppin, vicarium Sancti Petri Matisconensis, et secundo contra quemdam de Bocheto curatum de Serreriis, tunc vicarium Sancti Clementis prædicti.

Cathedræ ecclesiæ non sunt de quatuor archipresbyteratibus. — Dictæ sex ecclesiæ parochiales sequentes, quæ cathedræ, ut dictum est, nuncupantur, non sunt de archipresbyteratibus supra designatis, nec infra ipsos limites sitæ, nec eisdem archipresbyteris subsunt, qua de re lecti ipsorum curatorum decedentium non spectant aut pertinent archipresbyteris prædictis, sed spectant et pertinent reverendo domino episcopo, ac etiam lecti quatuor archipresbyterorum decedentium, ex consuetudine prædicta.

Cathedræ prædictæ sunt hæ. — Ecclesia Sancti Petri Matisconis, cujus valor communis est centum et viginti librarum, unita est mensæ conventus Sancti Petri Matisconis, et, in mutatione cujuslibet prioris majoris, dictus conventus debet domino episcopo duodecim ducatus, cameræ (1) ut constat.

Ecclesia Sancti Stephani, cujus valor est octoginta librarum, spectat ad collationem episcopi pleno jure.

Ecclesia Sancti Clementis, cujus valor est sexaginta librarum, unita est mensæ capitulari ecclesiæ Matisconensis, ratione cujus in jocondo adventu cujuslibet episcopi dictum capitulum eidem debet marcham argenti.

Ecclesiam Flacciaci, valoris septuaginta librarum, præsentat capitulum ecclesiæ Matisconis.

---

(1) Unione (*Mém.* de M. l'abbé Laplatte).

Ecclesiam Sancti Laurentii, valoris quadraginta librarum, præsentat, abbas Casæ Dei.

Ecclesiam de Charnayo, valoris quinque et quinquaginta librarum, præsentat prior Sancti Petri Matisconensis.

Ecclesiæ parochiales archipresbyteratus Bellijoci quæ solverunt procurationem, secundum taxam prædictam, ad solidum Viennense quorum viginti quinque valent franchum.

Ecclesia Burgi Bellijoci unita est sacristiæ ecclesiæ Beatæ Mariæ Bellijocensis, et fuit unita per N. (1) episcopum, 1304; vidi unionem, XLIV s.

Ecclesia S. Johannis supra Bellumjocum unita est capitulari mensæ dictæ ecclesiæ, XIII s.

Ecclesia des Ardillats, LIV s.,	
Ecclesia de Cothobrio,	
Ecclesia de Mars,	
Ecclesia Massiliaci,	
Ecclesia Aguilliaci,	
Ecclesia Escochiarum,	
Ecclesia de Chandone,	
Ecclesia de Perdines,	
Ecclesia Polliaci,	
Ecclesia Sancti Petri de Noaillia,	Ad collationem episcopi pleno jure.
Ecclesia Jonciaci,	
Ecclesia Sancti Nicetii subtus Carilocum,	
Ecclesia Fleuriaci,	
Ecclesia Sanctæ Catharinæ,	
Ecclesia Sancti Juliani de Crayo,	
Ecclesia Lentigniaci,	
Ecclesia Varennarum subtus Dunum,	
Ecclesia Sanctæ Annæ (2) de Clayeta,	
Ecclesia Chavagniaci de Garda,	
Ecclesia Bellimontis,	
Ecclesia Mussiaci,	
Ecclesia Sancti Vincentii de Renis,	Præsentat capitulum ecclesiæ Matisconensis.
Ecclesia de la Gresle,	
Ecclesia Mardubrii,	
Ecclesia Sancti Johannis de Busseria,	
Ecclesia de Gernossa,	
Ecclesia du Villards (3),	Præsentat prior Sancti Petri Matisconensis.
Ecclesia Sancti Boneti de Troncy,	
Ecclesia de Boyer,	

(1) Nicolaum de Barro.
(2) Sainte Havoye ou Sainte Hedwige, duchesse de Pologne.
(3) Villers (*Mém.* de l'abbé Laplatte).

Ecclesia de Cublise,
Ecclesia Cariloci,
Ecclesia Beatæ Mariæ de Vernay,
Ecclesia de Pola,
Ecclesia Sancti Germani Montis,
Ecclesia Sancti Boneti de Crayo,
Ecclesia Vougiaci,
Ecclesia d'Arcinges, } Præsentat prior Cariloci.
Ecclesia Belle Rupis,
Capella subtus Dunum,
Ecclesia Montagniaci,
Ecclesia Sancti Dionisii de Cabanis,
Ecclesia Sancti Hilarii,
Ecclesia Sancti Vincentii de Boisseto,
Ecclesia Castrinovi,
Ecclesia Sancti Mauricii, } Ad præsentationem capituli Sancti Pauli Lugdunensis.
Ecclesia Sancti Martini Lixiaci,
Ecclesia de Tancone,
Ecclesia d'Azolettes,
Ecclesia Ligniaci,
Ecclesia de Choffailles, } Præsentat abbas Sancti Rigaudi.
Ecclesia Sancti Saturnini,
Ecclesia Beatæ Mariæ de Boisseto,
Ecclesia Sancti Desiderii, | Præsentat capitulum Bellijoci.
Ecclesia Sancti Laurentii Briennensis, | Præsentat abbas Cluniacensis.
Ecclesia de Peronaco (1),
Ecclesia Sancti Victoris, } Præsentat sacrista Cluniaci.
Ecclesia de Chenelettes,
Ecclesia de Marnant,
Ecclesia de Ranchal, } Præsentat prior Thisiaci.
Ecclesia Thisiaci,
Ecclesia de Sergues (2),
Ecclesia de Claveisoles, } Præsentat prior Sancti Nicetii de Sergues.
Ecclesia de la Mure,
Ecclesia de Cours, } Præsentat prior Sancti Nicetii subtus Bellumjocum.
Ecclesia de Tel,
Ecclesia d'Iguerande, } Præsentat prior Marcigniaci.
Ecclesia Malliaci,
Ecclesia Regniaci, | Præsentat prior dicti loci.
Ecclesia Grandis Rivi, } Præsentat prior Grandis Rivi.
Ecclesia de Sevelinges,

(1) Perreux.
(2) Saint-Nizier-d'Azergues.

Ecclesia de Coublanc,	Præsentat abbas Vezeliacensis, Eduensis diœc.
Ecclesia de Nandax,	Prior Riorges est in possessione præsentandi.
Ecclesia Chassigniaci Briennensis,	Præsentat prior Spinaci (1).

In archipresbyteratu de Rosseio sunt ecclesiæ sequentes.

Ecclesia de Rosseio, ⎫
Ecclesia de Noureux, ⎬ unitæ.
Ecclesia Marriaci, ⎭
Ecclesia Collongiarum subtus Montem,
Ecclesia Genoilliaci,
Ecclesia de Vallibus, ⎫
Ecclesia Jonciaci, ⎬ unitæ.
Ecclesia Burziaci, ⎭
Ecclesia Sancti Hylarii (2), ⎫ unitæ.
Ecclesia de Besansuaco (3), ⎭
Ecclesia Sancti Clementis super Guyam,
Ecclesia Flagiaci,
Ecclesia Chavagniaci, ⎫ unitæ.
Ecclesia Perreciaci (4), ⎭
Ecclesia Massiliaci,
Ecclesia de Crayo,
Ecclesia de Abergamento,
Ecclesia Sancti Eusebii, ⎫ unitæ. ⎫ Confert episcopus, pleno jure
Ecclesia de Confrançone, ⎭
Ecclesia de Cortevasio,
Ecclesia Sancti Martini Salanciaci,
Ecclesia d'Aynard,
Ecclesia Salliaci, ⎫
Ecclesia Prissiaci (5), ⎬ unitæ.
Ecclesia de Chides, ⎭
Ecclesia Sigiaci Castri,
Ecclesia Vitriaci,
Ecclesia de Curtili subtus Burnanco,
Ecclesia de Tramayes, ⎫ unitæ.
Ecclesia de Germola, ⎭
Ecclesia Sancti Poncii, XL ^{s},
Ecclesia de Burnant,
Ecclesia de Curtili subtus Bufferias,
Ecclesia Capellæ Montis Franciæ,
Ecclesia Massiaci,
Ecclesia Savigniaci,

(1) Episcopus *(Pouillé de 1500)*. — Prior Spinaci *(Mém. de l'abbé Laplatte)*.
(2) Saint-Ythaire.
(3) Besanceuil.
(4) L'annexe de Chevagny-sur-Guye était Passy; il faut lire *Passiaci*.
(5) Pressy-sous-Dondain.

Ecclesia Amugniaci,	
Ecclesia de Castris,	
Ecclesia de Vinosa,	
Ecclesia de Bufferiis,	
Ecclesia Sologniaci,	
Ecclesia Verziaci,	
Ecclesia de Brandone,	Præsentat capitulum ecclesiæ Matisconensis.
Ecclesia Sancti Vincentii de Pratis,	
Ecclesia Burgivillani,	
Ecclesia Petræ Clausæ,	
Ecclesia de Lornanco,	
Ecclesia Buxiaci (1),	
Ecclesia Sanctæ Ceciliæ,	
Ecclesia Milliaci,	
Ecclesia de Serreriis,	Ad collationem episcopi et præsentationem capituli alternative, ex transactione facta inter episcopum et capitulum, virtute cujus episcopus contulit D. Jo. Vauville, 1513.
Ecclesia Berziaci Castri,	
Ecclesia Berziaci Villæ,	
Ecclesia de Cotta,	
Ecclesia Jalogniaci,	
Ecclesia Igiaci, } unitæ.	
Ecclesia de Dommangiis,	
Ecclesia de Bergaserena,	Præsentat abbas Cluniaci.
Ecclesia Clarmani,	
Ecclesia de Masiliis,	
Ecclesia Sancti Hypoliti,	
Ecclesia Sanctæ Colombæ,	
Ecclesia Taisiaci,	
Ecclesia Trambliaci,	Abbas Cluniacensis est in possessione præsentandi.
Ecclesia Sancti Petri Veteris,	
Ecclesia Donziaci Regalis,	Præsentat abbas Trenorchiensis.
Ecclesia de Bonnayo,	
Ecclesia Sancti Marcellini, } unitæ.	Præsentat prior Perreciaci.
Ecclesia S. Quintini de Altis (2),	
Ecclesia de Salornayo,	
Ecclesia Sancti Andreæ Deserti,	Præsentat prior Sancti Andreæ Deserti.
Ecclesia de Ciergues,	
Ecclesia Montaigniaci, XL s.,	Præceptor d'Espinassy, ad causam de Gleusey, est in quasi possessione præsentandi.

(1) Bussière.
(2) Aliis (Saint-Quentin-des-Aulx).

In archipresbyteratu Viriseti solvitur procuratio ad solidum Turonense, viginti pro francho, et in eodem sunt ecclesiæ sequentes :

Ecclesia Bissiaci Matisconensis,
Ecclesia Lugniaci,
Ecclesia Merziaci,
Ecclesia Fargiarum,
Ecclesia Bissiaci subtus Uxellas,
Ecclesia de Bray, ⎫
Ecclesia Viriseti, ⎬ unitæ. Confert episcopus pleno jure.
Ecclesia de Burgy, ⎭
Ecclesia Sancti Petri de Senozano,
Ecclesia Sancti Martini de Senozano,
Ecclesia de Sathonay,
Ecclesia Sancti Mauricii,
Ecclesia Chissiaci,
Ecclesia de Charboneriis,
Ecclesia Hurigniaci,
Ecclesia Viriaci,
Ecclesia de Chardonayo,   Præsentat capitulum Matisconis.
Ecclesia Sancti Gengulphi-de-Chisse,
Ecclesia Sancti Johannis-le-Preche,
Ecclesia de Colongiis-lès-Mascon,
Ecclesia de Verchiseul,

Ecclesia Sancti Albani,   Unita est mensæ capitulari ecclesiæ Matisconensis.

Ecclesia de Lys,
Ecclesia de Perrona,
Ecclesia Laisiaci,
Ecclesia de Blanosco, ⎫ unitæ.
Ecclesia Donziaci Foraminis, ⎭
Ecclesia Sancti Saturnini,   Præsentat abbas Cluniaci.
Ecclesia Seneciaci,
Ecclesia de Prayes,
Ecclesia de Maleto,
Ecclesia de Chaselles,
Ecclesia de Nancelle,
Ecclesia de Cortambert,
Ecclesia Huchisiaci,
Ecclesia de Plottes,
Ecclesia Aziaci,   Præsentat abbas Trenorchiensis.
Ecclesia de Villario,

CCLXXVIII PRÆVIA.

Ecclesia de Aula, { Abbas Cluniaci prætendit præsentationem ad se pertinere, et est in quasi possessione præsentandi.

Ecclesia Clessiaci, | Præsentat prior Sancti Petri Matisconis.
Ecclesia de Campasia, | Præsentat abbas Sancti Petri Cabilonensis.
Ecclesia Sanciaci, | Abbas Athenacensis præsentat.

Ecclesia Montisbelleti, { Contentio de præsentatione inter abbatem Sancti Claudii et priorem Sancti Eugendi Montisbelleti, abbas tamen est quasi in possessione præsentandi.

In archipresbyteratu Vallis Regnaudi solvitur procuratio ut supra, et sunt ecclesiæ sequentes.

Ecclesia Prissiaci, { Unita est archipresbyteratui Vallis Regnaudi quem confert episcopus pleno jure.

Ecclesia Chavagniaci,
Ecclesia Chintriaci,
Ecclesia Villiaci,
Ecclesia Prussilliaci,
Ecclesia Lochiaci,
Ecclesia Vinzellarum,
Ecclesia Regniaci,
Ecclesia Fluriaci, } Confert episcopus pleno jure.

Ecclesia de Quercu (1), } unitæ.
Ecclesia de Cropio (2),
Ecclesia de Jullienas,
Ecclesia de Chasselas,
Ecclesia de Cenva,
Ecclesia de Cheinas, } Præsentat capitulum ecclesiæ Matisconis.
Ecclesia Sancti Amoris,
Ecclesia d'Avenas,
Ecclesia Sancti Verani,
Ecclesia de Vergissone,

Ecclesia de Dureta,
Ecclesia Julliaci,
Ecclesia d'Esmeringes,
Ecclesia Solutriaci, } unitæ. } Præsentat abbas Cluniaci.
Ecclesia Poilliaci,
Ecclesia Davayaci,

(1) Chasne.
(2) Cresche.

Ecclesia de Guinchay,	
Ecclesia Sancti Symphoriani,	
Ecclesia de Romanesches,	Præsentat abbas Trenorchii.
Ecclesia Lanciaci,	
Ecclesia de Lena,	
Ecclesia de Cherobles,	
Ecclesia Sancti Leodegarii,	Præsentat prior Sancti Petri Matisconensis.
Ecclesia de Oratorio,	Unita est, ab antiquo, mensæ prioris Sancti Petri Matisconensis prædicti.
Ecclesia Sancti Jacobi-des-Arrêts,	Prior Sancti Petri Matisconensis.
Ecclesia Fussiaci,	Præsentat capitulum Sancti Pauli Lugdunensis (1).
Ecclesia Varenarum,	
Ecclesia Lentigniaci.	Præsentat capitulum Bellijoci (2).

Societates. — Etiam, præter supra designata et infra dicenda, sunt in certis ecclesiis dictorum curatorum et diœceseos nonnullæ clericorum seu presbyterorum communitates quæ *societates* nuncupantur, in quibus plures presbyteri et clerici, non tamen per modum capituli aut collegii, sed singuli, socii degunt; et habent redditus inter se communes ex legatis et aliis piis largitionibus parochianorum dictarum ecclesiarum, in quibus sunt dictæ societates, et aliorum Christi fidelium, pro fundatione anniversariorum et missarum pecunialium relictas et concessas acquisitiones. Ad quas societates solum associantur viri ecclesiastici qualificati certis qualitatibus et institutionibus dictarum societatum, etc; dictæ societates pro beneficiis non reputantur, nec cum beneficiis permutari consueverunt.

Le Tour de Saint-Pierre. — In ecclesia Beati Petri Matisconis est societas viginti capellanorum, curato pro duobus computato. Quæ societas vulgo *le Tour de Saint-Pierre* appellatur, et ad illam assumuntur per collationem majoris prioris monasterii Sancti Petri Matisconis, et præsentationem scabinorum Matisconis ad dictum priorem alternative; annui redditus dictæ societatis, secundum communem æstimationem, valent et æstimari consueverunt sex centum libras.

Sunt et aliæ societates in dicta diœcesi Matisconensi scilicet :

Charlieu. — Una, in ecclesia parochiali Beati Philiberti Cariloci.

Thizy. — Alia, in capella Beati Georgii in castro Thisiaci, duodecim capellanorum.

Beaujeu. — Alia, in ecclesia parochiali Sancti Nicolai Bellijoci, octo capellanorum.

Cluny. — Alia, in ecclesia Beatæ Mariæ Cluniaci vulgo dicta *des Panaux*.

— Alia, in ecclesia Sancti Mayoli Cluniaci.

— Alia, in ecclesia parochiali Sancti Marcelli Cluniaci.

Capellaniæ. — Ultra dignitates, personatus, prioratus, parochiales ecclesias et alia beneficia supra designata in ecclesiis civitatis et diœcesis Matisconis, ac alibi per dictas civitates et diœcesim, sunt plures capellaniæ, leprosariæ et alia beneficia simplicia et officia ecclesiastica, quarum seu quorum nomina et cognomina seriatim et specifice una

(1, 2) *Pouillé de* 1500.

cum valore et communi æstimatione fructuum et emolumentorum dictarum capellaniarum, in portatis, oneribus deductis, secundum communem æstimationem et taxationem fuerunt impositæ et quotatæ, anno 1512, in impositionibus factis auctoritate Concilii Pisani et Ecclesiæ Gallicanæ, et ad quem seu quos spectat ipsarum seu ipsorum collatio, provisio, præsentatio seu institutio respective loquendo.

Sancti Vincentii Catherini. — Et primo, in ecclesia cathedrali Sancti Vincentii Matisconis, in porticu seu introitu dictæ ecclesiæ sunt (duo) capellaniæ seu altaria ad honorem et sub vocabulo Beati Thomæ et Beatæ Catherinæ, in quibus sunt sex capellaniæ, seu sex capellani qui *Catherini* nuncupantur et debent vivere in communi et sub eodem tecto morari; sunt ex duabus fundationibus. Quatuor, ex prima, quorum alter decedens aut cedens reliqui tres præsentant loco defuncti aut cedentis dominis decano et capitulo qui habent providere. Et hæc facta fuit per dominum Columbanum Deatuly (archidiaconum).

Aliæ duæ, fundatæ per dominum Petrum de Salornayo, spectant ad collationem dictorum dominorum decani et capituli pleno jure, quoties occurrit vacatio. Et istæ duæ capellaniæ seu portiones sunt, ex fundatione, incompatibiles cum quocumque beneficio ecclesiastico, omnes habent distributiones ecclesiæ annexas, et tenentur ad tres missas quotidianas et ad residentiam.

Sancti Georgii. — Progrediendo a parte sinistra, est capella seu altare Beati Georgii, in qua sunt quatuor capellaniæ seu capellani, duæ fundatæ per reverendum in Christo patrem dominum Philippum de Sancta Cruce; quæ sunt annexæ duabus confratriis dictæ ecclesiæ; una majoris et alia minoris altarium ad collationem dominorum decani et capituli pleno jure; tenentur ad missam quotidianam; valor pro ambobus, LXX lib.

Aliæ duæ fundatæ per dominum Simonem de Sancta Cruce decanum, annexæ aliis duabus confratriis majoris et minoris altarium, ad collationem dictorum dominorum, sub onere unius missæ quotidianæ pro defunctis; pro ambobus, LXX lib.

Beatorum Petri et Pauli. — Capella Beatorum Petri et Pauli apostolorum, in qua sunt quinque capellaniæ ex duabus fundationibus, ad collationem domini episcopi Matisconensis pleno jure.

Prima reverendi domini Petri de Juys quondam episcopi, ex qua sunt tres portiones, seu tres capellani, ad missam quotidianam quæ *secunda missa* nuncupatur; pro tribus, XXX libras.

Secunda fundatio per dominum Joannem de Juys quondam archipresbyterum Bellijoci; duo capellani, ad onus tertiæ missæ quotidianæ per unum ex ipsis, et quatuor missarum per alterum non hebdomadarum celebrandarum, per dominum Johannem Bechet fundatarum, ad collationem domini Matisconensis episcopi pleno jure; pro duobus, LXXX lib.

Sancti Claudii. — Capella Beati Claudii fundata per dominum Gaufridum de Sancto Amore, in qua sunt quatuor capellaniæ sub onere decem octo missarum hebdomadalium, ad collationem domini Matisconensis episcopi pleno jure; pro quatuor, CXL lib.

Beatæ Annæ. — Capella Beatæ Annæ fundata per reverendum in Christo patrem dominum Stephanum Hugonet quondam episcopum Matisconis, in qua sunt quatuor capellaniæ sub onere duarum missarum quotidianarum, ad collationem domini Matisconensis episcopi et præsentationem domini de Saillans, hæredum fundatoris alternative; pro quatuor, L lib.

Beati Vincentii. — Capella Beati Vincentii dicta primæ missæ, in qua sunt duæ fundationes ; una facta per dominum Thomam de Castillione, in qua sunt duæ capellaniæ unitæ duabus confratriis minoris altaris, conferunt decanus et capitulum ; pro duabus, LX lib.

Alia facta per dominum G. Bertaud, in qua sunt aliæ duæ capellaniæ, quæ habent distributiones ecclesiæ annexas et omnes tenentur ad unam missam quotidianam. Conferunt decanus et capitulum ; pro duabus, XIV lib.

Sancti Valerii. — In eodem altari est capellania Sancti Valerii ad unam missam ; ad collationem eorumdem, III lib.

Sanctorum Joannis-Baptistæ et Joannis-Evangelistæ. — Capella Beatorum Joannis-Baptistæ et Evangelistæ fundata per dominum Girardum Perrier, decanum Matisconis, et Hugonem Perrier, decanum Cabilonensem, in qua sunt quatuor capellaniæ seu portiones ad duas missas quotidianas. Conferunt domini decanus et capitulum, et sunt in quasi possessione, licet de Magdalena, veluti hæres asseverat ad se pertinere; pro quatuor, CXL lib.

In eadem capella est alia capellania seu portio fundata per dominum Stephanum Belmondi, debet tres missas qualibet hebdomada ; ad collationem domini decani pleno jure, IV lib.

Beatæ Elisabeth. — Ad altare Beatæ Elisabeth est capellania fundata per dominum Guy de Rosseyo, ad duas missas hebdomadales; ad collationem capituli, X lib.

In eodem altari, alia fundatio per dominum R. de Sancto Clemente, ad tres missas hebdomadales ; ad collationem capituli, III lib.

Beati Bartholomæi. — Ad altare seu capellam Beati Bartholomæi sunt duæ capellaniæ fundatæ per dominum Johannem Mathei sigilliferum, quarum una est annexa mensæ sex puerorum chori ecclesiæ Matisconis, et debent missam quotidianam quæ dicitur *quarta missa*, et ultra quatuor missas qualibet hebdomada fundatas per dominum M. Fabri. Ad collationem capituli pleno jure ; pro duabus, LXXX lib.

Beati Stephani. — Ad altare Beati Stephani sunt quatuor fundationes, quarum prima fuit domini Hugonis de Boneriis senescali, fundatoris cerei continuo in lucerna existentis, de uno capellano ad tres missas hebdomadales, et teneri potest sine habitu ecclesiæ Matisconis; ad capitulum pleno jure, XX lib.

Alia facta fuit per Laurentium Aguet (1), etiam unius capellani ad duas missas hebdomadales; ad collationem capituli pleno jure, IV lib.

Tertia fuit *des Rabutins*, de uno capellano ad unam missam hebdomadalem, ad collationem capituli. Tamen dominus decanus contulit insolidum Joan. Garnerii, et propterea IV lib.

Quarta fuit dom. Jo. Teste, canonici Matisconis, in qua sunt duæ capellaniæ seu portiones ad quinque missas hebdomadales, ad collationem capituli, et tenentur præferre consanguineos fundatoris, si qui sint capaces et habituati ; pro duabus, CLXX lib.

---

(1) Laurentium Agut.

Beatæ Mariæ. — Ad altare Beatæ Mariæ, in dicta ecclesia, sunt tres fundationes : una facta per de Fabricis, in qua sunt duo capellani seu duæ portiones ad sex missas hebdomadales, ad collationem capituli ut supra; pro duabus, x lib.

Alia facta per dominum Philippum de Arbigniaco, ad unum capellanum, sub onere trium missarum hebdomadalium; ad collationem capituli, x lib.

Tertia facta per dominum Petrum Henriet, Petrum Marescalli, et Petrum Perrin, in qua sunt duæ portiones seu capellaniæ, quarum altera est annexa mensæ sex puerorum chori, ad unam missam quotidianam, et altera ad missam hebdomadalem fundatam per dominum B. Larme, ad collationem dominorum decani et capituli; pro duabus, LXX lib.

Sancti Michaelis. — Capella Sancti Michaelis, seu Revestiarii, in qua sunt duæ fundationes, una facta per dominum Petrum Breissodi (1), canonicum archidiaconum Bellijoci, et sunt duæ portiones seu duæ capellaniæ ad duas missas hebdomadales. Ad collationem archidiaconi Vallis Regnaudi; pro duabus, VI lib.

Alia per dominum Petrum Chalemand (2), archidiaconum de Rosseyo, ad unum presbyterum et unam missam hebdomadalem; ad collationem capituli, VI lib.

Beatæ Mariæ de Angelis. — Capella Beatæ Mariæ de Angelis, in qua sunt duæ portiones seu capellaniæ, prima facta per dominum Dyonisium de Terrello, canonicum Matisconis, ad tres missas hebdomadales; ad collationem capituli, xx lib.

Alia facta per dominum Johannem de Salornayo ad onus duarum missarum hebdomadalium; idem ut supra, IV lib.

Beati Jacobi. — Capella seu altare Beati Jacobi in qua sunt tres capellaniæ seu tres fundationes, una facta per dominum Joannem Perroise ad tres missas hebdomadales; confert capitulum, xxx lib.

Alia per magistrum Humbertum de Pise (archidiaconum), sub onere duarum missarum hebdomadalium, et huic fundationi juncta est fundatio Luquini de Pise; ad præsentationem illorum de Pisis, XII lib.

Tertia per dominum Anthonium de Layé, decanum Matisconis, in qua sunt duæ portiones ad unam missam quotidianam; ad collationem domini decani, xxxv lib.

Sancti Yvonis. — Capella Sancti Yvonis dotata, licet non constructa, per dominum Stephanum Bruchon, canonicum Matisconis, in qua sunt duæ capellaniæ seu portiones ad unam missam quotidianam; capellani debent esse presbyteri actu, et tenentur ad residentiam. Ad collationem capituli; pro duabus, CXX lib.

Sancti Blasii. — Capella Sancti Blasii, in qua sunt fundationes quatuor : una facta per dominum Aymonem de Pomeriis, in qua sunt tres fundationes seu portiones capellaniæ sub onere trium missarum hebdomadalium. Ad collationem archidiaconi Viriseti; pro tribus, IX lib.

Alia facta per dominum Aymonem (3) de Cenva, in qua sunt duæ portiones ad quatuor missas hebdomadales. Ad collationem capituli; pro duabus, XIV lib.

---

(1) Petrum Gaufridi *(Roolle des confrères et chapellains de l'église de Mascon).*
(2) Chalamond *(Mémoires de l'abbé Laplatte);* Chalemelli *(Roolle des confrères et chapellains de l'église de Mascon).*
(3) Symonem de Cenva, canonicum *(Roolle des chapellains de Mascon).*

Tertia facta per dominum H. de Prato, ad unum capellanum ad onus duarum missarum hebdomadalium; ad collationem capituli, xviii lib.

Quarta per magistrum Petrum Morisoti, canonicum Matisconis, in qua sunt duæ portiones, quas tenent magister Andreas Verjus canonicus et dominus G. Bonnetain, primi capellani a fundatione nominati. Abinceps teneri non poterit nisi per eos qui fuerint de sex pueris chori, sub onere unius missæ quotidianæ; ad collationem capituli; pro duabus, cxx lib.

Sancti Salvatoris. — Capella Sancti Salvatoris, in qua sunt duæ portiones seu capellaniæ sub onere unius missæ quotidianæ, et tenentur ad residentiam; ad collationem capituli. Pro duabus, cxx lib.

Beati Sebastiani. — Capella Beati Sebastiani, in qua sunt plures fundationes : una facta per dominum nobilem Humbertum de Bleterans, ad unum capellanum sub onere quatuor missarum hebdomadalium, ultra missam dicendam per sex pueros quam fundavit dominus Hugo de Bleterans, et habet distributionem; ad collationem capituli, vi lib.

Alia facta per dominum Guillelmum de Fuissiaco sub onere quatuor missarum per unum capellanum, et habet distributionem; ad collationem ejusdem capituli, v lib.

Alia facta per dominum Guillelmum (1) de Feurs, ad unum capellanum, sub onere trium missarum. Idem ut supra, vii lib.

Beati Martini. — Capella Beati Martini, in qua sunt duæ fundationes : una facta per dominum Joannem de Blanosco, quondam archidiaconum de Rosseyo, duæ capellaniæ seu portiones quæ possunt teneri cum simplici tonsura, ad unam missam quotidianam, et unam aliam qualibet die martis per dominum Claudium Parvi (2) fundatam; ad collationem archidiaconi de Rosseyo; pro duabus, xxiv lib.

Alia per Perrinum Cathelot, quondam civem Matisconis, ad unum capellanum sub onere quinque missarum hebdomadalium, et teneri potest cum simplici tonsura, nec est habitualis ecclesiæ Matisconis; ad collationem hæredum dicti Cathelot, xii lib.

Beati Firmini. — Capella seu altare Beati Firmini, in qua sunt duæ portiones : una facta per dominum Guidonem Brissodi, ad unum capellanum, juncta fundationi factæ per dominum Guillelmum de Matiscone, episcopum Ambianensem, et augmentata per dominum Anthonium Brillardi. Et nunc sunt duo capellani seu duæ portiones, quæ teneri possunt cum simplici tonsura, nec sunt presbyterales, sub onere quatuor missarum hebdomadalium; ad collationem capituli. Pro duabus, l lib.

Alia facta per dominum Joannem de Ruppe, ad unum capellanum ad duas missas hebdomadales; idem ut supra, viii lib.

Beati Andreæ. — Capella seu altare Beati Andreæ, in qua sunt plures fundationes : una facta per dominum Amedeum d'Amenches (3), ad tres missas hebdomadales; ad collationem capituli, xxv lib.

Alia per dominum Joannem de Damas decanum, ad unam missam hebdomadalem; ad collationem ejusdem, iii lib.

---

(1) Guidonem de Feurs, quondam decanum *(Roolle des chapellains de l'église de Mascon)*.
(2) Leonardum de Theseul *(Roolle des chapellains de Mascon)*.
(3) D'Avranches *(Mémoires de l'abbé Laplatte)*. — Aymé d'Avranches *(Roolle des chapellains de Mascon)*.

Tertia facta per dominum Joannem Lyardi, in qua sunt duæ portiones, et non possunt teneri nisi per eos qui fuerunt de sex pueris chori sine dispensatione, ad unam missam quotidianam. Ad collationem capituli; pro duabus, LX lib.

Beati Theobaldi. — Capella et altare Beati Theobaldi, in qua sunt duæ fundationes, quarum una est annexa uni confratriæ majoris altaris, fundata per magistrum Jo. Marini (1) canonicum. Qui tenentur ad sex missas hebdomadales ; ad collationem capituli. Pro confratre, XV lib.

Pro alio capellano, VI lib.

Crucis in Jubilitio. — Capella seu altare Crucis in Jubilitio existens : quod altare dicitur parochiale Sancti Vincentii, in quo sunt duo capellani, qui vicarii Crucis nuncupantur; et tenentur in divinis desservire sacramenta ecclesiastica alternatis hebdomadis casu occurrente, dominis canonicis, chorialibus et aliis parochialibus dictæ ecclesiæ Sancti Vincentii ministrare diebus dominicis, festivitatum solemnium et Sanctæ Crucis, ac diebus mercurii et veneris missam altam celebrare; habent distributiones ecclesiæ quotidianas annexas. Ad collationem domini decani insolidum; pro duobus, XII lib.

In eadem capella sunt alii duo capellani seu duæ portiones ex diversis fundationibus, qui tenentur ad sex missas hebdomadales, et habent distributiones annexas; ad collationem capituli; pro duobus, VIII lib.

Fundatio Flamand. — In dicta ecclesia est alia fundatio seu capellania facta per dominum Franciscum Flamenti, quæ non habet altare proprium, in qua sunt duo capellani seu portiones. Dum contingit alterum decedere, superstes præsentat loco defuncti alium; pro duobus, VI ^{xx} lib.

Altare Sanctæ Magdalenæ. — In cavis seu crotis ecclesiæ predictæ Sancti Vincentii sunt tria altaria : unum ad honorem Mariæ Magdalenæ, in quo est unus capellanus seu una capellania fundata per dominum Gilbertum de Regniaco ad duas missas hebdomadales. Ad collationem domini decani, V lib.

Altare Sancti Nicolai. — Aliud altare ad honorem Beati Nicolai, in quo est fundatio unius capellaniæ fundatæ per dominum Johannem Richardum de Plottes, ad onus unius missæ qualibet die dominica; ad collationem domini decani, XXI lib.

Altare Sancti Innocentis. — Tertium ad honorem et sub vocabulo Beati Innocentis, in quo est fundatio unius capellani fundati per dominum Sebastianum (2) Alberti, ad onus trium missarum ; ad collationem ejusdem decani, VII lib.

Capella Beatæ Mariæ de Praello. — In capella Beatæ Mariæ de Praello sunt duæ capellaniæ seu fundationes, una per Guillelmum de Cabanis decanum, ad onus missæ singulis diebus festivitatum Beatæ Mariæ, vigiliarum earumdem et sabbati primi cujuslibet mensis ; ad collationem ejusdem decani, II lib.

Alia per dominum Theobaldum de Monte (3), nuper decanum, cui fuit juncta fundatio domini Anthonii Perradi; quarum onera fuerunt reducta ad tres missas hebdomadales. Ad collationem domini decani, V lib.

---

(1) Jean Maguin *(Roolle des chapellains de l'église de Mascon).*
(2) Stephanum *(Roolle des chapellains de Mascon).*
(3) Monte Aureo *(Roolle des chapellains de Mascon).*

Capella Visitationis Beatæ Mariæ. — Alia capella ad honorem et sub vocabulo Visitationis Virginis Mariæ per defunctum venerabilem magistrum Bernardum Roberti, canonicum quondam ecclesiæ Matisconis, archidiaconum Vallis Regnaudi, in eadem in claustro predictæ ecclesiæ construi et erigi procurata, dotata et fundata. In qua sunt tres portiones seu capellaniæ ad commodam dispositionem dominorum decani et capituli ecclesiæ prædictæ Matisconensis; ad collationem capituli.

Aliarum capellaniarum (designatio), olim in monasterio Sancti Petri Matisconis fundatarum, quæ una cum dicto monasterio ad ecclesiam parochialem Sancti Petri Matisconis, auctoritate apostolica, translatæ fuerunt, in qua in diversis altaribus, prout infra specificatur, desserviuntur.

Capella Sanctorum Jacobi et Philippi. — Capella SS. Philippi et Jacobi per dominum Philippum de Unciaco quondam priorem fundata, in qua sunt duæ portiones seu duæ capellaniæ per canonicos regulares desserviri solitæ sub onere unius missæ quotidianæ. Ad collationem prioris majoris Sancti Petri; pro duabus, xl. lib.

Sanctæ Margaritæ. — Capella Sanctæ Margaritæ per dominum Hugonem Caprarii quondam priorem fundata, per canonicos dicti monasterii desserviri solita, in qua sunt duæ portiones seu duæ capellaniæ sub onere.... Ad collationem dicti prioris; pro duabus, x lib.

Capella seu fundatio per dominum Gaufridum de Cariloco quondam priorem fundata seu facta sub onere unius missæ quotidianæ, per quatuor canonicos regulares dicti monasterii desserviri solita, quibus per correarium dicti monasterii dantur et solvuntur cuilibet eorumdem centum solidi Turonenses.

Alia fundatio trium missarum hebdomadalium per dominum Guichardum de *Chiel*, quondam eleemosynarium dicti monasterii, ad parvum altare retro majus altare celebrandarum. Occupat eleemosynarius prædictus absque provisione; ad collationem eleemosynarii, xiii lib.

Sanctæ Agnetis (1). — Capella Sanctæ Agnetis per dominum Hugonem de Cadrellis fundata sub onere sex missarum hebdomadalium, in qua sunt duæ portiones seu capellaniæ per regulares desserviri solitæ; pro duabus, x lib.

Beati Joannis Evangelistæ. — Fundatio trium missarum hebdomadalium per dominum Guillelmum de Corneloup fundata, per unum capellanum in capella Beati Joannis Evangelistæ celebrandarum.

Sancti Stephani. — Capella ad honorem et sub vocabulo Sancti Stephani per *les Rabutins* fundata sub onere quatuor missarum hebdomadalium, in qua sunt duæ portiones seu capellaniæ per servitores desserviri solitæ; ad collationem prioris pleno jure, pro duabus, xii lib.

Sancti Christophori. — Capella Sancti Christophori per dominum Guillelmum Grand sub onere quatuor missarum hebdomadalium per unum capellanum secularem desserviri solita; ad præsentationem dicti prioris majoris et institutionem domini episcopi, x lib.

---

(1) Sainte-Agathe *(Mémoires de l'abbé Laplatte).*

Sancti Bartholomei. — Capella Sancti Bartholomei sub onere duarum missarum hebdomadalium per unum capellanum secularem celebrari et desserviri solita; ad collationem prioris, II lib.

Beatæ Mariæ. — Capella ad honorem Beatæ Mariæ per dominum Chandiaci fundata, et exinde per donatum de Gorrevod augmentata, per unum presbyterum seu capellanum secularem desserviri solita; ad collationem dicti prioris, x lib.

Sancti Joannis Baptistæ. — Capella seu fundatio trium missarum hebdomadalium per dominum Joannem de Seduno, quondam priorem Sancti Petri Matisconis, ad honorem Beati Joannis Baptistæ fundata. Confert seu committit prior pleno jure, x lib.

Capellaniarum vero ac commissio missarum in ecclesia Sancti Petri infra civitatem Matisconis, ante prædictam translationem et exinde fundatarum designatio et specificatio sequitur.

Capella Sancti Mathei. — Capella ad honorem et sub vocabulo Beati Mathei, in capella seu altare Beatæ Annæ in ecclesia prædicta fundata sub onere...; ad collationem episcopi pleno jure, IV lib.

Sanctæ Annæ. — In dicta capella est alia fundatio sub vocabulo dictæ Beatæ Annæ, in qua sunt duæ capellaniæ seu portiones sub onere...; ad præsentationem curati Sancti Petri; pro duabus, VII lib.

Sanctorum Petri et Pauli. — Capella Beatorum Petri et Pauli apostolorum vulgariter dicta *de la Serve*, in qua sunt duæ capellaniæ, seu portiones, Turanistorum societatis dictæ ecclesiæ Sancti Petri annexum habentes. Ad præsentationem dicti curati; pro duabus, XXXVI lib.

In dicta capella est alia fundatio unius missæ hebdomadalis per de *Pesmes* fundata.

Sancti Nicolai. — Capella Beati Nicolai retro majus altare fundata, per unum capellanum desservienda sub onere...; ad præsentationem curati Sancti Petri, IX lib.

Sancti Girardi. — Capella Beati Girardi, in qua sunt diversæ et plures fundationes: una per unum capellanum desservienda, sub onere..; ad præsentationem ejusdem, VI lib.

Des Pelerins. — Alia facta per *les Pelerins*, in qua sunt duæ portiones seu capellaniæ per duos capellanos desserviendæ sub onere.... Ad præsentationem curati Sancti Petri; pro primo duorum, VI lib.

Pro secundo, II lib.

Sanctorum Martini et Dionisii. — In eadem capella seu ad idem altare Beati Girardi est alia capellania seu fundatio sub vocabulo Sanctorum Martini et Dionisii per *Diagues* facta. Ad præsentationem de Colundier alias de Baugie hæredum fundatoris, IV lib.

Beati Georgii. — Capella ad honorem Beati Georgii per *Pule* fundata, per unum capellanum desserviri solita sub onere...; ad præsentationem curati Sancti Petri, VI lib.

Alia fundatio ad honorem et sub vocabulo Beati Georgii prædicti, per illos de *Feurs* fundata, per unum capellanum desservienda; ad præsentationem dictorum de *Feurs*, XIII lib.

Sancti Spiritus. — Capella Sancti Spiritus ad honorem ejusdem fundata sub onere unius missæ hebdomadalis, per unum capellanum desservienda; ad præsentationem hæredum Johannis Ayguet, x lib.

Beatæ Mariæ-la-Vieille. — Capella sub vocabulo Beatæ Mariæ-*la-Vieille* per *les Guilloux* fundata, per unum capellanum desservienda sub onere...; ad præsentationem domini de Virey et de Saxo, IV lib.

Sancti Dionisii. — Capella ad honorem Beati Dionisii per Perrinum *qui dormit* fundata et per Luquinum de *Pise* dotata, per unum capellanum desservienda sub onere...; ad præsentationem illorum de *Pise*, XII lib.

Beati Sebastiani. — Capella ad honorem Beati Sebastiani per Joan. Ailloud fundata, per unum capellanum desservienda sub onere...; ad præsentationem hæredum magistri Lanceloti Ailloud. Anno 1493, præsentaverunt D. Jo. Decanalis, XIII lib.

Sancti Blasii. — Capella sub vocabulo Beati Blasii per magistrum Nicolaum Galli sub onere unius missæ quotidianæ fundata, per unum capellanum desservienda. Ad præsentationem hæredum dicti magistri Nicolai, XL lib.

Fundatio Regnaude. — In dicta capella est alia fundatio per Lucquetam *Regnaude* facta, in qua sunt duæ portiones seu capellaniæ sub onere unius missæ quotidianæ per duos capellanos desserviendæ. Huguettus Regnaud præsentavit magistrum P. Tramadi prima die octobris 1522. Ad præsentationem dicti Huguetti Regnaud et institutionem curati Sancti Petri Matisconis, R. D. qui instituit Benedictum Syon; ad præsentationem dicti Regnaud. Pro duobus, XVIII lib.

Beatæ Mariæ. — Capella ad honorem Virginis Mariæ per Desiderium Abel quondam notarium fundata, per unum capellanum desservienda sub onere...; ad præsentationem alternative possessoris et tenementarii duarum domorum sitarum Matiscone, una in loco *Campsarum* (1), altera in loco *Patisserie* (2), XVI lib.

Fundatio Boyrin. — Fundatio seu commissio unius missæ hebdomadalis in magno altari dictæ ecclesiæ per Boyvin facta. Committunt hæredes dicti Boyvin, præsentant prior et conventus Sancti Petri veluti curati dictæ ecclesiæ, IV lib.

Altare Beati Crispini. — Nova fundatio seu commissio missæ ad altare Beati Crispini per *les Champagne* facta, VII lib.

Capella dicta des Bressoud. — Capella nuncupata *des Bressoud* in cimiterio dictæ ecclesiæ fundata, in qua sunt duæ portiones seu capellaniæ sub onere...., per duos capellanos desservienda; ad præsentationem hæredum Joannis Bernardi; pro duobus, XVIII lib.

Sanctorum Jacobi et Dionisii. — Capella ad honorem Sanctorum Jacobi et Dionisii, in cavis pinaculi dictæ ecclesiæ Sancti Petri fundata sub onere..., ad præsentationem curati Sancti Petri, IV lib.

Capella des Patoillard. — Alia capella in dicto pinaculo per *les Patoillard* facta sub onere...., ad præsentationem *des Patoillard*.

Burgi Sancti Joannis. — In civitate et suburbiis Matisconis, capella ad honorem Sancti Joannis vulgo dicta *du Bourg Saint-Jean*, per unum capellanum desservienda sub onere...., ad collationem domini decani Matisconis, VII lib.

---

(1) In vico Campsorio *(Mém. de l'abbé Laplatte)*.
(2) In vico Patissier (ibid.).

In Castro. — Capella in castro Matisconis fundata sub onere unius missæ qualibet die dominica, x lib.

Sancti Nicolai in domo episcopali. — Capella ad honorem Sancti Nicolai in domo episcopali Matisconensi fundata sub onere duarum missarum hebdomadalium, per unum capellanum desservienda; ad collationem domini episcopi pleno jure, vIII lib.

Sancti Nicolai supra pontem. — Capella ad honorem ejusdem supra pontem Matisconis fundata sub onere missæ dominicalis; ad collationem ejusdem, III lib.

Sanctæ Trinitatis dicta des Merciers. — Capella ad honorem et sub vocabulo Sanctæ et individuæ Trinitatis, gloriosissimæ Virginis Mariæ, Sanctorum Joannis Evangelistæ et Andreæ apostolorum, vulgo dicta *des Merciers*, in ecclesia Sancti Stephani extra muros Matisconis fundata, in qua sunt quatuor portiones seu capellaniæ æquales sub onere octo missarum hebdomadalium; ad collationem domini episcopi pleno jure. Pro quatuor, XXXII lib.

Beatæ Mariæ Magdalenes. — Capella sub vocabulo S. Mariæ Magdalenes in dicta ecclesia fundata, per unum capellanum desservienda; ad præsentationem hæredum Joannis Tellet fundatoris.

Beatæ Mariæ des Vignes. — Capella ad honorem Virginis Mariæ fundata, *Nostre-Dame-des-Vignes* nuncupata; ad præsentationem domini (abbatis) Cluniaci, x lib.

Beatæ Mariæ de l'Isle. — Capella ad honorem ejusdem Virginis Mariæ in Insula fundata, *Nostre-Dame-de-l'Isle* nuncupata, in qua solet residere heremita; ad collationem domini abbatis Trenorchii, xv lib.

Hospitale Burgi novi. — In prædicta Matisconis civitate, ultra prædicta, sunt duo hospitalia, quorum unum, quod situatur et existit in vico Burgi Novi dictæ civitatis, fundatum fuit ad honorem Virginis Mariæ et sub vocabulo Beatæ Mariæ intitulatur, in quo rector præfertur ad præsentationem scabinorum civitatis et institutionem reverendi domini nostri episcopi. Qui rector tenetur et debet fructus et emolumenta dicti hospitalis in usus pauperum convertere; quod si recte fecerit et administraverit, ut tenetur, parum aut nihil sibi proprium et particulare supererit, prout necesse debeat.

Hospitale Sancti Jacobi. — Reliquum vero, quod instituitur sub vocabulo Beati Jacobi et ad ipsius honorem fundatum extitit, situatur et est in vico *Burgi Saporosi* dictæ civitatis, in quo cives et scabini dictæ civitatis ex antiqua consuetudine præficiunt rectorem et illud conferunt auctoritate propria. In quo hospitali recipiuntur peregrini Sancti Jacobi in Compostella dumtaxat et nulli alii, ex quo fit quod fructus et emolumenta ejusdem sunt magnæ utilitatis et commodi dicto rectori.

In ecclesiis et parochiis dictæ diœcesis, ultra et præter prædesignata sunt plures et variæ capellæ, capellaniæ, missarum commissiones ac fundationes, quæ infra, secundum distinctionem archipresbyteratuum dictæ diœcesis, specificabuntur cum ipsarum valoribus secundum æstimationem communem per rectores et administratores earumdem factam, ad rationem cujus decimas, papales subventiones, auctoritate Ecclesiæ Gallicanæ et Sacri Concilii Pisani, pristinis et novissimis annis, factas et dona gratuita casu adveniente solverunt, ac etiam ad cujus seu quorum collationem, præsentationem, dispositiones seu donationes spectant et pertinent, scire potui, dicetur.

1º In archipresbyteratu Bellijoci, multæ capellaniæ reperiuntur.

2º In archipresbyteratu de Rosseyo viginti capellarum fit mentio in diversis parochialibus ecclesiis, inter quas tres hic solummodo recensentur : una in ecclesia Sancti Poncii, altera in ecclesia Burgivillani, et tertia prope Savigniacum dicta *Nostre-Dame-de-Grâce*.

Beatæ Catharinæ Sancti Poncii. — Capella ad honorem Beatæ Catharinæ virginis in ecclesia parochiali Sancti Poncii fundata sub onere.....; ad præsentationem domini Sancti Poncii, xii lib.

Sancti Dionisii Burgivillani. — Capella sub vocabulo et ad honorem Beati Dionisii in ecclesia parochiali Burgivillani fundata; ad præsentationem domini Veyriaci, ix lib.

Beatæ Mariæ de Gratia. — Capella ad honorem et sub vocabulo Beatæ Mariæ de Gratia in parochia Savigniaci fundata sub onere.....; ad præsentationem dominorum Savigniaci, xii lib.

3º In archipresbyteratu Viriseti sexdecim capellarum fit mentio, inter quas quatuor solummodo hic recensentur.

Sancti Joannis Montisbelleti. — Capella ad honorem et sub vocabulo Beati Joannis Baptistæ in burgo Montisbelleti fundata, in qua sunt quatuor capellaniæ seu portiones sub onere....; ad præsentationem domini Montisbelleti; pro quatuor, xc lib.

Beatæ Catharinæ dictæ du Temple. — Capella ad honorem Beatæ Catharinæ virginis fundata, ordinis Sancti Joannis Hierosolimitani; ad collationem præceptoris ordinis, lxxx lib.

Ecclesia Sancti Eugendi. — Capella seu commissio unius missæ hebdomadalis in ecclesia Sancti Eugendi Montisbelleti; ad collationem episcopi, v lib.

Ecclesia de Aula (1). — Capella ad honorem (Sanctarum Blasiæ et Catharinæ) in ecclesia de Aula per dominum Lancelotum de Sancto Pontio fundata; ad præsentationem domini loci de Aula, xx lib.

4º In archipresbyteratu Vallis Regnaldi novem capellarum fit mentio, inter quas tres solummodo recensentur.

Capella Beati Georgii Vinzellarum. — Capella ad honorem Beati Georgii in ecclesia parochiali Vinzellarum per dominum loci fundata, in qua sunt duæ portiones seu capellaniæ cum quocumque alio beneficio incompatibiles, et tenentur capellani ad residentiam. Ad præsentationem domini de Vinzellis; pro duobus, l lib.

Beatæ Mariæ et Sancti Sebastiani Vinzellarum. — Capella sub honore Beatæ Mariæ et Sancti Sebastiani in ecclesia prædicta de Vinzellis fundata sub onere...; ad præsentationem...., vi lib.

Capella in ecclesia de Cropeo (2). — Capella ad honorem.............in ecclesia de Cropeo per dominum Regnaudum de Feurs quondam militem fundata, deinde per reverendum Patrem dominum Anthonium de Feurs decanum Lugduni augmentata, et postremo per nobilem Georgium de Feurs dominum de Turribus, dicti domini Anthonii fratrem, adhuc augmentata et modificata. Quæ fundatio et augmentatio, die octava

---

(1) La Salle.
(2) Crèches.

augusti 1513, per nos dictum Seyvert, vicarium domini nostri episcopi, fuerunt autorisatæ et decretæ sub onere unius missæ quotidianæ per duos capellanos, alternativa hebdomada, celebrandæ, qui tribus diebus cujuslibet hebdomadæ videlicet celebrare tenentur alta voce et cum cantu. Ad præsentationem domini *des Tours* et institutionem domini episcopi; pro duobus, xc lib.

Summarium numeri beneficiorum ecclesiasticorum diversarum qualitatum ad collationem et omnimodam dispositionem reverendi in Christo patris domini domini Matisconis episcopi existentium et spectantium.

Quatuor archidiaconatus ecclesiæ Matisconis; videlicet Matisconis, de Rosseyo, Viriseti et Vallis Regnaldi.

Quatuor archipresbyteratus; videlicet Bellijoci, de Rosseyo, Viriseti et Vallis Regnaldi.

Prioratus Sancti Julliani de Ruppe.

Sexaginta duæ ecclesiæ parochiales ex quibus sunt undecim in quarum qualibet sunt duæ ecclesiæ parochiales unitæ.

Decem octo capellaniæ, videlicet novem in ecclesia Matisconis; quatuor alternative ad dominum reverendum episcopum et dominum de Saillans; quinque, videlicet in domo episcopali, supra pontem, et in ecclesia Sancti Stephani extra muros Matisconis.

De Episcopatibus, Archipresbyteratibus promovendis.

Episcopatus eligendi. — Ex-canonici eligere, nec ad electionem seu postulationem futuri prælati procedere non possunt. Sed rex Franciæ unum gravem magistrum seu licentiatum in theologia aut in utroque seu altero jurium doctorem aut licentiatum in universitate famosa cum rigore examinis, et in vicesimo septimo suæ ætatis anno ad minus constitutum et alias idoneum, infra sex menses a die vacationis computandos, Romano pontifici nominare habeat, ut per ipsum provideri possit; et si contingeret regi personam sic non qualificatam ad dictas ecclesias nominare, verum superior immediatus jure aut alter superior in sui recusationem jure devoluto providebit. Ipse Romanus pontifex non tenebitur providere, sed teneatur rex alium qualificatum, infra tres menses alios, nominare; alioquin Romanus pontifex providebit.

De Monasteriis conferendis. — Monasteriis vero, prioratibus conventualibus et vere electivis non possunt conventuales ad electionem abbatis seu prioris procedere. Sed rex religiosum ejusdem ordinis in ætate viginti trium annorum ad minus constitutum, infra sex menses nominare habeat, et si alium alterius ordinis et minoris ætatis viginti trium annorum nominet, Romanus pontifex providere non tenebitur; sed infra alios tres menses alium qualificatum nominabit, alioquin Romanus pontifex providebit.

Tempus Studii.

Magistris, seu licentiatis aut baccalaureis in theologia, tempus decennium est competens.

Doctoribus seu licentiatis in jure canonico, civili, seu medicina, septennium est tempus competens.

Magistris seu licentiatis in artibus, quinquennium.

Baccalariis simplicibus in theologia, sexennium.

Baccalariis juris canonici aut civilis, quinquennium; in quibus baccalariis juris canonici aut civilis, si nobiles fuerint ex utroque parente, trium esse decernimus, et debet probari nobilitas per quatuor testes deponentes coram judice ordinario loci in quo natus est, etiam in partes absentes.

Insinuatio litterarum. — Et teneantur ipsi graduati tam simplices quam nominati collatoribus ordinariis insinuare litteras gradus nominationis temporis studii et attestationis nobilitatis, duplicatas dare ac annuis singulis.

Secundum concordata, Beneficia conferri debent per Ordinarios viris litteratis, graduatis et per universitates nominatis, et debite insinuatis, in modum sequentem.

Mense aprili, Graduati simplices. — Primo, in mense aprili debent conferri beneficia graduatis simplicibus debite insinuatis, sive sint dignitates, personatus, administrationes et officia ad eorum collationem, provisionem, nominationem, præsentationem aut aliam dispositionem : et nota quod Ordinarii gratificare possunt quem maluerint de simplicibus graduatis.

Maio, junio. — In mensibus vero maii et junii, personis idoneis libere ad voluntatem Ordinariorum.

Julio, Graduati nominati. — In mense vero julio, conferri debent viris graduatis nominatis, et qui gradus nominationis et licteras cum studii tempore debite insinuaverint.

Augusto, septembri. — In mensibus augusto et septembri, personis idoneis libere conferri possunt ad voluntatem Ordinariorum.

Octobri. — In mense octobri, graduatis simplicibus qui simili modo litteras insinuaverint debite conferri debent.

Novembri et decembri. — In mensibus novembri et decembri, personis idoneis ad voluntatem Ordinariorum.

Januario. — In mense vero januario, graduatis nominatis debite insinuatis.

Februario, martio. — In mensibus februario et martio, personis idoneis ad voluntatem Ordinariorum.

Beneficia in villis muratis. — Statutum fuit quod parochiales ecclesiæ in civitatibus aut villis muratis existentes, non nisi personis ut supra qualificatis, aut saltem qui per tres annos in theologia vel altero jurium studuerint, seu magistris in artibus qui gradum magisterii adepti fuerint, conferantur.

De Mandatis Apostolicis. — Quilibet summus pontifex tempore sui pontificatus litteras in forma mandati juxta formam inferius annotatam dare possunt; videlicet unum collatorem habentem collationem decem beneficiorum in uno habentem, aut collationem quinquaginta et ultra in duobus beneficiis dumtaxat gravari possit, et hujusmodi mandata sic obtinenda præferri volumus ordinariis graduatis simplicibus et nominatis; sed libere poterit conferre summus pontifex beneficia vacantia in mensibus graduatorum simplicium, nominatorum, ordinariorum et mandatorum jure præventionis quæ habebit locum.

Expressio valoris beneficiorum. — Obtinentur beneficia per summum pontificem sub certo modo vacaturos ad prædictam sedem etiam proprio motu, et etiam promotis ad ecclesias cathedrales, metropolitanas, aut monasteria verum valorem per florenos ducatus aut libras turonenses, verum valorem exprimi tenebuntur, alioquin gratiæ erunt nullæ jure ipso.

Executiones sententiarum. — Statutum fuit quod omnes processus terminentur infra biennium, nec appelletur donec sententia lata.

Et appelletur ad superiorem immediatum et ab interlocutoriis secundo et definitivis sententiis tertio appellari possit; et si tres fuerint conformes, aut duæ interlocutoriæ exequantur non obstante quacumque appellatione interposita.

De pacificis possessoribus. — Si quis prælaturam dignitatem officium vel beneficium per triennium obtulerit aut possederit, nullo modo molestari queat nisi foret ille violentus possessor.

Qui tenent beneficia sine titulo. — Nullus teneat beneficium sine titulo et si secus fiat alioquin declaret Ordinarius jus sibi non competere cujusvis tempore detentione non obstante.

Concubinarii, eorum punitiones. — Si quis concubinam tenuerit post duos menses a data publicationis sibi factæ et postquam concordata hujusmodi notitia ipsius devenerit a perceptione fructuum, privetur a perceptione omnium fructuum beneficiorum suorum spatio trium mensium, qui convertantur per superiorem in fabricam vel aliam evidentem ecclesiarum utilitatem.

Punitio moniti concubinarii. — Item quod superior ipsum monitans de dimittendo intra brevissimum tempus concubinam, et si non dimittat seu dimissam aliam publice resumpserit, privetur omnibus suis beneficiis donec per suos superiores post concubinarum dimissionem et manifestam vitæ emendationem fuerit dispensatum ad susceptionem quorumcumque bonorum.

Punitio recidivæ. — Et si post dispensationem, recidivo vomitu ad hujusmodi publicum concubinatum redierint sine spe alicujus dispensationis ad prædicta prorsus inhabiles existant.

De Superioribus qui non puniunt. — Et si superiores neglexerint punire in consiliis, ad collationem suorum beneficiorum procedatur.

Qui sunt publici concubinarii. — Publici concubinarii sunt non solum quorum concubinatus per sententiam aut confessionem in jure factam, sed per rei evidentiam et quæ nulla possit tergiversatione celari notorium est, sed etiam qui mulierem de incontinentia suspectam et diffamatam tenent, et per suum superiorem admoniti ipsam cum effectu non dimittunt.

III.

SERIES EPISCOPORUM,

DECANORUM, ABBATUM ET PRÆPOSITORUM MATISCONENSIUM.

1. S. Placidus, 536-553.
2. S. Salvinus, circa 555.
3. S. Nicetius, c. 560.
4. Caledonius, vel Chelidonius, c. 567-570.
5. S. Justus, c. 574-580.
6. S. Eusebius, 581-585.
7. Florentinus, c. 590.
8. Decius I, 599-612.
9. S. Momulus, vel Mommolus, 617-630.
10. Deodatus, 634-650.
11. Decius II, exeunte VII° seculo.
12. Domnolus, c. 732-743.
13. Eduardus, Leduardus, vel Leidradus, Karoli magni archicancellarius, 769-802, anno obitus.
14. Wicardus I, post Leduardum archicancellarius, 802-810.
15. Gundulfus, c. 810-813.
16. Adalrannus vel Alderanus, I, c. 814.
17. Hildebaldus, vel Hildeboldus, 815-850, anno obitus.
18. Brendevicus, vel Brendencus, circa 853-862.
19. Bernardus, vel Bernoldus, 864-873, anno obitus.
20. Lambertus I, circa 875-877.
21. Evicinus, 877-878.
22. Lambertus II, 878-879.
23. Guntardus, 879-887.
24. S. Geraldus, c. 887-926.
25. Adalranus II, seu Alranus, c. 927.
26. Lebaldus I, c. 928.
27. Berno, a comitibus Matisconensibus, 928-937.
28. Maimbodus, 937-962, 17 octobr., die obitus.
    Bartholomæus, ordinatus Matisconensis episcopus, ex veteri calendario.
29. Theotelmus, vel Theotelinus, c. 962-967, anno obitus.
30. Ado I, 968-971, anno obitus.
31. Johannes I, c. 972-977, 23 maii, die obitus.
32. Milo, c. 980-996, anno obitus.
33. Lebaldus II, vel Lentboldus de Branciduno, c. 996-1018.
34. Gauslenus de Vienna, c. 1019-1030.
35. Walterius de Bellojoco, 1031-1062 (ex P. Juenin).
36. Drogo, 1063-1072, 6 martis, die obitus.

37. Landricus de Berriaco (de Berzé), 1074-1096, anno obitus.
38. Berardus, Beroldus de Castellione, c. 1096-1124.
39. Jotcerannus, vel Gauscerannus, circa 1127-1143, anno obitus.
40. Pontius I de Rochebaron, Sebusianus, c. 1144-1166? anno obitus.
41. Stephanus I de Balgiaco, c.1167-1185.
42. Raynaldus, Reginaldus seu Renaudus de Vergiaco, c. 1186-1199, anno obitus.
43. Pontius II de Toriaco (de Thoire de Villars), c. 1199-1219.
44. Aymo, vel Haymo, c. 1219-1242, 19 octobr. die obitus.
45. Seguinus de Lugniaco, 1242-1262, 19 junii, die obitus.
46. Joannes II Dalmatii (de Damas), 1262-1264, 16 decembris, die obitus.
47. Guichardus II de Germolla, 1264-1276, 17 octobr., die obitus.
48. Petrus I de Jaissia, 1277-1284, 14 april., die obitus.
49. Hugo de Fontanis, 1284-1300, 20 novembr., die obitus.
50. Nicolaus de Barro (ad Sequanam), 1301-1330, anno obitus.
51. Joannes III de Salaigniaco, c. 1331-1359, anno obitus.
52. Odo, vel Ado II, c. 1360.
53. Philippus a Sancta Cruce, ex decano episcopus, c. 1366-1380, 10 octob., die obitus.
54. Joannes IV de Boissiaco, 1380-1389, ad sedem Ambianensem translatus.
55. Theobaldus de Rubeo monte, 1389-1397, translatus ad sedem archiepiscopalem Viennæ.
56. Petrus II de Juys, c. 1397-1412, 8 maii, die obitus.
57. Joannes V Christini, c. 1413-1419.
58. Gauffredus de Sancto Amore, 1420-1430, 1 octobr., die obitus.
59. Joannes VI Juvenis (1), 1431-1433, ad Ambianensem sedem translatus.
60. Joannes VII Maceti, c. 1435-1448, 30 augusti, die obitus.
61. Guido de Rupeforti, c. 1448-1450.
62. Stephanus II Hugonet, ex decano episcopus, c. 1450-1473.
63. Philibertus Hugonet, ex decano episcopus et cardinalis, 1473-1484, anno obitus.
64. Stephanus III de Longovico, c. 1485-1511, anno obitus.
65. Claudius de Longovico, cardinalis de Givry nuncupatus, 1512-1529, ad Lingonensem sedem translatus.
66. Ludovicus I Canterellus, eremita Augustinianus, 1529-1531, 24 septembr., die obitus.
67. Carolus Hemard de Denonville, cardinalis Matisconensis nuncupatus, 1531-1538, ad Ambianensem sedem translatus.
68. Antonius de Narbona, monachus Benedictinus, 1538-1542, octobr., mense obitus.
69. Petrus III Castellanus (du Châtel), 1544-1552, ad Aurelianensem sedem translatus.
70. Franciscus de Falconia, 1552-1556, ad Carcassonensem sedem translatus.
71. Amedeus de Fuxo, 1556-1558, ad Vasatensem ecclesiam translatus.
72. Joannes-Baptista Alamanny, 1558-1582, anno obitus.
73. Lucas Alamanny, c. 1583-1598, translatus ad ecclesiam Volaterianam, in Etruria.

(1) Vid. *Gall. Christ.*, tom. x, col. 1199, de episcopis Ambianensibus.

PRÆVIA.

- Gaspar Dinet, 1599-1619, 1 decembr., die obitus.
- Petrus Dinet, nepos Gasparis et illius coadjutor, obiit anno 1618.
- Ludovicus II Dinet, 1621-1650, 3 octobr., die obitus.
- Joannes VIII de Lingendes, 1650-1665, 2 maii, die obitus.
- Guillelmus Leboux, Matisconensis episcopus nominatus, bullas non obtinet sed ad sedem Petrigorii transfertur.
- Michael I Colbert, 1666-1676, 28 novembr., die obitus.
- Michael II de Cassagnet de Tilladet, 1676-1731, 5 sept., die obitus.
- Claudius de Saint-Georges, Matisconensis episcopus nominatus bullas non potuit obtinere, postea archiepiscopus Lugdunensis factus est.
79. Henricus-Constantius de Lort Serignan de Valras, 1732-1763, 3 nov., die obitus.
80. Gabriel-Franciscus Moreau, 1763-1801, nominatus episcopus Eduensis, obiit anno 1802, 8 septembr.
81. Fredericus-Gabriel-Maria-Franciscus de Marguerye, Eduensis episcopus, titulo Matisconensis episcopi decoratus, anno 1853, possessionem adeptus est 23 aprilis 1854.

DECANI.

- Winardus, c. 887.
- Walterius, nepos Walterii de Bellojoco episcopi, 1031-1062.
- Wido, seu Guido (de foro), c. 1064.
- Odo, vel Ado, c. 1072-1096.
- Artaldus de Vicurte sedente Berardo de Castellione, 1110-1116, postea monachus Cluniacensis.
- Gaucerannus, Jotcerannus, c. 1117-1124, postea Matisconensis episcopus.
- Wicardus I, forsan Guichardus de Piseir, sub Gauceranno episcopo, circa 1137.
- Petrus I, sedente Pontio I de Rochebaron episcopo, 1144-1147.
- Wicardus II, 1151-1184 c.
- Galterius, Gauterius de Berriaco sedente Raynaldo de Vergy episcopo, c. 1186-1196.
- Hugo de Berriaco, frater Galterii, c. 1196.
12. Guillelmus I de Monte Aureo ? circa 1222.
13. Seguinus de Lugniaco, c. 1231-1242, postea Matisconensis episcopus.
14. Guido de Monte Aureo (1), c. 1255.
15. Jocerannus des Sertines (2), c. 1257.
16. Guillelmus II de Cabanis 1260-1270, anno obitus.
17. Hugo I de Fontanis, c. 1282-1284, postea Matisconensis episcopus.
18. Aymo de Pezeu, c. 1284-1315.
19. Simon de Sancta Cruce, 1315-1345, anno obitus (St-Jul. de Bal.)
20. Armanus de Cadris (3), c. 1348.
21. Philippus I de Sancta Cruce, c. 1360-1366, postea Matisconensis episcopus.
22. N. de Salornay, frater Joannis VII Cabilonensis episcopi, 1370-1378.
23. Gaufredus de Salagniaco, c. 1371-1373, postea Cabilonensis episcopus.

(1, 2, 3) L'abbé Agut, *Mémoires manuscrits*; 2 vol. in-folio.

24. Guido II de Bleterens, 1374-1383.
25. Theobaldus de Monte-Aureo, c. 1396.
26. Guillelmus de la Chanal (1), c. 1418.
27. Hugo Perrier, decanus Cabilonensis et Matisconensis, c. 1420.
28. Nicolaus Fraillon (2), c. 1430.
29. Girardus I Perrier, ex archidiacono decanus, 1425-1443.
30. Joannes I de Damas, c. 1444.
31. Stephanus I Hugonet, 1446-1450, postea Matisconensis episcopus.
32. Anthonius de Laye, c. 1455-1458.
33. Claudius de Messimieux (3), c. 1458.
34. Philibertus I Hugonet, c. 1470-1473, postea Matisconensis episcopus et cardinalis.
35. Stephanus II Morel, c. 1483, postea Mauriennensis episcopus.
36. N. Verjus, c. 1490.
37. Stephanus III de Corsant, 1500-1531.
38. Philippus II de Corsant, circa 1531, novembr.
39. Franciscus I a Guichia, 1531-1575. (Petrus Garro designatur vicarius generalis in spiritualibus et temporalibus rev. domini Francisci a Guichia).
40. Philippus III Bernard (senator Parisiensis), ex cantore decanus, 1569-1590.
41. Nicolaus de Chandon, agens generalis cleri Gall., 1598-1638, 5 novembr., die obitus.
42. Gratianus Bernard, decanus, officialis necnon vicarius generalis, 1638-1652, 22 aprilis, die obitus.
43. Joannes II Dinet, 1652-1660, 2 oct., die obitus.
44. Philibertus II Morel, 1660-1671, decanatum in gratiam nepotis cessit.
45. Philibertus III Morel, 1671-1718, anno obitus.
46. Hugo II Foillard, 1718-1728, 27 maii, die obitus.
47. Franciscus II de la Martine, 1728-1757, 6 maii, die obitus.
48. Antonius-Baltazar Colin de Serre, 1757-1758, feb. mense obitus.
49. Joachim Poncet, 1758-1778, 21 martis, die obitus.
50. Geraldus II Chamoux apparet decanus anno 1782, 18 januarii.
51. Petrus II Sigorgne, decanus, archidiaconus, vicarius generalis, officialis, Bonævallis abbas, 1784-1790, obiit Matisc., 10 novembr., 1809.

ABBATES ET PRÆPOSITI.

1. Leutarius abbas, circa 752-768.
2. Adalardus, abbas, 881-906.
3. Fulcoldus, præpositus, 882-926.
4. Bernardus præpositus sedente Giraldo episcopo, 888-927.
5. Maimbodus, præpositus sedente Bernone episcopo, 928-936.
6. Wido abbas, circa 930.
7. Ado, vel Odo, abbas, sedente Bernone episcopo, 928-936.
8. Ado, abbas, sedente Maimbodo episcopo, 938-958.
9. Humbertus, vel Ubertus præpositus, 938-958.
10. Oddo, abbas, sedente Adone episcopo, 968-971.

(1, 2, 3) L'abbé Agut, *Mémoires manuscrits.*

11. Warnerius, abbas, sedente Adone episcopo, 968-971.
12. Johannes, præpositus, 968-973.
13. Oddo, abbas, sedente Johanne episcopo, 972-977.
14. Arembertus præpositus, sedente episcopo Johanne I, 972-978.
15. S. Odilo, abbas et præpositus? c. 980.
16. Oddo, abbas, sedente Milone episcopo, 981-996.
17. Mayolus præpositus, sedente Letbaldo episcopo, 996-1018.
18. Gauslenus, abbas, 996-1018.
19. Oddo, abbas, sedente Gausleno episcopo, 1018-1030.
20. Walterius de Branciduno, præpositus, c. 1020-1021.
21. Raculfus, vel Rannulfus, circa 1031-1062.
22. Galterius, c. 1063. Præpositurae cessatio sedente episcopo Drogone. (Vid. ch. 33.)
23. Bernardus, præpositus sedente Landrico episcopo, 1074-1117.
24. Otgerius, præpositus, sub Landrico et Berardo, episcopis, 1074-1124.
25. Radulfus, præpositus, 1096-1124.
26. Rodelinus, vel Karlinus præpositus, 1080-1120.
27. Humbertus, abbas, 1096-1124.
28. Stephanus, præpositus, sedente Berardo episcopo, 1096-1124.
29. Gauffridus, præpositus, circa 1142.

INDEX CHRONOLOGIQUE S CHARTARUM

INDEX CHRONOLOGICUS CHARTARUM.

(Numerus Chartam indicat.)

563-593 (post). — Numerus servientium Sancti Vincentii in potestate Romanacensi, 493.

743. — Pipinus majorum domus maximus concedit immunitatem Domnolo episcopo Matiscensi et ecclesiæ Sancti Vincentii, 66.

750-768 circa. — Memoriale earum rerum quæ in exemptione continentur, 67.

774. — Adrianus papa omnibus archiepiscopis mandat jura metropolium esse restituta in præsentia Karoli Magni, 23.

801-803. — Karolus imperator reddit ecclesiæ Sancti Vincentii Diviacum cum Siciaco et ecclesias Sanctorum Jangulfi et Martini, 68.

802-810 circa. — Karolus imperator concedit ecclesias Sanctorum Jangulfi et Martini, 120.

814-840. — Ludovicus imperator reddit Sancto Vincentio tertiam partem telonei, 539.

814-850. — Hildebaldus concedit, per precariam, Ananiæ quasdam res, 360.

815. — Ludovicus imperator dat ecclesiæ Sancti Vincentii villam Rosarias quæ fuerat Austrudis sanctimonialis, 58.

815. — Ludovicus imperator renovat præceptum Pipini regis avi sui pro exemptione ecclesiæ Matiscensis a laicali et jurisdictione, 65.

815. — Præceptum Ludovici imperatoris confirmans immunitatem Pipini avi ab omni jurisdictione seculari, 98.

815-850 — Androldus presbyter cedit ecclesiam Sanctæ Mariæ cum appendiciis, 74.

816. — Præceptum Ludovici imperatoris ut omnes qui de beneficio ecclesiæ terras possidebant decimas et nonas solverent, 57.

825 circa. — De permutatione Cluniaci facta cum aliis villis inter Hildebaldum episcopum Matiscensem et Warinum comitem, 55.

825. — Investitura Cluniaci facta Warino comiti ab episcopo, 55.

825 circa. — Hildebaldus Matiscensis episcopus permutat cum Warino comite Cluniacum et recipit alias villas in cambium, 52.

842. — Karolus Calvus dat Lendrico ecclesiam Sancti Albani in alodum, 59.

842. — Karolus Calvus rex concedit Lendrico capellam Sancti Albani in alodum, 102.

851-863. — Magnisendis dat Sancto Vincentio curtilum apud Amoniacum, 224.

853. — Karolus Calvus rex dat ecclesiæ Matiscensi castrum Tornutium cum xxx mansis, in pagis Cabilonensi et Lugdunensi, 56.

853-864 circa. — Karolus Calvus confirmat donum Ludovici patris sui factum ecclesiæ Sancti Vincentii Matiscensis de tertia parte telonei civitatis, 64.

860. — Karolus rex reddit canonicis cellulam Sancti Imiterii, 109.

864-873. — Lendricus concedit præfatam capellam Sancti Albani ecclesiæ Matiscensi ad luminare et alimoniam canonicorum, 60.

864-873. — Manius dat Sancto Vincentio capellam cum curtilo et vinea, 399.

864-873. — Redeemus presbyter ædificat capellam quam consecrat Bernoldus episcopus, 403.

864-873. — Grunonius ædificat basilicam quam consecrat Bernoldus episcopus, 407.

876 circa. — Altercatio inter episcopos Cabilonensem et Matisconensem componitur, 97.

878. — Ludovicus rex confirmat canonicis Sancti Vincentii Matiscensis quasdam res quas Lambertus episcopus ex indominicato concessit, 101.

878. — Ludovicus imperator, precibus Lamberti Matiscensis episcopi, confert in augmentum præbendarum quædam indominicata, 61.

878. — Ex præceptis imperatorum Ludovici et Karoli, conceduntur canonicis capellæ Sanctorum Imiterii, Albani et Martini in Castello, 62.

879-882. — Bernuinus et Adorelo dant res in agro Cupriacense, 416.

879-885. — Waremfredis dat Sancto Vincentio curtilos duos in Toriaco, 191.

879-887. — Malli publici formula in qua res Sancti Vincentii reclamantur, 152.

881 circa. — Adalgaudus recipit in prestariam quasdam res cum ecclesia Sanctæ Virginis Mariæ in pago Torvedonense, regnante Karlomanno, 39.

882-884. — Guntardus episcopus dat in precariam Adalgaudo res apud Griolendum, 425.

882-884. — Ado presbyter dat res sui juris in agro Cubliacense, in Leotorciso, 422.

882-910 c. — Ardradus emit vineam in agro Fusciacense in villa Vincella, 172.

882-910 c. — Rodoardus cum uxore Girberga vendit vineam in Vincella, 173.

882-910 c. — Fulcodus presbiter vendit Tolone vineam in villa Vincella, 159.

882-910. — Rotoartius vendit Tolone vineam in villa Vincella, 162.

882-916. — Rotoartus cum uxore Girbergana vendunt vineam in villa Vincella, 176.

885-927. — Geraldus episcopus in gratiam Ratberti nobilis vassali concedit decimas capellæ Sancti Stephani quam subjicit vico Sancti Martini, 40.

885-927. — Agbertus cum uxore dant curtilum cum vinea in Alburniaco, 179.

886-923. — Ivo presbyter dat Sancto Vincentio res sitas in Contla et Audinita, 354.

886-927. — Maalbertus cum uxore impignorant quædam in villa Albuciniaco, 118.

886-927. — Arbertus et Aia dant certas res in villa Alburnaco, 41.

886-927. — Maalbertus dat in villa Albuconaco capellam cum curtili, 87.

886-927. — Adalgisus levita dat diversas res sitas in villa Moyson, 121.

886-927. — Justus hebræus commutat diversas res cum Giraldo episcopo, 122.

886-927. — Teudonus vendit Adalgiso levitæ vineam in villa Moison, 128.

886-927. — Maalbertus impignorat Aboni vineas in villa Albuciniaco, 131.

886-927. — Gildo vendit Adalgiso levitæ vineam in villa Muison, 138.

886-927. — Joslenus dat filio Vincentio vineam in villa Varennas, 150.

886-927. — Joslenus dat eidem campum in villa Varennas, 151.

886-927 c. — Adalgisus dat Josleno res quas de Chalino presbitero acquisiverat, 139.

886-927. — Teudo cum uxore vendit silvam Adalgiso levitæ, 187.

886-927. — Madalbertus cum uxore dat capellam cum curtilo in Albunaco, 190.

886-927. — Elius presbyter dat Sancto Vincentio curtilum cum superposito, 193.

886-927. — Adalgisus levita præstat ingenuitatem servis quibusdam, 195.

886-927. — Bernardus præpositus dat Sancto Vincentio curtilum, 200.

886-927. — Recipiuntur jurati testes ad probandum jus Sancti Vincentii, 204.

886-927. — Gildo et uxor vendunt Adalgiso curtilum in Clipgiaco, 231.

886-927. — Adalardus commutat terras in Ibiaco et Verciaco?, 240.

886-927. — Giraldus episcopus commutat terras cum Aremberto in Lornant, 244.

886-927. — Adalgisus dat Sancto Martino res sitas in villa Clippiaco, 255.

886-927. — Gislardus et Rotrudis dant curtilum in villa Cortocellas, 320.

886-927 — Leotreus et Leotsenda dant capellam in villa Arnant, 428.

886-927. — Geraldus episcopus concedit Rotberto parochias villam Curtem et Exartis, 485.

886-927. — Petronilla vendit Idiero campum in villa Muison, 168.

886-927. — Ambaldus vendit Adalgiso silvam in villa Moyson, 169.

886-930 c. — Vincentius dat curtilum situm in villa Varennas, 146.

887-898. — Quelto dat Sancto Vincentio curtilum in agro Cubliacense, in villa Curte, 423.

888-898. — Raculfus comes in mallo publico inquirit, 284.

888-898. — Statevertus cum uxore Goda dat vineam apud Sanciacum, 295.

892-923. — Bernardus præpositus et curtilum in villa Sanciaco, 305.

892-923. — Rotardus cedit Sancto Vincentio capellam in villa Victriaco, 402.

892-923. — Bernardus præpositus commutat terras cum Aldeiso presbytero, 298.

892-923. — Ivo presbiter dat curtilum juxta Matisconem, in Concula, 188.

892-893. — Anania dat res suas sitas in villa Pasiaco, in agro Dipgiacense, 427.

892-923. — Giraldus episcopus commutat vineas cum Fredenando presbytero, 337.

894. — Odo rex confirmat prestariam concessam ab episcopo Nivernensi Francone, Rocconi et suis, de rebus Sancti Cirici, 100.

899-927. — Giraldus episcopus terras commutat cum Erlulfo et uxore, 357.

906. — Vindicatur capella Sancti Vincentii in curtile Sancti Albani, 359.

907. — Teutgrinus pietate ductus construit capellam quam episcopus consecrat, 397.

915. — Synodus habita apud Cabilonem reddit suo juri villam Santiniacum, 144.

919. — Garemagnus cum Rotrudi uxore dant quicquid habebant apud Diminiacum et in precariam recipiunt terram Morcampi, 36.

923-927. — Petrus canonicus dat Sancto Vincentio pratum in fine Sagonnica, 310.

923-927. — Alsenda dat Sancto Vincentio curtilum in villa Cortefredone, 314.

923-935. — Aldeisus dat Sancto Vincentio res suas in Sanciaco, 279.

923-935. — Aldeisus dat Teuquardo curtilum indominicatum in Sanciaco, 294.

923-936. — Constabilis vendit Teuquardo curtilum in villa Sanciaco, 302.

928 circa. — Reclamatio de Pontenariis Sancti Laurentii de eo quod exigebant, 501.

928-933. — Arnulfus presbiter impignorat Rainerio levitæ vineam in villa Moyson, 166.

928-936. — Constantinus et Amblardus dant ecclesiæ Sancti Clementis campum, 83.

928-936. — Aynardus dat curtilum cum vinea apud Tauriacum, 90.

928-936. — Arnulfus presbyter dat vineam sitam in villa Muison, 115.

928-936. — Arnulfus diaconus commutat terras cum Giraldo, in villa Muison, 125.

928-936. — Tetenus dat vineam in villa Satonaco canonicis, 127.

928-936. — Raimgardis vendicat partem suam de hæreditate Lendrici, 185.

928-936. — Albericus dat villam, capellas et Fabricas, 206.

928-936. — Dotinus vir industris accipit curtilum in precariam, 225.

928-936. — Maimbodus præpositus commutat terras cum Bobuleno, 227.

928-936. — Susanna dat Sancto Vincentio curtilum in villa Bufferias, 234.

928-936. — Berardus canonicus recipit in precariam curtilum, 280.

928-936. — Ebrardus dat curtilum cum vinea in villa Butsongi, 291.

928-936. — Ewinus presbyter dat curtilum in villa Sanciaco, 293.

928-936. — Moduinus dat mansum Sancto Vincentio in fine Bericiacense, 332.

928-936. — Berno presbyter dat curtilum indominicatum in villa Tornaco, 334.

928-936. — Gembergia dat Sancto Vincentio curtilum in agro Montanensi, 338.

928-936. — Salicherius accipit in censum a Bernone episcopo res Sancti Vincentii, 460.

928-936 c. — Auscherius impignorat resciam de vinea in villa Satonaco, 136.

928-958. — Ivo vendit Bererio campum in villa Moyson, in agro Meloniacensi, 175.

928-958. — Bererius donat Davidi campum in villa Fontanillas, 160.

929 circa. — Berno episcopus concedit Stephano ecclesiam Sancti Pancratii, 398.

929 circa. — Berno episcopus dat in prestariam Stephano ecclesiam Sancti Pancratii, 480.

930. — Berno episcopus Matiscensis concedit ad vitam Alberico de Narbona et filiis ecclesiam Sanctorum Amoris et Viatoris, 8.

930. — Albericus comes dat ecclesiæ Matisconensi ecclesiam de Fabricis et recipit in precariam burgum et ecclesiam Sancti Amoris, 38.

930 circa. — Berno episcopus confert Alberico comiti ecclesiam Sanctorum Amoris et Viatoris, 404.

930 circa. — Wido abbas commutat quasdam terras cum Adone levita, 119.

930-954 c. — Rannodus, vel Rainodis, sanctimonialis dat curtilos quatuor in suburbio civitatis Matisconis, 183.

931. — Berno episcopus dat Alberico comiti Cosconacum et villam Curtifrancionis, 496.

935 circa. — Aynardus, vel Ardradus presbyter dat curtilum cum superposito in Tauriaco, 405.

936 circa. — Drogbertus dat alodium in agro Salmacense, in villa Sargo Villaro, 417.

936 circa. — Airoardus et Teotaldis dant curtilum in villa Classiaco, 356.

936 circa. — Ugo dat Germano presbytero curtilum in villa Classiaco, 481.

936-941. — Albericus comes dat in villa Blemundis mansum Gotfredi, 111.

936-954. — Ambaldus incaucionat Euvrardo vineam Iggiacensem, 258.

936-954. — Dodlenus reddit Sancto Vincentio res quas occupaverat, 282.

936-954. — Manuerius cum sociis vendit Aldoni campum in Buscido, 301.

936-954. — Aalbertus incaucionat campum in agro Salorniacensi, 271.

936-954. — Rotardus cum sociis incaucionat curtilum in Sanciaco, 277.

936-954. — Constantinus dat Arsendi campum in Flaciaco, 281.

936-954. — Remigius monachus cum Stephano terras commutat, 283.

936-954. — Rambertus et Theodosius impignorant vineam Teuquardo, 171.

936-954. — Aletrudis cum filio Genesio vendunt campum Teuquardo in villa Fontanillas, 189.

936-954 c. — Susanna dat ecclesiæ Sancti Martini curtilum in Prisciaco, 241.

936-954 c. — Heldiartis dat Girberto vineam in villa Buscido, 147.

937-954. — Maimbodus episcopus dat in precariam Aremberto mansum in Classiaco, 401.

937-954. — Maimbodus episcopus concedit in precariam Bernaldo capellam Sancti Johannis, 408.

937-954. — Maimbodus episcopus dat in precariam Flotberto ecclesias Sanctæ Mariæ et Sancti Amoris, 421.

937-954. — Walterius dat mansum in advocationem nepotis Huberti, 345.

937-954. — Maimbodus episcopus dat canonicis servos ad excolendum vineas, 379.

937-962. — Maymbodus episcopus Matiscensis dat Vislemaro in precariam capellam Sancti Stephani in Lintiniaco et terram Martiscampi, 22.

937-962. — Maimbodus episcopus dat nepoti in precariam curtilum in villa Sanctio, 266.

937-962. — Hugo princeps et Leotaldus comes una cum Maimbodo episcopo conferunt de suis rebus ad restaurationem canonicorum, 70.

937-962 — Beraldus dat vineam sitam in villa Toriaco, 88.

937-962. — Bernardus et Ermingardis dant res sitas in agro Fusciacensi, 339.

937-962. — Maimbodus episcopus dat nepoti in precariam vineolas tres, 296.

937-962. — Ecclesia in Soloniaco villa diruta reedificatur et consecratur, 414.

937-962. — Haymo et Landricus dant curtilum titulo pignoris, 114.

937-962. — David cum Wandina uxore dant curtilum in villa Uriniaco, 140.

937-962. — Adraldus presbyter dat curtilum in villa Varennas, 143.

937-962. — Walo cum uxore dat Sancto Vincentio vineam cum vircaria, 158.

937-962. — Oidelelda, vel Vydelelda, dat Sancto Vincentio pro anima senioris sui, 180.

937-962. — Gertrudis dat Sancto Vincentio curtilum in Fontanaco, 226.

937-962. — Odo inlustris reddit capellam Sancti Gengulfi cum decimis, 243.

937-971 c. — Wandalgerius vendit Volfart vineolam in villa Manciaco, 311.

937-971 c. — Numerus mansorum qui sunt Sancti Imiterii, 484.

938-954. — Aygredus canonicus dat curtilum in villa Mispiliaco, 315.

938-958. — Humbertus præpositus Matiscensis mutat terras cum Rotberto, 253.

939 circa. — Maimbodus episcopus concedit Willeberto ecclesias Sancti Joannis et Sancti Petri, 415.

939 circa. — Maimbodus episcopus concedit Willeberto ecclesias Sancti Petri et Sancti Johannis, 497.

940-948. — Ancherius et Angelais uxor dant curtilum in Mansiaco, 230.

940-960 c. — Hildeboldus dat Eldrardæ sanctimoniali vineam in Liviniaco, 184.

940-960 c. — Raculfus cum uxore sua dat Sancto Vincentio curtilum cum superposito, 164.

941-960. — Redditio nonarum et decimarum de fiscis Matisconensium, 156.

941-960. — Gislardus, Bernardus et Rambaldus reddunt res ablatas, 186.

942-954. — Dominicus vendit Ermenfredo vineas in agro Ibiacense, 274.

942-954. — Angelardus vendit Domenfredo vineam in villa Iggiaco, 264.

942-954. — Bernardus vendit campum Lugduno, in villa Casotis, 275.

942-955. — Leotaldus comes cum uxore Berta dant colonicas v, in Monte Guidini, 488.

943-958. — Ubertus præpositus dat curtilum in villa Avistas, 317.

947-962. — Witcherannus cum uxore Gerberdi dant curtilum in villa Aloniaco, 48.

948-955. — Agapitus II papa confirmat res ecclesiæ Matiscensis et privilegium indulget eligendi episcopum ex corpore canonicorum, 69.

949 circa. — Maymbodus episcopus Matiscensis concedit Vislemaro, capellam Sancti Stephani et terram Morcampi sub censu annuo, 9.

949 circa. — Ludovicus rex confirmat res ecclesiæ et, ad preces Hugonis marchionis et Leutaldi comitis, concedit ecclesias Sancti Romani et Sancti Desiderii, 99.

950-958. — Hugo marchio et Leotaldus comes conferunt canonicis de rebus suis, 103.

952. — Maimbodus episcopus dat Bodoni ecclesiam Sancti Germani de Cardonaco, 396.

954 circa. — Hugo comes reddit ecclesiæ Sancti Vincentii tertiam partem silvæ, ad flumen Sagonnæ, quam injuste tenuerat, 72.

954 circa. — Hugo comes dat quidquid tenebat ex hæreditate Waldini, 73.

954-960. — Redditur canonicis Sancti Vincentii ecclesia dicata in honore Sancti Martini, sita in villa Liciaco, in pago Duncnse, 420.

954-962. — Walterius vicecomes reddit Sancto Vincentio res in Sanciaco, 292.

954-962. — Orvadus, vel Ernadus, dat Sancto Vincentio de rebus suis in pago Lugdunensi, 313.

954-962. — Hugo cum Alindrada dant colonicam cum curtili in Monte Gudini, 326.

954-962. — Bernardus et Ermendrada dant curtilum in Cardenaco, 350.

954-962. — Maimbodus episcopus concedit Constantio per precariam campum, 276.

954-962. — Maimbodus episcopus et canonici commutant terras cum Aalelmo, 367.

954-986. — Amalgilius cedit terram arabilem apud Sanciacum, 306.

954-986. — Rotbertus dat Duranno res suas quæ sunt in villa Casotis, 303.

954-986. — Lendinus dat campum in villa Casotis, in agro Salorniacense, 275 bis.

954-986. — Wido vendit Roberto vineam in villa Sanciaci, 299.

954-986. — Amalgilius dat Sancto Vincentio terram in villa Sanciaco, 304.

954-986. — Christina vendit Duranno campum in villa Flaciaco, 308.

954-986. — Constabulus et Constantia dant mulinarium super Ressosiam, 321.

954-986. — Leotbertus dat Sancto Vincentio vineam in villa Tornaca, 323.

954-986. — Aimfredus incaucionat Sancto Vincentio vineam apud Cambonas, 346.

954-986. — Drogo et Teutsa dant Sancto Vincentio vineam in villa Ciciaco, 361.

954-986. — Rectores Sancti Vincentii commutant terras cum Bernardo, 368.

954-986. — Engelmarus dat Sancto Vincentio vineam in villa Avenacus, 375.

955 circa. — Leutaldus imperatorius comes reddit quæcumque habebat de ratione et rebus Sancti Vincentii Matiscensis, 71.

955 circa. — Redditio quam Leutaldus comes facit de rebus Sancti Clementis, 157.

958. — Maimbodus episcopus dat Gausberto res quæ erant de beneficio Sancti Germani, 413.

958. — Maimbodus episcopus dat Gaufredo in precariam colonicam Sancti Germani, 435.

960 circa. — Leotaldus comes dat ecclesiæ mansum in villa Oratorii, 76.

960 circa. — Leotaldus comes cum Berta uxore dant mansum in Oratorio villa, 155.

960 circa. — Alexandra dat Landradæ filiæ mansum in Scola et Lidornaco, 467.

960-972. — Adalbertus vendit Adaldrado presbytero curtilum, 170.

960-972 circa. — Walbertus dat ecclesiæ Sanctæ Mariæ in Cantriaco campos tres, 181.

960-975 circa. — Altasia vendit curtilum secundum legem salicam, 117.

960-975 c. — Humbertus vendit Rainerio curtilum in agro Meloniacense, 129.

960-990 c. — Ericus dat sororio Joselino curtilum in fine Viriacense, 349.

961-966. — Arbramus et Amalbert vendunt Girberto campum in Vellias, 247.

962-967. — Adalbertus et Landradus dant campum in villa Verriaco, 221.

964-975 c. — Gonsa et filius Osbertus dant vineam in agro Iggiacense, 214.

964-975 c. — Osbertus dat Raimberganæ sponsæ rasas duas de vinea (in villa Iggiaco), 250.

964-975 c. — Rotberta vendit Adalgario curtilum apud Iggiacum, 248.

964-975. — Senderius et uxor Lendrada commutant terras cum Osberto, 251.

965-972 c. — Gundulfus cum uxore vendit vineam in villa Manesiaco, 202.

965-972 circa. — Berverius incaucionat vineam rectoribus Sancti Vincentii, 203.

965-996. — Gorivoldus vendit Fulcualdo presbitero curtilum, in villa Moyson, 124.

965-996 c. — Wigo remittit omnes consuetudines de Monte Gudino, 492.

968-970. — Teotgerius et Gisberga incaucionant campum in villa Uriniaco, 389.

968-971 c. — Adalbertus presbiter dat Girberto vineam in Leornaico, 213.

968-971. — Ado Matiscensis episcopus dat Umberto in precariam diversos mansos, 27.

968-971. — Gaufredus sacerdos et canonicus dat ecclesiæ Matiscensi medietatem cibariæ in villis Avenaci et Causelli, 27 bis.

968-971. — Ado episcopus concedit curtilum ad vitam Lemberganæ et Achardo, 93.

968-971. — Bonnus vendit Bonofilio et suis campum in villa Moncellis, 262.

968-971 c. — Bernardus, Ramfredus et Amalbertus dant ecclesiæ Sanctæ Mariæ de rebus suis pro sepultura, 82.

968-971. — Bererius presbiter vendit Gunduldrico pratum in villa Muison, 126.

968-971. — Leutberga dat filiis mansum indominicatum in villa Mansiaco, 132.

968-971. — Aymo impignorat Giberio curtilum in villa Moyson, 134.

968-971. — Constantius impignorat Arnulfo vineam in villa Cavaniaco, 135.

968-971. — Idrenus dat curtilum indominicatum in villa Moyson, 123.

968-971. — Ado episcopus dat Lemberganæ curtilum in villa Vincella, 412.

968-971. — Ado episcopus confert Rodulfo res Sancti Vincentii apud Lurnicum, 209.

968-971. — Ado episcopus dat Wicardo, viro industri, in precariam vineas duas, 254.

968-971. — Ado episcopus dat Ansedeo mansum in pago Cabilonensi, in villa Colonicas, 395.

968-971. — Ado, consensu canonicorum, confert Odoni abbatiam et capellam Sancti Petri, 406.

968-971. — Ado episcopus dat Odoni clerico abbatiam Sancti Petri et hospitale, 478.

968-971. — Flocbertus dat quædam in villa ad Arcus cum silva in villa Varennas, 130.

968-971. — Julia dat vineam in villa Cavaniaco, in pago Matisconense, 141.

968-971. — Arlindrana cum filio dant curtilum in villa Cavaniaco, 145.

968-971. — Flocbertus cum uxore dat Sancto Vincentio curtilum ad Matisconem, 161.

968-971. — Commutatio rerum Sancti Vincentii cum Teotberto, 205.

968-971. — Adalbertus presbyter dat Sancto Vincentio res apud Verriacum, 211.

968-971. — Girbertus dat ecclesiæ Matiscensi vineas in villa Leorniaco, 212.

968-971. — Wicardus et Rotrudis uxor dant curtilum in villa Verriaco, 215.

968-971. — Widradus et Bladinus presbiteri dant mansum in Verchesoto, 219.

968-971. — Walterius et Atto fratres impignorant vineam Sancto Vincentio, 222.

968-971. — Ado episcopus, Johannes episcopus et Gondranus terras permutant, 229.

968-971. — Ado episcopus commutat terras cum Gondrano, 242.

968-971. — Engelardus presbiter et Bladinus dant curtilum cum vinea, 232.

968-971. — Adalbertus presbiter dat campum in agro Ibiacense, 233.

968-971. — Rotardus presbiter dat curtilum apud Prisciacum, 252.

968-971. — Ado episcopus dat Adalberto campum ad medium plantum in Sanciaco, 290.

968-971. — Radulfus cum Engelberga dant de rebus suis in Lierenco, 312.

968-971. — Gislardus cum uxore Gondrada dat curtilum in Romanaco, 316.

968-971. — Adalardus dat duos mansos in Curte Waldonisca, 325.

968-971. — Wicardus dat curtilum cum vinea in villa Cotobrio, 333.

968-971.—Bernardus et Adalburgis dant res suas in villa Montaniaco, 336.

968-971.—Wicardus dat Sancto Vincentio curtilum in villa Chalobras, 340.

968-971. — Giroldus et Eldegardis dant curtilum in agro Cardunacense, 353.

968-971.—Humbertus cum Osanna vendit vineam in villa Marontis, 364.

968-971. — Ado episcopus cum Maiolo Cluniacensi abbate terras commutat, 267.

968-971. — Adalclinus dat se cum tota familia et rebus Sancto Vincentio, 365.

968-971. — Giraldus et Eldegardis dant curtilum indominicatum in villa Geon, 369.

968-971. — Wandaltrucis et Ingelerius reddunt Sancto Vincentio vineam in Causel, 376.

968-971. — Ado episcopus commutat terras cum Vendrano et uxore, 382.

968-971.—Anastasius et Aldindrada dant curtilum cum campo in Vasnerias, 419.

968-971. — Bladinus dat Sancto Vincentio res suas in villa Mariniaco, 424.

968-971. — Albertus reddit Sancto Vincentio res quas occupaverat in Liornaco, 426.

968-971. — Rotbertus cum uxore incaucionat Gerardo vineam (in agro Salorniacensi), 390.

968-971. — Leutberga femina dat ecclesiæ curtile in villa Vincella, 77.

968-971 c.— Giraldus dat Sancto Vincentio terram juxta cimiterium Amoniaci, 223.

968-973. — Idrenus dat uxori suæ Evæ vineam in villa Moyson, 194.

968-977. — Achinus et uxor dant Sancto Vincentio curtilum cum superposito, 208.

970 circa. — Brandencus, presbyter dat quædam apud Tauriacum, 91.

970-980 c. — Durannus cum uxore dant mansum in villa Exartis, 85.

971-974. — Albericus comes dat curtile in villa Exartis, 86.

971-974. — Albericus comes dat curtile cum vinea in villa Exartis, 153.

971-977. — Teotbertus cum Rainodi dant mansum in villa Curte, 330.

971-983. — Johannes episcopus confert Drogoni et suis capellam Sancti Jamgulfi, 108.

971-986. — Arembertus prepositus dat in prestariam res Sanctæ Mariæ de Uriniaco, 270.

971-986 c. — Bego coram comite Ottone reddit Sancto Vincentio colonicam, 409.

971-986 c. — Gausmarus et Aremburgis dant pro canonica Oddonis ecclesiam, 442.

972-977. —Walterius et Atto dant Sancto Vincentio curtilum in Domanaco, 217.

972-977. — Johannes episcopus concedit decimas in villa Genoliaco Teotberto, 265.

972-977. — Johannes episcopus commutat terras cum Sisberto serviente, 378.

972-977.—Aimfredus serviens dat Sancto Vincentio curtilum indominicatum, 348.

972-977. — Amfredus serviens Sancti Vincentii dat res in villa Cambonas, 358.

972-977. — Hirmengarda, dat curtilum pro anima sua et senioris sui, 116.

972-977. — Commutatio rerum Sancti Vincentii cum Ermenberto, 207.

972-977. — Johannes episcopus cum matre Lemdrada reddit capellam Sancti Maximi, 341.

973 circa. — Yvo cum uxore Ettala dant curtilum in villa Davayaci, 46.

977 circa. — Glotbertus una cum uxore Odila dant preposito et canonicis Sancti Vincentii campum qui vocatur ad Arcus, 45.

980-1018 c. — Hugo nomine Palamus dat molendinum in aqua Roissosa, 328.

981-994. — Hugo dat res suas sitas in villa Albiniaco, 319.

981-994. — Berno presbiter dat curtilum cum vinea in villa Tornas, 322.

981-996. — Milo episcopus dat Gundulrico et Elgaudo capellam Sancti Martini cum decimis, 393.

981-996. — Milo episcopus concedit per precariam Rotberto ecclesiam Sanctæ Mariæ, 440.

981-996. — Milo episcopus concedit Rotberto capellam Sancti Martini in Taisiaco, 522.

981-996. — Anselardus dat curtile cum vinea in villa Lopciaco, 133.

981-996. — Rodenus cum Ermengarda dat vineam et campum in Sanciaco, 289.

981-996. — Wolfrannus dat Sancto Vincentio res in villa Casotis, 307.

981-996. — Adraldus presbiter dat curtilum cum vinea in villa Buidon, 418.

987-994. — Immalbertus cum uxore dat curtilum in villa Lasiaco, 104.

987-996. — Salomon et Bruigius hebræi commutant terras cum canonicis, 273.

987-996. — Milo[1] dat curtilos tres in villa Sanciaco, 272.

987-997. — Aldo presbyter dat duas vineas et duos campos (in villa Moyson), ecclesiæ Matiscensi, 75.

990-1015 c. — Remestagnus reddit res sitas in villa Cortefrancionis, 434.

990-1018 c. — Gislebertus dat campum Benedicto ad medium plantum, 285.

991-996. — Ardradus canonicus dat capellam Sanctæ Mariæ cum curtilo, 154.

991-996. — Eldemarus presbiter dat Flotberto levitæ vineam cum curtilo, 165.

992-1018 c. — Eldinus dat Duranno presbitero vineam in villa Fontanillas, 182.

993-1032. — Vendunt Bernardus et Godofredus Johanni campum in Reculanda, 335.

994-1033. — Amabonus dat Bernoni et sociis res sitas in villa Causel, 352.

994-1033. — Jotselinus cum Edecla dat Sancto Vincentio curtilum (in villa Viriaco), 355.

996 circa. — Leuboldus episcopus concedit Uldrico ecclesiam Sancti Cirici cum appendiciis, 543.

996-997. — Letbaldus episcopus dat per precariam Flotberto ecclesiam Sancti Martini, in villa Prisciaco, 411.

996-1018. — Eldinus excambiat campum cum Vicardo et Raimtrudi, 216.

996-1018. — Bernardus et Sisbertus vendunt campum in agro Ibiacensi, 228.

996-1018. — Wichardus dat Heldino campum in villa Laliaco, 257.

996-1018. — Arradus dat Ewino et suis res in villa Uriniaco, 278.

996-1018. — Isembrannus dat ecclesiæ curtilum in villa Fontanillas, 137.

---

[1] Ce n'est pas l'évêque Milon, mais un autre personnage, de même nom, qui a fait cette donation.

INDEX CHRONOLOGICUS CHARTARUM.

996-1018. — Raculfus dat Sancto Vincentio vineam in villa Liviniaco, 163.

996-1018. — Ranulfus dat vineam in villa Liviniaco, 94.

996-1018 c. — Fraternitas abbatiæ Sancti Benedicti Floriacensis cum episcopo et canonicis Sancti Vincentii Matiscensis, 12.

996-1018 c. — Ardoaltus dat vineas duas et campum in fine Cardoniacense, 366.

996-1018 c. — Ardagnus et Elderudis dant vineas duas in fine Cardoniacense, 381.

996-1018 c. — Erricus cum uxore dat campum in villa Itgiaco canonicis, 103.

996-1018. — Ericus, uxor Anna et filius Warnerius dant quædam Sancto Vincentio, 446.

996-1018. — Maiolus abbas dat Heldardæ curtile ad vitam, 78.

996-1018. — Letbaldus episcopus et Aldo commutant quædam inter se, 80.

996-1018. — Stephanus dat Sancto Vincentio mansum in villa Cavaniaco, 148.

996-1018. — Letbaldus episcopus dat Bonfilio et sociis campum ad medium plantum, 149.

996-1018. — Raculfus cum uxore Plectrudi dant curtilum in villa Fontanilias, 177.

996-1018. — Engara Deo sacrata dat curtilum in villa Varennas, 178.

996-1018. — Rainardus cum uxore Bertrada dant mansos duos, 196.

996-1018. — Commutatio rerum Sancti Vincentii cum rebus Floriacensis cœnobii, 197.

996-1018. — Bladinus presbiter concedit Sancto Vincentio res sui juris, 199.

996-1018. — Umtradus dat Oudradæ sponsæ res insertas in dotalicio, 210.

996-1018. — Hugo clericus dat Sancto Vincentio curtilum in villa Vinceaco, 237.

996-1018. — Wicardus dat vineam sitam in villa Laliaco, 256.

996-1018. — Eldebertus dat curtilum cum vinea in villa Iggiacense, 259.

996-1018. — Willelmus miles dat unum curtilum in agro Viriacense, 260.

996-1018. — Oudrada dat Sancto Vincentio campum in villa Verriaco, 261.

996-1018. — Sendelenus canonicus dat duos curtilos ad mensam fratrum, 269.

996-1018. — Benedictus cum Ermenburga dat vineam in villa Sanciaco, 287.

996-1018. — Otbertus dat campum in agro Salorniacense, in Sanciaco, 288.

996-1018. — Martinus vendit Maiolo preposito curtilum in Uriniaco, 300.

996-1018. — Canonici cedunt in precariam vineam in villa Sanciaco, 309.

996-1018. — Rainardus et Bertreda dant curtilum in Silmuiaco, 318.

996-1018. — Warulfus et Abela dant mansum in villa Felins, 324.

996-1018. — Radulfus Odonis filius reddit res ablatas Sancto Vincentio, 327.

996-1018. — Ermengardis et filius Helius dant campum in villa Cortasione, 331.

996-1018. — Stephanus cum uxore Tedrada dat vineam in agro Viriacense, 342.

996-1018. — Letbaldus episcopus dat Sancto Vincentio de rebus episcopii in Viriaco, 343.

996-1018. — Aalbertus cum fratribus vendit terras in villa Avistas, 370.

996-1018. — Stephanus et Ado commutant vineam in agro Viriacense, 384.

996-1018. — Gondulfus et Antonia dant vineam in villa Turiciaco, 385.

996-1018. — Letbaldus episcopus dat in precariam ecclesiam Sancti Benedicti Rainardo militi, 391.

996-1018. — Letbaldus episcopus dat Ornardo capellam Sancti Martini in Castello, 392.

996-1018. — Letbaldus episcopus dat in precariam ecclesiam Sancti Eusebii in Bussiaco, 394.

996-1018. — Ecclesia Sancti Eusebii in Bussiaco datur Rotberto atque Lino, 515.

996-1018. — Ecclesia Sancti Eusebii in Bussiaco conceditur in precariam, 499.

996-1018. — Letbaldus episcopus dat in precariam Rotleno ecclesiam Sancti Martini, 349.

996-1018. — Ledbaldus episcopus dat Rocleno ecclesiam Sancti Martini apud Colonicas, 523.

996-1030. — Lambertus dat campum de ratione Sancti Clementis in Sanciaco, 297.

996-1030 c. — Canonici Sancti Vincentii dant in precariam Gausberto terram in Givelgo, 438.

997-1015. — Otto comes cum uxore Adela dant beneficium Humberti Mulionis, 490.

997-1015. — Otto comes dat beneficium Umberti Mulionis Sancto Vincentio, 471.

997-1018. — Letbaldus episcopus dat Sancto Vincentio terras in villa Avenaci, 347.

997-1018. — Jotseldis accipit in precariam mansum in villa Amalberti, 53.

997-1018. — Gauserannus dat quidquid habebat in villis Flaciaci et Sanciaci, 54.

997-1018. — Wichardus et Attila dant duas vineas in villa Sanciaco, 372.

997-1018. — Rodulfus clericus dat duos mansos in Quintana et Crais, 374.

997-1031. — Uduldricus cum uxore dant terras in villa Verriaco, 201.

997-1031. — Subertus dat vineam cum campo apud villam Cabannas, 344.

997-1031. — Sendelenus dat Gondardo presbitero curtilum in Salorniacense, 362.

997-1031. — Geraldus et Ingelberga dant campum in fine Avenaco, 363.

997-1031. — David presbiter dat Sancto Vincentio vineam in villa Cardonaco, 377.

997-1031. — Rotselinus canonicus dat ad medium plantum terram Martino et suis, 380.

997-1031. — Rembertus et Sendelenus et cæteri fratres terras mutant, 383.

997-1031. — Bernardus et Ingeldis vendunt vineam in villa Avenaco, 387.

997-1031. — Andreas et Alectrudis vendunt vineam in villa Classeaco, 388.

937-1031. — Rotbertus vendit Richelt tres rascias de vinea in Viriaco, 388 bis.

937-1031. — Rotbertus cum uxore incaucionat Gerardo vineam, 388 ter.

997-1031. — Livo dat Matselinæ sponsæ res sui juris in villa Carbonerias, 463.

997-1031. — Landrada dat Adalgardæ sorori mansum indominicatum in Scola, 468.

997-1031. — Ulricus et Ermengardis dant curtilum in villa Misiriaco, 489.

997-1033. — Gauserannus dat ad medium plantum campum in villa Nuceaco, 263.

998 circa. — Durannus et Sufficia dant duos campos in villa Bey, 491.

998-1013. — Ecclesia Sancti Bartolomæi apud Fabricas conceditur in prestariam, 500.

1000 circa. — Erlebaldus vicecomes dat medietatem ecclesiæ Sancti Genesii, 542.

1003 circa. — Letbaldus episcopus confert ecclesiam Sancti Andreæ Algaudo militi, 505.

INDEX CHRONOLOGICUS CHARTARUM.

1004 circa. — Flotbertus dat campum de ratione Sancti Vincentii ad medium plantum, 470.

1005 circa. — Flotbertus et Rotrudis dant mansum in villa Sanciaco, 486.

1006 circa. — Iidem dant Sancto Vincentio alios mansos apud Sanciacum, 487.

1006 circa. — Ardradus dat quicquid habebat in villa Spinaco, 49.

1007-1037. — Alardus Apostolicus mansum prope Matisconem recuperat, 571.

1009 circa. — Noe dat Livoni fideli suo mansum in villa Carboncrias, 462.

1012 c. — Aymo levita ad adipiscendum canonicale contubernium dat unum mansum in pago Matisconensi certis conditionibus, 42.

1015-1033 c. — Adalbertus cum uxore Stephania impignorant vineam in villa Classiaco, 238.

1015-1033. — Wichardus dat Eldebaldo campos duos ad medium plantum, 174.

1016-1026. — Constantinus dat vineam sitam in villa Poilliaci, 81.

1016-1026. — Gauslenus dat in precariam ecclesiam Sancti Quintini, 92.

1016-1026. — Erveus werpitionem facit de terra apud Salmoiacum, 96.

1016-1026. — Sambadinus vendit Giraldo medium plantum de terra Sancti Vincentii, 106.

1016-1026. — Constantius cum uxore dat vineam in agro Idgiacense, 107.

1016-1030. — Constantinus dat vineam quæ sita est in sero oppido, 235.

1018 circa. — Maiolus prepositus et Oddo abbas dant campum ad medium plantum, 167.

1018 c. — Adalardus dat Humberto terram ad medium plantum in Rinplongio, 371.

1018 circa. — Bererius vendit Adalardo campum in villa Busciaco, 249.

1018 circa. — Leotgart dat Bererio in villa Leornaco vineam, 245.

1018 circa. — Bererius vendit Rainerio vineam in villa Ledornay, 246.

1018 c. — Constantius dat vineam sitam apud Tauriacum, 89.

1018-1026. — Ranulfus dat curtilum in villa Fontanillas, 95.

1018-1026. — Ranulfus presbiter dat quædam in villis Moison et Fontanillas, 112.

1018-1030. — Archimbaldus dat Sancto Vincentio mansum, in villa Fontanillas, 84.

1018-1030. — Arlulfus cum Bersenda uxore dat omnia sui juris in villis Milliaco et Conflans, 239.

1018-1030. — Eufemia dat servos pro anima Renconis senioris sui, 474.

1018-1030. — De Abbatia Sancti Laurentii, 2.

1018-1030. — Wigo vicecomes dat quædam in agro Salorniacense, 113.

1018-1030. — Constantinus dat Sancto Vincentio agrum apud Poilliacum, 218.

1018-1030. — Willelmus cum uxore Gertrude dant mansum in Nuiciaco, 220.

1018-1030. — Otto comes cum Elisabeth conjuge reddit vineas apud Sanciacum, 268.

1018-1030. — Raculfus dat vineam in villa Sanciaco, in agro Salorniacense, 286.

1018-1030. — Rodulfus dat Sancto Vincentio vineam in villa Viriaco, 373.

1018-1030. — Arlulfus pro canonicali contubernio dat curtilum in Marenchias, 386.

1018-1030. — Durannus dat Sancto Vincentio mansum cum vinea in villa Vallis, 445.

1018-1030. — Otto comes et Ainardus dant res in Flaciaco, Cavaniaco et ripa Vele, 464.

1018-1030. — Gauslenus episcopus dat Ragemodi ecclesiam Sancti Quintini, 498.

1019 circa. — Adalardus sacerdos dat Sancto Vincentio mansum in villa Caderias, 142.

1020 circa. — Bernardus vendit Aldoni presbitero silvam in villa Aloniaco, 47.

1021 circa. — Letbaldus episcopus concedit ad medietatem campum Rodulfo et suis ut in quinque annis plantaret vineam, 43.

1022 circa. — Eldinus miles consuetudines eulogiarum et equorum remittit, 198.

1022 circa. — Eldinus miles remittit calumniam de manso in Misiriaco, 495.

1025 c. — Hugo de Castellione dat mansum in villa Cormarenchia, 517.

1025 circa. — Quod monachi Cluniacenses debent ordinari ab episcopo Matisconensi, 518.

1025-1048. — Quod monachi Cluniacenses debent ordinari ab episcopo Matisconensi, 519.

1025-1048. — Quod monachi Cluniacenses debent ordinari ab episcopo Matisconensi, 520.

1027-1060. — Arnaldus dat ecclesiæ Matiscensi quædam sita in pago Matiscensi, 28.

1031 (post). — Giraldus dat Sancto Vincentio curtilum in villa Avanaco, 351.

1031-1060. — Constantinus dat Sancto Vincentio vineam in villa Carnaco, 437.

1031-1060. — Aymo, Giraldus et Durannus dant pratum in villa Moyson, 439.

1031-1060. — Letbaldus cum consorte dat vineam in villa Uriniaco, 440.

1031-1060. — Beggo pro canonica filii Oddonis dat ecclesiam in villa Vescurtis, 441.

1031-1060. — Oddo canonicus dat Sancto Vincentio Leodegarium cum infantibus suis, 447.

1031-1060. — Durannus Francus et Gaucerannus dant res in villa Moyson, 502.

1031-1060. — Durannus dat Rotlanno res suas in villa Asnerias, 503.

1031-1060. — Bernardus dat eidem Rotlanno campum apud Asnerias, 504.

1031-1060. — Durannus dat campum in villa Verchesono, 528.

1031-1060 c. — Bernardus dat vineas sitas in villis Condamina et Fontanella, quarum sibi retinet usum fructuum, 79.

1031-1060. — Raculfus et Warnerius vendunt vineam Hugoni canonico, 44.

1031-1060. — Bernardus presbiter dat vineam pro emptione presbiteratus, 429.

1031-1060. — Erembertus et Maria vendunt Ingelberto vineam in Igiaco, 432.

1031-1060. — Vendramnus dat Sancto Vincentio mansum cum furno et torculari, 436.

1031-1060. — Hugo de Cavannis dat hæreditatem Berlectum nominatam, 443.

1031-1060. — Gislebertus monetarius dat in commadium vineam apud Fontanilias, 448.

1031-1060. — Gislebertus et Emeltrudis dant mansum cum vinea in Fontanilias, 449.

1031-1060. — Gislebertus (idem) dat mansum cum vinea apud Fontanilias, 450.

1031-1060. — Durannus cum sociis dat Sancto Vincentio vineam in villa Davaiaco, 451.

1031-1060. — Durannus dat Sancto Vincentio campum in villa Verchesono, 452.

1031-1060. — Censorius dat Sancto Vincentio unam resciam de vinea in Petroio, 453.

1031-1062. — Wido cum uxore Eldebergia dat mansum in villa Modoy, 236.

1031-1062. — Ermengardis dat Sancto Vincentio mansos in agro Iggiacensi, 430.

1031-1062. — Adalardus et Sulpicia dant terras apud villam Varennas, 431.

1031-1062. — Ingelbertus dat omnia quæ possidebat in Fontana, 433.

1031-1062. — Warnerius et Heldiardis dant res sui juris in villa Moyson, 455.

1031-1062. — Aimo et Eldeardis dant pratum in villa Moyson, 457.

1031-1062. — Ermengardis dat res sui juris in villa Verchisoto, 458.

1031-1062. — Breidincus impetrat a Walterio episcopo canoniale contubernium, 459.

1031-1062. — Breindincus accipit in precariam mansum in villa Vincellas, 461.

1031-1062. — Matselina dat Sancto Vincentio et Sancto Petro res in villa Carbonerias, 466.

1031-1062. — Walterius episcopus dat decano Sancti Vincentii quædam de rebus ipsius Sancti, 410.

1031-1062. — Fromaldus dat in communione fratrum hæreditatem suam, 473.

1031-1062. — Walterius episcopus dat in precariam Gausleno militi ecclesias, 475.

1031-1062. — Fromaldus dat omnem hæreditatem suam in episcopatu Matiscensi, 494.

1031-1062. — Walterius episcopus concedit Walterio canonico ecclesiam Sanctæ Mariæ (de Amoniaco), 562.

1031-1062. — Rotbertus miles dat ad sepulturam mansum in villa Casotis, 469.

1031-1062. — Wicardus de Bellojoco remittit Sancto Vincentio malas consuetudines, 476.

1031-1062. — Wichardus miles de Bellojoco dat mansum in villa Brurerias, 461.

1031-1062. — Aimoinus sacerdos dat unum clausum in Fossa Alsaci, 524.

1031-1062. — Ecclesiæ Sancti Vincentii quæ datæ sunt diversis in precariam, 465.

1031-1063. — Aiminus sacerdos dat vineam pro canonica Duranti, 35.

1031-1063. — Controversia terminatur inter Poncium cantorem et Stephanum de Monte Gudini, 557.

1033-1065. — Joffredus comes dat servum nomine Drogonem cum infantibus, 454.

1051. — Hebræi Matiscenses recognoscunt se debere pigmentum et caligas, 529.

1055 c. — Bernardus Grossus dat Sancto Vincentio decimas Condaminarum, 479.

1059-1108. — Acardus dat ecclesiæ Matiscensi mansum in pago Matisconensi qui dicitur de Moncellis, 24.

1060-1108. — Eldefredus cum uxore Altasia dat vineam Sancto Vincentio, 29.

1060-1108. — Maiolus de Vincella remittit calumniam Sancto Vincentio de quibusdam terris propter quas ad placitum convenerant, 30.

1060-1108. — Vircaria conceditur in precariam Raculfo canonico, 37.

1060-1108. — Bernardus dat vineam sitam in villa Carnaci, 50.

1060-1108. — Hugo de Asirias dat Sancto Vincentio servos et colonos, 400.

1060-1108. — Otto miles de Beriaco dat ancillam nomine Osannam, 527.

1062-1072. — Burdinus, Gaucerannus et Elduinus remittunt calumniam quam intulerant Sancto Vincentio super hæreditate Fromaldi, 31.

1062-1072. — Hugo Burdinus et frater Elduinus dant ecclesiæ Matiscensi quasdam terras in villa Casotis sitas in agro Salorniacensi, 32.

1062-1072. — Hugo de Vendenessa reddit canonicis Sancti Vincentii ecclesiam Sancti Vincentii et quasdam terras per precariam accipit, 34.

1063. — Quod monachi Cluniacenses debent ordinari ab episcopo Matisconensi, 521.

1063-1072. — Drogo episcopus Matiscensis concedit Bernardo Grosso in precariam villam Ciciacum quæ fuit Karoli imperatoris, 18.

1063-1072. — Guido comes remittit canonicis quasdam consuetudines vini, 192.

1064. — Drogo episcopus Matiscensis restituit officium præpositurae communioni canonicorum ecclesiæ Sancti Vincentii Matiscensis, 33.

1068-1095. — Gaucerannus miles de Pasiaco dat mansum in villa de Senosaco, in pago Matisconensi, ecclesiæ Sancti Vincentii, 19.

1070 circa. — Gauscerannus Basuncio dat mansum dictum Vulpeculæ, 1.

1070-1096. — Guichardus et Adalgardis commutant terras in Flaciaco, 525.

1071. — Alexander papa recipit in clientelam abbatiam Sancti Rigaldi et tribuit facultatem fratribus eligendi abbatem secundum regulam Sancti Benedicti, 6.

1072. — Electio Hugonis in abbatem Sancti Rigaldi a monachis ejusdem abbatiæ facta et confirmata ab archiepiscopo Lugdunensi, 5.

1074 circa. — Guido comes Matiscensis concedit Landrico episcopo Matiscensi locum ad edificandum ecclesiam cum cimiterio in pago Cenvæ, 11.

1074-1076. — Commendatoria Gregorii papæ ad archiepiscopum Lugdunensem pro Landrico episcopo Matiscensi ordinato, 15.

1074-1076. — Commendatoria ejusdem Gregorii papæ pro eodem Landrico ad clerum et populum ecclesiæ Matiscensis, 16.

1074-1078. — Placitum coram episcopo et comite Matiscensi inter canonicos Sancti Vincentii et Hugonem de Suisiaco supra hereditate Fromaldi, 10.

1074-1085. — Gregorius papa mandat abbati Cluniacensi ut restituat jura et bona quæ possederat ecclesia Matiscensis, 14.

1074-1085. — Gregorius papa mandat Landrico episcopo Matiscensi ut privilegium Cluniacensis monasterii confirmet, 17.

1074-1085. — Gregorius papa mandat H. coepiscopo judici delegato ut causam inter episcopum Matiscensem et Cluniacenses diffiniat, 20.

1074-1096. — Landricus episcopus dat in precariam Maiolo militi res apud Vincellas, 512.

1074-1096. — Anserinus de Monte Rinno, confirmat donationem fratris sui Hugonis, 329.

1074-1096. — Uduldricus de Balgiaco remittit omnes consuetudines in villa de Monte, 456.

1074-1096. — Bernardus de Blaniaco dat mansum Sanctæ Mariæ de Vinosa, 509.

1074-1096. — Udo canonicus dat terram arabilem in villa Sanciaci, 526.

1074-1096. — Geraldus cum sociis dat servum nomine Andream, 530.

1074-1096. — Gausmarus et Gauffredus reddunt ecclesiam Lentiniaci cum decimis, 541.

1074-1096. — Hugo de Mediolano cum sociis reddit ecclesiam de Exartellis, 544.

1074-1096. — Otgerius miles et uxor Ilia dant mansum in villa Montis, 545.

1074-1096. — De duobus molendinis Sancti Vincentii supra Chavaigniacum, 548.

1074-1096. — Petrus sacerdos dat medietatem mansi in villa Casotis, 549.

1074-1096. — Wicardus de Curte reddit quartam (partem) decimarum de Mardubrio, 565.

1074-1096. — Jocerannus reddit Stephano de Pasiaco terram Sancti Vincentii, 573.

1074-1096. — Jocerannus reddit terram Sancti Vincentii quam habebat in precariam, 587.

1075 circa. — Landricus Grossus una cum Bernardo fratre reddunt episcopo Matiscensi villam Siciaci et admittuntur ad osculum, 26.

1077 circa. — Donatio furni, dicti de Ponte, facta ecclesiæ Sancti Vincentii a duabus Odilis, quæ confirmatur a comitibus Guidone et Renaldo, 13.

1077-1096. — Humbertus Bellijoci dat ecclesiæ Sancti Vincentii ecclesiam de Agriliaco, 21.

1077-1096. — Acardus cognomento Albus reddit ecclesiam Sancti Amoris, 25.

1077-1096. — Umbertus Beljocensis dat usum nemorum ecclesiæ Sancti Juliani de Rupe, 599.

1080. — Hugo Fuldradus reddit quartam partem decimarum Sanctæ Mariæ de Agrillo, 566.

1080 circa. — Hugo Fuldradus et sui dant medietatem decimæ ecclesiæ Sancti Johannis (de Buxeria), 534.

1080 circa. — Bernardus acquirit medietatem decimarum villæ de Bosco, 535.

1087. — Forma electionis et præsentationis in abbatem Sancti Richaldi, 538.

1088-1095. — Concordia inter Sancti Vincentii et Sancti Petri canonicos supra sepultura, 540.

1096. — Urbanus papa confirmat res ecclesiæ Matisconensis, 514.

1096-1103. — Mandat Hugo, archiepiscopus Lugdunensis, abbati Cluniacensi pro episcopo Matisconensi, 581.

1096-1103. — Pro eodem scribit episcopis Eduensi, Lingonensi et Cabilonensi, 581 bis.

1096-1108. — Jocerannus miles impignorat terram suam apud Amuniacum, 585.

1096-1109. — Concordia inter canonicos Sancti Vincentii et monachos Gigniaci, 552.

1096-1120. — Artaldus decanus reddit ecclesiam de Floriaco, 576.

1096-1120. — Stephanus de Lorre concordat super manso de Salornaco, 598.

1096-1124. — Wicardus canonicus dat ecclesiæ curtilum cum vircariis, 472.

1096-1124. — Pontius Senglarius dat in dotalicium nepti suæ molendinum, 477.

1096-1124. — Bernardus recuperat Sancto Vincentio sepulturas et decimas in Salgia, 539.

1096-1124. — Ugo de Vitriaco reddit tertiam partem decimarum Besorniaci, 563.

1096-1124. — Otgerius de Sancto Cirico concordat supra decima de Broder, 597.

1096-1124. — Capitulum Sancti Vincentii concedit episcopo Berardo curtilum juxta muros civitatis, ad viridarium, 3.

1096-1124. — Terminatur querela Matiscensis episcopi cum Guichardo de Marriaco super colonica de Peirol, cum osculo pacis, 4.

1096-1124. — Villelmus de Toria reddit potestatem Odromari, 506.

1096-1124. — Villelmus de Toria reddit potestatem Odromari, 507.

1096-1124. — Hunfredus de Vela reddit tertiam partem silvæ quam occupaverat, 510.

1096-1124. — Stephanus de Calomonte dat mansum in Brutoria villa, 511.

1096-1124. — Bernardus de Cariloco dat quartam partem decimarum de Agrillo, 531.

1096-1124. — Adalesia matrona nobilis dat alodum in parochia de Mardubrio, 532.

1096-1124. — Berardus episcopus recuperat ecclesiam dictam de Quercu, 536.

1096-1124. — Stephanus Boninus, in expeditione Hierosolimitana, dat vercheriam, 537.

1096-1124. — Poncius et Wichardus canonici dant in censum vineam Christiano, 551.

1096-1124. — Bladinus et Rotbertus de Cantriaco reddunt medietatem colonicæ, 553.

1096-1124. — Bladinus et Rotbertus de Cantriaco reddunt medietatem colonicæ, 554.

1096-1124. — Concordia inter canonicos et Reimfredum supra Monte Gudino, 555.

1096-1124. — Hugo Gauffridus prestariam ecclesiæ Matiscensi reddit, 560.

1096-1124. — Placitum canonicorum cum Landrico de Moncellis pro custodia silvæ, 567.

1096-1124. — Artaldus reddit ecclesiam Sancti Martini apud Floriacum, 568.

1096-1124. — Hugo de Toria reddit quicquid occupaverat in Odromaro, 569.

1096-1124. — Gauffridus de Varennis dimittit calumniam molendini de Cavenna, 572.

1096-1124. — Galterius acquirit capellaniæ de Cruce pratum, in Verneto, 574.

1096-1124. — Divisio justitiæ inter episcopum et comitem Matisconenses, 589.

1096-1124. — Bernardus (Berardus), episcopus dat canonicis ecclesiam de Bellomonte, 607.

1100. — Paschalis papa II confirmat privilegia ecclesiæ Matiscensis, 579.

1106. — Precaria Gaufredi de Cluniaco redditur ecclesiæ Matiscensi, 547.

1107-1124. — Hugo, Stephanus et Otgerius reddunt ecclesiam de Satonaco, 556.

1107-1137. — Durannus Burgarus dat vineam de alodio suo in villa de Muisono, 608.

1109-1118. — Quod Cluniacenses chrisma consecrare non possunt, 561.

1111. — Concordia inter Matisconensem ecclesiam et episcopum Nivernensium de ecclesia Candeverris, 559.

1112-1139. — Concordat Bernardus de Seduno supra decimis de Civione, 570.

1115 circa. — Rescriptum papæ quatenus clerici in sua causa testes recipiuntur, 580.

1116. — Guigo cum fratre confirmat verpitionem Artaldi, 578.

1116 circa. — Durannus de Dardre reddit decimam vini in monte Brunerolles, 594.

1117. — Vicardus Beljocensis et Hugo dant in vadimonium res in Avenaco, 586.

1118. — Odulricus de Balgiaco confirmat verpitionem ecclesiæ de Floriaco, 577.

1119-1124. — Calixti papæ decretum contra vastatores Montis Gudini, 582.

1120 circa. — Rescribit idem papa archiepiscopo Lugdunensi pro eadem re, 583.

1121-1143 c. — Stephanus et Otgerius vendunt Gausberto mansum in Monte Pulino, 513.

1121-1143 c. — Breve memoratorium de redditibus Viriseti cum appendiciis, 516.

1121-1143. — Vicelinus canonicus dat molendinum et vineas in villa Suisiaci, 564.

1121-1143. — Petrus de Baiveriis dat quidquid habebat apud Muringas, 591.

1121-1143. — Galterius de Crai dat Sancto Vincentio decimam in villa de Crai, 592.

1121-1143. — Concordia inter canonicos Sancti Vincentii et fratres Malliacenses, 593.

1121-1143. — Gilbertus de Cluniaco dimittit canonicis quidquid habebat in prestaria, 610.

1121-1143. — Guigo cantor vendit ecclesiæ quicquid habebat apud Cropium, 609.

1121-1143. — Guigo cantor dat Beato Vincentio quidquid habebat apud Cropium, 614.

1126-1143 (post). — Successio comitum Matiscensium usque ad Guillelmum Alemannum, 7.

1126-1143. — Concordat Willelmus frater comitis cum Jotceranno episcopo, 590.

1130. — Geura filia Aimuini dat terram de fredo in villa Toriaco, 575.

1142. — Willelmus frater comitis dat decimam de Altera Curte, 601.

1144. — Convenientia inter canonicos et Gaufredum de Albo Spino supra decimis Sancti Amoris, 604.

1144-1166. — Hugo de Berriaco et Falatrudis soror reddunt servos Sancto Vincentio, 546.

1144-1166. — Hugo de Berriaco dat capellam sui castri cum decimis et oblationibus, 550.

1144-1166. — Concordia inter Narduinum, Eulardum et canonicos Sancti Vincentii, 588.

1144-1166. — Controversia componitur inter Hugonem de Germola et canonicos, 596.

1144-1166. — Hugo de Germola dat sex solidos ad luminare ecclesiæ de Rupe, 600.

1144-1166. — Quod mansus de Chasal est de alodio Sancti Vincentii, 603.

1144-1166. — De decimis parochiæ Sancti Amoris et capellæ de Nant, 605.

1144-1166. — Galo et Vitfredus vendunt partem decimarum parochiæ Sancti Amoris, 606.

1144-1166. — Narduinus de Sala commutat terras cum Sancto Vincentio, 619.

1144-1166. — Ugo de Germola confirmat venditionem matris de plastro, 620.

1144-1184. — Prepositissa de Ossellis dat quod habebat in parochia Amuniaci, 624.

1147. — Wicardus de Antone dimittit quicquid habebat apud Montem Gudinum, 595.

1147 circa. — Hugo de Berriaco vendit canonicis decimam de Petraclauso, 584.

1147 circa. — Hugo de Berriaco vendit decimam parochiæ de Petraclauso, 602.

1148-1155. — Hugo concordat cum canonicis de rebus quas calumniabatur, 612.

1151. — Hugo dimittit querelam de venditione Cropii quam fecerat Guigo, 611.

1151. — Hugo de Vela confirmat donationes factas a Guigone cantore, 616.

1151. — Hugo de Germola dimittit omnes querelas Santo Vincentio, 617.

1152 circa. — Guigo cum filiis dimittit quicquid habebat apud Montem Gudinum, 613.

1153. — Vicardus Vetulus reddit terram de prestaria quam injuste occupabat, 618.

1158. — Girardus comes dat omne jus quod habebat in terra Apuniaci, 615.

1158-1180. — Lambertus de Malliaco dimittit omne jus in clauso de Chacelaco, 621.

1158-1180. — Willelmus comes dedit terram juxta cimiterium Sancti Petri de Quercu, 623.

1167-1184. — Dominus de Balgiaco dat decem solidos in colonia Aiguerruels, 622.

1167-1184. — Rufus de Quintiniaco dat omne jus suum in parochia Amuniaci, 625.

1167-1184. — Rodulfus de Marne dat quicquid habebat apud Amuniacum, 626.

1167-1184. — Bernardus Blancus vendit molendinum et decimam Cavaniaci, 627.

1167-1184. — Bernardus Blancus de Cavaniaco omnia dimittit Sancto Vincentio, 628.

1167-1184. — Soror Bernardi Blanchi dat omnia quæ de ecclesia tenebat, 629.

1167-1184. — Controversia de decima et molendino Cavaniaci terminatur, 630.

1167-1184. — De jure ecclesiæ Beati Vincentii in villa de Petra Clauso, 632.

1167-1184. — Hugo de Berriaco concordat cum canonicis supra decima de Exsartis, 633.

1172. — Ludovicus Francorum rex concordat cum Girardo comite, 631.

1182. — Domina de Vela concordat cum capitulo supra partitione silvæ, 508.

1186-1199. — Controversia terminatur inter Poncium cantorem et Stephanum de Monte Gudini, 558.

1220-1240. — Nomina antistitum Sanctæ Matiscensis ecclesiæ, 51.

CARTA ANTIQUA

ECCLESIÆ MATISCONENSIS.

I.

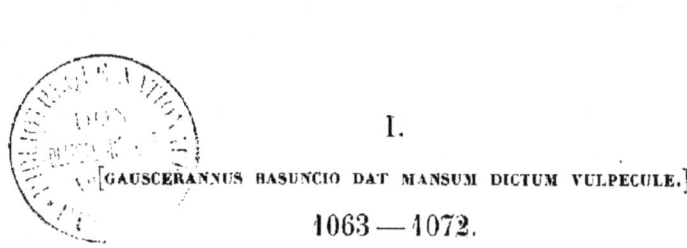

[GAUSCERANNUS BASUNCIO DAT MANSUM DICTUM VULPECULE.]

1063 — 1072.

(¹) Notitie futurorum intimamus quod Gauscerannus de Baisinisco (²), precatu quorumdam canonicorum, concessit mansum unum Petro cognomine Monacho in villa Viriaci qui dicitur mansus Vulpecule quatenus eum tantum in vita sua teneat, post mortem vero ipsius, Sanctus Vincentius sine calumpnia alicujus filiorum vel filiarum suarum et omnium heredum suorum, quod suum erat reciperet. Pro hoc autem assensu pactus est ipse Petrus accommodare unum cemeterium ecclesie Matiscensi, cujus supradictus mansus alodus est, et canonicis ibi Domino servientibus ubicumque vellent operari et quamdiu.

II.

[DE ABBATIA SANCTI LAURENTII.]

1018 — 1030.

Dum esset dominus Gauslenus presul in urbe Matisconensi et resideret in proprio consistorio haut procul a basilica Sancti Vincentii martiris, adiit Rodulfus dominus Balgiaci presentiam ejus totis precordiorum animis humillime poscens concedi sibi et suis heredibus aliquid ex prefati martiris rebus in Lugd. et Matisc. (pagis) conjacentibus, scilicet abbatiam Sancti

---

I. (¹) Apud Bouhier, codicis Parisiensis adscriptorem, charta prima sic incipit : *Omnibus ecclesie Matiscensis filiis presentibus scilicet atque futuris intimamus quia Gauscerannus.....*
(²) Bouhier, *Basuncio*.

Laurentii ex antiquo nomen obtinens cum rebus et omnibus ad se rite pertinentibus, atque in Bucenno (¹) olim villa sed jam penitus diruta et XII mansos cum curtilibus, mansionariis, radis, pratis, silvis, aquis, aquarumque decursibus, exitibus et regressibus; et in parrochia Chigiaci XVIII mansos, chasatos XI, scilicet Adonem, Bernonem, Gaucerannum, Andratum, Vernerium, Eterium, Stephanum, Girbertum, Berthelium, Durannum, Formaldum, et infra muros mansorum septem domos. Petitionem cujus alacriter suscipiens tam dominus pontifex quam et reliqui fratres sub eo degentes, de quorum ratione ipse res fore videbantur, contulerunt et concesserunt ei cum Balgiaco cum appendigiis suis que ante possidebat a quo verteret maximo chasamento, et ne repetitio vel controversia aliqua exinde oriretur, hanc donationem jam dictus episcopus fieri jussit et manu sua firmavit. S. Umberti, S. Johannis, S. Raynerii, S. Ottonis. S. Teutardi. Actum est hoc tempore Ludovici regis (²).

III.

[CAPITULUM SANCTI VINCENTII CONCEDIT EPISCOPO BERARDO CURTILUM JUXTA MUROS CIVITATIS, AD VIRIDARIUM.]

1096 — 1124.

Omnibus Matiscensis ecclesie filiis presentibus scilicet atque futuris notum fieri dignum duximus, quia cum preesset dominus Berardus venerabilis presul sacrosancte Dei ecclesie in honore Sancti Vincentii martiris dedicate, venit in capitulum canonicorum suorum, et petiit ab eis quod erat ei de rebus illorum necessarium, curtilum videlicet quem tenebat Umbertus de Insula juxta muros civitatis ad orientalem portam, et salicem de rivulo manante a fonte Leireitana ad hoc ut viridarium ibi plantaret et edificaret. Canonici vero, petitioni illius consentientes, concesserunt ei tantum in vita sua tali pacto de jam ut bene edificaret illud, et post decessum ejus, in pace redeat cum omni edificatione ad communitatem fratrum sine ulla retractione alicujus successoris sui. Quod dominus Berardus episcopus ita recepit et prohibuit ne aliquis suorum successorum ullam eis injuriam molestaretur, sed in pace tenerent et possiderent. Testes istius rei sunt dominus Artaldus decanus, dominus precentor Johannes, dominus Gaucerannus archidiaconus, et Bernardus Bisornatus, qui jussu domini sui domini Berardi episcopi hec scripsit, similiter testes et canonici alii.

II. (¹) Bouh., *Buciano*, et Severt, *Bucrano*.
(²) Hæc temporis nota mendosa est.

IV.

[TERMINATUR QUERELA MATISCENSIS EPISCOPI CUM GUICHARDO DE MARRIACO SUPER COLONICA DE PEIROL, CUM OSCULO PACIS.]

1096—1124.

Notum sit presentibus et futuris quod diu demorata est querela inter dominum Landricum Matiscensem episcopum et dominum Berardum successorem ejus cum Guitchardo de Marriaco et filiis ejus, de colonica de Peirol in qua injuste accipiebant super captionem. Tamdem post multas supradictorum episcoporum reclamationes et diuturnam Vitchardi filiorumque ejus pertinaciam, plurimasque circuitionum revolutiones tali modo diffinitum est. Adiit namque Vicardus et filii ejus Milo et Ugo presentiam cum consensu amicorum suorum prefati domini Berardi episcopi, concesserunt et verpiverunt illam super captionem et injurias quas ibi fecerunt in manu ipsius episcopi, et etiam in fidelitate sua episcopum osculati sunt, nihil ibi retinentes preter tascham et rectum servitium, et ita deinceps et in futuro se tenere firmiter promiserunt. Hoc factum fuit Matisconi in camera ipsius episcopi IIII° feria infra octavas Epiphanie Domini. Hujus rei testes sunt : Jotcerannus archidiaconus, Guido Bruoldus, Guido de Romanaco, Stephanus de Pasiaco, Bernardus de Besornaco, Pontius Auricula, Maiolus de Vinzella, Artaldus de Marbaco, Morannus frater ejus, Gautcerannus de Molano, Ugo Buscardus, Guido Feraldus cum pluribus aliis.

V.

[ELECTIO HUGONIS IN ABBATEM SANCTI RIGALDI A MONACHIS EJUSDEM ABBATIE FACTA ET CONFIRMATA AB ARCHIEPISCOPO LUGDUNENSI (¹).]

1072.

Anno milles° LXX II° incarnationis Domini nostri Jhesu Christi, cum authoritate et privilegio Alexandri venerabilis pape Sancte Romane Ecclesie, ex precepto quoque domini Drogonis Matiscensis episcopi, qui jam obierat in Christo, et cum adjutorio et assensu canonicorum ipsius ecclesie, atque cum magna opitulatione domini Aganonis Eduensis presulis, nos humilis grex monachorum degentium in monasterio Sancti Rigaldi vocitato in honore summe et individue Trinitatis atque Sancte Dei Genitricis Marie, nec non et ipsius predicti confessoris dicato, eligimus nobis unum de prioribus fratribus

---

V. (¹) Hæc charta vulgata fuit in *Gallia Christiana*, tom. IV, pag. 282 instrumentorum.

nostris abbatem nomine Ugonem, a puero sub regula Beati Benedicti enutritum, doctrina institutum, natura prudentem, moribus temperatum, vita
castum, hominibus affabilem, fide catholicum, litteratum, in lege divina [2]
instructum, in dogmatibus ecclesie satis [3] exercitatum. Hunc itaque, quoniam
Matisconensi ecclesie sub cujus episcopatu degimus deest episcopus cuique
nos subici canonice profitemur, cum assensu canonicorum ejusdem,
domino archiepiscopo sancte Lugdunensis ecclesie Umberto offerimus in
abbatem consecrandum optantes nobis eum preesse et prodesse simulque
promittentes ei obedientiam juxta Beati Benedicti patris nostri institutionem.

S. Domini Umberti Lugdunensis archiepiscopi.
S. Domini Armanni Viennensis archiepiscopi.
S. Guitchardi Athenacensis abbatis.
S. Bladini decani. S. Ugonis precentoris et camerarii.
S. Rothaldi archicapellani. S. Pulcherii editui.
Item S. Odonis Matiscensis decani.
S. Anselardi secretarii. S. Rannulfi precentoris et cancellarii.
S. Sendeleni archidiaconi. S. Gauffredi.
S. Odonis. S. Stephani.
Alteri vide supra [4].

VI.

[ALEXANDER PP. RECIPIT IN CLIENTELAM ABBATIAM SANCTI RIGALDI ET TRIBUIT FACUL-
TATEM FRATRIBUS ELIGENDI ABBATEM SECUNDUM REGULAM SANCTI BENEDICTI [1].]

1071.

Alexander episcopus servus servorum Dei, congregationi de monasterio
Sancti Rigaldi de Aveiza [2] in perpetuum. Religiosis desideriis ea pietate et
benevolentia consulendum atque concedendum est, ut propositum pie
devotionis de fructu sue proventionis gaudeat et meritum benignitatis
acquirat, quod huic sine difficultate presidia prestat. Igitur venerabilis frater
Eustorgius, monasterii Sancti Austrumenii de Alvernio monachus, in silva
quadam que dicitur Adveisa, in episcopatu Matisconensi heremum inhabita-
verat et desertum loci adusque monasterii et aliquantule congregationis

[2] Bouhier, *Domini*.
[3] Bouh., *ecclesiasticis*.
[4] Tres istæ voces in codice Boherigno omittuntur.
VI. [1] Instrumentum hoc editum est in *Gallia Christiana*, tom. IV, pag. 281.
[2] Bouhier, *Ancisa*, et Jac. Severt, *Aveza*, Gallicè *Avaise*.

fructum adjutorio divine miserationis et pia roboratione (³) fidelium animarum excoluerat, apostolicam nostram (⁴) presentiam adiens, intervenientibus fratris nostri Aganonis Augustodunensis episcopi precibus, supliciter postulavit ut idem monasterium in apostolica jura reciperemus et privilegio apostolice tuitionis muniremus, quatenus ille venerabilis locus singulari patrocinio et deffensione Matris omnium ecclesiarum suffultus et roboratus, et felicior in omni bono crescat et securior inter humana temptamenta consistat, cujus precibus sine contemptu pietatis et justicie effectum non potuimus denegare. Notum ergo sit omnibus fidelibus in perpetuum quoniam eidem fratri et carissimo filio nostro Eustorgio, suisque fratribus, cunctisque eorum successoribus, privilegium nostre apostolice tuitionis concessimus, statuentes et expresse decernentes ut ipsum monasterium Sancti Rigaldi de Aveisa et omnia quecumque jure habet aut divina providentia (⁵) in futurum sibi habenda concesserit ita sub jure et apostolice majestatis protectione consistant, ut nullus imperator, rex, dux, marchio, episcopus, comes seu abbas, vel aliqua persona secularis aut ecclesiastica, magna vel parva, aut invadere, aut molestare, vel in aliquo inquietare, et a statu suo aliquid conditionaliter inde exigendo turbare presumat. His etiam addimus ut nullus in eodem monasterio, nisi per electionem fratrum juxta regulam Sancti Benedicti, abbas constituatur, et episcopus Matisconensis in cujus parrochia est, si gratis hoc est sine pretio licet velit facere, electum a fratribus debeat consecrare et suum regimen (⁶) sibi commendare. Sin vero pretium exigat pro consecratione, aut aliquo modo canonicam electionem fratrum temptet impedire, ad Apostolicam Sedem pro ordinando et consecrando abbate suo veniant. Si quis vero citra hujus nostre constitutionis et confirmationis paginam nefario ausu agere et venire temptaverit, nisi resipiscat, auctoritate apostolorum Petri et Pauli ac nostra excommunicandum et ab omni consortio fidelium repellendum se esse pertimescat. Qui autem pie venerationis intuitu observaverit, et hic apostolice benedictionis gratiam et consolationem habeat, et eterne remunerationis premium Domino donante capiat. Datum Laterani xvi kal. aprilis, per manus Petri sancte ecclesie Romane presbiteri cardinalis, anno x pontificatus domini Alexandri II pape, Dominice vero incarnationis mill° lxx 1° indictione viii (⁷).

(³) *Gall. Christ.* et **Bouh.**, *collatione.*
(⁴) **Bouh.**, *apostolatûs nostri.*
(⁵) *Gall. Christ.* et **Bouh.**, *pietas.*

(⁶) *Gall. Christ.* et **Bouh.**, *suo regimini cœtum.*
(⁷) *Gall. Christ.* et **Bouh.**, ix.

VII.

[SUCCESSIO COMITUM MATISCENSIUM USQUE AD GUILLELMUM ALEMANNUM (¹).]

Hec sunt nomina Comitum Matisconensium. Primus, Albericus Narbonensis qui, accipiens filiam Raculfi vice-comitis post mortem domini Bernonis Matiscensis episcopi, comitem se fecit; post hunc, Leotaldus filius ejus; atque post illum, Albericus filius Leotaldi comitis; quo mortuo, dominus Guillelmus comes uxorem illius accepit; atque post hunc, Otto comes fuit; et post hunc, Gaufridus; post Gaufridum, Guido; illo mortuo, dominus Guillelmus, filius Rainaldi comitis; et post hunc, Rainaldus filius ejus; post hunc, Stephanus; et postea Guillelmus Alemannus.

VIII.

[BERNO EPISCOPUS MATISCENSIS CONCEDIT AD VITAM ALBERICO DE NARBONA ET FILIIS ECCLESIAM SANCTORUM AMORIS ET VIATORIS (¹).]

Circà annum 930.

Omnia que processu temporis solida debent persistere apicum characteribus opportet adnotare ut valeant inconvulsa per diuturna tempora subsistere. Hujus rei gratia notum habeatur omnibus huic deciduo cosmo degentibus, quia dum resideret dominus Berno episcopus secus basilicam Alme Marie Virginis Genitricis eterni authoris, expetiit ab eo dominus Albericus, comes illustris, ex rebus aliquid terrenis subtrahi Sancti Vincentii Matisconensis, fiscum videlicet unum in pago Lugdunensi conjacente ecclesia Sanctorum Amoris et Viatoris, et quitquid in Ventiaco villa cernebat habere, ministeriumve prepositure dignitatis, quecumque ibidem subjecta sunt et cum capellis inibi adjacentibus, inquisitis et inquirendis, universa sibi conferri sub integritate oppido postulavit. At dominus Berno pretaxatus pontifex annuens precibus prelibati comitis contulit illi ecclesiam geminorum Sanctorum Amoris et Viatoris cum omnibus appenditiis sicut superius inserta sunt. Ut ipse Leutaldus atque et Umbertus filii prenominati (²) Alberici,

---
VII. (¹) Hanc seriem comitum Matisconensium vulgavit P. de S.-Jul. de Bal., p. 255.
VIII. (¹) Hoc instrumentum vulgatum est in *Gall. Christ.*, tom. IV, p. 275. Vide char. 404.
  (²) Bouh., *prememorati*.

temporibus vite illorum ipsas res suis adaptare usibus, firmiter sine ullius controversia valerent et ut liberius hoc tenere quiverint sine ulla contradictione precario quia facta erant ista, et in helemosina Sancto Vincentio fuerant collata, donaverunt Sancto Vincentio in pago Matisconensi capellam unam in honore Beati Bartholomei apostoli dicatam et in villa Fabricas sitam, et quitquid in ipsa villa visi erant habere cum cunctis rebus ibi adherentibus, ut abhinc et deinceps sine ulla contradictione Sanctus Vincentius et rectores ejus teneant et possideant, et in pago Scodingensi villam unam, Salvamentum nuncupatam, cum ecclesia que est in Appugniaco, in honore Sancti Petri, cum universis sibi appendentibus, cum servis et ancillis in utrisque villis commorantibus, ut post illorum trium decessum Sanctus Vincentius sive ecclesia sua et suas res et istas quas predicti viri ibi contulerunt emelioratas et bene constructas recipiat, Fabricas vero presentabitur (³)..... Idcirco autem hanc precariam sibi fieri poposcerunt nequando alicujus malignitatis actu causa repetitionis, ea que acta sunt quiverint fore abolenda, et ut (⁴)..... litterarum rememorentur, dominus presul Berno eam propriis manibus roboravit et fidelibus suis signandam tradidit; sed annis singulis, festivitate Sancti Vincentii, solidos x ex argento in censu persolvant, quod si negligentes exinde in reddendo apparuerint, in duplum cogantur exsolvere (⁵)...... Similiter Semiriacum et Castanedum quod nunc pertinet ad Sanctum Amorem. Ea vero ratione actum est hoc ut si quispiam ex illis quibus ista donantur, vel ex heredibus eorum, distulerit Sancto Vincentio, aut rectoribus ejus, excommunicatus habeatur, et a liminibus sacre ecclesie sequestratus, et consortio christianorum et perceptione Corporis et Sanguinis Domini suspensus sit. Pars ejus cum Datan et Abiron et Chore et cum Juda traditore Domini, omnesque maledictiones que in libris continentur divinis veniant supra eum. Berno peccator et humilis episcopus confirmavit. S. Maymbodus levita, Ado levita, Flocbertus levita, Arnulfus levita, Berno presbiter, Durannus levita, Feuquarius (⁶) presbiter, Hugo Rainoldus. Datum per manum Aymini (⁷) die martis, kal. januarii, anno VIII regnante Rodulfo rege.

(³) Bouh., *presentabis*........ Codex Matisc., charta 404., *presentialiter*.
(⁴) Hic aliquid deesse videtur.
(⁵) Hic est alius locus vacuus.
(⁶) *Gall. Christ.* et Bouh., *Terquartus*.
(⁷) Bouh., *Aymonis*.

IX.

[MAYMBOLDUS EPISCOPUS MATISCENSIS CONCEDIT VISLEMARO CAPELLAM SANCTI STEPHANI ET TERRAM MORCAMPI SUB CENSU ANNUO (¹).]

Circà annum 949.

Sacre Matiscensis ecclesie filiis presentibus scilicet atque futuris intimare dignum duximus, quia dum esset dominus Maymbodus presul venerandus apud Matisconem urbem intra incliti martiris Christi Vincentii basilicam residens in suorum collegio (²) fidelium, adiit genua (³) pietatis ejus quidam vir fidelis hujus suprascripte ecclesie filius, nomine Vislemarus, omni supplicatione poposcens conferri sibi aliquid ab eo ex rebus prescripti martiris, capellam videlicet unam in pago prefato in honore protomartiris Sancti Stephani dicatam et in Lintiniaco villa sitam, que est ex ratione canonicorum Vincentii athlete Domini prestantissimi, et ex indominicatu supradicti pontificis terram Morcampini cum omnibus appendentiis; cujus petitionem digne recipientes tam dominus pontifex quam dominus prepositus Umbertus et reliqui fratres concesserunt sibi et uxori ipsius Anne prenominatam capellam cum beneficio sibi debito et rebus et decimis sibi pertinentibus secundum canonicum ordinem dispositis in laïcali potestate concessis, sed normaliter (⁴) ipso jubente clericis distributis, ut dum sibi advixerint sub decreto census denariorum, ad usus fratrum vi solidorum, ad cameram presulis, de Morcampo (⁵) denarios xii, in parata solidos iiii, in eulogiis denarios vi, soluto autem prescripto censu omni tempore diebus sue vite teneant simul quod acquisierunt nemine inquietante. Ne vero in reliquum aliquam inde molestiam paterentur, pretaxatus antistes hanc precariam eis fieri consentientibus sue ecclesie filiis precepit, quam propriis manibus roboravit et suorum contribulum digitis firmari jussit. Regnante Ludovico rege anno xiii.

IX. (¹) Hæc charta edita est in *Gall. Christ.*, tom. IV, p. 276. Vide infrà, ch. 22.
(²) Bouh., *consortio*.
(³) Bouh., *januam*.
(⁴) *Gall. Christ.* et Bouh., *non aliter*.
(⁵) Codex Matisc. ch. 22, *Martiscampo*, gallicè *Marchamp*.

X.

[PLACITUM CORAM EPISCOPO ET COMITE MATISCENSIBUS INTER CANONICOS SANCTI VINCENTII ET HUGONEM DE SUISIACO SUPRA HEREDITATE FROMALDI (¹).]

1074 — 1078.

Notum sit omnibus sancte Matiscensis ecclesie filiis presentibus videlicet et futuris, quod Hugo de Sinisiaco (²), licet injuste, calumniam dudum intulit canonicis Sancti Vincentii de hereditate quam Fromaldus quidam nobilis homo dederat Sancto Vincentio. Ipsi enim, quia parentes erant, contendebant intra se de hereditatibus suis que sibi provenerant ab antecessoribus suis, scilicet ab Arlulfo et Telina qui fuerunt frater et soror. Itaque post longam contentionem et calumniam quam ipse Hugo inferebat canonicis pro ipsa hereditate, venerunt inde ad placitum canonici, ipse Hugo cum propinquis et amicis et senioribus suis, ante dominum episcopum Landricum et comitem Guidonem, ubi post longas ratiocinationes querelarum et diversarum diffinitionum seu placitationum qualiter ipsi et partes eorum has hereditates inter se calumniaverint et tenuerint, episcopus et comes cum pluribus aliis judicibus intelligentes rectitudinem ecclesie decreverunt causa equitatis et concordie ut, quia hec hereditas a fratre et sorore ad heredes pervenerat, canonici sine inquietudine que possederant de his terris per donum Fromaldi haberent et retinerent, eo tamen pacto ut si aliquid inde haberent supra medietatem unde ipse Hugo escammium non haberet, hoc illi dividerent, similiter et ille ipsis; de terris vero arabilibus et planis, quia divise non erant, judicatum est ut si alii illas laborarent per laudationem et preceptum obediencialis vel ministri ejus atque ministri illius Hugonis, illas haberent et redditus earum ipsi inter se dividerent usquequo terre, per consensum utriusque partis, ad equalem divisionem pervenirent. Judicatum quoque est ut si pars canonicorum de hac hereditate aut per se, aut per donatorem suum, melius vestita et edificata est, parte illius Hugonis, non propter hoc ipse in parte illorum divisionem requirat, sed suam desertam que de eadem hereditate est contra illam ad suum opus edificet, quia non est respiciendum ad meliorationem terrarum sed ad quantitatem. Hanc convenientiam vel placitationem confirmavit Hugo et laudavit et ipsi qui ex parte

---

X. (¹) Hoc instrumentum editum est in *Gall. Christ.*, t. IV, pag. 283.
   (²) *Gall. Christ.* et Bouh., *Suisiaco*.

ejus adfuerunt, scilicet Goffredus pater uxoris ejus cum filiis suis Valterio, Bernardo, Gausceranno, Ansedeus quoque de Obleto et Bernardus et Ansedeus de Muntiaco(³), et Gauserannus de Classiaco.........(⁴) De alia parte dominus episcopus cum canonicis Sancti Vincentii, scilicet Rannulfo, Johanne, Sendeleno, Eustachio, Jarentone, Odone, Gaufredo, et Hugone Burdino laïco cum pluribus aliis.

XI.

[GUIDO COMES MATISCENSIS CONCEDIT LANDRICO EPISCOPO MATISCENSI LOCUM AD EDIFICANDUM ECCLESIAM CUM CIMITERIO IN SILVA CENVE.]

Circà annum 1067.

Sacrosancte Dei ecclesie in honore Sancti Vincentii dicate intra muros Matisconis fundate, cui domnus Landricus episcopus preest. Ego Guido comes, pro remedio anime mee et antecessorum meorum, concedo ipsi ecclesie et canonicis ejus de beneficio meo quod teneo ab ipsa ecclesia et episcopo, locum ad edificandam ecclesiam cum cimiterio in silva Cenve, ut episcopus et canonici nunc in antea habeant et possideant ea cum decimis et oblationibus suis sicut mos ecclesiasticorum requirit. Dono autem eis decimas de forestibus vel terris quas in dominicatu meo habeo, de aliis vero terris vel silvis quarum redditus vel decimas aliqui de meis in beneficio tenent, et ad alias ecclesias non pertinent, scilicet de his que sunt in ministerio Bernardi et Duranni, concedo illis oblationes eorum qui in illis habitaverunt et laboraverunt, et cetera que parrochiani christiani ecclesiis debent persolvere. Si quid vero gratis aut pretio adquirere potuerint de aliis decimis ab illis qui illas ante in beneficio tenent, similiter annuo ecclesie et canonicis. Preterea dono eis intra terram planam si invenitur, aut de silva ad complanandum tantum quantum exarare possit in elaborando par boum in anno, totidem etiam ad elaborandum vel complanandum pratum unde boves vivere possint. Concedo quoque presbitero qui ibidem cantaverit et custodi qui ecclesiam custodierit singulos mansos ubi domos edificent et curtilos vel ortos necessarios. S. Guidonis comitis et Maitris(⁵) comitisse, qui fieri et firmari rogaverunt. S. Otgerii prepositi. S. Gauseranni de Brenis. S. Gaufredi de

---

(³) *Gall. Christ.* et Bouh., *Muiciaco.* Fortè legendum, *Meseriaco.*
(⁴) Hic est locus vacuus.
XI. (⁵) Bouh., *Maioris.*

Marliaco. S. Gaufredi de Ariato. S. Berardi pueri. S. Bernardi ejusdem loci prepositi. S. Archimbaldi de Moncello. Actum Matiscone, per manum Rannulfi cancellarii(²) xiiii kal. et viii(³) regnante Philippo rege.

XII.

[FRATERNITAS ABBATIE SANCTI BENEDICTI FLORIACENSIS CUM EPISCOPO ET CANONICIS SANCTI VINCENTII MATISCENSIS.]

Ut abbas Sancti Benedicti Floriacensis congregationem Sancti Vincentii martiris terrenis bonis ditari ac demum celesti consortio frui, cum in sacris scripture locis(¹) hec et alia quam plurima reperiamus precepta, opportere omnes nos in Christo fratres esse, gaudere cum gaudentibus, dolere cum dolentibus, quia non omnia perficere valemus quoddam complere conamur. Quapropter ab episcopo et ab his qui cum illo aderant petiimus ut fraternitatem nobis annuerent quam illis ita concessimus, scilicet facientes participes omnium elemosinarum orationumque, ac ceterorum bonorum. Ipsi vero hoc modo concesserunt nobis fraternitatem quomodo concesserant et aliis monachis sibi jam sociatis, nos ergo vos rogamus(²)………. Quatenus(³) princeps ac pars subditorum nobiscum egerint nequaquam respuatis sed cum omni devotione compleatis. Valete.

XIII.

[DONATIO FURNI DICTI DE PONTE FACTA ECCLESIE SANCTI VINCENTII A DUABUS ODILIS QUE CONFIRMATUR A COMITIBUS GUIDONE ET RENALDO(¹).]

Circà annum 1077.

Sacrosancte Dei ecclesie in honore Sancti Vincentii dicate infra muros Matiscon. fundate cui domnus Landricus episcopus preest, ego Odila femina, pro remedio anime mee et animarum parentum meorum, laudante et consentiente seniore meo Johanne, dono medietatem furni qui est subtus canonicalem terram, ad introïtum pontis. Noverint quoque presentes et futuri

---

(²) Bouh., *Ramnusii camerarii.*
(³) Bouh., viiii. Hæ temporis notæ mendosæ videntur, Landricus enim non sublimatus est in sedem Matisc. antè annum 1074, id est XV^{um} regni Philippi primi.
XII. (¹) Bouh., *sacræ scripturæ litteris.*
(²) Hîc est locus vacuus.
(³) Bouh.; addit *illud quod.*
XIII. (¹) Hæc donatio vulgata fuit à Jac. Severtio, pag. 115 et 116.

quia predecessores mei, scilicet avunculus meus Orgilus et pater meus Durannus, emerunt illam terram ab alio quodam servo Sancti Vincentii, cujus ipsi servi erant et construxerunt ibi hunc furnum. Dono etiam Sancto Vincentio et canonicis ejus duos curtilos sitos in villa Fontannas et unum campum inter muros ejusdem ville, que omnia determinantur sicut in cartis per quas eos de illis revestivi scriptum habetur.

Preterea ego alia Odila, neptis predicte, dono aliam medietatem ejusdem predicti furni que mihi evenit a matre et avo meo supradicto Orgilo eisdem patrono nostro Sancto Vincentio et canonicis ejus, eo pacto ut, ego et senior meus Bernardus, illam in vita nostra teneamus et possideamus et in hoc quoque anno in quatuor festivitatibus, scilicet in festivitate omnium Sanctorum et Nativitate Domini et in solemnitate Beati Vincentii et in Pascha Domini singulos panes eis investitura reddamus, nobisque decedentibus unus tantummodo de heredibus nostris qui de nobis exierit eamdem partem in vita sua cumdem censum reddendo possideat; at post nostrorum omnium decessum, ipsa medietas cum omni integritate ad Sanctum Vincentium perveniat. Ego quoque Guido comes pro salute anime mee et antecessorum meorum hoc idem donum laudo et corroboro, et si quid aliquid rectitudinis in eis habebant donando reddo, et reddendo dono. S. Maioris, comitisse. S. Odile, S. Johannis senioris ejus qui fieri et firmare rogaverunt. S. alie Odile et Bernardi senioris ejus. S. Umberti de Monte Moritto. S. Maioli de Vincella (²). S. Otgerii prepositi. S. Gaufredi de Ariato. S. Archimbaldi et Aimonis fratris ejus. S. Vicardi; item unde supra(³). Actum Matiscone per manum Rannulfi cancellarii xiiii kal. junii tempore regis Philippi. Igitur, ne aliquis futurorum has donationes que de furno facte sunt perturbare posset in posterum, veniens domnus Renaldus comes in presentia domni Landrici Matiscensis episcopi et canonicorum suorum laudavit et confirmavit eadem dona et quitquid ipse juris habebat in eodem furno, vel in his que ad furnum pertinent totum dedit et concessit Beato Vincentio et canonicis ejus ut in totum (⁴) possideant sine calumnia alicujus. Preterea etiam quia sepe eidem canonici conquesti fuerant de Bernardo de Meseriaco, et de aliis qui eis multoties injuriam fecerant de his rebus que domnus Guido comes concesserat eis in silva que dicitur Cenva, pollicitus est eis plenariam justitiam facere, et quod omnia faceret eos quiete possidere, donans et laudans

(²) Bouh., *S. Maioli de Mitella.*
(³) Bouh., tres istas voces omisit, *Item undè suprà.*
(⁴) Bouh., *eternum.*

quitquid predictus Guido concesserat eidem ecclesie, dicens et jurans quod nullum jus haberet in sua hereditate qui hoc vellet ulterius calumniare. Actum est hoc testibus Gaufredo de Sancto Nicetio et Gaufredo de Maliaco.

Si quis autem contradixerit, recognoscat se incurrisse anathematis penas.

XIV.

[GREGORIUS PP. MANDAT ABBATI CLUNIACENSI UT RESTITUAT JURA ET BONA QUE POSSEDERAT ECCLESIA MATISCENSIS (¹).]

1074 — 1085.

Gregorius episcopus servus servorum Dei venerabili Cluniacensi abbati salutem et apostolicam benedictionem, Matisconensis frater et coepiscopus noster L.(²) ad apostolorum limina veniens conquestus est ad nos ecclesie sue jura a te sibi auferri, que predecessorum suorum temporibus etiam symoniacorum quiete visa est possidere. Nos ergo dignum esse et competens adjudicavimus ut que bona temporibus irreligiosorum ecclesia sine molestia tenuit, eisdem sub pastore religioso in Romana ecclesia ordinato privari absque ratione non debeat. Quapropter dilectionem tuam monemus ut res illas super quibus predicta Matisconensis ecclesia queritur, suisque ad supra memorati fratris nostri tempus possedit, deinceps quoque aut quiete retinere permittas aut concambium competens reddere studeas. Quod si inter vos hanc causam non potestis ipsi componere, volumus fratrem nostrum Diensem episcopum et Sancti Pauli abbatem negotio huic interesse quatenus eorum adhibita diligentia finem lis invenire rectum et congruum valeat, ac inter vos ulterius dissentio nulla remaneat. Sine concordia namque, neque religiositatem dicimus quitquid valere, neque aliud opus etsi bonum videatur aliquid esse.

XV.

[COMMENDATORIA GREGORII PP. AD ARCHIEPISCOPUM LUGDUNENSEM PRO LANDRICO EPISCOPO MATISCENSI ORDINATO.]

1074 — 1076.

Gregorius servus servorum Dei, dilectis in Christo fratribus U.(¹) Lugdunensi archiepiscopo et ejus suffragantibus episcopis salutem et apostolicam bene-

---

XIV. (¹) Hanc bullam et sequentes vulgavit Jac. Severt. *Episcopi Matisconenses*, pag. 112.
(²) Landricus.
XV. (¹) Umberto.

dictionem. Confratrem nostrum Landricum Matisconensem episcopum quem intervenientibus quibusdam rationabilibus causis, ordinavimus ad vos cum nostris litteris et apostolico sigillo remittimus quatenus de suscepto sacerdotalis officii ordine et honore non incerta vobis signa et indicia referat. Cui quamquam vos debitam et fraternam dilectionem prompte perhibere non dubitemus, addere sibi tamen et nostre ad vos commendationis quasi privilegium opportere prospeximus; quatenus et tanto accumulatior inter vos caritas enitescat, quanto et ex vinculo nostre fraternitatis et respectu apostolice reverentie conjunctior et eminentior eum causa commandat. Quapropter rogamus vos et admonemus in Domino ut eum plene dilectionis affectibus et digna congratulatione suscipiatis, et ad regendam sibi commissam ecclesiam ejusque jura retinenda et, ubi opus fuerit, recuperanda cum omni cura et studio que potestis consilia et adjutoria conferatis. Nam quanto his temporibus pro peccatis nostris ecclesia sevioribus usquequaque nunc nitet([2]) perturbationibus, tanto sollicitius nos ad defensionem earum nostra consilia et quas possumus vires adjuvare debemus, quatenus contra tanta pericula fortiores............([3]) Christi et fraternis negotiis mutuis sustentationibus subsistere, Domino adjuvante valeamus.

XVI.

[COMMENDATORIA EJUSDEM GREGORII PP. PRO EODEM LANDRICO AD CLERUM ET POPULUM ECCLESIE MATISCENSIS([1]).]

Circà annum 1074.

Gregorius episcopus, servus servorum Dei, clero et populo Matisconensis ecclesie salutem et apostolicam benedictionem. Quanta sit erga vos et locum vestrum apostolice sedis benevolentia ex amore quem in episcopum vestrum habemus cognoscere datur, qui episcopalis officii benedictionem et dignitatem per impositionem manuum nostrarum auctore Domino suscepisse dignoscitur. Ceterum ut ordinationis sue certa demonstrare possit indicia, sicut opportere cognovimus, cum litteris nostris et apostolico sigillo eum ad vos remisimus, amonentes vos et apostolica auctoritate precipientes ut cum omni dilectione et gaudio eum recipientes unanimiter honoretis ac reverentiam que patri debetur et episcopo fideli, obedientia ac devota subjectione, sibi

---

([2]) Bouh., *connutat.*
([3]) Bouh. addit *in militia*, et Severt, *vinculis Christi evadamus.*
XVI. ([1]) Vulgatur hoc instrumentum in *Gall. Christ.*, tom. IV, p. 282.

exibeatis, attendentes Dominica verba, « qui vos audit me audit et qui vos spernit me spernit. » Tanto enim letioribus animis hunc suscipere, venerari, timere debetis ac diligere, quanto eum ab omni symoniaca ambitione purum et incontaminatum, nec aliunde quam per ostium ad custodiam animarum vestrarum in ecclesiam introisse et episcopalis vigilantie speculam constat ascendisse. Proinde nos multum vobis congaudentes rogamus et admonemus dilectionem vestram, quatenus ad regendam sibi commissam ecclesiam, ejusque jura conservanda, et ubi opus fuerit recuperanda, quamtum valetis, consilium sibi et adjutorium prebeatis, et in omnibus que ad christianam religionem pertinent ejus admonitionibus adquiescatis, scientes sibi ac vobis et ecclesie cujus in Christo spirituales filii estis, apostolica suffragia quamtum Domino prestante possumus ad libertatem fidei vestre, et curam profectumque salutis ubicumque prompta atque parata(²) fore.

XVII.

[GREGORIUS PP. MANDAT LANDRICO EPISCOPO MATISCENSI UT PRIVILEGIUM CLUNIACENSIS MONASTERII CONFIRMET.]

1074 — 1085.

Gregorius episcopus servus servorum Dei, dilecto in Christo fratri L. Matisconensi episcopo, salutem et apostolicam benedictionem. Mirari valde compellimur quomodo fraternitas tua prava persuasione clericorum, sicut audivimus, impulsa de confirmatione privilegii Cluniacensis ecclesie, episcopo Albanensi legationem nostram ferenti, inobediens exerceris presertim cum etiam si aliquid, quod non credimus, inconsultus(¹) tibi irrogare voluisset, et quitquid esset pro reverentia apostolice sedis ferre decuisset. Itaque propter bonam vitam et pastoralem vigilantiam qua circa ecclesiam tibi commissam deservias(²), hanc culpam supportantes, precipimus tibi quatenus vocatis de melioribus monachis Cluniensis ecclesie ad communem locum inter Matisconem et Cluniacum venias, ut in presentia illorum predictum privilegium confirmes, et sit in episcopali officio restitutus adjuvante Domino et populum suum valeas consolari. De cetero et confraternitatem tuam paterno affectu quo eam amplectimur admonemus, ne improbitati vel levitati clericorum tuorum ulterius credulus existas, sed meis qui te

---

(²) Bouhier, *pacata*.
XVII. (¹) Bouh,, *inconsulsius*.
(²) Bouh., *desudas*.

non tua diligo, potius quam illorum consiliis adquiescas. Quod si feceris, scias profecto quod nos ecclesiam tibi commissam prejudicium sustinere nullatenus patiemur; interim autem sine omni inquietudine et discordia vos et abbas Cluniensis pacifice maneatis, donec coram vicario nostro Diensi episcopo hujusmodi lis religiosarum personarum consilio terminetur, aut si illud non poterit fieri, nos utraque parte vocata et causa diligenter discussa auxiliante gratia Dei finem congruum imponere valeamus. Clerici autem qui, spiritu superbie ducti, contra legatum nostrum Albanensem episcopum turbam fecerunt et archiepiscopum Viennensem a Cluniaco revertentem, ablatis rebus suis, contumeliose invaserunt, Cluniacum tacite et nudis pedibus ante altare Sancti Petri satisfaciant et sic emendatis moribus absolvantur.

XVIII.

[DROGO EPISCOPUS MATISCENSIS CONCEDIT BERNARDO GROSSO IN PRECARIAM VILLAM CICIACUM QUE FUIT KAROLI IMPERATORIS.]

1063 — 1072.

Notum sit omnibus Matiscensis (ecclesie) filiis presentibus videlicet et futuris quod Bernardus, cognomine Grossus, recognoscens quia villam Ciciacum ipse cum quibusdam antecessoribus suis aliquanto tempore injuste tenuerat, reddidit eam Sancto Vincentio et canonicis ejus. Postea vero humiliter petiit a domno Drogone episcopo et canonicis ut concederent illam in precariam sibi et duobus filiis ejus, scilicet Gauceranno et Bernardo. Cujus petitionem, quia utilis erat illis in omnibus et ipsorum ecclesiam diligebat, benigne suscipientes dederunt per precarie firmitatem ipsi Bernardo et prenominatis duobus filiis ejus ipsam villam Ciciacum cum appenditiis suis, sicut olim Karolus imperator Sancto Vincentio eam dederat, excepta ecclesia quam in dominicatu suo habent, eo pacto ut in vita sua loco precarie illam possideant et in uno quoque anno, festivitate Sancti Vincentii, in loco census, XII denarios persolvant. Post decessum vero eorum, predicte res cum omni integritate ad Sanctum Vincentium revertantur.

XIX.

[GAUCERANNUS MILES DE PASIACO DAT MANSUM IN VILLA DE SENOSACO, IN PAGO MATISCONENSI, ECCLESIE SANCTI VINCENTII.]

1068 — 1095.

Notum sit omnibus fidelibus presentibus et futuris quoniam Gaucerannus, miles de Pasiaco, dedit et concessit fratribus Matiscensis ecclesie et Sancto martiri Vincentio, in cujus honore eadem ecclesia dedicata, mansum unum quem mater sua in vadimonium ipsis fratribus pro XII solidis posuerat. Et est situs in pago Matisconensi, in villa de Senosaco, juxta cimeterium. Mansum vero istum donavit pro anima sua et matris sue et antecessorum suorum. Istius donationis sunt testes, S. Alardus de Pasiaco, pater ejusdem Gauceranni consensu cujus hoc fecit, et frater Letboldus presbiter, qui eum communicavit quando hoc donavit, fecit et confessiones ei tribuit.

XX.

[GREGORIUS PP. MANDAT H. COEPISCOPO JUDICI DELEGATO UT CAUSAM INTER EPISCOPUM MATISCENSEM ET CLUNIACENSES DIFFINIAT (¹).]

1074 — 1085.

Gregorius episcopus, servus servorum Dei, confratri et coepisco H.(²) salutem et apostolicam benedictionem. Causam Matisconensis episcopi, que est inter illum et fidelem nostrum abbatem Cluniacensem, fraternitati tue determinandam mandavimus. Episcopo multum condolentes, videntes in illo columbe simplicitatem, in abbate autem serpentis astutiam; neque ad dextram neque ad sinistram amplius declinare volumus, sed ex utroque unum temperamentum facere et secundum canones quod justum est judicare. Nos autem, secundum apostolum, absentes corpore presentes autem spiritu, tam judicavimus ut presentes judicio canonum, domnum abbatem Cluniensem contra prefatum episcopum nihil sinistrum facere debere, mutationes non amare, novitates non curare, sed sicut antiquitus fuerit ecclesie ita eas desiderare, ne lux sua lucens coram hominibus aliquo nevo detraxetur (³); sanctiorem episcopo suo velle videri quodammodo injuria in episcopum, autem realiter contra canones agere est, contra canones autem agere a fide est exorbitare, exorbitare autem a fide in Christum peccare est; quod quamta pena plectendum sit, tu ipse cognoscis. Cum ergo justitiam favere per discussionem tuam declaratum fuerit, fraternitatem tuam monemus et precipimus ut ei firmiter adhereas, et ad obtinendum jus suum ministerium debite fraternitatis impendas.

XX. (¹)Initium hujus instrumenti refert S. Jul. de Ball., *Antiquités de Mascon*, p. 284.
(²)Hugoni, Diensi episcopo.
(³)Bouh., *deturpetur*.

3

XXI.

[HUMBERTUS BELLIJOCI DAT ECCLESIE SANCTI VINCENTII ECCLESIAM DE MARDUBRIO ET ECCLESIAM DE AGOSLIACO(¹).]

1077—1096.

In nomine sancte et individue Trinitatis, presidente venerabili Landrico episcopo Matisconensis ecclesie. Ego Umbertus Bellijoci, annuente uxore mea, reddo et relinquo et, si quid juris habeo, concedo supradicte Matiscensi ecclesie in honore martiris Christi Vincentii dicate et canonicis ejusdem loci, ecclesiam de Mardubrio cum capella Beati Vincentii et ecclesiam Beate Marie de Agriliaco cum omnibus appenditiis earum, scilicet terris, silvis, pratis, aquis, aquarumque decursibus, eo tenore ut supra dicti canonici ex hac die teneant et possideant quitquid in his que dicta sunt in dominicatu habeo, et quitquid acquirere potuerint ab his qui de me in his rebus feudum habent, laudo ut habeant canonici quocumque modo adquisierint sine omni calumpnia mei et omnium heredum meorum. Hoc autem donum confirmo, ego et uxor mea, pro absolutione animarum nostrarum et omnium antecessorum nostrorum. Si quis autem hoc contradixerit, non solum ab his rebus sed etiam ab omni hereditate mea Dei judicio privetur. Testes hujus rei sunt Artaldus de Mocarisono, Girardus de Mardubrio, Ardradus de Pasiaco, Durandus de Monte-Mavio, Stephanus de Frepis, Bernardus de Jaiaco.

XXII.

[MAYMBODUS EPISCOPUS MATISCENSIS DAT VISLEMARO IN PRECARIAM CAPELLAM SANCTI STEPHANI IN LINTINIACO ET TERRAM MARTIS CAMPI(¹).]

Circà annum 948.

Sacre Matiscensis ecclesie filiis presentibus scilicet et futuris intimare dignum duximus, quia cum esset domnus Maimbodus presul venerandus apud Matisconem intra incliti martiris Christi Vincentii basilicam residens in suorum collegio fidelium, adiit genua pietatis ejus quidam vir fidelis hujus predicte ecclesie filius, nomine Vislemarus, omni supplicatione deposcens conferri sibi aliquid ab eo ex rebus prescripti martiris, capellam videlicet

---

XXI. (¹) *Agriliaco*, N. D. de La Gresle.
XXII. (¹) Hæc charta vulgata est in *Gall. Christ.*, tom. IV, pag. 276. — Eamdem donationem, sed cum discrepantiis habes superiùs; adi chartam IX.

unam in pago prefato in honore protomartiris Stephani dicatam et in Lintiniaco villa sitam, que est ex ratione canonicorum Vincentii atlethe Domini prestantissimi, et ex indominicatu supradicti pontificis terra Martiscampum cum omnibus appendentiis, cujus petitionem digne recipientes tam domnus pontifex quam prepositus Umbertus et reliqui fratres concesserunt sibi et uxori ipsius Anne prenominatam capellam cum beneficio sibi debito, cum rebus et decimis sibi pertinentibus secundum canonicum ordinem dispositis in laïcali potestate concessit, sed non aliter ipso jubente clericis distributis ut dum simul advixerint, sub directo censu(²) denariorum ad usus fratrum VI solidos persolvant, ad cameram vero presulis de Martiscampo denarios XII, in paratis solidos IIII, in eulogiis denarios VI, soluto censu omni tempore vite sue teneant simul quod acquisierint nullo contradicente. Maimbodus episcopus fieri firmarique precepit. S. Umberti, prepositi humilis. S. Odonis, abbatis. S. Adalardi, archidiaconi. S. Berardi, levite. Data per manum Aymini(³) cancellarii mense julio regnante Ludovico rege.

XXIII.

[ADRIANUS PP. OMNIBUS ARCHIEPISCOPIS MANDAT JURA METROPOLIUM ESSE RESTITUTA IN PRESENTIA KAROLI MAGNI(¹).]

774.

Adrianus episcopus, servus servorum Dei, Bertherio Viennensi episcopo salutem. Dilectus et illustris ac religiosus filius noster Karolus rex, patricius Romanorum, Romam venit et Pascha Domini apud Sanctum Petrum nobiscum egit. Ubi, inter alia, monuimus eum de metropolitanorum honore et de civitatibus que laïcis hominibus tradite erant, et quia episcopalis dignitas fere per LXXX annos a Francis esset conculcata. Cum hec et alia similia gloriosus rex audisset, promisit ante corpus Beatri Petri apostoli quod omnia ad emendationem nostram(²) venirent. Unde placuit nobis ut omnibus archiepiscopis et episcopis auctoritatem nostrarum litterarum mitteremus, ut sicut antiquis privilegiis singule metropolitane urbes fundate sunt, ita maneant, ut habeat unaqueque metropolis civitates sibi subditas, quas

(²) *Gall. Christ.*, et Bouh., *sub decreto censu.*
(³) Bouh., *Aimerici.*
XXIII. (¹) Hoc instrumentum vulgavit S.-Jul. de Bal., *Antiquités de Mascon*, p. 272.
(²) Bouh., *ad emendationem necessarium.*

Beatus Leo et alii predecessores et successores ipsius post Calcedonensem sinodum singulis metropolis disjunxit (¹). Nec propterea ulla metropolis prejudicium patiatur, si alicui suffraganeorum, aut nos aut predecessor noster, rogantibus piis Francorum ducibus, pallium largiti simus; nec debet ecclesia ullum dampnum sui ordinis inde sustinere, si per LX, aut LXXX et eo amplius annos incuria quorumdam presulum et vastatione barbarorum, dignitatem antiquam et Romanorum antistitum firmitate roboratam perdidit et amisit, quando innumeris pene annis illa spiritu Dei disponente usa fuerit. Auctoritate igitur Beati Petri, principis apostolorum singulis metropolis, antiquo more, potestatem suam reddidimus et filium nostrum gloriosum et inclitum regem Karolum, ante corpus Beati Petri, inde rogavimus ut antiquam dignitatem omnis metropolis haberet. De quo hanc epistolam auctoritatis nostre omnibus misimus, quam et tu ut haberes voluimus et ut nosceres ecclesie tue suum privilegium quod a tempore Beati pape Leonis habuit integre esse refformatum. Data kalendas januarii, imperante piissimo Augusto Constantino, annuente Deo, coronato piissimo rege Karolo, anno primo patriciatus ejus. Hanc epistolam omnibus archiepiscopis et episcopis missam hic ponere ex integro decrevimus, considerantes hic magnam auctoritatem Gallicanarum ecclesiarum contineri.

XXIV.

[ACARDUS DAT ECCLESIE MATISCONENSI MANSUM IN PAGO MATISCONENSI QUI DICITUR DE MONCELLIS.]

1060 — 1108.

Sacrosancte Dei ecclesie in honore Dei et Sancti Vincentii dicate infra muros Matisconis site. Ego Acardus dono in communione fratrum Domino in eadem servientium quasdam terras mei juris que mihi evenerunt hereditario jure de patre meo et avo et ceteris antecessoribus meis. Hoc est mansum indominicatum cum vircariis terris et usuariis silvarum sibi adjacentibus, cum pratis ibidem sibi appositis et cum adjacente condamina. Terminatur autem supradictus mansus, a mane terra filiorum Duranni quam emit a Tetberto, quam etiam Acardus tenet, a medio die terra Sancti Petri et domni Uduldrici, a sero etiam Sancti Petri, a northo Duranni de eadem hereditate. Infra istas terminationes, dono jam dicte ecclesie et canonicis

---

(¹)S.-Jul. de Bal. et Bouh., *distinxit*.

ejus presentibus atque futuris supradictas terras cum omnibus ad se pertinentibus que sunt site in pago Matisconensi, in villa Gigniaci in loco qui dicitur Moncellis. Hoc vero donum facio pro anima mea et pro anima patris mei et ceterorum antecessorum meorum, ut mihi et eis Dominus per intercessionem Sancti Vincentii et per orationes canonicorum ejus tribuat remissionem peccatorum et vitam eternam. S. Achardi qui fieri et firmari rogavit. S. Duranni. S. Berardi. Datum III kal. aprilis per manum Pontii subscriptoris ad vicem Rannulfi cancellarii, tempore Philippi regis.

Convenientia quam habuerunt canonici Acardo pro supradicti doni beneficio. Convenerunt illi eunti ad Ispanias ut matri sue etate remanente in infirmitate, tantum in victu et in vestimentis preberent quamtum subscriptum est, unoquoque mense in posterum carios (¹) duos de frumento et trium de siligine, et in festivis diebus, dum simul in refectorio vixerint, unum ferculum, et in vindemiis, duos modios de vino per duos terminos, et in festivitate Sancti Martini VI solidos denariorum, V pro vestimento sextum vero pro lignis; ipsi vero Acardo presentialiter X solidos denariorum, ut melius corroboratum esset, dederunt.

XXV.

[ACARDUS COGNOMENTO ALBUS REDDIT ECCLESIAM SANCTI AMORIS.]

1077 — 1096.

Notum sit omnibus presentibus et futuris quod veniens Araldus (¹), cognomine Albus, in presentia domni Landrici venerabilis episcopi et domni Odonis decani et aliorum canonicorum, reddidit et finivit Sancto Vincentio ecclesiam Sancti Amoris cum decimis et terris et omnibus appendentiis, sine ulla retinatione (²) ex sua parte. Hanc donationem laudavit firmavitque Ugo nepos ejus. S. Araldi et Ugonis, nepotis ejus, qui firmaverunt et firmare rogaverunt. S. Ardradi, archipresbiteri. S. Berardi de Vanrico (³). S. Duranni Vierii. Actum Matiscone, data per manum Odonis cancellarii, VIII kal. februarii, regnante Philippo rege.

XXIV. (¹) Bouh., *provendarios*.
XXV. (¹) Bouh., *Acardus*.
    (²) Bouh., *reclamatione*.
    (³) Bouh., *Beraldi de Vimorio*.

XXVI.

[LANDRICUS GROSSUS UNA CUM BERNARDO FRATRE REDDUNT EPISCOPO MATISCENCI VILLAM SICIACI ET ADMITTUNTUR AD OSCULUM(¹).]

1074 — 1096.

Post mortem Bernardi Grossi, factis monachis Gauceranno et Bernardo filiis ejus, quibus villa Siciaci per precariam concessa fuerat, venit Landricus Grossus filius jam dicti Bernardi et frater horum, cum alio Bernardo fratre suo, in presentia domni Landrici venerabilis episcopi et Odonis decani et aliorum canonicorum Matiscensium, concedens et confirmans donum et verpitionem quam pater suus fecerat de villa Siciaci. Insuper etiam, pro antecessorum suorum absolutione, et ut Dominum inveniret sibi propitium intercedente Beato Vincentio martire suo, per annulum jam dicti Landrici episcopi, finivit et reddidit. Et, si quid juris habebat in eadem villa Siciaci, dedit Beato Vincentio et canonicis ejus. Ut autem hoc stabile et firmum permaneret, osculatus est domnum episcopum in fide pollicens quatenus sicut promittebat ulterius teneret, et si quis exinde calumpniam et aliquam molestiam faceret Beato Vincentio, aut suis, sine omni malo ingenio similiter adjuvaret; fecit autem et Bernardus frater ejus similiter. S. Landrici et Bernardi qui facere et firmare rogaverunt. S. Letbaldi et filii ejus de Digoina. S. Ansedei de Oblato. S. Clerii de Rais (²). S. Gauceranni et Ingelberti fratris ejus de Montenaico. S. Umberti Umgri. S. Roberti de Brecis. S. Hugonis de Fais. S. Bertranni de Ver. Factum est B. per manum et in manu domni Landrici, Matiscensis episcopi, regnante Philippo rege.

Deinde post mortem Vicardi filiorumque ejus Gauscranni et Sendelini canonici qui jam a supra dictis villam Siciaci in beneficio injuste tenuerat, concessum est Stephano et uxori sue Raimodi, filie Vicardi, a Landrico milite supradictum beneficium; ille vero Stephanus, quoniam domnus Landricus cum consensu canonicorum dedit canonicam cuidam puero nomine Vicardo, quem conjux ejus de Gauseranno primo marito habuerat, concessit et reddidit Beato Vincentio et canonicis villam Siciaci, cum silvis et appenditiis et mansum Mertani et duos mansos in villa Liviniaci cum terris. Hoc vero laudaverunt Aponninius (³) et Gauscrannus fratres pueri, Berardus et Durannus consobrini.

XXVI. (¹) Hoc instrumentum vulgatum est in *Gall. Christ.*, tom. IV, p. 283, et Severt, p. 116.
(²) *Gall. Christ.* et Bouh., *Elerii de Crais.*
(³) Bouh., *Apuinus.*

XXVII.

[ADO MATISCENSIS EPISCOPUS DAT UMBERTO IN PRECARIAM DIVERSOS MANSOS.]

968 — 971.

Cum domnus et expectabilis Ado presul foret apud Matisconem secus basilicam pretiosi Christi martiris Vincentii, adiit genua serenitatis ejus quidam vir, nomine Umbertus, quatenus dignaretur ei et filiis suis conferre de terra Sancti Vincentii, que est de ratione canonicorum, in pago Matisconensi, vel Lugdunensi : in villa Avenaco, vineam quam Isaac presbiter tenuit; in Cormolingias villa, colonicam quam Umbertus prepositus habuit, et in Custeirientane (¹), curtilum quem Modrenus dedit Sancto Vincentio; in Corcellas, terram quam Humbertus prepositus emit ex Letrado. Quorum petitionem gratam suscipientes tam prelibatus pastor quam reliqui fratres pro vita voluntarie concesserunt eis quod humiliter postulaverant, ea vero ratione ut Umbertus et filii ejus colonicam de Cormolingias et de Custerientane diebus vite illorum habeant, et loco census denarios vi festivitate Sancti Vincentii, sine aliqua tarditate, persolvant. Umbertus quoque et Guido frater ejus curtilem de Avenaco et terram de Corcellis communiter habeant, et in censum denarios vi persolvant. Et si quis par parem suum supervixerit, illi eveniant. Quo vero firmius per diuturna tempora he litterule constare predictis possent, pontifex eas fieri jussit firmavitque ac corroborari precepit. Ado peccator Matiscensis episcopus, Johannes prepositus, Oddo abbas, Gundulfus levita, Berno presbiter, Elduinus levita, Valterius levita.

(²) Sacrosancte ecclesie in honore Dei et Sancti Vincentii dicate infra muros Matisconis posite, ego, Gaufredus sacerdos, ipsius ecclesie canonicus, propter animam patris ac matris mee, et ut Dominus per intercessionem ejus martiris remittat mihi peccata et offensiones meas, dono ac remitto medietatem cibarie quam pater meus et antecessores mei et ego habuimus et (³).......... per consuetudinem salvamenti in villis Avenaci et Causelli. Hanc autem donationem vel remissionem facio in illis mansis vel terris

---

XXVII. (¹) Forsan *Cortasione*, gallicè *Corlaison?*

(²) Hæc charta, præcedenti adjuncta in nostro codice, numero tituloque caret; in codice verò Parisiensi, Bouhier eas disjunxit et unicuique suum restituit titulum. Sequitur titulus posterioris chartæ : *Gaufredus sacerdos et canonicus dat ecclesiæ Matisconensi medietatem cibariæ in villis Avenaci et Causelli.*

(³) Hic locus vacuus in utroque codice.

que ad presens vestite vel abergate sunt et in antea fuerunt. Dono etiam et remitto omnes consuetudines quas habebant et pretendebant in manso Ricardi de Fontana, et dono eis usuarium exeundi et intrandi ad mulnare eorum quod est sub ponte petrino de Mertgi, et remitto calumpniam quam habebant in infantibus Rocliane. Dono quoque et verpio consuetudines quas habebant in manso quod dedi eis pro mea canonica, quod est apud Sanctum Desiderium, et quod ego emi in raro (¹) tempore et de Roberto Filinno, per assensum et laudamentum monachorum et ministrorum Sancti Eugendi. S. Gaufredi, qui fieri et firmare rogavit. S. Narduini. S. item Narduini, filii ejus, et Duranni. S. et filii Narduini. S. Ugonis. S. Arledi. S. Gauseranni. S. Ricardi presbiteri.

XXVIII.

[ARNALDUS DAT ECCLESIE MATISCENSI QUEDAM SITA IN PAGO MATISCENSI.]

1031 — 1060.

Sacrosancte Dei ecclesie in honore Beati Vincentii dicate infra muros Matisconis fundate, ego Arnaldus dono in communione fratrum Domino ibidem servientium, pro remedio anime mee ut Dominus precibus et meritis ejusdem martiris dignetur eam eripere a penis inferni, quasdam res hereditatis mee sitas in pago Matisconensi, in agro Salorniacensi, in villa Sanciaci. Est autem mansus cum supraposito et cum castanariis ac ceteris ad eum pertinentibus. Qui mansus terminatur, a mane terra Guidonis canonici et fratris ejus, a medio die terra Jotseranni, a sero via publica et terra vel bosco ejusdem Jotseranni, a circio de ipsa hereditate. Dono eis rectitudinem (¹) mee partis quam habeo in pratis ejusdem ville, scilicet duas petiolas pertinentes ad eumdem mansum ; dono etiam eis rectitudinem vel divisionem mee partis quam habeo in bosco Chaignot. Hec omnia supradicta, secundum suprascriptas terminationes vel denominationes, dono ad mensam vel communionem fratrum supradictorum pro redemptione anime mee vel parentum meorum, ut ab hac die et in futurum teneant et possideant ea jure ecclesiastico nullo contradicente. Quod si quis contradixerit, excommunicabitur nisi resipuerit. S. Arnaldi qui donationem istam fecit. Data per manum Willelmi, v kal. maii, regnante Henrico rege.

(¹) Bouh., *charo.*
XXVIII. (¹) Bouh. omisit in codice Pariensi unum et vigenti verba quæ sequuntur.

XXIX.

[ELDEFREDUS CUM UXORE ALTASIA DAT VINEAM SANCTO VINCENTIO.]

1060. — 1108.

Sacrosancte ecclesie in honore Dei et Sancti Vincentii dicate infra muros Matisconis posite ego Eldefredus, cum uxore mea nomine Altasia, donamus in communione canonicorum aliquid de possessione nostra, hoc est vineam que terminatur de omnibus partibus terra ejusdem Sancti Vincentii; habet in longo perticas (¹)........ Infra has terminationes vel perticationes, donamus supradictam vineam Sancto Vincentio et canonicis ejus pro animabus nostris et ut in die obitus nostri nos pro illa sepeliant. S. Eldefredi, qui fieri et firmare rogavit. S. Joffredi. S. Tedberti. Data, VIII (²) id. februarii, per manum Rannulfi, regnante Philippo rege.

XXX.

[MAIOLUS DE VINCELLA REMITTIT CALUMNIAM SANCTO VINCENTIO DE QUIBUSDAM TERRIS PROPTER QUAS AD PLACITUM CONVENERANT.]

1060. — 1108.

Notum sit omnibus Matiscensis ecclesie canonicis presentibus videlicet et futuris quia quidam miles nomine Maiolus de Vincella movit eis contentionem et querelam licet injuste de quibusdam terris quas quidam clericus nomine Brandencus, avunculus ejus, et alius homo laïcus nomine Umbertus donaverant Sancto Vincentio, sicut et in carta quam fecerat habetur. Quapropter canonici fidejussores illi dederunt ut secundum judicium curie responderent ei de ista querela. Ergo venerunt ad placitum parati per sacramentum et per campionem sic probare et sic facere de illis terris sicut judicatum fuit, quod ille recipere noluit. Sunt nobiles et potentes viri qui ibi erant, scilicet Aymo de Lasiaco et Uduldricus de Monte-Pavone cum pluribus aliis nobilibus viris; interpellaverunt eum ut finiret istam querelam Sancto Vincentio et canonicis ejus; unde ille recognoscens rectum canonicorum verpivit illis querelam quam habebat erga eos de illis terris et de alia terra que est in villa Cavaniaci, quam Stephanus Blancus dederat Sancto Vincentio, et si aliquid rectum habebat in illis, donavit eis. Postea

XXIX. (¹) Hic est locus vacuus in utroque codice.
(²) Bouh., VII idus.

petiit ut loco precarie darent sibi in vita sua illam terram de Cavaniaco, quod illi fecerunt tali conventione ut nulli umquam daret(¹)....... in beneficium, sed meliorata reverteretur post mortem ejus ad mensam fratrum. Preterea promiserunt ei quod si de uxore sua filium haberet quem ad litteras mitteret, cui, postquam ad etatem venisset, canonicalem societatem in quantum ad ipsos pertineret donarent, illi accipientes ab illo aut pro illo LX solidos Turonenses, aut tales LX solidatas quas gratis reciperent.

Facta est autem ista carta seu notitia in memoriam quo de his causis nulla contentio in antea moveatur confirmari. Vero ab utrisque partibus conventa est scilicet et a canonicis et a Maiolo et propinquis ejus ut firmior omni tempore habeatur. Data Matiscone IIII kal. februarii per manum Pontii scriptoris ad vicem Rannulfi cancellarii, regnante Philippo rege Francorum. S. Odonis decani. S. Gualterii archidiaconi. S. Rannulfi. S. Anselardi. S. Eustachii. S. Engelberti. S. Maioli qui fieri et firmare rogavit.

XXXI.

[BURDINUS, GAUCERANNUS ET ELDUINUS REMITTUNT CALUMNIAM QUAM INTULERANT SANCTO VINCENTIO SUPER HEREDITATE FROMALDI.]

1062 — 1072.

Notum sit omnibus Matiscensis ecclesie canonicis presentibus videlicet et futuris quod quidam milites scilicet Ugo Burdinus et Gaucerannus et Eldinus fratres ejus intulerunt calumpniam canonicis Sancti Vincentii de quodam honore cujusdam nobilis viri Fromaldi(¹) propinqui, ut aiebant, sui, quem honorem ipse dederat Sancto Vincentio et canonicis, sicut in carta quam illis fecit habetur. Unde venientes ad placitum in curia episcopi, recognoverunt se et dimiserunt illam calumniam Sancto Vincentio et canonicis et Fromaldo, et si alique rectitudines habebantur in illis terris dedere illis. Postea vero petierunt a canonicis ut darent eis aliquid de illis terris in precariam, quorum precibus canonici annuentes, per assensum et laudationem domni episcopi Drogonis et Fromaldi, dederunt in precariam illis terras quas Fromaldus per paternam hereditatem tenuerat in villa Conflans, eo pacto ut in vita sua loco precarie teneant et in festivitate Sancti Vincentii, loco census, X et VIII denarios unoquoque anno persolvant; et si quando aliquis eorum obierit, pars illius ad Sanctum Vincentium revertatur, et ut nulli in vita sua illas terras

XXX. (¹) Hic est locus vacuus et expunctatus in codice, sed nulla vox deesse videtur.
XXXI. (¹) Adi chartam X.

impediant sed sic illas edificent ut post decessum suum ad canonicos meliorate revertantur. S. Drogonis episcopi. S. Odonis decani. S. Rannulfi. S. Anselardi. S. Gerardi. S. Jarentonis. S. Fromaldi laïci. Item S. Ugonis Burdini qui fieri et firmare rogavit.

XXXII.

[HUGO BURDINUS ET FRATER ELDUINUS DANT ECCLESIE MATISCENSI QUASDAM TERRAS IN VILLA CASOTIS SITAS IN AGRO SALORNIACENSI.]

1062. — 1072.

Sacrosancte Dei ecclesie infra muros Matisconis site in honore Sancti Vincentii martiris, cui Drogo episcopus preest, ego Ugo Burdinus et frater meus Eldinus donamus quamdam terram, cum vinea et viriaria sibi adjuncta, sitam in ipso pago Matisconensi, in villa Casotis, in agro Salorniacensi. Terminatur iste curtilus a mane via publica, a medio die terra comitali, a sero Sancti Johannis et Sancti Martini et Sancti Vincentii, a circio terra Gualterii. Infra istas terminationes, donamus istum curtilum in communione canonicorum Domino et Sancto Vincentio servientium pro anima fratris nostri Gauceranni deffuncti et pro nobismetipsis, ut Dominus per intercessionem supradicti martiris misereatur nobis in presenti seculo et in futuro. Retinemus autem convenientiam quam promiserunt nobis, ut si aliquis ex nobis post obitum nostrum illis delatus fuerit, sit exceptus et sepeliatur sicut familiaris frater solet et debetur; quod si aliquis nostrum alibi sepultus fuerit, sic deprecentur Dominum pro eo sicut solent pro familiari amico. S. Ugonis et Eldini fratris ejus, qui fieri et firmare rogaverunt. Data Matiscone IX aprilis per manum Pontii scriptoris ad vicem Rannulfi cancellarii, tempore regis Philippi.

XXXIII.

[DROGO EPISCOPUS MATISCENSIS RESTITUIT OFFICIUM PREPOSITURE COMMUNIONI CANONICORUM ECCLESIE SANCTI VINCENTII MATISCENSIS ([1]).]

1064.

Anno Domini millesimo LXIIII ([2]) ab incarnatione dominica, indictione II, Philippo puero regnante in Francia, quo Gualtherius crudeliter interemptus a presenti decidit vita, Matiscensis ecclesie canonicorum seu clericorum

XXXIII. ([1]) Instrumentum hoc vulgatum est in *Gall. Christ.*, tom. IV, p. 280.
([2]) *Gall. Christ.* et Bouhier, LXIII.

katerva venit in Drogonis sui episcopi presentia, humiliter petens ut eidem que dudum nimis (²) erat afflicta quelibet miserendo afferret remedia. Petierunt autem ut officium prepositure, quod tenuerat prepositus ipse, cujus prelationis occasione malis consuetudinibus et creberrimis direptionibus res et facultates ecclesie maxime erant perturbate, in eorum unde totum sumptum vel usurpatum erat redderet communioni. Cognoscens itaque presul eorum juste et de necessario annuendum esse petitioni, illud ministerium et quitquid ibidem tenuerant eatenus prepositi, ipsorum restituit et reddidit communioni, ut ea deinceps secure possiderent jure interminabili, cessante ulterius prelatione et nomine ipsius officii secundum tenorem moris in ipsa ecclesia hactenus habiti. Quasdam quoque injustitias quas quidam predecessorum suorum canonicis fecerant aliquando, scilicet res vel facultates eorum diripiendo in obitu suo, donando illorum propinquis, seu quibuslibet vendendo, ex nunc et in futurum ipse eis remittit omnino, ne ab aliquo successorum ejus ulterius requiratur aut accipiatur omnimodis, obtestando et inhibendo preterquam tum ille scienter et gratis eis distribuerit predestinando. Igitur ego, episcopus licet indignus Drogo, hec que predicta sunt in communione fratrum reddo et pono, atque omnes successores meos per Dominum obtestor et cum omni supplicatione exoro, ut in futurum perpetualiter laudent et faciant quod ego facio et laudo. Deprecor autem sancte ecclesie Romane pontificem summum et dominum nostrum regem Francorum sicut et episcopos et principes ad quorum hec oblata fuerint conspectum ut hoc laudent et corroborent scriptum, quatenus sint participes eorum que in ipso loco facte fuerint bonorum. Confirmantibus autem et laudantibus istud sit perennis vita et perpes salus; perditio vero et anathema, nisi resipuerint, contradicentibus et dissipantibus.

XXXIV.

[HUGO DE VENDENESSA REDDIT CANONICIS SANCTI VINCENTII ECCLESIAM SANCTI VINCENTII (DE PRATO), ET QUASDAM TERRAS PER PRECARIAM ACCIPIT.]

1063 — 1072.

Notum sit omnibus Matiscensis ecclesie filiis presentibus videlicet et futuris quod Hugo de Vendenessa, recognoscens tortidudines quas quidam de senioribus et antecessoribus ejus fecerant per aliquantum tempus ipsis

---

(²) Bouh., *nimiis infortunis.*

canonicis de ecclesia Sancti Vincentii de Prato, guerpivit illis ecclesiam ipsam cum terris ad eam pertinentibus, eo pacto ut absolverent illos antecessores ejus et parentes ac seniores qui supradictam ecclesiam et terras ad illam pertinentes pervaserant et tenuerant inter se. Quod canonici fecerunt, insuper et per hoc adjunxerunt illum sicut fratrem et amicum in benefactis et orationibus suis. Petiit autem ab illis ipse Hugo ut concederent illi et duobus filiis suis, Gerardo et Gauseranno per precariam quasdam terras de illis quas illis guerpiverant, scilicet illas quas pater illius tenuerat et mater ejus post obitum ipsius ad laborandum per laudamentum canonicorum, quasque ipse Hugo et homines canonicorum et sui communiter diviserunt per metas et determinationes. Igitur Drogo episcopus, cum canonicis Sancti Vincentii, dederunt illi Hugoni et filiis suis supranominatis supradictas terras sicut illi et homines illorum diviserunt illis per metas et determinationes, insuper et mansos duos de (¹)........ cum omnibus ad illos pertinentibus, eo pacto ut istas terras in vita sua teneant, et unoquoque anno, in festivitate Sancti Vincentii, vi deneratas cere, loco census, persolvant. Post decessum vero eorum, omnes terre iste ad Sanctum Vincentium et ad canonicos ejus cum omni integritate revertantur. Data xiii kal. aprilis, per manum Rannulfi cancellarii, tempore regis Philippi. S. Drogonis episcopi. S. Odonis decani. S. Sendeleni archidiaconi. S. Gaufredi. S. ipsius Hugonis. S. Guillelmi. S. Stephani, lancianita.

XXXV.

[AIMINIUS SACERDOS DAT VINEAM PRO CANONICA DURANTI (¹).]

1031 — 1062.

Sacrosancte ecclesie Sancti Vincentii martiris infra Matisconis menia constitute, cui Gualterius episcopus preest, ego Aiminius sacerdos, cupiens cuidam clerico et sacerdoti, nomine Duranto, canonicale adipisci contubernium, dono clausum unum situm in pago Matisconensi cum vinea et terris ad illum pertinentibus, in agro Salorniacensi, in villa que dicitur Fossa Alsaci. Terminatur a mane via publica, a medio die terra Sancti Vincentii quam Rannulfus prepositus tenet, que fuit Flotberti; a sero et a circio terra ejusdem Sancti Vincentii. Infra has terminationes, ipsas terras Sancto Vincentio

XXXIV. (¹) Loci nomen deest in utroque codice.
XXXV. (¹) Donatio hæc iteratur in codice cum nonullis discrepantiis; vide ch. DXXIV.

dono ad mensam fratrum, eo pacto ut jam dictus Durantus in vita sua teneat et unoquoque anno, tempore vindemie, canonicis Sancti Vincentii vi sextarios vini investitura reddat et post ejus excessum predicti fratres teneant et possideant.

XXXVI.

[GAREMAGNUS CUM ROTRUDI UXORE DANT QUICQUID HABEBANT APUD DIMINIACUM, ET IN PRECARIAM RECIPIUNT TERRAM MORCAMPI.]

919.

Cum resedisset domnus et venerabilis pontifex Geraldus in proprio consistorio, anno ab incarnatione Domini dcccxviiii, adiit ejus presentiam suorumque ministrorum utriusque ordinis quidam vir nomine Garemagnus, et obtulit cartam cessionis ante presentiam supradicti pontificis roboratam manu propria ejus et uxoris sue Rotrudis, per quam res et proprietates eorum que conjacent in pago Matisconensi in villa que nuncupatur Diminiacus, in agro Rimacensi, dederunt Sancto Vincentio. Petens sibi et uxori sue Rotrudi filioque ejus Gislamaro pro ipsis rebus concedi sibi ab eo aliquid de rebus Sancti Vincentii que sunt de beneficio memorati Gislamari in pago Lugdunensi, loco cognominato Morcampo, seu in pago Matisconensi, loco qui nominatur Solbren, prata, terras, silvas, cum omnibus adjacentibus suis, diebus vite ipsorum. Igitur, jam dictus presul aurem inclinans petitionibus illorum et de consilio fidelium suorum sicut supra continetur, jussit fieri quod petebant, eo tenore ut, annis singulis, festivitate Sancti Vincentii que evenit xi kal. februarii, censum pro ipsa terra Sancti Vincentii, quam accipiunt ut supra insertum est, xii denarios, et pro ipsa terra quam donant investitura denarios iiii.^{cx} incunctanter persolvant. Hoc facto, quiete et inconvulse obtineant res suprascriptas diebus vite illorum, et ipse res meliorentur et non pejorentur. Post illorum vero decessum, ipse res cum omni sua melioratione ad jus proprium Sancti Vincentii et pontificum loci illius revertantur, nulla expectata judicis sententia. Actum Matiscone publice. Geraldus peccator et humilis episcopus huic precarie a me facte manu propria subscripsi. S. Odolerus. S. Aimo. S. Guelto archipresbiter. S. Ambaldus presbiter. S. Teobrannus presbiter. S. Ingelerius. S. Umbertus. S. Josbertus. S. Hugo. S. Girardus. S. Auffredus. S. Ragembertus. Ego Maimbodus levita scripsi, die veneris nona maii, anno xx regnante Karolo rege.

XXXVII.

[VIRCARIA CONCEDITUR IN PRECARIAM RACULFO CANONICO.]

1060. — 1108.

Notum sit omnibus Matiscensis ecclesie filiis presentibus videlicet et futuris quod veniens quidam canonicus, nomine Raculfus, in capitulo eorumdem fratrum suorum, petiit ab eis ut concederent sibi et quibusdam filiis suis, quorum unus vocatur Hyldebertus alter vero Pontius, quamdam terram quam expressius vocamus verchariam, per precariam. Est autem hec vercharia sita in pago Lugdunensi, in agro Thomoracensi (¹), in villa Flaciaci. Terminatur autem a mane terra Pontii et heredum suorum, a medio die terra Sancti Amoris et Eustachii, a sero hereditate Guillelmi, a circio terra Sancti Vincentii quam tenet Artaldus de beneficio domni Ulduldrici. Infra has terminationes, data est ipsa vercharia predictis hominibus in precariam, eo pacto ut in vita sua nullo contradicente teneant et possideant, etiam et unoquoque anno in festivitate Sancti Vincentii, loco census, tres denarios persolvant, ut post decessum vero eorum ad ecclesiam revertatur.

Ipse vero Raculfus dat canonicis ejusdem ecclesie, causa recompensationis, quasdam petiolas de terra sitas in eodem pago et in eodem agro et in villa Montis, due vero petiole sunt compete et communes inter Sanctum Vincentium et ipsum Raculfum, et terminantur a mane via publica et de aliis partibus terra ejusdem Sancti Vincentii; tertia quoque petiola est in eadem villa prope easdem terrulas, et terminatur a mane et a northo viis publicis, a medio die terra Sancti Stephani, a sero quoque terra Sancti Vincentii. Infra has terminationes, dat Raculfus canonicis supradictas terrulas ut faciant ex eis quitquid voluerint, in divino servitio. Scripta Matiscone kal. januarii. Data per manum Rannulfi cancellarii, tempore regis Philippi.

XXXVIII.

[ALBERICUS COMES DAT ECCLESIE MATISCONENSI ECCLESIAM DE FABRICIS ET RECIPIT IN PRECARIAM BURGUM ET ECCLESIAM SANCTI AMORIS (¹).]

Circà annum 930.

Notum sit omnibus futuris et presentibus quia ego Albericus comes dono sancte Matisconensi ecclesie in honore Sancti Vincentii dicate, in pago

---

XXXVII. (¹) Bouh. *Torniacense.*
XXXVIII. (¹) Hoc instrumentum editum est in *Gall. Christ.*, t. IV, p. 276.

Matisconensi, ecclesiam de Fabricis et quidquid in ipsa villa infixum haberent canonici ibi divino servicio mancipati deinceps libere possideant. Et quia domnus Berno, qui prefate ecclesie Christi preest episcopus, cum suis canonicis concedit precario mihi et filiis meis in pago Lugdunensi burgum et ecclesiam Sancti Amoris cum Vinciaco villa, prepositura, capellis adjacentibus ceterisque appendentiis, nos sub aliqua recompensatione donamus sepedicte ecclesie, in eodem pago, Sintiacum (*) et Castanedum, et in pago Scodingensi villulas Appuniacum cum capella Sancti Petri, et Satgiacum cum foresta de Montis et nemoribus Vigniaco et Vincalis, cum servis et ancillis in utrisque villis commorantibus, et cum ceteris appendentiis, eo tenore ut quamdiu vivemus ego et filii mei Letboldus et Umbertus, singulis annis reddamus Sancto Vincentio x solidos. Post decessum vero nostrum trium, pretitulata ecclesia dona ista et precariam integre recipiat. S. Albericus comes. S. Letoldus. S. Umbertus. Data per manum Aimini, die martis kal. jan., anno VIII regnante Rodulfo rege.

XXXIX.

[ADALGODUS RECIPIT IN PRESTARIAM QUASDAM RES CUM ECCLESIA SANCTE VIRGINIS MARIE IN PAGO TORVEDONENSE, REGNANTE KARLOMANNO (¹).]

882.

Divina suffragante misericordia Guntardus humilis Matiscensis sedis episcopus necnon canonici ipsius ecclesie Adalgaudo presbitero et Teol ni fratri ejus. Cum non est incognitum qualiter vos res vestras que sunt in pago Torvedonensi et in agro Sibranicensi sive in locis quorum vocabula sunt Agroledas, ad ecclesiam Sancti Vincentii suisque canonicis condonastis; postmodum vestra fuit petitio et nostra decrevit voluntas ut easdem res per prestariam vobis concederemus, quod ita et fecimus, eo dumtaxat tenore ut eisdem uti in vita vestra habeatis potestatem, ita ut nec vendere nec alienare presumatis, sed potius immelioratas custodire studeatis, et pro compensatione istarum rerum concedimus vobis per hanc prestariam usufructuario ecclesiam quam avunculus vester Adalgardus Sancto Vincentio et nobis condonavit in honore sancte Dei genitricis Marie constructam cum rebus et appendentiis subjectis. Hec ecclesia est in pago vel agro prenominato, eo

(²) *Gall. Christ.* et Bouh., *Seminiacum.*
XXXIX. (¹) Hoc instrumentum, vulgatum in *Gall. Christ.*, iteratur in utroque codice, cum quibusdam discrepantiis; vide chartam CCCCXXV.

scilicet modo firmitatis ut annis singulis ad prefatam Dei domum suisque canonicis, sive ad festivitatem Sancti Vincentii, solidos argenti tres conferre minime recusetis. Quod si negligentes ex hoc apparueritis, et vos corrigere ad tempus et emendare nolueritis, et ipsas res destructas dimiseritis absque ulla judicis interpellatione rectores et canonici prefate ecclesie Domini ad eorum opus hoc illico revocent, protinus namque ut hoc legaliter emendare satageritis. Hec prestaria in vos facta omnibus diebus vite vestre firma et stabilis permaneat cum stipulatione subnixa. Guntardus humilis episcopus, Edvigus archidiaconus; Fulcoldus prepositus; Ardradus presbiter; Guinardus presbiter; Adalbertus, Petrus, Fulquadus diaconi; Ardradus subdiaconus; Herlulfus presbiter. Datum die lune XVII kal. augusti anno secundo regnante Karlomanno rege. Anno DCCC LXXXII (*).

XL.

[GERALDUS EPISCOPUS IN GRATIAM RATBERTI NOBILIS VASSALLI CONCEDIT DECIMAS CAPELLE SANCTI STEPHANI QUAM SUBJICIT VICO SANCTI MARTINI.]

885 — 927.

Opitulante gratia eterni Dei, cum resideret religiosissimus et piissimus antistes Geraldus in sancto synodo, singulis causis ad cultum et honorem sancte Dei ecclesie pertinentibus, finem et modum imponens inter cetera judicia discutienda, deprecatio cujusdam nobilissimi vassalli Ratberti ejus oblata est sublimitatis presentie. Siquidem deprecabatur ipse Ratbertus domnum antistitem quatenus capelle ejus que est in honore Sancti Stephani aliquid parrochie concederet. Cujus petitioni piissimus presul annuens concessit ejus capelle villam Curtem et Stogium et villam Exartis, ea scilicet firmitatis ratione ut eadem capella cum ipsis pertinentiis (¹) semper subjaceat vico Sancti Martini, et ipsi sacerdotes qui vico prescripto Sancti Martini prefuerint eamdem capellam Sancti Stephani absque ulla teneant alicujus contradictione, molestia vel inquietudine. Quod si aliquis servorum ipsam capellam vico Sancti Martini abstrahere voluerit, predictarum villarum decime cum omni integritate sua ad ecclesiam et vicum super nominatum redeant; jubendo precipimus atque subscribimus manu propria et fidelibus nostris subscribendo roborare precipimus. Actum Matiscone urbe publice.

(*) Hæc temporis nota additur in *Gall. Christ.*, et apud Bouhier in codice Parisiensi.
XL. (¹) Bouh., *decimis*.

5

XLI.

[ARBERTUS ET AIA DANT CERTAS RES IN VILLA ALBURNACO (¹).]

885 — 927.

Sacrosancte ecclesie Sancti Vincentii martiris que est fundata infra muros Matisconis quam domnus Geraldus ad regendum habere videtur. Igitur ego Arbertus et uxor mea Aia cogitantes casum humane fragilitatis et ut pius et misericors Dominus animas nostras eripere dignetur de penis inferni, propterea donamus ad ipsam casam Dei aliquid ex rebus nostris que sunt site in pago Matisconensi, in agro Fusciacensi, in villa Alburnaco; hoc est curtilus cum vinea que terminatur a mane terra Sancti Verani, a medio die de ipsa hereditate, a sero similiter, a cercio ad heres Eldenert. Infra istos terminos ipsas res ad ipsam casam Dei donamus, eo tenore ut rebus quas pater meus et mater mea in ipsa villa dederunt Sancto Vincentio et ipsas quas modo donamus ad ipsam casam Dei diebus vite nostre teneamus sub censu, id est annis singulis, festivitate Sancti Vincentii cum stipulatione subnixa. Si quis vero donationem istam contradixerit, auri libram componat. S. Arberti qui donationem istam fieri et firmare rogavit. S. Aie. S. Hocmani. S. Pontionis. S. Gaufredi presbiteri. S. Emmonis. S. Vuicart.

XLII.

[AYMO LEVITA AD ADIPISCENDUM CANONICALE CONTUBERNIUM DAT UNUM MANSUM IN PAGO MATISCONENSI CERTIS CONDITIONIBUS(¹).]

Quecumque decidentis temporis cursu solida ratione stabilita expediunt persistere necessario congruit ea apicum caracteribus donare quo earumdem nocio litterarum futuras queat lites componere. Quapropter omnibus filiis Matiscensis ecclesie presentibus et futuris notum fieri dignum duximus quoniam quidam clericus professione levita, vocabulo Aymo, cupiens sibi canonicale adipisci contubernium, sacrosancte ecclesie Sancti Vincentii martiris que est infra ambitum murorum Matiscensium sita concessit mansum unum qui est situs in pago Matisconensi, in agro Cantriacensi, in ipso vico, cum omnibus sibi pertinentibus, id est quedam silva. Terminatur autem ipse mansus ab oriente arvo Christine, a septentrione et occidente et aquilone viis publicis. Hunc igitur mansum cum vinea et domo et horto

---

XLI. (¹) Hæc donatio iteratur in codice; adi chartam CLXXIX.
XLII. (¹) Hæc donatio notâ chronologicâ caret.

supradictus Aymo Sancto Vincentio concessit eo pacto ut, dum ipse viveret, teneret et possideret et, tempore vindemie, loco census et vestiture, dimidium modium vini Sancti Vincentii rectoribus persolveret, et post ejus excessum ad mensam fratrum cum omni integritate perveniret. Et nunc, ex auctoritate Dei patris omnipotentis et filii ejus domini nostri Jesu Christi et Spiritus Sancti paracleti, anathematisamus ut nemo hunc mansum laicali habitu constitutis concedat, quod si fecerit Beatorum sit communione privatus. S. Aymonis levite qui hanc donationem fieri et firmare precepit.

XLIII.

[LETBALDUS EPISCOPUS CONCEDIT AD MEDIETATEM CAMPUM RODULFO ET SUIS UT IN QUINQUE ANNIS PLANTARET VINEAM.]

Circà annum 1042.

Dilecto Rodulfo et filio suo quem Deus illi primo concederet et matri sue Eldrade, ego Ledbaldus episcopus dono vobis de ratione Sancti Vincentii unum campum ad medium plantum in pago Matisconensi, in agro Salorniacensi, in villa Moyson. Terminatur omnibus partibus terra Sancti Vincentii; habet in longo perticas XXVI et pedes IIII, in latitudine a sero XIIII, a mane VIII et pedes II, a circio XXII et pedes VI. Infra istum terminum vel perticationem, dono vobis ad medium plantum ut ad quinque annos vinea edificata sit et post quinque annos vinea edificata fuerit, unusquisque medietatem suam recipiat; ea vero medietas que ad vos pervenire debet quamdiu vixeritis vos prescripti teneatis et possideatis, sed post vestrorum decessum ad Sanctum Vincentium revertatur. Si quis contradixerit, auri libras X componat. Firma permaneat omni tempore. S. Ledbaldus episcopus qui fieri et firmare precepit. S. Walterii prepositi. S. Adalardi presbiteri. S. Aldonis presbiteri. S. Duranni presbiteri. S. Elduini presbiteri. S. Aynardi presbiteri. S. Gauceranni levite. S. Rodulfi levite. Data per manum Otgerii, VIII kal. martii, anno XXV[1] regnante Rotberto rege.

XLIV.

[RACULFUS ET WARNERIUS VENDUNT VINEAM HUGONI CANONICO.]

1031 — 1060.

Dilecto Hugoni canonico atque sacerdoti. Ego Raculfus et Warnerius consobrinus meus vendimus tibi unam vineam sitam in pago Matisconensi

---

XLIII. ([1]) Forsan XV, namque antistes Letbaldus pedum pastorale dimisit circà annum 1018.

in agro Salorniacensi, in villa Muyson. Terminat a mane et a medio die terra Sancti Vincentii, a sero et a circio viis publicis ; habet in longum perticas xviii et dimidium in una fronte, a medio die perticas iii et dimidium in alia fronte, a circio perticas vi et duos pedes. Infra istas terminationes vel perticationes, vendimus tibi istam vineam supra terminatam, et accipimus pretium solidos vii et viii denarios, et facias ex hac die in antea quitquam facere volueris sine ullo contradicente ex ea. S. Raculfi et Warnerii qui fieri et firmare rogaverunt. S. Umberti. Data per manum Willelmi, ii non. novembris, regnante Henrico Francorum rege.

XLV.

[GLOTBERTUS UNA CUM UXORE ODILA DANT PREPOSITO ET CANONICIS SANCTI VINCENTII CAMPUM QUI VOCATUR AD ARCUS.]

Circà annum 977.

Sacrosancte ecclesie Sancti Vincentii Matiscensis que est infra murum Matisconis civitatis quam domnus Arembertus prepositus et ceteri fratres ad regendum habere videntur. Igitur in Domini nomine Glotbertus et uxor sua Odila cogitavimus de Dei misericordia ut pius Dominus et misericors animas nostras de penis inferni eripere dignetur. Propterea donamus ad ipsam casam Dei, in stipendia fratrum, aliquid ex rebus nostris que sunt site in pago Matisconensi, in villa que dicitur Varennas, hoc est campus qui vocatur ad Arcus. Terminatur a mane camino veteri ad Arcus, a medio die via publica, a sero Glotberti, a circio Sancti Stephani. Infra istas terminationes, a die presente, totum ad integrum ad usum fratrum donamus, et donamus in ipsa villa vel in ipsa (¹) sive alias res quamtumcumque ibi visi sumus habere, et sunt campi, prata, preter unum praellum qui est ad filiam nostram, eo tenore ut dum nos vivimus pariter usum et fructum exinde habeamus, post nostrum amborum decessum ad mensam fratrum eveniant ; et nulli unquam liceat beneficiare, quod si fecerit iram Dei incurrat. S. Glotberti et uxoris sue Odile, qui donationem istam fieri et firmare rogaverunt. Si quis autem donationem istam contradixerit, auri uncias iiii componat, et firma stabilis permaneat cum stipulatione subnixa. S. Leiterius. S. Bernardi. S. Ornadi. S. Josberti. S. Grimoldi. S. Giraldi. S. Moncardi. Data per manum Stephani presbiteri, sub die dominica iii kal. junii, anno xxiii regnante Lothario rege.

XLV. (¹) Sic ; aliquid deesse videtur.

XLVI.

[YVO CUM UXORE ETTALA DANT CULTILUM IN VILLA DAVAYACI.]

Circà annum 972.

Sacrosancte ecclesie Sancti Vincentii martiris que est constructa infra muros Matisconis quam domnus Johannes episcopus ad regendum habere videtur. Igitur ego Ivo et uxor mea Attala pro remedio anime nostre donamus ad ipsam casam Dei aliquid ex rebus nostris que sunt site in pago Matisconensi, in agro Fusciacensi, in villa Davaiaco. Hec sunt curtili duo : unus curtilus a mane terminatur terra Hebreorum, a medio die terra Osanne, a sero terra Braydinci, a cercio via publica; alius curtilus in ipso loco terminatur a mane terra Hebreorum, a medio die via publica, a sero Braydinco, a cercio Sancto Vincentio ; et donamus pratum, qui vocatur ad Pedronacum, totum a die presente cultilis, eo tenore dum ego et Attala vivo, una et filii mei Gunduldricus et Aymo, teneamus et possideamus ; post nostrum decessum ad ipsam casam Dei perveniat ad mensam fratrum. Si quis contradixerit auri libras IIII componat, et presens donatio firma et stabilis permaneat cum stipulatione subnixa. Actum Matiscone publice. S. Ivonis et uxoris sue Attale qui fieri et firmare rogaverunt. S. Warnerii. S. Braydinci. S. Warnerii. S. Aremberti. S. Drogonis. S. Rotberti. S. Otgerii. Data per manum Umberti levite, die dominica II kal. martii, anno XVIIII regnante Lothario rege.

XLVII.

[BERNARDUS VENDIT ALDONI PRESBITERO SILVAM IN VILLA ALONIACO.]

Circà annum 1018.

Dilecto Aldoni presbitero. Ego Bernardus et uxor mea Adgia vendimus tibi unam silvam que est sita in pago Matisconensi, in agro Fusciaco, in villa Aloniaco. Terminatur a mane fluvio Sagona, a medio die terra comitali, a sero terra Adami et Wolvendi, a cercio terra Sancte Marie et Sancti Valeriani. Habet in latitudine XX, in longitudine totum usque ad inquirendum. Infra istos terminos, vel perticationes, tibi vendimus et accipimus de vobis pretium quod valet solidos VI et dimidium. Si quis contradixerit auri libras X persolvat ; firma permaneat omni tempore. S. Bernardus et uxor sua qui fieri jusserunt et firmare rogaverunt. S. Duranni. S. Umberti. S. Teotfredi. S. Ingelardi. S. Constantini. Data per manum Otgerii, V kal. aprilis, anno XXIII regnante Rotberto rege.

XLVIII.

[WITCHERANNUS CUM UXORE GERTRUDI DANT CULTILUM IN VILLA ALONIACO(¹).]

Circà annum 947.

Sacrosancte ecclesie Sancti Vincentii Matiscencis quam domnus Maimbodus episcopus ad regendum habere videtur. Ego Witcherannus et uxor mea Gertrudis, pro Dei amore et eterna retributione, donamus ad ipsam casam Dei aliquantulum ex rebus nostris in pago Matisconensi, in agro Fusciacensi, in villa Ayloniaco; hoc est cultilus cum superposito qui terminatur a mane terra Sancti Vincentii et Deodato et Eldemergane, a medio die Sancti Vincentii et Aldonis et Eldemergane, a sero et a circio vias publicas. Infra istis terminibus ipsum cultilum et alias res in ipsa villa ibidem pertinentibus, campis, pratis, silvis, aquis aquarumque decursibus, omnia ex omnibus quesita et inquirenda cum servo supermanente, nomine Rainerio, ibi donamus in stipendia fratrum, eo tenore dum ego Witcherannus et uxor mea Gertrudis advixerimus, teneamus et possideamus in usumfructum, post nostrum amborum decessum ad ipsam casam Dei perveniant ipse res, et faciant rectores et successores ejusdem ecclesie in servitio Dei et Sancti Vincentii quitquid voluerint, et annis singulis ad festivitatem Sancti Vincentii, sextarios duos ex tritico ibi in censum donamus. Si quis vero donationem istam contradixerit auri libram componat, medietatem regi et aliam medietatem cui litem intulerit, et in antea firma maneat cum stipulatione subnixa. Actum Matiscone publice. S. Witcheranni, S. Gertrudis qui donationem istam fieri et firmare rogaverunt. S. Landradani qui pro omnibus consensit. S. Wilelmi vice comitis. S. Rotlanni Berardi. xiiii kal. julii, anno xii regnante Ludovico rege.

XLIX.

[ARDRADUS DAT QUICQUID HABEBAT IN VILLA SPINACO.]

Circà annum 1004.

Sacrosancte ecclesie Sancti Vincentii martiris Christi que est constructa infra muros Matisconis civitatis quam domnus Ledbaldus presul ad regendum

---

XLVIII. (¹) Hanc chartam vulgavit ex parte Jac. Severt., pag. 65.

habere videtur et Mayolus prepositus et ceteri canonici. Igitur, ego in Dei nomine Ardradus presbiter pro amore et bona voluntate et pro remedio anime mee, patris vel matris mee seu parentorum meorum, dono ad ipsam casam Dei aliquid ex rebus proprie hereditatis mee que sunt in pago Lugdunensi, in fine Spinacensi, in ipsa villa Spinaco, quicquid in ipsa villa visus sum habere. Que sunt curtili cum virareis, molendinis, silvis, aquis, aquarumque decursibus, omnia et in omnibus quesita et inquirenda. Dono ad ipsam casam Dei et ad mensam fratrum eo tenore dummodo vivo usum et fructum habeam, post meum decessum ad ipsam casam Dei perveniat. Et dono ad ipsam casam Dei de ipsa hereditate investitura campis et silvis que sunt inter duos bedos qui vocantur Mentones ad integrum nullo contradicente. Si quis donationem istam contradixerit iram Dei incurrat et penas inferni sustineat et ex auro libras III componat, et in antea helemosina ista firma, stabilis permaneat cum stipulatione subnixa. Actum Matiscone. S. Ardradi qui eleemosinam istam fieri et firmare rogavit. S. Alberti et uxoris sue Richelde, sororis Ardradi, qui firmavit et consensit. S. Raynardi. S. Tedbaldi. S. Constantini. Data per manum Teudonis fratris, III mensis julii, anno VIIII regnante Rotberto rege.

L.

[BERNARDUS DAT VINEAM SITAM IN VILLA CARNACI.]

1060 — 1108.

Sacrosancte Dei ecclesie in honore Sancti Vincentii martiris dicate infra muros Matisconis fundate. Ego Bernardus dono pro anima matris mee in communione fratrum ibidem Domino servientium, unam vineam sitam in pago Matisconensi, in agro Salorniacensi, in villa Carnaci. Terminatur autem a mane via publica, a medio die terra Sancti Vincentii, a sero et a circio terra Sancti Petri; habet in longo XVI perticas, in ambis frontibus IIII perticas; vercaria vero ipsius vinee, que sibi ab occidente adjacet, habet IIII perticas in longum et II in latum. Infra istas terminationes vel perticationes, dono Sancto Vincentio et canonicis ejus supradictam vineam cum vercaria sicut dixi pro anima matris mee, ut habeant et possideant et faciant quicquid voluerint in Dei servitio. Actum Matiscone. Data per manum Pontii ad vicem Rannulfi cancellarii, Regnante Philippo rege.

LI.

[NOMINA ANTISTITUM SANCTE MATISCENSIS ECCLESIE(¹).]

Primus Nicetius confessor, ıı almus Justus, ııı sanctus Eusebius, ıııı inclitus Decius, v egregius Momulus, vı beatus Florentinus, vıı sanctus item Decius, vııı Gundulfus vocatus episcopus, vıııı Adalrannus, x Brendencus, xı Bernardus, xıı Lambertus, xııı Guntardus, xıııı sacratus Giraldus, xv Berno, xvı Maimbodus, xvıı Theotelmus, xvııı Ado, xvıııı Johannes, xx Milo, xxı Ledbaldus, xxıı Gauslenus, xxııı Walterius, xxıııı Drogo, xxv Landricus, xxvı Berardus, xxvıı Jocerannus, xxvııı Pontius, xxvıııı Stephanus, xxx Renaudus, xxxı Pontius, xxxıı Haymo.

LII.

[HILDEBALDUS MATISCENSIS EPISCOPUS PERMUTAT CUM WARINO COMITE CLUNIACUM ET RECIPIT ALIAS VILLAS IN CAMBIUM(¹).]

825.

Notum sit omnibus quod Hildebaldus, Matiscensis episcopus, Cluniacum villam Warino comiti et Albane, sive Ave, uxori ejus commutavit et vice commutationis ecclesiam Sancti Andree et villam Genoliacum aliasque terras que in charta commutationis habentur suscepit, in qua Cluniaci villa nobile cenobium in honore beatorum apostolorum Petri et Pauli constructum est quod dudum predictus Hildebaldus sacravit deditque, ex ratione canonicorum Sancti Vincentii, Cluniaci ecclesie, ecclesiam unam in villa Cotta, alteram in villa Galoniaco.

LIII.

[JOTSELDIS ACCIPIT IN PRECARIAM MANSUM IN VILLA AMALBERTI.]

996 — 1018.

Notum sit omnibus Matiscensis ecclesie filiis presentibus et futuris quia cum esset domnus Ledbaldus venerabilis presul juxta basilicam Sancti Vincentii martiris Christi, adiit ejus presentiam quedam femina nomine Jotfeldis humiliter deprecans ut concederet sibi duobusque filiis suis Hendrico

---

LI. (¹) In utroque codice, hæc series inexpleta et mendosa est. Adi S. Jul. de Bal., p. 271, et Jac. Severt., *Episcopi Matisconenses.*
LII. (¹) Adi chartam LV cujus ista transcriptio inexpleta est.

et Flotberto quasdam terras de communione fratrum conjacentes in pago Matisconensi, in agro Salorniacensi, in villa Amalberti; est autem mansus unus in quo manent Constantinus et Abundus. Cujus petitionem domnus episcopus gratam suscipiens, cum consilio Walterii prepositi ceterorumque fratrum, contulit ei et jam dictis duobus filiis suis supradictum mansum cum vineis et domibus, campis, pratis, aquis et omnibus appendentiis, quesitis et inquirendis, eo pacto ut si omne donum, quod dono Sancto Vincentio Flotbertus contulit, ratum permanserit, hec precaria firmum obtineat vigorem, similiter hec precaria irrita habeatur([1]). In festivitate vero Sancti Vincentii, XII denarios jam dicti loci persolvant, et ut hec precaria firmius crederetur, domnus episcopus hanc propria manu firmavit et fidelibus suis firmandam tradidit. S. Ledbaldi pontificis. S. Gauseranni levite. S. Adalardi presbiteri. S. Adonis sacerdotis. S. Uberti levite. S. Hugonis levite. S. Otgerii levite. S. Jarlanii levite. Data per manum Rannulfi levite, die Pentecostes, regnante rege Rotberto.

LIV.

[GAUSERANNUS DAT QUIDQUID HABEBAT IN VILLIS FLACIACI ET SANCIACI.]

996 — 1018.

Sacrosancte ecclesie Sancti Vincentii martiris infra ambitum meniorum Matisconensium constructe, cui domnus Ledbaldus pontifex preest, ego Gautserannus levita concedo quasdam res juris mei, consentientibus mea matre Adalgardi et fratre meo Arnulfo; sunt autem he res site in pago Matisconensi sive Lugdunensi, videlicet quicquid habeo in Flaciaco villa et Sanciaco. Mansus autem dominicatus est in villa Flaciaco, quem cum omnibus appenditiis, campis scilicet, silvis, pratis, vincis, aquis aquarumque decursibus, Sancto Vincentio dono, exceptis his que sunt in villa Asnerias, eo pacto ut presentialiter canonici unum curtilum cum vinea in villa Sanciaco investitura recipiant; cetera ego in vita mea teneam. Me vero decedente, omnes he supradicte res cum omni integritate ad mensam canonicorum Sancti Vincentii perveniant. Est vero in pago Lugdunensi et in villa Mauriaco una colonica que erat olim Sancte Marie, sed commutata est cum campis, pratis, silvis et omnibus appenditiis. Hanc jam Rannulfo levite dederant et nunc Sancto Vincentio dono, eo pacto ut idem Rannulfus in vita sua teneat, post ejus excessum rectores Sancti Vincentii teneant et possideant.

LIII. ([1]) Quinque istæ voces sic habentur in utroque codice.

S. Gautseranni levite, qui hanc cartam facere precepit et firmare rogavit. S. Arnulfi fratris sui qui consensit. S. Herenii. S. Constantini. S. Bernardi. S. Telolfi. S. Arlei. S. Hugonis. Data per manum Rannulfi levite, v feria festi paschalis, regnante Rotberto rege.

LV.

[DE PERMUTATIONE CLUNIACI FACTA CUM ALIIS VILLIS INTER HILDEBALDUM EPISCOPUM MATISCENSEM ET WARINUM COMITEM (¹).]

825.

Inter quos caritas inlibata permanserit pars cum parte beneficia opportuna prestantur, quia nihil sibi de rebus propriis censuit minuendum, quod e contra recipitur in augmentis. Ideoque placuit atque convenit inter venerabiles viros Hildebaldum scilicet episcopum urbis Matiscensis et rectorem ecclesie Sancti Vincentii ejusdem loci constructe, sacerdotes vel reliquos canonicos sub ejus regimine ibidem Deo famulantes, necnon et ab alia parte Warinum comitem et uxorem suam Albanam, ut villas congruas et opportunas que sunt de ratione Sancti Vincentii martiris inter se commutare deberent; quod ita et fecerunt. Primitus enim dat Hildebaldus episcopus de jam dicta ratione Sancti Vincentii martiris et preceptione domni serenissimi Ludovici imperatoris, partibus Warino comiti et uxori sue Albane, villam in pago Matiscensi, cujus vocabulum est Cluniacum, ipsam villam cum capella, casa dominicata et reliquis mansis, edificiis, exiis et regressis, vineis, vercariis, campis, pratis, silvis, farinariis, aquis aquarumque decursibus, mancipiis illic commanentibus vel agnatione eorum, omnia et ex omnibus ibidem adjacentibus, totum et ad integrum. Dat prefatus episcopus de ipsa ratione Sancti Vincentii in pago Nivernensi villam cujus vocabulum est Loptaniaco (²) ipsam villam cum capella, cum mansis, cum edificiis, exiis et regressis, vineis, campis, pratis, pascuis, silvis, adjacentiis, aquis aquarumque decursibus, mancipiis ibidem commorantibus cum agnatione eorum, omnia et ex omnibus quantumcumque ad ipsam villam aspicit, totum et ad integrum. Pari modo in compensatione hujus rei meriti dat Warinus comes et uxor sua Albana de rebus propriis eorum partibus Sancti Vincentii Hildebaldo episcopo villam in pago Matiscensi, cujus vocabulum est Genuliacus, cum capella, casa dominicata, mansis, edificiis, campis, pratis, vineis, cum

---

LV. (¹) Hoc instrumentum exparte jam prodictum (vide chartam LII) vulgatum est in *Gall. Christ.*, tom. IV, p. 265.

(²) *Gall. Christ.* et Bouh., *Loptamiarlo.*

exiis et regressis eorum, farinariis, silvis, pascuis, aquis aquarumque decursibus, mancipiis illic commorantibus cum agnatione eorum, omnia et ex omnibus, quantum in ipsa villa vel ibi aspicientia et proprietate nostra visi sumus habere totum et ad integrum. Dat etiam Warinus comes vel uxor sua Albana partibus Sancti Vincentii Hildebaldo episcopo in pago Nivernensi villam ex proprietate nostra cujus vocabulum est Caldaqua, ipsam villam cum casa dominicata, cum mansis, cum edificiis, exiis et regressis, vineis, campis, pratis, silvis, pascuis, aquis aquarumque decursibus, mancipiis illic commorantibus cum agnatione eorum, omnia et ex omnibus ex proprietate nostra ibi aspicientibus totum et ad integrum. Dat autem Warinus comes et uxor sua Albana in patria Arvernica, in pago Donobrensi, villam cujus vocabulum est Litevineis, cum casa dominicata, mansum cum edificiis, exiis et regressis, vineis, campis, pratis, pascuis, silvis, aquis aquarumque decursibus, mancipiis illic commorantibus cum agnatione eorum, omnia et ex omnibus ibi ex proprietate nostra aspicientibus partibus Sancti Vincentii Hildebaldo episcopo totum et ad integrum visi fuimus possedisse, ita ut ab hac die unusquisque ex ipsis memorata loca que acceperint habeant licentiam faciendi quicquid pro eorum opportunitate et compendio elegerint, libero in omnibus perfruantur arbitrio. Ideo addi placuit ut si unus ex ipsis vel successores eorum hoc evitare vel refragare conaverit, rem quam accepit amittat et insuper componat par pari suo auri libras xi et quod petit non vendicet, sed presens commutatio unde duas uno tenore epistolas inter nos confirmavimus, firmam et inviolabilem obtineant firmitatem, stipulatione interposita. Hildebaldus episcopus subscripsit. S. Sismundus. S. Adalcisus. S. Amandus. S. Warambaldus. S. Tertgerius. S. Ermenlardus. S. Magnardus. S. Hildradus. Agebertus diaconus scripsit, anno xii regnante Hludovico imperatore.

(³) Notitia traditionis vel consignationis qualiter vel quibus presentibus vel eis qui hanc notitiam subtus firmaverunt utique veniens Hildebaldus episcopus Matiscensis urbis in presentia domni Hludovici imperatoris die martis iiii non. julii, Cluniaco villa, ad ipsam casam dominicam, vel ad ipsas res que ante hos dies prefatus episcopus ex ratione episcopatus sui Sancti Vincentii una per jussionem domni serenissimi imperatoris apud Warino comiti vel uxori sue Albane inter se concambiaverant vel commuta-

---

(³) Hæc charta et præcedens, conjnnctæ in codice Matisconensi, disjunguntur apud Bouhier. Ecce titulus præsentis chartæ : *Investitura Cluniaci facta Warino comiti ab episcopo.*

verant. Tunc memoratus episcopus per hostium de ipsa casa vel cespitem de ipsa terra sicut in ipso concambio loquitur, vel etiam domnus imperator et per suum preceptum habet confirmatum Warino comiti vel uxori sue Albane manibus tradidit vel revestivit his presentibus. Hildebaldus episcopus, S. Otgerius, Adalelinus, Heldradus, Uduricus, Alphetius, Adalardus, Aribertus, Volfardus, Wandalbertus, Fredolo, Wlradus, Radulfus. Atebertus scripsit die martis anno XII, regnante Hludovico rege.

LVI.

[KAROLUS CALVUS REX DAT ECCLESIE MATISCENSI CASTRUM TORNOTIUM CUM XXX MANSIS IN PAGO CABILONENSI ET LUGDUNENSI([1]).]

853.

In nomine sancte et individue Trinitatis Karolus Dei gratia rex. Quicquid divinis cultibus mancipatis munificentie largitate conferimus, profuturum nobis ad eternam beatitudinem facilius obtinendam omnino confidimus. Itaque notum sit omnibus sancte Dei ecclesie fidelibus et nostris, presentibus atque futuris, quia pro absolutione peccatorum nostrorum, quasdam res juris nostri in pago Cabilonensi et Lugdunensi sive Matiscensi sitas, sancte matri ecclesie Matisconis civitatis, in honore Beati Vincentii martiris Christi fundate, cui autore Deo Bredincus reverendus pontifex presidere cognoscitur, placuit nobis conferre ecclesiasticoque jure perpetuo habendas regaliter delegare, hoc est Tornutium cum triginta mansorum integritate et rerum aliarum omnium et cum familia et plenitudine veluti eas dominii usu habuisse nos manifestum constat, unde etiam altitudinis nostre scriptum hoc fieri jussimus, per quod eumdem castrum prescripte sancte ecclesie a nobis conlatum seu delegatum constituimus atque firmamus, ut prefatus episcopus et successores ejus sine cujuspiam contradictione aut minoratione, sicut alias facultates premisse sedis, ita easdem res canonica administratione parentis temporibus possideant, ordinent atque disponant. Post illius videlicet decessum, id est Radonis sacerdotis, qui eam nostra concessione beneficiario jure habere cognoscitur, et idem pontifex et successores ejus in die obitus genitoris nostri augusti Hludovici, que est XII kal. julii, et in die obitus genitricis nostre Judith auguste, que est XIII kal. maii, et in die nativitatis nostre que est idibus junii, et in die inunctionis nostre per

---

LVI. ([1])Hoc diploma vulgatum est in *Gall. Christ.*, tom. IV, pag. 267, necnon apud Chifflet, pag. 538, et apud Jac. Severt., pag. 37.

misericordiam Dei in regem, que est vii idus junii, et post vocationem ex hoc seculo nostram in die migrationis nostre volumus agi superius dicte sancte matris ecclesie fratribus refectionis prandia, pro tempore et rerum possibilitate parare non negligant, quatenus nostri memoriam recolentes devotiori supplicatione divinam propitiationem pro nobis implorare contendant. Ut autem hec auctoritatis nostre conlatio immobilem per omnia tempora in Dei nomine obtineat vigorem, manu nostra eam subter firmavimus, et de annulo nostro sigillari jussimus. S. Karoli religiosissimi regis. Gilbertus notarius ad vicem Hludovici recognovit. Data xii kal. junii, indictione prima, anno xiiii regis Karoli. Actum in civitate Arvernorum in Dei nomine feliciter, amen.

LVII.

[PRECEPTUM HLUDOVICI IMPERATORIS UT OMNES QUI DE BENEFICIO ECCLESIE TERRAS POSSIDEBANT DECIMAS ET NONAS SOLVERENT(¹).]

816.

In nomine domini Dei et Salvatoris nostri Jesu Christi, Hludovicus, divina ordinante providentia, imperator augustus. Noverit utilitas fidelium nostrorum comitum videlicet et vassorum nostrorum, sive et vicariorum, centenariorum, vel misssorum per imperium a Domino nobis conlatum discurrentium, quia vir venerabilis Hildebaldus, Matisconensis ecclesie episcopus, deprecatus est celsitudinem culminis nostri ut ecclesie cui ipse auctore Domino episcopus preest, que est constructa in honore Sancti Vincentii martiris, ut omnes qui beneficia ex eadem ecclesia habebant, nonas et decimas annis singulis de eisdem beneficiis darent, et ad edificia ipsius ecclesie restauranda juxta vires opem ferrent. Quod nos secundum jussionem a domno imperatore jamdudum factam omnibus precipimus atque modo per has litteras jubemus et confirmantes commendamus ut quicumque ex largitione nostra de terris prefate ecclesie beneficia habent, nonas et decimas annis singulis predicto episcopo Hildebaldo seu successoribus suis absque ulla contrarietate et negligentia dare non negligatis. Et ad domos ipsius ecclesie restaurandas, unusquisque, pro viribus suis, adjutorium ferre non differat, et nullus quilibet de vobis qui prefate ecclesie beneficia habent contra hoc jussionis nostre preceptum facere presumat, sed in omnibus ita illud observet, sicut a nobis jussum est, et sicut Dei et

LVII. (¹) Hoc diploma editur in *Gall. Christ.*, tom. iv, pag. 265.

nostram gratiam vel ipsum beneficium habere vult. Et ut certius credatis hanc nostram esse jussionem, ut a vobis melius conservetur, de annulo nostro jussimus sigillari. Data quarto idus februarii, anno Christo propitio tertio imperii domni Hludovici piissimi augusti, indictione VIII. Actum Aquisgrani palatioregio, in Dei nomine.

LVIII.

[HLUDOVICUS IMPERATOR DAT ECCLESIE SANCTI VINCENTII VILLAM ROSARIAS QUE FUERAT AUSTRUDIS SANCTIMONIALIS(¹).]

815.

In nomine domini Dei et Salvatoris nostri Jesu Christi, Hludovicus divina ordinante providentia imperator Augustus. Si liberalitatis nostre munere, de beneficiis a Domino nobis conlatis, locis Domino dicatis aliquid conferimus, id nobis est ad mortalem vitam feliciter transigendum et ad eternam perpetualiter obtinendum profuturum liquido. Idcirco notum sit omnium fidelium nostrorum tam presentium quam et futurorum quia placuit nobis, pro mercedis nostre augmento cum anime nostre emolumento, res proprietatis nostre que sunt in pago Lugdunensi, in villa que vocatur Rosarias, quas olim quedam femina Domini sanctimonialis nomine Austrudis domino et genitori nostro Karolo bone memorie prestantissimo imperatori per cartulam delegavit donationis, ecclesie Sancti Vincentii Matisconensis tradere, ubi Hildebaldus episcopus preest. Has itaque res cum omnibus ad se pertinentibus vel aspicientibus, cum mancipiis duobus his nominibus Elmengario videlicet et Adgerio, cum casa indominicata, curtis, soliis, pratis, perviis, exitibus vel omnibus adjacentiis, vel quantumcumque eadem sanctimonialis femina in eadem villa sua fuit possessio et presenti tempore nostri juris atque possessionis in eadem villa Rosarias in re proprietatis est, totum et ad integrum, vel in exquisitum predicte ecclesie Sancti Vincentii martiris et congregationi ibidem Deo famulanti in nostra concessimus eleemosina. Quapropter volumus atque jubemus ut hanc nostram auctoritatem presentibus videlicet et futuris temporibus predictas res cum mancipiis superius nominatis et omnibus rebus ad se pertinentibus ejusdem ecclesie in nostra eleemosina concessas habeat, atque jure perpetuo in ditione ipsius ecclesie, ea conditione videlicet ut quicquid de iisdem rebus ob utilitatem et profectum rectores ipsius ecclesie vel congregatio ipsius sancti loci ab hodierno die et

---

LVIII. (¹) Hoc diploma vulgatur in *Gall. Christ.*, tom. IV, pag. 264.

tempore facere voluerint, libero in omnibus perfruantur arbitrio faciendi. Et ut auctoritatis pleniorem in Domini nomine obtineat firmitatem, et per diuturna tempora inviolabilem et inconvulsum obtineat effectum, manu propria subter eam firmavimus et annuli nostri impressione signari jussimus. S. Hludovici serenissimi imperatoris. Helisacar recognovit. Data quarto (²) idus septembris, anno primo imperii nostri, indictione VIII. Actum Aquisgrani palatio regio in Dei nomine (³).

LIX.

[CAROLUS CALVUS DAT LENDRICO ECCLESIAM SANCTI ALBANI IN ALODUM (¹).]

842.

In nomine sancte et individue Trinitatis Karolus gratia Dei rex. Regalis celsitudinis mos est fideliter sibi famulantes donis multiplicibus atque honoribus maximis honorare. Proinde nos, morem parentum regum videlicet predecessorum nostrorum sequentes, libuit celsitudini nostre fidelem quemdam nostrum nomine Lendricum de quibusdam rebus proprietatis nostre honorare atque in ejus juris potestatem liberalitatis nostre gratia conferre. Unde noverit omnium fidelium nostrorum presentium scilicet et futurorum industria quia concedimus eidem fideli nostro Lendrico res quasdam nostras sitas in pago Matisconensi, locum et capellam in honore Sancti Albani jure proprietatis ad habendum cum mancipiis omnibus ibi aspicientibus, domibus, vineis, pratis, terris cultis et incultis, pascuis, aquis aquarumque decursibus, exitibus et regressibus vel quantumcumque ad supradictam capellam in eodem fato loco moderno tempore aspicere dinoscitur, et nostri juris atque possessionis in re proprietatis est totum et ad integrum vel in exquisitum predicto Lendrico fideli vassallo nostro in alodum concedimus. Ita videlicet ut quicquid ab hac die et deinceps facere voluerit liberam et firmissimam in omnibus habeat potestatem faciendi quicquid elegerit. Et ut hec auctoritas largitie nostre per futura tempora inviolabilem atque inconvulsam obtineat firmitatem et ab omnibus fidelibus presentibus scilicet et futuris verius certiusque credatur, eam manu nostra subtus firmavimus et de annulo nostro sigillari jussimus. Signum Karoli glorio-

---

(²) *Gall. Christ.* et Bouh., *quinto.*
(³) Tres ultimæ voces in codice Boheriano desunt.
LIX. (¹) Hoc diploma, vulgatum ex parte a P. S. Jul. de Bal., iteratur in utroque codice; vide chartam CII.

sissimi regis. Raimfredus ad vicem Hludovici recognovit. Data x kal. septembris, anno III regni Karoli regis, indictione v. Actum Agrinio civitate in Dei nomine.

LX.

[LENDRICUS CONCEDIT PREFATAM CAPELLAM SANCTI ALBANI ECCLESIE MATISCENSI AD LUMINARE ET ALIMONIAM CANONICORUM (¹).]

864 — 873.

Sacrosancte matri ecclesie Sancti Vincentii que est constructa infra murum civitatis Matisconis quam venerabilis presul Bernaldus ad regendum habere videtur. Siquidem ego in Dei nomine Lendricus cogitans casum humane fragilitatis, ut omnipotens Deus animam meam vel sobolum meorum a penis infernalibus liberare dignetur; propterea dono ad prefatam casam Dei Sancti Vincentii suisque canonicis Deo ibidem famulantibus ad eorum alimoniam vel luminaria ejusdem, ad edificandum, res quasdam meas sitas in pago Matisconensi, Gisariis, locum et capellam in honore Sancti Albani jure proprietario ad habendum quam domnus et senior meus piissimus rex Karolus mihi largiri dignatus est cum mancipiis desuper manentibus, cum peculiariis eorum, preter infantulum unum nomine Bernarum quem reservamus, domibus, vineis, pratis, terris cultis et incultis, silvis, cum decimis, pascuis, aquis aquarumque decursibus, exitibus, regressibus, vel ad quantumcumque ad supradictam capellam in eodem fato loco moderno tempore aspicere dinoscitur, et quicquid de parte genitoris vel genitricis mee mihi advenit, aut quolibet ingenio adquisivi in pagis scilicet Matisconensium sive Lugdunensium, ex mei juris atque possessionis jure proprietatis est, totum et ad integrum vel in exquisitum preter hoc quod incartatum habui, omnia et in omnibus ad prememoratam Dei domum Sancti Vincentii suisque canonicis, sicut supra insertum est dono, trado atque transfundo perpetualiter tenendum, ita videlicet ut nullus episcoporum, nec quelibet alia potestas hanc meam eleemosinam, quam pro Christi amore vel corona eterna promerenda prescripte Dei domui suisque contuli canonicis, habeat subtrahendi licentiam; quod si fecerit, heredes mei propinquiores habeant potestatem hoc ipsum recipiendi, et ut inviolabiliter maneat, volo si ego aut ullus ex heredibus vel proheredibus meis, aut ulla opposita persona contra hanc donationem, calumniam aliquam inferre voluerit, et a me vel heredibus

---

LX. (¹) Hoc diploma vulgatur in *Gall. Christ.*, tom. IV, p. 269, et apud S. Jul. de Bal., p. 275.

meis defensatum non fuerit, tunc simus, tam ipse qui temptat quam et nos, reprobi ante tribunal Christi, et insuper inferimus prescripte domui Dei suisque canonicis, si culpabiles judicentur, auri libras LX persolvant. Hec donatio firma et stabilis permaneat temporibus perpetuis, stipulatione subnixa. S. Lendrici qui donavit. S. Hildesendis uxoris sue. S. Errici. S. Ranulfi. S. Aldremi. S. Adalgarii. S. Girlulfi. S. Wicardi. S. Erotgerii. S. Folcherii. S. Giraldi. S. Ingelgerii. Ego et cum gaudio scripsi.

LXI.

[HLUDOVICUS IMPERATOR PRECIBUS LAMBERTI MATISCENSIS EPISCOPI CONFERT IN AUGMENTUM PREBENDARUM QUEDAM INDOMINICATA (¹).]

878.

In nomine Domini Dei omnipotentis et Salvatoris nostri Jhesu Christi Hludovicus misericordia Dei rex. Quicumque gratie dignitatis culmine efferre desiderat eum merito pre oculis vigili sollicitudine habere debet cujus gratia prefertur. Igitur notum esse volumus omnibus sancte Dei ecclesie fidelibus et nostris presentibus scilicet et futuris qualiter veniens Lambertus venerabilis episcopus Matisconensis ecclesie, que est fundata in honore incliti martiris Vincentii, innotuit serenitati nostre quod non haberent sui clerici victum in sua canonica qualiter ibi degere potuissent. Unde ipse episcopus ex suo indominicato nostram benignitatem adiit ut clericis illius loci militantibus concederemus, quod et ita fecimus. Scilicet in pago Lugdunensi Odremarum villam exceptis ministerialibus quinque (²) quos reservavimus cum beneficiis eorum. Est ibi capella fundata in honore Sancti Andree, suntque ibi mansi vestiti quinque absa duo de terra dominicata modiadas centum, et concedimus illis in eodem pago, in villa Montis, mansos duos, et in pago Matiscensi ecclesiam que est dedicata in honore Sancte Marie, in loco qui vocatur Monasterium Pilati (³), cum immunitate sua et vineis que sunt in Bogenis villa, atque aliam capellam in honore Sancti Juliani constructam, in Merlan quoque mansa duo, in Sanciaco similiter, in Fusciaco mansum unum (⁴).....
Remanent ville que non possunt legi in veteri precepto.

LXI. (¹) Hoc instrumentum inexpletum inferius proditur integrum. (Adi chartam CI.) Vulgatur in *Gall. Christ.*, tom. IV, pag. 270.
(²) Bouh., *quibuscumque*.
(³) *Gall. Christ.*, *Pelagi*, et Bouh., *Prelati*.
(⁴) Hic est locus vacuus.

LXII.

[EX PRECEPTIS IMPERATORUM LUDOVICI ET KAROLI, CONCEDUNTUR CANONICIS CAPELLE SANCTORUM IMITERII, ALBANI ET MARTINI IN CASTELLO.]

878.

Hludovicus imperator piissimus et genitor noster Karolus gloriosissimus imperator augustus eis ob emolumentum eterne remunerationis premiorumque contulerunt, necnon et reliqui religiosi viri, que conjacent in pagis Lugdunensium sive Matisconensium, ex voto quidem piissimi imperatoris Illudovici in pago Lugdunensi conjacent Rosarias villas cum([1]) mansa duo, et ex dono genitoris nostri Karoli cellulam Sancti Imiterii que est in eodem pago, in pago vero Matiscenci ecclesiam Sancti Martini que est in Castello cum mancipiis et rebus ad se pertinentibus, necnon et cellulam Sancti Albani, locum qui vocatur Gisarias, fundata cum omni ipsius antiqua integritate atque Satonacum et Vallis quam Rannulfus habuit. Hec autem omnia superius intimata et quicquid deinceps ipsis canonicis condonatum fuerit absque ulla contradictione ipsi habeant futuris temporibus in heleemosina genitorum nostrorum et nostra. Quapropter volumus atque jubemus per hanc nostram auctoritatem nostris videlicet et futuris temporibus quatenus predictas res cum omnibus rebus ad se pertinentibus iidem canonici in nostram memoriam concessas habeant atque jure perpetuo in ditione ipsorum consistant; ita videlicet ut quicquid de eisdem rebus ob utilitatem canonicorum congregatio ipsius loci sancti ab hodierno die facere voluerit in omnibus libero perfruantur arbitrio faciendi. Et ut hec auctoritas pleniorem in Dei nomine obtineat firmitatem et per diuturna tempora inviolabilem et inconvulsum obtineat effectum manu nostra subter firmavimus et annuli nostri impressione sigillari jussimus. S. Hludovici regis. S. Wicardi. Data tertio idus septembris, indictione XI. Regnante Hludovico rege. Actum Trecas, Ubertus subdiaconus transcripsit([2])........ per jussionem domini Adonis episcopi([3]).

LXII. ([1])Bouh., tum.
([2])Hoc est locus vacuus in codice Matiscenci.
([3])Episcopus Ado, in sedem Matisconensem sublimatus est anno 968, regnante Lothario.

LXIV(¹).

[CAROLUS CALVUS CONFIRMAT DONUM HLUDOVICI PATRIS SUI FACTUM ECCLESIE SANCTI VINCENTII MATISCENSIS DE TERTIA PARTE TELONEI CIVITATIS(²).]

Circà annum 862.

In nomine sancte et individue Trinitatis Karolus gratia Dei rex. Si erga loca divinis cultibus mancipata propter amorem Dei et qui eis locis sibi famulantur beneficia opportuna largimur, premia nobis apud Dominum eterne remunerationis rependi non diffidimus. Igitur notum sit omnibus sancte Dei ecclesie fidelibus presentibus scilicet atque futuris quia veniens dilectus nobis episcopus Matisconensium urbis nomine Breidingus detulit presencie nostre preceptum domni genitoris nostri Hludovici serenissimi augusti quondam sue ecclesie factum, in quo continebatur qualiter ab eodem genitore nostro tertia pars telonei ejusdem civitatis atque totius pagi et tertia pars de salinis que sunt in Jugis, necnon in villa que nuncupatur Candeveriis (³), ecclesie cui ipse auctore Domino episcopus preest, que est constructa in honore Sancti Vincentii martiris, secundum divisionem que priscis temporibus facta fuerat sit concessa atque auctoritate ejusdem divine recordationis regia seu etiam imperiali delegata et inviolabiliter confirmata; ex quo nostram devota submissione obsecratus munificentiam petiit idipsum domni genitoris nostri edictum sibi sueque ecclesie regia nostra auctoritate et munifica largitione renovari. Cujus petitioni libenter annuere placuit et hanc nostram auctoritatem renovationis et firmationis gratia predicte sedis fieri libuit; per quam decernimus atque firmamus ut sicut in eorum precepto a genitore nostro sibi concesso plenius continetur ab hodierna die et deinceps prescriptum teloneum ejusdem sancte matris ecclesie sumptibus, nemine inquietante aut inhibente, dispositioni ejusdem rectoris confirmamus perenniter mancipandum et inconvulse eternaliter serviendum. Et ut hec nostre auctoritatis et renovationis roboratio firmior habeatur ac per futura tempora diligentius observetur, manu propria subtus eam firmavimus et annulo nostro sigillari jussimus.

LXIV. (¹) Numerus LXIII deest in codice Matisconensi.
(²) Hoc præceptum vulgatur in *Gall. Christ.*, tom. IV, pag. 268.
(³) *Gall. Christ.* et Bouh., *Caudeneriis;* gallicè, *Chamvers.*

LXV.

[HLUDOVICUS IMPERATOR RENOVAT PRECEPTUM PIPINI REGIS AVI SUI PRO EXEMPTIONE
ECCLESIE MATISCENSIS A LAÏCALI JURISDICTIONE(¹).]

815.

In nomine domini Dei et Salvatoris nostri Jhesu Christi, Hludovicus divina ordinante providentia imperator augustus. Si sacerdotum et servorum Dei petitiones quas nobis pro necessitatibus suis innotuerunt ad effectum perducimus, non solum imperialem consuetudinem exercemus, verum etiam ad beatitudinem eterne retributionis mercedem nobis talia facta profutura confidimus. Igitur notum sit omnium fidelium nostrorum tam presentium quam et futurorum solertie quia vir venerabilis Hildebaldus, Matiscencis civitatis ecclesie episcopus, detulit mansuetudini nostre immunitatem avi videlicet nostri Pipini regis in qua continebatur quomodo predictam sedem una cum rebus omnibus vel hominibus ibidem aspicientibus propter amorem Dei et reverentiam Sancti Vincentii martiris in cujus honore constat esse constructa sub plenissima deffensione et immunitatis tuitione habuisset pro(²) firmitatis namque studio petiit predictus pontifex ut circa ipsum sanctum locum denuo talem confirmare deberemus, cujus petitionem pro divino amore et anime nostre salute annuere voluimus, sed ita in omnibus ut presentes et futuri fideles sancte Dei ecclesie et nostri concessum atque perpetuo a nobis confirmatum esse cognoscant. Precipientes ergo jubemus ut nullus judex publicus neque quislibet ex judiciaria potestate, nec aliquis ex fidelibus nostris in ecclesias, aut loca, vel agros, seu reliquas possessiones memorate ecclesie quas moderno tempore, in quibuslibet pagis et territoriis infra ditionem imperii nostri juste habere et possidere cognoscitur. Quicquid etiam deinceps in jure ipsius sancti loci voluerit divina pietas augeri, nemo ad causas audiendas, vel freda aut tributa exigenda, aut mansiones vel paratas faciendas, aut fidejussores tollendos, aut homines ipsius ecclesie tam ingenuos quamque servos, super terram ejusdem commanentes distringendos, nec ullas redhibitiones aut inlicitas occasiones requirendas, ullo umquam tempore ingredi audeat vel exactare presumat, sed liceat memorato pontifici suisque successoribus res predicte ecclesie sub immunitatis tuitione, quieto ordine possidere

---

LXV. (¹) Hoc diploma, editum ex parte à P. S. Jul. de Bal., pag. 273, iteratur cùm discrepantiis in codice; vide ch. XCVIII.
(²) Duodecim voces sequentes desunt in codice Boherano.

et nobis fideliter parere; pro imperio atque pro stabilitate nostra vel totius imperii a Domino nobis conlati atque conservandi, una cum clero et populo sibi subjecto, Domini misericordiam exorare delectetur. Hanc itaque auctoritatem, ut pleniorem in Dei nomine obtineat vigorem et a fidelibus sancte Dei ecclesie et nostris verius certiusque credatur, manu propria subter firmavimus et annuli nostri impressione signari jussimus. S. Hludovici serenissimi imperatoris, Helisachar recognovit. Data III kal. decembris anno primo Christo propitio imperii domini nostri indictione VIII. Actum Aquisgrani palatio regio.

LXVI.

[PIPINUS MAIORUM DOMUS MAXIMUS CONCEDIT IMMUNITATEM DOMNOLO EPISCOPO MATISCENSI ET ECCLESIE SANCTI VINCENTII(¹).]

Circà annum 750.

In Dei nomine, Pipinus majorum domus maximus. Regni nostri augere credimus monimentum si beneficia opportuna locis ecclesiarum benevola deliberatione concedimus ac Domino protegente stabiliter producere conscribimus. Igitur noverit solertia vestra quod, ad petitionem cleri, fidelis noster Domnolus sancte sedis episcopatum tenens in civitate Matiscensi in honore Sancti Vincentii nobis suggessit, eo quod illa immunitas que antea ad ipsam casam Dei facta fuit anno superiori sit igne concremata ob negligentiam custodientis, nobis hoc petiit ut istam immunitatem, ex nostro nomine, ad ipsam casam Dei renovare vel adfirmare deberemus; quod nos gratanti animo, pro reverentia ipsius sancti loci, fecimus et tale insuper pro eterna retributione beneficium visi fuimus indulsisse, ut in villas ecclesie illius quas moderno tempore, aut nostro aut cujuslibet munere habere videtur, vel quas deinceps in jure ipsius loci voluerit divina pietas ampliare, nullus judex publicus ad causas audiendas aut freda undique exigenda, nullo omnino tempore presumat accedere, et loco illi Domnolus vel successores ejus propter nomen Dei sub integro immunitatis nomine valeant dominari. Statuentes ergo ut neque vos, neque juniores, neque successores vestri, nec ulla publica judiciaria potestas, quocumque tempore in villas ubicumque ipsius ecclesie, aut regis, aut privatorum largitate conlatas, aut que in antea fuerint, casas indominicatas ad audiendas altercationes ingredere, aut freda de

---

LXVI. (¹)Hoc instrumentum vulgatum est in *Gall. Christ.*, tom. IV, p. 263, apud S. Jul. de Bal., pag. 242, et apud Jac. Severtium, *Episcopi Matisconenses*, pag. 25.

qualibet augere, nec mansiones aut paradas, aut fidejussores tollere non presumatis, sed quicquid exinde in agris vel finis, seu super terris predicte ecclesie commanentes, fiscus aut de freida aut undecumque potuerit sperare. Ex nostra indulgentia pro futura salute in luminaribus ipsius ecclesie per manus agentium eorum proficiat in perpetuum, et quod nos propter nomen Domini et anime nostre remedium simulque nostra subsequente progenie plena devotione indulsimus, nec regalis sublimitas, nec cujuslibet judiciaria potestas refragare tentetis(²), sed ut presens auctoritas tam presentibus quam futuris temporibus inviolata Domino adjutore permaneat, manus nostre subscriptione infra roborare decrevimus. S. Pipini majoris domus, ego Rodegus jussus scripsi. Actum kal. januarii, in anno secundo principatus ejusdem Pipini in civitate Metis in palatio regio.

LXVII.

[MEMORIALE EARUM RERUM QUE IN EXEMPTIONE CONTINENTUR.]

751 — 768.

Breve memoratorium qualiter domnus noster Pipinus rex Francorum per suum preceptum et jussionem vel permissum, vos Leutarium abbatem et Fromaldum comitem ad causam Sancti Vincentii martiris urbis Matiscensium, vel ipsi Matiscensi episcopo quem ipse domnus rex in antea, Christo propitio, jubebit ibi promittere pro suo augmento vel mercede ipsum locum concessurus, hoc est de illas episcopales villas et abbatias de quibus hic inserendum modo immune occurrit nisi tantum de modico loquitur casatisve locis nominatis, Viriaco sub integritate inter ingenuos et servos manentes, LXXIIII in Romanaco manentes, LXX in Colonicas manentes, VIII in Odomato manentes, VIIII in Verrasanno, V in Mediano Modiliaco manentes, II in Beroxo manentes, V in Paula manentes, VII in Verrasanno, de ratione Sancti Juliani manentem I, cum vineis et ecclesia Sancti Petri ad integrum cum manentiis XI, in Moncellis manentes VII, in Marsiosaco manentes XV, de piscatoribus Justinus et Lambertus ancellatores(¹), Bertelarius et Wandalmarus varrarii, p. 11, Sirannus et Sigolenus, Idoldo porcario cum filio suo et prato subteriore, erunt in summa manentes XLII, in Magnaco manentes VIII, excepto de his aliis villis quas domnus rex beneficio dedit et id quod ad suum opus habet et abbatias tam

(²) Bouh., *renuetis*
LXVII. (¹) Bouh., *avecellatores*.

beneficiatas quam dominicatas a rege jussum est ut annis singulis censum ad partem ejusdem ecclesie vel ipsi episcopo qui ibidem desservit sicut eorum continet brevis de unaquaque villa vel abbatia quas Sigovesus ad suum opus habet vel sui homines ad se recipiat episcopus excepto quod ad illos........ suprascripti missi in eleemosina domini regis dare jusserunt unde ipsi victum et vestitum habere, vel luminaria ecclesie preparare valeant, et hoc absque ullius hominis contradictione teneant preter tantum subjussionem domni regis et episcopi consistant in omnibus, censum vero de villis et abbatiis quicumque illas habent in beneficiis annis singulis nonas et decimas de quantumcumque ibidem laboraverint episcopo aut missis(²) suis reddant, et est constitutum placitum kal. novembris.

LXVIII.

[KAROLUS IMPERATOR REDDIT ECCLESIE SANCTI VINCENTII DIVIACUM CUM SICIACO ET ECCLESIAS SANCTORUM JANGULFI ET MARTINI(¹).]

Circà annum 801.

In nomine sancte et individue Trinitatis, Karolus divina clementia imperator augustus. Notum sit cunctis ecclesie sancte filiis presentibus scilicet et futuris quia Leduardus venerabilis episcopus atque dilectus archicancellarius noster nostram adiit clementiam ut canonicis ecclesie Sancti Vincentii que est constructa in civitate Matisconensi redderemus aliquas res injuste ablatas, pro remedio anime nostre et parentum nostrorum, ut Beatus Vincentius Christi martir apud piissimum Dominum pro nobis sit perpetuus intercessor; cujus saluberrimam petitionem libenter audientes et profuturam cognovimus. Quapropter concessimus jam dicto Sancto Vincentio, agente supradicto episcopo, villam Siciaci cum ecclesia Sancti Jangulfi, et Diviacum cum ecclesia Sancti Martini et mansa XIIII in usum fratrum ibi Domino servientium, ut per futura secula illis maneant absque ullo contradictore. Si quis autem, quod fieri non credimus, horum contradictor extiterit, xxx auri libris culpabilis judicetur. Ut autem hec verius credantur et diligentius observentur(²), manu nostra propria firmavimus et annuli nostri impressione sigillari precepimus. Signum domni Karoli piissimi imperatoris. Madalbertus notarius scripsit.

(²) Bouh., *jussis*.
LXVIII. (¹) Hoc diploma vulgatur à P. S. Jul. de Bal., pag. 272, et in *Gall. Christ.*, p. 263.
(²) *Gall. Christ.* et Bouh., *conserventur*.

LXIX.

[AGAPITUS PP. CONFIRMAT RES ECCLESIE MATISCENSIS ET PRIVILEGIUM INDULGET ELIGENDI EPISCOPUM EX CORPORE CANONICORUM (¹).]

948 — 955.

Agapitus episcopus, servus servorum Dei, reverentissimo et sanctissimo Maimbodo Matisconensis ecclesie episcopo perpetuisque successoribus in perpetuum. Cum enim omnium sanctarum Dei eccclesiarum status a beatorum apostolorum principis Petri doctrinis provehatur et ab ejus fulcimine lapsa que sunt resolidantur, opportet merito sanctam Matiscensem ecclesiam minorationem sue dioceseos patientem suarumque dignitatum copia carentem cito restitui ut honorem suum non amittat. Cognoscentes igitur ipsam in omnibus quassatam convenit ad ejus relevationis statum auxiliatricem nostram porrigere dextram, quatenus Beati Petri apostoli fonte potata, Christo auxiliante, suis redintegretur honoribus; et ideo omnium sanctarum Dei ecclesiarum cultores comperiant atque fideles eo quod Maimbodus dilectus episcopus, spiritualis filius noster, suggessit apostolice almitati nostre quatenus concederemus suis canonicis et laïcis in ecclesia Sancti Vincentii martiris commorantibus, aliunde ibidem non ordinare episcopum nisi qualem canonici una cum predictis religiosis laïcis inter se elegerint sicut sacri censent canones. Etiam concedimus sibi suisque successoribus ut honor debitus omni tempore impendatur. Prenominatis etiam canonicis concedimus atque confirmamus omnes res que per precepta regum vel largitiones bonorum Christi fidelium utriusque sexus in eodem loco coulate sunt ut irrefragabiliter sine alicujus contradictione in perpetuum habeant. Abbatiam vero Sancti Clementis martiris que est in suburbio prefate civitatis cum omni integritate et ecclesiis atque servis et ancillis, colonis et colonabus sibi pertinentibus, necnon et ecclesiam Sancti Desiderii in Vergiaco villa sitam cum terrula Sancti Petri ex episcopatu in prenominata villa conjacente, simulque ecclesiam Sancti Romani in Cathenaco villa sitam. Verum etiam nonas et decimas et ex fiscis prefati pagi atque tertiam partem nemoris juxta Ararim fluvium, ab amne Vele usque ad Osani lacum, sicut pius Hludovicus rex dilectus filius noster, annuente pretaxato Maimbodo presule, de decimis et terra, pariterque consentientibus Hugone marchione

---

LXIX. (¹) Hoc privilegium, editum in *Gall. Christ.*, pag. 278, ex parte vulgatum est à P. S. Jul. de Bal., pag. 277.

et Leotaldo moderatissimo comite cujus animus in augmento prefate ecclesie omnino flagrabat concessit. Itaque nos per hoc nostrum apostolicum privilegium concedimus detinendum perpetualiter cum decimis Sancti Albani martiris et Gisario; ita ut, amodo et deinceps, quicquid in eodem loco donata vel concessa sunt, vel divina pietas in posterum augere voluerit quamtumque(²) persona absque alicujus impulsionis molestia teneant et possideant. Ea vero ratione ut nullus rex, dux, comes, aut exactor vel publicus minister super eos aliquam angariam aut districtionem seu gravamen atque imperationem imponere presumat, nisi quantum fideles canonici predicti loci alicui persone ob suam bonitatem concedere voluerint. Statuentes atque promulgantes coram Domino et terribili ejus examine per hujus nostrum apostolici privilegii firmamentum sancimus et Beati Petri apostolorum principis auctoritate decernimus et tam apostolice sedis obtestamur futuros pontifices quamque qui ecclesiasticas ministraverint functiones, vel etiam magnas quasque(³) personas, ne quispiam, qua cujuscumque sit dignitate preditus, de omnibus istis capitulis, que a nobis concessa sunt quoquomodo licentiam habeant a sepe sepius nominato loco atque spiritualiter apostolice exarationis conjuncto(⁴) disjungere aut alienare. Si quis interea, quod non credimus, temerario ausu contra ea que ab hac nostra auctoritate pie et firmiter per hoc nostrum privilegium disposita sint contra ire tentaverit vel hec que a nobis ad laudem Dei pro stabilitate jam dicte ecclesie ordinate statuta sunt refragare in aliquo aut transgredi presumpserit, sciat se auctoritate Beati Petri apostolorum principis, cujus immeriti vices agimus, anathematis vinculo innodatum et cum diabolo et ejus atrocissimis pompis atque cum Juda traditore Domini nostri Jhesu Christi eterni incendii supplicio concremandum. At vero qui pio intuitu custos et observator in omnibus extiterit custodiens hujus nostri apostolici constitutum ad metum(⁵) Dei respiciens, benedictionem eternam a misericordissimo Domino Deo nostro percipiat et vite eterne particeps effici mereatur.

(²) Bouh., *quacumque*.
(³) *Gall. Christ.* et Bouh., *parvasque*.
(⁴) *Gall. Christ.* et Bouh., *gratia conjuncta*.
(⁵) *Gall. Christ.* et Bouh., *cultum*.

LXX.

[HUGO PRINCEPS ET LEOTALDUS COMES UNA CUM MAIMBODO EPISCOPO CONFERUNT DE SUIS REBUS AD RESTAURATIONEM CANONICORUM (¹).]

937 — 962.

Regibus, pontificibus, proceribus, comitibus, abbatibus, fratribus sororibusque et omnibus in Christo renatis, humilis plebecula egregii martiris Christi Vincentii quicquid arvis jocundius celoque continetur felicius pacemque diuturnam et inconcussam pacem ingenii, et interminabilem intimare maluimus celsitati vestre quod ecclesia nostra que olim auxiliante Domino elevata et sublimis erat, feritate et cupiditate malorum hominum, heu proh dolor, peccatis nostris propedientibus adclivis facta est, et que largitione bonorum hominum excelsa nimis fore videbatur infestatione pessimorum condensa facta est et humiliata, tenuis et defecta. Domino vero inspirante, Hugo piissimus princeps et Leotaldus comes benignissimus, atque Maimbodus presul devotissimus, cernentes prescriptam ecclesiam oppido esse erutam (²) et canonicos inibi commorantes pre tristitia et adtenuatione paupertatis merentes reddiderunt in augmento pro restauratione premisse ecclesie aliquid ex rebus quas tenebant que dudum Sancto Vincentio delegate fuerant. Videlicet comes, abbatiam Sancti Clementis que est in suburbio urbis Matiscensis cum ecclesiis et rebus omnibus sibi pertinentibus, ecclesiam Sancti Desiderii in Verciaco, ecclesiam Sancti Romani in Cadenaco, nonas et decimas ex fiscis Matisconensibus vel in aliis pagis passim conjacentibus, tertiam partem nemoris juxta Ararim fluvium ab amne Vele usque ad Osani lacum; episcopus superius nominatus reddidit ad usus fratrum decimas Sancti Albani ex Gisariis, postea vero reddidit domnus Ado episcopus ibi capellam Sancti Amoris cum rebus et decimis. Sunt denique et alie res que ad fratres pertinent : in pago Matiscensi est Causellus villa cum omnibus appendentiis, Merlaus cum omnibus appendentiis, Castellum cum ecclesia Sancti Martini et omnibus appendentiis, Briendonis cum ecclesia Sancti Martini et omnibus appendentiis, ecclesiam Sancte Marie in Monte cum decimis et omnibus ibi pertinentibus, capellam Sancte Marie in villa Lornant cum terra que in ipsa villa est, ecclesiam Sancti Vincentii in Sologniaco villa

---

LXX. (¹) Hæc charta inexpleta videtur; vulgata est ex parte à Jac. Severtio, pag. 67.
(²) Bouh., *edictam*.

cum appendentiis, capellam Sancti Martini in Clipoiaco villa cum appendentiis, in villa Verchison est ecclesia Sancti Martini cum appendentiis, ecclesiam Sancte Marie in monasterio Pelagii cum appendentiis, capellam Sancti Vincentii de Prato et Sancti Christophori in Milliaco villa cum appendentiis, est ecclesia Sancti Juliani in rocha cum appendentiis[3], ecclesia Sancti Martini in Regniaco villa cum appendentiis, capella Sancte Marie in Montaniaco villa cum appendentiis, capella Sancti Cirici in Viriaco villa cum appendentiis, capella Sancti Germani in Cardenaco villa cum appendentiis, capella Sancti Victoris in Satonaco villa cum appendentiis suis, capella Sancte Marie in villa Verchisono cum parvis appendentiis, capella Sancte Marie in villa Uriniaco cum appendentiis suis, capella Sancte Marie in Cantriaco villa cum appendentiis. Sunt vinee in Moyson cum terra et pratis et omnibus ibi adjacentibus; sunt et in Cantriaco, et in Toriaco sunt, et in Cropio vinee sunt, et in Medobio et in Colonicas et in Tolon et in Carbonnaco vinee, et in Cassamas et in Casotis alodus quem dedit Leoboldus cum servis et ancillis supermanentibus, et in Triono alodus quem dedit Ugo comes, et in Exartis vinee, in Sanciaco sunt vinee et terra et prata; in pago Lugdunensi est ecclesia Sancti Imiterii cum rebus et decimis et omnibus ibi pertinentibus, et est villa Monsguidinis; in villa Avistas est terra et prata et silve et piscatoria et duo molendina et omnia que ibi Ubertus prepositus dedit, est et capella Sancti Johannis in Proprio et in Buronico vinea. Istas res non tenemus, domnus Ado episcopus deprecatus est canonicos suprascriptos ut prestarent ei aliquid ex terra communi indominicatu quod et fecerunt, capellam scilicet Sancti Christophori in villa Manciaco, villam Curtilis Mariani quam domnus Maimbodus de thesauris Sancti Vincentii adquisivit; est et Odremarus villa cum ecclesia Sancti Andree et capella Sancti Johannis et omnibus appendentiis, et medietas Vertionis villa cum ecclesia, et in Rociaco villa clausus indominicatus cum servis et ancillis supermanentibus et in Chiminaco[4] mansa duo cum terra indominicata, ecclesiam de Tramaias cum appendentiis, non tenemus capellam Sancti Petri de Colonicas, vineas de Liviniaco, capellam de Francia, capellam de Madriaco, ecclesiam de Pairliaco[5] super Ligerim, ecclesiam de Liciaco, ecclesiam de Mardubrio, ecclesiam de Vasnarias, capellam de Corcello, capellam de Noblent, capellam Sancti Bartholomei........

[3] Octo voces sequentes omittuntur in codice **Boheriano**.
[4] Bouh., *Diviniaco*.
[5] Bouh., *Pavenaco*; forte legendum *Patriniaco*, nostris *Perrigny-sur-Loire*.

LXXI.

[LEUTALDUS IMPERATORIUS COMES REDDIT QUECUMQUE HABEBAT DE RATIONE ET REBUS SANCTI VINCENTII MATISCENSIS (¹).]

937. — 962.

Notitia werpitionis seu redditionis liquido omnibus nobillime patet qualiter domnus Maimbodus antistes cum collegio utriusque ordinis cleri ac populi serenitatem domni Leutaldi, imperatorii comitis, ut Sancto Vincentio martiri invictissimo et sibi suisque de se ipso justitiam faceret humillime expetiit; de rebus scilicet abbatie Sancti Clementis martiris, quas per privilegia apostolica et preceptiones regales congregatio prescripti martiris ipso annuente et in omnibus opem ferente adquisierat, ut eas benignissime redderet et sui qui ipsas injuste tenebant (²). Quicquid in prememorata villa ex eadem ratione erat in servis et ancillis, vineis, campis, pratis et omnibus ibi pertinentibus, partibus domni Vincentii gloriosi martiris et communitati fratrum victuique cotidiano werpiverunt et pura voluntate dimiserunt tam domnus comes Leutaldus quam fidelis suus Cicardus (³), unde hanc notitiam prelibatus comes fieri jussit fierique mandavit et fidelibus suis roborare precepit. Quicquid autem ex eadem terra est in his locis inter Printiacum et Cammas (⁴), inter Prisciacum et Corbonacum modo Colonicas et Moncellis. Signum Leutaldi comitis. S. Alberici filii (⁵) ipsius. S. Walterii vicecomitis. S. Alberici vicecomitis. S. Hugonis. Signum Cycardi. Signum Ratherii. Data per manum Ummissi.

LXXII.

[HUGO COMES REDDIT ECCLESIE SANCTI VINCENTII TERTIAM PARTEM SILVE AD FLUMEN SAGONE QUAM INJUSTE TENUERAT.]

944. — 954.

In nomine Domini. Ego Hugo gratia Dei comes notum volo esse omnibus fidelibus nostris quod audivi per omnes habitatores de comitatu Matiscensium et didisci ab illis quod quasdam de rebus Sancti Vincentii multi antecessores

---

LXXI. (¹) Hæc verpitio iteratur in utroque codice (vide inferiùs ch. CLVII); vulgata est in *Gall. Christ.*, p. 279.
(²) Hîc desunt sexdecim voces quæ reperiuntur in chartâ CLVII.
(³) *Gall. Christ.* et Bouh., *Guichardus*.
(⁴) *Gall. Christ.* et Bouh., *Camillas;* fortè legendum, *Caveinias*, nostris *Chevignes*.
(⁵) *Gall. Christ.* et Bouh., *fratris*.

mei habent dissipatas sive abstractas injuste pro diversis locis ubi potuerunt. Ego enim pro Dei amore et eterna retributione reddo aliquid quod exinde in manibus meis Dominus dedit; hoc est silvam quam supra fluvium Sagonam in meo dominio teneo, per consilium Leotaldi comitis et omnibus adstantibus fidelibus nostris, tertiam partem que ablata inde fuit injuste reddo in usus pontificum et fratrum. Denique precor omnes successores meos, reges, principes, comites, atque omnes ministrales ut istam sententiam omni tempore hinc et deinceps observent; quod si fecerent salutem eternam accipiant. Si quis autem hoc factum destruxerit iram Domini omnipotentis incurrat et in hoc seculo vivat et non valeat. S. Hugonis comitis. S. Leotaldi comitis. S. Widonis. S. Henrici. S. Maioli. S. Nardonii. S. Algari. S. Amelii. S. Bercardi. S. Engelardi. S. Leudbaldi. Data per manum Berardi, Hludovico rege.

LXXIII.

[HUGO COMES DAT QUIDQUID TENEBAT EX HEREDITATE WALDINI.]

941 — 954.

Quicumque sanctorum locis et Domino famulantium catervis aliquid conferre desiderat ad sibi profuturum pro transitoriis eterna commutans minime diffidit. Quapropter ego Hugo comes, propter remedium genitoris mei et genitricis et fratrum meorum et anime mee, dono ecclesie Sancti Vincentii ad usus fratrum et canonicorum illius loci hereditatem meam que est in pago Matisconensi, in villa Cantriaco, cum mansione et vinea insimul tenente cum omnibus appendentiis quicquid de Waldinio mihi evenit et propter remedium anime ipsius Waldini omnem hereditatem illius ubicumque est, vel in predicto Cantriaco, vel in Triono aut in Verciaco, cum omnibus appendentiis, cum curtiferis, vineis, campis, pratis, silvis, pascuis, cultis et incultis, arboribus, aquis aquarumque decursibus, exitibus et regressibus, omnia et ex omnibus totum ad integrum predicte ecclesie trado atque transfundo, ea ratione dum vivo usum et fructum habeam et ipsi canonici loco vestiture mee unum modium vini habeant; post meum autem decessum, ipse res cum omni integritate ad prenominatam ecclesiam perveniant sine alicujus contradictione. Si quis hoc immutare ausus fuerit non valeat. S. Hugonis. S. Uduldrici. S. Aimonis. S. Beraldi. S. Mereedi [1]. S. Maioli. Data per manum Animii.

LXXIII. [1] Bouh., *S. Widonis.*

LXXIV.

[ANDROLDUS PRESBITER CEDIT ECCLESIAM SANCTE MARIE CUM APPENDICIIS.]

815 — 850.

Notitia qualiter et quibus presentibus Androldus presbiter, die martis proximo mense julio, ecclesia Sancte Marie que est sita in pago Matisconense, in agro Fusciacense, in villa Cantriaco, tres partes de ipsa ecclesia que ibat conquestum per instrumenta cartarum de Cerdoslo quarta parte et de Laufredo cum heredibus suis medietate, istas tres partes quod in ipsa ecclesia visus fuit habere cum omnibus rebus ibidem aspicientibus omnia et in omnibus per epistolam cessionis sue pro anime remedio ad casam Sancti Vincentii condonavit que est constructa infra muros civitatis Matiscensium. Idem de ipsa ecclesia Sancte Marie cum omnia et quicquid ibidem aspicit sicut in ipsa epistola insertum est, tres partes missis domno Hildebaldo episcopo, idem Tectardo diacono et Leofrido ad partem Sancti Vincentii vel suis auctoribus a die presente per hostium et axidoria tradidit et ipsis missis domno Hiltebaldo episcopo ad integrum revestivit his presentibus. Signum Tetbaldi. S. Dominico. S. Adaboldo. S. Udalrico. S. Tertinio. S. Auloldo.

LXXV.

[ALDO PRESBITER DAT DUAS VINEAS ET DUOS CAMPOS ECCLESIE MATISCENSI.]

987 — 996.

Sacrosancte matris ecclesie infra muros Matisconis civitatis site atque in veneratione gloriosissimi Vincentii dicate ubi Maiolus prepositus esse videtur, quo etiam ceteri canonicorum et plurimorum servorum Dei congregatio die ac nocte horis competentibus in conspectu Dei sacra fungunt officia. Ego igitur Aldo, pro remedio anime mee, concedo Deo et Sancto Vincentio et canonicis ejusdem loci aliquid de rebus meis que sunt site in pago Matisconensi, in agro Melionacensi, in villa Moyson; hec sunt due vinee et duo campi. Terminatur una ex his vineis a mane via publica, a medio die Sancti Vincentii, a sero vinea, a circio de ipsa hereditate; alia vinea terminatur a mane via publica, a medio die et a sero Sancti Vincentii, a circio terra Ramolt, et unus ex his campis terminatur a mane rivo volvente, a medio die terra Sambadino, a circio Sancti Vincentii, a sero terra curati [1] et

LXXV. [1] Bouh., *Quirici*.

suus heres, alius campus terminatur a mane via publica, a medio die et a sero Sancti Vincentii, a circio de ipsa hereditate. Predictas igitur res ego Aldo sacerdos Domino Deo et Sancto Vincentio concedo vel trado, ea tamen ratione ut quamdiu vixero ipsas res teneam et possideam et emeliorem et annis singulis, festivitate Sancti Vincentii, denarios sex persolvam, et si ex hoc censu negligens apparuero in duplum persolvam. Si quis autem spontaneam hanc donationem meam de aliqua perversa contrarietate infringere conatus fuerit, iram Dei incurrat. Actum Matiscone publice. S. Aldonis presbiteri. S. Rotberti. S. Warulfi. S. Rodulfi. S. Stephani. S. Signaldi. Data per manum Rodulfi, regnante Hugone.

LXXVI.

[LEOTALDUS COMES DAT ECCLESIE MANSUM IN VILLA ORATORII(¹).]

936—953.

Sacrosancte ecclesie Sancti Vincentii Matisconensis, ego Leotaldus comes et uxor mea Berta, pro Dei amore, donamus ad ipsam casam Dei aliquid ex rebus nostris in pago Matisconense, in agro Fusciacense, in villa Oratorio; hoc est mansus ubi Arlemarus resedit. Ipsum mansum et ipsum servum Arlemarum et uxorem ejus, cum infantibus v, donamus ad ipsam casam Dei, ad mensam fratrum et ad ministerium senescalli ibi ad refectorium servientis; et faciant rectores ejusdem ecclesie post hac die quicquid voluerint. Si quis hoc contradixerit, IIII libras auri componat. S. Acardini. S. Leotaldi comitis. S. Alberici. S. Racherii. S. Raimundi. S. Gaufredi. S. Achardi. S. Witcheranni. Data per manum Dorardi. Regnante Hludovico.

LXXVII.

[LEUTBERGA FEMINA DAT ECCLESIE CURTILE IN VILLA VINCELLA(¹).]

Sancte ecclesie Sancti Vincentii martiris que est constructa infra muros Matiscensis civitatis. Ego Leutberga femina, cogitans de Dei misericordia et ut ipse animam meam ab inferno eripiat, propterea dono ad ipsam casam Dei aliquid ex rebus meis sitas in pago Matisconensi, in agro Fusciacensi, in villa Vincella; hoc est curtilus cum vinea insimul tenente, qui terminat a mane terra Sancti Stephani, a medio die via publica, a sero terra Ramfredi, a circio rivo volvente. Et dono ei in ipsa villa vineam que terminat a mane

---

LXXVI. (¹) Hæc donatio iteratur in utroque codice cum discrepantiis. Vide chartam CLV.
LXXVII. (¹) Huic donationi nota chronologica deest.

terram Sancti Stephani, a medio die et a sero vias publicas, a cercio terram Arbaldi. Et dono ei, subtus Vincellam, pratum quem de Vulflagio conquisivi, qui terminat a sero Sancti Vincentii, a medio die terra Sancti Stephani, a circio terra Flotberti. Si quis donationem istam contradixerit, quatuor uncias auri componat. S. Leutberge que donavit. S. Airardi. S. Adalardi. S. Warnerii. S. Queltonis (²). S. Maimbodi. Data per manum Humberti.

LXXVIII.
[MAIOLUS ABBAS DAT HELDARDE CURTILE AD VITAM.]
996 — 1018.

Dilecto in Christo, nomine Heldard(¹). Ego Maiolus, abbas et canonicus Sancti Vincentii, dono tibi curtilum unum et vineam prope muros Matisconensis civitatis, qui terminatur a mane et a medio die via publica, a sero et a circio de ipsa terra, qui curtilus est Sancti Petri apostoli. Quem tibi dono per consensum domni Leutbaldi episcopi, eo tenore ut post obitum tuum ad locum ex integro revertatur cujus est. S. Sendelini. S. Maioli abbatis. S. Gauseranni. S. Aymonis. S. Achardi. S. Warnerii. S. Adalardi. S. Rannulfi. S. Humberti. Data per manum Teudonis.

LXXIX.
[BERNARDUS DAT VINEAS SITAS IN VILLIS CONDAMINA ET FONTANILIIS QUARUM SIBI RETINET USUMFRUCTUM (¹).]

Sacrosancte ecclesie Sancti Vincentii martiris que est infra muros Matisconensis civitatis. Ego Bernardus concedo ad ipsam casam Dei, ad mensam fratrum, aliquid ex rebus meis que sunt site in pago Matisconensi, in villa Condaminas; hoc est vinea et campus quantumcumque ibi visus sum habere. In alia villa que nuncupatur Fontanilias, curtile unum cum supraposito, cum vinea et arboribus. Terminat a mane et a sero vias publicas, a medio die terra Sancte Marie, a circio Rodulfi presbiteri et campo uno simul tenente. Istas res, sicut supra inserte sunt, totum ad integrum quesitum, eo tenore dummodo vivo usum et fructum; post meum decessum, ad mensam fratrum perveniat nullo contradicente. Si quis autem contradixerit auri uncias quatuor componat, et hec donatio firma ac stabilis permaneat cum stipulatione subnixa. Bernardus qui donavit et firmare rogavit.

(²) Bouh., *Wltonis.*
LXXVIII. (¹) Bouh., *dilectæ......Heldardæ.*
LXXIX. (¹) Hæc charta temporis notâ caret.

LXXX.

[LETBALDUS EPISCOPUS ET ALDO COMMUTANT QUEDAM INTER SE.]

996 — 1018.

Placuit atque convenit inter dominum Letbaldum Matisconensis ecclesie episcopum et Maiolum prepositum et ceteri canonici necnon et ab alia parte Aldonis presbiteri, campum unum de ratione fratrum quem situs in pago Matisconensi, in agro Salorniacensi, in villa Moyson; qui terminat in tres partes, a mane et a sero et a circio terra Aldonis, a medio die terra Sancti Vincentii et fossatum veterem, et habet in longo perticas agripedales viginti et novem, in latitudine x. Similiter donat Aldo presbiter a parte Sancti Vincentii et domno episcopo et ceteris fratribus campum unum in ipso loco, qui terminat a mane et a sero terra Sancti Vincentii, a medio die terra comitali, a circio terra Aldonis; et habet in longo perticas agripedales xxxii, in latitudine x. Infra istas terminationes unusquisque suam commutationem teneat et possideat. S. Letbaldi episcopi. S. Maioli. S. Gauseranni. S. Johannis. S. Alardi. S. Teudonis. Data per manum Rodulfi.

LXXXI.

[CONSTANTINUS DAT VINEAM SITAM IN VILLA POILLIACI.]

1018 — 1030.

Sacrosancte ecclesie Almi Vincentii martiris que est infra ambitum meniorum Matisconensium sita, cui preest presul Gauslenus. Ego Constantinus dono pro remedio anime mee aliquid ex hereditate mea in pago Matisconense, in agro Salorniacense, in villa Poilliaco. Est autem una vinea de medio planto cujus terminationes sunt ab oriente. S. Constantini qui jussit. S. Arsende conjugis sue. S. Eufemie. S. Gunduldrici. Data per manum Otgerii.

LXXXII.

[BERNARDUS, RAMFREDUS ET AMALBERTUS DANT ECCLESIE SANCTE MARIE DE REBUS SUIS PRO SEPULTURA (¹).]

Ego Bernardus, Ramfredus, Amalbertus, donatores donamus aliquid de rebus nostris ad ecclesiam Sancte Marie in locum pro sepultura, item

---

LXXXII. (¹) Absque temporis notâ.

campum unum in pago Matisconensi, in agro Salorniacensi, in villa que dicitur Uriniaco, prope ecclesiam Sancte Marie, et terminat a mane et a sero via publica, a medio die de ipsa hereditate, a circio terra Ischerii, et habet perticas de unoquoque fronte xi. Firma permaneat omni tempore. S. Ramfredi. S. Amalberti.

LXXXIII.

[CONSTANTINUS ET AMBLARDUS DANT ECCLESIE SANCTI CLEMENTIS CAMPUM(¹).]

Sacrosancte Dei ecclesie Sancti Clementis que est fundata in oppido civitatis Matisconis. Ego Constantius et frater meus Amblardus, pro anima matris nostre Emmane, donamus ad ipsam casam Dei campum in pago Matisconense, in agro Melionacense, in villa Funtanilias. Terminat a mane terra Sancti Petri, a medio die via publica, a sero de ipsa hereditate, a circio Sancti Stephani. Que donationis cartula firma permaneat in perpetuum. Actum Matiscone publice. S. Constancii. S. Amblardi, qui fieri et firmare rogaverunt. S. Constancii. S. Idonini. S. Bererii. Data per manum Berardi.

LXXXIV.

[ARCHIMBALDUS DAT SANCTO VINCENTIO MANSUM IN VILLA FONTANILIAS(¹).]

Sacrosancte Dei ecclesie Sancti Vincentii martiris que est in pago Matisconensi. Ego Archimbaldus dono pro remedio anime mee unum mansum in pago Matisconensi, in agro Salorniacensi, in villa Fontanilias. Terminatur a mane et a sero viis publicis, a medio die terra Sancti Vincentii, a circio terra Israhelis. Infra istum terminum cum omnibus appendentiis, et quicquid in ipsa villa habeo, concedo ut faciant que facere voluerint in canonicorum alimonia. S. Archimbaldi qui fieri et firmare rogavit. S. Petri. Data per manum Oggerii.

LXXXV.

[DURANNUS CUM UXORE DANT MANSUM IN VILLA EXARTIS(¹).]

Sacrosancte ecclesie Sancti Vincentii martiris que est infra muros Matisconensis civitatis. Ego Durannus et uxor mea Adeleldis donamus mansum unum qui est situs in pago Matisconensi, in agro Salorniacensi, in villa

---

LXXXIII. (¹)Hæc donatio notá chronologicá caret.
LXXXIV. (¹)Huic chartæ temporis nota deest.
LXXXV. (¹)Absque temporis notá.

Exartis. Terminatur a mane et a medio die vias publicas, a sero et circio terra Sancti Vincentii. Infra istas terminationes hunc mansum Sancto Vincentio concedimus eo pacto ut quamdiu vixerimus teneamus et possideamus, et in festivitate Sancti Vincentii investitura vi denarios persolvamus. Quod si quis ei abstulerit anatema sit.

LXXXVI.
[ALBERICUS COMES DAT CURTILE IN VILLA EXARTIS(¹).]
970 — 975.

Sacrosancte ecclesie Sancti Vincentii Matiscensis civitatis. Ego Albericus comes, pro anima mea et parentum meorum, dono ad ipsam casam Dei ad mensam fratrum aliquid de rebus meis que sunt site in pago Matisconensi, in villa Exartis, et in agro Fusciacensi. Hoc est curtilum cum vineis et ea que mihi evenerunt per precepta regalia que Parenodius Hebreus ibi conquisivit. Est autem terminatio istarum rerum a mane et a medio die et a sero vias publicas, et a circio Graona volvente. Infra has terminationes, ipsos curtilos et quicquid ibi aspicit quesitum et inquirendum, eo tenore dummodo vivo usum et fructum inde habeam, et tempore vindemie modium unum vini investitura omni anno persolvam ad mensam fratrum; post decessum autem meum ad locum omnia perveniant jam dicti sancti. Ego comes Albericus hanc donationis cartam feci facere et firmare. S. Sinnaldi. S. Raculfi. S. Landrici. S. Hugonis. S. Lamberti(²). S. Loramii. Datum per manum Wnisi, regnante Lothario rege.

LXXXVII.
[MADALBERTUS DAT IN VILLA ALBUCONACO CAPELLAM CUM CURTILI(¹).]
886 — 927.

Sacrosancte et venerabili ecclesie Sancti Vincentii martiris que est constructa infra muros Matisconensium civitatis. Ego Madalbertus venerabilis vir et uxor mea Elena donamus supradicte ecclesie pro remedio animarum nostrarum et canonicis ibidem manentibus ad luminaria ejusdem ecclesie aliquid ex rebus proprietatis nostre que sunt site in pago Matisconense, in agro Fusciacense, in villa Alburniaco(²). Hoc est curtilum cum capella in honore

---

LXXXVI. (¹) Hæc donatio iteratur cum discrepantiis in utroque codice; vide chartam CLIII.
(²) Bouh., *Humberti*.
LXXXVII. (¹) Hæc donatio iteratur in utroque codice cum discrepantiis; adi chartam CXC.
(²) Bouh., *Albucunaco*; gallicè, *Arbigny*.

Salvatoris et genitricis Dei Marie, Sancti Vincentii et Sancti Amoris constructa, cum exitio et regresso. Terminatur ipse curtilus cum capella, a mane terra Satonaco, a medio die via publica, a sero Sancti Verani, a circio camino publico qui pergit ad Sagonnam. Infra istas terminationes ipsum jam dictum curtilum cum ecclesia et quicquid ad ipsum curtilum aspicit vel aspicere videtur; hec sunt curtiferis cum exiis, vircariis, vineis, campis, pratis, silvis, pascuis, aquis aquarumque decursibus, accessisque. Et dono de mancipiis meis his nominibus, Aldonem, Landricum, cum infantibus eorum (³) Dominico et Ostraldo. Ad integrum donamus sicut superius legitur, ea vero ratione dummodo vivimus usum et fructum et annis singulis, in festivitate Sancti Vincentii, de frumento modios II et de vino II et porcos duos canonicis in censum donamus; post nostrum decessum ad ipsos canonicos perveniat. Ego Madalbertus et uxor mea Elena, qui hanc cartam donationis facere fecimus.

LXXXVIII.

[BERALDUS DAT VINEAM SITAM IN VILLA TORIACO (¹).]

Sacrosancte ecclesie Sancti Vincentii Matiscensis. Ego Beraldus et uxor mea Sufficia dono ad ipsam casam Dei curtilum cum exio et vineam sitam in pago Matisconense, in agro Fusciacense, in villa Toriaco. Terminatur a mane via publica, a medio die de exio et terra Sancti Vincentii, a sero terra Ferelde, a circio similiter Ferelde. Infra istos terminos dono ipsum curtilum ad ipsam casam Dei in stipendia fratrum, et faciant canonici ejusdem loci de hoc quicquid voluerint. S. Beraldi qui hoc facere rogavit. S. Gislardi. S. Constantini. S. Alirici.

LXXXIX.

[CONSTANTIUS DAT VINEAM SITAM APUD TORIACUM (¹).]

Sacrosancte ecclesie Sancti Vincentii martiris que est infra muros Matisconensis civitatis. Ego Constantius pro remedio anime mee dono ad ipsam casam Dei ex rebus meis aliquid ad mensam fratrum que sunt site in pago Matisconense, in agro Fusciacense, in villa Toriaco; hoc est vinea et campi duo. Vinea terminatur a mane via publica, a medio die vinea Duranni, a

---

(³) Bouh. addit, *Albramio et Utsendame, tum infantes eorum Dominicum et Ortraldum.*
LXXXVIII. (¹) Huic donationi nota chronologica deest.
LXXXIX. (¹) Temporis nota deest.

sero via publica, a circio terra Beranni (²). Alius campus in Cucuriato vocatur, terminat a mane via publica, a medio die terra Gelini, a sero terra Amblardi et Teotaldis, a circio S. Clementis pratum Alornatus vocat a la Fenericio; terminat a mane terra Grimardi, a medio die Maalberti, a sero terra Wicardi, a circio terra Sancti Vincentii. Infra istas terminationes dono ad ipsam casam Dei. S. Constantii. S. Achardi. S, Arlebaldi. S. Arlulfi. S. Aroni. S. Vincentii. Data per manum Radulfi.

XC.

[AYNARDUS DAT CURTILUM CUM VINEA APUD TAURIACUM (¹).]

928 — 936.

Sacrosancte ecclesie Sancti Vincentii Matiscensis. Ego Aynardus presbiter et canonicus, cogitans de anime mee salute, ideo dono Sancto eidem Vincentio de rebus meis que sunt site in pago Matisconense, in agro Fusciacense, in villa Tauriaco; hoc est curtilum cum vinea qui terminat a mane et a sero vias publicas, a medio die terra Hugonis, a circio Americi. Infra istos terminos ipsum curtilum ad ipsam casam Dei dono, in aliis locis mihi reservo. Et ipsum curtilum sub censum teneant Maimbodus prepositus et Teuquardus diebus vite illorum, annis singulis festivitate Sancti Vincentii in censum denarios VI sine mora ad ipsam casam Dei persolvant. S. Aynardi. S. Tedini. S. Vutmardi (²). S. Hubaldi. S. Aymerici. S. Amberti. Data per manum Berardi.

XCI.

[BRANDENCUS PRESBITER DAT QUEDAM APUD TAURIACUM (¹).]

Sacrosancte ecclesie Sancti Vincentii martiris Matisconensis civitatis. Ego Brandencus presbiter dono de rebus meis ad ipsam casam Dei, que sunt site in pago Matisconense, in agro Fusciacense, in villa Toriaco, item meis terris, silvis, aquis aquarumque decursibus et quicquid ibi visus sum habere ad integrum trado atque transfundo; et faciant exinde rectores Sancti Vincentii quicquid voluerint. Ego Brandencus qui fieri et firmare rogavi. S. Landrici. S. Bernardi. S. Martini. S. Tardeverti.

(²) Bouh., *Bernanœ*.
XC. (¹) Hæc donatio iteratur in utroque codice; vide inferius chartam CCCCV.
(²) Bouh., *Truamundi*.
XCI. (¹) Nota chronologica deest.

XCII.

[GAUSLENUS DAT IN PRECARIAM ECCLESIAM SANCTI QUINTINI (¹).]

1018 — 1030.

Notum sit omnibus Sancte Matiscensis ecclesie que Christo in Beati Vincentii honore dicata est filiis tam presentibus quam et futuris, quia cum esset domnus Gauslenus venerabilis presul in propria sede adiit ejus presentiam quedam nobilis matrona nomine Ragemundis humiliter postulans ut concederet sibi et filie sue Witse per precarie firmitatem ecclesiam Beati Quintini martiris in villa Brigia sitam, cum rebus et decimis ad eam pertinentibus, vineis scilicet, campis, silvis, pratis, aquis aquarumque decursibus. Cujus petitionem domnus antistes prelibatus gratam sumens, canonicorum suorum fretus consilio, concessit jam dicte Witse ut in vita sua tenerent et possiderent; et si Abda filia Ragemodis sororem suam Witsam supervixerit, in vita sua teneat. Et loco census XII denarios loci rectoribus reddant et paratas atque eulogias solvant, et post (illarum) decessum ad jam dictum locum perveniant.

XCIII.

[ADO EPISCOPUS CONCEDIT CURTILUM AD VITAM LEMBERGANE ET ACHARDO.]

968 — 971.

Omnibus Matiscensis ecclesie filiis presentibus scilicet ac futuris notum habeatur quod cum esset domnus Ado presul inlustris apud Matisconem juxta basilicam incliti martiris Christi Vincentii, annuentibus sue ecclesie canonicis, Johanne preposito et reliquis, concessit cuidam femine nomine Lambergane quod filio suo Achardo aliquid ex rebus prescripti martiris, quas ipse Sancto Vincentio condonaverat, ut diebus vite sue teneant et possideant. Est autem curtilus, in villa Vincella, qui habet terminationes: a mane terra Stephani, a medio die via publica, a sero Ramfredo, a circio rivo volvente et pratum qui fuit Wlflagi et fratri suo Desiderio. Domnus itaque prefatus pontifex concessit eis ut diebus vite illorum sub censu teneant, tempore vindemie modium vini persolvant. S. Adonis episcopi. S. Aymerici. S. Radulfi. Data per manum Humberti.

XCII (¹) Hæc donatio iteratur in utroque codice; vide inferius chartam CCCCXCVIII.

XCIV.

[RACULFUS DAT VINEAM IN VILLA LIVINIACO(¹).]

Sacrosancte Dei ecclesie Sancti Vincentii Matisconensis civitatis. Ego Raculfus dono pro remedio anime mee unam vineam in pago Matisconense, in agro Salorniacense, in villa Liviniaco. Terminatur a mane via publica, a medio die terra jam dicti Raculfi, a sero terra Narduini, a circio Sancti Petri. Infra istam terminationem, dono ad ipsam casam Dei eo tenore ut quamdiu ego et filius meus Henricus vixerimus teneamus et possideamus, post nostrum vero decessum ad locum jam dicti sancti perveniant.

XCV.

[RACULFUS DAT CURTILUM IN VILLA FUNTANILIAS(¹).]

Sacrosancte ecclesie Sancti Vincentii Matisconensis civitatis. Ego Raculfus et uxor mea Plectrudis donamus aliquid ex rebus nostris que sunt site in pago Matisconense, in agro Melionacense, in villa Funtanilias. Hoc est unus curtilus cum vinea que terminatur a mane via publica, a medio die Flotberti, a sero Sancti Vincentii et Raculfi, a circio Martini; habet in longo perticas XVII et pedes XVIII, in uno fronte perticas XIIII, in alio fronte perticas VII. Infra istos terminos donamus jam dicto sancto ab hodie sine contradictione (²). S. Raculfi et uxoris sue Plectrudis. S. Flotberti. S. Duranni. S. Aldrici. S. Otgisti. Data per manum Aldonis.

XCVI.

[ERVEUS WERPITIONEM FACIT DE TERRA APUD SALMOIACUM.]

1018 — 1030.

Hec est Werpitura quam Erveus fecit de terra que est in Salmoiaco villa apud Matisconem ante Ottonem comitem et vicecomitem Hugonem et Ulricum cum reliqua (¹)......... Hec reclamavit itaque Gauslenus episcopus ipsam villam sui juris simulque Sancti Vincentii esse et canonicorum loci consilio itaque procedente (²) isdem supradictus vir Erveus usus Werpivit per

XCIV. (¹) Nota chronologica deest.
XCV. (¹) Absque temporis nota.
(²) Bouh., *contradicente*.
XCVI. (¹) Hic est locus vacuus in nostro codice; Bouhier addit, *cui ire* et expungit vocem *hec*.
(²) Bouh., *prudenti*.

festucam omnia (³) quecumque supradicti viri ad opus Sancti Vincentii in ipsa villa reclamaverunt Vincentii (⁴).

XCVII.

[ALTERCATIO INTER EPISCOPOS CABILONENSEM ET MATISCONENSEM COMPONITUR (¹).]

Circà annum 876.

In nomine sancte et individue Trinitatis Karolus gratia Dei imperator augustus. Quicumque imperiali auctoritate (²) desiderat sublimari, sollicitudine vigili omnipotentissimam misericordiam Dei toto debet affectu precari cujus gratia prefertur. Igitur notum esse volumus sancte Dei ecclesie filiis presentibus scilicet atque futuris, qualiter veniens Lambertus Matiscensis ecclesie reverendus presul innotuit serenitati nostre altercationem se habere cum Gerboldo Cabilonensis ecclesie episcopo de cellula Sancti Albani ac Sancti Vincentii que est constructa in territorio Matiscensis ecclesie. Prefatus equidem Gerboldus asserebat quod jam dicta cellula subjecta deberet esse sue ecclesie, domnus autem Lambertus ostendit preceptum (³) . . . . . . et hoc reperimus etiam nostrorum fidelium reclamatione (⁴) sedem ibi esse pontificalem antiquam, proinde claret quia plus attinet ad ecclesiam in cujus territorio consistit quam ex nostro fisco, vel ex ecclesia Cabilonensi mendaciter. Quamobrem aures sublimitatis nostre Lentricus pulsavit (⁵) . . . . res ipsas res dicens quoniam non erant, et ex novo approbavimus irritum fieri ipsum preceptum. Deprecatus est etiam clementiam nostre serenitatis Lambertus ut dictis clericis de istis seu de aliis rebus nostris condonaremus, dicens pauperculam esse suam ecclesiam, et quod non haberent sui clerici nisi parum quod nostra largitio eis concesserat et per preceptum. Quapropter dedimus eis terras que adjacent in pago Matisconensi, in loco qui dicitur Castellum quod habet ecclesiam in honore Sancti Martini cum omnibus rebus ad eam pertinentibus et fecimus eis firmitatis preceptum ob emolumentum eterne remunerationis.

(³) Bouh., *omina*.
(⁴) Bouh. omittit rectè ultimam vocem, *Vincentii*.
XCVII. (¹) Hoc instrumentum editum est in *Gall. Christ.*, pag. 270.
(²) *Gall. Christ. culmine.*
(³) Hic locus vacuus in codice Matisconensi.
(⁴) *Gall. Christ.* et Bouh., *relatione*.
(⁵) Hic locus vacuus in codice; *Gall. Christ.* addit, *nunc*.

XCVIII.

[**PRECEPTUM HLUDOVICI IMPERATORIS CONFIRMANS IMMUNITATEM PIPINI AVI AB OMNI JURISDICTIONE SECULARI**(¹).]

815.

In nomine Dei et Salvatoris nostri Jesu Christi, Ludovicus divina ordinante providentia imperator augustus. Si sacerdotum ac servorum Dei petitiones quas nobis pro necessitatibus suis innotuerunt ad effectum perducimus non solum imperialem consuetudinem exercemus verum etiam ad beatitudinem eterne retributionis mercedem nobis talia facta profutura confidimus. Igitur notum sit omnium fidelium nostrorum tam presentium quam et futurorum solertie quia vir venerabilis Hildebaldus, Matiscensis ecclesie episcopus, detulit mansuetudini nostre immunitatem avi videlicet nostri Pipini regis in qua continebatur quomodo predictam sedem una cum rebus omnibus vel hominibus ibidem aspicientibus propter amorem Dei et reverentiam Sancti Vincentii martiris, in cujus honore constat esse consecrata, sub plenissima defensione et immunitatis tuitione habuisset pro(²) talia confirmare deberemus cujus petitionem pro divino amore et anime nostre salute, sed ita in omnibus ut presentes et futuri fideles sancte Dei (ecclesie) et nostri concessum atque perpetuo a nobis confirmatum esse cognoscant. Precipientes ergo jubemus ut nullus judex publicus neque quislibet ex judiciaria potestate, nec aliquis ex fidelibus nostris, in ecclesias aut loca vel agros seu reliquas possessiones memorate ecclesie, quas moderno tempore in quibuslibet pagis et territoriis infra ditionem imperii nostri juste habere ac possidere cognoscitur. Quicquid etiam deinceps in jure ipsius sancti loci voluerit divina pietas augeri, nemo ad causas audiendas, aut freda aut tributa exigenda, aut mansiones vel paratas faciendas, aut fidejussores tollendos, aut homines ipsius ecclesie tam ingenuos quamque et servos super terram ejusdem commanentes distringendos, nec ullas reddibitiones aut inlicitas occasiones requirendas, ullo umquam tempore ingredi audeat vel exactare presumat, sed liceat memorato pontifici suisque successoribus res predicte ecclesie sub immunitatis tuitione quieto ordine possidere et nobis fideliter parere; pro imperio atque pro stabilitate nostra, vel totius imperii a Domino nobis conlati atque conservandi, una cum clero atque populo sibi subjecto

---

XCVIII. (¹)Hoc instrumentum, jam proditum superiùs (ch. LXV), vulgatum est ex parte à P. S. Jul. de Bal., p. 273 et 274.

(²)Hic desunt duodecim voces; vide ch. LXV.

Domini misericordiam exorare delectetur. Hanc itaque auctoritatem, ut pleniorem in Dei nomine obtineat vigorem et a fidelibus sancte Dei ecclesie et nostris verius certiusque credatur, manu propria subter firmavimus et annuli nostri impressione signari jussimus. Signum Hludovici serenissimi imperatoris. Data iii kal. decembris, anno primo Christo propitio imperii domini nostri, indictione viii. Actum Aquisgrani palatio regio in Dei nomine feliciter, amen.

XCIX.

[HLUDOVICUS REX CONFIRMAT RES ECCLESIE ET AD PRECES HUGONIS MARCHIONIS ET LEUTOLDI COMITIS CONCEDIT ECCLESIAS SS. ROMANI ET DESIDERII.]

Circà annum 948.

In nomine sancte et individue Trinitatis Hludovicus Dei providente clementia rex. Si majestas regalis ob amorem Dei sanctorumque ejus curas ecclesiasticarum rerum suscipere et justo equitatis pondere domidicare (¹) et ordinare studuerit nimirum, sibi inde ad eterne recompensationis meritum debet confidere quia infructuosum esse non potest quod bonorum omnium impenditur remuneratori. Quare omnibus sancte Dei ecclesie filiis presentibus scilicet et futuris notum habere volumus archidiaconum nomine Germinium dirigens protulit serenitati nostre preceptiones predecessorum nostrorum scilicet regum, in quibus continebatur qualiter jam dictam sedem cum omnibus sibi jure pertinentibus ob amorem Dei almique Vincentii martiris cujus honore ipsa sedes dignoscitur fore fundata sub plenissima immunitatis tuitione habuissent. Et insuper innotuit nobis quod canonici ejusdem ecclesie non haberent unde convenienter vivere quivissent utpote quia locus ille a perfidis christianis pene dirutus ac destructus habebatur. Nos ad deprecationem Maimbodi prememorati pontificis, inclitique marchionis Hugonis, nobilissimi necne comitis Leutoldi, cujus divino amore ad restaurationem seu augmentationem ejusdem loci totis indesinenter flagrabat animis, eidem cenobio abbatiam Sancti Clementis in suburbio prefate urbis cum ecclesiis et omnibus sibi rite pertinentibus ecclesiamque Sancti Romani in villa Cadinico sitam cum omni integritate et nonas ac decimas ejusdem fisci necnon et ecclesiam Sancti Desiderii in Verciaco villa constructam cum legitimis appendentiis suis concedimus. Tertiam quoque nemoris partem juxta Ararim fluvium ab amne Vele usque ad Osam lacum, Hugone principe annuente, simili modo concedimus. Petiit denique consultum prefatorum comitum

XCIX. (¹) Bouh., *vindicare*.

isdem honorabilis presul quatenus eidem loco pro firmitatis seu immunitatis studio preceptum nostre auctoritatis fieri dignaremur, cujus petitionibus benigne susceptis jussimus hoc regale decretum fieri per quod decrevimus atque sancimus quod ipse locus sub plenissima nostre immunitatis, quemadmodum in nostrorum predecessorum decretis habetur insertum, maneat tuitione, et prescriptas res consensu prelibati presulis committimus sepedicto eidem loco a nobis seu ab illis concessas, alias necne alicujuscumque ordinis sancte Dei ecclesie fidelibus ibidem jam collatas vel in postmodum collaturas, cum terra quam idem prescriptus presul canonicis athlete Christi Vincentii in villa Verciaco ex ratione Sancti Petri contulit, omnesque nonas et decimas ab antecessoribus nostris usui fratrum redditus jure perpetuo ipsi fratres, absque alicujus contrarietate vel imminoratione seu servitio exactionis indebite, teneant atque possideant. Et ut hujus nostre auctoritatis concessio inviolabilis et inconvulsa per succedentia maneat tempora, manu propria subter eam firmavimus et annuli imagine nostri insigniri precepimus. Signum Hludovici gloriosissimi regis. Actum Remis v kal. novembris anno xiii Hludovico rege regnante.

C.

[ODO REX CONFIRMAT PRESTARIAM CONCESSAM AB EPISCOPO NIVERNENSI FRANCONE ROCCONI ET SUIS DE REBUS SANCTI CIRICI.]

894.

In nomine Domini Dei eterni et Salvatoris nostri Jesu Christi. Odo clementia Dei rex, si ea que nostri inter se fideles, loci temporisve commoda opportunitate, ex rebus propriis aut jure beneficiis sibi commissis causa augmenti vel meliorationis juste ac legaliter agendum deliberaverint, nostris confirmamus edictis, regie nimirum celsitudinis morem persequimur, idque ad regni nobis divinitus collati tutelam proficere non dubitamus. Ergo cunctorum sancte Dei ecclesie fidelium nostrorum tam presentium quam et futurorum solertia noverit, quia adiens nostre presentiam serenitatis Franco venerabilis episcopus sancte matris ecclesie Nevernensium que constructa ac dicata noscitur in honore ac nomine preciosi martiris Christi Cirici, humiliter petiit ut quamdam precariam quam cum Roccone fidele nostro cum assensu fratrum Christo inibi militantium ex rebus jam dicti Sancti Cirici Sanctique Martini fecerat, precepto nostre eminentie confirmare dignaremur. Suntque autem he res quas jam dictus Franco episcopus memorato Rocconi dat in pago Matisconensi, in villa Fisciaco, de potestate Sancti Cirici mansos IIII vestitos cum terra apsa ad ipsam potestatem in eadem villa aspiciente, et in villa Ciciaco mansos duos vestitos, in villa quoque(¹)......., de potestate Sancti Cirici mansos III apsos, de rebus Sancti Genesii eque mansos III apsos; in pago etiam Nivernensi, in villa Dulon (²), ex rebus Sancti Franconei mansos IIII apsos, vero de potestate Sancti Aniani mansos III apsos, et in pago Cabilonensi, villa Cacenato, de rebus Sancti Cirici mansos IIII apsos, de ratione vero Sancti Martini in villa Montis ecclesiam cum mancipio uno terramque ad ipsam pertinentem (³)...... Pro hac vero rerum prestaria concessione confert prefatus Rocco suprascripte matri ecclesie ex rebus propriis in pago Matisconensi, in villa Colonias mansum I, et in Luviniaco mansum I, eo jure ut tam ipse quam ejus conjux Guarva eorumque infantes Raculfus scilicet et Leutrada usufructuario in sua habeant vita, annisque omnibus in festivitate Sancti Martini solvant rectori sancte ecclesie prescripte pro censu solidos decem, postque eorum decessum utreque res (memorate) meliorate revertantur cum omni integritate ad potestatem Sancti Cirici. Faventes itaque libentissime precibus memorati episcopi, hoc nostre sublimitatis preceptum fieri jussimus per quod precipimus atque jubemus ut istam dispositionem prescripti episcopi sepe dictus Rocco cum uxore et nominatis infantibus ascriptas res, salvo per omnia jure ecclesiastico, teneat atque usufructuario possideat. Et ut hoc nostre auctoritatis preceptum validius in Dei nomine per tempora supervenientia subsistere valeat, manu ipsum propria subterfirmavimus nostroque annulo sigillari jussimus. Signum Odonis gloriosissimi regis. Data v idus julii, indictione XII, anno VII regnante Odone gloriosissimo rege.

CI.

[HLUDOVICUS REX CONFIRMAT CANONICIS SANCTI VINCENTII MATISCENSIS QUASDAM RES QUAS LAMBERTUS EPISCOPUS EX INDOMINICATO CONCESSIT (¹).]

878.

In nomine Domini Dei omnipotentis et Salvatoris nostri Jhesu Christi, Hludovicus misericordia Dei rex. Quicumque gratie dignitatis culmine efferri

C. (¹) Nomen loci deest in utroque codice.
(²) Forte legendum, Oulon.
(³) Hic est locus vacuus, sed nulla vox deesse videtur.
CI. (¹) Hoc diploma, jam proditum ex parte (vide chartam LXI), vulgatum est in *Gall. Christ.*, pag. 270.

desiderat, eum merito pre oculis vigili sollicitudine habere debet, cujus gratia prefertur. Igitur notum esse volumus omnibus sancte Dei ecclesie fidelibus et nostris presentibus scilicet atque futuris, qualiter veniens Lambertus venerabilis episcopus Matiscensis ecclesie, que est fundata in honore incliti martiris Vincentii, innotuit serenitati nostre quod non haberent sui clerici victum in sua canonica qualiter ipsi degere potuissent. Unde ipse episcopus de suo indominicato nostram benignitatem adiit ut clericis illius loci militantibus concederemus, quod ita et fecimus, scilicet in pago Lugdunensi, Odremarum villam, exceptis ministerialibus quinque quos illi reservavimus cum beneficiis eorum, et concedimus illis in Monte colonias duas, necnon et in pago Matiscensi ecclesiam Sancti Martini que est(²) . . . . . aspiciunt colonias octo, in pago Lugdunensi, in Odremari capellam, in honore Sancti Andree, habere mansos vestitos quinque et absos undecim ; de terra indominicata modiatas quinquaginta, habet ibi de terra absa modiatas sexaginta, silva ad saginandos porcos centum, et aliam capellam in honore Sancte Marie, in locum qui vocatur Monasterium Pelagi(³), atque aliam capellam in honore Sancti Juliani, mansi duo, sunt ibi vinee ex quibus exeunt modii xii. Sunt in Sanciaco mansi duo, et est in Fusciaco mansus unus et aquam calidam, mansi viii habet silva ad porcos saginandos sexaginta. Ipsa quoque capella, que vocatur Monasterium Pelagi, habet servum unum, de terra absa modiatas centum quinquaginta, et sunt in summa mansi xx et viii, cellulamque Sancti Imiterii que est in pago Lugdunense, quam genitor noster per preceptum ibi concessit; aspiciunt mansa decem et terre abse ad cellulam(⁴) Sancti Albani que est in Gisariis villa, aspicit Casillus, suntque ibi mansi viii et relique terre abse, inter Satonacum et Valles sunt mansi v, ad Rosarias mansum unum, et quicquid deinceps ibi condonatum fuerit canonicis absque ulla contradictione ipsi habeant futuris temporibus in helemosina genitorum nostrorum et nostra. Quapropter volumus atque jubemus per hanc nostram auctoritatem nostris videlicet et futuris temporibus, quatenus predictas res cum omnibus rebus ad se pertinentibus iidem canonici in nostra memoria concessas habeant atque jure perpetuo in ditione ipsorum consistant : ita videlicet ut quicquid de eisdem rebus ob utilitatem canonicorum congregatio ipsius sancti loci ab hodierno die et tempore facere voluerit, libero perfruatur arbitrio faciendi.

(²) Nomen loci deest in codice Boheriano et in codice Matisc. necnon in *Gall. Christ.*
(³) Vide superiùs chartam LI.
(⁴) *Gall. Christ.* et Bouh., *ecclesiam*.

Et ut hec auctoritas pleniorem in Dei nomine teneat firmitatem, et per diuturna tempora inviolabilem ac inconvulsum obtineat effectum, manu nostra subter firmavimus et annuli nostri impressione signari jussimus. Signum Hludovici gloriosissimi regis. Datum tertio idus septembris, indictione xi, regnante Hludovico gloriosissimo rege.

CII.

[KAROLUS REX CONCEDIT LENDRICO CAPELLAM SANCTI ALBANI IN ALODUM.]

842.

In nomine sancte et individue Trinitatis, Karolus gratia Dei rex. Regalis celsitudinis mos est fideliter sibi famulantes donis multiplicibus atque honoribus maximis honorare, proinde nos morem parentum regum videlicet predecessorum nostrorum sequentes, libuit celsitudini nostre fidelem quemdam nostrum nomine Lendricum de quibusdam rebus proprietatis nostre honorare atque in ejus juris potestatem liberalitatis nostre gratia conferre. Unde noverit omnium fidelium nostrorum presentium scilicet et futurorum industria quia concedimus eidem fideli nostro Lendrico res quasdam nostras sitas in pago Matisconensi, locum et capellam in honore Sancti Albani jure proprietario habendam cum mancipiis omnibus ibi aspicientibus, domibus, vineis, pratis, terris cultis et incultis, pascuis, aquis aquarumque decursibus, exitibus, regressibus, ut quantumcumque ad supradictam capellam in eodem fato loco, moderno tempore, aspicere dignoscitur, et nostri juris atque possessionis in re proprietatis est totum et ad integrum vel in exquisitum predicto Lendrico fideli vassallo nostro in alodum concedimus. Ita videlicet ut quicquid ab hac die et deinceps facere voluerit liberam et firmissimam in omnibus habeat potestatem faciendi quicquid elegerit. Et ut hec auctoritas largitionis nostre per futura tempora inviolabilem atque inconvulsam obtineat firmitatem, et ab omnibus fidelibus presentibus scilicet et futuris verius certiusque credatur eam manu nostra subter firmavimus et annulo nostro sigillari jussimus. Signum Karoli gloriosissimi regis [1].

CII [1] Hoc diploma inexpletum jam proditur in codice; vide superiùs ch. LIX.

CIII.

[HUGO MARCHIO ET LEOTALDUS COMES CONFERUNT CANONICIS DE REBUS SUIS(¹).]

950 — 958.

Quicumque sanctorum locis et Domino famulantium catervis aliquid commodi pro conamine conferre gliscit id sibi profuturum pro transitoriis eterna commutans minime diffidit. Quamobrem intimare maluimus omni cetui Regis poli obsequenti quia peccatis nostris prepedientibus olim urbs nostra Matisconensis ignis concrematione depopulata est et ad nihilum penitus redacta, ubi omnia sarta tecta basilice gloriosi martiris Christi Vincentii vastata et ex toto diruta sunt. Sed domnus Maimbodus presul reverendus, in quanta potuit diligentia, ea restaurare curavit. Non habentibus vero canonicis ipso in loco commorantibus qualiter vivere regulariter quiverent, dolore tactus cordis sedule angebatur, non reperire valens quomodo fratribus sibi subditis prout optabat misericorditer subvenire posset. Unde alloquens domnum Hugonem marchionem insignem ac domnum Leotaldum piissimum comitem cujus mens corde tenus in augmento predicte ecclesie dedita erat, deprecatus est serenitatem eorum ut prefatorum inopie canonicorum miserando subvenirent. Cujus petitionem gratam suscipientes et dum inter se quid agendum inde foret tractantes tam pontifex quam et comites ad ultimum decreverunt ut has ecclesias (²) cum rebus et decimis, cum beneficiis presbiteratis et omnibus ibi adjacentibus, in usibus prenominatorum fratrum unde quotidianam sumerent alimoniam, paterno ducti amore condonare deberent quod et fecerunt. Presul decimas, comites beneficia, ecclesiam videlicet Sancti Clementis pape et martiris, caput abbatie que est in suburbio prescripte civitatis, ubi corporaliter requiescunt hii sancti qui olim in ipsa urbe extiterunt episcopi et confessores, Mommolus, Sanctus Eusebius, Sanctus Nicetius, Sanctus Justus, omnem ipsam abbatiam cum suis appendentiis et integritate, atque ecclesiam Sancti Romani ex Cadenaco cum omni sua integritate, et nonas ac decimas ex eodem fisco que quondam ab eis ablate fuerant, necnon ecclesiam Sancti Desiderii martiris in ipso pago sitam, in villa Verriaco, cum omnibus nobis pertinentibus. Prelibatus autem antistes in ipsa villa de sua terra indominicata ex ratione

---

CIII. (¹)Hoc instrumentum, jam editum ex parte à S. Jul. de Bal., pag. 236, vulgatum est in *Gall. Christ.*, pag. 277.

(²)*Gall. Christ.* et Bouh., *decimas*.

Sancti Petri, sicut Ramfredus tenuit, dedit eis quantum videbatur habere. Hec omnia velut hic inserta habentur, pro eterna retributione, pro communi utilitate, pro suorum omnium salute, pretaxati proceres ad victus canonicorum prefatorum sustentandos, ut in Auctoris superni obsequio stabiles infatigabiliter permanerent et pro ipsis cunctis temporibus orare non desisterent, placida firmitate et pura voluntate concesserunt. Ne vero in reliquum ab aliquo episcopo successore, aut laïco nequissimo pervasore, hec infringerentur acta, prelocutus pastor jaculum sue excommunicationis interposuit ita : auctoritate Patris et Filii et Spiritus Sancti et omnium sanctorum, violator hujus facti sit excommunicatus et a cetu christianorum procul sepositus, et cum diabolo et angelis ejus in baratro inferni perpetuo reclusus. Qui autem adjutor et cooperator hujus extiterit operis, benedictionem interminabilem immarcessibilemque a Domino et gaudium eterne felicitatis cum sanctis omnibus in celo possideat. Quo vero hec facta firmius perpetim persistere valerent, predictus pontifex etiam prenominati principes hoc soliditatis decretum fieri jusserunt, quod propriis manibus corroborare dignati sunt, et pontificum ac fidelium laïcorum digitis signandum tradiderunt. De omnibus vero fiscis passim commanentibus, qui olim Sancti Vincentii fuerunt, nonas et decimas reddiderunt. . . . . . . Maimbodus sancte Matiscensis ecclesie humilis episcopus. S. Hugonis comitis. S. Leotaldi comitis. S. Alberici filii ejus. S. Walterii vicecomitis. S. Rotberti. S. Witcheranni. S. Hugonis. S. Gosberti. S. Leutgerii. S. Manonialdi. S. Raterii. S. Amelini.

CIV.

[IMMALBERTUS CUM UXORE DAT CURTILUM IN VILLA LASIACO.]

987 — 994.

Sacrosancte ecclesie Sancti Vincentii martiris, que est infra ambitum meniorum Matiscensium sita, cui domnus Milo episcopus preest. Ego Jammalbertus et uxor mea Belucia, pro remedio animarum nostrarum, donamus curtilum cum vinea situm in pago Matisconense, in villa Lasiaco. Terminatur a mane terra Sancti Vincentii, a medio die terra Rotrudis, a sero et a circio terra Sancti Petri; habet in longo perticas xiiii, in lato perticas vii et pedes tres. Infra istas terminationes hunc curtilum cum domo et vinea Sancto Vincentio ad mensam fratrum donamus, eo pacto ut quamdiu vixerimus teneamus; post nostrum vero excessum, ibidem Domino famulantium ad mensam perveniat fratrum. S. Jammalberti et Belucie qui fieri et firmare rogaverunt. S. Hugonis. S. Ayrardi. S. Stephani. S. Berardi.

CV.

[ERRICUS CUM UXORE DAT CAMPUM IN VILLA ITGIACO CANONICIS (¹).]

996 — 1013.

Sacrosancte ecclesie Sancti Vincentii que est constructa infra muros Matisconis ubi (domnus) Letbaldus episcopus residet. Ego Ericus et uxor mea Anna et filius noster Warnerius donamus ad ipsam casam Dei aliquid de res proprie hereditatis nostre, pro remedio anime nostre vel parentum nostrorum. Sunt site iste res in pago Matisconensi, in fine Itgiacensi, in ipsa villa Itgiaco; est campus unus qui terminatur a mane via publica, a medio die terra Sancti Marcelli, a sero bosco Volgerio, a cercio terra Sancti Petri, et habet ad ipsam casam Dei pratum unum, in ipsa villa Itgiaco, qui terminatur a mane via publica, a medio die terra Sancti Vincentii, a sero terra Sancti Petri, a cercio terra Sancti Mammertis, et habet in lato perticas duas. Isto termino et perticatione donamus Deo et Sancto Vincentio nullo contradicente. Si quis donationem istam contradixerit auri unciam componat et in antea firma permaneat. Actum Matiscone. S. Erici et uxoris sue Anne et filii ejus Warnerii, qui donationem istam fieri et firmare rogaverunt. S. Constantini. S. alterius Constantini. S. Raivolt. S. Stephani. S. Noe (²). S. Durant. S. Bernardi.

CVI.

[SAMBADINUS VENDIT GIRALDO MEDIUM PLANTUM DE TERRA SANCTI VINCENTII.]

1018 — 1026.

Dilecto Giraldo presbitero. Ego Sambannus vendo tibi unum medium plantum de Sancti Vincentii terra, in pago Matisconense, in villa Sanciaco. Terminatur a mane terra Sancti Laurentii, a medio die et a circio jam dicti Sancti Vincentii terra, a sero terra Sancti Petri. Habet in longo perticas XLV, in latitudine perticas VI et dimidiam. Infra istum terminum vel perticationem tibi vendo per licentiam domni Gausleni episcopi et canonicorum Sancti

---

CV. (¹) Donatio hæc iteratur cum discrepantiis, adi chartam CCCCXLVI.
(²) Bouh., S. Vire.

Vincentii quia de eorum esse debet communia, et accipio ex te pecuniam (¹) valentem solidos XIII. Tali vero ratione, si recipere volueris in vita tua ad ipsum precium, canonici Sancti Vincentii tibi reddant, et si recipere nolueris quamdiu vixeris teneas; post tuum vero decessum ad mensam canonicorum perveniat. S. Sambadini qui fieri et firmare rogavit. S. Gausleni episcopi. S. Adalardi. S. Aldonis. S. Rannulfi. S. Walterii. S. Duranni. S. Aynardi. S. Adalgisi.

CVII.

[CONSTANTIUS CUM UXORE DAT VINEAM IN AGRO IDGIACENSE.]

1018 — 1026.

Sacrosancte ecclesie Sancti Vincentii martiris, que est infra ambitum meniorum Matiscensium sita, cui domnus Gauslenus episcopus preest. Ego Constantius et uxor mea Stephana, pro remedio animarum nostrarum, donamus vineam unam sitam in pago Matisconensi, in agro Idgiacensi, in villa Viriaco. Terminatur a mane terra Francorum, a medio die terra Mainardi, a sero via publica, a circio terra Otbranni. Infra istas terminationes hunc curtilum cum domo et vinea Sancto Vincentio donamus, eo pacto ut in vita mea ego Constantinus teneam et unoquoque anno duos vini sextarios loci jam dicti rectoribus investitura reddam; post meum vero decessum, ad mensam fratrum perveniat. S. Constantini qui hanc donationem fieri et firmare rogavit. S. Constabuli. S. Gauseranni. S. Aldonis. S. Constantini. S. Marcelini. S. Duranni.

CVIII.

[JOHANNES EPISCOPUS CONFERT DROGONI ET SUIS CAPELLAM SANCTI JANGULFI.]

972 — 977.

Omnibus Matiscensis ecclesie filiis presentibus scilicet atque futuris notum fieri dignum duximus quia cum esset domnus Johannes venerandus presul in Matiscone secus basilicam invictissimi martiris Christi Vincentii, cum ingenti cetu clericorum et laicorum venit quidam vir nobilis Drogo nomine ante presentiam ejus humiliter deposcens conferri sibi sueque uxori nomine Tensane aliquid ex rebus Sancti Vincentii, capellam videlicet Sancti Jangulfi

CVI. (¹) Bouh., *precium*.

martiris cum rebus et decimis omnibus sibi pertinentibus, cum mansis, servis et ancillis, vineis, campis, pratis, silvis, aquis aquarumque decursibus, exitibus et regressibus, sicut in precepto quod Karolus imperator fieri jussit continetur, preter illud quod in Cluniaco est. Cujus petitionem gratam suscipientes tam domnus episcopus quam reliqui fratres, de quorum ratione ipse res videbantur esse, contulerunt predicto Drogoni et uxori sue nomine Tensane et uni infanti eorum qui ex eis natus fuerit prescriptas res sicut supra inserte sunt cum omni integritate ut dum advixerint teneant et possideant; et si quis parem suum supervixerit subsequenti eveniat. Loco vero census solidos II denariorum canonicis non negligenter persolvant festivitate Sancti Vincentii, quod si negligentes in reddendo extiterint, in duplum cogantur exsolvere. Illis vero decedentibus, rectores Sancti Vincentii suas res melioratas cum omni integritate recipiant. Ut vero firmius crederetur diligentiusque observaretur, nominatus antistes et reliqui fratres hanc precariam eis fieri jusserunt et propriis manibus corroboraverunt. S. Johannis episcopi. S. Odonis abbatis. S. Rodulfi. S. Maioli. S. Bernardi. S. Winculfi. S. Sendelini.

CIX.

[KAROLUS REX REDDIT CANONICIS CELLULAM SANCTI IMITERII.]

860.

In nomine sancte et individue Trinitatis, Karolus Dei gratia rex. Quicumque regie dignitatis culmine efferri desiderat eum merito pre oculis vigili sollicitudine habere debet cujus gratia prefertur. Igitur notum esse volumus omnibus sancte Dei ecclesie fidelibus et nostris, presentibus scilicet atque futuris, qualiter veniens olim Raginardus vassallus scilicet Warini carissimi quondam marchionis nostri, innotuit serenitati nostre quamvis mendaciter quod quedam cellula in pago Lugdunensi sita, que vocatur Sanctus Imiterius ex nostre proprietatis fisco jure attineret, ex quo nostram auctoritatem devotissime obsecrans, precatus est eamdem sibi nostra munifica largitione ad jus proprietarium concedi. Cujus precationibus clementer faventes, quod postulavit concessimus atque prescriptam cellulam predicto Raginardo per nostre auctoritatis preceptum largiti sumus. Quo ab hujus presentis seculi luce migrante, frater suus Raculfus nomine eamdem cellulam cum omnibus sibi pertinentibus, ac si hereditario jure invadendo presumpsit atque possedit. Quapropter religiosissimus presul Matisconensis ecclesie Breindingus nomine, nostram adiens munificentiam, significavit mansuetudini nostre eamdem cellam cum rebus ecclesie sue per incuriam rectorum et amotorum ([1]) hominum violentiam distractam esse, atque temporibus predecessorum suorum nonas et decimas partibus Sancti Vincentii persolvisse. Hec quoque nostris auribus intimans, nosque illico perconspicientes in tali actu anime nostre periculum non abesse, jussimus jam fatum Raculfum regia auctoritate premunitum in causas palatii nostri auctoritate deferri, per quam jam dictam cellulam sibi suoque juri aut vendicaret aut jure redderet. Is vero ubi cognovit nominatum fratrem suum non nobis, uti decuerat, vera esse suasum, seque in hoc minus persistere atque evindicare posse, in causas palatii nostri, venire distulit ac per hoc nonnullorum palatii nostri primorum judicio, sepe dicta cellula ad proprietatis nostre fiscum redacta est. Unde anime nostre saluti consulentes, ob emolumentum eterne remunerationis et premiorum, ad deprecationem predicti presulis, ipsam cum omnibus sibi pertinentibus rebus cellulam, sancte matri ecclesie Matisconensium quam constat esse fundatam in honore Sancti Vincentii preclarissimi martiris restituimus, atque ibidem perpetualiter mancipandam nostre auctoritatis precepto confirmamus; eo scilicet pacto quatenus Christo propitio eternaliter memorata ecclesia hoc nostre largitionis dono perpetuo jure fruens ([2]), nativitatis nostre die que est iduum juniarum ([3]) simulque die inunctionis nostre in regem que evenit........., a predicto presule ejusque successoribus fratribus inibi Domino obsequiis famulantibus, et eadem die pro nobis omnipotentis Dei misericordiam supplicantibus, refectio cibi et potus decenter subministretur. Quam inunctionis nostre celebritatem volumus cum vocante Domino huic seculo vale dixerimus, in obitus nostri anniversarium transferri. Similiter quoque et de carissime conjugis nostre Hermentrudis ortus die que evenit..... pariterque obitus agendum decernimus : cujus celebritatis atque refectionis necnon et hujus nostre largitionis, ipsius ecclesie presules suique inibi fratres consistentes, conjugisque nostre cum prole et universalis ecclesie nobis divinitus commisse ([4])....... Tum ut hec restitutionis seu corroborationis auctoritas firmiorem in Dei nomine obtineat vigorem, manu propria subter eam

---

CIX. ([1])*Gall. Christ.* et Bouh., *malivolorum.*
    ([2])*Gall. Christ.* et Bouh., *fovens.*
    ([3])*Gall. Christ.*, *maiarum.*
    ([4]) Hic locus vacuus in utroque codice.

firmavimus annulique nostri impressione signari jussimus. Signum Karoli gloriosissimi regis. Hildebodus notarius ad vicem Hludovici recognovit. Data pridie nonas decembris, indictione VIII, anno XXII regnante Karolo gloriosissimo rege. Actum prope Belnam castrum in villa.

CX.

[WALTERIUS EPISCOPUS DAT DECANO SANCTI VINCENTII QUEDAM DE REBUS IPSIUS SANCTI.]

1031 — 1062.

Cuncta que instantis temporis cursu soliditatis vigorem debent obtinere, congruit ea apicum caracteribus denotare, quo in futurum inconvulsa queant persistere, et notitia etiam earumdem litterarum futuras queat lites comprimere. Quapropter notum esse volumus cunctis filiis Matiscensis ecclesie presentibus et futuris quia cum esset domnus Walterius presul et Rannulfus prepositus cum ceteris canonicis sancte predicte ecclesie, archidiaconus et decanus nomine Walterius poscens sibi conferri quasdam res de ratione fratrum sitas in pago Matiscensi, scilicet ecclesiam Beati Johannis que dicitur in Proprio cum omnibus rebus ad eam pertinentibus et boscum Castanedellum et clausum unum vinee quem Gerlanus presbiter Sancto Vincentio dedit, et in villa Viriaco clausum unum, et in villa Cantriaco clausum unum qui dicitur in Crai cum omnibus appendentiis, et in ipsa villa duas vineas quas Aldo presbiter tenuit cum omnibus appendentiis. Iterum petiit dari sibi quasdam res sitas in pago Lugdunensi, in fine Balgiacensi, in villa Montis, mansos cum vineis et domibus, campis, pratis, vircariis, silvis et omnibus appendentiis, sicut ipse eo die vestitus erat exceptis terris quas Ardradus presbiter Sancto Vincentio dederat et exceptis coloniis sitis in villa Bo, et exceptis uno manso in Curti. Cujus petitionem domnus episcopus gratam suscipiens fretus consilio canonicorum suorum, concessit predicto Walterio jam dictas res eo pacto ut in vita sua teneat et possideat et loco census in festivitate Beati Vincentii II solidos nummorum canonicis Sancti Vincentii unoquoque anno persolvat, et post ejus excessum omnes predicte res sine aliqua dubitatione ad mensam fratrum ibidem Domino famulantium redeant. Signum Walterii episcopi. S. Rannulfi prepositi. S. Otgerii. S. Hugonis. S. Bernardi. S. Duranni. S. Hugonis. S. Arlebaldi. S. Acholdi. S. Odonis. S. Raculfi. S. Bernardi. S. Arnulfi. S. Witchardi. S. Stephani. S. Hugonis. S. Harmanni. S. Rotlanni.

CXI.

[ALBERICUS COMES DAT IN VILLA BLEMUNDIS MANSUM GOTFREDI.]

936 — 941.

Sacrosancte ecclesie Sancti Vincentii que est infra muros Matisconis. Igitur ego Albericus inclitus comes cogitans de Dei misericordia ut pius Dominus me eripiat de inferno, dono ad ipsam casam Dei ad mensam fratrum aliquid de rebus meis que sunt site in pago Matisconensi, in villa que dicitur Blitannidis(¹); hoc est mansus unus quem Gotfredus in beneficio tenebat totum ad integrum cum omnibus appendentiis suis quesitum et inquirendum et quicquid ibi aspicit vel aspicere videtur, eo tenore dummodo vivo usum et fructum habeam, post meum vero decessum ad ipsam casam Dei perveniat et annis singulis festivitate Sancti Vincentii XII denarios persolvam investitura ad mensam fratrum. Interdico ut nullus episcopus, neque prepositus, nec ulla emissa persona ulli umquam beneficiare liceat nec in precariam mittere; quod si fecerint iram Dei incurrant et parentes mei supradictas res recipiant. Si quis autem contradixerit v componat auri uncias, et in antea heleemosina hec firma permaneat. S. Alberici comitis, qui heleemosinam istam fecit. S. Leotaldi. S. Ermentrudis, conjugis sue. S. Odolrici. S. Humberti. S. Lertberti. S. Fromaldi. S. Leteri. S. Hugonis. S. Manassis. S. Raculfi. S. Drogonis. Data per manum Humberti levite.

CXII.

[RODULFUS PRESBITER DAT QUEDAM IN VILLIS MOYSON ET FONTANILLAS(¹).]

Sacrosancte Dei ecclesie et Sancti Vincentii martiris Matiscensis. Ego Rodulfus presbiter dono ad ipsam casam Dei aliquid ex rebus hereditatis mee que sunt site in pago Matisconensi, in villa Moyson et in Fontanilias, inprimis in Moyson. Dono ibi in stipendia fratrum vineam que terminatur a mane et circio Sancti Vincentii, a medio die Bernefredo terra, a sero via publica. Infra istos terminos ipsam vineam ibi dono ad integrum et faciant rectores ejusdem ecclesie in Dei servitio per hac die quicquid voluerint. Et dono in ipsa villa aliam vineam cum curtili qui terminat a mane via publica, a medio die Sancti Vincentii(²), a sero Sancti Stephani, a circio Sancti

---

CXI. (¹) Bouh., *Blemundis*.
CXII. (¹) Huic chartæ nota temporis deest.
    (²) Bouh., *S. Verani*.

Vincentii. Infra istos terminos medietatem, post meum decessum et de aliis rebus quas in ipsa fine habeo, campis, pratis, silvis, de quantum ibi visus sum habere; post meum decessum, medietatem ad mensam fratrum. Si quis vero donationem istam contradixerit auri uncias quatuor componat.

CXIII.

[WIGO VICECOMES DAT QUEDAM IN AGRO SALORNIACENSI.]

1018 — 1030.

Sacrosancte ecclesie Sancti Vincentii martiris que est constructa infra ambitum meniorum Matiscensium cui domnus Gauslenus venerabilis episcopus preest. Ego Wigo vicecomes et uxor mea Eufemia concedimus quasdam res juris nostri sitas in pago Matisconensi, in agro Salorniacensi, in ipsa villa, scilicet mansum unum cum domibus et curtilis et vinea. Terminatur ab oriente et occidente, meridiano atque septentrione viis publicis. Hunc igitur mansum donamus Domino Sanctoque Vincentio perpetualiter ut faciant rectores ejusdem ecclesie quicquid facere voluerint. Similiter donamus Deo et Sancto Vincentio in villa de Langiaco mansum unum qui terminatur a mane terra Adselini, a medio die et a sero terra Sigualdi, a circio terra Francorum. Hunc ergo mansum cum vineis, campis, pratis, silvis, aquis aquarumque decursibus, cum servo nomine Falcoeno et uxore Ramuelda, eo pacto donamus ut in vita nostra jure usuario possideamus, post nostrum excessum rectores Sancti Vincentii hec omnia recipiant. Donamus autem perpetualiter investitura servum jam dictum cum uxore et filio et campum unum in villa Cropio situm ; terminatur a mane et a medio die viis publicis, a sero terra Adsonis, a circio Sancti Vincentii. S. Wigonis vicecomitis et uxoris sue Eufemie. S. Elisabeth comitisse. S. Sigualdi. S. Manasse. S. Oggerii. S. Warnerii. Rannulfus levita scripsit.

CXIV.

[HAYMO ET LANDRICUS DANT CURTILUM TITULO PIGNORIS.]

937 — 962.

Dilecto Humberto preposito et ceteris canonicis Sancti Vincentii Matiscensis. Ego Haymo et frater meus Landricus incautionamus vobis curtilum in pago Matisconensi, in agro Melionacensi, in villa de Moyson. Terminatur a mane terra Sancti Vincentii, a medio die via publica, a sero Sancti Johannis, a circio Sancti Vincentii; habet in longo perticas xii, in lato v. Infra istos terminos ipsum curtilum vobis incautionamus ad annos xii, pro solidis vi, et usque in diem solutionis. S. Aymonis. S. Landrici. S. Eurardi. S. Vulfardi. S. Lanterii. S. Girberti. Data per manum Berardi.

CXV.

[ARNULFUS PRESBITER DAT VINEAM SITAM IN VILLA MUISON.]

928 — 936.

Sacrosancte ecclesie Sancti Vincentii Matiscensis quam domnus Berno presul ad regendum habere videtur. Igitur ego Arnulfus presbiter dono ad ipsam casam Dei aliquid ex rebus meis que sunt site in pago Matisconensi, in agro Melionacensi, in villa Muyson; hoc est vinea quam terminat a mane terra Sancti Vincentii, a medio die terra Henrici, a sero terra Rainaldi et Teutgerii, a circio Sancti Vincentii. Istam vineam ad mensam fratrum dono eo tenore, ut dum ego vivo usum et fructum habeam; post meum decessum, ad ipsam casam Dei perveniat. S. Arnulfi. S. Pontionis. S. Adalardi. S. Petri. S. Ritbodi. S. Berengarii.

CXVI.

[HIRMENGARDA DAT CURTILUM PRO ANIMA SUA ET SENIORIS SUI.]

972 — 977.

Sacrosancte ecclesie Sancti Vincentii Matiscensis quam Johannes episcopus regit. Ego, in Dei nomine, Hermengarda femina cogitans de Dei misericordia, ei dono pro remedio anime mee et Maimbodi senioris mei aliquid ex rebus meis in pago Matisconensi, in villa Fontanilias; hoc est curtilus cum vinea. Terminat a mane et a medio die et a sero vias publicas, a circio Bertranni, infra istas terminationes medietatem; et dono in ipso loco campum unum qui terminat a mane via publica, a medio die Sancti Petri, a sero Henrici, a cercio Bertranni. Infra istas terminationes dono ad ipsam casam Dei, eo tenore ut dum ego vivo teneam et possideam, et si quis beneficiare voluerit, aut in precariam accipere, rectam reclamationem habeant parentes mei. S. Hermengarde. S. Rainaldi. S. Aquini. S. Ingelbaldi. S. Dominici. S. Arberti. S. Arlulfi.

CXVII.

[ALTASIA VENDIT CURTILUM SECUNDUM LEGEM SALICAM(¹).]

Domino, fratri Adalgiso. Ego Altasia et filii mei Beraldus presbiter et Vulfardus venditores, vendimus res nostras que sunt site in pago Matisconensi, in agro Fusciacensi, in villa Varennas; hoc est curtilus cum vinea et arboribus et campo, qui terminat a mane terram Rainati, a medio die viam publicam, a sero Leutgaudum presbiterum. Infra istos terminos, sicut michi obvenerunt ipsas res in spontalitio de parte senioris mei Humberti, ego et filii mei, Beraldus videlicet atque Vulfardus, tibi vendimus secundum legem salicam, tradimus atque transfundimus et accipimus de vobis precium in valore solidorum x, et pro ipso precio de ipsis rebus tibi werpitionem facimus, et fiat de ipsis quicquid volueris. S. Altasie. S. Beraldi. S. Aldonis. S. Giraldi. S. Berulfi.

CXVIII.

[MAALBERTUS CUM UXORE IMPIGNORANT QUEDAM IN VILLA ALBUCINIACO(¹).]

Dilecto nostro amico nomine Abo et uxori sue Stephane. Ego in Dei nomine Maalbertus et uxor sua Aya et infantes illorum consentientes incaucionamus vobis de rebus nostris que sunt in pago Matisconensi, in agro Fusciaco, in villa Albuciniaco. He sunt raiscie de vinea IIII, a mane et a circio ipsi Maalberto, a medio die et a sero Hugonis; infra ipsos terminos vobis incaucionamus ad annos IIII, per solidos III, et teneatis usque ad solutionem. Et in alio loco cambras duas de vinea, per denarios XX, que terminatur a mane de ipsa hereditate, a medio die Sancti Verani, a sero via publica, a circio Francorum; (et) in alio loco vercaria, et terminat a mane et a medio die et a sero de ipsa hereditate, a circio via publica, per denarios XII. S. Maalberti et uxoris sue Aye. S. Hugonis. S. Adaldradi. S. Auscherii. S. Humberti.

CXIX.

[WIDO ABBAS COMMUTAT QUASDAM TERRAS CUM ADONE LEVITA(¹).]

Placuit atque convenit inter domnum Widonem abbatem, necnon ab alia parte Adonem levitam ut terras inter se commutare deberent, quod et

---

CXVII. (¹)Hæc charta notâ chronologicâ caret.
CXVIII. (¹)Huic chartæ deest nota chronologica.
CXIX. (¹)Absque temporis notâ.

fecerunt. Inprimis donat Wido abbas campum de ratione Sancti Leodegarii qui est in pago Matisconensi, in agro Fusciacensi, in villa Davaiaco. Ipse campus terminat a mane terra Sancti Stephani, a medio die et a sero terra Adoni, a circio via publica; habet in longo a mane perticas x et pedes v, a medio die perticas xii, a sero perticas xi, a cercio xiii. Infra istas terminationes et perticationes ipse Wido abbas donat Adoni ipsum campum in loco scammii. Similiter donat Ado abbas tantum et dimidium campum qui est in pago Matisconensi, in agro Fusciacensi, in ipsa villa Davaiaco ([2]); terminat ipsum campum a mane de ipsa hereditate, a medio die terra Sancte Marie, a sero et circio terra de Prisciaco ([3]). Infra istas terminationes et perticationes commutat Ado ipsum campum a partibus Sancti Leodegarii; si quis cum calumniaverit iiii uncias componat auri. S. Widonis abbatis. S. Corterii. S. Rotgerii. S. Humfredi. S. Warnerii.

CXX.

[KAROLUS IMPERATOR CONCEDIT ECCLESIAS SS. JANGULFI ET MARTINI ([1]).]

802 — 810.

In nomine sancte et individue Trinitatis, Karolus divina famulante clementia ([2]) imperator augustus. Notum sit omnibus sancte Dei ecclesie fidelibus tam presentibus quam futuris quia Wichardus venerabilis episcopus seu archicancellarius noster nostram adiit presentiam cum canonicis de ecclesia Sancti Vincentii que est sita in civitate Matisconum. Placuit quod (clerum) ipsius civitatis consolaremus de quibusdam rebus injuste ablatis pro remedio anime nostre ac parentum nostrorum. Cujus petitionem libenter audivimus et profuturum cognovimus, quapropter concessimus in villa Ciciacum ecclesiam Sancti Jangulfi et in Dunacum ([3]) ecclesiam Sancti Martini et mansa xiiii in usus fratrum ibi Domino servientium ut in futura secula maneat absque alicujus contradictione. Si quis contradixerit xxx auri libras culpabilis judicetur. Et ut hoc verius credatur manu propria nostra firmavimus et annulo nostro insigniri jussimus. S. Karoli imperatoris ([4]).

([2]) Bouh., *Damaico*, nostris *Davayé*.
([3]) Bouh., *Poisiaco*, gallicè *Prissé*.
CXX. ([1]) Hoc diploma edidit Jac. Severt. pag. 28.
([2]) Bouh., *gratiâ*.
([3]) Bouh. *Diviacum*, nostris St.-Martin de *Varennes-sous-Dun*.
([4]) Vide superius chartam LXVIII.

CXXI.

[ADALGISUS LEVITA DAT DIVERSAS RES SITAS IN VILLA MOISON.]

886 — 927.

Sacrosancte ecclesie Sancti Vincentii que est infra muros Matisconis cui Giraldus episcopus preest. Ego in Dei nomine Adalgisus levita dono pro remedio anime mee ad ipsam casam Dei aliquid ex rebus meis que sunt in pago Matisconense, in agro Melionacense, in villa Moyson; hoc est curtilus quod de Teudone et uxore sua Leugari conquisivi, et terminat a mane et a medio die et a sero vias publicas et a circio terra Condulrici et via publica. Infra istos terminos ipsum curtilum, preter tres petiolas a sero quas incartatas habeo, ad ipsam casam Dei dono ad stipendia fratrum, ea ratione ut dum ego vivo usum et fructum habeam, post meum decessum Adalardus teneat. Similiter dono illas res quas de Ansberto et Eldeverga conquisivi, et de Teudone et Leutgara, similiter illas quas de Amebalto et uxore sua acquisivi, hoc est silva increpita, et in ipsa fine pratum quod de Geldone et Fulcodo conquisivi; et in fine Varennas pratos quos de Veraldo conquisivi, similiter et illos quos de Geldone et Fulcodo conquisivi, qui in ipsas Varennas resident. Similiter in fine Moyson terram arabilem que de Amebalto et de Geldone et de Adalardo conquisivi. Post meum decessum, Adalardus ipsas res teneat ea ratione ut annis singulis, festivitate omnium sanctorum, refectionem in refectorio canonicis Sancti Vincentii ostendat; post suum decessum, ad ipsam casam Dei perveniat. Adalgisus levita qui firmavit. S. Eurardi. S. Emardi. S. Gondulrici.

CXXII.

[JUSTUS HEBREUS COMMUTAT DIVERSAS RES CUM GIRALDO EPISCOPO.]

886 — 927.

Placuit atque convenit inter Justonem et uxorem suam Belisiam et infantes eorum hebreos Giraldo episcopo Matisconensis civitatis Sancti Vincentii martiris, cum suis canonicis, res inter se commutarent et fecerunt. Imprimis donant atque commutant Justus et uxor sua Belisia cum infantibus eorum, a partibus domno Giraldo episcopo cum suis canonicis Sancti Vincentii martiris, res nostras que sunt in pago Matisconense, in agro Melionacense, in villa Moyson, hoc est vinea cum campo insimul tenente que terminat a mane terra Hebreorum, a medio die Adalgis levite, a sero et a circio vias publicas; habet in longo perticas xxxiii, in lato perticas xviii. Similiter donat atque commutat domnus Giraldus episcopus cum suis canonicis Sancti Vincentii martiris res que sunt site in ipsa villa Muison; hoc est curtilus cum vinea insimul tenente que terminat a mane terra Justone, a medio die terra Adalardo, a sero Rannulfo que fuit Madalulfi, a circio terra Sancti Veranni; habet in longo perticas xvi, de vinea vestita in unoquoque fronte perticas xii. In ipso loco campum unum qui est in relevio; habet in longo perticas xviiii, in lato viii. Vinea et campus est in ipsa terminatione, et est in ipsa villa vinea que terminat a mane terra Adalardi, a medio die terra Hebreorum, a sero similiter, a circio via publica; habet in longo perticas viii et pedes iiii, in unoquoque fronte perticas vi. Infra istas terminationes et perticationes, unusquisque quod accepit teneat et possideat et faciat post hunc diem quicquid voluerit sine contradictione. Si quis contradixerit ii uncias auri componat. S. Rocleno. S. Arigerio. S. Ansigis. S. Adalberti. S. Teotlini. S. Ambaldi.

CXXIII.

[IDRENUS DAT CURTILUM INDOMINICATUM IN VILLA MOYSON.]

968 — 971.

Sacrosancte ecclesie Sancti Vincentii que est constructa infra muros Matisconum quam domnus Ado episcopus ad regendum habere videtur. Igitur ego Idrenus et uxor mea Ava donamus pro remedio animarum nostrarum ad ipsam casam Dei in stipendia fratrum res nostras que sunt in pago Matisconense, in agro Meloniacense, in villa Moyson; hoc est curtilus indominicatus cum vinea, terminat a mane via publica, a medio die terra Girberti, a sero fossado finale, a circio de ipsa hereditate. Infra has terminationes totum ad integrum ad ipsam casam Dei donamus et alias res quicquid in ipsa villa vel in omnibus finibus ejus visi sumus habere, quesitum et inquirendum, eo tenore dummodo vivimus pariter usum et fructum exinde habeamus; post nostrum amborum decessum, ad rectores ecclesie Sancti Vincentii permaneant(¹) et honorifice nos sepeliant in cimiterio Sancti Petri apostoli. Post hec faciant quod facere voluerint nullo contradicente. S. Idonei et uxoris sue Ave. S. Bernardi. S. Bernonis. S. Adfrici. S. Constancii. S. Petrini. S. Waltherii. S. Gaimalberti. S. Bernerii. S. Bernardi.

CXXIII. (¹) Bouhier, *perveniant*.

CXXIV.

[GRIMOLDUS VENDIT FULCUALDO PRESBITERO CURTILUM(¹).]

Dilecto et venerabili Fulcualdo presbitero emptore. Sic igitur ego in Dei nomine Grimoldus et uxor sua Gisla venditores vendimus vobis curtilum cum exitibus et regressibus et vinea insimul tenente, que est sita in pago Matisconensi, in agro Meloniacensi, in villa Muison; terminat ipse curtilus cum vinea a mane seu a sero necnon et a circio terra ipsius emptoris, ad medium diem via publica. Infra istas terminationes de ipso curtilo et vinea et aliud quod ad ipsum curtilum aspicit id quicquid in predicta villa visi sumus habere totum et ad integrum tibi vendimus, pro quo accipimus precium in presente, sicut inter nos convenit et nobis complacuit, solidos xv, prescriptum curtilum sicut superius legitur pro ipso precio hac epistola venditionis in tua tradimus potestate et dominatione jure ad proprium idem habendi, vendendi, perdonandi, commutandi, firmissimam in omnibus habeas faciendi potestatem quicquid volueris. Si quis vero, quod futurum non credo, calumniaverit auri libram componat. S. Grimoldi. S. Gislane. S. Arnulfi. S. Petrini. S. Fulberti. S. Bertonis.

CXXV.

[ARNULFUS DIACONUS COMMUTAT TERRAS CUM GIRALDO(¹).]

In Dei nomine complacuit atque convenit inter Arnulfum diaconum et ab alia parte Giraldum et uxorem suam Susannam quod inter se terras commutarent a die presente. Similiter donat Arnulfus diaconus Girardo cum uxore sua Susanna unam vineam que est sita in pago Matisconensi, in agro Fusciacensi, in villa Muison. Ipsam vineam terminat a mane terra Sancti Vincentii, a medio die Sancti Stephani Lugdunensis, a sero terra Rainol, a circio similiter; habet in longo perticas xvi, in uno fronte a medio die perticas ii et in alio fronte perticam i. Infra istas terminationes et perticationes, donat Arnulfus diaconus Giraldo et uxori sue Susanne in locum Franco(²), et faciat unusquisque de proprio suo quid voluerit. Si quis contradixerit libras ii auri componat. S. Arnulfi. S. Adalardi. S. Teotelini.

CXXIV. (¹) Absque temporis notâ.
CXXV. (¹) Hæc charta notâ chronologicâ caret.
(²) Bouhier rectiùs, *scammii*.

CXXVI.

[BERERIUS PRESBITER VENDIT GUNDULDRICO PRATUM IN VILLA MUISON (¹).]

Domino, fratri Gundulrico. Ego in Dei nomine Bererius presbiter venditor vendo tibi aliquid de rebus meis que sunt in pago Matisconense, in agro Meloniacense, in villa subtus Muyson. Hoc est pratus qui terminat a mane terra Sancti Johannis, a medio die aqua volvente Graona et prato Sancti Johannis, a sero terra Sancti Andree, a circio vinea de ipsa hereditate. Unde accipio precium de te sicut inter nos convenit atque complacuit valente solidos v, et pro ipso precio de meo jure in tua trado dominatione et facias quicquid facere volueris tam tu quam heres tuus. Si quis contradixerit III componat auri uncias. S. Bererii presbiteri. S. Itberti. S. Teutelini. S. Ayebaldi. S. Ingelardi. S. Avierici. S. Martini. S. Hermardi.

CXXVII.

[TETENUS DAT VINEAM IN VILLA SATONACO CANONICIS.]

928 — 936.

Sacrosancte ecclesie Sancti Vincentii martiris que est constructa infra murum civitatis Matisconensis cui venerabilis vir Berno episcopus preesse videtur. Igitur ego in Dei nomine Tetenus et uxor sua Alderudis donamus pro remedio animarum nostrarum canonicis ipsius loci aliquid de rebus nostris que sunt site in pago Matisconensi, in agro Fusciacensi, in villa Satonaco. Hoc est vinea que terminatur a mane terra Sancti Clementis, a medio die terra Bononio et Octavio (¹), a sero et a circio terra Sitboleti; et habet in longo perticas xvi, in lato in uno fronte a mane perticas vii et pedes x, in alio fronte a sero perticas xvii. Infra istas terminationes et perticationes ad integrum vobis donamus ad ipsam casam Dei canonicis, et faciant post hunc diem quicquid facere voluerint sine ullo contradicente. S. Teteni. S. Guntardi. S. Daniel. S. Aimerici. S. Gontelet.

CXXVIII.

[TENDONUS VENDIT ADALGISO LEVITE VINEAM IN VILLA MOISON.]

886 — 927.

Domino, fratri Adalgiso levite. Ego quidem in Dei nomine Teudonus et uxor sua Leutiar venditores vendimus vobis vineam insimul tenentem que

---

CXXVI. (¹) Huic chartæ temporis nota deest.
CXXVII. (¹) Bouh., *Bourno* et *Otranno*.

est sita in pago Matisconensi, in agro Meloniacensi, in villa Moyson. Ipsam vineam terminat a mane via publica, a medio die et sero terra de ipsa hereditate, a circio terra Teudono; et habet in longum perticas L, de lato in uno fronte a mane perticas III et pedes VIII, in alio fronte a sero perticas VII. Infra istas terminationes et perticationes ad integrum vobis vendimus et accipimus de vobis precium sicut inter nos convenit valente solidos XXIIII et dimidium, et pro ipso precio vobis vendimus, tradimus atque transfundimus; et faciatis post hunc diem quicquid volueritis, in omnibus in Dei nomine habeas potestatem. Si quis contradixerit II uncias auri componat. S. Teudoni. S. Ambalti. S. Teutseni. S. item Teudoni. S. Scolerii.

CXXIX.

[HUMBERTUS VENDIT RAINERIO CURTILUM IN AGRO MELONIACENSE (¹).]

Domino, fratri Rainerio emptori. Ego Humbertus et uxor sua Altasia vendimus tibi aliquid de rebus nostris in pago Matisconense, in agro Meloniacense, in villa Condaminas cui vocabulum est. Hoc est curtilus cum vinea et exitu qui terminatur a mane terra Sancti Stephani, a medio die via publica, a sero Sancti Quintini, a circio terra ipsius emptoris. Infra istas terminationes medietatem tibi vendimus et accipimus de te precio solidos XIIII, et de jure nostro in vestra tradimus dominatione, et faciatis quod volueritis. S. Humberti. S. Altasie. S. Bernart. S. Berulfi. (S. Annibalt.)

CXXX.

[FLOCBERTUS DAT QUEDAM IN VILLA AD ARCUS CUM SILVA IN VILLA VARENNAS (¹).]

968 — 971.

Sacrosancte ecclesie Sancti Vincentii martiris que est constructa infra muros Matisconis in qua domnus Ado episcopus et Johannes prepositus rectores haberi videntur. Igitur ego, in Dei nomine, Flotbertus et uxor mea Odila donamus pro remedio animarum nostrarum Sancto Vincentio ad mensam fratrum aliquid ex rebus nostris que sunt site in pago Matisconensi, in villa Varennas, item aliquantulum silve quam ibi conquisivimus. Terminatur a mane fluvio Sagone, a medio die Achardi, a sero terra Arboldi presbiteri et Manguigodi, a circio Osanane. Iterum in alio loco donamus Sancto Vincentio campum unum in ipsa villa qui vocatur ad Arcus; termi

---

CXXIX. (¹) Nota chronologica deest.
CXXX. (¹) Adi chartam XLV.

natur a mane camino veteri ad Arcus, a medio die via publica, a sero terra Gotoberti, a circio terra Sancti Stephani; et insuper in ipsa villa omnia quecumque visi sumus habere quesitum et inquirendum Sancto Vincentio donamus. Hec sunt campi, prati, silve, aque aquarumque decursus, preter unum pratum quod est filie nostre, eo tenore ut quamdiu vivimus usum et fructum habeamus; post nostrum decessum, ad Sanctum Vincentium perveniat. Si quis contradixerit auri uncias componat duas. S. Flotberti et uxoris sue Odile. S. Leuterii. S. Bernardi. S. Ernadi. S. Josberti. S. Grimoldi. S. Giroldi. S. Wicardi. Data per manum Humberti levite.

CXXXI.
[MAALBERTUS IMPIGNORAT ABONI VINEAS IN VILLA ALBUCINIACO.]
886 — 927.

Dilecto Aboni et uxori sue Stephane. Maalbertus et uxor ejus Aya incaucionamus vobis in pago Matisconense, in agro Fusciacense, in villa Albuciniaco ([1]). Terminat a mane terra Sancti Verani, a medio die et a sero terra Francorum, a circio de ipsa hereditate; et in alio loco rescias duas que terminantur a mane terra Sancti Verani, a medio die similiter, a sero de ipsa terra, a circio terra Francorum. Infra istos terminos, sicut supra insertum est, vobis incaucionamus ad annos VI pro solidos VI, et usque in diem solutionis firma permaneat omni tempore. S. Maalberti et uxoris sue Ylie (vel) Aye. S. Hugonis. S. Duranni. S. Alberti. S. Rotlanni. S. Aldemari. Et in alio loco rescias duas pro solidos II et denarios ([2]) IIII.

CXXXII.
[LEUTBERGA DAT FILIIS MANSUM INDOMINICATUM IN VILLA MANSIACO ([1]).]

Dilectis infantibus meis nomine Annelius et Achardus, ego Leutberga dono vobis mansum indominicatum in pago Matisconense, in agro Fusciacense, in villa Mansiaco, et quicquid ibi aspicit. Hec sunt([2]) campis, pratis, silvis, aquis aquarumque decursibus, omnia quesitum et inquirendum totum ad integrum vobis dono dummodo vivo usum et fructum habeam, post meum decessum vobis perveniat et faciatis quicquid volueritis. S. Leutberge. S. Bererii. S. Ayloardi. S. Aymonis. S. Widonis. S. Christiani. S. Bernardi.

CXXXI. ([1]) Res incaucionata non designatur in codice nostro nec in Boheriano, adi superiùs chartam CXVIII.
([2]) Bouhier, *dimidio*.
CXXXII. ([1]) Huic donationi temporis nota deest
([2]) Bouhier addit *cum*.

CXXXIII.

[ANSELARDUS DAT CURTILE CUM VINEA IN VILLA LOPCHIACO.]

981 — 996.

Sacrosancte ecclesie Sancti Vincentii martiris que est constructa infra muros Matisconum quam domnus Milo episcopus ad regendum habere videtur. Igitur ego in Dei nomine Anselardus necnon et uxor mea Adalgardis nomine donamus ad ipsam casam Dei aliquid ex rebus nostris, pro remedio animarum nostrarum, que conjacent in pago Matisconense, in agro Fusciacense, in villa Lopchiaco, cum curtilo, cum vinea et superposito, qui habet fines et terminationes, a mane terra Sufficiane, a medio die via publica, a sero Daberti, a circio Girbergane. Infra hunc terminum donamus ad ipsam casam Dei, ad mensam fratrum, eo pacto ut si in beneficio datum fuerit alicui vel in precariam, heredes nostri inibi recuperent. Firma permaneat omni tempore. S. Anselardi. S. Adalgarde. S. Arnulfi. S. Garcranni. S. Rannaldi.

CXXXIV.

[AYMO IMPIGNORAT GIBERIO CURTILUM IN VILLA MOYSON(¹).]

Dilecto Giberio et uxori ejus Eldeverge. Ego Aymo incauciono vobis curtilum in pago Matisconense, in agro Melionacense, in villa Moyson. Terminatur a mane terra Sancti Vincentii, a medio die via publica, a sero Adalgerio, a circio ab ipso Giberio. Infra istos terminos ipsum curtilum vobis incauciono ad annos XII pro solidos III, et usque in diem solutionis. Si quis caucionem istam contradixerit auri unciam componat. S. Aymonis. S. Balterii. S. Landrici. S. Armanni. S. Vidali. S. Dominici.

CXXXV.

[CONSTANTIUS IMPIGNORAT ARNULFO VINEAM IN VILLA CAVANIACO(¹).]

Dilecto Arnulfo et uxori sue Aleldi. Ego Constantius incauciono vobis vineam in pago Matisconense, in agro Melionacense, in villa Cavaniaco. Terminat a mane de ipsa hereditate, a medio die via publica, a sero Sancti Vincentii, a circio de ipsa hereditate. Infra istos terminos vobis incauciono ad annos IIII pro solidis IIII et usque in diem solutionis, et tempus vindemie modium unum de musto persolvant. S. Constantii. S. Rotlanni. S. Airardi. S. Achini.

CXXXIV. (¹) Absque temporis notâ.
CXXXV. (¹) Huic chartæ nota chronologica deest.

CXXXVI.

[AUSCHERIUS IMPIGNORAT RESCIAM DE VINEA IN VILLA SATONACO(¹).]

Dilecto amico nostro nomine Aboni et uxori sue Stephane. Ego Auscherius incaucionamus vobis unam resciam de vinea que est in pago Matisconense, in agro Fusciaco, in villa Satonnaco, in convenientia quod tempore vindemiarum (dabimus) de musto sextarios XII, si in illa rescia inventi non fuerint. Terminatur a mane via publica, a medio die Rotberto et Aldone, a sero Humberto, a circio Bernardo. Infra istos terminos vobis dono in caucionem ad annos III pro solidis II, et teneatis usque ad solutionis perventionem (²). S. Auscherii. S. Duranni. S. Adaldradi. S. Habundantii (³).

CXXXVII.

[ISEMBRANNUS DAT ECCLESIE CURTILUM IN VILLA FONTANILIAS(¹).]

Sacrosancte ecclesie Sancti Vincentii martiris infra Matisconem constructe. Ego Isembrannus et uxor mea Teisa donamus, pro anima filii mei defuncti videlicet Duranni sacerdotis, curtilum cum vinea situm in pago Matisconense, in agro Salorniacense, in villa Fontanilias. Terminatur a mane et a medio die et a sero viis publicis, a circio terra Martini. Infra istas terminationes unum curtilum Sancto Vincentio donamus, ut idem egregius Domini testis animam illius a penis inferni sua intercessione liberare dignetur, et faciant rectores Sancti Vincentii ab hac die quod voluerint. S. Isembranni et uxoris sue Teise, qui hanc donationem fecerunt. S. Belini. S. Odonis. S. Marleni. S. Giroldi.

CXXXVIII.

[GILDO VENDIT ADALGISO LEVITE VINEAM IN VILLA MUISON(¹).]

Domino, fratri Adalgiso levite emptori. Ego Geldo et uxor mea Adria venditores vendimus tibi aliquid ex rebus nostris que sunt site in pago Matisconense, in agro Melionacense, in villa Muison. Hoc est vinee duas rescias, que terminat a mane terra Sancti Vincentii, a medio die terra

---

CXXXVI. (¹) Absque notâ chronologicâ.
        (²) Bouh., *ad solutionem perfectam.*
        (³) Bouh., *Habuidinci.*
CXXXVII. (¹) Nota chronologica deest.
CXXXVIII. (¹) Venditio hæc temporis notâ caret.

Benefredi, a sero terra Rannaldi, a circio terra Servadi. Infra istos terminos, ipsam vineam vobis vendimus ut faciatis quod vultis nullo contradicente, et accipimus de te precium in argento solidos xii. Si quis contradixerit unam unciam componat auri. S. Geldonis et uxoris sue Adrie. S. Ritfoldi(²). S. Bertrandi. S. Eldrardi. S. Arcambaldi. S. Geraldi. S. Ansigisi.

CXXXIX.

[ADALGISUS DAT JOSLENO RES QUAS DE CHALINO PRESBITERO ACQUISIVERAT(¹).]

Dilecto fideli meo Josleno. Ego Adalgisus levita dono tibi aliquid ex rebus meis que sunt site in pago Matisconense, in agro Fusciacense, in villa Varennas. He sunt res quas de Siesalno(²) presbitero et de Altasia et filio suo Beraldo presbitero conquisivi. Terminantur ipse res a mane terra Landrici, a medio die via publica, a sero et a circio Leutgardo presbitero. Omnes res(³), infra istas terminationes, totum ad integrum tibi dono preter illas res quas colonus(⁴) ibi habet; et fac de ipsis rebus quicquid tibi placuerit. S. Adalgisi. S. Eurardi. S. Rannulfi. S. Adalart. S. Waldo. S. Aldo.

CXL.

[DAVID CUM WANDINA UXORE DANT CURTILUM IN VILLA URINIACO.]

937. — 962.

Sacrosancte Matiscensis ecclesie quam Maimbodus episcopus ad regendum habere videtur. Ego David et uxor mea Wandinodis donamus pro Dei amore ad ipsam casam Dei aliquid ex rebus nostris in pago Matisconense, in agro Uriniacense, in ipsa villa Uriniaco(¹). Hoc est curtilus cum vinea qui terminat a mane via publica, a medio Hebreorum, a sero Hebreorum, a circio via publica; et est alius curtilus cum vinea in ipso pago, in agro Uriniacense, in fine Torrente, terminatur a mane via publica, a medio die terra consortorum, a sero similiter, a circio Sancti Mauricii. Infra istis terminationibus ipsas res donamus ad ipsam casam Dei eo tenore ut dum advixerimus et filius noster Walterius clericus, usum et fructum (habeamus); post nostrum decessum, ad ipsam casam Dei perveniant. Et in villa Turre, quantum

---

(²) Bouhier, *S. Richodi.... S. Arcalvadi.*
CXXXIX. (¹) Temporis nota deest.
(²) Bouh., *Chalino.*
(³) Bouh., *cum hercedibus.*
(⁴) Bouh., *Erlamius.*
CXL. (¹) Bouh., *Urmiaco*, nostris *Hurigny.*

deinceps adquirere potuerimus, similiter ad ipsam casam Dei donamus. S. David et uxoris sue Wandelmodis. S. Ramberti. S. Leoteudi. S. Christophori. S. Arnulfi. S. Pervadi. S. Andree. S. Grimardi. S. Martini. S. Constantii.

CXLI.

[JULIA DAT VINEAM IN VILLA CAVANIACO IN PAGO MATISCONENSI.]

968. — 971.

Sacrosancte ecclesie Sancti Vincentii martiris que est infra muros Matisconis quam domnus Ado episcopus ad regendum habere videtur. Ego Julia femina dono, pro remedio anime mee et senioris mei David et filiorum meorum, ad ipsam casam Dei aliquid ex rebus meis que sunt site in pago Matisconense in agro Melionacense, in villa Cavaniaco. Hoc est vinea que terminat a mane terra Anscherici, a medio die Sancti Vincentii, a sero Sancti Stephani, a circio Sancti Petri. Infra istas terminationes, dono ad ipsam casam Dei ad mensam fratrum, eo tenore dum ego vivo et filius meus Arbertus teneamus et possideamus, et unoquoque anno tempore vindemie II sextarios persolvamus. Et si aliquis beneficiare presumpserit rectam reclamationem habeant parentes mei. Si quis hoc contradixerit libram I de auro persolvat. S. Julie. S. Eldenaldi. S. Warnerii. S. Maimbodi. S. Duranni. S. Dorini. S. Bernardi. S. Umberti. Hactum hoc regnante Lothario rege.

CXLII.

[ADALARDUS SACERDOS DAT SANCTO VINCENTIO MANSUM IN VILLA CADERIAS.]

1048.

Omnia que instantis temporis cursu solida debent ratione persistere expedit apicum caracteribus futurorum noticie tradere quatenus per succedentium temporum spatia controversiarum quiescant jurgia. Quapropter ego Adalardus proffessione sacerdos, scelerum meorum reminiscens enormitatem, attendensque Salomonis verba dicentis : « Redemptio anime viri divitie ejus, » concedo Domino et Sancto Petro Sanctoque Vincentio mansum unum, consentiente Adalgiso levita de quo hoc predium centum vigenti solidos dum (¹) nec solum ab ipso sed a fratre ejus nomine Duranno. Est autem situs ipse mansus in pago Matisconensi, in agro Fusciacensi, in villa Caderias;

CXLII. (¹) Bouh., *emi*.

desinit vero ab oriente semita usui vicinorum apta, ab austro autem et occidente alium vicinum in alvo (²), ab aquilone via publica. Et in alia villa que dicitur Bosced. curtilum unum cum domo et vinea et omnibus appendentiis. Terminatur ab oriente et ab occidente terra que olim fuit Hebreorum, a medio die rivo currente, a circio terra Hebreorum. Hos igitur curtilos cum omnibus appendentiis ego Adalardus sacerdos, sicut supradictum est, Domino ac Sancto Petro Sanctoque Vincentio necnon Innocenti tribuo (³) eo pacto ut si ecclesie Matisconensis thesauriarius missam quotidie, in cripta que Domino in honore Sancti Petri apostoli et Sancti Innocentis martiris dicata est, aut celebraverit, aut ut ab alio cantata sit procuraverit, post meum decessum ipse has terras teneat; similiter qui hoc egerit ipsas jure perpetuo possideat. S. Adalardi sacerdotis qui hoc scriptum fieri jussit et firmare precepit. S. Adalgisi qui consensit. S. Letbaldi pontificis. S. Gauseranni levite. S. Aldonis. S. Umberti. S. Udulrici filii (⁴) Tetberti. S. Udulrici pueri, filii ejus. S. Bernardi. S. Henrici. S. Raculfi. S. Arlebaldi. S. Constantini. S. Warulfi. S. Walterii pomilionis. Data per manum Rannulfi levite die Pentecostes anno Incarnationis Dominice millesimo xviii, indictione prima, regnante Rotberto rege.

CXLIII.

[ADRALDUS PRESBITER DAT CURTILUM IN VILLA VARENNAS.]

937 — 962.

Sacrosancte ecclesie Sancti Vincentii Matiscensis cui domnus preest Maimbodus episcopus. Ego Adraldus presbiter dono ad ipsam casam Dei aliquid ex rebus meis in pago Matisconensi, in agro Fusciacensi, in villa Varennas, Amarico vocatum. Hoc est curtilus cum suprapositis et vineam que terminat a mane et medio die vias vicinabiles, a sero terra Gausleni, a circio fossado finale. Infra istos terminos, ipsas res dono ad ipsam casam Dei in stipendia fratrum, eo tenore dum ego vivo usum et fructum (habeam), sed tantum in censum omni anno, in festivitate Sancti Vincentii, de cera denaratas iiii persolvam. Si quis vero donationem istam contradixerit auri libram componat. S. Adraldi presbiteri. S. Warnerii. S. Marleni. S. Aldonis. S. Evrardi.

(²) Bouh., *Almi Vincentii arvo.*
(³) Bouh., *innocentibus tribus.*
(⁴) Bouh., *fratris.*

CXLIV

[SYNODUS HABITA APUD CABILONEM REDDIT SUO JURI VILLAM SANTINIACUM.]

915.

Cum in nomine Domini et Salvatoris nostri Jhesu Christi resideret domnus Austerius venerabilis archiepiscopus in suburbio Cabillonice civitatis in ecclesia Beati Marcelli martiris cum archiepiscoporum et episcoporum collegio videlicet cum Ardrado ejusdem urbis venerabili episcopo, Geraldo Matiscensi, Cymno(¹) Vesoncionensi archiepiscopo, Aygrinensi(²) archiepiscopo, Alisachar Belicensi episcopo, Odelardo Mauriennensi, anno videlicet Dominice Incarnationis DCCCCXV, indictione III, et nonnulla inibi pro juribus de statu atque utilitate ecclesie canonici definirent : quidam presbiter Bererius nomine eorum adiit presentiam proclamans se quod quidam presbiter Ivo nomine quamdam villam Santiniacum(³) vocabulo, in parrochia Sancti Clementis quam Bererius tenebat, contra jus ecclesiasticum usurpasset. Cujus querimoniam pontifices diligenti examinatione inquirentes decreverunt ut jam dicta villa Santiniacus ad antiquitatem suam, hoc est ad matricem ecclesiam Sancti Clementis reverteretur, sicut per viam publicam que ab Arari incipit, que pergit ad Odientiam Fredeconis(⁴) antequam perveniret in transversum per viam que ducit ad fontem Bigorti, unde et hanc testimonii scripturam quam reditoriam vocant sub hac ratione prefati presules preceperunt facere ut in posterum ecclesia Sancti Clementis nullam ex sua parrochia sustineret calumniam. Et ut firmius teneretur, propriis nominibus subfirmaverunt.

CXLV.

[ARLINDRANA CUM FILIO DANT CURTILUM IN VILLA CAVANIACO(¹).]

968 — 971.

Sacrosancte ecclesie Sancti Vincentii que est constructa infra muros Matisconum cui Ado preest episcopus. Ego Aylindrada et filius meus Auscherius donamus, pro remedio animarum nostrarum et senioris mei Arlebaldi, aliquid de rebus nostris ad ipsam casam Dei que sunt site in pago

---

CXLIV. (¹) Labbe et Mansi, *Eymino;* Sirmond, *Leonino.*
    (²) Vox corrupta; emendandum, *Agio Narbonensi.*
    (³) Forte emendandum, *Lantiniacum;* nostris, *Lante.*
    (⁴) Iidem, *ad Odevicam Fredegonis..... ad fontem Bidocti.*
CXLV. (¹) Bouhier, *Canamaco;* nostris, *Chevagny.*

Matisconense, in villa Cavaniaco; hoc est curtilum cum supraposito et vinea. Terminat a mane et a medio die (et) a circio vias publicas, a sero terra Sancti Stephani. Infra has terminationes, cum Martio et uxore sua et infantibus suis, totum ad integrum ad prenominatam casam Dei donamus, eo tenore dummodo vivimus usum et fructum habeamus; post nostrum decessum ad mensam fratrum perveniat. Si quis hoc contradixerit ex auro componat libram unam. S. Aylindrane. S. Artoldi. S. Hugonis. S. Auscherii. S. Constantii. S. Giraldi.

CXLVI.

[VINCENTIUS DAT CURTILCM SITUM IN VILLA VARENNAS(¹).]

Sacrosancte ecclesie Sancti Vincentii martiris que est constructa infra muros Matisconum. Ego Vincentius dono, pro remedio anime mee et patris et matris mee et precipue Adalgisi qui ipsas res illis condonaverat, aliquid de rebus meis que sunt site in pago Matisconense, in agro Fusciacense, in villa Varennas. Hoc est curtilus qui terminat a mane terram Sancti Vincentii quam Adraldus presbiter dedit, a medio die viam publicam, a sero terram Archardi, a circio de ipsa hereditate. Infra istos terminos quicquid ad ipsum curtilum aspicit dono ad ipsam casam Dei, ad mensam fratrum, eo tenore dum ego vivo et filius meus Constabilis (²) usum et fructum, et in omni anno tempore vindemie sextarios duos de musto persolvamus ad ipsam casam Dei, et firmum hoc permaneat omni tempore. S. Ugonis. S. Odonis. S. Bernardi. S. Deudonis. S. Arperti. S. Vincentii qui fieri et firmare rogavit.

CXLVII.

[HELDIARTIS DAT GIRBERTO VINEAM IN VILLA BUSCIDO(¹).]

Dilecto nomine Girbert. Ego Heldiart femina dono tibi aliquid de rebus meis que sunt site in pago Matisconensi, in agro Salorniacensi, in villa Buscido. Est vinea que terminat a mane de ipsa hereditate, a medio die terra Sancti Pauli et Hebreorum, a sero via publica, a circio similiter; que habet in longum perticas XVIII, in uno fronte XII, in alio XI. Infra istas terminationes vel perticationes tibi dono, et habeas potestatem quicquid inde facere volueris. S. Heldiart. S. Walcodi. S. Amalgerii. S. Sichelini. S. Heldebrani. S. Christophori.

CXLVI. (¹) Huic donationi nota temporis deest.
(²) Bouhier, *Constantius*.
CXLVII. (¹) Nota chronologica deest.

CXLVIII.

[STEPHANUS DAT SANCTO VINCENTIO MANSUM IN VILLA CAVANIACO.]

996 — 1018.

Sacrosancte Dei ecclesie Sancti Vincentii martiris que est constructa infra muros Matisconum cui domnus preest Letbaldus episcopus. Igitur ego in Dei nomine Stephanus dono pro remedio anime mee ad ipsam casam Dei aliquid ex rebus meis que sunt site in pago Matisconense, in agro Salorniacense, in villa Cavaniaco. Est unus mansus cum vinea et vircariis insimul tenente([1]), qui terminat a mane Flotberti, a medio die similiter et Beati Vincentii, a sero Adalberti cum suis heredibus, a circio via publica. Et est una vinea in ipsa villa, que vocatur Gauslenus ([2]) eaque contra Sanctum Vincentium et suos canonicos injuste teneo, et ad ipsam casam Dei reddo. Terminatur ipsa vinea a mane et circio Sancti Vincentii, a medio die via antiqua, a sero Sancti Stephani. Est unus curtilus in ipso pago, in villa Uriniaco, qui vocatur Marcio; terminatur in circuitu terra Hebreorum, a mane via publica. Infra istas terminationes, dono et reddo ad ipsam casam Dei et ad mensam fratrum, et faciant quod inde facere voluerint. Si quis hoc contradixerit auri libras x componat. S. Stephani. S. Wigonis. S. Adalardi. S. Otelini. S. Rodulfi. S. Elduini.

CXLIX.

[LETBALDUS EPISCOPUS DAT BONFILIO ET SOCIIS CAMPUM AD MEDIUM PLANTUM.]

996 — 1018.

Dilecto Bono Filio et Pontio et uxoribus eorum Otbergia et Ausielde. Ego Letbaldus episcopus dono vobis campum de ratione Sancti Vincentii ad medium plantum in pago Matisconense, in agro Salorniacence, in villa Moncellis, qui terminat a mane et a circio Sancti Benedicti, a medio die de ipsa terra, a sero via publica; habet in longo perticas xxiii, in lato a medio die perticas xiii, a circio perticas novem. Infra istos terminos vobis dono ad v annos, vinea edificata et post quinque annos, domnus Letbaldus medietatem recipiat, aliam medietatem Bonus Filius et Pontius et uxores eorum possideant. Quod si vendere vel incaucionare volueris, nulli alteri

CXLVIII. ([1]) Bouh., *jacente.*
([2]) Menda scribæ; vinea dimissa nostris vocatur, *en Gonveau.*

facias nisi rectoribus ejusdem loci. S. Letbaldi presulis. S. Maioli prepositi. S. Sendeleni. S. Gondulfi. S. Adalardi. S. Warnerii. S. Gauseranni. S. Anselardi.

CL.

[JOSLENUS DAT FILIO VINCENTIO VINEAM IN VILLA VARENNAS(¹).]

Dilecto filio meo Vincentio. Ego Joslenus et uxor mea Ingelsenda donamus tibi aliquid de rebus nostris que sunt site in pago Matisconense, in agro Fusciacense, in villa Varennas. Hoc est vinea et campus insimul tenens qui terminat a mane terra Richardi(²) et Benedicti, a medio die via publica, a sero terra Ricardi, a circio terra Rotgerii et fossado. Infra istos terminos tibi dono eo tenore, dum nos vixerimus, teneamus et possideamus; post nostrum decessum, tibi perveniat et facias quod volueris. S. Jotsaldi. S. Arlebaldi. S. Girberti. S. Landrici.

CLI.

[JOSLENUS DAT EIDEM CAMPUM IN VILLA VARENNAS(¹).]

Dilecto Vincentio. Ego Joslenus, pater tuus, dono tibi aliquid de rebus meis que sunt site in pago Matisconense, in agro Fusciacense, in villa Varennas; terminat a mane de ipsa hereditate, a medio die terra Acardi et via publica, a sero terra Achardi, a circio de ipsa hereditate. Infra istos terminos quamtum habeo tantum tibi dono, et facias quid volueris. S. Josleni. S. Valdini. S. Bererii. S. Bernafredi. S. Infredi. S. Oldrici.

CLII.

[MALLI PUBLICI FORMULA IN QUO RES SANCTI (VINCENTII) RECLAMANTUR.]

879 — 887.

Notitia reclamationis qualiter vel quibus presentibus cum in Matiscone civitate, in mallo publico, die martis mensis februarii, ubi resedisset Leotaldus missus Willelmi comitis, ibique in eorum presentia venit Semertus advocatus Sancti Vincentii, proclamavit serva(¹) cum scabinis Eldenert, Ildrado, Arnulfo, Landrado, Amico et aliis pluribus, proclamavit se de-

CL. (¹) Nota temporis deest.
(²) Undecim voces sequentes omittuntur in codice Boheriano.
CLI. (¹) Absque temporis notâ.
CLII. (¹) Bouh., *Sibuam;* utraque vox obscura et mendosa videtur.

Braidenco de rebus in villa Leuriso hoc est pratum unum; ipse Braidencus placitum suum dedit canonicis Sancti Vincentii per verum inquisitum supervenisset ipso prato a canonicis Sancti Vincentii manibus reddidisset. Interim ipse Braidencus ab hoc seculo migravit et iterum venit frater suus Teotgrinus et saisivit ipsum pratum, et revenit ipse jam dictus Semertus in mallo publico, in ipsa reclamatione stetit et reclamavit se jam supradictus Semertus de rebus que sunt in ipso agro et in ipso termino, quas tenebant Arardus et Albricus. Similiter se proclamavit in mallo secundo quod domnus Willelmus tenuit in mense, agitur in Matiscone civitate; similiter in tertio quod domnus Boso tenuit in mense martis in Matiscone.

CLIII.

[ALBERICUS COMES DAT CURTILE CUM VINEA IN VILLA EXARTIS (¹).]

971 — 974.

Sacrosancte ecclesie Sancti Vincentii que est infra muros Matisconum. Ego Albericus comes dono pro remedio anime mee et parentum meorum ad ipsam casam Dei, ad mensam fratrum, aliquid de rebus meis que sunt site in pago Matisconensi, in villa Exartis, in agro Fusciacensi. Hec sunt curtili cum vineis et suprapositis que mihi evenerunt per precepta regalia, que Paredonius Hebreus conquisivit ibi. Est autem terminatio de istis rebus, a mane et a medio die et a sero vias publicas, a circio Graona volvente. Infra istas terminationes, istos curtilos et quicquid ibi aspicit quesitum et inquirendum, eo tenore dummodo vivo usum et fructum habeam, et tempore vindemie reddam investitura, omni anno, unum modium vini. Iste res sicut superius inserte sunt, post decessum meum teneant ipsi canonici. Si quis beneficiaverit iram Dei incurrat; si quis calumpniaverit III libras auri componat. S. Alberici comitis. S. Rocleni. S. Baldrici. S. Willelmi.

CLIV.

[ARDRADUS CANONICUS DAT CAPELLAM SANCTE MARIE CUM CURTILO (¹).]

Sacrosancte ecclesie Sancti Vincentii que est constructa infra muros Matisconum. Ego Ardradus presbiter et canonicus ipsius loci dono ad ipsam casam Dei aliquid ex rebus meis que sunt site in pago Matisconense, in agro

---

CLIII. (¹) Hæc donatio superiùs proditur cum discrepantiis, vide chartam LXXXVI.
CLIV. (¹) Nota chronologica deest.

Fusciacense, in villa Vincella. Hoc est curtilus cum vinea et omnibus appendentiis, qui terminat a mane via publica et terra Sancti Stephani, a medio die via publica, a sero Sancti Stephani et Elevane, a circio via publica. Et dono in villa Cantriaco capellam que est in honore Sancte Marie dedicata. Ipsas res terminatas sicut superius insertum est et quicquid ad ipsam capellam aspicit dono ad ipsam casam Dei eo tenore dum (ego) vivo usum et fructum habeam; post meum decessum, perveniat in stipendia fratrum. Si quis contradixerit IIII libras auri componat. S. Ardradi presbiteri. S. Odilonis. S. Ravirardi. S. Albonis. S. Hervaldi. S. Eldemari. S. Eligii.

CLV.

[LETTALDUS COMES CUM BERTA UXORE DANT MANSUM IN ORATORIO VILLA(¹).]

Circà annum 960.

Sacrosancte ecclesie Sancti Vincentii Matiscensis cui domnus preest Maimbodus episcopus. Ego Lettaldus comes et uxor mea Berta donamus ad ipsam casam Dei aliquid ex rebus nostris in pago Matisconense, in agro Fusciacense, in villa Oratorio; hoc est mansus ubi Arlemarus residet. Ipsum mansum et ipsum servum Arlemarum et uxorem ejus cum infantibus V donamus ad ipsam casam Dei ad mensam fratrum et ad ministerium senescalli refectorio servientis, et faciant rectores loci quicquid inde facere voluerint. Si quis hoc contradixerit IIII libras auri persolvat. S. Leotaldi comitis. S. Bertane uxoris ejus. S. Alberici filii sui. S. Nardini. S. Raterii. S. Rainaudi(²). S. Gauffredi. S. Aimerici. S. Adraldi.

CLVI.

[REDDITIO NONARUM ET DECIMARUM DE FISCIS MATISCONENSIUM.]

941 — 960.

Notitia redditionis apud Matisconem ante presentiam domni Hugonis comitis et Leotaldi comitis vel fidelium illorum Walterio, Rotberto, Josberto, Leodegario, Raterio, Teodulfo, Witcheranno, Hugone, cum ceterorum nobilium meorum presentia venit domnus Leotaldus comes, proclamavit in advocationem Sancti Vincentii una cum canonicis ipsius loci quod nonas et

---

CLV. (¹) Hoc instrumentum superius proditum est cum discrepantiis; adi chartam LXXVI.
(²) Bouhier, *Raimundi.*

decimas de fiscis Matisconensium, unde preterito tempore canonici ipsius loci vestiti fuerunt, injuste eis ablate sunt. Domnus quoque comes aurem suam inclinans, ut audivit directum Sancti Vincentii et canonicis suis, reddidit illis nonas et decimas de omnibus fiscis per diversos pagos sitis, quicquid illorum ministeriales inquirere potuerint per directum reddidit ipse per consilium domni Leotaldi comitis ad mensam fratrum ; et domnus Leotaldus comes in servitio Domini comitem hunc consolavit (¹), his presentibus. S. domni Hugonis comitis qui fieri rogavit. S. Leotaldi comitis. S. Widonis. S. alterius Widonis. S. Josberti. S. Ottelini. S. Rotberti. S. Humberti.

CLVII.

[REDDITIO QUAM LEUTALDUS COMES FACIT DE REBUS SANCTI CLEMENTIS.]

Circà annum 955.

Notitia werpitionis seu redditionis liquido omnibus nobillime patet qualiter domnus Maimbodus antistes cum collegio utriusque ordinis cleri ac populi serenitatem domni Leotaldi adiit et Sancto Vincentio martiri et sibi suisque de se ipso justitiam faceret humillime expetiit, de rebus scilicet abbatie Sancti Clementis martiris, quas per privilegia apostolica et preceptiones regales concio prescripti martiris ipso annuente et in omnibus opem ferente adquisierat, ut eas benignissime redderet et suos qui ipsas injuste tenebant reddere faceret, de quibus unus erat Cicardus qui in Prisciaco villa aliquid ex prefatis rebus tenebat. Quicquid in prememorata villa ex eadem ratione erat in servis et ancillis, vineis, campis, pratis et omnibus ibi pertinentibus, partibus domni Vincentii gloriosi martiris et communitati fratrum victuique cotidiano werpiverunt et pro vita voluntarie dimiserunt tam comes Leotaldus quam fideles ipsius Cicardi, unde hanc notitiam prelibatus comes fieri jussit firmavitque et fidelibus suis roborari precepit. Quicquid autem ex eadem terra est in his locis inter Princiacum et Cammas (¹), inter Prisciacum et Corbonacum, Modonum, Colonicas et Moncellis. S. Leotaldi comitis. S. Alberici filii ejus. S. Walterii vicecomitis. S. Alberici vicecomitis. S. Hugonis. S. Cycardi. S. Raterii. S. Rotberti. S. Erici. S. Engelardi.

CLVI. (¹) Bouh., *domnum comitem consolavit*.
CLVII. (¹) *Gall. Christ. Camillas*, Bouh. *Cammias*; fortè legendum *Caveinias*. Adi superius chartam LXXI.

CLVIII.

[WALO CUM UXORE DAT SANCTO VINCENTIO VINEAM CUM VIRGARIA.]

937 — 962.

Sacrosancte Dei ecclesie Sancti Vincentii Matiscensis cui domnus Maimbodus episcopus preest. Ego Walo et uxor mea Farelda, pro Dei amore et pro remedio animarum nostrarum, donamus ad ipsam casam Dei aliquid ex rebus nostris sitis in pago Matisconense, in agro Fusciacense, in villa Toriaco. Hoc est vinea cum vircaria simul tenente, terminatur a mane via publica, a medio die terra Sancte Marie, a sero de ipsa hereditate, a circio via publica. Infra istos terminos ipsam vineam cum vircaria donamus ad ipsam casam Dei, ad mensam fratrum, eo tenore ut dum vixerimus teneamus; post nostrum decessum amborum, Warino clerico perveniat. Annis singulis tempore vindemie, in censum, modium de musto aut denarios xii ad ipsam casam Dei solvamus sine mora. Post decessum quoque ipsius Warini, ad mensam fratrum perveniat et faciant canonici ipsius loci quod facere voluerint; et donamus ibi servos duos nomine Johannem et Leuterium in presente. Si quis hoc contradixerit iiii auri libras componat. S. Walonis. S. Farelde uxoris sue. S. Warnerii. S. Duranni. S. Adalberti. S. Nortberti. S. Deodati. S. Fredonii. S. Heldulfi.

CLIX.

[FULCODUS PRESBITER VENDIT TELONE VINEAM IN VILLA VINCELLA (¹).]

Domino, fratri Tolane. Ego Fulcodus presbiter et canonicus Sancti Vincentii vendo tibi vineam que est sita in pago Matisconensi, in agro Fusciacensi, in villa vincella; que terminatur a mane terra Sancti Stephani, a medio die ab ipso emptore, a sero et a circio terra Rotgerii et Ardradi, habet in longo perticas xviiii et pedes iii, in quacumque fronte habet perticas iiii et pedes ii. Infra istas terminationes et perticationes ad integrum tibi vendo et accipio de te precium in presente solidos v, et pro ipso precio ad integrum tibi trado atque transfundo et facias ab hac die quod facere volueris. Si quis hoc calumpniaverit duas uncias componat de auro. S. Fulcodi qui fieri rogavit. S. Raynardi. S. Ratfredi. S. Geraldi. S. Rotgerii. S Wareni fredi. S. Arbulfi.

CLIX. (¹) Absque temporis notâ.

CLX.

[BERERIUS DONAT DAVIDI CAMPUM IN VILLA FONTANILLAS (¹).]

Dilecto David et uxori sue Wandalmodi. Ego Bererius et uxor mea Ermengardis donamus vobis aliquid de rebus nostris que sunt site in pago Matisconense, in agro Melionacense, in villa Fontanillas, ad Sinmoles vocat. Hoc est campus quem terminat a mane via publica, a medio die similiter, a sero de ipso emptore, a circio via publica. Infra istas terminationes vobis donamus ad integrum et facias quod vultis. Si quis hoc contradixerit auri unciam componat. S. Bererii. S. Ermengardis. S. Eldeverte. S. Vulferii. S. Probaldi. S. Leutboldi. S. Aremberti.

CLXI.

[FLOCBERTUS CUM UXORE DAT SANCTO VINCENTIO CURTILUM AD MATISCONEM.]

968 — 974.

Sacrosancte ecclesie Sancti Vincentii Matiscensis cui domnus Ado episcopus preest. Ego Flotbertus et uxor mea Odelia donamus ad ipsam casam Dei aliquid ex rebus nostris. Hoc est unus curtilus, in burgo superiore super Matisconem, qui terminat a mane ad ipsum donatorem, a medio die Matisconem civitatem, a sero de ipsa hereditate, a circio via publica; habet in longo perticas xx et dimidiam, in lato viii. Et in villa Varennas, super Craona, que ibi habemus, (cum) campis, pratis et silvis, quesitum et inquirendum, donamus ad ipsam casam Dei. Similiter campum unum, qui vocatur ad Arcus, quem terminat a mane et a medio die via publica, a sero Girberti. Infra istos terminos donamus ad ipsam casam Dei, ad mensam fratrum, eo tenore ut dum vivimus simul et unus ex infantibus nostris Flocbertus teneamus et possideamus; post nostrum decessum, ad ipsam casam Dei perveniat, et omni anno festivitate Sancti Vincentii denarios vi persolvam (²). Si quis hoc contradixerit auri libras x componat. S. Flocberti et uxoris sue Odeile, qui fieri rogaverunt.

CLX. (¹) Nota chronologica deest.
CLXI. (²) Bouhier, *persolvant*.

CLXII.

[ROTOARTIUS VENDIT TOLONE VINEAM IN VILLA VINCELLA (¹).]

Domino, fratri Tolone emptori. Ego Rotoart et uxor mea Girbergia vendimus tibi vineam juris nostri que est sita in pago Matisconensi, in agro Fusciacensi, in villa Vincella, que terminat de totis partibus terra de ipsa hereditate, et habet in longo perticas x, in uno fronte a medio die perticam ɪ et ɪɪɪ pedes, in alio fronte a circio perticam ɪ et pedes ɪɪɪɪ. Infra istam terminationem vel perticationem, ad integrum tibi vendimus et accipimus pretium de te denarios xx; et de ea quidcumque volueris facias. S. Rotoart. S. Girbert.

CLXIII.

[RACULFUS DAT SANCTO VINCENTIO VINEAM IN VILLA LIVINIACO (¹).]

Sacrosancte ecclesie Sancti Vincentii martiris que est in pago Matisconense. Ego Raculfus dono pro remedio anime mee unam vineam in pago Matisconense, in agro Salorniacense, in villa Liviniaco; terminatur a mane via publica, a medio die terra Raculfi, a sero terra Narduini, a circio terra Sancti Petri. Infra istum terminum, dono ad ipsam eo tenore ut quamdiu ego et filius meus Henricus vixerimus teneamus et possideamus; post nostrum vero decessum, ad mensam perveniat canonicorum Sancti Vincentii.

CLXIV.

[RACULFUS CUM UXORE SUA DAT SANCTO VINCENTIO CURTILUM CUM SUPERPOSITO (¹).]

Sacrosancte ecclesie Sancti Martini que est constructa in pago Matisconensi, in agro Potiacensi, in villa Diviaco (²), quam Flotbertus (³) presbiter ad regendum habere videtur. Ego Raculfus et uxor sua Wandalmodis concedimus ad ipsam casam Dei aliquid ex rebus nostris que sunt site in ipso pago, in ipsa fine vel in ipsa villa. Hoc est curtilus, cum supraposito et exio, quem terminat a mane terra ad ipsam casam Dei et via publica, a sero rivo volvente et vinea neno (⁴), a circio via publica et vinea a vano. Infra istas

---

CLXII. (¹) Hæc venditio notâ chronologicâ caret.
CLXIII. (¹) Nota chronologica deest.
CLXIV. (¹) Donationi huic temporis nota deest.
  (²) Vide superiùs ch. LXVIII.
  (³) Bouh., *Teocbertus*.
  (⁴) Bouh., *nevo*.

terminationes, et alias res que ad ipsum curtilum appendunt, curtilis, vineis, campis, pratis, silvis, totum ad integrum, cum ipso servo qui supra sedet nomine Ramberto et uxore sua et infantibus eorum qui nati sunt vel erunt, totum ad integrum cedimus ad ipsam casam Dei et tradimus : nec heres inter se dispertiendi, nec nullus homo censum recipiendi, nec de rebus ecclesie nihil distrahendi. Qui facere presumpserit extraneus sit a consortio christianorum. S. Raculfi. S. Ahart. S. Aynulfi. S. Dodani. S. Amaldrici. S. Bernarti. S. Uldrici.

CLXV.

[ELDEMARUS PRESBITER DAT FLOCBERTO LEVITE VINEAM CUM CURTILO(¹).]

Domino, fratribus Flotberto levite et Amelio et Achardo emptoribus. Ego Eldemarus presbiter dono vobis aliquid de rebus meis que sunt site in pago Matisconense, in agro Fusciacense, in villa Cantriaco. Hoc est vinea cum curtilo insimul tenente, qui terminat a mane via publica, a medio die similiter, a sero terra Giraldi, a circio de ipsa hereditate; habet in longo perticas xx(²), in uno fronte a mane perticas v, in alio fronte a sero perticas IIII et pedes II. Infra istas terminationes et perticationes vobis dono eo tenore quamdiu ego vivo usum et fructum habeam; post meum decessum, ad vos perveniat, et omnibus annis festivitate Sancti Vincentii duas deneratas de cera persolvatis. Si quis contradixerit auri unciam componat. S. Eldemari presbiteri. S. Ardradi. S. Erverii. S. Ramnulfi. S. Ervaldi. S. Christiani. S. Widonis. S. Teuderici. S. Josberti.

CLXVI.

[ARNULFUS PRESBITER IMPIGNORAT RAINERIO LEVITE VINEAM(¹).]

Dilecto Rainerio levite. Ego Arnulfus presbiter incaucionamus vobis vineam in pago Matisconensi, in agro Fusciacensi, in villa Moyson. Terminatur a mane terra Constantini, et a medio die ab ipso emptore, a sero Giraldo et Daugberto, a circio Arnulfo presbitero; habet in longo a mane perticas xii, in lato a medio die perticas xii, a sero perticas xiii, a circio perticas xii. Alia vinea terminatur a mane terra comitali; a medio die terra Rainerii, a sero terra Giberii, a circio ab ipso emptore; habet in longo

CLXV. (¹) Hæc charta notâ chronologicâ caret.
(²) Septem voces sequentes desunt in codice Boheriano.
CLXVI. (¹) Absque temporis notâ.

perticas a mane vii et pedes v, a medio die perticas xi, a sero perticas v, a circio perticas xi. Infra istas terminationes vobis incaucionamus ad annos x pro solidis xx, et usque in diem solutionis. Si quis hoc contradixerit, auri unciam componat. S. Arnulfi presbiteri. S. Waldrici(²). S. Gomberti. S. Bernardi. S. Hugonis.

CLXVII.

[MAIOLUS PREPOSITUS ET ODDO ABBAS DANT CAMPUM AD MEDIUM PLANTUM.]

Circà annum 1018.

Dilecto Dominico et uxori sue Joerte(¹), et Mamberto et uxori sue Berte. Ego Maiolus prepositus et Oddo abbas donamus vobis campum de ratione Sancti Vincentii ad medium plantum in pago Matisconense, in agro Meloniacense, in villa Condaminas. Terminat a mane Sancti Petri, a medio die via publica, a sero Sancti Quintini, a circio Hebreorum; habet in longo perticas xlviii, in uno fronte perticas xi, in alio fronte perticas xiii. Infra istos terminos vobis donamus ad v annos, vinea edificata et post v annos rectores Sancti Vincentii medietatem habeant, aliam medietatem Dominicus et Maimbertus et uxores eorum possideant. Quod si vendere vel incaucionare voluerint, ad rectores Sancti Vincentii faciatis pro justo precio, et si illi non voluerint facias quod volueris. S. Maioli prepositi. S. Oddonis abbatis. S. Sendeleni. S. Anselardi. S. Gauseranni. S. Gislardi presbiteri.

CLXVIII.

[PETRONILLA VENDIT IDIERO CAMPUM IN VILLA MUISON(¹).]

Domino, fratribus Idiero et uxori sue nomine Plectrudi. Ego Petronilla femina vendo vobis de rebus meis que sunt site in pago Matisconense, in agro Meloniacense, in villa Muison. Hoc est unus campus aradivus qui terminatur a mane terra Sancti Clementis, a medio die terra Amboldi, a sero rivo volvente, a circio terra de ipsa hereditate; habet in longo perticas xv, in lato perticas v et pedem i(²). In alio loco, in ipsa villa, peciam de terra; terminatur a mane via publica, a medio die terra Ambaldi, a sero similiter, a circio terra Lectrudis. Infra istas terminationes et perticationes ad integrum

(²) Bouhier, *Waldonis.*
CLXVII. (¹) Bouhier, *Bertæ.*
CLXVIII. (¹) Nota chronologica deest.
(²) Bouh., *pedes* ii.

vobis vendo et trado in vestra potestate ut faciatis quicquid volueritis, et accipio de vobis denarios xviiii. Si quis contradixerit, unciam componat auri. S. Petronille. S. Aitadi. S. Umbaldi. S. Rambaldi. S. Widonis.

CLXIX.

[AMBARDUS VENDIT ADALGISO SILVAM IN VILLA MOYSON(¹).]

Domino, fratri Adalgiso. Ego Ambaldus et uxor mea Aaltrudis vendimus tibi aliquid de rebus nostris que sunt site in pago Matisconense, in agro Fusciacense, in villa Moyson. Hoc est silva que terminat a mane amne Craona(²) volvente, a medio die ab ipso emptore, a sero Rostrani et Landrico, a circio Sancti Vincentii. Infra istas terminationes quicquid ibi visus sum habere in ipsa silva totum ad integrum tibi vendimus, tradimus atque transfundimus; et facias quicquid placuerit. Hactum hoc Matiscone, et accipimus de vobis denarios xxii. S. Ambalti et uxoris sue Aaltrudis. S. Idonei. S. Rambalt. S. Dodeni. S. Berardi.

CLXX.

[ADALBERTUS VENDIT ADALDRADO PRESBITERO CURTILUM (¹).]

Domino ac venerabili Adaldrado presbitero. Ego Adalbertus et conjux sua Leotgart vendimus tibi peciolam de curtilo cum vinea, que est sita in pago Matisconense, in agro Fusciacense, in villa Romanasca, quem simul terminat a mane via publica, a medio die terra ad ipsos venditores, a sero terra ad ipsum emptorem(²), a circio terra ad ipsos venditores. Infra istam terminationem, ad integrum tibi vendimus et accipimus pretium solidos iiii, et facias exinde quod volueris. Si quis contradixerit, auri unciam componat. S. Adalbart. S. Leotgart. S. Emmenert. S. Domingo. S. Constabulo Godolbert. Regnante Ludovico rege.

CLXXI.

[RAMBERTUS ET THEODOSIUS IMPIGNORANT VINEAM TANQUARDO(¹).]

Dilecto Teuquardo presbitero. Ego Rambertus et frater meus Teodosius et uxores eorum Wareldis et Amina(²), incaucionamus tibi vineam in pago

---

CLXIX. (¹) Absque notâ chronologicâ.
    (²) Bouhier addit *in Cavicenna* et omittit vocem *volvente*.
CLXX. (¹) Nota temporis deest.
    (²) Sex voces sequentes omittuntur apud Bouhier.
CLXXI. (¹) Huic chartæ nota chronologica deest.
    (²) Bouhier, *Simona*.

Matisconense, in agro Melionacense, in villa Moyson. Terminat a mane via publica, a medio die et a sero fossados finales, a circio via publica. Infra hos terminos ipsam vineam tibi incaucionamus ad annos vi, pro solidis xxx. Si ad ipsos annos istos solidos habemus, ipsam vineam recipiamus; et si tibi non solvimus, teneas et possideas usque in diem solutionis. Si quis hoc calumniaverit, iiii componat auri uncias. S. Ramberti. S. Teodosii. S. Auberti. S. Grivardi. S. Teotelini. S. Girbaldi. S. Ocberti. S. Rambaldi.

CLXXII.

[ARDRADUS EMIT VINEAM IN AGRO FUSCIACENSE IN VILLA VINCELLA(¹).]

Domino, Ardrado. Igitur ego Tolle venditor vendo tibi vineam que est sita in pago Matisconense, in agro Fusciacense, in villa Vincella, que terminat a mane terra Sancti Stephani Lugdunensis, a medio die aqua volvente, a sero de ipsa hereditate, a circio ab ipso emptore; habet in longo perticas xii, in quolibet fronte perticas iiii. Infra istas terminationes et perticationes ipsam vineam cum vitibus et arboribus et solo terre ad integrum tibi vendo, et accipio de te precium solidos vi et dimidium(²), et pro ipso precio de meo jure in tua trado dominatione. Si quis contradixerit, auri unciam componat. S. Tollani. S. Rotgerii. S. Abdrici. S. Wolfinci. S. Gotsaldi. S. Dratsigi.

CLXXIII.

[RODOARDUS CUM UXORE GIRBERGA VENDIT VINEAM IN VINCELLA (¹).]

Domino, fratribus. Ego Rodoardus et uxor mea Girberga vendimus tibi vineam que est sita in pago Matisconense, in agro Fusciacense, in villa Vincella, que terminat de tribus partibus (terra) de ipsa hereditate, de quarta vero parte a circio aqua volvente; habet in longo perticas xii, in uno fronte a circio perticas ii et dimidiam, in medio loco ubi Reclanus est habet perticas ii et pedem i, in alio fronte a medio die perticam i et pedes viii. Infra istas terminationes et perticationes, ad integrum tibi vendimus et accipimus precium solidos ii, et pro ipso precio de nostro jure in tua tradimus dominatione, ea vero ratione si germana mea Girberga supervixerit et ego sum heres, si descessero ad illam perveniat. Si quis hoc contradixerit, auri unciam componat. S. Rodoardi. S. Girbergane. S. Rotgerii. S. Ausberti. S. Godonis. S. Bernaldi.

CLXXII. (¹) Nota chronologica deest.
       (²) Bouhier, *dominium*.
CLXXIII. (¹) Nota chronologica deest.

CLXXIV.

[WICHARDUS DAT ELDEBALDO CAMPOS II AD MEDIUM PLANTUM.]

1015 — 1033.

Dilecto Eldebaldo presbitero. Ego Wichardus dono tibi campos duos ad medium plantum de meo beneficio in pago Matisconense, in agro Salorniacense, in villa Liviniaco. Unus campus terminat a mane et a sero vias publicas, a medio die Sancti Petri, a circio Sancti Johannis, habet in longo perticas xxi, in lato perticas xxv; alius campus terminat a mane et a sero vias publicas, a medio die et a cercio Sancti Johannis; habet in longo perticas xxvi, in lato perticas vi. Infra istos terminos, tibi dono ad annos vi vinea edificata; et post annos vi, Wicardus medietatem recipiat, aliam mediam Eldeboldus possideat. Quod si vendere vel incaucionare volueris, ad rectores qui ipsum beneficium tenuerunt facias pro justo precio; si noluerint, facias quod volueris. S. Wicardi. S. Ottonis comitis. S. Maioli prepositi. S. Rodulfi. S. Stephani. S. Umberti. S. Tetalfi. S. Rodulfi. S. Adalgisi. S. Aymonis. S. Flocberti.

CLXXV.

[IVO VENDIT BERERIO CAMPUM IN VILLA MOYSON, AGRO MELONIACENSI(¹).]

Dilecto Bererio et uxori ejus Ermengarde. Ego Ivo vendo vobis campum in pago Matisconense, in agro Meloniacense, in villa Moyson. Terminatur a mane terra ad ipsos emptores, a medio die Sancti Johannis, a sero ad ipsos emptores, a circio via publica; habet in longo perticas xxxvi, in omnibus (²) frontibus perticas v et pedes iiii. Accipio de vobis precium solidos ii, et facite quod vultis. Si quis hoc contradixerit, auri unciam componat. S. Ivonis. S. Adronii. S. Ramberti. S. Rannaldi. S. Constantini.

CLXXVI.

[RODOARTUS CUM UXORE GIRBERGANA VENDUNT VINEAM IN VILLA VINCELLA(¹).]

Domino, fratri Tollane. Ego Rodoart et uxor sua Girbergana vendimus vobis vineam que est sita in pago Matisconense, in agro Fusciacense, in villa Vincella, que terminat a mane(²) de tribus partibus terra de ipsa

---

CLXXV. (¹) Venditioni huic temporis nota deest.
        (²) Bouh., *ambis*.
CLXXVI. (¹) Nota chronologica deest.
        (²) Voces *à mané* omittuntur apud Bouhier.

hereditate, a medio die via publica; habet in longo perticas v, in quisquo fronte perticam i et dimidiam. Infra istas terminationes et perticationes, ad integrum tibi vendimus et accipimus de te precium denariorum x, et facias exinde quod volueris. S. Rodoardi. S. Gerbergane. S. Rotgerii. S. Ardradi. S. Ausberti. S. Archimbault. S. Godonis. Arlulfus presbiter rogatus scripsit.

CLXXVII.

[RACULFUS CUM UXORE PLECTRUDI DANT CURTILUM IN VILLA FONTANILIAS.]

996 — 1018.

Sacrosancte ecclesie Sancti Vincentii, que est constructa infra muros Matisconis, cui preest domnus Letbaldus. Ego quidem nomine Raculfus et uxor mea Plectrudis donamus pro remedio animarum nostrarum ad ipsam casam Dei, in stipendia fratrum, aliquid ex rebus nostris que sunt site in pago Matisconense, in agro Melionacense, in villa Fontanilias. Hoc est unus curtilus cum vinea que terminat a mane via publica, a medio die Flocberti, a sero Sancti Vincentii et Raculfi, a circio Martini; habet in longo perticas xvii et pedes viii, in uno fronte perticas xiiii, in alio fronte perticas vii. Infra istos terminos vobis donamus post hac die ad ipsam casam Dei ad integrum, nullo contradicente. Si quis hoc contradixerit, auri uncias componat ii. S. Raculfi. S. Plectrudis uxoris ejus. S. Flocberti. S. Duranni. S. Aldrici. S. Otgisi. S. Eurardi.

CLXXVIII.

[ENGARA DEO SACRATA DAT CURTILUM IN VILLA VARENNAS.]

996 — 1018.

Sacrosancte ecclesie Matiscensis civitatis que est constructa in honore Sancti Vincentii martiris, cui Letbaldus episcopus preest. Igitur ego Eugnara (¹) Domino sacrata dono ad ipsam casam Dei aliquid de rebus meis que sunt site in pago Matisconense, in agro Fusciacense, in villa Varennas, que Amariaco vocatur. Hoc est curtilus unus cum vinea insimul tenente; terminat a mane via publica, a medio die Sancti Marcelli, a sero de ipsa hereditate, a circio via publica. Infra istam terminationem, hunc curtilum

CLXXIII. (¹) Bouhier, *Enguara*.

et campum unum qui simul tenet, cum vinea, dono ad ipsam casam Dei, ad mensam fratrum, eo tenore ut quamdiu vixero et Acardus sacerdos meus consanguineus teneamus; post nostrorum vero amborum decessum, ad jam dictum locum perveniat nullo contradicente. Si quis contradixerit, auri unciam componat. S. Eugnare. S. Osberti. S. Achardi. S. Rodulfi. S. Walonis. S. Begonis. S. Aymonis. S. Constabuli.

CLXXIX.

[AGBERTUS CUM UXORE DANT CURTILUM CUM VINEA IN ALBURNIACO (¹).]

885 — 927.

Sacrosancte ecclesie Sancti Vincentii martiris, que est constructa infra muros Matisconensis civitatis. Ego Agbertus et uxor mea Agia donamus pro remedio animarum nostrarum ad ipsam casam Dei aliquid ex rebus nostris que sunt site in pago Matisconense, in agro Fusciacense, in villa Albunoraco; hoc est curtilus cum vinea que terminat a mane terra Sancti Verani, a medio die de ipsa hereditate, a sero similiter, a circio ad heres Eldenert. Infra istam terminationem, ipsas res ad ipsam casam Dei donamus, eo tenore ut res quas pater meus et mater mea in ipsa villa dederunt Sancto Vincentio et ipsas quas modo donamus ad ipsam casam Dei, diebus vite nostre teneamus sub censum, id est, annis singulis, festivitate Sancti Vincentii, in stipendia fratrum III soldos persolvamus. Et in antea donatio ista firma stabilisque permaneat. S. Acberti. S. Agiane. S. Pontionis. S. Gotberti. S. Emmonis. S. Wicardi.

CLXXX.

[OIDELELDA DAT SANCTO VINCENTIO PRO ANIMA SENIORIS SUI.]

937 — 962.

Sacrosancte ecclesie Sancti Vincentii Matisconensis cui preest Maimbodus presul. Ego Vydelelda dono, pro remedio anime mee et senioris mei Evrardi, ad ipsam casam Dei in stipendia fratrum (¹), et faciant canonici ipsius loci quicquid voluerint. Si quis contradixerit, auri libras II componat. S. Vydeleldis. S. Widonis. S. Vydelardi. S. Hugonis. S. Rannaldi. S. Engelardi. S. Bererii. S. Bernonis. S. Simualdi. S. Erlonis.

CLXXIX. (¹) Vide superiùs chartam XLI.
CLXXX. (¹) Res concessa non designatur.

CLXXXI.

[WALBERTUS DAT ECCLESIE SANCTE MARIE IN CANTRIACO CAMPOS III (¹).]

Sacrosancte Dei ecclesie Sancte Marie que est constructa in Cantriaco. Igitur ego in Dei nomine Walbertus dono ad ipsam casam Dei campos III. Unus campus in villa de Langiaco (²), qui terminat a mane via publica, a medio die Sancti Mauricii, a sero Sancte Marie, a circio Ivoni. Alius campus est in villa Cropio, pro anima uxoris sue Osanne, qui terminatur a mane et a sero Sancti Mauricii, a medio die terra Rannaldi, a circio Arnaldi. Alius campus est in villa Aylonaco, pro anima Walberti, qui terminat a mane Constantionis, a medio die via publica, a sero terra Achardi, a circio Willelmi. Infra istos terminos donamus ad ipsam casam Dei ad integrum, et faciant rectores loci quod voluerint. Si quis hoc contradixerit, auri unciam componat. S. Walberti. S. Aronis. S. Constantionis. S. Rainaldi. S. Amblardi. S. Girberti. S. Almardi.

CLXXXII.

[ELDINUS DAT DURANNO PRESBITERO VINEAM IN VILLA FONTANILIAS (¹).]

Dilecto Duranno presbitero. Ego quidem Eldinus levita dono tibi vineam in pago Matisconense, in agro Salorniacense, in villa Fontanilias. Terminatur a mane via publica, a medio die Sancti Petri, a sero Henrici, a circio Bertranni. Infra istos terminos, portionem meam tibi dono, que est pars quarta; et facies tue voluntati nullo contradicente. Si quis hoc contradixerit, ex auro libram I persolvat, et firma permaneat omni tempore. S. Eldini. S. Ramualdi levite. S. Bernardi. S. Stephani. S. Fredelini. S. Bernardi.

CLXXXIII.

[RAIMODUS SANCTIMONIALIS DAT CURTILOS IIII IN SUBURBIO CIVITATIS (¹).]

Sacrosancte ecclesie que est constructa in honore Beati Vincentii martiris infra muros Matisconis. Ego Rannodus sanctimonialis concedo aliquid ex hereditate mea que est in pago Matisconense, in suburbio ipsius civitatis. Hec sunt curtili IIII; terminant duo curtili a mane Arari fluvio, a medio die

---

CLXXXI.   (¹) Nota chronologica deest.
          (²) Forté legendum *Lasiaco*, gallicè *Laizé*.
CLXXXII. (¹) Hæc charta temporis notâ caret.
CLXXXIII. (¹) Absque notâ chronologicâ.

via publica, a sero terra Girbergane, a circio terra Isembranni; alius curtilus terminatur a mane Araris fluvio, a medio die et sero terra comitali, a circio terra Salomonis; alius curtilus terminat a mane terra Sigeberti, a medio die terra vicecomitali, a sero via publica, a circio terra Duranni. Infra istas terminationes, dono ad ipsam casam Dei quicquid ibi habeo, quesitum et inquirendum, nullo contradicente. Si quis contradixerit, auri libram I componat. S. Rannod. S. Videlane. S. Leutgardi. S. Vuilmari. S. Frederici. S. Abbonis. S. Odonis.

CLXXXIV.

[HILDEBOLDUS DAT ELDRARDE SANCTIMONIALI VINEAM IN LIVINIACO ([1]).]

Dilecte sanctemoniali Eldecardi ([2]). Ego Hildeboldus sacerdos (dono) quamdam villam sitam in pago Matisconense, in agro Salorniacense, in villa Liviniaci. Terminatur a mane via publica, a medio die terra Sancti Petri Luxoviensis, a sero via publica, a circio terra Sancti Petri. Hujus medietatem vinee, quam de medio planto conquisivi, Heldecardi dono eo pacto ut post meum decessum in vita sua teneat; post ejus excessum, ad mensam fratrum in ecclesia Beati Vincentii perveniat, et investitum unoquoque anno dimidium modium vini rectoribus Sancti Vincentii abhinc reddat. Et dono supradicte femine, in villa Dasciaco, quicquid de Andrea conquisivi, et in villa Castanedi vineam unam quam de Pontione conquisivi, et aliam vineam quam de Adalelmo et Constantino conquisivi, eo pacto ut in vita sua teneat et rectoribus Sancti Vincentii unoquoque anno dimidium modium vini persolvat, et post ejus excessum ad Sanctum Vincentium perveniant. S. Hildeboldi presbiteri. S. Adonis. S. Aymonis. S. Odonis. S. Mercurii. S. Duranni.

CLXXXV.

[RAIMGARDIS VENDICAT PARTEM SUAM DE HEREDITATE LENDRICI.]

928 — 936.

Sub die Jovis, apud Matisconem, in mallo ante presentiam domni Maioli vicecomitis venit quedam femina nomine Raingardis et infantes Landrici senioris ejus, (et) postulaverunt ibi brevem heleemosinariam quod Landricus ad suam finem de sua hereditate unicuique divisit, ad partem vero Raingarde

---

CLXXXIV. ([1]) Nota temporis deest.
([2]) Bouh., *Eldrardæ*.

venerunt res in villa Cropio et in Dalainaco, Besornaco, quicquid ipse Landricus habuit; in Varennas similiter advenerunt illi curtili III, ubi Berardus et Landradus et Rainardus resedunt; et de pratis et de silvis, campis, et portuum medietas, et molinariis. Inde notitiam accepit his presentibus.

CLXXXVI.

[GISLARDUS, BERNARDUS ET RAMBALDUS REDDUNT RES ABLATAS.]

941 — 960.

Noticia contrapellationis et werpitionis apud Matisconem sub die Martis, in mense junio, in mallo publico, ante presentiam domni Walterii vicecomitis missi domni Leotaldi comitis, Nordonium, Manegoldum, David, Bererium, Ingelardum, Berardum, Idonium cum ceteris mertx[1] presentiam contrapellavit Humbertus prepositus Matiscensis una cum aliis canonicis Sancti Vincentii, tres homines, Gislardum, Bernardum, atque Rambaldum, cum uxoribus eorum Aaleldis, Sufficia et Ingelelde, quod rebus Sancti Vincentii in villa Cavaniaco. Hoc est vinea que terminatur a mane terra Ingeltrudis, a medio die ad heredes Bernardi, a sero Sancti Stephani, a circio fossado finali et concisa. Infra istos terminos Aalbertus pater illorum et uxor ejus Raneldis incartaverunt Sancto Vincentio, et ipsi tenent injuste; ut autem se recognoverunt, ipse Gislardus et Bernardus atque Rambaldus et uxores eorum directum Sancti Vincentii werpiverunt ipsas res his presentibus. S. Bernardi. S. Ramberti. S. Petri. S. Idreni. S. Aymonis. S. Ingelardi.

CLXXXVII.

[TEUDO CUM UXORE VENDIT SILVAM ADALGISO LEVITE.]

886 — 927.

Domino, fratri Adalgiso levite. Ego Teudo et uxor sua Leutiaris vendimus tibi silvam crepita que est in pago Matisconense, in agro Melionacense, ubi vocant Camnevena, quam terminat ab oriente terra Restaiga, a meridie terra Folcolt[1], a sero ipsius Adalgisi, ab aquilone Sancti Vincentii. Infra istas terminationes tibi medietatem vendimus et accipimus de te precium

CLXXXVI. [1] Vox corrupta.
CLXXXVII. [1] Boub., *Picolt*.

solidos III, et facias in antea quicquid volueris. Si quis contradixerit auri unciam componat. S. Teudonis et Leutiare uxoris sue. S. Stadevert. S. Ayglodi. S. Remefredi. S. Aldonis.

CLXXXVIII.
[IVO PRESBITER DAT CURTILUM JUXTA MATISCONEM IN CONCULA(¹).]
886 — 923.

Sacrosancte ecclesie Sancti Vincentii que est constructa infra muros Matisconum. Ego in Dei nomine Ivo presbiter dono ad ipsam casam Dei in usus fratrum aliquid de rebus meis que sunt site in pago Matisconensi juxta Matisconem, in Concula vocant. Hoc est curtilus cum supraposito et vinea insimul tenente, quem terminat a mane et a medio die terra Sancti Vincentii, a circio similiter, a sero via publica. Infra istas terminationes, medietatem ad integrum canonicis Sancti Vincentii trado atque transfundo, et dono campum unum, prope Sanctum Clementem, quem terminat a mane via publica, a medio die terra Sancti Petri, a sero Sancti Vincentii et Sancti Clementis, a circio Sancte Marie; habet in longo a medio die perticas LX, a sero in uno fronte perticas XLVIII, in alio fronte a circio perticas XIIII. Infra istas terminationes vel perticationes, ad integrum trado Sancto Vincentio sine ullo contradicente, eo tenore ut dum vivo usum et fructum habeam et unoquoque anno de cera IIII deneratas ad mensam Sancti Vincentii persolvam ; et post meum decessum, ad canonicos Sancti Vincentii revertatur. Si quis contradixerit auri unciam componat. S. Stephani vicecomitis. S. Isnardi. S. Joffredi.

CLXXXIX.
[ALETRUDIS CUM FILIO GENESIO VENDUNT CAMPUM TENQUARDO(¹).]

Dilecto Tenquardo presbitero. Ego Aletrudis et filius meus Genesius vendimus tibi campum in pago Matisconense, in agro Melionacense, in villa Fontanilias. Terminatur a mane et a sero via publica, a medio die Sancti Clementis, a circio Tertelini et Rambaldi; habet in longo perticas XXXVII, in lato a mane perticas XVI, in alio fronte perticas XIII. Infra istos terminos, ipsum campum tibi vendimus et accipimus de te precium soldos IIII ; et fac quicquid volueris. Si quis venditionem istam contradixerit auri unciam componat. S. Aletrudis. S. Genesii.

CLXXXVIII. (¹) Vide chartam CCCLIV.
CLXXXIX. (¹) Absque notâ chronologicâ.

CXC.

[MADALBERTUS CUM UXORE DAT CAPELLAM CUM CURTILO IN ALBUNACO (¹).]

886 — 927.

Sacrosancte ecclesie Sancti Vincentii martiris que est constructa infra muros Matisconum cui preest Giraldus episcopus. Ego Madalbertus et uxor mea Elena donamus Sancto Vincentio et canonicis ejus, vel ad luminaria ejusdem ecclesie, aliquid augendi ex rebus proprietatis nostre que sunt site in pago Matisconense, in agro Fusciacense, in villa Albuconaco. Hoc est curtilus cum capella in honore Salvatoris et genitricis Dei Marie, Sancti Vincentii et Sancti Amoris constructa, cum edificiis, exio et regresso; terminatur ipse curtilus cum capella, a mane terra Satonaco, a medio die via publica, a sero Sancti Verani, a circio camino publico qui pergit ad Sagonam. Infra istas terminationes, ipsum curtilum cum rebus et quicquid ad ipsum curtilum aspicit, hec sunt curtiferus cum exiis, vircariis, vineis, campis, pratis, silvis, pomis, pascuis, aquis aquarumque decursibus. Et dono de mancipiis meis his nominibus, Aldone, Landrico cum infantibus eorum, Alibrano et Sendane cum infantibus eorum, Dominico et Ostraldo, ad integrum donamus sicut superius legitur, ea vero ratione dummodo vivimus usum et fructum teneamus et annis singulis, festivitate Sancti Vincentii, de frumento modios II et de vino II et porcos II, canonicis in censum donamus; post nostrum decessum, ad ipsos canonicos perveniat sine contradicente. Si quis contradixerit auri unciam componat. S. Madalberti et uxoris sue Helene.

CXCI.

[WAREMFREDUS DAT SANCTO VINCENTIO CURTILOS II IN TORIACO.]

879 — 885.

Sacrosancte ecclesie Sancti Vincentii que est constructa infra muros Matisconum cui Guntardus episcopus preest. Ego Waremfredus et uxor sua Aaltrudis donamus ad ipsam casam Dei aliquid ex rebus nostris que sunt site in pago Matisconense, in agro Fusciacense, in villa Toriaco, curtilos duos cum omnibus appendentiis. Unus curtilus terminatur a mane et sero viis publicis, a medio die et a circio terra Tolonis; alius curtilus terminatur a mane via publica, a medio die Sancti Vincentii, a sero et a circio terra

CXC. (¹) Adi superius chartam LXXXVII.

Brandono presbitero. Infra istas terminationes, totum ad integrum donamus ad ipsam casam Dei, et quidquid in ipsa villa vel in ipso fine visi sumus habere; hec sunt campi, prata, sylve, quesitum et inquirendum, donamus ad ipsam casam Dei, ea ratione dum simul vixerimus et filius noster Aynardus teneamus et possideamus, et unoquoque anno XII denarios persolvamus festivitate Sancti Vincentii ad mensam fratrum; post nostrum amborum decessum, faciant rectores Sancti Vincentii quicquid voluerint. Si quis hoc contradixerit auri libram I componat. S. Vuaremfredi et uxoris sue Aaltrudis. S. Privati. S. Isnardi. S. Waldini. S. Aydfredi. S. Ostroldi. S. Seiranni. S. Aymerici.

CXCII.

[GUIDO COMES REMITTIT CANONICIS QUASDAM CONSUETUDINES VINI.]

1063 — 1072.

Sacrosancte ecclesie in honore sancte Dei genitricis sanctorumque apostolorum Petri et Bartholomei, et sanctorum martirum Vincentii, Gervasii atque Protasii dicate. Ego Guido comes, ut Dominus per intercessiones istorum sanctorum dignetur mihi dimittere peccata mea et dignetur mihi misereri et me dirigere, propterea dimitto canonicis ipsius ecclesie quasdam consuetudines vini quas tempore vindemie pretendebam in duabus vineis illorum; scilicet in una vinea que est in villa Exartis, unum modium, et in clauso quem Ascherius tenet in villa Fontanilias tres modios. Has consuetudines supradictas vini Domino et Sancto Vincentio atque canonicis ejus dimittendo concedo et concedendo dimitto. Numquam deinceps ego nec aliquis successor meus, nec ullus homo propter nos illas requisiturus sit; quod si quis scienter fecerit anathema sit nisi resipuerit. Actum Matiscone ante altare supradictorum sanctorum, in presentia Drogonis episcopi, III kal. februarii, per manum Pontii scriptoris ad vicem Rannulfi cancellarii, tempore regis Philippi. S. Guidonis comitis qui fieri et firmare rogavit.

CXCIII.

[ELIUS PRESBITER DAT SANCTO VINCENTIO CURTILUM CUM SUPERPOSITO.]

886 — 927.

Sacrosancte ecclesie Sancti Vincentii martiris que est constructa infra muros Matiscensis civitatis cui preest Giraldus episcopus. Ego in Dei nomine Elius presbiter dono ad ipsam casam Dei de rebus meis que sunt site in pago Matisconensi, in agro Fusciacensi, prope arcum (¹) Sancti Petri quem vocant ad Casno; hoc est curtilus, cum supraposito et vinea insimul tenente et vircaria, quem terminat a mane et a sero terra Sancti Romani, a medio die Sancti Petri, a circio via publica. Infra istas terminationes, ad integrum trado atque transfundo, ea vero ratione dummodo vivo usum et fructum habeam; post meum decessum, ad ipsam casam Dei perveniant, et faciant quod voluerint. Si quis contradixerit auri unciam componat. S. Bononis. S. Hemerici. S. Emmaneri. S. Amaluini. S. Gotfredi. S. Constantini. S. Adaldradi.

CXCIV.

[IDRENUS DAT UXORI SUE EVE VINEAM IN VILLA MOYSON (¹).]

Dilecta uxore mea Eva. Ego Idrenus dono tibi aliquid de rebus meis que sunt site in pago Matisconense, in agro Melionacense, in villa Moyson. Hoc est vinea que terminat a mane et a medio die Girberti de Boscedi, a sero Bererio et Idreno et ad heredes Arlanni, a circio rivo volvente. Et dono tibi campum in ipsa villa, qui terminat a mane Bererio et Idreno (²); habet a circio perticas VIII et in longo sicut continet. Infra istas terminationes et perticationes, tibi dono eo tenore ut dum simul vixerimus teneamus, et qualis suum parem supervixerit ad illum perveniat, post amborum decessum, Bererio perveniat; et si necessitas Evane evenerit post meum decessum, aut si vendere voluerit, pro XX soldis Bererio vendas. Si quis contradixerit libram unam auri componat. S. Idreni. S. Bererii. S. Grimardi. S. Alberti. S. Bernefredi. S. Constantini. S. Arierii.

CXCV.

[ADALGISUS LEVITA PRESTAT INGENUITATEM SERVIS QUIBUSDAM (¹).]

Igitur ego in Dei nomine Adalgisus levita facio quos servos meos francos et dono eis de rebus meis que sunt site in pago Matisconense, prope murum, in burgo superiore; hoc est unus curtilus cum mansione que terminat a mane terra Hebreorum, a medio die murum civitatis, a sero terra Sancte Marie, a circio via publica. Infra istos terminos vobis dono eo tenore ut dum vixeritis teneatis; post vestrum (²) decessum, ad Sanctum Vincentium veniat.

CXCIII. (¹) Fortè emendandum *arcam*, nostris *la Grange-Saint-Pierre*.
CXCIV. (¹) Nota temporis deest.
    (²) Bouh., *idem*.
CXCV. (¹) Absque notà chronologicà.
    (²) Bouh., *nostrum*.

Si quis ingenuitatem istam calumniare voluerit, IIII auri libras componat. S. Adalgisi levite. S. Ingelerii. S. Auffredi. S. Gerardi. S. Salomonis. S. Landrici. S. Henrici.

CXCVI.

[RAMARDUS CUM UXORE BERTRADA DANT MANSOS DUOS(¹).]

996 — 1018.

Sacrosancte Dei ecclesie infra muros Matiscensis civitatis site atque in veneratione gloriosissimi Vincentii martiris dicate ubi domnus Letbaldus presul et pastor esse videtur. Ego Ramardus et uxor mea Bertrada concedimus prenominate ecclesie canonicis videlicet Sancti Vincentii aliquid de rebus meis in comitatu Lugdunensi, in villa Silviniaco : hoc est mansi duo cum omnibus appendentiis que Berno tenet, et in villa Innuciono, mansum unum cum omnibus(²) que ad ipsum mansum appendunt; ea vero ratione dum nos ambo vivimus, et filius noster Aymo, teneamus et in omni tempore in festivitate Sancti Vincentii pro unoquoque manso investitura denarios II canonicis exsolvamus; post nostrum vero obitum, ad Sanctum Vincentium et ad ejus canonicos perveniat nullo contradicente. Si quis vero contradixerit auri libras tres componat, et in antea firma et stabilis permaneat cum stipulatione subnixa. Ramardus et uxor sua Bertrada, qui fieri et firmare jusserunt. S. Aymonis. S. Enrici(³). S. Ornadi. S. Raculfi. S. item Aymonis. S. Adonis. S. Letoldi. S. Bernardi. S. Frotgerii. S. Frederici.

CXCVII.

[COMMUTATIO RERUM SANCTI VINCENTII CUM REBUS FLORIACENSIS CENOBII.]

996 — 1018.

Omnibus Floriacensis cenobii, quod Beati Benedicti constat honore constructum, monachis presentibus videlicet et futuris atque cunctis Matiscensis ecclesie filiis notum esse volumus quod contigit atque placuit Rotberto, supradicte congregationis fratri et patricio(¹) monasterii preposito, et domno Letbaldo supradicte ecclesie pontifici, ut quasdam terras inter se alterna vicissitudine commutarent, quod et fecerunt. Primo Rotbertus dat jam dicta ratione sancte Dei Matiscensis ecclesie Beati Vincentii vineam et campum

CXCVI. (¹) Donatio hæc iteratur in utroque codice, adi chartam CCCXVIII.
(²) Bouh., *vineâ*.
(³) Bouh., *Aimerici*.
CXCVII. (¹) Fortè legendum *Patriciaci*, gallicè *Perrecy*.

unum qui sunt siti in pago Matisconensi, in agro Salorniacensi, in villa Moncellis; ex quibus vinea terminatur in circuitu terra Sancti Vincentii, campus vero terminatur a mane et a medio die terra Sancti Vincentii, ab austro autem et aquilone terra Sancti Benedicti. Domnus vero presul dat eodem pacto domno Rotberto monacho duos campos qui sunt siti in pago Matisconensi, in agro Salorniacensi, in vico Someriaci; quorum unus terminatur a mane et a medio die terra Sancti Vincentii, a sero et a circio terra Sancti Benedicti. Hos duos campos supra insertos in loco Someriaci, eo tenore ut rectores Sancti Benedicti omni tempore teneant et possideant, recipit Rotbertus et dat unam vineam, unum campum, ut rectores Sancti Vincentii ex his, ab hac die, faciant quicquid facere voluerint. S. Rotberti monachi. S. Gausleni abbatis. S. Arnaldi. S. Algerii. S. Warnerii. S. Bernardi. S. Adelardi. S. Alberti. S. Teoderici. S. Warnerii.

CXCVIII.

[ELDINUS MILES CONSUETUDINES EULOGIARUM ET EQUORUM REMITTIT(¹).]

1022.

Notum sit omnibus christiane fidei cultoribus quia quidam miles nomine Eldinus calumniam intulit rectoribus Sancti Vincentii ecclesie que sita est in Matisconum civitate, scilicet Letbaldo episcopo fratribusque sub ejus regimine Domino militantibus, ac post Letbaldi presulis excessum, Gausleno episcopo qui post eum predicte ecclesie regimen suscepit, eamdem litem intulit de quodam manso qui situs est in pago Matisconensi, in agro Iggiacensi, in villa Minciaco(²), in quo Warnerius mansit. Expetebat autem ex hoc manso eulogias et equorum receptacula, et hanc consuetudinem jam dicte ecclesie rectores ei reddere prohibuerant dicentes : illius mansi colonum hanc consuetudinem non debere, neque pro silva, neque pro pascuis, neque pro aqua, neque pro ejusdem Beati Vincentii terra; quam rem audiens predictus Eldinus et quod dicebatur verum esse cognoscens, Gausleno episcopo omnibusque jam dicti loci fratribus hanc consuetudinem werpivit ut nullo modo ipse vel successores ejus a predicti mansi cultoribus aliquam consuetudinem exigerent. Si quis contradixerit auri libras x componat. S. Eldini qui fieri jussit. S. Walterii archidiaconi. S. Lamberti. S. Willelmi. S. Drogonis. S. Hugonis.

CXCVIII. (¹) Vide chartam CCCCXCV.
(²) Bouh., *Canciaco*.

CXCIX.

[BLADINUS PRESBITER CONCEDIT SANCTO VINCENTIO RES SUI JURIS.]

996 — 1018.

Sacrosancte ecclesie Sancti Vincentii martiris que est constructa infra muros Matisconum cui preest Letbaldus episcopus. Ego in Dei nomine Bladinus presbiter pro Dei amore et parentum meorum salute et pro lucro quod mihi dedit domnus predictus episcopus et ceteri fratres, de ecclesia Sancti Desiderii que est constructa in Verriaco villa, propterea dono ad ipsam casam Dei aliquid ex rebus proprie hereditatis mee que est sita in pago Matisconense, in agro Itgiacense, in villa Verriaco : manso uno et indominicato cum curtilo et vinea insimul tenente, terminat a mane et a circio de ipsa hereditate, a medio die rivo volvente, a sero Sancti Vincentii et Winebaldi; et dono pratum unum ad ipsam casam Dei in Molicia vocat, terminat a mane et a sero Sancti Vincentii, a medio die rivo currente, a circio via publica; et dono in ipso pago Matisconensi, ad ipsam casam Dei, in Marunaco(¹) villa mansum unum et vineam insimul tenentem, terminat a mane terra Sancti Marcelli et Sancti Benedicti, a medio die terra Alberti necnon atque Alberto, a sero via publica, a circio Lamberto, et alias res que ad ipsum mansum aspiciunt. Hoc sunt campis, pratis, silvis exartis et recrebitis, omnia et in omnibus sicut supra insertum est, dono ad ipsam casam Dei eo tenore dummodo vivo teneo et possideo; post meum vero decessum, ad ipsam ecclesiam(²) Dei perveniat. Loco census, tempore vindemie, modium unum de musto persolvat omni quoque anno. Et dono ad ipsam ecclesiam Dei vineam in Boonisco(³) vocato, terminat a mane via publica, a medio die Sancti Vincentii, a sero terra Francorum, a circio de ipsa hereditate. Et aliam vineam dono in ipsa villa Verriaco; terminat a mane terra Vinimaci, a medio die Sancti Petri, a sero via publica, a circio Sancti Vincentii. Et dono supradicte ecclesie mansum unum quem possideo per excambio mee terre in ipsa villa, terminat a mane et a medio die et sero et circio Sancti Vincentii, ut quamdiu vixero teneam et possideam, post nostrum decessum ad ipsam casam Dei perveniat nullo contradicente. Si quis contradixerit auri libras componat x. S. Bladino presbitero. S. Widrado. S. Provado. S. Grolberto. S. Otbranno.

CXCIX. (¹) Bouh., *Marniaco*.
(²) Bouh., *aulam*.
(³) Bouh., *loco Onscio*.

CC.

[BERNARDUS PREPOSITUS DAT SANCTO VINCENTIO CURTILUM.]

886 — 927.

Sacrosancte ecclesie Sancti Vincentii martiris que est constructa infra muros Matisconum cui domnus Giraldus preest. Ego Bernardus prepositus dono ad ipsam casam Dei aliquid ex rebus meis que sunt site in pago Matisconense, in agro Caloniacense([1]), in villa Castello : hoc est curtilus cum vinea et prato insimul tenente, quem terminat a mane via publica, a medio die terra Sancti Martini, a sero Walterio, a circio Petrono et via publica. Infra istos terminos dono ad ipsam casam Dei et quicquid in ipsa villa, vel in ipsa fine, visus sum habere : hec sunt curtiferus cum edificiis, campis, pratis, aquis aquarumque decursibus, quesitum et inquirendum. Et dono in ipsa fine pratum subter Castello, quod a Walterio conquisivi, eo tenore dum ego vivo usum et fructum; post meum decessum, ad ipsam casam Dei perveniat nullo contradicente. Si quis vero contradixerit auri libram unam componat.

CCI.

[UDULDRICUS CUM UXORE DANT TERRAS IN VILLA VERRIACO([1]).]

Notum esse volo cunctis fidelibus quia ego Udulricus, cum uxore mea Ermengardi, cupiens filio meo Walterio canonicale adipisci contubernium in congregatione Beati Vincentii, concedo ecclesie in ipsius almi martiris nomine Domino dicate, quasdam terras conjacentes in pago Matisconensi, in agro Iggiacensi, in villa Verriaco : hoc est vineam cum vircariis et domo ubi Adalbertus manet, et aliam vineam de medio planto quam Rodulfus et Concelinus plantaverunt, et tres perticas de vinea quas Ubertus plantavit, et quicquid in ipsa villa de Giginaco clerico exquisivi, Sancto Vincentio dono, et faciant post hanc diem rectores Sancti Vincentii quicquid voluerint. S. Udulrici et conjugis sue Ermengardis, qui fieri et firmare rogaverunt. S. Walterii filii sui. S. Bernardi. S. Litgisi. S. Hugonis. S. Alberti. S. Warnerii.

CC. ([1]) Menda scribæ; legendum *Galoniacense*, nostris *Jalogny*.
CCI. ([1]) Absque notâ chronologicâ.

CCII.

[GUNDULFUS CUM UXORE VENDIT VINEAM IN VILLA MANESIACO(¹).]

Dilectis Matiscensis ecclesie canonicis. Ego Gundulfus et uxor mea Tetsa vendimus vineam unam que est sita in pago Matisconense, in agro Verriacense, in villa Manesiaco. Terminatur a mane terra Sancti Mammetis, a medio die Sancti Vincentii, a sero via publica, a circio de ipsa hereditate; habet in longo perticas xx et unam, in latitudine III. Infra istas terminationes, hanc vineam ego Gundulfus et uxor mea canonicis supradictis vendimus, pro precio v solidorum, et faciant quicquid voluerint. S. Gundulfi et uxoris ejus. S. Constancii. S. Otbranni. S. Bernoeni. S. Duranni. S. Constantini.

CCIII.

[BERVERIUS INCAUCIONAT VINEAM RECTORIBUS SANCTI VINCENTII(¹).]

Dilectis canonicis Sancti Vincentii. Ego Bernoenus (²) et uxor mea Ermengardis, incaucionamus vineam unam que est sita in pago Matisconense, in agro Salorniacense, in villa Maneciaci; hanc vineam rectoribus Sancti Vincentii incaucionamus ad tres annos pro uno modio et tribus solidis, et post tres annos usque ad diem solutionis. S. Bernoeni et uxoris sue, qui firmare rogaverunt. S. Duranni. S. Otbranni. S. Gondulfi. S. Constantini.

CCIV.

[RECIPIUNTUR JURATI TESTES AD PROBANDUM JUS SANCTI VINCENTII(¹).]

886 — 927.

Notitia sacramentaria. In Matiscone civitate, in ecclesia Beati Salvatoris, die Dominica, mense octobris, venit Bernardus prepositus qui ecclesiam Sancti Juliani in manu tenet; reclamavit se ad Gundulricum vassallum domni Willelmi comitis, qui beneficium Sancti Laurentii tenet, dicens quod Ideo presbiter decimas Sancti Juliani in villa Sulistriaco usurparet contra legem ad partem Sancti Laurentii, una medietate; similiter decimas (²) Sancti Petri reclamavit se (ad) Christophorum quod anno isto presente illas saisivit

---

CCII. (¹) Temporis nota deest.
CCIII. (¹) Absque temporis notâ.
    (²) Bouh., *Berverius*.
CCIV. (¹) Diploma istud fictitium esse contendit dom. Bernard adscriptor codicis Matisconensis.
    (²) Bouhier, *decanus*.

malli ordine. Tunc fecit Gundulricus inquisitio(³) ad servientes Sancti Laurentii quid esset rei veritatis, et dixerunt quod a xxx annis usque hodie fuit vestitus Sanctus Julianus et Sanctus Petrus excepto de condaminis indominicatis et de terris absis et de vineis indominicatis de illa tradebat habere Sanctus Laurentius decimas, de aliis terris quod parrochiani Sancti Juliani et Sancti Petri conlaborant ad Sanctum Julianum et Sanctum Petrum debeat esse, totas et esse invenerunt ut ad xiiii noctes habeat domnus prepositus et Christophorus unusquisque testes ii; et fuit ibi Raculfus et Amgardus(⁴) et Auscherius et alii plures ad istam rationem audiendam ad placitum constitutum convenit; fuit ibi Martinus et Ragemfredus, et Alendonus et Johannes et Jospertus et Constantinus et item Jospertus, et simul dixerunt quod suprascriptum est, sic Dominus illos adjuvet et Sanctus Petrus usque hodie et plus per legem et rectum debent esse Sancti Juliani et Sancti Petri quam Sancti Laurentii, excepto condaminis indominicatis et vineis et absis terris, nisi tantum quod senior aut minister per forcia aut per ignorantiam abstraxit, et fuit ibi ad ipsum sacramentum audiendum Adalgisus levita et Martinus major ipsius.

CCV.

[COMMUTATIO RERUM SANCTI VINCENTII CUM TEOTBERTO.]

968 — 971.

Placuit atque convenit inter domnum Adonem episcopum et Johannem prepositum et ceteros fratres Sancti Vincentii et, ab alia parte, Teotbertum et uxorem suam Gitbergam ut terras eorum inter se commutare deberent. Imprimis donat Teotbertus per consilium Warulfi campum qui est in pago Matisconense, in agro Ibiacense, in villa Verciaco; terminat a mane via publica, a medio die terra Widradi presbiteri, a sero Sancti Desiderii, a circio terra Aymo, et habet in longo perticas xxv et in lato perticas viii. Infra istas terminationes totum ei dono. Domnus Ado episcopus, a parte Otberti, campum in ipsa villa; terminat a mane terra Adalberti et a medio die via publica, a sero terra Warulfi, a circio terra Adalberti presbiteri. Et pratum in villa Vinciaco(¹), terminat a mane rivo volvente, a medio die terra Arardi, a sero terra Widradi presbiteri, a circio terra Warulfi; habet in

(³) Bouh., *in quæsito.*
(⁴) Bouh., *Euvrardus.*
CCV. (¹) Bouh., *Unciaco.*

quisquo fronte perticas IIII et pedes VII. Infra istas terminationes, unusquisque quid accepit teneat et possideat; si quis contradixerit, de auro uncias III componat. S. Teotberti. S. Evirat. S. Otbran. S. Adonis. S. Grolberti. S. Constancii. S. Otbrani. S. Avelionis. S. Umbert. S. Gelenert.

CCVI.

[ALBERICUS DAT VILLAM, CAPELLAS ET FABRICAS.]

928 — 936.

Ego Albericus, in Dei nomine, trado ad lumina [1] Sancti Vincentii Matisconensis res juris mei, Fabricas scilicet in Matisconense positam comitatu, cum capella et manso indominicato et omnia quicquid ad ipsum mansum aspicit, cum vineis, pratis, campis, silvis, cultis et incultis, aquis aquarumque decursibus et omnia quicquid in ipsa villa visus sum habere. Similiter trado et Sylviniacum villam, in pago Sindingorum positam, cum capella et manso indominicato vel quicquid in ipsa villa habere visus sum, cum appendentiis omnibus ad eum pertinentibus, cum servis et ancillis, vel omnibus ibidem servientibus qui juris mei sunt, trado, sicut jam dictum est, ad lumina Sancti Vincentii videlicet pro commutatione vel prestaria quam a presule ipsius ecclesie scilicet Bernone de rebus ipsius ecclesie accipio jure precario, Sanctum videlicet Amorem cum omnibus appendentiis, ita ut dum vixero et filius meus Leotaldus atque Humbertus teneamus atque possideamus; post obitum vero nostrum, absque ulla contradictione ad supradicta lumina revertatur.

CCVII.

[COMMUTATIO RERUM SANCTI VINCENTII CUM ERMENBERTO.]

972 — 977.

Placuit atque convenit inter Johannem Matiscensium civitatis episcopum et canonicos loci illius atque Ermenbertum et uxorem suam Susannam ut terras inter se commutarent, quod et fecerunt. Inprimis commutat atque donat Ermenbertus et uxor sua Susanna a parte Sancti Vincentii et canonicis ejus campos III qui sunt siti in pago Matisconense, in agro Iggiacense, in villa Virgiacus. Unus campus terminat a mane terra Archidrandi, a medio die terra Sancti Vincentii, a sero terra Landuardi, a circio Deodati; habet in

---

CCVI. [1] Boub., *limina*.

longo perticas unus campus x, in quisquo fronte perticas ii. Alius autem campus habet terminationes a mane terra Sancti Vincentii, a medio die Grimardi et Amelodini, a sero terra Sancti Petri, a circio Sancti Vincentii; habet in longo perticas xvi, in traversum in ambis frontibus perticas ii. Alius campus in traversum habet pedes vi, simulque scammant domnus Johannes et canonici Sancti Vincentii. Ex parte Ermenberti et uxoris sue Susanne, campos ii qui sunt siti in ipso pago et in ipsa villa Virgiacus, sicut supra; terminatur a mane unus campus terra Privati et Berardi, a medio die terra Berardi, a sero terra Teorni et Baroni, a circio ab ipso receptore Ermenberto, habet in longo perticas v, in lato perticas ii. Alius autem campus terminat a mane terra Sancti Mammertis et Sancti Vincentii et terra Marcelli, a medio die terra Sancti Vincentii, a sero terra Ermenberti, a circio terra Adalulfi et coheredum; habet in longo perticas xxxviii, in lato perticam i. Infra has terminationes et perticationes, canonici Sancti Vincentii et Ermenbertus et uxor sua Susanna quod commutant possideant nullo contradicente.

CCVIII.

[ACHINUS ET UXOR DANT SANCTO VINCENTIO CURTILUM CUM SUPERPOSITO (¹).]

Ego in Dei nomine Achinus et uxor sua Ildert donamus ex rebus proprie hereditatis nostre ad ecclesiam beati Vincentii martiris Matiscensium civitatis et canonicis ibidem Domino servientibus cum mancipiis supra manentibus, nomine Vulferario cum infantibus suis. Ipse res sunt site in pago Matisconensi, in fine Saumnaciense (²), in villa que vocatur Vallis : hoc est curtilus cum supraposito qui habet terminationes a mane terra Ausbert, a medio die rivo percurrente, a circio strada publica, a sero terra Sancti Stephani ; infra istas terminationes, ipsum curtilum cum supraposito, exiis et regressis, et alias res ibidem aspicientes, hec sunt vineis, campis, pratis, silvis, una cum decimis, pascuis, aquis aquarumque decursibus, omnia ex omnibus totum ad integrum tradimus ad ipsam casam Dei supra memoratam suisque canonicis Domino famulantibus, ita ipsi de eis faciant quicquid facere voluerint. Si quis hoc calumniaverit libram auri componat. S. Achini. S. Ildegart. S. Grusini. S. Farrini (³). S. Girberti. S. item Girberti. S. Berengarii. S. Sendeleni

CCVIII. (¹) Donationi huic nota chronologica deest.
(²) Fortè legendum *Saviniacense*.
(³) Bouh., *Faconis*.

CCIX.

[ADO EPISCOPUS CONFERT RODULFO RES SANCTI VINCENTII APUD LIERNICUM.]

968 — 971.

Ego Ado humilis Matiscensis episcopus, consentientibus ecclesie Sancti Vincentii filiis presentibus et futuris, concessi cuidam viro nomine Rodulfo et uxori sue Ingelberge et filio eorum Fulcherio quasdam res Sancti Vincentii, que conjacent in pago Lugdunense, in villa Lurnico(¹), quas Evrardus olim vir inlustris Sancto Vincentio contulit, que sunt de ratione canonicorum prescripti martiris, istas et alias res quas nobis idem viri in jam dicta villa condonaverunt : curtilem videlicet unum qui terminat a mane et a medio die vias publicas, a sero Sancti Vincentii, a circio Sancti Johannis cum prato ipsi curtilo adherente, has et reliquas res quas in prefata villa Sanctus Vincentius et nos visi sumus habere, eis condonamus, eo tenore ut dum simul advixerint teneant, et quicumque ex eis parem suum supervixerit similiter in vita sua habeat; ipsis decedentibus rectores Sancti Vincentii res quas donaverunt recipiant, loco vero census XII denarios Sancti Vincentii festivitate persolvant, et ut securius teneant hanc cartam eis fieri jussimus.

CCX.

[UMTRADUS DAT OUDRADE SPONSE RES INSERTAS IN DOTALICIO(¹).]

Dulcissima es sponsa mea nomine Undrada, ego igitur Vuitradus sponsus tuus, pro amore et bona voluntate quam contra(²) te habeo, propterea dono tibi quicquid in dotalitium tuum insertum est in carta expressa, totum tibi dono : hec sunt vineis et campis et pratis, tibi dono, et dono tibi campum in Blandaco vocat; terminat a mane terra Dominico, a medio die et a circio vias publicas, a sero terra Undrado. Infra istos terminos lancea partione tibi dono ad integrum et facias quod volueris, et si quis contradixerit auri libras solvat. S. Vuitradi. S. Ramfredi. S. Gislerii.

CCXI.

[ADALBERTUS PRESBITER DAT SANCTO VINCENTIO RES APUD VERRIACUM.]

968. — 971.

Sacrosancte ecclesie Sancti Vincentii martiris que est fundata infra muros Matisconum quam domnus Ado episcopus ad regendum habere videtur.

CCIX. (¹) Bouhier, *Liernico*; adi chartam CCCXII.
(²) Bouhier, *pro*.
CCX. (¹) Hæc donatio notâ chronologicâ caret.

Ego Adalbertus presbiter dono ad ipsam casam Dei aliquid ex rebus meis que sunt site in pago Matisconense, in agro Ibiacense, in villa Verriaco; terminat a mane terra Sancti Petri, a medio die Rotrudis, a sero terra Evrat, a circio ad filios Walrulfi. Infra hos terminos dono ad ipsam casam Dei, ad mensam fratrum, et faciant rectores ipsius loci quicquid voluerint. Si quis contradixerit de auro uncias II persolvat. S. Adalberti. S. Aremberti. S. Gondrani. S. Arnulfi. S. Fulconis. S. Widradi.

CCXII.

[GIRBERTUS DAT ECCLESIE MATISCENSI VINEAS IN VILLA LEORNIACO.]

968 — 971.

Sacrosancte Dei ecclesie Sancti Vincentii que est constructa infra muros Matisconum, cui domnus Ado preest. Ego Girbertus concedo ad ipsam casam Dei, ad mensam fratrum, aliquid ex rebus meis que Albertus presbiter mihi dedit: hec sunt vinee, prata, in pago Matisconense, in agro Iggiacense, in villa Leorniaco. Una vinea terminat a mane Sancti Nazari, a medio die Sancti Ferreoli, a sero via publica, a circio Sancti Christophori, infra istos terminos medietatem. Alia vinea terminat a mane et a medio die terra Rambaldi, a sero terra Ammoni, a circio Auscherio; alia vinea, a mane Sancti Petri, a medio die et a circio terra Alberici, a sero via publica. Pratus in Trasdo vocatus terminat a mane via publica, a medio die Godolbert, a sero terra Deodado, a circio increpito(¹); infra has terminationes, faciant rectores ipsius loci quicquid voluerint. S. Grobert. S. Eldoart. S. Dominici. S. Rannalt. S. Condrani. S. Martini. S. Gundrici. S. Aynardi.

CCXIII.

[ADALBERTUS PRESBITER DAT GIRBERTO VINEAM IN LEORNAICO(¹).]

Domino, fratri Girberto. Ego Adalbertus presbiter dono tibi vineam que est in pago Matisconense, in agro Ibiacense, in villa Leornaico, in Claverias vocat. Terminat a mane terra Sancti Nazari, a medio die terra Sancti Ferreoli, a sero via publica, a circio Sancti Christophori; infra istas terminationes medietatem tibi dono. Et dono tibi aliam vineam quam de Ingemanno presbitero conquisivi, terminat a mane increpito, a medio die et a circio terra Auscherii

---

CCXII. (¹) Bouh., *in Eripito.*
CCXIII. (¹) Temporis nota deest.

et a sero Rannolt; infra istos terminos totum dono tibi. Alia vinea terminat a mane terra Rannol, a medio die et a sero terra Aymonis, a circio Auscherii; alia vinea in ipsa villa terminatur a mane (terra) Sancti Petri, a sero via publica, a medio die et a circio Alberico. Et dono tibi pratum in Trado vocatum; terminat a mane via publica, a medio die terra Grolberti, a sero terra Deodati, a circio increpito. Infra istas terminationes totum ad integrum tibi dono, trado et transfundo, ut facias quod volueris. S. Grolbert. S. Adalbert. S. Otbran. S. Airici. S. Adonis. S. Dominici. S. Rainfredi.

CCXIV.

[GONSA ET FILIUS OSBERTUS DANT VINEAM IN AGRO IGGIACENSE(¹).]

Sacrosancte ecclesie Sancti Vincentii martiris que est constructa infra muros Matisconum. Ego, in Dei nomine, Gonsa et filius meus Osbertus donamus pro remedio animarum nostrarum ad ipsam casam Dei aliquid ex rebus nostris que sunt site in pago Matisconense, in agro Iggiacense, in ipsa villa : hoc est vinea que terminat a mane terra de ipsa hereditate, a medio die Sancti Vincentii, a sero ad ipsam donatricem vel donatorem, a circio Mainardi; habet in longo perticas x, in transversum in ambis frontibus perticas III. Infra istos terminos donamus ad ipsam casam Dei, ad mensam fratrum, et faciant quod facere voluerint. S. Gonsane. S. Osberti. S. Adalardi. S. Anselardi. S. Mainardi. S. Leotardi. S. Alberici.

CCXV.

[WICARDUS ET ROTRUDIS UXOR DANT CURTILUM IN VILLA VERRIACO.]

968 — 971.

Sacrosancte ecclesie Sancti Vincentii martiris que est constructa infra muros Matisconum, cui domnus Ado episcopus preest. Ego Wicardus et Rotrudis femina cogitamus de periculo animarum nostrarum, propterea donamus ad ipsam casam Dei, ad stipendia fratrum, aliquid de rebus nostris que sunt site in pago Matisconense, in agro Ibiacense, in villa Verriaco vocata. Hoc est curtilus cum manso qui terminat a mane terra Adalberti presbiteri cum heres (¹), a medio die via publica et terra Sancti Petri, a sero et circio terra Warulfi. Infra istas terminationes, ipsum curtilum et ipsam

---

CCXIV. (¹) Absque notâ chronologicâ.
CCXV. (¹) Bouh., *cohæredis*.

vineam et quicquid ad ipsam aspicit, hoc sunt curtiferis, vineis, campis, pratis, silvis, omnia et ex omnibus totum donamus ad ipsam casam Dei, eo tenore dummodo(*) vivimus usum et fructum (habeamus), post nostrum decessum, ad ipsam casam Dei perveniat; et si quis contradixerit de auro uncias XII componat. S. Wicardi. S. Bernardi. S. Lamberti. S. Gontart. S. Arembert. S. Argi. S. Alberti. S. Otbranni.

CCXVI.

[ELDINUS EXCAMBIAT CAMPUM CUM WICARDO ET RAIMTRUDI(¹).]

Domino, fratribus Wicardo et uxori sue Rotrudi. Ego Eldinus excambio unum campum in pago Matisconense, in agro Laliacense, in ipsa villa vocat; hoc est unus campus quem terminat a mane terra Sancti Cirici, a medio die Sancti Vincentii, a sero et a circio Sancti Vincentii. Infra istos terminos, tibi excambio in longo perticas XXI, in uno fronte perticas III, et in altero fronte perticas III, et faciatis in omnibus quicquid facere volueritis. Si quis vero contradixerit auri unciam unam componat. S. Wandalberti. S. Etgelodi. S. Wicardi. S. Girbodi. S. Odrici.

CCXVII.

[WALTERIUS ET ATTO DANT SANCTO VINCENTIO CURTILUM IN DOMANACO.]

972 — 977.

Sacrosancte ecclesie Sancti Vincentii martiris que est constructa infra muros Matisconum, cui domnus Johannes episcopus preest. Ego Walterius presbiter et frater meus Atto donamus ad ipsam casam Dei aliquid ex rebus nostris que sunt site in pago Matisconense, in agro Ibiacense, in villa Domanaco; hoc est curtilus indominicatus quem terminat a mane terra Sancti Petri, a medio die similiter Sancti Petri, a sero via publica, a circio Airoardi cum heredes. Infra istos terminos dono ad ipsam casam Dei, et quicquid in ipsa villa visi sumus habere quesitum et inquirendum. Et donamus in ipsa villa vineam que fuit data ad medium plantum, a die presente alias res; eo tenore dum ego vivo et frater meus Atto teneamus et possideamus, post nostrum amborum decessum, ad ipsam casam Dei perveniat nullo contradicente. Si quis contradixerit uncias auri componat. S. Walterii presbiteri. S. Attonis, qui fieri et firmare rogaverunt.

(*) Bouh., *dum Odo vivit.*
CCXVI. (¹) Huic chartæ nota chronologica deest.

CCXVIII.

[CONSTANTINUS DAT SANCTO VINCENTIO VINEAM APUD POILLIACUM.]

1018 — 1030.

Sacrosancte ecclesie Sancti Vincentii martiris que est infra ambitum meniorum Matiscensium sita, cui domnus Gauslenus preest episcopus. Ego Constantinus dono pro remedio anime mee aliquid ex hereditate mea in pago Matisconense, in agro Salorniacense, in villa Poilliaco; est autem una vinea de medio planto cujus terminationes sunt ab oriente. S. Constantini qui fieri jussit. S. Arsende conjugis sue. S. Eufemie. S. Gunduldrici. Hactum regnante Rotberto rege.

CCXIX.

[WIDRADUS ET BLADINUS PRESBITERI DANT MANSUM IN VERCHESOTI.]

968 — 971.

Sacrosancte ecclesie Sancti Vincentii martiris que est constructa(¹) infra muros Matisconum, cui domnus Ado preest. Ego Widradus presbiter et Bladinus presbiter donamus ad ipsam casam Dei et stipendia fratrum aliquid ex rebus nostris que sunt site in pago Matisconense, in agro Salorniacense, in villa Verchesotis. Terminat a mane via publica, a medio die ad ipsum Widradum, a sero terra Teotbert, a circio ad ipsum Bladinum; in uno fronte a mane perticas VIII et in alio fronte perticas VII. Infra istas terminationes et perticationes, donamus ad ipsam casam Dei ad integrum. Si quis contradixerit uncias III componat de auro. S. Widradi presbiteri et Bladini, qui fieri et firmare rogaverunt. S. Dominici. S. Aimonis. S. Ermenberti. S. Eldoart.

CCXX.

[WILLELMUS CUM UXORE GERTRUDE DANT MANSUM IN NUICIACO.]

1018 — 1030.

Sacrosancte ecclesie Sancti Vincentii martiris infra menia Matisconis constructe, cui Gauslenus episcopus preest. Ego Willelmus et uxor mea Gertrudis pro animarum nostrarum remedio donamus mansum unum in

---

CCXIX. (¹) Bouh., *fundata*.

villa Miciaco(¹), cum domo et vinea et omnibus ad eam pertinentibus, campis, pratis, silvis silvarumque usibus, cum servo supermanente nomine Rotberto. Terminatur jam dictus mansus ab oriente via publica, a medio die terra Constantini, ab occidente de ipsa terra, ab aquilone terra Eldini. Hunc igitur mansum cum omnibus appendentiis donamus Domino et Sancto Vincentio ad mensam fratrum, et faciant rectores Sancti Vincentii quicquid facere voluerint. S. Willelmi. S. Gertrudis uxoris ejus, qui fieri et firmare rogaverunt. S. Ugonis. S. Rotberti. S. Helisabeth comitisse. S. Rannulfi. S. Arulfi. S. Gauseranni. S. Ugonis.

CCXXI.

[ADALBERTUS ET LANDRADUS DANT CAMPUM IN VILLA VERRIACO.]

962 — 967.

Sacrosancte ecclesie Sancti Vincentii martiris que est constructa infra muros Matisconum, cui domnus Teotelinus episcopus preest. Ego Adalbertus presbiter (et) Landradus, vadiatores Raimfredi presbiteri, donamus ad ipsam casam Dei aliquid ex rebus nostris que ad obitum suum commendant(¹) in stipendia fratrum, que sunt site in pago Matisconense, in agro Ibiacense, in villa Verriaco, campus in Molicia vocatur. Terminat a mane et a sero Sancti Petri, a medio die et a circio ad ipsam casam Dei; habet in longo perticas xxx, in quisquo fronte perticas iiii. Infra istas terminationes et perticationes tibi dono pro anima d(icti) Raimfredi presbiteri. S. Adalberti presbiteri. S. Landoarii. S. Constabuli. S. Bernoar. S. Raimfredi. S. Rainterii. S. Gisemberti.

CCXXII.

[WALTERIUS ET ATTO FRATRES IMPIGNORANT VINEAM SANCTO VINCENTIO.]

968 — 971.

Sacrosancte Dei ecclesie que est constructa infra muros Matisconum, cui domnus Ado episcopus preest. Ego Walterius presbiter necnon frater meus Atto incaucionamus ad ipsam casam Dei, ad mensam fratrum, res nostras que sunt site in pago Matisconense, in villa Domanaco, in fine Verriacense ; hoc est vinea que vocatur ad capellam Sancti Petri, quam pater meus David

---

CCXX. (¹) Bouhier, *Nuiciaco*.
CCXXI. (¹) Bouh., *concedant*.

et mater mea Wandelmodis incommutaverunt Christophoro ad medium plantum, ipsam vineam et alias res quicquid in ipsa villa visi sumus habere, que de patre et matre nobis evenit, ad ipsam casam Dei ad mensam fratrum nos incaucionamus ad annos II per solidos XXXXVI, et usque in diem solutionis permaneat. Si quis hoc calumniaverit auri libras x componat. S. Walterii presbiteri et fratris ejus Attonis. S. Manassis. S. Saleconis. S. Folconis. S. Maimbodi.

CCXXIII.

[GIRALDUS DAT SANCTO VINCENTIO TERRAM JUXTA CIMETERIUM AMONIACI(1).]

Notum sit omnibus hominibus tam presentibus quam futuris, quod ego Giraldus dedi Beato Vincentio, in presentia Widonis, terram que est sita juxta cimiterium Amoniaci, a meridiali plaga que continens est a cimeterio usque ad publicam viam, precio II solidorum octoque denariorum. S. Girbaldi. S. Gundrici. S. Clementis. S. Jotsaldi. S. Umberti de Cortevacio et Bernardi filii ejus.

CCXXIV.

[MAGNISINDIS DAT SANCTO VINCENTIO CURTILUM APUD AMONIACUM.]

851 — 863.

Sacrosancte ecclesie Sancti Vincentii martiris que est constructa infra muros civitatis Matisconensium. Ego, in Dei nomine, Magnisindis femina dono pro remedio anime mee et senioris mei Autberti, ad ipsam casam Dei, res proprias juris mei que sunt site in pago Matisconense, in agro Agniacense, in villa Amoniaco; qui terminat unus curtilus, cum manso indominicato simul injuncto, ad vias publicas, a circio curtilo Sancti Vincentii Cabilonensis. Infra istas terminationes, de ipso manso vel aliis rebus que ad ipsum mansum aspiciunt, medietatem ad ipsam casam Dei, vel pontificem Breindigneum(1), cedo, trado atque transfundo, vel pro alimonia fratrum ibidem Domino famulantium, ut faciant quicquid voluerint. Et dono etiam servos duos his nominibus, Fradeberto cum uxore sua et infante uno, Reginardo et uxore sua et infante; cum integro statu illorum, vel peculiari, sub omni integritate vobis dono, ipsas res vel ipsos servos ad prefatam ecclesiam trado. Hec sunt tam terris, vineis, pratis, silvis, exartis,

---

CCXXIII. (1) Nota chronologica deest.
CCXXIV. (1) St.-Jul. de Bal., *Brandavicus, Brenduicus, Breidingus*.

vel quicquid ibi visa sum habere vel possidere, vel quod de seniore meo Autberto, seu Umberto, per instrumenta cartarum adquisivi, ad predictam ecclesiam jure perpetuo trado. Si quis hoc calumniaverit, v libras auri componat. S. Magnisindane que donationem istam fecit. S. Rotberti Garruli. S. Heldegrimi. S. Bercherii. S. Laisingi. S. Magberti. S. Leutardi. S. Aydingi.

CCXXV.
[DOTINUS VIR INLUSTRIS ACCIPIT CURTILUM IN PRECARIAM.]
928 — 936.

Omnibus Matiscensis ecclesie filiis notum fieri volumus quia cum resideret domnus Berno predicte ecclesie pontifex apud Matisconem, secus basilicam Christi martiris Vincentii, adiit presentiam ejus quidam vir illustris Dotinus nomine poposcens ab eo sibi fieri unicionem(¹) de rebus Sancti Vincentii que conjacent in villa Cammiliaco, videlicet curtilum cum mansione et prato simul tenente, quem terminat a medio die terra Sancti Nicetii, a mane Elva rivo currente, a sero via publica, a circio Sancti Vincentii; et in alia villa, in Camenas scilicet, vineolam unam. Domnus igitur Berno, aurem accomodans deprecanti, concessit illi et uxori ejus Frixade et uno infanti ejus, annuente Hugone de cujus terra videbatur esse, omnia sicut superius inserta sunt sub integritate cum domibus, vineis, pratis, campis, arboribus, silvis, aquis aquarumque decursibus, illis concessit ut quamdiu vixerint securiter teneant; post vero illorum decessum, Sancto Vincentio deveniat, tali ratione ut festivitate Sancti Vincentii xii denarios episcopo persolvat, et ne aliquando molestiam inde haberet, has litterulas ei jussit fieri et firmare precepit. S. Bernonis. S. Adalardi. S. Bernardi. S. Rodulfi. S. Adalgisi.

CCXXVI.
[GERTRUDIS DAT SANCTO VINCENTIO CURTILUM IN FONTANACO.]
937 — 962.

Sacrosancte ecclesie Sancti Vincentii Matiscensis cui Maimbodus preest episcopus. Ego Gertrudis, pro Dei amore, dono ad ipsam casam Dei curtilum unum cum vinea, in pago Matisconense, in agro Fusciacense, in villa Frontanaco; terminatur a mane et a sero terra Sancti Laurentii, a medio die et a circio viis publicis. Infra istos terminos, ipsum curtilum,

---

CCXXV. (¹) Bouhier, *emptionem.*

cum superposito, et vineam et servum supermanentem nomine Fulquardum, dono ad ipsam casam Dei, in alimonia fratrum, eo tenore dum ego vivo, usum et fructum habeam; post meum decessum, faciant canonici ipsius loci de ipsis rebus quicquid voluerint. Si quis contradixerit III libras auri componat. S. Gertrudis. S. Walterii. S. Wicardi. S. Artoldi. S. Archindrici. S. Ingelardi. S. Aymonis.

CCXXVII.

[MAIMBODUS PREPOSITUS COMMUTAT TERRAS CUM BABOLENO.]

928 — 936.

Placuit inter Maimbodum prepositum et Bobulenum et infantes suos ut terras inter se commutarent. Inprimis commutat Maimbodus prepositus de terra Sancti Vincentii, partibus Bobuleni et infantium suorum, campum unum qui est situs in pago Matisconensi, in villa Castello. Terminat de tribus partibus terra Sancti Vincentii, de quarta parte ipso emptore; habet in longo perticas XVIIII, in ambobus frontibus perticas V, infra istas terminationes totum ad integrum. Similiter commutat Bobulenus et infantes sui partibus Maimbodi, in ipsa villa, vercariam unam que terminat de totis partibus terra Sancti Vincentii; habet de una parte in longo perticas XIIII, de alia X, in una parte XI, in alia VI. Infra istas terminationes et perticationes totum ad integrum inter nos commutamus, et faciat unusquisque quod voluerit. Si quis hoc contradicere voluerit auri unciam unam componat. S. Maimbodi prepositi. S. Aimonis. S. Aldonis. S. Ainardi. S. Rainerii. S. Teuquardi. S. Amartesii.

CCXXVIII.

[BERNARDUS ET SISBERTUS VENDUNT CAMPUM IN AGRO IBIACENSI ([1]).]

Sacrosancte ecclesie Sancti Vincentii Matiscensis civitatis. Ego Bernardus et Sisbertus vendimus vobis vel case Dei campum qui est situs in pago Matisconense, in agro Ibiacense, in villa Verriaco. Terminat a mane terra Ivitano, a medio die Sancti Petri, a sero terra Sancti Vincentii, a circio terra Bladini cum heres; habet in longo perticas VI et in lato similiter. Infra istas terminationes vobis vendimus et accipimus de vobis precium solidos II et dimidium, et faciatis quod vultis. S. Bernardi. S. Sisberti. S. Amalberge. S. Ermenberti. S. Grolberti. S. Ramalti. S. Ramfredi.

CCXXIII. ([1]) Nota chronologica deest.

CCXXIX.

[ADO EPISCOPUS, JOHANNES PREPOSITUS ET GONDRANUS TERRAS PERMUTANT(¹).]

968 — 971.

Placuit atque convenit inter domnum Adonem episcopum et Johannem prepositum et Gondrant, ut terras eorum inter se commutare deberent. Inprimis donat Gondrant a parte Sancti Vincentii campum qui est in agro Ibiacense, in villa Verriaco, in Castanedo vocat. Terminat a mane terra Gelenert, a medio die terra Sancti Mammertis, a sero Sancti Vincentii, a circio via publica; habet in longo perticas xxv, in quisquo fronte perticas III et pedes VIIII. Alius campus in Dodaloria vocatus terminat a mane terra Dominici, a medio die terra Engelardi cum heres, a sero ad ipsum emtorem, a circio Sancta Maria; habet in longo perticas quinquaginta et VII et in lato perticas III et dimidiam. Infra istas terminationes unusquisque quod accipit teneat et possideat; si quis contradixerit auri libram componat. S. Gondrani. S. Alberti. S. Achini. S. Edoart. S. Grolberti. S. Ausberti. S. Grimoldi.

CCXXX.

[ANCHERIUS ET ANGELAIS UXOR DANT CURTILUM IN MANSIACO(¹).]

Sacrosancte ecclesie Sancti Vincentii Matiscensis. Ego Auscherius et uxor mea Angelais concedimus ad ipsam casam Dei aliquid ex rebus nostris que sunt site in pago Matisconense, in villa Manesiaco; hoc est curtilus indominicatus cum omnibus appendentiis, quicquid in ipsa villa habemus donamus in stipendia fratrum, eo tenore dum nos vivimus et filius noster Humbertus teneamus, et annis singulis, festivitate Sancti Vincentii, in censum de vino semodium solvamus; si quis hoc contradixerit auri libram componat. S. Auscherii. S. Angelais uxoris ejus. S. Rannalt. S. Eurardi. S. Wileberti. S. Eldulfi. S. Manugravidi(²). S. Drogonis.

CCXXXI.

[GILDO ET UXOR VENDUNT ADALGISO CURTILUM IN CLIPGIACO(¹).]

Domino, fratri Adalgiso. Ego Geldo et uxor mea Adra vendimus tibi aliquid de rebus nostris que sunt site in pago Matisconense, in agro

---

CCXXIX. (¹) Hæc charta iteratur in utroque codice; vide inferius ch. CCLXII.
CCXXX. (¹) Absque temporis notâ.
(²) **Bouh.**, *S. Maingaudi.*
CCXXXI. (¹) Hæc venditio notâ chronologicâ caret.

Priacense(²), in villa Dipgiaco(³) ; hoc est curtilus cum vinea quem terminat a mane terra ad heres Adalberto, a medio die via publica, a sero terra Sancti Martini, a circio terra Hugonis et Oddonis cum heredis. Infra istas terminationes de ipso curtilo, de parte sero, unam medietatem tibi vendimus ; aliam medietatem nobis reservamus, et accipimus de te precio valente solidos xxx, et facias de ipsa vinea et de ipso curtilo pro ipso precio quicquid tibi placuerit. Si quis hoc contradixerit, auri libram componat. S. Geldonis. S. Adrane. S. Ostraldi. S. Fulberti. S. Silvani. S. Berulfi. S. Aynart.

CCXXXII.
[ENGELARDUS PRESBITER ET BLADINUS DANT CURTILUM CUM VINEA.]

968 — 971.

Sacrosancte ecclesie Sancti Vincentii martiris que est constructa infra muros Matisconum quam domnus Ado episcopus ad regendum habere videtur. Ego Engelardus presbiter et Bladinus concedimus ad ipsam casam Dei aliquid ex rebus nostris que sunt site in pago Matisconense, in agro Ibiacense, in villa Verriaco : hoc est curtilus cum vinca, terminat a mane terra infantibus Adoni, a medio die Rotrudis, a sero via publica, a circio Sancti Vincentii. Infra istas terminationes, donamus ad ipsam casam Dei, ad mensam fratrum, et faciant quid voluerint ; si quis contradixerit auri libram componat. S. Engelardi. S. Bladini presbiteri. S. Ermenberti. S. Erico. S. Widradi. S. Arnulfi. S. Teotberti.

CCXXXIII.
[ADALBERTUS PRESBITER DAT CAMPUM IN AGRO IBIACENSE.]

968 — 971.

Sacrosancte ecclesie Sancti Vincentii infra muros Matisconum, quam domnus Ado ad regendum habere videtur. Ego Adalbertus presbiter dono ad ipsam casam Dei campum qui est situs in pago Matisconense, in agro Ibiacense, in villa Verriaco, in Belucias vocat. Terminat a mane et a sero vias publicas, de duabus partibus terram Sancti Vincentii ; infra istas terminationes dono ad ipsam casam Dei. Si quis calumniaverit libram auri componat. S. Adalbert. S. Lambert. S. Bernol. S. Rotbert. S. Otbran.

(²) Boubier, *Poriacense*. Legendum, *Prisciacense* (animadversiones D. L. Bernard).
(³) Bouh., *Clipgiaco*.

CCXXXIV.

[SUSANNA DAT SANCTO VINCENTIO CURTILUM IN VILLA BUFFERIAS.]

928 — 936.

Sacrosancte ecclesie Sancti Vincentii martiris que est constructa infra muros Matisconis, cui Berno episcopus preest. Ego Susanna femina dono ad ipsam casam Dei in usus fratrum aliquid ex rebus meis que sunt site in pago Matisconense, in agro Laliacense, in villa Bufferias; hoc est curtilus cum superposito et vinea que ibi habeo, totum ad integrum, excepto quod filia mea et nepotes mei. Dono et alium curtilum quod donatum habeo in ipsa villa, quod sunt(¹) vircariis, vineis, campis, silvis, pomis, pascuis, aquis aquarumque decursibus, omnia et ex omnibus totum ad integrum. Michi reservo et ipsum curtilum ego dum vivo in usum et fructum habeo, post meum decessum, canonici Sancti Vincentii habeant et faciant quicquid voluerint, tamen ut nec vendere nec alienare presumant ad nullam laïcam potestatem. Si quis hoc calumniaverit auri libram componat. S. Susanne. S. Walterii. S. Bernonis. S. Geraldi. S. Attonis.

CCXXXV.

[CONSTANTINUS DAT VINEAM QUE SITA EST IN SERO OPPIDO(¹).]

Sacrosancte Dei ecclesie Matiscensi que est constructa in nomine Dei et Sancti Vincentii martiris. Ego Constantinus dono jam dicte ecclesie vineam unam que posita est in sero oppido, et quicquid in supradicta villa habere visus sum cedo pro remedio anime mee vel parentum meorum de(²) meis militibus commissis. Et iterum dono, in villa Milliaco, vineas et campos et quicquid in eodem oppido visus sum habere; rursumque cedo medium plantum mee portionis que consistit in vico Tolonico vulgali athomo Sancti Vincentii Christi testis, et ut fratrum urbis Matisconensis ibidem normiter degentium usui et mense cuncta obveniant communiter. Dono et etiam servum nomine Beraldum; si quis hoc calumniaverit libras xx componat de auro. S. Constantini. S. Hugonis. S. David. S. Bernardi.

CCXXXIV. (¹) Bouhier, omissis vocibus *quod sunt*, scribit *cum*.
CCXXXV. (¹) Hæc donatio notâ chronologicâ caret.
      (²) Bouh., *et*.

CCXXXVI.

[WIDO CUM UXORE ELDEBERGIA DAT MANSUM IN VILLA MODOY.]

1034 — 1062.

Notum sit universitatis hominibus quod ego Wido et uxor mea Eldebergia nomine, pro adipiscendo salutis nostre remedio, damus sancte matri ecclesie infra menia Matiscensis civitatis constructe, sed et honore Dei et nomine Vincentii Christi martiris consecrate, cui Walterius episcopus preesse videtur, unum de meo jure mansum in comitatu supra taxate civitatis situm, in villa vulgariter vocitata Modoy, juris perpetui possidendum, quem terminat a mane via publica, a medio die terra Henrici, a sero terra Norduini, a circio de ipsa hereditate. Quod qui calumniaverit x([1]) auri uncias componat. Hanc ego Wido donationis cartam cum conjuge mea Eldebergia firmando facte supradicte ecclesie trado sub testimonio horum qui hic subinserti habentur. S. Rodulfi filii mei. S. Rannulfi. S. Adalardi. S. Otgerii. S. Marlini.

CCXXXVII.

[HUGO CLERICUS DAT SANCTO VINCENTIO CURTILUM IN VILLA VINCEACO.]

996 — 1018.

Sacrosancte Dei ecclesie Sancti Vincentii martiris que est constructa infra muros Matisconis cui preest Letbaldus episcopus. Ego Hugo clericus dono ad ipsam casam Dei aliquid ex rebus meis que sunt site in pago Matisconense, in agro Iggiacense, in villa Vinceaco. Est unus curtilus cum suprapostio qui terminat a mane Sancti Vincentii, a medio die Rannoldi, a sero rivo currente, a circio Eldenerti; et alius curtilus in ipsa villa cum suprapositis, qui terminat a mane via publica, a medio die terra Sancti Vincentii, a sero Ermenberti, a circio Ingelberti. Infra istas terminationes, dono ad ipsam casam Dei eo tenore dum ego vivo usum et fructum, post meum decessum ad Sanctum (Vincentium) perveniat. Et dono ad ipsum locum vineam unam investitura ad integrum, que terminat a mane Lamboldi cum heres, a medio die Rannoldi, a sero via publica, a circio Sancti Vincentii. Si quis contradixerit unciam auri componat. S. Hugonis. S. Landrade. S. Alinardi.

CCXXXVI. ([1]) Bouhier, xv.

CCXXXVIII.

[ADALBERTUS CUM UXORE STEPHANIA IMPIGNORANT VINEAM (¹).]

Dilecto Eldebaldo presbitero. Ego Adalbertus et uxor sua Stephania incaucionamus tibi vineam in pago Matisconense, in agro Iggiacense, in villa Classiaco, quam terminat a mane et a medio die via publica, a sero Sancti Mauricii, a circio Sancti Vincentii et Eldebaldi; habet in longo perticas XVIII, in lato perticas III. Infra istos terminos incaucionamus ad annos V, pro solidis VI, usque ad annos (²), tempore vindemie, modios II de musto persolvat et usque in diem solutionis; si quis contradixerit auri unciam componat. S. Adalberti. S. Wicardi. S. Engelerii. S. Nadale.

CCXXXIX.

[ARLULFUS CUM BERSENDA UXORE DAT OMNIA SUI JURIS IN VILLIS MILLIACO ET CONFLANS (¹).]

Sacrosancte ecclesie Sancti Vincentii martiris que est constructa infra muros Matisconum. Arlulfus et uxor mea Bersenda donamus ad ipsam casam Dei in stipendia fratrum aliquid ex rebus nostris que sunt site in pago Matisconensi, in villa Milliaco, quicquid in ipsa villa habeo: hec sunt vineis, campis, quesitum et inquirendum, et in villa Conflans rascias II de vinea; terminat a mane de ipsa terra, a medio die via publica, a sero Constabuli et Rotberti, a circio terra Otgerii. Infra istos terminos dono ad mensam fratrum et faciant quod voluerint. S. Retsende. S. Rotberti. S. Constantii. S. Joanna (²). S. Norbalt.

CCXL.

[ADALARDUS COMMUTAT TERRAS IN IBIACO ET CURCIACO.]

886 — 927.

Placuit atque convenit inter Adalardum et uxorem suam Aganam et ab alia parte domno Girardo episcopo et canonicis Sancti Vincentii ut terras et vineas inter se commutarent, quod ita et fecerunt. Inprimis donat atque commutat Adalardus et uxor sua Aga, ex rebus proprietatis eorum, partibus

---

CCXXXVIII. (¹) Nota chronologica deest.
(²) Bouhier, *solutionem.*
CCXXXIX. (¹) Absque temporis notâ.
(²) Bouh., *Osanne.*

Sancti Vincentii et canonicis ibidem Deo servientibus, res que sunt site in pago Matisconensi, in villa Ibiaco et Circiaco (¹), cum mancipiis his nominibus Ermenbergana cum infantibus suis et germano suo Ernerio. Terminat ipse curtilus cum vinea a mane terra Warulfi, a medio die via publica, a sero terra Stephano, a circio terra Belmontense; infra istas terminationes ipsum curtilum et alias res que ad ipsum curtilum aspiciunt, quicquid in ipsas villas jam dictas visus sum habere et jam dicta mancipia totum et ad integrum partibus Sancti Vincentii et canonicis ibidem Domino servientibus commuto cum omni integritate. E contra donat domnus Giraldus episcopus et canonici Sancti Vincentii, partibus Adalardi et uxoris sue Agane, res quas Grimaldus presbiter dedit Sancto Vincentio, que sunt site in pago Matisconense, in agro Aganacense, in villa Rancusas. Terminat ipse curtilus cum capella et vinea de uno latus terra Sancti Benedicti, de alio latus via publica, de tertia parte aqua currente, ex quarta vero parte terra consortorum; infra istas terminationes, ipsum curtilum et alias res que ad ipsum curtilum aspiciunt, cum omni integritate, et hoc quod unusquisque accepit teneat et possideat. Si quis commutationem istam calumniaverit auri libram componat. S. Adalardi. S. Agane uxoris ejus. S. Gotbert. S. Rocart. S. Leutbert.

CCXLI.

[SUSANNA DAT ECCLESIE SANCTI MARTINI CURTILUM IN PRISCIACO (¹).]

Sacrosancte ecclesie Sancti Martini que vocatur in Prisciaco. Ego Susanna et filius suus Udolricus donamus ad ipsam casam Dei aliquid ex rebus nostris in pago Matisconense, in agro Prisciacense, in ipsa villa : hoc est curtilus qui terminat a mane via publica, a medio die Sancti Petri, a sero et a circio Sancti Martini, infra isto termino portionem nostram ibi donamus. Et donamus ultro unum campum a Vernedo vocatum, a mane terra Samnerico, a medio die Adalgerio cum heres, a sero Sancti Clementis, a circio Sancti Martini; habet in longo perticas XXXVII, in lato pedes V, infra istos terminos donamus ad ipsam casam Dei in locum sepulture et faciant rectores ipsius loci quod facere voluerint. Si quis contradixerit auri libram componat. S. Susanne et filii ejus Udolrici. S. Desiderii. S. Rotfredi. S. Tertardi. S. Arfredi. S. Duranni.

CCXL. (¹) Bouh., *Curciaco*.
CCXLI. (¹) Huic donationi temporis nota deest.

CCXLII.

[ADO EPISCOPUS COMMUTAT TERRAS CUM GONDRANO(¹).]

968—971.

Placuit atque convenit inter domnum Adonem episcopum et Johannem prepositum et ceteros fratres(²), inprimis ab alia parte Gondran, ut terras inter se commutare deberent; inprimis donat Gondran campos duos, qui sunt siti in villa Verriaco, in Castanedo vocatos; terminat a mane terra Gilbert(³), a medio die Sancti Mammertis, a sero Sancti Vincentii, a circio via publica. Alius campus in Doloria vocatus terminat a mane terra Dominico, a medio die terra Sancte Marie Belmoltesia, a sero ad ipsum Gondran, a cercio terra Engelart cum heres. Infra istas terminationes, primus campus habet in longo perticas xxv et in lato perticas III et pedes VIII; alius campus habet in longo perticas LVI et in lato perticas III et dimidiam. Similiter donat Ado ad partes Gondrani in ipso pago et in ipsa villa campum, terminat a mane ad ipsum Gondran, a medio die via publica, a sero terra Adalbert, a cercio terra Rotrudis cum heres; habet in longo perticas XVIII et in lato perticas XV. Infra istas terminationes unusquisque quid accepit habeat; si quis contradixerit auri libram componat. S. Gondran. S. Constabuli. S. Bernoart. S. Ramfredi. S. Gisembert.

CCXLIII.

[ODO INLUSTRIS REDDIT CAPELLAM SANCTI GENGULFI CUM DECIMIS.]

937—962.

Notitia redditionis seu werpitionis. Evidenter liquido patescit qualiter interpellaverunt domnus Maimbodus episcopus et canonici ejus, ante presentiam domni Leotaldi comitis, crebrius et frequentius Odonem virum inlustrem de rebus Sancti Vincentii que, de antiquo injuste ablate, per redditionem vero domni Karoli piissimi imperatoris justissime reddite. Dehinc autem parentes prefati Odonis, cupiditate ducti, prenominatas res invadere non timuerunt; quorum nequitiam idem recognoscens, adveniente domno Maymbodo episcopo et canonicis ejus, Uberto videlicet preposito,

---

CCXLII. (¹) Adi superiùs chartam CCXXIX.
(²) Undecim voces sequentes in codice Boheriano desunt.
(³) Bouh., *Gelevert.*

Aymerico archidiacono, Adone abbate et reliquis innumerabilibus canonicis, et in girum adstante laïcorum utriusque sexus multitudine, Narduino scilicet, Isembardo, Mangodo et reliquis de quibus immensus est numerus, in Ciciaco villa, re jubente domno episcopo, ibi presentialiter lecta est preceptio imperatoris supranominati de ipsis rebus. Est autem capella Sancti Gengulfi martiris cum rebus et decimis omnibus sibi pertinentibus, sicut in precepto continetur, cum mansis, servis et ancillis, vineis, pratis, nemoribus, aquis aquarumque decursibus, exitibus et regressibus, in omnibus villis et locis ubicumque aliquid ex predicto precepto inveniri potest, omnia per cultrum reddidit et werpivit. S. Odonis. S. Narduini. S. Isembart. S. Auscherii. S. Manasse. S. Giraldi. S. Willeberti. S. Borgoldi. S. Erlulfi. S. Hugonis. S. Gauselini.

CCXLIV.

[GIRALDUS EPISCOPUS COMMUTAT TERRAS CUM AREMBERTO IN LORNANT.]

886 — 927.

Placuit atque convenit inter virum nomine Arembertum necnon et ab alia parte domnum Giraldum episcopum et canonicos Sancti Vincentii ut terras inter se commutarent, quod ita et fecerunt. Inprimis donat atque commutat vir nomine Arembertus partibus Sancti Vincentii campos duos qui sunt siti in pago Matisconense, in agro Rufiacense, in villa Lornant. Unus campus, quem vocant in Cardonerias, terminat a mane et a medio die terra Sancti Petri et Sancte Marie, a circio terra Elionis; habet in longo perticas xxx, in ambis frontibus perticas xi, infra istas terminationes totum ad integrum. Alius campus quem vocant in Exartellis terminat a mane semitario, a medio die et a sero terra Sancti Petri, a circio terra Eldoart; habet in longo perticas xxiii, in uno fronte perticas vii et pedes vi, in alio perticas vii et pedes iii, infra istas terminationes et perticationes totum ad integrum partibus Sancti Vincentii commutamus. E contra, in compensatione hujus meriti, donat atque commutat domnus episcopus Geraldus et canonici Sancti Vincentii vineam unam aliquid desertam, in ipso agro et in ipsa villa, que terminat a mane via publica, a medio die et a sero terra ad ipso commutatore, a sero rivo percurrente; habet in longo perticas viii, in uno fronte perticas x, in alio perticas vii. Similiter donamus campum unum qui terminat a mane terra ad ipso commutatore, a medio die via, a sero et a circio rivo percurrente; habet in longo perticas xxv, in uno fronte perticas v, in alio perticas III. Infra istas terminationes et perticationes, totum ad integrum partibus Arembertj cum eis commutamus ut faciat unusquisque de eo quod accepit quicquid voluerit, nullum contradicentem. Si quis contradicere voluerit, auri libras II componat, et presens commutatio ista firma permaneat. S. Aremberti. S. Fredoeni. S. Arnolt. S. Rotoart. S. Sammuel. S. Selifredi. S. Eldoart. S. Teotbranni(²). S. Emmonis. S. Girbalt. S. Sigifredi.

CCLXV.

[LEOTGART DAT BERERIO IN VILLA LEORNACO VINEAM(¹).]

Domino, fratribus, Bererio et uxori sue Ermengardi. Ego, in Dei nomine, Leotgart dono vobis aliquid de res meas que sunt site in pago Matisconense, in agro Ibiacense, in villa Leornaco vocat. Hoc est vinea que terminat a mane via publica, a medio die et a sero terra Stitis, a circio terra Warulfi; habet in longo perticas VIIII, in uno fronte perticas III et pedes X, in alio fronte perticas III et pedes II, infra istas terminationes totum ad integrum vobis dono et faciatis quod volueritis. S. Leotgart. S. Andree. S. Adalbert. S. Bladino. S. Adono.

CCLXVI.

[BERERIUS VENDIT RAINERIO VINEAM IN VILLA LEDORNAI(¹).]

Dilecto Rainerio levite. Ego Bererius et uxor mea Ermengardis vendimus vobis vineam in pago Matisconense, in agro Iggiacense, in villa Ledornay; terminatur a mane via publica, a medio die et a sero Israhel, a circio Warulfo, habet in longo perticas VIIII, in uno fronte perticas III et pedes X, in alio fronte perticas III et pedes II. Infra isto termino ipsam vineam vobis vendimus, accipimus de te precium solidos X, et facite quod vultis; si quis hoc contradixerit auri unciam componat. S. Bererii. S. Ermengardis. S. Andree. S. Leutiart. S. Teotelini(²). S. Winerii. S. Waldoni. S. Aldoni. S. Geraldi.

CCXLIV. (¹) Bouhier, *Bertranni*.
CCXLV. (¹) Absque notâ chronologicâ.
CCLXVI. (¹) Nota temporis deest.
(²) Bouh., *Bertelini*.

CCXLVII.

[ARBRAMUS ET AMALBERT VENDUNT GIRBERTO CAMPUM IN CUILLIAS(¹).]

Domino, fratribus, Girberto. Ego Arbramus et Amalbertus vendimus tibi campum qui est in agro Ibiacense, in villa Maniciacum, inter Vellias(²) vocatum. Terminatur a mane terra Warulfo, a medio die ad ipso receptore, a sero via publica, a circio Teotbert, et habet in uno fronte a sero pedes XIIII et in alio fronte perticas XI. Infra istas terminationes, tibi vendimus et accipimus de te precium solidos III, et pro ipso precio facias quod volueris; si quis contradixerit auri unciam componat. S. Arbrani. S. Adalberti. S. Amalberti. S. Adalberti. S. Gondran. S. Ansbert.

CCXLVIII.

[ROTBERTA VENDIT ADALGARIO CURTILUM APUD IGGIACUM(¹).]

Dilecto Adalgerio. Ego Rotberta vendo tibi curtilum cum vinea in pago Matisconense, in agro Iggiacense, in ipsa villa Iggiaco. Terminatur a mane terra de ipsa hereditate, a medio die Sancti Vincentii, a sero ad ipsum emptorem, a circio via publica; habet in longo perticas XL, in lato perticas II et pedes IIII. Infra istos terminos ipsum curtilum cum vinea tibi vendo, accipio de te precium solidos II et denarios IIII, et facite quid vultis; si quis contradixerit, auri unciam componat. S. Rotbertane. S. Iteriane. S. Gonterii. S. Esperendei. S. Martini.

CCXLIX.

[BERERIUS VENDIT ADALARDO CAMPUM IN VILLA BUSCIACO(¹).]

Domino, fratribus, Adalardus sacerdos. Ego Bererius vendo tibi unum campum in pago Matisconense, in agro Salorniacense, in villa Busciaco, qui terminat a mane Adalardo, a medio die Hebreorum, a sero de ipsa hereditate, a cercio via publica, et habet in longo perticas XXII, in lato III. Infra istas terminationes vel perticationes, tibi vendo per solidos II, et facias quicquid volueris. S. Bererii. S. Girbert. S. Umbert. S. Duranni. S. Rotbert.

CCXLVII. (¹) Hæc venditio temporis notâ caret.
(²) Bouh., *Cuillias*.
CCXLVIII. (¹) Nota chronologica deest.
CCXLIX. (¹) Huic chartæ dies non adscribitur.

CCL.

[OSBERTUS DAT RAIMBERGANE SPONSE RASAS DUAS DE VINEA (¹).]

Dilecta sponsa mea nomine Raimbergane. Ego Osbertus sponsus tuus dono tibi in esponsalitium vel in titulum dotis, ex rebus meis, rasas duas de vinea que est in pago Matisconense, in agro Iggiacense, in ipsa villa Iggiaco. Terminatur ipsa vinea a mane terra Francorum, a medio die terra Waremberti, a sero similiter, a circio Sancti Vincentii; habet in longo perticas x, in quisquo fronte perticas vi; infra istos terminos tibi dono eo tenore quamdiu nos vivimus usum et fructum, et si de nobis natus fuerit infans ad illum perveniat, et si nati non fuerint, ad propinquos nostros perveniat.

CCLI.

[SENDERIUS ET UXOR LENDRADA COMMUTANT TERRAS CUM OSBERTO (¹).]

Placuit atque convenit inter Osbert et Senderon et uxor sua Landrada quasdam terras inter se commutabunt. Hec donat Sendecus et uxor sua, campo qui est in pago Matisconense, in agro Iggiacense, in ipsa villa vocat, qui terminat a mane monte, a medio die terra Arbrant, a sero terra Osbert, a circio Osbert, et peciola de vinea terminat de totis lateribus terra Osbert; infra isto termino nos vobis donamus in locum excamii, et facias post istam diem quicquid volueris. Si quis contradixerit unciam auri componat. S. Senderonis. S. Warembert. S. Warnerii.

CCLII.

[ROTARDUS PRESBITER DAT CURTILUM APUD PRISCIACUM.]

968 — 971.

Sacrosancte Dei ecclesie Sancti Vincentii Matiscensis cui Ado episcopus preest. Ego Rotardus presbiter dono ad ipsam casam Dei aliquid ex rebus meis que sunt site in pago Matisconense, in agro Prisciacense, in ipsa villa. Hoc est hereditas que de avunculo meo Teudono michi advenit, quesitum et inquirendum, hoc sunt vineis, campis, pratis; et dono in alia villa que vocatur Vernolio, hoc est curtilus cum vinea et campo insimul tenente.

CCL. (¹) Hæc charta temporis notâ caret.
CCLI. (¹) Nota chronologica deest.

Terminat a mane Sancti Stephani et Aydoardi, a medio die et a sero et a circio via publica; infra istas terminationes dono ad ipsam casam Dei, ad mensam fratrum, ut dum advixero teneo et possideo et in loco census sextarium de musto persolvat tempus vindemie. Si quis calumniaverit, auri libram componat. S. Rotardi. S. Pontionis. S. Teotberti. S. Adalardi.

CCLIII.

[HUMBERTUS PREPOSITUS MATISCENSIS MUTAT TERRAS CUM ROTBERTO.]

938 — 958.

Placuit atque convenit inter domnum Umbertum prepositum Sancti Vincentii Matiscensis necnon et canonicos atque Adonem abbatem seu et ab alia parte quemdam virum nomine Rotbertum ut terras inter se commutarent, quod et fecerunt. Inprimis donat atque commutat Rotbertus a partibus Sancti Vincentii et domni Humberti prepositi campum unum, de suo alodo, in pago Matisconensi, in agro Iggiacensi, in villa Nuciaco, qui terminat a mane muro finale, a medio die Adalberto, a sero Aldiero, a circio Sancti Vincentii; habet in longo perticas xxviii, in uno fronte perticas vi, in alio vi et dimidiam. Similiter in perpetuo donat domnus Humbertus prepositus et ceteri canonici campum alium de ratione Sancti Vincentii in ipsa villa, qui terminat a mane terra Sancti Vincentii de ipsa ratione, a medio die et a circio vias publicas, a sero ad ipso Roberto. Infra istas terminationes quisque quod accepit teneat; si quis contradixerit auri libram componat. S. Rotberti. S. Constabuli. S. Adalberti. S. Dominici. S. Humberti. S. Erlulfi. S. Ermengarii.

CCLIV.

[ADO EPISCOPUS DAT WICARDO VIRO INLUSTRI IN PRECARIAM VINEAS II.]

968 — 971.

Cum importunis agi mundum occasionum volubilitatibus nostro tempore constet, quicquid sacre ecclesie fidelibus impertitur placida firmitate condecet adornare ut inconvulsa in relictum valeant persistere. Hujus rei gratia, notum fieri dignum duximus quia cum esset domnus Ado episcopus apud Matisconem, in propria residens sede, adiit ejus presentiam quidam vir industris nomine Wicardus deprecans paternitatem ejus quatenus dignaretur ei conferre aliquid de rebus Sancti Vincentii martiris, vineas videlicet duas quarum una sita est in villa Frontanaco, aliaque vocatur in villa Cropius, que sunt ex ratione fratrum et canonicorum Sancti Vincentii, ut dum advixerit, cum securitate absque ulla ambiguitate teneat et possideat, et festivitate predicti martiris Vincentii viii denarios loco census persolvat; et ut firmius crederetur, domnus Ado antistes et canonici hanc precariam ei fecerunt.

CCLV.

[ADALGISUS DAT SANCTO MARTINO RES SITAS IN VILLA CLIPIACO(¹).]

Sacrosancte ecclesie Sancti Martini que est constructa in pago Matisconense supra fluvio Craona, in villa Clippiaco. Igitur ego indignus peccator Adalgisus nomine dono ad ipsam casam Dei aliquid ex rebus meis que sunt in ipsa villa, prope ejusdem ecclesiam. Hoc est curtilus cum supraposito et vinea que de Geldone conquisivi; terminat a mane terra Adalberto cum heres, a medio die via publica, a sero terra Sancti Vincentii, a circio terra Sancti Vincentii et Odonis cum heres. Infra istas terminationes, ipsum curtilum ad ipsam casam Dei dono, trado atque transfundo ad sacrificium, ut qui ipsam ecclesiam vel ipsam vineam tenuerit annis singulis, festivitate Sancti Martini, ad homines qui ad ipsam ecclesiam venerint modium(²) de vino in caritate ostendat, panes iiii. Si quis hoc contradixerit libras iiii auri componat. S. Adalgisi levite. S. Ostralt. S. Berulfo. S. Arnalt. S. Otman. S. Enulfo.

CCLVI.

[WICARDUS DAT VINEAM SITAM IN VILLA LALIACO.]

996 — 1018.

Sacrosancte Dei ecclesie que est constructa infra muros Matisconum ubi domnus Lethaldus episcopus residet. Ego Wicardus dono ad ipsam casam Dei aliquid ex rebus meis que sunt site in pago Matisconense, in agro Meliacense, in villa Laliaco. Est vinea una et campus unus qui terminat a mane de ipsa hereditate, a medio die via publica, a sero de ipsa hereditate, a circio terra Sancti Cirici; et quicquid habeo in ipsa clausura, totum dono ad ipsam casam Dei.

CCLV. (¹) Nota temporis deest.
(²) Bouhier, *modicum*.

CCLVII.

[WICHARDUS DAT HELDINO CAMPUM IN VILLA LALIACO(¹).]

Domino, fratribus, Heldino presbitero. Ego Wichardus dono tibi aliquid ex rebus meis que sunt site in pago Matisconense, in fine Meliacense, in villa Laliaco; est campus unus qui terminat a mane..........(²)

CCLVIII.

[AMBALDUS INCAUCIONAT EUVRARDO VINEAM IGGIACENSEM.]

936 — 954.

Dilecto Evrardo et uxori sue Odeisert. Ego Ambaldus incauciono vobis vineam in pago Matisconensi, in agro Iggiacensi, Acunandres vocatam. Terminat a mane via publica, a medio die de ipsa hereditate, a sero et a circio de ipsa hereditate; habet in longo perticas XXIIII, in lato perticas II. Infra ipsos terminos, hoc vobis incauciono ad annos tres, pro solidos III, usque in diem solutionis, et omni anno fructum de ipsa vinea colligite. Si quis contradixerit auri unciam componat. S. Ambaldi. S. Martini. S. Bernardi. S. Teotbert. S. Idbert. S. Vuialdi. Hactum est hoc regnante Ludovico rege.

CCLIX.

[ELDEVERTUS DAT CURTILUM CUM VINEA IN VILLA IGGIACENSE.]

996 — 1018.

Sacrosancte Dei ecclesie que est constructa in honore Sancti Vincentii martiris apud Matisconem. Ego Eldevertus, pro remedio anime Warnerii et salute anime nostre, dono ex rebus proprie hereditatis mee que sunt site in pago Matisconense, in agro Verriacense, in villa Idgiacense. Hoc est unus curtilus cum vinea et casa, qui terminat a mane de ipsa hereditate, a medio die terra Elgo, a sero terra Letbaldi episcopi, a circio via publica; habet in longo perticas X, in latitudine perticas VIIII. Infra isto termino, dono ad ipsam casam Dei quicquid ibi habeo, quesitum et inquirendum. Si quis contradixerit auri libras V componat. S. Eldevert. S. Umbert. S. Duranni. S. alterius Duranni.

CCLVII. (¹) Absque temporis notâ.
(²) Hæc donatio inexpleta est in utroque codice; Bouhier addit, *cætera desunt*.

CCLX.

[WILLELMUS MILES DAT UNUM CURTILUM IN AGRO VIRIACENSE.]

996 — 1018.

Sacrosancte ecclesie Sancti Vincentii martiris que est constructa infra muros Matisconum, cui Letbaldus episcopus preest. Ego Willelmus miles dono unum curtilum in pago Matisconense, in agro Viriacense, in ipsa villa; terminatur a mane via publica, a medio die terra Henrici, a sero terra Sancte Marie et Sancti Philiberti, a circio (terra) Sancti Vincentii. Infra istum terminum, supradictum curtilum quod vocitatur Frannerio curtilo, concedo ad suprascriptam ecclesiam (¹) Dei, eo tenore ut quamdiu vixero teneam et possideam, post meum decessum ad Sanctum Vincentium perveniat; tribuoque unum servum nomine Marcellinum, ut a presente die isto habeant rectores Sancti Vincentii potestatem faciendi quod voluerint. Hanc donationem facio ideo quia vocatus fui ad litteras discere quas, causa necessitatis, dimisi; si quis contradixerit auri libras x componat. Ego Willelmus qui fieri rogavi. S. Walterii prepositi. S. Gauseranni. S. Rotselini. S. Uberti. S. Otgerii. Hactum hoc regnante Rotberto rege.

CCLXI.

[UNDRADA DAT SANCTO VINCENTIO CAMPUM IN VILLA VERRIACO.]

996 — 1018.

Sacrosancte ecclesie que est constructa infra muros Matisconum in honore Sancti Vincentii martiris cui preest Letbaldus episcopus. Ego Undrada dono ad jam dictam ecclesiam unum campum in pago Matisconensi, in villa Verriaco, qui terminat a mane Sancti Petri et a medio die Sancti Petri, a sero Sancti Petri de abbatia (et) Sancti Vincentii Matisconensis, a cercio Sancti Petri; habet in longo perticas xvi, in lato ii. Infra istas terminationes, ego Undrada dono ad ipsam casam Dei ut faciant quid voluerint. Si quis contradixerit auri unciam componat. S. Undrade. S. Uldierii. S. Achini.

CCLX. (¹) Bouh., *aulam*.

CCLXII.

[BONNUS VENDIT BONO FILIO ET SUIS CAMPUM IN VILLA MONCELLIS(¹).]

Domino, fratribus, Bono Filio et uxori sue Otbergie et Rotlanno et uxori sue Berunicie. Ego Bonus vendo vobis unum campum qui est situs in pago Matisconense, in agro Salorniacense, in villa Moncellis, qui terminat a mane et a medio die, a sero de ipsa hereditate, a circio via publica; habet in longo perticas XII, in uno fronte perticas VIII. Infra istos terminos, vobis vendo et accipio de vobis solidos V, et faciatis quicquid facere volueritis. Si quis contradixerit auri unciam componat. S. Boni. S. Frederberti. S. Duranni. S. Girardi. S. Pontii.

CCLXIII.

[GAUSERANNUS DAT AD MEDIUM PLANTUM CAMPUM IN VILLA NUCEACO.]

996 — 1033.

Dilecto Adalberto et uxori sue Eldegarde. Ego Gauserannus levita dono vobis campum ad medium plantum de ratione Sancti Vincentii, in pago Matisconense, in agro Iggiacense, in villa Nuceaco, qui terminat a mane via publica, a medio die Sancti Vincentii, a sero ad ipsos rectores, a cercio Gauseranni; habet in longo perticas XIIII, in uno fronte perticas XIIII, in alio fronte perticas XI. Infra istos terminos vobis dono, ad V annos, vineam edificatam, et post V annos, rectores Sancti Vincentii medietatem habeant, aliam medietatem Adalbertus et Eldeberga possideant; quod si vendere vel incaucionare volueris, nulli alteri faciatis nisi rectores Sancti Vincentii. Si quis contradixerit auri unciam componat. S. Maioli prepositi. S. Sendeleni. S. Berardus. S. Gauserannus. S. Lambertus. S. Aymo. S. Anselardus.

CCLXIV.

[ANGELARDUS VENDIT ERMENFREDO VINEAM IN VILLA IGGIACO.]

942 — 954.

Dilecto Ermenfredo(¹) et uxori ejus Gruse. Ego Angelardus vendo vobis vineam in pago Matisconense, in agro Iggiacense, in ipsa villa Iggiaco. Terminatur a mane via publica, a medio die ad ipsos emptores et ad heredes

---

CCLXII. (¹) Nota temporis deest.
CCLXIV. (¹) Bouh., *Domenfredo*.

Euvrardi, a sero Leotaldi, a circio Sancti Vincentii; habet in longo perticas xxiiii, in ambis frontibus perticas iii, et accipio de vobis precium solidos xi et facite de ipsa vinea quod volueritis. Si quis contradixerit, auri unciam componat. S. Engelardi. S. Ayroardi. S. Aremberti. S. David.

CCLXV.

[JOHANNES EPISCOPUS CONCEDIT DECIMAS IN VILLA GENOLIACO TEOTBERTO.]

971 — 977.

Notum fieri dignum duximus quia cum esset domnus Johannes presul Matisconum secus ecclesiam martiris Christi Vincentii, adiit presentiam ejus quidam vir nobilissimus Teotbertus nomine, obnixe exposcens serenitatem ejus ut dignaretur ei et uxori sue Rannodi et filio eorum Udulrico per precarie firmitatem ut securitate tenere possent quamdam medietatem ex decimis, in Genoliaco villa que est in honore Sancti Petri dicata, et in Oratorio similiter medietatem ex decimis Sancti Martini, et in Floriaco(¹) villa decimas Sancti Martini omnibus sibi jure pertinentibus; cujus petitionem gratam suscipiens domnus predictus antistes hoc illis attribuens testamentum loco tituli manu propria roboratum ut predictas ecclesias, sicut supra inserta sunt, tenere possent ea ratione ut sinodali tempore debitum paratarum sive eulogiarum servitium absque dilatione persolverent. Quo vero per diuturna tempora he litterule constare possent, manu nostra firmavimus et fidelibus nostris insigniri precepimus. S. Johannes humilis episcopus. S. Aremberti. S. Maioli. S. Rodulfi. S. Sendeleni. S. Adonis. S. Uberti. S. Elduini. Hactum est hoc regnante Lothario rege.

CCLXVI.

[MAIMBODUS EPISCOPUS DAT NEPOTI IN PRECARIAM CURTILUM IN VILLA SANCTIO.]

937 — 962.

Cum resideret domnus Maimbodus secus basilicam Sancti Vincentii, rogat nepos ejus Maimbodus ut det ei de rebus Sancti Vincentii in precariam in villa Sanctio, et donat episcopus et canonici curtilum cum vinea et campum simul tenente, qui terminat a mane terra Sancti Petri, a medio Sancti Vincentii, a sero Nicerio(¹) quondam, a cercio via publica; et alium campum,

CCLXV. (¹) Bouhier *Ferriaco*, nostris *Saint-Martin-de-Fleurie*.
CCLXVI. (¹) Bouhier, *Mercerio*.

terminat a mane et a medio, a sero vias publicas, a circio rivo volvente, et pratum qui terminat a mane fluvio Sagona, a medio terra Sancti Petri, a sero betus, a circio terra Sancti Martini (²)..........

CCLXVII.

[ADO EPISCOPUS CUM MAIOLO CLUNIACENSI ABBATE TERRAS COMMUTAT.]

698 — 971.

Legali decreto roboratum est et ab antiquis tenetur ut quicquid idonee persone cum communi consensu invicem commutare voluerint instrumento cartarum alligetur quatenus quod rationabiliter actum fuerit nullo possit divortio in posterum violare. Quocirca placuit atque convenit, inter venerabilem antistitem Adonem et canonicos sibi subjectos qui incliti martiris Christi Vincentii Matiscensis ecclesie famulari videntur necnon et condignum parem (¹) Maiolum Clunensis cenobii et monachis secum regulariter degentibus, ut terras quasdam per scamnium sibi invicem commutarent, quod et libentissime fecerunt. Inprimis domnus Maiolus abbas et fratres prelibati loci donant ex rebus communitatis aliquid que sunt site in pago Matisconense, in agro Salorniaco, in villa Censanica, hoc est curtilus cum vinea que terminat a mane via publica, a medio die Sancti Vincentii, a sero Sancti Petri et Sancti Vincentii, a circio Sancti Stephani ; item in alio loco vinea que has habet terminationes, a mane terra Sancti Vincentii et Adalgaudi presbiteri, a medio die Sancti Vincentii, a sero gutta aque et terra Sancti Vincentii, a circio terra ad servos Sancti Petri. Infra istas terminationes, has duas vineas in scamnio datas domnus episcopus jam dictus et prefati canonici teneant et possideant ad opus mense. Insequenter vero domnus Ado venerandus presul, necnon Johannes prepositus, Aymericus etiam archidiaconus et reliqui canonici donant in locum scamnii ad locum Clunensis cenobii quem domnus Maiolus abbas regere videtur aliquid ex rebus Sancti Vincentii que sunt site in pago Lugdunense, super fluvium Ararim ; hoc est silva et lacus que vocatur Usa que his circumcluditur finibus, a mane terra et episcopali et ad ipsos canonicos, a medio die aqua que ex ipso lacu egreditur, a sero fluvius Araris, a circio silva et fossatus qui pertinet ad ipsos donatores. Infra istos terminos, de silva tertiam partem et de lacu tertium tractum,

(²) In utroque codice, ad calcem istius chartæ nonnulla desiderantur.
CCLXVII. (¹) Boub., *patrem*.

cum nonis et decimis, ripam etiam ipsius aque pariter ipsam que in ea habent concedunt; has ergo res prescriptas ad prefatum locum in loco scamnii tradunt atque transfundunt. Nunc ergo tam nos quam etiam ipsi et successores qui in locis prenominatis obvenerint faciant de his omnibus que ad se pertinent quicquid facere voluerint. Et ut hec commutatio deinceps per succedentia tempora inconvulsa permaneat, manibus fratrum est corroborata. S. Maioli abbatis. S. Warnerii abbatis. S. Bernardi. S. Umberti. S. Adalgisi. S. Rainfredi. S. Balduini. S. Aio. S. Hermannus. S. Pontius. S. Ingelmarus. S. Helias. S. Ingelbertus. Actum hoc regnante Lothario rege.

CCLXVIII.

[OTTO COMES CUM ELISABETH CONJUGE REDDIT VINEAS APUD SANCIACUM.]

1018 — 1030.

Queque labentis temporis instabili cursu soliditatis vigorem debent obtinere quo futurorum notitie apicum signis tradantur apte congruit, quatenus per succedentia tempora inconvulsa queant permanere. Proinde fidelium volumus notitie ut pateat quia ego Otto, nullis suffragantibus meritis sed sola Dei gratuita pietate, comes ecclesie almi martiris Vincentii infra Matisconis menia constructe, ut idem gloriosus martir animam meam a penis inferni eripere dignetur, et conjux mea Elisabeth reddimus quasdam vineas cum terris ad eas pertinentibus que sunt site in pago Matisconense, in agro Salorniacense, in villa Sanciaco. Sunt enim vinee tres cum domibus et curtilis; que vinee similiter terminantur ab oriente terra Beati Martini Athenacensis, a meridie viis publicis et terris Arnulfi et Constantii fratris ejus, ab occidente via publica, et septentrione via simul publica et Beati Martini terra : Hos igitur mansos cum omnibus ad se pertinentibus Deo Sanctoque Vincentio concedo ad mensam fratrum, et faciant rectores ejusdem loci quicquid facere voluerint. S. Ottonis comitis qui hoc donum fecit. S. Gausleni episcopi. S. Ugonis vicecomitis. S. Willelmi fratris ejus. S. Rainulfi levite. Hactum est hoc regnante Rotberto rege.

CCLXIX.

[SENDELENUS CANONICUS DAT DUOS CURTILOS AD MENSAM FRATRUM.]

996 — 1018.

Sacrosancte Dei ecclesie Sancti Vincentii martiris, que est constructa infra muros Matisconum civitatis, quam domnus Letbaldus presul ad regendum habere videtur. Igitur ego, in Dei nomine, Sendelenus canonicus dono ad ipsam casam Dei et ad mensam fratrum aliquid de rebus meis que sunt site in pago Matisconense, in agro Salorniacense, in villa Sanciaco. Hoc sunt duo curtili cum supraposito, in uno quorum manet Gontardus, in alio Adalgerius; qui terminat a mane terra Flotberti, a medio die et a sero viis publicis, a circio terra Warnerii. Et dono supradicte ecclesie silvam unde faciant villani(¹) domus et ignem et omnia necessaria eorum; et nemo umquam malam consuetudinem illis imponat propter illam silvam, sed habeant liberam potestatem omni tempore utendi ea. Donat autem predictus canonicus has prenominatas res perpetualiter(²) et deinceps tali ratione ut semper ad mensam fratrum perseverent, et abstractum hoc fuerit ad proprios parentes revertatur. Si quis hoc contradixerit auri unciam componat. S. Sendelini. S. Willelmi comitis. S. Wicardi. S. Rodulfi. S. Eldrici. S. Arleboldi. Hactum est hoc regnante Rotberto rege.

CCLXX.

[AREMBERTUS PREPOSITUS DAT IN PRESTARIAM RES SANCTE MARIE DE URINIACO.]

971 — 986.

Notum sit omnibus fidelibus sancte Dei ecclesie Sancti Vincentii Matiscensis quia venit quidam vir nomine Turbrannus et uxor sua Letiardis ante presentiam domni Aremberti prepositi et domni Maioli archidiaconi, petiit ab eo aliquamtulum ex rebus Sancte Marie de Uriniaco ad Crucem vocatis, que terminantur a mane via publica, a medio die Bererii, a sero Hebreorum, a circio Constantini; habet in longo perticas xxx, in quisquo fronte IIII et dimidiam. Infra isto termino vel perticatione, liceat ei vineam edificare et sub censum tenere tam illi quam uxori sue Letiardi cum infantibus eorum. Domnus quoque prepositus, per consilium domni Maioli necnon et ceteri fratres, jussit fieri quod petebat ea ratione ut in diebus vite sue teneant et post quinque annos expletos, omni anno festivitate Sancte Marie in censum sine mora denarios IIII persolvant. S. Aremberti prepositi. S. Maioli. S. Teudoldi. S. Oddonis. S. Rodulfi. S. Elduini. S. Sendeleni. Hactum est hoc regnante Lothario rege.

CCLXIX. (¹) Bouh., *villam.*
(²) Bouh., *presentialiter.*

CCLXXI.
[AALBERTUS INCAUCIONAT CAMPUM IN AGRO SALORNIACENSE.]
936 — 954.

Dilecto Aldoni et uxori ejus Heldecart. Ego Aalbertus et uxor mea Girberga incaucionamus vobis campum in pago Matisconense, in agro Salorniacense, in villa Boscido; terminatur a mane terra Hebreorum, a medio die ad ipso Aldoni et genipereta increpita. Infra isto termino ipsum campum vobis incaucionamus ad annos xx, pro solidos vi, et usque in diem solutionis. Si quis hoc contradixerit libram auri componat. S. Aalberti. S. Girberge. S. Heldebranni. S. Salomonis. S. Teutgerii. S. Heldulfi. S. Girberti. Hactum est hoc tempore Hludovici regis.

CCLXXII.
[MILO DAT CURTILOS III IN VILLA SANCIACO.]
987 — 996.

Sacrosancte ecclesie Sancti Vincentii martiris que est constructa infra Matisconem civitatem, cui Milo episcopus preest. Ego Milo dono predicte case Dei aliquid de rebus meis que sunt site in pago Matisconense, in agro Salorniacense, in villa Sanciaco, sunt curtiferi tres. Terminat unus curtilus ubi Andreas possidet cum mansione et vinea insimul tenente, a mane terra Sancti Clementis, a medio die terra Gauseranni, a sero Flotberti, a circio rivo volvente; alius curtilus ubi Albertus residet, terra terminat a mane de ipsa hereditate, a medio die et a sero et circio terra Sancti Vincentii; tertius curtilus quem alius Albertus tenet, quem vocant Longo, terminat a mane Sancti Vincentii quem Eldinus tenet, a medio die Sancti Vincentii, a sero via publica, a circio de ipsa hereditate. Infra istas terminationes, predictos curtilos cum mansiones et vineas, quicquid ibi visus sum habere, totum ad integrum predicte case Dei trado atque transfundo, sicut superius inserta sunt, eo tenore dummodo vivo usum et fructum habeam, et unoquoque anno reddo ad mensam fratrum investitura modium unum de musto; post decessum autem meum, ad casam Sancti Vincentii perveniat. Si vero episcopus aut alius aliquis beneficiare voluerit, rectam reclamationem habeant parentes mei; si quis hoc calumniaverit auri libras v componat. S. Milonis. S. Ottonis comitis. S. Raterii. S. Maioli. S. Bernardi. S. Warulfi. S. Giroldi. S. Flotberti. S. Eldegarii. S. Adalardi. Actum est hoc regnante Hugone rege.

CCLXXIII.

[SALOMON ET BRUIGIUS EBREI COMMUTANT TERRAS CUM CANONICIS.]

987 — 996.

Placuit atque convenit inter Bernonem canonicum, et Salomonem et Bonignum(¹) Ebreos. Inprimis donaverunt Salomon et Bonignus in villa Fontanas, de uno campo perticas de longo XXXVI, de lato novem et dimidiam; terminat a mane terra Sancti Petri, a medio die et a sero Arlebaldi, a circio de ipsa terra. Infra isto termino vel perticatione donamus tibi in loco scamii pro alio campo qui terminat a mane et a circio terra Ebreorum, a medio die et a sero terra comitale, habet in longo perticas XVIII, in lato IX et dimidiam; et faciat unusquisque de ipso scamio quicquid facere voluerit. S. Salomoni. S. Bonigno, Ebreis. Actum est hoc regnante Hugone rege.

CCLXXIV.

[DOMINICUS VENDIT ERMENFREDO VINEAS IN AGRO IBIACENSE.]

942 — 954.

Domino, fratribus Ermenfredo et uxori sue Gruse. Ego Dominicus vendo vobis aliquid de res meas que sunt site in pago Matisconense, in agro Ibiacense, in ipsa villa, ubi in Cimandras vocant. Hoc est vinea, terminat a mane terra de ipsa hereditate, a medio die terra Leotolt comite, a sero Embert, a circio Odilane; habet de longo perticas XI, de lato in quisquo fronte perticam I et dimidiam; infra istas terminationes, totum ad integrum vendo vobis. Alia vinea in ipso loco terminat a mane pascario communale, a medio die terra Leotolt, a sero de ipsa hereditate, a circio terra Odilane; habet in longo perticas V et dimidiam, in quisquo fronte perticas II et dimidiam. Infra istas terminationes, totum ad integrum vobis vendo et accipio de vobis precium denarios XX; et similiter vobis vendo pradella, posat, vocat, terminat a mane rivo volvente, a medio die Elablif, a sero via publica, a circio terra Leotolt comitis; habet de longo perticas XXXII, de lato in quisquo fronte pedes VIII. Et accipimus de vobis precium valens denarios X et faciatis quicquid vobis placuerit; si quis calumniaverit auri libram componat. S. Dominico. S. Gontelmo. S. Mainardo. S. Rotgerio. S. Rannulfo. S. Bernart. S. Arnalt. S. Arman. Hactum Ludovico rege regnante.

CCLXXIII. (¹) Bouhier, *Bruigius*, *Bruignus* et *Bruinus*.

CCLXXV.

[BERNARDUS VENDIT CAMPUM LUGDUNO IN VILLA CASOTIS.]

942 — 954.

Dilecto Lugduno. Ego Bernardus vendo tibi campum in pago Matisconense, in agro Salorniacense, in villa Casotis, terminat a mane via publica, a medio die terra Sancti Vincentii, a sero similiter, a circio Arnaldi; habet in longo perticas XLV, in lato perticas X. Infra isto termino, ipsum campum tibi vendo et accipio de te precium denarios VIII, et fac quicquid volueris; si quis contradixerit X libras auri componat. S. Bernardi. S. Constantiane. S. Teotgerii. S. Landradi. S. Benedicti. S. Arierii. Actum hoc tempore Hludovici regis.

CCLXXV bis(¹).

[LENDINUS DAT CAMPUM IN VILLA CASOTIS, AGRO SALORNIACENSE.]

954 — 986.

Sacrosancte Dei ecclesie Sancti Vincentii Matiscensis. Ego Lendinus dono ad ipsam casam Dei campum unum in pago Matisconense, in agro Salorniacense, in villa Casotis; terminat a mane via publica, a medio die et a sero terra Sancti Vincentii, a circio Arnoldi, habet in longo perticas XLV. Infra isto termino, ipsum campum dono ad ipsam casam Dei in stipendia fratrum, et faciant rectores ejusdem ecclesie quid voluerint. Si quis hoc contradixerit auri libram componat. S. Lendini. S. Anscherii. S. Stephani. S. Giroldi. S. Aldonis. S. Girboldi. Hactum est regnante Lothario rege.

CCLXXVI.

[MAIMBODUS EPISCOPUS CONCEDIT CONSTANTIO PER PRECARIAM CAMPUM.]

954 — 962.

In nomine Verbi incarnati. Notum sit omnibus fidelibus sancte Dei ecclesie Sancti Vincentii Matiscensis, clericis, laïcis, tam presentibus quam et futuris, quia ego Maimbodus, dono Dei episcopus, concedo Constantio et uxori sue Nadaliane et filio eorum Benedicto, aliquid ex rebus Sancti Vincentii de mea precaria in villa Sanctiaco; hoc est campus qui terminat a mane terra Hebreorum, a medio die et a circio ad ipsum Constantinum, a sero via

---

CCLXXV bis. (¹) Numerus CCLXXV iteratur in nostro codice.

publica. Infra istas terminationes, concedo illis ipsum campum diebus vite illorum ut ibi securiter vineam edificent et annis singulis, festivitate Sancti Vincentii, denarios IIII sine mora persolvant; et ut certius credatur, manu nostra firmavimus et canonicis roborare precepimus. S. Maimbodi episcopi. S. Humberti prepositi. S. Johannis. S. Bernardi. S. Rodoardi. S. Widonis. Hactum est hoc regnante Lothario rege.

CCLXXVII.

[ROTARDUS CUM SOCIIS INCAUCIONAT CURTILUM IN SANCIACO.]

936 — 954.

Dilecto Teuquardo presbitero. Ego Rotardus et Leutbaldus et Rambaldus et sorores nostre Insegerdis et Doda incaucionamus tibi curtilum cum vinea et campum simul tenente in pago Matisconense, in villa Sanciaco; terminant a mane terra Sancti Petri, a medio die terra Sancti Vincentii, a sero nucerio quondam, a circio via publica. Infra isto termino, hoc tibi incaucionamus pro soldos xx, ad annos xx et usque in diem solutionis; si quis vero caucionem istam contradixerit, auri uncias II componat, et firma permaneat. S. Rotardi. S. Leutbaldi. S. Rambaldi. S. Ansegelde. S. Rotlanni. S. Geraldi. S. Otberti. S. Arbranni. Hactum hoc regnante Hludovico rege.

CCLXXVIII.

[ARRADUS DAT EWINO ET SUIS RES IN VILLA URINIACO (¹).]

Domino, Edwino et uxore sua Eldeboreh et infantibus meis his nominibus Christiano et Alexane. Igitur ego, in Dei nomine, Arradus vobis dono res meas que sunt site in pago Matisconense, in agro Uriniacense, in ipsa villa Uriniaco, et in villa Buscido. Inprimis in villa Uriniaco curtilum cum supraposito, et vinea cum arboribus, et exio et regressio, qui terminat a mane via publica, a medio die terra Hebreorum, a sero terra Ademaro, a circio terra Frotgerio presbitero. Infra istas terminationes, totum ad integrum et alias res que ad ipsum curtilum aspiciunt vel aspicere videntur, in ipso visus sum habere aut possidere, tam de hereditate quam de conquisito; hec sunt curtiferus cum edificiis, vineis, campis, pratis, silvis, pomis, pascuis, aquis aquarumque decursibus, omnia et ex omnibus totum ad integrum vobis dono. Et in villa Busciaco, curtilo cum vinea insimul tenente

CCLXXVIII. (¹) Nota temporis deest.

qui terminat a mane via publica, a medio die terra Aldoni et Adalbert, a sero terra Aldoni et Hebreorum, a circio terra Sancti Johannis et Aldoni, et exio communale. Infra istas terminationes, ipsum curtilum cum vinea totum ad integrum, et alias res que ad ipsum curtilum aspiciunt et quicquid in ipsa villa visus sum habere; hec sunt curtiferis, campis, pomis, pascuis, totum ad integrum vobis donamus, eo tenore ut dum vivimus usum et fructum habeamus, et post meum decessum vobis perveniat, et post decessum Eldeboreh ad infantes nostros, his nominibus, Christiano et Decetane perveniat, et in servado v fabrilia(²).

CCLXXIX.

[ALDEISUS DAT SANCTO VINCENTIO RES SUAS IN SANCIACO.]

923—936.

Sacrosancte ecclesie Matiscensis Sancti Vincentii. Ego Aldeisus presbiter dono ad ipsam casam Dei aliquid de rebus meis que sunt site in pago Matisconense, in agro Sanciacense, in ipsa villa Sanciaco; hoc est campus qui terminat a mane et a medio die atque a sero vias publicas, a circio rivo volvente. Et dono ibi pratum unum qui terminat a mane fluvio Sagonna, a medio die terra Sancti Petri, a sero becus, a circio terra Sancti Martini. Infra istas terminationes, faciant rectores ejusdem ecclesie quicquid facere voluerint; si quis vero hoc contradixerit, auri libram componat. S. Aldeisi presbiteri. S. Desiderii. S. Ragnoart. S. Waldo. Hactum est hoc regnante Rodulfo rege.

CCLXXX.

[BERARDUS CANONICUS RECIPIT IN PRECARIAM CURTILUM.]

928—936.

Omnibus notum habeatur quod expetiit quidam canonicus Sancti Vincentii, Berardus nomine, serenitatem fratrum atque canonicorum predicti martiris, quemdam curtilum cum vineola sibi adherente, quam Ricfredus olim Sancto Vincentio dedit, ut temporibus vite sue habere potuisset et possidere tam ipse quam Rodoardus atque canonicus. Conjacet autem ipse curtilus et vinea in pago Matisconense, in villa Flaciaco. Benignus itaque Maimbodus prepositus

(²) Bouh., *fascilia*.

et archidiaconus, consentientibus reliquis fratribus, concessit illis quod postulabant ut dum advixerint teneant et possideant sine aliqua contradictione, et ut securius possideant, has litteras eis prepositus et ceteri canonici firmantes fecerunt. S. Maimbodi prepositi. S. Aymini. S. Bernonis.

CCLXXXI.

[CONSTANTINUS DAT ARSENDI CAMPUM IN FLACIACO.]

936 — 954.

Dilecte Arsendi Domino sacrate et filio suo Duranno. Ego Constantinus et uxor mea Christina, pro amore Dei, donamus vobis campum in pago Matisconense, in agro Salorniacense, in villa Flaciaco; terminat a mane terra que dicitur Pasquerio, a medio die Sancte Eulalie, a sero via publica, a cercio Flotberti. Infra isto termino, ipsum campum vobis donamus, et habet in longo perticas LXVII, in ambis frontibus perticas VIII, et facite de ipso campo quicquid vultis; si quis hoc contradixerit auri libram componat. S. Constantini et Christine. S. Teotardi et alterius Constantini. S. Frotberti. Hactum est hoc tempore Hludovici regis.

CCLXXXII.

[DODLENUS REDDIT SANCTO VINCENTIO RES QUAS OCCUPAVERAT.]

936 — 954.

Notitia redditoria in Matisconum civitate qualiter venit quidam homo Dodlenus, invasit aliquid de rebus Sancti Vincentii que conjacent in villa Flaciaco; hoc est curtilus cum vinea, terminat a mane via publica, a medio die Sancti Vincentii, a sero terra sanctuaria, a cercio via. Infra isto termino, ipse Dodlenus invasit, et indicatum (¹) illi fuit ut cum scuto et fuste hoc vindicet contra advocatum Sancti Vincentii; resedit ibi domnus comes Hugo necnon et Albericus fidelis ejus, Argodus, Josbertus, Maiolus non potuerunt illum vincere, et cecidit in campum, domnus quoque comes revestivit his presentibus advocatos Sancti Vincentii, in manu Berardi levite, de ipsa terra. S. Argodo. S. Oddo. S. Norbolt. S. Arnulfo. S. Uberto. S. Leotgerio. S. Maioli. S. Arlabald.

CCLXXXII. (¹) Bouhier, *judicatum*.

CCLXXXIII.

[REMIGIUS MONACHUS CUM STEPHANO TERRAS COMMUTAT (¹).]

Placuit atque convenit inter domnum Remigium monachum et Stephanum ut terras inter se commutarent, quod et fecerunt. Inprimis donat atque commutat Stephanus presbiter ad rectores Sancti Petri campos duos qui sunt siti in pago Matisconense, in agro Salorniacense, in fine Flaciaco, in villa; qui terminat unus campus a mane terra Sancti Petri, a medio die similiter, a sero Flotberti, a cercio via publica, habet in longo perticas xxiiii, in quisquo fronte perticas ii. Similiter donat atque commutat domnus Remigius monachus, a partibus Stephani presbiteri, campum unum qui est situs in ipsa villa, in ipso pago; terminat ipse campus a mane terra Stephani presbiteri, a medio die Sancti Petri et via publica, a circio Sancte Marie, a sero similiter, habet in longo perticas xxi, in quisquo fronte perticas xii. Infra isto termino, unusquisque quod habet teneat et possideat et faciat post hanc diem quicquid facere voluerit.

CCLXXXIV.

[RACULFUS COMES IN MALLO PUBLICO INQUIRIT.]

888 — 898.

Cum resedisset domnus Raculfus vocatus comes in civitatem, in mallo publico, una cum aliis personis his nominibus, Berolt, Rainolt, Adalart, vel ceteris scamineis Matiscensibus Eldevert, Sievert, Rolmant, Ratbert, Celest, Rotlan, Warnerio, Maisedo, Arhulfo, Odeliono, Ardrado, Laidredo, Sicherio, Guidone, Grinio et aliis pluribus, ad rectas justicias judicandas seu diffiniendas. Ibi, in eorum presentia, venit homo nomine Sievert et Wido advocatus Sancti Laurentii, mallavit hominem nomine Walcaudum eum dum diceret quod una vinea cum campo qui est in villa Boscido, qui habet fines et terminationes, de uno latere, terra Sancti Sulpicii et de uno fronte gutta volvente, a sero terra ad ipsum Walcaudum, et in alio fronte terra Hebreorum. Infra isto termino recontentis malo ordine, tunc ipse Walcaudus in presente stabat taliter, in suo responso dixit quod per se et suos donatores per triginta annos et amplius legibus vestiti fuerunt absque ulla partione Sancti Laurentii vel suos rectores. Tunc ipsi scamini per inquisitum judicium decreverunt

---

CCLXXXIII. (¹) Absque notâ chronologicâ.

quod juret, cum sua lex est, quod per se et suos donatores per xxx annos et amplius legibus vestiti fuissent, et promisit per fidem factam; Bernart jurare promisit quia taliter. Actum fuit his presentibus. S. Arlulfi. S. Warnerii. S. Robert. S. Celest. S. Maiolus. S. Uldrico. S. Grimaldo. Hactum est hoc regnante Oddone rege.

CCLXXXV.

[GISLEBERTUS DAT CAMPUM BENEDICTO AD MEDIUM PLANTUM (¹).]

Dilecto Benedicto et filio suo Johanne. Ego Gislebertus dono vobis de terra Sancti Vincentii unum campum ad medium plantum in pago Matisconense, in agro Salorniacense, in villa Sanciaco. Terminatur a mane via publica, a medio die de ipsa hereditate et via publica, a sero de ipsa hereditate, a cercio terra Sancti Laurentii. Infra istum terminum, dono vobis ad medium plantum ut ad v annos vinea edificata sit, et post v annos vinea edificata fuerit, unusquisque medietatem suam recipiat, et hanc medietatem teneatis quamdiu vixeritis vos qui supra scripti estis Benedictus et Johannes filius suus et ille heres quem Johannes priorem habuerit; et post vestrum decessum, ad mensam fratrum Sancti Vincentii vinea perveniat que de mea precaria est.

CCLXXXVI.

[RACULFUS DAT VINEAM IN VILLA SANCIACO, IN AGRO SALORNIACENSE.]

1018 — 1030.

Sacrosancte Dei ecclesie almi Vincentii martiris Christi, que est infra ambitum meniorum Matisconum sita, cui domnus Gauslenus episcopus preest. Ego Raculfus concedo aliquid ex rebus proprietatis mee ad ipsam casam Dei, in pago Matisconense, in agro Salorniacense, in villa Sanciaco; est autem una vinea cujus terminationes sunt, ab oriente terra Sancti Vincentii, ab austro terra Sancti Petri, ab occidente et ab aquilone vias publicas. Infra istum terminum, dono ad ipsam ecclesiam Dei, eo pacto ut quamdiu vixerimus, ego et filius meus Henricus, teneamus et possideamus; post nostrum vero decessum, ad mensam canonicorum Beati Vincentii perveniat.

CCLXXXV. (¹) Huic chartæ dies non adscribitur.

CCLXXXVII.
[BENEDICTUS CUM ERMENBURGA DAT VINEAM IN VILLA SANCIACO.]
996 — 1018.

Sacrosancte Dei ecclesie Sancti Vincentii martiris que est infra muros civitatis Matisconensis, cui Letbaldus episcopus preest. Ego Benedictus et uxor mea Ermenburga concedimus pro remedio animarum nostrarum aliquid ex propria hereditate nostra. Hoc est una vinea que est sita in pago Matisconense, in agro Salorniacense, in villa Sanciaco; terminatur a mane et a medio die de ipsa hereditate, a sero via publica, a cercio terra Sancti Vincentii, habet in longo perticas xxiiii, in latitudine perticas iii et dimidiam et pedes v. Infra isto termino, cedo hanc vineam ad ipsam ecclesiam(¹) Dei ea ratione ut quamdiu vixerimus teneamus et possideamus, sed post meum et uxoris mee decessum, ad Sanctum Vincentium perveniat; si quis contradixerit, auri libras x componat. S. Benedicti et uxoris mee Ermenburge. Hactum est hoc regnante Rotberto rege.

CCLXXXVIII.
[OTBERTUS DAT CAMPUM IN AGRO SALORNIACENSE, IN SANCIACO.]
996 — 1018.

Sacrosancte Dei ecclesie Sancti Vincentii martiris que est infra menia Matisconis sita, cui domnus Letbaldus episcopus preest. Ego Otbertus concedo pro remedio anime mee aliquid ex propria hereditate mea; hoc est unus campus qui est situs in pago Matisconense, in agro Salorniacense, in villa Sanciaco. Terminatur a mane via publica, a medio die terra Dodoni et Constantini, a sero silva que vocatur Castanella, a circio terra Sancti Vincentii; habet in longo perticas centum quinque, in latitudine perticam i et dimidiam. Infra istum terminum vel perticationem, confero ad ipsam ecclesiam Dei hunc campum, et faciant rectores loci quicquid voluerint.

CCLXXXIX.
[RODENUS CUM ERMENGARDA DAT VINEAM ET CAMPUM IN SANCIACO.]
981 — 996.

Sacrosancte Dei ecclesie Sancti Vincentii martiris que est constructa infra muros Matisconum cui Milo episcopus preest. Ego Rodenus et uxor mea

---

CCLXXXVII. (¹) Bouhier, *aulam*.

Ermengarda donamus ad ipsam casam Dei aliquid ex rebus nostris que sunt site in pago Matisconense, in agro Salorniacense, in villa Sanciaco. Hoc est vinea et campus insimul tenente qui terminat a mane Sancti Martini, a medio die et a sero vias publicas, a circio rivo volvente; et est unus curtilus, in villa que dicitur Fontanilias, qui terminat a mane et a sero vias publicas, a medio die terra Sancti Petri, a circio de ipsa hereditate et terra Manasse, et quicquid ad ipsum curtilum aspicit. Infra istas terminationes, donamus ad ipsam casam Dei istas res eo tenore ut nulli vivi (¹) beneficiare possint; quod si fecerint, ad proprios veniant. Firma permaneat omni tempore. S. Rodeni et uxoris sue Ermengarde.

CCXC.

[ADO EPISCOPUS DAT ADALBERTO CAMPUM AD MEDIUM PLANTUM IN SANCIACO.]

968 — 971.

Carta exemplaria de Sanciaco, de nomine Aalberti. Domino, fratribus, Aalberto et uxori sue Josberge. Ego Ado episcopus et ceteri fratres donamus vobis campum ad medium plantum in pago Matisconense, in agro Sanciacense, in villa Sanciaco. Terminat a mane Sancti Vincentii, a medio die Aalberti, a sero via publica, a cercio Sancti Martini et Constantini; habet in longo perticas XXVII, in uno fronte a mane perticas VIII et pedes IIII, in alio fronte a sero perticas VIII et dimidiam. Quando venerit ad V annos per totum, vineam edificatam habeatis et medietatem recipiatis, aliam medietatem, dummodo vivis et uxor tua Josberga, et infantes vestri teneant; post illorum decessum ad ipsam casam Dei perveniat.

CCXCI.

[EBRARDUS DAT CURTILUM CUM VINEA IN VILLA BUTSONGI.]

928 — 936.

Sacrosancte ecclesie Sancti Vincentii martiris que est constructa infra muros Matisconum, cui Berno episcopus preest. Ego Ebrardus dono ad ipsam casam Dei aliquid de res meas que sunt site in pago Matisconense, in agro Sanciacense, in villa Butsongi. Hoc est unus curtilus cum vinea, cum mansionibus III et servo supermanente, nomine Giraldo, cum uxore et infantibus suis. Ipse curtilus terminat a mane via publica, a medio die terra

---

CCLXXXIX. (¹) Bouhier, *vineam*.

Sancti Vincentii, a sero via publica, a cercio terra Sancti Vincentii. Infra istas terminationes et perticationes, dono ad ipsam casam Dei in stipendia fratrum, eo tenore dum ego vivo usum et fructum habeam; post meum decessum, ad ipsam casam Dei perveniat, et alias res que ad ipsum curtilum aspiciunt. Hec sunt campis, pratis, silvis, omnia et ex omnibus dono ad ipsam casam Dei ; si quis contradixerit auri unciam componat.(¹) S. Adonis abbatis. S. Gosberto. S. Rainoldo. S. Pontione. S. Deidono. S. Arnoldo. S. Ansiro. Hactum est hoc regnante Rodulfo rege.

CCXCII.

[WALTERIUS VICECOMES REDDIT SANCTO VINCENTIO RES IN SANCIACO.]

954 — 962.

Notitia plurimorum evidenter liquido patescit qualiter venientes domnus Maimbodus episcopus et canonici Sancti Vincentii martiris Matisconensis civitatis, ante domnum Leotaldum comitem, dum esset in ecclesia principali jam dicti martiris, proclamaverunt se quod Walterius vicecomes injuste tenebat quamdam colonicam, in Sanciaco villa, que est ex ratione Sancti Clementis martiris cujus ecclesia et abbatia est in suburbio Matisconis, quam etiam fratres et canonici Sancti Vincentii prelibati martiris, per apostolica privilegia et precepta regalia, in victu quotidiano adquisierunt; est vero in prefata colonica curtilis cum vinea et omnibus suis adjacenciis. Agnoscentes denique rectam fore querimoniam predictorum canonicorum, venientes ante altare supradicti martiris domnus scilicet Leotaldus comes atque Walterius vicecomes, cunctis adstantibus, werpiverunt et ne aliqua repetitio inde fieret, hanc notitiam fieri jusserunt et eam propriis manibus roboraverunt. S. Leotaldi comitis. S. Walterii vicecomitis. S. Narduini. S. Humberti. S. Leopranni. S. Adalberti. S. Simaldi. S. Euvrardi. Hactum est hoc regnante Lothario rege.

CCXCIII.

[EWINUS PRESBITER DAT CURTILUM IN VILLA SANCIACO.]

928 — 936.

Sacrosancte ecclesie Sancti Vincentii martiris que est fundata infra muros Matisconum cui Berno preest episcopus. Ego Eninius(¹) presbiter dono ad ipsam casam Dei aliquid ex rebus meis que sunt site in pago Matisconense,

---

CCXCI. (¹) Bouhier addit, S. Gotelendis.
CCXCIII. (¹) Bouh., Ewinus.

in agro Sanciacense, in ipsa villa Sanciaco; hoc est curtilus qui terminat a mane et a medio die et a sero vias publicas, a circio de ipsa hereditate. Infra isto termino, ipsum curtilum et alias res quas in ipsa villa habeo ibidem aspicientibus, hec sunt vineis, vircariis, campis, pratis, silvis, aquis aquarumque decursibus, omnia et ex omnibus, ad ipsam casam Dei dono, eo tenore ut dum ego vivo usum et fructum habeam et in censum omni anno, festivitate Sancti Vincentii, xii denarios persolvam(²); in aliis locis alias res michi reservo, si quis donationem istam contradixerit auri libram persolvat. S. Eninii presbiteri. S. Geralt. S. alterius Geralt. S. Fricbodi. S. Martini. S. Euvrardi. S. Aldonis. Hactum est hoc Rodulfi regis tempore.

CCXCIV.
[ADEISUS DAT TENQUARDO CURTILUM INDOMINICATUM IN SANCIACO.]
923 — 936.

Domino, fratribus, Teuquardo presbitero. Ego, in Dei nomine, Aldeisus presbiter dono tibi aliquid de res meas que sunt site in pago Matisconense, in agro Salorniacense, in villa Sanciaco; et est unus curtilus indominicatus cum vinea et mansiones, exitu. Terminat ipse curtilus a mane vinea Maimbodi, quam et ipse Aldeisus donavit, a medio die via publica, a sero vinea Sancti Vincentii, a cercio terra Sancti Martini. Infra istas terminationes, totum ad integrum tibi dono et quicquid ad ipsum curtilum aspiciunt vel aspicere videntur : hec sunt campis, pratis, silvis, pomis, pascuis, aquis aquarumque decursibus, omnia et in omnibus, usque ad inquisitum tibi dono et facias quicquid volueris; si quis contradixerit auri libram componat. S. Aldeisi. S. Desiderii. S. Dotleno. S. Constabulo. S. Giraldo(¹). S. Archimberto. S. Leutbolt. Hactum est hoc Rodulfo rege regnante.

CCXCV.
[STATEVERTUS CUM UXORE GODA DAT VINEAM APUD SANCIACUM.]
888 — 898.

Sacrosancte ecclesie Sancti Vincentii que est infra muros Matisconensis civitatis, cui Giraldus episcopus preest. Ego, in Dei nomine, Statevertus et uxor sua Goda donamus, ad ipsam casam Dei, vineam cum curtilo et canavria(¹) insimul tenente, in ipso pago, in villa Sanciaco; que terminat a mane via publica, a medio die rivo volvente, a sero Sancti Martini, a simiterio

---
(²) Bouhier, *persolvant.*
CCXCIV. (¹) Bouh., *S. Gualdo.*
CCXCV. (¹) Bouh., *caveamia.*

vicinabili. Infra istas terminationes ad integrum alias res nostras, preter quarta falcidia, nobis reservamus et de jure nostro ad ipsam casam Dei tradimus dominatione ad canonicos qui ibi desserviunt, dum vivimus usum et fructum habeamus; si quis contradixerit auri unciam componat. S. Statevert. S. Godono. S. Gotserio. S. Bernart. S. Engelren. S. Olderico. Hactum est hoc regnante Odone rege.

CCXCVI.

[MAIMBODUS EPISCOPUS DAT NEPOTI IN PRECARIAM VINEOLAS III.]

937 — 954.

In nomine Dei omnipotentis. Notum fieri dignum duximus omnibus Matiscensis ecclesie fidelibus, tam presentibus quam futuris, quia cum esset domnus Maimbodus episcopus in Matiscone residens, secus basilicam gloriosissimi martiris Christi Vincentii, adiit ipsius presentiam quidam homo nomine Maimbodus, nepos predicti presulis, deprecans ejus paternitatem ut dignaretur ei conferre aliquid ex rebus prescripti martiris, vineolas videlicet tres, cum domibus et curtilis et omnibus inibi pertinentibus, que site sunt in pago Matisconense, in villa Sanciaco; due ex ipsis deserte, ex ratione fratrum et canonicorum Sancti Vincentii non autem de episcopali causa, ut eas meliorare et construere atque in meliorem statum redigere valeret. Cujus precationem gratam recipientes domnus episcopus et reliqui sue ditionis canonici, concesserunt predicto Maimbodo et uxori ejus Ermengarde, et si ipse Maimbodus filium legitimum habuerit, illi eveniat et in vita sua teneat et possideat; loco vero census, festivitate Sancti Vincentii, canonicis denarios VI, episcopo denarios IIII persolvant. Ut autem certius crederetur, prefatus antistes et canonici has eis litteras fieri jusserunt et firmando corroboraverunt. Similiter dedit eis pratum, ad Albam Spinam, quod ipse tenebat. S. Maimbodi episcopi. S. Huberti prepositi. S. Aimuini. S. Adonis. S. Rodulfi. Hactum est hoc regnante Hludovico rege.

CCXCVII.

[LAMBERTUS DAT CAMPUM DE RATIONE SANCTI CLEMENTIS IN SANCIACO(1).]

Dilecto Dominico et uxori sue Helene. Ego Lambertus levita dono vobis campum de ratione Sancti Vincentii(2) ad medium plantum, in pago Matis-

---

CCXCVII. (1) Absque notâ chronologicâ.
(2) Bouh., *S. Clementis.*

conense, in agro Salorniacense, in villa Sanciaco, qui terminat a mane et a circio vias publicas, a medio die et a sero de ipsa terra; habet in longo perticas xxvii, in lato perticas xviiii. Infra istos terminos vobis dono ad v annos, vinea edificata et post v annos Lambertus medietatem habeat, aliam medietatem Dominicus et Helena possideant; quod si vendere vel incaucionare volueris, nulli alteri facias nisi rectores Sancti Clementis. Si quis contradixerit auri libram componat. Ego Lambertus qui fieri feci.

CCXCVIII.

[BERNARDUS PREPOSITUS COMMUTAT TERRAS CUM ALDEISO PRESBITERO.]

893 — 923.

Placuit atque convenit inter Bernardum prepositum et, ab alia parte, Aldeiso presbitero ut terras inter se commutare deberent, quod et fecerunt. Inprimis donat et commutat Aldeisus presbiter, a parte Bernardo preposito, vineam que est sita in pago Matisconense, in agro Sanciaco, in ipsa villa Sanciaco, terminat a mane terra Sancti Martini et Sancti Vincentii, a medio die Sancti Vincentii, a sero et a circio via publica; infra istas terminationes, totum ad integrum tibi dono. E contra donat atque commutat Bernardus prepositus, a parte Aldeiso presbitero, vineas ii que sunt site in pago Matisconense, in agro Sanciaco, in ipsa villa. Terminat una vinea a mane terra Sancti Martini, a medio die via publica, a cercio terra Sancti Martini et Sancti Vincentii, a sero terra ipsi Aldeiso; terminat alia vinea a mane terra ipsi Aldeiso, a medio die via publica, a cercio terra Sancti Martini, a sero similiter. Infra istas terminationes totum ad integrum tibi dono, et faciat ab hac die unusquisque de parte sua quicquid voluerit; si quis contradixerit auri libras ii componat. S. Aldeisus. S. Desiderii. S. Auseis. S. Rotart. S. Grimolt. Hactum est hoc regnante Karolo rege.

CCXCIX.

[WIDO VENDIT ROBERTO VINEAM IN VILLA SANCIACI.]

954 — 986.

Dilecto Roberto et uxori ejus Girberge. Ego Wido levita vendo vobis vineam in pago Matisconensi, in agro Salorniacensi, in villa Sanciaco; terminat in duas partes vias publicas, a medio die (et) a circio de ipsa hereditate. Infra isto termino, portionem meam vobis vendo et accipio de vobis precium invalens solidos xiiii, et faciatis quid vultis; si quis contradixerit auri libram componat. S. Widonis. S. Leoterii. S. Widonis. S. Anselardi. S. Jotselini. S. Duranni. S. Heldeberti. S. Anselmi. Hactum est hoc regnante Lothario rege.

CCC.

[MARTINUS VENDIT MAIOLO PREPOSITO CURTILUM IN URINIACO.]

996 — 1018.

Sacrosancte ecclesie Sancti Vincentii martiris rectoribus, Letbaldo episcopo et Maiolo preposito. Ego Martinus et uxor mea Aia vendimus curtilum cum vinea situm in pago Matisconense, in agro Salorniacense, in villa Uriniaci; terminatur ex omni parte terra Sancte Marie. Infra istas terminationes, hunc curtilum Sancti Vincentii rectoribus vendimus pro precio iiii solidorum et x denariorum, et faciant quicquid voluerint. S. Martini. S. Auscherii. S. Lanfredi. Hactum est hoc tempore Rotberti regis.

CCCI.

[MANUERIUS CUM SOCIIS VENDIT ALDONI CAMPUM IN BUSCIDO.]

936 — 954.

Dilecto Aldoni et uxori ejus Eldegart. Ego Mainerius(¹) et Eldulfus et Virbertus et uxores eorum, Osanna et Sisberga, vendimus vobis campum in pago Matisconense, in agro Salorniacense, in villa Buscido. Terminatur a mane silva, a medio die similiter, a sero via publica, a circio ad ipsos emptores; habet in longo perticas xxx, in lato perticas xii. Accipimus de vobis precium denarios xii, et facite quod vultis; si quis hoc contradixerit, auri unciam componat. S. Mainerii. S. Eldulfi. S. Girberti. S. Sisberge. S. Osanne. S. Aldebranni. S. Dominici. S. Girberti. Hactum est hoc Hludovico rege regnante.

CCCII.

[CONSTABILIS VENDIT TEUQUARDO CURTILUM IN VILLA SANCIACO(¹).]

Dilecto Teuquardo presbitero. Ego Constabilis et uxor mea Maria vendimus tibi curtilum cum vinea in pago Matisconense, in agro Sanciaco, in villa Sanciaco; terminatur a mane terra Sancti Clementis, a medio die

---

CCCI. (¹) Bouhier, *Manuerius*.
CCCII. (¹) Huic chartæ temporis nota deest.

via publica, a sero et circio Sancti Vincentii. Quicquid habemus tibi vendimus et accipimus de te precium solidorum vi, et fac inde quod volueris; si quis vero venditionem istam contradixerit, auri unciam componat. S. Constabuli. S. Marie. S. Paschalis. S. Constantini. S. Aalelini (²).

CCCIII.

[ROTBERTUS DAT DURANNO RES SUAS QUE SUNT IN VILLA CASOTIS (¹).]

Domino, fratribus, Duranno et uxori sue Lesinie. Ego Rotbert et uxor sua Girbergia donamus res nostras in pago Matisconense, in agro Salorniacense, in villa Casotis. Terminat a mane et a medio die via publica, a sero Sancti Vincentii, a circio rivo volvente; infra isto termino, vobis dono ad medium plantum ut ad v annos vineam edificatam habeas, et post v annos unam medietatem habeas, et si vendere aut incaucionare volueris michi facias, si quis contradixerit auri unciam componat. S. Bernardi levite. S. Erlulfi. S. Marberti. S. Martini.

CCCIV.

[AMALGILIUS DAT SANCTO VINCENTIO TERRAM IN VILLA SANCIACO (¹).]

954 — 986.

Sacrosancte ecclesie Sancti Vincentii martiris que est constructa infra muros civitatis Matisconensis. Ego Amalgilius et uxor mea Usanna cedimus ad ipsam casam Dei pro remedio anime nostre, ad usus fratrum, aliquid ex rebus nostris que sunt site in pago Matisconense, in villa Sanciaco: hoc est terra arabilis que conjacet in vacartis (²) ipsius ville, totum ad integrum, quesitum et inquirendum, et prata supra fluvium Ararim ad Evesaco (³) vocant, quesitum et inquirendum totum ad integrum, ea ratione dum simul vivimus usum et fructum habeamus; post meum decessum, due partes Sancto Vincentio perveniant et tertia Usannane in vita sua, post suum decessum, ad casam Dei perveniat nullo contradicente. Si quis contradixerit libram auri componat. S. Amalgisi. S. Begoni. S. Queltoni. S. Sidoldi. S. Otberti. S. Leotaldi. S. Godo'berti. S. Wicardi. S. Warnerii. Hactum est hoc regnante Lothario rege.

(²) Bouh., *Aabolini*.
CCCIII. (¹) Nota chronologica deest.
CCCIV. (¹) Hæc donatio bis prodita est in utroque codice cum discrepantiis, adi chartam cccvi.
(²) Legendum, *vacatis*.
(³) Bouh., *Evesar*.

CCCV.

[BERNARDUS PREPOSITUS DAT CURTILUM IN VILLA SANCIACO.]

892 — 923.

Sacrosancte ecclesie Sancti Vincentii que est constructa infra muros Matisconum, cui preest Giraldus episcopus. Ego Bernardus prepositus dono ad ipsam casam Dei aliquid ex rebus meis que sunt site in pago Matisconense, in agro Sanciaco, in ipsa villa Sanciaco. Hoc est curtilum cum vinea, qui terminat a mane terra Aldeiso presbitero, a medio die via publica, a sero terra Sancti Clementis et de ipsa hereditate, a cercio concisa et vineam Godani que me incartatum habet; eo tenore ut dum vivo usum et fructum habeam, post meum decessum ad mensam fratrum perveniat, et faciant quod voluerint. Si quis hoc calumniaverit, auri unciam componat. S. Bernardi. S. Rabodi. S. Ostraldi. S. Berno. S. Waldone. S. Adone. Hactum est hoc regnante Karolo rege.

CCCVI.

[AMALGILIUS CEDIT TERRAM ARABILEM APUD SANCIACUM (¹).]

954 — 986.

Sacrosancte ecclesie Sancti Vincentii martiris que est constructa infra muros Matisconum. Ego Amalgilius et uxor mea Usanna cedimus ad ipsam casam, ad usus fratrum, aliquid ex rebus nostris que sunt site in pago Matisconensi, in villa Sanciaco; hoc est terra arabilis que conjacet in vuacatis (²) ipsius ville, totum ad integrum quesitum et inquirendum, et prata supra fluvium Ararim ad Evesco vocant, quesitum et inquirendum totum ad integrum, ea videlicet ratione dummodo vivimus usum et fructum habeamus, post nostrum amborum decessum, ad filiam nostram tertia pars veniat, et unus infans si de alio marito habuerit. Omnes supradictas res ad ipsam casam Dei tradimus, et faciant rectores loci quod voluerint; si quis contradixerit, libram auri componat.

CCCVI. (¹) Vide superiùs chartam CCCIV.
(²) Bouhier, *waciactis*.

CCCVII.

[WOLFRANNUS DAT SANCTO VINCENTIO RES IN VILLA CASOTIS.]

981 — 996.

Sacrosancte ecclesie Sancti Vincentii martiris que est constructa infra muros Matisconum, cui Milo preest episcopus. Ego Wolfrannus et uxor mea Anna donamus ad ipsam casam Dei aliquid de rebus nostris que sunt site in pago Matisconense, in agro Salorniacense, in villa Casotis. Terminatur a mane rivo volvente, a medio die Sancti Petri, a sero terra Hebreorum, a circio via publica; infra isto termino, donamus ad ipsam casam Dei et faciant rectores Sancti Vincentii post meum decessum exinde quod voluerint. Si quis contradixerit, auri unciam componat. S. Wolfranni et uxoris sue Anne. S. Aymo. S. Bernart. S. Duranni. S. Geraldi. Hactum est hoc regnante Hugone rege.

CCCVIII.

[CHRISTINA VENDIT DURANNO CAMPUM IN VILLA FLACIACO.]

954 — 986.

Dilecto Duranno et Richelda. Ego Christina et Segreda et Aldricus vendimus vobis campo in pago Matisconense, in agro Salorniacense, in villa Flaciaco. Terminat a mane Hebreorum, a medio die Sancti Vincentii, a sero Flocbert et Sancti Vincentii, a circio similiter; habet in longo perticas xxviii a medio, a circio perticas xxviiii et pedes ii, in uno fronte a sero perticas xxiii et pedes viii, a mane perticas xv et dimidiam. Infra isto termino, vobis vendimus et accipimus de vobis precium solidos x, et facias quod volueris; si quis contradixerit auri unciam componat. S. Christine et Segrede. S. Aldrici. S. Girbolt. S. Ingelberti. S. Constantini. S. Aldonis. S. Grimoldi. Hactum est hoc regnante Lothario rege.

CCCIX.

[CANONICI CEDUNT IN PRECARIAM VINEAM IN VILLA SANCIACO.]

986 — 1018.

Notum esse volumus quod ego Letbaldus et fratres nostri canonici cedimus in precariam, in villa Sanciaco, Ornado et fratribus ejus Gislebert et Bernardo, et vinea cum curtilo et camera(¹) insimul tenente, qui terminat a

---

CCCIX. (¹) Bouhier, *camomia*.

mane via publica, a medio die rivo volvente, a sero Sancti Martini, a circio terrerio(²) vicino, et colonicam quam reddidit Gauterius vicecomes, et tres curtiferos quos Milo dedit Sancto Vincentio, et curtilum cum vinea, et mansiones et exio, sicut Aldeisus presbiter donavit Teuquardo presbitero. S. Letbaldi episcopi. S. Gauseranni levite. S. Aalardi presbiteri. S. Otgerii levite. S. Aldonis sacerdotis.

CCCX.

[PETRUS CANONICUS DAT SANCTO VINCENTIO PRATUM IN FINE SAGONNICA.]

923 — 927.

Domino, fratribus, sacrosancte ecclesie Sancti Vincentii martiris que est constructa infra muros Matisconum, cui preest domnus Girardus presul. Ego Petrus, presbiter et canonicus loci ipsius, dono ad ipsam casam Dei pratum qui est in pago Lugdunense, in agro Respiciacense, in loco ubi vocant prata Sagonnica, qui habet terminationes a mane prato Gaucelino et Alduino et Ingelbergane et Christophoro et eorum heres, a medio die prata Angis et qui fuit Dutino quondam et Vingaudo et Gondomico et eorum heres, a sero blavo(¹) percurrente, a circio prato Madalulfo et Gaucelino et Datfredo (et) Vuitberto et eorum heres; habet in longo perticas xxv, in uno fronte a mane perticas xii, in alio fronte(²) perticas agripennnales xviii et dimidiam. Infra istas terminationes et perticationes, de ipso prato totum et ad integrum, a die presente, Sancto Vincentio dono atque transfundo et domno Giraldo suisque successoribus habendi, tenendi, eo tenore dum ego vivo usum et fructum habeam, post meum vero decessum ad ipsam casam Dei perveniat; si quis contradixerit auri unciam componat. S. Petri presbiteri. S. Otbert. S. Wicart. S. Freconi. S. Nazareni. Hactum est hoc regnante Rodulfo rege.

CCCXI.

[WANDALGERIUS VENDIT VULFART VINEOLAM IN VILLA MANCIACO(¹).]

Domino, fratri Volfart presbitero. Ego Wandalgerius et uxor sua Archenelt vendimus vobis vineolam cultam que est in pago Lugdunense, in fine Respiciacense, in villa Manciaco; terminat a mane et a medio die et

---

(²) **Bouhier**, *à cimiterio vicino.*
CCCX. (¹) **Legendum**, *bevio* vel *becio.*
(²) **Bouhier** addit *à sero.*
CCCXI. (¹) Temporis nota deest.

sero ipsius Volfardi, a cercio terra Teucardo, habet in longo perticas VIIII, habet in ambis frontibus perticas III et pedes VI. Infra istas terminationes, sub integritate tibi vendimus et accipimus de te precium valens denarios XV, et facias pro ipso precio quicquid volueris.

CCCXII.

[RADULFUS CUM ENGELBERGA DANT DE REBUS SUIS IN LIERENCO.]

968 — 971.

Sacrosancte Dei ecclesie Sancti Vincentii cui domnus Ado episcopus preest. Ego Rodulfus et uxor sua Engelberga donamus ad ipsam casam Dei aliquid ex rebus nostris in pago Lugdunense, in agro Priciacense, in villa Lierenco; terminat a mane et a medio die via publica, a sero Sancti Vincentii, a circio Sancti Johannis, habet in longo perticas XXVIII. Infra isto termino donamus ad ipsam casam Dei, eo tenore dummodo vivimus simul et filius noster Fulcherius teneamus et possideamus; et post nostrum amborum decessum, ad ipsam casam Dei perveniat et faciant rectores ipsius loci quod voluerint. Et unum pratum quod est ad summum, terminat a mane rivo percurrente, a medio die de ipsa hereditate, a sero et a circio via publica; infra isto termino faciant quod voluerint. Si quis hoc contradixerit, auri unciam componat. S. Radulfo et uxore sua Girberga. S. Waldierio. S. Eutardi. S. Aidinco. S. Walo.

CCCXIII.

[ORVARDUS DAT SANCTO VINCENTIO DE REBUS SUIS IN PAGO LUGDUNENSI.]

954 — 962.

Sacrosancte ecclesie Beati Vincentii Matiscensis cui domnus preest Maimbodus episcopus. Ego Ernardus(¹) clericus dono ad ipsam casam Dei aliquid ex rebus meis. Hoc est curtilum indominicatum cum vinea et superposito, qui est situs in pago Lugdunense, in finibus Podiniacense Emuranda. Terminatur ipse curtilus a mane terra Gilulfi et sororis sue, a medio die ad ipso donatore, a sero et a circio via publica; infra istis terminationibus, cum adjacentiis ibidem aspicientibus, campis, pratis, silvis, aquis aquarumque decursibus, quesitum et inquirendum, dono ad ipsam casam Dei. Et in villa Podionaco, dono ibi vineam unam, terminatur

CCCXIII. (¹)Bouhier, *Orvadus*.

a mane et a circio via publica, a medio die terra Bernardi, a sero terra Elgaudi; infra isto termino, quicquid habeo inibi dono. Et in Montaniaco villa, alium curtilum cum vinea, qui terminat a mane et a medio die et a circio via publica, a sero Sancti Johannis; infra isto termino quicquid habeo ibi dono. Et dono ibi servum unum nomine Gislasium cum uxore sua, et omnia pecularia eorum et possessiones quod habent et in antea conquirere potuerunt, totum ad integrum cum rebus suprascriptis ibi dono in stipendia fratrum. Hec omnia, sicut supra inserta sunt, ibi dono, trado atque transfundo, eo tenore ut dum vivo usum et fructum habeam, et post meum decessum, faciant canonici Sancti Vincentii quicquid facere voluerint. Si quis contradixerit, III libras auri componat. Ego Ernadus qui fieri jussi. S. Leotardi([2]). S. Hugonis. S. Ardradi. S. Girberti. S. Gennandi([3]). S. Rainardi. S. Gislemari. Hactum est hoc tempore Lotharii regis.

CCCXIV.

[ALSENDA DAT SANCTO VINCENTIO CURTILUM IN VILLA CORTEFREDONE.]

923 — 927.

Sacrosancte ecclesie almi martiris Christi Vincentii, que est constructa infra muros Matisconum. Ego Alsenda femina et filius meus Arnoldus donamus ad ipsam casam Dei aliquid de rebus proprie hereditatis nostre que sunt site in pago Lugdunense, in fine Cosconacense, in villa Cortefredone. Est curtilus unus cum vinea insimul tenente et manso superposito, que de fratre meo Walterio et filio suo Arnaldo clerico nobis advenit, que ad exitum illorum Sancto Vincentio condonaverunt. Dummodo vivit Alsenda et filius suus Arnaldus teneant et possideant; post illorum decessum, Sancto Vincentio ad mensam fratrum perveniat. Terminat ipse curtilus a mane terra Tetgerio, a medio die terra Sancti Genesii, a sero terra Gonterio, a circio terra Sancti Vincentii. Infra isto termino, duas partes donamus ad ipsam casam Dei eo tenore ut unoquoque anno VI denarios festivitate Sancti Vincentii persolvamus; post nostrum decessum, ad ipsam casam Dei perveniat nullo contradicente. Si quis contradixerit auri uncias duas componat. S. Alsenda et filio suo Arnaldo. (S. Wido.) S. Hugo. S. Girardo. S. Bernardo. S. Algio. Hactum est hoc tempore Rodulfi regis.

([2]) Bouhier, *Berardi*.
([3]) Bouh., *Genudei*.

CCCXV.

[AYGREDUS CANONICUS DAT CURTILUM IN VILLA MISPILIACO.]

938 — 954.

Sacrosancte ecclesie Sancti Vincentii Matiscensis cui domnus preest Maimbodus episcopus. Ego Aygredus sacerdos et canonicus dono ad ipsam casam Dei aliquid ex rebus meis que conjacent in pago Lugdunense, in agro Ladinacense, in villa Mispiliaco(¹). Hoc est curtilus cum superpositis et vineam, terminatur a mane terra ad heredes Emmeriaco, a medio die ad heredes Mispiliaco, a sero et circio vias publicas. Infra isto termino, ipsum curtilum cum vinea et superposito dono ad ipsam casam Dei, ad mensam fratrum, et faciant post hac die quicquid voluerint; si quis contradixerit, auri unciam componat. S. Aygredi. S. Emmerico. S. Mispiliaco. S. Ramberti. S. Eldradi. S. Willelmi. Hactum est hoc tempore Hludovici regis.

CCCXVI.

[GISLARDUS CUM UXORE GONDRADA DAT CURTILUM IN ROMANACO.]

968 — 974.

Sacrosancte ecclesie Sancti Vincentii martiris que est infra muros Matisconum, cui domnus Ado preest episcopus. Ego Gisloldus et uxor mea Gondrada, pro remedio animarum nostrarum, donamus ad ipsam casam Dei aliquid de rebus nostris que sunt site in pago Lugdunense, in fine Romanacense, in ipsa villa Romanaco. Inprimis est curtilus indominicatus cum mansione et vinea simul tenente, qui terminat a mane et a medio die vias publicas, a sero terra Sancti Vincentii, a circio terra Lamfredi presbiteri. Infra has terminationes, ipsum curtilum cum omnibus appendentiis, cum campis, pratis, silvis, pascuis, cum arboribus, aquis aquarumque decursibus, exiis et regressis, omnia et in omnibus, quicquid michi Gondrada, de paterna et materna hereditate evenit, et quicquid de fratre meo Aldrico conquisivi, et quicquid de caucione de Silvestro redemi, totum ad ipsam casam Dei donamus, tradimus atque transfundimus, eo tenore dum nos tres vixerimus, Gisloldus et Gondrada et unus infans noster, teneamus et possideamus; et omni anno investitura sextarios III de vino persolvant, et post nostrum decessum, faciant rectores Sancti Vincentii quicquid voluerint

CCCXV. (¹) Bouhier, *Cuspiliaco*, nostris *Mépillat*.

nullo contradicente, si quis contradixerit III libras auri componat. S. Gisloldi et uxoris sue Gondrade. S. Aldri. S. Witbert. S. Richard. S. Andree. S. Warnerio. S. Wasono. S. Evrat. Hactum est hoc regnante Conrado rege.

CCCXVII.

[UBERTUS PREPOSITUS DAT CURTILUM IN VILLA AVISTAS.]

943 — 958.

Sacrosancte ecclesie Sancti Vincentii martiris Matiscensis cui domnus Maimbodus episcopus preest. Ego Ubertus prepositus dono ad ipsam casam Dei aliquid ex rebus meis que sunt site in pago Lugdunense, in agro Viriense, in villa Avistas(¹); hoc est curtilus cum superpositis qui terminat a mane et a medio die via publica, a sero terra Sancti Vincentii et de ipsa hereditate, a circio Sancti Vincentii et Aynardi. Infra isto termino, ipsum curtilum dono ad ipsam casam Dei pro anima patris mei Anscherii et matris mee Ingelais, qui ad illorum finem hoc facere commendaverunt, necnon et pro anima Autgarii qui patri et matri mee ipsas res donavit. Infra istis terminibus, ipsum curtilum cum omnibus appendiciis, campis, pratis, silvis, aquis, rivis, fontis aquarumque decursibus, omnia et ex omnibus dono ad ipsam casam Dei ad mensam fratrum, eo tenore dum ego advixero usum et fructum habeam. Post meum decessum, ibi perveniat sicut superius insertum est, nec aliquis ipsas res beneficiare presumat. Si quis contradixerit auri unciam componat. S. Humberti prepositi. S. Rainaldi. S. Witbert. S. Wichardi. S. Hugonis. S. Witardi. S. Aymonis. S. Adonis. Hactum est hoc tempore Conradi regis.

CCCXVIII.

[RAINARDUS ET BERTREDA DANT CURTILUM IN SILVINIACO(¹).]

968 — 1018.

Sacrosancte Dei ecclesie infra muros Matiscensis civitatis site atque in veneratione gloriosissimi Vincentii martiris dicate, cui preest Letbaldus episcopus. Ego Rainardus et uxor mea Bertreda concedimus prenominate ecclesie, canonicis videlicet Sancti Vincentii aliquid de rebus meis in comitatu

---

CCCXVII. (¹) Bouhier *Amistas*, nostris *Avittes*.
CCCXVIII. (¹) Vide chartam CXCVI.

Lugdunense, in villa Silviniaco(²). Hoc sunt mansi duo cum omnibus appendenciis quem Berno tenet; et in villa in Umorano(³), mansum unum cum omnibus que ad ipsum mansum appendunt, ea ratione dum nos ambo vivimus et filius noster Aymo, teneamus et omni tempore in festivitate Sancti Vincentii, pro unoquisque manso, investitura denarios II canonicis exsolvamus, post nostrum vero obitum ad Sanctum Vincentium et ad ejus canonicos perveniat, si quis contradixerit auri libram componat. S. Ramardi et uxoris sue Bertrade. S. Aymo. S. Enrici(⁴). S. Ornadi. S. Raculfi. S. item Aymo. S. Adonis.

CCCXIX.

[HUGO DAT RES SUAS SITAS IN VILLA ALBINIACO.]

981 — 994.

Sacrosancte ecclesie Sancti Vincentii martiris que est constructa infra muros Matisconum, cui Milo preest episcopus. Ego Hugo dono ad ipsam casam Dei, in alimonia, mansum unum qui est in pago Lugdunense, in agro Pistinacense, in villa Albiniaco, in loco qui vocatur Monte-Chimino. Terminat in tres partes Sancti Vincentii, a sero via publica; infra isto termino dono ad ipsam casam Dei, et quicquid ad ipsum mansum aspicit: hoc sunt campi, prata, silve, omnia et ex omnibus, quesitum et inquirendum, totum ad integrum dono ad ipsam casam Dei; ea ratione dum Udininus vivit teneat, post suum decessum ad ipsum sacerdotem qui super altare Sancti Vincentii missas celebraverit teneat et possideat omni tempore. Si quis contradixerit, auri unciam componat. S. Hugoni. S. Leuterio. S. Gotfredo. S. Raterio. S. Girberto. Hactum est hoc Gondrado rege regnante.

CCCXX.

[GISLARDUS ET ROTRUDIS DANT CURTILUM IN VILLA CORTOCELLAS.]

886 — 927.

Sacrosancte ecclesie Sancti Vincentii que est fundata infra muros Matisconum, cui preest Giraldus episcopus. Ego Gislardus et Rotrudis uxor mea donamus ad ipsam casam Dei aliquid ex rebus nostris que sunt site in

---

(²) Bouhier, *Silmuiaco.*
(³) Bouh., *Wiriaco.*
(⁴) Bouh., *Euvrici.*

pago Lugdunense, in villa Cortocellas, ubi vocatur Martelnis(¹). Terminatur a mane via publica, a medio die et a circio similiter, a sero terra Rannulfo. Infra isto termino, est curtilus unus indominicatus cum superposito et vinea, et quicquid ibi aspicit ipsum donamus ad ipsam casam Dei ut, in honore Beati Petri apostoli, qui de ipso providentiam habuerit in honore Beati Petri teneat. Qui donationem istam contradixerit, libram de auro componat. S. Gislardi. S. Rotrudis. S. Osarico. S. Roco. S. Engelart. S. Teuserio. S. Maldagario. S. Willelmo. Hactum est hoc regnante Illudovico rege.

CCCXXI.

[CONSTANBULUS ET CONSTANTIA DANT MULINARIUM SUPER RESOSIAM.]

954 — 986.

In nomine Domini nostri Jhesu Christi. Ego Constabulus et uxor mea Constantia donamus ad locum Sancti Vincentii Matiscensis civitatis, in stipendia fratrum, mulinarium qui est situs in pago Lugdunensi, in villa Corcellis, est situs in fluvio Resosia; talem partionem quam nobis advenerit vobis donamus et faciatis post hunc diem quicquid volueritis, si quis contradixerit auri libram componat. S. Fredreno. S. Erico. S. Ulrico. Hactum est hoc regnante Lothario rege.

CCCXXII.

[BERNO PRESBITER DAT CURTILUM CUM VINEA IN VILLA TORNAT.]

981 — 994.

Sacrosancte Dei ecclesie Sancti Vincentii martiris que est constructa infra muros Matisconensium civitatis, cui Milo episcopus preest. Ego Berno presbiter dono ad ipsam casam Dei aliquid ex rebus meis que sunt site in pago Lugdunensi, in villa Tornati. Hoc est unus curtilus cum vinea, terminatur a mane Sancti Amoris, a medio die, a sero et a circio de ipsa hereditate, infra isto termino, tertiam partem dono ad ipsam casam Dei. Et campo in ipsa villa, terminat a mane Raculfi, a medio die et a sero via publica, a circio Sancti Vincentii; et prato uno, terminat a mane et a sero de ipsa hereditate, a medio die rivo volvente, a circio Sancti Vincentii, eo tenore dum ego vivo usum et fructum, post meum decessum, ad ipsam casam Dei

CCCXX. (¹) Bouhier, *Montelius*.

perveniat; singulis annis, festivitate Sancti Vincentii, denarios IIII persolvam(¹). Si quis contradixerit, auri libram persolvat. S. Berno presbiter. S. Harvei. S. Constantino. S. Besone. S. Dodone. S. item Constantino. Hactum est hoc regnante Gonrado rege.

CCCXXIII.

[LEOTBERTUS DAT SANCTO VINCENTIO VINEAM IN VILLA TORNACA.]

954 — 986.

Sacrosancte ecclesie Sancti Vincentii martiris que est constructa infra muros Matisconum. Ego, in Dei nomine, Leotbert presbiter dono ad ipsam casam Dei aliquid ex rebus meis que conjacent in pago Lugdunensi, in villa Tornaca : est vinea que terminat a mane et a medio die de ipsa hereditate, a sero ad heres Tornaci, a circio de ipsa hereditate; habet in longo perticas xxx, in transversum xi. Infra isto termino et perticatione, dono ad ipsam casam Dei, tantum vero quamdiu advixerit Durannus teneat et possideat, post decessum ejus, ad ipsam casam Dei perveniat. Et si aliquis beneficiare voluerit, ad proprios revertatur; si quis contradixerit auri libram componat. S. Leotberti. S. Dodoni. S. Evrardi. S. Teotberti. S. Widaldi. S. Aadalgisi. S. Rodulfi. S. Dominici. Hactum est hoc regnante Lothario rege.

CCCXXIV.

[WARULFUS ET ABELA DANT MANSUM IN VILLA FELINS.]

996 — 1018.

Sacrosancte Dei ecclesie que est constructa infra muros Matisconenses, in honore Sancti Vincentii martiris, cui preest Letbaldus episcopus. Ego Warulfus et uxor mea Atela donamus ad ipsam casam Dei mansum unum cum suraposito et curtilo. Est iste mansus situs in pago Lugdunense, in fine Spinacense, in villa Felins. Terminat a mane et a medio die terra Otgiso, a sero via publica, a circio Sancti Mauritii, et quicquid ipse servus qui ibidem manet tenet: hec sunt prata, campi, silve, rata, aquis aquarumque decursibus, omnia donamus ad ipsam casam Dei. Et dono ad ipsam casam Dei servos his nominibus, Rotbertum cum uxore sua nomine Susanna et

CCCXXII. (¹) Bouhier, *persolvant*.

infantibus eorum. Infra isto termino, donamus ad ipsam casam Dei ipsum mansum cum appendenciis suis et servis. Si quis contradixerit, auri unciam componat. S. Warulfi et uxoris ejus Atelane et Otgiso. S. Wido. S. Rodulfi. S. Waldonis. Hactum est regnante Rodulfo rege.

CCCXXV.

[ADALARDUS DAT DUOS MANSOS IN CURTE WALDONISCA.]

968 — 971.

Sacrosancte ecclesie Sancti Vincentii que est infra muros Matisconum cui Ado episcopus preest. Ego Adalardus dono ad ipsam casam Dei, ad mensam fratrum, aliquid de rebus meis que sunt site in pago Lugdunensi, in villa que dicitur Curtis Waldonisca. He sunt mansi duo cum vinea et omnibus ibi pertinentibus, quamtumcumque in ipsa villa visus sum habere, quesitum et inquirendum, et servos supermanentes, Martinum cum uxore sua et infantibus illorum ; omnes res sicut supra inserte sunt, ad ipsam casam Dei ad mensam fratrum dono, totum ad integrum, eo tenore dummodo vivo et filius meus Euvrardus in vita nostra teneamus, post nostrum amborum decessum, ad ipsam casam Dei perveniat, et faciant quicquid voluerint. Si quis calumniaverit, libram auri componat. S. Adalardi. S. Rotleni filii. S. Wicardi. S. Widonis. S. Geraldi. S. Duranni. S. Teuderici. Hactum est hoc regnante Conrado rege.

CCCXXVI.

[HUGO CUM ALINDRADA DANT COLONICAM CUM CURTILI MONTE-GUDINI.]

954 — 962.

Sacrosancte ecclesie Sancti Vincentii Matiscensis cui Maimbodus episcopus preest. Ego Hugo et uxor mea Alendrada, necnon et filius noster Auscherius clericus, donamus ad ipsam casam Dei aliquid ex rebus nostris sitis in pago Lugdunense, in agro Ladunacense, in villa Monte-Gudini : hoc est colonica cum curtilis, campis, pratis et omnibus adjacentiis, quesitum et inquirendum, et faciant rectores ejusdem ecclesie quicquid voluerint. Si quis donationem hanc contradixerit, auri libram componat. S. Hugonis. S. Alendradane. S. Adalgisi. S. Gislardi. Hactum est hoc tempore Lotharii regis.

CCCXXVII.

[RADULFUS ODONIS FILIUS REDDIT RES ABLATAS SANCTO VINCENTIO.]

996 — 1018.

In nomine omnipotentis Dei, decretum esse omnibus nostre ecclesie filiis et fidelibus volumus quoniam quidam erat clericus nomine Radulfus, Odonis filius, ejusque parentes ex prediis almi martiris Vincentii aliquid emendo adquisierunt, que subjacere videntur in potestatem Romanacensis sedis, in qua etiam servi manebant qui predicti clerici parentibus vendiderunt; sed, ut veridicus sermo ostendit, nullo modo potuerunt. Unde ego Letbaldus, Sancte Matiscensis ecclesie Christi dote antistes, postquam sublimatum quamvis ne sensi ad pontificatus indigne culmina, dispexi supradictam emtionem a possessione sancti patroni nostri Vincentii non rite evallatam, quin et cognovi a bene scientibus non debere esse stabilem, interpellavi supradictum clericum ut quod sui antecessores falso emerant, ipse huic redderet loco ex quo ablatum fuerat quasi emendo. Ille etenim non statim se exhibuit nostro consilio, sed hac illacque haud firme gradiens contentiose egit quousque ad valentiorem sui conscendit consilium. Dum vero cognovit se nullius rei institutione ad hoc esse unatum, rediit ad nos tali scilicet modo quo et omnia que sua progenies ex potestate Romanaca et parrochia, qualicumque modo et a servis inibi manentibus adquisierint, redderet et que illi aliunde, aut dono ingenuorum aut largitione et emtione parentum, evenire debuerat donaret, quod et libenti animo sicut auditis fecit (et) reddendo donavit et donando reddidit; et curtilum quem Gontardus possidet in Curciaco cum suis appendiciis, a modo usque in finem mundi, investitura Sancto Vincentio et dedit et reddidit. Deinde vero adit ante nos humili deprecatione obsecrans ut largiretur ei de supradictis omnibus absque jam curtilo, loco nostri ac nobis concesso, quoddam firmamentum nostre auctoritatis; cujus ut audivimus petitionem non denegavimus facere quod voluit, sed jussimus illi tale concedere corroboramentum ut diebus quibus vitam duxerit instantem, hec omnia supra notata tam in Curtiaco quam in Montanaco, excepto curtilo jam dicto, teneat et possideat. Postquam vero mortis solverit debitum, ad celsi martiris Vincentii Matiscensis sedis perveniat locum. Nos vero et propria manu firmavimus et filiis nostre ecclesie firmandum tradidimus. S. Letbaldi episcopi. S. Sendeleni. S. Lamberti.

S. Gauseranni. S. Achardi. S. Henrici. S. Rodulfi. S. Anselardi. S. Duranni. S. Aymonis. S. Bernonis. S. Eldebaldi. Hactum est hoc tempore Rodulfi regis.

CCCXXVIII.

[HUGO NOMINE PALAMUS DAT MOLENDINUM IN AQUA ROISSOSA (¹).]

Notum sit omnibus Matiscensis ecclesie filiis presentibus videlicet et futuris quod Hugo, nomine Palamus, partem quam in molendino quod est situm in aqua in Rosia (²) habebat, donavit ad locum Sancti Vincentii Matiscensis civitatis, in stipendia fratrum, pro salute anime sue et parentum suorum. Quicumque vero hanc donationem calumniare voluerit, auri libram persolvat.

CCCXXIX.

[ANSERIUS DE MONTE-RINNO CONFIRMAT SUPRADICTAM DONATIONEM.]

1074 — 1096.

Sacrosancte Dei ecclesie infra muros Matiscensis civitatis site atque in honore gloriosissimi Vincentii martiris dicate, cui preest Landricus episcopus. Anserius de Monte-Rinno illud donum quod Hugo frater suus dederat portiuncule sue Sancto Vincentio, de molendino Corcellis, dedit ipse ad mensam fratrum. Que utriusque dona Berardus nepos ipsorum annuo, ratione Otgerii patruelis sui, et humillima deprecatione Jarento Matiscensis ecclesie canonici, laudavit atque corrobavit; quapropter bona presentis vite atque future sibi a fratribus donata.

CCCXXX.

[TEOTBERTUS CUM RAIMODI DANT MANSUM IN VILLA CURTE.]

971 — 977.

Sacrosancte ecclesie Sancti Vincentii martiris que est constructa infra muros Matisconum cui Johannes episcopus preest. Ego Teotbertus et uxor sua Raimodis donamus ad ipsam casam Dei aliquid ex rebus nostris que sunt site in pago Lugdunense, in agro Balgiacense, in villa que vocatur

---

CCCXXVIII. (¹) Absque temporis notâ.
(²) Legendum, *Roissosa*, la Reyssouse.

Curte : hoc est mansum quem Bernoldus michi dedit et quicquid ad ipsum mansum aspicit, quesitum et inquirendum, et donamus ibi unam ancillam Johannam et filium suum Umbertum. Et donamus in ipso pago que est in villa Restiseugia mansum et quicquid ad ipsum mansum aspicit quesitum et inquirendum; et donamus ibi servos supermanentes Ardoeno et Ledaldo et uxores illorum et infantes eorum. Donamus ad ipsam casam Dei, ad mensam fratrum, eo tenore ut neque in beneficio neque in precaria nullus recipiat; et si fecerit rectam reclamationem habeat filius meus Udulricus. Si quis contradixerit auri libras x componat. S. Teotberti et uxoris sue Raimode. S. Udulrici filii eorum. S. Ubertus. S. Gotefredo. S. Raterio. S. Raculfi. S. Aymonis. S. Wilelmi. S. Acardi. Hactum est hoc regnante Lothario rege.

CCCXXXI.

[ERMENGARDIS ET FILIUS HELIUS DANT CAMPUM IN VILLA CORTASIONE.]

996 — 1018.

Sacrosancte Dei ecclesie que est constructa infra muros Matisconum Sancti Vincentii martiris, cui Letbaldus episcopus preest. Ego Ermengardis et filius meus Helius donamus ad ipsam casam Dei, ad mensam fratrum, aliquid ex rebus proprietatis nostre que sunt site in pago Lugdunense, in agro Marliacense, in villa Cortasione([1]). Est campus unus qui terminat a mane via publica, a medio die terra Hunnolt et suus heres, a sero de ipsa hereditate, a circio fontana Janina dicunt. Infra isto termino, donamus ad ipsam casam Dei duas sextarias ad annonam seminandum, et in alio loco donamus campum unum, ad ipsam casam Dei, ad unum sextarium seminandum. Terminat a mane et a medio die et a sero et a circio de ipsa hereditate; et donamus ad ipsam casam([2]) Dei prato uno ad unam carradam colligendam, terminat a mane fluvio Resciosa, a medio die prato Johanne, a sero similiter, a circio prato Rotgerio; et donamus ad ipsam casam Dei rata de bosco Volgerio, unum vedogium et ad unam destralem et ad xii porcos saginandum, et ubicumque habemus ratam per totum perget qui in ipso alodo residet nullum contradicentem. Si quis contradixerit x libras auri componat. S. Ermengarde et filio suo Helio. S. Porvadi. S. Androldi. S. Vinnerii. S. Clementis. S. Frotgerii. Hactum est regnante Rodulfo rege.

CCCXXXI. ([1]) Bouhier *Cortafron*, gallicè *Cortaison*, h. de Chaveyriat.
([2]) Bouh., *aulam*.

CCCXXXII.

[MODUINUS DAT MANSUM SANCTO VINCENTIO IN FINE BERICIACENSE.]

928 — 936.

Sacrosancte ecclesie tironis sabahoth Vincentii que est fundata infra murum Matisconis cui Berno preest episcopus. Ego Moduinus dono ad ipsam casam Dei aliquid de rebus meis que sunt site in pago Lugdunense, in fine Bericiacense. Hoc est unum mansum indominicatum et medietatem de omnibus que ad ipsum mansum aspiciunt : hoc sunt curtiferi, campi, prata, silve, aque aquarumque decursus, omnia dono ad ipsam casam Dei, in stipendia fratrum; et dono ibi servos his nominibus, Catalo cum uxore sua et infantibus suis et Martino. Terminatur supradictus curtilus de tota parte de ipsa hereditate. Infra istam terminationem, omnia dono ad ipsam casam Dei, tamen dummodo vivo usum et fructum habeam, post meum decessum ad jam dictum locum perveniat. Si quis contradixerit auri libras III componat. S. Moduino. S. Drogono. S. Albono. S. Walconono. S. Archimberto. S. Bernart. Hactum est hoc regnante Hludovico rege.

CCCXXXIII.

[WICARDUS DAT CURTILUM CUM VINEA IN VILLA COLOBRIO (¹).]

968 — 971.

Sacrosancte ecclesie Sancti Vincentii Matiscensis cui Ado episcopus preest. Ego Wicardus dono ad ipsam casam Dei aliquid ex rebus meis que sunt site in pago Lugdunense, in villa Colobrio; hoc est curtilum et vineam que terminantur a mane de ipsa hereditate, a medio die via publica, a sero Odonis et Rotrudis, a circio increpito de ipsa hereditate. Infra isto termino dono ad ipsam casam Dei, et quicquid ibi aspicit que Androldus ibi tenebat : hoc sunt campi, prata, silve, quesitum et inquirendum, dono ad ipsam casam Dei, ad mensam fratrum, et si aliquis beneficiare voluerit aut inde precariam accipere, iram Dei incurrat; si quis hoc calumniaverit II libras auri componat. S. Wicardi. S. Walterii. S. Erici. S. Bernart. Hactum est hoc regnante Lothario rege.

CCCXXXIII. (¹) Vide chartam CCCXL.

CCCXXXIV.

[BERNO PRESBITER DAT CURTILUM INDOMINICATUM IN VILLA TORNACO.]

928 — 936.

Sacrosancte ecclesie Sancti Vincentii martiris Matiscensis civitatis, cui Berno episcopus preest. Ego Berno presbiter dono ad ipsam casam Dei in stipendia fratrum aliquid ex rebus meis in pago Lugdunense, in agro Torniacense, in ipsa villa Tornai; hoc est curtilus indominicatus cum supraposito et vinea, et quicquid ibi aspicit, campis, silvis, (pratis), aquis aquarumque decursibus, preter illas res quas incartatas habeo, omnia et ex omnibus ad ipsam casam Dei dono, quesitum et inquirendum. Terminatur a mane via publica, a medio die ad heres Evrardo, a sero de ipsa hereditate, a circio via; infra isto termino, hec ibidem dono ea ratione dum vivo usum et fructum habeam, post meum decessum, ad ipsum locum eveniat, et volo ut duo canonici ipsius loci Teuquardus et Bernardus, diebus vite illorum habeant sub censu quem solvant festivitate Sancti Vincentii II solidos. Si quis hoc contradixerit, v libras componat auri. S. Bernonis presbiteri. S. Eteleni. S. Winaverge. S. Arnulfi. S. Bladini. S. Stephani. Hactum est hoc regnante Gonrado rege.

CCCXXXV.

[VENDUNT BERNARDUS ET GODAFREDUS JOHANNI CAMPUM IN RECULANDA.]

993 — 1032.

Domino, fratribus, Johanni sacerdoti. Berno et Bernardus atque Godafredus vendimus tibi aliquid de rebus nostris que sunt site in pago Lugdunense, in agro Cosconiaco, in villa que dicitur Reculanda. Est unus campus qui terminatur a mane Eugone et suus heres, a medio die via publica, a sero Eugone et suus heres, a circio Eteleno; alius campus terminatur a mane et a medio die via publica, a sero Eugone et suus heres, a circio via publica. Infra has terminationes, tibi vendimus et accipimus precium de te, sicut inter nos convenit, solidos II; et facias inde quod volueris. Si quis contradixerit, v auri uncias componat. S. Bernone. S. Bernardo. S. Godafredo. S. Raculfi. S. Yvo. S. Godoardi. S. Constantini. Hactum hoc regnante Rodulfo rege.

CCCXXXVI.

[BERNARDUS ET ADALBURGIS DANT RES SUAS IN VILLA MONTANIACO.]

968 — 971.

Sacrosancte ecclesie Sancti Vincentii que est constructa infra muros Matisconum, cui Ado episcopus preest. Ego Bernardus et uxor mea Adalburga cedimus ad ipsam casam Dei aliquid de rebus nostris que sunt site in pago Lugdunense, in villa Montaniaco; hoc sunt curtiferi cum vineis, campis, pratis. Est autem terminatio vinearum cum mansionibus, a mane et a medio die atque a circio terra ad ipsos donatores, a sero via publica; infra hunc terminum, totum ad integrum donamus. Et donamus de terra arabili ad modiatas VII, terminatur a mane et a medio die terra de ipsa hereditate, a sero ad ipsos donatores et Evrardi, a cercio Sancti Martini. Alius campus terminat a mane terra comitali, a medio die Sancti Martini, a sero de ipsa hereditate, a circio Sancti Vincentii; alius campus terminat a mane de ipsa hereditate, a medio die et a circio Sancti Martini, a sero via. Est autem terminatio prati a mane Sancti Martini, a medio die aqua que dicitur Uvi, a sero et a circio terra de ipsa hereditate. Omnes res sicut superius inserte sunt ad ipsam casam Dei donamus eo tenore dummodo vivimus usum et fructum habeamus, post nostrum amborum decessum, ad ipsam casam Dei perveniant nullo contradicente. S. Bernardi. S. Adalburge. S. Widonis. S. Manulfi. S. Warnerii. S. Rotaldi. S. Adonis. S. Adalardi. Hactum est hoc Gonrado rege regnante.

CCCXXXVII.

[GIRALDUS EPISCOPUS COMMUTAT VINEAS CUM FREDENANDO PRESBITERO.]

892 — 927.

In Dei nomine, placuit atque convenit inter venerabilem Giraldum, episcopum Sancte Matiscensis ecclesie, necnon et ab alia parte Fredenandum presbiterum, ambis illorum partibus aptificantibus, convenit ut vineas inter se commutare(¹) deberent, quod ita fecerunt. Inprimis donat atque commutat Geraldus episcopus de suo beneficio, ex ratione Sancti Vincentii, qui est in pago Lugdunense, in agro Baiodacense, in villa Lipiaco. Terminatur a

---

CCCXXXVII. (¹) Bouhier, *concamiare*.

mane via publica, a medio die terra Sancti Martini, a sero terra Sancti Petri, a circio via publica; habet in longo perticas xii, de lato in uno fronte perticas v, in alio fronte perticas iiii. Infra istas terminationes et perticationes donat atque commutat domnus Geraldus episcopus, pro hoc quod ad supradictam casam Dei suisque auctoribus (²), Fredenando presbitero jure proprietario perhabendi ad integrum. E contra donat in compensatione hujus rei meriti atque commutat Fredenandus presbiter vineam que est in Crotel, in pago Lugdunense, in agro Turniaco. Terminatur a mane de ipsa hereditate, a medio die via publica, a sero et a circio de ipsa hereditate; habet in longo perticas xiiii et in quisquo fronte perticas viii. Infra istas terminationes et perticationes, donat atque commutat (Fredenandus) per rem sibi superius nominatam acceptam partibus Geraldo episcopo, ad ipsam casam Dei Sancti Vincentii (suis)que auctoribus, perpetuis temporibus habendam. Nec tamen firmitate interposita ab hac die et deinceps hoc quod unusquisque accepit habeat, et faciat unusquisque de sua parte quod voluerit. S. Geraldi episcopi. S. Bernardi. S. Adalberti. S. Leotardi. S. Ardradi. Hactum est hoc regnante Karolo rege.

CCCXXXVIII.

[GEMBERGIA DAT SANCTO VINCENTIO CURTILUM IN AGRO MONTANENSI.]

928 — 936.

Sacram ac venerabilem Matiscensem ecclesiam in honore Sancti Vincentii dicatam ubi Berno preest episcopus. Gembergia devota Dei cedo ad ipsam casam Dei, in stipendia fratrum, aliquid de rebus proprietatis mee : hoc est curtilum cum manso et vineis, et terra arabili simulque tenente. Sunt autem ipse res site in pago Lugdunensi, in agro Morbanensi (¹), in ipsa villa; et terminantur ipse res a mane via publica, a medio die terra Adalvici et Eldegardini, a sero vinea de ipsa donatrice, a circio terra Sancti Stephani et semitarum discurrentes. Infra has fines vel terminationes, prefatas res ad supra memoratam casam Dei, ad mensam fratrum, dono, trado atque transfundo, et faciant rectores loci quid sibi placuerit. S. Gunbergane. S. Eriboldi. S. Stabuli. S. Udulardi. S. Pontionis. S. Otatani. Hactum est hoc tempore Hludovici regis.

(²) Fortè legendum, *rectoribus*.
CCCXXXVIII. (¹) Bouhier, *Montanensi*.

CCCXXXIX.

[BERNARDUS ET ERMINGARDIS DANT RES SITAS IN AGRO FUSCIACENSI(¹).]

Ego, in Dei nomine, Bernardus et uxor mea Ermengardis donamus Sancto Vincentio atque canonicis ecclesie Matiscensis Domino atque Beato Vincentio ibidem deservientibus aliquid de rebus nostris que sunt site in pago Lugdunensi, in agro Fusciacensi, in villa que dicitur Besleus, quicquid ibi visi sumus habere; hoc est curtilum indominicatum cum casa indominicata et quicquid ibi aspicit, hoc est prata, silvas, aquas, pascua, culta et inculta, usque ad inquisitum, et servos in ipsa villa commanentes, quorum hec sunt nomina : Dominicum cum uxore et infantibus suis, Abonetum cum uxore et infantibus suis, Adaldradum cum uxore sua, Fulcherium cum uxore et infantibus suis, Emardum cum uxore et infantibus suis. Omnia que hic inserta sunt ad predictam casam Dei donamus ; si quis hoc calumniaverit, libras vi componat auri. S. Bernardi. S. Alderici. S. Teoderici. S. Eldegarii. S. Rotranni. S. Udrici. Euvradi.

CCCXL.

[WICARDUS DAT SANCTO VINCENTIO CURTILUM IN VILLA CHALOBRAS(¹).]

968 — 971.

Sacrosancte Dei ecclesie Sancti Vincentii Matiscensis, cui preest Ado episcopus. Ego Wicardus dono ad ipsam casam Dei aliquid ex rebus meis in pago Lugdunensi, in villa Chalobras; est curtilus et vinea qui terminantur a mane de ipsa hereditate, a medio die via publica, a sero Odonis et Rotrudis, a cercio increpito de ipsa hereditate. Infra isto termino dono ad ipsam casam Dei, ad mensam fratrum, et faciant quicquid facere voluerint; si quis contradixerit v uncias auri componat. S. Wicardi. S. Walterii. S. Erici. S. Wicardi. S. Bernardi. S. Aremberti. S. Acardi. Hactum hoc regnante rege Lothario.

CCCXXXIX. (¹) Temporis nota deest.
CCCXL.   (¹) Vide superiùs chartam cccxxxiii.

CCCXLI.

[JOHANNES EPISCOPUS CUM MATRE LANDRADA REDDIT CAPELLAM SANCTI MAXIMI.]

972 — 977.

Sacrosancte ecclesie Beati Vincentii preciosi martiris, que est constructa infra muros Matisconum. Ego Johannes episcopus et Landrada mater mea capellam Beati Maximii quam antecessores nostri per precariam injuste tenuerunt reddimus, et si quid juris in ea habemus, supradicte ecclesie omnino concedimus; est autem sita in pago Lugdunensi, in Previsco villa, eo pacto ut canonici Sancti Vincentii teneant et possideant nullo contradicente. S. Johannis episcopi qui fieri fecit. S. Landrade. S. Umberti. S. Aalberti. S. Ardradi.

CCCXLII.

[STEPHANUS CUM UXORE TEDRADA DAT VINEAM IN AGRO VIRIACENSE.]

996 — 1018.

Sacrosancte Dei ecclesie Sancti Vincentii martiris que est sita intra Matisconum muros, cui Letbaldus preest episcopus. Ego Stephanus et uxor mea Tedrada donamus aliquid ex rebus nostre hereditatis que sunt site in pago Matisconense, in agro Viriacense, in ipsa villa. Donamus et inprimis vineam unam cum supraposito, terminatur a mane et a medio die via publica, a sero Sancte Marie, a circio terra Francorum; infra istas terminationes, has duas vineas donamus Sancto Vincentio. Preterea donamus illi duas portiones; unam medii planti, que terminatur a mane terra Sancti Vincentii, a medio die via publica, a cercio terra Sancte Marie, a sero de ipsa hereditate. Donamus et unum campum in villa Beloysti, terminat a mane et a medio die terra Sancti Stephani, a sero Sancte Marie, a circio Sancti Vincentii. Donamus et alio in loco pratum unum in pago Lugdunensi, terminatur a mane silva vulgari, a medio die terra Humberti, a sero silva vulgari, a circio Rodulfi; infra istas terminationes, hec omnia donamus Sancto Vincentio ut ab isto die faciant rectores Sancti Vincentii quicquid facere voluerint.

CCCXLIII.

[LETBALDUS EPISCOPUS DAT SANCTO VINCENTIO DE REBUS EPISCOPII IN VIRIACO.]

996 — 1018.

Sacrosancte Dei ecclesie que est constructa infra Matisconem, in honore Vincentii preciosi martiris. Ego Letbaldus, ipsius ecclesie presul indignus, concedo aliquid de rebus pertinentibus ad episcopatum : hoc est campum unum qui est situs in pago Matisconense, in agro Viriacense, in villa Viriaci, ad mensam fratrum; terminatur a mane terra Sancti Cirici, a medio die Sancti Vincentii, a sero terra Sancti Stephani et a circio ipsius. Infra istas terminationes, dono Sancto Vincentio ad mensam fratrum quatenus idem Sanctus dignetur pro me Dominum exorare. S. Letbaldi presulis.

CCCXLIV.

[SUBERTUS DAT VINEAM CUM CAMPO APUD VILLAM CABANNAS.]

997 — 1031.

Sacrosancte Dei ecclesie que est constructa in honore Beati Vincentii athlete Dei, infra menia Matisconis. Ego Hubertus (¹) concedo aliquid de rebus proprie hereditatis mee que est sita in pago Matisconensi, in agro Viriacensi, in villa Cabannas : hoc est una vinea cum campo insimul tenente, terminatur a mane de ipsa hereditate, a medio die terra Ingelfredi, a sero terra Hugonis, a circio via publica; habet in longo perticas xx, in latitudine iii. Infra isto termino vel perticatione, dono ad ipsam casam Dei; si quis contradixerit, auri libras x componat (²). S. Huberti. S. Uldurii (³). S. Rotlanni. S. Walterii. Hactum est hoc regnante Rotberto rege.

CCCXLV.

[WALTERIUS DAT MANSUM IN ADVOCATIONEM NEPOTIS HUBERTI.]

937 — 954.

Sacrosancte Dei ecclesie Sancti Vincentii Matiscensis, cui Maimbodus episcopus preest. Ego Walterius, in advocationem nepotis mei Huberti qui in pueritia est, dono ad ipsam casam Dei mansum unum cum superposito

---

CCCXLIV. (¹) Bouhier, *Subertus.*
(²) Bouh., *persolvat.*
(³) Bouh., *Oldierii.*

et vinea, in pago Matisconense, in villa Ciciaco(¹). Terminatur a mane via publica, a medio die ad ipsum Humbertum, a sero Sancti Jangulfi, a circio Bononi; infra isto termino, ipsum curtilum dono ad ipsam casam Dei, in stipendia fratrum, eo tenore ut quamdiu ipse Humbertus advixerit teneat et possideat, et in censum annis singulis, in festivitate Sancti Vincentii, semodium vini persolvat. Si quis hoc contradixerit auri unciam componat. S. Walterii. S. Engelardi. S. Adalardi. S. Manugaudi(²). S. Drogonis. Hactum est hoc tempore Hludovici regis.

CCCXLVI.

[AIMFREDUS INCAUCIONAT SANCTO VINCENTIO VINEAM APUD CAMBONAS.]

954 — 986.

Sacrosancte ecclesie Sancti Vincentii. Aimfredus(¹) et uxor sua Seuda incaucionamus vineam ad mensam fratrum in pago Matisconensi, in agro Cardonaco, in villa Cambonas; terminatur a mane terra Humberti, a medio die et a sero de ipsa hereditate, a circio rivo volvente. Infra isto termino, incaucionamus rascias sex ad mensam fratrum, ad annos xii, pro solidis xii, et usque in diem solutionis. S. Aimfredi. S. Raculfi. S. Abonis. S. Teudonis. Hactum est hoc tempore Lotharii regis.

CCCXLVII.

[LETBALDUS EPISCOPUS DAT SANCTO VINCENTIO TERRAS IN VILLA AVENACI.]

997 — 1048.

Ego igitur Letbaldus Matiscensis ecclesie pontifex quasdam terras eidem ecclesie cui presum, videlicet Beati Vincentii martiris, concedo conjacentes in pago Matisconensi, in agro Viriacensi(¹), in villa Avenaci. Ob hoc ergo, ut breviter omnia perstringant, quicquid in ipsa villa(²) habeo supradicte ecclesie ad mensam fratrum tribuo : scilicet curtilum, ubi horreus meus adest, cum aliis vineis, et campis, et molendinis, et pratis, silvis, aquis aquarumque decursibus, quesitum et inquirendum, eo pacto ut ex hac die faciant rectores Sancti Vincentii quicquid facere voluerint. Si quis autem

CCCXLV. (¹) Bouhier, *Aciaco*, nostris *Scissé*.
(²) Bouh., *Maingaudi*.
CCCXLVI. (¹) Bouh., *Amifredus*.
CCCXLVII. (¹) Fortè legendum, *Villiacensi*.
(²) Vox omissa apud Bouhier.

extiterit qui, ex his terris et rebus, canonicis Sancti Vincentii aliquid aufferre voluerit et hanc donationem calumniare presumpserit, perpetuo anathemate tactus, a consortio sanctorum existat alienus. S. Letbaldi pontificis. S. Walterii nepotis. S. Adalardi. S. Gauseranni. S. Benedicti. S. Johannis. S. Aymonis. S. Rodulfi. S. Huberti. S. Teudonis. S. Rodulfi. Hactum est hoc tempore Rotberti regis.

CCCXLVIII.

[AIMFREDUS SERVIENS DAT SANCTO VINCENTIO CURTILUM INDOMINICATUM.]

954 — 986.

Sacrosancte ecclesie Sancti Vincentii martiris, que est constructa infra muros Matisconum, Aimfredus, Sancti Vincentii servulus[1], et uxor mea Seuda donamus ad ipsam casam Dei curtilum indominicatum cum vineis, campis, pratis, silvis, aquis aquarumque decursibus, exitibus et regressibus, omnia et ex omnibus, quesitum et inquirendum, preter unam vineolam que habet perticas in longum decem et octo, in traversum II et pedes VII; habet ipse curtilus terminationes, a mane via publica, a medio die et a sero de ipsa hereditate, a cercio terra Otberto et Dodoni. Infra istis terminationibus donamus ad ipsam casam Dei, ad mensam fratrum, hec omnia sicut supra inserta sunt, et faciant rectores Sancti Vincentii[2] quicquid voluerint.

CCCXLIX.

[ERICUS DAT SORORIO JOSELINO CURTILUM IN FINE VIRIACENSE[1].]

Dilecte sorori[2] mee nomine Josdlinis. Ego Ercius et soror sua Itara donamus tibi aliquid de rebus nostris que sunt site in pago Matisconensi, in fine Viriacensi, ubi in Seloniaco[3] vocat: hoc est curtilus cum vinea et silva insimul tenente, et campum unum cum mulnare, qui terminatur a mane (terra) Sancti Vincentii et de aliis partibus similiter. Infra isto termino, quamtum visi fuimus habere tibi donamus, cum exiis et regressiis cedimus, tradimus atque transfundimus; et facias ab hac die quicquid inde facere volueris; si quis contradixerit libram auri componat.

CCCXLVIII. [1] Bouhier, *serviens;* vide inferiùs chartam CCCLVIII.
[2] Bouh., *loci.*
CCCXLIX. [1] Absque notâ chronologicâ.
[2] Bouh., *Dilecto sororio...... Joselino.*
[3] Bouh., *Selomaco,* nostris *Sologny.*

CCCL.

[BERNARDUS ET ERMENDRADA DANT CURTILUM IN CARDENACO.]

954 — 962.

Sacrosancte ecclesie Sancti Vincentii martiris que est constructa infra muros Matisconensis civitatis, cui domnus Maimbodus episcopus preest. Ego Bernardus et uxor mea Ermendrada donamus ad ipsam casam Dei aliquid de rebus nostris que sunt site in pago Matisconensi, in agro Cardeniacensi, in ipsa villa Cardenaco, curtilum videlicet indominicatum, cum vinea simul tenente, qui terminatur a mane terra Teutberti et Benedicti, a medio die et a sero via publica, et a cercio terra Eldulfi. Infra istas terminationes, predictum curtilum cum vinea, et omnia quicquid ibi visi sumus habere, totum ad integrum, predicte case Dei tradimus atque transfundimus. Et donamus in ipsa villa, de terra arabili, in loco Madornensi(¹), tertiam partem de omnibus que ibi visi sumus habere; hec omnia sicut supra inserta sunt concedimus predicte case Dei, ad mensam fratrum, eo tenore ut dum simul vixerimus usum et fructum habeamus, post nostrum decessum, filio nostro Leutardo eveniat; illo vero decedente, ad locum Sancti perveniat Vincentii, et faciant rectores loci quicquid inde voluerint. Si quis contradixerit, libram auri componat. S. Bernardi et uxoris sue Ermendrade. S. Teutbert. S. Girbergane. Hactum est hoc Lothario rege regnante.

CCCLI.

[GIRALDUS DAT SANCTO VINCENTIO CURTILUM IN VILLA AVANACO(¹).]

Dilectis in Christo canonicis Sancti Vincentii Matisconensis. Giraldus, presbiter et canonicus, dono vobis aliquid de rebus meis, partibus Sancti Vincentii, que sunt site in pago Matisconensi, in fine Viriacensi, vel in villa Avanaco : hoc est curtilum cum vinea et arboribus insimul tenentibus, terminatur a mane terra Sancti Petri, a medio die terra Belmontensi, a sero ad ipsum donatorem, a cercio via vicinabili; habet in longo perticas xiiii, in ambis frontibus perticas xii. Infra istas terminationes et perticationes,

---

CCCL. (¹) Bouhier, *Modornensi;* forté legendum *Matornensi*, nostris *Matour.*
CCCLI. (¹) Absque temporis notâ.

totum vobis dono, ita tamen ut dum vivo usum et fructum habeam, post meum decessum ad locum Sancti perveniat Vincentii, et faciant inde canonici loci quod voluerint; si (quis) contradixerit auri III uncias componat.

CCCLII.

[AMABONUS DAT BERNONI ET SOCIIS RES SITAS IN VILLA CAUSEL.]

994 — 1033.

Dilectis in Christo Bernoni et Sevanno. Ego Analormus et Emart[1], et uxores nostre et infantes, donamus vobis aliquid de rebus nostris que sunt site in pago Matisconensi, in agro Viriacensi, in villa Causel. Terminatur a mane et a sero terra Sancti Vincentii, a circio via publica, a medio die Sancti Albani; infra istas terminationes, vobis vendimus et accipimus de vobis precium denariorum XII, et faciatis post hanc diem quicquid volueritis. S. Analomo et Emart. S. Rotart. S. Auscherio. S. Rodulfo. S. Ingelmaro. Hactum est hoc Rodulfo rege regnante.

CCCLIII.

[GIRALDUS ET ELDEGARDIS DANT CURTILUM IN AGRO CARDUNACENSE.]

968 — 971.

Sacrosancte Dei ecclesie Sancti Vincentii Matiscensis, cui Ado episcopus preest. Ego Giraldus et uxor mea Eldegardis donamus ad ipsam casam Dei, in alimoniam fratrum, aliquid de rebus nostris que sunt site in pago Matisconensi, in agro Cardunacensi, in villa Geru : hoc est curtilum indominicatum cum vinea que terminatur a mane terra Sancti Desiderii, a medio die de ipsa hereditate, a sero via publica, a circio Sancti Eugendi; habet in longo perticas XVI, in lato in unaquaque fronte perticas VIII[1].

CCCLIV.

[IVO PRESBITER DAT SANCTO VINCENTIO RES SITAS IN CONCHA ET AUDUICA.]

892 — 923.

Sacrosancte ecclesie Sancti Vincentii martiris que est constructa infra muros Matisconum, cui domnus Giraldus episcopus preest. Ego, in Dei nomine, Ivo presbiter dono ad ipsam casam Dei, in usus fratrum, aliquid de rebus meis que sunt site in oppidum civitatis, in Contla vocant et in

---

CCCLII. [1] Bouhier, *Amabonus*, *Amalonus* et *Eunart*.
CCCLIII. [1] Hæc donatio in utroque codice inexpleta videtur, adi chartam CCCLXIX.

Audinita(¹). Inprimis in Contla, curtilum cum superposito de vinea insimul tenente, terminatur a mane et a medio die terra Sancti Vincentii, a sero via publica, a circio Sancti Vincentii; infra isto termino, ad integrum. Et in Audinita, curtilum cum vinea insimul tenente, qui terminat a mane terra Sancti Clementis, a medio die Sancti Vincentii, a sero terra Bonane, a circio rivo volvente; infra isto termino, ad integrum. Et dono ibi campum unum prope Sanctum Clementem, qui terminatur a mane via publica, a medio die terra Sancti Petri, a sero Sancti Vincentii et Sancti Clementis, a circio Sancte Marie; habet in longo a medio die perticas LX, a sero perticas XLVIIII, in alio fronte a circio perticas XXXIIII; infra istas terminationes, ad integrum. Et alias res quas habeo ibidem pertinentibus, campis, pratis, quesitum et inquirendum, dono ad ipsam casam Dei eo tenore ut dum ego vivo, usum et fructum habeam, post meum decessum, ipsas res sicut superius dictum est ad ipsam casam Dei dono et omni anno, festivitate Sancti Vincentii, IIII denaratas persolvo de cera in censum; si quis contradixerit, auri uncias IIII persolvat. S. Ivo. S. Isnardi. S. Stephani vicecomitis. S. Gaufredi. Hactum est hoc regnante Karolo rege.

CCCLV.

[JOTSELINUS CUM EDECLA DAT SANCTO VINCENTIO CURTILUM.]

994 — 1033.

Quicumque sanctorum locorum Domino servientium catervis aliquid ex rebus sue proprietatis conferre desiderat id sibi profuturum pro transitoriis eterna commutans minime diffidit. Hujus rei gratia, ego Jotselinus et uxor mea Odeila(¹) concedimus ecclesie Sancti Vincentii quemdam curtilum qui est situs in pago Matisconense, in villa Viriaco, secus basilicam Christi martiris Beati Cirici, que est de ratione fratrum predicte urbis, cum vinea et mansione ibidem manente, cum arboribus, exitibus et regressibus, et cum omnibus ibidem aspicientibus, inquisitis et inquirendis, ecclesie condonamus tali pacto ut dum ego et uxor mea et unus infantium nostrorum vixerimus teneamus, nobis autem decedentibus, ad locum Sancti omnia perveniant Vincentii. Quod si aliquis contradixerit, x uncias auri componat. S. Jotseleni. S. Odeile uxoris ejus. S. Erlulfi. S. Walcodi. Hactum est hoc regnante Rodulfo rege.

CCCLIV. (¹) Bouhier, *Concha* et *Auduica*.
CCCLV. (¹) Bouhier, *Edecla*.

CCCLVI.

[AIROARDUS ET TEOTALDIS DANT CURTILUM IN VILLA CLASIACO.]

Circà annum 936.

Quicumque aliquid Domino et sanctis ejus ex rebus sue proprietatis inferre desideret, retributorem omnium bonitatum se placabilem habere certissime agnoscat. Hujus rei gratia, ego Airoardus et uxor mea Teotaldis concedimus ecclesie Sancti Vincentii que est infra ambitum meniorum Matisconensium, cui domnus Berno episcopus preest, aliquid de rebus nostris que sunt site in pago Matisconensi, in villa Clasiaco; item curtilum unum cum mansione et vinea simul tenente, cum omnibus curtilibus ibi adjacentibus (¹), cum vineis, campis, pratis, silvis, arboribus, aquis aquarumque decursibus, exitibus et regressibus, inquisitis et inquirendis, totum ad integrum. Et donamus ibi alium curtilum cum mansione et vinea simul tenente, cum omnibus ibidem subjacentibus, in villa que dicitur Selonacus (²), cum molendino quod est super fluvium qui vocatur Menobius. Hec omnia sicut hic inserta sunt, ad integrum, cum omnibus appendenciis et terminationibus universis, quicquid in predictis villis visi fuimus habere, ad usus fratrum donamus, ea videlicet ratione ut dum advixerimus, nos et filius noster Teudo, teneamus et possideamus et loco vestiture modium ɪ vini prelibatis canonicis donabimus; post quoque decessum, he res ad predictam ecclesiam veniant. Si quis hoc calumniaverit, IIII auri libras componat. S. Ayroardi. S. Teudo. S. Arnulfi. S. Cirici. S. Maioli vicecomitis. S. Euvrardi. S. Arnaldi. S. Odonis. S. Erluini. S. Wicardi. Hactum est hoc regnante Hludovico rege.

CCCLVII.

[GIRALDUS EPISCOPUS TERRAS COMMUTAT CUM ERLULFO ET UXORE.]

899 — 927.

Placuit atque convenit inter domnum Geraldum episcopum et ab alia parte Arlulfum et uxore sua Eldesent, ut inter se aliquid de terra commutarent. Inprimis dedit domnus episcopus de terra Sancti Vincentii et Sancte

---

CCCLVI. (¹) Bouhier, *adstantibus*.
(²) Forte legendum, *Satonacus*, nostris *Satonnay*.

Marie cujus ecclesia est constructa infra muros Matisconum, consentiente Elda Domino sacrata, cujus beneficium ad presens esse videtur; et jacet ipsa terra in pago Matisconense, (in) agro Torrense, in villa Romanorum. Habet terminationes ipsa terra a mane et a medio die vias publicas, a sero Sancti Eugendi et ipsorum commutatorum, a circio Sancti Mauricii; habet in longo perticas xxi et pedes v, in uno fronte xxiiii et pedes vi, in alio fronte xxiii. Infra istas terminationes et perticationes, totum ad integrum. In recompensatione ergo hujus meriti, donat Erlulfus et uxor ejus Eldesent partibus Sancti Vincentii et Sancte Marie, de illorum proprio, domno episcopo et suis successoribus, in agro Viriacense vel in ipsa fine, campum unum qui habet terminationes, a mane via publica, a medio die terra Sancti Vincentii, rivo percurrente qui vocatur Glatinor (¹), a circio Sancti Mauricii et ipsorum commutatorum. Habet in longo perticas LXVIII, in uno fronte a medio die perticas xxxviiii, in alio fronte a circio perticas L. Infra istas terminationes et perticationes ad integrum donavit (²) habendi, tenendi seu commutandi, sine ulla contradictione. Si quis calumniaverit v uncias auri componat. S. Geraldi episcopi. S. Bernardi. S. Ardradi presbiteri. S. Rodulfi. S. Adalgis. S. Rotuerii. Hactum est hoc Karolo rege regnante.

CCCLVIII.

[AMFREDUS SERVIENS SANCTI VINCENTII DAT RES IN VILLA CAMBONAS.]

972 — 977.

Sacrosancte ecclesie Sancti Vincentii martiris que est constructa infra muros Matisconum, cui Johannes episcopus preest. Ego Amfredus serviens Sancti Vincentii et episcopatus, de ratione Sancti Amoris, et uxor mea Seuda, pro remedio anime nostre, donamus ad ipsam casam Dei aliquid de rebus nostris que sunt site in pago Matisconense, in agro Cardoniacense, in villa Cambonas. Inprimis dono ad ipsam casam Dei curtilum indominicatum cum vineis, campis, pratis, silvis, aquis aquarumque decursibus, exitibus, regressibus, omnia et ex omnibus, quesitum et inquirendum, preter unam vineolam que habet perticas in longum xviii, in traversum ii et pedes vii. Habet ipse curtilus terminationes, a mane via publica, a medio die et a sero de ipsa hereditate, a circio terra Otbert et Oddoni. Infra istis terminibus, donamus ad ipsam casam Dei, ad mensam fratrum, hec omnia sicut supra

---

CCCLVII. (¹) Bouhier, *Glatmor*.
(²) Bouh., *donant*.

inserta sunt, et faciant quicquid facere voluerint. Si quis contradixerit, auri uncias III componat. S. Amfredi. S. Johannis episcopi. S. Rodeni. S. Raculfi. S. Gisleberti. S. Geraldi. S. Adalardi. S. Omati. Hactum est hoc regnante Lothario rege.

CCCLIX.

[VINDICATUR CAPELLA SANCTI VINCENTII IN CURTILE SANCTI ALBANI.]

906.

Anno Incarnationis Dominice DCCCC. VI. Cum venissent sacri pontifices, Austerius Lugdunensis archiepiscopus et Geraldus Matiscensis episcopus, ad ecclesiam Sancti Eugendi supra fluvium qui vocatur Borbontia, orta est ante illos proclamatio non modica canonicorum Sancti Vincentii Matiscensis, Fulcoldi videlicet prepositi, Ardradi, et reliquorum inibi commorantium, ex quadam capella que erat fundata in honore Dei et Sancti Vincentii, in villa Gerii[1], in curtile Sancti Albani sita, quem Lendricus[2] cum ecclesiis que sunt in Gisario, olim in stipendia ipsorum canonicorum contulit. E contra vero monachi Sancti Eugendi, monasterii Lurensis, Quelto videlicet prepositus, Maluinus, ministrabant, dicebant quod privilegium sibi factum a domno Lamberto pontifice habebant[3] promittentes se ostendere nullatenus acquirent[4]. Nec demonstrare potuerunt, et sepius in aliis placitis interpellati sunt nec omnino pateat, clericis juraverunt super Sancta quod melius deberent prefate decime evenire capelle sepe nominate, in usus fratrum, quam alteri alicujus ecclesie. Isti juraverunt : Wicardus, Ayenardus, Ferro, Cunctus[5], Petrus, Aldeisus, Leutbertus, et uno unus. Isti presentes fuerunt Andreas archipresbiter, Mainus archipresbiter, Quelto archipresbiter, Vinianus, Teotbertus, Atto, Aldelelinus, Godo. Denique videntes supradicti pontifices rectam esse querimoniam Sancti Vincentii et canonicorum ejus, reddiderunt cum omni integritate predictas decimas. Quod factum est his presentibus : S. Austerii Lugdunensis archiepiscopi. S. Giraldi Matiscensis episcopi. S. Adalardi abbatis. S. Aymonis abbatis. S. Rodulfi archidiaconi. S. Stephani. S. Beraldi. S. Jofredi. S. Teudonis. Hactum est hoc regnante Karolo rege.

CCCLIX. [1] Bouhier, *Geon.*
[2] Bouh., *Bentericus.*
[3] Bouh. addit *quod.*
[4] Bouh., *acquieverunt.*
[5] Bouh., *Linctus.*

CCCLX.

[HILDEBALDUS CONCEDIT PER PRECARIAM ANANIE QUASDAM RES.]

844 — 850.

In Christo, filio Anania. Ego Hildebaldus Matiscensis episcopus, hominibus dum nec est incognitum qualiter res tuas in pago Matisconense, in agro Viriacense, in villa Beraciaco et Beriaco, et in agro Foldringus, in villa Custe Comite que est in pago Lugdunense, ipsas res ad casam Sancti Vincentii suisque auctoribus(¹) per cartam cessionis delegasti habere, et de nomine meo in nomine tuo precariam fieri petiisti et hoc tibi non denegavi, ideo hanc precariam in nomine tuo conscribere rogavi, ut dummodo vivis ipsas res sicut in ipsa carta cessionis commemorat sub usu et fructu habere debeas, et nec tu, nec heredes, nec ullus homo, ipsas res de ipsa casa Dei abstrahere vel mutare(²) non presumatis, sed quando Deus voluerit tuum decessum, ipsas res melioratas actores Sancti Vincentii absque ulla expectata traditione in eorum revocent potestatem et annis singulis pro ipsas res ad casam Sancti Vincentii in censum libram de cera dare debeas.

CCCLXI.

[DROGO ET TEUTSA DANT SANCTO VINCENTIO VINEAM IN VILLA CICIACO.]

954 — 986.

Sacrosancte ecclesie Sancti Vincentii que est infra muros Matisconum. Ego Drogo et uxor mea Teutsa donamus ad ipsam casam Dei, in alimonia fratrum, aliquid ex rebus nostris que sunt site in pago Matisconense, in villa Ciciaco : hoc est vinea que terminat a mane vineam Rotlanni, a medio die et a sero vias publicas, a circio Sancti Jangulfi terra. In has terminationes, ad ipsam casam Dei in stipendia fratrum totum ad integrum donamus, et faciant post hunc diem quicquid voluerint; si quis contradixerit libram unam auri componat. S. Drogonis et uxoris sue Teutse. S. Duranni. S. Etulgisi. S. Arnulfi. S. Bernoni. Item Bernoni. Hactum est hoc regnante Lothario rege.

CCCLX. (¹) Hic et infrà fortè legendum, *rectoribus*.
(²) Bouhier, *nec minorare*.

CCCLXII.

[SENDELENUS DAT GONDARDO PRESBITERO CURTILUM IN SALORNIACENSE.]

996 — 1031.

Dilecto fideli meo nomine Gonduardo presbitero. Ego Sendelenus presbiter et canonicus Sancti Vincentii dono tibi aliquid ex rebus proprie hereditatis mee que sunt site in pago Matisconensi, in agro Salorniacensi, in villa Trion, in Ceptio vocat. Est curtilus unus cum manso suraposito et vinea insimul tenente et vircaria, terminat a mane et a medio die et a sero et a circio de ipsa hereditate; infra isto termino, habet perticas a mane in uno fronte xx et v pedes, a sero similiter, in longo habet perticas xxvi. Infra istas terminationes et perticationes tibi dono, trado atque transfundo, et facias quicquid volueris; si quis contradixerit auri libram componat. S. Sendeleni presbiteri. S. Anselardi. S. Hugonis. S. Gauseranni. S. Wichardi. S. Bernardi. Hactum est hoc regnante Roberto rege.

CCCLXIII.

[GERALDUS ET INGELBERGA DANT CAMPUM IN FINE AVENACO.]

996 — 1031.

Sacrosancte Dei ecclesie Matiscensis in honore Gervasii et Protasii atque Sancti Vincentii. Ego Geraldus et uxor sua Ingelberga qui donat ad illo campum unum pro helemosina, in pago Matisconense, in fine Avenaco, qui terminat a mane via publica, a medio die Ditfrane(¹), a sero bosco, a circio Sancti Vincentii; eum canonicis dono et faciant quicquid voluerint. Si quis calumniaverit IIII uncias auri componat. S. Giraldi et uxoris sue Ingelberge. S. Otgisius. S. Garlannus. S. Isembran. S. Odonis. Hactum est hoc regnante Rotberto rege.

CCCLXIV.

[HUMBERTUS CUM OSANNA VENDIT VINEAM IN VILLA MARONTIS.]

968 — 971.

Sacrosancte ecclesie Sancti Vincentii martiris que est constructa infra muros Matisconum cui Ado preest episcopus. Ego Vuitbertus(¹), et uxor mea Osanna, vendo ad rectores ipsius loci............(²) que est sita in

CCCLXIII. (¹) Bouhier, *Dusciane*.
CCCLXIV. (¹) Bouh., *Umbertus*.
(²) Nomen rei dimissæ in utroque codice deest.

pago Matisconense, in fine Melionacense, in villa Marontis vocitatur; habet terminationes a mane via publica, a medio die, a sero et a circio Sancti Vincentii. Infra has terminationes, vendo ad rectores ipsius loci et accipimus precium valens solidos II, denarios VIII, et faciant ab hac die quicquid voluerint; si quis contradixerit, auri libram(²) componat. S. Vuitberti. S. Ramnoldi. S. Odonis. S. Audoardi. S. Airoardi. S. Euvrardi. Hactum est hoc regnante Lothario rege.

CCCLXV.

[ADALELINUS DAT SE CUM TOTA FAMILIA ET REBUS SANCTO VINCENTIO.]

968 — 971.

Sacrosancte ecclesie Sancti Vincentii Matiscensis que est constructa infra muros Matisconensis civitatis, cui Ado episcopus preest. Ego Adalelinus cum infantibus meis, Constancio, Ermenardo, Ragnardo(¹), et filia mea Adila, donamus nosmetipsos, cum rebus nostris et cum alodo nostro, Domino et Sancto Vincentio et canonicis ibidem servientibus. Qui alodus est situs in pago Matisconense, in agro Viriacense, in villa Avanaco(²), cum mansionibus, vineis, pratis, campis, silvis, aquis aquarumque decursibus, exitibus et regressibus, et omnibus ibidem pertinentibus, eo tenore ut annis singulis festivitate Sancti Vincentii VI denarios loco census persolvamus, et post nostrum omnium decessum, canonici Sancti Vincentii faciant quicquid voluerint; si quis calumniaverit, V auri uncias componat. S. Adalelini. S. Euvrardi. S. Warnerii. S. Oddonis. S. Engelmari. S. Christophori. S. Teodoni. Hactum est hoc tempore Lotharii regis.

CCCLXVI.

[ARDOALTUS DAT VINEAS DUAS ET CAMPUM IN FINE CARDONIACENSE(¹).]

Sacrosancte ecclesie Sancti Vincentii que est sita in Matisconum civitate. Ego Ardart et uxor sua Eldelt et filius eorum Garlan, donamus vineas duas et campum qui sunt siti in pago Matisconense, in fine Cardoniacense, in ipsa villa. Una vinea terminat a mane via, a medio die et a circio Sancte

---

(²) Bouhier, *libras* V.
CCCLXV. (¹) Bouh., *Ragnoaldo*.
(²) Bouh., *Amanaco*.
CCCLXVI. (¹) Temporis nota deest. Vide chartam CCCLXXXI.

Marie, a sero Rotrut; habet in longo perticas xxx et i, in lato in uno fronte perticas x, in alio fronte x et pedes iiii. Campus terminat a mane Sancte Marie, a medio die Sancti Pauli, a sero Sancti Nazarii, a circio Sancti Germani; habet in longo perticas xxx, in ambis frontibus perticas ii. Alia vinea in Camventi(²) vocat, terminat a mane Wicart, a medio die Rigolt, a sero increpito, a circio Martino; habet in longo perticas x et in lato in uno fronte i, in alio fronte v. Infra istas terminationes et perticationes, totum ad integrum vobis dono et faciatis quicquid volueritis, eo tenore ut dum vivimus usum et fructum habeamus, post nostrum decessum ad rectores Sancti Vincentii revertatur sine contradictione. Si quis calumniaverit auri unciam componat.

CCCLXVII.

[MAIMBODUS EPISCOPUS ET CANONICI COMMUTANT TERRAS CUM AALELMO.]

954 — 962.

Placuit atque convenit inter domnum Maimbodum episcopum et canonicos suos, Humbertum prepositum cum ceteris canonicis Sancti Vincentii Matiscensis, necnon ab alia parte Aalelino et uxori sue Deodate, ut terras inter se commutarent, quod et fecerunt. Inprimis donat atque commutat Aalelinus et uxor ejus, a partibus Sancti Vincentii, vineam unam in pago Matisconensium, in agro Viriaco, terminat a mane terra Bannoldi, a medio die Dominico, a sero Ingelmaro, a circio Sancti Vincentii; habet in longo perticas iii et pedes vii, in ambis frontibus perticas ii et pedes x. Et donat ibi campum in ipsa villa, qui terminat a mane ad ipsos donatores, a medio die Sancti Vincentii, a sero camino publico, a circio ad ipso Aalelino: habet in longo perticas xviiii, in lato iiii. Similiter donat atque commutat domnus episcopus et canonici sui, a partibus Aalelino, campum unum de ratione Sancti Vincentii in ipsa villa Avenaco. Terminatur a mane terra Widoni, a medio die et a sero et circio ad ipso Aalelino; habet in longo perticas xiiii, in ambis frontibus perticas iii. Infra istis terminibus, unusquisque quod accepit teneat et possideat et faciat quod voluerit. Si quis hoc calumniaverit, iiii libras auri componat. S. Adalelini et uxoris ejus Deodate. S. Engelmari. S. Euvrardi. S. Heldierii. S. Teudonis. S. Mainardi. Hactum est hoc regnante Lothario rege.

(²) Bouhier, *Camnem;* nostris *Champvent.*

CCCLXVIII.

[RECTORES SANCTI VINCENTII COMMUTANT TERRAS CUM BERNARDO.]

954 — 986.

Placuit atque convenit inter rectores Sancti Vincentii et Bernardum, (ut terras) inter se commutarent, quod et fecerunt. Inprimis donat Bernardus ad rectores Sancti Vincentii campum unum qui est situs in pago Matisconensi, in agro Viriaco, in villa Causellis : hoc est campus qui terminat a mane terra Widoni et Sancti Albani, a medio die terra Eugiane, a sero Sancti Vincentii, a cercio Sancti Albani; habet in longo a mane perticas xx, a medio die vi pedes vii, a sero xxiii pedes iiii, a circio x. In compensationem(¹), donant rectores Sancti Vincentii partibus Bernardi campum unum in ipsa villa, vel in ipso pago, qui terminat a mane terra Sancti Vincentii, a medio die et a sero similiter, a cercio via publica; habet in longo perticas xxii, a mane (et) a medio die perticas vii pedes vi, a sero xi pedes ii, a circio vi. Infra istas terminationes et perticationes, unusquisque teneat et possideat eo tenore dummodo vivit Bernardus et uxor sua Benedicta et infantes illorum, teneant et possideant; et si necessitas eveniat, non vendant nisi ad rectores Sancti Vincentii pro justo precio. S. Vendranni. S. Bernardi. S. Otberti. S. Tetbolt. S. Arnulfi. Hactum est hoc regnante Lothario rege.

CCCLXIX.

[GIRALDUS ET ELDEGARDIS DANT CURTILUM INDOMINICATUM IN VILLA GEON(¹).]

968 — 971.

Sacrosancte Dei ecclesie Matiscensis Sancti Vincentii Christi martiris, que est constructa infra muros Matisconum cui Ado preest episcopus. Ego Giraldus et uxor mea Eldegardis donamus ad ipsam casam Dei, in alimonia fratrum et canonicorum prescripti martiris, aliquid de rebus nostris que sunt site in pago Matisconense, in agro Cardinacense, in villa Gerii(²). Hoc est curtilus indominicatus cum vinea que terminat a mane terra Sancti Desiderii, a medio die de ipsa hereditate, a sero via publica, a circio Sancti Eugendi; habet in longo perticas xvi, in lato in unaquaque fronte perticas viiii. Infra

CCCLXVIII. (¹) Bouhier, *pro se.*
CCCLXIX. (¹) Vide chartam cccliii.
(²) Bouhier, *Geon.*

has terminationes et perticationes, prefatum curtilum cum vinea et arboribus simul tenente, ad prememoratam ecclesiam tradimus atque transfundimus, et faciant rectores jam dicte ecclesie quicquid voluerint. Si quis contradixerit, libram auri componat. S. Giraldi. S. Eldeardis. S. Auscherii. S. Aymonis. S. Arberti. S. Alberti. Hactum est hoc regnante Lothario rege.

CCCLXX.

[AALBERTUS CUM FRATRIBUS VENDIT TERRAS IN VILLA AVISTAS.]

996 — 1018.

Domino ac venerabili Matisconensi episcopo Letbaldo. Ego Aalbertus et fratres mei, Godolbert et Durannus atque Gislodus, vendimus quasdam terras hereditatis nostre conjacentes in pago Lugdunensi, in fine Vallis, in villa que dicitur Avistas (¹). Sunt autem he res site in finibus jam dicte ville, videlicet campi, prata, silve, aque aquarumque decursus, que omnia domno nostro supradicto vendimus, quesita et inquirenda, pro precio et (²) solidorum. Et post hunc diem tam ipse quam successores ejus, vel cui ipse dederit, faciant quicquid facere voluerint. Si quis vero hoc contradixerit libras II componat. S. Adalberti. S. Goldeberti. S. Duranni. S. Gisloldi. S. Alberici. S. Amfredi. S. Giroldi. S. Ingelmari. Hactum est hoc tempore Rodulfi regis.

CCCLXXI.

[ADALARDUS DAT HUMBERTO TERRAM AD MEDIUM PLANTUM IN RINPLONGIO (¹).]

Dilecto Umberto et uxori ejus Plectrudi. Ego Adalardus presbiter et canonicus dono vobis unum desertum ad medium plantum, de terra Sancti Petri ex Crotula, in pago Lugdunense, in agro Spinacense, in villa Rinplongio (²). Terminatur a mane via publica, a medio die Sancti Vincentii, a sero terra jam dicti Humberti, a cercio terra Francalis; habet in longo perticas XII et pedes III, in latitudine VIII et pedes III. Infra istum terminum, hoc desertum suprascriptum vobis dono ad medium plantum ut ad V annos vinea edificata sit, et post V annos Umbertus et uxor sua quamdiu vixerint teneant et possideant, et post illorum decessum ad Sanctum Petrum revertatur.

CCCLXX. (¹) Bouhier, *Amistas*; nostris *Avittes*.
(²) Sic, in utroque codice.
CCCLXXI. (¹) Absque notâ chronologicâ.
(²) Bouhier, *Ruitplongio*, gallicè *Replonges*.

CCCLXXII.

[WICHARDUS ET ATTALA DANT DUAS VINEAS IN VILLA SANCIACO.]

996 — 1018.

Sacrosancte ecclesie Sancti Vincentii martiris que est constructa infra muros Matisconum cui Letbaldus preest episcopus. Ego Wichardus et uxor mea Attala concedimus quasdam res juris nostri, item duas vineas que sunt site in pago Matisconense, in agro Salorniacense, in villa Sanciaco, quarum una est de medio planto Constantini. Terminatur a mane Sancti Petri et Arlebaldi suorumque heredum, a medio die terra Begonis, a sero sicut a mane, (et) a circio de ipsa hereditate. Alia est de medio planto Vendranni, terminatur a mane (et) a sero terra Arlebaldi et suorum heredum et Sancti Petri, a medio die terra Begonis, a cercio de ipsa hereditate. Infra istas terminationes, quicquid habeo totum Sancto Vincentio dono, et faciant ab hac die rectores loci quicquid sibi placuerit. Donamus vero in silva vulgari, que dicitur Nasna([1]), consuetudines duobus curtilis quos Sendelenus levita Sancto Vincentio dedit, ut qui ibi manserunt potestatem habeant utendi ea, sepes faciendi ad vineam edificandi, domos faciendi, ardendi, nec pro his aliquid servitium faciant. S. Wicardi et uxoris sue Attale. S. Bernardi fratris sui. S. Attonis. S. Constantii. S. Duranti. Hactum est hoc regnante Rotberto rege.

CCCLXXIII.

[RODULFUS DAT SANCTO VINCENTIO VINEAM IN VILLA VIRIACO.]

1018 — 1030.

Sacrosancte ecclesie Sancti Vincentii martiris que est fundata infra menia Matisconum. Ego Rodulfus levita concedo ad ipsam casam Dei unam vineam in pago Matisconense, in villa Viriaco. Terminatur a mane et a medio die et a sero terra Sancti Vincentii, a circio terra Sancti Vincentii et terra Francorum et terra Martini; infra istum terminum, confero Domino Sanctoque Vincentio, ad mensam fratrum, eo pacto ut a die presente faciant rectores (Sancti) Vincentii in antea quicquid facere voluerint, ita tamen ut

---

CCCLXXII. ([1]) Bouhier rectiùs, *Nascia*, le bois de *Naisse*.

nulli liceat extra canonicorum dicere (¹) communionem, et si quis eam foras abstraxerit aut beneficiaverit, ipse qui fecerit et qui consentiens facienti fuerit, aut qui dederit vel qui receperit, excommunicationi subjaceant; si quis contradixerit, xv libras auri componat. S. Rodulfi. S. Gausleni presulis. S. Adalardi. S. Aldonis. S. Sinnaldi. S. Rannulfi. Hactum est hoc regnante Rotberto rege.

CCCLXXIV.

[RODULFUS CLERICUS DAT DUOS MANSOS IN QUINTANA ET CRAIS.]

997 — 1018.

Sacrosancte Dei ecclesie Sancti Vincentii martiris que est constructa infra muros Matisconum civitatis, cui Letbaldus preest episcopus. Ego Rodulfus clericus dono ad ipsam casam Dei aliquid ex rebus meis que sunt site in pago Matisconense : hoc sunt duo mansi, unus mansus est in villa Quintana et alius mansus est in villa Crais, et in villa Sancti Mauricii campum unum, et in villa Gisardi pratum unum; ipsas res in ipsas villas habeo, quesitum et inquirendum dono, ad ipsam casam Dei et ad mensam fratrum trado atque transfundo, et faciant rectores ejusdem loci quicquid facere voluerint. Si quis contradixerit auri unciam componat. S. Rodulfi. S. Witgerii. S. Ingelberti. S. Letbardi. Hactum est hoc regnante Rotberto rege.

CCCLXXV.

[ENGELMARUS DAT SANCTO VINCENTIO VINEAM IN VILLA AVENACUS.]

954 — 986.

Sacrosancte ecclesie Sancti Vincentii Matiscensis. Ego Ingelmarus dono ad ipsam casam Dei aliquid ex rebus meis que sunt site in pago Matisconense, in agro Viriacense, in villa que dicitur Avenacus; hoc est vinea que terminat a mane vineam Christophori, a medio die terra Suberti, a sero Sancti Martini, a circio Sancti Petri. Infra istas terminationes, totum ad integrum, ad mensam fratrum dono eo tenore dummodo vivo usum et fructum habeam, et post meum decessum ad canonicos revertatur; si quis contradixerit, auri libras II componat. S. Engelmari. S. Flotberti. S. Bernonis. S. Maalberti. S. Tetboldi. S. Duranni. S. Evrardi. Hactum est hoc regnante Lothario rege.

CCCLXXIII. (¹) Forte legendum, *ducere*.

CCCLXXVI.

[WANDALTRUCIS ET INGELERIUS REDDUNT SANCTO VINCENTIO VINEAM IN CAUSEL.]

968 — 971.

Notitia werpitionis seu redditionis. Evidenter liquido patescit qualiter domnus Ado episcopus, una cum Johanne preposito et Aymino et Odone presbiteris et Bernardo, Rodulfo, Warino et reliquis canonicis, interpellavit quamdam feminam nomine Wandaltratem, cum infantibus suis Ingelerio videlicet, cum sororibus suis Gitsatberna, Sanguedis ([1]), quod injuste tenebant quamdam vineam Sancti Vincentii que est sita in pago Matisconense, in agro Viriacense, in villa Causel que est villa fratrum. Terminat a mane Ingelerio, a medio die et a sero terra Sancti Vincentii, a circio via publica. Infra has terminationes, predictam vineam requisivit domnus antistes et reliqui fratres, qui diu inter se requirentes non invenerunt juste aut recte tenere posse. Ideo ibi se retrodederunt ([2]) et omnia vuerpiverunt, quod factum est his presentibus, Geroldus, Warnerius, Fredenus, Rotlannus, Leuterius. S. Adonis episcopi. Hactum est hoc regnante Lothario rege.

CCCLXXVII.

[DAVID PRESBITER DAT SANCTO VINCENTIO VINEAM IN VILLA CARDONACO.]

996 — 1031.

Sacrosancte Dei ecclesie Sancti Vincentii martiris que est infra muros Matisconum. Ego David presbiter dono pro remedio anime mee unam vineam et unum campum in pago Matisconense, in villa Cardonaco; et est illa vinea sita ab una parte vinea Sancte Marie, ab altera Sancti Vincentii, et campus est ille quem Garlannus dedit matri mee. Hec omnia concedo Sancto Vincentio ad mensam fratrum et faciant quicquid voluerint. S. David qui fieri et firmare rogavit. S. Marie sororis ejus. S. Duranni. Hactum est hoc regnante Rotberto rege.

CCCLXXVI. ([1]) Boubier, *Wandaltrucem.... Gisentberna, Sagmeldis.*
([2]) Bouh., *recrediderunt.*

CCCLXXVIII.

[JOHANNES EPISCOPUS COMMUTAT TERRAS CUM SISBERTO SERVIENTE.]

972—977.

Placuit atque convenit inter domnum Johannem episcopum, necnon et Arembertum prepositum, necnon et unum de servientibus Sancti Vincentii, nomine Sisbertum, qui istas rationes fratrum ut terras inter se commutarent, quod ita et fecerunt. Inprimis donat Sisbertus, a partibus fratrum, vinea et campo, in pago Matisconense, in agro Viriacense, in villa Causello, qui terminat a mane et a sero vias publicas, a medio die et a circio de ipsa hereditate; habet in longo vinea perticas xxx, in quisquo fronte perticas II et pedes v. Et dono in ipsa villa et in ipsa fine campos III : unus campus terminat a mane terra Sancti Vincentii, a medio die et a sero terra Widonis, a circio Sancti Vincentii; habet ipsus campus in longo perticas xi. Alius campus terminat a mane via publica, a medio die, a sero et a circio Sancti Vincentii; habet in longo perticas vII, in lato pedes vi. Alius campus terminat a mane Evrardi et Adelclini, a medio die et a circio Sancti Vincentii; habet in longo perticas xxI et pedes IIII, in quisquo fronte perticas v et pedes vi. Similiter recipiat Sisbertus ad suum opus campum unum in pago Matisconense, in prope murum Matisconum, martiris Sancti Clementis; ipsus campus habet terminationes a mane et a medio die et a sero vias publicas, a cercio terra Garlanni, habet in longo perticas xxx, habet in uno fronte perticas xIII et in alio fronte xI. Infra has terminationes unusquisque quod accepit teneat et possideat; si quis contradixerit, auri uncias II componat. S. Sisberti et uxoris ejus Ermengardis. S. Adalbert. S. Teotphanus. S. Benedictus. S. Ingelerius. S. Uldricus. Hactum est hoc regnante Lothario rege.

CCCLXXIX.

[MAIMBODUS EPISCOPUS DAT CANONICIS SERVOS AD EXCOLENDUM VINEAS.]

937—954.

Speciale bonum Caritas videtur esse sine qua nemo merebitur bravium vite eterne percipere. Hujus rei causa, intimare maluimus omnium christianorum industria quod cum domnus Maimbodus episcopus resideret secus basilicam Sancti martiris Vincentii Matisconensis, adierunt ipsius presentiam canonici loci, Humbertus prepositus, Aiminus, Ado et alii, proclamantes quod non haberent in sua canonica servos qui per diligentem culturam vineas et agros eorum excolere valerent. Quorum precibus idem episcopus annuens, concessit eis infantes, et in villa causel Udulricum cum uxore et infantibus, debitum servitium qui debent canonicis exhibere. Quod testamentum, per excommunicationem interminabilem, inviolabilem a sequacibus suis fore mandavit; et ut certius crederetur, ipse manu sua firmavit atque sibi adstantibus firmare precepit. S. Maimbodi episcopi. S. Humberti. S. Adonis. S. Aimini. S. Hugonis. S. Rannoldi. Hactum est hoc regnante Hludovico rege.

CCCLXXX.

[ROTSELINUS CANONICUS DAT AD MEDIUM PLANTUM TERRAM MARTINO ET SUIS.]

996 — 1031.

Dilecto Martino et uxori sue Beliart. Ego Rotselinus canonicus dono de terra Sancti Vincentii, ad medium plantum, que est in Matiscon., in villa Beresiaco, sunt duas petiolas de campo. Inprimis unus campus qui terminat a mane terra Sancti Petri, a medio die Sancti Vincentii, a sero via publica, a cercio simili([1]) Sancti Petri; habet in longo perticas XXVI, in lato perticas VI. Alius campus terminat a mane bosco, a meridie Durant, a sero via publica, a cercio Odedi; habet in longo perticas VII, in lato II. Infra isto termino et perticatione, tibi dono ad medium plantum eo tenore ad V annos vinea edificata, et post V annos, unusquisque quod suum est recipiat; et si necessitas advenerit et vendere volueris, rectores ecclesie Sancti Vincentii tribus vicibus et annonceatis([2]), et si redimere non voluerint facias quicquid facere volueris, si quis contradixerit V uncias auri componat. Ego Rotcelinus qui fieri et firmare rogavi. Hactum est hoc tempore Rotberti regis.

CCCLXXXI.

[ARDAGNUS ET ELDERUDIS DANT VINEAS II IN FINE CARDONIACENSE([1]).]

Domino, sacre ecclesie Sancti Vincentii que est (in) Matisconum civitate. Ardagnus et uxor mea Elderude et filius meus Garlannus donamus vineas II et campum unum que sunt site in pago Matisconense, in fine Cardoniacense,

---

CCCLXXX. ([1]) Bouhier, *simul*.
([2]) Bouh., *ammoneatis*.
CCCLXXXI. ([1]) Donationi huic nota chronologica deest.

et in ipsa villa. Una vinea que terminat a mane via, a medio die et a cercio Sancta Maria, a sero terra Rotrude; habet in longo perticas xxvi, in uno fronte perticas xvi, in alio fronte perticas xviiii et pedes viii. Et campus terminat a mane Sancta Maria, a medio die Sancti Pauli, a sero Sancti Nazarii, a cercio Sancti Germani; habet in longo perticas xxx, in ambis frontibus perticas v. Alia vinea in Canvenico vocat, que terminat a mane Wicardi, a medio die Raculfi, a sero est increpitus, a circio Martini; habet in longo perticas xviii, in uno fronte perticas vi, in alio fronte perticas v. Infra istas terminationes et perticationes, totum ad integrum vobis donamus eo tenore dummodo vivimus usum et fructum, et post nostrum decessum, Sancti Vincentii et Sancti Germani perveniat. Si quis contradixerit, auri libras v componat. S. Ardagni. S. Garlanni. S. Adalardi. S. Eldeberti. S. Euvrardi. S. Teutoldi. S. Leotbranni. S. Gisleberti.

CCCLXXXII.

[ADO EPISCOPUS COMMUTAT TERRAS CUM VENDRANO ET UXORE.]

968 — 971.

Placuit atque convenit inter Vendran et uxorem suam Meldis, necnon et ab alia parte Adonem episcopum et ceteros fratres, ut terras inter se commutarent. Inprimis donat Vendrannus et uxor sua, a parte Adonis episcopi et ceterorum fratrum, campum qui est situs in pago Matisconense, in agro Viriacense, in villa Causel; terminat a mane et a medio die et a sero Sancti Vincentii, a cercio de ipsa hereditate, habet in longo perticas xiii, in lato perticas ii et dimidiam. Et in alio loco, vinea que terminat a mane et a sero de ipsa hereditate, a medio die Sancti Vincentii, a cercio via publica; habet in longo perticas xi, in lato perticas ii et pedes iii. Similiter donat Ado episcopus et ceteri fratres, a parte Vendranni, curtilum in Sancto Albano vocat; terminat a mane via publica, a medio die et a sero Sancti Vincentii, a cercio fontane(¹), habet in longo perticas xxv, in latitudine perticas v. Infra istas terminationes et perticationes, unusquisque quod accepit teneat et possideat; si quis contradixerit auri libras ii componat. S. Vendranni. S. Arlaldi. S. Constantini. S. Vualdi. S. Ingelerii. S. Amaldranni. S. Benedicti. Hactum est tempore Lotharii regis.

CCCLXXXII. (¹) Bouhier, *fontem*.

CCCLXXXIII.

[REMBERTUS ET SENDELENUS ET CETERI FRATRES TERRAS MUTANT.]

996 — 1031.

Placuit atque convenit inter Rambertum et Sendelenum et ceteros fratres ut terras inter se commutarent. Inprimis donat atque commutat Rambertus, a parte Sancti Vincentii, Sendeleno et ceteris fratribus vineam unam que est in pago Matisconense, in fine Viriacense, in villa Viriaco; terminat a mane terra Otberto, a medio die via publica et bedo percurrente, a sero vinea Christophori, a circio terra Sancte Marie. Infra isto termino, vobis dono in pro alio campo qui est de ratione fratrum; terminat ipse campus a mane terra Sancte Marie et Sancti Vincentii, a medio die, a sero et a circio Sancti Vincentii, et faciat unusquisque de suo excamno quicquid facere voluerit. Si quis contradixerit, libras auri III componat. S. Ramberti. S. Teotberti. S. Hugonis. S. Bernardi. S. Benedicti. Hactum est hoc tempore Rotberti regis.

CCCLXXXIV.

[STEPHANUS ET ADO COMMUTANT VINEAM IN AGRO VIRIACENSE.]

996 — 1018.

Cuncta que instantis temporis cursu solida debent permanere, necesse est ea apicum caracteribus denotare, quo notitia ipsarum litterarum futuras lites possit comprimere. Quamobrem placuit Stephano et Adoni fratri suo commutare quamdam vineam que est sita in pago Matisconense, in agro Viriacense, in ipsa villa, domno Letbaldo Matiscensis ecclesie presule et reliquis fratribus, pro quodam (campo) qui est situs in ipsa villa, qui vinea terminatur a mane, a sero (terra) Sancti Vincentii, a medio die via publica, a cercio terra Sancte Marie. Infra istas terminationes, ego Stephanus et frater meus Ado donamus, pro supradicto campo, hanc vineam ut a die presenti faciant rectores Sancti Vincentii quicquid voluerint; si quis calumniaverit, V uncias auri componat. Hactum est hoc tempore Rotberti regis. S. Stephani et fratris sui Adonis. S. Titselini. S. Arduini. S. Widonis.

CCCLXXXV.
[GONDULFUS ET ANTONIA DANT VINEAM IN VILLA TURICIACO.]

996 — 1018.

Sacre Dei ecclesie que est constructa in honore Sancti Vincentii, infra muros Matisconum, ubi domnus Letbaldus episcopus preest. Ego Gondulfus et uxor mea Antonia donamus ad ipsam casam Dei, in alimoniam fratrum, ex rebus proprietatis[1] nostre que sunt site in pago Matisconense, in fine Viriacense, in villa Turiciaco : est vinea una que facit tres rascias, que terminatur a mane via publica, a medio die et a cercio terra Richeldis monache, a sero terra Sancti Vincentii. Infra isto termino, donamus ad ipsam casam Dei, in alimonia fratrum, eo tenore dummodo vivimus usum et fructum habeamus, post nostrum decessum, ad ipsam casam Dei perveniat.

CCCLXXXVI.
[ARLULFUS PRO CANONICALI CONTUBERNIO DAT CURTILUM IN MARENCHIAS.]

1018 — 1030.

Sacrosancte Dei ecclesie Sancti Vincentii martiris, que est infra ambitum meniorum Matiscensium sita, cui Gauslenus preest episcopus. Ego Arulfus cupiens cuidam filio meo, vocabulo Wicardo, canonicale adipisci contubernium, concedo quasdam res jure proprie hereditatis mee, in pago Matisconense, in villa Marenchias : est autem unus curtilus cum omnibus appendentiis, videlicet campis, pratis, silvis, aquis, et servum nomine Alardum cum uxore et infantibus eorum; et faciant rectores ejusdem ecclesie quicquid facere voluerint.

CCCLXXXVII.
[BERNARDUS ET INGELDIS VENDUNT VINEAM IN VILLA AVENACO.]

996 — 1031.

Sacrosancte ecclesie Sancti Vincentii Matiscensis. Ego Bernardus, et uxor sua Ingeldis et Stephana, qui vendo canonicis Sancti Vincentii vineam unam que est sita in pago Matisconense, in agro Viriacense, in villa Avenaco : que terminat a mane terra Belmontissa, a medio die Grimoldi, a sero de ipsa

---

CCCLXXXV. [1] Bouhier, *propriæ hæreditatis*.

terra, a cercio senterio vicinabili, et habet in longo perticas XVI, in uno fronte perticas V et pedes II, in alio fronte perticas IIII et pedes III. Et dono vobis vercariam unam in ipsa villa, que terminat a mane Sancti Vincentii et Belmontissa, a medio die et a sero de ipsa hereditate, a cercio via publica; habet in longo perticas XXII, in quisquo fronte perticas XIII. Et dono vobis terram ipsam que ad ipsam vineam et ad ipsum curtilum aspicit; hoc cum campis, pratis, silvis, aquis aquarumque decursibus, quesitum et inquirendum, vobis vendo pro precio XVIII solidos denariorum, et faciatis ab hodie quicquid volueritis, si quis hoc contradixerit, auri III uncias componat. S. Alberico. S. Tetone. S. Folcherio. S. Ermenbert. Hactum est hoc tempore Rotberti regis.

CCCLXXXVIII.

[ANDREAS ET ALECTRUDIS VENDUNT VINEAM IN VILLA CLASSEACO.]

996 — 1031.

Domino, fratribus, Eldebaldo presbitero. Ego Andreas et uxor sua Alectrude vendimus tibi vineam in pago Matisconensi, in villa Classeaco, que terminat a mane Sancte Marie et Sancti Vincentii, a sero et a circio et a medio die Sancta Maria; habet in longo perticas XII et pedes III, in uno fronte perticas IIII et pedes III et dimidium, in alio fronte perticam I et pedes VIII et dimidium. Infra isto termino tibi vendimus et accipimus de vobis precium solidos XII, et facias quod volueris; si quis contradixerit, auri unciam componat. S. Andree. S. Vinnisii. S. Rotlanni. S. Geroldi. S. Aalberti. S. Aldonis. Hactum est hoc regnante Rotberto rege.

CCCLXXXVIII bis.

[ROTBERTUS VENDIT RICHELT TRES RASCIAS DE VINEA IN VIRIACO(¹).]

(²) Dilecta Richelt, ego Rotbertus vendo tibi tres rascias de vinea in pago Matisconensi, in villa Viriaco, et terminatur a mane terra Arolt, a medio die Melono, a sero Sancti Vincentii; infra istas terminationes, tres rascias tibi vendo et accipio de te precium valens solidos VIII, et facias quod volueris.

CCCLXXXVIII bis. (¹) Absque notâ chronologicâ.
(²) Hanc chartam et sequentem, in inferiore orâ codicis nostri, manus recentior præcedenti chartæ adjunxit; Bouhier verò illas disjunxit et unicuique suum titulum restituit.

CCCLXXXVIII ter.

[ROTBERTUS CUM UXORE INCAUCIONAT GIRARDO VINEAM (¹).]

(²) Dilecto Gerardo et uxori sue Emine. Ego Rotbertus et uxor sua Osanna incautionamus vobis vineam in pago Matisconensi, in agro Salornacensi, in Tresmontis vocatam; quicquid habemus incautionamus vobis ad annos tres, per solidos tres, omnique anno, tempore vindemie, modium unum de musto persolvat, et usque in diem solutionis. Si quis contradixerit, auri unciam componat.

CCCLXXXIX.

[TEOTGERICS ET GISBERGA INCAUCIONANT CAMPUM IN VILLA URINIACO (¹).]

Dilecto Girardo et uxori sue Emine. Ego Teotgerius et uxor sua Gisberga incaucionamus vobis campum in pago Matisconense, in agro Salorniacense, in villa Uriniaco, qui terminatur a mane via publica, a medio die Alloldi, a sero via publica, a cercio Hebreorum; habet in uno fronte perticas xvi et dimidiam, in alio fronte perticas x. Infra isto termino, vobis incaucionamus ad annos xxx, pro denariis xviii, et usque in diem solutionis; si quis contradixerit auri unciam i componat.

CCCXC.

[ROTBERTUS CUM UXORE INCAUCIONAT GIRARDO VINEAM (¹).]

Dilecto Gerardo et uxore sua Emina. Ego Rotbertus et uxor sua Osanna incaucionamus vobis vineam in pago Matisconense, in agro Salorniacense, in Tresmontis vocat. Quicquid habemus incaucionamus vobis ad annos iii; omnique anno, tempus vindemie, modium unum de musto persolvat, et usque in diem solutionis. Si quis contradixerit auri unciam componat.

CCCLXXXVIII ter. (¹) Temporis nota deest.
    (²) Hæc incautionatio bis proditur in codice, vide inferiùs chartam cccxc.
CCCLXXXIX. (¹) Nota chronologica deest.
CCCXC. (¹) Temporis nota non adscribitur. Vide superiùs chartam cccLxxxviii ter.

CCCXCI.

[LETBALDUS EPISCOPUS DAT IN PRECARIAM ECCLESIAM SANCTI BENEDICTI RAINARDO MILITI.]

996 — 1018.

Notum sit omnibus Matiscensis ecclesie canonicis videlicet presentibus et futuris quod Rainaldus, nobilis miles, veniens ante presentiam domni Letbaldi presulis et canonicorum ejus, petiit ab eis conferri in precariam sibi et uxori sue Bertrade et filio eorum Aimoni quamdam ecclesiam sitam in pago Lugdunensi, in agro Romanacensi, dicatam in honore Beati Benedicti et sanctorum martirum Babile et Innocentis. Cujus petitionem prelibatus pontifex gratam suscipiens cum consensu canonicorum Sancti Vincentii, de quorum ratione erat, contulit prenominatis hominibus sicut petebant, in precariam, supradictam ecclesiam cum decimis et villaribus et silvis et terris, pascuis et aquarum decursibus, et servis et ancillis, et omnibus ad eam pertinentibus, sicut olim illam in precariam habuerat nobilis homo Furardus nomine, cognomento Botus, cum filio Adone qui postea episcopus fuit; eo vero pacto ista precaria facta est supradictis tribus, ut illam in vita sua teneant et possideant. In festivitate Sancti Vincentii ad altare ejus, loco census, v solidos denariorum persolvant; post decessum vero eorum, ad Sanctum Vincentium cum omni integritate revertantur.

CCCXCII.

[LETBALDUS EPISCOPUS DAT ORNARDO CAPELLAM SANCTI MARTINI IN CASTELLO.]

996 — 1018.

Cum legum auctoritas(¹) a nonnullis pleniter custoditur, multimodo congruit ut sacri ordinis norma a fidelibus observetur. Quotiescumque aliquibus hominibus de rebus ecclesiasticis aliquid conceditur, ita condecet litteris corroborari ut in posterum valeat inconvulsa permanere. Hujus rei gratia, intimare decrevimus cunctis Sancte Matiscensis ecclesie filiis presentibus scilicet atque futuris, quia cum resideret domnus Letbaldus presul secus basilicam Christi martiris Vincentii que est sita infra muros Matisconensium civitatis, adiit presentiam ejus clericus nomine Ornardus humillime

---

CCCXCII. (¹) Bouhier addit *sæcularium*.

deprecans ut concederet ei ecclesiam unam que est Sancti Vincentii ex ratione fratrum ; est autem ipsa ecclesia in villa Castello, in honore Sancti Martini dicata. Cujus petitionem domnus pontifex suscipiens contulit ei cum rebus et decimis, mansis, servis et ancillis, colonis et colonabus ibique permanentibus, cum alodo quem Gundulricus et Euvrardus Maimbodo episcopo dederunt, eo pacto ut tempore sinodali paratas et eulogias persolvat, et in festivitate Sancti Vincentii in censum canonicis ejusdem loci denariorum solidos VI persolvat, et si negligens apparuerit in duplum reddat. Iterum petiit jam dictus Ornardus domno episcopo ut concederet ei et duobus fratribus suis, Gisleberto et Bernardo, alias res que sunt Sancti Vincentii : hoc est ecclesia una in villa Brandono, in honore Sancti Martini fundata, cum capella Sancte Cecilie et omnibus sibi pertinentibus, cum rebus et decimis, servis et ancillis. Et in villa Lornant, ecclesia una que est in honore Beate Marie, et colonicas II ex ratione Sancti Stephani et Sancte Marie de episcopatu in villas has conjacentes, Carimiaco, Lornant atque Canamiaco. Et in villa Sanciaco, curtile unum de ratione Sancti Stephani et terrulas que sunt in ipsa villa conjacentes ex ratione fratrum; ex abbatia vero Sancti Clementis, terrulas que sunt in villa Prisciaco, et in Camneas, Carbonaci, Colonicas, Metgriaco, Moncellis, Sommeriaci, et quicquid in his finibus de ipsa terra est, vineis, campis, pratis, silvis et omnibus sibi pertinentibus, curtilis vero duobus; unus conjacet in villa Modoyo, alius in villa Colonicas, in Petra nuncupatur, de ratione fratrum. Alius curtilus est in Mergonaco de ratione episcopali, et in ipsa villa Colonicas, unam colonicam que est Sancte Marie, et in villa Varengo colonica una, et in Modoyo vinea una, et rassia una in villa Prisciaco cum terris sibi pertinentibus. Domnus vero pontifex, consentientibus canonicis suis, contulit jam dictis viris sicut petierunt, ea ratione ut dum viverent teneant, et si quis ex eis obierit ad alium perveniat; in festivitate Sancti Vincentii, solidos VI exsolvant.

CCCXCIII.

[MILO EPISCOPUS DAT GUNDULRICO ET ELGAUDO CAPELLAM SANCTI MARTINI CUM DECIMIS.]

981 — 996.

Intimare decrevimus cunctis Sancte Matiscensis ecclesie fidelibus presentibus scilicet atque futuris, quia cum resideret domnus Milo presul secus basilicam gloriosi martiris Christi Vincentii que est sita infra ambitum meniorum Matiscensium, adierunt ante presentiam ejus duo viri nobiles

Gundulricus clericus et Elgaudus frater suus, humiliter deprecantes aliquid ex rebus Sancti Vincentii, capellam videlicet Sancti Martini cum rebus et decimis omnibus sibi pertinentibus. Cujus petitionem gratam suscipiens predictus episcopus contulit predicto Gundulrico et fratri suo Elgaudo, necnon et uxori Elgaudi, nomine Atelane, et uni ex heredibus eorum nomine Rotberto, prescriptas res sicut supra inserte sunt cum omni integritate, ut dum advixerint teneant et possideant, reddito censu sinodali; et ne irrita hec donatio fieret, idem episcopus manu propria firmavit et firmare his rogavit. S. Milonis episcopi. S. Maioli. S. Odonis. S. Eldini. S. Duranni. S. Anselardi. S. Humberti. Hactum est hoc tempore Hugonis regis.

CCCXCIV.

[LETBALDUS EPISCOPUS DAT IN PRECARIAM ECCLESIAM SANCTI EUSEBII IN BUCIACO(¹).]

996 — 1018.

In nomine sancte et individue Trinitatis, notum esse volumus qualiter quidam clericus Rotbertus scilicet atque Ivo venerunt ante presentiam domni Letbaldi Matiscensis ecclesie episcopi, necnon canonicorum suorum, poscentes sibi conferri per precarie firmitatem quamdam ecclesiam quam antecessores eorum simili corroboratione possideant; est autem hec ecclesia in comitatu Matisconensi sita, in villa Bisiaco, in honore Sancti Eusebii dicata. Quorum scilicet prefatus presul petitionem benigne suscipiens, supradictam ecclesiam illis concessit tali ratione, ut dum advixerint absque ulla inquietudine teneant et possideant, et in festivitate Sancti Vincentii, in erario episcopali, denariorum solidos II loco census persolvant, salvo tamen servicio pontificali; illis vero decedentibus, ad dominium presulis redeat. Ego Letbaldus hanc donationis cartam manu mea firmavi.

CCCXCV.

[ADO EPISCOPUS DAT ANSEDEO MANSUM IN PAGO CABILONENSI, IN VILLA COLONICAS.]

968 — 971.

Nos antiquarum legum instituisse monstratur ut ea que a primatibus sacrarum peraguntur ecclesiarum, apicum caracteribus adnotentur qualiter in reliquum solidata habeantur. Hujus rei gratia, notum sit omnibus fidelibus Sancte Matiscensis ecclesie presentibus scilicet atque futuris quia Ansedeus quidam vir deprecatus est magnificentiam domni Adonis presulis ut concederet ei quemdam mansum qui conjacet in pago Cabillonensi, in

CCCXCIV. (¹) Vide inferius ch. CCCCXCIX et DXV.

villa Colonicas, cum mansionibus, vineis, campis, pratis, silvis, molendinariis, aquis aquarumque decursibus, exitibus et regressibus, ut vita sibi comite suis aptare usibus securiter valeret. Cujus petitionem gratam suscipiens jam dictus pontifex concessit prefato viro Ansedeo ([1]) et uxori ejus Odele ac filio eorum atque Ansedeo quod deprecabatur, prememoratum videlicet mansum cum omni integritate sicut dictum est, ut dum simul advixerint teneant et possideant et quicumque parem suum supervixerit ex eis similiter in vita sua habeat. Illis vero decedentibus, Sanctus Vincentius quod suum est recipiat, loco vero census IIII solidos denariorum festivitate Sancti Vincentii non negligenter persolvant; et ut firmius crederetur, ego Ado humilis episcopus manu mea firmavi.

CCCXCVI.

[MAIMBODUS EPISCOPUS DAT BODONI ECCLESIAM SANCTI GERMANI DE CARDONACO.]

952.

Anno Incarnationis Dominice DCCCCLII, cum resideret domnus Maimbodus episcopus apud Matisconem, juxta basilicam Sancti Vincentii, una cum fidelibus suis tam clericis quam et laicis; venit quidam vir Bodo nomine, clericus et canonicus ipsius loci, postulavit magnitudinem domni episcopi (ut) aliquantulum de ecclesia Sancti Germani Cardonaco, unde precariam ipse Bodo habeat, concederent per suum consensum cuidam clerico nomine Jarlanno, seu quod presbiter quondam tenuerit : hoc est de villis istis, de Montelio et de Nei([1]), et sepulturam loci ipsius ecclesie et baptisterium offerendis diebus vite sue securiter ibi desserviat et hoc teneat, et tempore sinodali, pro ipsius loci eulogias persolvat. Dominus quoque episcopus per consilium fidelium suorum jussit fieri quod petebat. S. Maimbodi Matiscensis episcopi. S. Humberti prepositi. S. Bodo. S. Ado. S. Winusius. Hactum est hoc tempore Illudovici regis.

CCCXCVII.

[TEUTGRINUS PIETATE DUCTUS CONSTRUIT CAPELLAM QUAM EPISCOPUS CONSECRAT.]

907.

Anno Incarnationis Dominice DCCCCVII, indictione X, cum resideret domnus pontifex Geroldus apud Matisconem, quidam vir nobilis prosapie tactus amore Dei, Teotgrinus nomine, adiit clementiam ejus et retulit ei

---

CCCXCV. ([1]) Novem voces sequentes omisit Bouhier.
CCCXCVI. ([1]) Bouhier, *Deven*.

qualiter corde conceperat quod, pro amore Dei et animabus genitorum suorum et sua, cupiebat construere capellam in proprio fundo et pago Matisconensi, in villa que dicitur Gauge sitam, et per cessionis paginam (¹) Domino et Sancto Vincentio dare, petens ab eo licentiam hujus operis exequendi. Cujus petitionibus jam dictus presul, suggerentibus suis fidelibus ministris utriusque ordinis, aurem inclinans concessit fieri placido vultu quod petebat. Completo itaque hoc opere, accessit ad eumdem locum cum sacris ministris ecclesie jam prefatus presul, vii kalendas octobris, ad dedicandum solemniter in honore sancte Dei genitricis Marie, concessitque ibi in parrochiam Gaudo (²) villam in qua sita habetur, et aliam que vocatur Casanova, et tertiam que dicitur Colonicas et quam infra parrochiam Sancti Martini in Floriaco villa fundata videtur; concessit jam dictus pontifex ut omni tempore rectores ejusdem ecclesie Sancti Martini habeant eamdem noviter (³) dedicatam, ut nullo umquam tempore de imminutione suarum decimarum ante pontifices justam habeant, pro quocumque servitii obsequio quod facere debuerunt, reclamationis sententiam. Hoc itaque privilegium actum est villa supradicta et die predicto, et roboratum manu propria ejusdem pontificis. Hactum est hoc regnante Karolo rege.

CCCXCVIII.

[BERNO EPISCOPUS CONCEDIT STEPHANO ECCLESIAM SANCTI PANCRATII (¹).]

928 — 936.

Omnibus notum fieri duximus quia cum esset domnus Berno presul secus basilicam Christi martiris Vincentii, que est infra muros Matisconum, adiit quidam vir inlustris, Stephanus nomine, presentiam ejus humiliter postulans sibi ab eo conferri aliquid ex rebus prefati martiris que conjacent in comitatu Avalensi, ecclesiam videlicet Sancti Pancracii cum xv mansis, quamvis dispersa sunt et aliquatenus diruta, cum omnibus illorum appendenciis. Quapropter prescriptus pontifex, communi consensu parique voluntate canonicorum suorum pariter concordantium, concessit illi et filiis ejus Bononi et Armanno sub decreto census, cum universis ibidem adjacentibus, ut dum advixerint securiter tenere queant quod humiliter expetiverat, quatenus die exitus eorum meliorata ecclesia Sancti Vincentii cum usuris

CCCXCVII. (¹) Bouhier *Pagniani*.
(²) Bouh., *camdem*.
(³) Bouh., *normam*.
CCCXCVIII. (¹) Concessio hæc inexpleta inferius proditur integra; vide chartam CCCCLXXX.

que sua sunt recipiat; illis vero decedentibus, sine alicujus contradictione ad Sanctum Vincentium omnia ex integro revertantur. Si vero, quod absit, quispiam hec immutare visus fuerit et Almo Vincentio differe jura sue proprietatis voluerit, deterreat eum vox divina que fatur : « Maledicti qui transgrediuntur terminos quos posuerunt patres antiqui. » In censum autem omni anno persolvant, festivitate Sancti Vincentii, II solidos denariorum. S. Bernonis episcopi. S. Rodulfi. S. Vinnusii. Hactum est hoc regnante Rodulfo rege.

CCCXCIX.

[MANIUS DAT SANCTO VINCENTIO CAPELLAM CUM CURTILO ET VINEA.]

864 — 873.

Sacrosancte ecclesie Sancti Vincentii martiris que est constructa infra muros Matisconum, cui Bernoldus preest episcopus. Ego Manius presbiter dono ad ipsam casam Dei curtilum cum capella et vinea que est in pago Matisconensi, in agro Ginaciacensi, in villa Madriaco, qui terminatur de uno latere et uno fronte terra ad ipsum donatorem cum suis heredibus, de alio latere terra Banone, de superiore fronte via publica; habet in longo perticas XVII ([1]), in quisquo fronte perticas VIII. Infra istam terminationem et perticationem, ipso curtilo cum capella et vinea et appendenciis suis, sicut in dote ipsius ecclesie loquitur, vel quicquid ad ipsam capellam aspicere videtur, totum cum ipsa capella ad predictam casam Dei Sancti Vincentii suisque rectoribus ad luminaria augenda trado atque transfundo ut faciant exinde quicquid voluerint. Si quis contradixerit auri I unciam componat. S. Manius presbiter. S. Arnulfi. S. Dodo. S. Richardi.

CCCC.

[HUGO DE ASIRIAS DAT SANCTO VINCENTIO SERVOS ET COLONOS.]

1060 — 1108.

Notum sit omnibus Matiscensis ecclesie filiis videlicet presentibus et futuris quod Ugo de Asirias qui longo tempore calumniatus est ipsis canonicis quosdam homines vel feminas loco servorum commanentibus in terris illorum, postea veniens in ecclesia Beati Vincentii cum Guigone filio suo, presentibus Wicardo de Minriaco ([1]) et Maiolo de Vincellis cum multis

---

CCCXCIX. ([1]) Bouhier, XCVII.
CCCC. ([1]) Bouhier, *Muciaco*.

aliis, dedit Domino et Sancto Vincentio pro anima sua et pro animabus predecessorum suorum, et pro tali conventu quod inter illos convenit, ipsos homines vel feminas cum infantibus illorum, scilicet Volvencum cum infantibus suis, Bernardum fratrem ejus cum infantibus suis, Beliardam uxorem Ricardi servi Sancti Vincentii cum infantibus suis. Istos supradictus dedit ipse Ugo cum Guigone filio ejus supradictis canonicis ut deinceps habeant et possideant illos, loco servorum ecclesiasticorum, sicut ipsi et predecessores eorum res ejus habuerunt vel calumniatis illis. Data Matiscone tertio kal. junii, per manum Rannulfi cancellarii, tempore regis Philippi. S. Ugonis qui fieri et firmare rogavit. S. Guigonis filii ejus.

CCCCI.

[MAIMBODUS EPISCOPUS DAT IN PRECARIAM AREMBERTO MANSUM IN CLASSIACO.]

937 — 954.

Sacrorum ordo patrum olim benigne instituit ut cuncta que a primatibus ecclesiarum acta forent litterali auctoritate et placida firmitate corroborata haberentur. Idcirco notum sit omnibus quod cum esset Maimbodus pontifex apud Matisconem, secus basilicam egregii martiris Christi Vincentii, postulavit serenitatem ejus quidam vir strenuus, Arembertus nomine, quatenus dignaretur ei et uxori ejus Girtrudi et filio eorum Widoni conferre quoddam mansum in Classiaco villa, ubi Ardradus residet, et alium absum cum omnibus appendenciis; et in his villis, in Colonicas et Omanco (¹), colonicas II absas quarum una est ex abbatia Sancte Marie cujus ecclesia est Matisconum, altera vero ex ratione Sancti Stephani cujus ecclesia est fundata in suburbio predicte civitatis, de quibus ex unaquaque exeunt in censum denarii XII. Domnus itaque Maimbodus presul, annuentibus fidelibus suis, contulit illis cum omnibus adjacentiis quod deprecati sunt ut temporibus vite sue sine alicujus contradictione tenerent et possiderent. Denique domnus episcopus hanc precariam eis fieri jussit nequando ab alicujus contradictione falsaretur. Dedit predictus episcopus ipsis supra nominatis quamdam vineam, in villa Classiaco, quam idem Arembertus de Allone conquisivit et Sancto Vincentio donavit; que terminat de tribus partibus viis publicis, a medio die terra Sancti Stephani. S. Maimbodi episcopi. S. Huberti. S. Adonis. S. Maioli. S. Aimonis. S. Hugonis. S. Rainoldi. Hactum est hoc regnante Hludovico rege.

CCCCI. (¹) Bouhier, *Ornanco*.

CCCCII.

[ROTARDUS CEDIT SANCTO VINCENTIO CAPELLAM IN VILLA VICTRIACO.]

892 — 923.

Sacrosancte ecclesie que est in honore Sancti Vincentii martiris, in Matisconum civitate, cui Giraldus episcopus preest. Ego, in Dei nomine, Rotardus et uxor mea Jotseldis et filius suus Rotbertus, cedimus ad ipsam casam Dei capellam nostram que est in pago Matisconensi, in agro Maciensium, in villa Vitriacum, ipsius curtilus, ubi ipsa capella est fundata in honore Sancti Leodegarii confessoris Christi; habet fines et terminationes de tribus partibus vias publicas, de quarta parte roca nativa. Et alias res que ad ipsam conjacent Sancto Vincentio tradimus, ea ratione ut unoquoque anno, festivitate Sancti Vincentii, ad usus fratrum denarios IIII persolvant, et in parata denarios XIII, et a sancto sinodo(¹) denarios IIII. Si quis donationem istam contradixerit, unciam auri componat. S. Rotart. S. Jotseld. S. Rotbert. Hactum est hoc regnante Karolo rege.

CCCCIII.

[REDEEMUS PRESBITER EDIFICAT CAPELLAM QUAM CONSECRAT BERNOLDUS.]

864 — 872.

In nomine omnipotentis Dei, Bernoldus Dei munere sancte Dei ecclesie Matiscensis humilis antistes. Notum sit omnibus filiis ecclesie nostre quia frater et compresbiter noster Bedeem, divina compunctus misericordia, petiit paternitatem nostram ut concederemus ei basilicam edificandi in villa Miliaco. Cujus precibus annuentes, concessimus id exequi quod divino instinctu in eum perspeximus operari. Hanc igitur edificatam vocavit nos ad dedicationem et consecrationem ejus; in die vero dedicationis et consecrationis illius in honore Sancti Christofori, more duntaxat canonum, concessimus has villas in parrochia idem Miliaco et Laliaco et Viriaco et fine Curiaco medietatem, et ultramonte villas que vocabulis sunt Urnaco et Monte Engeranno, et Corcella, et Monte Evartio, duas partes ad ipsam predictam capellam damus, et ut firmius hoc maneat manu firmamus. S. Bernaldi episcopi. S. Eduigy. S. Anscrius.

CCCCII. (¹) Bouhier, *Sinoni*.

CCCCIV.

[BERNO EPISCOPUS CONFERT ALBERICO COMITI ECCLESIAM SANCTORUM AMORIS
ET VIATORIS(¹).]

Circà annum 930.

Notum habeatur omnibus hoc deciduo casu(²) degentibus, quia dum adsideret domnus Berno secus basilicam Alme Virginis, expetiit ab eo domnus Albericus comes ex rebus aliquid tironis sabahot(³) Sancti Vincentii Matisconensis, fiscum videlicet unum in pago Lugdunensi conjacentem, ecclesiam Sancti Amoris et Viatoris et quicquid in Vinciaco villa cernebatur habere, ministeriumve prepositure dignitatis, quecumque ibidem subjecta sunt ei, cum capellis inibi adjacentibus, inquisitis et inquirendis, universa sibi conferri sub integritate postulavit. At dominus Berno pontifex, annuens precibus predicti comitis, contulit illi ecclesiam sanctorum geminorum Amoris et Viatoris, cum omnibus appendenciis, sicut superius inserta sunt; ut ipse et Leutaldus comes atque Humbertus, filii prememorati Alberici, temporibus vite illorum, ipsas res suis aptare usibus firmiter sine ullius controversia valerent, et ut liberius hoc tenere quiverint sine contagione peccati, quia sancta(⁴) erant ista et in heleemosina Sancto Vincentio fuerant collata, donaverunt Sancto Vincentio, in pago Matisconensi, capellam unam in honore Beati Bartholomei apostoli dicatam et in villa Fabricas sitam, et quicquid in ipsa villa visi erant habere, cum cunctis rebus ibi adherentibus, ut abhinc et deinceps sine ulla contradictione Sanctus Vincentius et rectores ejus teneant et possideant. Et in pago Sconigense(⁵) villam unam Salvamacum nuncupatam, cum ecclesia que est in Aponiaco, in honore Sancti Petri, cum universis sibi appendentibus, cum servis et ancillis in utrisque villis commorantibus, ut post illorum trium decessum, Sanctus Vincentius sue ecclesie et suas res et istas quas predicti viri ibi contulerunt, melioratas et bene constructas recipiat, Fabricas vero presentialiter. Idcirco autem hanc precariam sibi fieri poposcerunt, nequando alicujus malignitatis astu, causa repetitionis, ea que acta sunt sinerent fore abolenda; et ut litterarum rememorentur, domnus presul Berno eam propriis manibus roboravit et

---

CCCCIV. (¹) Hæc donatio iteratur in utroque codice; vide superiùs ch. VIII.
(²) *Gall. christ., cosmo.*
(³) *Gall. christ., terrenis subtrahi.*
(⁴) *Gall. christ., sine contradictione, precario quia facta erant....*
(⁵) *Gall. christ., Scodingensi...... Salvamentum.*

fidelibus suis signandam tradidit. Sed annis singulis, festivitate Sancti Vincentii, soldos x ex argento in censu persolvant, quod si negligentes exinde apparuerint in reddendo, in duplum cogantur exsolvere. Similiter Semiriacum et Castanedum quod non (°) pertinet ad Sanctum Amorem. Ea vero ratione actum est hoc ut si quispiam ex illis quibus ista donantur, vel heredibus eorum, distulerit Sancto Vincentio vel rectoribus ejus, excommunicatus habeatur. S. Bernonis episcopi. S. Maimbodi. S. Aldonis. S. Flotberti. S. Berno. Hactum est hoc regnante Rodulfo rege.

CCCCV.

[AYNARDUS PRESBITER DAT CURTILUM CUM SUPERPOSITO IN TAURIACO.]

928 — 936.

Sacrosancte ecclesie Sancti Vincentii Matiscensis, cui Berno episcopus preest. Ego Aynardus presbiter et canonicus dono ad ipsam casam Dei, in stipendia fratrum, aliquid ex rebus meis que sunt site in pago Matisconense, in agro Fusciacense, in villa Tauriaco : hoc est curtilus cum superposito et vinea que terminatur a mane et a sero vias publicas, a medio die terra Hugonis, a cercio Aymerici. Infra isto termino, ipsum curtilum ad ipsam casam Dei dono, in aliis locis michi reservo, et ipsum curtilum sub censum teneant Maimbodus prepositus et Teuquardus diebus vite illorum; annis singulis, festivitate Sancti Vincentii, (¹)denarios vi sine mora ad ipsam casam Dei persolvant. Si quis hoc contradixerit auri unciam componat. S. Aynardi. S. Tedini. S. Trucimundi. S. Hubaldi. S. Aymerici. Hactum est hoc tempore Rodulfi regis.

CCCCVI.

[ADO CONSENSU CANONICORUM CONFERT ODONI ABBATIAM ET CAPELLAM SANCTI PETRI (¹).]

968 — 971.

In nomine Verbi Incarnati, notum habeatur omnibus filiis fidelibusque sancte Matiscensis ecclesie presentibus scilicet atque futuris, quia domnus Ado serenissimus antistes per deprecationem canonicorum et fidelium suorum, Johannis videlicet prepositi atque Aymini (²) ac reliquorum,

(°) *Gall. christ., nunc.*
CCCCV. (¹) Bouhier addit *in censum.*
CCCCVI. (¹) Hæc concessio inexpleta iteratur in utroque codice, adi chartam CCCCLXXVIII; jam vulgata est à jac. Severt., pag. 75, et à S.-Jul. de Bal., pag. 279.
(²) Bouhier, *Aynrici;* et S.-Jul. de Bal., *Aymari.*

contulit cuidam clerico nomine Odoni, canonico Sancti Vincentii, quasdam ecclesias et res prememorati martiris, abbatiam scilicet Sancti Petri cujus ecclesia fundata est in suburbio civitatis Matiscensis et est hospitale, et inibi convenit sepultura prefate urbis cujus due partes sunt, canonicorum tertia vero ipsius loci; denique capella in honore Sancti Petri dicata et in villa Carnaco sita. Alia vero capella in villa Buciaco sita in honore Sancti Petri, et est alia capella in honore Sancti Boniti que est in Carbonarias, eo tenore dum Gunduldricus vivit teneat et possideat, post suum vero decessum, ad locum Sancti Petri quod suum est recipiat. Et est ecclesia Sancti Petri que Vetus dicitur, et ipsa suburbana est, cum omnibus decimis et terris ibi pertinentibus. Et est terra Sancti Juliani ex Roca; alia vero terra que est in pago Lugdunensi, in villa Vallis, quam Annetrudis condonavit Sancto Vincentio. Hec omnia sicut hic inserta sunt tenebat predictus presul in manu sua, et annuentibus sue ecclesie filiis, post suum decessum premisso Odoni concessit ecclesias videlicet capellas et terras cum rebus et decimis et omnibus sibi jure pertinentibus, ita tamen ut in festivitate Sancti Petri et abbatia una refectio canonicis tribuatur, sicut ipse Ado presul fecit tempus Bernonis et Maimbodi et Teotelini episcoporum. His omnibus pactis de his que promisimus diebus vite sue faciat, juxta dispositionem suam secundum decreta canonum, habendo, tenendo et possidendo; et si Leutboldus filius Warulfi ejusque consanguineus cum supervixerit, similiter in vita sua habeat, illis decedentibus, Sanctus Vincentius quod suum est recipiat. Hoc domnus Ado episcopus fieri jussit et firmavit atque suis firmare precepit. S. Johannis. S. Bodo. S. Gunduldricus. S. Bernardus. S. Winusius. S. Constabilis. Hactum est hoc regnante Lothario rege.

CCCCVII.

[GRUNONIUS EDIFICAT BASILICAM QUAM CONSECRAT BERNOLDUS EPISCOPUS(¹).]

864 — 873.

In nomine omnipotentis Dei, Bernoldus Dei munere sancte Dei ecclesie Matiscensis humilis antistes, notum sit omnibus filiis ecclesie nostre quia frater et compresbiter noster, nomine Grunrinus(²), petiit paternitatem nostram ut concederemus ei basilicam edificandam in villa Soloniaco(³).

CCCCVII. (¹) Hæc charta vulgatur ex parte à Jac. Severt., p. 45.
(²) Bouhier, *Grunonius*.
(³) Bouh., *Solomaco*, nostris *Sologny*.

Cujus precibus annuentes concessimus id exequi quod divino instinctu in eum prospeximus operare. Hanc igitur edificatam vocavit nos ad dedicationem et consecrationem ejus. In die vero dedicationis illius in honore Sancti Vincentii, more duntaxat canonum, concessimus sicut in precariam proposuimus concedere ei has villas ad ipsam ecclesiam Sancti Vincentii que constructa est in villa cujus vocabulum est Suliniaco : inprimis ipsam villam in qua condita est, aliam villam sitam(¹), tertiam Virianni et fine Curiacense sub integrum, quartam (nomine) Moenciarcicum, quintam Belplanum, sextam Lurniacum et Curciacum et Blandanum; istas villas ad ipsam ecclesiam concedimus tam temporibus nostris quam successoribus. Et donamus ibi privilegia et dummodo Grunrinus vixerit, usum et fructum habeat cum ipso censu sicut in ipsa sua precaria loquitur, et post suum decessum ad parentes suos de ipso ordine clericatus sui revertatur. Quamobrem ipse Grunrinus pertiniteis(²) frui mereatur suis temporibus decimis et notis(⁶) que a Dei fidelibus inibi collata fuerint earumdem villarum tam ipse quam successores illius. Ego Bernoldus episcopus firmavi et firmare his precepi. S. Folquadi. S. Ansericus. S. Ardradus. S. Hildradus. S. Adalboldus. Hactum est hoc regnante Karolo rege.

CCCCVIII.

[MAIMBODUS EPISCOPUS CONCEDIT IN PRECARIAM BERNALDO CAPELLAM SANCTI JOHANNIS.]

937 — 954.

Cum esset domnus Maimbodus presul in urbe Matisconum et resideret in proprio consistorio, haud procul a basilica Sancti Vincentii martiris, adiit Bernaldus sacerdos et canonicus presentiam ejus totis precordiorum animis humillime poscens concedi sibi suoque nepoti Bernoldo aliquid ex prefati martiris rebus, in comitatu Matiscensi conjacentibus : capellam scilicet Sancti Johannis in Proprio et antiquo nomen obtinens, cum rebus et decimis et omnibus ad se rite pertinentibus, atque in Buciano olim villa sed jam penitus diruta, quicquid Euvrardus quondam vir nobilis prelibato martiri contulit pro sue remedio anime; vineam videlicet cum curtilibus, mansionariis, radis, pratis, silvis, aquis aquarumque decursibus, exitibus et regressibus et omnibus in prememorata villa Sancto Vincentio jure delegatis, ut temporibus vite sue obtinere securiter valerent. Quorum petitionem

(¹) Bouhier, *secam*.
(²) Vox corrupta; Bouhier, *perennius*.
(⁶) Fortè legendum, *nonis*.

suscipiens tam domnus pontifex quam et reliqui fratres sub eo degentes, de quorum ratione ipse fore videbantur res, contulerunt ejus avunculo et nepoti quod postulabant, ut cunctis diebus vite sue sub decreto census argenti duorum solidorum tenere et possidere tutissime possent, et ne repetitio aliqua exinde oriretur, hanc precariam jam dictus episcopus ei fieri jussit et manu propria firmavit. S. Huberti. S. Adonis. S. Johannis. S. Rannerii. S. Teuquard. Hactum est hoc tempore Hludovici regis.

CCCCIX.

[BEGO CORAM COMITE OTTONE REDDIT SANCTO VINCENTIO COLONICAM.]

971 — 986.

Notitia verpitionis qualiter veniens Bego in Matiscone publice ante domnum Ottonem comitem (¹) et ante episcopum et ceteros canonicos, proclamavit se de rebus quas domnus Ado episcopus dedit Sancto Vincentio : est colonica una que est in Cavannas villa. Testificavit comes et domnus episcopus et ceteri fideles illorum quod rectum habebat Sanctus Vincentius et rectores sui. Et ibi verpivit Bego cunctam querelam quod reclamabat, et hanc notitiam fieri jussit coram cunctis his presentibus : Otto comes, Teotberto, Sinnolt, Manasseo, Raculfo, Leterio, Hugo, Aliolt, Ardrad, Warnerio. Hactum regnante Lothario rege.

CCCCX.

[MILO EPISCOPUS CONCEDIT PER PRECARIAM ROTBERTO ECCLESIAM SANCTE MARIE.]

981 — 996.

Notum fieri volumus cunctis sancte Matiscensis ecclesie filiis presentibus scilicet atque futuris, quia cum resideret domnus Milo presul secus basilicam Christi martiris Vincentii, que est sita infra ambitum meniorum Matisconensium, adiit presentiam ejus quidam vassus, nomine Rotbertus, humillime deprecans ut concederet ei sueque uxori nomine Gerbergane aliquid ex rebus Sancti Vincentii : hoc est ecclesiam unam in honore Sancte Marie que est in villa Uriniaco cum omni integritate, et in villa Casotis vineolam unam cum terrulis que ibi adjacent. Cujus petitionem domnus pontifex gratam suscipiens, contulit sicut petivit ea ratione ut paratas et eulogias in synodo solveret, et in festivitate Sancti Vincentii canonicis ejusdem

---

CCCCIX. (¹) Bouhier, *ante domni Ottonis comitis presentiam*.

loci duodecim denarios(¹) reddat; et ut certior inde redderetur, idem episcopus hanc precariam fieri jussit et manu propria firmavit atque firmare his rogavit. S. David. S. Duranni. S. Gauseranni. S. Bernonis. S. Duranni. Hactum est hoc tempore Hugonis regis.

CCCCXI.
[LETBALDUS EPISCOPUS DAT PER PRECARIAM FLOTBERTO ECCLESIAM SANCTI MARTINI.]

Circà annum 996.

Notum esse volumus omnibus Matiscensis ecclesie fidelibus quia cum resideret domnus Letbaldus presul secus basilicam Christi martiris Vincentii que est sita infra Matisconem, adiit presentiam ejus vir quidam nomine Flotbertus humiliter deprecans ut concederetur ei et uxori sue Rotrudi necnon et filio illorum, nomine Humberto, aliquid ex rebus Sancti Vincentii : hoc est ecclesiam unam que est sita in pago Matisconensi, in villa Prisciaco, et est ipsa ecclesia in honore Sancti Martini fundata. Cujus petitionem jam dictus pontifex suscipiens contulit ei et uxori sue et filio eorum, sicut petierant, ea ratione ut tempore sinodali paratas et eulogias solverent, et in festivitate Sancti Vincentii denariorum solidos II domno pontifici exsolvant. Hec Letbaldus episcopus firmat. Hactum est hoc Hugone rege regnante.

CCCCXII.
[ADO EPISCOPUS DAT LEMBERGANE CURTILUM IN VILLA VINCELLA.]

968 — 971.

Omnibus Matiscensis ecclesie filiis notum habeatur quod cum esset domnus Ado presul apud Matisconem juxta basilicam Sancti Vincentii, annuentibus sue ecclesie canonicis, Johanne preposito et reliquis, concessit cuidam femine nomine Leutbergane et filio suo Acardo aliquid ex rebus predicti martiris quas ipsi Sancto Vincentio condonaverant, ut eas diebus vite sue teneant et possideant. Est autem curtilus in villa Vincella, qui habet terminationes a mane terra Stephani, a medio die via publica, a sero Ramfredo, a circio rivo volvente, et pratum quod fuit Wulflai et fratri suo Desiderio. Domnus itaque predictus pontifex concessit eis ut diebus vite illorum sub censu teneant, tempore vindemie modium vini persolvant. S. Adonis episcopi. S. Johannis. S. Aymini. S. Rodulfi. S. Teuquardi. Hactum est hoc tempore Lotharii regis.

CCCCX. (¹) Bouhier, *denaratas*.

CCCCXIII.

[MAIMBODUS EPISCOPUS DAT GAUSBERTO RES QUE ERANT DE BENEFICIO SANCTI GERMANI (¹).]

958.

Anno Incarnationis Dominice DCCCCLVIII, cum resideret domnus et venerabilis Maimbodus episcopus apud Matisconem juxta ecclesiam Beati Vincentii, venit quidam vir Gauspertus nomine ante ejus presentiam, vel fidelibus suis clericis et laicis, Hubertum prepositum, Adonem abbatem, Bernardum cum ceteris; petiit ab eis aliquamtulum ex rebus Sancti Vincentii Matiscensis de ratione fratrum, quod est de beneficio ecclesie Sancti Germani Tramayes et est juxta ecclesiam Sancti Leodegarii, campis, pratis, silvis, aquis aquarumque decursibus. Ipse Gausbertus quesivit inde precariam ad opus duorum filiorum suorum, Gausberti clerici et Bernardi, ut diebus vite illorum illam colonicam tenerent et persolverent in censum, annis singulis festivitate Sancti Vincentii, denarios VI. Domnus quoque jam dictus episcopus per consilium canonicorum suorum jussit fieri quod petebat, et ut certius permaneret manu sua firmavit et fratribus vel fidelibus suis roborare precepit. S. Maimbodus sancte Matiscensis ecclesie humilis episcopus. S. Hubertus prepositus et archidiaconus. S. Ayminus archidiaconus. S. Vinnisius levita. S. Bernoldus presbiter.

CCCCXIV.

[ECCLESIA IN SOLONIACO VILLA DIRUTA REEDIFICATUR ET CONSECRATUR.]

950.

Notum sit omnibus quia ecclesia Soloniaco villa in honore Domini et martiris Christi Vincentii dicata, quam Teuquardus canonicus et sacerdos prememorati martiris longo labore precarie firmitatem a domno Maimbodo presule canonicisque suis de quorum ratione supra scripta capella videbatur fore adquisierat, propriis erat honoribus privata et ab omni ornatu ecclesiastice religionis aliena pluriumque superventu aquarum destructa, unde incole et parrochiani ibi adjacentes mestinaniter redditi (²) nolebant (et) debitum honorem ei persolvere. Quod cernens et quotidie adprobans predictus Teuquardus, pro remedio anime sue, et ut securiter

---

CCCCXIII. (¹) Hæc charta iteratur cum discrepantiis in utroque codice, vide ch. CCCCXXXV.
CCCCXIV. (²) Bouhier, *mesti nimium*; legendum, *mestinuncium reddere*.

cunctis diebus vite sue haberet, amovit eam a loco in quo erat et in tuciore et meliore fundavit. Sciens autem quia sine benedictione sacerdotali stare non posset, deprecatus est pontificem ut illuc cum suis pergeret et eam solemniter benediceret, quod et fecit mense Julio, die Dominica, VII kal. Augusti; omnem honorem, omnem venerationem omnemque debitum, universasque decimas sicut antecessores sui ibi condonaverant, et ipse ex sua parte concessit. S. Maimbodi episcopi. S. Huberti. S. Aymini. S. Adonis.

CCCCXV.

[MAIMBODUS EPISCOPUS CONCEDIT WILLEBERTO ECCLESIAS SANCTORUM JOHANNIS ET PETRI([1]).]

Circà annum 939.

In nomine Dei et Salvatoris nostri notum esse volumus omnibus Matiscensis ecclesie fidelibus quod domnus Maimbodus episcopus, cum secus basilicam Sancti resideret Vincentii, adiit serenitatem ejus quidam illustris vir, Willebertus nomine, obnixe poscens ut more paterno concederet filio ejus, eque Willeberto, clerico quasdam ecclesias conjacentes in pago Matisconensi, quarum una in Agenaco villa et in honore Beati Johannis dicata; alia autem in Prisciaco villa et in Beati Petri est veneratione dicata. Cujus precibus predictus suscipiens episcopus, concessit ei easdem quas petebat ecclesias cum rebus et decimis et omnibus inibi pertinentibus, cum omni integritate: Willeberto ecclesiam presentialiter et semote([2]) de Prisciaco, ecclesiam autem de Agenaco Teodericus archipresbiter dum ei vita comes fuerit sibi vindicet, illo decedente, Willeberto eveniat; censum vero paratarum et eulogiarum certis temporibus persolvant. S. Maimbodi episcopi. S. Huberti. S. Aymini. S. Maioli. S. Winisi. Hactum est hoc regnante Hludovico rege.

CCCCXVI.

[BERNUINUS ET ADORELO DANT RES IN AGRO CUPRIACENSE.]

879 — 882.

In nomine Sancte Trinitatis, Gontardus sancte Matiscensis ecclesie presul, notum esse volumus successoribus nostris omnibusque fidelibus jam dicte ecclesie, quia quidam presbiter Berninius et Adorelo succensi duo

---

CCCCXV. ([1]) Hæc charta inexpleta iterum sed integrè proditur in utroque codice; vide inferiùs ch. CCCCXCVII.
([2]) Bouhier, *seniore*.

pro remedio animarum suarum, quasdam res proprietatis Sancto Vincentio dederunt hereditario jure que sunt site in pago Tolnendonense(¹), in agro Cupriacense, in loco qui vocatur villa Leodretico. Habent fines et terminationes, a mane Reno fluvio, a medio die guttula que de Barbariaco pergit in Reno, (a sero via publica, a cercio guttula que de Croso Valla pergit in Reno)(²); infra istas terminationes, ipsum curtilum et alias res queque ad ipsum curtilum aspiciunt supradicto Adoni per prestariam ad integrum concedimus ad capellam faciendam, eo videlicet tenore ut ipsam capellam et ipsas res quicquid in predicto loco vel fines conquirere potuerit, cartam firmitatis faciat Sancto Vincentio et annis singulis, festivitate ipsius sancti, deferat ceram denaratas IIII, fratribus autem denarios XII. Et ut hec pactio stabilior sit, manu nostra cam firmavimus et firmandam his tradimus. S. Fulqualdus. S. Baldricus. S. Adalbertus. S. Leutboldus. S. Falcoldus. Hactum est hoc tempore Ludovici regis.

CCCCXVII.

[DROGBERTUS DAT ALODUM IN AGRO SALMACENSE IN VILLA SARGO VILLARO.]

928 — 936.

Sacrosancte Dei ecclesie que est constructa in pago Matisconense, cui Berno episcopus preest. Ego Drogbertus dono ad supradictam ecclesiam alodum in agro Salmacense, in villa Sargo-Villaro, cum casa indominicata, et vineam insimul tenentem, que terminatur de uno latere via, de alio latere terra Arnalt cum heres, de alio latere multimodos. Infra istas terminationes, preter lamina Geldran et Laraidrani non dono, alium totum ad integrum. Alius curtilus cum vinea insimul tenente terminatur de uno latere via publica, de alio latere via vicinabli, de cercio latus ad ipso donatore cum heres, de quarta parte terra Ritfredo; infra istas terminationes, totum ad integrum. Alius curtilus cum supraposito et vinea insimul tenente, terminat de uno latere via publica, de alio latere terra Adalbert cum heris, de tertio latere terra Hugone cum heris, de quarta parte terra Ritfredo; infra istas terminationes totum ad integrum. Alius curtilus cum supraposito et vinea insimul tenendum, terminat de duabus partibus via publica, de cercio vinea Geldran cum heris, et terminatur de

CCCCXVI. (¹) Fortè legendum, *Tolvedonense*.
(²) Voces tredecim, in uncis inclusæ, omittuntur in codice nostro; illas ex Bouhier excerpsimus.

quarta parte terra Eldear cum suis infantibus, totum ad integrum. Alius curtilus cum vinea terminatur de uno latere via publica, de alio latere(¹) terra vulgari cum infantis, de aliis duobus lateribus terra Sancti Petri, totum ad integrum; et alias res meas que ad ipsos curtilos aspiciunt, preter unum campum ad Closellos mihi reservo(²), cultum et incultum. Hoc sunt vircariis, vineis, pratis, silvis, pomis, pascuis, aquis aquarumque decursibus, omnia et ex omnibus que per titulum cartarum conquisivi trado a die presente ad ipsum sanctum locum habere perpetualiter. Si quis contradixerit libras III auri componat. S. Drotbert. S. Gondrici. S. Teodosio. S. Adalbert. S. Garembert. S. Adalbal. Beraldus fecit. Hactum est hoc tempore Hludovici regis.

CCCCXVIII.

[ADRALDUS PRESBITER DAT CURTILUM CUM VINEA IN VILLA BUIDON.]

981 — 996.

Sacrosancte ecclesie Sancti Vincentii martiris que est constructa infra muros Matisconum cui Milo preest episcopus. Ego Adraldus presbiter dono ad ipsam casam Dei, in stipendia fratrum, aliquid de rebus meis que sunt site in pago Matisconensi, in agro Garloniacense, in villa Buidoni, in Ravelerio vocat, hoc est curtilus cum vinea; terminatur a mane terra Sigbalt, a medio die de ipsa hereditate et via publica, a sero Constantii, a circio Sancti Petri. Infra isto termino, dono ad ipsam casam Dei, in alimoniam fratrum, ea ratione dum ego vivo, teneo et possideo, post meum decessum ad mensam fratrum perveniat.

CCCCXIX.

[ANASTASIUS ET ALINDRADA DANT CURTILUM CUM CAMPO IN VASNERIAS.]

968 — 971.

Sacrosancte Dei ecclesie Sancti Vincentii Matiscensis, cui Ado episcopus preest. Ego Anastasius et uxor sua Alindrada et frater suus Quelto donamus aliquid ex rebus nostris in pago Matisconensi, in villa Vasnerias : hoc est curtilum et campum insimul tenentem qui terminat a mane via publica, a medio die terra Ermenbalt, a sero aqua volvente, a cercio terra Arneno

---

CCCCXVII. (¹) Octo voces sequentes omittuntur apud Bouhier.
(²) Bouhier, *inibi referunt.*

cum heris; infra isto termino, donamus ad ipsam casam Dei. Et donamus ibi, in ipso loco, pratum in ipsa terminatione eo tenore ut quamdiu vixerit Anastasius, et uxor sua et frater ejus et filius ejus, teneat et possideat; post illorum decessum, ad ipsam casam Dei perveniat et faciant quicquid voluerint. S. Anastasius. S. Alindrade. S. Quelto. S. Warulfo. S. Raculfo. Hactum est hoc regnante Lothario rege.

CCCCXX.

[REDDITUR CANONICIS ECCLESIA SANCTI VINCENTII IN PAGO DUNENSE.]

954 — 960.

Notitia redditionis. Apud Matisconem, sub die Jovis, ante notitiam domni Leotaldi comitis et fidelibus suis, Walterium vicecomitem et Nardinum atque Raterium necnon et Rotbertum, cum ceteris pluribus; in illorum presentiam venerunt canonici Sancti Vincentii Matiscensis, proclamaverunt se quod fideles sui invaderunt ecclesiam Sancti Vincentii sitam in pago Dunensi, dicatam in honore Beati Martini in villa Liciaco, que est de ratione fratrum, et per multa curricula annorum canonici ipsius loci Matiscensis vestiti fuerunt, et modo injuste perditam habent. Domnus quoque comes prenominatus inquisivit directum temporis (¹) una per (²) fidelibus suis seu civibus et circa manentibus et invenit directum Sancti Vincentii et canonicis suis Matiscensium, et videntibus (omnibus) circumstantibus, reddidit illis ipsam ecclesiam. S. Leotaldi comitis. S. Walterii vicecomitis. S. Nardini. S. Adelardi. Hactum est hoc tempore Lotharii regis.

CCCCXXI.

[MAIMBODUS EPISCOPUS DAT IN PRECARIAM FLOTBERTO ECCLESIAS SANCTE MARIE ET SANCTI AMORIS.]

937 — 954.

Notum esse omnibus volumus quia cum resideret domnus Maimbodus reverendus pontifex in Matiscono, secus basilicam Almi Vincentii egregii martiris Christi, venit ante presentiam ejus quidam canonicus predicti martiris, Flotbertus nomine, diaconus et mater ejus Cristina, humiliter poscentes quatenus dignaretur eis per precarie firmitatem conferre quasdam

---

CCCCXX. (¹) Bouhier, *ipsis.*
(²) Bouh., *pro.*

res Sancti Vincentii conjacentes in pago supradicto; videlicet capellam unam in honore Beate Marie dicatam et in Cantriaco villa sitam, alteram vero in honore Sancti Amoris in villa Albuciniaco, cum rebus et decimis et omnibus ibi pertinentibus. Petierunt autem et alias res in villa Vincella conjacentes, curtilum scilicet indominicatum cum omnibus adjacentibus, curtilum unum quem in ipso loco predicta femina sancto martiri contulit, et quicquid in ipsa villa videbatur habere preter unam plantam, necnon in Masciaco curtilum unum cum vinea, et in Exartis villa similiter curtilum unum cum vinea; hec omnia postulaverunt sibi concedere. Domnus itaque presul per consilium canonicorum, quia de eorum ratione eedem res videbantur esse et ad mensam eorum fuerant destinate, concessit illis quod postulabant, prescriptas scilicet capellas cum rebus et decimis et alias res que hic inferre habentur, notas et occultas, cum universis rebus sibi pertinentibus, ut dum eis vita comes fuerit teneant et possideant, et loco census tres solidos denariorum festivitate Sancti Vincentii non negligenter persolvant. S. Maimbodi episcopi qui fieri et firmare jussit. S. Humberti. S. Adalardi. S. Aymini. S. Ramerii. S. Aldonis. Hactum est hoc regnante Hludovico rege.

CCCCXXII.

[ADO PRESBITER DAT RES SUI JURIS IN AGRO TRUBLIACENSE IN LEOTORCISO.]

882 — 884.

Sacrosancte ecclesie Sancti Vincentii que est constructa in pago Matisconense, in agro Aubliacense ([1]), in loco qui vocatur villa Leotorciso. Ego Ado presbiter cedo ad ipsam casam Dei aliquid de rebus meis que sunt in ipso pago vel agro, et terminatur a mane Reno aqua volvente, a medio die guttula volvente et terra de Barbariaco usque in via publica, a sero via publica, pro illo servo, a circio terra Teotfalensis ([2]) Sancti Andree. Infra istas terminationes, hoc sunt curtilis, vircariis, campis et pratis, silvis cum decimis, exiis et regressis, quicquid infra isto circuitu visus sum habere et possidere et de aloco et de conquisto, vel quicquid infra isto circuitu conquirere potuero, totum ad ipsam casam Dei cedo similiter. Et in pago Lugdunense, agro Caniniacense, in loco qui vocant ad Maciaco, curtilus terminatur de duabus partibus via publica, de tertia parte vinea Gerart, de quarta parte

CCCCXXII. ([1]) Bouhier, *Trubliacense;* emendandum, *Cubliacense.*
([2]) Bouh., *tersalensis.*

vinea Rocart. Infra isto circuitu, portionem meam et de aliis rebus meis que ad ipsum curtilum aspiciunt. Similiter ad ipsam casam Dei cedo atque transfundo ea ratione quia ipsa parrochia que fuit Sancti Boniti, ad ipsam capellam Sancti Vincentii perveniat; si quis contradixerit, auri libram componat. S. Adonis presbiteri. S. Luirici. S. Albrici. S. Adalgaudi. Hactum est hoc regnante Karlomanno rege.

CCCCXXIII.

[QUELTO DAT SANCTO VINCENTIO CURTILUM IN AGRO CUBLIACENSE, VILLA CURTE.]

887 — 898.

Sacrosancte ecclesie Sancti Vincentii (martiris) que est constructa infra muros Matisconum, cui Geraldus preest episcopus. Ego Quelto presbiter cedo ad ipsam casam Dei Sancti Vincentii suisque rectoribus aliquamtulum de rebus hereditatis mee, cessumque in perpetuum ut permaneat volo. Unus curtilus est in pago Matisconense, agro Aibliacense [1], villa que vocatur Curte Supernense [2], qui habet terminationes a mane via publica, a medio die fines de Casal Dulciso, a sero Mardum [3] aqua volvente, a circio terra Alnico et Adaldramno cum heris. Alius curtilus in ipso pago vel agro, in Monte Moriciono vocant; terminatur a mane via publica, a medio die similiter, a sero terra Anastasio cum heris, a circio similiter cum heris. De istis curtilis jam dictis quintam partionem dono ad jam dictam casam Dei, una cum edificiis suprapositis et rebus ibi aspicientibus: hoc sunt vineis, campis, pratis, silvis, vircariis, pomis, pascuis, molinariis, aquis aquarumque decursibus, omnia et ex omnibus, tam de hereditate quam de conquisto, et quicquid in antea Domino propitio conquirere potuero; totum ad integrum ad supradictam casam Dei cedo eo tenore ut, si necessitas michi evenerit, in ipsius ecclesie canonica canonici me recipiant et partem habere concedant dum vitam michi Dominus dederit, et dummodo ego vivo usum et fructum ego habeam; post meum vero decessum, uni ex heredibus meis qui clericus fuerit perveniat, et annis singulis festivitate Sancti Vincentii denarios XII absque ulla dilatione persolvat. S. Quelto presbitero. S. Anastasii. S. Almudi. S. Ardradi. S. Rotberti. Hactum est hoc regnante Odone rege.

CCCCXXIII. [1] Bouhier rectiùs, *Cubliacense*.
[2] Bouh., *Curte Supinense*.
[3] Bouh., *Narduini*.

CCCCXXIV.

[BLADINUS DAT SANCTO VINCENTIO RES SUAS IN VILLA MARINIACO.]

968 — 971.

Sacrosancte Dei ecclesie Sancti Vincentii que est constructa infra muros Matisconum, cui Ado episcopus preest. Ego Bladinus sacerdos dono ad ipsam casam Dei de rebus meis que sunt site in pago Matisconense, in agro Igiacense, in villa Mariniaco, vel in villa Verciaco, vel in Verchisoto. Inprimis in Mariniaco, curtile terminatur a mane Tecardo, a medio die Sancti Petri, a sero Sancti Vincentii, a cercio via publica. Et dono vineam in ipsa villa, terminat a mane Sancti Marcelli, a medio die Sancti Petri, a sero via vicinabile, a circio Grolgardi; infra istas terminationes, quicquid ad ipsum curtilum aspicit, totum ad integrum donamus. Et dono vobis in Verciaco mansum cum vinea insimul tenente, terminat a mane Anai, a medio die Sancti Petri, a sero via publica, a circio Sancti Vincentii; infra isto termino totum ad integrum. Et dono vobis in ipsa villa vinea in Bornesia vocata, terminat a mane via publica, a medio die Sancti Mammertis, a sero terra Susanne, a cercio de ipsa hereditate. Et dono vobis vineam in Vercosono [1], terminat a mane terra Blanno, medio die Martino, a sero Tetberto, a cercio Sancti Vincentii; infra istas terminationes, donamus ad ipsam casam Dei, eo tenore ut dum vivimus usum et fructum habeamus, post decessum nostrum, ad ipsam casam Dei veniat, quicquid voluerit. Si quis contradixerit, auri unciam componat. S. Blanno. S. Bernardi. S. Aynardi. S. Aalberici. S. Arardi. S. Blanni. Hactum est hoc regnante Lothario rege.

CCCCXXV.

[GUNTARDUS EPISCOPUS DAT IN PRECARIAM ADALGAUDO RES APUD GRIOLEDUM [1].]

882 — 884.

Divina suffragante misericordia, Guntardus humilis Matiscensis episcopus et canonici ipsius ecclesie Adalgaudo presbitero et Teoloni fratri ejus. Cum

---

CCCCXXIV. [1] Fortassè legendum *Verchisoto*, nostris *Verchiseuil*.
CCCCXXV. [1] Hæc precaria iteratur in utroque codice, vide superiùs chartam XXXIX.

non est incognitum qualiter vos res vestras, que sunt in pago Tolvedonense et in agro Sibriacense, sive in locis quorum vocabula sunt Goroledas (²), ad ecclesiam Sancti Vincentii suisque canonicis condonastis. Postmodum vestra fuit petitio et nostra decrevit voluntas ut easdem res per prestariam vobis concederemus, quod ita et fecimus; eo tenore ut eas in vita vestra habeatis potestatem, ita ut nec vendere nec alienare presumatis, sed potius melioratas custodire studeatis, et pro compensatione istarum rerum concedimus vobis per hanc prestariam usufructuarie ecclesiam quam avunculus vester Adalgaudus Sancto Vincentio et nobis condonavit in honorem sancte Dei genitricis Marie constructam, cum rebus et appendenciis subjectis. Que ecclesia est in pago vel in agro prememorato, eo scilicet modo firmitatis ut annis singulis ad prefatam Dei domum suisque canonicis, sive ad festivitatem Sancti Vincentii, soldos argenti tres conferre minime recusetis. Ut hec precaria firma et stabilis, manu nostra eam firmavimus et firmare his testibus rogavimus. S. Guntardi episcopi. S. Fulcoldi. S. Ardradi. S. Wicardi. Hactum est hoc regnante Karlomagno rege.

CCCCXXVI.

[ALBERTUS REDDIT SANCTO VINCENTIO RES QUAS OCCUPAVERAT IN LIORNACO.]

968 — 971.

Notitia redditionis seu werpitionis qualiter venientes domnus Ado episcopus, Johannes prepositus, Aiminus, Ado et ceteri canonici Sancti Vincentii, proclamaverunt se de Alberto presbitero qui injuste tenebat vineas, terras et pratum, que omnia donaverat per cartam donationis Girberto cuidam, et ipse Girbertus Sancto Vincentio; que sunt site in pago Matisconense, in agro Iggiacense, in villa Lyornaco. Veniens autem predictus Adalbertus ante presentiam supradicti presulis et reliquorum canonicorum, et ante presentiam (domni) Lexranni (¹) vicarii, vuerpivit his presentibus : Rodenus primus (²) fuit, Teotbertus, Drogo, Warnetus, Hugo, Leuterius, item Hugo, Warnerius. Et ut certius crederetur, supradictus Leoprannus et Aalbertus presbiter hoc testamentum fieri jusserunt et firmare.

(²) Legendum, *Agroledas.*
CCCCXXVI. (¹) Bouhier, *Leopranni.*
(²) Bouh., *presens.*

CCCCXXVII.

[ANANIA DAT RES SUAS SITAS IN VILLA TASIACO, AGRO DIPGIACENSE.]

892 — 923.

Sacrosancte ecclesie Sancti Vincentii martyris que est constructa infra muros Matisconum, cui Giraldus preest episcopus. Ego Anna dono ad ipsam casam Dei in usus fratrum aliquid de rebus meis que sunt site in pago Matisconense, in agro Dipgiacense, in villa Tasiaco : hoc est curtilum cum supraposito et vinea simul tenente, que terminat de tribus partibus terra Sancti Clementis, de quarta parte Sancti Martini; infra istas terminationes, totum dono. Et alias res que ad ipsum curtilum aspiciunt : hoc sunt vineis, campis, pratis, silvis, pomis, pascuis, aquis aquarumque decursibus, quicquid ibi visa fui habere. Similiter dono Raimbodo, cum uxore et infantibus suis, ut faciant canonici Sancti Vincentii quicquid voluerint; si quis contradixerit auri unciam componat. S. Anane. S. Girolt. S. Geirart. S. Aldonis. S. Waldrici. Hactum est hoc regnante Karolo rege.

CCCCXXVIII.

[LEOTREUS ET LEOTSENDA DANT CAPELLAM IN VILLA ARNANT.]

886 — 927.

Sacrosancte ecclesie Sancti Vincentii cui preest Giraldus episcopus. Ego Leutreus et uxor mea Leotsenda donamus ad ipsam ecclesiam capellam nostram que est constructa in pago Matisconense, in agro Cosenacense, in villa Arnant, et terminatur ipse curtilus ubi ipsa capella Sancti Andree terminatur a totis quatuor partibus donatores; et habet totum in Gibordinas (¹) et perticas septuaginta et VII. Infra istas fines vel terminationes, ipsam capellam cum ipso cemiterio, donamus ad ipsam casam Dei Sancti Vincentii. Illa vinea que in ipsa villa resedit, que terminatur in totis quatuor partibus terra ipsorum condonatorum; infra isto termino unam medietatem. Et donamus in ipsa villa silvam que terminat in tribus partibus terra ipsorum condonatorum; infra isto termino ipsa silva ad cinquanta porcos saginandum ad integrum ibi donamus. Et donamus illa colonica que in Causal Mambert resedit : hoc est curtilus............(²)

CCCCXXVIII. (¹) Boubier, *Girbodinas*.
(²) Huic donationi nonulla desunt.

CCCCXXIX.

[BERNARDUS PRESBITER DAT VINEAM PRO EMPTIONE PRESBITERATUS.]

1031 — 1060.

Sacrosancte Dei ecclesie Sancti Vincentii martiris que est infra menia Matisconis ubi Walterius episcopus preest et Rannulfus prepositus. Ego Bernardus presbiter dono unam vineam, pro emptione presbiteratus Cardonaci, sitam in pago Matisconensi, in agro Plotensi, in villa Cardonaco. Terminatur a mane et a medio die de ipsa hereditate, a sero terra Sancte Marie et Sancti Philiberti, a circio via publica, habet in longum perticas xvi. Infra istas terminationes vel perticationes, dono istam vineam supra scriptam, loco super nominato, eo tenore ut dum ab hac die in antea teneant et possideant sine ullo contradicente rectores Sancti Vincentii ad mensam fratrum. S. Bernardi presbiteri qui fieri et firmare rogavit. S. Sisleni. S. Otbranni. S. Widonis. Data per (manus) Vuilelmi, xvi kal. martii, regnante Henrico rege.

CCCCXXX.

[ERMENGARDIS DAT SANCTO VINCENTIO MANSOS IN AGRO IGGIACENSI([1]).]

1031 — 1062.

Sacrosancte ecclesie Sancti Vincentii martiris que est constructa infra ambitum meniorum Matiscensium, cui domnus Walterius presul preesse videtur. Ego Ermengardis femina considerans scelerum meorum enormitatem ut pius Dominus, predicti martiris interventu placatus, animam meam a penis inferni eripiat et eterne beatitudinis munere donet, concedo quasdam res juris mei sitas in pago Matisconense, in agro Idgiacense, in villa Verchisoto. Sunt autem he res: mansi cum domibus, vineis, campis, pratis, silvis, aquis, aquarumque decursibus, et molendino uno quod est ad villam que dicitur Septem Molinis, et precipue silve. Que omnia senior meus Udulricus dudum contulit et scriptum michi fecit, ut cuicumque dare vellem predium hoc, in mea esset potestate. Itaque, pro illius anime remedio necnon filii mei Udulrici, has res predictas Sancto Vincentio tribuo cum omnibus rebus ad hoc predium pertinentibus, ut ab hodierno die rectores

CCCCXXX. ([1]) Adi chartam ccccLVIII.

Sancti Vincentii teneant et possideant, et quicquid sibi libuerit in Dei servitio faciant, nullamque calumniam patiantur ab heredibus senioris mei vel a meis. Si quis autem hoc testamentum calumniare presumpserit non valeat sed ad nihilum molitio(²) ejus redigatur, et ipse in hac vita positus omnibus subjaceat maledictionibus. Preterea jam dicte ecclesie tribuo mansum unum, cum silva et campis et pratis, situm in pago Lugdunense, in agro Respiacense, in villa Montis, dicitur autem silva Pireta; terminatur a mane terra Sancti Vincentii, a medio die via publica, a sero terra ejusdem Ermengardis, a circio via publica.

CCCCXXXI.

[ADALARDUS ET SULPICIA DANT TERRAS APUD VILLAM VARENNAS.]

1031 — 1062.

Sacrosancte Dei ecclesie que est in honore Almi Vincentii dicata infra ambitum meniorum Matiscensis urbis sita, cui Walterius preest episcopus. Ego Adalardus cum uxore mea Sulpicia donamus aliquas terras, quas hactenus jure hereditario tenuimus, pro remedio animarum nostrarum et pro anima filii mei Arloeni simulque pro animabus parentum nostrorum, ut nobis et illis, supradicti martiris precibus, remissionem omnium peccatorum tribuat piissimus Dominus. Sunt autem he terre in pago Matiscensis urbis (site), in agro Fusciacense, in villa Varenne; una cum(¹) quicquid (ibi) visi sumus habere in silvis et arabilibus terris atque pratis, totum tribuimus ad mensam fratrum supradicte congregationis ut illud deinceps habeant et possideant jure perpetue possessionis. Igitur hujus heleemosine gratia nihil accipimus ab eis nisi, illud quod majus est, communionem et gratiam illorum societatis et participationem orationis. Precamur autem parentes et successores nostros ut hoc caritativum(²) donum, quod predictis fratribus concedimus pro nobis et illis et pro defunctorum parentum nostrorum animabus, laudent et confirment, ut Almi Vincentii precibus canonicorumque ipsis orationibus fiant consortes eterne glorie retributionibus. Et si quis presumpserit contradicere, sciat se juste feriendum divina ultione. S. Aadalardi et uxoris ejus Sulpicie, qui fieri et firmare rogaverunt. S. Joffredi. S. Otgerii. S. Renconis.

(²) Bouhier, *volitio*.
CCCCXXXI. (¹) Bouh., *vicinitate*.
(²) Bouh., *capitatum*.

CCCCXXXII.

[EREMBERTUS ET MARIA VENDUNT INGELBERTO VINEAM IN IGIACO.]

1031 — 1060.

Dilecto Ingelberto et uxori sue Beliarde. Ego Erembertus et uxor mea Maria vendimus vobis unam vineam sitam in pago Matisconense, in agro Igiaco, in villa Gigniaco. Terminatur a mane et a sero via publica, a medio die terra Udulrici, a circio terra Sanctorum Benedicti et Marcelli; habet in longo perticas XLIIII, in ambis frontibus VII perticas et dimidiam. Infra istas terminationes vel perticationes, vendimus vobis istam vineam supra scriptam et accipimus pretium solidos XVIIII; et faciatis quicquid volueritis sine ullo contradicente, si quis vero contradixerit auri uncias decem componat. Firma permaneat omni tempore. S. Eremberti qui fieri et firmare rogavit. S. Marie uxoris ejus. S. Ragnoardi. S. Alberti. S. Heldemodi. S. Condranni. S. Amalberti. S. Richardi. Data per manum Wilelmi, VI nonas Martii, anno primo regnante Henrico rege.

CCCCXXXIII.

[INGELBERTUS DAT OMNIA QUE POSSIDEBAT IN FONTANA.]

1031 — 1062.

Notum sit omnibus christianis quod veniens Ingelbertus ante domnum Walterium Matiscensem episcopum et omnibus canonicis, dedit sua sponte atque verpivit Sancto Vincentio atque canonicis ipsius loci omnia que possidere videbatur in villa Fontanas, et in villa Ditgiaco(¹), et in villa Soloigniaco, sive Milliaco(²), necnon et curtillum quem emerat XVIII soldos in villa Gigniaco, seu que habebat in villa Vuiriaco, ut habeant et possideant sine contradictione alicujus mortalis hominis. Ego Ingelbertus, qui hoc donum vel werpitionem feci et firmare rogavi. S. Beliardis uxoris mee. S. Duranni filii mei.

CCCCXXXIII. (¹) Bouhier, *Cliegiaco*; legendum, *Itgiaco*.
(²) Bouh. perperàm, *Nulliaco*.

CCCCXXXIV.

[REMESTAGNUS REDDIT RES SITAS IN VILLA CORTE FRANCIONIS(¹).]

Notum sit omnibus quia Remestagius, filius Gibrardi de Emurenda, contentionem et querelam habuit cum canonicis Sancti Vincentii de terris quas olim Johannes archipresbiter dederat Sancto Vincentio, ad mensam fratrum, sitas in villa Cortefrancionis. Cum igitur hanc contentionem multum temporis cum canonicis haberet, venit in claustrum illorum volens, per sacramentum et per pugnam, supradictas terras usurpare, dicens quia sibi competerent jure hereditario per successionem parentum suorum, scilicet patris sui Giloardi et avunculi sui Rotlanni atque Vuamendi. Sed convictus ratione quod injuste istam querelam haberet contra canonicos et quia Johannes archipresbiter rectus et legitimus dator de illis terris fuisset, werpivit Sancto Vincentio et canonicis omnem querelam quam habebat contra illos de supradictis terris, et si aliquam rectitudinem habebat in illis terris dedit illam Sancto Vincentio per hunc librum.

CCCCXXXV.

[MAIMBODUS EPISCOPUS DAT GAUSPERTO IN PRECARIAM COLONICAM SANCTI GERMANI(¹).]

958.

Anno Incarnationis Dominice DCCCCLVIII, cum resideret domnus ac venerabilis Maimbodus episcopus apud Matisconem, juxta ecclesiam Beati Vincentii, venit quidam vir Gauspertus nomine ante ejus presentiam vel fidelium suorum clericorum et laicorum, Humberti prepositi, Adonis abbatis, Bernardi cum ceteris canonicis, et petiit ab eis aliquamtulum ex rebus Sancti Vincentii Matiscensis de ratione fratrum, colonicam scilicet que est de beneficio ecclesie Sancti Germani Tramaiias, et est juxta ecclesiam Sancti Leodegarii, cum campis, pratis, silvis, aquis aquarumque decursibus. Ipse itaque Gausbertus adquisivit inde precariam ad opus duorum filiorum suorum, hoc est Gausberti clerici et Bernardi, ut diebus vite illorum illam colonicam tenerent, et canonicis redderent in censum annis singulis, festivitate Sancti Vincentii, denarios VI. Domnus quoque Maimbodus episcopus, per consilium canonicorum suorum, jussit eis fieri quod petebant,

---

CCCCXXXIV. (¹) Huic verpitioni temporis nota non adscribitur.
CCCCXXXV. (²) Vide chartam CCCCXIII.

et ut certius crederetur, hanc precariam manu sua firmavit et fratribus vel fidelibus suis roborari precepit. S. Maimbodi episcopi. S. Humberti prepositi et archidiaconi. S. Vimugisi (ª) levite. S. Bernaldi presbiteri. Hactum Matiscone anno IIII regni Lotharii regis.

CCCCXXXVI.

[VENDRAMNUS DAT SANCTO VINCENTIO MANSUM CUM FURNO ET TORCULARI.]

1034 — 1060.

Sacrosancte ecclesie Beati Vincentii martiris que est sita infra ambitum meniorum Matisconis. Ego Vendrannus, pro remedio anime mee, per laudationem et consensum parentum et amicorum meorum dono ad mensam fratrum, Domino inibi servientium, aliquid de rebus meis : hoc est unum mansum, majore ex parte vinea edificatum, cum terra arabili sibi adjacente, cum furno et torculari. Est autem hic mansus situs in pago Matisconensi, in agro Arpaiacensi, Alichier nominatus; terminatur vero a mane terra Sancti Pauli, a medio die terra Sancti Vincentii, a sero terra Wichardi, a circio via publica. Habet autem a medio die in uno fronte perticas XIIII et III pedes, et a sero in longum perticas XVIII, et a circio in alio fronte perticas XVI, a mane autem non mensuratur quia longior et latior in ea parte habetur. Igitur infra istas terminationes vel perticationes, dono ipsum mansum, ab omni calumnia et debito liberum, fratribus predicti loci eo pacto ut dum vixero teneam et possideam loco beneficii, et unoquoque anno investitura unum modium vini reddam; post decessum vero meum, cum omni integritate revertatur ad ipsos. S. Vendranni qui fieri et firmare rogavit. S. Sufficie uxoris ejus. S. Alberti filii ejus. S. Maimbaldi. S. Johannis. S. Euvrardi. Hactum est hoc Matiscone, regnante Henrico Francorum rege. Datum per manum Willelmi.

CCCCXXXVII.

[CONSTANTINUS DAT SANCTO VINCENTIO VINEAM IN VILLA CARNACO (¹).]

Sacrosancte ecclesie Beati Vincentii martiris que est sita infra ambitum meniorum Matisconis. Ego Constantinus, pro remedio animee mee, dono ad mensam fratrum unam vineam in pago Matisconensi, in agro Salor-

---

(ª) Bouhier, *Wingisi*.
CCCCXXXVII. (¹) Huic donationi nota chronologica deest.

niacensi, in villa Carnaco, cujus terminationes sunt, a mane fons percurrens, a medio die et a sero et a circio terra Beati Vincentii; habet in longo perticas XVIII, in latitudine in uno fronte VI et in alio V. Infra hoc terminum vel perticationem, dono hanc vineam et curtilum Sancto Vincentio et suis canonicis. Similiter dono salices ad ipsam vineam pertinentes, ea ratione ut quamdiu vixero teneam, et in unoquoque anno investitura duos sextarios vini reddam(²); et post meum decessum, integre ad mensam fratrum canonicorum Sancti Vincentii perveniat. S. Constantini qui fieri et firmare precepit. S. Richelde conjugis ejus. S. Berte filie istius Constantini. S. Duranni qui ex aliqua parte istius terre venditor fuit. S. Pasqualis.

CCCCXXXVIII.

[CANONICI SANCTI VINCENTII DANT IN PRECARIAM GAUSBERTO TERRAM IN GIVELGO(¹).]

Notum sit omnibus quia canonici Sancti Vincentii dederunt Gausberto de Monasterio, per precarie firmitatem, terram in villa Ginelgo(²). Et Gausbertus dedit Sancto Vincentio, in dotalitium illius precarie, unum mansum in villa Avistas, ubi Ansoldus stetit cum piscatoria, tali ratione ut ipse Gausbertus et uxor sua Eldeburga et duo filii eorum in vita illorum habuissent, et post illorum excessum omnia ad mensam fratrum pervenissent.

CCCCXXXIX.

[AYMO, GIRALDUS ET DURANNUS DANT PRATUM IN VILLA MOYSON(¹).]

Sacrosancte Dei ecclesie Sancti Vincentii martiris, que est infra muros Matisconis civitatis, damus nos Aimo et Giraldus et Durannus unum pratum, pro sepultura fratris nostri Girardi ac pro remedio anime ejus, situm in pago Matisconense, in agro Salorniacense, in villa Moyson; terminatur a mane et a circio terra Sancti Vincentii, a medio die aqua currente que vocatur Graona, a sero terra Josberti. Infra istas terminationes, donamus istud pratum suprascriptum canonicis Sancti Vincentii, eo pacto ut omni tempore teneant et possideant jure hereditario, sine ullo contradicente. S. Aymoni qui fieri et firmare rogavit. S. Berta. S. Durant. S. Girolt. S. Tueni. S. Aymoni. S. Alicis. S. Durannus. S. Rainart. S. Aalbert.

(²) Bouhier, *reddant*.
CCCCXXXVIII. (¹) Hæc charta temporis notà caret.
(²) Bouhier, *Givelgo*.
CCCCXXXIX. (¹) Huic donationi nota chronologica deest.

CCCCXL.

[LETBALDUS CUM CONSORTE DAT VINEAM IN VILLA URINIACO(¹).]

Sacrosancte ecclesie que est sita infra muros Matiscensis civitatis et dedicata nomine Sancti Vincentii martiris. Ego Letbaldus et consortis donamus ipsi ecclesie unam vineam pro sepultura cujusdam parentis nostri, nomine Stephani, que est sita in villa Uriniaco et terminatur a mane de ipsa terra, a medio die aqua percurrente, a sero terra Francorum, a circio de ipsa hereditate; et habet in longum perticas xiiii, de latere de uno fronte iiii perticas et ii pedes, de alio fronte v perticas et iiii pedes. Infra isto termino vel perticatione, donamus istam vineam Sancto Vincentio omni tempore habendam, sine fine possidendam; quam qui calumniaverit, iiii compellatur uncias auri componere. Ego Letbaldus qui fieri et firmare rogavit. S. Consortis.

CCCCXLI.

[BEGGO PRO CANONICA FILII ODDONIS DAT ECCLESIAM IN VILLA VESCURTIS(¹).]

Notum sit omnibus quod ego Beggo, pro canonica filii mei Oddonis, dedi Sancto Vincentio Matisconensis civitatis et canonicis suis partem ipsam que michi evenit de patre meo vel matre seu parentibus, de ecclesia que est in villa Viscurtis, in episcopatu Lugdunensi, jure hereditario ab ipso sancto sive canonicis suis possidendam perpetualiter.

CCCCXLII.

[GAUSMARUS ET AREMBURGIS DANT PRO CANONICA ODDONIS ECCLESIAM(¹).]

Sacrosancte ecclesie Sancti Vincentii martiris, que est constructa intra muros Matisconensis civitatis. Ego Gausmarus et uxor mea (nomine) Aremburgis donamus, pro canonica filii nostri Oddonis, partem quam a propriis parentibus conquisivimus de ecclesia que est sita in episcopatu Lugdunensi, in villa Vescurtis, cum terris et silvis, quesitum et inquirendum, jure hereditario perpetuo possidendum.

CCCCXL. (¹) Absque temporis notâ.
CCCCXLI. (¹) Nota chronologica deest.
CCCCXLII. (¹) Huic chartæ temporis nota non adscribitur.

CCCCXLIII.

[HUGO DE CAVANNIS DAT HEREDITATEM BERLECTUM NOMINATAM.]

1031 — 1062.

Sacrosancte Dei ecclesie infra muros Matisconis constructe, in honore Beati Vincentii martiris dicate, cui Walterius episcopus presse videtur. Ego Hugo de Caniainus[1] dono in communione fratrum Domino ibidem servientium, quamdam hereditatem in pago Lugdunensi sitam, Berlectinis[2] nominatam, sicut frater meus Otgerius qui prius eidem ecclesie de ista eadem hereditate donum fecerat, hoc autem donum facio jam dicte ecclesie specialiter pro anima fratris mei Otgerii qui prius, ut dictum est, hoc ipsum donum et precando fecit et faciendo fieri rogavit, deinde pro anima patris mei et matris mee et pro mea, ut ab hac die in antea, fratres ejusdem ecclesie jure perpetuo teneant et possideant eam hereditatem, cum pratis et silvis et aquis aquarumque decursibus et terris arabilibus, atque omnibus ad eam pertinentibus. Precor autem ut nulli extraneo vel seculari homini ipsa hereditas in beneficio vel aliquo modo detur; quod si factum fuerit, ego autem, heredes mei simili modo ipsam habere valentes, laudo etiam et confirmo donum de curtilo qui est in eodem Lugdunensi pago, in villa Curte Vientine situs, quem frater meus Wichardus pro anima sua predicte ecclesie contulit. Terminatur autem supradictus curtilus a mane de ipsa hereditate, a medio die via publica, a sero terra Constantii, a circio terra Sancte Marie et via publica. Infra istas terminationes, laudando dono et donando laudo supradictum curtilum, sicut et frater meus supradictus fecit sepe dicte ecclesie pro anima sua et pro mea, ut ab hac die in antea, in communione sua teneant et possideant eum sicut voluerint. Si quis de heredibus vel successoribus nostris, aut quilibet alius, calumniam aut tortitudinem aliquam de istis donationibus fratribus ejusdem ecclesie fecerit, nisi resipuerit, anathema fiet. S. Hugonis qui fieri et firmare rogavit. S. Walterii decani. S. Joffredi. S. Ailaldi. S. Wichardi. S. Widonis. S. Oddonis. Data per manum Armanni, IIII nonas Julii, regnante Henrico rege.

CCCCXLIII. [1] Bouhier, *Cavanis*.
[2] Bouh., *Berlectum*.

CCCCXLIV.

[LETBALDUS EPISCOPUS DAT IN PRECARIAM ROTLENO ECCLESIAM SANCTI MARTINI(¹).]

996 — 1018.

Notum sit omnibus Matiscensis ecclesie filiis presentibus et futuris, quia cum esset domnus Letbaldus presul in propria sede apud Matisconem, adiit ejus presentiam quidam clericus, nomine Rotlenus, humiliter poscens ut concederet sibi per precarie firmitatem quamdam ecclesiam in villa Colonicas sitam, in honore Beati Martini constructam, cum omnibus appendenciis, de ratione fratrum in Beati Vincentii martiris cenobio Domino famulantium. Cujus petitionem pretaxatus pontifex gratam suscipiens, concessit ei jam dictam ecclesiam, eo pacto ut omni tempore vite sue teneat et possideat et in festivitate Beati Vincentii, loco census, XII denarios supradictis fratribus persolvat; ac post illius decessum, ad Beatum Vincentium hec ecclesia cum omni integritate revertatur.

CCCCXLV.

[DURANNUS DAT SANCTO VINCENTIO MANSUM CUM VINEA IN VILLA VALLIS.]

1018 — 1030.

Sacrosancte Dei ecclesie Sancti Vincentii martiris que constructa est infra menia Matisconis. Ego Durannus archipresbiter, pro remedio et salute anime mee, dono unum mansum cum vinea et domo et omnibus appendenciis, in pago Matiscensi, in villa Vallis. Terminatur a mane et a circio et aliquid a medio die terra Arlebaldi nepotis mei, a medio die et a sero viis publicis; infra istum terminum, dono Domino Sanctoque Vincentio, ut ab hac die in antea faciant rectores Sancti Vincentii, in Dei servitio, quicquid facere voluerint. Si quis contradixerit auri libras x componat, firmaque permaneat cuncto tempore. S. Duranni. S. Arlebaldi. S. Noerii. S. Bernardi. S. Arlebaldi. S. Hugonis. S. Gausleni presulis. Acta in medio sinodo Matiscensi.

CCCCXLIV. (¹) Hæc precaria iteratur in utroque codice, vide chartam DXXIII.

CCCCXLVI.

[ERICUS, UXOR ANNA ET FILIUS WARNERIUS, DANT QUEDAM SANCTO VINCENTIO (¹).]

Sacrosancte Dei ecclesie Sancti Vincentii, que est constructa infra muros Matisconum. Ego Ericus et uxor mea Anna et filius noster Warnerius...........

CCCCXLVII.

[ODDO CANONICUS DAT SANCTO VINCENTIO LEODEGARIUM CUM INFANTIBUS SUIS(¹).]

Notum sit omnibus quod Odo canonicus, filius Begonis, dedit Sancto Vincentio unum servum nomine Leodegarium cum infantibus suis.

CCCCXLVIII.

[GISLEBERTUS MONETARIUS DAT IN COMMADIUM VINEAM APUD FONTANULAS(¹).]

Notum sit omnibus quod Gislebertus monetarius in commuandum (²) misit canonicis Sancti Vincentii vineam que est sita in pago Matisconensi, in villa Fontanilias, usque ad annos XXX, pro XXX solidis denariorum, que terminatur de omnibus partibus terra Sancti Vincentii; habet perticas in longum XXXII de una parte et de alia parte similiter in longum XXX, de latus a mane perticas XVI et dimidiam, a sero perticas VII. Infra istam terminationem vel perticationem, hanc vineam jam dictis in commuandam misit canonicis eo tenore ut si eam vendere necesse habuerit, nulli liceat eam vendere nisi hujus supradicti loci canonicis, quibus hoc idem conventum habuit.

CCCCXLIX.

[GISLEBERTUS ET EMELTRUDIS DANT MANSUM CUM VINEA IN FONTANULAS.]

1031 — 1060.

Sacrosancte Dei ecclesie Sancti Vincentii martiris que est constructa infra menia Matisconis. Ego Gislebertus et uxor mea Emeltrudis, pro remedio animarum nostrarum, donamus unum mansum cum vinea et omnibus appendenciis in pago Matisconense, in agro Salorniacense, in villa Fontanilias. Terminatur a mane via publica, in tribus partibus terra Sancti Vincentii;

CCCCXLVI. (¹) Hæc donatio, inexpleta in utroque codice, notâ chronologicâ caret.
CCCCXLVII. (¹) Absque temporis notâ.
CCCCXLVIII (¹) Hæc charta temporis notâ caret.
  (²) Bouhier, hîc et infrà, *commadium*.

habet in longo perticas xxxii de una parte et de alia parte in longum perticas xxx, de latus a mane perticas xvi et dimidiam, a sero perticas vii. Infra istas terminationes vel perticationes, donamus Domino et Sancto Vincentio, ut ab hac die in antea faciant rectores Sancti Vincentii in Dei servitio quicquid facere voluerint; si quis contradixerit, auri libras x persolvat, firmaque permaneat cuncto tempore.

CCCCL.

[GISLEBERTUS IDEM DAT MANSUM CUM VINEA APUD FONTANULAS.]

1031 — 1060.

Sacrosancte Dei ecclesie Sancti Vincentii martiris que fundata est infra menia Matisconis. Ego Gislebertus monetarius et uxor mea Emeltrudis donamus, pro remedio animarum nostrarum et genitoris mei Martini et genitricis mee Engeltrudis, quoddam mansum cum vinea in pago Matisconense, in agro Salorniacense, in villa Fontanilias. Terminatur a mane via publica, a medio die et a circio terra Sancti Vincentii, a sero terra Blitgerii et Sancti Vincentii; habet a mane perticas xxii et pedes vii et dimidium, a medio die perticas xxiii et pedes vi, a sero perticas xxvi, a circio perticas xxxiii. Infra has terminationes vel perticationes, donamus Domino Sanctoque Vincentio, et ab hac die in antea faciant canonici ad mensam fratrum in Dei servitio quicquid facere voluerint. S. Gisleberti et conjugis ejus, qui fieri jusserunt. S. Blitgerii qui consensit et firmavit. S. Wandalmari. S. Gisleberti. S. Engeltrudis, qui consentierunt. S. Sicani. S. Warnerii. S. Arfredi. S. Arlebaldi. S. Rinconis. S. Arnidi([1]). Data per manum Otgerii, mense Marcii, die Jovis, Henrico rege regnante.

CCCCLI.

[DURANNUS CUM SOCIIS DAT SANCTO VINCENTIO VINEAM IN VILLA DAVAIACO.]

1031 — 1060.

Sacrosancte Dei ecclesie Sancti Vincentii martiris que fundata est infra menia Matisconis. Ego Durannus et Bernardus et Arnulfus et Giraldus donamus pro remedio animarum nostrarum unam vineam sitam in pago Matisconense, in agro Fusciaco, in villa Davaiaco; terminatur a mane

CCCCL. ([1]) Bouhier, S. Arvei.

terra Letaldi, a medio die terra Gislardi(¹) et Duranni, a sero terra Sancti Leodegarii, a circio terra Geraldi et Bernardi. Infra istas terminationes, donamus Domino Sanctoque Vincentio, ut ab hac die in antea faciant canonici ad mensam fratrum, in Dei servitio, quicquid facere voluerint. S. Duranni. S. Bernardi. S. Arnulfi. S. Giraldi, qui fieri et firmare rogaverunt. S. Duranni alii. S. Johannis. Data per manum Willelmi, III nonas Maii, regnante Henrico rege.

CCCCLII.

[DURANNUS DAT SANCTO VINCENTIO CAMPUM IN VILLA VERCHESONO.]

1031 — 1060.

Sacrosancte Dei ecclesie Sancti Vincentii martiris, que est constructa infra menia Matisconis. Ego Durannus, pro remedio et salute anime mee, dono unum campum in pago Matisconensi, in villa Verchesono, terminatur a mane terra Sancti Vincentii, a medio die terra Constancio et Ilio, a sero Sancti Petri, a cercio Sancti Clementis; habet in longo perticas III et III pedes, in ambis frontibus perticas III et pedes VIII. Infra istas terminationes vel perticationes, dono Domino Sanctoque Vincentio ut ab hac die in antea faciant rectores Sancti Vincentii, in Dei servitio, quicquid facere voluerint. Si quis contradixerit auri libras V persolvat, firmaque permaneat cuncto tempore. S. Duranni qui fieri et firmare rogavit. S. Gitberge matris sue. S. Vuitberti. S. Lantrudis. S. Rambaldi. S. Braidenco. Data per manum Willelmi, IIII kal. Maii, regnante Henrico rege.

CCCCLIII.

[CENSORIUS DAT SANCTO VINCENTIO UNAM RESCIAM DE VINEA IN PETRAO(¹).]

Sacrosancte Dei ecclesie Sancti Vincentii que est sita in civitate Matisconis. Ego Censorius dono unam resciam de vinea pro remedio anime mee, in pago Matisconense, in villa Petroio(²), terminatur a mane et a circio viis publicis, a medio die et a sero de ipsa hereditate, id est(³) terra; habet in longo perticas XIII, in lato pedes VIIII, id est perticam unam et dimidiam. Hanc donationem facio ea ratione ut quamdiu vixero teneam et, loco

---

CCCCLI. (¹) Undecim voces sequentes omittuntur in codice Boheriano.
CCCCLIII. (¹) Huic donationi temporis nota deest.
   (²) Bouhier, *Petrao*.
   (³) Bouh. omisit voces, *hereditate id est*.

vestiture, denarios in unoquoque anno exsolvam, et post meum decessum ad locum Sancti Simphoriani Viriacensis perveniat. S. Censorii qui dedit et firmare precepit. S. Aldrici. S. Bonini. S. Wamdalmari. S. Stephani. Otgerius scripsit.

CCCCLIV.

[JOFFREDUS COMES DAT SERVUM NOMINE DROGONEM CUM INFANTIBUS.]

1033 — 1065.

Notum sit omnibus hominibus quod ego Joffredus comes, recognoscens me numero peccatorum et offensionum meorum impediri[1], veni ante sanctum altare et ante reliquias Beati Vincentii martiris, confitens peccata mea promittensque de preteritis emendationem, de futuris cautelam, auxiliante Dei misericordia. Igitur, ut ipse beatus Dei martir dignetur pro me deprecari omnipotentem Dominum ut michi misereatur et me sicut necesse fuerit dirigat, dono illi sibique servientibus canonicis quemdam servum nomine Drogonem cum uxore sua nomine Tedrada, cum filiis et filiabus eorum. Werpio etiam et remitto debita et omnes consuetudines quas ego et pater meus et antecessores mei prendiderunt in omnibus illis terris Sancti Vincentii que in villa Sanciaco conjacent. Igitur ut hec donatio seu werpitio firma permaneat, propria manu illam firmo meisque fidelibus firmare precipio.

CCCCLV.

[WARNERIUS ET HELDIARDIS DANT RES SUI JURIS IN VILLA MOYSON.]

1031 — 1062.

Sacrosancte ecclesie Sancti Vincentii (martyris) que est sita infra menia Matisconis, cui Walterius episcopus preest. Ego Warnerius et uxor mea Heldiardis donamus, pro remedio animarum nostrarum et pro benefacto quod nobis fratres predicti loci fecerunt, quasdam res juris nostri sitas in pago Matisconense, in agro Salorniacense, in villa Moyson. Inprimis donamus curtilum unum cum vinea qui terminatur a mane terra Sancti Vincentii, a meridie Sancti Stephani, ab occidente via publica, a circio de ipsa hereditate; et in alio loco unam peciam de vinea, terminatur a mane via publica, a meridie et sero Sancti Vincentii, terra Duranni. Et in alio loco

---

CCCCLIV. (¹) Bouhier, *me nimium peccatis et offensionibus meis impediri.*

pratum unum quod dicitur Speluca, terminatur ab oriente terra Sancti Stephani et Humberti, a meridie terra Alfredi, ab occidente de ipsa hereditate, a cercio Sancti Vincentii, a sero similiter, a circio via publica et in Craio quartam partem. In alio loco, campum unum qui terminat a mane terra Sancti Vincentii et a medio die fluvio Graonna(¹), a sero via publica, a circio terra Sancti Johannis; et in alio loco, campum unum in Ceuro qui terminatur a mane et a circio aqua volvente, a medio die Sancti Petri, a sero Sancti Stephani. Et in Camnemia(²) silva quicquid ibi habemus, et in molino supra Craonnam fluvium posito quartam partem. Hec omnia suprascripta et queque jure hereditario nobis evenire debent in parrochia Sancti Clementis et Sancti Marcelli de Varennis, donamus Domino et Sancto Vincentio, ad mensam fratrum ibi Domino famulantium, cum servo nomine Arnulfo et sorore nomine Ermengardis et infantibus illorum; et faciant rectores Sancti Vincentii ab hac die quicquid facere voluerint. Ego Warnerius et uxor mea Heldiardis, qui fieri et firmare rogavimus.

CCCCLVI.

[UDULDRICUS DE BALGIACO REMITTIT OMNES CONSUETUDINES IN VILLA DE MONTE(¹).]

1074 — 1096.

Notum sit omnibus fidelibus quod Udulricus, (dominus) de Balgiaco, reddidit et reliquit et finivit pro salute anime sue et antecessorum suorum Beato Vincentio Matisconis et rectoribus ecclesie omnes consuetudines et prenditiones quas injuste et juste fecerat ipse, vel aliquis alius pro eo, in villa de Monte. Misit autem manum suam super manum domni Hugonis Diensis episcopi et Romani legati, quasi in loco sacramenti, ne aliquis filiorum vel successorum suorum hanc werpicionem presumeret infringere. Factum est hoc per manum domni Hugonis Diensis episcopi, presente Euvrardo canonico Matisconis, et per consilium hominum ipsius Udulrici, scilicet Adalardi de Vilars, Berardi de Mespilio, Bernardi de Jaiaco, Joffredi de Meseriaco, Andree de Nigro Monte, presidente venerabili antistite Landrico Matisconi, regnante Philippo rege. Laudantibus hoc sit vita eterna, calumniantibus autem et omnibus disturbantibus perpetuum anathema.

CCCCLV. (¹) Bouhier, *Craona*.
(²) Bouh., *Cavicenna*.
CCCCLVI. (¹) Hanc chartam vulgavit Guichenon, *Hist. de Bresse et Bugey*, pag. 8 instrument.

CCCCLVII.

[AIMO ET ELDEARDIS DANT PRATUM IN VILLA MOYSON.]

1031 — 1062.

Sacrosancte Dei ecclesie que est in honore Beati Vincentii martiris dicata infra muros Matisconis sita, cui Walterius preesse videtur episcopus. Ego Aimo et uxor mea Eldeardis donamus vel partim vendimus, pro remedio animarum nostrarum, quoddam pratum jacens in villa Moison, et accipimus a canonicis precium IIII solidorum. Terminatur autem supradictum pratum a mane de ipsa hereditate, a medio die fluvio Graonne, a sero et a circio terra Sancti Vincentii; habet vero in longum perticas XLV, in uno fronte IIII, in alio I. Infra istas terminationes vel perticationes, donamus vobis istud pratum et accipimus precium supradictum, eo pacto ut post mortem nostram sepeliatis nos si opportunitas vobis fuerit. S. Aimonis qui fieri et firmare rogavit. S. Eldeardis uxoris ejus. S. Giraldi fratris ejus. S. Aimonis alii. S. Duranni. S. Luciniaci([1]). Hactum est hoc Matiscone II kal. februarii, regnante Henrico rege.

CCCCLVIII.

[ERMENGARDIS DAT RES SUI JURIS IN VILLA VERCHISOTO ([1]).]

1031 — 1062.

Sacrosancte ecclesie Sancti Vincentii martiris, que est constructa infra ambitum meniorum Matisconensium, cui domnus Walterius venerabilis presul preesse videtur. Ego Ermengardis femina, considerans scelerum meorum enormitatem, ut pius Dominus predicti martiris interventu placatus animam meam a penis inferni eripiat et eterne beatitudinis munere donet, concedo quasdam res juris mei sitas in pago Matisconensi, in agro Idgiacensi, in villa Verchisoto ([2]). Sunt autem he res mansi cum domibus, vineis, campis, pratis, silvis, aquis aquarumque decursibus, et molendino uno quod est ad villam que dicitur Septem Molinis, et precipue silve; que omnia senior meus Uduldricus dudum contulit et scriptum michi fecit ut

---

CCCCLVII. ([1]) Bouhier, *Linimaci*.
CCCCLVIII. ([1]) Adi chartam CCCCXXX, cujus ista transcriptio inexpleta est.
([2]) Bouhier, *Urchisoto*; nostris *Verchiseuil*.

cuicumque dare vellem hoc predium, in mea esset potestate. Itaque, pro illius anime remedio necnon filii mei Uduldrici, has res predictas Sancto Vincentio tribuo cum omnibus rebus ad hoc predium pertinentibus, ut ab hodierno die rectores Sancti Vincentii teneant et possideant, et quicquid sibi libuerit in Dei servitio faciant, nullamque calumniam patiantur ab heredibus senioris mei vel a meis. Si quis autem testamentum hoc calumniare presumpserit non valeat, sed ad nichilum molicio ejus redigatur, et ipse in hac vita positus omnibus subjaceat maledictionibus.

CCCCLIX.

[BREIDINCUS IMPETRAT A WALTERIO EPISCOPO CANONICALE CONTUBERNIUM.]

1031 — 1062.

Notum sit omnibus sancte Matiscensis ecclesie filiis presentibus et futuris, quia cum esset domnus Walterius presul in propria sede, juxta ecclesiam Beati Vincentii martiris, Rannulfus prepositus et Walterius decanus cum aliis canonicis, adiit ejus presentiam quidam clericus nomine Breidincus humiliter poscens ut sibi concederent canonicale contubernium; qui audientes requisierunt quemdam mansum quem dudum Stephanus, filius Artaldi, Sancto Vincentio dederat, quem ipse suum esse dicebat, situm in pago Matisconense, in agro Fusciacense, in villa Cavaniaco. Terminatur ab oriente et occidente terra Hebreorum, a meridie terra ejusdem Beati Vincentii, a circio via publica. Quod ipse Breidincus audiens, sponte predictum mansum reddidit, et si aliquam rectitudinem ibi habebat, Domino Sanctoque Vincentio dedit. Preterea, propter canonicam societatem, dedit Domino Sanctoque Vincentio quasdam terras quas quidam homo nobilis, nomine Humbertus, propinquus ejus sibi dederat, ut sibi in vita sua victum et vestitum preberet; sunt autem he res site in eodem pago et in villa Varennas. Igitur predictus Breindincus has terras, campos, scilicet vircarias, prata, silvas, cum omnibus ad se pertinentibus, laudante jam dicto Humberto, Sancto Vincentio dedit ad mensam fratrum, sicut eas Osbertus pater ejus et Alia mater ejus ipsi Humberto dimiserunt et ipse eas tenuit; et faciant rectores Sancti Vincentii quicquid facere voluerint eo pacto ut nulli laico homini he terre dentur per beneficium, neque per precariam. S. Braidenci qui fieri et firmare rogavit. S. Humberti. S. Arberti. S. Alterius Humberti. S. Aimonis.

CCCCLX.

[SALICHERIUS ACCIPIT IN CENSUM A BERNONE EPISCOPO RES SANCTI VINCENTII.]

928 — 936.

In nomine Verbi Incarnati, notum sit omnibus fidelibus sancte Dei ecclesie Sancti Vincentii tam presentibus quam et futuris quia venit quidam vir, nomine Salicherius atque de familia ejus ortus, petiit a domno Bernone pontifice aliquamtulum ex rebus Sancti Vincentii a beneficio tenere sub censu ; est colonica que conjacet in pago Lugdunensi, in agro Vircionis, in villa Chinimaco ([1]). Domnus quoque presul Berno, per consilium fidelium suorum, concessit ei quid petebat ea vero ratione ut ipse res meliorentur et non destruentur, et annis singulis festivitate Sancti Vincentii, absque ulla dilatione, persolvat in censum denarios IIII. Similiter concessit uxori sue Natalie et filiis suis Teutbaldo et Adalgerio; illis autem decedentibus, ad mensam fratrum canonicorum revertatur perpetualiter funditus. Si quis vero distraxerit, inferni igne cremabitur. S. Berno episcopus, Aininius, Rannaldus, Henricus, Giso, Beraldus, Berno presbiter, Gembertus, Rodulfus. Berardus scripsit, die Sabbati II kal. Julii, anno XII ([2]) regnante Ludovici imperatoris.

CCCCLXI.

[BREINDINCUS ACCIPIT IN PRECARIAM MANSUM IN VILLA VINCELLAS.]

1031 — 1062.

Notum sit omnibus sancte Matiscensis ecclesie fidelibus presentibus et futuris, quia cum esset domnus Walterius episcopus in propria sede, juxta basilicam Beati Vincentii martiris, fretus ([1]) canonicorum suorum presentia adiit ejus presentiam quidam clericus nomine Breindencus humiliter poscens ut sibi concederet quasdam terras per precarie firmitatem, sitas in pago Matisconensi, in agro Fusciacensi, in villa Vincellas. Est autem unus mansus qui terminatur a mane terra Sancti Petri, a medio die rivo currente,

---

CCCCLX. ([1]) Bouhier, *Cluniaco.*
        ([2]) Bouh., XXII.
CCCCLXI. ([1]) Bouhier, *secus.... presentiam.*

a sero terra Sancti Stephani, a circio via publica, et in ipsa villa silva que terminatur a mane terra ipsius Breindenci, a medio die et a circio terris Sancti Stephani, a sero terra Francorum. Est autem in ipsa villa vinea cum campo simul tenente; terminatur a mane via publica, a medio die Sancti Stephani, a sero et a circio terris Sancti Petri et Rotberti. Est et in ipsa villa pratum unum, terminatur a mane terra Breindenci et heredum suorum, a medio die et a sero terra Sancti Stephani, a circio via publica. Est autem in villa Cantriacum mansus unus qui terminatur a mane terra Simonis(²) et Achardi, a medio die et a circio viis publicis, a sero terra Francorum. Cujus petitionem domnus episcopus gratam suscipiens, consentientibus canonicis, concessit ei supradictas terras per precarie firmitatem, eo pacto ut in vita sua teneat et possideat; et post ejus decessum, he terre ad mensam canonicorum redeant, et ipse Brendincus omni anno, in festivitate Sancti Vincentii, fratribus XII denarios persolvat.

CCCCLXII.

[NOE DAT LINONI FIDELI SUO MANSUM IN VILLA CARBONERIAS.]

Circà annum 1009.

Dilecto fideli meo nomine Livoni(¹). Ego quidam Noe (nomine) senior tuus dono tibi aliquid ex rebus proprie hereditatis mee, pro amore et bona voluntate que contra te habeo; que sunt site in pago Matisconensi, in fine Viriacensi, in villa Carbonerias. Est curtilus unus cum mansione supraposita et vinea simul tenente; terminatur a mane et a medio die viis publicis, a sero terra Widoni, a circio terra Aniane(²) et infantibus suis. Infra isto termino tibi dono totum et facias tu post hunc diem quicquid facere volueris nullo contradicente. Si quis donationem istam contradixerit, auri unciam unam componat, et in antea donatio ista firma (et) stabilis permaneat cum stipulatione subnixa. Actum Matiscone. S. Noe qui donationem istam fieri et firmare rogavit. S. Constantini. S. Arardi. S. Walterii. S. Duranni. S. Euvrardi. S. Odonis. S. Walcherii. S. Humberti. S. Bercherii. Data per manum Rodulfi presbiteri, VIII idus septembris, anno XII regnante Rotberto rege.

(²) Bouhier, *Aimonis.*
CCCCLXII. (¹) Bouh., *Linone.*
(²) Bouh., perperàm, *à mane.*

CCCCLXIII.

[LINO DAT MATSELINE SPONSE RES SUI JURIS IN VILLA CARBONERIAS.]

997 — 1031.

Dilecte atque multum amabili sponse mee nomine Matselina, ego Livo sponsus tuus, pro amore et benevolentia, et per consilium parentum nostrorum amborum et si Domino placuerit, ad te sociare volo. Propter amorem, dono tibi in dotalicium de rebus meis que sunt site in pago Matisconensi, in agro Salorniacensi, in villa Carbonerias : hoc est mansus, cum vinea et curtilario, qui terminatur a mane et a medio die viis publicis, a sero terra Oylart, a circio Hugonis; et que habet in ipsa terminatione tibi dono, et que habet in ipsa villa pratum unum medietatem tibi dono, qui terminatur a mane via publica, a medio die Teutsani et Witbert, a sero Sancti Boniti, a circio Sancti Vincentii. Et dono tibi de alia hereditate tertiam partem, quesitum et inquirendum : hec sunt vineis et arboribus et mansionibus et curtilario, campis, pratis, fontis, quesitum et inquirendum. Si heres exierit de nobis teneat et si non unusquisque in vita sua habeat usum et fructum, et post nostrum decessum, una medietas ad propinquos meos revertatur; de alia medietate facias quicquid volueris sine ullo contradicente, et si ullus homo calumniare voluerit auri libras II componat, firma et stabilis permaneat cum stipulatione subnixa. Actum Carbonerias. S. Livonis qui dotalicium fieri et firmare rogavit. Et dono tibi servum et ancillam nomine Bernart et Maria. S. Girardi. S. Humberti. S. Alii Humberti. S. Constantini. S. Uberti. Ego Aimo presbiter scripsi, die Mercurii, mensis octobris, regnante Rotberto rege.

CCCCLXIV.

[OTTO COMES ET AINARDUS DANT RES IN FLACIACO, CAVANIACO ET RIPA VELE.]

1018 — 1030.

Notum sit omnibus Christicolis et maxime Matisconensis civitatis proceribus, quia cum essem ego Otto comes apud Matisconem civitatem, adiit meam presentiam quidam canonicus Sancti Vincentii, vocabulo Ainardus, dicens non recte calumniari a meis exactoribus alodum suum qui est in pago Lugdunensi, in agro Tromacensi (¹), in villa Croteldi, et in villa Flaciaco, et in villa Cavaniaco (²), et in ripa Vele; hec sunt vinee cum domibus, campis, pratis, aquis aquarumque decursibus. Cujus clamorem, ego Otto audiens, diligenter inquisivi et inveni in aliquibus rebus meam rectitudinem. Domnus autem Gauslenus, predicte urbis episcopus, et canonici ejus rogaverunt ut pro Dei amore et Sancti Vincentii, omnesque consuetudines ex his terris Sancto Vincentio donarem, quod et feci pro anime mee remedio. S. Ainardi qui per hanc cartam supradictas res Sancto Vincentio donavit ad mensam fratrum. S. Ottonis comitis. S. Helisabeth uxoris ejus. S. Ududrici. S. Willelmi. S. Gausleni episcopi. S. Adalardi. S. Otgerii.

CCCCLXV.

[ECCLESIE SANCTI VINCENTII QUE DATE SUNT DIVERSIS IN PRECARIAM (¹).]

He sunt ecclesie Matiscensis que in precarias olim fuerunt date : fratres Patriciacensis monasterii tenent IIII^{or}, Salornacum, Tagisiacum, Sanctum Marcellinum, Sanctum Quintinum ; Bernardus (et) Walterius et Leotaldus, filius Bernardi, habuerunt precariam de ecclesia de Crais per domnum (²) Letbaldum episcopum ; Gauslenus episcopus dedit ecclesiam de Sancto Eptadio Ansedeo, in beneficium, et suus homo inde effectus est; Ado episcopus dedit ecclesiam de Vinciaco, cum Sancto Clemente, et ecclesiam de Madriaco et de Colingias in beneficium Hugoni comiti, per deprecationem Lamberti patris sui, pro uno calice aureo quem ipse Lambertus reddidit Sancto Vincentio; Ansedeus, filius Ansedei, tenet medietatem de ecclesia de Genoliaco in beneficium de Walterio episcopo, aliam medietatem tenuit Wicardus in precaria ; Arleyus, pater Walterii, tenuit ecclesiam de Saviniaco et de Vallis et de Curtilis, et postea Letbaldus episcopus dedit eas fratri suo Bernardo ; Elgaudus et filius ejus Rotbertus habuerunt ecclesiam de Sancto Martino et Sancto Nicetio de Burnant in precariam ; Humbertus habuit precariam, et uxor ejus Umbergia, de ecclesia de Sailiaco ; Elgaudus habuit precariam

---

CCCCLXIV. (¹) Bouhier *Toromacensi*, gallicè *Tornas*.
          (²) Bouh., *Canamaco*, nostris *Chevagny-sur-Veyle*.
CCCCLXV. (¹) Huic chartæ nota chronologica non adscribitur.
          (²) Bouh., *per donum Letbaldi episcopi*.

de ecclesia Sancti Simphoriani; Reotbertus et Livo habuerunt precariam de ecclesia de Busciaco, et postea Siminus illis abstulit; episcopus Matiscensis dedit fratribus de Sancto Johanne de Prato ecclesiam Sancti Andree, et aliam de Cirgos Witselina habet, et precariam filia Wichardi de ecclesia de Brigia Sancti Quintini; Rotbertus, pater natalis, habuit precariam de ecclesia de Tasiaco; Warulfus tenuit de dono Gausleni episcopi ecclesiam de Prisciaco, et aliam de Athenaco; Johannes episcopus fecit precariam Tedberto et filio ejus Ududrico de ecclesia Floriaci et medietatibus ecclesiarum Oratorii et Genoliaci; alias medietates habuit Wichardus per precariam, et sunt omnes de communione canonicorum Sancti Vincentii; Rotbertus, clericus de Patriciaco, habuit precariam de ecclesia Sancti Martini que est juxta Sedriacum castrum; Roclenus, clericus de Branceduno, habuit precariam de ecclesia de Colongias; mater Bosonis habet precariam de ecclesia que dicitur Villa Urbana et de terris ad eam pertinentibus.

CCCCLXVI.

[MATSELINA DAT SS. VINCENTIO ET PETRO RES IN VILLA CARBONERIAS.]

1031 — 1062.

Sacrosancte ecclesie Sancti Vincentii martiris que est infra ambitum meniorum Matiscensium sita, quam domnus Walterius (episcopus) ad regendum habet. Ego Matselina femina dono quasdam res sitas in pago Matisconensi, in fine Viriacensi, in villa Carbonerias, scilicet curtilum unum cum vinea simul tenente; terminatur a mane et a medio die viis publicis, a sero terra Widonis, a circio terra Anane(¹). Et dono in ipsa villa de uno prato unam medietatem que terminat a mane via publica, a medio die terra Teutsane et Vuitberti(²), a sero terra Sancti Boniti, a circio Sancti Vincentii; et dono predicte ecclesie omnia que Livo, senior meus, michi concessit per dotalicium et per aliud donum, et omnia que michi advenire debent de infantibus duobus quos jam dicto Livoni genui, qui post mortem illius multis vixerunt diebus, eo pacto ut de his terris duas partes retineant rectores Sancti Vincentii, tertiam habeant rectores Sancti Petri.

CCCCLXVI. (¹) Bouhier, *Avanæ*. Vide ch. CCCCLXII.
(²) Bouh., *Humberti*.

CCCCLXVII.

[ALEXANDRA DAT LANDRADE FILIE MANSUM IN SCOLA ET LIDORNACO.]

Circà annum 960.

Dilectissima filia mea, Landrada nomine, ego Alexandra dono tibi mansum indominicatum, in Scola vocatum, et quicquid ibi aspicit cum servis supermanentibus, et in Lidornaco mansum indominicatum cum omnibus appendenciis et servis supermanentibus utriusque sexus in locum divisionis, et fac quicquid facere volueris liberam et firmissimam habeas potestatem. Si quis vero donationem istam contradixerit, auri libras II coactus componat; firma permaneat cum stipulatione subnixa. Acta in Maliaco villa. S. Alexandrä que donavit et firmare rogavit. S. Girberti. S. Evrardi. S. Rannaldi. S. Odilardi. S. Stephani. S. alii Stephani. S. Girardi. S. Odonis. Johannes scripsit die Jovis, mense aprilis, anno VI([1]) regnante Lothario rege.

CCCCLXVIII.

[LANDRADA DAT ADALGARDE SORORI MANSUM INDOMINICATUM IN SCOLA.]

997 — 1031.

Dilecte Adalgarde sorori mee et filio ejus Gauseranno. Ego Landrada dono vobis mansum indominicatum, in Scola vocatum, et quamtum ad ipsum mansum aspicit, cum servis supermanentibus; et in Lidornaco, mansum indominicatum cum omnibus appendenciis et servis supermanentibus, et faciatis quicquid facere volueritis. Si quis contradixerit, auri libras II componat; firma permaneat omni tempore. S. Landrade qui fieri et firmare rogavit. S. Hugonis filii sui. S. Girberti. S. Iterii. S. alii Iterii. S. Ricardi. Adalbertus scripsit, regnante Rotberto rege.

CCCCLXIX.

[ROTBERTUS MILES DAT AD SEPULTURAM MANSUM IN VILLA CASOTIS.]

1031 — 1062.

Sacrosancte Dei ecclesie infra Matisconem constructe, in honore Sancti Vincentii (martiris) dicate, cui Walterius preest episcopus. Ego Rotbertus miles dono, pro remedio anime mee et causa corporis sepulture, ad mensam

---

CCCCLXVII. ([1]) Bouhier, *anno* VII.

fratrum inibi Deo servientium, quoddam mansum situm in pago Matisconense, in agro Salorniacense, in villa Casotis; terminatur a mane via publica, a medio die et a sero et a circio de ipsa terra. Werpio etiam et reddo, et si quid rectitudinis in ea habuerim, predicte ecclesie dono unam vercariam in Miolano sitam, quodam rivulo fontis ac via publica ex omni parte terminatam. Dono quoque eidem ecclesie aliam vercariam in villa similiter jacentem Casotis, que terminatur a mane et a circio via publica, a medio die de ipsa hereditate, a circio terra conversi Ledbaldi. Infra has terminationes, dono ad mensam predictorum fratrum supra nominatas terras, per laudationem et consensum fratris mei atque uxoris mee (necnon) et matris ceterorumque parentum et amicorum meorum, ut ab hac die in antea teneant et illas possideant et faciant exinde quicquid facere voluerint. Et ego Fromaldus dono super hec eisdem fratribus unum bonum et recipiale jornale de ipsa hereditate, situm in eadem villa. S. Fromaldi fratris ejus qui fieri et firmare jussit. S. Blesmodis uxoris ejusdem defuncti. S. Bersendis. S. Evrardi.

CCCCLXX.

[FLOTBERTUS DAT CAMPUM DE RATIONE SANCTI VINCENTII AD MEDIUM PLANTUM.]

Circà annum 1004.

Dilecto Alcherio. Ego Flotbertus dono tibi campum de ratione Sancti Vincentii ad medium plantum, in pago Matisconense, in agro Salorniacense, in villa Sanciaco, qui terminatur a mane et a medio die Sancti Vincentii, a sero Flotberti, a circio via publica; habet in longo perticas xxxi, in uno fronte perticas viii et dimidiam, in alio fronte perticas iiii et dimidiam. Infra isto termino, tibi dono ad v annos vineam edificatam, et post v annos, Flotbertus medietatem recipiat; aliam medietatem Alcherius possideat. Quod si vendere vel incaucionare volueris, nulli alteri facias nisi rectores ejusdem loci; si quis contradixerit auri unciam i componat, firma permaneat omni tempore. S. Flotbertus qui fieri et firmare rogavit. S. Ledbaldus presul. S. Mayolus prepositus. S. Gauserannus levita. S. Adalardus presbiter. S. Teudo presbiter. S. Rodulfus presbiter. S. Achardus presbiter. Data per manum Aldonis presbiteri viii kal. februarii, anno vii regnante Rotberto rege.

CCCCLXXI.

[OTTO COMES DAT BENEFICIUM UMBERTI MULIONIS SANCTO VINCENTIO (¹).]

997 — 1015.

Sacrosancte ecclesie Sancti Vincentii martiris. Ego Otto comes et uxor mea Adila donamus quasdam res, pro remedio animarum nostrarum, sitas in pago Matiscensi atque Lugdunensi, videlicet beneficium Humberti Mulionis defuncti. Conjacent autem ipse terre in villa Grecio et in villa Varennas et in villa Dranaco (²), et curtile in suburbio et in urbe Matisconis. Concedimus autem ipsas terras Domino Sanctoque Vincentio ad mensam fratrum, eo pacto ut unoquoque anno, post nostrum decessum, rectores ipsius loci in die nostri obitus anniversariam diem Domino sacrificia offerendo faciant. Damus vero cum plastris domum in Matiscono, ubi Humbertus jam dictus mansit. S. Ottonis comitis et uxoris sue Adde, qui fieri et firmare rogaverunt, Rainaldi filii sui. S. item Rainaldi. S. Porduini. Data per manum Rannulfi levite, vª feria, mense Martio, regnante rege Rotberto.

CCCCLXXII.

[WICARDUS CANONICUS DAT ECCLESIE CURTILUM CUM VIRCARIIS (¹).]

Sacrosancte Dei ecclesie infra muros Matisconis fundate in honore Beati Vincentii martiris dicate. Ego Wicardus, ejusdem ecclesie canonicus, dono in communione fratrum meorum ibidem Domino servientium unum curtilum vocatum et bene valentem mansum, cum omnibus ad illum pertinentibus, scilicet cum vircariis circumjacentibus, cum pratis et terris arabilibus, situm in pago Matisconensi, in villa Albuchonaci. Et dono villano qui manserit in illo manso, propter canonicos, usuariam de silvis ejusdem hereditatis mee, unde vineam edificet, unde domum ibidem edificiat et

---

CCCCLXXI. (¹) Adi inferius chartam ccccxc.
        (²) Ch. ccccxc et Bouhier, *Draciaco*.
CCCCLXXII. (¹) Huic donationi temporis nota deest.

omnia que sibi necessaria fuerint faciat. Terminatur autem supradictus curtilus a mane terra Warulfi et fratrum ejus, a medio die de ipsa hereditate, a sero terra Sancti Clementis, a circio via publica. Infra has terminationes, dono predictum mansum cum omnibus ad se pertinentibus jam dictis fratribus, remedio anime mee ut eam Dominus intercessionibus ejusdem martiris dignetur a penis inferni eripere, ut ab hac die in antea jure perpetuo teneant et possideant in communione sua sine ullo contradictore; quod si quis contradixerit anathema sit nisi legitime resipuerit. S. Wichardi qui fieri et firmare rogavit. S. Oddonis fratris ejus. S. Joffredi consobrini ejus. S. Arloldi canonici.

CCCCLXXIII.

[FROMALDUS DAT IN COMMUNIONEM FRATRUM HEREDITATEM SUAM.]

1031 — 1062.

Sacrosancte ecclesie Dei infra muros Matisconis fundate, in honore Beati Vincentii dicate. Ego Fromaldus dono in communione fratrum Domino ibidem servientium, pro remedio animarum patris et matris mee fratrumque meorum ac sororum et pro mea, omnem hereditatem meam queque michi per eos pervenit; quecumque conjacent in episcopatu Matisconensi. Et quamcumque quietam habeo et quamcumque alicui per rectum querelo, similiter servos et ancillas quos habeo vel quos querelo, excepto unum mansum in villa Perroy situm quem dedi filiis Raterii propter tortitudinem quam michi Cluniacenses monachi inde faciebant; hec omnia supradenominata concedo supradicte ecclesie clerisque in Domino ibidem servientibus presentibus atque futuris post decessum meum, ad presens vero reddo eis investituram pro his. Unum mansum, in villa Uriniaci jacentem, cum viriariis ad se pertinentibus et cum servitiis que debet, et Crayum cum prato Fradesii cui est superpositum, et quicquid in Miliaco(¹) habeo vel quicquid ibi per rectum querelo. Dono etiam sibi unum mansum in villa . . . . (²)

CCCCLXXIII. (¹) Bouhier, *Nuliaco.*
(²) Hæc donatio inexpleta est in utroque codice; Bouhier addit, *cœtera desunt.* Vide inferius ch. CCCCXCIV.

CCCCLXXIV.

[EUFEMIA DAT SERVOS PRO ANIMA RENCONIS SENIORIS SUI (¹).]

Sancte Dei ecclesie infra muros Matisconis fundate, in honore Beati Vincentii martiris dicate. Ego Eufemia cum filiis meis, scilicet Hugone, Herberto, Drogone, Walterio atque filia Suplicia, donamus quemdam servum, nomine Gudone, cum uxore sua nomine Lora, cum infantibus qui ab hac die de illis exierint, ut sint et maneant sicut et ceteri servi ecclesiastici ejusdem ecclesie in perpetuum, pro anima Renconis senioris mei et pro redemptione peccatorum ejus, ut eum misericors Dominus per inefabilem misericordiam suam et per merita et intercessiones predicti martiris et omnium sanctorum suorum dimittat omnia peccata ejus, quatenus quod subitanea et premens mors sibi abstulit, per hanc helemosinam et per penitentiam quam loco ipsius sumeret, huic predicto servo ejus ut maximus ei propicio Domino dimittatur, et quod aliquando scilicet fructum penitentie vivens optavit, premium (²) mortalitatis non perdat. Ego Eufemia et filii mei, qui hanc donationis cartam fecimus et firmari etiam eam rogavimus. S. Hugonis. S. Herberti. S. Drogonis. S. Walterii. S. Simplicie. S. Hugonis. S. Widonis. S. Oddonis. S. Alterius Oddonis. S. Supplicie.

CCCCLXXV.

[WALTERIUS EPISCOPUS DAT IN PRECARIAM GAUSLENO MILITI ECCLESIAS.]

1031 — 1060.

Notum sit omnibus Matiscensis ecclesie filiis, presentibus videlicet et futuris, quia cum resideret domnus Walterius episcopus in sinodo sua in conventu canonicorum plurimorumque sacerdotum, adiit ejus presentiam quidam miles nomine Gauslenus humiliter deposcens ut concederet sibi per precarie firmitatem quasdam ecclesias, scilicet ecclesiam de Cirose in honore Beati Johannis sacratam, et aliam de Chisciaco in honore Beati Petri dicatam, quas etiam Galo pater ejus eodem modo tenuerat. Domnus itaque presul dignum ducens precibus ejus annuere, per consilium canonicorum plurimorumque ibi adstantium, concessit predicto Gausleno per precariam, sicut petebat, predictas ecclesias cum omni integritate, eo pacto ut ipse eas in vita

---

CCCCLXXIV. (¹) Huic chartæ dies non adscribitur.
(²) Bouh., *preventus*.

sua teneat et possideat et unoquoque anno, in festivitate Sancti Vincentii, census duorum solidorum ad mensam fratrum persolvat. Post decessum vero ejus hec eadem precaria primogenito filio ejus, si legalis extiterit, per eamdem conventionem sit, si autem legalem heredem non habuerit, Rotberto fratri ejus eodem modo in vita sua permaneat; post decessum vero eorum, ad ecclesiam Beati Vincentii revertantur cum omni integritate. S. Walterii presulis qui fieri firmareque precepit. S. Walterii nepotis ejus decani. S. Rannulfi levite. S. Raculfi sacerdotis. S. Bernardi sacerdotis. S. Bragilenci. S. Odonis. S. Rotlanni. S. Arnulfi. S. Girbaldi. Data per manum Willelmi, v idus novembris, regnante Henrico rege.

CCCCLXXVI.

[WICARDUS DE BELLOJOCO REMITTIT SANCTO VINCENTIO MALAS CONSUETUDINES ([1]).]

1031 — 1060.

Notum sit omnibus Matiscensis ecclesie fidelibus ([2]) presentibus videlicet et futuris quod Wicardus veniens de Bellijoco, recordans peccata et offensiones quas pater suus Wicardus et predecessores sui habuerunt de communione Beati Vincentii et canonicorum ejus, pro malis consuetudinibus quas miserunt terris et villanis eorum, que sunt in civitate sua vel videbantur esse in salvamento suo, venit Matisconem, in ecclesia predicti martiris, ante altare et reliquias ejus et in presentia Walterii episcopi et canonicorum, et dimisit vel werpivit Domino et eidem martiri atque canonicis presentibus et futuris omnes illas malas consuetudines quas, sicut supradiximus, pater suus vel predecessores sui terris vel villanis predicte ecclesie imposuerunt; retinuit autem hec causa salvamenti quamvis non juste nec recte tempore messionis. Illi villani qui manent in illa parte terrarum quas ipse vel pater ejus tenuerunt, secundum divisionem suam causa salvamenti, illi scilicet qui cum bobus laborant reddant de cibariis ad equos unum sextarium, secundum mensuram de Bellojoco. Similiter, nativitate Domini, tamtumdem et unum fascium de feno homini uni portabile, et in Pascha similiter, solummodo reddent eosdem fascios feni. Pauperiores vero qui manibus laborant, vel cum fossoribus suis (unde) vivant, reddent medietatem (ipsius) supra-

---

CCCCLXXVI. ([1]) Hæc charta vulgatur in *Gall. christ.*, tom. IV, pag. 279 instrumentorum, et apud Severt., pag. 93.
([2]) Bouhier, *filiis*.

dicte mensure et in nativitate Domini aliam medietatem. Et hec que descripsimus reddenda non ipsi nec homines eorum venient accipere in domibus hominum nostrorum, sed noster minister vel nostri homines deportabunt ea ad supradictum castrum. Pro his igitur absolvimus patrem ejus et ceteros predecessores, ex parte Dei et sanctorum ejus et nostre, de omnibus malis que fecerunt nobis et nostris, ut illi peccatorum suorum mereantur absolutionem; per hanc remissionem, et ipsi uxorique ejus concedimus societatis nostre et orationum atque helemosinarum partem. Si quis vero in presens vel futurum plura horum que descripsimus repetierit vel adjecerit sit anathema maranata. Hoc actum Matisconi III kal. februarii v^a feria, regnante Henrico rege. S. Wicardi qui fieri et firmare rogavit. S. Ricoarie uxoris ejus ac filii eorum Humberti. S. Hugonis avunculi ejus. S. Stephani de vilaris(²). S. Hugonis et Aimini fratrum de Marcant. S. Bladini. S. alterius Bladini.

CCCCLXXVII.

[PONTIUS SENGLARIUS DAT IN DOTALICIUM NEPTI SUE MOLENDINUM (¹).]

Notum sit omnibus Matiscensis ecclesie filiis presentibus videlicet et futuris quod Pontius Seuglarius partem quam in molendino jure videbatur habere, nepti sue donavit in maritatu accipiendo conjugem suum Bernardum de Vernul, quam partem illa dedit Sancto Vincentio per manum Bernardi mariti sui, pro salute anime sue et antecessorum suorum.

CCCCLXXVIII.

[ADO EPISCOPUS DAT ODONI CLERICO ABBATIAM SANCTI PETRI ET HOSPITALE (¹).]

968 — 971.

In nomine Verbi incarnati notum habeatur omnibus filiis fidelibusque sancte Matiscensis ecclesie presentibus scilicet atque futuris, quia domnus Ado serenissimus antistes, per deprecationem canonicorum et fidelium suorum, Johannis videlicet prepositi atque Aymini(²) archidiaconi ac reli-

(²) Bouhier, *secularis*.
CCCCLXXVII. (¹) Absque notâ chronologicâ.
CCCCLXXVIII. (¹) Hæc charta, vulgata à Jac. Severt. et à S. Jul. de Bal., iteratur cum discrepantiis in utroque codice; vide ch. CCCCVI.
(²) S. Jul. de Bal., *Aymari*.

quorum, contulit cuidam clerico nomine Odoni, canonico incliti martiris Christi Vincentii, quasdam ecclesias et res prememorati martiris, abbatiam scilicet Sancti Petri cujus ecclesia fundata est in suburbio civitatis Matisconensis, et est hospitalis et ibi convenit sepultura prefate urbis cujus due partes sunt, canonicorum tertia vero ipsius loci. Est denique capella in honore Sancti Petri dicata et in villa Carnaco sita; alia vero capella in villa Jonciaco(³) sita in honore Sancti Petri. Est et ecclesia Sancti Petri que Vetus dicitur et in ipsa suburbana; est etiam terra Sancti Juliani ex Roca, alia vero terra est in pago Lugdunensi, in villa Vallis, quam Aimerudis quondam nobilis matrona Sancto Vincentio devote condonavit. Hec omnia sicut hic inserta sunt tenebat predictus presul in manu sua, et annuentibus sue ecclesie filiis, post suum decessum premisso Odoni concessit, ecclesias videlicet capellas et terras cum rebus et decimis et omnibus sibi jure pertinentibus et capellam Sancti Boniti, ita tamen ut festivitate Sancti Petri ex abbatia una refectio canonicis superius nominatis et episcopo fideliter detur, alia vero refectio festivitate Sancte Lucie solis canonicis tribuatur. De terra vero Sancti Juliani que in Verchison, et in Buton(⁴), et in Cacellaco, et in Polliaco, et de terra Vallis, duos soldos denariorum festivitate Sancti Vincentii persolvat. His omnibus peractis(⁵) de his que promisimus, diebus vite sue, faciat juxta dispositionem suam secundum decreta canonum habendo, tenendo(⁶) et possidendo, et si Leutbaldus, filius Warulfi ejusque consanguineus, eum supervixerit similiter in vita sua habeat; illis decedentibus, Sanctus Vincentius quod suum est recipiat. Et ut firmius crederetur diligentiusque observaretur, domnus Ado prenominatus episcopus hanc precariam eis fieri jussit quam propriis manibus roboravit, et fidelium suorum digitis signandum tradidit. S. Ado peccator Matiscensis episcopus. S. Johannes prepositus. S. Ayminus archidiaconus. S. Bodo levita. S. Gunduldricus levita. S. Bernoldus presbiter. S. Bernardus levita. S. Winisius levita. S. Constabilis presbiter. Amblardus levita. Rodulfus levita. Enricus levita. Girardus sacerdos. Eldinus levita. Otgerius presbiter. Sendelenus levita. Gemnio presbiter. Warinus levita. Durannus presbiter. Stephanus presbiter. Leutboldus presbiter. Ubertus levita. Berno presbiter. Bernardus levita. Leotardus.

(³) Legendum, *Buciaco* (ch. CCCCVI).
(⁴) Bouhier, *Breon.*
(⁵) Bouh., *paratas;* ch. CCCCVI, *pactis.*
(⁶) Bouh., *emendo.*

CCCCLXXIX.

[BERNARDUS GROSSUS DAT SANCTO VINCENTIO DECIMAS CONDAMINARUM.]

1031 — 1062.

Notum sit omnibus Matiscensis ecclesie filiis presentibus scilicet atque futuris quod veniens Bernardus prenominatus Grossus ante altare Beati Vincentii martiris in presentia Walterii episcopi et canonicorum ejusdem ecclesie werpivit et dedit canonicis ipsius loci decimas condaminarum suarum quas jamdudum tulerat eis, similiter et sextarium vini et unum panem que, tempore messionis, ministri ejusdem Bernardi requirebant vel accipiebant ab hominibus canonicorum loco census vel eulogiarum, dum canonici ipsas decimas possidebant. Sunt autem hce condamine in pago Matisconensi, in parrochia Sancte Marie de Amoniaco(¹), in villa Sarciaco. Harum ergo condaminarum decimas quas injuste tollebat canonicis dimisit eis vel dedit, si aliquid rectum haberet propter mala et forfacta que habebat facta jam dicte ecclesie, ut Deus per intercessionem ipsius martiris dimittat ei ipsas culpas et cetera peccata sua. S. Bernardi qui fieri jussit. S. Ubertilini.

CCCCLXXX.

[BERNO EPISCOPUS DAT IN PRESTARIAM STEPHANO ECCLESIAM SANCTI PANCRATII (¹).]

Circà annum 929.

Quecumque processu temporis stabilia manere censentur immoque a primatibus vel pastoribus sacrarum ecclesiarum ordinanda sunt, sic ea opportet apicibus caracterum adnotare inconvulsa in reliquum valeant persistere, et quicumque ex eisdem basilicarum rebus aliquid suis nititur aptare jure usibus, si a rectoribus earum id impertiri meruerit obtinere queat securius. Hujus rei gratia, (omnibus) notum fieri dignum duximus quia cum esset domnus Berno, superna sibi providente clementia, presul prestantissimus secus basilicam athlete martiris Christi Vincentii que est infra ambitum meniorum Matisconis, adiit quidam vir illustris Stephanus nomine presentiam ejus humili prece (²) et devotione postulans sibi ab eo conferri aliquid ex rebus prelibati martiris que conjacent in commitatu Avalensi ecclesiam scilicet Sancti Pancratii, cum xv mansis quamvis dispersa sint atque aliquatenus diruta cum omnibus illorum appendenciis. Quapropter

---

CCCCLXXIX. (¹) Bouhier, *Cunomaco*; nostris, *Ameugny*.
CCCCLXXX. (¹) Hanc præstariam vulgavit Jac. Severt., pag. 63; vide chartam CCCXCVIII.
(²) Bouhier, *pronus*.

prescriptus pontifex, communi consensu parique voluntate canonicorum suorum pariter concordantium, concessit illi et filiis ejus Banoni et Armadico, sub decreto census, cum universis ibidem adjacentibus ut dum advixerint securiter tenere queant quod humiliter expetivere quatenus die exitii eorum meliorata jam fata ecclesia Sancti Vincentii cum usuris que sua sunt recipiat; illis vero decedentibus, sine ullius controversia Sancto Vincentio deveniat. Si vero, quod absit, quispiam hec immutare visus fuerit et Almo Vincentio differe jura sue proprietatis voluerit, deterreat eum vox divina que fatur, « Maledicti qui transgrediuntur terminos quos posuerunt patres antiqui. » Ea vero ratione acta sunt hec ut revolutione uniuscujusque anni, festivitate jam dicti martiris, duos solidos denariorum sine refragatione eidem ecclesie persolvant, si autem exinde negligentes in reddendo apparuerint, mulctati in duplum cogantur exsolvere; nempe ne in posterum alicujus malignitatis astu molestiam paterentur, inde domnus antistes moderantissimus hanc prestariam illis fieri jussit quam firmavit et canonicorum digitis signandum tradidit suorum. Ego Berno peccator, episcopus. Rodulfus archidiaconus. Adalardus. Ardradus presbiter. Aynardus presbiter. Ado abba. Winusius subdiaconus. Ayminius, cunctorum devotissimus clericorum atque archicancellarius, dictando scripsit et datavit die Martis, in mense Junio, anno VII regni Rodulfi gloriosissimi regis.

CCCCLXXXI.

[UGO DAT GERMANO PRESBITERO CURTILUM IN VILLA CLASSIACO.]

Circà annum 936.

Domino, fratribus, Germano presbitero. Ego Ugo dono tibi pro amore et pro bona voluntate quam contra te habeo aliquid de rebus meis que sunt site in pago Matisconensi, in villa que dicitur Classiaco : hoc est curtilum unum cum vinea insimul tenente, qui terminatur ipse curtilus a mane via publica, a medio die terra Sancti Vincentii, a sero similiter, a circio Sancti Petri. Infra istas terminationes, tibi dono et quicquid ad ipsum curtilum aspicit : hoc sunt pratis, campis, vineis, silvis, aquis aquarumque decursibus. totum ad integrum tibi dono quesitum et ad inquirendum sine ullo contradicente, tali tenore quamdiu vivimus usum et fructum habeas, et post tuum decessum, ad filium tuum nomine Leodegarium perveniat in vita sua; et post nostrum decessum amborum, ad fratres Sancti Vincentii perveniat, sine ullo contradicente. Si quis vero ullus homo donationem voluerit contradicere vindicare non possit, seu componat cum templat auri libras IIII, et in antea firma et stabilis permaneat cum stipulatione subnixa. S. Hugonis qui fieri istam donationem et firmare rogavit, tali tenore quo in quisquo anno, festivitate Sancti Vincentii, solidos II de denariis persolvatis ; et qui voluerit destruere, auctoritate Dei patris omnipotentis, sit ille excommunicatus et a societate Christianorum sit sequestratus. S. Adonis abbatis. S. Vuitbert. S. Arlebaldi. S. Hugonis de Monte Pavone. S. Wicardi nepotis ejus, qui hoc injuste calumniatus est. Data per manum Ingelberti cancellarii, die Jovis, XIII kal. Maii, scripsit anno primo regnante Ludovico rege.

CCCCLXXXIII (1).

[WICHARDUS MILES DE BELLOJOCO DAT MANSUM IN VILLA BRURERIAS.]

1031 — 1062.

Sacrosancte Dei ecclesie intra menia Matisconis fundate in honore sancte Dei genitricis, sanctorumque martirum Vincentii, Gervasii atque Protasii, beatorum quoque apostolorum Petri et Bartholomei dicate. Ego Wichardus miles de Bellojoco, reminiscens peccatorum meorum enormitatem simulque offensionum et malorum que contra Sanctum Vincentium et locum ejus et famulos ipsius perpetravi, propterea ut ipse gloriosus martir pro peccatis et offensionibus meis apud Dominum intercessor existat, dono ipsi et predicte ecclesie ejus, in communione fratrum Domino ibidem servientium, de hereditate mea unum mansum : est autem ipse mansus in comitatu Matisconensi, in villa Brurerias, in agro Biliaco situs. Hunc igitur mansum cum viriariis, campis, vineis, pratis, et omnibus pertinentibus ad eum, sicut queri et inveniri potest vel poterit in futurum vel sicut Bernardus Rencho tenuit, eum dono sicut predictum est in communione fratrum ut faciant de eo quicquid voluerint, in Dei servitio, ad presens et in futurum. Sciant autem omnes propinqui fideles et amici nostri quod sine ulla retentione et sine ulla requisitione, istud donum feci ; quod si quis requirere aut Sancto Vincentio et canonicis ejus in futurum voluerit calumniare, aut aliquid debitum vel servitium superponere, non valeat adimplere vel proficere, sed pro ipsa presumptione subjaceat maledictioni eterne, fiat. S. ipsius Guichardi qui fieri et firmare jussit. S. uxoris ejus Ricoare et filiorum ejus Humberti, Guichardi et Dalmacii. S. Gausmari de Peseir. S. Rotlanni de Monte Agniaco.

CCCCLXXXIII. (1) Numerus CCCCLXXXII in Matisconensi codice deest.

CCCCLXXXIV.

[NUMERUS MANSORUM QUI SUNT SANCTI YMITERII(¹).]

Memoratorium de mansis que sunt Sancti Imiterii. Sunt mansi indominicati vestiti x, solvunt in censum soldos (²) ɪ, verbicina ɪ, pullos ɪɪ, ova xxv. Sunt alii mansi valentes denarios ɪɪɪɪ, indominicati quatuor reddunt in censum frexingias ɪɪɪɪ. Sunt in Cassisiaco mansi duo, ad Festiviacum mansus ɪ, sunt ipsi absi et parciarinci; ad Barronaco mansos ɪɪ, in Paciaco mansus ɪ, ad Altracurte ɪ, ad Cotomaco mansos ɪɪ parciarince reddunt frexingias, ad Laucanico et Cavaniaco mansi ɪɪ absi; Ermoldus habuit in beneficio mansos vɪ parciarincos, sunt ibi condaminas indominicatas vɪ, sunt mansi indominicati in totum xvɪɪɪɪ; alii mansi qui in beneficio fuerunt xɪɪɪ. Collegimus in presenti anno triticum modios nonaginta, et ɪɪɪ de avena; recepit Riculfus, a sua dispensa, de ipso tritico modios xvɪɪɪɪ, de avena modios xxxɪɪɪɪ; ad presbiteratum sunt mansi absi vɪɪɪ, sunt ibidem servientes Ingelardus, Ermenbertus, Bernoinus, Beruerius, Sigiboldus, Archimbertus, Omnigaudus, Mainardus, Avesbii (³), Ingelrinus, Madalgerinus, Ausbertus, Bertrannus, Atonis, Milo, Adrardus, Udulgario, Raynardo, Adalmanno, Adudulberto, Wandalgerio, Josue, Ausoinus.

CCCCLXXXV.

[GERALDUS EPISCOPUS CONCEDIT RATBERTO PAROCHIAS VILLAM CURTEM ET EXARTIS.]

886 — 927.

Opitulante gratia eterni Dei, cum resideret religiosissimus et piissimus antistes Geraldus in sancta sinodo singulis causis ad cultum et honorem sancte Dei ecclesie pertinentibus finem et modum imponens inter cetera judicia discutienda, deprecatio cujusdam nobilissimi vassalli Ratberti ejus oblata est sublimitatis presentie; siquidem deprecabatur ipse Ratbertus domnum antistem quatenus capelle ejus que est in honore Sancti Stephani aliquid parrochie concederet. Cujus petitioni piissimus presul annuens, concessit ejus capelle villam Curtem et Stogium et villam Exartis, ea scilicet firmitatis ratione ut eadem capella cum ipsis decimis semper subjaceat vico

---

CCCCLXXXIV. (¹) Absque notâ chronologicâ.
(²) Sic in utroque codice.
(³) Bouhier, *Aulsinus*.

Sancti Martini; et ipsi sacerdotes qui vico prescripto Sancti Martini prefuerint, eamdem capellam Sancti Stephani absque ulla teneant alicujus contradictionis molestia vel inquietudine. Quod si aliquis senior ipsam capellam vico Sancti Martini abstrahere voluerit, predictarum villarum decime cum omni integritate sua ad ecclesiam et vicum sepe nominatum redeant; jubendo precipimus atque subscribimus manu propria et fidelibus nostris subscribendo roborare precipimus. Actum Matiscone urbe publice.

CCCCLXXXVI.

[FLOCBERTUS ET ROTRUDIS DANT MANSUM IN VILLA SANCIACO.]

Circà annum 1003.

Sacrosancte Dei ecclesie que est constructa infra menia urbis Matisconis in honore Beati Vincentii dicata, quam ad regendum habere videtur domnus Leutbaldus presul, et domnus Maiolus prepositus et ceteri fratres atque canonici. Ego Flotbertus et uxor mea Rotrudis, pro amore Dei et pro remedio animarum nostrarum et pro anima Humberti clerici filii nostri seu ceterorum parentum nostrorum, ut pius Dominus eas liberare dignetur de penis inferni; propterea donamus ad ipsam casam Dei et Sancti Vincentii, ad mensam fratrum, aliquid ex rebus proprie hereditatis nostre que sunt in pago Matisconense, in fine Salorniacense, in villa Sanciaco. Est autem mansus cum supraposito quod Rainerius possidet cum curtilo et vinea simul tenente, qui terminat a mane et a circio terra Sancti Clementis, a medio die terra Beloeni et Gisonis, a sero via publica. Infra istas terminationes, donamus prescriptum mansum ad ipsam casam Dei et Sancti Vincentii ut faciant rectores ejusdem loci quicquid voluerint nullo contradicente. Si quis autem helemosinam istam contradixerit, auri uncias duas componat, et antea donatio ista firma et stabilis permaneat cum stipulatione subnixa. Actum Matiscone. S. Flotberti et uxoris sue Rotrudis. S. Raculfi. S. Cyndrici. S. Maalgerii. S. Aabelini. S. Josberti. S. Walterii. S. Bernardi. S. Warulfi filii Flotberti. Data per manum Rodulfi presbiteri, III nonas Januarii, anno octavo regnante Rotberto rege.

CCCCLXXXVII.

[IIDEM DANT SANCTO VINCENTIO ALIOS MANSOS APUD SANCIACUM.]

Circà annum 1004.

Sacrosancte Dei ecclesie que est constructa infra muros Matisconum in honore sancti Vincentii athlete Christi, ubi domnus Leutbaldus presul et domnus Maiolus prepositus et ceteri canonici ad regendum habere videtur. Igitur ego in Dei nomine Flotbertus et uxor mea Rotrudis, pro amore et bona voluntate et pro remedio animarum nostrarum et pro anima filii nostri nomine Humberti et pro anima patris et matris nostre seu parentum nostrorum, ut pius Dominus animas nostras liberare dignetur de penis inferni, donamus ad ipsam casam Dei ad mensam fratrum aliquid ex rebus nostris que sunt site in pago Matisconense, in agro Salorniacense, in villa Sanciaco. Hoc sunt mansi duo cum suprapositis, curtiferis et vineis, et quicquid ad ipsos mansos aspicit vel aspicere videtur; in uno manso ubi Ragnoardus possidet, in alio manso Leutbaldus. Et donamus ad ipsam casam Dei unum curtilum cum vinea simul tenente que habemus in cautione de Mainardo per soldos argenti XL; et donamus aliam vineam quam habemus in cautione de Beloeno pro soldos X; et donamus aliam vineam quam habemus in cautione de terra Hebreorum pro solidos VI. Istas res suprascriptas donamus ad ipsam casam Dei quamtum in ipsa villa Sanciaco visi sumus habere, quesitum et inquirendum, tam de alodo quam de cautione, et deinceps potuerimus conquirere, totum donamus ad ipsam casam Dei. Et donamus similiter ad ipsam aulam Dei in ipso pago Matisconense, in villa que vocatur Moyson, mansos V cum suprapositis, curtiferis et vineis : unus mansus est ubi Woldus possidet, terminat a mane Aldonis presbiteri, a medio die via publica, a sero Woldi et Rotberti, a circio Sancti Verani et Sancti Stephani; alius mansus terminat a mane via publica, a medio die terra comitale, a sero prato comitali (¹), a cercio Sancti Verani; tertius curtilus ubi Ado possidet, qui terminat a mane et a medio die vias publicas, a sero Sancti Vincentii, a circio terra Hebreorum; quartus mansus ubi Ingelbertus residet, terminat a mane terra comitali, a medio die terra Aldonis presbiteri, a sero via publica et terra comitali, a circio via publica; quintus mansus est

---

CCCCLXXXVII. (¹) Bouhier, *communale*.

ubi Alfredus possidet, terminat a mane et a circio Sancti Vincentii, a medio die et a sero vias publicas, et quantum in ipsa villa Moyson habemus, quesitum et inquirendum, et quantum ad ipsos mansos aspicit. Totum donamus ad ipsam casam Dei nullo contradicente, et de nostra potestate in jussione canonicis Sancti Vincentii tradimus atque transfundimus ut faciant ab hac die et deinceps quicquid facere voluerint. Si quis vero contra hanc donationem aliquid temptare vel calumniare voluerit, iram Omnipotentis incurrat et almi sui martiris Vincentii, sitque pars ejus cum Dathan et Abiron quos terra vivos absorbuit. S. Flotberti et uxoris sue Rotrudis, qui donationem istam fieri et firmare rogaverunt. S. Ottonis adolescentis comitis. S. Raculfi. S. Warulfi. S. Rotberti. S. Acardi. S. Manassei. S. Umberti. S. Hendrici. S. Walonis. S. Duranni. S. Rodulfi. Data per manum Leudonis, feria III mensis Julii, anno VIIII regnante Rotberto rege.

CCCCLXXXVIII.

[LEOTALDUS COMES CUM UXORE BERTA DANT COLONICAS V IN MONTE GUDINI.]

Circà annum 944.

Sacrosancte Dei ecclesie Beati Vincentii Matiscensis quam domnus Maimbodus episcopus ad regendum habere videtur. Ego Leotaldus gratia Dei comes et uxor mea Berta, per amorem Dei, ut pius Dominus animam patris mei Alberici necnon et animam matris mee et Tolane, seu et nostris, vel Irmengardis quondam uxoris mee, de penis inferni eripere dignetur; propterea donamus ad ipsam casam Dei aliquid ex rebus nostris que sunt site in pago Lugdunensium, in villa Monte Gudini. Hoc sunt colonicas V cum omnibus appendentiis, campis, pratis, vineis, curtiferis, cum edificiis, aquis aquarumque decursibus et omnibus adjacentiis, quesitum et inquirendum, cum servientibus supermanentibus, preter silvam reservamus, et de ipsa silva donamus ubi cadam unam. Nomina mancipiorum quos ibi donamus, quod frater[1] Archinadus cum uxore sua et infantibus eorum, Johanne cum uxore et infantibus, Teutfredo cum uxore et infantibus, Airardo cum uxore et infantibus. Ipsas res ibi donamus ad mensam fratrum, et si quis in beneficio ipsas res habere presumpserit, iram Dei omnipotentis incurrat et hoc perdat; et si clerici ipsius loci has res alicui beneficiaverint,

---

CCCCLXXXVIII. [1] Bouhier sic emendat, *quod sunt.*

ad heredes meos perveniant. Si quis autem contradixerit hoc, auri libras xx componat; et in antea donatio ista omni tempore firma permaneat cum stipulatione subnixa. S. Leotaldi comitis. S. Berte uxoris ejus, qui fieri et firmare rogaverunt. S. Alberici filii sui qui consensit. S. Evrardi. S. Ratherii. S. Narduini. S. Teodulfi. S. Aalgarii. S. Ingelberti. S. Arnaldi. S. Rannaldi. S. Drogonis. S. Aimoni. S. Manegaldi. Data per manum Berardi, sub die Mercuris, xi kal. octobris, anno vi regnante Hludovico rege.

CCCCLXXXIX.

[URRICUS ET ERMENGARDIS DANT CURTILUM IN VILLA MISIRIACO.]

996 — 1031.

Notum sit omnibus quod ego Ulricus et Ermengardis uxor mea donamus Sancto Vincentio, pro remedio animarum nostrarum, unum curtilum in villa Misiriaco, in agro Poriato, qui terminatur a mane terra nostra, de aliis tribus partibus terra Sancti Vincentii, et habet perticas in longum xxiiii et dimidiam, de latus in uno fronte xxv, in alio fronte xxiiii et dimidiam. Infra istam terminationem vel perticationem, Sancto donamus Vincentio ut faciant de eo advocati Sancti Vincentii sicut de suo alodo; quam donationis cartulam si quis calumniaverit morte mulctetur perpetua. Ego Ulricus, qui fieri et firmare rogavit. S. Ermengarde uxoris mee. S. Ulrici filii mei. S. Bernardi presbiteri. S. Henrici. S. Gotefredi. S. Letgisi. S. Girberti. S. Rainerii. S. Lamberti. S. Rotfredi. Hactum est hoc regnante Rotberto rege. Data per manum Rannulfi.

CCCCXC.

[OTTO COMES CUM UXORE ADELA DANT BENEFICIUM HUMBERTI MULIONIS(¹).]

996 — 1015.

Sacrosancte ecclesie Sancti Vincentii martiris. Ego Otto comes et uxor mea Adela donamus quasdam res, pro remedio animarum nostrarum, sitas in pago Matisconensi atque Lugdunensi, videlicet beneficium Humberti Mulionis defuncti. Conjacent autem ipse terre in villa Grecio, et in villa Varennas, et in villa Draciaco, et villa(²) in suburbio et in urbe Matisconi.

CCCCXC. (¹) Hæc donatio iteratur in utroque codice, vide chartam CCCCLXXI.
(²) *Et curtile* (ch. CCCCLXXI.)

Concedimus autem ipsas terras Domino Sanctoque Vincentio, ad mensam fratrum, eo pacto ut unoquoque anno post nostrum decessum rectores ipsius loci, in die nostri obitus, anniversariam diem Domino sacrificia offerendo faciant. Donatum in Matiscono ubi Umbertus jam dictus mansit. S. Ottonis comitis. S. uxoris sue Adele, qui fieri et firmare rogaverunt. S. Rainaldi filii sui. Item Rainaldi. S. Nardini. Data per manum Rannulfi levite, v^a feria, mense Martio, regnante rege Rotberto.

CCCCXCI.

[DURANNUS ET SUFFICIA DANT CAMPOS IN VILLA BEY.]

Circà annum 996.

Sacrosancte ecclesie Sancti Vincentii que est constructa infra muros Matisconum ubi domnus Leutbaldus episcopus ad regendum habere videtur. Igitur ego Durannus et uxor mea Sufficia cogitamus de Dei misericordia, vel pro remedio animarum nostrarum ut eas Dominus eripere dignetur de penis inferni et de potestate diaboli; pro eo donamus ad ipsam casam Dei, in stipendia fratrum, aliquid ex rebus nostris que sunt site in pago Lugdunensi, in villa que dicitur Bex, campos duos. Terminat unus campus a mane via publica, a medio die Ugonis cum suis heredibus, a sero de ipsa hereditate(¹), a cercio terra Sancti Desiderii; alius campus terminat a mane terra Sancti Stephani, a medio die terra Sancti Cipriani, a sero via publica, a circio Hugonis cum heredibus. Infra istos terminos, donamus ad ipsam casam Dei, in stipendia fratrum, ea vero ratione dum nos vivimus usum et fructum, post decessum quoque nostrum ad ipsam casam Dei perveniat nullo contradicente. Si quis contradixerit auri uncias duas componat, firma permaneat cum stipulatione subnixa. Actum Matisconi via(²) publice. S. Duranni. S. Uxoris sue Sufficie, qui donationem istam fieri et firmare rogaverunt. Loco vero census, festivitate Sancti Vincentii, denarios II persolvat. S. Archimberti. S. Wicardi. S. Bernaldi. S. Warulfi. S. Fromaldi. Data per manum Teudonis sacerdotis, feria vi^a mense Maio, regnante Rotberto rege, anno primo.

CCCCXCI. (¹) Bouhier, *terrà*.
(²) Bouh., *villœ*.

CCCCXCII.

[WIGO REMITTIT OMNES CONSUETUDINES DE MONTE GUDINO (¹).]

Notum sit omnibus Matiscensis ecclesie canonicis presentibus videlicet et futuris quod pridie kal. Julii, Wigo filius Willelmi werpivit Sancto Vincentio et canonicis suis omnes consuetudines quas querebat in villa de Monte-Gudine. Et hec werpicio fuit facta in crastinum diem post natale Apostolorum, quando signum apparuit in sole, per hoc quod renodatum suppositum est scripulum.

CCCCXCIII.

[NUMERUS SERVIENTIUM SANCTI VINCENTII IN POTESTATE ROMANACENSI (¹).]

Hoc est breve memoratorium de illis servientibus quos dedit domnus Gonterannus rex piissimus Sancto Vincentio, qui sunt in villa vel in potestate Romanaca; imprimis debent annis singulis Sanctum Vincentium et Sanctum Gervasium ipsa tecta que ibidem constructa (²) sunt reedificare et protinus (³) a Sancto Johanne usque ad Sanctum Gervasium et salem et solarium omnem medietatem. Et debent, in Romanaco, ecclesiam Sancti Petri reedificare ex toto, preter muros, et omnes mansiones que ad ipsam curtem aspiciunt, et granicam et stabulum et coquinam; et debent in ipsa villa duas condaminas elaborare, unam ad frumentum et sigala, aliam ad avenam, arando, seminando, colligendo, carricando, sintiando et usque ad granarium perducendo. Debent quoque brolios duos, unum ad Sanctum Romanum et ad Rixosam alium, secare, fenare, carricare et intus (⁴) mittere kal. Maii, unusquisque modium unum ex avena, unusquisque perticas xxv ad circulos faciendos, in tertio anno, omnes simul tonnas duas carricarias, et ipso anno, festivitate Sancti Andree, soldos denarios duos pro porcis, et a festivitate Sancti Martini usque kalendas Martii, ligna sufficienter, in natale Domini navatam unam ex lignis et tabulam et tripodes.

CCCCXCII. (¹) Verpitioni huic nota chronologica deest.
CCCCXCIII. (¹) Huic chartæ temporis nota non adscribitur.
    (²) Bouhier, *conjuncta*.
    (³) Bouh., *porticus*.
    (⁴) Bouh., *in his*.

CCCCXCIV.

[FROMALDUS DAT OMNEM HEREDITATEM SUAM IN EPISCOPATU MATISCONENSI (¹).]

Sacrosancte Dei ecclesie infra muros Matisconis fundate in honore Beati Vincentii dicate. Ego Fromaldus dono in communione fratrum Domino ibidem servientium, pro remedio animarum patris et matris mee fratrumque meorum et sororum ac pro mea, omnem hereditatem meam quecumque michi ex eis provenit, quecumque conjacet in episcopatu Matisconensi, et quamcumque quietam habeo et quamcumque alicui per rectum querelo; similiter servos et ancillas quos habeo vel quos querelo, excepto unum mansum in villa Perroy situm, quem dedi filiis Ratherii propter tortitudinem quam michi Cluniacenses monachi inde faciebant. Hec omnia supradenominata concedo supradicte ecclesie clericisque ibidem servientibus presentibus atque futuris post decessum meum; ad presens vero, reddo eis investituram pro his, mansum in villa Uriniaci jacentem cum vircariis ad se pertinentibus et cum serviciis que debet et terram cum prato Fradesch tenere(²) superpositum et quicquid in Miliaco (³) habeo, vel quicquid ibi per rectum querelo; dono etiam sibi unum mansum in villa(⁴) . . . .

CCCCXCV.

[ELDINUS MILES REMITTIT CALUMNIAM DE MANSO IN MISIRIACO(¹).]

1022.

Notum sit omnibus Christiane fidei cultoribus quia quidam miles nomine Eldinus calumniam intulit rectoribus Sancti Vincentii ecclesie que sita est in Matiscone civitate, scilicet Ledbaldo episcopo fratribusque sub ejus regimine Domino militantibus, ac post Ledbaldi presulis excessum, Gausleno episcopo qui post eum predicte ecclesie regimen suscepit, eamdem litem intulit de quodam manso qui situs est in pago Matiscensi, in agro Iggiacensi, in villa Minciaco (²), in quo Warnerius mansit. Expetebat autem ex hoc

---

CCCCXCIV. (¹) Absque notâ chronologicâ.
    (²) Bouhier, *omne.*
    (³) Bouh., *Nuliaco.*
    (⁴) Hæc donatio est iteratio chartæ CCCCLXXIII similiter inexpletæ; vulgata est ex parte à Jac. Severtio, *Episc. Matisc.,* pag. 5.

CCCCXCV. (¹) Hæc verpitio iteratur in utroque codice cum discrepantiis, vide ch. CXCVIII.
    (²) Bouhier, *Miciriaco.*

manso eulogias et equorum receptacula, et hanc consuetudinem jam dicte ecclesie rectores ei reddere prohibuerunt dicentes, illius mansi colonum hanc consuetudinem non debere neque pro silva, neque pro pascuis, neque pro aquis, neque pro ejusdem Beati Vincentii terra. Quam rem audiens predictus Eldinus, et quod dicebatur verum esse cognoscens, Gausleno episcopo omnibusque jam dicti loci fratribus hanc consuetudinem werpivit, ut nullo modo ipse vel successores eorum a predicti mansi cultoribus aliquam consuetudinem exigerent. Si quis contradixerit auri libras x persolvat; firma permaneat cuncto tempore. S. Eldini qui fieri jussit firmareque precepit. S. Walterii archidiaconi. S. Lamberti. S. Willelmi. S. Drogonis. S. Ugonis. S. Arlebaldi. S. Rotberti. Data per manum Rempyy, anno millesimo ab incarnatione Domini vicesimo II, regnante Rotberto rege.

CCCCXCVI.

[BERNO EPISCOPUS DAT ALBERICO COMITI COSCONACUM ET VILLAM CURTIFRANCIONIS.]

Circà annum 930.

Quecumque processu ([1]) temporis stabilita manere censentur, immoque a primatibus vel pastoribus sacrarum ecclesiarum ordinanda sunt, sic ea opportet apicibus caractherum adnotare ut inconvulsa in reliquum valeant persistere. Quicumque ex eisdem basilicarum rebus aliquid suis nititur aptare jure usibus, si a rectoribus earum id impertire ([2]) meruerit securius queat obtinere. Hujus rei gratia notum omnibus fieri dignum duximus quia cum resideret domnus ac venerabilis Berno episcopus secus basilicam alme Marie virginis genitricis Dei, sanctorumque martirum Vincentii, Gervasii et Protasii; expetiit ab eo domnus Albericus comes illustris ex rebus aliquid supradicte basilice Matisconensis, villas videlicet in pago Lugdunensi conjacentes : Cosconacum cum ecclesia et omnia sibi pertinentia, et villam Curtifrancionis cum ecclesia Beati Petri atque omnia ibi pertinentia, terrasque in Reculanda villa et omnes consuetudines quas cernebatur habere in potestate Cosconaci, suo filio Letaldo conferri sub omni integritate postulavit, ac domnus Berno pretaxatus pontifex annuens precibus prelibati comitis, contulit filio suo villas et ecclesias cum omnibus appendentiis, sicut superius inserta sunt. Et ut liberius et firmiter optinere quiveret sine contagione

CCCCXCVI. ([1]) Bouhier, *progressu*.
([2]) Bouh., *impetrare*.

peccati quia sancta erant ista et in helemosina Sancto Vincentio fuerant collata, donavit illi martiri supradicto Letaldus filius, cum consensu patris, in pago Lugdunensi quicquid visus erat habere in villa Montis Gudini, scilicet quinque colonicas cum omnibus appendenciis, pratis, silvis, aquis aquarumque decursibus. Nomina mancipiorum quos ibi donavit, quod sunt Archinardo cum uxore sua et infantibus eorum, Johanne cum uxore et infantibus, Leutfredo cum uxore et infantibus, Airardo cum uxore et infantibus. Ipsas res ibi donavit ad mensam fratrum, et si quis in beneficio ipsas res habere presumpserit, iram Dei omnipotentis incurrat et hoc perdat; si quis autem contradixerit auri libras x componat, et in antea donatio ista omni tempore firma permaneat cum stipulatione subnixa. Hanc cartam domnus presul propriis manibus roboravit et fidelibus suis signandum tradidit. S. Maimbodi. S. Hugonis. S. Flotberti. S. Rannaldi. S. Bernonis. Ex parte comitis, firmaverunt isti, ipsemet comes Letaldus, uxor ejus Berta, Raterius, Teodulfus, Arnaldus. Data per manum Aimini, die Martis kal. Januarii, anno VIII regnante Rodulfo rege.

CCCCXCVII.

[MAIMBODUS EPISCOPUS CONCEDIT WILLEBERTO ECCLESIAS SS. PETRI ET JOHANNIS (¹).]

Circà annum 939.

In nomine Dei et Salvatoris totius cosmi agnitum fieri dignum duximus omnibus Matisconensis ecclesie filiis presentibus scilicet et futuris, quod domnus et expectabilis pastor Maimbodus cum secus basilicam preciosi martiris Christi Vincentii resideret in sinodali collegio, congruo cultu peragens sui regimina pontificatus, prono capite agressus est clementiam serenitatis ejus quidam illustris vir Willebertus nomine obnixe exposcens ut more paterno concederet filio ejus eque in Willeberto clerico quasdam ecclesias conjacentes in pago Matisconensi, in villis his : una in Agenaco est sita et in honore Beati Johannis dicata, alia autem in Prisciaco villa et in Beati Petri dicata veneratione. Domnus quamobrem Maimbodus presul clementissimus largiri dignatus est quod ei efflagitatum fuerat, prescriptas videlicet ecclesias cum rebus et decimis et omnibus inibi pertinentibus, cum omni integritate Willeberto ecclesiam presentialiter et semote de Prisciaco, ecclesiam autem de Agenaco Teodericus archipresbiter dum ei vita comes

CCCCXCVII. (¹) Hæc concessio iteratur cum discrepantiis, vide chartam CCCCXV.

fuerit sibi vindicet, illo decedente, Willeberto eveniat; censum vero paratarum et eulogiarum certis temporibus persolvatis. Ut vero hec precaria suum obtineat vigorem et per diuturna tempora stabilitatem, domnus pontifex prelocutus eam propriis digitis roboravit et residentium manibus signandum tradidit. S. Maimbodi sancte Matiscensis ecclesie humilis episcopi. S. Uberti prepositi. Signaverunt et alii, Ado abba, Ayminius archidiaconus, Mayolus levita, Winisius levita, Bodo levita, Ranneus levita, Arleboldus levita. Data per manum suprascripti Aimini die Dominica, mense septembris, anno III regnante Ludovico rege.

CCCCXCVIII.

[GAUSLENUS EPISCOPUS DAT RAGEMODI ECCLESIAM SANCTI QUINTINI([1]).]

1018 — 1030.

Notum sit omnibus sancte Matiscensis ecclesie que Christo in honore Beati Vincentii dicata est, filiis tam presentibus quam et futuris, quia cum esset domnus Gauslenus venerabilis presul in propria sede adiit presentiam ejus quedam nobilis matrona, nomine Ragemodis, humiliter postulans ut concederet sibi ac filie sue Witse per precarie firmitatem ecclesiam Beati Quintini martiris in villa Brigia sitam, cum rebus et decimis ad eam pertinentibus, vineis scilicet, campis, pratis, silvis, aquis aquarumque decursibus. Cujus petitionem domnus antistes prelibatus gratam suscipiens et canonicorum suorum fretus consilio concessit jam dicte Ragemundi predictam ecclesiam et filie sue Witse, ut in vita sua tenerent ac possiderent; et si Abda, filia Ragemodis, sororem suam Witsam supervixerit, in vita sua teneat, et loco census XII denarios loci rectoribus reddant et paratas et eulogias solvant; et post illorum excessum ad jam dictos heredes redeant.

CCCCXCIX.

[ECCLESIA SANCTI EUSEBII IN BUSCIACO CONCEDITUR IN PRECARIAM([1]).]

996 — 1018.

In nomine sancte et individue Trinitatis, notum esse volumus qualiter quidam clerici, Rotbertus scilicet atque Livo, venerunt ante presentiam domni Ledboldi Matiscensis ecclesie episcopi necnon canonicorum suorum,

---

CCCCXCVIII. ([1]) Vide chartam XCII.
CCCCXCIX. ([1]) Hæc concessio iteratur in utroque codice, adi chartam DXV.

poscentes sibi conferri per precarie firmitatem quamdam ecclesiam quam antecessores eorum simili corroboratione possederant. Est autem hec ecclesia in comitatu Matisconensi sita, in villa Busciaco, in honore Sancti Eusebii dicata. Quorum scilicet prefatus presul petitionem benigne suscipiens, supradictam ecclesiam illis concessit, tali vero ratione ut quamdiu advixerint, absque ulla inquietudine teneant et possideant; et in festivitate Beati Vincentii in erario episcopali denariorum solidos ii loco census persolvant, salvo tamen servitio pontificali, illis vero decedentibus, ad dominium presulis redeat. Hec autem precaria ut stabilis maneret et firmius corroboraret, domnus pontifex propria manu eam firmavit atque corroborandam tradidit suis canonicis.

D.

[ECCLESIA SANCTI BARTOLOMEI APUD FABRICAS CONCEDITUR IN PRESTARIAM.]

998 — 1013.

In nomine sancte et individue Trinitatis, notum esse volumus qualiter quidam clericus atque canonicus Sancti Vincentii, nomine Adalardus, venit ante presentiam domni Letbaldi Matisconensis episcopi, necnon coram Maiolo preposito ceterisque palam cunctis fratribus ejusdem ecclesie, humili prece deposcens ut ei ecclesiam quamdam concederent per prestarie corroborationem. Petitioni cujus favore ac dignitate ejus dilectionis puro animi affectu consentientes, adimplevimus rogati ejus voluntatem. Est autem sita predicta ecclesia in comitatu Matisconensi, in agro Cardoniaco, in villa que vocatur Fabricas, in honore Sancti Bartholomei constructa. Hanc itaque ecclesiam de nostro jure et dominio in ejus transfundimus potestatem, et voluntarie concedimus cum decimis et appendenciis, ea ratione vero ut quamdiu vixerit prefatus canonicus nomine Adalardus teneat et possideat legali usuario exinde faciendi voluntatem de fructibus ecclesie jure ac firmitate commitante vita; post ejus quoque decessum, uno suo heredi nepoti suo nomine Arulfo clerico perveniat, et in festivitate Sancti Vincentii, in dominicatu pontificis viventis ecclesie Matisconensis, per legem et per voluntatem fratrum, intrantis investitura xii denarios persolvat, post eorum amborum decessum, in potestatem pontificis redeat. Si quis vero contra hanc donationem sive prestariam aliquam calumniam inferre voluerit, minime valeat adipisci quod petit, sed iram Dei omnipotentis incurrat et anathemate omnium electorum Dei damnetur; et in antea, hec prestaria firma perseveret cum humili assensu omnium audientium. S. Ledboldi humilis pontificis qui hanc prestariam fieri jussit et se presente scribere jussit et manibus suorum fidelium corroborare precepit. S. Mayolus prepositus. S. Gauserannus levita. S. Anselardus levita. S. Teudo presbiter. S. Aldo presbiter. Umbertus ypodiaconus. S. Sendelenus archidiaconus. Heyndricus clericus. S. Berno levita. Johannes levita. Aymo clericus. S. Gondulfus levita. Eldeboldus presbiter. Gislardus levita. Data per manum Rodulfi presbiteri XVIII kal. septembris, indictione XI, tempore Rotberto rege et Domino regnante.

DI.

[RECLAMATIO DE PONTENARIIS SANCTI LAURENTII DE EO QUOD EXIGEBANT.]

Circà annum 928.

Notitia reclamationis, seu juratoria. In Matisconense civitate, in mense mayio, kal. maii, die lune, ante presentiam domni Rannulfi in mallense comitale ubi resedit ipse Rannulfus, et Gundulricus, Ennardus([1]), Letbaldus, Gislardus, Rotco, Isarius, Arigerius, item Ennardus, necnon et scaminei Adalbertus, Aymo, Teotardus, Deotadus, Ambaldus et ceteri plures boni homines qui cum eis ibidem aderant. Ibi venerunt homines in eorum presentia de isto comitatu, proclamaverunt se de illorum pontenariis Sancti Laurentii quod incerte recipiebant, de duobus carrariis, duos denarios malo ordine. Tunc domnus Rannulfus et alii ceteri boni homines qui ibidem aderant inquisitionem fecerunt per excommunicationem et per conjurationem, per antiquis temporibus si est lex et consuetudo, si hoc plus debent recipere de duobus carrariis nisi unum denarium; responderunt una voce insimul, tam clerici sive laici, de antiquis temporibus lex non fuisset nec consuetudo ut amplius accepissent, de duobus carrariis, unum denarium. Tunc judicaverunt scaminei ut venissent homines de villis que sunt in circuitu hujus civitatis Matisconensis, illi meliores qui sunt laboratores et jurent per antiquis temporibus ut amplius lex non fuisset recipere de duobus carrariis nisi unum denarium. Tunc fuit sacramentus arramitus([2]) ut veniebant pluraliter omnes insimul ad ecclesiam Sancti Nicecii ad sacramentum jurandum, et juraverunt sic, « Dominus adjutor illorum sit et iste reliquie sancte que in hac sancta ecclesia sunt posite, de duobus carrariis iterandum

---

DI. ([1]) Bouhier, hic et infrà, *Euvrardus*.
([2]) Forté legendum, *sacramentum arainamentum*.

et revertendum, lex et consuetudo non esse amplius accipere nisi unum denarium. » Inprimis juravit Angesis qui est de villa Sanciaco, Teotardus de Modoi, Rotfredus de Prisciaco, Dotlenus de Flaciaco, Deodatus de Fontanas, Flotbertus de Flaciaco, Berardus de Carbonade, Amalgaudus de Sanciaco. Ista testimonia vel jurationes recepit Arigerius, missus a domno Willelmo comiti, seu conspalato, his presentibus. Actum Matiscone publice. Adalbertus presens fuit, Arnulfus presens fuit, Leotbaldus presens fuit, Gislardus presens fuit, Rotco presens fuit, Ennardus presens fuit, item Ennardus presens fuit, et alius Ennardus presens fuit. Ego Abbo rogatus istam notitiam scripsi et subscripsi. Datum III die vel mense superscripto, anno III regnante Rodulfo rege.

DII.

[DURANNUS FRANCUS ET GAUCERANNUS DANT RES IN VILLA MOYSON (¹).]

Notum sit omnibus quod Durannus, cognomine Francus, et Gauscerannus dederunt Domino et Sancto Vincentio omnem hereditatem suam que eis evenit ex paterno et materno, tam in vineis quam in pratis, vel in terris arabilibus, seu in decursu aquarum et silvis; est autem hec donatio in villa que Moyson dicitur et in ripa Grahaune et in Allogniaco. Prenominatus vero Gaucerannus eo tenore dedit quod Durannus et Stephanus filii ipsius in vita sua teneant, preter campum de Crai. Quod si aliquis horum duorum sine legitimo herede mortuus fuerit, ad Sanctum Vincentium portio ipsius deveniat. Durannus vero Francus omnem hereditatem suam ex integro Sancto Vincentio dedit, preter unam sexteratam quam pro sepultura sibi retinuit, cui nos canonicalem societatem dedimus et cum fratrem ecclesie nostre tam in bonis spiritualibus quam in presentibus firmavimus.

DIII.

[DURANNUS DAT ROTLANNO RES SUAS IN VILLA ASNERIAS (¹).]

Ego Durannus dono Rotlanno de rebus meis que sunt site in pago Lugdunense, in agro Cosconaco, in villa Asnerias : hoc est unum sextarium de terra arabili et dimidium; terminat a mane terra Rotboldi, a medio die terra Francorum, a sero Rotlanni, a circio terra Dorni. Infra istas termina-

---

DII. (¹) Absque notâ chronologicâ.
DIII. (¹) Hæc donatio notâ chronologicâ caret.

tiones, ego Giraldus dono Rotlanno renodios xii. Et dono vobis pro hac venditione denarios xxiii, et facias pro hoc precio quicquid facere volueris, nullo contradicente; si quis contradixerit auri libram persolvat, firma permaneat omni tempore. S. Dorni. S. Bernardi. S. Giraldi. Data per manum Raculfi presbiteri.

DIV.
[BERNARDUS DAT EIDEM ROTLANNO CAMPUM APUD ASNERIAS(¹).]

Ego Bernardus dono etiam Rotlanno, in ipsa villa Asnerias, unum campum; terminat a mane terra Francorum, a medio similiter, a sero Sancti Stephani et silva insimul, a circio terra Ingelbergane. Infra istas terminationes, tibi dono pro solidos ii et facias pro hoc precio quod volueris, nullo contradicente; si quis contradixerit auri libram persolvat, firma permaneat omni tempore. S. Duranni. S. Dorni. S. Giraldi. Raculfi presbiteri scripsit.

DV.
[LETBALDUS EPISCOPUS CONFERT ECCLESIAM SANCTI ANDREE ALGAUDO MILITI.]

Circà annum 1003.

Cum legum autoritas secularium a nonnullis pleniter custoditur, multimodo congruit ut sacri ordinis norma a fidelibus observetur. Hujus rei gratia, intimare decrevimus cunctis sancte Matiscensis ecclesie filiis presentibus videlicet atque futuris, quia cum resideret domnus Letbaldus presul expectabilis secus basilicam gloriosi martiris Christi Vincentii, que est sita infra ambitum meniorum Matiscensium, adiit presentiam ejus quidam miles, nomine Algaudus, humili flagitans precatu sibi conferri sueque uxori nomine Hermengarde, necnon et filio eorum Gisleberto, quamdam ecclesiam que est in honore Sancti Andree, cum omnibus appendiciis, cum servis et ancillis supermanentibus; est autem ipsa ecclesia in pago Lugdunense, in villa Odrenaris(¹) vocata. Cujus petitionem domnus antistes et Mayolus prepositus et reliqui canonici Sancti Vincentii gratam suscipientes, concesserunt jam dicto viro prenominatas res sicut petivit, eo pacto ut quamdiu advixerit et uxor ejus jam dicta et eorum filius jam nominatus, usum et fructum teneant, et in festivitate Sancti Vincentii loco census decem

DIV. (¹) Absque temporis notâ.
DV. (¹) Vide chartam ci.

nummorum solidos jam dicto loco exsolvant et ne in reliquum ab aliquo molestiam causa repeticionis paterentur, hanc precariam pretaxatus pontifex eis fieri jussit quam propria manu corroboravit fidelibusque suis firmare precepit. S. Letbaldus humilis episcopus. S. Mayolus prepositus. S. Mayoli abbatis. S. Gauseranni levite. S. Johannis levite. S. Aymonis levite. S. Adalardi presbiteri. S. Teudonis presbiteri. S. Eldeboldi presbiteri. S. Aldonis presbiteri. S. Ernadi levite. S. Uberti levite. S. Aymonis levite. S. Hendrici clerici. S. Uberti clerici. S. Alioldi clerici. S. Eldini presbiteri. S. Benedicti presbiteri. Data per manum Rodulfi indigni sacerdotis, v mensis Julii, anno viiii regnante Rodulfo rege.

DVI.

[WILLELMUS DE TORIA REDDIT POTESTATEM ODROMARI (¹).]

1096 — 1124.

Sacrosancte ecclesie in honore Dei et genitricis sue atque Beati Vincentii (martiris) dicate, quam domnus ac venerabilis Berardus episcopus ad regendum habere videtur. Ego Wilelmus de Toria reminiscens antecessorum meorum injurie, veniens in presentiam supradicti presulis et canonicorum suorum, scilicet in capitulo, reddidi potestatem Odromari et ecclesiam Beati Andree, cum terris et decimis et oblationibus, pratis, silvis, aquis aquarumque decursibus. Hoc donum et redditionem fratres sui Ugo et Bernardus confirmaverunt et laudaverunt. Hujus rei testes sunt Letaldus, Feroldus, Rodulfus Trioli, Wilelmus archipresbiter.

DVII (¹).

1096 — 1124.

Deinde Rainardus de Jassiaco et Gauserannus de Corent atque Warnerius cautellus, qui dicebant istius rei in feudum partem habere, reddiderunt Beato Vincentio et supradicto episcopo atque canonicis quicquid in hac re calumniabantur. Testes Rainardi sunt, frater suus abbas Athanacensis, Godo archipresbiter, Wicardus miles; testes Gauseranni et Warnerii, Durannus archipresbiter, Ugo Recans. Omnes isti, sicut scriptum est, firmaverunt et laudaverunt.

DVI. (¹) Vide chartam sequentem.
DVII. (¹) Hæc charta et præcedens, adjunctæ sub eodem titulo in codice Boberiano, in nostro codice disjunguntur.

DVIII.
[DOMINA DE VELA CONCORDAT CUM CAPITULO SUPRA PARTITIONE SILVE.]
1182.

Posterorum noticie commendetur quod totum capitulum Matisconis et domna de Vela cum consilio suo convenerant in curia domni Stephani Matiscensis episcopi, super questione nemoris quod simul habere noscuntur, inter Velam et Bey, utrinque disceptantes. Que questio diu ventilata, tandem in hunc modum sopita latino testes idonei ab ecclesia producti, tactis sacrosanctis Evangeliis, in verbo veritatis testificati sunt quod in illa tertia parte predicti nemoris, que pertinet ad domnam de Vela, tertiam partem que nona pars est totius nemoris, possedit possidere debet Matisconensis ecclesia, preter illud tercium nominati nemoris quod dimidium ex parte Wilelmi de Castellione, de jure et sine questione cedit ecclesie. Testificata sunt iterum quod tertia pars de Bosco Captivo et de Spina, similis ad eamdem ecclesiam pertinet. Huic legali testimonio curia fidem adhibens, ductu rationis judicium protulit ut ecclesia jus suum, quod in predictis nemoribus se habere debere probaverat, deinceps in pace possideat. Actum est hoc anno ab incarnatione Domini millesimo CLXXXII, mense Martio, presentibus his : Rainaldo de Vergeio cantore, Rotberto de Canciaco archidiacono, Gamnerterio de Berriaco archidiacono, Aimino de Piseir archidiacono, Umberto de Brancion archidiacono, Poncio de Bammiers, Stephano de Montbelet, Stephano de Maliaco, Willelmo Grasso, Maiolo Rebutino, Ugone de Damenches, Otgerio de Cegiaco, Andrea de Vela.

DIX.
[BERNARDUS DE BLANIACO DAT MANSUM SANCTE MARIE DE VINOSA (¹).]

Notum sit presentibus atque futuris quia ego Bernardus de Blaniaco, pro salute anime mee et antecessorum meorum, dono ecclesie Dei infra muros Matisconis site, in honore Christi martiris Vincentii dicate, et canonicis ibi Domino servientibus, mansum unum situm in pago Matisconensi, in parrochia Sancte Marie de Vinosa, cum omnibus appendenciis, quatenus omnes fructus et servicia et omnes redditus istius mansi ad opus fratrum, ad cenam diei (²) sancte Pasche reserventur. Et tunc inde habeant fratres refectionem agnorum et aliorum que necessaria fuerint secundum quod supradicte res valuerint.

DIX. (¹) Huic donationi temporis nota non adscribitur.
(²) Bouhier, *Dei*.

DX.

[HUMFREDUS DE VELA REDDIT TERTIAM PARTEM SILVE QUAM OCCUPAVERAT.]

1096 — 1124.

Sacrosancte Dei ecclesie in honore Beati Vincenti martiris constructe quam domnus Berardus episcopus ad regendum habere videtur. Ego Hunfredus de Vela, veniens in capitulo ejusdem Matiscensis ecclesie, presentibus domno Berardo presule cum canonicis suis, recognoscens peccatum et injuriam quam, per occupationem, ego et germanus meus Otgerius Sancto Vincentio de tertia parte nemorum a rivulo Vela usque ad defensum Udulrici de Balgiaco feceramus, in manu supradicti Berardi presulis per annulum ejusdem vuerpivi et concessi illam tertiam partem silvarum a Vela usque ad defensum Udulrici, sicut in antiquis scriptis suis per donum regium corroboratis canonici habebant, et ita deinceps quiete et inconcusse teneatur. Ipse vero domnus Beraldus episcopus hanc vuerpitionem accipiens, canonicis suis laudantibus, concessit michi de hoc quod tanto tempore injuste tenueram indulgentiam et spiritualium bonorum ecclesie me participem fieri laudavit in perpetuum. Hujus rei testes sunt Artaldus decanus, et Johannes cantor, et Bernardus de Cariloco archipresbiter, et Bernardus de Vela, et Hugo de Alvernia.

DXI.

[STEPHANUS DE CALOMONTE DAT MANSUM IN BOUTORIA VILLA.]

1096 — 1124.

Notum sit tam filiis Matiscensis ecclesie quam aliis fidelibus christianis quod Stephanus canonicus de Calomonte, in presentia domni Berardi Matiscensis episcopi et suorum clericorum, dedit unum mansum in pago Lugdunense atque parrochia de capella que est Beati Petri regularium canonicorum in Brutoria villa, cum omnibus appendiciis. In manso isto residet Wichardus prudens rusticus qui debet in servitio, in Pascha Domini agnum unum, in cisione prati sex nummos, in cisione messium unum prandium cum pluribus sociis et unum sextarium avene, in vindemiis similiter xii denarios; in Nativitate Domini xii denarios, iii panes, dimidium sextarium vini; in initio Quadragesime unum caponem, in medio Quadragesime sex nummos. Stephanus hanc cartam firmavit firmareque precepit; S. prioris Gausmari. S. Odonis. S. Guigonis. S. Pontii. S. Raconis. S. Gaufredi. S. Stephani de Sancto Cirico.

DXII.

[LANDRICUS EPISCOPUS DAT IN PRECARIAM MAIOLO MILITI RES APUD VINCELLAS.]

1074 — 1096.

Ad omnium presentium futurorumque dubietatem repellendam, describimus quia quidam miles, nomine Maiolus, adiit presentiam domni Landrici Matiscensis episcopi et canonicorum ipsius, petens ut sibi concederent quemdam curtilum situm in villa Vinzellis, et quamdam silvam et unum pratum ad ipsum curtilum continens, tantum in vita sua in loco prestarie. Cujus petitionibus annuentes concesserunt ei supradicta, eo scilicet pacto quod ipse ea in vita sua tantum teneret et edificaret; post mortem vero ipsius, Sanctus Vincentius et canonici Matisconis ea que supradicta sunt, cum omni edificio ibidem facto, sine ulla molestia et calumnia alicujus successorum ipsius et heredum suorum reciperent, et ulterius in pace possiderent. Hujus autem precarie benevolentia concessit supradictus Maiolus et filius ejus Aymo nomine, omnia illa placita et omnia illa dona que antecessores sui fecerunt Beato Vincentio et canonicis Matisconis. De terris suis nominatim etiam concessit ipse et filius ejus Aymo mansum in villa Cavaniaco, quem Stephanus filius Artabaldi dederat Sancto Vincentio, terras etiam quas Brendencus et Umbertus, propinqui ipsius, Beato Vincentio et canonicis Matisconis laudaverant, sicut in cartis descriptum habetur, quatenus omnis lis et discordia, inter eos multoties habita, pacificata remaneret. Testes hujus placiti et concordie fuerunt Stephanus de Bassiniaco(¹) et Ansedeus Rebutinus, et Rotbertus de Cantriaco.

DXIII.

[STEPHANUS ET OTGERIUS VENDUNT GAUSBERTO MANSUM IN MONTE PULINO(¹).]

Notum sit omnibus presentibus et futuris quod ego Stephanus et Otgerius, frater meus, Gausberto amico nostro unum mansum vendidimus cum appendenciis suis, situm in pago Matisconensi, in villa Monte Pulino. Terminatur a mane et a circio terra Comitis, a sero Sancti Vincentii: habet in longitudine

---

DXII. (¹) Bouhier, *Blassimaco*.
DXIII. (¹) Absque notâ chronologicâ.

xxxii perticas ab aquilone, in latitudine viii, ab austro x. Deinde unam vineam que habet in longitudine xi perticas, in latitudine v; terminatur a mane, a meridie via publica, a sero terra Petri, a circio terra Sancti Vincentii. Et in alio loco, unum campum qui habet in longitudine perticas xxx et unam, in latitudine v; et alium campum qui habet in longitudine xl et quatuor perticas, in latitudine iii et (unam) dimidiam. Infra istas terminationes, tibi concedimus pro precio xlv solidorum sine ullo calumpniatore. S. Stephani et fratris sui Otgerii, qui firmare rogaverunt. S. Rotberti. S. Rannulfi. S. Lettaldi. S. Stephani. Hunc vero mansum et terras, sicut supra scriptum est, Gausbertus clericus dedit Sancto Vincentio.

DXIV.

[URBANUS PAPA CONFIRMAT RES ECCLESIE MATISCONENSIS (¹).]

1096.

Urbanus episcopus, servus servorum Dei, dilecto fratri Landrico Matisconensi episcopo suisque successoribus a canonicis (²) promovendis in perpetuum. Justis votis assensum prebere justisque petitionibus aures accomodare nos convenit, que licet indigni justicie custodes atque precones in excelsa Petri et Pauli principum apostolorum specula positi Domino disponente videmur existere. Tuis igitur frater in Christo reverende (³) Landrice justis petitionibus annuentes, sanctam Matisconensem ecclesiam cui auctore Domino presides, apostolice sedis auctoritate munimus. Statuimus enim ut ecclesia de Prisciaco, de Fabricis, de Verchessoto, de Mardubrio, ecclesia Sancti Amoris et cetera omnia que tua fraternitas occupatorum manibus ereptavit, Matisconensi ecclesie reparavit, universa etiam que juste ad eamdem ecclesiam pertinere noscuntur, tibi tuisque successoribus libera semper et illibata serventur. Interdicimus etiam ut te ad Dominum evocato, vel tuorum quolibet successorum, nullus omnino invitis vestre ecclesie clericis aut episcoporum aut ecclesie res auferre, diripere aut distrahere audeat; ipsum etiam clericorum claustrum et claustri domos ita semper liberas permanere sancimus ut nemini illic violentiam liceat irrogare. Ad hec adicientes decernimus ut quecumque in posterum, liberalite principum vel oblatione fidelium, vestra ecclesia juste atque canonice

---

DXIV. (¹) Hæc bulla vulgatur sed inexpletè in *Gall. christ.*, pag. 284.
(²) *Gall. christ.* et Bouh., *canonicè*.
(³) Bouh., *charissime*.

poterit adipisci, firma tibi tuisque successoribus et illibata permaneant. Si quis sane in crastinum archiepiscopus aut episcopus, imperator aut rex, dux, comes, vicecomes, judex aut ecclesiastica quelibet secularisve persona, hujus privilegii paginam sciens contra eam temere venire temptaverit, secundo tertiove commonitus, si non satisfactione congrua emendaverit, potestatis honorisque sui dignitate careat, reumque se divino judicio existere de perpetrata iniquitate cognoscat atque a sacratissimo corpore et sanguine Dei ac Domini redemptoris nostri Jhesu Christi alienus fiat, et in extremo examine districte ultioni subjaceat. Cunctis autem eidem ecclesie juste servantibus sit pax Domini nostri Jhesu Christi quatenus et hic fructum bone actionis percipiant apud districtum Judicem, premia eterne pacis inveniant, amen. Jhesus. Maria. Datum Cluniaci, per manum Johannis sancte Romane ecclesie diaconi cardinalis, xv kal. novembris, indictione III (¹) anno Dominice incarnationis millesimo xcvi, pontificatus autem domni Urbani secundi pape VIII.

DXV.

[ECCLESIA SANCTI EUSEBII IN BUSSIACO DATUR ROTHERTO ATQUE LINO(¹).]

996 — 1018.

In nomine sancte et individue Trinitatis, notum esse volumus qualiter quidam clerici, Rotbertus scilicet atque Livo(²), venerunt ante presentiam domni Letbaldi Matiscensis ecclesie episcopi necnon canonicorum suorum, poscentes sibi conferri per precarie firmitatem quamdam ecclesiam quam antecessores eorum simili corroboratione possederant. Est autem hec ecclesia in comitatu Matisconensi sita, in villa Busciaco, in honore Sancti Eusebii dicata. Quorum scilicet prefatus presul petitionem benigne suscipiens supradictam ecclesiam illis concessit tali vero ratione ut quamdiu advixerint, absque ulla inquietudine teneant et possideant, et festivitate Beati Vincentii, in erario episcopali denariorum solidos duos loco census persolvant, salvo tamen servitio pontificali; illis vero decedentibus, ad domnum presulem(³) redeat. Hec autem precaria ut stabilius maneret et firmius corroboraretur, domnus pontifex propria manu eam firmavit atque corroborandam tradidit suis canonicis.

(¹) Forte legendum IV, indictio tertia congruit anno 1095.
DXV. (¹) Hæc donatio bis proditur in utroque codice, vide chartam CCCCXCIX.
(²) Bouhier, *Lino*.
(³) Bouh., *ad dominium presulis*.

DXVI.

[BREVE MEMORATORIUM DE REDDITIBUS VIRISETI CUM APPENDENCIIS(¹).]

Scriptum de redditibus Viriseti et de appendiciis ejus.
Colonica de Avistis debet duos solidos et taschiam.
Vircaria Rotberti, VIII denarios.
De manso Brietii, VI denarios et sectorem et lignarium.
De manso Radulphi, III denarios.
De manso Rixose, IIII denarios.
De manso Silvestri, XII denarios.
De Marfontanis, et in altero manso, II lignarios et secatorem et fenatorem et carrarium et tres corvatas, et in condamina carrarium, et in clauso palatorem et fossorem et cartallum avene et panem et unam minam vini et caponem.
Mansus Galterii Burlanni, similiter.
Mansus Constantii agri, II cartalla avene et II cappones et II panes et sextarium vini, serclatorem, et alia similiter.
Mansus Guidonis, omnia similiter.
Mansus Duranni de Turribus, similiter.
Mansus Grimoldi de Alta Mura, similiter.
Mansus Aimonis de Bufferiis, I panem, I caponem et minam vini, et I bichetum avene, et omnes alias consuetudines.
Mansus Bonerii similiter, et insuper palatorem et sectorem et lignarium.
Mansus Giraldi pariter, I cartallum avene et I panem et caponem et minam vini aliasque consuetudines.
Mansus Constantii Alberti, similiter.
Mansus Garlaudi, XII denarios.
Mansus Bernardi de Fissiaco, VII denarios.
Mansus Galterii Agatardi, VIII denarios.
Apud Virisetum, mansus Ricardi de Campis, I cartallum avene et II panes et II capones et sextarium vini et III corvatas.
Mansus Eldeberti, I panem et I caponem et minam vini et tres corvatas.
Mansus Duranni cellarii, similiter.
Mansus Poncie, similiter.

DXVI. (¹) Absque notâ chronologicâ.

Mansus Rannoldi Carpini, similiter.

Mansus Tetbaldi, similiter.

Mansus Tergenii, cartallum avene, III corvatas, secatores et fenarios II, lignarium et palatorem et fossorem.

Mansus Bernardi de Plantariis, VI denarios et II panes et sextarium vini.

Umbertus, IIII denarios et II panes et sextarium vini.

Bernardus et Berno, VIII denarios et III panes et III minas vini.

Giraldus et Osanna, similiter.

Wido, IIII denarios, II panes, sextarium vini.

Gualterius, VIII denarios et III panes et III minas vini.

Elicardus, VI denarios, II panes et sextarium vini.

Lambertus, similiter.

Galterius, VIII denarios et III panes et III minas vini.

In Planteriis de Verena, Johannes VI denarios et II panes et sextarium vini.

Stephanus et Carlo, similiter.

Andricus, similiter.

Adalbertus, IIII denarios et I panem et minam vini.

Ranoldus, V denarios et II panes et sextarium vini.

Garbaldus, similiter.

Johannes, II panes et IIII denarios et sextarium vini.

Berno et Bernardus, V denarios, II panes et sextarium vini, et omnes isti corvatas.

Rotbertus et Petrus, VI denarios.

Bernardus et Dodo, VI denarios et II panes et sextarium vini.

In manso Garnerii de Verchisoto, XII denarios.

Constantinus Pipinus, VI denarios et III panes et II sextaria vini.

Bernardus, IIII denarios, II panes, sextarium vini.

Girbertus, XVIII denarios.

Adalbertus, VI denarios, II panes, sextarium vini.

Grimaldus, XII denarios.

In prima colonica de Quintana, VIII bichetos avene, IIII panes, IIII capones et II sextaria vini, I muttonem, I agnum, III corvatas et carreriam feni, et messem, palatorem arei, serclatorem, carratam et dimidiam matheris et II lignarios, fossores et pallatores.

Colonica de Fontana, similiter.

In prima colonica de Birisiaco, IIII bichetos avene, II panes, II capones et sextarium vini, et alia similiter omnia.

Altera ibidem colonica tantumdem debet apud Perrolium II panes, II capones, II bichetos avene, minam vini, fossorem, palatorem, sectorem et agnum.

In Flassiaco, in manso Bernardi, II panes, II capones et sextarium vini, et lignarium et palatorem, et omnes alias consuetudines.

Colonica Laccardi, omnia similiter.

Mansus Gonterii defuncti, omnia similiter et palatorem insuper.

Mansus Constantii de Crai, II bichetos avene, I panem, I capponem, minam vini et omnes alias consuetudines, et his omnibus lignaria.

In manso Garberti, III bichetos avene et omnes alias consuetudines.

In manso Duranni Rufi et sociorum ejus, IIII bichetos avene, II panes, II cappones, sextarium vini, omnesque alias consuetudines.

Bernardus de Tellosa, II soldos in carne, et III panes et II sextaria vini.

Bernardus Cacipulus, II bichetos avene, II panes, II cappones, sextarium vini.

Mansus Galterii, similiter.

Mansus Aalberti, similiter.

Mansus Guirrici, VI denarios, II panes, sextarium vini et bichetum avene.

Johannes et Martinus, VI denarios, II panes, sextarium vini et bichetum avene.

Telbaldus, de tribus vineis, XII denarios et IIII panes et II sextaria vini et I bichetum avene, et mansus ejus in dominicatu presulis.

Mansus Aalberti coqui, VI denarios, II panes et I sextarium vini et II bichetos avene et I capponem.

De planta Otgerii, que est juxta Bernardi clerici vineam, VI denarios, II panes, I sextarium vini et I bichetum avene, et vinea ipsius Otgerii in Turriciaco, et quicquid habet in Marfontanis, et clausum in Virisiaco cum omnibus appendiciis suis, sunt in dominicatu presulis.

Molendinum quod Telbaldus habet debet X soldos in censu, in festivitate Sancti Martini.

Aliud molendinum habet Rodulfus in vita sua tantum, persolvit[1] pro ecclesia V solidos.

Fiunt in summa denariorum, XL solidi et II, panes C et VII, vini sextaria LVII, cappones LII, cibarie sextaria VIII et V bicheti.

Omnes predicti mansi qui debent marescaliciam debent et complacitum generale et quicquid ibi volumus facere.

---

[1] Bouhier, *presbiteris*.

DXVII.

[HUGO DE CASTELLIONE DAT MANSUM IN VILLA CORMARENCHIA(¹).]

Ne oblivionis caligine in futurum deleatur posterorum notitie litterarum apicibus designare curavimus, quod Hugo de Castellione dedit ecclesie Beati Vincentii Matisconis, pro canonica filii sui Willelmi et remedio anime sue, laudantibus uxore sua et omnibus filiis suis, mansum unum in villa Cormarenchia situm; terminatur autem idem mansus, a meridie terra Berardi de Miseriaco, a septentrione via publica, a mane est de eadem terra. Dedit etiam pro eadem canonica Beato Vincentio, in silva Vainera a portu Betis usque ad portum Anselle, cursum trecentorum porcorum cum mutone(²); mansus vero habet et in servitium II soldos. Testes hujus rei sunt, Hugo qui fecit, de Loasi et Godefredus.

DXVIII.

[QUOD MONACHI CLUNIACENSES DEBENT ORDINARI AB EPISCOPO MATISCONENSI(¹).]

1025.

Anno M XXV Dominice incarnationis, convenerunt apud Ansam in ecclesia Sancti Romani, causa consilii, archiepiscopi cum pluribus episcopis, scilicet Burchardus Lugdunensis archiepiscopus noster, Burchardus archiepiscopus Viennensis, Amiso archiepiscopus Tarentasiensis, Helminus episcopus Eduensis, Gauslenus episcopus Matiscensis, Gaufredus episcopus Cabilonensis, Hugo comes episcopus Autissiodorensis, Guigo episcopus Valentinensis, Humbertus episcopus Gratianopolitensis, Anbaldus episcopus Ucceiensis, Anselmus episcopus Augustensis et Urardus episcopus Maurianensis. Cum igitur multa de ecclesiasticis causis et de communi populi utilitate ibidem tractarent, surgens supradictus Gauslenus episcopus in medio proclamavit se de Burchardo predicto Viennensi archiepiscopo qui, sine licentia et assensu suo, contra canonum instituta, ordinationes de monachis fecerat in episcopatu suo, scilicet in Cluniacensi cenobio. Ad que idem archiepiscopus respondens domnum Odilonem abbatem, qui presens aderat, illarum ordinationum tractus adduxit auctorem in defensorem. Surgens itaque domnus

DXVII. (¹) Huic donationi temporis nota non adscribitur.
(²) Bouhier, *nutrimento*.
DXVIII. (¹) In codice Boheriano, hæc charta et tres sequentes sub eodem titulo adjunguntur.

Odilo cum suis monachis, ostendit privilegium quod habebant a Romana ecclesia, quod eis talem libertatem tribuebat ut non ulli, in cujus territorio degebant, nec alicui aliquatenus subjacerent episcopo, sed quemcumque vellent adirent, vel de qualibet regione adducerent episcopum qui faceret ordinationes vel consecrationes in eorum monasterio. Relegentes ergo sancti Calcedonensis et plurimorum anteriorum (²) conciliorum sententias quibus precipitur qualiter per unamquamque regionem abbates et monachi proprio debeant episcopo subjici, et ne episcopus in parrochia alterius audeat ordinationes vel consecrationes absque licentia ipsius episcopi facere, decreverunt cartam non esse ratam que canonicis non solum non concordaret sed etiam contra iret sententiis, adjudicaverunt quoque domnum abbatem non posse existere archiepiscopo legitimum auctorem canonice defensionis. Unde predictus archiepiscopus, ratione convictus, petens veniam a Gausleno episcopo, loco satisfactionis, firmavit ei per quales ipse voluit fidejussores ut unoquoque anno quamdiu ambo viverent, tempore Quadragesime, sufficientiam olei de olivis, ad conficiendum Chrisma, ipsi persolveret, id et sine negligentia fecerit (³) quamdiu uterque vixerit.

DXIX.

1031 — 1048.

Succedente vero tempore, ipsi Gausleno episcopo defuncto citissime, Gualterius in presulatu successit et, Domino permittente, certis (¹) diebus venit Aniciensis episcopus Cluniacum et consecravit ibi altare unum, illectus improbis precibus monachorum. Unde vehementer commotus Gualterius episcopus misit quosdam de clericis suis ad domnum Odilonem conquerens ab eo de altare contra jus consecrato, simulque denuntians quod nisi sibi ex hoc satisfaceret, quibuscumque modis posset, se vindicaret. Quod ipse audiens, primo respondit se in consecratione altaris defuisse; post hec precepit clericis ut altare discooperirent (²), vel si vellent solo tenus destruerent. Deinde mandaverunt, per eosdem clericos, episcopo diem et locum quo sibi conloqueretur; quo cum convenissent, post diversa querelarum et pacificationum colloquia, dedit ei loco emendationis vel satisfactionis equum

(²) Bouhier, *antè actorum.*
(³) Bouh., *fecit.*
DXIX. (¹) Bouh., *cujus.*
(²) Bouh., *discerperent.*

decem libris appreciatum simulque vas argenteum auro pulcherrime decoratum. Post hec, invitaverunt eum ut de monachis suis ordinationes faceret tempore proximo, quod et subsequenter fecerunt in eodem Cluniacensi monasterio, quod etiam sepius fecerat in sua ecclesia.

DXX.

Circa annum 1040.

Post vero in longo tempore veniens domnus Odilo Matisconem, cum requievisset nocte apud Sanctum Martinum suumque monasterium, mane cum suis matrem ecclesiam Sancti Vincentii pedester expetiit. Et quia cum episcopo et canonicis in capitulo vellet loqui predixerunt(¹), quo cum ingrederetur, omnibus sibi ut pro tanto viro assurgentibus, ipse in medio eorum genua flexit, et si quid erga locum et fratres commiserat, ut sibi remitteretur postulaverit(²), et quia ecclesie sicut matri non obedierat se penitere declamaverunt, ac deinceps dum adviveret erga ecclesiam et presidentes se permansurum qualis deberet promisit. His ergo benignissime remissis, atque ab eo eisdem cum gratiarum actione acceptis, recessit cum pace et concordia impendens loco et clericis multa beneficia, nam inter alia transmisit duo optima lapita ecclesie atque centum solidos Casinne monete.

DXXI.

1063.

Gualterio quoque episcopo subtracto ab hac luce, Drogo vir simplicitate preditus, Dei dispositione, suscepit episcopatum Matiscensis ecclesie. Huic quidem mundialis prudentie calliditate non satis calluit mundus(¹) per vicinos et circumpositos precipueque per ecclesie beneficiarios, qui ei debuerant auxiliare, contra ire graviter cepit et adversari. Unde sibi commissa ecclesia que jamdudum malo merito habitantium et in utilitate presidentium ceperat vexari, nec ut expediret ab eo potuit sublevari. Quo in tempore sinodus plurimorum, scilicet xiii episcoporum, apud Cabilonem

---

DXX. (¹) Bouhier, *predixit.*
(²) Bouh., *postulaverunt.*
DXXI. (¹) Bouh., *invidus.*

est habita sub Petri Ostiensis episcopi Romane ecclesie legati presentiam; huic (²) inter alias officiorum ecclesiasticorum narrationes predictum episcopum ad rationem misit, quare sicut per proclamationes Cluniacensium monachorum in synodo Romana audierat, ipsum cenobium invaserit et afflixerit, abbatem contristaverit, insuper et Romana privilegia et papam spreverit et neglexerit. Ad que vero dum episcopus pleniter optaret respondere et quod non facere (³) eis intulerit sed versa vice plura his ab ipsis pertulerit, conquerenda edicere nullatenus sibi locus datus est inde sed tantum synodali decreto purgavit se scienter Romana privilegia non lesisse nec papam sprevisse. Ipse autem Romanus legatus, nimium cenobilis, quorum postulationibus et obsequiis adtractus advenerat favens, proclamationes et querimonias sepedicti episcopi nec ecclesie ejus suscepit, nec aliquam justitiam eis de ipsis fecerat sed tantum quod predecessores episcopi in ipso Cluniacensi cenobio eatenus habuerant ipse laudavit et concessit. Privilegia vero que contra jus ecclesiasticum monachi collegerant quibus ingeniis poterant Matiscensis ecclesia, pro ut potuit, ibidem contradixerit nec episcopus aliquatenus ea laudavit vel confirmavit, sed permanet ut erat in querela et querimonia rectitudinem sue ecclesie, ipsis e contrario contra canonicam autoritatem perdurantibus in sua rebellione.

DXXII.

[MILO EPISCOPUS CONCEDIT ROTBERTO CAPELLAM SANCTI MARTINI IN TAISIACO.]

981 — 996.

Omnibus Matiscensis ecclesie filiis presentibus atque futuris sit notum quia cum esset domnus Milo episcopus secus basilicam incliti martiris Christi Vincentii, et Oddo abbas, et Mayolus archidiaconus, seu ceteri canonici, venerunt in eorum presentiam duo homines, Rotbertus videlicet atque..... (¹) humillime deprecantes ut concederet eis capellam unam que est constructa in honore Sancti Martini in villa Tarsiaco cum rebus et decimis sibi pertinentibus, ea vero ratione ut dum vixerint teneant et possideant, et si quis par parem suum supervixerit ad eum perveniat nullo contradicente. Domnus Milo episcopus qui fieri jussit et firmare precepit.

(²) Bouhier, *hunc.*
(³) Bouh., *hoc.*
DXXII. (¹) Hic, locus expunctatus in utroque codice.

DXXIII.

[LEDBALDUS EPISCOPUS DAT ROCLENO ECCLESIAM SANCTI MARTINI APUD COLONICAS(¹).]

996 — 1018.

Notum sit omnibus Matiscensis ecclesie filiis presentibus et futuris quia cum esset domnus Letbaldus presul in propria sede, apud Matisconem, adiit ejus presentiam quidam clericus, nomine Roclenus, humiliter poscens ut concederet sibi, per precarie firmitatem, quamdam ecclesiam in villa Colonicas sitam, in honore Beati Martini constructam, cum omnibus appendiciis, de ratione fratrum in Beati Vincentii martiris cenobio Deo famulantium. Cujus petitionem pretaxatus pontifex gratam suscipiens, concessit ei jam dictam ecclesiam, eo pacto ut omni tempore vite sue teneat et possideat et in festivitate Beati Vincentii, loco census, XII denarios supradictis fratribus persolvat; ac post illius decessum, ad Beatum Vincentium hec ecclesia cum omni integritate revertatur.

DXXIV.

[AIMOINUS SACERDOS DAT UNUM CLAUSUM IN VILLA FOSSA ALSACI(¹).]

1031 — 1062.

Sacrosancte ecclesie Sancti Vincentii martiris, infra Matisconis menia constitute, cui Walterius episcopus preest. Ego Aiminius sacerdos, cupiens cuidam clerico et sacerdoti nomine Duranno canonicale adipisci contubernium, dono clausum unum situm in pago Matisconensi, cum vinea et terris ad illum pertinentibus, in agro Salorniacensi, in villa que dicitur Fossa Alsaci. Terminatur a mane via publica, a medio die terra Sancti Vincentii quam Rannulfus prepositus tenet que fuit Flotberti, a sero et a circio terra ejusdem Sancti Vincentii. Infra has terminationes, ipsas terras Sancto Vincentio dono ad mensam fratrum eo pacto ut jam dictus Durantus in vita sua teneat et unoquoque anno, tempore vindemie, canonicis Sancti Vincentii sex sextarios vini investitura reddat, et post ejus excessum, predicti fratres teneant et possideant.

DXXIII. (¹) Hæc precaria bis proditur in utroque codice, adi chartam CCCCXLIV.
DXXIV. (¹) Hæc donatio iteratur in utroque codice cum discrepantiis, vide chartam XXXV.

DXXV.

[GUICHARDUS ET ADALGARDIS COMMUTANT TERRAS IN FLACIACO(¹).]

Sancte Dei ecclesie in honore sancti Vincentii dicate, infra menia Matisconis posite. Ego Guichardus et Adalgardis uxor mea, donamus aliquid de hereditate nostra, loco commutationis, pro quadam terra de ratione ejusdem sancti conjacente in villa Flaciaco, quam precibus nostris suscepimus a canonicis illius ad opus adduxionis aque molendini nostri in ipsa villa Flaciaci positi. Est autem terra, quam illis donamus loco commutationis, in villa Siniciaci juxta terram quam Bernardus et Wichardus fratres dederant illis a meridiana parte; terminatur vero a mane terra Sancti Petri Luxoviensis, a sero via publica, a circio de ipsa hereditate. Habet autem in longum XXI perticas et III pedes, et in traverso VIII perticas et quinque pedes in ambobus frontibus. Infra istas terminationes vel perticationes, donamus istam terram in communione canonicorum Sancti Vincentii ut habeant et possideant, loco commutationis supradicte, sine ullo contradicente. S. Wichardi et Adalgardis, qui fieri et firmare rogaverunt. S. Sendeleni. S. Stephani.

DXXVI.

[UDO CANONICUS DAT TERRAM ARABILEM IN VILLA SINICIACI.]

1074 — 1096.

Sancte Dei ecclesie in honore Sancti Vincentii dicate, infra menia Matisconis posite cui Landricus preest episcopus. Ego Udo, canonicus ejusdem, dono in communione fratrum quamdam terram arabilem in villa Siniciaci (¹) sitam. Dono autem istam terram, pro anima fratris mei Wichardi, ad predictum locum; que terminatur a mane terra Wichardi et Adalgardis, a meridie terra Sancti Petri sibi adherentis, a sero terra supradicti Wichardi et Bernardi de Planiaco (²), a circio terra Sancti Vincentii. Habet vero in longum supradicta terra perticas XXI, et in lato de ambobus frontibus XIII perticas et V pedes. Infra istas terminationes vel perticationes, dono istam terram pro anima fratris mei supradicti Wichardi in communione canonicorum Sancti Vincentii, ut habeant et possideant sine ullo contradicente. S. Udonis qui fieri et firmare rogavit. S. Udonis consobrini ejus. S. Stephani nepotis ejus.

DXXV. (¹) Absque notá chronologicá.
DXXVI. (¹) Bouhier perperàm, *Sauciaci*.
(²) Bouh., *Plainiaco;* forté emendandum, *Blaniaco*.

DXXVII.

[OTTO MILES DE BERIACO DAT ANCILLAM NOMINE OSANNAM.]

1060 — 1118.

Sacrosancte Dei ecclesie intra muros Matisconis site, in honore Beati Vincentii martiris fundate. Ego Otto miles de Beriaco dono quamdam ancillam meam, nomine Osanam, filiam Constantii de Vallis cognominati. Primum autem facio hoc donum Domino et Sancto Vincentio et canonicis ejus pro anima mea et pro animabus parentum meorum, deinde quia pro hoc beneficio michi partem dederunt in eleemosinis et in benefactis suis, tertio quia michi, pro hoc, xv soldos denariorum tribuerunt. Pro his igitur, concedo eis supradictam feminam sine ulla retentione et absque ullo malo ingenio, ut sicut michi et antecessoribus meis ipsa et parentes ejus secundum morem mundanum servierunt, sic illa deinceps et progenies que de ea exierit, secundum morem ecclesiasticorum, serviet predicte ecclesie et canonicis ejus in futurum. Quod donum si quis contradixerit, iram Dei incurrat et solutionem legis sue septempliciter persolvat. Quod hec donatio in futurum firma permaneat cum stipulatione subnixa. Data Matiscone, v idus novembris, per manum Duranni scriptoris ad vicem cancellarii Rannulfi, tempore regis Philippi. S. Ottonis qui fieri et firmare rogavit. S. Eldini nepotis ejus. S. Rannaldi militis.

DXXVIII.

[DURANNUS DAT CAMPUM IN VILLA VERCHESONO (¹).]

Sacrosancte Dei ecclesie Sancti Vincentii martiris que constructa est infra menia Matisconis. Ego Durannus, pro remedio et salute anime mee, dono unum campum in pago Matiscensi, in villa Verchesono. Terminatur a mane Sancti Vincentii, a medio die Constancio et Iliodo, a sero Sancti Petri; habet in longo perticas III et III pedes, in ambis frontibus perticas II et pedes VIII. Infra istas terminationes vel perticationes, dono Domino Sanctoque Vincentio ut ab hac die in antea faciant rectores Sancti Vincentii, in Dei servitio, quicquid facere voluerint. Si quis contradixerit auri libras v persolvat, firmaque permaneat cuncto tempore. S. Duranni qui fieri et firmare rogavit. S. Girberge matris sue.

DXXVIII. (¹) Huic donationi temporis nota deest.

DXXIX.

[HEBREI MATISCENSES RECOGNOSCUNT SE DEBERE PIGMENTUM ET CALIGAS.]

1051.

Notum sit omnibus filiis sancte Matiscensis ecclesie presentibus scilicet atque futuris quod, anno ab incarnatione Domini M LI, Hebrei Matiscenses consuetudinem debitalem pigmenti quam, natali Innocentium, cantori ipsius ecclesie reddere consueverant, quamque jam deminutam denegando ac peterando (¹) habebant, iterum se idem debitum ulterius reddituros confessi sunt non absque certa mensura et pondere ut ante fecerant; unde et illud quartam partem usque jam pene detruncaverant, sed sub communi constitutione libram pigmenti vel ipsius cujus due partes sunt meliores (²), tertia karioris, se reddituros in antea firmaverunt sub firmitate vel testimonio horum fidejussorum, Durannus et frater ejus, Vitsaacus, Bonus, Bonitus, Berardus. Hujus itaque debiti libram firmaverunt in manu Rannulfi junioris se deinceps reddituros, tempore Nativitatis Domini et tempore paschali, caligas de optimo panno.

DXXX.

[JERALDUS CUM SOCIIS DAT SERVUM NOMINE ANDREAM.]

1074 — 1096.

Sacrosancte Dei ecclesie Sancti Vincentii martiris que constructa est infra menia Matisconis, cui venerabilis Landricus preest episcopus. Ego Jeraldus atque conjux mea Videlia, filia Uberti Nigri, et Bernardus atque Pontia uxor mea, donamus servum unum nomine Andream, cum infantibus suis, qui nobis evenit ex parte supradicti Umberti, pro salute animarum nostrarum, ita ut deinceps illi et successores eorum in servitio ecclesie omni tempore permaneant.

DXXXI.

[BERNARDUS DE CARILOCO DAT QUARTAM PARTEM DECIMARUM DE AGRILLO.]

1096 — 1124.

Posterorum noticie tradere dignum duximus quia Bernardus de Cariloco Domino et ecclesie Beati Vincentii infra muros Matisconenses site, quartam partem decimarum de Agrillo de Hugone Fuldrado adquisivit. Habuit autem

---

DXXIX. (¹) Bouhier, *peilrando*. — (²) Bouh., *viliores*.

jam dictus Hugo, pro hac quarta parte decimarum, a prefato Bernardo xxv soldos Lugdunensis monete. Adquisivit etiam in eadem parrochia, de aliis militibus, decimas villarum duarum ad integrum, videlicet de Masconcolis ([1]) atque de Multenco, pro quibus xx solidis predicte monete donavit. Hujus rei testes sunt Bernardus sacerdos, Radulfus prepositus, Bernardus Vertonus([2]), Pontius de Cava Rocca.

DXXXII.

[ADALESIA MATRONA NOBILIS DAT ALODUM IN PARROCHIA DE MARDUBRIO.]

1096 — 1124.

Omnia que instantis temporis cursu debent firma permanere, necesse est ea litterarum apicibus annotari, quo earum notitia future lites valeant citius sopinari([1]). Presentibus igitur atque futuris notificare volumus quod quedam matrona nobilis, Adalasia nomine, per manum Bernardi archipresbiteri et alterius Bernardi capellani de Mardubrio, presentiam domni Berardi venerabilis Matiscensis episcopi adiit, et ei et canonicis sancti martiris Vincentii, de alodio suo in parrochia de Mardubrio, redemptione anime mariti sui et antecessorum suorum legitime obtulit, in quo capella in honore Sancte Marie Magdalene fundaretur. Fundata igitur capella, domnus memoratus([2]) episcopus ad eamdem capellam cum duobus archidiaconis, Gauceranno videlicet atque Bernardo, et archipresbitero Bernardo, atque Hugone et Willelmo subdiacono perexit, et eam xv kalendas septembris benedixit et in cimiterium ibi fecit, supradicta matrona cum filiis suis obnixe precantibus, et Hugone Truanno atque Herberto fratre ejus, necnon femine jam dicte dominis et amicis laudantibus. Hujus denique doni testes sunt Stephanus canonicus de Mardubrio, Radulfus prepositus, et Pontius de Cava Rupe.

DXXXIII.

[BERNARDUS RECUPERAT SANCTO VINCENTIO SEPULTURAS ET DECIMAS IN SALGIA ([1]).]

Notum sit filiis sancte Dei ecclesie quod ego Bernardus archipresbiter, in parrochia de Mardubrio, in duabus villis scilicet in villa Salgia, Uncionelis ([2]),

DXXXI. ([1]) Bouhier, *Vascomolis*.
([2]) Bouh., *Verrianus*.
DXXXII. ([1]) Bouh., *comprimi*.
([2]) Bouh. perperàm, *Maimbodus*.
DXXXIII. ([1]) Absque temporis notâ.
([2]) Bouh., *Warnelis*.

decimas et primicias, oblationes et sepulturas recuperavi et Sancto Vincentio adquisivi, quas Dalmatius monachus violenter auferebat. Iterum in cimiterio de Mardubrio emi a Stephano monacho duo emplastra xx solidorum Lugdunensis monete, in quibus duas domos edificavi.

DXXXIV.

[HUGO FULDRADUS ET SUI DANT MEDIETATEM DECIME ECCLESIE SANCTI JOHANNIS.]

Circà annum 1080.

Omnibus sancte Dei ecclesie filiis notificare volumus quod ego Hugo Fuldradus et uxor mea Teotbergia et filii mei Gerardus et Hugo, Willelmus et Stephanus, Boso et Gauserannus atque Herbertus, et filie mee, Domino et Sancto Vincentio Matiscensis ecclesie medietatem decime de ecclesia Sancti Johannis de Buxeria, per manum Bernardi archipresbiteri reddimus, a quo etiam beatitatis (¹) gratia cc et v soldos fortes Lugdunensis monete accipimus. Propterea, per manum Bernardi supradicti, Sancto Vincentio medietatem decimarum et taschiarum de duobus mansis in parrochia Sancti Vincentii reddimus, in quibus etiam ipsa ecclesia sita est. Iterum, in eisdem supradictis mansis, Bernardus archipresbiter Sancto Vincentio Matiscensis ecclesie aliam medietatem decimarum et taschiarum ab Hugone de Exsartis et fratribus ejus recuperavit; quibus etiam charitatis gratia xxvii solidos donavit cum istis iterum decimis et taschiis. Hugo et fratres ejus molendinum situm in aqua Reni Sancto Vincentio reddiderunt; hujus autem redditionis testes sunt, Vinleus (²) de Noliaco et filius ejus Girardus, et Stephanus, et Girardus capellanus de Tisiaco, et Hugo de Ronchivolt, et Rodelinus prepositus, et Johannes de Cariloco. Iterum, in supradicta parrochia Sancti Vincentii, Bernardus archipresbiter medietatem decimarum de Becis ab Arnulfo de Porta et Hugone Rufo et uxoribus eorum adquisivit, pro quibus xxv solidos Lugdunensis monete dedit. Hujus rei testes sunt Bernardus de Barbilliaco, et Guichardus presbiter, et Constancius Calvus. Item adquisivit in ecclesia Sancti Johannis de Buxeria sextam partem decimarum de Petro Fuldrado et uxore ejus, pro quibus dedit xl solidos Lugdunensis monete. Hujus rei testes sunt Stephanus canonicus de Mardubrio, et Pontius de Cava Rocha, et Hugo Fuldradus.

DXXXIV. (¹) Bouhier, *liberalitatis*.
(²) Bouh., *Willicus*.

DXXXV.

[BERNARDUS ACQUIRIT MEDIETATEM DECIMARUM VILLE DE BOSCO.]

Circà annum 1080.

Notum sit omnibus quod idem Bernardus archipresbiter, in parrochia Sancti Johannis de Buxeria, tertiam partem decimarum ville que dicitur de Bosco adquisivit, unde cuidam domine, nomine Girarde, XII soldos donavit. Hujus rei testes sunt Durandus presbiter, Rambaldus, Pontius de Cava Rocca.

DXXXVI.

[BERARDUS EPISCOPUS RECUPERAT ECCLESIAM DICTAM DE QUERCU.]

1096 — 1124.

Notum sit presentibus atque futuris quia domnus Berardus episcopus Matiscensis ecclesie in honore Beati Vincentii martiris consecrate, ecclesiam dictam de Quercu, que erat juris ejusdem sancti martiris nostri, sicut et alie circonjacentes ecclesie, adquisivit et recuperavit a quibusdam laicis qui sub casamento tirannice potestatis eam multo tempore retinuerant. Illi vero laici, qui tantum injuste ipsam ecclesiam possederant, Claromontensis concilii decretum formidantes et animarum suarum periculum recompensantes, sub quadam dissimulatione werpitionis petierunt a domno Berardo episcopo et a canonicis suis, cuidam germano suo Gauceranno videlicet dari canonicale consortium. Quorum petitioni consentientes, germanum suum Sancti Vincentii martiris canonicum laudaverunt et confirmaverunt. Quamobrem Bernardus de Septem Canibus et Otgerius de Montgirberto et Garinus de Montgirberto et Gaucerannus factus canonicus, isti quatuor germani, concesserunt et reddiderunt et werpiverunt ipsam supradictam ecclesiam cum integro presbiteratu Sancto Vincentio et domno Berardo episcopo, sine ulla calumnia aut retinatione([1]). Ipse vero domnus Berardus presul dedit et concessit eam in capitulo ad communem mensam fratrum jure perpetuo, pro redemptione anime sue et illorum qui illam werpiverant, retento annuo censu trium solidorum. Testes rei sunt, Artaldus decanus, Johannes precentor, Gaucerannus archidiaconus.

DXXXVI. ([1]) Bouhier, *reclamatione*.

DXXXVII.

[STEPHANUS BRUINUS IN EXPEDITIONE HIEROSOLIMITANA DAT VERCHERIAM.]

1096 — 1124.

Noticie presentium et futurorum commendamus quod Stephanus Boninus (¹) in expeditione sua de Hierusalem, pro salute anime sue, uxore sua et fratribus suis laudantibus, dedit et concessit Beato Vincentio medietatem vercherie alodii sui que vocatur ad Arsis, sita in villa de Montaniaco; et terminatur a meridie via publica, a septentrione terra Argimbaldi de Moncello, ab oriente terra Sancti Martini. Testes hujus doni sunt, Galo monachus, Hugo de Vitriaco, Bernardus Bisornatus et Leodegarius Boninus, germanus Stephani; qui Leodegarius postea hoc in capitulum domno B. (²) episcopo et canonicis laudavit et concessit. Insuper ipse Leodegarius concessit et vendidit postea alteram medietatem hujus supradicte vercherie beato martiri Vincentio et canonicis inibi degentibus, accipiensque a Bernardo archidiacono xiii solidos et dimidium Matisconensis monete, laudante hoc Hugone Bonino, fratre ipsius Leodegarii. Testes istius rei sunt Stephanus de Sancto Cirico, Rotbertus Cubili, Isembardus clericus, Bernardus pictor.

DXXXVIII.

[FORMA ELECTIONIS ET PRESENTATIONIS IN ABBATEM SANCTI RIGALDI.]

1087.

Anno millesimo octuagesimo vii° incarnationis Domini nostri Jhesu Christi, cum auctoritate et privilegio sancte Romane ecclesie, ex precepto quoque domni Landrici Matiscensis episcopi et cum adjutorio et assensu canonicorum ipsius ecclesie, nos humilis grex monachorum degentium in monasterio Sancti Rigaldi (¹) vocitato, in honore summe et individue Trinitatis atque sancte Dei genitricis Marie, necnon et ipsius predicti confessoris dicato, eligimus nobis unum de fratribus nostris abbatem, nomine......, a pueritia sub regula Beati Benedicti enutritum, doctrina institutum, natura prudentem, moribus temperatum, vita castum, fide catholicum, litteratum, in lege Domini instructum, in dogmatibus ecclesiasticis exercitatum: hunc

DXXXVII. (¹) Bouhier, *Bruinus.*
(²) Berardo.
DXXXVIII (¹) Bouh., *Sancti Richaldi.* Vide superiùs ch. v, et Severt., pag. 115.

itaque quem necessarium nobis et ecclesie nostre judicamus(²), domno Landrico venerabili presuli Matisconensis ecclesie in cujus episcopatu degimus cuique nos subjici canonice profitemur, cum assensu canonicorum ejusdem ecclesie, offerimus in abbatem consecrandum optantes nobis eum preesse et prodesse, simulque promittentes ei obedientiam juxta Beati Benedicti patris nostri institutionem.

DXXXIX.

[LUDOVICUS IMPERATOR REDDIT SANCTO VINCENTIO TERTIAM PARTEM TELONEI.]

814 — 840.

In nomine Domini Dei et salvatoris nostri Jhesu Christi, Hludovicus divina ordinante providentia imperator Augustus. Si erga loca divinis cultibus mancipata propter honorem Dei ejusque in eisdem locis sibi famulantes beneficia opportuna largimur premium nobis apud Dominum eterne remunerationis rependi non diffidimus. Notum sit omnibus fidelibus sancte Dei ecclesie et nostris tam presentibus quam et futuris, quia vir venerabilis Hildebaldus Matisconensis ecclesie episcopus, adiens serenitatem culminis nostri, questus est eo quod tertia pars telonei que est in eadem civitate, aut foras in eodem pago, et tertia pars de salinis que sunt in Jugis, necnon et villa que nuncupatur Candeverris(¹) cum omnibus appendiciis ecclesie cui ipse(²), auctore Domino, episcopus preest, que est constructa in honore Sancti Vincentii martiris secundum divisionem que olim facta est et esse debet. Nos interea missum nostrum venerabilem scilicet......(³) Leidrardum archiepiscopum ad hanc rem investigandam et diligenter inquirendam misimus, et invenit quod per justitiam predicte ecclesie, juxta divisionem que dudum facta est et esse debebat. Qui rediens nobis renunciavit hanc rem ita se habere sicut predictus episcopus asserebat, quod nostra excellentia presentialiter hoc ei in nostra heleemosina reddidit; sed, ob rei firmitatem, obsecravit excellentiam culminis nostri ut nostra auctoritas super hoc stet qualiter rectores ipsius sedis perenniter haberent et possiderent. Cujus petitioni libenter annuere placuit et hanc nostram auctoritatem fidei, Dei gratia, predicte ecclesie libuit, per quod decernimus atque jubemus

(²) Bouhier, *videmus*.
DXXXIX. (¹) Bouh., *Gaudeverris;* gallicè *Chamvers*. Vide ch. LXIV et Severt., p. 32.
(²) Bouh., *tempore*.
(³) Hic est locus vacuus et expunctatus in utroque codice.

ut nullus quislibet ex fidelibus nostris de predicta tertia parte mercatorum, aut de tertia parte de salinis, vel de villa Candeverris, cum ecclesia deinceps ullam calumniam aut infestationem rectoribus predicte ecclesie facere presumat, aut hoc per quodlibet ingenium abstrahere aut minuere temptet. Sed quemadmodum ob honorem Dei et reverentiam predicte sedis fecimus et confirmavimus, perenniter maneat inconvulsum.

DXL.

[CONCORDIA, INTER SANCTI VINCENTII ET SANCTI PETRI CANONICOS, SUPRA SEPULTURA([1]).]

1088 — 1095.

Quia tempore longo inter Sancti Vincentii canonicos et Sancti Petri regulares de sepultura mortuorum grandis altercatio habita erat, domnus Landricus qui tunc Matiscensis sedis episcopus preerat, adhibitis secum domno Hugone Lugdunensi metropolitano et Romane ecclesie ex precepto domni Gregorii pape legato, necnon domno Aganone Eduensium episcopo, et domno Walterio Cabilonensi episcopo, quomodo de hac lite pax et concordia fieret consilio diligenter istorum inquisivit. Habito igitur non modico placito, domnus ac venerabilis Hugo Lugdunensis archiepiscopus, decreto et consensu supradictorum episcoporum et ceterorum catholicorum, concordiam inter ecclesias sic stabilivit dicens, « Volumus et precipiendo statuimus ut canonici Beati Vincentii martiris et regulares Beati Petri apostoli equales partes inter se faciant de his rebus que offerentur utrisque, hoc modo : si quis volens sepeliri in cimiterio ecclesie Beati Petri apostoli, de rebus suis supradictis canonicis vel regularibus, sanus vel infirmus predestinaverit, cujuscumque episcopatus sit, equalis divisio fiat inter eos; similiter si parentes alicujus mortui sepelierint ibi mortuum et de rebus suis vel mortui supradictis canonicis regularibus concesserint, equalis divisio fiat. Si quis autem se regularem deveniri promiserit et convenerit, statuerit terminum quod id perficiat et infra terminum mortuus fuerit, quicquid dimiserit totum regulares habeant; si autem terminus transierit et regularis factus non fuerit et postea in superdicto cimiterio sepultus fuerit, quicquid ipse vel aliquis pro eo concesserit, regularibus et canonicis Beati Vincentii equaliter partiatur. Si vero canonici Sancti Vincentii de suis propriis rebus, in vita sua vel ad mortem suam, regularibus Beati Petri aliquid concesserint, hoc totum habeant regulares sine ulla divisione. »

DXL. ([1]) Concordiam hanc vulgavit Jac. Severt., p. 117.

DXLI.

[GAUSMARUS ET GAUFFREDUS REDDUNT ECCLESIAM LENTINIACI CUM DECIMIS.]

1074 — 1096.

Oblivionis injuriam tenentes(¹) et calumnie opportunitatem injustam execrantes, describimus quia Gauserannus(²) de Apagiaco et Gauffredus de Maliaco et uxor sua, nomine Stephania, consilio parentum et amicorum suorum, per manum domni ac venerabilis Landrici Matiscensis episcopi, reddiderunt et dimiserunt et, si quid juris habebant, donaverunt Matisconensi ecclesie, in honore gloriosissimi martiris Christi Vincentii dicate, et canonicis ejusdem loci quicquid habere videbantur, seu quicquid tenuerant in ecclesia Lentiniaci, medietatem videlicet decimarum ejusdem ecclesie preter illud quod Letardus tenebat, ea scilicet ratione quatenus supradictus Matiscensis episcopus et canonici ejusdem loci istos supernominatos et omnes predecessores suos absolverent de peccato quod contraxerant, pro eo quod partem decimarum supradicte ecclesie Lentiniaci injuste tenuerant, et eos beneficiorum Matiscensis ecclesie, ad salutem corporum et animarum suarum, participes esse concederent. Hujus traditionis testes sunt Landricus episcopus, Odo decanus, Johannes precentor, Humbertus de Bellojoco, Gauffredus de Maliaco. Regnante Philippo rege.

DXLII.

[ERLEBALDUS VICECOMES DAT MEDIETATEM ECCLESIE SANCTI GENESII.]

Circà annum 1000.

Quicumque Sanctorum locis aliquid ex rebus sue proprietatis dono concedere nititur, premium sibi adepturum minime diffidat. Hujus rei causa, ego Erlebaldus vicecomes et Gislardus condonamus ecclesie incliti martiris Christi Vincentii, que est infra ambitum urbis Matiscensis, medietatem ecclesie nostre que est in honore Sancti Genesii, in pago Lugdunensi, in agro Cosconiacensi, que de illarum conquisto videtur esse, eidem jamdicte case Sancti Vincentii, sicut premissum est, mediam partem tradimus cum omnibus ad eam pertinentibus; hoc est cum vineis, pratis, campis, silvis,

DXLI. (¹) Bouhier, *timentes*.
(²) Bouh., *Gausmarus*.

arboribus, aquis aquarumque decursibus, exitibus et regressibus, inquisitis et inquirendis, hec per omnia, sicut superius inserta sunt, prelibate ecclesie tribuimus. Quod si aliquis huic traditioni molestiam inferre visus fuerit, auri libras duas coactus exsolvat; et hec donatio a nobis facta omni tempore stare se gaudeat. S. Erlebaldi et Gislardi, qui hoc fecerunt et firmare rogaverunt. S. Leutbaldi. S. Ascherii. S. Engelerii. S. Adalberti. S. Aimonis. Ego Aiminus subscripsi die Lune, in mense Julio, anno vi regnante Rodulfo rege.

DXLIII.

[LEUBOLDUS EPISCOPUS CONCEDIT ULDRICO ECCLESIAM SANCTI CIRICI CUM APPENDICIIS.]

Circà annum 996.

Dura legum auctoritas secularium a nonullis pleniter custodiri multimodo congruit, ut sacri ordinis norma a fidelibus observetur quotiescumque aliquibus hominibus de rebus ecclesiasticis aliquid conceditur, ita condecet litteris corroborare ut in posterum valeat inconvulsum permanere. Hujus rei gratia, intimare decrevimus sancte Matiscensis ecclesie filiis presentibus scilicet atque futuris, quia cum resideret domnus Leuboldus presul expectabilis secus basilicam gloriosi martiris Christi Vincentii, que est sita infra ambitum meniorum Matisconensium, adiit presentiam ejus quidam vir nobilissimus Uldricus nomine humillime deprecans ut concederet ei unoquoque heredi suo qui de corpore suo exierit, aut filium, aut filiam, ecclesiam que est in honore Sancti Cirici, cum colonis et colonabus et omnibus appendenciis, et est ipsa ecclesia Sancti Vincentii Matiscensis. Cujus petitionem domnus pontifex benevole suscipiens, contulit ei omnia ad integrum sicut petiit, ea vero ratione ut dum advixerit jam dictus Uldricus et ipsius heres cui ipse, ad obitum suum, hanc ecclesiam destinaverit teneant, post eorum decessum ad Sanctum Vincentium eveniat, et festivitate Sancti Vincentii, per singulos annos, xii denarios exsolvant; et ne in reliquum ab aliquo molestiam causa repetitionis paterentur, hanc precariam predictus pontifex eis fieri jussit quam manu tenus roboravit et fidelibus suis firmare precepit. S. Leuboldus sancte Matiscensis ecclesie humilis episcopus, Mayolus prepositus, Sendelenus archidiaconus, Aimo, Anselardus, Eldeboldus. Data per manum Rodulphi levite, ad vicem Mayoli archicancellarii, iii nonas februarii, anno ii regnante Rodulpho rege.

DXLIV.

[HUGO DE MEDIOLANO CUM SOCIIS REDDIT ECCLESIAM DE EXARTELLIS.]

1074 — 1096.

Noticie presentium futurorumque tradimus, quia ego Hugo de Mediolano, et Wigo et Dalmatius et Willelmus, fratres ejus, consensu parentum et amicorum nostrorum, pro animabus nostris et antecessorum nostrorum, donamus Domino et canonicis ecclesie Matisconis, cui preest Landricus venerabilis episcopus, illud jus et omnem consuetudinem quam hactenus habemus in ecclesia de Exartellis, et tertiam partem decimarum que ad ipsam ecclesiam pertinent, et quamdam terram nostri alodii que est sita in eadem parrochia, quamtum legitimum et necessarium fuerit ad reedificationem ejusdem ecclesie et cimeterii. Volumus enim et oramus ut in illa terra quam Domino et Sancto Vincentio donamus, ecclesia que malemodo constructa est, muris renovetur et consecretur ibi, cum amplo cimiterio, in honore Sancti Mauricii sociorumque ejus, quatenus eorum meritis mereamur gaudia Celi, prestante Christo Jhesu, cujus honor in secula seculorum. Testes hujus donationis sunt Landricus episcopus, Mayolus de Vincella.

DXLV.

[OTGERIUS MILES ET UXOR ILIA DANT MANSUM IN VILLA MONTIS.]

1074 — 1096.

Notum sit presentibus atque futuris quia Otgerius miles et uxor sua Ilia donaverunt Matiscensi ecclesie in honore Beatissimi Vincentii martiris dicate, tempore domni Landrici ejusdem ecclesie venerabilis episcopi, mansum unum situm in pago Lugdunensi, in villa que dicitur Montis, cum servis ibidem manentibus (¹) et cum omnibus reliquis appendiciis, pratis, silvis, aquis aquarumque decursibus, eo videlicet pacto ut Jotserannus filius eorum, factus canonicus Matiscensis ecclesie, de Sancto Vincentio supradictum mansum in vita sua teneat, et in unoquoque anno, XII denarios in communione fratrum quamdiu vixerit loco census persolvat; post decessum vero ejus, mansum et quicquid ibi edificatum fuerit Sanctus Vincentius et canonici, nullo deinceps contradicente, possideant.

DXLV. (¹) Hic est locus expunctatus in codice Matisc.

DXLVI.

[HUGO DE BERGIACO ET FALATRUDIS SOROR REDDUNT SERVOS SANCTO VINCENTIO.]

1144 — 1166.

Notum sit omnibus hominibus presentibus et futuris quod Hugo de Bergiaco et Falatrudis, soror ejus, servos quos calumniati sunt dederunt Beato Vincentio et canonicis. Pars vero istorum servorum erat ex communione canonicorum, altera quoque ex hereditate laicorum. Et dono, et ut in posterum hec donatio minime testibus et noticiis caruisset, preceptum est litteris annotari. Nomina vero illorum hec sunt : Wicardus, Bernardus, Sibertus et Walterius, isti vero cum consensu matris de qua parte erant Vincentio et canonicis ibidem servientibus. Si quis hanc cartam calumniaverit, iram omnipotentis Dei incurrat. S. Hugonis et sororis ejus, qui firmaverunt et firmare rogaverunt. S. Gaufredi. S. Stephani. S. Gauseranni. S. Maioli.

DXLVII.

[PRECARIA GAUFREDI DE CLUNIACO REDDITUR ECCLESIE MATISCENSI.]

1106.

Quum diuturna lubrici temporis revolutio labili memorie hominum intersecanie oblivionis fuco(¹) consuevit injuriare, queque inconvulsum soliditatis valorem in reliquum deposcunt habere utile perpendimus pellibus vervecum insertis signis apicum nostrorum noticie declarare, ut eorum nimirum(²) veritatis inconcussionem tueri futurarumque litium enormitatem reprimendo valeat compescere. Quapropter innotescimus quia cum regeret Matisconensem episcopatum domnus Berardus, antistes venerabilis, undecimo ordinationis sue anno, mortuo Gaufrido de Cluniaco, precaria quam ipse et quidam de predecessoribus suis, de canonicis Matiscensis ecclesie, diu tenuerant finem cepit. Finita vero prestaria conditione in obitu Gaufredi filii ejus, tam suarum quam parentum animarum pernitiem metuentes, pretaxati presulis serenitatem adierunt et in manu ejus ecclesias que de dicta precaria fuerant, cum decimis et oblationibus, presbiteratibus, et aliis beneficiis que ad illas pertinent, Beato Vincentio glorioso martiri et canonicis sub ejus titulo divino cultui mancipatis integre reddiderunt, ut ipsi quiete, ordine, deinceps

DXLVII. (¹) Bouhier, *intersecamæ oblivionis facio.*
(²) Bouh., *munimine.*

possiderent, omnes quoque feodatos nullius immunitatis deffensione retenta werpiverunt, necnon et de terra sepedicte precarie vestita vel absa, quam in suo dominio tenebant sacrosancte ecclesie jam prelibate, remissa omni ulterius mancetudine, tertiam partem relinquendo laudaverunt et laudando concesserunt, duas partes per consensum canonicorum eo federe retinentes ut Willelmus et Hulricus usumfructuarium in vita sua tantum capiant, post mortem vero cujusque, facto quolibet ordine debitum exigente, quamtum portio mortui requiret, in jus et alimoniam fratrum in ecclesia incliti martiris prenominato Domino militantium sine impedimento transfundatur. Si quis autem illorum, Willelmi videlicet et Ulrici, peregre profiscici cupiens, aliave compulsante necessitate, de duabus partibus sibi retentis aliquid incaucionare voluerit, canonicos conveniat a quibus quod opportunum videbitur ad laudem amicorum de pecunia recipiat. He sunt ecclesie quas reddiderunt : ecclesia de Castello, ecclesia de Sancta Cecilia, ecclesia de Brendone, ecclesia de Bufferiis, ecclesia de Lornant. Super hac guerpitione se pacem tenere juraverunt Willelmus et Ulricus, et posuerunt obsides Hugonem Truandum et Hugonem de Soloniaco. Tum simile fecerunt placitum filii Bernardi de Cluniaco, Hulricus ([3]) et Hugo, de parte hujus precarie que illos attingebat, et posuerunt obsides de pace, Willelmum de Nay et Gaufridum de Soloniaco. Asterius, ad opus trium filiorum, placitatus est eque et posuit obsides de pace, Durandum de Estolis et Aiminium fratrem ejus. Testes hujus rei A.([4]) decanus, J.([5]) precentor, Gauserannus Venilus ([6]); totam partem que de suprascripta prestaria ad illum pervenerat sine ulla retentione ecclesie sepius designate in perpetuum werpivit, et posuit de pace secum obsides Willelmum Vetulum, Achardinum de Brueria, Vinlendum de Cluniaco, Stephanum et Ragannum de Sancto Pontio, Hulricum de Cluniaco, Hugonem de Soloniaco. De werpitione filiorum Gaufredi de Cluniaco, Willelmi et Ulrici, facta per manum domni Berardi, reverendi presulis, in camera ipsius, sunt testes : Warulfus de Berriaco, Erbertus Truannus, Hugo de Soloniaco, Artaldus decanus, Johannes precentor, Jotserannus archidiaconus, Gaufridus archidiaconus, Bernardus archidiaconus, domnus Gausmarus prior, et alii quam plures. Actum est hoc anno M C VI ab incarnatione Domini, indictione XIIII, epacta XIII, concurrente VII^a post quintam cum bissexto. Regnante Philippo rege Francorum.

([3]) Bouhier, *Sulpicius*.
([4]) Artaldus. — ([5]) Johannes.
([6]) Bouhier, *veniens*.

DXLVIII.

[DE DUOBUS MOLENDINIS SANCTI VINCENTII SUPRA CHAVAIGNIACUM.]

1074 — 1096.

Notum sit universitati fidelium quod Sanctus Vincentius, in amne Vela supra Chavaigniacum, duo molendina ab antiquo habuit; unum quod canonici continue tenuerunt in dominio, alterum domnus Balgiacensis quasi in beneficio. Gaufridus autem de Maisiriaco et Bernardus frater suus removerunt illud quod erat de chasamento sub villa et ita exclusum est remanens. Mortuo vero statim Gauffrido de Maisiriaco, Bernardus qui superstes fuit, quum([1]) de hac injuria canonicis exequi justitiam recusabat, aliquamdiu anathematis vinculo strictus, tandem per manum domni Landrici Matiscensis episcopi resipiscens, in judicium Chavaniacum venit, ubi per prolatam sententiam recognoscens quod contra canonicos injuste egisset, laudavit ut sicut molendina superius communia fuerant, ita et sub villa communia sint in posterum, et communia canonicis et suis heredibus fiant. Hoc idem, quoniam aque cursus superius et inferius cum terris adjacentibus de jure Sancti Vincentii esse cognoscitur, laudaverunt canonici Bernardo suisque successoribus. Actum publice sub nuce([2]) juxta cimiterium. S. Landrici episcopi. S. Gaufridi. S. Evrardi. S. Eustachii de Vela. S. Johannis de Blaniaco, Otgerii de Vela, Otgerii prepositi, Aimo de Monte Pavonis, Stephani de Judeis, Otgerius Buicha, Berardus de Mispiliaco, Wichardus prepositus, Aimo sutor, Umbertus clericus, plusque alii milites et rustici.

DXLIX.

[PETRUS SACERDOS DAT MEDIETATEM MANSI IN VILLA CASOTIS.]

1074 — 1096.

Sciant presentes et futuri quia ego Petrus sacerdos, pro remedio anime mee et matris mee et ceterorum parentum meorum fidelium, dono ecclesie Dei que est constructa infra muros Matisconis et in honore gloriosissimi martiris Christi Vincentii dicata, medietatem unius mansi qui situs est in

---

DXLVIII. ([1]) Bouhier, *quoniam.*
([2]) Bouh., *curte.*

villa Casotis, qui vocatur de Margaritis. Terminatur autem ipse mansus a mane terra Hebreorum, a sero via, aquilone via publica, a meridie tenet usque ad monticulum ipsius hereditatis. Et dono in villa Fontanis medietatem alterius mansi, eo pacto ut habeant hoc canonici ejusdem loci in communione fratrum. Si quis autem parentum meorum, id est extraneorum, calumniaverit hoc donum, auctoritate Dei et Beate Marie, matris Domini, et omnes virtutes celorum, et Sancti Petri apostolorum principis, et Beati Vincentii atque omnium martirum Christi, et beatorum confessorum, atque omnium virginum, sit maledictus qui hoc contradixerit donum (¹). Data per manum L. (²) episcopi, atque Odonis decani, atque Johannis cantoris, et Artaldi archidiaconi...... Sic fiat, fiat.

DL.

[HUGO DE BERRIACO DAT CAPELLAM SUI CASTRI CUM DECIMIS ET OBLATIONIBUS.]

1144 — 1166.

Notum sit omnibus hominibus, quod Hugo de Berriaco dedit ecclesie Beati Vincentii et ibi Domino servientibus, capellam in supradicto castello sitam cum oblationibus, decimis et aliis appendiciis. Habet ipsa capella decimas clausi infra istos terminos, a via de Craia usque ad rivum fontis, et de duabus condeminis in Blandiaco sitis decimas habet, et de aliis duabus condeminis, ex alia parte ipsius supranominati montis manentibus, decimas pariter diviserunt. Capella et ecclesia de Soloniaco habet etiam decimas aliarum condeminarum quarum hec sunt nomina : de Balbilona, de Exarto, de Rogo, de Marenchia, de Piro, de Siciono (¹). De terra tantum arabili, habet autem primitias omnium habitantium in eodem castello, eorumdem baptisterium capellanus visitet, infirmos communicet, et quod sibi tribuunt habet (²), nec est pretereundum quod mortui sepeliuntur apud Berriaci villam. Si vero aliquis eorum corpus suum destinaverit ad aliquam congregationem, capellanus non advocato presbitero Berriaci ville faciat quecumque agenda fuerint.

DXLIX. (¹) Bouhier, *dominium*.
      (²) Landrici.
DL.   (¹) Bouhier, *Sacono*.
      (²) Bouh., *hoc*.

DLI.

[PONCIUS ET WICHARDUS CANONICI DANT IN CENSUM VINEAM CHRISTIANO.]

1096 — 1124.

Notum sit omnibus quod Pontius et Wichardus, canonici Sancti Vincentii, per manum Artaldi decani dederunt Christiano de Palude quamdam vineam que erat de mensa fratrum, eo tenore ut in festivitate Sancti Vincentii decem solidos Matiscensis monete, bone et probate, quotannis predictis fratribus persolveret. Est autem hec vinea ad portam Bellijoci, in superiori parte ad dexteram, et terminatur ab oriente vinee Sancte Marie, et ab occasu cum laterali nemore, a meridie vero via que ducit ad portam predicti castri; hanc quoque vineam prenominatus Poncius Sancto Vincentio dedit.

DLII.

[CONCORDIA INTER CANONICOS SANCTI VINCENTII ET MONACHOS GIGNIACI.]

1096 — 1109.

Notum sit presentibus atque futuris quia monachi Gigniaci et canonici Matisconis, pro querimonia que inter eos fuerat, ad placitum convenerunt et hujus modi concordiam fecerunt : concesserunt et laudaverunt domnus Berardus Matiscensis episcopus et canonici ejus ecclesiam de Causello et ecclesiam de Sintiaco ([1]), et septem modios censuales vini et quinque solidos debitales denariorum ecclesie Gigniaci et monachis ibi Domino servientibus, eo pacto quod ipsi monachi, in festivitate Beati Vincentii martiris, decem solidos et sex denarios censuales canonicis Matiscensibus singulis quibusque annis persolvant apud Matisconem, illius scilicet monete que cunctetur ([2]) in villa Gigniaci, vel in civitate Matisconis, sine alterius commutacione. Hec autem concordia confirmata est per manum domni Berardi Matiscensis episcopi in capitulo canonicorum et per manum domni Hugonis abbatis Cluniacensium monachorum et in capitulo ipsorum. Promiserunt et per manum Rotlanni prioris Gigniacensium fratrum in capitulo ipsorum. Promiserunt item supradicti monachi de quodam prato Sancti Amoris quod nullam facerent ulterius calumniam canonicis Matiscensibus, nec aliquod clam vel palam impedimentum, quatenus hec concordia sempiternam habeat firmitatem ([3]).

DLII. ([1]) Bouhier, *Suiriaco.*
([2]) Bouh., *multetur.*
([3]) Bouh., *firmamentum.*

DLIII.

[BLADINUS ET ROTBERTUS DE CANTRIACO REDDUNT MEDIETATEM COLONICE.]

1096—1124.

Notum sit presentibus et futuris quod Bladinus et Rotbertus de Cantriaco medietatem cujusdam colonice aliasque terras in parrochia de Cantriaco et de Quercu sitas, juris Sancti Vincentii ab antecessoribus suis canonicis Sancti Vincentii eas in obedientia tenentibus, injuste adquisiverunt et diu male cum calumnia sepissime tenuerunt et possederunt. Unde Bladinus, ad extremum vite sue perductus, timens graviter anime sue periculum incurrere, medietatem quam de supradictis terris cum tanta injuria tanto tempore obtinuerat, Sancto Vincentio et domno Berardo episcopo canonicisque Sancti Vincentii concessit et werpivit in perpetuum, tantummodo deposcens humiliter ut quemdam filium suum canonicali consortio secum canonici adjungerent. Postea vero Bladino mortuo, uxor et filii ejus remanserunt qui werpitioni Bladini per aliquod tempus resistentes, tandem similiter anime sue exitium formidantes, consilio parentum et amicorum suorum, domni Berardi presentiam in capitulo Matiscensium fratrum adierunt, et ibi in manu ejus, coram canonicis, similiter omnes supradictas terras Beato Vincentio sine ulla deinceps retractatione, laudante et concedente Dalmatio jam marito supradicte uxoris effecto, concesserunt et omnibus modis sine ulla retentione werpiverunt, solummodo petitionem quam Bladinus de filio suo canonicis fecerat, videlicet ut in canonicum illum reciperent requirentes et humiliter deposcentes. Itaque domnus Berardus et canonici petitioni eorum assensum prebentes filio Bladini, nomine Gausceranno, canonicam dederunt et secum receperunt. Ipsi quidem pacem super hac werpitione tenere omnibus modis promiserunt, et postea ipse Dalmatius, de se et conductu ejus, posuit fidejussores de pace, Raculfum de Berriaco et Narduinum de Sala. Hujus werpitionis uxoris et filiorum Bladini testes sunt, Mayolus de Vincella, Johannes cantor, Stephanus de Pino; de werpitione Bladini, in exitu vite sue, testes: Gaufridus de Maliaco, Maiolus de Vincella, Artaldus decanus, Johannes cantor, Stephanus de Pino, Rotbertus de Brecis.

DLIV (¹).

1096 — 1124.

Denique vero Rotberto, alio fratre jam multo ante tempore defuncto, uxor et filii ejus remanserunt qui in patris injuria perseverare cupientes et contra domnum Berardum episcopum et canonicos per multos dies repugnantes et in episcopum cum canonicis sepius calumpniantes et nisi rectum poscentes, ad ultimum, amicorum suorum consilio, per manum Bernardi de Secchinis (²) et Otgerii prepositi, ab episcopo diem determinatum petierunt in quo res eorum justitia exigente discuteretur. Veniente autem die placiti, rectum penitus firmare vel facere renuerunt; quod amici eorum videntes, placitum concordie a domno episcopo et canonicis postulaverunt videlicet ut unum Rotberti filium nomine Stephanum in canonicale consortium susciperent, et matri cum aliis filiis VI libras denariorum persolverent quatenus uxor cum marito Dalmacio et omnes filii Rotberti quodcumque juris Sancti Vincentii terrarum et silvarum ipse Rotbertus tenuerat totum quiete et in pace dimitterent, solummodo retinentes ut a tribus aut quatuor parrochianis de Cantriaco, vel de Quercu, sub anathemate aut sacramento terrarum, veritas eis demonstraretur, quod domnus Berardus episcopus et canonici quamvis justam causam habuissent laudaverunt et concesserunt. Postea vero insimul venientes in manu domni Berardi episcopi, Sancto Vincentio et fratribus in monasterio suo degentibus, ut supradictum est, verpiverunt et omnibus modis finierunt et in fide sua pacem super hac verpitione promiserunt, accipientes ab episcopo et canonicis licet injuste supradictos solidos, diem alterum postulantes qua canonica Stephano Rotberti filio daretur. Dato vero die et veniente, ambo Vuigo (³) et Stephanus germani in capitulo Sancti Vincentii se presentaverunt et ibi iterum verpiverunt et quam, librum in manu tenentes super altare Sancti Vincentii, verpiverunt quicquid juris Sancti Vincentii tres aut quatuor prenominati homines ostenderent; deinde Stephanum in canonicale consortium receperunt et diem eis dederunt in qua

---

DLIV. (¹) In codice Boheriano, hæc charta et præcedens sub eodem titulo adjunguntur.
(²) Bouhier, *Selichinis*.
(³) Bouh., *Ugo*.

hominibus prelibatis, secundum predictum pactum, terras ostendere certissime fecerint. Postea vero domnus Berardus et canonici quiete et in pace tenuerunt et possederunt. S. de verpitione in camera episcopi per manum Bernardi de Secchinis et Otgerii prepositi, in manu ejusdem episcopi, ab uxore Rotberti et omnibus filiis ejus facta. Sunt testes idem Bernardus et Otgerius et Bernoldus de Sancto Sulpicio, Radulfus de Quercu, Bernardus de Toriaco, Artaldus decanus, Johannes cantor, Gauscerandus archidiaconus, cum aliis. De verpitione Guigonis et Stephani, super altare Sancti Vincentii, sunt testes Gauscerannus archidiaconus, Bernardus Bisornatus, Guigo de Germola, cum multis aliis.

DLV.

[CONCORDIA INTER CANONICOS ET REIMFREDUM SUPRA MONTEGUDINO.]

1096 — 1124.

Revocatis ad concordiam litibus, provisoribus sequestre pacis et amatoribus attinere videtur curam gerere ne a postcrorum notitia caligine oblivionis certa priventur ea de quibus in posterum si tenebris involvuntur ignorantie, lites rursus et rediviva certamina oriri posse providentur; quorum emulationi nos aliquamtum occupati quemadmodum lis et controversia que inter ecclesiam Matisconensem et Remfredum filiosque suos, propter terram de Monte Gudino, fuit terminata sic posteris nostris scribere et scribendo certificare curavimus. Sciant igitur presentes et posteri predictum Remfredum ejusque filios ex his que se tenere a Matiscensi ecclesia Sancti Vincentii conabatur astruere duo nemora cum terris in eadem villa de Veniere(¹) in planum redactis, et villanis easdem complanationes inhabitantibus, cum omnibus ibidem plantatis seu edificatis, Sancto Vincentio ejusque canonicis in pace devenisse(²), preter vineas quas sibi de sua proprietate plantaverunt et edificaverunt, de vino quarum singulis annis prefatis canonicis quartam reddiderunt partem, sibi eas suisque successoribus Matiscensis ecclesie permissione possidere absque denominato licebit servitio. Concessit etiam eamdem ecclesiam predictis Remfredo suisque filiis in jam dictis nemoribus

---

DLV. (¹) Bouhier, *nemore*.
(²) Bouh., *dimissœ*.

ubi eos ad utilitatem Sancti Vincentii custodes ac forestarios deputavit de singulis querelibus quas ille qui in Matisconensi ecclesia precentoris fungetur officio donaverit; terra enim hec de qua agimus officium illud commutari semper et sequi in nostra consuevit ecclesia singulos habere denarios. Preterea concessum est eis quando predicta nemora glandes scilicet alimenta porcorum tulerint xxv porcos de suis propriis, postquam glandes, jussu precentoris, aliis exponentur porcis in illis nemoribus sine pretio pascere; eo vero anno quo precentor ultra pretaxatum numerum de propriis ibidem nutriat porcis tolidem quot et ipse preposito suo de suis similiter propriis si tot habeat mittere licebit. Si quid autem in curtilis suis vel vercariis de quibus quintas eos reddere non est institutum plantaverunt vel edificaverunt totum ipsorum erit absque denominato servitio. Quicquid vero in terris illis que domino quintas debent, ab ipsis vel ab aliis, in domibus, vineis, vel aliis est edificatum, canonicis Sancti Vincentii totum per judicium et concordiam redditum est atque concessum, preter grangiam unam et vineas que dicuntur in feudo, cum domibus ibi edificatis, et exceptis quoque vineis illis quas ipsi in jam dicta terra de suo proprio plantaverunt, que eorum possessioni sunt addite, quartam tantum partem vini singulis annis precentori persolvendo. Statutum est etiam ut, pro duobus pratis qui in eadem habentur villa, singulis annis arietes singulos cum vellere persolvat; et ut ille qui preposituram habuerit nullam aliam habeat seque cum domno suo precentore hominio fidelitatisque sacramento astringat, neque quemquam de rusticis, nisi domino volente atque jubente, abicere seu adicere presumat; domnus autem hospitandi dehospitandique quem voluerit libertatem habeat, ita tamen ut si pro homine hospitando quicquam acceperit suum prepositus commodum non admittat. Hac itaque verpitione facta preposito predicte terre suisque fratribus, de servitio quod ipse ante, vel antecessores sui, precentoribus aliis pro omnibus his que hic scribuntur werpivisse et retinuisse fecerunt, nichil est condonatum sed quantumcumque quomodocumque aliis servierunt, eodem modo pro his solis que sibi concessa sunt, seseque Gauseranno precentori suisque successoribus servituros promiserunt. S. Berardi episcopi. S. Artaldi decani. S. Gauseranni precentoris. S. Bernardi archidiaconi. S. Humberti archidiaconi. S. Remfredi. S. Stephani prepositi. S. Rotberti sacerdotis. S. Adalardi clerici. S. Stephani monachi. S. Hugonis de Loasia. S. Gausmari prioris. S. Guichardi. S. Itgerii. S. Otgerii de Miseriaco.

DLVI.

[HUGO, STEPHANUS ET OTGERICS REDDUNT ECCLESIAM DE SATONACO.]

1107 — 1124.

Quum universa, circa dispensationem ecclesiasticam facta et deffinita, solida et inconvulsa in eternum debent existere, condecet ea litterarum apicibus denotari, quatenus simultimoda secularium rerum occupatione aliquid oblivioni humane immixtum fuerit, procul dubio ab omni memoria hominum removeatur et totius rei veritatis apponatur. Igitur notum fieri omnibus fidelibus volumus quod Hugo, Stephanus et Otgerius de Corimmanblo post multas sepissimasque sinodes Matiscensis ecclesie super injuria quam de ecclesia de Satonaco et decimis faciebant, factas a canonicis querimonias; tandem, per manum domni Berardi episcopi, ipsam beato martiri Vincentio ecclesiam et canonicis ibi Domino servientibus, cum omnibus decimis et cimiterio et oblationibus werpiverunt, concesserunt et reddiderunt, tali tantum pacto ut in vita sua annualem investituram, videlicet unum quartallum frumenti et unum micterium ordei, canonicis persolventes teneant et possideant. Et quicumque eorum obierit, semper de parte sua investituram augmentando, dimittat unum quartallum inter frumentum et ordeum, et sic tenendo, ultimo eorum defuncto, totum in pace beato martiri Vincentio et canonicis inibi degentibus sine ulla deinceps inquietudine remaneat. Si vero canonici, cum feodariis illis a quibus ipsam milites de Corimmanblo ([1]) dicunt se habere ecclesiam, placitare denique voluerint et eis werpire supradictam ecclesiam fecerint, in arbitrio fuit canonicorum ut centum solidos Ugoni et Stephano et Otgerio persolventes quatenus remota prescripta defuncti fratris videlicet unius quartalli investitura, sicuti unusquisque obierit totam partem suam prelibato martiri Vincentio et canonicis ipsi servientibus integre sine ulla retractione relinquat, et vivus in omni vita sua omnibus modis pacem ibi teneat. Hanc autem convenientiam in manu domni Berardi episcopi fideliter se tenere promiserunt in perpetuum, et in fide ([2]) sua se observaturos affirmaverunt sub testibus Gausceranno cantore, Bernardo archidiacono, Guidone de Romanaco,

---

DLVI. ([1]) Bouhier, *de quorum nomine.*
([2]) Bouh., *vita.*

Hugone de Vitriaco, Garulfo de Berriaco, Ansedeo et Galterio de Tasiaco. Hoc factum fuit in turre predicti episcopi, vigilia Beati Andree apostoli, regnante Ludovico Francorum rege.

DLVII.

[CONTROVERSIA TERMINATUR INTER PONCIUM CANTOREM ET STEPHANUM DE MONTE GUDINI.]

1186 — 1199.

Sciatur quod controversia que erat inter Poncium cantorem et Stephanum de Monte Gudini, de terris ipsius ville, hoc modo terminata fuit. Stephanus recognovit nemora esse precentori et ecclesie que dimittit ei cantor; quamdiu ipse Stephanus vixerit, salva taschia, applanationes nemorum non potest facere sine consensu cantoris, et werpivit ei colonicam, et perpetuo [1] reddimus ei arietes cum vellere, singulis annis, et de vinea que est juxta vineas de quibus reddebat quartam, similiter reddit quartam. Super aliis controversiis que versabantur inter eos, michi est remissum, michi est condonatum, post mortem Stephani. Quod si heredes Stephani ecclesiam appellare voluerint appellent, et ecclesia similis eos; hec conventio non derogat prime conventioni. Actum est hoc in presentia Gauterii decani, Poncii cantoris, Aimini archidiaconi, magistri Stephani, Urici subcantoris, Rannaldi de Felins militis.

DLVIII [1].

1186 — 1199.

Notum sit quod Otgerius de Monte Gudini clericus eamdem verpitionem quam Stephanus de Monte Gudini, patruus ejus, de terris ejusdem ville superius fecerat, pro portione se contingente, prestito sacramento, tactis sacrosanctis evangeliis, ecclesie Beati Vincentii in presentia istorum fecit, videlicet domni Rainaldi de Vergeio episcopi, Rotberti, et Aimini, et Umberti, et Stephani archidiaconi, Wichardi Rebutini, Willelmi de Brectes, Hugonis de Barvers, Joceranni archipresbiteri, Alardi sacerdotis, magistri Urici, Gaufridi de Motes.

DLVII. [1] Bouhier, *propterea*.
DLVIII. [1] Præcedenti chartæ, Bouhier hanc chartam adjunxit sub eodem titulo.

DLIX.

[CONCORDIA, INTER MATISCONENSEM ECCLESIAM ET EPISCOPUM NIVERNENSIUM,
DE ECCLESIA CANDEVERRIS.]

1111.

Notum sit tam presentibus quam futuris controversiam que, inter Matisconensem ecclesiam et episcopum Nivernensium Hugonem, de ecclesia Candeverris versabatur hac concordia fuisse terminatam. Domnus Hugo, reverendus Nivernensium presul, Matiscensi ecclesie presbiteratum integrum et quictum dimisit, sicut Willelmus comes antea dimiserat, omnem videlicet sepulturam, omnem oblationem, et de decima quamtum ad ipsum presbiteratum pertinebat, jure tantum episcopali retento ex integro. Hanc autem ecclesie, seu ecclesiasticarum rerum, dimissionem Willelmus comes concessit et laudavit, decimam autem quam tunc in dominio habebat sibi suisque heredibus tali conditione retinuit, ut nulli ecclesie seu persone eam donaret nisi ecclesie Matiscensi; eis vero qui de presbiteratu aliquid ex eo in casamento habebat nullum patrocinium vel auxilium ad retinendum preberet. Reverendus quoque Nivernensis episcopus se de eis justitiam plenam ecclesie Matisconensi facturum promisit. Domnus autem Berardus, venerabilis Matiscensium antistes, et ejus canonici idem juris quod in potestate Candeverris se habere asserebant, si quid habebant, Willelmo Nivernensi comiti et heredibus suis promiserunt; et comes predictus id juris quod in potestate eorum erat, si quid eorum erat, ab episcopo Matiscensi, assensu clericorum ejus, per eos deinceps habendum suscepit, eo scilicet excepto quod tunc temporis canonici Matiscenses in potestate Candeverris in dominio habebant. Expresse autem dominus episcopus Nivernensis laudavit ut canonici quem vellent presbiteratum in ecclesia eligerent sibique presentarent cui idoneo et obedientiam professo animarum curam committat, de his vero qui canonici in ecclesia sibi retinuerint presbiter qui per eos bona ecclesie habebit, tamque dominus fideliter respondeat, qui si in crimen inciderit, judicio episcopi Nivernensis abiciatur et alter a canonicis Matiscensibus substituatur. Igitur facta est absolutio ab episcopo Matiscensi ejusque canonicis, super Willelmo comite Nivernensi ejusque predecessoribus. Actum est apud Paredum, per manum domni Richardi, apostolice sedis legati, Norigaudi

Eduensis episcopi ejusque clerici, anno ab incarnatione Domini M C XI, indictione IIII, epacta VIIII, concurrente VI post III cum B, VIII idus aprilis, februarii V XXIIII, Paschali II Romane urbis Papa, regnante in Francia Ludovico Philippi filio. S. Ugo Nivernensis episcopus. S. Willelmus comes Nivernensis, Hugo de Fraxino, Hugo de Tilio, Bernardus doctor. S. Berardus Matiscensis episcopus. Goscerannus cantor, Humbertus, Bernardus, Gaufridus archidiaconus. S. Theotardus Lugdunensis camerarius et capellanus.

DLX.

[HUGO GAUFFRIDUS PRESTARIAM ECCLESIE MATISCENSI REDDIT.]

1096 — 1124.

Notum sit omnibus tam posteris quam presentibus Hugonem Gaufredum prestariam Matiscensis ecclesie Sancti Vincentii quam habebat, ut premonstrata erat et adhuc melius demonstrare posset, et nominatim Castanetum et Lucum Beliardum in presentia domni episcopi Berardi, et decani Artaldi, et precentoris Gauseranni, et aliorum plurimorum Deo et prefate ecclesie reddidisse. Juravit autem predictus Hugo se veram tenere pacem et perpetuam super hec et super omnia bona illius ecclesie per se et per conductum suum, et per quoscumque a malis ecclesie retrahere posset; quod si ecclesia ab istis hac de causa in aliquo lederetur illud idem se reddere atque interim, donec redderetur, in Matiscensi civitate se captum tradere, nec eam exire sine licentia illius episcopi et decani ac precentoris, qui eo tempore magistratus ecclesie obtinerent. Eodem sacramento confirmavit, insuper quoque obsides posuit Guigonem de Barbareschis et Gaufridum, Willelmum Vetulum, Hugonem de Cluniaco, qui quotiescumque et ex eo quo Hugonem ipsum a juramento deviare cognoscerent, Matisconi se captos reddere et a civitate non discedere sine edicto episcopi, decani et cantoris, qui illis diebus ecclesie honores obtinebunt juravere. Dominus vero episcopus Berardus et canonici prefati Hugoni sexcentos solidos dedere ut fidem et veram pacem illis de prestaria teneret; videntibus et laudantibus domino Berardo episcopo, decano Artaldo, precentore Gauseranno, Stephano monacho, Guichardo de Peseio, Gunterio archipresbitero, Petro de Berriaco, Bernardo de Claromanu, Vuichardo de Rochia.

DLXI.

[QUOD CLUNIACENSES CHRISMA CONSECRARE NON POSSUNT.]

1109 — 1118.

P.(¹) episcopus, servus servorum Dei, dilectis filiis P.(²) abbati et monachis Cluniacensis monasterii salutem et apostolicam benedictionem. Confrater noster B.(³), Matiscensis episcopus, partim rogatu nostro, partim probitate sua, erga predecessorem tuum venerabilem virum H.(⁴) abbatem benigne se habuit, et cum Hierusalem iturus decessit, omnia inter vos et ipsum quiete et pacifice habebantur. Ceterum, post decessum ejus, non parum jus Matisconensis ecclesie perturbastis, quia quod hactenus factum non est in monasterio vestro crisma consecrari fecistis; hoc enim quevis per episcopi personam exhibeatur ecclesie tamen jus est. Rogamus ergo dilectionem vestram ita hoc plena caritate corrigere, item etiam in ceteris circa eum vos habere ut inter vos preterite pacis vinculum arcius restringatur; et ipse enim vos plenius diligit et a vobis plenius est diligendus. Quamobrem precipimus ne talia ulterius fiant; non enim immemores sumus quanto studio, quantaque instantia satagerimus ut firma inter vos et stabilis concordia permaneret. Quod idcirco firmum servari volumus et precipimus ne detrimentum ulterius ecclesia patiatur; orantes vos pro nobis misericordia divina custodiat.

DLXII.

[WALTERIUS EPISCOPUS CONCEDIT WALTERIO CANONICO ECCLESIAM SANCTE MARIE.]

1031 — 1062.

Notum sit omnibus Matiscensis ecclesie filiis atque fidelibus presentibus scilicet et futuris, dum veniens Walterius, archidiaconus atque canonicus ejusdem ecclesie, ante presentiam domni Walterii episcopi et ceterorum canonicorum in generale capitulo, petiit ab eis ut concederent sibi aliquid de rebus ipsius ecclesie. Cujus precibus predictus episcopus et simul omnes

DLXI. (¹) Paschalis.
(²) Poncio.
(³) Berardus.
(⁴) Hugonem.

canonici annuentes, concesserunt ei per precarie firmitatem ecclesiam de Ammoniaco in eodem Matiscensi pago sitam, in honore Sancte Marie dicatam, cum omnibus appenditiis, scilicet cum campis, pratis, silvis, aquis aquarumque decursibus et omnibus ad eam pertinentibus. Dederunt quoque ei unum mansum qui est in villa Scola cum campis, pratis, silvis et cum usu silve, in quo mansit Achardus et filius ejus Albertus; dederunt etiam ei et alium mansum situm in villa Mitiaco(¹) cum domo et vinea et omnibus ad se pertinentibus, scilicet cum campis, pratis et cum usibus silvarum, et cum servo supermanente nomine Rotberto. His autem addiderunt et decimationes silve de Cenva pertinentes ad ecclesiam de Clergiaco. Hec omnia supradicta cum omni integritate concesserunt ei loco precarie, eo pacto ut ea in vita sua teneat, possideat, et unoquoque anno festivitate Sancti Vincentii, fratribus, loco census, XII denarios persolvat. Post decessum vero ejus, cum omni integritate ad mensam vel communionem fratrum meliorata revertantur. Tali etiam conventione ista precaria facta est ut nichil umquam de his terris alicui detur in beneficium, et si aliquid dationi(²) est recipiatur, et ista precaria stabilis permaneat cum stipulatione subnixa. S. Walterii episcopi. S. Walterii prepositi. S. Joffredi archidiaconi. S. Rannulfi precentoris. S. Odonis. S. Ailoldi. S. Bernardi. S. Cyraldi. S. Oddonis. S. Warnerii. S. Arlebaldi. S. Duranni.

DLXIII.

[UGO DE VITRIACO REDDIT TERTIAM PARTEM DECIMARUM BESORNIACI(¹).]

Notum sit omnibus hominibus quod Ugo de Victriaco werpivit et reddidit capelle Sancti Leodegarii, que est in Victriaco villa, et rectoribus ejus tertiam partem decimarum Besorniaci quam Stephanus, sub nomine predicti Ugonis, quasi in beneficium injuste tenet cuique injustius se concesisse confitetur; quippe qui sanctuarium Dei sub maledictione prophete non solum hereditate possedit verum etiam cuidam laico hereditario jure possidendum concessit. Hujus rei testes sunt Warulfus et filius ejus. S. Ugo et Garardus frater ejus. S. Vicardus de Cavannis, Brinio, Vitalis, Cornorius.

DLXII. (¹) Bouhier, *Nuiciaco*.
    (²) Bouh., *datum*.
DLXIII. (¹) Huic chartæ temporis nota non adscribitur.

DLXIV.

[VICELINUS CANONICUS DAT MOLENDINUM ET VINEAS IN VILLA SUISSIACI.]

1124 — 1143.

Scire volumus presentes et posteros quod Willelmus Suisiaco, canonicus hujus ecclesie, dedit ecclesie Beati Vincentii, in villa Suisiaci, molendinum unum cum decursibus aquarum, et in eadem villa vineas duas, una quarum medietatem vini et minam reddit et III solidos in servitium; altera vero, tertiam partem vini et pro servitio duos panes et unum sextarium vini et IIII denarios. Et in villa que dicitur Imirengis mansum unum qui debet X et octo denarios et IIII panes et duo sextaria vini; et in eodem manso, vercariam unam nucleariam et reddentem IIII coponos et unum cibum in messionibus. Hujus rei testes sunt, Guigo de Germola, et Vicardus de Pisiaco, et Gauscerannus de Balgiaco, et Gaufridus de Blaniaco.

DLXV.

[WICARDUS DE CURTE REDDIT QUARTAM PARTEM DECIMARUM DE MARDUBRIO.]

1074 — 1096.

In nomine Domini. Notum sit omnibus tam presentibus quam et futuris fidelibus quod Wicardus de Curte, frater Pontii, filius Giraldi de Curte, qui quasi hereditario jure possidebat quartam partem decimarum ecclesie de Mardubrio, per manum domni Landrici Matisconensis episcopi, reddidit Sancto Vincentio pro remedio sue anime et antecessorum suorum, ipsam partem quartam cum assensu uxoris sue Ardegaldis, eo tenore ut nullus heredum suorum, sive aliorum propinquorum, aliquam calumniam ecclesie Matisconensi ulterius inde faciat. Quoniam ipse, ut hec redditio per eum rata fieret, prius inde fratrem suum Pontium, qui aliam quartam partem in eisdem decimis habebat, per se et per amicos suos movit[1], ut suam si vellet ab eo emeret; quod postquam in eo remansit ipse supradicte ecclesie jus suum quod ei injuste ab antecessoribus suis ablatum cognoscebat, ut prediximus, reddidit et hoc cum consensu Humberti Beljocensis, cujus quasi feodum erat, qui canonicis Sancti Vincentii cartam fecerat. Testes hujus redditionis fuerunt Gerardus de Les Sallas, propinquus ejusdem Wicardi, Ugo Fuldradus, Berardus Verrinii, Stephanus Darbot, Pontius de Marinse, Stephanus Buterie.

DLXV. [1] Bouhier, *monuit*.

DLXVI.

[HUGO FULDRADUS REDDIT QUARTAM PARTEM DECIMARUM SANCTE MARIE DE AGRILLO.]

1080.

Anno ab Incarnatione Domini millesimo LXXX, regnante rege Francorum Philippo, residente in sede Matisconensi Landrico memorande memorie episcopo. Ego Hugo Fuldradus, quia cognovi quod injuste tenebam quartam partem decimarum ecclesie Sancte Marie de Agrillo, reddidi illam Sancto Vincentio, cujus jus erat, per manum Odonis decani et Bernardi archipresbiteri, cum assensu uxoris mee Girberge, pro mea et ejus et antecessorum nostrorum animabus, eo pacto ut nullus heredum nostrorum canonicis Sancti Vincentii inde inquietare presumat, et qui inquietaverit in his que retinuimus, nullum jus habeat; et canonici pro me et uxore mea, in diebus anniversarii, memoriam faciant. Huic redditioni interfuerunt memorati decanus et archipresbiter, Pontius de Marnise, Stephanus Darbot presbiter de Curte, Bernardus presbiter de Mardubrio.

DLXVII.

[PLACITUM CANONICORUM CUM LANDRICO DE MONCELLIS PRO CUSTODIA SILVE.]

1096 — 1124.

Placitum factum inter canonicos Matisconenses et Landricum de Moncello, de nemore Caimmenva(¹) et applanamentis ejusdem nemoris quod est alodum Sancti Vincentii. Concesserunt quidem canonici Landrico ut custodiat nemus eo videlicet tenore ut ulterius non extirpetur, sive ad pratum sive ad agriculturam, sed cum nemus portaverit glandes fideliter servet ut neque ipse, neque alius colligat, donec canonici porcos suos ad glandem edendam introduci precipiant, et tunc Landricus parrochiam suam introducat. Concessum est etiam utrimque, sicut vicini(²) post excommunicationem ab antiquo fuisse testati sunt, ut canonici in predicto nemore ad usum coquine, seu refectorii, sive ad opera ipsius claustri, quicquid voluerint colligant, et obedienciarius Sancti Clementis de eodem nemore quod placuerit capiat, ad ea que in parrochia Sancti Clementis operari voluerit. Similiter et Landricus ad usus proprie domus et ad mansos suos faciendos de nemore capiat, illud

---

DLXVII. (¹) Bouhier, *Cavenna.*
(²) Bouh., *verum.*

tantum provideat ut, preter parrochianos Sancti Clementis, nullum hominem in nemore currente faciat; de singulis vero domibus predictorum parrochianorum in nemore currentium, singulis annis singulos denarios, pro custodia habeat. Definitum est autem de prato quod Landricus juxta nemus fecerat, ut singulis annis, facto feno, nonam canonicis reddat, neque pratum deffendat nisi de fossione porcorum, donec alia prata que sunt in vicinia in deffensione mittantur. De messibus aliorum applanamentorum, quas ipse vel aliquis pro eo habuerit, decimas integre et medietatem nonarum canonicis reddat. Pro hoc beneficio a canonicis sibi collato, Landricus hominium fecit et fidelitatem juravit domno Artaldo decano, et in pacto fuit, ut quicumque de successoribus et hoc beneficium a canonicis tenuerit, decano Matisconensis ecclesie hominium faciat et fidelitatem juret. Actum communi favore capituli, in presentia domni Berardi venerabilis episcopi.

DLXVIII.

[ARTALDUS REDDIT ECCLESIAM SANCTI MARTINI APUD FLORIACUM.]

1096 — 1124.

Quum nonnullis fidelium liquet quod immobiles et mobiles res ecclesie Matiscensis, olim insolentia multorum dissipate diversis in locis fuere, inter quas et ecclesia que jacet in villa que fertur Floriacus in Matiscensi episcopatu, atque in honore Sancti Martini dicata cum ad se pertinentibus, sub quadam prestaria, sublata injuste fuit, licet proprii juris predicte ecclesie foret. Que per diversos mortalium male descendendo ad ultimum Pontio patri Artaldi Matiscensis ecclesie decani evenit, quam et proprio filio suo prenominato jure perpetuo possidendam dedit. Hic itaque Artaldus delictum patris suorumque predecessorum mente fideli sepius pertractans, ab hocusque devenit quatenus pro salute sua, patris et matris ceterorumque antecessorum, insigni martiri Beato Vincentio atque Matiscensis ecclesie canonicis sub domno pontifice Berardo, prefatam ecclesiam eo tenore reddidit ut in vita sua sub censu duodecim denariorum habeat, et post ejus decessum, Sanctus Vincentius et illius canonici prenominatam ecclesiam cum omni integritate recipiat. Si quis vero hanc redditionem infringere temptaverit, a communione sancte matris ecclesie separetur, et cum his qui dixerunt Domino, « Recede a nobis scientiam tuam volumus, » nisi resipuerit damnetur.

DLXIX.

[HUGO DE TORIA REDDIT QUICQUID OCCUPAVERAT IN OBREMARO.]

1096—1124.

Omnibus sancte Dei ecclesie filiis, tam presentibus quam futuris, notum fieri volumus quum Hugo de Toria, de placito quod cum sancte Dei Matiscensis ecclesie canonicis antecessores sui et ipse fecerant diu, licet injuste, calumpniam intulit. Quapropter domnus et venerabilis Berardus Matiscensis ecclesie presul atque canonici cum prefato Hugone in villa Taxoniaci convenientiam habuerunt, ubi jam bis nominatus Hugo suam injustitiam justitiamque canonicorum recognoscens, quicquid in potestate Obremarum, in terra Sancti Andree et Sancti Vincentii, vel in cimiterio seu in mansum Rexerii, sive arationem, sive quid aliud calumpniaverat, quicquidve feodarii ab eo in his locis habere dicebantur, uxore sua laudante et confirmante, Domino et preciosissimo martiri Vincentio omnimoda werpitione finivit; et ut deinceps canonici Domino inibi servientes libere possiderent, concessit adjungens quod si feodarii aliquam moverent inquietudinem, se nullum inde eis prebere auxilium seu testimonium, nec per justiciam quam prelibati canonici super eos exercerent aliquo modo illis molestus fieret. Hoc fecit jam sepe nominatus Hugo de Toria et uxor sua per manum domni Berardi episcopi Matiscensis et Gausceranni precentoris. Testes autem hujus rei sunt Stephanus de Sancto Cirico, Petrus de Bainers, Gauscerannus de Mispiliaco, Bernardus, Julianus et Aimo frater ejus, Stephanus clericus, Otgerius de Sancto Cirico, Leodegarius Vallis Grinose, Wido Dalbent, Letaldus de Cosiaco, Bernardus Boschaio.

DLXX.

[CONCORDAT BERNARDUS DE SEDUNO SUPRA DECIMIS DE CUNONE.]

1112—1139.

Notum sit tam presentibus quam futuris diu fuisse querelam et contentionem inter Matiscenses canonicos et Bernardum presbiterum de Seduno, qui canonicis injuste quamdam partem in decimis de Civione(¹) minore auferebat que precarie a Cluniacensibus militibus possesse certissime credebantur possidere(²); et in parrochia Sancti Martini de Bufferiis, cujusdam

---

DLXX. (¹) Bouhier, *Cunone*.
(²) Bouh., *pertinere*.

plantate terre Auderiis vocitate decimas, dicens terram illam sui alodii esse, illaque occasione decimas ecclesie de Bufferiis ex parvo tempore occupaverat. Unde canonici, Bernardus scilicet archidiaconus et Guigo de Germola, domno S.(³) Eduensium episcopo proclamationem facientes et justitiam de Bernardo presbitero qui fieri postulantes, Lamberto et Ansedeo archipresbiteris suis precepit quatenus constituta die in supradicta villa de Civione, Bernardus presbiter et canonici superius nominati in presentiam illorum convenirent, et concorditer vel judiciali ordine querimonie finem imponerent. Quo facto, canonici per testes plures, scilicet per Durannum clericum et Grimoldum et alium Durannum sub interdicto affirmantes et vera inter signa medietatem totius decime de Civione de precaria Sancti Vincentii nominata esse probaverunt, et terra de Auderiis de parrochia de Bufferiis veraciter esse nullo contradicente testati sunt. Super quod ipsi archipresbiteri canonicorum justitiam et jus, sacerdotis Bernardi recognoscentes injuriam, talem super hoc concordiam fecerunt, videlicet quod Bernardus presbiter ipsas portiunculas quas sub occasione vadimonii diu et injuste in ipsa medietate decime de Civione acceperat, Beato Vincentio et canonicis Matisconensibus reddidit et werpivit totam ipsam integram medietatem totius decime sine ulla deinceps inquietudine in perpetuum. Decimam iterum de terra que vocatur Auderiis que (⁴) de parrochia ecclesie de Bufferiis erat, similiter reddidit et concessit et werpivit supradictis canonicis Matisconensibus sine ulla amplius retractione. Ipsi quidem canonici, per manum supra nominatorum archipresbiterorum Ansedei et Lamberti, ipsi sacerdoti Bernardo x solidos Cluniacenses dederunt; qui idcirco pacem promisit se omnibus modis et per manum archipresbiterorum tenere affirmavit. Hujus werpitionis et concordie sunt testes Gunterius archipresbiter, Aimardus monachus de Masillis, Petrus de Civione, Tetaldus presbiter, Bernardus presbiter de Claromane, Durannus de Elvolo, Grimoldus, Dalmatius de Molano, Petrus de Berriaco.

DLXXI.

[ALARDUS APOSTOLICUS MANSUM PROPE MATISCONEM RECUPERAT.]

1007 — 1037.

Quum (¹) universa que sub conditionis humane dispensatione fiunt firma et stabilia, imo etiam inconvulsa debent in eternum consistere, ne secularium

---

(³) Stephano (de Balgiaco).
(⁴) Bouhier, *quoniam*.
DLXXI. (¹) Bouh., *Quoniam*.

rerum occupationibus aliquando mentes hominum impedite oblivioni subjaceant; illa opportet omnia litterarum apicibus denotari et assignari. Igitur notum esse volumus tam presentibus quam et futuris, quoniam Aalardus, cognomine Apostolicus, mansum unum prope muros civitatis Matisconis et juxta ecclesiam Beati Johannis more rustici et ad servicium annale faciendum ex multo tempore possidens, cum in curia sua mansum quia nec bene ipsius vineam foderat nec, ut dicebat, facere fecerat, jam quasi desertum et pene bestiis expositum paraverat. Unde Bernardus archidiaconus a quo illum Aalardus tenebat mansum, non mediocriter ira succensus, multas et sepissimas et inde calumpnias fecerit et querimonias, et etiam ut ei rectum firmaret et faceret multotiens eum ad rationem certissime posuerit quod omnino Aalardus facere et redintegrare procul dubio recusaverit, et in ambagibus suis confidens satis pro nichilo eam que dicebantur a Bernardo habuerat. Tandem spontanea sua voluntate captus, per manum Stephani Burse et Petri vocati Monachi, sepius a Bernardo archidiacono ut ei in pace quicquid in manso habebat dimitteret, pretium expostulaverat ipse vero Bernardus archidiaconus, tum quia ex parte illum mansum videbat desertum, tum quia pro salute anime sue Beato Vincentio aliquid edificare voluit, verbis ejus manum supranominatorum hominum se prebere assensum decrevit et promiserit. Aalardus nempe et uxor sua Grausa, in domini Bernardi archidiaconi venientes et ab eo quatuor libras denariorum accipientes, et quicquid in supradicto manso et vinea habuerant et tenuerant vendiderunt totum et concesserunt, et in perpetuum werpiverunt, et super hoc pacto pacem se tenere promiserunt. Uxor quidem Aalardi, Grausa, pro laudamento v solidos habuit. Hujus venditionis et werpitionis sunt testes, audientes et videntes, Gaucerannus de Monte Girberto, Pontius Auricula, Bernardus de Insula, isti tres canonici, Stephanus Bermundi, Constantinus de Arciaco, Stephanus Bursa, Petrus Monachus. Hoc actum v kalendas octobris, regnante Ludovico Francorum rege.

DLXXII.

[GAUFFRIDUS DE VARENNIS DIMITTIT CALUMNIAM MOLENDINI DE CAVENNA.]

1096 — 1124.

Quum multa vestustate delentur et in perpetuam oblivionem redigantur, filiis beati Matisconensis ecclesie Vincentii tam presentibus quam futuris certum esse volumus quod Gaufridus de Varennis in quodam placito, in presentia Goceranni decani et domni Gaufridi archidiaconi Blaniacensis domnique Odonis canonici cognomine Rebutini habito, quicquid umquam super molendinum de Caveinia calumpniabatur, videlicet transsetus quos molendinatores per pascua sua faciebant et abbatarum aque prata sua rigantis conjecta, omnibus sedatis reclamationibus, ipse et uxor sua Annela et Mayolus filius ejus, pro anima sua, canonicis et Beato Vincentio in perpetuum werpiverunt. Super hac vero predicta concessione testes existunt, Petrus Sapatinus presbiter et Petrus de Prinusico sacerdos, et Ugo Bastardus, Otgerius extraneus sacerdos, Umbertus Scutarius, Acaris nepos ejus.

DLXXIII.

[JOCERANNUS REDDIT STEPHANO DE PASIACO TERRAM SANCTI VINCENTII.]

1074 — 1096.

Notum sit omnibus hominibus tam presentibus quam futuris quod Jotcerannus de Centerbens quamdam terram, quam habebat de Sancto Vincentio in precariam, in vita sua tantumdem dedit et werpivit domno Stephano de Pasiaco, Matiscensis ecclesie canonico, et ut injuste presidente in vadimonio pro centum solidis..... (¹) Hujus rei testes sunt Gunterius archipresbiter, Petrus de Sancto Nicecio, Umbertus archipresbiter, Bernardus presbiter de Sancto Vincentio de Prato, Rodulfus Guerlus. Est sciendum quod supradictus Jotcerannus et filius ejus Petrus et Hugo de Oblato nepos ejus, juraverunt se pacem tenere super hac re, de se et de omnibus aliis hominibus in potestate sua confitentibus (²). Hoc sacramentum factum est in presentia Gunterii archipresbiteri, Petri Sancti Nicecii, Bernardi presbiteri de Sancto Vincentio de Prato; Artaldus de Buxeria, fidejussor de sacramento tenendo.

DLXXIV.

[GALTERIUS ACQUIRIT CAPELLANIE DE CRUCE PRATUM IN VERNETO.]

1096 — 1124.

Scire volumus presentes et posteros quod magister Galterius habens capellaniam de Cruce emit a Giraldo de Viriscto XL soldis pratum unum in praeria de Verneto prope portum Niorum (¹), subtus viam portus; quod

---

DLXXIII. (¹) Hic est locus vacuus in utroque codice.
(²) Bouhier, *constantibus;* forte legendum, *existentibus*. Adi chartam DLXXXVII.
DLXXIV. (¹) Bouh., *Morum*.

pratum habet ab oriente terram de Felineis, a septentrione terra de Correvoldo, a meridie et occidente terra Sancti Vincentii. Pratum istud appendit ad altare de Cruce emptum in camera domni Berardi episcopi in presentia ejusdem et domni Jotceranni decani, Pontii Auriculi(²), Stephani capellani, Stephani Nasilardi, Widonis dapiferi, qui inde testes sunt. Quod ibidem laudavit Otgerius filius predicti Giraldi apud Virisetum; laudaverunt uxor et Vichardus et Stephanus et Bartholomeus filii sub presentia Stephani capellani et Bonifilii sacerdotis, Willelmus vero alius filius laudavit Matiscone ante portam episcopi sub presentia sepe dicti Stephani capellani et Bladini diaconi.

DLXXV.

[GEURA FILIA AIMUINI DAT TERRAM DE FREDO IN VILLA TORIACO.]

1130.

Notum sit presentibus et futuris quia domna Genta(¹), filia Aimini de Arderia, veniens in villam de Crochio causa visitandi Rotlannum de Montaniaco ibi infirmante; Bernardus vero archidiaconus, eadem causa, ibi ex altera parte veniens, precibus multis ab ea postulavit ut calumpniam quam super terram illam faciebat, quam ipse Bernardus archidiaconus a militibus de Toriaco, Bernardo et Hugone, in ipsa villa de Toriaco emerat, amicitia ipsius, et pro salute animarum antecessorum suorum in pace dimitteret, et Beato martiri Vincentio concederet. Illa quidem aliquatenus renuens, dicens quod in terra illa quam Bernardus a prenominatis militibus emerat, habebat de feodo quod illi milites habebant a patre suo Aimino de Arderia. Que tamen domna, intervenientibus serviciis Bernardi et precibus, petitioni ejus adquievit et donavit Beato Vincentio, si aliquid sui juris in ipsa terra a Bernardo empta haberet concessit omnino, et laudante filio suo Aimino Beato martiri Vincentio et canonicis ejus werpivit in perpetuum. Testes hujus donationis et werpitionis sunt Hugo de Montaniaco et uxor sua, Johannes medicus, Isembardus presbiter, Wichardus miles de Charron, Bladinus de Crochio apud quem factum fuit, Letaldus clericus. Hoc factum fuit VI idus Augusti, anno ab Incarnatione Domini M C XXX, regnante Hludovico Francorum rege.

(²) Bouhier, *aurici.*
DLXXV. (¹) Bouh., *Geura.*

DLXXVI.

[ARTALDUS DECANUS REDDIT ECCLESIAM DE FLORIACO.]

1096 — 1120.

Notum sit presentibus et futuris quia ego Artaldus de Vismosone, Matiscensis ecclesie decanus, predecessorum meorum recognoscens injuriam super ecclesiam de Floriaco diu illatam, reddidi ipsam ecclesiam cum omnibus decimis, oblationibus et sepulturis, et tenementum Marreillerii Beato martiri Vincentio, cujus juris certissime erat, et canonicis inibi servientibus hanc prefatam ecclesiam reddidi, donavi et concessi in perpetuum, laudante et concedente nepote meo Hugone de Campens, et Uldrico de Vilars cui feodario usu pertinere videbatur, qui etiam promisit decano et veraciter pactus fuit ut ei et ecclesie Matiscensi rectam garantiam apud omnes homines fideliter portaret. Hoc donum feci in Matisconensi canonicorum capitulo, in manu domni Berardi tunc existentis episcopi, ut Dominus me et predecessores meos a penis inferni liberare dignetur. Testes et hujus donationis presentes fuerunt domnus Gausmarus Beati Petri regularis prior, Bernardus archidiaconus, Gaufridus archidiaconus, Gauscerannus de Balgiaco, Wichardus de Prisciaco, Durannus de Ferreriis, Pontius Auricula, Odo de Vincellis, Rotbertus archipresbiter, Aimo presbiter de Felins, Umfredus de Vela, Hugo de Vela, Maiolus Rebutinus, Bernardus de Vernol.

DLXXVII.

[UDULRICUS DE BALGIACO CONFIRMAT VERPITIONEM ECCLESIE DE FLORIACO.]

1118.

Notum sit omnibus fidelibus tam futuris quam presentibus quia cum domnus Berardus in sacrosancta Dei ecclesia Matiscensi in honore beati martiris Vincentii dicata resideret episcopus, Udulricum de Balgiaco et filios ejus canonicis Matiscensibus super ecclesiam de Floriaco, quam Artaldus decanus Beato Vincentio martiri et fratribus ibi servientibus reddiderat et werpiverat, multas intulisse querimonias super quibus canonici ad exequendam justiciam parati nichil in Udulrico et filiis ejus remaneret. Tandem, ad faciendam inde concordiam, canonici coacti dantes ccc solidos Matiscensis monete supra nominato Ulrico pacem taliter sibi et ecclesie sue adquisierunt, videlicet quod Ulricus et filii sui Ulricus et Rainaldus ipsam prefatam ecclesiam de Floriaco cum decimis et appendiciis suis Beato Vincentio martiri et canonicis ejusdem loci reddiderunt; que(¹) ipsius ecclesie Matiscensis juris videbatur esse, et etiamsi aliquam haberent ibi justitiam dederunt et concesserunt et werpiverunt. Imo supra sanctum altare juraverunt, Udulricus de se et infantibus suis, et filii sui de se et sororibus suis, omnibus modis firmiter pacem tenere ecclesie Matisconensi et canonicis inibi servientibus in perpetuum. Domina vero domni Uldrici uxor, mittens manum suam in manu domni Berardi episcopi, laudans et concedens similiter, in fide sua promisit pacem facere inde veraciter observare. Hec laudatio et juratio Udulrici et filii sui Ulrici facta fuit vi idus aprilis sub testibus istis, Berardo episcopo, Gausceranno decano, Gausceranno de Balgiaco cum pluribus aliis canonicis, Gausceranno de Mispiliaco, Maiolo Rebutino, Gauffrido monetario. Altera vero concessio et juratio Rainaldi alterius filii sui Ulrici facta fuit xvi kalendas Maii, testibus Gausceranno decano, Gaufrido archidiacono, Landrico de Moncello. Iterum altera verpicio et promissio fidei domine uxoris Udulrici facta fuit xiiii kalendas Maii sub testibus istis, Bernardo archidiacono, et Bernardo de Luiniaco, et Wicardo de Cabennis. Hec facta carta fuit anno m c xviii, indictione xi, epacta xxvi, regnante Lugdovico Francorum rege.

DLXXVIII.

[GUIGO CUM FRATRE CONFIRMAT EAMDEM VERPITIONEM ARTALDI.]

1116.

Notum sit omnibus sancte Dei ecclesie filiis tam presentibus quam futuris quia ego Guigo et germanus meus Guigo, cognomine Discalvati(¹), calumpniam quam postquam domnus Artaldus Matiscensis ecclesie decanus Cluniacensis factus est monachus, super ecclesiam de Floriaco et appendiciis ejus feceramus, tandem recognoscentes eamdem ecclesiam juris esse Matiscensis ecclesie et videntes ad exequendam nobis justitiam paratos esse canonicos, hominum et amicorum nostrorum fulti consilio, per manum domni Berardi Matiscensis episcopi, et Gausceranni cantoris, Artaldi de Maliaco, Petri Rudilli, et Achardi de Piarderia, aliorumque plurimorum

DLXXVII. (¹) Bouhier, *quoniam.*
DLXXVIII. (¹) Bouh., *discalceati.*

canonicorum et militum, trecentos a canonicis supradicte Matiscensis ecclesie Cluniacensis monete accipientes solidos, matre nostra decem perinde habente soldos adhuc innupta, laudantibus ipsam juste vel injuste a nobis factam calumpniam werpivimus et deinceps in eternum sedatam dimisimus. Imo etiam, si aliquam ibi habebamus justitiam, Domino et beato martiri Vincentio et canonicis inibi degentibus reddidimus, donavimus et concessimus in perpetuum; pacem quidem omnibus modis de nobis et heredibus nostris in manu supra nominati episcopi tenere nos inde fideliter promisimus. Insuper vero posuimus fidejussores Artaldum et Petrum superius dictos et Wicardum de Rochia, si pax promissa in nobis falleretur. Hujus autem verpitionis et donationis testes sunt Humbertus archidiaconus, Bernardus archidiaconus, Wicardus de Piseir, Gausceranuus de Balgiaco, Stephanus de Sancto Cirico, Umfredus de Vela, Hugo de Buxeria, Hugo de Miolano, Guigo de Barbareschas, Dalmatius de Cluniaco, cum supranominatis et fidei jussoribus. Hoc vero factum fuit v kalendas novembris, anno ab Incarnatione Domini m c xvi, regnante Ludovico rege Francorum.

DLXXIX.

[PASCHALIS PP. II CONFIRMAT PRIVILEGIA ECCLESIE MATISCENSIS.]

1100.

Paschalis episcopus, servus servorum Dei, fratri Berardo Matiscensi episcopo ejusque successoribus canonice substituendis in perpetuum. Quum divini dispensatione judicii, ad hujus officii gradum licet indigni promoti sumus ut apostolorum principis vices in ecclesie regimine teneamus, elaborandum nobis est et attendendum (¹) omnino ut in constituendis ecclesiasticis negociis ejus monita et institutiones devotione fidelissima et fide devotissima innitemur. Cujus fides precipua et devotio spectata Domino extitit adeo ut in ejus singulariter fidei stabilitate immobili precioso Sanguine redemptam suam Dei filius statuere et confirmare voluerit ecclesiam dicens: « Tu es Petrus et super hanc petram edificabo ecclesiam meam. » Cui etiam tantam potestatis prerogativam concessit ut ejus arbitrio, in celo et in terra, et liganda ligarentur et solvenda solverentur, quam potestatis sue successionem ipse Beato Clementi et per eum omnibus concessit qui ejus sedi juste presidere et ecclesiam Dei canonica studuerint ordinatione disponere. Cujus

DLXXIX. (¹) Bouhier, *annittendum*.

nos fidei auctoritate muniti, tibi dilecte fili Berarde omnibusque tibi canonice successuris, sicut predecessori tuo predecessor noster firmavit, confirmamus omnia que ad Matisconensem ecclesiam in qua te canonice credimus ordinatum pertinere videntur, tam in ecclesiis, parrochiis, cimiteriis, presbiteris, cunctisque ecclesiasticis ordinibus, quam etiam prediis aliisque omnibus possessionibus mobilibus et immobilibus adquisita sunt aut juste adquiri poterunt; ut hec omnia tibi tuisque successoribus ita libere possidere liceat sicut antecessor vester in uno die ante obitum suum possedisse probatur. Illud etiam apostolica auctoritate statuimus ut nulli presbitero viventi aut morienti, seu ad aliam religionem aut ad quietam vitam transeunti, liceat res quas a die ordinationis sue in ecclesia in qua est ordinatus conquirere poterit, auferre aut minuere, sed intacta ea et illibata in ipsa in qua conquisita sunt permittat ecclesia remanere; illos etiam qui a nobis excommunicati aut ab officiis divinis pro suis fuerant excessibus remoti, ne aliquis in communionem recipere, aut in officiis presumat restituere, eadem auctoritate prohibemus. Statuimus quoque ut pro sepulture quidem loco aut spatio nullum penitus ab aliquo precium exigatur; pro redemptione vero peccatorum, morientes in ecclesia in qua fidei sacramenta perceperunt elemosinas dare secundum apostolica decreta statuimus omnino et confirmanus. Si quis autem ad alia vivens, sive moriens, se conferre voluerit de eo quod salute anime sue dare disposuerit secundum apostolica decreta, in ecclesie partem relinquat. Si qua sane ecclesiastica secularisve persona contra hanc nostre constitutionis paginam presumptuose venire temptaverit, hujus modi ut sacrilegii reum a liminibus sancte Dei ecclesie arcendum judicamus et confirmamus. Cunctis autem eidem ecclesie justa servantibus sit pax Domini nostri Jhesu Christi quatenus et hi [2] fructum bone actionis percipiant et apud bonorum retributorem premia eterne pacis inveniant. Amen, amen. Scriptum per manum Petri notarii regionarii et servum sacri palatii. Ego Paschalis episcopus catholice ecclesie. Ego Albertus indignus cardinalis tituli Sancte Susanne [3] ss. Ego Bernardus indignus cardinalis tituli Sancti Crisogoni ss. Ego Walterius indignus Albanensis episcopus ecclesie ss. Datum Lateranis per manum Leonis scriptoris, xviii kalendas Maii, indictione octava, anno Dominice Incarnationis m c, pontificatus autem domni Paschalis ii primo.

[2] Bouhier rectiùs, *hic.*
[3] Bouh., *Sabinæ.*

DLXXX.

[RESCRIPTUM PP. QUATENUS CLERICI IN SUA CAUSA TESTES RECIPIUNTUR.]

1115.

P.(¹) episcopus, servus servorum Dei, venerabili fratri et coepiscopo sancte sedis apostolice vicario, salutem et apostolicam benedictionem. Super prudentia tua valde admiramus quod in negotio ecclesie Beati Stephani clericorum suorum testimonium acceptare volueris. Cum Beatus Gregorius in hujus modi causis eludere actoribus probationem imponet diverse namque causarum species nec in omnibus causis crimina agitantur in terminibus, siquidem actentorum et testium illa districtio observanda est que canonibus continetur, ne qui a probatione domestici assumantur; ceterum in possessionum aut ceteris hujus modi negotiis, hii potissimum assumendi sunt qui eadem negotia tractaverunt de quorum visu et auditu hesitatio esse non deberet. Si ergo iidem clerici idonei sunt ab assertione cause, illius nullatenus repellantur; sed, sicut aliis litteris deliberatum est, inter Sancti Stephani et Sancti Johannis canonicos lis illa plenius decidatur, cesset jam malicie zelus et dolositatis cavillatio, et predictarum ecclesiarum negotium juxta litterarum nostrarum tenorem commodius (²) peragatur, alioquin ad presentiam nostram parati (³) processus et instructi proximo quadragesimalis concilii tempore revertantur. Data Troie VI kalendas septembris, indictione octava.

DLXXXI.

[MANDAT HUGO ARCHIEPISCOPUS LUGDUNENSIS ABBATI CLUNIACENSI PRO EPISCOPO MATISCENSI.]

1096 — 1124.

Hugo, Dei gracia, Lugdunensis episcopus ecclesie servus et totus ejusdem ecclesie conventus venerabili Cluniacensium fratrum conventui salutem. Dominus et frater noster Berardus, venerabilis Matisconensis episcopus, non modicam adversum vos querelam habere dinoscitur; quam nos secundum justicie tenorem et antiquam sanctorum canonum institutionem ut decens est inter vos terminari desideramus. Noverit enim religiositas vestra quia Matisconensem ecclesiam veraciter Lugdunensis ecclesie filiam cognoscimus, ideoque in necessitatibus suis debitum consilium et auxilium illi subtrahere nolumus nec debemus.

DLXXX. (¹) Paschalis.
(²) Bouhier, *omnimodis*.
(³) Bouh., *Parisiis*.

DLXXXI *bis*.

[PRO EODEM SCRIBIT EPISCOPIS EDUENSI, LINGONENSI ET CABILONENSI.]

1096 — 1124.

Hugo, Dei gracia, Lugdunensis episcopus ecclesie servus et totus ejusdem ecclesie conventus venerabilibus et religiosissimis in Christo fratribus episcopis S.(¹) Eduensi, Lingonensi, et G.(²) Cabilonensi salutem, et eam que in Christo dilectionem quam rationabilem justamque querelam domnus et frater noster ac vester Berardus, venerabilis Matisconensis ecclesie episcopus, adversus Cluniacenses fratres habeat vestra prudentia non ignorat. Verumtamen quia in adipiscenda sua et ecclesie sue justicia solus sibi non sufficit, a nostra vestraque caritate, quamtum ipsa caritas exigit, humiliter supplicando adjuvari requirit. Ad nostram igitur vestramque firmitatem pertinere videtur ut quamtum, salva justitia, possumus eidem ecclesie subvenire debeamus, et auctoritate nostra subsidium pariter et auxilium subtrahendo predictos monachos ad persolvendam eidem ecclesie justiciam, quam retinere nituntur, quamtum in nobis compellere studeamus. Tunc etenim, secundum Pauli sententiam, veraciter Christi lex adimpletur cum alterutrum fratrum percara(³) mutua dilectione supportantur. Noverit autem dilectio vestra quia Cluniacensi conventui litteris nostris signare curavimus quod Matiscensi ecclesie in repetenda justitia sua deesse non possumus, quod etiam fraternitati vestre similiter faciendum esse credimus, et ut faciatis commonemus.

DLXXXII.

[CALIXTI PP. DECRETUM CONTRA VASTATORES MONTIS GUDINI.]

1119 — 1124.

Calixtus episcopus, servus servorum Dei, dilectis filiis Matisconensis ecclesie canonicis salutem et apostolicam benedictionem. Villa de Monte-Gudino ad vestram ecclesiam pertinere et per presentes vestri ministerium dispensari audivimus; ceterum milites quidam locum illum occasione

---

DLXXXI *bis*. (¹) Stephano.
(²) Galterio.
(³) Bouhier rectiùs, *onera*.

deperdantur(¹), quos auctoritate litterarum presentium commonemus ut a devastatione illa et inquietatione desistant. Quod si contemptores extiterint et ipsi et fautores eorum, tamdiu ab ecclesiarum liminibus sequestrentur et in terris eorum divina officia interdicantur, preter infantium baptisma et morientium penitencias, donec aut Lugdunensis archiepiscopi de cujus parrochia id est locus est, aut vestri episcopi judicio satisfaciant. Data xviiii kalendas Februarii.

DLXXXIII.

[RESCRIBIT IDEM PAPA ARCHIEPISCO LUGDUNENSI PRO EADEM RE.]

Circà annum 1120.

Calixtus episcopus, servus servorum Dei, karissimo et venerabili fratri Umbaldo, Lugdunensium archiepiscopo, salutem et apostolicam benedictionem. Venerabilis fratris nostri B.(¹) episcopi et ecclesie Matiscensis ad nos querela pervenit quod parrochiani tui, videlicet Wicardus de Anton et Guigo Incathenatus, Matiscensi ecclesie in villa de Monte Gudini, gravamen et injurias inferre non desinant, locum ipsum pravis exactibus affligentes. Unde fraternitati tue injungimus ut eos diligenter commoneas, quatenus aut res ecclesie quietas liberasque dimittant, aut in tua, vel ipsius Matiscensis episcopi curia, inde justitiam faciant. Quod si comtempserint, tu de eis tamquam de sacrilegis plectum perpetui(²) officii debito justiciam exequaris. Data Vienne, iiii idus Februarii.

DLXXXIV.

[HUGO DE BERRIACO VENDIT CANONICIS DECIMAM DE PETRA CLAUSO(¹).]

Circà annum 1147.

Notum sit presentibus et futuris quod domnus Hugo de Berriaco, filius scilicet Rotlanni Brescentis, veniens Matiscone in claustro Sancti Vincentii levite et martiris, per manum domni episcopi Pontii, et Petri decani, Hugonis cantoris, Stephani archidiaconi et dapiferi, Gaufridi Guastinelli, Bernardi Pinguis et aliorum canonicorum, consilio hominum suorum, vendidit Deo

DLXXXII. (¹) Bouhier, *deprædantur*.
DLXXXIII. (¹) Berardi.
          (²) Bouh., *plenam pro tui*.
DLXXXIV. (¹) Hæc venditio iteratur in utroque codice cum discrepantiis, adi chartam DCII.

et ejusdem ecclesie canonicis omnem decimam quam in parrochia de Petra-Clauso possidebat, et que ei hereditario pervenire poterat tam in applanatis quam in explanandis, et omnem consuetudinem quam in congregande ejusdem decime habebat perpetuo ejusdem prefate ecclesie possidenda absque ulla retentatione concessit; accipiens ab ipsis canonicis pro hac venditione mille septingentos solidos Matiscensis monete, et uxor sua xxx, que hoc laudavit. Et juravit prefatus Hugo super sacrosanctum altare, inde pacem et garentiam ecclesie et canonicis, et de se et de omnibus heredibus suis, et omnibus hominibus quos bona fide ab inquietatione ecclesie inde prohibere posset. Et posuit obsides post se qui hoc idem affirmaverunt sacramento, Jocerannum Grossum, Helduinum de Berriaco et Hugonem fratrem ejus, Stephanum de Marreo, Gaufridum de Malliaco, Gaufridum de Cluniaco, Stephanum de Brugeria, Odonem de Petra Clauso. Actum est hoc in presentia plurium clericorum et laicorum, anno illo quo rex Ludovicus Francie cum maximo exercitu processerat ad ferocitatem Gentilium deprimendam et Orientalem ecclesiam exaltandam.

DLXXXV.

[JOCERANNUS MILES IMPIGNORAT TERRAM SUAM APUD AMUNIACUM.]

1096 — 1108.

Omnia que instantis temporis cursu firma debent permanere necesse est ea litterarum apicibus annotari quo earum notitia future lites valeant citius comprimi(¹). Presentibus igitur atque futuris notificare volumus quod Jocerannus miles de Amuniaco(²) et fratres sui Walterius et Wicardus, et Roscelina mater eorum, canonicis Sancti Vincentii Matiscensis ecclesie totam terram suam quam habebat in Amuniaco et in parrochia cum servo uno Petro nomine et aliis si inventi fuerint, pretio xl et xxxv solidorum Matiscensis monete et Cluniacensis, de medietate in vadimonium mittunt; omnesque fructus terre et redditus, pro salute animarum suarum et parentum suorum, ecclesie Sancti Vincentii et canonicis ibidem Domino servientibus concedunt. Si denique casu acciderit quod Gauscerandus moriatur antequam terra redempta sit, partem suam denominate terre sancto martiri Dei Vincentio, omni remota calumnia, donat et concedit. De aliis

DLXXXV. (¹) Bouhier, *componi.*
(²) Boub. perperàm, *Annunciaco;* nostris, *Ameugny.*

duobus fratribus, Wicardo scilicet et Walterio, qui mortuus fuerit antequam terra redimatur, superstes partem suam et alterius redimat, de suo tamen censu proprio si redimere voluerit, nec tamen reddendo precium. Quod ad partem Gauscerandi pertinet, si uterque morte preventus fuerit antequam terra redimatur, partes suas prenominate terre Sancto Vincentio libere donant et concedunt. Hoc autem vadimonium et donum ut supra scriptum est jurando affirmaverunt; et affirmando supra dictus Gauscerandus super sacrosanctum altare preciosissimi martiris Vincentii, canonicis circumstantibus, cum libro obtulit. Actum est hoc Philippo rege Francorum regnante et domno Berardo episcopo Matisconem gubernante. De hac re testes sunt Johannes cantor, Bernardus archidiaconus, Dalmatius et Guigo qui tunc illi obediencie preerant, Gonterius archipresbiter, in cujus domo pactio facta fuit publice apud Cluniacum, Petrus clericus de Berriaco, Bernardus presbiter de Amuniaco, Bernardus de Thasiaco et fratres ejus Gaucerandus et Gaufridus, Wido et Hugo frater ejus.

DLXXXVI.

[VICARDUS BELJOCENSIS ET HUGO DANT IN VADIMONIUM RES IN AVENACO.]

1117.

Notum sit omnibus sancte Dei ecclesie filiis, tam presentibus quam futuris, quia domnus Vicardus Beljocensis([1]) et domnus Hugo abbas, germanus suus, miserunt et posuerunt in vadimonium Matiscensibus beati martiris Vincentii canonicis quicquid habebant juste vel injuste in villa Avenaco que antiquitus monasterium Pelagii vocitatur, videlicet omnes consuetudines, cibarias fratrum([2]) super captiones, reclamationes et omnes occasiones, et quicquid habebant in manso de Castellione et in manso de Monte Superbo, cum forestaria Presidis. Hec omnia nichil retinentes perfecte et integre sine malo posuerunt ingenio cum omnibus appendiciis, tam pascuis quam fontibus et terris arabilibus ad mansos pertinentibus, et silvarum aquarumque decursibus, pro xxx markis argenti purissimi, exceptis v markis Umberti qui fuerunt esterlini, usque ad duos blados, tali pacto quod si post duos blados usque ad exitum mensis Martii de valente argento redimere semper voluerint, facere liceat.

DLXXXVI. ([1]) Bouhier perperàm, *Beliciensis*.
([2]) In codice Matisc. recentior manus addidit vocem *fratrum;* Bouhier scripsit, *fenum*.

Sint(³) autem per totum sequentem annum usque ad idem tempus non liceat redimere, et ita in unoquoque anno semper observetur, retinente autem semper Bernardo archidiacono; et ante redemptionem et post redemptionem, totam ipsam partem avene quam domnus Hugo Beljocensis ibi habebat, que antequam in vadimonium poneretur, eam integre Bernardo dederat et concesserat. Si vero in vita Bernardi redemptam non fuerit, post mortem ejus, cibaria tota in ipso vadimonio computetur. Ipse autem domnus Vicardus promisit super hoc vadimonium de se et de omnibus hominibus firmam semper per omnia et omnibus modis pacem tenere. Hujus autem pacis et tranquille possessionis posuit obsides, Durannum scilicet de Margiane, Berardum de Vernex, Stephanum de Marchiant, Durannum de Stopis, Durannum presidem, tali pacto quod si unus obierit ex illis, vel se monachum fecerit, aut in diuturna peregrinatione moratus fuerit, quod ceteri per quam sciverint aut ad rationem positi fuerint, infra xiiii dies se in castro Bellijoci obsides secundum metam obsidibus terminatam conducantur(⁴), et inde non exeant usquequo ad noticiam decani Matiscensis, aut cantoris, aut archidiaconorum Bernardi et Umberti, seu aliorum ibi existentium, alius loco illius restituatur, et quicumque Beljocensis preses fuerit semper obses existat. Similiter si pax in ipso vadimonio conventa integre non observata fuerit, infra xiiii dies postquam ad rationem positi fuerint, aut forifactum sciverint, se omnes in castro Bellijoco obsides cum constitutis terminis conducantur, et inde ne exeant usquequo ablatum restituatur, et sic deinceps teneantur quamdiu ipsum permanserit vadimonium. Hoc quidem factum fuit Bellijoco viii kalendas Augusti anno m c xvii ab Incarnatione Domini, luna xii, epacta xv(⁵), regnante Ludovico rege Francorum. Totius supradicte convenientie vadimonii sunt testes : Gauscerannus decanus, et Umbertus archidiaconus, et Bernardus archidiaconus, Pontius Beljocensis decanus, Stephanus de Sancto Cirico et canonicorum Matiscensium dapifer, Bernardus marriglerius presbiter, Gaufridus monetarius, alter Gaufridus de Dosa; et ex altera parte, domnus Hugo Beljocensis, et Petrus de Braona, et Hugo de Runchevol(⁶), et Petrus de Varennis, et Durannus de Marcheant, et Berardus de Vernex, Bernardus prepositus, isti tres sunt obsides, et Stephanus Pontinus archipresbiter Dunensis.

(³) Bouhier, *sunt*.
(⁴) Bouh., *conducat*.
(⁵) Bouh., v.
(⁶) Bouh., *Kuctsivol*.

DLXXXVII.

[JOCERANNUS REDDIT TERRAM SANCTI VINCENTII QUAM HABEBAT IN PRECARIAM.]

1074 — 1096.

Notum sit omnibus hominibus tam presentibus quam futuris quod Jocerannus de Centarbens quamdam terram quam habebat de Sancto Vincentio in precariam, in vita sua tantum, totam dedit et werpivit domno Stephano de Pasiaco, Matisconensis ecclesie canonico et ecclesie(¹) Vinose presidente, in vadimonio pro centum solidis. Hujus rei testes sunt : Gunterius archipresbiter, Bernardus presbiter de Sancto Vincentio de Prato, Rodulfus Guerllus. Et sciendum quod supradictus Jocerannus et filius ejus Petrus, et Hugo de Oblato nepos ejus, juraverunt se pacem tenere super hac re, de se et de omnibus hominibus in sua potestate existentibus. Hoc sacramentum factum est in presentia Gunterii archipresbiteri, Petri de Sancto Nicecio, Bernardi presbiteri de Sancto Vincentio de Prato, Artaldus de Buxeria, est fides de sacramento tenendo.

DLXXXVIII.

[CONCORDIA INTER NARDUINUM, EULARDUM ET CANONICOS SANCTI VINCENTII.]

1144 — 1166.

Quia placita et convenientias solet vetustas abolere et pravitas hominum immutare, jusjurandum quod Narduinus et Eulardus frater suus de Sala fecerunt Matiscensi ecclesie, placuit presenti scripto memorie commendare. Juraverunt autem Nardinus et Eulardus Matiscensi episcopo, videlicet et successori ejus et illi qui locum episcopi teneret, et canonicis Sancti Vincentii et hominibus eorum clericis et laicis, liberis et servis, et terris et possessionibus, et rebus eorum generaliter quas tunc habebant et habituri erant, pacem firmam et perpetuam tenere de se, de conductibus suis et de suis justitialibus. Preterea in pace sacramento eodem comprehensum est quod placita et convenientias quas ante Matiscensi ecclesie fecerant deinceps firma tenerent, salvis antiquis consuetudinibus quas habent in terra Sancti Vincentii. In quibus si ultra debitum et antiquum jus capere vellent, venirent inde ad cognitionem, et quod eis cognitio auferret, sub eodem juramento

---

DLXXXVII. (¹) Bouhier addit, *tunc*. Vide superius chartam DLXXIII.

postea in pace dimitterent; si autem pax ab utroque, vel ab altero, vel a suis infringeretur, juraverunt quod infra XIIII dies quibus hoc cognoscerent, vel inde arrationati essent ab episcopo sive vicario, vel proprio nuntio ejus(¹), vel a decano sive a vicario ejus, vel proprio nuntio ejus, ambo pro forifacto communi, aut pro forifacto unius solius, Matisconem se obsides conducerent, et ubi prius pro priori forifacto se conducerent Matisconem vel Cluniacum, ibi deinceps in obstagium redirent, nec in alterutrum postea se transumtarent, sed ibi capti obsides permanerent donec forisfactum personalem(²), aut ad liberam concessionem ejus cui injuria(³) forefacta restitueret. Si vero de obstagio se perjurarent ejusdem(⁴) obsides alios Narduinus, alios Eulardus, qui juraverunt quod infra XIIII dies quam arrationnati essent, Matisconem in obstagium se conducerent, et donec forisfactum personalem emendatum foret, in obstagium permanerent, et quotiens arrationarentur vel elongarentur, totiens in obstagium redirent et tenerent, ita tamen quod obsides unius, pro forifacto alterius, obsides non essent; obsides autem Eulardi ipsemet Eulardus, Narduinus frater ejus, Paganus de Classiaco, Gaufridus de Minciaco(⁵), Ugo de Christolio, de Bascent, Ugo de Cavannis, Stephanus de Mont, Enricus de Cavannis, Maiolus Rebutinus, Bernardus Merius, Aymo Rebutinus, Hugo de Classiaco senex, Umbertus Bugarius, Seguinus de Branciono, Bernardus de Cavannis. Isti vero sunt obsides ex parte Narduini : Gaufridus de Marriaco, Leotaldus de Buxeria, Paganus de Sala et Falco frater ejus, Guido de Campens, Bernardus miles, Letaldus cocus et Boninus filius ejus.

DLXXXIX.

[DIVISIO JUSTITIE INTER EPISCOPUM ET COMITEM MATISCONENSES.]

1096 — 1124.

Scire volumus presentes et posteros quod cum comes Rainaldus comitatum istum recepisset, adversus domnum B.(¹) episcopum et canonicos querimoniam moverit de muris, de terris occupatis, de hominibus suis penes eos susceptis, de quadam bena in Sagona et de aliis. Quapropter,

---

DLXXXVIII. (¹) Manus recentior addidit undecim voces sequentes.
    (²) Bouhier hic et infrà, *pervalens*.
    (³) Bouh., *cum incuria*.
    (⁴) Bouh., *miserunt*.
    (⁵) Bouh., *Nuissiaco*.
DLXXXIX. (¹) Berardum.

nominata die, domnus Jotcerannus de Baisenens cantor et Wicardus de Pisiaco et Garulfus de Balgiaco Ladonum perexerunt, ubi per Humberti abbatis, Jheremie de Ruffiaco, Rotberti Incathenati, Regnaldi de Cuse, cum Regnaldo comite placitaverunt dando septingentos solidos; ita quod comes Regnaldus, laudante domno Villelmo fratre suo, finivit querelas suas episcopo et canonicis, et quecumque possidebant in pace eis dimisit, et de omnibus ad finem et concordiam eis venit, et placitum quod ibi faciebat Matisconem venturus confirmaret, et consuetudines comitis et episcopi et canonicorum determinarentur et tenerentur. Veniens ergo comes Rainaldus Matisconem laudavit et affirmavit cum fratre suo placitum Ladonii factum episcopo et canonicis, et sicut predictum est querelas et calumpnias omnes finivit de hominibus, de muris, de terris, de clausuris, de bena; et quecumque habebant episcopus et canonici, in pace eis dimisit et cum fratre suo ad integram pacem et concordiam eis venit. Ad distinguendas vero et determinandas consuetudines inter comitem et episcopum et canonicos, electi sunt prior Sancti Petri domnus Gausmarus, Jotcerannus predictus cantor, Rotbertus de Brechiis, Bonetus de Cormerenchia, Leodegarius de Ponte, Hugo Belini, Durannus Galonis, Petrus Monachus, qui decreverunt et determinaverunt ad episcopum pertinere justitias integre de christianitate et treva, et pace, et cimiteriis, et clericis, et justitia clericorum plenarie de quibuscumque rebus accusentur, et rebus ecclesiasticis. Ad comitem vero pertinere adulteros publicos, latrones publicos et clamores, ita quod per eum illi qui injuriam passi forent et domini eorum jus suum reciperent, et si clamor de hominibus episcopi vel canonicorum ad comitem et ministros ejus fieret, legem clam comes habebat; de injuriis vero de quibus ad eos clamor non fuerit nichil habebat. Preterea dixerunt comitis esse caminos custodire cum episcopo, comitem xv dies de banno habere, vicecomitem xv, canonicos xv; episcopum autem et canonicos habere homines suos, domos, terras, possessiones, clausuras, integre et pure, sive unum(²) comitale consuetudine preter clamorem sicut dictum est. Si vero advene qui vulgariter pulverei dicuntur, primitus penes comitem, aut penes episcopum vel canonicos venirent; ibi liceret manere hominibus comitis et episcopi vel canonicorum, liceret per conjugia de terra unius in terra alterius transmutari. Sagona canonicorum a portu de Bene(³) usque ad portum Osam;

(²) Bouhier, *omni*.
(³) Bouh., *Beir*.

habent canonici tertiam partem in silvis et aplanamentis. Si controversia inter homines episcopi vel canonicorum et comitis exurgeret, et prepositus ad domum episcopi canonicorum ire nollet in quadrivio illo ubi est domus Arnaldi, utrimque convenirent, et ibi per rectum, vel per concordiam deffinirent.

DXC.

[CONCORDAT WILLELMUS FRATER COMITIS CUM JOTCERANNO EPISCOPO.]

1126 — 1143.

Scire volumus presentes et posteros quod comes Willelmus, frater comitis Renaldi, movit querelam et calumpniam domno episcopo Jotceranno et canonicis. Propterea miserunt se in manu predicti comitis R. et domni Wicardi Beljocensis, ut de his dictum eorum utrimque sequerentur. Per manum ergo et consilium ipsorum, supradictus comes Willelmus, laudante comite Renaldo fratre suo, finivit calumpnias et concessit et laudavit episcopo in perpetuum et canonicis firmitates suas, et bastimenta, et domos, infra Matisconem et extra. De occupationibus vero post mortem comitis Willelmi et Alemani patris alterius Willelmi factis, si comes Wilelmus quereret rectum et rationem, veniret inde in curiam episcopi domni, et ibi per judicium curie episcopi rationem acciperet. Quod si ibi non posset deffiniri, venirent inde ante domnum Wicardum et ipse deffiniret. Si vero nec ipse deffinire valeret, convenirent ad Sanctum Marcellum comes Regnaldus et domnus Vicardus et dictum eorum sequerentur hinc et inde, et ipsi dicere non dimicterent. Per manum autem prefati comitis Regnaldi et domni Vicardi, per quos predicta convenientia facta est, promisit comes Wilelmus pacem et bonam concordiam cum episcopo et canonicis habere deinceps. Huic autem convenientie affuerunt comes Regnaldus et domnus Wicardus Beljocensis, per quos facta est, et domnus Ylio de Revena, Stephanus Crassus, Girbertus archipresbiter, Letbaldus de Digoina, Hugo de Munnet, Rotbertus Incatenatus, Rotgerius de Abans(¹), Durandus de Estoldis, Stephanus de Marchant, Ylio de Basinens, Regnaldus de Cuse, Otgerius de Vela.

DXC. (¹) Bouhier, *Rotbertus de Abanis.*

DXCI.

[PETRUS DE BAMERIIS DAT QUICQUID HABEBAT APUD MURINGAS.]

1121 — 1143.

Scire volumus quod Petrus de Bameriis quicquid apud Muringas possidebat ecclesie Beati Vincentii Matiscensis, cujus canonicus erat, sub presentia domni Jotceranni episcopi donavit et tradidit, perpetuoque fruendum concessit. Testes sunt prefatus episcopus et ipsius Matiscensis ecclesie conventus, quo assistente in capitulo, hec donatio facta est.

DXCII.

[GALTERIUS DE CRAI DAT SANCTO VINCENTIO DECIMAM IN VILLA DE CRAI.]

1121 — 1143.

Notum sit omnibus quod Galterius de Crai quicquid habebat in decima de Crai et in censu cimiterii([1]) ejusdem ville, pro remedio anime sue et filii sui......([2]) et aliorum predecessorum suorum, ecclesie Beati Vincentii donavit et tradidit, et jure perpetuo concessit. Testes sunt Jotcerannus episcopus, sub cujus presentia actum est, et Guigo cantor, et Stephanus de Vinosa presbiter, et Bernardus de Sancto Vincentio, et Lambertus, presbiteri et multi alii.

DXCIII.

[CONCORDIA INTER CANONICOS SANCTI VINCENTII ET FRATRES MALLIACENSES.]

1121 — 1143.

Scire volumus presentes et posteros quod facta calumpnia a fratribus Malliacensibus, videlicet a Thoma, Gaufrido et Stephano, canonicis Sancti Vincentii, de multis rebus, tandem ventum est ab utraque parte in curiam domni Gausceranni, tunc Matisconensis episcopi, ubi predicti fratres finierunt et verpierunt omnes calumpnias quas ecclesie Sancti Vincentii et canonicis faciebant. Nominatim itaque finierunt calumpniam quam faciebant in parrochia de Lentiniaco, et super decima clausi de Vergiaco, et alias calumpnias; et pacti sunt quod nulli homini garantiam portarent in eadem parrochia contra canonicos, et in parrochia de Verriaco, et de manso

---

DXCII. ([1]) Bouhier, *Anniverii*.
([2]) In utroque codice nomen omittitur.

Montis Pulvii finierunt calumpnias, et calumpniam quam faciebant de duabus canoniis finierunt. Soror eorum, uxor Bertranni de Itgiaco, hoc totum finivit et canonicis laudavit coram eisdem fratribus domum quam ipsi canonici ab ipsis suis fratribus emerant Matiscone. Unus tantum de prefatis fratribus, Gaufridus videlicet, retinuit quod canonici responderent ei in curia episcopi de cimiterio Sancti Boneti, si inde vellet in causam venire, canonici remanserunt de ipso cimiterio vestiti. Hujus rei sunt testes, domnus Gauscerannus episcopus, Wichardus decanus, Guigo cantor, Gaufridus de Blaniaco archidiaconus, Gaucerannus de Balgiaco, Odo Rebutinus, Hugo de Berriaco, Hugo de Classiaco, vetus Bernardus Paganus, Wichardus Lingua Anseris de Tramais.

DXCIV.

[DURANNUS DE DARDRE REDDIT DECIMAM VINI IN MONTE BRUNEROLES.]

Circà annum 1146.

Scire volumus quod Durannus de Dardre decimam vini quam calumpniabatur in monte qui dicitur Bruniroles, in parrochia scilicet de Castello, ecclesie Beati Vincentii Matisconensis finivit et absque ulla retentione werpivit. Hoc quoque pactum est ut sorores et alios heredes suos hanc guerpitionem concedere faceret. Hoc ita expeditum est ut ubicumque in prefata parrochia ecclesia Beati Vincentii decimam annone accipiebat, et nominatim in predicto monte, ibidem et de vino perpetuo acciperet. Testes sunt Guntardus de Verchisono, Petrus de Escociolis, Christophorus presbiter, Bernardus de Curtibus, Guigo miles de Germola, Sismundus frater ejus, Christianus de Rupe, Hugo de Molano, Hugo Descalceatus et Hugonellus de Molano, parvuli, Guigo archidiaconus et Bernardinus, in quorum presentia actum est hoc juxta ecclesiam Sancti Pontii.

DXCV.

[WICARDUS DE ANTONE DIMITTIT QUICQUID HABEBAT APUD MONTEM GUDINUM.]

1147.

Ego Amedeus Dei gratia Lugdunensis archiepiscopus, apostolice sedis legatus, notum facio tam presentibus quam posteris quod me presente in Lugdunensi capitulo, Wicardus de Antone verpivit et donavit Matiscensi ecclesie quicquid apud Montem Gudinum et in appendiciis ejus vel juste habebat, vel injuste usurpabat. Verpivit dico istis presentibus : Atanacense abbate, Otberto Calvo, Katharia Mabrasni(¹), Ugone de Chaselo, Johanne Albranne, Ugone Palatino, Stephano de Baisenens; et sicut ipse prohibuit ibidem prius juraverat et revera juraverat quod in presenti et in futuro predictam villam et appendicia ejus ipse et sui Matiscensi ecclesie in pace et sine inconturbatione possidere dimitteret. Quod si forte contingeret ut ipse vel sui aliquam molestiam in predicta villa facere presumeret, isti subscripti milites juraverunt se infra Matisconem obstagium tamdiu tenere donec damnum in integrum restitutum esset ecclesie, videlicet, Durannus de Sendreens, Vicardus de Franchelens, Lataudus de Chailloures, Vicardus Salvagnis, Stephanus Blancus, Otgerius de Clemenciis, Petrus de Astols, Berardus de Sentremer, Durannus de Moysia. Hec autem facta sunt anno ab Incarnatione Domini M C XLVII.

DXCVI.

[CONTROVERSIA COMPONITUR INTER HUGONEM DE GERMOLA ET CANONICOS.]

1144 — 1166.

Notum sit universitati fidelium quod mota controversia inter ecclesiam Matiscensem et Hugonem de Germola super eo quod domnus Guigo, Matiscensis ecclesie cantor, eidem ecclesie testamento concesserat quicquid scilicet in parrochia de Tramaias habebat in pratis, domibus, et in terris planis, et nemoribus, et in cimiterio de Germola, et extra in predicta scilicet parrochia, et mansum de Cros in parrochia de Petra Clauso. Ad hoc deventum est ut predictus Hugo de Germola veniens in capitulo Matiscensi per manum domni Hugonis abbatis Pontii Vacensis, per manum domni..... abbatis de Mirabrio(¹), eidem ecclesie quod supra enumeratum est concessit et absque ulla retentione, si quid juris habebat, guerpivit, accipiens ab ea CCC (solidos) et XL quos placitatoribus suis dimisit(²). Testes sunt : Maiolus Rebutinus, Bernardus Vierius, Bernardus Pagani, Stephanus de Basenens, Paganus de Classiaco, Hugo, Otgerius de Cavannis, Artaldus de Buxeria, Achardus de Mace, Stephanus de Marchant, Arulfus miles, Petrus Gaschet, Bernardus de Vernol, Letaldus de Buxeria, Anserius de

---

DXCV. (¹) Bouhier, *Zacharia Marbrasini*.
DXCVI. (¹) Forte legendum, *Miratorio;* nomen abbatis omittitur in utroque codice.
(²) Bouhier, *divisit*.

Scola, Hugo de Buxeria, Bernardus Vetula, Rotbertus Galchols, Girardus Sellarius, Umbertus Dentatus, Wilelmus de Blane, Hugo de Moneta, Petrus de Cormerenchia, Bernardus Gaufridi et Stephanus filius ejus, Bernardus Malecrasus(³), Aimo de Sanciaco, Amelius et Leodegarius fratres, Hugo Bisonticensis, Guntardus Francigena, Galterius presbiter et prepositus de Vincellis.

DXCVII.

[OTGERIUS DE SANCTO CIRICO CONCORDAT SUPRA DECIMA DE BRODEX(¹).]

Erat controversia inter Otgerium de Sancto Cirico et ecclesiam Matiscensem. Conquerebat etenim ecclesia super Otgerio de Sancto Cirico, qui marrigleriam de Sancto Cirico et decimam de Broder et coadvernationem decimi(²) parrochie de Sancto Cirico, et cellaria quedam et plastra in cimiterio Sancti Cirici, et viriariam quamdam juxta cimiterium, et aliam viriariam que vocatur Rispachapels, injuste possidere videtur. Quod ita decisum est, marrigleriam namque et quicquid ad eam pertinebat Otgerius ecclesie Matiscensi werpivit. Ecclesia vero Matiscensis decimam mansi de Ponte, quod de marregleria erat, predicto Otgerio quo advixerit concessit, et Otgerius sacramento promisit se non ultra facturum quo minus hoc decimum ecclesia post mortem ejus libere possideret; decimam de Broder ab ecclesia in feodum accepit et inde decano hominium cum fidelitate fecit. Coadvenatu (³) alterius decani ita ei concessa est ut fideliter et diligenter congreget, et exinde decimam tantum habeat, et si circa decimam male aliquid egerit in curia decani arrationatus respondeat, vircariam de Rispachapel pro sex denariis censualibus habeat.

DXCVIII.

[STEPHANUS DE LORRES CONCORDAT SUPER MANSO DE SALORNACO.]

1096 — 1120.

In posterum reservanda memorie commendanda sunt, unde scire volumus quod Stephanus de Lorres super manso de Salornaco quem Guichardus de Piseir, Matiscensis ecclesie decanus, a patre ipsius Stephani cum appendiciis emerat et ecclesie Matiscensi dederat cum terris manso adjacen-

---

(³) Bouhier, *Malerasus.*
DXCVII. (¹) Temporis nota deest.
(²) Bouhier, *coadnervationem decani;* fortè emendandum, *coadunationem decimi.*
(³) Bouh., *coadnervatio.*

tibus, controversiam movit. Quare datis utrimque obsidibus, in manu Petri Bamiriensis (¹) sic pace perpetua controversia finita est. Predictus namque Stephanus et Otgerius filius ejus, si quid juris in hoc manso habebant, ecclesie Matiscensi concesserunt, et.....(²) sororem Stephani, cujus filius Gaufridus de eodem calumpniam faciebat, laudare item fecerunt, accipientes ab ecclesia quatuor libras et quindecim soldos. Facta est hec verpitio a Stephano et Otgerio et sorore Stephani, in villa que dicitur Replungium, audientibus istis : Gaufrido Gastinello, per cujus manum factum est, Stephano de Bosco, Guichardo de Luiniaco, Rodulfo presbitero, clericis militibus; Stephano de Masiaco, Hugone, Neiello, rusticis; Stephano, Lucania, Barbarino, Johanne, Archimberto.

DXCIX.

[UMBERTUS BELJOCENSIS DAT USUM NEMORUM ECCLESIE SANCTI JULIANI DE RUPE.]

1467—1184.

Sciant presentes et posteri quod domnus Umbertus Beljocensis divinitus inspiratus concessit et donavit in perpetuum, pro anima sua et pro animabus antecessorum suorum, usum nemorum suorum, ecclesie Sancti Juliani de Rupe et fratribus ibi Domino servientibus ad suos proprios usus. Huic autem dono interfuerunt Stephanus de Marchant, Petrus de Varennis, Girinus de Verney, Umbertus de Andeliaco, Arulfus de Felgeriis, Bernardus de Curtis prepositus, Guntardus presbiter, Pontius de Lesfoliis.

DC.

[HUGO DE GERMOLA DAT VI SOLIDOS AD LUMINARE ECCLESIE DE RUPE.]

1144—1166.

Domno et patri reverendo P.(¹) Matisconensi episcopo, frater G.(²), Pontiniacus abbas dictus, in Domino salutem. Vestre paternitati notum facimus quod frater Hugo de Germola et Petrus filius ejus, pro salute animarum suarum et antecessorum suorum, dederunt ecclesie de Rupe ad

DXCVIII. (¹) Bouhier, *Bamernensis*.
(²) Nomen deest in utroque codice.
DC.   (¹) Pontio.
(²) Guillelmus.

luminare sex solidos censuales in manso de Burgundia, et medietatem decime de Cenva, et duas partes terre sitas in villa Davenaco. Quare paternam dilectionem vestram summopere precamur quatenus ista in presentia vestra retractetis et scripturam inde mandetis fieri, vestrique muniatis auctoritate sigilli. Valete.

DCI.

[WILELMUS FILIUS COMITIS DAT DECIMAM DE ALTERA CURTE.]

1142.

Humana conditio sic per lapsum primi parentis originali peccato est gravata ut jussa(¹) et audita quamdoque vix intelligat, intellecta nonnumque(²) a memoria soleant decidere; ad cujus miserie levamen apices litterarum sunt inventi ut quid perpetuo mansurum stare volumus litterarum custodie commendemus. Noscat itaque sequens posteritas quia Willelmus, Willelmi comitis filius Nivernensis(³), pro remedio anime sue et beneficio suorum antecessorum, ecclesie Matisconensi decimam de Altera Curte donavit atque concessit; atque donum quod suus pater eidem ecclesie fecerat, videlicet ecclesiam de Chanverico, sepulturas, oblationes et decimas quas in dominio habebat, et si quas in eadem parrochia alias decimas adquirere possent ipse et uxor sua Yda laudaverunt et confirmaverunt. Et ut constans atque firma donatio consisteret, cartam inde fieri et suo proprio sigillo sigillari precepit. Hujus siquidem rei fidelissimi adsunt testes : Guigo precentor, Stephanus archidiaconus, Bernardus senechaldus, Rotbertus de Chantriaco, Archimbaldus et Otto, Artaldus, Durannus, Pontius de Montis Podio, (Raimundus de Montis Podio), Hugo, Jostbertus, Gaufridus de Miliaco, Hugo frater Pontii, Gaufridus prepositus, Landricus frater ejus, Willelmus clericus, Guido Gumberius, Aimericus, Durannus Bastardus, Cercanicus, Ivo capellanus, Teobaldus canonicus, Brito de Sancto Salvatore. Facta est hec carta et donatio Diviaco publice, anno ab Incarnatione Domini M C XLII in festivitate Beati Laurentii, tempore Ludovici regis Francorum et Fromundi Nivernensis episcopi.

DCI. (¹) Bouhier, *visa*.
    (²) Bouh., *nomenque*.
    (³) Bouh., *Matiscensis*.

DCII.

[HUGO DE BERRIACO VENDIT DECIMAM PARROCHIE DE PETRA CLAUSO([1]).]

Circà annum 1147.

Notum sit presentibus et posteris quod domnus Hugo de Berriaco, filius scilicet Rotlanni Bresent, veniens Matisconem, in claustro Sancti Vincentii levite et martiris, per manum domni episcopi Pontii et Petri decani, Hugonis cantoris, Stephani archidiaconi et tunc dapiferi, Gaufridi Gastinelli, Bernardi Pinguis et aliorum canonicorum, consilio hominum suorum, vendidit Domino et ejusdem ecclesie canonicis omnem decimam quam in parrochia de Petra Clausa possidebat, et que ei jure hereditario pervenire poterat tam in applanatis quam in explanandis, et omnem consuetudinem quam in congreganda ejusdem decime habebat perpetuo eidem prefate ecclesie possidenda absque ulla retemptione concessit, accipiens ab ipsis canonicis pro hac venditione mille septingentos solidos Matiscensis monete et uxor sua xxx, que hoc laudavit. Et juravit prefatus Hugo super sacrosanctum altare inde pacem et garantiam ecclesie et canonicis et de se omnibusque heredibus suis et de omnibus hominibus quos bona fide ab inquietatione ecclesie inde prohibere posset, et posuit obsides post se qui hoc idem affirmaverunt sacramento, Jotcerannum Grossum et Hugonem fratrem([2]) ejus, Helduinum de Berriaco, Stephanum de Marreo, Gaufridum de Malliaco, Gaufridum de Cluniaco, Stephanum de Brugeria, Odonem de Petra Clausa. Actum est hoc in presentia plurium clericorum et laicorum, anno illo quo rex Ludovicus Francie cum maximo exercitu processerat ad ferocitatem Gentilium deprimendam et Orientalem ecclesiam exaltandam.

DCIII.

[QUOD MANSUS DE CHASAL EST DE ALODIO SANCTI VINCENTII.]

1144 — 1166.

Mansus de Chasal Dolcin erat alodum Stephani canonici quem ipse dedit Sancto Vincentio. Iste mansus erat de capite matris sue; quem mansum dedit Milo de Tort Rainodi, matri Grosse, que Grossa fuit mater ipsius Stephani. Curtilum contiguum huic manso dedit et concessit idem Stephanus

---

DCII. ([1]) Vide chartam DLXXXIV.
([2]) Bouhier, *filium*.

Sancto Vincentio, quem curtilum iste Stephanus recognoscebat esse de Sancto Vincentio; istum curtilum tenuit Adalardus de Rupe. Curtilus Girardi Frisini erat Beati Vincentii, quem prefatus Stephanus tenuit et reddidit et concessit Beato Vincentio. Vercheria in qua Rotbertus, nepos istius Stephani, construxit domum erat Sancti Vincentii, quam sepe dictus Stephanus de Sancto Vincentio habebat, quam reddidit et concessit Beato Vincentio. Hanc vercariam cum domo adcensavit iste Stephanus Rotberto nepoti suo xii denariis. Post Rotbertum, hoc totum testimoniavit Stephanus cum Pontio converso, cognato suo, in rupe Sancti Juliani. Et de hoc toto est testis ipse Pontius. Testes sunt hujus rei, magister Galterius, Bernardus Porcherius tum dapifer, Guntardus archipresbiter, Willelmus de Avenaco, Maiolus de Verchisono presbiter, Pontius de Vinsellis presbiter, Bonus Filius de Cenva presbiter, Bernardus litis peritus, domnus Durannus, domnus Odo, domnus Girbertus, presbiteri de Rupe.

DCIV.

[CONVENIENTIA INTER CANONICOS ET GAUFREDUM DE ALBO SPINO SUPRA DECIMIS SANCTI AMORIS, ETC.]

1144.

Quia vicium oblivionis perversitas quoque hominum, necnon longitudo temporis solent humana pacta et convenientias perturbare, congruum visum est presenti scripto commendare memorie presentium et posterorum quale placitum, qualisque convenientia sit facta inter ecclesiam Matisconensem Sancti Vincentii et Gaufredum de Albo Spino. Igitur jus decimarum et primitiarum, quod ipse Gaufredus habebat in parrochia Sancti Amoris et capelle de Nant, donavit in perpetuum et werpivit ecclesie Sancti Vincentii de Matiscone, quas cum multis aliis de episcopo Matisconensi in feodo tenebat. De hoc juravit pacem ipse Gaufredus cum novem militibus infra nominandis, tali modo quod ipse nullum impedimentum, vel querendo excambium, vel alio modo faceret, volentibus cum predicta ecclesia placitare in eodem sacramento in pace continetur. Hoc quod si ipse vel suorum aliquis in his predictis dampnum faceret ecclesie post placitum factum cum ecclesia ab illis personis que decimas in predicto parrochiatu tenebant, postquam ex parte ecclesie arrationatus esset, infra septem dies vel ablatum restitueret, vel ipse cum eis qui fecit pacem juraverunt in villa Sancti Amoris capti tenerentur donec damnum per capitale restitutum esset. Preterea in sacramento pacis, istud adnexum est, quod si aliquis eorum qui de his cum ecclesia placitarent, vel heredes et cognati eorum, vel aliqui pro ipsis dampnum fecerint ecclesie, ipse adjuvaret ecclesiam fideliter quasi de re sua. Pro his igitur predictis a Gaufrido concessis et predicto modo dispositis, ecclesia Matisconensis dedit Gaufredo decem libras denariorum Lugdunensis monete et uxori ejus que ista laudavit XL solidos ; et fecit ipse dari Rotgerio Vierio X solidos, Willelmo de Boent VIII solidos, Renardo de Corent VII solidos, Garnerio de Rubro Monte V solidos, Hugoni de Boent V solidos, Willelmo de Viriseto V solidos. Sepe dictus Gaufredus in ecclesia Sancti Amoris fecit hominium et ligiam fidelitatem domno Pontio Matisconensi episcopo, et juravit et promisit prefatus Gaufredus quod ista minoratione feodi sui nullam emendationem quereret et nullam querelam inde moveat episcopo et successoribus ejus, sed integre et absolute ipse et successores ejus hominium et ligiam fidelitatem cum sacramento et servitium facerent episcopo et successoribus ejus, preter hec calumpnias quas faciebat de rebus quas ecclesia Sancti Amoris de sepulturis et aliis donationibus adquisierat et possidebat que de ipso Gaufredo et antecessoribus ejus levabant, guerpivit et finivit ecclesie Beati Vincentii et canonicis in perpetuum, et in sacramento predicte pacis adjunxit; ea propter dati sunt ei XX solidos. Pretaxatum Gaufredum et antecessores ejus absolvit conventus Matisconensis in capitulo pro decimis quas tenuerant si inde peccatum contraxerant. Preterea eumdem Gaufredum receperunt canonicum hoc modo ut in morte sua absolvant eum et officium suum faciant et in ea catalogo mortuorum suorum adscribant et anniversarium ejus ut de canonico faciant. Obsides de pace prescripta, sunt isti : idem Gaufredus, Rogerius Vierius, Willelmus de Boent, Renardus de Corent, Achardus de Boent, Garnerius de Rubro Monte, Umbertus de Naut, Vitfredus de Seciaco, Willelmus de Viriseto, Pelerinus filius Maleti. Testes vero sunt : Umbertus archipresbiter, Aimo de Seciaco, Vichardus Dunches, Pontius de Cormor, Ymbertus de Rotcerio, Iterius, Petrus provincialis, Bernardus Bonnivers, Bernardus de Bertonet, Petrus de Beljoco. Actum est hoc apud Sanctum Amorem per manum et in manu domni Pontii Matiscensis episcopi, in presentia Hugonis cantoris, Stephani archidiaconi et Beljocensis decani, Bernardi Porcarii tunc dapiferi, Gaufridi de Mol(ano), Stephani de Bosco, Bernardi de Insula et aliorum multorum. Anno ab Incarnatione Domini M C XLIIII, indictione VII, XVII kalendas Julij.

DCV.

[DE DECIMIS PARROCHIE SANCTI AMORIS ET CAPELLE DE NANT.]

1144 — 1166.

Sciant presentes et posteri quod cum Gaufridus de Albo Spino placitavisset decimis parrochie Sancti Amoris et capelle de Nant cum canonicis Sancti Vincentii Matiscensis, quas decimas idem Gaufridus de ecclesia Matiscensi tenebat in feodo, et concessisset feodariis suis ut placitarent cum Matisconensi ecclesia decimas quas in predictis locis de se tenebant, Durannus Rufus vendidit suam partem decimarum, quam tenebat a predicto Gaufredo, canonicis Sancti Vincentii LX solidis, et decem solidos habuit inde Savarius filius ejus. Unde ipse Durannus et Savarius filius ejus juraverunt pacem tenere in perpetuum, iste Johannes predicti Duranni sicut vendidit suam partem decimarum canonicis Sancti Vincentii LX solidis. Sed quia idem Johannes ante juratam pacem mortuus est, pro uxore ejus et liberis venditionem concedentibus, juraverunt prefatus Durannus Rufus et filius ejus Savarius. Item Bernardus clericus et fratres ejus, sepe dicti Duranni Rufi nepotes, vendiderunt suam partem decimarum ecclesie Matisconensi LX solidos et V solidos habuit inde Bernardus clericus ad cappam emendam. De hoc juraverunt pacem in perpetuum ipse Bernardus clericus et fratres ejus; isti omnes tenebant decimas istas de Gaufredo Albi Spini. Harum trium venditionum testes sunt : domnus Pontius Matisconensis episcopus, Stephanus Beljocensis decanus, Hugo cantor, Bernardus Porcarius, Bernardus Pinguis, Stephanus de Bosco, Gaufridus de Mol(ano), Umbertus archipresbiter, Aimo de Seciaco, Vicardus presbiter de Auches, Rotgerius Vierius, Renardus de Corent, Iterius de Sancto Amore, Umbertus de Roorterio. Turumbertus et uxor ejus cum filiis vendiderunt ecclesie Matisconensi partem suam decimarum parrochie Sancti Amoris VI libras denariorum, et V solidos habuit inde Villelmus(¹) filius ejusdem Humberti. De hoc juraverunt pacem ipse Turumbertus et filii ejus, Villelmus et Bocher et Turumbertus clericus, qui has decimas tenebant a Gaufredo Albi Spini. Hujus venditionis testes sunt : Hugo cantor, Stephanus Beljocensis decanus, Bernardus Porcherius dapifer, Bernardus Pinguis, Stephanus de Bosco, Gaufridus de Mol(ano), Umbertus archipresbiter, Wichardus de Auches, Mancrius presbiter, Rotgerius filius Rotgerii Vierii, Iterius, Umbertus de

DCV. (¹) Bouhier, *Vicelinus*.

Ricorterio, Gilebertus de Auriaco. Umbertus miles de Nant vendidit ecclesie Matisconensi partem suam decimarum quas tenebat de predicto Gaufredo L solidis, et quia quamdam partem illarum decimarum miserat in vadimonio, concessit ut et canonici redimerent et in perpetuum possiderent; de hoc juravit ipse pacem. Hujus rei testes sunt : domnus Pontius episcopus, Hugo cantor, Stephanus Beljocensis decanus, Stephanus de Bosco, Gaufridus de Mol(ano) et Gratianus Romanensis capellanus, Umbertus archipresbiter, Vicardus presbiter de Auches, Mainerius presbiter.

DCVI.

[GALO ET VITFREDUS VENDUNT PARTEM DECIMARUM PARROCHIE SANCTI AMORIS.]

1144 — 1166.

Notum sit presentibus et futuris quod Galo et Vitfredus frater ejus, milites de Seciaco, vendiderunt ecclesie Matisconensi decimas quas habebant in parrochia Sancti Amoris LX solidis, et VI solidos habuit inde idem Galo ad sellam emendam. Et Renaldus et Villelmus de Altreset frater ejus milites, de quibus Galo et Vitfredus has decimas tenebant, habuerunt inde decem soldos et promiserunt et concesserunt venditionem istam fieri, et juraverunt inde pacem et guarenciam portare. Predicti Galo et Vitfredus juraverunt pacem de venditione ecclesie Matisconensi, et in excambio feodi ceperunt unum mansum alodii sui, et predictis fratribus Renaldo et Willelmo de Altreset. Actum est hoc sub his testibus : domno Pontio episcopo, Hugone cantore, Stephano Beljocensi decano, Gaufredo de Mol(ano), Gratiano presbitero (¹) Lingonense, Umberto archipresbitero, Vicardo de Auches, Aimone de Seciaco, Archimbaldo de Nant, Manierio de Eucles, Rotgerio Vierio, Rotberto de Altreset, Villelmo de Dunaco (²), Giroldo presbitero, Otgerio nepote Umberti archipresbiteri.

DCVII.

[BERARDUS EPISCOPUS DAT CANONICIS ECCLESIAM DE BELLOMONTE.]

1096 — 1124.

Scire volumus presentes et posteros quod domnus Berardus, Matiscensis ecclesie episcopus, donavit libere ecclesie Sancti Vincentii Matiscensis et canonicis ipsius ecclesie ecclesiam de Bellomonte, tali tenore quod singulis

DCVI. (¹) Bouhier, *Petro*.
(²) Bouh., *Diviaco*.

annis canonici anniversarium patris et matris et fratrum et predecessorum suorum facerent, et ipso die fratres refectionem in refectorio haberent; quam ecclesiam capitulum dedit Stephano canonico Mardubrio ut predictam refectionem fratribus ipso die faceret. Postea vero Berardus de Tisiaco, qui erat canonicus Matisconensis ecclesie, et frater ejus Bertrandus concesserunt et finierunt ecclesie Matiscensi Sancti Vincentii et domno Berardo episcopo illud quod in predicta ecclesia Bellimontis habebant et querebant; quod factum est in ecclesia de Diroblio in die qua consecrata est. Hujus rei testes sunt Vilencus de Noliaco, Herbertus Truannus, Hugo Fuldradus, et domnus Gaucerannus archidiaconus de Basinens et domnus Bernardus de Bisurinaco. Postea concessit et finivit Girardus de Caroloco ecclesie Matiscensi et domno Berardo episcopo illud quod in eadem ecclesia Bellimontis habebat et querebat, in die qua predictus episcopus baptisavit filium suum nomine Girardum in ecclesia Castellinovi. Hujus rei testes sunt Girardus de Villione, et Girardus Francus, et Gaucerannus archidiaconus, et Bernardus archipresbiter. Deinde Stephanus de Mardubrio placitavit et Ebrardo et Geronte fratribus de Buxiaco, qui terram supra memoratam ecclesie Sancti Christophori de Bellomonte in suo proprio tenebant, qui et illud quod in predicta ecclesia habuerant et terram donaverunt et finierunt ecclesie Matiscensi LX soldos a predicto Stephano accipiendo, concedente et laudante Aimaro Morello qui pro cessione habuit inde XV solidos, a quo Aimaro predicti fratres Stephanus et Girardus et Geronto in feodo habebant, laudante etiam Girardo de Villione qui habuit inde XV solidos, quia predictus Aimarus ab eo in feodo habebat; hoc factum est in villa Cumriaco. Hujus utriusque concessionis testes sunt Bernardus archipresbiter, et Reinerius de Archingiis, et Pontius de Coire, Karlinus (¹) prepositus, qui duo de hoc placito habuerunt XV solidos qui drusii erant. Denique placitavit predictus Stephanus de Mardubrio cum Bernardo de Tisiaco et nepote ejus Vilenco, qui in terra Sancti Christophori accipiebant minam unam de siligine et XII denarios, et unus (²) eorum accipiebat ibi duos capones et duos panes et dimidium sextarium vini. Qui Berardus de Tisiaco et nepos ejus Vilencus finierunt et guerpiverunt ecclesie Matiscensi hoc totum et habuerunt inde XXV solidos apud memorato Stephano; hoc placitum factum est in Valle Saona. Hujus rei testes sunt Stephanus presbiter de Sancto Boneto, et Bonetus presbiter de Valle Saona. et

DCVII. (¹) Bouhier, hic et infrà, *Raolinus;* fortè legendum, *Rodelinus.*
(²) Bouh., *Vierius.*

Herbertus Truannus qui de hoc placito habuit v solidos, et Hugo frater ejus, et Karlinus prepositus habuit verum de hoc placito unum equum xx solidorum, qui predictam captionem videlicet minam unam siliginis et x denarios tunc temporis habebat in vadimonio a predictis Berardo et Vilenco. Hujus rei testes sunt Bernardus de Mardubrio et Pontius de Cava Rupe.

DCVIII.

[DURANNUS BURGARUS DAT VINEAM DE ALODIO SUO IN VILLA DE MUSONO.]

1107 — 1137.

Scire volumus presentes et posteros quod Durannus Burgarius donavit et concessit, pro anima sua, Sancto Vincentio vineam suam de alodio suo in villa de Misono; et operatorium unum extra juxta privatas cameras canonicorum donavit ita, anniversarium ejus conventus Sancti Vincentii singulis annis faceret, et eodem anniversarii die refectionem beneficio quod Durannus dedit in refectorio haberet. Fecit autem hanc cartulam infirmitate[1] sua quem donum confirmaret si improvidus vel intestatus obiret. Quam cartulam Galterius magister dictavit, et Paganus hujus temporis scolasticus claustri scripsit, iii idus Junii. Preterea Durannus predictus Sancto Vincentio, pro anima sua, dedit et concessit quamdam terram que est sub Varennis in ripa Graone, in qua olim molendinum fecerat. Regnante Hludovico rege.

DCIX.

[GUIGO CANTOR VENDIT ECCLESIE QUICQUID HABEBAT APUD CROPIUM[1].]

1121 — 1143.

Sciant presentes et posteri quod Guigo, cantor hujus ecclesie, dedit et vendidit Beato Vincentio et canonicis quicquid habebat apud Cropium, tam in domibus quam in vineis, terris, planis, pratis, nemoribus, videlicet quicquid habebat a via publica que ducit Beljocum, per crucem de Vinsellis et per Malum Pertuisum, et juxta Toriacum, et juxta grangiam decani de Toriaco, et usque Guincheyium, usque Ararim, ecclesie Beati Vincentii dedit preter unam listam quam dedit ecclesie Trinorchiensi et preter unum

---

DCVIII. [1] Bouhier, *in infirmitate.*
DCIX. [1] Vide chartam DCXIV quæ est transcriptio inexpleta istius donationis.

pratum quod dedit ecclesie Beati Petri. Testes sunt Gaucerannus decanus, Petrus Lingonensis, Hugo Chamarleus, Johannes de Oratorio, magister Gualterius, Bernardus Gaufridi.

DCX.

[GILBERTUS DE CLUNIACO DIMITTIT CANONICIS QUICQUID HABEBAT IN PRESTARIA.]

1121 — 1143.

Notum sit omnibus ecclesie filiis tam presentibus quam futuris quod Gilebertus de Cluniaco dedit et vendidit quicquid habebat in prestaria huic ecclesie et canonicis. S. Humberti. S. Galterii. S. Hugonis de Basenens. S. Guidonis. S. Bernardi. S. Petri de Stodis. S. Guichardi de Masillis. S. Gauceranni decani. S. Willelmi de Castellione. S. Stephani de Boscho. Dictores et fidejussores hujus convenientie tenende Petrus de Stodis, Hugo de Basenens, Guichardus de Masillis.

DCXI.

[HUGO DIMITTIT QUERELAM DE VENDITIONE CROPII QUAM FECERAT GUIGO(¹).]

1151.

Sciant presentes et posteri quod Hugo filius Stephani de Vela calumpniam quam faciebat de venditione et dono quod patruus ejus Guigo cantor fecerat Sancto Vincentio, de terra que jacet in villa Cropii, finivit et verpivit; et si quod jus ibi habebat donavit libere ecclesie Sancti Vincentii in perpetuum. Hanc autem verpitionem fecit in manu domni Pontii Matisconensis episcopi, in capitulo predicte ecclesie, et juravit inde pacem tam firmiter tenere quod nec pro sorore sua, nec pro alio calumpniatore, esset exinde in nocumentum prefate ecclesie. Sunt testes Vuichardus decanus, Hugo cantor, et Stephanus tunc dapifer, et Willelmus de Castellione, Bernardus Pinguis, Garinus de Igiaco, Martinus de Sancto Verano, Guigo de Streis canonicus regularis, Hugo de Cavanis, Gaucerannus de Sala, Stephanus de Ariaco, Paganus prepositus Trenorchiensis, Hugo presbiter de Carnaco, Guigo Truannus, Gaucerannus de Burgo Superiori, Lambertus de Lugniaco, Stephanus Pertus, Bernardus Catret, Bernardus clericus de Lia, Gaschetus, Johannes de Muisons, et alii plures. Hec verpicio fuit facta anno ab Incarnatione Domini M C LI, indictione XIIII.

DCXI. (¹) Hæc verpitio iteratur sed inexpletè, vide chartam DCXVI.

DCXII.

[HUGO CONCORDAT CUM CANONICIS DE REBUS QUAS CALUMNIABATUR.]

1148—1155.

Notum sit totius christianitatis fidelibus tam futuris quam presentibus, discordia que olim fuit inter milites de Cluniaco et ecclesiam Beati Vincentii pacificata modo etiam pacificationis scripto commendatur, duos clericos ex progenie eorum, Willelmum scilicet de precaria et Jotcerannum Vetulum, canonicos factos fuisse qui tempore post longo ad detrimentum matris ecclesie conspirantes et in ecclesia ut filii in matrem sese erigentes, sacrilegium cum perjurio et furto comittentes[1], cartas supradicte pacificationis modum continentes violenter de libris exodcrunt[2] et abcissas detulerunt. Unde occasione sumpta, parentes eorum ipsis contra ecclesiam arma moventes multa et maxima dampna ei intulerunt. Unus tandem ex eis, Hugo nomine, de periculo anime sue metuens et injuriam suam recognoscens, quicquid primum calumpniabat canonicis predicte ecclesie in perpetuum werpivit et pacem tenendam juravit, et obsides istos pro pace tenenda posuit, Achardum de Piarcleria, Petrum de Miolano, Wicardum de Nay. Facta est autem hujusce modi vuerpicio per manum Humberti Lugdunensis archiepiscopi, in prato juxta domum suam Matisconis, istis presentibus testibus : Petro Athanaldo, Bernardo capellano archiepiscopi, Maiolo Rebutino, Amonello filio suo, Bernardo Pagano, Gaufrido de Masiaco, Guigone Nigello, Stephano medico, Guidone dapifero episcopi, Lamberto clerico de Natennis, Bernardo de Melione, Umberto Porcello, Petro de Sancto Albano. Obsides debent redire in obsidio Matiscone, nec inde exire sine licencia episcopi et canonicorum.

DCXIII.

[GUIGO CUM FILIIS DIMITTIT QUICQUID HABEBAT APUD MONTEM GUDINUM.]

1152.

Sciatur quod Guigo Inchatenatus et filii ejus, Hugo et Guigo, verpiverunt et donaverunt Matiscensi ecclesie quicquid apud Montem Gudinum juste habebant vel injuste usurpabant, et juraverunt se et suos pacem in perpetuum, et pro pace tenenda hos retro fidejussores in manu Pontii episcopi

---

DCXII. [1] Bouhier, *connectentes*.
[2] Bouh., *exciderunt*.

et Hugonis cantoris dederunt, Raginandum Baugiaci domnum, Hugonem de Cavannis, Hugonem de Castellione, Pontium Bressenchium, Stephanum de Castellione, Grimerium de Basiniaco, Hugonem de Misiriaco. Hoc autem placitum factum est in domo Pontii Matiscensis episcopi, istis presentibus : Wicardo decano, Hugone cantore, Gaufrido de Molis, Bernardo Porcario, Bernardo Tardivo, Hugone Kinel(¹), Humberto de Brancione, Gaufrido de Berriaco, Stephano dapifero, Hugone Crasso, Pontio de Cavannis, Bladino de Baugiaco, Johanne Cornice. Anno ab Incarnatione Domini M C LII.

DCXIV.

[GUIGO CANTOR DAT BEATO VINCENTIO QUICQUID HABEBAT APUD CROPIUM(¹).]

1121 — 1143.

Noscat universitas fidelium presentium et futurorum quod Guigo cantor Matiscensis dedit Beato Vincentio quicquid apud Cropium habebat, tam in vineis, tam in domibus, terris, planis, pratis, nemoribus, videlicet quicquid habebat a via publica que ducit Beljocum per crucem de Vinzelles et per Malum Pertusium, et juxta Toriacum, et juxta grangiam decani(²) de Toriaco, et usque Guincheium, et usque Ararim, preter unam listam quam dedit ecclesie Trinorchiensi, et preter unum pratum quod(³) dedit ecclesie Sancti Petri.

DCXV.

[GIRARDUS COMES DAT OMNE JUS QUOD HABEBAT IN TERRA APUMACI.]

1138.

Sciant presentes et posteri quod ego Girardus comes Matiscensis, si quid juris habebam in terra Apuniaci, partem cujus Bernardus Paganus dederat ecclesie Beati Vincentii Matisconensis, pro anima sua; partem vero habuerat titulo emptionis a militibus de marchianno, videlicet Hugone et Vuillelmo(¹). Predicte ecclesie et canonicis ibidem Domino servientibus, consilio virorum meorum, laudavi et concessi pro anima patris mei Willelmi comitis et antecessorum meorum. Donationem istam confirmavi in capitulo ejusdem ecclesie istis presentibus : Vicardo decano, Ugone cantore, Stephano

DCXIII. (¹) Bouhier, *Rivol.*
DCXIV. (¹) Vide superius chartam DCIX.
       (²) Bouhier, *dictam.*
       (³) Bouh., *listam quam.*
DCXV. (¹) Bouh., *Vicelino.*

archidiacono, Gaufrido de Berriaco, Garino Iggiaco, Bernardo Crasso, Rotberto de Cantriaco, Umberto de Branciduno, Odone de Dosa, Pontio capellano, Stephano Pulmone, Vicardo presbitero, Ugone de Changiaco, Villelmo de Chois, Ugone de Drancelaco (²), Ugone de Chavannis, Vicardo, Iterio, Otgerio, Gaufrido, Stephano Dentucio, Pelerino. Actum est anno ab Incarnatione Domini millesimo c lviii.

DCXVI.

[HUGO DE VELA CONFIRMAT DONATIONES FACTAS A GUIGONE CANTORE (¹).]

1151.

Anno ab Incarnatione Domini millesimo c li, residente in Matisconense sede Pontio episcopo, Hugo de Vela venit in capitulum Matiscense, et ibi in presentia canonicorum dedit et in pace dereliquit Matiscensi ecclesie quicquid Guigo cantor, pro salute anime sue, Beato Vincentio dederat. Testes sunt Wicardus decanus, Hugo cantor, Gaufridus Gastinellus, Humbertus de Branciono, Hugo de Cavannis, Hugo de Arciaco, Jotcerandus de Burgo Superiore, Lambertus de Lugniniaco, Bernardus Catrerius, Bernardus de Lia, Hugo filius Lebaudi, Johannes de Musiaco.

DCXVII.

[HUGO DE GERMOLA DIMITTIT OMNES QUERELAS SANCTO VINCENTIO.]

1151.

Presentium et futurorum noticie tradere volumus quod Hugo de Germolla quicquid ecclesie Beati Vincentii verpivit, et pacem tenendam in perpetuum tenere jurejurando confirmavit et insuper obsides posuit, et in manu canonicorum qui infra bannum Matiscense ostagium tenerent si predictus Hugo pacem frangeret. Obsides hii sunt: Achardus de Piarderia, Petrus de Miliano, Vicardus de Nai. Retro fidejussores de pace tenenda sunt: Hugo de Vinzelles, Maiolus frater ejus, Archibaudus de Cantriaco, Stephanus de Vernutico. Testes sunt de hac verpitione: Wicardus decanus, Hugo cantor, Gaufridus de Berriaco, Gaufridus de Tasiaco, Rotbertus presbiter de Cantriaco, Stephanus de Valaca, Bernardus de Sanciaco, Bernardus Nuguinus, Hugo miles de Cluniaco, Pontius de Loasia, Willelmus de Blaniaco. Actum est anno ab Incarnatione Domini m c li.

(²) Bouhier, *Dramelaio*.
DCXVI. (¹) Vide chartam DCXI.

DCXVIII.

[VICARDUS VETULUS REDDIT TERRAM DE PRESTARIA QUAM INJUSTE OCCUPABAT.]

1153.

Noscatur omnibus sancte matris ecclesie fidem tenentibus quod Vicardus Vetulus cum fratribus suis, terram de prestaria injuste calumpniando, rebus ecclesie Sancti Vincentii multa mala intulit. Tandem divina justicia percussus et morti addictus, penitens tamen gratia Dei effectus, que injuste erga ecclesiam prefatam egerat placitare jussit. Fratres vero ejus, videlicet Jotcerannus et Bernardus superstites, non ad plenum damna ecclesie restaurare valentes, pro emendatione maleficiorum suorum, eidem ecclesie in presentia domni Pontii Matiscensis episcopi, duas vercherias que sunt in villa Prisciaci donaverunt, et quicquid in prestaria ab eis calumniabatur in perpetuum dimiserunt, exinde pacem se tenendos sacramento firmaverunt. Hujus rei sunt testes Vicardus decanus, Hugo cantor, Garinus de Igiaco, Ugo de Basenens, Vilelmus Vetulus, Vido de Estrais, Hugo Berardus, Saginius Rufus, Ugo Grassus, Umbertus Dentatus, Vido Bermundus, Blancus de Balgiaco. Hec autem facta sunt anno ab Incarnatione Domini millesimo C LIII.

DCXIX.

[NARDUINUS DE SALA COMMUTAT TERRAS CUM SANCTO VINCENTIO.]

~~1144—1166.~~ 1186-1199

Universitati fidelium notificare volumus quod veniens in claustro Beati Vincentii Matisconensis Narduinus de Sala petiit sibi commutari quamdam peciam terre sitam juxta pontem Mergie, que erat Sancti Vincentii, pro alia pecia terre sita inter terras Sancti Albani, cujus tunc obedientie domnus Rainaldus de Vergeio erat; cujus petitioni canonici prebuerunt assensum. Confestim vero predictus Narduinus, amicitiam et beneficium ecclesie recognoscens, in villa nova que juxta Mergiam edificatur dedit Beato Vincentio unum denarium censualem in festivitate sancti martiris persolvendum in unaquaque domo que jam ibi edificata erat vel edificanda; et canonici concesserunt ei in anniversario die obitus sui novem lectionum officium. Sicut hic scriptum est, concessit et juravit Narduinus de Sala...(¹),

DCXIX. (¹) Hic est locus vacuus in utroque codice.

his presentibus Wichardo decano, Rainaldo cantore, Villelmo de Viriaco archidiacono, Garino de Itgiaco, Ugone Kinel et pluribus aliis, tam clericis quam laicis.

DCXX.

[UGO DE GERMOLA CONFIRMAT VENDITIONEM MATRIS DE PLASTRO.]

1144 — 1166.

Sciant presentes et posteri quod Hugo de Germola venditionem quam mater sua fecerat canonicis Sancti Vincentii de plastro quod est retro sedem ecclesie Sancti Johannis de Castello, quod tenet Rotbertus canonicus, per manum domni Pontii episcopi laudavit, acceptis inde L solidis. Fràter vero ejus Petrus, qui hanc venditionem laudaverat penitus([1]), postea cum fratre suo presens fuit et x solidos inde habuit. Testes fuerunt isti : Wichardus decanus, Hugo cantor, Stephanus de Nemore, Gaufridus de Berriaco, Umbertus de Branceduno, Garinus de Igiaco, Ugo de Vela, Willelmus de Berriaco, Stephanus Gaufridi, Stephanus Dentatus, Petrus Armas, Stephanus Pertusus.

DCXXI.

[LAMBERTUS DE MALLIACO DIMITTIT OMNE JUS IN CLAUSO DE CHACELACO.]

1158 — 1180.

Notum sit tam presentibus quam futuris quod Lambertus de Malliaco verpivit ecclesie Beati Vincentii quicquid juris habebat in clauso de Chacelaco et super hoc cum juramento pacem firmavit et retro fidejussores misit Vicardum de Marriaco, Guidonem et Bernardum Salvagios, nepotes ejus. Idem sunt testes : Ugo Ruels([1]) et Rotbertus de Cantriaco, Girbertus. Iterum fecit hanc verpitionem predictus Lambertus in claustro, presentibus istis : Garino Igiaci, Stephano de Cave Rupe, Petro de Besornay, Petro de Sancto Albano, Petro de Sancto Andrea, Johanne Ruffo, Johanne de Buxeria, Martino de Sancto Desiderio Avenais. Eamdem verpitionem fecit Ugo de Malliaco frater ejus et pacem inde juravit. Testes sunt Joceranus de Marriaco, Ugo Cantriaci, Bernardus Igiaci, Rotbertus Cantriaci, Ugo Ruels, Adalardus sacrista, Stephanus de Bosleras et plures alii.

DCXX. ([1]) Bouhier rectiùs, *primitùs*.
DCXXI. ([1]) Bouh., hic et infrà, *Rivols*.

DCXXII.

[DOMINUS DE BALGIACO DAT X SOLIDOS IN COLONIA AIGUERCUELS.]

1167—1184.

Sciant presentes et posteri quod cum Stephanus Matiscensis episcopus et Vicardus decanus et Raynaldus cantor et alii canonici ecclesie ad sepulturam domni Raynaldi Balgiacensis invicem (¹) convenissent, domnus de Balgiaco et Ulricus filius ejus, pro anima domni Raynaldi, x solidos quos in colonia de Ayguerruels (²) exigebat ecclesie Beati Vincentii donaverunt, et in predicta colonia pacem tenere juraverunt. Actum est autem hoc in presentia domni Umberti, quondam Lugdunensis archiepiscopi tunc carthusiensis monachi et prioris de Seillonis, Christiani de Silva prioris Sancti Petri, Artaldi vicecomitis, Rollanni de Asneriis, Bernardi de Monte Girberti, Gaufridi Martini, Ugonis de Loaisia, Flament. Quam eamdem donationem laudavit et sacramento firmavit Raynaldus filius ejus in ecclesia Sancti Benigni, dominica qua cantatur « Judica me Domine et discerne », in presentia prioris de Seillonis, prioris Sancti Petri, Raynaldi cantoris, domnus Balgiacus (³), Umberti de Branciono, Willelmi Viriaci.

DCXXIII.

[WILLELMUS COMES DEDIT TERRAM JUXTA CIMITERIUM SANCTI PETRI DE QUERCU.]

1158—1180.

Oblivionis vicium scripto tollere curantes, presentium et posterorum noticie tradimus quod de quadam terra que juxta cimiterium Sancti Petri de Quercu a parte orientali est sita, inter comitem Girardum et canonicos Beati Vincentii questio mota fuit. Convenientibus itaque canonicis in presentia predicti comitis, ante capellam Beate Marie, Bernardus Porcarius, Garinus de Igiaco, Rotbertus de Cantriaco et Ugo Ruels (¹), sententia anathematis se mentirentur a quodam presbitero super eos lata, protestati sunt terram illam a domno comite Willelmo, Jherosolimam profecturo, ecclesie Beati Vincentii donatam fuisse. Comes igitur Girardus, testimonio eorum fidem

DCXXII. (¹) Bouhier, *in Mucia*.
(²) Bouh., *Aiguercuels;* nostris, *l'Egrefeuille?*
(³) Bouh., *dominæ Balgiaci*.
DCXXIII. (¹) Bouh., *Rivols*.

adhibens, donum patris sui ratum habuit et predicte ecclesie his presentibus confirmavit : Wichardo decano, Gaufrido archidiacono Malespina, Vichardo Dauvens(²), Guidone de Vela, Ugone de Baisenens(³), Otgerio de Itgiaco, Duranno et Stephano Galone, Rodulfo de Alvernia.

DCXXIV.

[PREPOSITISSA DE OISSELLIS DAT QUOD HABEBAT IN PARROCHIA AMUNIACI.]

1144—1184.

Universis tam presentibus quam futuris notificare volumus quod prepositessa de Osselis et filii ejus donaverunt et concesserunt ecclesie Beati Vincentii si quid juris habebant in his que ipsa ecclesia in parrochia Ammuniaci habebat. Pacem juravit ipsa et filii ejus Petrus et Vido et Galterius et Rotbertus et Stephanus. Factum fuit hoc publice in hospicio Cluniaci, in presentia istorum canonicorum : domni Wichardi Matiscensis decani, et Villelmi de Viriaco (archidiaconi), et Galterii de Berriaco archidiaconi, et Rotberti de Sancto Sulpicio, et presbiterorum Stephani de Furno, Petri Fulcolt, Nicholai de Sancto Marcello, et Petri, et aliorum, magistri Galterii et Bernardi Belini, Bernardi Tarunni(¹) et Duranni Bordelini, et Petri Calliot et contegui. Pro hac autem verpitione dedit eis ecclesia c solidos Cluniacenses, et ipsi de pace tenenda Jocerannum Grossum fidejussorem dederunt.

DCXXV.

[RUFUS DE QUINTINIACO DAT OMNE JUS SUUM IN PAROCHIA AMUNIACI.]

1167—1184.

Noverint universi quod Ugo Rufus de Quintiniaco verpivit et donavit ecclesie Beati Vincentii et canonicis ibidem servientibus, si quid juris habebat in parrochia Ammuniaci(¹), et pacem tenere juravit et fidejussores pacis misit Jotcerannum de Branciono et Seguinum nepotem ejus, et Jotceranum de Belfort. Actum fuit hoc Uchisiaci, in domo Jotceranni de Branciono, presentibus istis : Galterio decano Cabilonensi, et Ugone de Croset, et

---

(²) Bouhier, *Eurardo Damens*.
(³) Bouh., *Boisvert*.
DCXXIV. (¹) Bouh., *Tarini;* fortè emendandum, *Truanni*.
DCXXV. (¹) Bouh. perperàm, *Annimaci*.

Ugone de Belfort priore Uchisiaci, Umbertus de Branciono, Ugone Ravel, Lebaldo de Nantun, et Villelma (²) de Nantun, Falcone de Noiam (³), Seguino de Sala. Pro hac verpitione, dederunt predicto Ugoni Rufo c solidos et ii denarios.

DCXXVI.

[RODULFUS DE MARNE DAT QUICQUID HABEBAT APUD AMUNIACUM.]

1167 — 1184.

Oblivionis vicium quod ex humane nature corruptione processit ante notationem litterarum corrigi posse veteres tradiderunt, unde prudencioribus placuit quedam scribere quatenus mens humana variis prepedita negotiis quia universa non potest saltem que necessaria sunt memorie valeat commendare. Ea itaque ratione scribendum duximus quod Rodulfus de Marne quicquid habebat in villa Ammuniaci, quod ex parte matris ad eum devenerat, ecclesie Beati Vincentii et canonicis ibidem servientibus pro nonaginta librabus Cluniacensibus vendidit. Fuit autem hujus modi venditio facta apud monasterium de Chapasia ubi et pacem in ea tenere et garantiam portare juraverunt ipse Rodulfus et duo nepotes ejus; V. de Saldini et V. de Runle. Fidejussores quoque ejus facti miserunt Jocerannum Grossum, et Gaufridum Richardi, et Richardum de Sanciaco, et Jocerannum la Veilla; Dalmatius quoque Nugerinus pacem in ea tenere juravit, et Stephanus de Centarbens et frater ejus clericus. Fuerunt autem huic facto presentes isti: Jocerannus de Brancium, Seguinus de Brancium, Stephanus de Cortevais, Enricus de Marne, Bernardus capellanus de Capasia, Johannes capellanus de Ammuniaco, David frater ejus, Guichardus de Villario, Guillelmus Piseis cellerarius de Ossellis. Hujus modi venditionem laudaverunt et pacem juraverunt uxor predicti Rodulfi Beatris, et Villana soror ejus et Unbergia mater ejusdem; hoc tamen expostulans quod post obitum suum quasi pro canonico, singulis annis, commemoratio in ecclesia Beati Vincentii pro ea fieri. Facta fuit ista laudatio apud Melice, in domo ejusdem Rodulfi, his presentibus: Fromondo de Melice, et Odone et Rodulfo Buscheli, clericis, et Bernart de Lamonoia, et Wichart filio ejus, Guionet de Rupe, Ugonet de Rance, Guionet de Porta, Enrico de Marne, Enrico Garsia, Ugonet de

(²) Bouhier, *Vicelina*.
(³) Fortè legendum *Nojam*, nunc *Nogent*.

Rinile, Guionet Chape. Hanc ipsam venditionem laudaverunt et pacem juraverunt, apud Rinile(¹), Enricus filius Villane sororis ejus et due ejusdem filie quarum una vocabatur Rinilois, altera Villelma. Testes sunt Enricus capellanus Bucher, R. Buscheli, Enricus de Marne, Richardus de Senicia, Fromondus de Melice. Deinde predictus Rodulfus, Matisconem veniens et promissam sibi pro memorata terra pecuniam accipiens, venditionem quam alibi fecerat et communi capitulo recognovit et concessit et sacramento firmavit. Fuit autem ibi tunc presens Stephanus episcopus, Wichardus decanus, Villelmus de Curia, Bernardus Porcherius, Gaufridus de Berria, Rotbertus de Chantria, Garinus de Igia, et fere omnes alii; et milites : Velardus de Sala, Pontius de Cabannis, Ugo de Chantria, Bernardus de Lunia; burgenses : Otgerius, Gaufridus, Ugo, Berardus, Petrus, Lincinus, Stephanus, Dentus, Villelmus, Pelerinus et plures alii.

DCXXVII.

[BERNARDUS BLANCUS VENDIT MOLENDINUM ET DECIMAM CAVANIACI.]

1167 — 1184.

Sciant presentes et posteri quod Bernardus Blancus, quicquid juris habebat in molendino Cavaniaci, item Stephanus cognatus ejus, consuetudinem quam se ambo dicebant habere in decima Cavaniaci, scilicet ut eam apud se congregare deberent, et ut super eadem decima ipsi cum famulis suis a prima jerba usque ad partitionem ejus inventa(¹) et ut jerbe que casu solvuntur eorum essent et jus arie quod vulgo solagium vocant hanc inquam consuetudinem sine jure, sine injuria, inoleverit vendiderunt Gauterio de Berriaco archidiacono IIII libras Matisconenses, et guerpiverunt Deo et ecclesie Sancti Vincentii in perpetuum et canonicis ibidem constitutis, sive in posterum substituendis. De hoc uterque juravit, tactis sacrosanctis evangeliis, pacem tenendam in perpetuum de se et omnibus quos ab inquietudine hac possunt(²) auctoritate; ecclesia remisit eis invicem si quid ipsi vel anteces sores eorum per hanc consuetudinem in eam peccaverint. Hoc actum est in presentia domni Guichardi Matisconensis decani, Rotberti de Cantriaco archidiaconi, Umberti de Brancion, Ugonis de Balgie, Willelmi Grossi, Petri Chasten, Jordani de Blani, Vincentii de Seneciaco, Arnulfi de Sulistriaco.

DCXXVI. (¹)Bouhier, *Rovile;* fortè emendandum *le Reuil.*
DCXXVII. (¹) Vox corrupta et obscura; fortè legendum, *in areâ.*
        (²) Bouh., *posuit.*

DCXXVIII.

[BERNARDUS BLANCUS DE CAVANIACO OMNIA DIMITTIT SANCTO VINCENTIO.]

1167 — 1184.

Notum sit omnibus quod Bernardus Blancus de Cavaniaco omnia que de ecclesia Sancti Vincentii Matiscensi tenebat eidem ecclesie guerpivit et concessit in perpetuum, et Gauterio de Berriaco archidiacono, obedienciario Cavaniaci, ita ut que de supradictis omnibus obligata essent idem Gauterius usque ad xxxv solidos redimat, Bernardus reliqua. Preterea idem Bernardus quedam que sua propria et sui alodii dicebat esse universa ecclesie supradicte concessit, ita ut ad istorum arbitrium, scilicet domni Guichardi decani, Rainaldi precentoris, Garini de Itgiaco, partem statim ecclesie tradat, partem sibi tantum dum vixerit retineat pro quamtumvis([1]) ecclesie certum quid annuum solvat. Item domum suam et vercheriam in qua domus est, cum Sancti Vincentii sint, in vita sua tantum debet habere et pro his IIII denarios et obolam annuatim solvere. Pro concessione ista, accepit Bernardus a prefato archidiacono LV solidos, et pacem tenendam in perpetuum juravit de se et suis omnibus. Testes sunt, Guichardus decanus, Rainaldus precentor, Garinus de Itgiaco, Willelmus Grossus, Stephanus de Lanciaco, Gaschetus, Jordanus, Milo, Bernardus de Verchisoto.

DCXXIX.

[SOROR BERNARDI BLANCHI DAT OMNIA QUE DE ECCLESIA TENEBAT.]

1167 — 1184.

Notum sit omnibus quod soror Bernardi Blanchi et maritus ejus dederunt et concesserunt in perpetuum Domino et ecclesie Sancti Vincentii Matiscensi et domno Gauterio de Berriaco archidiacono, obedienciario Cavaniaci, quicquid de ecclesia eadem tenebant, preter dimidiam partem bosci et que nepotibus suis dederunt in matrimonium pro XL solidis Matisconensibus; ita ut obligata idem Gauterius usque ad xxxv solidos redimat, si quid ultra de eisdem rebus obligatum reperiatur a muliere et viro liberandum est. De hoc mulier et maritus ejus et filius eorum juraverunt pacem tenendam in perpetuum de se et suis et se pro jure litigia excipere si forte in res venditas

DCXXVIII. ([1]) Bouhier, *pro qud tamen.*

petitor emergat. Testes sunt : Guichardus decanus, Garinus de Itgiaco, Martinus de Sancto Verano, Willelmus Grassus, Jordanus de Cropio, Umbertus Burgius, Jordanus de Blani, Bernardus de Verchisoto, Bernardus Blancus.

DCXXX.
[CONTROVERSIA DE DECIMA ET MOLENDINO CAVANIACI TERMINATUR.]
1167 — 1184.

Notum sit omnibus quod controversia que inter domnum Gauterium de Berriaco, archidiaconum obedienciarium Cavaniaci, et Ufredum Despeisse, erat de decima de molendino alibi quam prius in locum gatgerie Ufredi quamvis promissio([1]) domni gatgerie translator et de terris quibusdam in quibus se habere servitium et ideo eas ad se pertinere idem Ufredus asserebat, per manum Guichardi decani Matisconensis et Otgerii de Sancto Sulpicio ita sopita est. De decima dictum est ut domnus Gauterius de congregatione decime quam cum aliis habere solebat, Bernardo qui Parvus cognominatur, injuriam non faciat; quod si fecerit, liceat homini conveniri eum et Ufredo manu tenere hominem suum. Ipse autem pro manso quod suum dicit, nichil ablatum, nichil datum, de jure decime de molendino sic transigerunt ut compensato livro([2]) translationis alterius molendini in quo Ufredus jus habet et dampno molendini Sancti Vincentii, quia simul in eumdem locum translata sunt, tinisorium([3]) Ufredus quod se amisisse propter hoc dicebat alibi faceret et quod plus sumptuum quam ubi prius erat susciperet, id a dominis utriusque molendini pro parte sarciretur. Sed Ufredus se nichil super hoc petere sed totum ponere hoc in beneplacito domni Gauterii dicit de terris quas ad se pertinere Ufredus dicebat, posuit in testimonio Petri de Soltison Templarii qui dixit viii denarii qui sibi a Bernardo Parvo quotannis solvuntur de vercheria, in qua domus Bernardi est, tantum deberi; terras autem de quibus contendebant ad ecclesiam Sancti Vincentii tantum ([4]) solere concedi. Testes sunt, Guichardus Matisconensis decanus, Otgerius de Sancto Sulpicio, Guigo de Serchiis, Ugo et Guigo de Loasia, Ugo Sancti Nerei, Bernardus de Vernol, Stephanus, Gaufridus et Columbus, Martinus de Cavaniaco, Jordanus de Blaniaco, et Bernardus Blancus, Berardus Grosselinus.

DCXXX. ([1]) Bouhier, *ex permissione*.
([2]) Vox corrupta et obscura in utroque codice.
([3]) Bouh., *tunsorium*. — ([4]) Bouh., *tamen*.

DCXXXI.

[LUDOVICUS FRANCORUM REX CONCORDAT CUM GIRARDO COMITE.]

1172.

In nomine sancte et individue Trinitatis, amen. Ludovicus Dei gratia Francorum rex, post guerras et dissentiones diutinas que inter nos et comitem Girardum et ecclesias nostras et domnum Humbertum de Bellojoco extiterant, tandem venimus Vinziliacum et ibi consilio baronum nostrorum pacem hujusmodi fecimus et affirmavimus. Comes Girardus recognovit se hominem nostrum esse et in casamentum recepisse de nobis, salva fidelitate primogeniti fratris sui comitis Stephani, tria castra Vinzellas, Montem-Beletum et Salam. Juraverunt etiam fidelitatem nobis et filio nostro Philippo, et quod pacem in perpetuum teneret ipse et sui nobis et nostris omnibus et nominatim Humberto de Bellojoco et suis, et quod pacta inter eos facta sicut in carta Humberti continentur firmiter observaret. Ecclesie etiam Matisconensi sub eodem sacramento promisit perpetuam pacem de se et de suis et precipue de illis quibus occasione comitis Girardi aliquid a nobis vel a nostris dampnum fuerat illatum preterquam de Ulrico de Balgiaco de quo faceret posse suum. Hospitacionem vero quam in terra Romenacensi exigebat, concedente et laudante fratre suo comite, Stephano episcopo et ecclesie guerpivit, et quatuor mitteriatas terre capitulo donavit, et de gageria Flaciaci quam ecclesia ei reddidit de monachis Lasiaci ad quos pertinebat pacem se eis facturum promisit.

Quod si aliquando aliquid de pace ista a se vel ab aliquo suorum per se vel per submonitionem noverit esse infractum, infra quadraginta dies illud se emendaturum juravit; et si forte hoc non faceret, comes Stephanus juravit quod quotiens per se vel per submonitionem sciret hoc contigisse, infra quadraginta dies inter Senones et Parisios donec totum foret emendatum personam nobis teneret, quia(¹) Odo Campaniensis idem juravit, aut centum libras se daturum, et similiter Gauscherius de Salinis illud idem juravit aut ducentas libras se daturum; Humbertus de Bellojoco et Jocerannus Grossus, per preceptum ipsius comitis Girardi, juraverunt quod quotiens defectum comitis noverint in auxilio regis erunt donec fuerit res emendata et quotiens fuerit emendata, revertentur in fidelitatem comitis;

DCXXXI. (¹) Vox *quia* omittitur in codice Boherrano.

Harduinus de Sala et Adelardus de Montbelet et Ugo de Vinzellis, per preceptum comitis Girardi, similiter juraverunt auxilium regis tam de se quam de castris suis et de terris, et quotiens rem emendaverit comes Girardus totiens redibunt in fidelitatem comitis, et quotiens forisfecerit totiens ad regem redibunt, nisi infra quadraginta dies forifactum fuerit emendatum. Actum Vinziliaci, anno Verbi Incarnati millesimo centesimo septuagesimo secundo, adstantibus in palatio nostro his quorum subscripta sunt nomina et signa. S. comitis. S. Redbaldi dapiferi. S. Mathei camerarii. S. Guidonis buticularii. S. Radulfi constabularii. Vacante cancellaria, Petrus notarius subscripsit.

DCXXXII.

[DE JURE ECCLESIE BEATI VINCENTII IN VILLA DE PETRACLAUSO.]

1167 — 1184.

Sciant presentes et posteri quod Hugo de Berriaco et domnus Gauterius frater ejus, Matisconensis decanus, et Rotbertus de Cantriaco archidiaconus, obedientiarii de Petraclauso, in eadem villa convenerunt et scire voluerunt per idoneos testes et indigenas quid juris ipsi et ecclesia Sancti Vincentii et rursus quid ipsi juris et dominationis in prefata villa habebant, in quo subscriptorum testimonia secuti sunt, scilicet Vincentii de Petraclauso regularis de Rupe, Stephani capellani de Sarreres, Vincentii de Turrcamata, Verriani, Petri de Torculari, Gaufridi de Casellis; hii jurato dixerunt et testati sunt totum cimiterium supradicti loci ecclesie Sancti Vincentii Matisconensis esse. Item si quis ibi habitaverit vicino vel extraneo, vel extraneus ipse qui inhabitat, aliquid injurie fecerit, non esse Hugonis jurisdictionem; super hoc testati sunt neque ad eum, neque ad prepositum ejus, de hoc clamorem solere fieri si justiciam esse christianitatis et capellani et obedienciariorum pro tempore sane, si quis furtum ibi vel adulterium perpetrasse confessus vel legitime convictus et probatus fuerit. Hugonis et prepositi sui debent esse animadversionem et castigationem. Item si cui fuerit impositum quod falsum pondus vel mensuram falsam habeat, questionem hanc ante capellanum et honestos viros loci solere agitari et emendari, ita ut prepositus ejus intersit, nichil tamen propter hoc nomine pene accipiat, hanc jussit consuetudinem et libertatem cimiterii se non violaturum in posterum sed sincera fide servaturum. Item quod nulli in cimiterio ibidem habitanti, vel extraneo illuc confugienti, sed nec homini suo dum ibi fuerit vim inferret vel inferre faceret, et quod res eorum non caperet vel capi faceret, sacramento, firmavit. Hoc idem juraverunt Hugo filius ejus de hoc et dedit obsides qui juraverunt si adversus ea que supra scripta sunt factum fuerit, et ipse conventus infra xv dies querelam non emendaverit exinde Berziaci obstagium teneret donec de querela integre satisfaceret; hii sunt : Stephanus de Marriaco, Willelmus et Aymo de Varennis, Galdericus, Gaufridus, Gastinellus. Testes sunt Jordanus de Blani, Petrus capellanus, Tetbaldus de Porta, Willelmus filius Verriani, Aroldus.

DCXXXIII.

[HUGO DE BERRIACO CONCORDAT CUM CANONICIS SUPRA DECIMA DE EXSARTIS.]

1167 — 1184.

Cum que in medio fiunt perversitas hominum et temporum spatia nonnumquam in discordiam devenire compellunt, presenti scripto noticie hominum commendari placuit, quod mota est questio a canonicis Beati Vincentii cum Hugone de Berriaco qui in Exsartis infra parrochiam Soloniaci sitis decimam violenter accipiebat. Post longam igitur disceptationem tandem quod predictus Hugo suum dicebat in explanatis et in explanandis totum esse Beati Vincentii recognovit, et si quid juris in eo habebant Domino et clericis prefato martiri famulantibus, ipse Hugo pater et filius ejus Hugo verpiverunt et laudando donaverunt, accipientes ab ecclesia xl solidos. Super hoc testes sunt Hugo de Marriaco, Ugo de Chantriaco, Guichardus de Barbaresches, Maiolus de Varennis, Willelmus filius ejus, decanus Gauterius de Berriaco, et Gaufridus archidiaconus, Garinus et Rotbertus de Chantriaco, et Rotbertus de Sancto Sulpicio.

FINIS (¹).

(¹) Codex Buherianus sic terminatur :
FINIS CARTULARIS ECCLESIE SANCTI VINCENTII Matisconis in pergameno scripti quod extabat in thesauro ecclesiæ Matisconensis ante feroces et inhumanas hæreticorum invasiones in quibus omnia documenta ecclesiæ flammis consumpta fuere circa annum Domini MDLXVII. Hoc autem volumen *Liber cathenatus* nuncupabatur.

(Notre copie de Mâcon, conférée récemment avec celle du président Bouhier, l'avait été précédemment avec une ancienne copie conservée dans les archives du Chapitre de Saint-Vincent, ainsi que cela résulte d'un certificat, d'une écriture plus moderne, mis au bas de la dernière charte, et que nous avons cru devoir reproduire ici textuellement.)

« Collation faitte du présent extrait contenu en ce livre depuis la page première jusqu'à la présente, cottée 308, par nous notaires royaux au bailliage de Mâcon y résidants, soubsignés, sur la coppie ancienne manuscritte du recueil des anciens tiltres et chartres de l'église cathédralle de Mâcon, qui forme un registre couvert en parchemin contenant 224 feuillets écrits, lequel a été tiré des archives de ladite cathédralle et nous a été exhibé par Messire Balthazard Colin de Serre, chanoine et chantre, et Messire Claude Coiffier, aussy chanoine, députés pour ce par leur chapitre et assistés de Mᵉ Louis-Estienne Farraud, prêtre bénéficier en ladite église et son procureur général; duquel extrait la collation a été faitte en leur présence, et certifions iceluy véritable en tout, même quant aux apostilles mises au bas des pages 64, 104, 111, 126, 129, 180, 217, 248, 258, 283, 284, 297 et 302; mais non pas quant aux nottes marginales, non plus qu'aux tiltres françois inscrits en tête des actes, lesquelles nottes et tiltres ne sont pas non plus dans l'original, mais sont l'ouvrage du copiste aussy bien que le surplus de son livre, et icelle collation a été faitte à la réquisition de Mᵉ Antoine Trécourt, procureur ez cours de Mâcon et celuy de Messire Jacques-François-Marie Du Sou de Saint-Amour, prêtre, ayant le brevet du serment de fidellité pour un canonicat en ladite cathédralle, et ce en exécution des arrests du Conseil du roi en dattes des 4 et 10 avril de la présente année, en forme de lettres compulsoires, signé Le Métayer, pour servir audit sieur Du Sou dans le procès qu'il soutient contre ledit chapitre, ainsi que le tout est amplement contenu dans les procès-verbaux des vingt-neuf avril dernier et de ce jour; après laquelle collation ledit sieur Farraud a remis dans lesdites archives ledit original. Fait audit Mâcon, dans la grande sacristie de laditte église cathédralle le onze may Mil sept cent cinquante, s'estants mesdits sieurs Colin, Coiffier, soubsignés avec ledit sieur Farraud, M° Pégut et ledit M° Trécourt, avec nousdits notaires. Mesdits sieurs députés ayant fait pour ledit chapitre toutes protestations telles que de droit, et ledit M° Trécourt pour ledit sieur Du Sou de contraires. »

Signé : COLIN DE SERRE, COIFFIER, PÉGUT, TRÉCOURT, PUTHOD.

Controllé à Mâcon le 14 may 1750. — Reçu six sols.

Signé : COURAUT, CHARVET.

APPENDICES.

APPENDICES.

I.

PACTA INTER RAINALDUM (1) BAUGIACI DYNASTAM ET AYMONEM EPISCOPUM MATISCONIS.

1237.

Universis Christi fidelibus ad quos presentes litteras pervenire contigerit, Rainaldus dominus Baugiaci notitiam rei geste, ad notitiam vestram volo pervenire, quod venerabilis pater et dominus Aymo Dei gratia Matisconensis episcopus, de voluntate nostra et mandamento speciali et expresso obligavit se ut fidejussor in manu Willelmi de Operatorio, burgensis Belleville, de 360 libris Matisconensibus reddendis et persolvendis sibi vel mandato suo usque ad proximum festum revelationis Beati Stephani, quam pecuniam a dicto Willelmo creditore confiteor me recepisse mutuo numeratam : promisi, siquidem per stipulationem juramento prestito corporali super sancta Dei evangelia, dictum dominum episcopum successoresque ejus de dicta fidejussione et obligatione servare penitus indemnes, et de damnis et deperditis que occasione istius fidejussionis et obligationis sustinuerint, teneor sub prestito juramento credere simplici eorum verbo ; et propter hoc obligavi specialiter et expresse dicto domino Aymoni episcopo pro se et successoribus castrum meum de Sancto Triverio (2) cum omnibus appendiciis et pertinentiis, quod castrum a dicto domino episcopo tenere in feodum et casamentum ligium promitto et bona fide sub prestito juramento, dictum feodum tradere sine contradictione aliqua, vel subterfugio, dicto domino episcopo vel mandato suo, vel successorum suorum, pro damnis et deperditis que inde sustinerent, donec ipsis de damnis et deperditis, si in pecunia predicta persolvenda, dicto creditori termino prefixo deficerem, fuerit plenarie satisfactum. Ad majorem autem hujus rei securitatem et firmitatem, volo et precipio, ut si premissa, quod absit, non servaverim quod venerabilis pater A. (3) Dei gratia prime Lugdunensis ecclesie archiepiscopus, successoresque

(1) Rainaldus IV hujus nominis.
(2) In Sebusianis.
(3) Aimericus.

sui, quorum jurisdictioni me suppono in hac parte, ad requisitionem domini episcopi successorumque ejus me possint compellere, per censuram ecclesiasticam, personam meam excommunicando et terram meam supponendo interdicto ; eodem modo et sub eadem forma, suppono me jurisdictioni domini episcopi Matisconensis, ut in defectum meum de premissis, me possit compellere ad premissa facienda firmiter et tenenda. Datum et actum Matiscone in domo dicti domini Aymonis episcopi Matisconensis, anno Domini mccxxxvii, mense octobri, in festo Beati Leodegarii (1).

II.

INQUESTE FACTE, TERMINATE ET EXPEDITE PARISIUS, IN PARLAMENTO BEATI MARTINI HIEMALIS.

ANNO DOMINI MCCLXIII.

. . . .

XII. — Petebat capitulum Masticonense habere, pro moneta facta in comitatu Masticonensi, denarium pro unaquaque libra ; et dicit idem capitulum quod, per similem causam, habuit dictum denarium, per judicium curie domini regis, dominus Guillelmus de Jermole miles, postquam rediit dominus rex a partibus transmarinis. Propter hoc mandatum fuit a curia ut diligenter inquireretur quando idem miles recepit dictum denarium et qua racione, et quantum temporis est elapsum quod dictum capitulum recepit denarium predictum, et qua de causa in dicto comitatu, vel in civitate, et eciam si unquam recepit, quando extra civitatem fabricabatur moneta. Determinatum est pocius per raciones juris et per casum similem quam per istam inquestam, quod decanus et capitulum predicti habeant et percipiant unum denarium de libra in moneta facta in comitatu Masticonensi, apud Sanctam-Mariam-in-Bosco, sicut percipiebant illum in moneta, quando fabricabatur in civitate Masticonensi (2).

III.

JUDICIA, ARRESTACIONES ET CONSILIA, PARISIUS, IN PARLAMENTO OCTABARUM OMNIUM-SANCTORUM.

ANNO DOMINI MCCLXXII.

. . . .

V. — Ordinatum est quod decanus et capitulum Masticonenses emendent ballivo Masticonensi, pro rege, quod arma portaverunt, Masticoni, contra quemdam priorem existentem de garda regis, licet non forisfecerint tunc alicui, set solummodo sequebantur quemdam servientem suum qui statim captus fuerat, et ad dictum prioratum ductus, sicut dicebant ; inhibitum tamen fuit ballivo quod nichil propter hoc ab ipsis levaret, nisi de mandato curie speciali (3)

(1) *Bibliotheca Sebusiana.*
(2) *Olim;* tom. 1, p. 181.
(3) *Olim ;* tom. 1, p. 883.

IV.

Transactio Amedei comitis Sabaudie super juridictione nemorum capituli Matisconensis.

1357.

Nos Amedeus comes Sabaudie et nos decanus et capitulum Matisconenses, ad perpetuam memoriam rei geste, notum facimus universis presentibus et futuris quod cum questio seu discordia inter nos verteretur et major verti speraretur super eo quod nos dicti decanus et capitulum dicebamus et dicimus nos habere et debere habere citra Sagonam, a parte Imperii, in baronia et castellaniis dicti domini comitis et in terra nostra ubicunque existat infra baroniam et castellanias predictas in terra Baugiaci, in et super hominibus nostris et aliis quibuscunque et in quibuscunque casibus criminalibus et civilibus, omnimodam juridictionem, merum et mixtum imperium, et cognitionem judicialem quamcunque, infra terminos terre nostre predicte et super terris et possessionibus moventibus de censiva seu nostro directo dominio, et alias quoquomodo a quibuscunque possideantur et teneantur, et ubicunque existant in terra Baugiaci, baronia et castellaniis dicti domini comitis supradictis, mediantibus pluribus racionibus et documentis publicis et litteris autenticis, consensu dominorum Baugiaci qui pro tempore fuerunt concessis, eorumque sigillo et debito munimine roboratis.

Item quod dicebamus et dicimus portum Sagone, a parte Imperii, quando aqua exit rippas ad dominum ipsum et ad dictos decanum et capitulum et catherinos dicte ecclesie et quosdam alios nostros parerios pro certis porcionibus indivisis cum ipsius portus emolumentis insolidum pertinere, nosque et dictos parerios nostros in dictis portu et emolumentis per ipsum dominum comitem et ejus gentes in preteritum, jam est diu, turbatos fuisse et adhuc etiam indebite de presenti perturbari.

Nosque comes predictus ex adverso diceremus contrarium premissorum et omnia et singula supradicta ad nos et nostros predecessores pertinuisse et insolidum pertinere et ipsis perpetuo nos et nostros predecessores usos fuisse pacifice et quiete.

Tandem nos comes predictus, considerantes dictorum decani, capituli et ecclesie jura illesa servare ipsaque nullatenus minuere vel turbare sed potius augmentare et prosequi favoribus graciosis; et nos decanus et capitulum predicti maxime considerata utilitate nostre ecclesie predicte et commodo evidenti ad pacem concordiam et composicionem et concessionem amicabilem, unanimi consensu tractantes et mediantibus pluribus peritis et personis fide dignis hinc inde existentibus, pervenimus in modum et in formam que sequuntur.

Inprimis nos dictus comes, pura mera et libera voluntate nostra non decepti in hac parte sed jus dicte ecclesie conservando et etiam augmentando, volumus damus cedimus et concedimus de novo si expedit ac etiam confirmamus dictis domino decano et capitulo nomine dicte Matisconensis ecclesie et ipsi ecclesie, quod dicti decanus et capitulum nomine suo et dicte Matisconensis ecclesie, et incorporati in eadem, et dicta ecclesia Matisconis in perpetuum de cetero habeant, teneant seu tenere possint, in certo loco citra Sagonam ad eos pertinente, assisias pacifice et quiete tociens quociens eis visum fuerit expedire absque eo quod ipsis seu eorum gentibus per nos dictum comitem successoresve nostros seu gentes nostras super hoc aliquod impedimentum apponatur, videlicet super causis inter homines suos motis vel movendis tantum et de quibus cognicio ad eos pertinet vigore composicionis presentis.

Item quod dicti decanus et capitulum libere possint eligere ponere et ordinare, in dictis terris suis citra Sagonam, judices servientes blaerios et forestarios, unum vel plures, semel vel pluries, et dictos judices servientes et blaerios revocare quandocunque eis visum fuerit expedire; et quod dicti blaerii seu forestarii, nomine et racione blaerie, possint bannum consuetum percipere et levare a quibuscunque personis delinquentibus et bestiis noxiam seu dampnum dantibus, cujuscunque sint homines et animalia predicta, tam de glandibus, nemoribus, pratis, pascuis, piscaturis, seu aliis rebus et juribus suis quibuscunque hominibus jus predictum in terris dictorum decani et capituli et hominum corumdem habentibus et habere debentibus de consuetudine vel jure juxta tenorem privilegiorum nobilium terre Baugiaci et non alias.

Item quod si blaerius per dictos decanum et capitulum seu eorum gentes deputatur fiat recossa per quoscunque, vel si dicti blaerii quoscunque et cujuscunque homines dampnum dantes de nocte inveniant in nemoribus, terris, pratis seu aliis rebus dictorum decani et capituli seu eorum hominum, habeant et levare valeant dicti decanus et capitulum a quibuscunque hominibus pro qualibet recossa septem solidos monete usualis in dicta terra currentis et septem solidos pro banno, si qui dampnum dantes inveniantur de nocte una cum emenda debita dampnum posse (1) danda et reservanda, quodque cuilibet blaerio dictorum decani et capituli jurato, quandiu fuerit bone fame, vel ex aliis electis dictorum decani et capituli, credatur per juramentum suum sine alia probatione super inventione et captione animalium vel hominum inferentium dampnum in rebus ex quibus bannum debetur juxta tenorem predictorum privilegiorum.

Item quod dicti decanus et capitulum ex nunc in perpetuum habeant et habere valeant mixtum imperium et jurisdictionem omnimodam bassam, bannum sanguinis propter quod pena pecuniaria irrogatur, bannum adulterii, et omnimodam jurisdictionem, et executionem omnium casuum ad jurisdictionem mixti imperii pertinentium; una cum omnibus et singulis sequelis pertinentiis et juribus basse jurisdictionis, in et super hominibus suis presentibus et posteritatibus, et aliis hominibus quibuscunque in terris et jurisdictionibus dictorum decani et capituli delinquentibus, salvis tamen hiis que sequuntur, videlicet exceptis mercatoribus non hominibus dictorum decani et capituli, exceptis nobilibus non hominibus corumdem, et exceptis hominibus nostri comitis predicti et successorum nostrorum, et exceptis hiis casibus, maleficiis et delictis de quibus et pro quibus imponi vel infligi potest seu debet, de jure seu de consuetudine, ultimum supplicium vel mutilacio membrorum vel pena relegationis vel deportationis seu alia pena corporalis, et exceptis delictis et maleficiis que sub mixtum imperium non continentur, que fieri contingeret in viis et itineribus publicis, scilicet in itineribus marcabilibus, de una bona et marcabili villa ad aliam bonam et marcabilem villam

---

(1) Forte emendandum : *passo*.

tendentibus, non autem in viis privatis et vicinabilibus, et exceptis delictis in franchisiis et bannis villarum francharum et in cimiteriis ecclesiarum perpetratis.

Item quod si aliquis seu aliqui ex hominibus decani et capituli predictorum, aut alius quicunque qui alius non esset de districtu, baronia et jurisdictione nostra predicti comitis et successorum nostrorum, iidem predicti, et secundum retencionem, reservationem et exceptationem predictas, crimen, maleficium seu delictum commiserint in terra dicte Matisconensis ecclesie unde per nos comitem predictum vel gentes nostras ultimo supplicio, mutilacione membrorum vel pena pecuniaria, ut supra debeant puniri; quod bona ipsorum delinquentium, mobilia et immobilia, per nos comitem predictum successoresque nostros, capi, impediri, vel detineri non possint quin pleno jure remaneant heredibus illius puniti seu delinquentis, vel ecclesie supradicte aut domino delinquentis; ita quod si super hoc oriretur questio inter heredes dicti delinquentis, qui heredes erunt franchi et liberi et inter dominum illius delinquentis; nos comes predictus nostrique successores vel gentes nostre, requisito prius per nos vel gentes nostras aut successores nostros dicto domino delinquentis et existentis in defectu faciendi justitie complementum, ex tunc et non ante, nos comes predictus et nostri successores, vel gentes nostre, possumus et debemus de dicta questione inter dictos heredes et dominum suum, salvo etiam jure alterius, cognoscere et debite deffinire; et exceptis publicationibus testamentorum, confectionibus inventariorum per heredes faciendis, emancipationibus, dationibus tutelarum et curatellarum tam minoribus quam dementibus, et bonis vacantibus et omnibus interpositionibus auctoritatis et decreti super premissis imponendis; ita tamen quod quantum ad donationes tutele et curatele racione minoris etatis procedere nos vel gentes nostre non possimus in dictos homines dictorum decani et capituli si a patre vel aliis eorum parentibus tutor seu curator esset datus, vel nisi de voluntate et consensu dominorum suorum procederet; quas presentationes, inventariorum confectiones, emancipationes, dationes tutelarum et curatellarum, auctoritate decretariorum modo predicto dandarum et ordinandarum nobis et nostris successoribus et gentibus nostris reservamus.

Item quod nos comes predictus successoresque nostri et gentes nostre non possimus nec debeamus inquirere contra homines dicte Matisconensis ecclesie nisi et in quantum bona et jura consueta; nec velint, nec possint etiam neque gentes nostre seu nostri successores dictis decano et capitulo vel hominibus eorumdem penas aliquas seu mulctas in aliquo casu imponere, nisi in casibus inobedientie; nec etiam in dictis casibus possint indici mulcte sive pene hominibus dicte ecclesie nisi ille pene seu mulcte quas juris ratio et patrie consuetudo permittit; nec possimus etiam, neque gentes nostre, neque successores nostri, saisire vel gagiare contra homines dicte ecclesie seu super bonis et rebus eorumdem, aliqua ratione vel causa, salvis predictis, quousque de faciendo justitie complementum juxta qualitatem negotii requisiti fuerint in defectu.

Item quod nos comes predictus gentesque nostre vel nostri successores non possimus nec debeamus ex nunc in futurum aliquos dictorum decani et capituli homines infra terram et jurisdictionem ipsorum existentes, pro delicto ultimum supplicium vel membrorum mutilacionem inferente, capere, ligare, nec de jurisdictione dicte Matisconensis ecclesie quomodolibet extrahere nisi de dicto crimine fuerit publice et notorie diffamatus, vel nisi fuerit de dicto crimine ab aliqua persona legitime accusatus, vel nisi legitimus denunciator adveniat simul cum indiciis sufficientibus coram nostri comitis predicti gentibus probatis.

Item quod si contingeret aliquem de hominibus dicte Matisconensis ecclesie per gentes nostri comitis predicti capi pro casibus nobis predicto comiti specialiter reservatis, ut supra, quod chacipollus comitariensis, seu quivis alius officiarius dicti nostri comitis, non exigant de cetero pro stagio seu intragio prisionis ultra duos solidos quos solvat prisonarius captus tunc demum et non ante quando cognitum fuerit ipsum rationabiliter esse captum, et aliter nihil solvat in casibus supradictis.

Item quod thesaurus absconditus vel quecunque alie res vacantes que reperirentur in terra et jurisdictione dicte Matisconensis ecclesie, exceptis tamen locis nobis predicto comiti supra specialiter reservatis, ad dictos decanum et capitulum, et non ad alium, pleno jure pertineant post annum et diem a tempore inventionis dictarum rerum vacantium, intra quem annum et diem si quis appareat qui legitime doceat rem inventam ad se pertinere, ipsam rem seu ejus extimationem legitimam nos comes predictus volumus sibi tradi, expensis legitimis pro custodia deductis.

Item quod nos comes predictus non possumus, neque nostri successores, ex nunc in antea in nostra salvagardia recipere aliquem de hominibus dicte Matisconensis ecclesie, nisi de ipsorum decani et capituli expressis processerit voluntatibus; nec etiam ipsos homines possumus in franchisiis et bannis villarum francharum recipere, nisi secundum antiquam consuetudinem in dicta terra Baugiaci hactenus observatam.

Item quod omnes cause appellationum emictendarum a judicibus et cognitoribus dictorum decani et capituli seu eorum terrariis citra Sagonam pertineant et devolvantur ad nos comitem predictum et nostros successores, vel judices ordinarios seu commissarios causarum appellatarum in terra Baugiaci per nos constitutos vel constituendos citra Indis fluvium et non ultra pro prima appellatione duntaxat et ulterius in hoc procedatur ultra primam appellationem quando casus evenerit secundum juris ordinem et observationem in toto comitatu Sabaudie hactenus observatam.

Item quod dicti decanus et capitulum seu eorum terrarii aliquem hominum suorum citra Sagonam, pro aliquo casu criminali vel civili, non possint captum ducere, trahere vel incarcerare ultra sagonam si habeant in terra dicte ecclesie infra terram Baugiaci in his locis seu altero in quibus tenebunt assisias aliquam domum seu fortalissiam vel aliam in qua possint tenere et custodire facinorosos homines in et pro casibus ad eos spectantibus prout supra.

Item quod tertia pars portus predicti et emolumentorum ejusdem aque predicte ad nos dictum comitem insolidum pertineat ; alie vero due partes ad alios parerios dicti portus pertineant, in quibus duabus partibus ipsos parerios per nos vel gentes nostras de cetero nolumus aliqualiter perturbari.

Item quod dicti homines dictorum decani et capituli non compellantur ad solvendas corvatas nec collectas, seu aliquas alias extraordinarias exactiones, nec et ad cavalcatas, nisi ad defensionem patrie et terre Baugiaci ut nunc homines nobilium terre Baugiaci faciunt et facere consueverunt.

Hec autem omnia et singula supradicta nos dicti comes, et decanus et capitulum, pro nobis et nostris successoribus in perpetuum, promittimus bona fide attendere et observare cum effectu et attendi facere et firmiter observari, eaque rata, grata et firma perpetuo inviolabiliter custodire absque impugnatione vel impedimento quibuscunque, et contra in aliquo non facere, per nos vel per alium quomodolibet contra venire. Mandantes nos dictus comes universis et singulis bailliris, judicibus, castellanis et aliis officiariis nostris qui nunc sunt et pro tempore fuerint, vel loca tenentibus eorumdem, quatenus ea omnia teneant et observent et contra non faciant aliqualiter vel attentent.

Datum in Ponte Indis sub sigillis nostris dictorum comitis, decani et capituli, in testimonium premissorum, die duodecima mensis septembris anno Domini millesimo trecentesimo quinquagesimo septimo, per dominum, presentibus dominis Gallesio et Guillelmo de Balma Sancti Amoris, Ludovico Rivoyrie, Humberto Bisserto, Ay. de Chalant et Jo. Ravasii, Jo. de Marbosio.

Copia est per me notarium regium. DE LA BRUYERE.

Amedeus comes Sabaudie dilectis castellanis Baugiaci, Pontisvallium et aliis nostris castellanis et officiariis quibuscunque vel eorum loca tenentibus salutem; ad supplicationem, pro parte dilectorum nostrorum venerabilium decani et capituli Matisconensis ecclesie, nobis factam vobis et vestrum singulis precipimus et mandamus expresse quatenus compositionem cujus tenor in his annexis litteris est insertus cum omnibus et singulis contentis in eadem firmiter juxta tenorem compositionis ipsius observetis et faciatis effectualiter observari, nihil in contrarium facientes aut fieri permittentes a quocunque, et si quid factum vel attentatum fuerit illud ad statum pristinum et debitum faciatis indilate reduci. Datum in Ponte Indis die decima tercia augusti anno Domini millesimo trecentesimo quinquagesimo nono sub signeto nostro, cancellario absente, per dominum, rel. do. Gottofredi de Putheo.

Datum pro copia per me regium notarium. DE LA BRUYERE.

Nos vero Gottofredus de Puteo judex in terra Baugiaci, Colloigniaci, Vallisbone ac citra Indis fluvium pro illustri principe domino nostro domino Amedeo comite Sabaudie, huic presenti transcripto facta prius diligenti collatione de litteris originalibus ad presens transcriptum per Guichardum de Rolian, clericum notarium publicum et curie Baugiaci juratum, ut nobis retulit, sigillum dicte curie Baugiaci his presentibus duximus apponendum in testimonium premissorum. Datum pro visione et collatione dictarum litterarum presentium quindecima die mensis aprilis anno Domini millesimo trecentesimo sexagesimo primo.

Facta est collatio. G. DE ROLIAN.

Antonius de Burgo, jurisperitus judex Bressie pro illustrissimo principe nostro domino domino Amedeo Sabaudie comite, dilectis nostris castellanis Baugiaci et Pontisvallium vel eorum loca tenentibus salutem : ad supplicationem venerabilium virorum dominorum decani et capituli Matisconensis ecclesie presbiterorumque desservientium in capella Beate Katharine, fundata in eadem ecclesia, incorporatorum in eadem, vobis et vestrum singulis expresse precipimus et mandamus quatenus compositionem, de qua in transcripto seu transumpto presentibus annexo fit mentio, in omnibus suis capitulis atque membris juxta ipsius formam et tenorem observetis et observari cum effectu faciatis, nihil in contrarium faciendo atque per quemquam fieri committendo.

Datum Burgi sub parvo sigillo judicature die decima octava mensis augusti anno Domini millesimo trecentesimo nonagesimo octavo per dominum judicem J. de Costa.

Datum per copiam.

De La Bruyere.

Antonius de Burgo judex Bressie, Dumbarum et Vallisbone ac citra Indis fluvium, pro illustri principe domino nostro domino Amedeo comite Sabaudie, dilecto nostro castellano Pontisvallium vel ejus locum tenenti salutem; viso transcripto compositionis hiis annexo, adque supplicationem venerabilis viri magistri Girardi Perriere, archidiaconi et canonici ecclesie Matisconensis, et domini seu terrarii Sancti Albani ad dictam ecclesiam pertinentis, nominibus venerabilium virorum dominorum decani et capituli dicte ecclesie et suo nobis in hac parte facto dicentis et asserentis quod vos nuper deffuncto domino Guydone de Bleterens quondam decano dicte ecclesie et terrario dicti loci Sancti Albani, vos officiarios eorumdem dominorum decani et capituli constitutos nomine ipsorum et pro ipsis ad exercendam jurisdictionem eisdem spectantem in hominibus suis et rebus locisque de quibus in dicto agitur sumpto hiis annexo, impeditis et turbatis circa exercitium dicte jurisdictionis presertim spectantis eisdem in mandamento dicti loci Pontisvallium, suburbiis ejusdem loci, ultra formam compositionum descriptarum in sumpto seu transcripto eodem, et ipsam jurisdictionem ad manum dicti domini nostri comitis posuistis seu poni et redigi fecistis et sub eadem tenetis et registratis in dictorum dominorum decani et capituli prejudicium atque damnum et enervationem jurisdictionis et jurium suorum declaratorum in dicta compositione, sibi per nos super hoc provideri poscendo.

Nostre igitur provisionis remedio super hoc implorato, vobis per presentes mandamus expresse quatenus dictos dominos decanum et capitulum suosque officiarios predictos dicta jurisdictione et mixto imperio et exercitio eorundem uti et gaudere faciatis juxta dictarum compositionum formam et tenorem, et prout et quemadmodum dictus quondam dominus Guydo de Bleterens predecessor ultimus et possessor dicti loci Sancti Albani et jurium et pertinentiarum ejusdem ac alii predecessores usi sunt et consueverunt uti, dictam manum domini et alia impedimenta per vos in dicta jurisdictione exposita tollentes et admoventes ad opus dictorum dominorum decani et capituli, visis presentibus absque alterius super hoc expectatione mandati.

Datum Baugiaci sub parvo dicte curie jurisdictionis sigillo, die quarta decima mensis junii anno Domini millesimo quadringentesimo sexto. Per dominum judicem P. de Bellicio.

Copia sumpta a proprio originali per me notarium regium.

De La Bruyere.

Collationné sur l'expédition originelle par nous, écuyer conseiller secrétaire du Roy, Maison Couronne de France et de ses Finances.

De La Balmondiere.

V.

(LETTRES DU DUC DE SAVOYE QUI PERMET ET DONNE POUVOIR AUX DOYEN ET CHAPITRE DE SAINT-VINCENT DE MACON D'EXERCER LEUR JURISDICTION AU BOURG DE SAINT-LAURENT.)

1451.

Vobis illustrissimo principi domino nostro Sabaudie duci exponitur reverenter parte humilium oratorum venerabilium decani et capituli ecclesie Matisconis necnon nobilium fidelium virorum heredum deffuncti domini Gallesii de Sachinis (1) domini de Anyeres, et ipsi domini decanus et capitulum cum prefatis heredibus, et ipsi heredes domini Gallesii quondam cum eisdem dominis decano et capitulo pro indiviso simul habent et exercent suique predecessores habuerunt et exercere consueverunt jurisdicionem in obediencia et praeria appellata *Bois-Chétif* ipsiusque pertinentiis universis castellanie seu mandamenti vestri Pontisvelle fuit que et est de usu more et consuetudine et dum et quando animalia dampna intulisse vel inferencia, pariter malefactores quicumque in eadem praeria reperientur ipsi ducantur ad locum de Cabanis prope villam predictam Pontisvelle justiciam ab ipsorum exponentium officiariis ut convenit inibi suscepturi verum, princeps inclitissime cum locus ipse nedum eisdem exponentibus verum et etiam malefactoribus valde sit noxius maxime propter loci distanciam locusque vester Sancti Laurentii prope Matisconem ad premissa multo aptior commodiorque esse videatur, recurrentes ad vestram excellentiam supplicant exponentes ipsi quatenus placeat eisdem licentiam impertiri et dicta animalia malefactoresque quicumque in delicto seu dampno amodo deprehendendo capiantur ducanturque captivi ad dictum locum Sancti Laurentii de que eis ac super eis justicia per eos et eorum officiarios in eodem loco Sancti Laurentii fiat et ministretur quemadmodum fieri et ministrari solet in ipso loco de Cabanis, non tamen eosdem supplicantes privando quin usus quos habent animalia et malefactores ipsos ad dictum locum de Cabanis ducendi et in eo justiciam ministrandi semper eis conservetur dum et quotiens opus fuerit. Cumque preterea multi tam de Matiscone, Baugiaco, Pontevela, quam nonullis castellaniis et locis aliis circonvicinis post illata seu perpetrata ab eis quandoque de die quandoque de nocte maleficia et delicta vel ad ipsas castellanias et loca affugiant vel resistanciam contra officiarios eorumdem supplicantium faciant quamobrem plerumque remaneant de premissis incorrecti, dignetur etiam ipsa celsitudo vestra eisdem supplicantibus impertiri. Et dum aliqui forefactores animaliave dampna in dicta praeria inferencia a predicta eorumdem supplicantium juridicione ad dictas vel alias quasvis castellanias et juridiciones vestras circonvicinas affugierint officiarii eorumdem supplicantium possint et valeant tales malefactores pariter et debitores suos ipsorum supplicantium quoscumque racione tamen obediencie dicte praerie seu Nemoris captivi citare et assignare coram judice et ad loca juridicionis eorumdem supplicantium licencia alicujus minime expectata pro justicia ut convenit

(1) Galois de Sachins.

ministranda, mandareque insuper officiariis vestris quibuscumque ad quos spectaverit quam ipsi eosdem malefactores et animalia dum ac comprimum requirentur prefatis supplicantium officiariis in juris subsidium remictant indifficiliter et expediant, nam etiam superioritas in dicta eorum supplicantium juridicione vestre celsitudini spectat. Et quia eidem celsitudini succedant emolumenta multa contra eos qui inobedientes reperientur celsitudine in premissis humiliter deprecando.

Ludovicus dux Sabaudie, Chablaysiis, Auguste, sacri romani imperii princeps vicariusque perpetuus, marchio in Italia, princeps Pedemontium, Gebennensis et Baugiaci comes, baro Vuaudi ac Faucigniaci, Nycicque ac Vercellarum dominus. Etsi virtutes nos alliciant faciantque ut eos de quibus inesse videntur admodum diligamus in exhibitione tamen gratiarum illis nos reddimus liberales potissime qui vel apud eum per quem reges principesque cuncti regnant in terris ut haberi videriquemereamur principatu digni preces vel alia fidelitatis obsequia nobis grata indefessa sollicitudinis cura agere non desinunt, sane visa supplicatione presentibus annexa et ipsius continencia attenta devocionem benedilectorum venerabilium decani et capituli ecclesie Matisconensis fideliumque nostrorum heredum deffuncti domini Gallesii de Sachins consupplicantium in dicta supplicatione nominatorum fidelitatem obsequendique promptitudinem ac alia eorumdemque consupplicantium in nobis merita ut convenit attendentes supplicationi predicte inclinati et certis aliis bonis respectibus ex nostra certa sciencia matura deliberatione prehabita volumus auctoritatemque licenciam ac potestatem plenariam prefatis decano et capitulo et heredibus consupplicantibus simul proque indiviso impertimur aeque damus per presentes et sicut bestias malefactoresque in pracria nemoris captivi de qua supplicatur cum suis pertinentiis in dampno seu delicto hactenus repertos ceperunt et ad locum nostrum de Cabanis et in eo conduxerunt detinuerunt condempnaverunt et absolverunt sic eis licitum sit possintque et valeant per se seu eorum officiarios ad causam juridicionis eorum praerie seu nemoris predicti captivi ipsos omnes malefactores et bestias ex nunc in antea quandocumque in ipsa pracria seu nemore captivo suisque pertinentiis delinquentes vel dampna quomodolibet inferentes reperiendos vel apprehendendos capere et ad locum nostrum Sancti Laurentii prope Matisconem loco jam dicti loci de Cabanis conducere, in ipsoque loco Sancti Laurentii citare assignare arrestare detinere carceribus nostris ejusdem loci si opus sit retrudere sentenciare absolvere et condempnare penas et mulctas imponere; si et ubi a causa extra eorumdem consupplicantium juridicionem post ab eis malefactoribus vel animalibus illata dampna seu delicta auffugerint seu alias qualitercumque ad aliquas ex nostris castellaniis circonvicinis se retraxerint, ubicumque reperientur prosequi et sibi remicti ab officiariis nostris requirere quumquidem officiarii nostri illos eisdem supplicantibus seu eorum predictis officiariis in juris subsidium remictere teneantur. Pro justicia de eisdem malefactoribus seu bestiis secundum dampna vel delicta ab eis illata ut convenit ministranda debitores quoscumque reddituum et aliorum exituum quorumlibet eorumdem supplicantium ad causam predicte obediencie nemoris captivi pro solucione de ipsis redditibus et exitibus assequenda pariter assignare et citare, ipsosque juris remediis opportunis etiam sub penis vel sine penis cogere et compellere, et insuper omnia alia et singula facere et exercere premissis incombencia et que in loco predicto de Cabanis hactenus in consimilibus per eosdem supplicantes fieri et exerceri sunt solita. Nolentes tamen propter premissa ipsos consupplicantes aliquathenus privari aut potestati quam habent in dicto loco de Cabanis aliquathenus derogari quoniam si et dum eis opus fuerit premissa in eodem loco de Cabanis exerceant prout ante concessionem presentium facere et exercere solebant quibuscumque juribus nostris in premissis semper salvis. Mandantes propterea bailliyo et procuratori Bressie castellanisque Baugiaci et Pontisvele necnon universis et singulis officiariis nobis mediate et immediate submissis modernis et posteris ipsorumque loca tenentibus et cuilibet eorumdem quantum ad eum spectaverit quathenus hujusmodi licenciam auctoritatem et potestatem licterasque nostras memoratis consupplicantibus et suis successoribus perpetuo prothinus observent illesas et in nullo contrafaciant quomodolibet vel opponant quibuscumque frivolis opposicionibus necnon licteris forte in contrarium emanatis, factis et concessis rejectis et non obstantibus nulloque alio a nobis super hoc expectato mandato. Datum in Castellione Dombarum die quinta mensis novembris anno Domini millesimo quatercentesimo quinquagesimo primo. Per dominum, presentibus dominis Jacobo de Turre cancellario, Jo. bastardo arma.., domino Gordoni (1), Marescallo, Jac. comite Montismaioris, Petro de Balma domino Ruppis (2), domino Vallis Ysere (3), Jo. domino Castriveteris, Guillelmo de Viriaco magistro hospicii, Ja. Meynerii generali et Humberto Fabri thesaurario.

R. V...

Anno Domini millesimo quatercentesimo quinquagesimo secundo et die vicesima octava mensis aprilis littere dominicales infra scripte nobili viro Amblardo Coursandi vice castellano Pontisvele per venerabiles viros magistros Johannem Besle et dominum Johannem Lyardi, canonicos Sancti Vincentii Matisconis, nomine domini decani et capituli ejusdem loci, exhibite extiterunt et presentate quas cum honore et reverentia debitis recepit contentis in eisdem se offerendo possetheuus obedire; ita fiat, me notario et curiali curie Pontisvele presente.

GENTILIS.

Par copie prinse à l'original. GUERIN.

Humbertus Velveti, legum doctor judex Bressie, Reversimontis, Dombarum et Vallisbone, totiusque superioritatis et ressorti locorum eorumdem pro excellentissimo principe domino nostro domino Ludovico duce Sabaudie, dilectis nostris castellanis Baugiaci et Pontisvele seu eorum loca tenentibus ceterisque officiariis dictorum locorum ac primo servienti ducali super hoc requirendo, salutem. Visis litteris dominicalibus presentibus annexis nobis parte venerabilium dominorum decani et capituli Sancti Vincentii Matisconis exhibitis et presentatis et signanter cum qua decuit reverentia receptis parati obedire ipsarum tenoribus consideratis vobis et vestrum cuilibet insolidum harum serie precipimus commitimus et mandamus expresse quatenus litteras ipsas dominicales

(1) Gordans.
(2) De la Roche-du-Vannel.
(3) De la Val-d'Ysère.

exequamini et ad debitum executionis effectum juxta illarum continentiam formam et tenorem deducatis, nihil de contingentibus in eisdem obmittendo. Datum Burgi die vicesima mensis marcii anno Domini millesimo quatercentesimo quinquagesimo secundo.

Per dominum judicem.

Copie prinse à l'original.

Le Portier.

Guerin.

VI.

(Confirmation des priviléges et libertés de l'Église de Macon.)

1479.

Ludovicus Dei gracia Francorum rex ad perpetuam rei memoriam. Regie majestatis ea prestantior est sollicitudo ut ecclesiasticis personis libertates, privilegia, quibus eas nostri dotaverunt predecessores liberaliter consolidemus, ut nostro fulciti presidio divinis accuratius persistant obsequiis. Sane requestam pro parte sincere dilectorum nostrorum decani et capituli ecclesie Matisconensis nobis porrectam suscepimus in effectu continentem quod cum ipsa ecclesia cathedralis Matisconensis a primeva sua fundacione fuerit et sit per predecessores nostros reges Francie fundata et notabiliter dotata in eademque plures misse et alia suffragia celebrentur et in quibus ipsi predecessores nostri et nos in recommendacione speciali participamus et in qua predicti predecessores nostri plura privilegia, preeminencias, libertates, immunitates et facultates concesserunt et dederunt de quibus quidem privilegiis a temporibus retroactis dicti decanus et ejus capitulum usi fuerunt et gavisi prout gaudent et utuntur de presenti nos humiliter supplicaverunt quatinus ipsa privilegia, preeminencias, libertates, immunitates et facultates eisdem decano et capitulo Matisconensi datas ratas et gratas habeamus. Eas itaque volumus, laudamus, approbamus, ratificamus et de nostra speciali gracia potestatisque plenitudine et regia auctoritate in quantum prefati supplicantes rite et debite usi sunt confirmavimus et confirmamus per presentes. Quocirca baillivo Matisconensi ceterisque justiciariis nostris aut eorum loca tenentibus, presentibus et futuris, et ipsorum cuilibet prout ad eum pertinuerit, mandamus quatinus dictos decanum et capitulum supplicantes nostris presenti gracia, concessione et confirmatione uti et gaudere pacifice et quiete faciant et permictant, factaque in contrarium, si que sint, ad statum pristinum et debitum reducant seu reduci faciant indilate visis presentibus, nostro in aliis et alieno in omnibus jure semper salvo. Quod ut firmum et stabile perpetuo perseveret in futurum, nostrum presentibus jussimus apponi sigillum. Datum Divione in mense augusti, anno Domini millesimo quadringentesimo septuagesimo nono et regni nostri decimo nono.

Per regem, ad relacionem episcopi Albicensis ad hoc commissi (1).

Signatum : Dubrueil.

Visa contentor.

(1) M. de Pastoret; *Ordonnances*, tom. 18.

VII.

TRANSACTIO AD CAUSAM LIMITUM CASTELLANIARUM SANCTI TRIVERII ET PONTISVALLIUM ET BARONIE DE ROMENAY.

1504.

In nomine Domini amen. Universis fiat manifestum quod cum questio et controversia moverentur majoresque moveri sperarentur inter egregium virum magistrum Noel Pugeti jurisperitum procuratorem fiscalem Breyssie pro illustrissimo domino nostro duce Philiberto Sabaudie duce, hinc; et reverendum in Christo patrem et dominum dominum Stephanum de Longovico permissione divina Matisconis episcopum, dominum et baronem terre et baronie de Romenay et suarum pertinentiarum, inde. De et super videlicet quod idem Breissie procurator, procuratio nomine predicto, dicebat et opponebat quod limites castellaniarum Sancti Triverii *de Courtoux* et Pontisvallium patrie Breissie ex una, et dicte baronie de Romenay partibus ex altera, in directum nemoris d'Entremont ex partibus venti et occidentis fuerant et erant a quodam limite lapideo existente in centro dicte foreste d'Entremont in itinere publico tendente a villa Romenay apud Sarmoyacum in directum terre *des Bordons* dicte *au Champ de la Pierre*, et a dicto lapide tendendo ad angulum calciate stagni Sancti Romani a parte occidentis ejusdem. In quo angulo dicebat et pretenbat esse unum lapidem, limitem per officiarios tam Bressie quam Romenay alias visitatum et compertum et inde evulsum; et a dicto limite tendendo ad becium labens a dicto stagno Sancti Romani ad rippariam Scillie, quodquidem becium nominari asserebat becium *de les Denises*. Infra quosquidem limites, videlicet in foresta predicta d'Antremont capta fuerant nonnulla animalia bovina Johannis et Philippi Michaudi, Bartholomei Tauterii alias Peroneti, Petri Michaudi et suorum nepotum, Hugonis Colas, Hugoneti Carrier alias Nugon, Claudii Paneterii dicti Monyer, Claudii Michaudi et suorum consortium heredum Petri Paneterii, habitantium de Bichattoux, per officiarios dicti domini episcopi et presonaria ducta apud Romaneyum et ibidem pro emenda vendita. Que quidem animalia petebat et requirebat ipse procurator Breyssie, nomine eorumdem habitantium, eisdem habitantibus reddi et restitui libere et franche; et dictos limites ibidem intertineri ac limitem evulsum in pristinum locum reponi.

Prefatus vero reverendus dominus episcopus Matisconis e contrario dicebat et pretendebat quod limites castellaniarum predictarum Sancti Triverii et Pontisvallium ex una parte et dicte baronie de Romenay ex alia parte, in directum dicte foreste d'Antremont a partibus venti et occidentis fuerant et erant ab antiquo, a dicto limite lapideo cedri d'Antremont recte tendendo ad locum fossalium et per fossalia curtilium et terrarum dictorum habitantium de Bichattoux et in transversum curtilis sive vinee dictorum Petri Michaudi et suorum nepotum usque ad angulum curtilis defuncti Petri Panettier et suorum fratrum terram et pratum eorumdem Petri Panettier et suorum fratrum et terram *des Thibaudz* quadam carreria intermedia ex occidente juxta carreriam tendentem a Romenayo apud Sarmoyacum ex vento; et a dicto angulo curtilis usque ad quandam carreriam dictam *le Charreyron* existentem inter vineam dictorum Panetterii ex oriente et curtile dictum *ou Champ Martinod ;* et a dicta carreria recte tendendo ad becium existens in dicto campo Martinodi per quod labitur aqua molendini *des Bordons* ad becium dictum *des Fey* et ad stagnum dictum *l'estang Tricaud ;* et a dicto stagno tendendo ad quendam fontem nuncupatum *à les Broyssières*, et a dicto fonte ad becium quod dicebat vocari *de les Denyses* existens inter rippam heredum defuncti Johannis Michaudi de Bichattoux dictam *de Montenchet* ex occidente et rippam Johannis Valeti alias Guillemodi dictam *du Fort* ex oriente recte tendendo per dictum becium usque ad rippariam Seillie, infra quosdam limites et in dicte foreste d'Antremont existentes de domanio et antiquo dominio et patrimonio ac in omnimoda juridictione ipsius domini episcopi ad causam dicte sue baronie Romenaii dicta animalia bovina capta fuerant et ad villam Romenaii adducta, et deffectu sine culpa dictorum habitantium casu fortuito perempta et deperdita, licet fuerit eisdem habitantibus de Bichattoux, in promietendo juris stare et judicatum solvere parte ipsius reverendi domini episcopi et suorum officiariorum reddere et restituere ablata, et pro quibus animalibus ipse reverendus dominus episcopus causa pacis tractando deposuerat et consinaverat in manibus spectabilis domini Johannis Focrandi advocati fiscalis Breyssie, licet ad hoc minime teneretur, summam quater viginti florenorum monete Sabaudie. Dicebat insuper ipse reverendus dominus episcopus verum esse quod ipse habebat prout habet plures homines subdictos et justiciabiles in parrochia Sarmoyaci, in quos ac etiam in prediis et rebus de suis domanio feodo directoque dominio existentibus habebat omnimodam juridictionem altam mediam et bassam, cum mero et mixto imperio absque superioritate et ressorto prefati domini Sabaudie ducis. Et de premissis foreste Dantremont et de jurisdictione usus fuit et gavisus prefatus dominus episcopus tam per se quam suos predecessores a quibus jus et causam habuit et habet in hac parte per tempora hominum memoria excedente ; ac per ultimos annos actus et expleta videntibus scientibus et pacientibus officiariis Breyssie et omnibus aliis hoc videre et scire valentibus et in nullo contradicentibus. Et propterea nemini licuerit prefatum dominum episcopum in premissis impedire seu perturbare, nihilominus tamen nuper et a certo tempore citra officiarii Sancti Triverii de Courtoux Claudium Morandi servientem ipsius domini episcopi personnaliter ceperunt et illum in dicto loco Sancti Triverii detinuerunt per quadraginta dies occasione hujus quod ipse levaverat brandones Sancti Triverii in dicta vinea Michaudi existentes in juridictione prefati domini episcopi, et etiam quendam alium brandonem in dicto curtili seu vinea dicti Michaudi, necnon etiam arma prefati domini ducis Sabaudie in domo dicti Chappuis in signum salvegardie per Joannem Pachon servientem Pontisvallium apponi fecerat idem procurator ac etiam ipse procurator Breissie fecerat et procuraverat prisonarium capi Hugonnum Guillemodi notarium publicum et illum ad carceres Burgi spatio quadraginta trium dierum detineri, necnon nobilem Philippum Duchemin castellanum, Petrum Michelleti procuratorem, Claudium Porcherii greffarium et Stephanum Laurent servientem Romenaii coram domino locum tenente Breissie apud Burgum citari et bona prefati Claudii Porcherii existentia in villa et castellania Sancti Triverii predicti ad manum prelibati domini nostri ducis Sabaudie redigi fecerat et procuraverat idem Breyssie procurator pluraque alia gravamina eidem domino episcopo et suis officiariis predictis inferri fecerat et procuraverat. Quare petebat et requirebat idem dominus episcopus dictos limites per eum pretensos pro veris limitibus haberi et teneri et omnia impedimenta per eum procuratorem fieri procurata tolli et amoveri dictosque castellanos et officiarios Romenaii ab impetitione dicti procuratoris absolvi, pluraque alia per partes ipsas hinc inde dicebantur et proponebantur ex adverso hinc inde allegata in quantum contra quemlibet partium faciebant negabantur que hic brevitatis gratia inferri obmittuntur ; superque premissis fuerat inter ipsas partes compromissum passatum cujus tenor talis est :

Pour pacifier tous les différentz estans entre les officiers de notre très-redoubté seigneur Monsieur le duc de Savoye en son pays de Bresse d'une part, et révérend père en Dieu Monsieur l'évesque de Mascon seigneur et baron de Romenay d'aultre part, mondict seigneur le duc a nommé et nomme noble et puissant seigneur Guy de la Baulme chevallier seigneur de la Roche, révérend père en Dieu monsieur Amblard Goyet, abbé du Filly seigneur official de Genefve, et messire Angelin Provasne président patrimonial, et ledict sieur évesque a nommé de son costé et nomme messire Girard de Longvy chevallier seigneur de Gyvry et vénérables saiges personnes messire Philippes du Fay chantre d'Aoustung, Jean Martel official de Chalon, docteurs en tous droictz arbitres arbitrateurs et amyables compositeurs ausquels arbitres icelles parties et une chacune d'icelles ont donné et donnent plain pouvoir autorité et mandement espécial de appoincter terminer et scilentier desdictz différentz veuz les tiltres et droictz d'icelles parties ; et ont promis tenir et avoir ferme et agréable à tousjours mais tout ce que par lesdictz arbitres sera dict et prononcé, et se trouveront à sçavoir les nommez de la part de mondict sieur le duc au lieu de Saint-Trivier et les nommez du costé dudict seigneur au lieu de Romenay le dernier jour de ce présent mois d'aoust pour le premier jour de septembre suyvant vacquer à la vuydange desdictz différentz aux lieux et heure que par eux sera advisé et conclud. Et au cas que lesdictz arbitres ou l'ung d'eulx ne pourront vacquer à ceste matière, icelles parties et chacune d'elles en pourront prendre et eslire d'aultres de semblables quallités de ceulx ou celluy qui deffauldroit, lesquels auront telle puissance que lesdictz nommez ansquels arbitres dessus nommez ou aultres qui au lieu d'eulx seront esleuz lesdictes parties ont donné puissance de prolonger ladicte journée à tel jour que bon leur semblera ; et a esté agy et accordé que pendant ledict compromis tous adjournements exéquutions et exploictz faictz et à faire contre les officiers dudict sieur évesque surscoiront ; et seront lesdictes choses comme elles estoient par avant avec les promesses, obligations, submissions et aultres choses à ce nécessaires ; et ont voulu lesdictes parties que de les choses dessus dictes en soit receu instrument publicq. Signé par nous secrettaires *dictamine sapientum*.

Donné à Bourg le seiziesme jour d'aougst l'an mil cinq cens et quatre. Présens : Marc de la Baulme seigneur de Bussy, messire Jehan Loys seigneur de Prochaty, Mercurin de Gatinare, docteurs en tous droictz et aultres.

BARANGES DE MOLERYS.

Tandem vero anno et die infra scriptis generosi et potentes magnificique et speciales domini Guydo de Balma miles, dominus *de la Roche*, Angelinus *de Provains*, presidens patrimonialis Sabaudie, et Anthonius Fabri (1), locum tenens in baillivatu Breyssie, jurium doctores, parte ante fati illustrissimi domini ducis Sabaudie electi et nominati arbitrii et arbitratores, juxta formam litterarum predictarum superius insertarum ; et Girardus de Longovico etiam miles dominus de Gevrey et de Pagny, Philibertus *de la Ferté* dominus de Blany, primus preses Burgondie, et Johannes Roberti, canonicus Matisconis equidem jurium doctor, parte ipsius reverendi domini episcopi Matisconis electi et nominati arbitrii aliorum dominorum arbitrorum et arbitratorum qui pro nunc circa hujusmodi materiam vacare non possunt subrogati constantibus publicis documentis inferius insertis, et quorum tenores seriatim sub inseruntur.

Primo tenor subrogationis facte per illustrissimum dominum ducem Sabaudie loco antefati reverendi domini Amblardi Goyeti spectabili domino Anthonio Fabri, talis est :

Philibertus dux Sabaudie π universis facimus manifestum quod cum hiis nuperrime fluxis diebus pro sedanda et pacificanda quadam questione et differentia inter nos et reverendum dominum episcopum Matisconis ad causam lymittum castellaniarum Sancti Triverii *de Courtoux* et *Romenay* compromissum passaverimus elegerimusque inter alios arbitros super loco contentioso destruendo et arbitratores reverendum dominum Amblardum Goyeti abbatem de Filly qui in presenciarum nonnullis aliis arduis nostris occupatus negotiis circa hec vacare non potest, ob idcirco formam et tenorem dicti compromissi insequentis loco ipsius reverendi domini Amblardi Goyeti spectabilem benedilectum fidelem consiliarium nostrum dominum Anthonium Fabry jurium doctorem locum tenentem in bailliviatu nostro Breissie et quem per prius nominaveramus arbitrum et arbitratorem nostri parte, eligimus deputamus et nominamus cum tanta et simili potestate quam dicto reverendo domino abbati per dictum compromissum attribueramus de premissis omnibus et singulis has nostras testimoniales litteras largientes. Datas in Ponte-Yndis die penultima augusti millesimo quingentesimo quarto per dominum. Presentibus dominis reverendo domino Joanne Oriolli (2) episcopo Nicie, Ludovico barone Myolam comite Montismaioris marescallo Sabaudie, Johanne domino de Challes gubernatore Breyssie, A. de Gingino domino Dyvone preside, A. Provains preside patrimoniali, A. Reigia, Benedicto Tortelleti, magistro hospitii.... Macard : sigillatas sigillo cancellarie Sabaudie cera rubea.

Deinde series subrogationis per prefatum reverendum episcopum Matisconis loco venerabilium et circonspectorum dominorum Philippi du Fay cantoris ecclesie Eduensis et Joannis Marelli canonici et officialis Cabilonis, et arbitrorum prenominatorum facte venerabili et egregio domino Philiberto *de la Ferté*, domino de Blany presidi Burgondie, et venerando domino Joanne Rotberti canonico Matisconis, jurium doctoribus, sequitur et est talis : In nomine Domini, amen. Universis presentibus et futuris notum sit et manifestum quod anno Domini millesimo quingentesimo quarto et die quarta mensis septembris personnaliter constitutus reverendus dominus dominus Stephanus de Longovico miseratione divina Matisconis episcopus, dominus et baro terre et baronie de Romenay, scienter et sponte sua....., considerans et attendens venerabiles et circonspectos viros dominos Philippum du Fay cantorem ecclesie Eduensis et Joannem Marelli

(1) Antoine Favre.
(2) Jean de Loriol.

canonicum et officialem Cabilonis, conarbitros sui parte electos et nominatos in certo compromisso pridem facto et passato per et inter illustrissimum principem dominum dominum ducem Sabaudie hinc, et prefatum reverendum dominum episcopum inde, causantibus suis certis aliis negotiis non potuisse nec posse vacare dicto compromisso, idcirco loco eorumdem subrogat et nominat videlicet, venerabilem et egregium dominum Philibertum *de la Ferté*, presidentem Burgondie dominum de Blany, loco dicti domini Philippi du Fay et venerabilem et egregium virum dominum Joannem Roberti canonicum Matisconis, jurium doctores, loco dicti domini Joannis Marrelli, eisdem dominis Philiberto et Joanni subrogatos, et cuique ipsorum insolidum consimilem conferendo potestatem prout per dictum compromissum dictis du Fay et Marrelli dederat et contulerat cum salutis *(sic)* opportunis. Datum Romenay in castro ejusdem loci, presentibus egregiis nobilibus et discretis viris Johanne de Renone ducali Sabaudie secretario, domino Stephano de Perreria presbytero, Philippo Duchemin domicello, testibus, et me notario subsignato.

A. PORCHERII.

Qui idem domini arbitrii arbitratores amicabilesque pacis et concordie tractatores ac subrogati prenominati vigore et pretextu potestatis eisdem in dictis compromissis et subrogationibus pre insertis manu notariorum publicorum predescriptorum signatis attribute, de predictis differentiis questionibus et querelis pro bona pace visis juribus partium et ipsarum procurationibus hinc inde auditis visitatoque loco contentioso prononciaverunt in modum qui sequitur.

Inprimis quod bona pax sit et remaneat ex nunc et de cetero inter ipsos dominos ducem et episcopum et suos premissorum occasione. Item quod dicti limites limitantes dictas castellanias Sancti Triverii et Pontisvallium et Romenaii in directum dicte foreste Dantremont, a partibus venti et occidentis, sint et esse debeant et remanere a dicto lapide existente in directum dicte terre *des Bordons* dicte *ou Champ de la Pierre* per longum itineris publici ibidem existentis et carrerie publice tendentis ab ipso cadro ad longum dicte foreste a partibus occidentis et venti ipsius foreste subtus domum Johannis Valleti alias Guillemodi ; et inde ad rippariam Seille et portum *du Paillier*, ipsis itinere et portu remanentibus infra limites castellaniarum Sancti Triverii et Pontisvallium et in omnimoda jurisdictione prefati illustrissimi domini ducis Sabaudie ; et ibidem ad longum dicti itineris et carrerie apponi debeant per deputandos hinc inde limites tendentes a dicto cadro per longum ipsius itineris et carrerie ac nemoris predicti Dantremont usque ad portum predictum Saille vocatum *du Paillier*. Item quod omnia impedimenta apposita premissorum et questionum predictarum occasione etiam in bonis dicti quondam Claudii Porcherii tolluntur et admoveantur ad opus et utilitatem prefati domini episcopi et quorum interest. Item quod ipse Joannes Guillemodi alias Valeti, ejus liberi nati et nascituri et descendentes ab illis, ejus domus, grangie, curtis et vince, curtilia et totum porpreysium, omniaque bona ejusdem Guillemodi et suorum, et omnes alii homines predia et possessiones, tam urbana quam rustica, existentes in parrochia Sarmoyaci moventis et existentis de feudo, domanio aut directo dominio prefati domini episcopi eruut et remanebunt sintque et remaneant in omnimoda juridictione prefati domini episcopi secundum formam transactionis jam dudum facte inter inclite memorie dominum Aymonem, quondam comitem Sabaudie, et reverendum in Christo patrem et dominum dominum Johannem de Salagny, quondam episcopum Matisconis, juxta hactenus solitum et observatum, que quidem transactio in aliis capitulis remaneat intacta. Item quod predicti officiarii ipsius domini episcopi Matisconis, Hugoninus Guillemodi et Claudius Morandi, ab impetitione dicti procuratoris absolvantur et licentientur, et quos per presentem pronontiationem absolvunt ipsi domini arbitrii et similiter officiarii et alii quicumque subditi ducales Sabaudie premissorum occasione impetiti absolvuntur. Item pronontiaverunt dicti domini arbitrii arbitratores et subrogati sepe fati quod portus *du Paillier* et pedagium petitum per ipsum procuratorem Breyssie sit et remaneat omnino et totaliter prefato illustrissimo domino nostro duci Sabaudie absque eo quod idem dominus episcopus, neque sui successores in episcopatu, decanus capitulumque ecclesie Matisconis ejusdem, totaque sua familia, et subditi dicti domini episcopi baronie Romenay presentes et posteri teneantur pro eorum usu tantum ad solutionem dicti pedagii sed sint et remaneant nunc et in futurum perpetuis temporibus absolutione dicti pedagii exempti et immunes ita tamen quod in premissis pro rebus alienis non utantur fraude sive dolo. Item pronontiaverunt et pronontiant dicti domini arbitrii arbitratores et subrogati quod ipsi habitantes de Bichattoux possint inmictere animalia sua depascenda ad vanam pasturam in ipsa foresta Dantremont eo tempore quo glanderii seu accensatores glandium consumaverunt cursum porcorum et cursum vulgariter dictum *la recharche*, scilicet a festo Beati Barthollomei apostoli usque ad Annuntiationem beate Marie virginis de mense martii quo tempore predicto foresta predicta remaneat in banno et non liceat immictere, alio autem tempore possint ut supra absque acquirendo aliquod jus servitutis pecoris pascendi, et illam licentiam seu facultatem inmictendi concedit idem reverendus dominus episcopus de sua libera et spontanea voluntate contemplationeque illustrissimi domini ducis, eo modo quod quandocumque placuerit dicto domino episcopo inmictere formam seu statum dicte foreste ut puta in agriculturam redducere vel vineam facere seu pratum aut unam grangiam in territorio et finagio nemoris et foreste predicte Dantremont prout eidem domino placuerit pro ibidem tenendis animalibus pecudibus sive pecoribus et aliis sibi necessariis prout sibi placuerit ut dictum est facere hoc casu eveniente, ipsi de Bichattoux et sui nullo modo possint inmictere animalia sua in eadem foresta nisi de beneplacito ipsius domini episcopi et suorum successorum et maxime quandocumque ipse dominus episcopus dictam grangiam inibi ediffficaverit prout supra, quod dicti habitantes de Bichattoux abstineant et non possint dicti eorum animalia inibi inmictere, sed quod prefatus dominus episcopus et sui officiarii possint dictos habitantes repellere et de facto expellere sine lite movenda. Item quod si dicti habitantes tempore quo erunt animalia inmictent in dicta foresta prout supra dictum est, inferant aliqua dampna scindendo nemora illa capiendo et importando, eo in casu dicti habitantes talia dampna inferentes poterunt per dictos officiarios prefati domini episcopi puniri et corrigi ipsis in jurisdictione ejusdem domini episcopi aut nemore predicto compertis aut ipsis citatis debitis requisitionibus precedentium. Item quod carreria in longitudine foreste Dantremont a borna seu limite lapideo existentes in cadro superiori ipsius foreste tendendo per fossalia et concisas terrarum *de Bichattoux des Charpennes* et *des Guilliodz* usque ad arrivagium Seille subtus domum dicti Guillemodi remaneat in omnimoda juridictione illustrissimi domini ducis Sabaudie et infra limites ejusdem prout jam supradictum existitit. Item pronontiaverunt et pronontiant dicti domini arbitrii et arbitratores prout supra electi et subrogati quod dicta carreria esse debeat latitudinis exclusis fossalibus duodecim pedum a dicto cadro in rectitudine et longitudine dicti nemoris Dantremont a foresta predicta usque ad fossalia terrarum et curtilium habitantium de Bichattoux et aliorum circonvicinorum ipsius foreste et usque ad dictam rippariam Seille et portum *du Paillier*, e contra nemus predictum et ad longum predicte carrerie et a parte dicte foreste apponantur limites lapidei tot numero quod elegit ipse reverendus dominus episcopus qui erecti et levati esse debeant per prefatum egregium magistrum Noel Puget procuratorem fiscalem Breissie et nobilem Claudium de Fallamagins castellanum Sancti Triverii de parte illustrissimi domini nostri ducis electos, et pro parte prefati domini episcopi per castellanum Romenaii aut ab eo deputandum et venerabilem virum dominum magistrum Thomam Seyverti procuratorem ejusdem domini episcopi, infra festum Omnium Sanctorum. Quibus limitibus appositis, prefatus dominus episcopus facere fieri poterit fossale et clausuras juxta predictam carreriam a parte dicte foreste sicuti sunt fossale et clausure a parte eorum de Bichattoux et alias prout eidem domino episcopo placuerit. Item pronontiaverunt et pronontiant dicti arbitrii arbitratores et subrogati supra nominati quod omnia impedimenta sive brandones explectaque et processus peneque quomodocumque imposite et declarate et declarande et alia quecumque tam parte ipsius reverendi domini episcopi quam dicti procuratoris Breyssie ad causam differentiarum predictarum facta et quocumque pignora capta ab exordio hujusmodi questionis et controversie huc usque et contra quascumque personas sive homines et subditos dicti domini episcopi sive prefati illustrissimi domini ducis Sabaudie cessantur et abbolentur et pro non factis habentur sed ab illis quieti remaneant et immunes tam principales quam fidejussores. Item pronontiant dicti arbitrii et subrogati quod mediantibus premissis foresta et illud quod pretendebat idem dominus procurator a limite per ipsum pretenso subtus calciatam stagni Sancti Romani remanet et sit omnino in totali usque ad iter predictum et ipso excluso in omnimoda juridictione prefati reverendi domini episcopi et infra limites sue baronie Romenay. Item pronontiaverunt quod arbores quercus que comperientur esse et sunt et esse possent limitatione carrerie et itineris predicti facte in dicto itinere sive carreria sint et remaneant eidem reverendo domino episcopo et de illis possit disponere uti de re propria pro libito voluntatis. Item pronontiaverunt et pronontiant dicti domini arbitrii et subrogati quod depositum quaterviginti florenorum in manibus spectabilis domini Johannis Forcrandi factum, loco et pro valore omnium captarum, restituatur nobili et generoso domino Marco de Balma domino de Bussy quem reverendus dominus episcopus ad hoc eligit et cui dat et donat, et qui idem reverendus dominus consentit relaxationem et expeditionem dicti depositi et quietat ipsum depositum et ejus fidejussorem restituendum prout supra facta, ipsique deposituri et fidejussor similiter remanebunt quieti erga dicti de Bichattoux adeo quod nihil in dictis quaterviginti florenis pretendere poterunt. Item pronontiaverunt dicti domini arbitrii et deputati sive subrogati quod homines de Bichattoux, quos tangit presens negotium super jure depascendi pretenso, teneantur et debeant hujusmodi procurationem et articulum predictos, super dicti jure depascendi et quatenus eos concernit, laudare et ratifficare infra festum Omnium Sanctorum ; et casu quo recusaverint rattificare aut plus debito distulerint, eo casu questio ipsa et controversia juris depascendi, quantum concernit ipsos de Bichattoux, remaneat in statum in quo erat ante presentem pronontiationem ; et possit idem dominus episcopus et similiter dicti homines de Bichattoux eorum jus prosequi ut melius potuerit hinc inde. Qua quidem pronontiatione sicut supra facta prefatus reverendus dominus Stephanus de Longovico episcopus Matisconis prenominatus gratia et ejus spontanea voluntate de contentis in pronontiatione predicta informatus, prononciata subscripta in ejus presentis facta per venerandum et spectabilem dominum Joannem Roberti canonicum Matisconis jurium doctorem de dictis reverendi domini episcopi et dictorum dominorum arbitrorum beneplacito et voluntate lecta et declarata laudavit ratifficavit laudatque ratifficat per omnia sua puncta et capitula atque membra. Promictens idem reverendus dominus episcopus per juramentum suum manus ad pectus more prelatorum ponendo in manibus nostrorum notariorum subsignatorum prestitum, et sub obligatione pariter et ypothequa omnium et singulorum suorum bonorum, mobilium et immobilium, ecclesiasticorum et mundanorum, presentium et futurorum quorumcunque, egregio domino Noel Pugeti jurium licentiato procuratore fiscali Breyssie unacum nobis notariis subscriptis et stipulantibus ad opus omnium et singulorum quorum interest, intererit aut interesse poterit in futurum ; premissa omnia et singula superius per ipsos dominos arbitros, arbitratores et subrogatos pronunciata et arbitrata modo et forma premissis habere grata et rata et contra per se seu per alium non facere, dicere vel venire, cum ceteris promissionibus, submissionibus, obligationibus et stipullationibus aliisque clausulis et solempnitatibus in talibus opportunis per eumdem reverendum dominum episcopum ultro prestitis. Acta et data fuerunt premissa apud Romaneyum in castro et aulla bassa ejusdem castri, die quinta mensis septembris anno Domini millesimo quingentesimo quarto indictione septima, presentibus ibidem reverendo domino et magistro Johanne Fureti archidiacono et canonico Matisconis, venerabili domino Stephano de Perreria presbitero, nobili Philippo Duchemin castellano de Romenay, egregio Petro Paquillieti notario, concuratibus Sancti Triverii de Courtoux et Hugonino Guillemodi notario et pluribus aliis testibus ad hoc astantibus vocatis et rogatis, et nobis notariis subsignatis,

Jo. de Renone et C. Porcherii.

Copia extracta est a proprio originali prius diligenti collatione facta per me notarium publicum signo meo manuali fieri solito sequente, teste   Paquillieti.

L'instrument de transaction cy-dessus tenorisée et contenue en dix feuillets cy-devant escripts a esté extraict d'une copie autentique, signée *Paquillieti*, estant aux archives de la chambre des comptes de Savoye, à la requeste de noble François Mareschal sieur de Mont-Simon conseiller de son altesse et controlleur général des guerres deça les monts, et suivant le décret de la dicte chambre de ce jourd'huy vingt-quatre apvril, signé Gauthier et contresigné Deville, mis sur la requete à ces fins présentée par le dict sieur de Mont-Simond, cy cousue et attachée; et après debue collation de la susdicte teneur avec la dicte coppie autentique, je Claude de Marthod secrétaire d'estat de sa dicte altesse et clavayre de ses archives en tesmoignage de vérité me suys soubsigné. A Chambéry, en la dicte chambre, le vingt-quatriesme apvril mil cinq cens huictante ung; signé :

MARTHOD.

La coppie cy dessus transcripte a esté collationnée à l'extraict prins des archives de la chambre des comptes de Savoye, demeuré le dict extraict en la puissance de M⁰ Jehan David, bourgeois de Romenay, en ce par nous soubsignés, François de Saintloup et Blaise Ducrot, notaires royaulx à Mascon, et aussy par nous soubsignés Anthoine Delacroix et Gilles Deville, notaires tant du roy de France que de l'altesse de Savoye.

Faict audict Mascon soubs le scel royal establly aux contracts au dict lieu, ce trantiesme pénultime de juillet mil cinq cens quatre vingt ung.

DE SAINTLOUP, DUCROT, DEVILLE, DE LACROIX.

VIII.

(FORMULE DU SERMENT QUE PRÊTOIENT LES ÉVÊQUES DE MACON, LORS DE LEUR PREMIÈRE ENTRÉE DANS CETTE VILLE.)

Nos N......., permissione divina Matisconensis episcopus, notum facimus universis quod nos in primo nostro introitu jocondo villæ et civitatis Matisconensis, quam intramus hac die...... per portam vici Burgi Novi, juramus quod libertates, privilegia, statuta, consuetudines et jura dictæ civitatis Matisconensis observabimus toto posse; portam Burgi Novi et aliam portam Pontis Matisconensis proximiorem dictæ villæ cum juribus earumdem, more solito, manutenebimus et eas fideliter custodire faciemus. In cujus rei testimonium, nostrum his presentibus fecimus apponere sigillum. Datum Matiscone......

IX.

LES TILTRES NÉCESSAIRES QU'IL FAULT CHERCHER AU TRÉSOR DE MESSIEURS DE SAINCT-VINCENT ET DE MONSEIGNEUR L'ÉVESQUE DE MASCON POUR MONSTRER DE LA SOUVERAINETÉ QUE LE ROY A EN BRESSE MESMES EN LA PRAIRYE (1).

Premièrement ung tiltre faisant mention que après que............, roy de France, heust restauré la ville de Mascon auparavant destruite, il érigea la dicte ville en cité, il establyst ung évesque et luy donna, et à la dicte esglise Sainct-Vincent, les abbayes de Sainct-Laurens, Baugé et membres en deppendans.

Aultre tiltre par lequel Jehan, fils de Charlemaigne, roy de France, donna à la dicte esglise Sainct-Vincent portion du Bois Chétif.

(1) Au dos, se trouve cet autre titre, d'une écriture plus moderne : *Mémoire de plusieurs tiltres perdus qui establissoient la justice de Messieurs du Chapitre de l'église de Mâcon en Bresse.*

Item, ung tiltre faisant mention que ung seigneur de Bresse, ou de Savoye, par force auroit osté au dict évesque et à la dicte esglise, Bàgé, Sainct-Laurens et partie du revenu de Sainct-Clément, dont il feut poursuivy par devant le Pape et feut contrainct à rendre les dicts biens à la dicte esglise.

Item, ung aultre tiltre par lequel, après la restitution faicte des biens et esglises susdictes de Bagé et Sainct-Laurens, ung évesque du dict Mascon et les dicts seigneurs Sainct-Vincent baillairent et laissairent à ung seigneur de Savoye les droyets de Bàgé et Sainct-Laurens, se réservant le fief duquel aujourd'huy ils payent encores, le jour Sainct-Vincent, de la cyre en recongnoissance du dict fief.

Item, ung aultre tiltre (1) par lequel Hugues comte de Savoye rendit à la dicte esglise tout ce qu'il luy détenoyt au dict pays de Bresse, mesmes les prez que souloient estre boys au long de Saosne.

Item, ung aultre tiltre par lequel une dame de Veylle rendict aussi à la dicte esglise tout ce que ses prédécesseurs avoient usurpé sur la dicte esglise, mesmes les prez que souloient estre en boys.

Item, ung tiltre de vente faicte par les seigneurs de Sachins, la dame et seigneur de Veylle, aus dicts seigneurs Sainct-Vincent du droyct qu'ils avoient au Boys Chétif.

Plus une transaction faicte à Genesve entre le duc de Savoye et les dicts sieurs de Sainct-Vincent, par laquelle le dict duc de Savoye renonce au droyct qu'il prétendoit à la dicte prayrie et leur auroyt quicté la jurisdiction toutelle. La dicte transaction en datte de l'an mil quatre cens quarante-sept.

Certaines lettres dudict duc de Savoye en datte de l'an 1448 par lesquelles il mandoyt à ses officiers d'observer la transaction susdicte.

Une procédure en roulleau faicte contre ceulx qui avoient faict un meurtre en la dicte prayrie et Bois Chétif, qui feurent prins, et leur procès faict par les officiers desdicts sieurs du Chapitre, et feurent pendus à Sainct-Albain.

X.

(Extrait des Registres du Parlement de Paris, qui étoient chez M. le Président Portail, concernant les droits et priviléges de l'Évesque et du Chapitre de Mascon.)

Ce qui concerne le seigneur évesque de Mascon.

L'évesque de Mascon a associé le Roy. (V. *Table alphab.*, tom. 2, fol. 124.)

1270. — L'évesque de Mascon ayant associé le Roy en la justice de deux villes, comme elle s'y exerceoit. (*Registres du Parlement*, tom. 1, fol. 290.).

1272. — Il est parlé que l'évesque de Mascon devoit au Roy *exercitum*, etc. (*Registres du Parlement*, tom. 1, fol. 298 v°.)

1375. — L'évesque de Mascon avoit la confiscation quand ce n'estoit pas crime de lèze majesté. (*Registres du Parlement*, tom. 15, fol. 304 v°.)

(1) Une note marginale indique que ce titre était inscrit au Livre des Dons, folio xx.

1494. — Adjournement personnel à l'évesque de Mascon. Il y en a encore plusieurs pareils dans le mesme volume, entre autres un au cardinal de Lyon du 6 septembre 1496, un au doyen d'Orléans et la Cour luy escrivit le 13 mars 1499, et un autre à l'abbé de Saint-Magloire du 2 avril 1499, avant Pasques. (*Registres du Parlement*, tom. 25, fol. 264 v°, 461 v°, 542, 544.

1614. — Establissement d'un séminaire par l'évesque de Mascon, par lettres registrées. (V. *Table des matières*, tom. 38, fol. 122.)

Ce qui concerne son Chapitre.

1340. — Droits du Chapitre de Mascon sur les habitants de la ville (*Registres du Parlement*, tom. 5, fol. 89.)

1340. — Les habitants de Mascon qui vouloient se marier payoient des droits au Chapitre de laditte ville. (*Registres du Parlement*, tom. 5, fol. 89.)

1340. — Y ayant un impost à Mascon sur les maisons, il y eut procès si on le lèveroit sur les maisons que les chanoines de laditte ville avoient de patrimoine. (*Registres du Parlement*, tom. 5, fol. 89.)

1260. — Les chanoines de Mascon ont des droits sur la monnoye qui se fait au comté de Mascon. (*Registres du Parlement*, tom. 1er, fol. 12.)

1263. — On voit encore que les chanoines de Mascon ont des droits sur la monnoye qui se fait au comté de Mascon. (*Registres du Parlement*, tom. 1er, fol. 21.)

1542. — La Cour a fait un réglement pour la célébration du service divin et la distribution des fruicts au Chapitre de Mascon. (*Registres du Parlement*, tom. 35, fol. 270 v°.)

1552. — Procès entre l'Evesque et le Chapitre de Mascon et les relligieux de Saint-Pierre de laditte ville d'une part, et les échevins et le procureur syndic d'icelle d'autre : si lesdits ecclésiastiques contribueroient aux réparations, fortifications et défenses de laditte ville, et aux deniers pour la suppression du tabellionage du Masconnois. La Cour, sur l'appel de la saisie de leur temporel pour la cottisation à cause de la suppression dudit tabellionage, appointa et néanmoins par provision suivant les offres de l'estat dudit clergé le condamna d'y contribuer pour le tiers ; ordonna qu'à l'advenir ledit estat du clergé contribueroit pour un tiers aux réfections des murailles, fortifications, ponts, portes, curements des fossés, et autres choses concernant la défense de laditte ville, et ce employés premièrement les deniers des octroys ; feront aussy guet et garde en temps de guerre et péril imminent, et pour la contribution des frais et estapes pour le passage des gens de guerre, se pourverroient devant les généraux des aydes ; et pour les frais pour le procès, se pourverroient devant les juges ; mit l'appellation et ce au néant sur l'octroy et exécution de deux commissions, l'une portant contrainte par emprisonnement, et l'autre comme pour les propres affaires du Roy. (*Registres du Parlement*, tom. 52, fol. 20 v°, et suiv.)

1563. — Exemption aux chanoines et curés de Mascon de loger des gens de guerre. (*Registres du Parlement*, tom. 157, fol. 383, et tom. 226, fol. 54.)

XI.

Réglement du Chapitre de Saint-Vincent de Macon.

Chapitres généraux et ordinaires.

1. — Nous avons statué et ordonné statuons et ordonnons, en suivant l'ancien establissement de ceste esglise observé sans discontinuation de nos prédécesseurs, que l'on y tiendra chascun an deux chapitres généraux; le premier, le lendemain de la feste Saint-Vincent patron d'icelle, lequel continuera jusques au jour de l'octave exclusivement; à sept heures du matin l'on le sonnera de vingt coups de cloche avec l'intervalle accoustumé, yceux finis sera permis d'entrer au Chapitre, traiter et délibérer des affaires jusques au dernier coup sonné de la grand messe laquelle, pendant l'octave, se sonnera plus tard d'une demye heure qu'à l'ordinaire affin que Messieurs y puissent assister.

2. — Le second chapitre général commance le lendemain de la feste St-Jean-Baptiste et continue pendant quinze jours; l'on le sonnera et finira comme le premier s'il n'est prolongé pour des affaires importantes. L'ouverture se fera par le *Veni Creator* que l'on chantera et continuera processionnellement autour du préal, puis sera célébré au grand autel par un grisard la messe du Saint-Esprit pour implorer son assistance et à mesme fin sera faicte le dimanche suivant, ainsy qu'il est accoustumé, une procession générale de ceux de ceste églize assistez des religieux de Saint-Dominique, des Capucins et des Minimes.

3. — A esté ordonné qu'aux chapitres généraux de la Saint-Jean chascun chanoine sera tenu de comparoir en personne ou par ecclésiastique ou autre, au gré de Messieurs, fondé de procuration pour respondre des charges tant spirituelles que temporelles du sieur chanoine constituant, et de ratifier, par ceux desdits sieurs chanoines qui auroient voix, ce que par la pluralité desdits sieurs aura esté résolu ausdits chapitres généraux, lesquels passés et finis sont lesdits sieurs chanoines non comparoissans déclarez descheus de venir contre les résolutions prises, outre ycelle peyne qui sera arbitrée par le Chapitre. Et pour le regard des absens et dispensez en faveur des estudes, seront tenus à chasque chapitre général de la Saint-Jean envoyer attestation de leurs estudes signée du révérend père préfect ou autre commis à ceste charge.

4. — Le résignant chanoine jouissant du droict accordé par la transaction du 26 janvier 1623 receue Coulan, sera tenu de bailler à chascun chapitre de la Saint-Jean personne ecclésiastique de ceste esglize, ou autre au gré de Messieurs, qui responde de paier les réfusions, ainsy qu'il est accoustumé, et autres charges par raison des terres, maisons et fruicts dont il jouit, et pour la conservation des droicts concernants le bien général du Chapitre, et ce à ratte desdits fruicts pour lesdits droicts.

5. — Les chapitres ordinaires se tiendront tous les vendredys s'il n'y eschet festes ou que Messieurs n'ayent autrement ordonnez, sinon au vendredy despuis Noël jusques après les Roys et despuis les Rameaux jusques au vendredy après Quasimodo, et seront sonnez comme dict est et en cas de prédication le matin icelle finie seront sonnez; chascun de Messieurs ayans voix délibérative résidans et estans actuellement dans ceste ville,

convoquez à la façon accoustumée, seront tenus d'y assister et n'en pourront sortir avant la fin sans excuse légitime à peyne de cinq sols par chasque sortie, et à faute d'y assister par trois vendredys conséqutifs sans faire apparoir capitulairement de leurs excuses seront privez pour la première fois de la distribution d'une semaine entière et pour la deuxième fois de leurs distributions et anniversaires d'un mois, et pour la troisième fois de plus grande peyne qui sera arbitrée par le Chapitre. Les malades, les employez du Chapitre pour leurs affaires ou par luy dispensez seront exceptez.

6. — Les sieurs capitulans présents auront leurs assistances des anniversaires et fondations eschéants pendant la tenue des chapitres, et pour ce est ordonné au livreur de venir chasque jour de chapitre avant qu'il soit commencé faire la livraison ausdicts sieurs en chapitre.

7. — Hors lesdicts jours et heures de chapitre, quiconque désirera le faire tenir obtiendra la permission de M. le doyen et en son absence de la ville du premier en ordre; yceluy chapitre fini, donnera trois livres au secrétaire pour estre distribuez entre les sieurs capitulans sinon que ce fut pour affaire pressante du Chapitre ou du commandement du Roy ou des gouverneurs.

8. — Tous chanoines, avant que d'estre admis *ad sedem in choro et vocem in capitulo*, seront tenus d'exhiber capitulairement leurs lettres d'ordre, du moins de diacre, obtenu en l'âge requis par les canons pour ycelles communiquer au procureur général du Chapitre et ycelui ouy estre accordé à chascun desdicts sieurs chanoines leur séance aux haults siéges du chœur et du lieu capitulaire selon l'ordre et antiquité de réception.

9. — A esté dict que tous chanoines en général et particulier sont mis au sauf conduit du Chapitre enjoignant à chascun de ne s'envahir ou provoquer à injures de parolles ou autrement sur les peynes contre les contrevenans de dix livres appliquables moytié à la fabrique, moytié à l'Aumosne, et jusques à entière satisfaction d'ycelles sera pourveu par le Chapitre ainsy qu'il appartiendra.

10. — Silence sera faict et attention donnée lorsque l'on fera quelque proposition après laquelle concertée chascun sera ouy sans estre interrompu, à peyne contre les contrevenans de l'amende arbitraire et de sortir du Chapitre jusques à satisfaction d'ycelle, comme aussy est deffendu de troubler et interrompre celuy qui préside déclarant la conclusion à la pluralité des voix, sinon en cas que le dict sieur obmit quelques mots essentiels qui auroient esté résolus, et lors sera gardée toute douceur, modestie et respect pour n'offenser l'assistance et pour obvier à toutes contentions.

11. — Il est dict par statut irrévocable que nul chanoine ne sera admis à opiner en Chapitre pour un sien parent au quatriesme degré, suivant l'ordonnance, ny pour un sien domestique, mais suivant la forme immémoriale observée en ce Chapitre sortira sans contredit fors et excepté collation de bénéfice auquel cas il pourra opiner et donner voix.

12. — Est deffendu à tous chanoines et officiers de ce Chapitre de révéler en manière que ce soit les propositions et résolutions capitulaires, et moins encore les opinions particulières à peine de 100 sols pour la première fois et de 10 livres pour la deuxième fois, applicables l'une et l'autre à la fabrique, et pour la troisième fois de plus grande peyne arbitraire.

13. — En renouvellant plusieurs statuts anciens conservez par autres subséquents, il est dict et arbitré qu'aux chapitres généraux de la Saint-Jean lecture sera faicte des statuts concernants les maintiens de la discipline de l'églize de céans et qu'à chasque chapitre particulier ordinaire lecture sera faicte des actes capitulaires qui auront esté faicts aux précédents chapitres ou assemblées extraordinaires pour après estre signez par celuy qui aura présidé, avant quoy les actes demeureront sans effects fors ce qui aura esté éxéquté par les sieurs commis.

14. — A esté ordonné que par cy après ceux qui seront commis et députés par le Chapitre pour négotier conjoinctement ès affaires d'ycelui ne pourront mettre à exécution leur commission sans premièrement convoquer leur collègue pour y assister à peyne de nullité du procédé sinon qu'il fût absent pour plus d'un jour, ou que l'affaire ne se peust différer, et en ce cas de plusieurs commis les deux tiers suffiront en l'absence du tiers.

15. — A esté ordonné que les résolutions importantes ne se fairont qu'au Chapitre légitimement convoqué et où les affaires auroient requis d'un délibéré sur le champ, les résolutions seront rapportées au Chapitre prochain pour estre rattifiées, signées par celuy qui préside et enregistrées, et néantmoins telles résolutions ne se prendront que le sieur doyen ou, en son absence, le premier en ordre ne l'aye permis.

16. — A esté statué que le Chapitre est le seul juge des actions et difficultez en payement de quottes et autres despenses de l'œconomie entre Messieurs, à l'exclusion même du juge des cloistres sauf au refus desdits sieurs de se pourvoir.

17. — A esté ordonné que tous les testaments tant de Messieurs les chanoines que des sieurs confrères, catherins et habituez, seront leus et publiez au lieu capitulaire et yceux enregistrez et signez par le secrétaire du Chapitre en un livre qui à ceste fin sera fourny par le sieur fabricien pour estre mis au Trésor à la seureté des causes pies.

18. — A esté délibéré qu'en temps de contagion générale dans la ville, le Chapitre estant sonné par la permission de M. le doyen, ou en son absence de la ville le premier en ordre qui y sera trouvé, pour admettre quelque résignation, que trois ou quatre assistants au Chapitre pourront légitimement admettre les procurations et ensuitte pourvoir des canonicats et autres bénéfices.

19. — Confirmant et reconnoissant et renouvellant le statut du 15 juillet 1573, nous deffendons à tous ecclésiastiques capitulans et autres d'offenser les procureur et secrétaire de nostre Chapitre faisants leurs charges ains les laisser librement agir en l'exercice d'ycelles, ausquels procureur et secrétaire enjoignons de faire leur debvoir avec respect, modestie et jugement soubz les peynes aux uns et aux aultres que le Chapitre arbitrera selon l'exigence des cas.

Réception des Chanoines.

1. — Nous avons dict, statué et ordonné que le nombre de vingt canonicats et prébandes estant certain en ceste église de temps immémorial, et que Clément VI pape a réduict le nombre des chanoines de Mascon à ce nombre, et que l'an 1380 la compagnie l'agréa soubs Philippe de Sainte-Croix, évesque, et que Monsieur le doyen, faisant pour deux, estant chanoine il ne sera permis d'excéder n'y d'admettre en un plus grand

nombre, et ordonné que le Chapitre en corps dez à présent sera obligé comme il s'oblige d'empêcher toute introduction ou nouveauté contraire, par oppositions et autres moyens légitimes, à peyne contre celuy qui contreviendra à ce statut d'estre déclaré prévaricateur et indigne d'avoir entrée dans ce Chapitre; lequel Chapitre sera leu et renouvellé en chasque Chapitre de la Saint-Jean et affirmé par les chanoines nouvellement receus de l'observer exactement.

2. — Que par cy après ceux qui seront admis à quelque canonicat et prébende par élection, résignation, permutation et autrement, seront tenus de faire à genoux dans ledict Chapitre la profession de foy selon le saint concile de Trente, et ycelle finie prester serment de chanoine à la façon ordinaire et ainsy qu'il est escrit cy dessouz et ce entre les mains de M. le doyen ou de celuy qui préside en son absence.

3. — Sur ce qui a esté remonstré par le procureur général de ce Chapitre que pour l'augmentation de l'honneur de Dieu et décoration de son saint service qui doit estre célébré dans ceste église avec d'autant plus d'esclat et de splendeur qu'elle tient le premier rang de toutes celles de ce diocèse, il serait à propos d'augmenter les droicts de chappes et d'introge que les nouvellement pourveus de canonicats ont coustume de donner pour l'entretien des ornemens et pour survenir aux aultres charges, a esté dict, statué et ordonné que par cy après, à l'exemple de plusieurs autres églises cathédrales, les doyens, chantres et chanoines estant nouvellement receus seront tenus avant que de prendre possession de donner en mesme temps par eux ou par procureur et consigner sur le bureau du Chapitre, pour le dict droict de chappes et d'introge, savoir : M. le doyen la somme de 600 livres, M. le chantre la somme de 400 livres, et ceux qui sont pourveus de canonicats et prébendes où est canonicat *ad effectum* la somme de 300 livres, et autant de fois que l'on sera receu ez dictes dignitez et canonicats a esté dict et statué que l'on sera tenu de bailler et mettre sur le bureau comme est dict les dictes sommes lesquelles ou l'une d'ycelles ne pourront estre modérées pour quelque cause ou prétexte que ce soit.

4. — Cas arrivant du décès de chanoine nouvellement receu avant que d'avoir payé les dicts droicts, un chascun de nous et nos successeurs oblige ses héritiers dez à présent au payement d'iceux.

5. — Les chanoines nouvellement receus seront obligez à faire résidence de six mois en ceste église, sans interruption, assistans chaque jour à l'une des trois heures canoniales jusques à la fin, savoir à matines, à la messe canoniale ou à vespres ; avant laquelle résidence parachevée et les susdicts droicts payés et autres accoustumez, nul chanoine pourra estre déclaré capable de jouir des gros fruicts, sinon que le Chapitre deuement convoqué ayt accordé la dispense du lieu aux estudians jusques à l'aage de 25 ans, aux malades en ceste ville, aux desputez du Chapitre, pour les affaires du clergé, ou du clergé en général.

6. — Il est dict et accordé et ordonné que chascun de Messieurs gardera le rang et siége au chœur qui lui sera donné à la prise de possession.

7. — A esté dict que l'apprétiation de l'hypocras deu à la réception de chascun Messieurs doyen et chanoines, tant à Messieurs qu'aux sieurs confrères et officiers du

Chapitre pour estre ycelle appliquée selon le bon plaisir de Messieurs, n'est faicte que pour le regard de mes dicts sieurs et ne comprend pas le droict qui est deu aux confrères et officiers ainsy qu'il a tousjours esté pratiqué, et ceste apprétiation estant de 20 sols accordée ne doit estre tirée en conséquence de sorte que Messieurs ne puissent recevoir ledict hypocras en espèce quand bon leur semblera.

8. — Nous ordonnons que personne quel qu'il soit ne sera receu chanoine en nostre églize qu'il n'ayt atteint l'aage de 14 ans accomplis suivant la reigle xviie de chancellerie de la cour de Rome approuvée par les canonistes et confirmée par les arrêts de parlement.

Chanoines Résignans et Résignataires, ou successeurs.

1. — Il est dict et statué qu'il est permis aux chanoines qui ont résigné leurs canonicat ou prébendes après les avoir possédez 20 ans complets, ce qu'ils justifieront, d'assister au service divin, processions et prédications, au mesme rang séance et habit et non autrement qu'ils faisoient auparavant; et néantmoins parce que lesdicts résignans sont honorez de ceste grâce et prérogative que de jouir de leurs gros fruicts, ils sont exhortez et advertis par ce statut, autant que leur santé le permet, de rendre leur assistance au service divin spécialement aux quatre festes de N. D., ès festes de Toussaints et Noël, de la Circoncision, Epiphanie, de la Saint-Vincent et le jour de l'invention de son corps, le jour des Rameaux, la semaine saincte, les festes de Pasques, de l'Ascension, Pentecoste, du Saint-Sacrement de l'autel, de Saint-Jean-Baptiste, des festes d'Apôtres, des dimanches de l'Avent et du Caresme.

2. — Et en cas de deffault ausdicts jours par mespris et sans excuse d'absence de la ville ou d'infirmité, sera pourveu par le Chapitre ainsy qu'il appartiendra.

3. — A esté ordonné que lesdicts sieurs chanoines résignans, après 20 ans de service en l'églize seront tenus de nommer et présenter aux chapitres généraux de la Saint-Jean un des Messieurs capitulans ou autre prestre suffisant au gré de mesdicts sieurs qui responde de payer leurs charges et réfusions accoustumées et autres frais concernans les terres dont ils jouissent soit pour réparations, procès, ou pour droicts des terres à raison desquelles ils avanceront, s'il est ainsy jugé par le Chapitre, jusqu'à la concurrence du quart des deniers provenans d'ycelles, lesquelles avances seront déduictes sur les quottes qui se feront.

4. — Si un résignataire, après avoir pris possession de la prébende résignée, venoit à rétrocéder ou à décéder avant le résignant et qu'ycelui résignant fust pourveu de nouveau de sa prébende ou autre, il est dict qu'ycelui de nouveau pourveu est déclaré dez à présent privé et descheu de la jouissance de tous droicts et fruicts nonobstant qu'il eust résigné après les 20 ans de privilège, et ne jouira d'autre droict de séance au chœur et au Chapitre, et ne participera à d'autres fruicts que comme un chanoine nouvellement receu sans pourtant estre déchargé de payer le droict de chappes comme dict est et toutes autres charges et droicts èsquels sont obligés les nouveaux receus.

5. — En ratifiant et expliquant le statut du 14 juillet 1558, nous ordonnons que cas arrivant qu'un chanoine résignataire vint à décéder devant son résignant, qu'ycelui résignant estant de ceux qui jouissent du privilége de 20 ans ne laissera de jouir sa vie

durant de ses gros fruicts, maisons, terres et autres droicts pourveu qu'il ne soit de nouveau pourveu de la prébende vacante ou autre.

6. — Aucun résignataire ne pourra opter terriers ni maisons canoniales pendant que son résignant vivra et jouira, en vertu du privilége de 20 ans, de celles qu'il avoit avant la résignation admise.

7. — Les résignans, quoyque privilégiez de 20 ans, ne seront plus mis *ad beneficia conferenda* ny n'assisteront aux Chapitres et autres délibérations des affaires d'ycelui.

8. — En renouvellant et confirmant l'article ixe de la transaction receue Conland et Janot notaires royaux le 26 janvier 1623, il est ordonné que tous chanoines, ayant servi 20 ans ou plus, venans à résigner leurs prébendes pressés d'une forte maladie ou caducité et revenans en convalescence, leurs gros fruicts, terres et maisons leur demeureront leur vie durant pour leur donner moyen de passer le reste de leurs jours après toutefois que sur ledict gros auront esté levez 2 livres de dons pour le résignataire suivant l'art. viii d'ycelle transaction.

Bourcier.

1. — A esté dict, conclud et arresté que l'office de bourcier ou receveur des deniers communs de ceste église ne se donnera qu'au lieu capitulaire ou à la pluralité des voix et à un du corps. L'élection faicte d'un bourcier, bail lui sera passé de l'administration de ladicte bource et stipulé audict lieu capitulaire pour 3 ans ou plus ainsy qu'il sera convenu en donnant bonne et suffisante caution au gré du Chapitre; et au chapitre de la Saint-Vincent de l'année que ledict bail doit finir, qui est le dernier janvier, sera tenu ledict sieur bourcier d'en advertir le Chapitre pour y pourvoir au chapitre de la Saint-Jean-Baptiste prochaine, à faute de quoy ledict sieur bourcier sera tenu continuer sa charge pour un an si bon semble au Chapitre.

2. — Rapportera pendant ledict bail à chaque chapitre général de la Saint-Vincent un sommaire de la recepte du bled de ladicte bource ordinaire et de la mise d'ycelui, ensemble un estat des restans à payer, les réfusions comme aussy un estat des procès concernant les payemens des rentes et pensions despendantes de la bource pour y pourvoir selon que les nécessitez le requerront sans pour ce estre ledict bourcier déchargé de rendre ses comptes généraux comme les précédens comptables.

3. — Le premier chapitre de recepte sera commencé par la somme de laquelle le dernier comptable sera demeuré reliquataire au Chapitre par le finito et closture du dernier compte rendu.

4. — En rendant les comptes rapportera extraicts, signés du secrétaire, des quittances passées en Chapitre et au greffe des collocations utiles par luy touchées par lesquelles il apparoisse du temps que les principaux ont esté rendus, combien ils ont séjourné au trésor et au greffe, quand ils ont esté remplacez, tant pour tenir compte des arriérages à ratte du temps que le réachat aura esté faict que pour déduire audict comptable lesdicts arriérages à ratte du temps qu'ils auront cessé, soit au greffe despuis le conseing ou au trésor dudict Chapitre, soit depuis l'actuel payement dudict principal.

5. — Et parce qu'il n'est raisonnable que le Chapitre porte les pertes et diminutions qui arrivent esdicts principaux par les droicts nouvellement attribuez à prendre sur les

utiles collocations et aux greffes des consignations, et qu'aucun deffault n'en peut estre imputé au Chapitre, il est ordonné que par cy après ne sera faicte aucune distribution ou livraison des fondations et anniversaires que de ce qu'il retirera déduction faicte des diminutions arrivées pour les causes susdictes.

6. — A esté ordonné que les parties mises en requérant seront rapportées aux comptes suivans pour en faire les poursuittes nécessaires et, à mesure qu'elles seront acquittées et que recepte en sera faicte, décharger les comptes sur leurs chapitres.

7. — Pour l'examen et calcul des comptes de la bource seront commis trois de Messieurs, sçavoir un de chaque banc du Chapitre, pour lesdits sieurs ouys en leur rapport estre arresté clos et ratifié au lieu capitulaire par la compagnie ainsy qu'elle advisera.

8. — Ne sera permis audict sieur bourcier de retirer à soy les deniers de réachapts ou reventes ny de passer ycelles reventes, ains seront passées capitulairement à la façon accoustumée et lesdicts principaux mis dans le trésor du Chapitre, lesquelz ne seront aussy remplaccz qu'au lieu capitulaire à peyne de nullité sinon que le Chapitre les eût ratifiez.

9. — Ne recevra aucun bled qu'il ne voye par les quottes qu'il ayt esté déclaré recevable par ceux que Messieurs auront commis à la visite d'yceluy, auquel cas sera tenu de recevoir les quottes que Messieurs les conterriers renvoyeront à la bource et dont il donnera quittance en déduction des réfusions que chascun devra.

10. — A esté ordonné que le sieur bourcier sera tenu à la fin de sa charge de remettre sur le bureau du Chapitre, lors de la clôture des deniers de ses comptes, tous les comptes qu'il aura rendus de l'administration de la bource, tant en recepte qu'en despense, pour estre mis au trésor, après avoir affirmé n'avoir aucun autre compte, papiers et documens concernant ladicte bource, et ce faisant luy sera donné par ledict Chapitre, pour luy servir de descharges d'yceux et de son entière administration, un acte capitulaire de ladicte remise, lequel sera signé de celuy qui présidera à la clôture du compte et du secrétaire.

11. — Venant à décéder pendant son bail, son héritier ou ses héritiers ne pourront prétendre la continuation d'yceluy sinon qu'il fût du corps et ce seulement pour parachever l'année commencée et à la fin d'ycelle rendre compte final de l'administration dont le deffunct n'auroit tenu compte et pour payer le reliqua si aucun se trouvoit deu au Chapitre tant en son nom propre qu'en qualité de son héritier lequel sera tenu de laisser le compte qu'il aura rendu ensemble tous les précédens du deffunct sur le bureau du Chapitre, en luy baillant descharge suffisante comme est dict cy dessus.

12. — A esté ordonné que par cy après le sieur bourcier pour la façon de ses comptes employera la somme de 60 livres sur laquelle il donnera au sieur procureur et secrétaire 6 livres chascun.

13. — Il advancera les amendes encourues par chasque faute que Messieurs auront faicte à la messe, évangile et épistre de leur semaine et à régir le chœur, et ce ce sur la résidance du défaillant, soit qu'il luy soit deu par ledict sieur défaillant ou non.

14. — Les principaux de nostre Chapitre ou bénéficiers ne seront prestez à gens nobles ou de grande auctorité sans caution bourgeoise, attendu la peyne qu'on a pour estre payé d'eux, selon le statut du 10 mars 1570.

15. — Toutes donations et fondations qui seront faictes en nostre Chapitre et églize seront acceptées et insinuées dans les quatre mois de l'ordonnance à la diligence de M. le procureur général qui aura soin de voir si les contracts, testamens et autres actes desdictes donations et fondations sont en bonne forme et s'il y a expresse destination.

16. — Les sieurs bourciers rapporteront en Chapitre, de 3 mois en 3 mois, les parties des despenses particulières ou extraordinaires qu'ils auront faictes pour estre veues par ceux que le Chapitre ordonnera et sur leur rapport estre ycelles allouées s'il y eschet.

17. — Rendra ses comptes 3 mois après chaque année de son administration expirée.

Ce que dessus sans contrevenir ny déroger ez clauses qui seront insérées audit bail, avant la passation duquel par cy après lecture sera faicte des présens statuts et ordonnances pour estre observez et exécutez selon leur forme et teneur s'il n'est autrement ordonné.

Fabricien.

1. — C'est du devoir du sieur Fabricien de veiller soigneusement à la conservation, entretien et réparation tant de l'églize, meubles et ornemens destinez au service divin que des maisons du cloistre et boutiques de la ville, dépendantes de la fabrique et du Chapitre.

2. — Et pour ce, chaque mois de may, sera tenu de vérifier et faire remplir l'inventaire desdicts meubles et ornemens par le paremantier qui en sera chargé, puis les fera visiter par les maistres pour les mettre en estat et décence convenable à servir à ceste églize; ce qu'ils jugeront inutile et moins décent sera mis dans un coffre pour estre employé à autre usage ecclésiastique ainsy qu'il sera ordonné par Messieurs.

3. — A sa diligence, messieurs les visiteurs visiteront les voûtes et créneaux dedans et dehors l'églize, les fenestres et vitres d'ycelles, dans chasque mois de may, à ce que les ruines soient remaillées et réparées, et si la cause procède du couvert par esgoutz ou gouttières, aura soin d'avertir ceux qui auront charge des affaires de M. l'évesque affin de pourvoir à ce qui sera nécessaire en temps deu et commode.

4. — Aura soin que les ouvriers employez travaillent diligemment et fidèlement, ménagent les matériaux qui leur sont mis en main ensuite des prix faicts qui leur auront esté donnez de l'auctorité de Messieurs sans laquelle il ne luy est permis d'en passer aucun excédant la somme de 20 livres.

5. — Advertira de temps à autre et selon les occurences le marguillier de tenir l'églize nette et de la fermer et le chœur d'ycelle en temps deu et de crainte de perte ou accident par ces deffauts.

6. — Procurera qu'aux dicts mois de may et juin au plus tard les maisons des cloistres et autres de la ville avec leurs boutiques dépendantes du Chapitre soient visitées par messieurs les visiteurs ; à ce que les réparations nécessaires se fassent par les possesseurs et locataires, s'il y sont obligez, ou par le sieur bourcier, ou par luy comme fabricien, de l'ordre de Messieurs, pour éviter les ruines et pour connoistre si lesdicts possesseurs ou locataires y font quelques agencemens pour leur commodité qui puissent néantmoins avec le temps estre à dommage ou ès dites maisons ou à l'églize.

7. — Avant que mettre les ouvriers en œuvre et s'engager à eux, sera tenu d'advertir Messieurs du fonds qu'il peut avoir, en tout cas s'il y a de la nécessité, avancera sur leurs mandats jusqu'à la somme de 50 livres attendant qu'il se trouve plus grand fonds.

8. — Prendra garde que les maisons et boutiques ne s'admodient ou sous-admodient à personne de la religion prétendue et réformée, de quelle condition qu'elle soit ou quelque offre qu'elle fasse, à peyne de nullité desdicts louages suivant nos anciens statuts.

9. — La vigile des jours que l'on doit faire procession en chappes au préal ou dans le cloistre, pourvoira à faire nettoyer l'un et l'autre en sorte que rien ne se trouve indécent et malpropre, et à Messieurs qui auront des maisons sur le passage sera enjoinct de faire oster les immondices du passage à peine de 10 livres.

10. — Sera tenu de faire recepte et rendre compte des droicts de réception de messieurs les chanoines, de la part qui eschet à la fabrique, confrères, grisards et habituez, ensemble de ceux qui sont deus par lesdicts sieurs chanoines pour estre déclarés capables de jouir des gros fruicts vacation advenant, comme aussy des droicts d'entrée des maisons canoniales et des amendes appliquées à la fabrique, estant adverty d'en faire les poursuites à peyne de respondre en son privé nom desdicts droicts, sinon qu'il luy apparoisse de la remise ou modération d'yceux par acte capitulaire ou qu'il justifie de ses diligences à les répéter pour servir à l'audition de ses comptes ; aura soin de percevoir les gros fruicts de ceux qui seront incapables d'en jouir et de les rapporter en ses comptes, et pour ce chaque seigneur terrier sera tenu de remettre au secrétaire un mémoire de la quotte desdicts fruicts que prendroit ledict sieur chanoine incapable pour les donner aux sieurs qui seront commis à l'audition de ses comptes.

11. — Poursuivra les payemens des laods et droicts de laods, affectez à la fabrique, tels qu'ils seront deus ou par les contracts de rente et eschange, ou ensuite de la grâce qui sera accordée par mesdicts sieurs faisant apparoir d'ycelle.

12. — Retiendra dans un carnet séparé les noms et surnoms des vendeurs et achepteurs, les fonds avec la contenue, les confins, datte du contract de vente, et la quittance qu'il passera et les notaires qui les auront receus.

13. — Faira renouveller aux partyes les anciens contracts des pensions et rentes, ou passera ses quittances par devant notaire, servant de reconnaissance.

14. — Pour la façon de ses comptes, retiendra par ses mains la somme de 30 livres en donnant au procureur et secrétaire chascun 3 livres.

15. — Sera tenu à la fin de sa charge de remettre tous ses comptes de l'administration d'ycelle, sans aucun réserver, sur le bureau du Chapitre, après avoir presté le serment n'en avoir d'autres, pour estre mis au trésor en luy donnant par le Chapitre pour sa décharge acte capitulaire de ladicte remise, qui sera signé de celuy qui aura présidé et du secrétaire.

16. — Rapportera en Chapitre, de 3 mois en mois, les parties des dépenses particulières ou extraordinaires qu'il aura faictes, lesquelles seront vérifiées par ceux que le Chapitre ordonnera et ycelles allouées sur leur rapport s'il y eschet.

17. — Rendra ses comptes 3 mois après chasque année de son administration expirée, et yceux seront examinez par ceux que le Chapitre ordonnera et sur leur rapport seront clos et arrestez par ledict Chapitre.

Aumônier.

1. — L'un des plus canoniques et méritoires établissemens de ceste églize est celuy de l'Aumosne, par le moyen duquel plutôt que par tout autre ceste maison est maintenue, le saint service continué, les droicts, revenus et priviléges en partie conservez voire augmentez, la charité n'estant oysive ny sans fruicts, et pour ce ont esté établis aumosniers pour la conduite et administration des revenus affectez à ycelle comme se voit ès comptes rendus de l'Aumosne.

2. — Cette charge se donne au chapitre général de la Saint-Jean, de 3 en 3 ans, sauf à la continuer aux sieurs aumosniers tant que leur charité le permet et que Messieurs l'agréent, observant néantmoins autant que le Chapitre le juge expédient que ceste charge comme les autres soit exercée successivement par mesdicts sieurs qui seront résidans actuellement en ceste ville ou nullement dispensez de leur absence.

3. — Le revenu ou fonds d'ycelle consiste en quelques rentes et en seigle qui se lèvent sur chaque terre, par droicts appelés réfusions, lesquelles se payent en seigle ou froment, à raison de 2 couppes froment pour 3 de seigle, par les sieurs terriers et conterriers à ratte de ce que chascun perçoit sur chasque terre, en baillant pour ledict sieur aumosnier quittance de ce qu'il reçoit d'un chascun.

4. — Ne sera receu aucun bled qu'il ne voye par la quotte avoir esté déclaré recevable par ceux que le Chapitre a commis à la visitte des grains, s'il ne luy est autrement ordonné par Messieurs, et en ce cas sera tenu de recevoir ce que lesdicts sieurs conterriers renvoyeront à l'Aumosne ; en marge de leurs quottes, du receu donnera quittance auxdicts sieurs conterriers en déduction de leurs réfusions.

5. — Sera soigneux de s'informer des seuretez des rentes et pensions deues à l'Aumosne, à ce que les hypothèques ne se vendent et aliènent et que les contracts ne se prescrivent, pour à quoy obvier, poursuivra les débiteurs et faira nouvelles reconnoissances ou passera quittances des payemens par devant notaire en rappellant les contracts de création de rentes par leur datte et par le nom des notaires qui ont stipulé.

6. — Prendra garde que le fonds de l'Aumosne tant en deniers qu'en grains ne soit diverty et employé en œuvres de charité et que l'employ n'excède la recepte.

7. — La dispensation et employ ordinaire se fera ainsy qu'il se voit par les comptes rendus par ceux qui l'ont précédé ; l'extraordinaire se fera de l'ordonnance ou mandat de Messieurs, de laquelle despense il rapportera sur le bureau du Chapitre, de mois en mois, rôle qui sera signé par le secrétaire pour après estre par luy lesdicts rôles rapportez à ceux qui seront commis à l'audition de ses comptes.

8. — Visitera les greniers à ce qu'ils soient en bon estat lors des récoltes, et advertira Messieurs quand il n'y aura fonds en deniers ou peu principalement lorsqu'il s'agira de despense notablement afin qu'aux occasions ils ordonnent la vente des grains selon qu'ils jugeront.

9. — Sera tenu de payer les manœuvres qui auront travaillé en chose concernant l'Aumosne et d'advancer jusques à 30 livres si le Chapitre le juge nécessaire sauf d'en estre remboursé ou alloué en ses comptes en rapportant mandat ou acquit.

10. — Sera chargé de mettre en l'article premier de la recepte de son compte la somme de laquelle le dernier comptable, par le compte dernier rendu, se trouvera reliquataire pour éviter l'omission et pour l'obliger à faire les poursuittes contre le reliquataire.

11. — Employera en ses comptes la somme de 30 livres pour la façon d'yceux en donnant 3 livres à chascun des officiers.

12. — Il est dict et ordonné à messieurs les aumosniers, à la fin de leur charge, de remettre sur le bureau du Chapitre tous les comptes de leur administration, après leur serment receu de n'en avoir aucun autre, pour estre mis au trésor en leur donnant acte capitulaire de ladicte remise pour leur servir de décharge qui soit signée de celui qui aura présidé et du secrétaire.

13. — Rapportera en Chapitre, de 3 en 3 mois, les parties des despenses et aumosnes particulières et extraordinaires pour estre vérifiées par ceux qu'ordonnera le Chapitre et estre allouées par leur rapport s'il y eschet.

14. Rendra ses comptes 3 mois après chasque année expirée et seront examinés par les desputez du Chapitre sur le rapport desquels seront clos et arrestez par ledict Chapitre.

Visitteurs.

1. — Pour obvier à la ruine des bastimens despendans du Chapitre et veiller à leur réparation, sont esleus et nommez au chapitre général de la Saint-Jean trois de Messieurs qui exerceront la charge de visitteurs pendant 3 ans à commencer au mois d'aoust suivant, demeurant néantmoins au Chapitre la liberté de faire élection tous les ans, soit de leurs personnes en les priant de continuer, soit des autres.

2. — Cette charge oblige messieurs les visitteurs, ou deux d'yceux en l'absence ou excuse de l'autre, de visitter de 3 en 3 ans les maisons des champs, granges et domaines, appeler avec eux le sieur terrier et secrétaire et de dresser un procès-verbal de l'estat desdicts bastimens et des fonds, contenant leur contenue et les confins, avec pouvoir de donner à prix faict, jusques à la concurrence de 20 livres, les réparations urgentes et nécessaires qu'ils jugeront estre à la charge du Chapitre, et bailleront au sieur terrier par déclaration celles qui sont à sa charge ; de tout feront leur rapport dans le temps dudict chapitre général pour y estre pourveu comme il appartiendra, avanceront les frais de leur visite desquels ils seront remboursés à leur retour par chasque seigneur terrier des terreries qu'ils auront visittées si le Chapitre n'y pourvoit autrement.

3. — Seront aussy chargés de visitter, dans les mesmes 3 ans, les maisons canoniales, celles, chapelles et de la ville avec les boutiques despendantes du Chapitre, dont ils dresseront procès-verbal de l'estat de chascune, lesquels rapportez au chapitre général sera pourveu ainsy qu'il appartiendra et selon que la nécessité le requerra.

Procureur général du Chapitre.

1. — Ceste charge se donne par élection, à la pluralité des voix, dans le lieu capitulaire.

2. — Il doit estre choisi d'aage et meur, la vie duquel ne doit pas estre répréhensible ; doit estre zélé pour l'honneur de Dieu, pour l'advancement de son saint service et du bien de ceste église, doit contenir chascun dans son devoir et dans l'observance des saints canons et des statuts particuliers de céans, et doit avoir quelque expérience aux affaires et droicts de l'église ; se trouvera aux entrées du Chapitre pour y proposer les affaires qui méritent résolution avec telle discrétion qu'il n'interrompe les opinions de Messieurs sinon que le cas requit prompte remonstrance ou éclaircissement particulier.

3. — Ne partira du Chapitre que Messieurs ne soient levés ou luy permettent pour affaires importantes qui ne se puissent différer.

4. — Pourra requérir au Chapitre communication ou estre ouy sur lettres en matières publiques avant qu'elles soient résolues.

5. — Retiendra sur son carnet les résolutions et commissions qui se doivent mettre en exécution pour solliciter ceux qui sont chargés d'y vaquer.

6. — Aura soin d'assister aux audiences balliagères et présidialles et y tenir la séance accoustumée de ses prédécesseurs en sa charge pour remarquer s'il se plaide ou juge aucun faict concernant les droicts du Chapitre ou les priviléges et immunités des ecclésiastiques de ceste église pour, au chapitre suivant ou sur le Tombeau, advertir la compagnie afin d'y pourvoir comme elle verra bon estre.

7. — Aura un carnet contenant l'estat des causes et procès concernans le Chapitre, tant pour en poursuivre les instructions que pour advertir les sieurs terriers de coopérer à ceste sollicitation, mesme aura soin, quand les procès seront en estat de juger, d'advertir Messieurs affin d'en députer aucuns vers les sieurs rapporteurs et autres juges.

8. — Retiendra mémoire des deniers des comptes de la bource, fabrique et aumosne, mis en souffrance ou alloués en requerrant, et des sommes qui se trouveront deues par la closture desdicts comptes.

9. — Prendra garde que les deniers destinez à un usage ne soient divertis à un autre, ou d'en solliciter le remplacement au plus tôt pour éviter la confusion des fonds.

10. — Prendra extraicts des utiles collocations du Chapitre pour retirer promptement les deniers affin de ne perdre occasion de les colloquer lors principalement qu'ils sont affectez à fondations ou anniversaires ; et avant que les deniers soient remplacez, s'informera quelles seuretez il peut avoir en ceux qui les demandent.

11. — Veillera soigneusement aux actions et mœurs de chascun de ceste église, formera sa plainte et fera ses réquisitions contre tous défaillans à leur devoir, soit au chœur pendant le saint service, soit dehors par mauvaise conversation ou actions scandaleuses, à ce que justice luy soit rendue selon la rigueur des canons, ordonnances et statuts que nous avons éstablys dans nostre église.

12. — Poursuivra le payement des amendes contre les défaillans à leur devoir au chœur et autres qui seront jugés par le Chapitre, et de remettre aux sieurs fabricien et aumosnier le roole d'ycelles s'il y eschet pour en tenir compte.

13. — Insistera à ce que les sieurs officiers et commis fassent exactement leurs charges et commissions et principalement les sieurs visitteurs, tant pour visitter les maisons canoniales que terreries, granges, domaines et despendances, comme aussy que les

sieurs terriers ayant justice fassent tenir leurs assises, visitter les chemins et de rapporter les actes, ensemble de retirer les principaux actes des greffiers de jurisdiction pour estre mis au trésor.

14. — Arrivant déceds d'aucun ecclésiastique et autres dans la jurisdiction de ce Chapitre, pourvoira à ce que le sceau soit apposé par les officiers du cloistre pour la conservation des papiers despendans de ceste églize ; à sa diligence sera procédé à la publication des testamens d'yceux en ce lieu capitulaire, et toutes autres formalitez en tel cas requises se feront à l'instance du sieur procureur du Chapitre, ès causes balliagères tant pour faire assigner les prétendans droicts que la main levée du scel, ès quels actes le procureur général assistera pour requérir la distraction des papiers et droicts concernans les sieurs du Chapitre.

15. — Avant qu'aucun chanoine soit déclaré capable de participer aux gros fruicts en payant les droicts suivant les précédens statuts, pourra demander communication de la punctuation de la résidence des six mois et des lettres de l'ordre requis à ceste fin pour iceluy ony sur lesdictes lettres et acte de punctuation estre dict ce qu'il appartiendra.

16. — Il est dict que le procureur général et autres officiers au scel de ceux qui décèdent dans la jurisdiction du Chapitre auront leur taxe qui sera faicte par le juge dudict Chapitre.

17. — Il est dict qu'il lèvera du papier secrétarial un extraict du roole des 24 qui ont le choix de demander leur renvoy par devant M. l'official ou de subir la justice du cloistre, lequel roole il présentera audict sieur official et en demandera acte chascun an.

18. — Luy est enjoinct de faire payer les amendes aux distributaires qui manqueront au saint service, savoir : pour matines 5 sols, et pour le deffault de chascune autre heure 6 sols 6 deniers; et de priver les défaillans du chœur jusques à entière satisfaction.

19. — Aura soingt de faire sonner les Chapitres aux jours ordinaires comme il est dict aux titres des Chapitres généraux sinon qu'il eût esté ordonné autrement et deffenses luy sont faictes d'en faire sonner d'extraordinaires ou de convoquer aucune assemblée de Messieurs sans en advertir M. le doyen ou, en son absence de la ville, le premier en ordre.

20. — Requerra l'observation de tous les statuts par la lecture d'iceux aux Chapitres généraux, principalement de celuy contre les absens du Chapitre général à faute d'envoyer procuration par yceux aux fins dudict statut. Comme aussy demandera que lecture soit faicte de ceux qui concernent les devoirs des sieurs maistre du chœur, confrères, catherins, distributaires, maistre des enfans, chapelains, et celuy qui regarde lesdicts enfans ; sinon que ceux de la compagnie qui sont chargez de veiller de temps en temps auxdicts enfans rendent compte de leur conduite et avancement tant à la musique et autres lettres qu'aux bonnes mœurs.

21. — En cas de besoingt requerra aussy lecture d'un statut contre les résignans qui jouissent du droict et privilège accordé à ceux qui ont servi 20 ans pour estre ledict statut observé par yceux.

22. — A esté ordonné que cy après sera donné audict procureur général du Chapitre pour gages la somme de 90 livres à prendre sur le sieur boursier déduction faicte de

ses anniversaires et de ses distributions à la forme ancienne et ce outre les gages de demye portion de bois, la somme de 6 livres à prendre sur les frais des comptes de la bourse, 3 livres sur chasque compte de l'aumosne et fabrique, et 15 livres sur le revenu de la fabrique, et 12 deniers à prendre sur la bourse à chasque Chapitre.

23. — A esté dict qu'aux *O* et *Resurrexit* luy sera livré absent comme présent.

24. — Insistera aux occasions que le statut porté contre ceux qui sans respect du lieu auront offensé quelqu'un, de paroles ou de faict, soit observé et généralement tous autres.

25. — Il est dict qu'il aura une clef du trésor et qu'il sera chargé des papiers qui y sont selon les inventaires qui se trouveront dans chasque armoire sans qu'il puisse communiquer aucun papier ny permettre d'en sortir dudict trésor que par la permission de Messieurs soubs les inscriptions de ceux qui les retireront pour les rendre et les remettre au trésor dans le temps prescrit à peyne d'en respondre en son propre et privé nom.

Secrétaire.

1. — La charge de secrétaire se donne au lieu capitulaire, à la pluralité des voix ; et celuy qui est esleu doit prester le serment entre les mains de celuy qui préside, exercer ladicte charge avec la prudence, fidélité, discrétion et diligence qu'elle requiert, et ce en personne sans pouvoir s'absenter du Chapitre que de la permission de Messieurs, ny en sortir qu'il ne soit fini.

2. — Sera tenu de se trouver en toutes assemblées ordonnées par le Chapitre et ne s'en pourra excuser sinon pour cause de maladie, ou d'absence nécessaire, deuement certifiée.

3. — Fera bon et ample registre séparé de tous les actes solemnels qui se feront par le Chapitre suivant, pour estre leus et signés par celuy qui aura présidé à chascun acte.

4. — Retiendra les propositions et résolutions qui seront prises sur ycelles et les mettra en forme en son cayer ordinaire pour estre leues au Chapitre suivant et signées comme a esté dict.

5. — Les résolutions faictes hors le Chapitre seront rapportées au prochain pour estre approuvées, s'il y eschet, et signées ; et signifiera celles qui concernent les particulières, ou pour les signer, ou pour les exécuter.

6. — Ne délivrera expédition de bénéfices que les sceaux n'y soient apposez, ny aucun acte qu'il n'ayt été ordonné par le Chapitre.

7. — Tous les carnets, d'année en année, seront faicts en bonne forme, pour le plus tard sur la fin de chasque mois de juillet, bien et nettement escrits, et signez à la fin de chasque tenue de Chapitre ; et de 3 ans en 3 ans les rapportera en bon estat pour estre mis aux archives en luy donnant décharge d'yceux par acte capitulaire.

8. — A esté dict que les tables des fondations et anniversaires avant que de s'afficher au chœur seront calculées et signées par le secrétaire après l'arrest d'ycelles, et deffenses sont faictes audict secrétaire de les signer après le commencement du mois comme aussy escrire dans une table les noms et surnoms des prestres pour desservir les premières,

secondes et troisièmes messes et celles des enfans de chœur, avec deffenses d'apporter changemens en l'une et en l'autre.

9. — En ceste qualité, il jouira de la maison size au cloistre, devant la porte des catherins, affectée à sa charge, en payant à la bourse 4 livres de pension deue sur ycelle.

10. — En qualité de prestre et de secrétaire, percevra 6 deniers par jour pour ses distributions et comme habitué, outre autres 6 deniers comme secrétaire.

11. — Pour son assistance aux comptes de la bourse, le sieur boursier luy donnera 6 livres, aux comptes de la fabrique recevra 3 livres, et aux comptes de l'aumosne 3 livres, et 5 livres pour son assistance aux comptes du livreur et arrest des tables du chœur.

12. — Recevra une demy portion aux bois des Fouilloux, du sieur boursier 15 livres, du sieur fabricien 15 livres, du sieur aumosnier 5 livres.

13. — Sera tenu pour présent, quoique absent, aux *O* et *Resurrexit*.

14. — Retirera copies collationnées des provisions expédiées sur la présentation de Messieurs qui auront esté en semaine pour les insérer et enregistrer en son livre des présentations, sinon que l'un et l'autre eust esté faict pardevant luy.

15. — Fera extraicts des quittances des arrérages des pensions rachetées qu'il mettra ez mains des commis à l'audition des comptes de la bourse pour vérifier ce qui sera deu des termes non entièrement payés et ce qu'aura receu ledict sieur boursier outre et par dessus les termes, et pour voir si le payement est faict de somme mise en requérant aux précédens comptes.

Résidence de Messieurs.

1. — Il n'est pas icy question de la première résidence que doivent faire les chanoines nouvellement receus ; elle est cy-devant déclarée au tiltre de la réception des chanoines. Il s'agit de celle que doivent Messieurs pour gaigner leur résidence en argent, bled, vin et bois ; qui est d'assister tous les jours réglez par le statut suivant à l'une des heures canoniales, c'est-à-dire à matines, à la messe canoniale et à vespres.

2. — Sur ce qui a esté remonstré par le procureur général du Chapitre jusques à présent pratiqué par Messieurs de prendre leur férie dez le premier d'aoust, auquel commence l'année capitulaire, jusques au dernier octobre suivant, outre 5 jours par mois accordés à ceux qui assisteront à l'une desdictes heures canoniales le premier jour de chasque mois, et que par ce moyen le chœur se trouveroit privé de leur assistance pendant trois mois consécutifs et de 60 jours sur le cours de l'année, ce qui tourneroit à grande diminution du saint service, tant pour l'absence de tous Messieurs en mesme temps que pour la liberté par ce deffault que prendroient les habituez obligez au saint service de s'en absenter ; pour à quoy obvier seroit nécessaire d'apporter quelques réglemens, ce qu'il requéroit pour le debvoir de sa charge.

Ausquelles remonstrances et réquisitions ayant aucunement égard et y faisans droicts, a esté statué et ordonné comme nous statuons et ordonnons que les féries et vacations de Messieurs seront réglées par cy après et limitées à 120 jours, à les prendre par chascun desdicts sieurs selon la commodité de leurs affaires sur le courant de la dicte année capitulaire qui commence comme dict est le premier jour d'aoust, et que ceux qui auront assisté à l'une desdictes heures canoniales par chasque jour, lesdicts 120 jours exceptez, seront déclarez capables de jouir et percevoir l'argent, bled, vin et bois affectez à la résidence d'un chascun, et le bon qui arrivera des absences au-dessus desdicts 120 jours sera partagé entre ceux qui auront faict la susdicte résidence requise. A ces fins, sera le punctueur chargé de faire fidèlement et exactement la punctuation toute l'année ensuitte de ce présent réglement et statut par lequel tous les autres statuts précédens contraires à ce présent sont révoquez et déclarez de nul effect et valeur sans néantmoins décharger ceux qui servent en semaine d'officier pour y pourvoir et sans déroger aux statuts pour l'assistance deue aux Chapitres généraux et festes solemnelles qui escherront ausquelles Messieurs sont exhortez d'assister se trouvant actuellement résidans en ceste ville.

3. — De ceste résidence comme de la première, le Chapitre de ce requis, légitimement convoqué, pourra dispenser ceux qui seront malades en la ville et hors d'icelle, pour la contagion, les députez du Chapitre, ou les estudiants jusques à l'aage de 25 ans en faveur de leurs études dont ils envoyeront attestation aux Chapitres généraux de la Saint-Jean et ce conformément au droict et réglement de la cour, et cas arrivant qu'aucun de la compagnie demandât dispense de sa résidence pour ses affaires particulières et importantes comme pourroient estre procès, le Chapitre deuement informé de la vérité et importance du faict usera envers luy de pareilles grâces qu'il a faictes aux autres.

4. — Tous chanoines et ecclésiastiques de nostre églize ne seront exempts de guet et garde en temps d'éminent péril et lorsque le Chapitre le jugera nécessaire, quoyque dispensez de résidence ou absence de la ville, si ce n'est pour les affaires du Chapitre, ains y feront mettre pour eux personnes suffisantes et à leurs deffauts sera commis à leurs frais selon nos anciens statuts des 9 et 16 mars 1569.

Ad Beneficia conferenda.

1. — Il est ordonné et statué que pour estre déclarez capables de conférer des bénéfices despendans du Chapitre il faut estre diacre et faire apparoir avoir faict la résidence de 6 mois entiers sans interruption s'il n'y a dispense de *loco*, ce qui se doit justifier, et l'un desdicts cas défaillant, on ne peut avoir droict de conférer bénéfice ny d'estre inscrit en la table mise au chœur pour y avoir sa semaine chascun selon son rang et ordre de réception, les dignitez néantmoins préférées ainsy qu'il est accoustumé, à commencer la semaine d'un chascun à minuit de la nuit, entre samedy et dimanche, et finir à pareil jour et heure.

2. — A esté dict que le maistre du chœur aura la clef de la table *ad beneficia conferenda*, et mettra de semaine en semaine, audict jour, en évidence le nom de celuy de Messieurs qui sera en son tour et semaine, advertissant le Chapitre toutes les fois que M. le doyen entrera en semaine, pour en charger le papier secrétarial et y avoir recours.

3. — Est ordonné que coppies collationnées desdictes présentations et provisions seront insérées au papier secrétarial à la diligence de ceux qui auront présenté.

Maistre du chœur.

1. — Ceste charge se confère par le Chapitre à la pluralité des voix et dépend de la pure et pleine auctorité d'ycelui, et néantmoins subordonnée à celle de M. le chantre pour la direction du saint service et exacte observance des saintes cérémonies de nostre églize.

2. — A l'effect que dict est sera tenu le maistre du chœur d'assister continuellement aux heures canoniales et office divin afin d'estre attentif à ce que la psalmodie se fasse distinctement, posément et dévotement avec la modestie deue au chœur.

3. — Prendra garde que ceux qui serviront à l'autel ayent la décence aux cheveux et la couronne, et qu'ils aillent en ordre et temps deu, et où il y a deffaut à ce que dessus par le prestre, diacre ou sous-diacre, donneront chascun un cierge d'une demy livre qui bruslera devant le Saint-Sacrement au lieu accoustumé, sauf plus grande peyne comme le Chapitre avisera en égard au jour et à l'office.

4. — Continuera l'affiche de ses tables au chœur où seront escripts, chascun jour, les grisards, confrères et autres selon leur rang sans exception de personnes tant pour dire les invitatoires, régir le chœur aux jours marquez que pour faire leur devoir en tout autres choses qu'il commandera dépendantes du saint service, et de priver du chœur ceux qui auront manqué lesquels ne pourront estre restablis que par le Chapitre, ledict maistre du chœur ouy ou appelé au préalable.

5. — Privera du chœur les confrères, catherins et distributaires qui auront manqué au saint service, auquel ils sont obligez, comme aussy les choristes qui n'auront assisté à la messe de la Croix et autres heures de l'office, et nul pourra estre rétabli que par le Chapitre comme est dict, et cependant défenses sont faictes au livreur de rien livrer à ceux qui seront privez soit des fondations, soit des anniversaires, à peyne d'en payer le double.

6. — Rapportera tous les vendredis au Chapitre les manquemens qui seront arrivez au saint service pendant la semaine pour y estre pourveu contre les défaillans de telle peyne que le Chapitre jugera.

7. — Avertira Messieurs de la semaine en laquelle la préceptoriale doit officier, pour y pourvoir, et le sieur bourcier payera celuy qui faira le debvoir, comme aussy quand escherra la semaine de M. le doyen *ad beneficia conferenda* pour l'insérer au papier secrétarial et pour obvier à difficulté.

8. — Avertira le procureur général de faire payer les amendes à ceux qui manquent tant à régir le chœur, commencer l'office, que autre debvoir touchant le saint service.

9. — Aux processions publiques ou générales, fera garder le rang que chascun doit tenir en donnant tousjours la préséance aux habituez actuellement servans à l'églize, bien que les habituez à Saint-Pierre ou aucun d'entre eux ayt receu l'habit en ceste églize.

10. — Fera un roole des habituez de ceste églize, y comprins les catherins, pour ycelui rapporté estre pourveu sur la célébration des messes quotidiennes.

11. — Nommera un prestre de ceste églize auctorisé par Messieurs capable de luy estre substitué et de commander en son absence.

12. — Emploiera les choristes pour servir à l'autel, porter les chandeliers et l'eau bénite les dimanches et festes solemnelles à peyne contre leur désobéissance.

13. — Est ordonné à tous bénéficiers, choristes et habituez de ceste églize d'obéir au maistre du chœur en ce qui touche le saint service en ycelle et desservir en personne au chœur ou commettre autres pour eux qui feront leurs debvoirs ez jours et heures qui leur seront commandées et prescrites par ses tables.

14. — Sont faictes deffenses au maistre du chœur de rien innover au saint service ou cérémonies de ceste églize, ny d'entreprendre de faire marcher le corps de céans en procession ou acte extraordinaire que la résolution n'en ayt été prise dans le Chapitre ou ailleurs par Messieurs deuement convoquez et qu'il n'en ayt eu commandement de mesdicts sieurs.

15. — Le maistre du chœur mettra les confrères au roole de l'hypocras deu par chascun de Messieurs pour la réception de chanoines et aux dignitez de doyen et chantre.

Maistre et recteur des Enfans de chœur.

1. — Il est ordonné que le maistre des enfans de chœur fera son actuelle et continuelle résidence en la maison de la maîtrise, instruira lesdicts enfans pour la musique et offices qu'ils devront chanter à l'église, où allans et revenans sera tenu de les suivre comme il s'est toujours observé et observe en toutes les églizes de mesme qualité que la nostre; veillera à leurs déportemens en la maison de laquelle, le service divin excepté, ils ne pourront sortir hors des cloistres sans la permission de Messieurs et sans estre assistez de leur maistre, pour quelque affaire que ce soit, pour les contenir par sa présence dans la modestie requise et empêcher que par quelque mauvaise pratique ils ne s'adonnent aux vices.

2. — Est enjoinct auxdicts enfans d'exécuter les réglemens faicts et arrestez à l'exacte observance desquels le maistre doit soigneusement veiller par la lecture d'iceux en leur présence à certains jours de l'an.

3. — Est ordonné au recteur desdicts enfans de faire dire la messe chasque lundy à la chapelle Saint-Barthélemy, les mercredys ou jeudys à Saint-Blaize, les samedys à Nostre-Dame et le reste de la semaine à Saint-Sébastien, lesquelles seront respondues à haute voix par lesdicts enfans selon l'intention des fondateurs.

4. — Est dict que suivant les anciens statuts et coustumes de ceste églize, n'y aura férie ny vacation pour ledict maistre et les enfans, mais seront tenus d'assister tous les jours à tous les offices avec toute révérence et respect qui est deu.

5. — Est ordonné que ledict maistre se chargera par inventaire des livres de musique et autres qui luy seront remis pour en rendre compte à ceux de Messieurs qui seront commis pour s'informer de la piété et advancement et mœurs des enfans.

6. — Est permis aux choriaux et autres habituez de ceste églize d'aller et fréquenter la maitrise aux heures que les enfans y sont instruicts en musique, pour y apprendre du

moins le plain chant à la charge que lesdicts choriaux et habituez s'y comporteront modestement.

7. — Et affin que lesdicts enfans se rendent capables de servir Dieu en ceste église, après avoir demeuré en la maîtrise le temps que Messieurs jugeront mériter quelque reconnoissance, en continuant leur charité, ils donneront à celuy qui sortira un habit et la somme de 200 livres pour 2 ans, à raison de 100 livres pour chasque an, pour luy aider à poursuivre ses estudes pendant ledict temps, tous autres frais demeurant à la charge de leurs parens qui sont obligez de rapporter à chasque Chapitre général de la Saint-Jean attestation de leurs estudes à peyne d'estre privez de la dicte pension, ce qui ne pourra estre tiré à conséquence que pour le temps et pour tel enfant que Messieurs jugeront.

8. — Le maistre des enfans en grammaire les instruira tant en piété et fondement de la foy, prenant pour ce subject un jour de la semaine, qu'aux rudimens et principes des lettres humaines, affin qu'ils se rendent capables de servir Dieu en ceste église, et ledict maistre observera exactement lesdictes heures à luy prescriptes pour ne point empescher leurs autres exercices.

9. — Leur recteur les nourrira et surviendra aux autres nécessitez selon qu'il est porté par le bail à luy passé suivant la forme ancienne pendant lequel il ne peut commettre leur nourriture à aucun que du consentement de Messieurs, n'y d'absenter de la ville plus d'un jour sans advertir Messieurs comme il auroit pourveu à la conduite et norriture desdicts enfans en son absence.

10. — Le mesme est deffendu au maistre de musique, ains luy est ordonné de contenir par son assiduité en la maîtrise les enfans en leur debvoir.

Confrères et Grisards.

1. — Est dict qu'aucun ne pourra estre receu confrère par résignation ou autrement, ou du moins ne pourra prendre possession de sa confrérie qu'il n'ayt obtenu par M. le chantre lettres d'habituez et qu'il n'ayt payé, pour le droict de réception, 20 livres à la fabrique.

2. — Et jusques à ce qu'il soit prestre siégera aux bas siéges ou à la place deue à sa confrérie, précédera les choristes qui seront liés à un plus haut ordre que luy sans pourtant que le deffaut de l'ordre de prestrise le dispense de servir à l'autel, par autre confrère, ny au chœur quand il luy sera commandé.

3. — En renouvellant et confirmant les anciens statuts, est dict que les confrères feront actuelle résidence en ceste ville puisqu'ils sont obligez par leur institution et par divers statuts à se rendre assidus au service divin en ceste église ; en conséquence de quoy a esté statué et statuons, ordonné et ordonnons que lesdicts confrères entreront aux heures canoniales comme les autres habituez, savoir pendant l'invitatoire de matines, l'introït de la messe et aux trois premiers versets du premier psaume des autres heures canoniales, et assisteront du moins à l'une des trois principales desdictes heures canoniales pour satisfaire à chasque jour de l'année à leur résidence, demeurans jusques à la fin desdicts offices sans sortir que pour excuse légitime approuvée par le maistre du

chœur si Messieurs n'ordonnent autrement, à peyne contre les contrevenans audict statut de privation de leur distribution d'une semaine pour la première fois, de leur résidence de trois mois pour la seconde, etc., etc.

Catherins.

En renouvellant et confirmant plusieurs statuts anciens, par celuicy nous avons dict, déclaré et ordonné que les catherins fondez en ceste églize percevans les distributions quotidiennes à cause de leurs catherinées sont obligez d'assister à toutes les heures canoniales et divin service de ceste églize ainsy que les habituez distributaires en ycelle, à sçavoir dès l'invitatoire de matines jusques à la fin de laudes, dès l'introït de la messe jusques à la fin, et dès le 3e verset des autres heures canoniales jusques à la fin, sur peyne d'estre privé de leur distribution de tout le jour, etc.

Punctueur.

1. — Le punctueur est à l'élection du Chapitre et destitution quand il luy plaict ; sa charge consiste à entonner du petit côté et à punctuer Messieurs et autres qui doivent résidence pour percevoir les droicts affectés à ycelle, et de rapporter au dernier Chapitre de chasque mois la punctuation attendu le changement des féries au tiltre de la résidence, et pour ce est obligé d'estre assidu à toutes les heures canoniales affin de vaquer plus assurément et fidèlement à la punctuation.
2. — Sera exact à punctuer, pendant six mois, que doivent continuellement résider, à l'une des heures canoniales de chasque jour les chanoines nouvellement receus aux fins portées au tiltre de la réception.
3. — Il aura 15 livres de gages qu'il recevra du sieur bourcier.

Basse-contre.

1. — Il est obligé d'assister au service les festes et autres jours qu'il y a musique, s'il en est adverty.
2. — Ses gages ordinaires sont de 18 livres par an, moytié sur la bource moytié sur la fabrique, outre ce qui est deu sur la chapelle Saint-Blaise par les deux chapelains de la fondation de Me Pierre Morisot, chanoine, modérée cy devant à 12 livres.

Organiste.

Il luy est ordonné de jouer des orgues à la messe canoniale et aux vespres les dimanches et autres jours qu'il en sera requis par le maistre de musique et se pourvoira d'un choriste pour luy aider, lequel sera payé comme un prestre ez jours de fondation ; ses gages sont de 20 livres moytié sur la bource moytié sur la fabrique.

Paremeniier.

1. — L'office du paremeniier et autres se donnent par Messieurs capitulairement assemblés.

2. — Sa charge est d'avoir soin des ornemens tant en argenterie qu'autres destinés au saint service ; il s'en doit charger par inventaire qui se vérifiera pendant le mois de may par ceux qui sont commis par le Chapitre assistez du sieur fabricien.

3. — Doit exercer sa charge avec dévotion, netteté et diligence, puisqu'elle regarde de si près les choses divines; et luy est deffendu d'employer pour ce les personnes laïques, etc., etc.

Distributaires et Livreur.

Nous avons ordonné en confirmant autres statuts précédens que les distributaires réduits au nombre de 12, sauf d'en adjouter ou oster quand il sera requis, seront obligez d'assister chascun à toutes les heures de l'office chasque jour et particulièrement ez jours de 9 leçons jusques à la fin de chasque heure, à peyne de 5 sols par chasque matines et messe canoniale, etc.

Est deffendu au livreur de faire aucune livraison sçavoir à Messieurs avant le *Benedictus* à laudes, la post-communion à la messe, et le *Magnificat* à vespres, et aux habituez avant la fin desdicts offices et petites heures ; et en cas d'un *Miserere* ou *De Profundis* se fera la distribution sur le tombeau, etc.

Choristes.

1. — Est ordonné qu'aucun ne peut estre receu choriste ou avoir entrée au chœur en ceste église, bien que muny de lettres d'habitué, qu'il ne soit capable tant à la lecture qu'au plain chant selon qu'il sera certifié en ce Chapitre par le maistre du chœur, et pour ce M. le chantre ne donnera à aucun lettres d'habitué qu'il n'ayt les conditions susdictes et que le nombre ne soit remply sur l'avis dudict maistre du chœur.

2. — Pour donner occasion auxdicts choristes de s'instruire tant au plain chant qu'aux cérémonies, il leur sera loisible d'aller après dîner à la maitrise jusqu'à 2 heures, pendant six mois, à la charge de s'y comporter avec modestie et obéissance en sorte que le maistre de musique n'ayt subject de s'en plaindre, et lesdicts choristes n'auront l'entrée au chœur si après les six mois ils ne sont capables, etc., etc.

En confirmant le statut du 23 novembre 1573, est ordonné que nul ne sera receu en nostre église s'il n'est né légitime.

Service divin et mœurs des ecclésiastiques.

Nous avons ordonné et ordonnons suivant les constitutions canoniques, anciens statuts et usages de ceste église, que le service divin s'y fera par hebdomadaires qui commenceront dez les vespres du samedy inclusivement jusques aux vespres du samedy en suivant, etc., etc.

Nous défendons à tous ecclésiastiques et autres de se promener dedans nostre église, particulièrement pendant le service, comme a esté ordonné par nos prédécesseurs le 27 juillet 1574, soubz les peynes des arrestz et ordonnances de nos rois, ou telles que le Chapitre jugera.

Enjoignons à tous les ecclésiastiques de céans de ne porter longs cheveux, ny grands collets, mais conformes à la modestie suivant l'ordonnance capitulaire du 3 janvier 1578 et autres suivantes, soubz mesmes peynes.

Leur enjoignons de porter par la ville des longs habits suivant le statut du 16 juillet 1572 et autres réglemens postérieurs, à peyne de 5 livres d'amende pour chasque fois applicables à nostre Chapitre, à quoy nostre procureur général tiendra la main.

Leur défendons de fréquenter les cabarets soubz les peynes portées par les ordonnances de nos rois ou selon que le Chapitre jugera.

Leur défendons encore de fréquenter jeux, bals et autres lieux de desbauche, etc.

Défendons encore de jurer, renier, maudire et blasphémer sur mesme peyne.

Vicaire de la Croix.

Le vicariat se confère par M. le doyen, et celui qui en est pourveu se doit, ayant pris possession, présenter au Chapitre avec les lettres de provision et acte de possession et prier Messieurs permettre l'enregistrement de l'un et l'autre en leur papier secrétarial, et ce faisant ordonner qu'il jouira des gages accoutumez, sur la bource, d'un sol par jour et des doubles simples distributions assistant au service divin ce qui luy sera accordé, etc., etc.

Anniversaires.

Les tables des anniversaires de chasque mois seront faictes par le livreur sur le martyrologe des fondations anniversaires de ceste église, calculées, arrestées, dattées et signées par le secrétaire avant que d'estre mises au chœur à la diligence du livreur soubz telle peyne contre celuy, ou ledict secrétaire refusant de ce faire, qui sera jugée par le Chapitre, etc., etc.

Chapelles et Chapelains.

En renouvellant les statuts concernant les chapelles fondées en nostre églize, faicts en 1240, 1323, 1347, comme il se voit par des fragmens sauvez du naufrage des troubles, confirmez par d'autres ez années 1567, 1574, 1578, et autorisez par diverses ordonnances sur ce subject ez chapitres généraux tenus tous les ans pendant quinze jours de la Saint-Jean-Baptiste et tenant à présent celuy-cy.

Nous avons ordonné que tous les chapelains des chapelles fondées en nostre églize comparoistront aux jours à eux assignez à chasque Chapitre général de ladicte Saint-Jean pour déclarer à quels tiltres ils sont possesseurs des chapelles, yceux rapporter s'il y en a esté faict, ou copies collationnées des provisions, remettre un inventaire des ornemens, papiers, tiltres et documens concernant les droicts et revenus d'ycelles, pour du tout dresser acte capitulaire et après estre mis au trésor affin d'y avoir recours.

Maisons canoniales.

1. — Est ordonné en renouvellant les anciens statuts et forme d'opter les maisons canoniales que chascun de Messieurs, présens et résidans en ceste ville, aura droict de deux options, vacation advenant, chascune desquelles se fera selon l'ordre de réception

en son canonicat et prébende, sans déférer aux rangs et dignitez de ceste églize, et parceque les absens, par le privilége de leurs charges, offices et qualitez ou par députation du Chapitre, doivent estre tenus pour présens, il est dict qu'ils jouiront du pareil droict d'option.

2. — N'est permis à aucun chanoine ayant faict option d'en revenir ny d'en jouir que le droict d'introge ne soit payé et rapporté sur le bureau du Chapitre, dans la huitaine, à peyne de saisir ses fruicts ou de sa résidence jusques à la concurrence du droict, lequel par cy après se payera en précomptant à la seconde ce qui aura esté payé à la première sans qu'aucun, pour ce qui est dict cy dessus, puisse renoncer à l'option par luy faicte que du consentement du Chapitre et des intérests quoyqu'il offre de payer ledict droict.

3. — Aucun chanoine ne jouira de la maison par luy optée pour la deuxième fois qu'il ne fasse voir qu'il a payé le droict de la première par quittance du sieur fabricien et par visite ou décharge n'estre tenu à aucune réparation de la maison qu'il vuide.

4. — Aucun résignataire ne pourra opter maison canoniale pendant que son résignant jouira par vertu du privilége de 20 ans de celle qu'il avoit devant la résignation admise.

5. — Est défendu à tous chanoines d'entreprendre aucun nouvel œuvre ou bastimens dans leurs maisons canoniales et terreries que de la permission du Chapitre après avoir ouy les visiteurs sur la commodité ou incommodité qu'en peuvent recevoir lesdictes maisons.

6. — N'est permis à aucune personne laïque et séculière de faire leur demeure ordinaire dans lesdictes maisons, soubz prétexte de louage et autrement, que de la permission de Messieurs, leur procureur général ouy, sinon que les sieurs chanoines possesseurs desdictes maisons y soient présens pour obvier aux difficultez qui naissent par la mort desdicts séculiers, ou pour raison des droicts curiaux, ou par la justice.

7. — Est pareillement défendu de prester lesdictes maisons pour y faire danses ou jeux publics, sans le consentement du Chapitre qui sera accordé en considération des princes, des gouverneurs de province, ou en faveur de nopces entre parents, etc., etc.

Division des gros fruicts et option.

Avons ordonné que le Chapitre a le droict de procéder à la division des gros fruicts et prébendes vacantes par mort, résignation, permutation, ou autrement dez l'instant de la vacance, et que ces fruicts sont censez divisibles entre ceux qui sont capables, au mesme temps de la vacance, d'en particiter; sur lesquels distraction se fera de 2 livres de dons réservez au successeur audict canonicat et prébende par la transaction, art. 8, du 26 janvier 1623, *Coulan*, etc.

Terreries et Terriers.

1. — Avons statué comme de nouveau statuons que les terreries dépendantes de notre Chapitre vacantes sont optées par Messieurs les chanoines selon l'antiquité de leur réception sans que cet ordre puisse se changer pour raison de dignité ou autrement, la qualité de chanoine étant seule considérée au faict des options des maisons et terreries.

2. — Lesdicts terriers et terreries ayant justice, ne pourront estre optés ny conférés qu'aux présens et résidans en ceste ville la plus grande partie de l'année, sinon qu'ils soient dispensez, ou par le Chapitre pour les affaires d'ycelui, ou à raison du privilége et charges et offices dont ils seroient pourveus en donnant caution pour la conservation desdictes terres et droicts pendant leur absence ; et modérant le statut de l'an 1586, est dict qu'aucun présent ne sera tenu de donner caution des terres optées que Saint-Albain et Chardonnay, sauf au Chapitre de pourvoir par autre voye à la seureté et conservation des droicts qui dépériroient par la faute d'aucuns. N'entendant pourtant pas par ce qui est dict cy dessus déroger aux anciens statuts de céans, mesme à celuy de juillet 1574, en ce qui concerne l'option des terreries où il y a maisons fortes, en expliquant et confirmant yceluy est statué que les terreries de Saint-Clément, Saint-Albain, Verzé et Chardonnay, où il y a édifices ou maisons fortes, ne pourront estre optées ny conférées qu'aux présens et résidans en ceste ville, sans en pouvoir estre dispensez pour quelque cause et privilége que ce soit, si ce n'est les absens pour les affaires du Chapitre par commission d'yceluy; et ce pour obvier aux maux qui en peuvent arriver, mesme aux ruines, décadences, démolitions qui pourroient arriver par leur absence.

3. — Il est dict qu'aucun chanoine ne pourra opter plus de deux terres sinon qu'il n'y eût nombre de chanoines capables du droict d'option pour celles qui vaqueroient après que chascun desdicts sieurs capables en auroit opté deux, auquel cas les vacances seroient optées l'une après l'autre par les anciens suivant l'antiquité de réception ; et arrivant que parmi temps aucun fut déclaré capable, le dernier desdicts sieurs qui en auroit trois seroit tenu d'en quitter une à son choix et ainsy successivement jusques au premier à mesure qu'il s'en trouveroit de capables.

4. — Aucun de Messieurs ne se peut prétendre capable dudict droict d'option qu'il n'ayt justifié d'avoir faict son stage ou par dispense après sa prise de possession, d'avoir l'ordre de diacre et d'avoir payé le droict accoustumé pour estre jugé capable desdicts droicts.

5. — Est dict que pour procéder à l'option des terres vacantes, qu'aucun desdicts sieurs n'en pourra opter (ledict cas de 3e excepté) qu'il n'ayt quitté celles qu'il avoit avant l'option sans pouvoir reprendre l'une de celles qu'il quitte, mais optera l'une des vacantes sauf à prendre une deuxième telle qu'il voudra des restantes après que ceux qui sont premiers en ordre auront opté.

6. — Par ce statut est dict qu'il n'est permis à aucun desdicts sieurs de jouir de ladicte option s'il ne rapporte dans huit jours sur le bureau du Chapitre les tiltres, receptes, terriers, censes*, sentences et autres documens concernans lesdictes terres qu'il aura laissées, asseurant qu'il n'en a autres en sa puissance.

7. — Seront encore rapportées dans ladicte huitaine les quottes des terres qu'ils laisseront (exceptez celles des cinq années dernières) avec un bref inventaire desdictes quottes au pied duquel sera mis par le secrétaire un acte de décharge qui demeurera aux sieurs rapportans pour estre mis au trésor en la caisse des terreries, enjoignant au procureur général du Chapitre de rapporter en mesme temps les inscriptions de chascun et de tenir exactement la main à l'observance dudict statut.

8. — Les options étant faictes desdictes terreries est ordonné aux sieurs terriers de travailler chascun en sa semaine commençaut par M. le doyen, dans le temps prescrit par le Chapitre, aux inventaires des papiers et tiltres qui seront aux archives, après le susdict rapport, dépendans de leurs terreries fraischement optées, ou de vérifier les inventaires qui auroient précédemment esté faicts, y adjoustant ceux qui n'auront esté compris, et de rapporter chascun ses inventaires sur le bureau du Chapitre, chascun à la fin de semaine, en sorte que tous les inventaires soient faicts ou vérifiez et rapportez au Chapitre dans les quatre mois à compter du jour qu'aura commencé ledict sieur doyen, à peyne contre les deffaillans de 6 livres pour la première fois applicables à la fabrique pour en tenir compte par le sieur fabricien ou faire apparoir de ses diligences après en avoir esté adverty par le procureur général qui est encore chargé de faire savoir à chascun de Messieurs les terriers quand sera leur semaine, et de tenir la main à ce que lecture soit faicte de ce statut à toutes occasions d'options de terres avant que de procéder à icelles, et en requérir l'exécution.

9. — Est permis aux terriers ayant jurisdictions de pourvoir aux offices de juges, de procureur d'office et de greffier, lorsque lesdicts offices viendront à vaquer par mort ou démission ; pour yceux exercer tant qu'il plaira au Chapitre, à charge que lesdicts officiers luy remettront copie de leurs provisions, prestans le serment au Chapitre, entre les mains de celui qui y présidera, de fidellement exercer leur charge, et que les greffiers pendant le Chapitre général de la Saint-Jean rapporteront une expédition des actes de jurisdiction et principalement de la main levée d'hoiries, dation de tutelles, publication de testamens et autres gratuitement pour estre mis au trésor à peyne d'estre dépossédez de leurs charges.

10. — Est ordonné aux sieurs terriers de faire tenir les assises de trois en trois ans et plus souvent, s'il se peut, sur les limites de leurs jurisdictions, et y publier les ordonnances, ouyr les plaintes, faire droict aux parties, visiter les chemins et places publiques, empescher l'establissement des tavernes, et de rapporter, de trois en trois ans au Chapitre général de la Saint-Jean, les verbaux desdictes visites, tenues de cour et de leurs assises, pour les mettre au trésor et y recourir s'il est besoingt.

(Archives du département. — Fonds du Chapitre de *Saint-Vincent de Mâcon*).

XII.

Terrier de l'église cathédrale de Saint-Vincent de Mascon.

1628.

Pour entendre le contenu en ce terrier, il est nécessaire de noter certains articles.

Le premier, que chascune des obédiences ou terreries de l'esglise de Mascon cy-après spécifiées et nommées se mettent en dons et sont taxées et estimées à certaines sommes de livres ou solz, lesquelles livres ou solz ne sont Parisis, Masconnois, Tournois, Viennois ou autre monnoye courante ; mais ceste taxe est faicte à la volonté pour plus facilement diviser les dons et portions, le cas de division advenant.

Le second, que les réfusions deues sur les obédiences ou terreries par les sieurs terriers ou conterriers, sçavoir les pensions, quartes et *ad opus panis*, se payent en monnoye Masconnoise, de laquelle monnoye cinq deniers valent six deniers tournois et ainsy des solz et des livres respectivement.

Le troisiesme, que les réfusions qui sont deues *ad opus panis* se taxent comme dict est en monnoye Masconnoise, lesquelles réduictes en tournois selon l'estimation sus mentionnée, pour xx s tournois; on doibt refondre une coppe de froment mesure de Mascon comme, par exemple, si quelque terrier ou conterrier doibt refondre viii s iv d M(asconnois) valans dix solz tournois, il refondra pour iceux *ad opus panis* six coppes froment, mesure de Mascon, et ainsi du reste.

Le quatriesme, que les réfusions deues à l'aumosne se payent en seigle ou febves, et quand on donne du froment il est estimé un tiers davantage; comme, par exemple, si l'on paye six coppes froment, l'on est tenu quicte de neuf coppes de seigle et ainsi des autres.

Le cinquiesme, que lesdictes réfusions deues sur lesdictes obédiences ou terreries à ladicte aumosne sont nombrées par prébende valant trois coppes et demye de seigle mesure Masconnoise.

Ce que dessus présupposé et remarqué, suivent les descriptions des obédiences ou terreries de ladicte esglise, et leurs estimations et charges suivant ce qui se pratique à présent, que nous comptons l'an de Salut mil six centz vingt huict.

Estimation des Terreries.

Avenay est taxé et estimé, toutes charges déduites, à la somme de ii c lxx livres.
Amugny a esté eschangé contre Bussye uni à Chardonnay.
Appugny est taxé et estimé à xl. l.
Montbelet. Le revenu de cette terre est uni a la table du Chapitre.
Balmon est uni à la bourse du Chapitre.
Bourguilain et *Montgiraud*, taxés à iiii xx xiii l.
Le sieur terrier a pour ses droits trois moitiers de seigle (mesure contenant 6 coupes).
Blany est estimé xx l.
Burgiac (1) est annexé à la terrerie de Saint-Albain.
Boutiques. Appartiennent au Chapitre les huit boutiques construites rue des Celliers, sous la tour de la maison canoniale, et aboutissant près la porte de Furs: leur revenu va à la fabrique.
Bois-Chétif. Revenu uni à la bourse du Chapitre.
Les Bois des Fouilloux, sis en la paroisse de Saint-Amour, s'amodient et se partagent également entre Messieurs, tenans lieu de résidence.
Chasteau. Le revenu est joint à la bourse, excepté xx mesures de seigle qui vont à l'aumosne *ad opus panis*.

(1) Burgy.

La cure de Chasteau et celles de Lornan, Brandon, Bussières et Sainte-Cécile sont à la présentation du Chapitre.

Chanvers, en Nivernois, est uni à la bourse. La présentation à cette cure appartient au Chapitre.

Les Catherins, ou six chapelains fondés en la chapelle Sainte-Catherine devoient xx¹ tournois sur lesquelles leur a esté déduite la somme de x¹ en récompense du retranchement de certain porche qui joignoit et dépendoit de leur maison et avançoit sur la place qui est devant l'église Saint-Vincent, et ce pour rendre ladicte place plus belle, comme appert par acte capitulaire du 28 janvier 1632, partant ne doivent plus que x¹ tournois, plus 10 moitiers de seigle *ad opus eleemosinæ*.

Chardonnay et *Bussy*. Moyennant la somme de mille cinquante livres et xxIIII mesures de froment, le sieur terrier jouit du chasteau dudict Chardonnay et de tout le revenu en dépendant; mais la présentation à la cure appartient au Chapitre et non plus au sieur terrier.

Croix de Beaujeu, du *Rosset*, de *Vérizet* et de *Vauxrenard*. Certains droits en argent, dus par les prêtres de ces archiprêtrises, étoient perçus par les archiprêtres et payés au Chapitre les jours de synode; ces droits ne se payent plus.

Chesnas et *Julliénas* estimés v ᶜ ¹. Le sieur terrier jouit de la directe portant laods et vends (1) et pouvant valoir annuellement xx ¹. Il a droit, en outre, a trois moitiers de froment et à douze perdrix rouges. Plus lui appartient le droit de patronage dû, à la Saint-Martin, par le sieur curé de Chesnas et montant à seize sols parisis et deux chapons bons et suffisans; enfin, le patronage dû, à semblable terme, par le sieur curé de Julliénas et montant à v sols x deniers parisis.

Chevagny-sur-Veyle, autrement *Saint-Jean-des-Avantures*, est taxé à CCIIII ˣˣ ¹. Le sieur terrier a pour ses droits douze fromages de flour, à la grande forme, qui peuvent valoir L livres.

Saint-Cyr-en-Bresse. Le sieur curé de Saint-Cyr doit à la bourse du Chapitre, pour le patronage de sa cure, XLVIII sols tournois et une livre de cire, payables chaque année au mois de janvier.

Cenves et *Chasselas*, taxés CLXX¹. Le sieur terrier a droit, pour Cenves, à VI coupes de froment, et pour Chasselas, à v ¹ et VI coupes de froment; il jouit encore de quelques servis dus à Fuissé à cause de Chasselas.

Le *Clos des Barres*, dit le petit clos, est aliéné.

Le *Clos du Doyenné* est taxé à IIII¹ x ˢ masconnois, et III prébendes valant en seigle x coupes et demie.

Chissé, estimé c¹. Le sieur terrier reçoit, pour ses droits, c ˢ ᵗ (v¹), plus, pour le patronage de la cure de *Chissé*, XII ˢ avec deux livres de cire, et pour le patronage de la cure de *Lys*, deux livres de cire.

Cresche et *Chasne*, estimés à VII ˣˣ ¹. Le sieur terrier jouit du grand dixme des vins ainsi que des servis et directe moyennant LXXV ¹. Il prend sur les bleds III moitiers de

---

(1) Droits seigneuriaux qui frappaient les biens fonds lorsqu'ils se vendaient.

froment, et il a le tiers de l'herbe des prés royaux situés en ladicte paroisse, ce qui peut valoir xxv ˡ. Il jouit en outre des quarts des fruicts dus par quelques héritages et évalués à x coupes de froment et x coupes de seigle ; il reçoit enfin, chasque année, sur la bourse du Chapitre, ɪɪɪɪˡ vɪɪɪˢ xᵈ.

Eau et Bois, y compris le pré de Montbelet, sont taxés à ɪɪᶜ livres.

Droits du sieur terrier : il reçoit, sur la pêche, vˡ, et sur le pré de Montbellet, douze chapons de geline ; il a de plus les servis qui peuvent valoir xʟˢ.

Flacé et *Saint-Maurice-des-Prés*, taxés à ɪɪɪᶜ ˡ. Les bleds de Flacé doivent à la bourse du Chapitre, pour les anciennes réfusions, ɪx coupes de froment ; il est dû, sur les mêmes bleds, à Messieurs de Saint-Pierre pareille quantité de ɪx coupes de froment. Le sieur terrier a, pour ses droits, un poinson de vin (2 feuillettes), trois moitiers de froment et un char de paille, plus les servis estimés vɪˡ.

Fleurye, taxé à ccccᶜ xʟˡ. La nomination à cette cure appartient au Chapitre. Les droits du sieur terrier consistent en cent sols, douze perdrix et douze connilz de garenne, plus les servis qui peuvent valoir xxˡ d'amodiation.

Le Four du Pont est estimé, toutes charges déduites, à ɪɪɪˢ.

Le Four de Germolle, autrement le four de Saint-Vincent, qui étoit proche le lieu où est maintenant le séminaire, a esté aliéné sous le servis de ɪɪˢ vᵈ pour la fabrique.

Griéges et *Cormoranche*, estimés ɪɪᶜ ˡ. Le sieur terrier a droit aux servis et directes, qui peuvent valoir xxˡ, et il reçoit, en bled, quatre moitiers trois coupes de froment ; mais il doit à la bourse, pour les servis unis à ladicte terre et qui sont dus à St-Didier-de-Chalaronne, ɪɪɪɪˡ xˢ.

La Gagère (1) *de Verneuil* est annexée à Saint-Albain.

La Gagère de Montbelet et du Porcelet ne consiste plus qu'en quelques servis, maintenant unis à Viré.

Hurigny et *Chasoux*, taxés à vɪᶜ ɪɪɪɪˣˣˡ. Le sieur terrier a droit à trois moitiers de froment, deux poinsons de vin, un poinson pour la garde, et, pour les moissons, à une charrée de paille ; il a les servis et directe, moyennant xʟˡ. Enfin il jouit du petit pré et de la maison situés près la grange du dime, le pré peut valoir xɪɪɪˡ d'amodiation.

Lancié et *Villié* sont estimés vᶜ ˡ. Le sieur terrier reçoit, pour ses droits, vɪˡ, douze perdrix et douze connilz.

Monsieur l'évêque de Mâcon doit chaque année à la bourse pour ses réfusions *ad opus panis* xvɪ mesures 3 coupes froment ; mais il reçoit, chaque année, sur ladicte bourse, pour sa résidence, xv mesures de froment. Il prend en outre sur la même bourse, en qualité de sacristain, xvɪɪɪ mesures de froment ; enfin il reçoit sur l'aumosne et remet au marguiller, chacun an, xɪɪɪ mesures de seigle.

Les Maisons canoniales sont chargées des servis suivans :

1º La maison située sous la tour de *Boucarde*, qui fut à messire Antoine de Furs, et à laquelle a esté unie une autre maison contigüe, que possédoit messire Jean Dalmaci, doit pour les quartes et les pensions vɪɪɪˡ xɪɪˢ masconnois, et pour l'entrée xʟˡ tournois.

---

(1) Gagère, *Gageria* ; bien engagé.

2° La maison *du Réfectoire*, située devant la maison ci-dessus, étoit tenue anciennement par M⁰ Pierre Signoret et fut abattue pour la démolition de la tour du *Colombier*. Cette maison a esté rétablie, savoir une partie en une maison qui répond hors le cloistre et dont le louage va à la bourse, et l'autre partie est demeurée en greniers qui servent à mettre les graines communes du Chapitre.

3° La maison dite *la Geneste*, sise au petit cloistre, jouxte ladicte maison du Réfectoire de vent, et l'église de bise, devoit xlv ˢ masconnois ; elle a esté depuis ruinée et réduite en escuries qui ont esté unies aux maisons de Maravalle et Basse d'Amiens.

4° La maison qui fut à M⁰ Jean de Maravalle, située jouxte ladicte église, un petit chemin entre deux, de bise dessous et proche la tour de Boucarde, doibt, à cause de la cuisine, *ad pensiones*, xx ˢ masconnois ; pour l'anniversaire de M⁰ Jean de Blanost, *ad quartas*, xlv ˢ masconnois ; plus, à cause des escuiries qui y ont esté unies, *ad quartas* xxii ˢ vi ᵈ masconnois ; et, pour l'entrée, doibt d'antiquité lx florins, plus, pour moitié de l'entrée de la maison de la Geneste, à cause de ladicte union, xv florins, montant ensemble à lxxv florins valant la somme de lxiii ˡ x ˢ tournois.

5° La petite maison située devant l'église jouxte la maison susconfinée, de vent, mais qui est destinée à la fabrique et partant ne doibt rien.

6° La maison qui fut à M⁰ Mathieu de Vercey et après lui à M⁰ Samson de Buland, située devant la maison des Catherins, jouxte la tour de Boucarde de vent et matin, doibt pour l'anniversaire dudict de Buland, xlv ˢ, et pour l'entrée lx florins valant l ˡ tourn.

7° La maison qui fut à M⁰ Jean Bechet, jouxte la maison dernière confinée de matin et vent, laquelle est destinée au logement du secrétaire du Chapitre, et doibt payer pour l'anniversaire dudict Bechet iiii ˡ tournois.

8° La maison située devant les Catherins qui fut à Estienne Joly, d'où on l'appelle *la Jolie*, et, après, à M⁰ Estienne Robin, confrère du grand autel, qui la donna à l'Eglise. Elle doit, pour l'anniversaire dudict Robin, v ˡ tournois, et pour l'entrée xl ˡ tournois.

9° La maison qui fut à M⁰ Guido Garnier, sise proche *la Rochette*, toutefois hors le mur du cloistre, jouxte la maison susconfinée de bise et la maison de M⁰ Mathieu de Vercey, doibt à la recepte des termes iiii ˡ xiii ˢ tournois, et pour l'entrée, xx ˢ tournois.

10° La maison qui jouxte la maison des Catherins de matin et le lieu où estoit le cellier du Chapitre de soir, est destinée pour le logement des Enfans de Chœur et ne doibt rien.

11° La maison haute d'*Amiens* jouxte la maison susconfinée de vent, et la maison des Degrés de matin, doibt pour la moitié de la fondation de la feste Saint-Firmin, faicte par M⁰ Jean Guillaume de Mascon, évesque d'Amiens, la somme de l ˢ tournois ; plus, pour la moitié de l'anniversaire dudict sieur évesque, doibt *ad quartas* xxviii ˢ iiii ᵈ masc.

Elle doibt, en outre, à la fabrique, à cause du grand cellier qui y a esté uni, lx ˢ t ˢ, et pour l'entrée xlv florins valant xxxvii ˡ t ˢ.

12. La maison basse d'*Amiens*, ayant son entrée devant le grand portail de l'église, située jouxte la maison susmentionnée de soir, et les maisons des Catherins et des Enfans de Chœur de vent, doibt, pour la moitié de la fondation de la feste Saint-Firmin, l ˢ t ˢ ; plus, doibt, pour la moitié de l'anniversaire dudict sieur évesque, *ad quartas*, xxviii ˢ.

IIII ᵈ masconnois; item, à cause des escuries qui y ont esté annexées, *ad quartas*, XXXII ˢ VI ᵈ masconnois.

Doibt, en outre, pour l'entrée, XLV florins, plus, pour moitié de la maison de la Geneste, XV florins, valant en tout L ˡ tˢ.

Item, doibt le desjeuné des chantres le jour des *Rameaux* ainsi qu'il est pratiqué d'antiquité et renouvelé par acte capitulaire du 11 avril 1632.

13º La maison des *Degrés*, sise devant le grand portail de l'église, jouxte les maisons d'Amiens, doibt *ad quartas* XLV ˢ masconnois; plus, pour les *généraux* du sieur Anthoine *ad opus panis* XX ˢ masconnois.

Enfin, pour l'entrée, LXX florins valant LVIII ˡ VI ˢ VIII ᵈ.

14º La maison qui fut à Mᵉ Jean de Salornay, sise proche la chapelle Saint-Thomas, jouxte la maison qui est entre deux portes du cloistre de bise, doibt, pour l'anniversaire dudict de Salornay, la somme de XLV ˢ tˢ; pour les Vigiles, X ˢ tˢ.

Et pour l'entrée, elle appartient aux sieurs catherins, lesquels néanmoins, lorsqu'elle vaque, ne la peuvent conférer qu'à un des sieurs chanoines de ladicte esglise; et monte ladicte entrée à XXV ˡ tˢ.

15º La maison sise entre deux portes du cloistre, du côté de bise, doibt *ad quartas* L ˢ masconnois, et pour l'entrée L florins.

16º La maison du *Terreau*, jouxte la maison du Cloistre du côté de matin, avec la grange y annexée, doibt, pour l'anniversaire du jour Saint-Denis, fondé par MMᵉˢ Denis du Terreau et Denis Guyonnet, chanoines, III ˡ IIˢ VI ᵈ tˢ.

Plus, doibt, *ad quartas*, LVII ˢ VI ᵈ masconnois, et pour l'entrée, XL florins valant XXXIII ˡ VI ˢ VIII ᵈ.

17º La maison, avec la grange derrière, qui fut au sieur de Chastillon, sise jouxte la maison sus escripte de matin, et autre maison appelée *du Bled*, de soir, doibt *ad quartas* IIII ˡ X ˢ masconnois, et pour l'entrée, LXX florins.

18º La maison *du Bled* en laquelle estoient deux maisons qui furent à MMᵉˢ Humbert et François de Pise, et qui sont à présent unies ensemble, jouxte la maison susmentionnée de matin, doibt, *ad quartas*, LVIII ˢ III ᵈ masconnois, et pour l'entrée, L florins.

19º La maison de *Salornay*, acquise par le sieur Pierre Morizot, chantre, avec le jardin derrière, jouxte ladicte maison du Bled, de matin, la maison et jardin qui estoient à l'un des confrères de Saint-Georges et qui est maintenant aux sœurs de Sainte-Ursule, de soir, doibt, pour l'anniversaire dudict Morizot, V ˡ tˢ, et pour deux autres anniversaires de Mᵉ Jean de Salornay, V ˡ X ˢ tˢ, et pour l'entrée, LX florins.

20º La maison des *Quatre-Cours*, jouxte la maison susdésignée de matin et la porte du cloistre, proche le lieu où estoit le cellier du Chapitre de vent, doibt, *ad quartas*, XLV ˢ masconnois, et pour l'entrée, C florins valant IIII ˣˣ III ˡ VI ˢ VIII ᵈ tˢ.

21º La maison proche et dehors les murs du cloistre, devant le lieu où estoit le cellier du Chapitre, jouxte la maison susconfinée de bise et la maison de la chapelle de Nostre-Dame de vent, doibt à la recepte des termes IIII ˡ XVI ˢ tˢ, et pour l'entrée, XX ˡ tˢ.

22º La maison située hors le cloistre, devant l'église du bourg Saint-Jean, doibt, à la recepte des termes, XLV ˢ masconnois; pour l'anniversaire de Mᵉ Jean *de Vernolio*, la somme de LIIII^s t^s. Plus, pour livrer aux pauvres le jour de l'obit de Me Thomas Chandon, chanoine, v^l t^s. Item, doibt chascun an, aux sieurs catherins, à cause du jardin, xx^l t^s., et pour l'entrée, xx^l t^s.

Outre les maisons canoniales ci-dessus déclarées, il y en a huit autres hors le cloistre, situées en la rue Franche et aboutissantes au bout du Pont, près la porte *de Furs*, lesquelles ne sont appelées canoniales d'autant qu'elles ne sont affectées pour la demeure des sieurs chanoynes; toutefois elles appartiennent au Chapitre, et leur revenu ou louage va à la bourse d'iceluy.

Item une autre maison située en la place et devant le puits de *la Baille*, autrement de *la Chesne* (sic), qui appartenoit autrefois à M^e feu Gratian Descrivieux, chanoyne, qui la légua et donna à défunct Me Pierre Jonchet, duquel le Chapitre a esté héritier. Le louage de laquelle et des huit autres, mentionnées en l'article précédent, va à la bourse, et se prend sur iceluy diverses sommes pour plusieurs anniversaires et fondations déclarées particulièrement en la grande recepte du Chapitre, dans laquelle lesdictes maisons sont amplement confinées.

Marlos étoit taxé à xxIIII^l et devoit autrefois, *ad opus eleemosinæ*, v mesures une coupe et demie, mais il y a eu modération de III mesures; cette terre ne doibt plus que II mesures et une coupe et demie de seigle.

Le Moulin de Marbé ne paye plus rien au Chapitre; on ne sçait à présent ce que c'est.

Mardore est taxé à III$^{e\,l}$ à cause de ladicte terre de Mardore; les cures de Mardore, Saint-Vincent-de-Reins, la Gresle et Saint-Jean-la-Bussière sont à la présentation du Chapitre. Le sieur terrier reçoit, pour ses droits, v livres, vi perdrix et vi connilz de garenne.

Montfalcon (en Bresse), estimé IIII^c xx^l. A cause de cette terre, le Chapitre a le droit de présentation aux cures de Montfalcon, de Gras, de Pérès et de Confrançon. Le sieur terrier prend, sur le revenu, v^l. Il a droit, en outre, aux servis et directe évalués xxx^l, et il a deux petits prés qui peuvent valoir xx^l.

Le Dîme du Séchal (pré situé dans la prairie de Montfalcon), appelé le *Petit-Dime*, est uni à la bourse du Chapitre; il s'emploie pour les cierges qui brûlent devant le Saint-Sacrement aux festes de l'Annonciation, de la Nativité, de la Conception, de la Purification, de l'Assomption de la Vierge, de la Nativité et Résurrection de Notre-Seigneur, de Pentecoste, Toussaint et de Saint-Vincent.

Mons. Cette terre ne se peut taxer et estimer parce qu'elle refond (1) plus qu'elle ne vaut. Le sieur terrier prend v^l sur le revenu, plus, sur les prés dudict lieu, trois moyens (2) de foin, qui peuvent valoir par commune année x ou xII^l.

Ouvrois ou boutiques, en la rue épiscopale des rues franches, dont ne se reçoit aucune chose, les droits étant perdus ou aliénés.

Les *Prés Berthet*, au Royaume, sont trois petits prés situés en la prairie de Sancé, à l'endroit de la chapelle Nostre-Dame-de-l'Isle, lesquels ne doivent rien et sont estimés VIII^l.

---

(1) *Refundere*, rembourser, payer.
(2) Monceau, tas.

Le *Pré Berthet*, à l'Empire, avec le pré *Aymard* de Chavanes, est taxé à LII¹.

Le *Pré de Sancé*, appelé aussi *Pré Berthet*, au Royaume, est taxé à XX¹, et doibt, pour l'anniversaire du sieur Jean *de Blanosio*, XLV ˢ masconnois. Ce pré ne va en terrerie ; son revenu est perçu par celui que le Chapitre commet et qui a pour lui XII poulets.

Le *Pré-des-Fosses*, estimé L ˢ masconnois.

Pierreclos et *Vergisson*, estimés III ᶜ ¹. Le petit dîme de Pierreclos va à l'aumosne. Droits du sieur terrier : il a, à cause de Pierreclos, trois moitiers froment et deux poinsons de vin ; et, à cause de Vergisson, six coupes froment et un poinson de vin. Plus, moyennant XII¹ dont il fait quotte, et L sols qu'il paye à la bourse, il jouit des servis et directes qui peuvent valoir d'admodiation la somme de LXX¹. Item, il prend les taillis des bois dudict Pierreclos qui sont à présent amodiés X¹ ; plus, les prémices desdicts lieux ; plus, la justice.

Le *Péage de Mascon*, qui est maintenant perdu ou aliéné.

Plottes, Colonges et Crusilles, taxés à CC ˣˡ¹. Le sieur terrier reçoit, sur le revenu de Plottes V¹, et sur celui de Crusilles trois moitiers de froment.

La présentation à la cure de Colonges et Crusilles appartient au Chapitre.

Prissé. Le revenu du Chapitre est aliéné. Le plus grand revenu de cette terre appartient à l'évêque en qualité de sacristain de l'église cathédrale, où il doibt diverses charges.

Saint-Clément proche Mascon, estimé VI ᶜ ¹. Cette terre devoit, *ad opus eleemosinæ*, CVIII prébendes valant, en seigle, LXIII moitiers. Au Chapitre tenu le 29 janvier 1639, pour de justes considérations, Saint-Clément a esté déchargé desdictes LXIII moitiers de seigle, partant ne sera à l'avenir payé réfusions pour ce regard.

Le dîme de Chastegneraye, en ladicte paroisse, va à la bourse du Chapitre.

Le sieur terrier de Saint-Clément doibt à la même bourse CC¹ pour les servis et justice, et VI¹ pour les servis *de villano*. Il reçoit, pour ses droits, quatre moitiers de froment, deux poinsons de vin et un char de paille. Il jouit de toute la directe et justice ; il a, en outre, en la prairie des *Marets*, l'herbe des prés dits des *Innocents*, contenus en deux ranches.

Item, il a une terre située audict Saint-Clément, qui se moissonne de deux années l'une et peut valoir quatre moitiers de bled froment. De plus, il a les droits des fêtes baladoires.

Sologny et *Milly*, estimés CC¹. Le sieur terrier doibt à la bourse, à cause des servis unis à cette terre, III¹ Xˢ tˢ pour partie de la fondation du jour Saint Sébastien, faite par feu Mᵉ Guy de Bletterens, vivant doyen de Mascon.

Il reçoit, pour ses droits, trois moitiers de froment et un poinson de vin ; il a les prémices qui estoient amodiées quatorze livres, mais depuis se sont amodiées trente livres.

Sancé et *Senecey* sont aliénés.

Servis de la ville de Mascon. Le revenu va à la fabrique.

Saint-Saturnin est aliéné.

Servis aux Greffieaux. A présent, on ne sçait ce que c'est.

Saint-Bonnet, Buxières et *Charbonières*, taxés à vi^{xx} livres.

Droits du sieur terrier : il a, à cause de Buxières, trois moitiers de froment et un poinson de vin ; et, à cause de Charbonnières, iii moitiers froment, un poinson de vin et un pailler.

Saint-Veran, taxé à c¹. Moyennant la somme de cxxv¹, le sieur terrier jouit de tout le revenu de cette terre qui consiste : 1º en 3 prés valant c¹; 2º dans la moitié des dîmes des bleds valant, par commune année, x moitiers de froment (l'autre moitié appartient au sieur curé dudict Saint-Veran) ; 3º dans les deux tiers des dîmes des vins, valant par commune année 12 bottes de vin (l'autre tiers est levé par ledict sieur curé de Saint-Veran. Il a droit, en outre, à la directe et justice qui peuvent valoir à présent cl livres.

Scissé, estimé iiiie xx¹. Le sieur terrier a droit à iii moitiers de froment, un poinson de vin et un pailler ; il jouit des servis et directe à présent amodiés cv¹. Il a, en outre, le pré du Breuil amodié xxx¹, plus la justice.

Saint-Albain et *Saint-Ymetières*, estimés viie livres. A cause de cette terre, le Chapitre a la présentation des cures de Vécors, Saint-Ymetières, Aromas et de Chavanes-sur-Reyssouse, à présent unie à la table capitulaire du Pont-de-Vaulx.

Droits du sieur terrier : moyennant certaines redevances en bled et en argent, il jouit du chasteau de Saint-Albain et de tout le revenu en dépendant ; comme aussi dudict Saint-Ymetières ; lequel revenu consiste, pour le regard de Saint-Albain, ez dixmes dudict lieu, de Senosan, Burgy et autres, en prés, viviers, garennes, bois, servis, directe, justice, colombier, jardins et autres beaux droits. Et le revenu de St-Ymetières, au comté de Bourgogne, consiste en dîmes et directe.

Saint-Amour-au-Revermont. Sa cure est unie, par autorité apostolique, à la table capitulaire du Chapitre de Mascon, et les grands dixmes dudict Saint-Amour et lieux circonvoisins lui appartiennent. Le revenu de ces dîmes, ainsi que celui de la cure, va à la bourse du Chapitre qui a le droit de présenter aux cures de Saint-Jean-d'Estreux (en Bresse) et d'Andelot (en Comté).

Saint-Amour au Royaume est uni au doyenné du Chapitre, et M. le doyen présente à la cure de ce lieu.

Saint-Jean-le-Prische est également uni au doyenné de Mascon.

La terre de Saint-Pancras, autrement le Montet, est unie à Saint-Albain.

La Vineuse, estimée iiiie iiii^{xx}¹. Le sieur terrier reçoit, pour ses droits, trois moitiers froment et un poinson de vin.

Moyennant v¹, il jouit des servis et directe ; il a trois prés situés en la paroisse et à présent amodiés xxvii¹. Il a le droit de patronage du sieur curé, montant à iii¹ xv^s t^s; plus les droits des patronages des sieurs curés de Saint-Vincent-des-Prés, montant à xiv^s Clunisois ; plus les droits des fêtes baladoires desdicts lieux de La Vineuse et de Saint-Vincent-des-Prés.

Viré, estimé vi c¹. Le sieur terrier jouit des servis, directe et justice, moyennant viii^{xx}¹ (160¹) ; il doibt à la bourse du Chapitre, à cause des servis de Saillons, unis à la terrerie de Viré, la somme de lvii¹ xi^s vi^d, plus l^s à cause des servis du Portcelet. Il reçoit, pour ses droits, 6 moitiers de froment, 2 poinsons de vin, un char de paille, le baloux et les gennes des dixmes. Il jouit, en outre, d'un clos de 40 ouvrées de vigne situé audict Viré, et d'un pré qui vaut d'amodiation xxx ¹. Enfin, il a le droit des fêtes baladoires, et il jouit du chasteau et de ses appartenances.

Verzé et *Verchiseuil*, estimés vii ᶜ xx ¹. Le sieur terrier a, pour ses droits, 3 moitiers de froment, 3 poinsons de vin et un char de paille ; il jouit du chasteau, des servis, directe et justice. Il a, en outre, les prés qui formoient les fossés du chasteau, et son chauffage dans les bois de Verzé, avec les glandages, le tout estimé L ¹. Il a enfin la jouissance d'un petit pré qui peut valoir à présent iv ¹.

La Vigne de l'Eau bénite, estimée xxii ¹, doibt, chascun dimanche, deux deniers à celui qui fait l'eau bénite.

La Vigne du Mulet, estimée xxv ¹, devoit chasque année, le jour de la Saint-Martin, un poinson de vin valant xii ¹.

La Vigne et maison du Sabat, autrement Beauregard, estimée xxv ¹.

La Vigne de Charnay est unie à la terrerie de Saint-Albain.

La Vigne des Perrières, avec le pré de Saône, jouxte le pré de Montfalcon, est aliénée.

La Vigne de Moisson, appelée le Clos-Farquet, est également aliénée.

Vallières, grange située en la paroisse de Sancé ; son revenu est affecté pour la nourriture des enfans de chœur, et se reçoit par le sieur chanoine qui les nourrit.

Semonces.

Il y a eu diverses observations et résolutions, pour le regard des semonces, mentionnées ez Actes capitulaires receus Saget les 16 juillet 1567, 21 juillet 1571, 27 desdicts an et mois, 23 octobre 1573, 30 desdicts an et mois, 15 juillet 1574, et autres receus Libert, Broyer et Noly, secrétaires. Enfin le 13ᵉ aoust 1639, par acte receu par ledict Noly a esté arresté qu'à l'advenir les semonces de la St-Vincent se feroient en convives, selon l'ancienne forme, et que celles des festes de l'Assomption, Toussaincts, Noël, Pasques et Pentecostes se payeroient en argent par Messieurs les Chanoynes qui ont 15 livres aux pensions ; savoir, à chascune desdictes festes, la somme de 36 livres au prorata de ce que chascun d'eux perçoit, auxdictes pensions, au-dessus desdictes 15 livres dont se fait roolle. Laquelle somme de 36 livres se livre à Messieurs les chanoynes présens, qui n'ont 15 livres ès-dictes pensions, et aux habitués aussi présens à l'office, savoir, 9 livres à matines, 18 livres à la grande messe et 9 livres à vespres, et ce par esgalle portion.

Pour les semonces des six enfans de chœur et de leur maistre, Monseigneur l'évesque, par traicté faict avec luy, paye 4 livres 4 sols à chascune desdictes six festes au recteur desdicts six enfans pour les festoyer avec leur dict maistre lesdicts jours.

Aliénations.

Parmi les aliénations faictes par le Chapitre, on remarque celle de cent mille écus de rente accordée au roi en 1587.

Le présent Terrier se termine par un dénombrement des bénéfices, charges, dignités et forme de vivre du Chapitre (1).

Valeur des Monnoyes.

Vingt solz masconnois valent.	xxiiii s tournois.
Dix sols	xii s ts.
Six sols huit deniers	viii s.
Cinq sols	vi s.
Trois sols quatre deniers	iiii s.
Un sol huit deniers	ii s.
Dix deniers	i s.
Six deniers	vii d un cinquième.
Cinq deniers	vi d.
Un sol parisis vaut	xv d ts.
Un sol clunisois	xx d ts.
Un sol viennois	xiii d ts.
Un florin vaut	xvi s viii d ts.
Un niquet ou engroigne	i d ii tiers.

L'obole est la moitié du denier.
La pougeoise est le huitième du denier.

Une prébende au profit de l'aumosne du Chapitre de Mascon vaut iii coupes 1/2 de seigle.
Le pied de bœuf vaut 1 sol ts. — Le journal de bœuf, vi s ts.
Le pinton vaut viii d ts.

Réduction de l'argent en bled froment.

xx sols tournois valent	xii coupes.
xviii sols tournois	xi c moins un cinquième.
x sols tournois	vi coupes.
vi sols viii deniers	iiii coupes.
v sols	iii coupes.
Etc., etc.	

Déclaration des Mesures.

L'asnée masconnoise contient	iii moitiers.
Le moitier	vi coupes.
La coupe	xii douzièmes.
Le bichet vaut	vi coupes (mesure de Mascon).
Le bichon vaut la moitié du bichet, soit	iii coupes.
Le pavot	iv coupes 1/2.
La quartauche	

---

(1) Nous avons cru devoir omettre ici ce Dénombrement que nous avons déjà publié en tête du présent Cartulaire. (Voir le *Pouillé du diocèse de Mâcon*.)

Le ras, avoine ou noix....................................	iii coupes.
La coupe comble et chauchée vaut.........................	ii coupes rases.
La botte de vin vaut.....................................	ii poinsons.
Le poinson...	ii feuillettes ou asnée.
La fillette..	xv quartes.
Le burault...	vii quartes ½.
Le septier...	iiii quartes.
La quarte..	iiii pintes.
La pinte...	ii pots.
Le pot...	ii chopines.
La chopine...	ii verres.
Le verre...	ii javelots.

Distribution des Généraulx des officiers du Chapitre.

Les Généraux des officiers, à cause de leur office, sont au nombre de 26 et se paient maintenant en bled, à raison de viii coupes par an pour chascun généraux ; ils se montent en tout à 34 moitiers 4 coupes de froment, et se distribuent ainsi qu'il suit :

Au boursier et son clerc.................................	iii généraux.
Au recteur des enfans....................................	iiii
Au maistre du chœur......................................	i
Au procureur du Chapitre.................................	i
Au secrétaire..	i
A M. l'advocat au bailliage..............................	i
Au procureur du bailliage................................	i
Aux deux petits bastonniers..............................	ii
Au livreur...	i
Au parementier...	i
Au punctueur...	i
Au marguillier...	i
Au sacristain..	i
Au horlogier...	i
Au portier...	i
Au masson..	i
Au tailleur..	i
Au sergent...	i
Au forestier...	i
A l'organiste..	i

Pigmentum.

Le Chapitre avoit droit encore à quelques redevances, et, entr'autres, à celle dite *Pigmentum* (1). Ce droit, qui se livroit autrefois en vin, a été réduit en argent à raison

---

(1) *Pigment, piment ;* vin préparé avec des épices.

de 2 sols 6 deniers ; il se paioit en la forme suivante : Monsieur de Mâcon doibt tous les ans à Noël, à chascun de Messieurs du Chapitre et à leurs officiers, 3 pots de vin qui, réduits en argent, valent xv l xv s. — Le sieur doyen doibt, tous les ans, à chascun desdict sieurs, un pot évalué v l v s. — Le sieur chantre doibt également, chasque année, un pot évalué v l v s. — Enfin les sieurs archidiacres doivent également un pot de vin estimé x l x s. — Lorsque l'un desdicts sieurs étoit nouvellement receu, il devoit doubler le Pigmentum pour son joyeux avénement.

XIII.

(REGISTRE CAPITULAIRE DE L'EGLISE DE MACON.)

Extraordinaire du vingt-neuf avril mil sept cent trante-deux, au Chapitre et lieu capitulaire de l'Eglise de Mâcon assemblé au son de la cloche à la manière accoutumée, scéants vénérables messires Robert de Salornay, chantre, Balthazar Colin, Salomon Chesnard, Léonard Grangier, Pierre Desbois, archidiacres ; Abel Pellerin, Philibert De Gorze, Jacques Delaporte, Philippe Dechal, Joseph Copin, Gilbert de La Souche-St-Augustin, Philibert Pollet, Claude-François Febvre de Saint-Juillien, Aimé-Ange Mignot, Antoine Delaporte, Claude Devillebois, François Damas et Joachim Poncet, tous chanoines capitulans assistés de Me Claude Pavallier, secrétaire.

La situation où se trouve à présent l'affaire de la Constitution ne demande plus ny examen, ny discution, mais la soumission et l'obéissance ; dans le temps où le Chapitre forma son appel au futur concile, de cette bulle, il estoit autorisé dans cette démarche par l'illustre prélat que nous venons de perdre, et qui estoit uni avec beaucoup de pieux et sçavans évêques du royaume. D'autres prélats s'estoient addressés au pape pour demander des éclaircissemens sur les difficultés que la bulle faisait naitre. Plusieurs Chapitres, des Universités fameuses, des ordres religieux distingués avoient eu recours à l'Eglise assemblée ; enfin l'on ignoroit ou l'on pouvoit ignorer la conduite et les sentimens des églises étrangères à l'égard de ce décret. Tout a changé de face. Feu M. l'évêque de Mâcon a laissé parmy ses papiers un mandement d'acceptation de la bulle. Tous les prélats du royaume l'ont publiée dans leur diocèse. Tous les corps ecclésiastiques, ainsi que les religieux, ont suivi la voix des Pasteurs. Quelques églises étrangères se sont expliquées ; les autres, par leur silence depuis dix-neuf ans, ont témoigné suffisamment leur consentement et acceptation. Le point d'appui de l'appel tombe donc. Il est temps que le seul Chapitre du royaume qui n'a pas suivi la route marquée par le corps des Pasteurs y rentre. Les prétextes et les doutes sont levés ; les difficultés éclaircies. Les quarante évêques assemblés à Paris en 1714, dans leur instruction pastorale, ont prévenu les mauvais sens que l'on pouvoit donner aux propositions condamnées pour authoriser les nouveautés. La plupart des autres prélats du royaume ont adopté cette instruction. Pour ne laisser aucune ressource à la prévention, les évêques du royaume ont encore depuis ce temps-là, en 1720, assuré authentiquement la liberté des écoles et des sentimens sur les points non décidés. Ces différentes démarches ont esté publiques ; les Papes et les évêques estrangers les ont vues, et leur silence en pareille matière a bien autant de force et d'authorité que la bulle entière, pour estre regardée comme le sentiment unanime des évêques. On peut donc regarder ces actes comme le dernier sceau mis à cette affaire et qui porte avec eux le remède aux abus, la justification de la soumission à la Constitution *Unigenitus*, comme la nécessité et l'obligation de s'y soumettre. Tous ces motifs, qui ne peuvent estre séparés, sont déterminans. A ces causes, le Chapitre a délibéré à la pluralité des voix que l'acte d'appel interjetté au futur concile de la bulle *Unigenitus* le vingt-sept janvier mil sept cent dix-neuf, au nom du Chapitre, ensemble tous actes faits à cette occasion demeureront nuls et sans effects et les révoque par le présent acte ; en outre, accepte la Constitution comme une décision unanime du corps des Pasteurs ; et a ordonné au secrétaire d'inscrire le présent acte de révocation et d'acceptation, sur les registres capitulaires, qui sera signé à la forme ordinaire, et dont il portera copie aux registres de l'officialité dont il demandera acte. De Salornay, C. Pavallier, secrétaire.

Je, soussigné, prêtre, maître du chœur de l'Eglise de Mâcon et secrétaire du Chapitre de ladicte Eglise, certifie le présent extraict estre conforme à l'original, en foy de quoy j'ay signé les jour et an susdicts. C. Pavallier, secrétaire.

Acte, et permettons l'enregistrement au greffe de l'officialité.

A Mâcon, ce 30 avril 1732. Colin de Serre, official.

INDEX GENERALIS.

(Numerus chartam indicat.)

A

AABELINUS, testis, 486.
AADALARDUS et uxor ejus Sulpicia, testes, 431.
AADALGISUS, testis, 323.
AALARDUS presbyter, testis, 309.
AALBERICUS, testis, 324.
AALBERTI mansus, 516.
AALBERTI Coqui mansus, 516.
AALBERTI terra, 290.
AALBERTUS, pater Gislardi, Bernardi et Rambaldi, et uxor ejus Raneldis, 186.
AALBERTUS, vel ADALBERTUS et uxor ejus Girberga, seu Josberga, 271, 290.
AALBERTUS et fratres ejus Godolbert, Durannus et Gislodus, venditores, 370.
AALBERTUS, testis, 271, 341, 388, 439.
AALELDIS, Gislardi uxor, 186.
AALELMUS, AALELINUS, vel ADALELINUS et uxor ejus Deodata, commutatores, 367.
AALELINUS, vel AABOLINUS, testis, 302.
AALGARIUS, testis, 488.

AALTRUDIS, uxor Ambaldi venditoris, 169.
AALTRUDIS, uxor Waremfredi donatoris, 191.
ABANIS (Rotbertus de), vel Rotgerius de ABANS, testis, 590, Vide *Rotbertus*.
ABBAS, *Abbatia, Monasterium, Prioratus*, etc. Vide *Athanacensis* (abbas), *Chapasia* (prioratus de), *Cluniacenses* (abbates), *Gigniaci* (monachi), *Lurense* (monasterium), *Masiliis* (monachi de), *Miratorio* (abbas de), *Patriciacense* (monasterium), *Pelagii* (Monasterium), *Pontii Vacensis* (abbas), *Pontiniacus* (abbas), S. *Austrumenii* (monasterium), S. *Eugendi* (monachi), S. *Martini apud Matisconem* (monasterium), S. *Petri Matiscensis* (priores), S. *Rigaldi* (monasterium), S. *Vincentii Matisconensis* (abbates), *Seillonis* (prior), *Trinorchiensis* (ecclesia), *Uchisiaci* (prioratus).
ABBO, scrip, 501.

ABDA, filia Ragemodis, 92, 498.
ABDRICUS, testis, 172.
ABIRON, 8, 487. Vide *Datan*.
ABO et uxor ejus Stephana, 118, 131, 136.
ABO, testis, 183, 346.
ABONETUS servus cum uxore et infantibus donatur, 339.
ABUNDUS et Constantinus, mansionarii, 53.
ACARDI, ACHARDI terra, 130, 151, 181, 461.
ACARDINUS, testis, 76.
ACARDUS, filius Leutberganæ, 93, 412.
ACARDUS sacerdos, consanguineus Eugnaræ, 178.
ACARDUS, ACHARDUS, donator, 24.
ACARDUS, vel ARALDUS, cognomine Albus, 25.
ACARIS, nepos Umberti, testis, 572.
ACBERTUS, ACBERTUS et uxor ejus Agia, donatores, 179.
ACHARDI de Piarderia (per manum), 578. Vide *Piarderia*.
ACHARDINUS de Brueria, Vinlendus de Cluniaco, Sthephanus et Ragannus de Sancto Pontio, Hulricus de Cluniaco, Hugo de Soloniaco et Willelmus Vetulus, obsides, 547. Vide *Brueria, Cluniaco*, etc.
ACHARDUS, Amelius et Flotbertus levita, emptores, 165.
ACHARDUS presbyter, testis, 470.
ACHARDUS, testis, 76, 78, 89, 178, 327, 330, 340, 487.
ACHARDUS et filius ejus Albertus, mansionarii, 562.
ACHARDUS, filius Lamberganæ, 93, 412. Vide *Acardus*.
ACHARDUS et Annelius, filii Leutbergæ donatricis, 132.
ACHARDUS de Boent, obses, 604. Vide *Boent*.
ACHARDUS de Mace, testis, 596. Vide *Mace*.
ACHARDUS de Piarcleria, vel Piarderia, obses, 612.

ACHINUS et uxor ejus Ildert, donatores, 208.
ACHINUS, testis, 135, 208, 229, 261.
ACHOLDUS, testis, 110.
ACUNANDRES (vinea vocata), 258, 264, 274.
ADABOLDUS, testis, 74.
ADALARDO terra, 122, 249.
ADALARDUS donator, 325.
ADALARDUS sacerdos, emptor, 249.
ADALARDUS venditor, 121.
ADALARDUS, clericus et canonicus Sancti Vincentii, 500.
ADALARDUS presbyter et canonicus, donator, 371.
ADALARDUS sacerdos, donator, 142.
ADALARDUS sacrista, testis, 621.
ADALARDUS et uxor ejus Aga, donatores, 240.
ADALARDUS et uxor ejus Sulpicia, donatores, 431.
ADALARDUS de Rupe, (tenementarius), 603. Vide *Rupe*.
ADALARDUS de Vilars, 456. Vide *Vilars*.
ADALARDUS, testis, 55, 480.
ADALARDUS abbas, testis, 359.
ADALARDUS archidiaconus, testis, 22.
ADALARDUS presbyter, testis, 43, 53.
ADALARDUS, testis, 55, 77, 78, 106, 115, 125, 148, 149, 197, 214, 236, 240, 252, 325, 336, 345, 347, 358, 373, 381, 420, 421, 464, 480, 505, 555.
ADALART, 284.
ADALART, testis, 139.
ADALBAL, testis, 417.
ADALBERT terra, 148, 231, 242, 253, 255, 417.
ADALBERT et Aldoni terra, 278.
ADALBERTI signum, 247.
ADALBERTI presbyteri terra, 205, 215.
ADALBERTUS presbyter, donator, 211, 212, 213, 233.
ADALBERTUS presbyter et Landradus, donatores, 221.

ADALBERTUS diaconus, 39.
ADALBERTUS mansionarius, 201.
ADALBERTUS scamineus, 501.
ADALBERTUS et ejus uxor Eldegarda, 263.
ADALBERTUS et conjux ejus Leotgart, venditores, 170.
ADALBERTUS et uxor ejus Stephania, impigneratores, 238.
ADALBERTUS, 516.
ADALBERTUS alter, 516.
ADALBERTUS, scrip, 468.
ADALBERTUS, testis, 122, 158, 211, 213, 233, 238, 245, 247, 253, 292, 327, 370, 378, 416, 417, 501, 542.
ADALBOLDUS, testis, 407.
ADALBURGA, uxor Bernardi, testis, 336.
ADALCISUS, testis, 55.
ADALDRADUS servus datur cum uxore, 339.
ADALDRADUS, testis, 118, 136, 193.
ADALDRAMNO et Alnico terra, 423.
ADALELDIS, uxor Duranni donatoris, 85.
ADALELINUS cum filiis Constancio, Ermenardo, Ragnardo, et filia Adila, se dat ecclesiæ Matiscensi, 365.
ADALELINUS et uxor ejus Deodata, testes, 367.
ADALELINUS, testis, 55, 365.
ADALELMUS et Constantinus, venditores, 184.
ADALESIA, matrona nobilis, donatrix, 532.
ADALGARDIS, mater Gautseranni levitæ, 54, 468.
ADALGARDIS, soror Landradæ donatricis, 468.
ADALGARDIS, uxor Anselardi donatoris, 133.
ADALGARDIS, uxor Guichardi donatoris, 525, 526.
ADALGARDUS, vel ADALGAUDUS, avunculus Adalgaudi presbyteri, 39, 455. Vide *Adalgaudus.*
ADALGARIUS, testis, 60.

ADALGAUDI presbyteri terra, 267.
ADALGAUDUS, avunculus Adalgaudi alterius presbyteri, 39, 425.
ADALGAUDUS presbyter et frater Teolon, 39, 425.
ADALGAUDUS, testis, 422.
ADALGERIO terra, 134, 241.
ADALGERIUS, emptor, 248.
ADALGERIUS mansionarius, 269.
ADALGERIUS et Teutbaldus, filii Salicherii petitoris, 460.
ADALGIS levita, 122.
ADALGIS, testis, 357.
ADALGISUS, donator, 146, 255.
ADALGISUS levita, 195, 204.
ADALGISUS levita, donator, 121, 139.
ADALGISUS levita, emptor, 128, 138, 187.
ADALGISUS, emptor, 117, 231.
ADALGISUS levita, venditor, 142.
ADALGISUS levita et Martinus, major ipsius, 204.
ADALGISUS levita, testis, 195, 255.
ADALGISUS, testis, 106, 174, 225, 267, 326.
ADALMANNUS serviens, 484.
ADALRANNUS, episcopus Matisconensis, 51. (Circa a. 814).
ADALULFI et coherædum terra, 207.
ADALVICI et Eldegardini terra, 338.
ADAMI et Wolvendi terra, 47.
ADDA, ADELA, seu ODILA, uxor Ottonis comitis, 471, 490.
ADELARDUS de Montbelet, 631. Vide *Montbelet.*
ADELELINI et Evrardi terra, 378.
ADEMARO terra, 278.
ADFRICUS, testis, 123.
ADGERIUS et Elmengarius, servi, 58.
ADGIA, uxor Bernardi venditoris, 47.
ADILA, Adalelini filia, 365. Vide *Adalelinus.*
AD MACIACO, vel *Ad Maciago*, villa, 422.

Ado, episcopus Matisconensis (968-971), 27, 51, 62, 70, 93, 123, 130, 141, 145, 161, 205, 209, 211, 212, 215, 219, 222, 229, 232, 233, 242, 252, 254, 267, 290, 312, 316, 325, 333, 336, 340, 353, 364, 365, 369, 376, 382, 391, 395, 406, 409, 412, 419, 424, 426, 465, 478.

Ado, abbas Sancti Vincentii Matisconensis, 243, 253, 413, 435, 480.

Ado, canonicus Sancti Vincentii Matisconensis, 379, 426.

Ado presbyter, donator, 422.

Ado levita, 8, 119.

Ado chasatus, 2.

Ado petitor, 416.

Ado tenementarius, 487.

Ado et frater Stephanus, commutatores, 384.

Ado abbas, testis, 291, 481, 497.

Ado presbyter, testis, 53, 422.

Ado, testis, 184, 196, 205, 213, 245, 265, 296, 305, 317, 318, 336, 379, 396, 401, 408, 414.

Adoni terra, 119.

Adoni (terra infantibus), 232.

Adorelo et Bernuinus presbyter, donatores, 416. Vide *Berninius*.

Adra, vel Adria, uxor Geldonis venditoris, 138, 231.

Adraldus presbyter, donator, 143, 146, 418.

Adraldus presbyter, emptor, 170.

Adraldus, testis, 155.

Adrardus serviens, 484.

Adrianus (I), papa, 23.

Adronius, testis, 175.

Adselini terra, 113.

Adsonis terra, 113.

Adudulbertus serviens, 484.

Adulterio et Furto (castigatio de), 632.

Adveisa, silva, 6.

Aganacensis ager, 240.

Aganæ, uxoris Adalardi, signum, 240.

Agano, Eduensis episcopus, 5, 6, 540.

Agapitus (II), papa, 69.

Agatardi (Galterii) mansus, 516.

Agebertus diaconus, scrip., 55.

Agenacum villa, in pago Matisconensi, 415, 497.

Ager, finis, pars pagi. Vide *Aganacensis, Agniacensis, Arpaiacensis, Aubliacensis*, vel *Aibliacensis*, vide *Cubliacensis, Avenacus, Baiodacensis, Balgiacensis, Bericiacensis, Biliacus*, vel *Villiacensis, Caloniacensis*, vel *Galoniacensis, Caniniacensis, Cantriacensis, Cardeniacensis, Cardonacus, Cosconacensis, Cosconiacus, Cosenacensis, Cubliacensis, Cupriacensis, Curiacensis, Dipgiacensis*, vel *Itgiacensis, Dunensis, Foldringus, Fusciacensis, Fusciacus, Galoniacensis, Ginaciacensis, Ibiacensis, Idgiacensis, Iggiacensis*, vel *Itgiacensis, Ladinacensis, Laliacensis, Maciensium, Marliacensis, Meliacensis, Melionacensis, Morbanensis, Pistinacensis, Plotensis, Podiniacensis, Poriato* (in), *Potiacensis, Priacensis, Priciacensis, Prisciacensis, Respiacensis, Respiciacensis, Rimacensis*, vel *Riniacensis, Romanacensis, Rufiacensis, Salmacensis, Salorniacensis, Sanciacensis, Saunnacensis*, vel *Saviniacensis, Sibranicensis, Sinisciacensis, Spinacensis, Thomoracensis*, vel *Torniacensis, Tisiacensis, Torrensis, Uriniacensis, Vallis, Verriacensis, Villiacensis, Viriacus, Vircionis, Viriensis*, vel *Viriacensis*.

Agia, uxor Agberti, vel Acberti donatoris, 179.

Agius, Narbonensis archiepiscopus, 144.

Agniacensis vel Aynacensis ager, 224, 415, 497.

AGRILIACO, AGRILLO (ecclesia B. Mariæ de), 21, 566. Vide *Agroledas*.

AGRILLO (Decimæ de), 531.

AGRINIO (actum), 59.

AGROLEDAS (ecclesia Sanctæ Mariæ ad), 39. (N. D. DE LA GRESLE.)

AGROLEDAS, vel GOROLELAS (in), villa in agro Sibrianicensi, 39, 423.

AHART, testis, 164.

AIA, uxor Arberti, 41.

AIA, uxor Martini venditoris, 300.

AIDINCO signum, 312.

AILALDUS, vel AILOLDUS, testis, 443, 562.

AIMARDUS, monachus de Masiliis, testis, 570.

AIMARO Morello laudante, 607.

AIMERICUS, testis, 127, 155, 601.

AIMERUDIS nobilis matrona, donatrix, 478.

AIMFREDUS, serviens Sancti Vincentii, et uxor ejus Seuda, donatores, 346, 348.

AIMFREDUS, testis, 346.

AIMINI (per manum), 38, 496, 532.

AIMINIUS sacerdos, donator, 35, 524.

AIMINIUS et frater ejus Durandus de Estolis, obsides, 547.

AIMINUS de Piseir, archidiaconus, 508. Vide *Piseir*.

AIMINUS, canonicus Sancti Vincentii Matisconensis, 379, 426.

AIMINUS, filius Aimini de Arderia, 575.

AIMINUS archidiaconus, testis, 557, 558.

AIMINUS et Hugo (fratres) de Marcant, testes, 476. Vide *Marcant*.

AIMINUS, AIMUINUS, testis, 296, 379.

AIMO et uxor ejus Eldeardis, donatores, 457.

AIMO et frater ejus Julianus, testes, 569.

AIMO, filius Rainaldi militis et Bertradæ, 391.

AIMO de Monte Pavonis, testis, 548. Vide *Monte Pavonis*.

AIMO de Sanciaco, testis, 596. Vide *Sanciaco*.

AIMO de Seciaco, testis, 604, 605, 606. Vide *Seciaco*.

AIMO presbyter, scrip. 463.

AIMO presbyter de Felins, testis, 576.

AIMO, testis, 36, 543.

AIMO sutor, testis, 548.

AIMONIS de Bufferiis mansus, 516. Vide *Bufferiis*.

AIMONIS signum, 73, 219, 227, 401, 457, 459, 488, 542.

AIMONIS alterius signum, 457.

AIMONIS, fratris Archimbaldi, signum, 13.

AIMONIS, fratris Giraldi, signum, 457.

AIMONIS, vel SIMONIS terra, 461. Vide *Simonis*.

AINARDUS canonicus et Otto comes, donatores, 464. Vide *Otto*.

AINARDUS, testis, 227, 464.

AININA, uxor Teodosii fratris Ramberti, 171.

AININIUS, testis, 460.

AIO, testis, 267.

AIRARDUS datur Matisconensi ecclesiæ cum uxore et infantibus suis, 488, 496.

AIRARDUS, testis, 77, 135.

AIRICUS, testis, 213.

AIROARDI terra, 247.

AIROARDUS et uxor ejus Teotaldis, donatores, 356.

AIROARDUS, testis, 364.

AITADI, ANTADI signum, 168.

ALARDI signum, 80, 272.

ALARDUS Apostolicus (cognomine), venditor, 571.

ALARDUS servus datur ecclesiæ Sancti Vincentii Matiscensis cum uxore et infantibus suis, 386.

ALARDUS sacerdos, testis, 470, 558.

ALARDUS de Pasiaco, pater Gauceranni, testis, 19. Vide *Pasiaco*.

ALBAM SPINAM (ad), pratum, 290.

ALBANA, seu AVA, uxor Warini comitis Matisconensis, 52, 55. Vide *Warinus*.

ALBANENSIS episcopus, 17, 359, 579. Vide *Walterius.*

ALBERICI terra, 212, 213.

ALBERICUS *Narbonensis*, Matisconensis comes, 7, 8, 38, 404, 488, 496.

ALBERICUS (II), comes Matisconensis, 7, 38, 71, 86, 103, 111, 153, 155, 157, 488.

ALBERICUS, vicecomes, 74, 157.

ALBERICUS, fidelis comitis Hugonis, 282. Vide *Hugo.*

ALBERICUS, filius comitis Leotaldi, testis, 153, 155, 157, 488. Vide *Leotaldus.*

ALBERICUS, donator, 206.

ALBERICUS, testis, 76, 214, 370, 387.

ALBERTI (mansus Constancii), 516. Vide *Constancii.*

ALBERTI terra, 199.

ALBERTUS, cardinalis tituli Sanctæ Susannæ, 579.

ALBERTUS presbyter, donator, 212.

ALBERTUS, presbyter, 426.

ALBERTUS, mansionarius, 272.

ALBERTUS, filius Achardi, 562.

ALBERTUS et uxor ejus Richelda, testes, 49.

ALBERTUS, filius Vendranni, testis, 436.

ALBERTUS, testis, 131, 194, 197, 201, 215, 229, 369, 432.

ALBINIACO (in), villa in agro Pistinacensi. 319. (ARBIGNY-*Ain.*)

ALBO SPINO (Gaufredus, Gaufridus de), obses, 604, 605. Vide *Gaufridus.*

ALBONIS signum, 154, 332.

ALBRANNE (Johanne), teste, 595.

ALBRICUS et Arardus, 152.

ALBRICUS, testis, 422.

ALBUCINIACO, *Albuchonaco, Albuconaco, Albunoraco, Alburnaco, Alburniaco* (in), villa, 41, 87, 118, 131, 179, 190, 421, 472. (ARBIGNY, ham. de Varennes-lès-Mâcon.)

ALCHERIUS, 470.

ALDEBRANNUS, testis, 301.

ALDEISI presbyteri signum, 279.

ALDEISI signum, 294, 298.

ALDEISO presbytero terra, 305.

ALDEISO terra, 298.

ALDEISUS presbyter, commutator, 298.

ALDEISUS presbyter, donator, 279, 294, 309.

ALDEISUS, juratus, 359.

ALDELELINUS, testis, 359.

ALDEMARI signum, 131.

ALDERANNUS, episcopus Matisconensis, 51. Vide *Adalrannus.*

ALDERICI signum, 339.

ALDERUDIS, uxor Teteni donatoris, 127.

ALDIERO hæreditas, 253.

ALDO, 48.

ALDO presbyter, donator, 75, 80.

ALDO, presbyter, emptor, 47.

ALDO, presbyter, 110.

ALDO et uxor ejus Eldegart, vel Heldecart, emptores, 271, 301.

ALDO et Landricus dantur cum infantibus suis, Dominico et Ostraldo, 87.

ALDO servus, 190.

ALDO presbyter, testis, 43, 309, 500, 505.

ALDONI et Adalbert terra, 278.

ALDONI et Rotberto terra, 136.

ALDONIS presbyteri (per manum), 470.

ALDONIS (per manum), 95.

ALDONIS signum, 106, 107, 117, 139, 142, 143, 187, 227, 246, 275 bis, 293, 308, 373, 388, 404, 421, 427.

ALDONIS presbyteri terra, 487.

ALDREMI signum, 60.

ALDRI signum, 316.

ALDRICUS, Christina et Segreda, venditores, 308.

ALDRICUS, frater Gondradæ uxoris Gislardi, 316.

ALDRICUS, testis, 95, 177, 308, 453.

ALDUINO, Gaucelino, Ingelberganæ, et Chistophoro pratum, 310. Vide *Gaucelino*, etc.

INDEX GENERALIS.

ALECTRUDIS, uxor Andreæ venditoris, 388.
ALELDIS, uxor Arnulfi, 135.
ALENDONUS, testis, 204.
ALENDRADA, uxor Hugonis donatoris, 326.
ALENDRADANÆ signum, 326.
ALETRUDIS et filius ejus Genesius, venditores, 189.
ALETRUDIS signum, 189.
ALEXANA, vel DECETANA et Christianus, infantes Edwini et Eldeboreh, 278.
ALEXANDER (II), papa, 5, 6.
ALEXANDRA, donatrix, 467.
ALEXANDRA, testis, 467.
ALFREDI terra, 455.
ALFREDUS tenementarius, 487.
ALGARI signum, 72.
ALGAUDUS miles, petitor, 505.
ALGERII signum, 197.
ALGIO signum, 314.
ALIA, mater Breidinci clerici, 459.
ALIBRANUS et Sendana, cum infantibus suis dantur, 190.
ALICHER, mansus in agro Arpaiacensi, 436. (ARPAYÉ, ancien doyenné de Bénédictins.)
ALICIS signum, 439.
ALINARDUS, testis, 237.
ALINDRADA, uxor Anastasii donatoris, 419.
ALINDRADÆ signum, 419.
ALIOLDUS clericus, testis, 505.
ALIOLT, testis, 409.
ALIRICUS, testis, 88.
ALISACHAR, ELISACHAR, Bellicensis episcopus, 144. Vide *Elisachar*.
ALLO, venditor, 401.
ALLOLDI terra, 389.
ALMARDUS, vel ALINARDUS, testis, 181.
ALMUDUS, testis, 423.
ALNICO et Adaldramno terra, 423.
ALONIACUM, *Allogniacum*, *Ayloniacum*, villa in agro Fusciaco, 47, 48, 502.
ALPHETIUS, testis, 55.
ALSACI (FOSSA), villa, 35, 524. Vide *Fossa*.

ALSENDA et filius ejus Arnaldus, vel Arnoldus, donatores, 314.
ALSENDÆ et filii ejus Arnaldi signum, 314.
ALTA MURA (Grimoldus de), 516.
ALTASIA, uxor Eldefredi donatoris, 29.
ALTASIA, uxor Humberti venditoris, 117, 129.
ALTASIA et filius ejus Beraldus presbyter, venditores, 117, 139, 147.
ALTASIA et filii ejus Beraldus presbyter et Vulfardus, venditores, 117.
ALTERA CURTE (decima de), 601.
ALTRA CURTE (ad), locus, 484.
ALTRESET (Rotbertus de), testis, 606. Vide *Rotbertus*.
ALTRESET (Renaldus et frater Willelmus de), 606.
ALVERNIA (Hugo de), testis, 510. Vide *Hugo*.
ALVERNIA (Rodulfus de), testis, 623. Vide *Rodulfus*.
AMABONUS, vel ANALORMUS et Emart, seu Ennart, donatores, 352.
AMALBERGA, testis, 228.
AMALBERTUM, villa in agro Salorniacensi, 53.
AMALBERTUS et Arbrannus, venditores, 247.
AMALBERTUS, Bernardus et Ramfredus, donatores, 82.
AMALBERTUS, testis, 247, 432.
AMALDRANNUS, testis, 382.
AMALDRICUS, testis, 164.
AMALGAUDUS de Sanciaco, 504. Vide *Sanciaco*.
AMALGERIUS, testis, 147.
AMALGILIUS et uxor ejus Usanna, vel Osanna, donatores, 304, 306.
AMALGISUS, testis, 304.
AMALUINUS, testis, 193.
AMANDUS, testis, 55.
AMARIACO, AMARICO (curtilus vocatus), 143, 178.
AMARTESU signum, 227.

AMBALDI, AMBALTI signum, 122, 128, 258.
AMBALDI terra, 168.
AMBALDUS incaucionator, 258.
AMBALDUS presbyter, testis, 36.
AMBALDUS scamineus, 501.
AMBALDUS et uxor ejus Aaltrudis, venditores, 169.
AMBERTI signum, 90.
AMBLARDI et Teotaldis terra, 89.
AMBLARDUS et frater ejus Constantius, donatores, 83.
AMBLARDUS, testis, 181.
AMBLARDUS levita, testis, 478.
AMEBALTUS et ejus uxor, venditores, 121.
AMEDEUS, Lugdunensis archiepiscopus, 595.
AMELII signum, 72.
AMELINI signum, 103.
AMELIUS, Achardus et Flotbertus levita, emptores, 165.
AMELIUS, vel ANNELIUS et Achardus, filii Leutbergæ donatricis, 132.
AMELIUS et Leodegarius fratres, testes, 596.
AMELODINI et Grimardi terra, 207.
AMERICI terra, 90.
AMFREDUS serviens Sancti Vincenti et uxor ejus Seuda, donatores, 346, 348, 358.
AMFREDUS, testis, 358, 370.
AMGARDUS, Auscherius et Raculfus, 204.
AMICUS, scabinus Matisconensis, 152.
AMISO, archiepiscopus Tarentasiensis, 518. Vide *Tarentasiensis*.
AMMONI terra, 212.
AMONELLUS Maioli, Rebutini filius, testis, 612. Vide *Maioli*.
AMONIACI, AMUNIACI (in parrochia), 479, 624, 625.
AMONIACI cimiterium, 223.
AMONIACO (ecclesia Sanctæ Mariæ de), 562. Vide *S. Mariæ*.
AMONIACO, AMUNIACO, villa, 224, 585, 626.
AMUNIACO (Bernardus presbyter de), 585. Vide *Bernardus*.

AMUNIACO (Jocerannus miles de), donator, 585. Vide *Jocerannus*.
AMUNIACO (Johannes capellanus de), testis, 626. Vide *Johannes*.
ANAI *(Aine?)*, locus, 424.
ANALOMO et Emart signum, 352.
ANANÆ, seu AVANÆ terra, 466.
ANANIA, seu ANNA, donatrix, 427.
ANANIAS, 360.
ANASTASII signum, 419, 423.
ANASTASIO terra, 423.
ANASTASIUS et uxor ejus Alindrada, donatores, 419.
ANBALDUS, ARIBALDUS, episcopus Uceciensis, 548. Vide *Uceciensis*.
ANDELIACO (Umbertus de), testis, 599. Vide *Umbertus*.
ANDRATUS chasatus, 2.
ANDREAS, venditor, 184.
ANDREAS mansionarius, 272.
ANDREAS et uxor ejus Alectrudis, venditores, 388.
ANDREAS de Nigro Monte, 456. Vide *Nigro Monte*.
ANDREAS de Vela, testis, 508. Vide *Vela*.
ANDREAS servus donatur cum infantibus suis, 530.
ANDREAS archipresbyter, testis, 359.
ANDREAS, testis, 140, 245, 246, 316, 388.
ANDRICUS, 516.
ANDROLDUS presbyter, donator, 74.
ANDROLDUS tenementarius, 333.
ANDROLDUS, testis, 334.
ANGELAIS, uxor Auscherii, testis, 230.
ANGELARDUS, venditor, 264.
ANGESIS de Sanciaco, 501. Vide *Sanciaco*.
ANGIS prata, 310.
ANIANÆ terra, 462.
ANICIENSIS episcopus, 519.
ANIMIUS, scrip., 73.
ANNA, uxor Erici donatoris, 105, 446.
ANNA, uxor Wislemari petitoris, 9, 22.

INDEX GENERALIS. 461

Anna, uxor Wolfranni donatoris, 307.

Annela, uxor Gauffridi de Varennis, 572.

Annelius et Achardus, filii Leutbergæ, 132.

Annetrudis, donatrix, 406.

Annibalt signum, 129.

Ansam (Concilium apud), in ecclesia Sancti Romani, 518. Vide *Concilium*.

Ansbert, testis, 247.

Ansbertus et Eldeverga, venditores, 121.

Anscherici terra, 144.

Anscherius, pater Uberti prepositi, 317.

Anscherius, testis, 243, 275 bis.

Ansedeus et uxor ejus Odela, 395.

Ansedeus, filius Ansedei et Odelæ, 395, 465.

Ansedeus Rebutinus, testis, 512.

Ansedeus et Bernardus de Muntiaco, vel Muiciaco, testes, 10. Vide *Bernardus et Muntiaco*.

Ansedeus et Galterius de Tasiaco, testes, 556. Vide *Tasiaco*.

Ansedeus et Lambertus, archipresbyteri, 570.

Ansedeus de Oblato, testis, 10, 26. Vide *Oblato*.

Ansegeldæ signum, 277.

Anselardus et uxor ejus Adalgardis, donatores, 133.

Anselardus, testis, 30, 31, 149, 167, 214, 263, 299, 327, 362, 393, 543.

Anselardus levita, testis, 500.

Ansellæ (ad portum), 517. (Ancelles.)

Anselmi signum, 299.

Anselmus, episcopus Augustensis, 518. Vide *Augustensis*.

Anserardi, vel Anselardi secretarii signum, 5.

Ansericus, testis, 407.

Anseris Lingua, 593. Vide *Wichardus et Lingua Anseris*.

Anserius de Monterinno, frater Hugonis, 329. Vide *Monterrino*.

Anserius de Scola, testis, 596. Vide *Scola*.

Anserius, testis, 403.

Ansigisus, testis, 122, 138.

Ansiro signum, 294.

Ansoldus mansionarius, 438.

Antadi signum, 168.

Antone (Wicardus de), donator, 583, 595. Vide *Wicardus*.

Antonia, uxor Gondulfi, 385.

Apagiaco (Gauscrannus, vel Gausmarus de), 541. Vide *Gauserannus*.

Aponninius, vel Ayminius et Gauserannus, fratres Vicardi pueri, 26.

Appuniaci (capella Sancti Petri), 38. Vide *S. Petri capella*.

Apuniaci terra, 615.

Apuniaco (ecclesia Sancti Petri in villa), 8, 404. Vide *S. Petri ecclesia*.

Appugniacum, Appuniacum, Aponiacum, villa in pago Scodingensi, 8, 38, 404.

Aqua Calida, 101. Vide *Caldaqua*.

Aquini signum, 116.

Aquisgrani (actum), 57, 58, 65, 98. (Aix-la-Chapelle.)

Araldus, vel Acardus, cognomine Albus, 25.

Arar, fluvius, 69, 70, 99, 144, 183, 267, 304, 306, 609, 614.

Arardi signum, 424, 462.

Arardi terra, 205.

Arardus et Albricus, 152.

Ararim (nemus juxta), 69, 70, 99.

Arbaldi terra, 77.

Arbertus et uxor ejus Aia, donatores, 41.

Arbertus, filius Juliæ donatricis, 144.

Arbertus, testis, 116, 369, 459.

Arboldi presbyteri et Manguigodi terra, 130.

Arbrannus et Amalbertus, venditores, 247.

Arbrannus, testis, 247, 277.

Arbrant terra, 254.

Arbulfus, testis, 159.

ARCAMBALDI, seu ARCALVADI signum, 138.
ARCHARDI terra, 146.
ARCHIBAUDUS de Cantriaco, fidejussor, 617. Vide *Cantriaco*.
ARCHICANCELLARII. Vide *Ayminius, Eduardus* vel *Leduardus, Mayolus, Wichardus*.
ARCHIDRANDI terra, 207.
ARCHIEPISCOPI. Vide *Lugdunenses, Narbonensis, Tarentasiensis, Vesuntionensis, Viennenses*.
ARCHIMBALDI signum, 13.
ARCHIMBALDI de Moncello signum, 11. Vide *Moncello*.
ARCHIMBALDI, ARGIMBALDI de Moncello terra, 537.
ARCHIMBALDUS, donator, 84.
ARCHIMBALDUS de Nant, testis, 606. Vide *Nant*.
ARCHIMBALDUS et Otto, testes, 604.
ARCHIMBAULT, testis, 176.
ARCHIMBERTUS, serviens, 484.
ARCHIMBERTUS, testis, 294, 332, 491, 598.
ARCHINARDUS servus cum uxore et infantibus suis datur ecclesiæ Matiscensi, 488, 496.
ARCHINDRICUS, testis, 226.
ARCHINGUS (Reinerius de), testis, 607. Vide *Reinerius*.
ARCIACO (Constantinus de), testis, 571. Vide *Constantinus*.
ARCIACO (Hugo de), testis, 616. Vide *Hugo*.
ARCUM, seu AREAM Sancti Petri (prope), quem vocant *Casno*, 193. *(Les Chanaux* près LA GRANGE SAINT-PIERRE.)
ARCUS (campus qui vocatur ad), in villa Varennas, 45, 130, 161.
ARDAGNUS et uxor ejus Elderudis, donatores, 381. Vide *Ardart*.
ARDAGNUS, testis, 381.
ARDART, vel ARDOALTUS et uxor ejus Eldelt et filius Garlan, donatores, 366.

ARDEGALDIS, uxor Wicardi de Curte donatoris, 565.
ARDERIA (Aiminus de), 575.
ARDOALTUS, 366, Vide *Ardart*.
ARDOENUS et Hedaldus, servi, cum uxoribus et infantibus suis donantur, 330.
ARDRADI presbyteri signum, 357.
ARDRADI signum, 165, 176, 313, 337, 341, 407, 409, 423, 425.
ARDRADI (signum Richeldæ sororis), 49.
ARDRADI et Rotgerii terra, 159.
ARDRADUS, episcopus Cabilonensis, 144. Vide *Cabilonenses episcopi*.
ARDRADUS, canonicus Sancti Vincentii Matiscensis, 359.
ARDRADUS presbyter et canonicus Matisconensis, donator, 154.
ARDRADUS, presbyter, 39.
ARDRADUS presbyter, donator, 49, 110.
ARDRADUS, emptor, 172.
ARDRADUS, scamineus ? 284.
ARDRADUS mansionarius, 401.
ARDRADUS subdiaconus, 39.
ARDRADUS presbyter, testis, 480.
ARDRADUS de Pasiaco, testis, 21. Vide *Pasiaco*.
ARDRADUS archipresbyter, testis, 25.
ARDUINI signum, 384.
AREMBERTUS, commutator, 244.
AREMBERTUS et uxor ejus Girtrudis, mansionarii, 401.
AREMBERTUS, prepositus S. Vincentii Matisconensis, 45, 270, 378. Vide *S. Vincentii prepositi*.
AREMBERTUS prepositus, testis, 270.
AREMBERTUS, testis, 46, 160, 211, 215, 244, 264, 265, 340.
AREMBURGIS, uxor Gausmari donatoris, 442.
ARFREDUS, testis, 241, 450.
ARGI signum, 215.
ARGODO signum, 282.

ARGODUS, advocatus, 282.
ARIACO, vel ARCIACO (Stephanus de), testis, 611. Vide *Stephanus*.
ARIATO vel ABATO (Gaufredus de), testis, 11, 13. Vide *Gaufredus*.
ARIBERTUS, testis, 55.
ARIERII signum, 194, 275.
ARIGERIO signum, 122.
ARIGERIUS, 501.
ARIGERIUS, missus Willelmi comitis, 501. Vide *Willelmus comes*.
ARLALDUS, testis, 382.
ARLANNI hæredes, 194.
ARLEBALDI terra, 273, 372, 445.
ARLEBALDI et Sancti Petri terra, 372. Vide *S. Petri terra*.
ARLEBALDUS, senior Aylindradæ donatricis, 145.
ARLEBALDUS, testis, 89, 110, 142, 150, 269, 282, 445, 450, 481, 495, 562.
ARLEBALDUS alter, testis, 445.
ARLEBOLDUS levita, testis, 497.
ARLEDI signum, 27.
ARLEI signum, 54.
ARLEMARUS servus donatur Matiscensi ecclesiæ cum uxore et infantibus suis, 76, 155.
ARLEYUS, pater Walterii, 465.
ARLINDRADA, vel AYLINDRADA et filius ejus Auscherius, donatores, 145.
ARLOENUS, filius Adalardi et Sulpiciæ, 431.
ARLOLDI canonici signum, 472.
ARLULFI signum, 89, 116, 176, 284.
ARLULFUS, 284.
ARLULFUS, donator, 386.
ARLULFUS presbyter, scrip. 176.
ARLULFUS et uxor ejus Bersenda, donatores, 239.
ARLULFUS, vel ERLULFUS et uxor ejus Eldesent, commutatores, 357.
ARLULFUS clericus, nepos Adalardi canonici, 500.

ARLULFUS et Telina, soror ejus, 10.
ARMADICUS, vel ARMANNUS et Bano, seu Bono, filii Stephani petitoris, 398 *t*. 480.
ARMAN, testis, 274.
ARMANNI, Viennensis archiepiscopi, signum, 5. Vide *Viennenses archiepiscopi*.
ARMANNI signum, 134.
ARMANNI (per manum), 443.
ARMANNUS cancellarius, 443.
ARMAS (Petrus), testis, 620.
ARNALDI domus, 589.
ARNALDI signum, 197, 356, 488, 496.
ARNALDI terra, 184, 275.
ARNALDUS, donator, 28.
ARNALDUS, seu ARNOLDUS clericus, filius Alsendæ et Walterii, 314.
ARNALT signum, 255, 274.
ARNALT terra, 417.
ARNANT (Capella Sancti Andreæ, in agro Cosconiacensi, in villa), 428. Vide *S. Andreæ capella*.
ARNENO terra, 419.
ARNIDI, vel ARVEI signum, 450.
ARNOLDI terra, 275 bis.
ARNOLDO signum, 291.
ARNOLT signum, 244.
ARNULFI et fratris ejus Constantii terræ, 268.
ARNULFUS presbyter, donator, 115.
ARNULFUS, frater Gautserani levitæ, 54.
ARNULFUS diaconus, 125.
ARNULFUS presbyter, impignorator, 166.
ARNULFUS, scabinus Matisconensis, 152.
ARNULFUS, testis, 501.
ARNULFUS levita, testis, 8.
ARNULFUS et uxor ejus Aleldis, 135.
ARNULFUS servus datur Sancto Vincentio Matisconensi cum sua sorore Ermengardi et infantibus suis, 455.
ARNULFUS, Giraldus, Durannus et Bernardus, donatores, 451.

ARNULFUS de Porta et Hugo Rufus, venditores, 534. Vide *Porta*.

ARNULFUS de Sulistriaco, testis, 627. Vide *Sulistriaco*.

ARNULFUS, testis, 110, 115, 124, 133, 140, 211, 232, 282, 334, 356, 361, 368, 399, 451, 475.

AROLDUS, testis, 632.

AROLT terra, 388 bis.

ARONIS signum, 89, 181.

ARPAIACENSIS ager, 436. (ARPAYÉ.)

ARPERTI signum, 146.

ARRADUS, donator, 278.

ARSENDA, uxor Constantini donatoris, 81, 218.

ARSENDIS, Domino sacrata, et filius ejus Durannus, 284.

ARSIS (vercheria ad), 537.

ARTALDI, vicecomitis, (in presentia), 622.

ARTALDI, archidiaconi (per manum), 549.

ARTALDI decani (per manum), 554.

ARTALDI decani signum, 555.

ARTALDI de Maliaco (per manum), 578. Vide *Maliaco*.

ARTALDI (Stephanus filius), 459, 512.

ARTALDO decano laudante, 560.

ARTALDUS tenementarius, 37.

ARTALDUS de Buxeria, fidejussor, 573, 587. Vide *Buxeria*.

ARTALDUS de Buxeria, testis, 596.

ARTALDUS de Marbaco, vel Marriaco, testis, 4. Vide *Marbaco*.

ARTALDUS de Mocarisono, testis, 21. Vide *Mocarisono*.

ARTALDUS de Vismosone decanus, donator, 576. Vide *Vismosone*.

ARTALDUS, decanus ecclesiæ Matiscensis, 567, 568, 576, 577. Vide *Matiscensis ecclesiæ Decani*.

ARTALDUS, decanus (Matisconensis), testis, 3, 510, 536, 547, 553, 554.

ARTALDUS decanus, factus Cluniacensis monachus, 578.

ARTALDUS, testis, 601.

ARTALDUS et Petrus, fidejussores, 578.

ARTOLDI signum, 145, 226.

ARULFI signum, 220.

ARULFUS miles, testis, 596.

ARULFUS de Felgeriis, testis, 599. Vide *Felgeriis*.

ARVERNORUM (in civitate), 55, 56.

ASCHERII signum, 542.

ASCHERIUS tenementarius, 192.

ASINIAS (Ugo de), donator, 400.

ASNERIAS villa in agro Cosconacensi, 54, 503, 504.

ASNERIIS (Rollannus de), testis, 622.

ASTERIUS, 547.

ASTOLS (Petrus de), obses, 595.

ATEBERTUS scrip., 55.

ATELA, uxor Warulfi donatoris, 324.

ATELANA, uxor Elgaudi, 393.

ATHANACENSIS abbas, frater Rainardi de Jassiaco, 507.

ATHANACENSIS abbas, testis, 595.

ATHANACENSIS abbatis, signum, 5.

ATHANACENSIS (terra S. Martini), 268.

ATHANALDUS (Petrus), testis, 612.

ATHENACO (ecclesia de), Vide *Agenacum*, 465.

ATONIS serviens, 484.

ATTALA, uxor Wichardi donatoris, 372.

ATTALA, Ettela uxor Yvonis donatoris, 46.

ATTO, frater Walterii presbyteri, 217, 222.

ATTO, testis, 217, 234, 359, 372.

AUBERTI signum, 171.

AUBLIACENSIS, AIBLIACENSIS ager, 422, 423. Vide *Cubliacensis ager*.

AUDERIIS, ANDERIIS, ABDERIIS? (terra de), 570. *(Les Augères?)*

AUDINITA (in), locus (in oppido Matisconensi), 354.

INDEX GENERALIS. 465

AUDOARDI signum, 364.
AUFFREDUS, testis, 36, 193.
AUGUSTENSIS episcopus, 518. Vide *Anselmus.*
AUGUSTO CONSTANTINO imperante, 23.
AULOLDO signum, 74.
AULSINUS, seu AVESBII, serviens, 484.
AURIACO (Gilebertus de), testis, 605.
AURICULA (Pontius), canonicus, testis, 4, 571, 574, 576.
AUSBERT terra, 208.
AUSBERTUS, serviens, 484.
AUSBERTUS, testis, 173, 176, 229.
AUSCHERII signum, 118, 145, 230, 300, 352, 369.
AUSCHERII terra, 213.
AUSCHERIO vinea, 212.
AUSCHERIUS clericus, filius Hugonis et Alendradanæ, 145, 326.
AUSCHERIUS, incaucionator, 136.
AUSCHERIUS, vel ANSCHERIUS et uxor ejus Angelais, donatores, 230.
AUSCHERIUS, Raculfus et Amgardus, 204. Vide *Raculfus.*
AUSEIS signum, 298.
AUSIELDIS et Otbergia, uxores Pontii et Boni Filii, 149.
AUSOINUS, serviens, 484.
AUSTERIUS, archiepiscopus Lugdunensis, 144, 359.
AUSTRUDIS, sanctimonialis fœmina, 58.
AUTBERTUS, seu UMBERTUS, senior Magnisindis donatricis, 224.
AUTGARIUS, donator, 317.
AUTISSIODORENSIS episcopus, 518. Vide *Hugo.*
AVA, vel ALBANA, uxor Warini comitis Matisconensis, 52.
AVA, uxor Idreni, vel Idoeni donatoris, 123.
AVALENSIS comitatus, 398, 480.
AVELIONIS signum, 205.
AVENACO (in fine), in pago Matisconensi, 363.

AVENACO (Willelmus de), testis, 603.
AVENACUM, AVANACUM, villa in agro Viriacensi, 27, 347, 351, 363, 365, 367, 375, 387, 415, 586, 600.
AVENAIS (Martinus de Sancto Desiderio d'), testis, 621. Vide *S. Desiderio.*
AVESBII, vel AULSINUS serviens, 484.
AVIERICI signum, 126.
AVISTAS, villa in agro Viriensi, in fine Vallis, 70, 317, 370, 438.
AVISTIS (Colonica de), 516.
AYA, seu YLIA, uxor Maalberti impigneratoris, 118, 131.
AYDFREDI signum, 191.
AYDINGI signum, 224.
AYDOARDI et Sancti Stephani terra, 252.
AYEBALDI signum, 126.
AYENARDUS, juratus, 359.
AYGLODI signum, 187.
AYGREDI signum, 315.
AYGREDUS sacerdos et canonicus, donator, 315.
AYGUERRUELS, colonia in Cosenacensi agro, 622.
AYLOARDI signum, 132.
AYLONACO (in), villa, 181.
AYMERICI signum, 90, 93, 191, 405.
AYMERICI terra, 405.
AYMERICUS, archidiaconus Matisconensis, 243, 267.
AYMINI (per manum), 497.
AYMINI signum, 280, 412, 414, 415, 421.
AYMINIUS, archicancellarius, 480.
AYMINIUS archidiaconus, testis, 413, 478, 497.
AYMINUS, vel AYMERICUS, cancellarius, 22, 38, 73, 496, 497, 542.
AYMINUS, AYMARUS, vel AYNRICUS, canonicus, 406.
AYMINUS et Odo, presbyteri, 376.
AYMINUS, vel Aymo, scrip., 8.
AYMO, HAYMO, episcopus Matisconensis, 51.

Aymo levita, donator, 42.
Aymo, incaucionator, 134.
Aymo clericus, testis, 500.
Aymo, scamineus, 501.
Aymo, filius Maioli militis, 512.
Aymo, filius Ramardi donatoris et Bertradæ, 196, 318.
Aymo de Lasiaco, 30.
Aymo Rebutinus, obses, 588.
Aymo et Gunduldricus, filii Yvonis, 46.
Aymo, Giraldus et Durannus, donatores, 439.
Aymo et Willelmus de Varennis, obsides, 632. Vide *Varennis.*
Aymonis signum, 78, 132, 174, 178, 184, 186, 196, 226, 263, 307, 317, 318, 327, 330, 369, 439.

Aymonis (alterius) signum, 196, 318.
Aymonis abbatis signum, 359.
Aymonis levitæ signum, 505.
Aymonis (alii) levitæ signum, 505.
Aymonis terra, 205, 213.
Aynardi presbyteri signum, 43.
Aynardi signum, 106, 212, 231, 405, 424.
Aynardi terra, 317.
Aynardus presbyter et canonicus, donator, 90, 405.
Aynardus presbyter, testis, 480.
Aynardus, filius Waremfredi et Aaltrudis, 191.
Ayniacensis ager, 224. Vide *Agniacensis.*
Aynulfi signum, 164.
Ayrardi signum, 104.
Ayroardi signum, 264, 356.

B

Bainers (Petrus de), testis, 569. Vide *Bameriis* (Petrus de).
Baisenens (Gaucerannus de), archidiaconus, testis, 607.
Baisenens (Jotcerannus de), cantor, Wicardus de Pasiaco et Garulfus de Balgiaco, 589.
Baisenens, vel Basenens (Stephanus de), testis, 595, 596.
Baisenens (Ugo de), testis, 618, 623.
Baisinisco, Basuncio (Gaucerannus de), donator, 1. Vide *Baisenens* (Gaucerannus de).
Balbilona (Condamina de), 550.
Baldrici signum, 153, 446.
Balduini signum, 267.
Balgiacensis domnus, 348.
Balgiaci (Rodulfus dominus), 2.
Balgiaco (Blancus de), testis, 648. Vide *Baugiaco* (Bladinus de).

Balgiaco (domnus de) et Ulricus filius ejus, donatores, 622.
Balgiaco (Garulfus de), Wicardus de Pisiaco vel Pasiaco et Jotcerannus de Baisenens, cantor, 589. Vide *Baisenens* (Jotcerannus de).
Balgiaco (Gauscrannus de), testis, 564, 576, 577, 593.
Balgiaco (Stephanus de), Eduensium episcopus, 570, 581 bis.
Balgiaco (Stephanus de), episcopus Matisconensis, 51, 508, 622, 626, 631.
Balgiaco (Udulricus de), 456, 622.
Balgiaco (Udulricus de), cum uxore et filiis Ulrico et Rainaldo, 577.
Balgiaco (ad defensum Udulrici de), 510.
Balgiacum, villa, 2.
Balgiacus domnus, testis, 622.
Balgie (Ugo de), testis, 627.
Balterii signum, 134.

BAMERIIS (Petrus de), canonicus, donator, 591.

BAMIRIENSIS, vel BAMERNENSIS, (in manu Petri), 598.

BAMMIERS (Poncius de), testis, 508.

BANNOLDI terra, 367.

BANNO et Armadicus, filii Stephani petitoris, 398, 480. Vide *Armadicus*.

BANONE terra, 399.

BARBARESCHAS (Guigo de), testis, 578.

BARBARESCHES (Guichardus de), testis, 633.

BARBARESCHIS (Guigo de), obses, 560.

BARBARIACO (rivus de), 416.

BARBARIACO (terra de), 422.

BARBARINUS, testis, 598.

BARBILIACO (Bernardus de), testis, 534.

BARONI et Teorni terra, 207.

BARRONACO (ad), locus, 484.

BARTHOLOMEUS, Wichardus et Stephanus, filii Giraldi de Viriseto, 574. Vide *Wichardus*, etc.

BARVERS (Hugo de), testis, 558.

BASENENS (Hugo de), fidejussor, 610.

BASILICA Almæ Mariæ Virginis, et SS. martyrum Vincentii, Gervasii et Protasii, 496. — Almæ Virginis, in Matiscone, 8, 404. — Beati Cirici in villa Viriaco, 355. — S. Vincentii Matisconensis, 2, 103, 379, 401, 408, 410, 411, 412, 415, 461, 522. Vide *S. Vincentii* basilica.

BASINENS (Ylio de), testis, 590.

BASINIACO (Grimerius de), fidejussor, 613.

BASSINIACO, vel BLASSINIACO (Stephanus de), testis, 512.

BAUGIACI (Raginandus, Raginardus, domnus) fidejussor, 613.

BAUGIACO (Bladinus de), testis, 613.

BEATRIX, uxor Rodulfi de Marne, 626.

BECIS (Decimæ de), 534.

BEDEEM, vel REDEEMUS, presbyter, 403.

BEGGO, donator, 441.

BEGO, verpitor, 409.

BEGONIS signum, 178, 304.

BEGONIS terra, 372.

BELFORT (Jotserannus de), fidejussor, 625.

BELFORT (Ugo de), prior Uchisiaci, 625.

BELIARDA, uxor Ricardi servi, datur cum infantibus suis, 400.

BELIARDIS, uxor Ingelberti emptoris, 432, 433.

BELIARDIS, uxoris Ingelberti signum, 433.

BELIARDUM lucus, 560. Vide *Castanetum*.

BELIART, uxor Martini, 380.

BELICENSIS, BELLICENSIS episcopus, 144. Vide *Alisachar*.

BELINI (Hugo), 589.

BELINI (Bernardi), in presentia, 624.

BELINI signum, 137.

BELJOCENSIS præses, 586.

BELJOCO (Petrus de), testis, 604.

BELJOCUM (Via publica quæ ducit), 609, 614.

BELLIJOCI (in Castro), 586.

BELLIJOCI (Via quæ ducit ad portam Castri), 551.

BELLIJOCI (Umbertus), donator, 21, 541, 565, 631.

BELLIJOCO (Factum), 586.

BELLOJOCO (Mensura de), 476.

BELLOJOCO (Humbertus de), testis, 541.

BELLOJOCO (Wicardus de), donator, 476, 483.

BELMONTENSIS, BELMONTISSA terra, in villa Avenaco, in agro Viriacensi, 240, 351, 387.

BELNAM (Actum prope), 109.

BELOENI et Gisonis terra, 486.

BELOENO (in cautione de), 487.

BELOYSTI (in villa), 342.

BELPLANUM, villa, 407.

BELUCIAS (in), campus in villa Verriaco, 233.

BENEDICTA, uxor Bernardi commutatoris, 368.

BENEDICTI Floriacensis (abbas S.), 12. Vide S. *Benedicti.*
BENEDICTI (Regula B.), 538.
BENEDICTI signum, 275, 347, 378, 382, 383.
BENEDICTI presbyteri signum, 505.
BENEDICTI et Ermenburgæ signum, 287.
BENEDICTI et Richardi terra, 150.
BENEDICTI et Teutberti signum, 350.
BENEDICTUS, filius Constantii et Nadalianæ, 276.
BENEDICTUS et filius ejus Johannes, 285.
BENEDICTUS et uxor Ermenburga, donatores, 287.
BENEFREDI terra, 138.
BEBACIACO et BERIACO (in), villæ in agro Viriacensi, 360.
BERALDUS presbyter, filius Altasiæ, 117, 139, 147.
BERALDUS et uxor Sufficia, donatores, 88.
BERALDUS servus datur ecclesiæ Matiscensi, 235.
BERALDUS scrip., 417.
BERALDUS, testis, 73, 359, 460.
BERANNI terra, 89.
BERARDI episcopi Matiscensis (per manum), 569, 578.
BERARDI (per manum), 83, 90, 114, 488.
BERARDI signum, 24, 104, 169, 263.
BERARDI terra, 207.
BERARDI levitæ (in manum), 282.
BERARDI levitæ signum, 22.
BERARDI pueri signum, 11.
BERARDI de Miseriaco terra, 517.
BERARDI de Vanrico signum, 25.
BERARDI, vel LEOTARDI signum, 313.
BERARDI et Privati terra, 207.
BERARDUS (de Castellione), episcopus Matisconensis, 3, 4, 51, 506, 510, 511, 532, 536, 537, 547, 552, 553, 554, 555, 556, 559, 560, 561, 567, 568, 569, 574, 576, 577, 578, 579, 581, 581 bis, 583, 585, 589, 607.

BERARDUS episcopus, testis, 555, 577.
BERARDUS, canonicus Sancti Vincentii Matiscensis, 280.
BERARDUS, fidejussor, 529.
BERARDUS, nepos Anserii de Monterinno, 329.
BERARDUS et Durannus, consobrini, 26.
BERARDUS, Landradus et Rainardus, 185.
BERARDUS scrip., 72, 460.
BERARDUS, testis, 186, 626.
BERARDUS GROSSELINUS, testis, 630.
BERARDUS (Hugo), testis, 618.
BERARDUS de Carbonade, 501.
BERARDUS de Mespilio, vel Mispiliaco, 456, 548.
BERARDUS de Sentremer, obses, 595.
BERARDUS de Tisiaco, canonicus Matiscensis ecclesiæ, 607. Vide *Bernardus.*
BERARDUS de Vernex, obses, 586.
BERARDUS Verrinii, testis, 565.
BERCARDI signum, 72.
BERCHERII signum, 224, 462.
BERENGARII signum, 115, 208.
BERERII signum, 83, 132, 151, 180, 194, 246, 249.
BERERII terra, 270.
BERERIO et Idreno hæreditas, 194.
BERERIUS, testis, 185.
BERERIUS, presbyter, 126, 144.
BERERIUS et uxor Ermengardis, 160, 175, 245, 246, 249.
BERESIACO (in), villa, 380.
BERGIACO (Hugo de) et soror Falatrudis, donatores, 546.
BERIACO et BEBACIACO (in), 360.
BERICIACENSIS finis, 332.
BERLECTUM, BERLECTINIS terra, 443.
BERMUNDI (Stephanus), testis, 571.
BERMUNDUS (Wido), testis, 618.
BERNALDI episcopi signum, 403.
BERNALDI signum, 173, 491.
BERNANIUS, vel BERNAINUS, serviens, 484.

BERNARDI prepositi signum, 11.
BERNARDI archipresbyteri (per manum), 532, 566.
BERNARDI presbyteri signum, 429, 489.
BERNARDI clerici vinea, 516.
BERNARDI donatoris (Adalburga uxor). 336.
BERNARDI hæredes, 186.
BERNARDI mansus, 516.
BERNARDI (in ministerio), 11.
BERNARDI BELINI (in presentia), 624.
BERNARDI signum, 45, 54, 91, 105, 108, 110, 123, 130, 132, 141, 142, 146, 164, 166, 182, 196, 197, 201,. 215, 225, 228, 235, 258, 267, 272, 275, 276, 305, 314, 335, 336, 337, 339, 340, 357, 362, 368, 383, 406, 424, 445, 451, 486, 503, 559, 562, 569, 610.
BERNARDI alterius signum, 182.
BERNARDI terra, 136, 313.
BERNARDI, filii Umberti de Cortevacio, signum, 223.
BERNARDI, fratris Wicardi, signum, 372.
BERNARDI BLANCHI soror, 629.
BERNARDI Grossi signum, 479.
BERNARDI Grossi (post mortem), 26.
BERNARDI Pinguis (per manum), 384.
BERNARDI Tarunni, vel Truanni (in presentia), 624.
BERNARDI et Ermendradæ signum, 350.
BERNARDI et Geraldi terra, 451.
BERNARDI, Rambaldi et Gislardi (Aalbertus et uxor Raueldis genitores), 186.
BERNARDI de Fissiaco mansus, 516. Vide *Fissiaco*.
BERNARDI de Planteriis mansus, 516. Vide *Planteriis*.
BERNARDI de Secchinis, vel Selichinis (per manum), 554. Vide *Secchinis*.
BERNARDINUS et Guigo archidiaconus, testes, 594.

BERNARDO de Claromanu, teste, 560. Vide *Claromanu*.
BERNARDUS, cardinalis tituli Sancti Crisogoni, 579.
BERNARDUS, BERNOLDUS, episcopus Matisconensis, 51, 60, 399, 403, 407.
BERNARDUS, frater Letbaldi episcopi, 465.
BERNARDUS, archidiaconus, 532, 537, 570, 571, 575, 576, 577.
BERNARDUS archidiaconus, testis, 547, 553, 556, 578, 585, 586.
BERNARDUS, archipresbyter, 532, 533, 534, 535.
BERNARDUS archipresbyter, testis, 607.
BERNARDUS, prepositus ecclesiæ Matisconensis, 204, 298.
BERNARDUS prepositus ecclesiæ Matisconensis, donator, 200.
BERNARDUS prepositus, donator, 305.
BERNARDUS prepositus, obses, 586.
BERNARDUS, cacipulus, 516.
BERNARDUS, canonicus, 376.
BERNARDUS, canonicus S. Vincentii Matisconensis, 435.
BERNARDUS presbyter, donator, 429.
BERNARDUS sacerdos, testis, 475, 531.
BERNARDUS capellanus archiepiscopi, testis, 612.
BERNARDUS levita, testis, 303, 478.
BERNARDUS clericus et fratres, Duranni Rufi nepotes, 605.
BERNARDUS, 413, 516.
BERNARDUS, commutator, 368.
BERNARDUS, donator, 50, 79, 504.
BERNARDUS, venditor, 275.
BERNARDUS Bisornatus scrip., 3. Vide *Bisornatus*.
BERNARDUS Bisornatus, testis, 337, 554.
BERNARDUS Blancus, testis, 629, 630. Vide *Blancus*.
BERNARDUS Bonnivers, testis, 604. Vide *Bonnivers*.

BERNARDUS Boschaio, testis, 569. Vide *Boschaio.*
BERNARDUS Catrerius, testis, 616. Vide *Catrerius.*
BERNARDUS Catret, testis, 611.
BERNARDUS Crassus, testis, 615.
BERNARDUS de Curtibus, testis, 594. Vide *Curtibus.*
BERNARDUS doctor, testis, 559.
BERNARDUS Gaufridi, testis, 609.
BERNARDUS Gaufridi et filius Stephanus, testes, 596.
BERNARDUS cognomine Grossus, 18.
BERNARDUS Grossus, donator, 479.
BERNARDUS litisperitus, testis, 603.
BERNARDUS Malerasus, testis, 596.
BERNARDUS Marriglerius, presbyter, testis, 586.
BERNARDUS Merius, obses, 588.
BERNARDUS miles, obses, 588.
BERNARDUS Nuguinus, testis, 617.
BERNARDUS Pagani, testis, 596, 612.
BERNARDUS Paganus, donator, 615.
BERNARDUS cognomine Parvus, 630.
BERNARDUS pictor, testis, 537.
BERNARDUS Pinguis, canonicus, 602.
BERNARDUS Pinguis, testis, 603, 614.
BERNARDUS Porcarius, vel Porcherius, dapifer, 603, 604, 605.
BERNARDUS Porcarius, vel Porcherius, testis, 605, 613, 623, 626.
BERNARDUS Rencho, 483.
BERNARDUS senechaldus, testis, 601.
BERNARDUS Tardivus, testis, 613.
BERNARDUS Vertonus, seu Verrianus, testis, 531.
BERNARDUS Vetula, testis, 596.
BERNARDUS Vetus, testis, 593.
BERNARDUS Vierius, testis, 596.
BERNARDUS presbyter de Amuniaco, 585.
BERNARDUS de Barbiliaco, testis, 534. Vide *Barbiliaco.*

BERNARDUS de Bertonet, testis, 604. Vide *Bertonet.*
BERNARDUS de Besornaco, vel Bisurinaco, testis, 4, 607. Vide *Besornaco.*
BERNARDUS de Blaniaco, donator, 509. Vide *Blaniaco.*
BERNARDUS capellanus de Capasia, testis, 626.
BERNARDUS de Cariloco, donator, 531.
BERNARDUS de Cariloco archipresbyter, testis, 510.
BERNARDUS Blancus, de Cavaniaco, donator, 627, 628, 629.
BERNARDUS de Cavannis, obses, 588. Vide *Cavannis.*
BERNARDUS, presbyter de Claromane, testis, 570.
BERNARDUS de Cluniaco, 547.
BERNARDUS de Curtis, prepositus, testis, 599. Vide *Curtis.*
BERNARDUS Igiaci, testis, 621.
BERNARDUS de Insula canonicus, testis, 571. Vide *Insula.*
BERNARDUS de Insula, testis, 604.
BERNARDUS de Jaiaco, 456. Vide *Jaiaco.*
BERNARDUS de Jaiaco, testis, 21.
BERNARDUS de Lia, testis, 616. Vide *Lia.*
BERNARDUS clericus de Lia, testis, 611.
BERNARDUS de Luiniaco, testis, 577. Vide *Luniaco.*
BERNARDUS de Lunia, miles, testis, 626.
BERNARDUS de Mardubrio, testis, 607. Vide *Mardubrio.*
BERNARDUS, capellanus de Mardubrio, 532.
BERNARDUS de Melione, testis, 612. Vide *Melione.*
BERNARDUS de Meseriaco, vel Meriaco, 13. Vide *Meseriaco.*
BERNARDUS de Monte Girberti, testis, 622. Vide *Monte Girberti.*
BERNARDUS et Ansedeus de Muntiaco, vel Muiciaco, testes, 10. Vide *Muntiaco.*

BERNARDUS de Sanciaco, testis, 617. Vide *Sanciaco*.

BERNARDUS de Sancto Vincentio presbyter, testis, 592. Vide *S. Vincentio*.

BERNARDUS presbyter de Sancto Vincentio de Prato, testis, 573, 587. Vide *S. Vincentio de Prato*.

BERNARDUS presbyter de Seduno, donator, 570. Vide *Seduno*.

BERNARDUS de Septem Canibus, 536. Vide *Septem Canibus*.

BERNARDUS de Tellosa, 516. Vide *Tellosa*.

BERNARDUS de Thasiaco, testis, 585. Vide *Thasiaco*.

BERNARDUS, vel BERARDUS de Tisiaco canonicus Matiscensis ecclesiæ, donator, 607. Vide *Tisiaco*.

BERNARDUS de Toriaco, testis, 554. Vide *Toriaco*.

BERNARDUS et Hugo de Toriaco, milites, 575.

BERNARDUS de Vela, testis, 510. Vide *Vela*.

BERNARDUS de Verchisoto, testis, 428, 629. Vide *Verchisoto*.

BERNARDUS de Vernol, testis, 576, 596, 630. Vide *Vernol*.

BERNARDUS de Vernul, maritus neptis Pontii Senglarii, 477.

BERNARDUS et uxor Adalburga, donatores, 336.

BERNARDUS, Arnulfus, Giraldus et Durannus, donatores, 454.

BERNARDUS et Berno, 516.

BERNARDUS, Berno et Godafredus, venditores, 335.

BERNARDUS et uxor ejus Ermendrada, donatores, 350.

BERNARDUS et uxor Ermengardis, donatores, 339.

BERNARDUS et Dodo, 516.

BERNARDUS et Gausbertus clericus, filii Gausberti, 435.

BERNARDUS et Gauscerannus, filii Bernardi Grossi, 18.

BERNARDUS, Gauscerannus, Landricus Grossus et alius Bernardus, filii Bernardi Grossi, 26.

BERNARDUS, Gislardus et Rambaldus cum uxoribus Sufficia, Aalelde et Ingelelde, 186.

BERNARDUS et Gislebertus, fratres Ornadi clerici, 392.

BERNARDUS, Gislebert et Ornadus, fratres, 309.

BERNARDUS, filius Goffredi, testis, 10.

BERNARDUS et uxor Ingeldis et Stephana, venditores, 387.

BERNARDUS et Jotcerannus, fratres Vicardi Vetuli, 618.

BERNARDUS, senior Odilæ, 13.

BERNARDUS et Otgerius, testes, 554.

BERNARDUS et uxor Pontia, donatores, 530.

BERNARDUS, Ramfredus et Amalbertus, donatores, 82.

BERNARDUS et Guido Salvagii, nepotes Lamberti de Malliaco, 621. Vide *Salvagii*.

BERNARDUS et Sisbertus, venditores, 228.

BERNARDUS, Sibertus, Walterius et Wicardus, servi, donantur canonicis Sancti Vincentii, 546.

BERNARDUS et Teuquardus, canonici Sancti Vincentii Matisconensis, 334.

BERNARDUS et Ugo, fratres Willelmi de Toria, 506.

BERNARDUS, frater Volvenci, datur cum infantibus suis, 400.

BERNARDUS et ejus filii, Walterius et Leotaldus, 463.

BERNARDUS et frater Wichardus, donatores, 525.

BERNARDUS et Wichardus de Blaniaco, 526.

BERNART de Lamoneia, testis, 626. Vide *Lamoneia*.

BERNART servus et Maria ancilla donantur, 463.
BERNART signum, 129, 164, 274, 307, 332, 333.
BERNARUS infantulus, 60.
BERNEFREDI signum, 151, 194.
BERNEFREDO terra, 112.
BERNERII signum, 123.
BERNINIUS, vel Bernuinus presbyter et Adorelo, donatores, 416.
BERNO, episcopus Matiscensis, 7, 8, 38, 48, 51, 115, 127, 206, 225, 234, 291, 293, 332, 334, 338, 356, 398, 404, 405, 417, 460, 480, 496.
BERNO canonicus, 273.
BERNO chasatus, 2.
BERNO presbyter, 27.
BERNO presbyter, donator, 332, 334.
BERNO presbyter, testis, 8, 322, 334, 460, 478.
BERNO levita, testis, 500.
BERNO tenementarius, 196, 318.
BERNO et Bernardus, 516.
BERNO, Bernardus et Godafredus, venditores, 335.
BERNO et Sevannus, 352.
BERNOART signum, 221, 242.
BERNOENI signum, 202, 203.
BERNOENUS et ejus uxor Ermengardis, 203.
BERNOL signum, 233.
BERNOLDUS, Matiscensis ecclesiæ antistes, 403, 407.
BERNOLDUS, donator, 330.
BERNOLDUS de Sancto Sulpicio, testis, 554. Vide S. *Sulpicio*.
BERNOLDUS presbyter, testis, 413, 435, 478.
BERNOLDUS, vel BERNALDUS, sacerdos et canonicus, 408.
BERNOLDUS, nepos Bernoldi sacerdotis et canonici, 408.
BERNONIS signum, 123, 180, 225, 234, 280, 305, 327, 335, 361, 375, 404, 410, 496.

BERNONIS episcopi signum, 48, 398, 404, 460.
BERNONIUS, vel BERNERIUS serviens, 484.
BEROLT, 284.
BERRIACI villa, 550.
BERRIACO (Capella castelli de), 550.
BERRIACO (Galterius de), archidiaconus, testis, 624.
BERRIACO (Gamnerterius, vel Gauterius de), archidiaconus, 508.
BERRIACO (Gauterius de), archidiaconus, obedienciarius Cavaniaci, 627, 628, 629, 630.
BERRIACO (Gauterius de), decanus, testis, 633.
BERRIACO (Garulfus de), testis, 556.
BERRIACO, vel BERRIA (Gaufridus de), testis, 613, 615, 617, 620, 626.
BERRIACO (Helduinus de), obses, 584, 602.
BERRIACO (Hugo de), donator, 550.
BERRIACO (Hugo de), et frater Gauterius, Matisconensis decanus, et Rotbertus de Cantriaco archidiaconus, obedientiarii de Petraclauso, 632.
BERRIACO (Hugo de), filius Rotlanni Bresent, vel Brescentis, venditor, 584, 602.
BERRIACO (Hugo de), frater Gauterii decani, 632, 633.
BERRIACO (Hugo de), testis, 593.
BERRIACO (Otto, miles de), 527.
BERRIACO (Petrus de), testis, 560, 570.
BERRIACO (Petrus, clericus de), testis 585.
BERRIACO (Raculfus de), fidejussor, 553.
BERRIACO (Warulfus de), testis, 547.
BERRIACO (Willelmus de), testis, 620.
BERSENDA, uxor Arlulfi donatoris, 239.
BERSENDÆ, vel RETSENDÆ signum, 239.
BERSENDIS signum, 469.
BERTA, vel JOERTA, uxor Dominici, 167.
BERTA, uxor Leotaldi comitis, 488, 496.
BERTA, uxor Mamberti, 167.
BERTA, testis, 439.

BERTÆ, filiæ Constantini donatoris, signum, 437.
BERTÆ, BERTANÆ, uxoris Leotaldi comitis, signum, 155, 488, 496.
BERTELARIUS et Wandalmarus varrarii, 67.
BERTHELIUS chasatus, 2.
BERTHERIUS, Viennensis episcopus, 23.
BERTONET (Bernardus de), testis, 604.
BERTONIS signum, 124.
BERTRADA, uxor Rainardi, vel Ramardi donatoris, 318.
BERTRADA, uxor Rainaldi militis, 391.
BERTRANDI signum, 138.
BERTRANDUS, frater Berardi de Tisiaco, donator, 607.
BERTRANNI (Vinea), 116, 182.
BERTRANNI, vel TEOTBRANNI signum, 244.
BERTRANNI de Itgiaco (uxor), 593.
BERTRANNI de Ver signum, 26. Vide *Ver*.
BERTRANNUS, serviens, 484.
BERULFI signum, 117, 129, 231, 255.
BERUNICIA, uxor Rotlanni emptoris, 262.
BERVERIUS, seu BERNOENUS et uxor Ermengardis, 203.
BERZIACI obstagium, 632.
BESONI signum, 322.
BESORNACO (in), locus, 185.
BESORNACO (Bernardus de), testis, 4.
BESORNAY (Petrus de), testis, 621.
BESORNIACI (Decimæ), 563.
BETIS (Portus), 517, 589.
BEY, seu BEX, villa in pago Lugdunensi, 491.
BEY et Velam (Nemus inter), 508.
BIGORTI, vel BIDOCTI (Fons), 144.
BILIACUS ager, 483.
BIRISIACO (Colonica de), 516.
BISIACO, vel BUCIACO (in villa), 394.
BISORNATUS (Bernardus), 3, 537, 554.
BLADINI decani signum, 5.
BLADINI presbyteri signum, 232.
BLADINI diaconi (sub præsentia), 574.

BLADINI signum, 245, 334, 476.
BLADINI alterius signum, 476.
BLADINI terra, 228.
BLADINUS presbyter, donator, 199, 424.
BLADINUS de Baugiaco, testis, 613. Vide *Baugiaco*.
BLADINUS de Crochio, testis, 575. Vide *Crochio*.
BLADINUS et Engelardus presbyteri, donatores, 232.
BLADINUS et Rotbertus de Cantriaco, fratres, 553. Vide *Cantriaco*.
BLADINUS et Widradus presbyteri, donatores, 219.
BLANCUS (Bernardus), testis, 629, 630.
BLANCUS de Balgiaco, testis, 618. Vide *Balgiaco*.
BLANDACO (in), locus, 210.
BLANDANUM, villa, 407.
BLANDIACO (in), locus, 550.
BLANE (Wilelmus de), testis, 596.
BLANIACENSIS (Gaufridus), archidiaconus, 572.
BLANIACO (Gaufridus de), archidiaconus, testis, 593.
BLANIACO (Bernardus de), donator, 509.
BLANIACO, PLANIACO (Bernardus de), 526.
BLANIACO (Johannis de), signum, 548.
BLANIACO (Jordannus de), testis, 627, 629, 630, 632.
BLANIACO (Gaufridus de), testis, 564.
BLANIACO (Willelmus de), testis, 617.
BLANNO signum, 424.
BLANNO terra, 424.
BLESMODIS, uxoris Rotberti, signum, 469.
BLITANNIDIS, seu BLEMUNDIS, villa in pago Matisconensi, 111.
BLITGERII signum, 450.
BLITGERII terra, 450.
Bo, vel BEY, villa finis Balgiacensis in pago Lugdunensi, 110.
BOBULENUS, seu BABOLENUS, emptor, 227.

Bocher et Willelmus, fidejussores, 605.
Bodo, clericus et canonicus S. Vincentii Matisconensis, 396.
Bodo, testis, 396, 406.
Bodo levita, testis, 478, 497.
Boent (Achardus de), obses, 604.
Boent (Hugo de), 604.
Boent (Willelmus de), 604.
Bogenis, villa in pago Matisconensi, 61.
Bonanæ terra, 354.
Bonerii mansus, 516.
Bonetus, presbyter de Valle Saona, testis, 607.
Bonetus de Cormerenchia, arbiter, 589.
Boni, vel Boinii signum, 262.
Bonigno signum, 273.
Bonignus, vel Bruignus et Salomon Hebræi, donatores, 273.
Bonini signum, 453.
Boninus (Stephanus), donator, 537.
Boninus (Hugo), frater Leodegarii Bonini, 537.
Boninus, Letaldus Coquus et filius, obsides, 588.
Bonitus, fidejussor, 529.
Bonnivers (Bernardus), testis, 604.
Bono et Armannus, vel Armadicus, filii Stephani, 398, 480.
Bononi (vinea), 345.
Bononio et Octavio terra, 127.
Bononis signum, 193.
Bonus, fidejussor, 529.
Bonus, venditor, 262.
Bonus Filius sacerdos, testis, 574.
Bonus Filius et uxor Otbergia, emptores, 262.
Bonus Filius et Pontius, et uxores Otbergia et Ausioldis, 149.
Bonus Filius de Cenva presbyter, testis, 603. Vide *Cenva*.
Boonisco (in), vinea, 199.
Borbontia, fluvius (la Bourbince), 359.

Bordelini (in presentia Duranni), 624.
Borgoldi signum, 243.
Bornesia, vinea in Verciaco villa, 424.
Boscedi (Hæreditas Girberti), 194.
Boscedo (in) villa, 142.
Boschaio (Bernardus), testis, 569.
Bosciaco (in) villa, 499.
Boscido (in) villa, 271, 284.
Bosco (de), villa, 535.
Bosco (Moneta *S. Mariœ de*), 537, 629.
Bosco (Stephanus de), testis, 598, 604, 605, 610.
Bosco Captivo et Spina (tertia pars de), 508.
Bosleras (Stephanus de), testis, 621.
Boso (domnus), 152.
Boso, Gerardus, Hugo, Willelmus, Stephanus, Gauserannus et Herbertus, filii Hugonis Fuldradi, 534.
Bosonis mater, 465.
Bragilenci signum, 475.
Braidenci signum, 46, 452, 459.
Braidencus, frater Teotgrini, 152.
Branceduno (Roclenus, clericus de), 465.
Brancion (Umbertus de), archidiaconus, 508.
Branciono, Branceduno (Humbertus de), testis, 613, 615, 616, 620, 622, 625, 627.
Branciono (Jotcerannus de) et Seguinus nepos ejus, fidejussores, 625.
Branciono (Seguinus de), obses, 588.
Brancium (Joccerannus de), testis, 626.
Brancium (Seguinus de), testis, 626.
Brandencus presbyter, donator, 91.
Brandencus, Breidincus clericus, petitor, 30, 459, 461.
Brandono (in), villa, 392.
Brandono presbytero (terra), 191.
Braona (Petrus de), testis, 586.
Braydinci, Breindinci terra, 46, 461.
Brechis (Rotbertus de), 589.
Brecis (Rotbertus de), testis, 26, 553.

BRECTES (Willelmus de), testis, 558.
BRENDENCUS, episcopus Matisconensis, 51, 56, 64, 109, 152, 224.
BRENDENCUS et Umbertus propinqui Aymonis, 512.
BRENIS (Gauseranni de), signum, 11.
BRESCENT (Rotlannus), pater Hugonis de Berriaco venditoris, 584.
BRESSENCHIUS (Pontius), fidejussor, 613.
BRIENDONIS villa, in pago Matisconensi, 70.
BRIETII mansus, 516.
BRIGIA, villa, 92, 498. (BRAY.)
BRIGIA (Ecclesia Sancti Quintini de), 92.
BRINIO, testis, 563.
BRITO de Sancto Salvatore, testis, 601. Vide S. *Salvatore*.
BRODER (Decima de), 597.
BRUERIA (Achardinus de), obses, 547.
BRUGERIA (Stephanus de), obses, 584, 602.
BRUNIROLLES (in monte), 594.
BRUOLDUS (Guido), testis, 4.
BRURENIAS (in), villa in comitatu Matiscensi, 483.
BRUTORIA (Canonici regulares B. Petri in villa), 511.
BUCENNO, BUCIANO, vel BUCRANO (in) villa, 2, 408.
BUCHER (Enricus) capellanus, testis, 626.
BUCIACO (Capella S. Petri in villa), 406, 478.
BUFFERIAS (in), villa in agro Laliacensi, 234.
BUFFERIIS (Aimonis de), mansus, 516.
BUGARIUS (Umbertus), obses, 588.
BUIDONI (in), villa in agro Garloniacensi, 418.
BURCHARDUS, Lugdunensis archiepiscopus, 518.

BURCHARDUS, archiepiscopus Viennensis, 518.
BURDINUS, Gaucerannus et Eldinus, fratres, 31.
BURDINUS laicus, testis, 10, 31.
BURGARIUS, vel BURGARUS (Durannus), donator, 608.
BURGIUS (Umbertus), testis, 629.
BURGO SUPERIORE, (Gaucerannus, Jotcerandus de), testis, 611, 616.
BURGUNDIA, mansus, 600.
BURGUS SUPERIOR, super Matisconem, prope murum Matisconis, 161, 195.
BURLANNI (Mansus Galterii), 516.
BURNANT (Ecclesia de Sancto Nicetio de), 465.
BURONICO (in), locus, 70.
BURSA (Stephanus), testis, 571.
BUSCARDUS (Ugo), testis, 4.
BUSCHELI (Rodulfus et Odo) clerici, testes, 626.
BUSCIACO (in), villa in agro Salorniacensi, 249, 278.
BUSCIACO (Ecclesia de), 465.
BUSCIDO (in), villa in agro Uriniacensi, 147, 278. Vide *Boscedo*.
BUTERIE (Stephanus), testis, 565.
BUTON, seu BREON, locus, 478.
BUTSONGI (in villa), 291.
BUXERIA (Hugo de), testis, 578, 597.
BUXERIA (Johannes de), testis, 621.
BUXERIA (Leotaldus de), obses, 588.
BUXERIA (Artaldus de), testis, 596.
BUXERIA (Letaldus de), testis, 596.
BUXIACO (Ebrardo et Geronte, fratribus de), 607.

C

CABANNAS (in), villa in agro Viriacensi, 344.
CABANNIS (Pontius de) miles, testis, 626.
CABENNIS (Wicardus de), testis, 577.
CABILLONICA civitas, 144.

CABILONENSIS ecclesia, 97.
CABILONENSIS synodus, 144, 521. Vide *Synodus*.
CACELLACO (in), villa, 478.

CACENACO, CACENATO (in), villa in pago Cabilonensi, 100.

CADINICO, CADENACO (in), villa, 99.

CAIMMENVA, CAMNEMIA, CAVENNA, vel CAVICENNA, silva, 455, 567.

CALCEDONENSE concilium, 23, 518. Vide *Concilium*.

CALDAQUA, villa in pago Nivernensi, 55, 101.

CALIXTUS (II), papa, 582, 583.

CALLIOT (Petrus), testis, 624.

CALOMONTE (Stephanus, canonicus de), 511.

CAMBONAS (in), villa in agro Cardoniacensi, 346, 348, 358.

CAMENAS, vel CAMNEAS (in), villa, 225, 392.

CAMMILIACO (in), villa, 225.

CAMPANIENSIS (Odo), 631. Vide *Odo*.

CAMPENS (Guido de), obses, 588.

CAMPENS (Hugo de), nepos Artaldi decani, 576.

CAMPIS (Ricardus de), 516.

CAMVENTI, locus, 366.

CAMVENTUS, CAVENICUS, 381.

CANCELLARII, ARCHICANCELLARII regum, 68, 120.

CANCELLARII ecclesiarum, 5, 11, 13, 34, 50, 192, 400, 527.

CANCIACO (Rotbertus de), archidiaconus, 508.

CANDEVERRIS (in potestate), 559. Vide *Potestas*.

CANDEVERRIS (in), villa in pago Nivernensi, 64, 539.

CANTRIACENSIS ager, 42.

CANTRIACI, de CHANTRIACO (Ugo), testis, 621, 633.

CANTRIACO et QUERCU (parochia de), 553, 554.

CANTRIACO (Rotbertus de), archidiaconus, 632.

CANTRIACO (Rotbertus de), archidiaconus, testis, 627.

CANTRIACO (Rotbertus de), archidiaconus, et Gauterius Matisconensis decanus, obedientiarii de Petraclauso, 632.

CANTRIACO (Rotbertus de), et frater ejus Bladinus, 553.

CANTRIACO (Rotbertus, presbyter de), testis, 617.

CANTRIACO (Rotbertus de), testis, 512, 601, 615, 621, 623, 633.

CANTRIACUM, villa, 42, 70, 73, 74, 110, 154, 165, 181, 421, 476, 478.

CANVENICO (in), locus, 381.

CAPELLANIA de Cruce, 574.

CAPELLÆ in Cartulario nostro denominatæ : Capella S. *Amoris* in villa Albuciniaco, 421. Vide S. *Amoris*.

— S. *Andreæ* in villa Arnant et agro Cosenacensi, 428.

— S. *Andreæ* Odremari, 52, 61, 70, 101, 465.

— B. *Bartholomei* in villa Fabricas, 8, 70, 404.

— Castelli de Berriaco, 550.

— S. *Boniti* in Carbonerias, 406.

— S. *Ceciliæ* in villa Brandono, 392.

— S. *Christofori* in villa Milliaco, 70, 403.

— S. *Christophori* in villa Manciaco, 70.

— S. *Cirici* in Viriaco villa, 70.

— de Corcello, 70.

— de Francia, 70. (LA CHAPELLE-DU-MONT-DE-FRANCE.)

— S. *Gengulfi* in Ciciaco villa, 243.

— S. *Germani* in Cardenaco villa, 70.

— S. *Imiterii* in villa Fabricas, 500, 514.

— S. *Jangulfi*, 108.

— S. *Johannis*, 70.

— S. *Johannis* in Proprio, 70, 408.

— S. *Juliani*, 61, 101.

INDEX GENERALIS.

Capella *S. Leodegarii* in villa Vitriaco, 402, 563.
— de Madriaco, 70, 399.
— *B. Mariæ*, 623.
— *S. Mariæ* in Cantriaco villa, 70, 154, 421.
— *B. Mariæ* in villa Gaudo, vel Gauge, 397.
— *S. Mariæ* in villa Lornant, 70.
— *S. Mariæ* in Montaniaco villa, 70.
— *S. Mariæ* in villa Uriniaco, 70.
— *S. Mariæ* in villa Verchisono, 70.
— *S. Mariæ Magdalenæ* in villa Mardubrio, 532.
— *S. Martini* in Clipoiaco, 70.
— *S. Martini* (prope Matisconem), 393.
— *S. Martini* in villa Tarsiaco, 522.
— *B. Maximii* in Previsco villa, 341.
— de Nant, 604, 605.
— de Noblent, 70.
— *B. Petri* (canonicorum regularium) in Brutoria villa, 511.
— *S. Petri* Appugniaci, 38.
— *S. Petri* in villa Carnaco, 406, 478.
— *S. Petri* de Colonicas, 70.
— *S. Petri* in villa Domanaco, 222.
— *S. Petri* in villa Jonciaco, 478. Vide *Buciaco*.
— *S. Stephani* in Lintiniaco, 9, 22.
— *S. Stephani*, subjacens vico Sancti Martini, 485.
— *S. Victoris* in Satonaco villa, 70.
— *S. Vincentii* in Leotorciso villa, 422.
— *B. Vincentii* de Mardubrio, 21.
— *S. Vincentii* de Prato, 70.
— *Salvatoris et Genitricis Mariæ*, *S. Vincentii et S. Amoris*, 87, 190.
— de Soloniaco, 550.

Carbonacum, villa in pago Matisconensi, 70, 71, 108, 392.

Carbonerias (in), villa in agro Salorniacensi et in fine Viriacensi, 406, 462, 463, 466.

Cardonaco (in), villa in agro Plotensi, 70, 429.

Cardonacum, Cardoniacum, Cardenacum, villa in fine Cardoniacensi, 70, 350, 366, 377, 381, 396.

Cardonerias (Campus in), 244.

Cariloco (Bernardus de), donator, 531.

Cariloco (Bernardus de), archipresbyter, testis, 510.

Cariloco (Johannes de), testis, 534.

Carimiaco (in), villa, 392.

Carlo et Stephanus, 546.

Carnaco (Hugo, presbyter de), testis, 611.

Carnacum, villa in agro Salorniacensi, 50, 406, 437, 478.

Caroloco (Girardus de), donator, 607.

Carolus (Simplex), rex, 298, 305, 337, 354.

Carthusienses monachi, 622.

Casal Dulciso (de), locus, 423.

Casanova, villa, 397.

Casellis (Gaufridus de), testis, 633.

Casillus, villa, 101.

Casinna (Moneta), 520.

Casno (Curtilus cum vinea, vocatus), 193. (Es Chanaux.)

Casotis, villa in agro Salorniacensi, 32 70, 275, 275 bis, 303, 410, 469, 549.

Cassanias, vel Cassamas, locus in pago Matisconensi, 70.

Cassisiaco (in), locus, 484.

Castanedellum boscus, 110. (Le bois de Chatenay.)

Castanedo (in), locus in villa Verriaco in agro Ibiacensi, 229.

Castanedo (Campi duo vocati in), 242.

Castanedum, villa, 8, 38, 184.

Castanedum et Semiriacum, villæ, 404. Vide *Semiriacum*.

Castanella silva, 288. Vide *Castanedellum*.

CASTANETUM et Lucum Beliardum, 560.
CASTELLIONE (Berardus de), episcopus Matisconensis, 3, 4, 506, 510, 511, 532, 536, 537, 547, 552, 553, 554, 555, 556, 559, 560, 561, 567, 568, 569, 574, 575, 576, 577, 578, 579, 581, 583, 585, 589, 607.
CASTELLIONE (Hugo de), donator, 517.
CASTELLIONE (Hugo de), fidejussor, 613.
CASTELLIONE (Stephanus de), fidejussor, 613.
CASTELLIONE (Willelmus de), testis, 508, 610, 611.
CASTELLIONE (mansus de), 586.
CASTELLUM, villa in agro Galoniacensi, 62, 70, 97, 200, 227, 594.
CATALUS servus, cum uxore et infantibus donatur, 332.
CATRERIUS (Bernardus), testis, 616.
CAUSAL MAMBERT (in), colonica, 428.
CAUSEL, CAUSELLIS, CAUSELLUM, CAUSELLUS, villa in agro Viriacensi, 27, 70, 352, 368, 376, 378, 379, 382.
CAVA ROCCA, vel CAVA RUPE (Pontius de), testis, 531, 532, 534, 535, 607.
CAVA RUPE (Stephanus de), testis, 621.
CAVANIACI (decima), 627, 630.
CAVANIACI (molendinum), 627, 630.
CAVANIACO (in), villa in agro Tromacensi, 464. Vide *Chavaigniacum ad Velam*.
CAVANIACO, vel CANAMIACO (in), villa 392.
CAVANIACO (Martinus de), testis, 630.
CAVANIACUM, villa in agris Fusciacensi et Salorniacensi, 30, 141, 145, 148, 186, 459, 484, 512.
CAVANIS (Vicardus de), testis, 563.
CAVANNAS (in), villa, 409.
CAVANNIS (Bernardus de), obses, 588.
CAVANNIS (Enricus de), obses, 588.
CAVANNIS (Hugo de), donator, 443.
CAVANNIS (Hugo de), fidejussor, 613.
CAVANNIS (Hugo de), testis, 614, 615, 616.
CAVANNIS (Otgerius de), testis, 596.

CAVANNIS (Pontius de), testis, 613.
CAVEINIA (molendinum de), 572.
CAVEINIAS, CAMMAS et Princiacum (inter), 71.
CAVINAS, locus, 108.
CEGIACO (Otgerius de), testis, 508.
CELEST signum, 284.
CELLULA S. *Albani ad Gisarias*, 62, 70, 101.
— S. *Albani* et S. *Vincentii*, 97.
— S. *Imiterii* in pago Lugdunensi, 62, 101, 109.
CENSANICA (in), villa, 267. Vide *Sanciacus*?
CENSORII signum, 453.
CENSORIUS, donator, 453.
CENTARRENS (Jotcerannus de), donator, 573, 587.
CENTARRENS (Dalmatius Nugerinus et frater ejus Stephanus de), clericus, 626.
CENVA (Bonus Filius de), 603.
CENVA (decima de), 600.
CENVA silva, 11, 13, 562.
CENVA (decimationes silvæ de), 562.
CEPTIO (in), locus in villa Trion, 362.
CERCANICUS, testis, 601.
CERDOSLUS et Laufredus cum hæredibus suis, 74.
CEURO (in), locus, 455.
CHACELACO (in clauso de), 621.
CHAIGNOT vel CHAIGNET, boscus, 28.
CHAILLOURES (Lataudus de), obses, 595.
CHALINUS, presbyter, 139. Vide *Siesalnus*.
CHAMARLEUS (Hugo), testis, 609.
CHANGIACO (Ugo de), testis, 615.
CHANTRIA (Rotbertus de), testis, 626.
CHANTRIA (Ugo de), miles, testis, 626.
CHAPASIA (monasterium de), 626.
CHAPE (Guionet), testis, 626.
CHARRON (Wichardus, miles de), testis, 575.
CHASAL DOLCIN mansus, 603. Vide *Casal Dulciso*.
CHASETO (Ugo de), testis, 595.

CHASTEN (Petrus), testis, 627.
CHAVAIGNIACUM *ad Velam*, villa, 548. Vide *Cavaniaco*.
CHAVANNIS (Ugo de), obses, 588. Vide *Cavannis*.
CHIGIACI (Parochia), 2.
CHIMINACO, vel DIVINIACO, locus, 70. Vide *Chinimaco*.
CHINIMACO (in), villa in agro Vircionis, 460.
CHOIS (Villelmus de), testis, 615.
CHORE, 8, 487. Vide *Datan*.
CHRISTIANI signum, 132, 165.
CHRISTIANUS et Alexana, vel Decetana, infantes Edwini et Eldeborch, 278.
CHRISTIANUS de Palude, 551. Vide *Palude*.
CHRISTIANUS de Rupe, testis, 594. Vide *Rupe*.
CHRISTIANUS de Silva, S. Petri prior, testis, 622. Vide *Silva*.
CHRISTINA, mater Flotberti diaconi et canonici, 421.
CHRISTINA, Segreda et Aldricus, venditores, 308.
CHRISTINÆ et Segredæ signum, 308.
CHRISTINÆ arvum, 42.
CHRISTOLIO de Bascent (Ugo de), obses, 588.
CHRISTOPHORI signum, 140, 147, 365.
CHRISTOPHORI vinea, 375, 383.
CHRISTOPHORO, Gaucelino, Alduino et Ingelberganæ pratum, 310. Vide *Gaucelino*, etc.
CHRISTOPHORUS, 204, 222.
CHRISTOPHORUS presbyter, testis, 594.
CICARDI fideles, 157.
CICARDUS, vel GUICHARDUS, fidelis comitis Leotaldi, 71, 157.
CICIACO (in), villa, 18, 100, 243, 345, 360.
CIMANDRAS (in), locus in villa Ibiaco, 274.
CIRCIACO, vel CURCIACO (in), villa in pago Matisconensi, 240.
CIRGOS (ecclesia de), 465. Vide *Ecclesia*.

CIRICI signum, 356.
CIVIONE (de), villa, 570.
CIVIONE, vel CUNONE (decimæ de), 570.
CIVIONE (Petrus de), testis, 570.
CLASSIACO (in), villa in agro Iggiacensi, 238, 356, 388, 401, 481.
CLASSIACO (Gauserannus de), testis, 10.
CLASSIACO (Hugo de) senex, obses, 588.
CLASSIACO (Hugo de), testis, 593.
CLASSIACO (Paganus de), obses, 588.
CLASSIACO (Paganus de), testis, 596.
CLAVERIAS (in), vinea, 213.
CLEMENCIIS (Otgerius de), obses, 595.
CLEMENTIS signum, 223, 331.
CLERII de Crais signum, 26. Vide *Crais*.
CLIPGIACO, vel DIPGIACO (in), villa, 231.
CLIPPOIACO, CLIPPIACO, CLEPPIACO (in), villa, 70, 231, 245, 255.
CLOSELLOS (ad), locus, 417.
CLUNIACENSES milites, 570, 612.
CLUNIACENSES monachi, 473, 494, 581, 581 bis.
CLUNIACENSES solidi, 570, 578, 585, 624, 626.
CLUNIACENSIS abbas, 14, 17, 20. Vide *Abbas*.
CLUNIACENSIS ecclesia, 17.
CLUNIACI cœnobium, 52.
CLUNIACI (in hospicio), 624.
CLUNIACO (Bernardus de), 547.
CLUNIACO (Dalmatius de), testis, 578.
CLUNIACO (Gaufridus de), obses, 584, 602.
CLUNIACO (Gaufridi de) precaria, 547.
CLUNIACO (Gilbertus de), donator, 610.
CLUNIACO (Hugo, miles de), donator, 612.
CLUNIACO (Hugo de), obses, 560.
CLUNIACO (Hugo miles de), testis, 617.
CLUNIACUM, villa, 17, 52, 53, 108, 514, 519, 585, 588, 624.
COIRE (Pontius de), testis, 607.
COLONGIAS (ecclesia de), 465.
COLONIAS (in), villa, 67, 70, 100, 157, 392, 397, 401, 444.

COLONICAS (in), villa in pago Cabilonensi, 395.
COLONICAS et Moncellis (in), villæ, 71, 108.
COLUMBUS et Gaufridus, testes, 630.
COMES, COMITISSA. Vide *Avalensis, Cabilonenses, Eduenses, Matisconenses, Nivernensis, Viennenses*.
COMITALI prato (in), 487.
COMITALIS terra, 32, 80, 166, 183, 273, 487, 513.
COMITATUS Avalensis, 398.
COMITATUS Lugdunensis, 196, 318.
COMITATUS Matiscensium, 72.
COMITES Matisconenses, 7.
CONCELINUS et Rodulfus, 201.
CONCILIUM, SYNODUS. Vide *Ansan, Cabilonense, Calcedonense, Claromontense, Matisconense, Romanum*.
CONCULA (in), locus juxta Matisconem, 188.
CONDAMINAS (in), villa in agro Meloniacensi, 79, 129, 167.
CONDRANNI signum, 212, 432.
CONDULRICI terra, 121.
CONFLANS, villa, 31, 239.
CONRADUS, rex, 316, 317, 320, 322, 325, 334, 336. Vide *Gondradus, Gonradus*.
CONSTABILIS et uxor Maria, venditores, 302.
CONSTABILIS, seu CONSTANTIUS, filius Vincentii donatoris, 146.
CONSTABILIS signum, 406.
CONSTABILIS, presbyter, 478.
CONSTABULI signum, 107, 170, 178, 221, 242, 253, 294, 302.
CONSTABULI et Rotberti terra, 239.
CONSTABULUS et uxor Constantia, donatores, 321.
CONSTANCIO et Iliodo terra, 452, 528.
CONSTANCIUS Calvus, testis, 534.
CONSTANCIUS, Ermenardus et Ragnardus, filii Adalelini, 365.
CONSTANTIA, uxor Constabuli donatoris, 321.

CONSTANTIANÆ signum, 275.
CONSTANTII signum, 83, 123, 140, 145, 202, 205, 239, 372.
CONSTANTII terra, 418, 443.
CONSTANTII et fratris Arnulfi terra, 268.
CONSTANTII Agri mansus, 516.
CONSTANTII Alberti mansus, 516.
CONSTANTII de Crai mansus, 516. Vide *Crai*.
CONSTANTII de Vallis (Osanna filia), 527. Vide *Osanna*.
CONSTANTINI signum, 47, 49, 54, 88, 105, 107, 142, 175, 193, 194, 202, 203, 204, 235, 302, 308, 322, 335, 382, 437, 462, 463.
CONSTANTINI alterius signum, 105, 322.
CONSTANTINI terra, 166, 220, 270.
CONSTANTINI et Dodoni terra, 288.
CONSTANTINI vinea, 372.
CONSTANTINI et Arsendæ conjugis signum, 81, 218.
CONSTANTINI et Christinæ signum, 281.
CONSTANTINO (Augusto) imperante, 23.
CONSTANTINUS, donator, 235, 437.
CONSTANTINUS donator et Arsenda conjux, 81, 218.
CONSTANTINUS et uxor ejus Christina, donatores, 281.
CONSTANTINUS et Abundus, manentes, 53.
CONSTANTINUS et Adalelmus, venditores, 184.
CONSTANTINUS Pipinus, 516.
CONSTANTIONIS signum, 181.
CONSTANTIUS, donator, 89.
CONSTANTIUS, impignerator, 135.
CONSTANTIUS et frater Amblardus, donatores, 83.
CONSTANTIUS et ejus uxor Nadalia, 276.
CONSTANTIUS, vel CONSTANTINUS et uxor ejus Stephana, donatores, 107.
CONTLA (in), locus in oppidum civitatis Matisconis, 354. Vide *Concula*.
CORBONACUM et Prisciacum (inter), 71, 157.

CORCELLAS, vel CORTOCELLAS (in), villa in pago Lugdunensi, 27, 320, 321, 403.
CORCELLIS (molendinum de), 329.
CORCELLO (de), locus, 70.
CORENT (Gauserannus de), 507.
CORENT (Renardus de), 604, 605.
CORIMMANBLO (Hugo, Stephanus et Otgerius de), 556.
CORMARENCHIA, vel CORMOLINGIAS (in), villa, 27, 517.
CORMERENCHIA (Bonetus de), arbiter, 589.
CORMERENCHIA (Petrus de), testis, 596.
CORMOR (Pontius de), testis, 604.
CORNERIUS, testis, 563.
CORNIX (Johannes), testis, 613.
CORTASIONE (in), villa in agro Marliacensi, 331.
CORTEFRANCIONIS, vel CURTIFRANCIONIS villa, 434, 496.
CORTEFREDONE (in), villa in fine Cosconacensi, 314.
CORTERII signum, 119.
CORTEVACIO (Umberti de) signum, 223.
CORTEVAIS (Stephanus de), testis, 626.
COSCONACI (in potestate), 496.
COSCONACUM, villa in pago Lugdunensi, 496.
COSENACENSIS ager, 428.
COSIACO, vel COYSIACO (Letaldus de), testis, 569.
COTOMACO (ad), locus, 484.
COTTA, villa, 52.
CRAI (in), villa, 374, 592.
CRAI (campus de), 502.
CRAI (Constantius de), 516.
CRAI (Galterius de), donator, 592.
CRAI (clausus dictus in), 110.
CRAIA (via de) ad rivum fontis, 550.
CRAIO (in), locus, 455, 473.
CRAIS (ecclesia de), 465.
CRAIS, vel RAIS (Clerii de) signum, 26.

CRAONA, amnis, 169, 255. Vide *Graona*
CROCHIO (de), villa, 575.
CROCHIO (Bladinus de), 575.
CROPIO (in), villa, 70, 113, 181, 185, 254, 609, 611, 614.
CROPIO (Jordanus de), testis, 629.
CROS, mansus in parochia de Petraclauso, 596.
CROSET (Ugo de), testis, 625.
CROSO VALLA (de), locus, 446.
CROTELDI villa, in agro Tromacensi, vel Tornacensi, 464.
CRUCE (Altare de), 574.
CRUCEM B. M. de Uriniaco (res vocatæ ad), 270.
CRYPTA S. Petri et S. Innocentis martyris, ad ecclesiam Matisconensem, 142.
CUCURIATO (in), campus, 89.
CUMRIACO (in), villa, 607.
CUNCTUS, vel LINCTUS, juratus, 359.
CUPRIACENSIS ager, 416, 422, 433. Vide *Aubliacensis*.
CURATI, vel QUIRICI terra, 75.
CURCIACO (in), villa, 240. Vide *Verciaco*.
CURCIACUM, villa, 327, 407.
CURIA (Willelmus de), testis, 626.
CURIACENSIS finis, 407.
CURIACO (in fine), 403.
CURTE (Giraldus de), 565.
CURTE (de), villa, 566. Vide *Darbot*.
CURTE SUPERNENSE, villa in agro Aibliacensi, vel Cubliacensi, 423.
CURTE VIENTINE (in), villa, 443.
CURTEM et Stogium, villæ, 485.
CURTIBUS (Bernardus de), testis, 594.
CURTILIS (Ecclesia), 465.
CURTILIS Mariani, villa, 70.
CURTIS, villa in agro, vel fine Balgiacensi, 40, 110, 330.
CURTIS WALDONISCA, villa in pago Lugdunensi, 325.
CUSE (Regnaldus de), 589, 590.

Custe Comite (in), villa in agro Foldringus, 360.
Custerientane, villa, 27. Vide *Cortasione.*
Cycardi signum, 157.
Cymnus, Vesuntionensis archiepiscopus, 144. Vide *Vesuntionensis.*
Cyndrici signum, 486.
Cyraldi signum, 562.

D

Daberti terra, 133.
Dalainaco (in), locus, 185.
Dalbent (Wido), testis, 569.
Dalmacii filii Guichardi de Bellojoco signum, 483.
Dalmatius, maritus viduæ Bladini, 553, 554.
Dalmatius de Molano, testis, 570. Vide *Mediolano.*
Dalmatius, monachus, 533.
Dalmatius et Guigo, testes, 585.
Dalmatius, Willelmus et Wigo, fratres Hugonis de Mediolano, 544.
Damenches (Ugo de), testis, 508.
Daniel signum, 127.
Darbot (Stephanus), testis, 565.
Darbot (Stephanus), presbyter de Curte, testis, 566.
Dardre (Durannus de), donator, 594.
Dasciaco (in), villa, 184.
Datan, Chore et Abiron, 8, 487.
Datfredo, Gaucelino, Madalulfo et Vuitberto pratum, 310.
Daugbertus et Giraldus, 166.
Dauvens, vel Damens (Vichardus), testis, 623.
Davaiacum, villa in agro Fusciacensi, 46, 119, 451.
Davenaco (in), villa, 600. Vide *Avenacum.*
David, testis, 186.
David presbyter, donator, 377.
David, frater Johannis capellani, testis, 626.
David, pater Walterii presbyteri et Altonis, 217, 222.
David, senior Juliæ donatricis, 141.
David et ejus uxor Wandalmodis, seu Wandinodis, 140, 160.
David signum, 235, 264, 377, 410.
Decima de Exsartis Soloniaci, 633.
Decimæ ecclesiæ de Mardubrio, 565.
Decius (I), episcopus Matisconensis, 51.
Decius (II), episcopus Matisconensis, 51.
Deidono signum, 294.
Dentus, testis, 626.
Deodado terra, 212.
Deodata uxor Aalelmi, vel Adalelini, 367. Vide *Aalelmus.*
Deodatæ, uxoris Adalelini signum, 367.
Deodati signum, 158.
Deodati terra, 207, 213.
Deodato et Eldemerganæ terra, 48.
Deodatus de Fontanas, 501. Vide *Fontanas.*
Deodatus, scamineus, 501.
Desiderii signum, 241, 279, 294, 298.
Desiderius, frater Wulfai, vel Vulflagi, 93, 412.
Deudonis signum, 146.
Diensis episcopus, 14, 17, 20, 456. Vide *Hugo.*
Digoina (Letbaldi de) signum, 26, 590.
Diminiacus, villa in agro Rimacensi, 36. Vide *Lentiniaco.*
Dipgiaco, vel Clipgiaco (in), villa in agro Priacensi, vel Prisciacensi, 231.
Disiaco, Diviaco (facta), 604.
Ditfranæ, vel Duscianæ terra, 363.
Diviacum, cum ecclesia S. Martini, villa in agro Potiacensi, 68, 164, 601. Vide *Dunacum.*

DODALORIA, vel DOLORIA (campus vocatus), 229, 242.
DODLENUS, invasor, 282.
DODO et Bernardus, 516.
DODONI signum, 164, 169, 322, 323, 399.
DODONI et Constantini terra, 288.
DODONI et Otberto terra, 348.
DOMANACO (in), villa in fine Verriacensi, 217, 222.
DOMENFREDUS, vel ERMENFREDUS et uxor Grusa, emptores, 264.
DOMINGO signum, 170.
DOMINICI signum, 74, 116, 134, 212, 213, 219, 253, 274, 301, 323.
DOMINICO terra, 210, 229, 242, 367.
DOMINICUS, venditor, 274.
DOMINICUS servus datur cum uxore et infantibus, 339.
DOMINICUS et Ostraldus, 190.
DOMINICUS et uxor ejus Berta, seu Joerta, 167.
DOMINICUS et ejus uxor Helena, 297.
DOMNOLUS, episcopus Matiscensis, 66.
DONOBRENSIS pagus, 55.
DORARDI (per manum), 76. Vide *Berardi*.
DORINI signum, 141.
DORNI signum, 503, 504.
DORNI terra, 503.
DOSA (Gaufridus et Odo de), testes, 586.
DOSA (Odo de), testis, 615.
DOTINUS, petitor, 225.
DOTLENO signum, 294.
DOTLENUS de Flaciaco, 501. Vide *Flotbertus*.
DRACIACO, vel DRANACO (in), villa, 471, 490, 615.
DRANCELACO (Ugo de), testis, 615.
DRATGISI signum, 172.
DROGBERTUS, donator, 417.
DROGO, episcopus Matisconensis, 5, 18, 31, 32, 33, 34, 51, 192, 521.
DROGO servus et uxor Tedrada dantur cum filiis et filiabus suis, 454.

DROGO, Walterius, Hugo et Herbertus, filii Eufemiæ donatricis, 474.
DROGO et Teutsa, vel Tensana, donatores, 108, 361.
DROGONIS et uxoris ejus Teutsæ signum, 361.
DROGONIS signum, 46, 111, 198, 230, 332, 345, 426, 474, 488, 495.
DROTBERT, vel DROGBERT signum, 417.
DULON, vel OULON, villa in pago Nivernensi, 100.
DUNACO (Willelmus de), testis, 606. Vide *Diviacum*.
DUNCHES (Vichardus), testis, 604.
DUNENSIS ager, 420.
DURANDUS de Montemavio, testis, 21. Vide *Montemavio*.
DURANNI cellarii mansus, 516.
DURANNI Rufi et sociorum mansus, 516.
DURANNI de Turribus mansus, 516. Vide *Turribus*.
DURANNI (per manum), 527.
DURANNI (in ministerio), 11.
DURANNI signum, 24, 27, 47, 95, 105, 106, 107, 110, 131, 136, 144, 158, 177, 184, 202, 203, 241, 249, 259, 262, 299, 307, 325, 327, 361, 370, 372, 375, 377, 393, 410, 439, 445, 451, 452, 457, 462, 487, 491, 504, 528, 562, 601.
DURANNI alterius signum, 259, 410, 451, 570.
DURANNI venditoris signum, 437.
DURANNI, filii Ingelberti, signum, 433.
DURANNI Vierii signum, 25.
DURANNI terra, 183, 380, 455.
DURANNI filiorum terra, 24.
DURANNI et Gislardi terra, 451.
DURANNI vinea, 89.
DURANNI Bordelini (in presentia), 624.
DURANNUS, tenementarius, 323.
DURANNUS, donator, 452, 503, 528.
DURANNUS archipresbyter, donator, 445.

Durannus archipresbyter, testis, 507.
Durannus, presbyter, 182.
Durannus presbyter, testis, 43, 478, 535, 603.
Durannus sacerdos, filius Isembranni et Teisæ, 137.
Durannus levita, testis, 8.
Durannus, clericus et sacerdos, 524.
Durannus clericus, testis, 570.
Durannus Bastardus, testis, 601.
Durannus chasatus, 2.
Durannus Galonis, 589.
Durannus præses Beljocensis, obses, 586.
Durannus Rufus, venditor, 605.
Durannus de Dardre, donator, 594.
Durannus de Elvolo, vel Estoldis, testis, 570, 590. Vide *Elvolo* et *Estoldis*.
Durannus de Estolis et ejus frater Aiminius, obsides, 547. Vide *Estolis*.
Durannus de Ferreriis, testis, 576. Vide *Ferreriis*.
Durannus de Marcheant, obses, 586. Vide *Marcheant*.
Durannus de Margiane, obses, 586. Vide *Margiane*.
Durannus de Moysia, obses, 595. Vide *Moysia*.
Durannus de Sendrens, obses, 595. Vide *Sendrens*.
Durannus de Stopis, obses, 586. Vide *Stopis*.
Durannus, frater Adalgisi levitæ, 142.
Durannus, pater Odilæ, 13.
Durannus et ejus uxor Adaleldis, donatores, 85.
Durannus et ejus uxor Lesinia, 303.
Durannus et Richelda, emptores, 308.
Durannus et ejus uxor Sufficia, donatores, 491.
Durannus et Berardus, consobrini, 26.
Durannus, Bernardus, Arnulfus et Giraldus, donatores, 451.
Durannus Francus et Gauscerannus, donatores, 502.
Durannus, Giraldus et Aymo, donatores, 439.
Durannus et ejus frater, fidejussores, 529.
Durannus et fratres ejus Godolbert, Gislodus et Aalbertus, venditores, 370.
Durannus et Stephanus Galo, testes, 623.
Durantus, clericus et sacerdos, 35.
Dutino, Vingaudo et Gondomico pratum, 310.

E

Edrardus, donator, 291.
Ecclesiæ in Chartulario Matisconensi denominatæ : S. *Amoris*, 25, 38, 514, 604, — SS. *Amoris* et *Viatoris* in Vinciaco villa, 8, 404, — S. *Andreæ*, 465, — S. *Andreæ* Genoliaci, 52, 465, — S. *Andreæ* in villa Odremaro, vel Odrenaris, 52, 61, 70, 101, 465, 505, 506, — S. *Bartholomei* in villa Fabricas, 38, 500, 514, — B. *Benedicti* et SS. *Babilæ* et *Innocentis*, in agro Romanacensi, 391, — S. *Benigni*, 622, - de Bufferiis, 547, — Cabilonensis, 97, — de Candeverris, 559, — de Causello, 552, — de S. Cecilia, 147, — Cenvæ (in silva), 11, — de Chanverico, 601, — S. Christophori de Bellomonte, 607, — S. *Cirici*, 543, — S. *Cirici* Nivernensis, 100, — S. *Cirici*, in Viriaco villa, 355, — S. *Clementis*, 144, 465, — S. *Clementis*, ad Matisconem, 83, 455, — S. *Clementis* Matisconensis, caput abbatiæ, 103, — S. *Clementis*, in suburbio Matisconis, 69, 70, 71, 99, 292, — de Clergiaco, 562, — de Colongias, 465, — in Cosco-

naco villa, 496, — *S. Desiderii* in villa Verciaco, Vergiaco, seu Verriaco, 69, 70, 99, 103, 199, — de Diroblio, vel Chiroblio, 607, — *S. Eptadii*, 465, *S. Eugendi*, supra fluvium qui vocatur Borbontia, 359, — *S. Eusebii* in villa Busciaco, Buciaco, vel Bisiaco, 394, 499, 515, — Floriaci, 465, — *S. Genesii*, in agro Cosconiacensi, 542, — *S. Germani* de Cardonaco, 396, — *S. Germani* de Tramayes, 70, 413, 435, — *SS. Gervasii et Protasii* atque *S. Vincentii* in Matiscone, 363, — *S. Imiterii*, 70, — *S. Jangulfi* Siciaci, Ciciaci, 68, 120, — *B. Johannis*, in Agenaco villa, 415, 497, — *S. Johannis* de Buxeria, 534, 535, — *S. Johannis* de Castello, 547, 620, — *B. Johannis* de Cirose, 475, — *B. Johannis*, prope muros civitatis Matisconis, 574, — *S. Johannis* in Proprio, 110, — *S. Juliani*, 204, — *S. Juliani* in Rocha, de Rupe, 70, 599, 600, — *S. Laurentii* de Sailliaco, 465, — *S. Leodegarii*, 435, — *S. Leodegarii* juxta Tramayes, 413, — de Liciaco, 70, — de Madriaco, 465, — *B. Marcelli* martyris, in suburbio Cabilonicæ civitatis, 144, — *S. Marcelli* de Varennis, 455, — *S. Marcellini*, 465, — *B. Mariæ* in villa Lornant, 392, 547, — *B. Mariæ* Vinosæ, 587, — *S. Mariæ* de Agrillo, Agriliaco, vel ad Agroledas, 21, 39, 425, 566, — *S. Mariæ* de Ammoniaco, 562, — *S. Mariæ* in villa Cantriaco, 74, 181, — *S. Mariæ* in Monte, in villa Montis, 70, 100, — *S. Mariæ* in monasterio Pelagii, vel Pilati, 61, 70, 101, — *S. Mariæ* in villa Uriniaco, 82, 270, 410, — *S. Dei Genitricis*, *SS. Petri et Bartholomei*, et *SS. Vincentii*, *Gervasii et Protasii*, in Matiscone civitate, 192,

— *S. Martini* in villa Brandono, seu Briendonis, 70, 392, — *S. Martini*, in villa Castello, 62, 70, 97, 392, — *S. Martini*, in villa Clippiaco, 255, — *B. Martini*, in villa Colonicas, 444, 523, — *S. Martini* in Diviaco, Dunaco, villa, 68, 164, — *S. Martini* in Dunacum, 120, — *S. Martini* in Floriaco villa, 265, 397, 568, 576, 577, 578, — *B. Martini*, in Liciaco villa, 420, — *S. Martini*, in villa Prisciaco, 241, 411, — *S. Martini*, in Regniaco villa, 70, — *S. Martini*, juxta Sedriacum castrum, 465, — *S. Martini*, in villa Verchison, vel Verchesseto, 70, 514, — de *S. Martino*, 101, 465, — *S. Mauritii* de Satonaco, 556, — *S. Mauricii* et sociorum de Exartellis, 544, — *S. Nicetii* in Matisconensi civitate, 501, — de Pairliaco, vel Patriniaco, super Ligerim, 70, — *S. Pancratii*, in comitatu Avalensi, 398, 480, — *S. Pancracii* de Brendone, 547, — *S. Pauli* Castellinovi, 607, — *B. Petri*, 67, 609, 614, — *S. Petri* in Appugniaco villa, 8, 404, — *B. Petri* de Chisciaco, 475, — *B. Petri* Curtifrancionis, 496, — *S. Petri*, in Genoliaco villa, 265, — *B. Petri* apostoli, in Matiscone, 540, — *S. Petri*, quæ Vetus dicitur, in suburbio Matisconis, 406, 478, — *B. Petri*, in Prisciaco villa, 413, 497, 514, — *S. Petri* in Romanaco, 493, — *SS. Petri et Jacobi* de Quercu, 536, — *SS. Petri et Laurentii* de Mardubrio, 21, 70, 514, 565, — *S. Pontii*, 594, — *S. Quintini*, 465, — *B. Quintini*, in villa Brigia, 92, 498, — *S. Romani* apud Ansam, 518, — *S. Romani*, in villa Cadenaco, Cadinico, vel Cathenaco, 69, 70, 99, 103, — Salorniaci, 465, — *B. Salvatoris*, in Matiscone civitate, 204,

— de Saviniaco, 465, — de Sintiaco, vel Suiriaco, 552, — *B. Stephani*, 580, — *S. Stephani*, in suburbio civitatis Matisconis, 401, — *S. Symphoriani*, 465, — Tagisiaci, 465, — de Tasiaco, 465, — Vallis, 465, — de Vasnerias, 70, — de Verchessoto, 514, — Vescurtis, villa in episcopatu Lugdunensi, 441, 442, — *S. Vincentii* et *S. Mariæ*, infra muros Matisconum, 357, — SS. *Vincentii*, *Gervasii*, et *Protasii* et apostolorum *Petri* et *Bartholomei*, in Matiscone, 483, — *S. Vincentii* de Prato, 34, — *S. Vincentii* in Soloniaco villa, 70, 407, 414, 550, — de Vinciaco, 465.

EDECLA, vel ODEILA et Jotselinus, donatores, 355. Vide *Odeila*.

EDOART signum, 229.

EDUARDUS, episcopus Matisconensis et archicancellarius, 68. Vide *Leduardus*.

EDUENSES episcopi. Vide *Agano*, *Helminus*, *Norigaudus*, *Stephanus* de Balgiaco.

EDUIGY signum, 403.

EDVIGUS, archidiaconus Matisconensis, 39.

EDWINUS et uxor ejus Eldeboreh, 278.

ELABLIF, locus? 274.

ELDA, Domino sacrata, 357.

ELDEAR terra, 417.

ELDEARDIS signum, 369.

ELDEARDIS, uxoris Aimonis signum, 457.

ELDEBALDI signum, 327.

ELDEBALDI terra, 238.

ELDEBALDUS, presbyter, 174, 238.

ELDEBALDUS presbyter, emptor, 388.

ELDEBERGIA, uxor Widonis donatoris, 236.

EDELBERTI mansus, 516.

EDELBERTI signum, 381.

ELDEBOLDUS presbyter, testis, 500.

ELDEBOLDUS, testis, 543.

ELDEBURGA, uxor Gausberti, 438.

ELDECARDIS, HELDECARDIS, vel ELDRARDA, sanctimonialis femina, 184.

ELDEFREDUS et uxor ejus Altasia, donatores, 29.

ELDEGARDA et ejus uxor Adalbertus, 263.

ELDEGARDINI et Adalvici terra, 338.

ELDEGARDIS, uxor Giraldi donatoris, 353, 369.

ELDEGARII signum, 272, 339.

ELDEGART, uxor Aldonis emptoris, 301.

ELDELT, uxor Ardoalti donatoris, 366.

ELDEMARI signum, 154.

ELDEMARUS presbyter, donator, 165.

ELDENALDI signum, 141.

ELDERUDIS, uxor Ardagni donatoris, 381.

ELDESENT, uxor Erlulfi commutatoris, 357.

ELDEVERGA, uxor Giberii, 134.

ELDEVERGANÆ, ELDEMERGANÆ terra, 48.

ELDEVERT, scamineus Matiscensis, 152, 284.

ELDEVERT (hœres), 259.

ELDEVERT signum, 41, 179.

ELDEVERTÆ signum, 160.

ELDEVERTI terra, 237.

ELDEVERTUS, donator, 259.

ELDINI signum, 198, 393, 495.

ELDINI, nepotis Ottonis, signum, 527.

ELDINI presbyteri signum, 505.

ELDINI terra, 220.

ELDINUS donator, 216.

ELDINUS levita, donator, 182.

ELDINUS, vel ELDUINUS, levita, 27.

ELDINUS levita, testis, 478.

ELDINUS, tenementarius, 272.

ELDINUS miles, 198, 495.

ELDINUS, Burdinus et Gaucerannus, fratres, 31.

ELDOART signum, 212, 219, 244.

ELDOART terra, 244.

ELDRADA, mater Rodulfi, 43.

ELDRADI, vel ELDRARDI signum, 138, 315.

ELDRICI signum, 269.

ELDUINI signum, 148, 265, 270.

ELDUINI presbyteri signum, 43.

INDEX GENERALIS. 487

Eldulfi signum, 230, 301.

Eldulfi terra, 350.

Eldulfus, Virbertus et Mainerius, et uxores eorum Sisberga et Osanna, venditores, 301. Vide *Mainerius*.

Elena, seu Helena, uxor Madalberti donatoris, 87, 190.

Elevanæ terra, 154.

Elgaudi terra, 313.

Elgaudus et filius ejus Rotbertus, 465.

Elgaudus, frater Gundulrici clerici, 393.

Elgo terra, 259.

Elicardus, mansionarius, 516.

Eligii signum, 154.

Elionis terra, 244.

Elisabeth, Helisabeth comitissæ signum, 113, 220, 268, 464.

Elius presbyter, donator, 193.

Elmengario, vel Atmengario et Adgerio, mancipiis, 58.

Elrici, Errici, vel Avici signum, 60.

Elva, rivus, 225.

Elvolo (Durannus de), testis, 570, 590.

Emardi signum, 121.

Emardus servus datur cum uxore et infantibus suis, 339.

Emart et Analormus, donatores, 352. Vide *Amabonus*.

Embert terra, 274.

Emina, uxor Girardi, 388 ter, 389, 390.

Emmana, mater Amblardi et Constantii, 83.

Emmaneri signum, 193.

Emmeriaco (terra ad hæredes), 315.

Emmerico signum, 315.

Emmonis signum, 41, 179, 244.

Emuranda, villa in pago Lugdunensi, 313.

Emurenda (Gibrardus de), 434.

Engelardi signum, 72, 157, 180, 232, 264, 345.

Engelardi terra, 229.

Engelardus presbyter et Bladinus, donatores, 232.

Engelart signum, 320.

Engelart terra, 242.

Engelberga, uxor Radulfi donatoris, 312.

Engelberti signum, 30.

Engelerii signum, 238, 542.

Engelmari signum, 365, 367, 375.

Engelren signum, 295.

Engeltrudis, genitrix Gisleberti monetarii, 450.

Engeltrudis signum, 450.

Eninii presbyteri signum, 293.

Enixius, vel Ewinus presbyter, donator, 293.

Ennardus, vel Euvrardus bonus homo, 501.

Ennardus alter, 501.

Ennardus, testis, 501.

Ennenert signum, 170.

Enrici signum, 196, 318.

Enricus levita, testis, 478.

Enricus, filius Villanæ sororis Rodulfi de Marne, 626.

Enricus Garsia, testis, 626. Vide *Garsia*.

Enricus de Marne, testis, 626. Vide *Marne*.

Enulfo signum, 255.

Episcopalis terra, 267.

Erbertus truannus, testis, 547.

Eremberti signum, 432.

Erembertus, et ejus uxor Maria, venditores, 432.

Eriboldi signum, 338.

Erici signum, 60, 157, 232, 321, 333, 340.

Ericus, uxor ejus Anna et filius Warnerius, donatores, 105, 446.

Ericus, vel Ercius et soror ejus Itara, donatores, 349.

Erlamius, 139. Vide *Siesalnus*.

Erlebaldi et Gislardi signum, 542.

Erlebaldus vicecomes et Gislardus, donatores, 542.

Erleboldi presbyteri signum, 505.

Erlonis signum, 180.

Erluini signum, 356.

ERLULFI signum, 243, 253, 303, 355.
ERMENARDUS, Ragnardus et Constancius, filii Adalelini, 365.
ERMEMBALT terra, 419.
ERMENBERGANA cum infantibus suis et germano suo Erverio datur ecclesiæ Matiscensi, 240.
ERMEMBERT signum, 387.
ERMEMBERTI signum, 219, 228, 232.
ERMEMBERTI terra, 207, 237.
ERMENBERTUS, serviens, 484.
ERMEMBERTUS et uxor ejus Susanna, donatores, 207.
ERMENBURGA, uxor Benedicti, 287.
ERMENDRADA uxor Bernardi donatoris, 350.
ERMENFREDUS, vel DOMENFREDUS et ejus uxor Grusa, emptores, 264.
ERMENGARDA, uxor Bererii emptoris, 175.
ERMENGARDA, uxor Maimbodi nepotis episcopi, 296.
ERMENGARDA, uxor Rodeni donatoris, 289.
ERMENGARDÆ, uxoris Ulrici signum, 489.
ERMENGARDÆ et Helii signum, 331.
ERMENGARDIS, donatrix, 430, 458.
ERMENGARDIS et filius ejus Helius donatores, 331.
ERMENGARDIS, uxor Bererii donatoris, 160, 245, 246.
ERMENGARDIS, uxor Bernardi donatoris, 339. Vide *Ermendrada*.
ERMENGARDIS, uxor Bernoeni vadiatoris, 203.
ERMENGARDIS, uxor Sisberti servientis Sancti Vincentii, 378.
ERMENGARDIS, uxor Ulrici, vel Udulrici donatoris, 201, 489.
ERMENGARDIS signum, 246.
ERMENGARDIS terra, 430.
ERMENGARII signum, 253.
ERMENLARDUS, testis, 55.
ERMENTRUDIS, conjugis Leotaldi signum, 111.

ERMOLDUS, mansionarius, 484.
ERNADI signum, 130.
ERNADI levitæ signum, 505.
ERNADUS, testis, 313.
ERNARDUS, vel ORVARDUS clericus, donator, 313.
EROTGERII signum, 60.
ERVALDI signum, 165.
ERVEI verpitio, 96.
ERVERII signum, 165.
ESCOCIOLIS (Petrus de), testis, 594.
ESPEISSE (Ufredus d'), 630.
ESPERENDEI signum, 248.
ESTOLDIS (Durandus de), testis, 570, 590.
ESTOLIS (Durandus de) et ejus frater Aiminius, obsides, 547.
ESTRAIS (Vido de), testis, 618.
ETELENI signum, 334.
ETELENO terra, 335.
ETERIUS, vel ETETUS, chasatus, 2.
ETGELOLDI signum, 216.
ETULGISI signum, 361.
EUCLES (Manierius de), testis, 606.
EUFEMIA, cum filiis suis, donatrix, 474.
EUFEMIÆ signum, 81, 218.
EUFEMIÆ et filii ejus signum, 474.
EUGIANÆ terra, 368.
EUGNARA, ENGUARA, Deo sacrata, donatrix, 178.
EUGNARÆ (Acardus sacerdos, consanguineus), 178.
EUGNARÆ signum, 178.
EUGO et ejus hæres, 335.
EULARDUS et frater ejus Narduinus de Sala, 588. Vide *Sala*.
EUSEBIUS (S.), episcopus Matisconensis, 51, 103.
EUSTACHII de Vela signum, 548. Vide *Vela*.
EUSTACHII signum, 30.
EUSTACHIUS, canonicus Matisconensis, testis, 10, 31.

INDEX GENERALIS. 489

Eustorgius, S. Austrumenii de Alvernia monachus, 6.
Eutardi signum, 312.
Euvrardi hæredes, 264.
Euvrardi signum, 292, 293, 339, 356, 364, 365, 367, 381, 436, 462.
Euvrardus, donator, 408.
Euvrardus, canonicus Matisconis, 456.
Euvrardus, filius Adalardi donatoris, 325.
Euvrardus et Gundulricus, donatores, 392.
Eva, uxor Idreni donatoris, 194.
Evesaco, vel Evesar (prata vocata), ad fluvium Ararim, 304, 306.
Evrardi signum, 114, 121, 139, 143, 177, 230, 323, 375, 467, 469, 488, 548.
Evrardi terra, 336.
Evrardi et Adelelini terra, 378.
Evrardo (hæres), 334.
Evrardus, donator, 209.
Evrardus et ejus uxor Odeisert, 258.
Evrardus, senior Vydeleldæ donatricis, 180.
Evrat signum, 205, 316.
Evrat terra, 211.
Exartellis (campus in), 244.
Exartis (de), villa, 40, 70, 85, 86, 153, 192, 421, 485.
Exarto (condamina de), 550.
Exsartis (Hugo de), 534.
Exsartis (decima de), infra parrochiam Soloniaci, 633.

F

Fabricas (in), villa, 206, 404, 500.
Faconis, seu Farrini signum, 208.
Fais (Hugonis de), signum, 26.
Falatrudis, uxor Hugonis de Bergiaco donatoris, 546.
Falco et frater ejus Paganus de Sala, 588. Vide *Sala*.
Falco de Nojant, testis, 625. Vide *Nojant*.
Falcoenus servus et uxor Ramuelda donantur ecclesiæ Matisconensi cum filio suo, 113.
Falcoldus, testis, 416.
Farelda, uxor Walonis donatoris, 158.
Felineis (terra de), 574.
Felins, villa in fine Spinacensi, 324.
Felins (Rannaldus de) miles, testis, 557.
Fenericio (campus vocatus), 89.
Feraldus (Guido), testis, 4.
Fereldæ terra, 88.
Feroldus, testis, 506.
Ferreriis (Durannus de), testis, 576.
Ferro, juratus, 359.
Festiviacum (ad), locus, 484.
Feuquarius, vel Terquartus presbyter, testis, 8.
Finis Avenacus, 363. Vide *Avenacum*.
Finis Bericiacensis, 332.
Finis Curiacensis, 407.
Fisciaco (in), villa in pago Matisconensi, 100.
Fissiaco (Bernardus de), 546.
Fitboleti terra, 127.
Flaciaci gageria, 631.
Flaciaci villa, in agro Torniacensi, 37, 464. Vide *Flaciacum*.
Flaciaco (in fine), 283.
Flaciaco (in), villa in agro Salorniacensi, 280, 281, 282, 308, 516, 525.
Flaciaco (Flotbertus de), 501.
Flaciacum, villa, 54.
Flaciacum, villa, in agro Thomoracensi, 37, 464.
Flament, testis, 622.
Florentinus (B.), episcopus Matisconensis, 51.

FLORIACENSE cœnobium, O. S. Benedicti, 12, 197. (FLEURY-SUR-LOIRE).
FLORIACENSI abbate (Fraternitas cum), 12.
FLORIACI ecclesia, 465.
FLORIACO (in), villa, 265, 397.
FLOTBERTI et uxoris ejus Rotrudis signum, 486, 487.
FLOTBERTI, FLOCBERTI signum, 174, 177, 195, 272, 281, 375, 404, 496.
FLOTBERTI, FLOCBERT terra, 35, 77, 95, 148, 269, 272, 281, 283, 308, 470, 524.
FLOTBERTI et Beati Vincentii terra, 148.
FLOTBERTUS, donator, 470.
FLOTBERTUS, filius Flotberti donatoris, 161.
FLOTBERTUS, diaconus et canonicus S. Vincentii Matiscensis, 421.
FLOTBERTUS levita, Amelius et Achardus, emptores, 165.
FLOTBERTUS levita, testis, 8.
FLOTBERTUS, presbyter, 164.
FLOTBERTUS et uxor ejus Odelia, vel Odila, donatores, 130, 161.
FLOTBERTUS et uxor ejus Rotrudis, donatores, 486.
FLOTBERTUS et uxor ejus Rotrudis, petitotores, 411.
FLOTBERTUS et Hendricus, filii Jotseldis, 53.
FLOTBERTUS de Flaciaco, 501.
FOLCHERII signum, 60, 387.
FOLCOLT, seu PICOLT terra, 187.
FOLCONIS signum, 222.
FOLDRINGUS ager, 360.
FOLQUADI signum, 407.
FONTANA (colonica de), 516.
FONTANA (Ricardi de) mansus, 27.
FONTANAS (in), villa, 13, 273, 433, 549.
FONTANAS (Deodatus de), 501.
FONTANILIAS (in), villa, 79, 112, 192, 289.
FONTANILIAS (in), villa in pago Matisconensi, 116, 448, 449, 450.
FONTANILIAS (in), villa in agro Melionacensi, 83, 160, 177, 189.

FONTANILIAS (in), villa in agro Salorniacensi, 84, 137, 182, 449, 450.
FORMALDUS, vel FROMALDUS, chasatus, 2.
FOSSA ALSACI, villa in agro Salorniacensi, 35, 524.
FRADEBERTUS servus cum uxore sua et infante datur, 224.
FRADESII, vel FRADESCH pratum, 473, 494.
FRANCALIS terra, 371.
FRANCHELENS (Vicardus de), obses, 595.
FRANCIA, villa, 70. (LA CHAPELLE-DU-MONT-DE-FRANCE.)
FRANCO, Nivernensis episcopus, 100.
FRANCORUM terra, 107, 113, 118, 131, 199, 250, 342, 373, 440, 461, 503, 504.
FRANNERIO (curtilus vocatus), 260.
FRATERNITAS S. Vincentii Matisconensis cum abbatia S. Benedicti Floriacensis, 12.
FRAXINO (Hugo de), testis, 559.
FRECONI signum, 310.
FREDEBERTI signum, 262.
FREDECONIS (Odientia, vel Odevica), 144. Vide *Odientiam*.
FREDELINI signum, 182.
FREDENANDUS, presbyter, 337.
FREDENO signum, 321.
FREDENUS, testis, 376.
FREDERICI signum, 183, 196.
FREDOENI signum, 244.
FREDOLO, testis, 55.
FREDONII signum, 158.
FREPIS (Stephanus de), testis, 21.
FRICBODI signum, 293.
FRISINI (Girardi) curtilus, 603.
FRIXADA, uxor Dotini, 225.
FROMALDI hæreditas, 31.
FROMALDI signum, 111, 469, 491.
FROMALDI laici signum, 31.
FROMALDUS, comes Matisconensis, 67.
FROMALDUS, donator, 10, 473, 494.
FROMALDUS, frater Rotberti militis, donator, 469.

Fromondus de Melice, testis, 626. Vide *Melice*.
Fromundus, Nivernensis episcopus, 601.
Frontanaco (in), villa, 226, 254.
Frotgerii signum, 196, 331.
Frotgerio presbytero terra, 278.
Fulberti signum, 124, 231.
Fulcherius, filius Rodulfi et Engelbergæ, 209, 312.
Fulcherius servus datur cum uxore et infantibus suis, 339.
Fulcodus, Fulcoldus, prepositus ecclesiæ S. Vincentii Matiscensis, 39, 359.
Fulcodus presbyter et canonicus, venditor, 159.
Fulcodus et Geldo, venditores, 121.
Fulcoldi signum, 425.
Fulcolt (Petrus), testis, 624.
Fulconis signum, 211.
Fulcualdus presbyter, emptor, 124.
Fuldradus (Hugo), donator, 566.
Fuldradus (Hugo), venditor, 531, 534.
Fuldradus (Hugo), testis, 565, 607.
Fuldradus (Petrus) et ejus uxor, venditores, 534.
Fulquadus, diaconus, 39.
Fulquadus, testis, 416.
Fulquardus servus, datur, 226.
Fontanilias (in), villa in agro Melionacensi, 83, 95. Vide *Fontanilias*.
Furardus, cognomento Botus, et filius ejus Ado episcopus, 391.
Furno (Stephanus de) presbyter, testis, 624.
Furnus pontis Matisconensis, 13.
Furto et Adulterio (Castigatio de), 632.
Fusciacensis ager, 41, 46, 47, 48, 74, 76, 77, 86, 87, 88, 89, 90, 91, 117, 118, 119, 125, 127, 131, 132, 133, 136, 139, 142, 143, 146, 150, 151, 153, 154, 155, 158, 159, 162, 165, 166, 169, 170, 172, 173, 176, 178, 179, 190, 191, 193, 226, 405, 421, 431, 451, 459, 461, 472.
Fusciacum, villa in pago Matisconensi, 61, 101.

G

Gaimalberti signum, 123.
Galchols (Rotbertus), testis, 596.
Galdericus, obses, 632.
Galo, pater episcopi Walterii, 475.
Galo et ejus frater Witfredus, milites de Seciaco, venditores, 606.
Galo monachus, testis, 537.
Galo (Stephanus et Durannus), testes, 623.
Galoniacensis, vel Garloniacensis ager, 200, 418.
Galoniacum, villa, 52.
Galterii mansus, 516.
Galterii Agatardi mansus, 516.
Galterii Burlanni mansus, 516.
Galterii (in presentia magistri), 624.
Galterii signum, 610.
Galterius, episcopus Cabilonensis, 581 bis.
Galterius, Gualterius, mansionarius, 516.
Galterius, decanus Cabilonensis, testis, 625.
Galterius, emptor, 574.
Galterius (magister) cartulam dictavit, 608.
Galterius (magister), testis, 603.
Galterius presbyter et prepositus de Vincellis, testis, 596.
Galterius et Ansedeus de Tasiaco, testes, 556. Vide *Tasiaco*.
Galterius et Bernardus Belinus, testes, 624.
Galterius, Petrus, Vido, Rotbertus et Stephanus, filii prepositissæ de Osellis, 624.
Gamnerterius de Berriaco, archidiaconus, 508.

GARARDUS et frater ejus Ugo, testes, 563.
GARBALDUS, mansionarius, 546.
GARBERTI mansus, 516.
GAREMAGNUS et ejus uxor Rotrudis, donatores, 36.
GAREMBERT signum, 417.
GARERANNI signum, 133.
GARINI de Itgiaco (ad arbitrium), 628. Vide *Itgiaco*.
GARINUS de Igia, testis, 626.
GARINUS de Igiaco, testis, 611, 618, 619, 620, 621, 623, 628, 629.
GARINUS Iggiacus, testis, 615.
GARINUS et Otgerius de Montgirberto, 536.
GARINUS et Rotbertus de Chantriaco, testes, 633.
GARLAN, filius Ardoalti et Eldelt, 366.
GARLANNI signum, 381.
GARLANNI terra, 378.
GARLANNUS, donator, 377.
GARLANNUS, testis, 363.
GARLANNUS, filius Ardagni et Elderudis, 381. Vide *Garlan*.
GARLAUDI mansus, 516.
GARNERII de Verchisoto mansus, 516.
GARNERIUS de Rubro Monte, 604.
GARSIA (Enricus), testis, 626.
GARULFUS de Berriaco, testis, 556.
GASCHET (Petrus), testis, 596.
GASCHETUS, testis, 611, 628.
GASTINELLUS, obses, 632.
GAUCELINO, Alduino, Ingelberganæ et Christophoro (pratum), in loco ubi vocant *prata Sagonnica*, 310.
GAUCELINO, Datfredo, Madalulfo et Vuitberto (pratum), 310.
GAUCERANDUS et Gaufridus, fratres Bernardi de Thasiaco, testes, 585.
GAUCERANI decani signum, 640.
GAUCERANNI signum, 27.
GAUCERANNI levitæ signum, 43.

GAUCERANNI et fratris ejus Ingelberti de Montenaico, signum, 26.
GAUCERANNUS, archidiaconus, 352.
GAUCERANNUS archidiaconus, testis, 536, 607.
GAUCERANNUS archidiaconus Matisconensis, testis, 3.
GAUCERANNUS, canonicus, 536.
GAUCERANNUS, chasatus, 2.
GAUCERANNUS decanus, testis, 609.
GAUCERANNUS defunctus, frater Hugonis Burdini, 32.
GAUCERANNUS de Balgiaco, testis, 564, 576, 577, 593.
GAUCERANNUS de Burgo Superiori, testis, 611. Vide *Jotcerandus*.
GAUCERANNUS de Monte Girberto canonicus, testis, 571.
GAUCERANNUS miles de Pasiaco, donator, 19.
GAUCERANNUS de Sala, testis, 611. Vide *Sala*.
GAUCERANNUS, Burdinus et Eldinus, fratres, 31.
GAUFFREDUS de Maliaco et uxor Stephania, 541. Vide *Gauserannus de Apagiaco*.
GAUFFRIDUS monetarius, testis, 577, 586.
GAUFFRIDUS de Varennis, 572. Vide *Varennis*.
GAUFREDI de Cluniaco precaria, 547.
GAUFREDI signum, 5, 27, 34, 76, 135, 354, 511, 546, 548.
GAUFREDI de Ariato signum, 11, 13.
GAUFREDI de Marliaco signum, 11.
GAUFREDI presbyteri signum, 41.
GAUFREDUS, episcopus Cabilonensis, 518.
GAUFREDUS, canonicus Matisconensis, testis, 10, 31.
GAUFREDUS, sacerdos et canonicus Matisconensis, 27.
GAUFREDUS, filius Gaufredi de Cluniaco, 547.

GAUFREDUS de Albospino, obses, 604, 605.
GAUFREDUS de Molano, testis, 604, 605, 606.
GAUFREDUS de Sancto Nicetio, testis, 13.
GAUFRIDI Guastinelli (per manum), 584.
GAUFRIDI (Bernardus), testis, 696.
GAUFRIDI (Stephanus), testis, 620.
GAUFRIDUS, vel JOFFREDUS comes, donator, 7, 454.
GAUFRIDUS (Hugo), donator, 560.
GAUFRIDUS archidiaconus, testis, 547, 559, 576, 577, 633.
GAUFRIDUS, archidiaconus Blaniacensis, 572.
GAUFRIDUS, archidiaconus de Malespina, testis, 623.
GAUFRIDUS, obses, 560, 632.
GAUFRIDUS prepositus, testis, 601.
GAUFRIDUS, filius sororis Stephani de Lorres, 598.
GAUFRIDUS, Thomas et Stephanus, fratres Malliacenses et canonici, donatores, 593.
GAUFRIDUS Gastinellus, canonicus, 602.
GAUFRIDUS Gastinellus, testis, 598, 616.
GAUFRIDUS, testis, 615, 626.
GAUFRIDUS (Martinus), testis, 622.
GAUFRIDUS et Columbus, testes, 630.
GAUFRIDUS et Gaucerandus, fratres Bernardi de Thasiaco, testes, 585.
GAUFRIDUS de Berriaco, testis, 613, 615, 617, 620.
GAUFRIDUS de Blaniaco, testis, 564.
GAUFRIDUS de Maisiriaco et frater ejus Bernardus, 548.
GAUFRIDUS de Maliaco, testis, 13, 553.
GAUFRIDUS de Malliaco, obses, 584, 602.
GAUFRIDUS de Marriaco, obses, 588.
GAUFRIDUS de Masiaco, testis, 612.
GAUFRIDUS de Miliaco, testis, 601.
GAUFRIDUS de Minciaco, vel Nuissiaco, obses, 588.

GAUFRIDUS de Molis, testis, 613.
GAUFRIDUS de Motes, testis, 558.
GAUFRIDUS Richardi, fidejussor, 626.
GAUFRIDUS de Soloniaco et Willelmus de Nay, obsides, 547.
GAUFRIDUS de Tasiaco, testis, 617.
GAUGE, vel GAUDO, villa in pago Matisconensi, 397.
GAUSBERTUS, emptor, 513.
GAUSBERTUS, petitor, 413, 435.
GAUSBERTUS clericus, donator, 513.
GAUSBERTUS clericus et Bernardus, filii Gausberti, 413, 435.
GAUSBERTUS de Monasterio et uxor ejus Eldeburga, 438.
GAUSCERANNI præcentoris (per manum), 569.
GAUSCERANNI cantoris (per manum), 578.
GAUSCERANNUS (Matiscensis) episcopus, testis, 591, 592, 593.
GAUSCERANNUS archidiaconus, testis, 554.
GAUSCERANNUS cantor, testis, 556.
GAUSCERANNUS decanus, testis, 572, 577, 586. Vide *Jotcerannus*.
GAUSCERANNUS, filius Goffredi, testis, 10.
GAUSCERANNUS et Bernardus, filii Bernardi Grossi, 18.
GAUSCERANNUS et Bernardus, Landricus Grossus et alius Bernardus, filii Bernardi Grossi, 26.
GAUSCERANNUS et Durannus Francus, donatores, 502.
GAUSCERANNUS filius Bladini, factus canonicus, 553.
GAUSCERANNUS de Baisinisco, donator, 1. Vide *Baisinisco*.
GAUSCERANNUS de Balgiaco, testis, 564, 578. Vide *Balgiaco*.
GAUSCERANNUS de Molano, vel Mola, testis, 4.
GAUSCERANNUS de Mispiliaco, testis, 569, 577. Vide *Mispiliaco*.
GAUSCHERIUS de Salinis, 631. Vide *Salinis*.
GAUSELINI signum, 243.

GAUSERANNI signum, 78, 80, 107, 149, 167, 220, 260, 327, 347, 362, 410, 546.

GAUSERANNI levitæ signum, 53, 142, 309, 505.

GAUSERANNI præcentoris signum, 555.

GAUSERANNI de Brenis signum, 11. Vide *Brenis*.

GAUSERANNI terra, 263, 272.

GAUSERANNO præcentore laudante, 560.

GAUSERANNUS, vel Gausmarus de Apagiaco et Gauffredus de Maliaco cum uxore sua Stephania, donatores, 541.

GAUSERANNUS de Classiaco, testis, 10. Vide *Classiaco*.

GAUSERANNUS de Corent, 507. Vide *Corent*.

GAUSERANNUS, filius Adalgardis, 54, 468.

GAUSERANNUS et Gerardus, filii Hugonis de Vendenessa, 34.

GAUSERANNUS et Aponinnius, vel Ayminius, fratres Vicardi pueri, 26.

GAUSERANNUS et Sedelinus, filii Vicardi mortui, 26.

GAUSERANNUS, primus maritus Raimodis, 26.

GAUSERANNUS levita, donator, 263.

GAUSERANNUS levita, testis, 470, 500.

GAUSERANNUS, testis, 263.

GAUSERANNUS Venilus, testis, 547.

GAUSLENI episcopi (Matiscensis), signum, 268, 373, 464.

GAUSLENI, abbatis Matiscensis ecclesiæ, signum, 197.

GAUSLENI terra, 143.

GAUSLENUS, episcopus Matisconis, 2, 51, 81, 92, 96, 106, 107, 113, 198, 218, 220, 268, 286, 373, 386, 445, 464, 465, 495, 498, 518, 519.

GAUSLENUS miles, petitor, 475.

GAUSLENUS (vinea dicta), 148.

GAUSMARI prioris signum, 511, 555.

GAUSMARI de Peseir signum, 483. Vide *Piseir*.

GAUSMARUS prior, testis, 547.

GAUSMARUS, prior regularis S. Petri Matiscensis, 576, 589.

GAUSMARUS et uxor Aremburgis, donatores, 442.

GAUSPERTUS, petitor, 413, 435. Vide *Gausbertus*.

GAUTERIUS, vicecomes, 309.

GAUTERIUS decanus Matisconensis et Rotbertus de Cantriaco, obedientiarii de Petraclauso, 632. Vide *Hugo de Berriaco*.

GAUTERIUS decanus, testis, 557.

GAUTSERANNI levitæ (Adalgardis mater), 54.

GAUTSERANNUS levita, donator, 54.

GEIRART signum, 427.

GELDO, venditor, 255.

GELDO et uxor Adra, seu Adria, venditores, 138, 231, 255.

GELDO et Fulcodus, venditores, 121.

GELDONIS signum, 231.

GELDRAN vinea, 417.

GELDRAN et Laraidrani (præter lamina), 417.

GELINI terra, 89.

GEMBERGANÆ signum, 338.

GEMBERGIA devota Dei, donatrix, 338.

GEMBERTUS, testis, 460.

GEMNIO presbyter, testis, 478.

GELENERT terra, 229.

GENELERT signum, 205.

GENESII signum, 189.

GENNANDI, vel GENUDEI signum, 313.

GENOLIACI (ecclesia), 465.

GENOLIACO (in), villa, 265.

GENOLIACUM, villa, 52.

GENULIACUS, villa cum capella, in pago Matisconensi, 55.

GENTA, vel GEURA, filia Aimini de Arderia, donatrix, 575.

GERALDI signum, 138, 159, 234, 246, 277, 307, 325, 358.

GERALDI et Bernardi terra, 451.
GERALDUS et uxor Ingelberga, donatores, 363.
GERARDI signum, 34, 195.
GERARDUS et Gauserannus, filii Hugonis de Vendenessa, 34.
GERARDUS de Les Sallas, propinquus Wicardi de Curte, testis, 565.
GERALT signum, 293.
GERALT alterius signum, 293.
GERART vinea, 422.
GERBOLDUS, Cabilonensis episcopus, 97.
GERII, GERU, vel GEON, villa in agro Cardinacensi, 353, 369.
GERLANUS presbyter, donator, 110.
GERMANUS, presbyter, 481.
GERMINIUS, archidiaconus Matisconensis, 99.
GERMOLA (in cimiterio de), 596.
GERMOLA (Hugo de), donator, 596, 617, 620.
GERMOLA (Hugo de) et filius ejus Petrus, donatores, 600.
GERMOLA (Guigo de), canonicus, 570.
GERMOLA (Guigo de), testis, 554, 564.
GEROLDI signum, 388.
GEROLDUS, testis, 376.
GERTRUDIS, donatrix, 226.
GERTRUDIS, uxor Aremberti, 404.
GERTRUDIS, uxor Willelmi donatoris, 220.
GERTRUDIS signum, 220, 226.
GERU, villa in agro Cardunacensi, 353. Vide *Gerii*.
GIBERGIA, uxor Rotoart venditoris, 162.
GIBERII terra, 166.
GIBERIUS et uxor Eldeverga, 134.
GIBORDINAS, GIRBODINAS (in), locus, 428.
GIBRARDUS de Emurenda, 434. Vide *Emurenda*.
GIGINACUS clericus, venditor, 204.
GIGNIACI ecclesia et monachi, 552.
GIGNIACO (in), villa in agro Igiaco, 432, 433, 552.

GIGNIACUM, villa in pago Matisconensi, 24.
GIGNIACUS, vel CLIPGIACUS, 432, 433. Vide *Clipgiacus*.
GILBERT, seu GELEVERT terra, 242.
GILBERTUS, notarius ad vicem Ludovici, 56.
GILOARDUS, pater Remestagii, 434.
GILULFI et sororis ejus terra, 313.
GINACIENSIS, vel GINACIACENSIS ager, 399.
GINELGO, seu GIVELGO (in), villa, 438.
GIRALDI, Matiscensis episcopi, signum, 337, 357, 359. Vide *Giraldus (S.)*
GIRALDI signum, 45, 60, 117, 145, 243, 294, 369, 451, 503, 504.
GIRALDI et uxoris Ingelbergæ signum, 363.
GIRALDI fratris Aimonis signum, 457.
GIRALDI mansus, 516.
GIRALDI terra, 165.
GIRALDUS, GERALDUS (S.), Matisconensis episcopus, 36, 40, 41, 51, 121, 122, 144, 190, 193, 200, 240, 244, 295, 305, 310, 320, 354, 397, 402, 423, 427, 428, 485.
GIRALDUS, presbyter et canonicus S. Vincentii Matisconensis, donator, 351.
GIRALDUS presbyter, emptor, 106.
GIRALDUS, donator, 223, 503.
GIRALDUS de Curte, pater Wicardi de Curte donatoris, 565. Vide *Curte*.
GIRALDUS de Viriseto, venditor, 574. Vide *Viriseto*.
GIRALDUS servus, cum uxore et infantibus suis datur, 291.
GIRALDUS et Daugbertus, 166.
GIRALDUS, Durannus, Bernardus et Arnulfus, donatores, 451.
GIRALDUS, Durannus et Aymo, donatores, 439.
GIRALDUS et uxor Eldegardis, donatores, 369.
GIRALDUS et Osanna, 516.
GIRALDUS et uxor sua Susanna, 125.
GIRARDA (domina), venditrix, 535.

GIRARDI signum, 262, 314, 463, 467.
GIRARDI comitis signum, 631.
GIRARDUS, comes Matiscensis, 615, 623.
GIRARDUS, GERARDUS et uxor sua Emina, 388 ter, 389, 390.
GIRARDUS Francus, testis, 607.
GIRARDUS capellanus de Tisiaco, testis, 534.
GIRARDUS sacerdos, testis, 478.
GIRARDUS sellarius, testis, 596.
GIRARDUS et uxor Eldegardis, donatores, 353.
GIRARDUS, filius Girardi de Caroloco, 607.
GIRARDUS, frater Aymonis, Giraldi et Duranni donatorum, 439.
GIRARDUS de Mardubrio, testis, 21. Vide Mardubrio.
GIRARDUS de Villione, testis, 607. Vide Villione.
GIRARDUS, Vinlei de Noliaco filius, testis, 534.
GIRBALDI signum, 171, 223, 475.
GIRBALT, vel GIRBOLT signum, 244, 308.
GIRBERGA, vel JOSBERGA, uxor Aalberti, 271, 290.
GIRBERGA, uxor Hugonis Fuldradi, 566.
GIRBERGA, uxor Rotberti emptoris, 299.
GIRBERGA, uxor Rodoardi venditoris, 173, 176.
GIRBERGANÆ, GIRBERGÆ signum, 271, 350.
GIRBERGANÆ terra, 133, 183.
GIRBERGÆ, matris Duranni, signum, 528.
GIRBERGIA, uxor Rotberti donatoris, 303.
GIRBERT et Eldiart donatrix, 147.
GIRBERT signum, 162, 249.
GIRBERTI de Boscedi hæreditas, 194.
GIRBERTI signum, 114, 150, 181, 208, 213, 271, 301, 313, 319, 467, 468, 489.
GIRBERTI alterius signum, 208.
GIRBERTI terra, 123, 161.
GIRBERTUS, mansionarius, 516.
GIRBERTUS, chasatus, 2.

GIRBERTUS, donator, 212, 426.
GIRBERTUS, emptor, 247.
GIRBERTUS, testis, 621.
GIRBERTUS archipresbyter, testis, 590.
GIRBERTUS presbyter, testis, 603.
GIRBODI signum, 216.
GIRBOLDI signum, 275 bis.
GIRINUS de Verney, testis, 599. Vide Vernay.
GIRLULFI signum, 60.
GIROLDI signum, 130, 137, 272, 275 bis, 370.
GIROLDUS presbyter, testis, 606.
GIROLT signum, 427, 439.
GISARIO (in), locus, 69, 70, 359.
GISARIIS (in), villa in pago Matisconensi, 60, 101.
GISBERGA, uxor Teotgerii, 389.
GISEMBERT signum, 221, 242.
GISLAMARUS, filius Garemagni, 36.
GISLARDI (in), villa, 374.
GISLARDI signum, 88, 320, 326.
GISLARDI presbyteri signum, 167.
GISLARDI et Duranni terra, 451.
GISLARDUS, bonus homo, 501.
GISLARDUS presbyter, testis, 500.
GISLARDUS, Bernardus et Rambaldus cum uxoribus eorum Aalelde, Sufficia et Ingelelde, 186.
GISLARDUS, vel GISLOLDUS et uxor Gondrada, donatores, 316.
GISLARDUS et uxor Rotrudis, donatores, 320.
GISLASIUS servus datur cum uxore sua, 313.
GISLEBERT, Ornadus et Bernardus, fratres, 309.
GISLEBERTI signum, 358, 381, 450.
GISLEBERTI et conjugis signum, 450.
GISLEBERTUS, donator, 285.
GISLEBERTUS, filius Algaudi militis et Hermengardis, 505.
GISLEBERTUS et Bernardus, fratres Ornadi clerici, 392.

GISLEBERTUS monetarius et uxor ejus Emeltrudis, donatores, 448, 449, 450.
GISLEMARI signum, 313.
GISLEMARUS, petitor, 9, 22, 36. Vide *Vislemarus*.
GISLERII signum, 210.
GISLOLDI signum, 370. Vide *Gislardus*.
GISLOLDI et Gondradæ signum, 316.
GISO, testis, 460.
GISONIS et Beloeni terra, 486.
GITBERGA, uxor Teotberti donatoris, 205.
GITBERGÆ, matri luranni donatoris, signum, 452.
GITSABERNA et Sanguedis, sorores Ingelerii, 376.
GLATINOR, vel GLATMOR, rivus, 357.
GLOTBERTUS et uxor Odila, donatores, 45.
GOCERANNUS, decanus, 572.
GODA, uxor Stateverti donatoris, 295.
GODAFREDO signum, 335.
GODAFREDUS, Berno et Bernardus, venditores, 335.
GODANI vinea, 305.
GODO, testis, 359.
GODO archipresbyter, testis, 507.
GODOARDI signum, 335.
GODOLBERT, mansionarius, 212.
GODOLBERT signum, 170.
GODOLBERTI signum, 304.
GODONIS signum, 173, 176.
GODONO signum, 295.
GOFFREDUS, pater uxoris Hugonis de Sinisiaco, testis, 10.
GOFREDUS, testis, 517.
GOLDEBERTI signum, 370.
GOMBERTI signum, 166.
GONDARDUS, vel GONDUARDUS presbyter, 362.
GONDOMICO, Dutino et Vingaudo prata, 310.
GONDRADA, uxor Gislardi donatoris, 316.
GONDRADUS, GONRADUS, 316, 317, 319, 320, 322, 325, 334, 336. Vide *Conradus*.
GONDRAN signum, 242, 247.

GONDRANI signum, 211, 229.
GONDRANUS, donator, 242.
GONDRANUS, vel GONDRANT, donator, 229.
GONDRICI signum, 447.
GONDULFI signum, 149.
GONDULFUS levita, testis, 500.
GONDULFUS et uxor Antonia, donatores, 385.
GONDULRICI signum, 121.
GONRADUS rex, 317, 325, 334, 336. Vide *Conradus*.
GONSA et filius Osbertus, donatores, 214.
GONSANÆ signum, 214.
GONTARDUS, mansionarius, 269, 327.
GONTART signum, 215.
GONTELET signum, 127.
GONTELMO signum, 270.
GONTERANNUS rex, donator, 493.
GONTERII defuncti mansus, 516.
GONTERII signum, 248.
GONTERIO terra, 314.
GONTERIUS archipresbyter, testis, 585.
GORULEDAS (in), villa in agro Sibriacensi, vel Sibranicensi, 425. Vide *Agroledas*.
GORREVOLDO (Terra de), 574. (GORREVOD.)
GOSBERTI signum, 103, 291.
GOSCERANNUS cantor, testis, 559.
GOTBERT signum, 179, 240.
GOTBERTI terra, 130.
GOTFREDI signum, 193, 319, 330, 489.
GOTFREDUS, mansionarius, 111.
GOTSALDI signum, 172.
GOTSERIO signum, 295.
GRAONA, amnis, 86, 126, 439. (LA GROSNE.)
GRAONÆ, GRAHAUNÆ (in ripa), 502, 608.
GRAONNA, fluvius, 153, 455, 457.
GRATIANOPOLITENSIS episcopus, 518. Vide *Humbertus*.
GRATIANUS presbyter Lingonensis, testis, 606.
GRATIANUS Romanensis capellanus, testis, 605.

GRAUSA, uxor Alardi Apostolici, 571.
GRECIO (in), villa, 471, 490.
GREGORII (VII) papæ (Legatus), 540. Vide *Hugo*.
GREGORIUS (VII) papa, 14, 15, 16, 17, 20, 580.
GRIMALDO signum, 284.
GRIMALDUS, mansionarius, 516.
GRIMALDUS presbyter, donator, 240.
GRIMARDI et Amelodini terra, 207
GRIMARDI signum, 140, 194.
GRIMARDI terra, 89.
GRIMOLDI de Alta Mura mansus, 516.
GRIMOLDI signum, 45, 130, 229, 308.
GRIMOLDI terra, 387.
GRIMOLDUS et uxor Gisla, venditores, 124.
GRIMOLDUS, testis, 570.
GRIMOLT signum, 298.
GRINIUS, scamineus, 284.
GRIVARDI signum, 171.
GROBERT signum, 212.
GROLBERTI, GROLBERT signum, 199, 205, 213, 228, 229.
GROLBERTI terra, 213.
GROLGARDI terra, 424.
GROSSA, mater Stephani canonici, 603.
GRUNRINUS, vel GRUNONIUS, presbyter, 407.
GRUSA, uxor Ermenfredi emptoris, 264, 274.
GRUSINI signum, 208.
GUALTERII, archidiaconi Matisconensis, signum, 30.
GUALTERII terra, 32.
GUALTERIUS, mansionarius, 516.
GUALTERIUS (magister), testis, 609.
GUALTHERIUS, crudeliter interemptus, 33.
GUARVA, vel GUARINA, conjux Rocconis donatoris, 100.
GUDO servus datur cum uxore Lora ecclesiæ Matiscensi, 474.
GUELTO archipresbyter, testis, 36.
GUERLUS (Rodulfus), testis, 573, 587.

GUICHARDI decani (ad arbitrium), 628.
GUICHARDI decani Matisconensis (per manum), 630.
GUICHARDI donatoris (Adalgardis uxor), 525, 526.
GUICHARDI signum, 483, 555.
GUICHARDI de Masillis signum, 610. Vide *Masiliis*.
GUICHARDI, filii GUICHARDI de Bellojoco, signum, 483.
GUICHARDO, vel VICHARDO de Peseio, seu Piseiaco, teste, 560.
GUICHARDUS et uxor Adalgardis, donatores, 525, 526.
GUICHARDUS de Marriaco et ejus filii, Milo et Hugo, 4. Vide *Vicardus*.
GUICHARDUS decanus, testis, 628, 629.
GUICHARDUS, Matisconensis decanus, testis, 627, 630.
GUICHARDUS presbyter, testis, 534.
GUICHARDUS de Masillis, fidejussor, 610. Vide *Masillis*.
GUICHARDUS de Piseir, Matiscensis ecclesiæ decanus, 598. Vide *Piseir*.
GUICHARDUS de Luiniaco, testis, 598. Vide *Luiniaco*.
GUICHARDUS de Villario, testis, 626. Vide *Villario*.
GUIDO, comes Matisconensis, 7, 10, 11, 13, 192.
GUIDO, scamineus, 284.
GUIDO, frater Umberti, 27.
GUIDO Bruoldus, testis, 4.
GUIDO dapifer episcopi, testis, 612.
GUIDO Feraldus, testis, 4.
GUIDO Gumberius, testis, 601.
GUIDO de Romanaco, testis, 4, 556. Vide *Romanaco*.
GUIDO de Vela, testis, 623. Vide *Vela*.
GUIDONIS canonici et fratris ejus terra, 28.
GUIDONIS comitis et Maitris, vel Maioris comitissæ, signum, 11, 13, 192.

GUIDONIS mansus, 516.
GUIDONIS signum, 610.
GUIDONIS buticularii signum, 631.
GUIGO, Valentinensis episcopus, 518.
GUIGO cantor, donator, 616.
GUIGO, Matiscensis ecclesiæ cantor, 596.
GUIGO, cantor ecclesiæ Matiscensis, donator, 609, 614.
GUIGO Incathenatus et Wicardus de Anton, 583.
GUIGO Incathenatus et filii ejus Hugo et Guigo, donatores, 613.
GUIGO, filius Ugonis de Asirias donatoris, 400.
GUIGO et GUIGO, germanus ejus, cognomine Discalceati, 578.
GUIGO, patruus Hugonis, donator, 611.
GUIGO de Barbareschis, obses, 560. Vide *Barbareschis.*
GUIGO præcentor, testis, 601.
GUIGO cantor, testis, 592, 593.
GUIGO de Germola, testis, 554, 564.
GUIGO miles de Germola, testis, 594.
GUIGO Nigellus, testis, 612.
GUIGO de Serchiis, testis, 630. Vide *Serchiis.*
GUIGO de Streis canonicus regularis, testis, 611. Vide *Vido de Estreis.*
GUIGO Truannus, testis, 611.
GUIGO et Dalmatius, testes, 585.
GUIGO et Ugo de Loasia, testes, 630. Vide *Loasia.*
GUIGONIS filii Ugonis signum, 400.
GUIGONIS signum, 511.
GUILLELMI hæreditas, 37.
GUILLELMI signum, 34.
GUILLELMUS, comes Matisconensis, 7, 152, 204. Vide *Willelmus.*
GUILLELMUS, comes Nivernensis, 559.
GUILLELMUS Piseis, cellerarius de Ossellis, testis, 626.

GUILLELMUS, vicecomes, 48, 268. Vide *Willelmus.*
GUILLELMUS, Pontiniacus abbas, 600.
GUINARDUS, presbyter, 39.
GUINCHEYUM, villa, 609, 614.
GUIONET Chape, testis, 626.
GUIONET de Porta, testis, 626.
GUIONET de Rupe, testis, 626.
GUIRRICI mansus, 516.
GUITCHARDI Athenacensis abbatis signum, 5.
GUNDRICI signum, 212, 223.
GUNDULCUS, levita, 27.
GUNDULDRICI signum, 81, 218.
GUNDULDRICUS, emptor, 126.
GUNDULDRICUS levita, testis, 478.
GUNDULDRICUS, testis, 496.
GUNDULDRICUS et Aymo, filii Yvonis, 46.
GUNDULDRICUS, tenementarius, 406.
GUNDULFI et Tetsæ signum, 202, 203.
GUNDULFUS et uxor Tetsa, venditores, 202.
GUNDULFUS, vocatus episcopus Matiscensis, 51.
GUNDULRICUS, vassallus comitis Willelmi, 204.
GUNDULRICUS clericus et frater ejus Elgaudus, 393.
GUNDULRICUS et Euvrardus, donatores, 392.
GUNDULRICUS, bonus homo, 501.
GUNTARDI episcopi signum, 425.
GUNTARDI signum, 127.
GUNTARDUS, episcopus Matisconensis, 39, 51, 191, 416, 425.
GUNTARDUS archipresbyter, testis, 603.
GUNTARDUS presbyter, testis, 599.
GUNTARDUS Francigena, testis, 596.
GUNTARDUS de Verchisono, testis, 594. Vide *Verchisono.*
GUNTERIUS archipresbyter, testis, 560, 570, 573, 587.

H

HABUNDANTII, vel HABUIDINCI signum, 136.
HAMBALDUS, ANBALDUS, vel ARIBALDUS, Uceciensis episcopus, 518. Vide *Uceciensis*.
HARDUINUS de Sala, 631. Vide *Sala*.
HARMANNI signum, 110.
HARVEI signum, 322.
HAYMO et frater ejus Landricus, donatores, 114.
HEBRÆI Matiscenses, 529.
HEBRÆORUM terra, 46, 122, 140, 142, 147, 148, 167, 195, 249, 270, 271, 273, 276, 278, 284, 307, 308, 389, 487, 549.
HELDARDA (femina), 78.
HELDEBERTI signum, 299.
HELDEBRANNI signum, 147, 271.
HELDEGART, uxor Aldonis, 271.
HELDEGRINI signum, 224.
HELDEMODI signum, 432.
HELDIARDIS, uxor Warnerii donatoris, 455.
HELDIART, donatrix, 147.
HELDIERII signum, 367.
HELDINUS, presbyter, 257.
HELDREDAS, testis, 55.
HELDULFI signum, 158, 271.
HELENA, uxor Dominici, 297.
HELIAS, testis, 267.
HELISACAR, cancellarius, 58, 65.
HELIUS, filius Ermengardis donatricis, 331.
HELMINUS, episcopus Eduensis, 518.
HEMERICI signum, 193.
HENDRICI clerici signum, 487, 505.
HENRICI signum, 72, 142, 195, 327, 489.
HENRICI terra, 115, 116, 182, 236, 260.
HENRICUS Francorum rex, 28, 44, 429, 432, 436, 443, 450, 451, 452, 457, 475, 476, 485, 486.
HENRICUS, rex, 457.

HENRICUS, filius Raculfi donatoris, 94, 163, 286.
HENRICUS, testis, 460.
HERBERTI signum, 474.
HERBERTUS, Drogo, Walterius et Hugo, filii Eufemiæ donatricis, 474.
HERBERTUS et frater ejus Hugo Truannus, 532.
HERBERTUS Truannus, testis, 607.
HERENII signum, 54.
HERLULFUS, presbyter, 39.
HERMANNUS, testis, 267.
HERMARDI signum, 126.
HERMENGARDA, donatrix, 116.
HERMENGARDIS, uxor Algaudi militis, 505.
HERMENTRUDIS, conjux Karoli regis, 109.
HERVALDI signum, 154.
HEYNDRICUS clericus, testis, 500.
HIEROSOLIMITANA expeditio, 537, 561.
HILDEBALDUS, HILDEBOLDUS, Matisconensis episcopus, 52, 55, 57, 58, 65, 74, 98, 360, 539.
HILDEBOLDUS sacerdos, donator, 184.
HILDEBOLDUS, notarius, 109.
HILDRADUS, testis, 55, 407.
HOCMANI signum, 41.
HUBALDI signum, 90, 405.
HUBERTI prepositi signum, 296.
HUBERTI signum, 344, 347, 401, 408, 414, 415.
HUBERTUS, vel SUBERTUS, donator, 344.
HUBERTUS, vel HUMBERTUS puer, nepos Walterii donatoris, 345.
HUBERTUS prepositus et archidiaconus, testis, 413.
HUBERTUS, prepositus Matisconensis ecclesiæ, 413.
HUGO, rex (Francorum), 75, 272, 273, 307, 393, 410, 411.

Hugo, comes, 70, 72, 73, 103, 156, 282, 465.
Hugo comes et Albericus fidelis ejus, 282.
Hugo, marchio, 69, 99, 103.
Hugo, princeps, 70, 99.
Hugo, vicecomes, 96.
Hugo, fidelis comitis Matisconensis, 156.
Hugo comes, episcopus Autissiodorensis, 518.
Hugo, Lugdunensis metropolitanus et Gregorii papæ legatus, 540.
Hugo, Lugd. episcopus, 581, 581 bis.
Hugo, Diensis episcopus, 14, 17, 20, 456.
Hugo, Ugo, Nivernensium præsul, 559.
Hugo, Cluniacensis abbas, 559, 561, 586.
Hugo abbas et Vicardus Beljocensis, donatores, 586.
Hugo canonicus, emptor, 44.
Hugo, cantor, 602.
Hugo cantor, testis, 604, 605, 606, 611, 613, 615, 616, 617, 518, 620.
Hugo clericus, donator, 237.
Hugo Beljocensis domnus, testis, 586.
Hugo Bisonticensis, testis, 596.
Hugo Boninus, frater Leodegarii Bonini, 537.
Hugo Burdinus, testis, 10.
Hugo Burdinus et frater ejus Eldinus, 32.
Hugo Crassus, testis, 613.
Hugo Descalceatus et Hugonellus de Molano parvuli, testes, 594.
Hugo, donator, 319.
Hugo Fuldradus, venditor, 531, 534.
Hugo Gaufridus, donator, 560.
Hugo Kinel, testis, 613.
Hugo, nomine Palamus, 328.
Hugo Rainoldus, vel Rammoldus, testis, 8.
Hugo Rusticus, testis, 598.
Hugo Truandus et Hugo de Soloniaco, obsides, 547.
Hugo Truannus et frater ejus Herbertus, 532.

Hugo, frater Herberti Truanni, 607.
Hugo et uxor Alendrada, donatores, 326.
Hugo, filius Lebaudi, testis, 616.
Hugo, Herbertus, Drogo et Walterius, filii Eufemiæ donatricis, 474.
Hugo, frater Pontii, testis, 601.
Hugo et frater ejus Jotcerannus Grossus, obsides, 602.
Hugo et frater ejus Wido, testes, 585.
Hugo et Willelmus subdiaconus, 532.
Hugo de Alvernia, testis, 510.
Hugo de Barvers, testis, 558. Vide *Barvers*.
Hugo de Bergiaco et soror ejus Falatrudis, donatores, 546.
Hugo de Berriaco, donator, 550. Vide *Berriaco*.
Hugo, filius Hugonis de Berriaco, 632, 633.
Hugo, frater Helduini de Berriaco, obses, 584.
Hugo de Buxeria, testis, 578, 596. Vide *Buxeria*.
Hugo de Castellione, donator, 517. Vide *Castellione*.
Hugo de Cavannis, donator, 443. Vide *Cavannis*.
Hugo de Cluniaco, obses, 560. Vide *Cluniaco*.
Hugo miles de Cluniaco, testis, 617.
Hugo, Stephanus et Otgerius de Corimmamblo, 556.
Hugo de Exsartis et fratres ejus, 534. Vide *Exsartis*.
Hugo de Fraxino, testis, 559. Vide *Fraxino*.
Hugo et Willelmus, milites de Marchianno, venditores, 615.
Hugo et Milo, filii Guichardi, vel Vuicardi de Marriaco, 4.
Hugo de Marriaco, testis, 633. Vide *Marriaco*.
Hugo de Mediolano, cum sociis, donatores, 544. Vide *Mediolano*.

Hugo de Miolano, vel Molano, testis, 578, 594. Vide *Mediolano.*

Hugo de Misiriaco, fidejussor, 613. Vide *Misiriaco.*

Hugo de Moneta, testis, 596. Vide *Moneta.*

Hugo de Montaniaco et uxor ejus, testes, 575. Vide *Montaniaco.*

Hugo de Munnet, testis, 590. Vide *Munet.*

Hugo de Oblato, nepos Jotceranni de Centerbens, 573, 587. Vide *Oblato.*

Hugo Rufus et Arnulfus de Porta, venditores, 534.

Hugo de Ronchivol, vel Runchevol, testis, 534, 586. Vide *Runchevol.*

Hugo de Sinisiaco, vel Suisiaco, 10. Vide *Sinisiaco.*

Hugo de Soloniaco, testis, 547. Vide *Soloniaco.*

Hugo de Tilio, testis, 559. Vide *Tilio.*

Hugo de Toria, donator, 569. Vide *Toria.*

Hugo filius Stephani de Vela, donator, 611.

Hugo de Vela, donator, 616. Vide *Vela.*

Hugo de Vela, testis, 576.

Hugo de Vendenessa, donator, 34. Vide *Vendenessa.*

Hugo de Vinzelles, fidejussor, 647. Vide *Vinzelles.*

Hugo de Vitriaco, testis, 537, 556. Vide *Vitriaco.*

Hugo, testis, 36, 314, 409, 426, 517, 596, 601.

Hugo (alter), testis, 426.

Hugoni signum, 349.

Hugoni terra, 417.

Hugonis comitis signum, 156

Hugonis Pontii Vacensis abbatis (per manum), 596.

Hugonis abbatis (per manum), 552.

Hugonis cantoris (per manum), 584, 613.

Hugonis levitæ signum, 53.

Hugonis hæreditas, 118.

Hugonis signum, 54, 71, 73, 86, 103, 104, 110, 111, 118, 131, 145, 157, 166, 180, 198, 204, 220, 235, 237, 243, 313, 317, 326, 362, 379, 383, 401, 445, 474, 481, 496.

Hugonis alterius signum, 474.

Hugonis terra, 90. 225, 344, 405, 463.

Hugonis et Oddonis terra, 231.

Hugonis et sororis ejus signum, 546.

Hugonis avunculi Wicardi signum, 476.

Hugonis filii Landradæ signum, 468.

Hugonis de Basenens signum, 610. Vide *Basenens.*

Hugonis de Cavannis signum, 443. Vide *Cavannis.*

Hugonis de Loasia signum, 555. Vide *Loasia.*

Hugonis et Aimini fratrum de Marcant signum, 476. Vide *Marcant.*

Hugonis de Monte Pavone signum, 481. Vide *Monte Pavone.*

Hugonis de Sais, vel Fais, signum, 26. Vide *Sais.*

Hulricus et Hugo, filii Bernardi de Cluniaco, 547.

Hulricus et Willelmus, filii Gaufredi de Cluniaco, 547.

Humberti archidiaconi signum, 555.

Humberti prepositi et archidiaconi signum, 435.

Humberti prepositi signum, 276, 317, 396.

Humberti (per manum), 77, 93.

Humberti levitæ (per manum), 111, 130.

Humberti Mulionis defuncti (beneficium), 471, 490.

Humberti, filii Guichardi de Bellojoco, signum, 483.

Humberti Beljocensis (consensu), 565.

Humberti signum, 78, 111, 148, 156, 253, 292, 379, 393, 421, 459, 462, 463, 610.

Humberti alterius signum, 459, 463.

Humberti, seu Vuitberti et Teutsanæ terra, 466.

HUMBERTI terra, 342, 346, 371, 455.
HUMBERTO terra, 136.
HUMBERTUS, archiepiscopus Lugdunensis, 612, 622.
HUMBERTUS, Gratianopolitensis episcopus, 518.
HUMBERTUS, abbas, 589.
HUMBERTUS, prepositus ecclesiæ S. Vincentii Matisconensis, 9, 22, 27, 114, 186, 253, 367, 379, 435.
HUMBERTUS archidiaconus, testis, 578.
HUMBERTUS et Leutaldus, filii Alberici comitis, 7, 8, 38, 404, 496.
HUMBERTUS Bellijoci et ejus uxor, donatores, 21.
HUMBERTUS, UMBERTUS de Bellojoco, 541, 631. Vide *Bellojoco*.
HUMBERTUS, filius Anscherii et Angelais, 230.
HUMBERTUS, filius Flotberti et Rotrudis, 411.
HUMBERTUS clericus, filius Flotberti et Rotrudis donatorum, 486, 487.
HUMBERTUS, propinquus Breidinci clerici, 459.
HUMBERTUS et ejus uxor Altasia, venditores, 117, 129.
HUMBERTUS, vel VUITBERTUS et uxor ejus Osanna, venditores, 364.
HUMBERTUS et uxor ejus Umbergia, 465.
HUMBERTUS, tenementarius, 206.
HUMBERTUS, testis, 559.
HUMFREDI signum, 119.
HUNFREDUS de Vela, donator, 510. Vide *Vela*.
HUNNOLT terra, 331.
HYLDEBERTUS et Pontius, filii Raculfi petitoris, 37.

I

IBIACO (in), villa, 240.
IBIACUM, villa, 274.
IDBERT signum, 258.
IDEO, presbyter, 204.
IDGIACENSIS villa, in agro Verriacensi, 259.
IDIERUS et uxor Plectrudis, emptores, 168.
IDOLDO Porcario, 67.
IDONEI, vel IDRENI signum, 169.
IDONINI signum, 83.
IDONIUS, petitor, 186.
IDRENI signum, 186, 194.
IDRENUS, donator, 194.
IDRENUS, vel IDOENUS, et uxor ejus Ava, donatores, 123.
IGGIACO (in), villa, 214, 248, 250, 251, 264. Vide *Ibiaco*, *Itgiaco*.
ILDEGART signum, 208.
ILDERT, uxor Achini donatoris, 208.
ILDRADUS, scabinus Matisconensis, 152.
ILIA, uxor Otgerii militis, 545.
ILIO et Constancio terra, 452.
ILIODO et Constantio terra, 528.
IMIRENGIS (in), villa, 564. Vide *Muringas*.
IMMALBERTUS, vel JAMMALBERTUS et uxor ejus Belucia, donatores, 104.
INFREDI signum, 151.
INGELAIS, mater Uberti prepositi, 317.
INGELARDI signum, 47, 126, 186, 226.
INGELARDUS, petitor, 186.
INGELARDUS, serviens, 484.
INGELBALDI signum, 116.
INGELBERGA, uxor Geraldi donatoris, 363.
INGELBERGA, uxor Rodulfi, 209.
INGELBERGANÆ, Gaucelino, Alduino et Christophoro pratum, 340.
INGELBERGANÆ terra, 504.
INGELBERTI cancellarii (per manum), 481.
INGELBERTI signum, 308, 374, 488.
INGELBERTI terra, 237.
INGELBERTUS, donator, 433.

INGELBERTUS et uxor ejus Beliardis, emptores, 432.
INGELBERTUS, tenementarius, 487.
INGELBERTUS, testis, 267, 433.
INGELDIS, uxor Bernardi venditoris, et Stephana, 387.
INGELERII signum, 60, 195, 382.
INGELERIO terra, 376.
INGELERIUS et sorores suæ Gitsaberna et Sanguedis, infantes Wandaltrucis, 376.
INGELERIUS presbyter, testis, 36.
INGELERIUS, testis, 378.
INGELFREDI terra, 344.
INGELMARI signum, 267, 352, 370.
INGELMARO terra, 367.
INGELMARUS, donator, 375.
INGELRINUS, serviens, 484.
INGELTRUDIS terra, 186.
INGEMANNUS presbyter, venditor, 213.
INNUCIONO, vel NUCIONO (in), villa in comitatu Lugdunensi, 196.
INSULA (Umbertus de), 3.
IRMINGARDIS, uxor Leutaldi comitis, 488.
ISAAC, presbyter, 27.
ISARIUS, bonus homo, 501.
ISCHERII terra, 82.
ISEMBARDUS presbyter, testis, 575.

ISEMBARDUS clericus, testis, 537.
ISEMBARDUS, laicus, 243.
ISEMBRAN signum, 363.
ISEMBRANNI terra, 183.
ISEMBRANNUS et uxor Teisa, donatores, 137.
ISNARDI signum, 188, 191, 354.
ISPANIAS (Achardus profecturus), 24.
ISRAHEL terra, 84, 246.
ITARA, soror Erici donatoris, 349.
ITBERTI signum, 126.
ITERIANÆ signum, 248.
ITERII signum, 468.
ITERII alterius signum, 468.
ITERIUS, testis, 604, 605, 615.
ITERIUS de Sancto Amore, testis, 605. Vide *Sancto Amore.*
ITGERII signum, 555.
ITGIACO, vel DITGIACO (in), villa, 105, 433.
ITGIACO (Otgerius de), testis, 623.
IVITANO terra, 228.
Ivo, presbyter, 144.
Ivo presbyter, donator, 188, 354.
Ivo, venditor, 175.
Ivo testis, 354.
Ivo capellanus, testis, 601.
Ivo, et Rotbertus clericus, 394.
IVONI campus, 181.

J

JAIACO (Bernardus de), 456.
JAIACO (Bernardus de), testis, 21
JANINA (Fontana), in agro Marliacensi, 331.
JARENTO, canonicus Matisceasis ecclesiæ, 329.
JARENTO, canonicus Matisconensis, testis, 10, 31.
JARENTONIS signum, 31.
JARLANI levitæ signum, 53.
JARLANNUS, clericus, 396.
JASSIACO (Rainardus de), 507.

JERALDUS et uxor Videlia, donatores, 350.
JHEREMIAS de Ruffiaco, 589. Vide *Ruffiaco.*
JHEROSOLIMITANA expeditio, 623.
JOANNÆ, vel OSANNÆ signum, 239.
JOANNIS signum, 276.
JOCERANNUS archipresbyter, testis, 558. Vide *Jotcerannus.*
JOCERANNUS Grossus, 631.
JOCERANNUS Grossus, fidejussor, 624.
JOCERANNUS Grossus, obses, 584.
JOCERANNUS de Marriaco, testis, 621. Vide *Marriaco.*

INDEX GENERALIS.

JOTCERANNUS, vel GAUSCERANDUS, miles de Amuniaco et fratres, donatores, 585.
JOCERANNUS La Veilla, fidejussor, 626.
JOFFREDI archidiaconi signum, 562.
JOFFREDI, consobrini Wichardi, signum, 472.
JOFFREDI signum, 29, 188, 359, 431, 443.
JOFFREDUS comes, donator, 454.
JOFFREDUS de Mescriaco, 456.
JOHANNA ancilla et filius ejus Umbertus dantur, 330.
JOHANNES, mansionarius, 516.
JOHANNES, episcopus Matiscensis, 46, 51, 108, 116, 207, 217, 265, 330, 341, 358, 378, 465.
JOHANNES, prepositus Matiscensis ecclesiæ, 27, 93, 130, 205, 229, 242, 267, 376, 406, 412, 426.
JOHANNES archipresbyter, donator, 434.
JOHANNES sacerdos, emptor, 335.
JOHANNES, senior Odelæ donatricis, 13.
JOHANNES, filius Benedicti, 285.
JOHANNES et Martinus, mansionarii, 516.
JOHANNES, venditor, 605.
JOHANNES servus datur cum uxore et infantibus, 488, 496.
JOHANNES et Leuterius servi donantur, 158.
JOHANNES præcentor, testis, 3, 536, 541, 547.
JOHANNES cantor, testis, 510, 553, 554, 585.
JOHANNES, canonicus Matisconensis, testis, 10, 31.
JOHANNES levita, testis, 500.
JOHANNES, capellanus de Ammuniaco, testis, 626.
JOHANNES de Cariloco, testis, 534.
JOHANNES de Muisons, testis, 611.
JOHANNES de Musiaco, testis, 616.
JOHANNES de Oratorio, testis, 609.
JOHANNES medicus, testis, 575.
JOHANNES Ruffus, testis, 624.

JOHANNES, testis, 204, 598.
JOHANNI pratum, 331.
JOHANNIS, diaconi cardinalis (per manum), 514.
JOHANNIS, Matiscensis episcopi, signum, 341, 358.
JOHANNIS episcopi signum, 265.
JOHANNIS (per manum), 467.
JOHANNIS cantoris (per manum), 549.
JOHANNIS levitæ signum, 503.
JOHANNIS de Blaniaco, signum, 548.
JOHANNIS signum, 2, 80, 276, 347, 406, 408, 412, 436, 451.
JONCIACO (in), villa, 478. Vide *Buciaco*.
JORDANUS, testis, 628.
JORDANUS de Blani, testis, 627, 629, 630, 632. Vide *Blaniaco*.
JOSBERGA, uxor Aalberti, 290.
JOSBERTI signum, 45, 130, 156, 165, 486.
JOSBERTI terra, 439.
JOSBERTUS, advocatus, 282.
JOSBERTUS, fidelis comitis Matisconensis, 156.
JOSBERTUS, testis, 36, 601.
JOSDLINIS, vel JOSELINUS sororius, 349.
JOSLENUS et uxor Ingelsenda, donatores, 150, 151.
JOSLENUS, fidelis, 139.
JOSPERTUS, testis, 204.
JOSPERTUS alter, testis, 204.
JOSUE, serviens, 484.
JOTCERANNI, JOTSERANNI decani (in præsentia), 574.
JOTCERANNI terra, 28.
JOTCERANNUS, vel GAUSCERANNUS, Matiscensis episcopus, 51, 590, 591 592, 593.
JOTCERANNUS, JOTSERANNUS, archidiaconus Matisconensis, testis, 4, 547.
JOTCERANNUS Vetulus, canonicus, 612.
JOTCERANNUS canonicus, filius Otgerii militis et Iliæ, 545.

JOTCERANNUS Grossus, fidejussor, 626.
JOTSALDI signum, 150, 223.
JOTSELDIS, mater Floberti et Hendrici, 53.
JOTSELDIS, uxor Rotardi, 402.
JOTSELDIS signum, 402.
JOTSELENI et Odcilæ signum, 355.
JOTSELINI signum, 299.
JOTSELINUS et Odeila, vel Edecla, donatores, 355.
JUDAS, traditor Domini, 8, 69.

JUDEIS (Stephani de), signum, 548.
JUGIS (Salinæ in), 539.
JULIA, donatrix, 141.
JULIANUS et frater Aimo, testes, 569.
JUSTINUS et Lambertus, ancellatores, seu avecellatores, 67.
JUSTUS (Almus), Matiscensis episcopus, 51, 103.
JUSTUS hebræus, uxor Belisia et infantes eorum, 122.

K

KARLOMANNUS, rex (Francorum), 39, 422, 425. Vide *Carlomannus.*
KAROLUS rex, patricius Romanorum, 23, 58, 68, 120.
KAROLUS Calvus, rex (Francorum), 56, 59, 60, 62, 64, 97, 102, 109, 305, 407.

KAROLUS (Simplex) rex, 298, 305, 337, 354, 357, 359, 397, 402, 427.
KAROLUS, rex (Francorum), 36, 108.
KAROLUS, imperator, 18, 243.
KINEL (Ugo), testis, 619.

L

LACCARDI colonica, 516.
LADINACENSIS, LADUNACENSIS ager, 315, 326.
LADONII (Placitum), 589.
LAIDREDUS, scamineus, 284.
LAISINGI signum, 224.
LALIACENSIS ager, 216, 234. Vide *Meliacensis.*
LALIACO (in), villa in agro Meliacensi, 216, 256, 257, 403.
LAMBERGANA et filius ejus Achardus, 93, 412.
LAMBERTI signum, 86, 198, 215, 233, 327, 489, 495.
LAMBERTO, terra, 199.
LAMBERTO, clerico de Natennis, teste, 612.
LAMBERTUS (I), Matiscensis ecclesiæ præsul, 51, 61, 97, 101.
LAMBERTUS (II), Matisconensis ecclesiæ episcopus, 359.
LAMBERTUS levita, donator, 297.

LAMBERTUS, pater Hugonis comitis, 465.
LAMBERTUS de Malliaco, donator, 621. Vide *Malliaco.*
LAMBERTUS et Justinus, ancellatores, 67. Vide *Justinus.*
LAMBERTUS, mansionarius, 516.
LAMBERTUS de Lugniaco, testis, 611, 616, Vide *Lugniaco.*
LAMBERTUS presbyter, testis, 592.
LAMBERTUS, testis, 263, 297.
LAMBOLDI vinea, 237.
LAMPFREDI presbyteri terra, 346.
LANCIACO (Stephanus de), testis, 628. Vide *Lanciaco.*
LANDOARII, vel LANDRADI signum, 221.
LANDRADA, donatrix, 468.
LANDRADA, filia Alexandræ donatricis, 467.
LANDRADA, mater Johannis episcopi Matiscensis, 341.
LANDRADA, uxor Senderii donatoris, 251.

LANDRADANI signum, 48.
LANDRADÆ donatricis (Adalgardis soror), 468.
LANDRADÆ signum, 237, 341, 468.
LANDRADI signum, 275.
LANDRADUS et Adalbertus presbyter, donatores, 221.
LANDRADUS, scabinus Matisconensis, 152.
LANDRICI episcopi (per manum), 549
LANDRICI signum, 86, 91, 134, 1.., 195.
LANDRICI terra, 139.
LANDRICI et Rostrani terra, 16..
LANDRICUS (de Berriaco), Matisconensis episcopus, 4, 10, 11, 1.. 4, 15, 16, 17, 20, 21, 25, 26, 51, .., .., 456, 512, 514, 526, 530, 538, 540, 541, 544, 545, 548, 565, 566.
LANDRICUS frater Gaufridi, testis, 601.
LANDRICUS Grossus, filius Bernardi Grossi, 26.
LANDRICUS miles, 26.
LANDRICUS de Moncello, verpitor, 567. Vide *Moncello*.
LANDRICUS de Moncello, testis, 577.
LANDRICUS, senior Raingardis, 185.
LANDRICUS et Aldo, servi, dantur cum infantibus suis Dominico et Ostraldo, 87.
LANDRICUS servus cum infantibus suis datur, 190.
LANDUARDI terra, 207.
LANFREDI, vel LAUFREDI signum, 300.
LANGIACO, vel LASIACO (in) villa, 113, 181.
LANTERII signum, 114.
LANTINIACUM, villa, 144. Vide *Santiniacum*.
LANTRUDIS signum, 452.
LASIACI (Monachi), 631.
LASIACO (in) villa, 104. Vide *Langiaco*.
LASIACO (Aymo de), 30.
LATERANI (datum), 6, 579.
LAUCANICO (ad), locus, 484.

LACFREDUS, LEUFRIDUS, vel LEOFRIDUS, cum hæredibus suis, 74.
LEBALDUS vel LEUTBOLDUS (II) de Branciduno, Matiscensis episcopus, 49, 51, 53, 54, 78, 80, 105, 142, 148, 149, 177, 178, 196, 197, 198, 199, 237, 256, 259, 260, 264, 269, 287, 288, 300, 309, 318, 324, 327, 331, 342, 343, 347, 370, 372, 374, 384, 385, 391, 392, 394, 411, 444, 465, 470, 486, 487, 491, 495, 499, 500, 505, 515, 523, 543.
LEBALDUS de Nantun, testis, 625.
LECTRUDIS terra, 168.
LEDALDUS et Ardoenus servi dantur cum suis infantibus et uxoribus, 330.
LEDBALDI conversi terra, 469.
LEDORNACO, LIDORNACO (in), villa, 467, 468.
LEDORNAY, villa in agro Iggiacensi, 246.
LEIDRADUS, LEDUARDUS, vel EDUARDUS, archicancellarius, 68.
LEIDRARDUS, archiepiscopus, missus Ludovici imperatoris, 539.
LEIREITENA fons, ad Matisconem, 3.
LEITERIUS, testis, 45.
LENDINI signum, 275 bis.
LENDINUS, donator, 275 bis.
LENDRICUS, vel BENSERICUS donator, 359.
LENDRICUS vassalus et ejus uxor Hilsenda, 59, 60, 102.
LENTINIACI (Medietas decimarum ecclesiæ), 541.
LENTINIACO, LINTINIACO (in), villa, 9, 22, 593.
LENTRICUS, vel LEUTRICUS, petitor, 97.
LEO (IX), papa (Beatus), 23.
LEOBOLDUS, donator, 70.
LEODEGARIUS, fidelis comitis Matisconensis, 156.
LEODEGARIUS, filius Germani, 481.
LEODEGARIUS Boninus, Stephani germanus, testis, 537.

LEODEGARIUS de Ponte, 589.
LEODEGARIUS Vallis Grinosæ, testis, 569.
LEODEGARIUS et Amelius fratres, testes, 596.
LEODEGARIUS servus datur, Sancto Vincentio, cum infantibus suis, 447.
LEODETRICO (in), villa in pago Tolvedonensi, 416.
LEONIS (per manum), 579.
LEOPRANNI signum, 292.
LEOPRANNUS, vicarius, 426.
LEORNAICO, LEORNIACO, vel LEORNACO (in), villa in agro Ibiacensi, 212, 213, 245. Vide *Ledornay*.
LEOTALDI comitis, Alberici filii signum, 153, 155, 157, 292, 420, 488.
LEOTALDI comitis signum, 156, 496.
LEOTALDI signum, 111, 304.
LEOTALDI vinea, 264.
LEOTALDUS comes et uxor Berta, donatores, 488, 496.
LEOTALDUS, filius Alberici donatoris, 7, 8, 38, 69, 70, 71, 72, 76, 99, 103, 155, 156, 157, 186, 206, 243, 274, 292, 404, 420.
LEOTALDUS, missus Willelmi comitis, 152.
LEOTALDUS et Walterius, filii Bernardi, 465.
LEOTARDI signum, 214, 313, 337.
LEOTARDUS, testis, 478.
LEOTBALDUS, testis, 561.
LEOTBERT presbyter, donator, 323.
LEOTBERTI signum, 323.
LEOTBRANNI signum, 381.
LEOTERII signum, 299.
LEOTEUDI signum, 140.
LEOTGART, donator, 245.
LEOTGART, conjux Adalberti venditoris, 170.
LEOTGART signum, 245.
LEOTGERIO signum, 282.
LEOTOLT comitis terra, 274. Vide *Leotaldus*.

LEOTORCISO (in), villa in agro Cubliacensi, 422.
LEOTREUS, vel LEUTRUS et uxor Leotsenda, donatores, 428.
LERTBERTI signum, 111.
LESFOLIIS (Pontius de), testis, 599.
LESINIA, uxor Duranni, 303.
LETALDI signum, 513.
LETALDI terra, 451.
LETALDUS, testis, 506.
LETALDUS clericus, testis, 575.
LETARDUS, tenementarius, 541.
LETBALDI, LETBOLDI, Matisconensis episcopi, signum, 142, 149, 309, 327, 343, 347, 470, 500, 505, 543.
LETBALDI episcopi terra, 259.
LETBALDI et filii ejus de Digoina, signum, 26.
LETBALDI (consortis), signum, 440.
LETBALDI signum, 374.
LETBALDUS, episcopus Matisconensis, 347, 465. Vide *Lebaldus*.
LETBALDUS, canonicus (Matiscensis), 309.
LETBALDUS de Digoina, testis, 26, 590.
LETBALDUS et consortis, donatores, 440.
LETBALDUS, bonus homo, 501.
LETBOLDUS et Umbertus, filii Alberici comitis, 8, 38. Vide *Leutaldus*.
LETBOLDUS presbyter, testis, 19.
LETERII signum, 111.
LETERIUS, testis, 409.
LETGISI signum, 489.
LETIARDIS, uxor Turbranni, 270.
LETOLDI signum, 196.
LETRARDUS, vel LETRADUS, venditor, 27.
LEUDONII (per manum), 487.
LEURISO (in), villa, 152.
LEUTALDUS et Humbertus, filii Alberici comitis, 404.
LEUTARDI signum, 224.
LEUTARDUS, filius Bernardi et Ermendradæ, 350.

LEUTARIUS, abbas, 67.
LEUTBALDI signum, 72, 277, 542.
LEUTBALDUS, vel LEUTBOLDUS, filius Warulfi, 406, 478.
LEUTBALDUS, Rambaldus, Rotardus, et sorores eorum Insegerdis et Doda, 277.
LEUTBALDUS, mansionarius, 487.
LEUTBERGA, donatrix, 77, 132.
LEUTBERGANA, vel LAMBERGANA et filius ejus Acardus, 93, 412.
LEUTBERGANÆ (Acardus filius), 93, 412.
LEUTBERT signum, 240.
LEUTBERTUS, juratus, 359.
LEUTBOLDI signum, 160.
LEUTBOLDUS presbyter, testis, 478.
LEUTBOLDUS, testis, 416.
LEUTBOLT signum, 294.
LEUTERII signum, 130, 319.
LEUTERIUS et Johannes, servi, 158.
LEUTERIUS, testis, 376, 426.
LEUTFREDUS, vel TEUTFREDUS serviens datur cum uxore et infantibus suis, 488, 496.
LEUTGARA, vel LEUTGARIS, uxor Teudonis venditoris, 121.
LEUTGARDI signum, 183.
LEUTGARDO presbytero terra, 139.
LEUTGAUDUS, presbyter, 117.
LEUTGERII signum, 103.
LEUTIART, vel LEUTIARIS, uxor Teudonis venditoris, 187, 246.
LEUTIART signum, 246.
LIA (Bernardus de), testis, 616.
LICIACUM, villa, 70, 420.
LIERENCO (in), villa in pago Lugdunensi, 312.
LIGERIS, fluvius, 70.
LINCINUS, testis, 626.
LINGONENSIS episcopus, 581 bis.
LINGUA ANSERIS (Wichardus), 593.
LINTINIACUS, villa, 9, 22, 36. Vide *Diminiacus*.
LIPIACO (in), villa, 337.

LITEVINEIS (in), villa in pago Donobrensi, 55.
LITGISI signum, 201.
LIVINIACUM, villa in agro Salorniacensi, 26, 70, 94, 100, 163, 174, 184.
LIVO, fidelis Noe donatoris, 462.
LIVO, donator, 463.
LIVO, senior Matselinæ donatricis, 466.
LIVO et Rotbertus, petitores, 465, 499, 515.
LIVONIS signum, 463.
LOASI (de), testis, 517.
LOASIA (Hugonis de) signum, 555.
LOASIA (Pontius de), testis, 617.
LOASIA (Ugo de), testis, 622.
LOASIA (Ugo et Guigo de), testes, 630.
LONGO (curtilus vocatus), 272.
LOPCHIACO (in), villa, 133.
LOPTANIACUM, villa in pago Nivernensi, 55.
LORA, uxor Gudonis servi, 474.
LORAMII signum, 86.
LORNANT (in), villa in agro Rufliacensi, 70, 244, 392.
LORNANT (Ecclesia de), 392, 547.
LORRES (Stephanus de), donator, 598.
LOTHARIUS rex (Francorum), 45, 46, 86, 141, 265, 267, 270, 275 bis, 276, 292, 299, 304, 308, 313, 321, 323, 326, 330, 333, 340, 346, 350, 358, 361, 364, 365, 367, 368, 369, 375, 376, 378, 382, 406, 409, 412, 419, 420, 424, 435, 467.
LUCANIA, teste, 598.
LUCINIACI, vel LINIMACI, signum, 457.
LUDOVICI (Hildebodus ad vicem), 109.
LUDOVICI (Raimfredus ad vicem), 59.
LUDOVICUS (I), imperator, 55, 56, 57, 58, 64, 65, 98, 460, 529, 539.
LUDOVICUS (II), rex Francorum, 61, 62, 101.
LUDOVICUS (III), rex Francorum, 320, 416.

LUDOVICUS (IV), rex Francorum, 2, 9, 22, 48, 69, 72, 76, 99, 170, 258, 274, 274, 275, 277, 281, 296, 301, 315, 332, 338, 345, 356, 379, 396, 401, 408, 415, 417, 421, 460, 481, 488, 497.

LUDOVICUS (VI), Francorum rex, 556, 559, 571, 575, 577, 578, 586, 608.

LUDOVICUS (VII), rex Francorum, 584, 601, 602, 631.

LUDOVICUS, cancellarius, 56, 59, 109.

LUGDUNENSES archiepiscopi. Vide *Amedeus*, *Austerius*, *Burchardus*, *Umbaldus*, *Umbertus*.

LUGDUNO, emptori, 275.
LUGNIACO (Lambertus de), 614, 616.
LUIRICI signum, 422.
LURENSE monasterium, 359.
LURNIACUM, LURNICUM, vel LIERNICUM, villa in pago Lugdunensi, 209, 312, 407.
LUXOVIENSIS (Terra S. Petri), 184, 525.
LYORNACO (in), villa in agro Iggiacensi, 426. Vide *Ledornay*.

M

MAALBERTI signum, 375.
MAALBERTI terra, 89.
MAALBERTUS et uxor ejus Aya, seu Ylia, incaucionatores, 41, 87, 118, 131, 179. Vide *Madalbertus* et *Arbertus*.
MAALGERII signum, 486.
MACE (Achardus de), testis, 596.
MACIACO (ad), locus, 422. Vide *Ad Maciaco*.
MACIENSICUM ager, 402. (MASSY).
MADALBERTI et uxoris Helenæ signum, 190.
MADALBERTUS et uxor ejus Elena, donatores, 87, 190.
MADALBERTUS notarius, scrip., 68.
MADALGARIO signum, 320.
MADALGERINUS serviens, 484.
MADALULFI vinea, 122.
MADALULFO, Gaucelino, Datfredo, et Vuitberto pratum, 310.
MADORNENSI, MODORNENSI, vel MATORNENSI (in), locus in agro Cardoniacensi, 350.
MADRIACO (in), villa in agro Ginaciensi, 399.
MADRIACO (in), capella, 70, 399.
MADRIACUM, villa, 70.
MAGRERTI signum, 224.
MAGNACO (in), locus, 67.
MAGNARDUS, testis, 55.
MAGNISINDANÆ donatricis signum, 224.

MAGNISINDIS, uxor Autberti vel Umberti, donatrix, 224.
MAIMBALDI signum, 436.
MAIMBODI Matiscensis episcopi signum, 276, 296, 379, 396, 401, 413, 414, 415, 421, 435, 497.
MAIMBODI prepositi signum, 227, 280.
MAIMBODI signum, 77, 141, 222, 404, 496.
MAIMBODI vinea, 294.
MAIMBODUS, Matisconensis episcopus, 9, 22, 48, 69, 70, 71, 99, 103, 140, 143, 155, 157, 158, 180, 226, 243, 266, 292, 313, 315, 317, 326, 345, 350, 367, 392, 406, 408, 488.
MAIMBODUS, nepos Maimbodi episcopi Matiscensis, 266, 296.
MAIMBODUS, prepositus et archidiaconus Matiscensis ecclesiæ, 280.
MAIMBODUS, prepositus ecclesiæ Matiscensis, 90, 227, 405.
MAIMBODUS levita scrip., 36.
MAIMBODUS levita, testis, 8.
MAIMBODUS, senior Hermengardæ, 116.
MAINARDI signum, 214, 274, 367.
MAINARDI terra, 107, 214.
MAINARDO (in cautione de), 487.
MAINARDUS serviens, 484.

MAINERII signum, 301.

MAINERIUS, presbyter, 605.

MAINERIUS, vel MANUERIUS, Eldulfus, Virbertus et uxores eorum Osanna et Sisberga, venditores, 301.

MAINUS archipresbyter, testis, 359.

MAIOLI, MAYOLI abbatis signum, 505.

MAIOLI archicancellarii (ad vicem), 543.

MAIOLI prepositi Matisconensis ecclesiæ signum, 149, 174.

MAIOLI prepositi signum, 263.

MAIOLI de Vincella signum, 13.

MAIOLI signum, 72, 73, 108, 265, 270, 272, 282, 393, 401, 415, 546.

MAIOLUS, abbas Cluniacensis, 267.

MAIOLUS, abbas S. Vincentii Matisconensis, 78.

MAIOLUS, archidiaconus Matiscensis, 270, 522.

MAIOLUS prepositus Matisconensis et Oddo abbas, donatores, 167.

MAIOLUS, prepositus Matisconensis ecclesiæ, 49, 75, 80, 300, 486, 487, 500, 505.

MAIOLUS, MAYOLUS prepositus, testis, 470, 500, 543.

MAIOLUS, vicecomes, 185, 356.

MAIOLUS, advocatus, 282.

MAIOLUS miles, petitor, 512.

MAIOLUS levita, testis, 497.

MAIOLUS Rebutinus, testis, 508, 576, 577, 588, 596, 612.

MAIOLUS de Varennis, testis, 633. Vide *Varennis*.

MAIOLUS, filius Gaufridi de Varennis, 572.

MAIOLUS de Verchisono presbyter, testis, 603.

MAIOLUS, Hugonis de Vinzelles frater, fidejussor, 617.

MAIOLUS de Vincella, miles, 30. Vide *Vincella*.

MAIOLUS de Vincella, testis, 4, 400, 544, 553.

MAIOLUS, testis, 284.

MAISEDO, scamineo (Matiscensi), 284.

MAISIRIACO (Gaufridus de), et frater ejus Bernardus, 548.

MAITRIS, vel MAIORIS comitissæ signum, 11, 13, 192.

MALECRASUS, vel MALERASUS, testis, 596.

MALESPINA (Gaufridus de), 623.

MALETI (Pelerinus filius), obses, 604.

MALIACO (in), villa, 467.

MALIACO (Gauffredus de), et uxor ejus Stephania, donatores, 541. Vide *Gauserannus de Apagiaco*.

MALIACO (Gaufridus de), testis, 13, 553.

MALIACO (Stephanus de), testis, 508.

MALLENSE comitale (in), 501.

MALLIACO (Ugo de), frater Lamberti, 621.

MALLUM publicum, 152, 185, 186, 284, 359, etc.

MALUINUS, monachus S. Eugendi, 359.

MALUM PERTUISUM (per), locus, 609, 614.

MAMBERTUS et uxor ejus Berta, 167.

MANASSE terra, 289.

MANASSE, MANASSEI, MANASSIS signum, 111, 113, 222, 243, 487.

MANASSEO, teste, 409.

MANCIACUM, villa in agro Respiciacensi, 70, 311. (MANZIAT.)

MANECIACI, villa in agro Salorniacensi, 203, 230. Vide *Manesiaco* et *Municiacum*.

MANEGALDI signum, 488.

MANEGOLDUS, præsens in mallo publico, 186.

MANERIUS presbyter, testis, 605.

MANESIACO (in), villa in agro Verriacensi, 202, 230.

MANGODUS, laicus, 243.

MANICIACUM, villa in agro Ibiacensi, 247.

MANIUS presbyter, donator, 399.

MANIUS presbyter, testis, 399.

MANONIALDI signum, 103.

MANSIACO (in), villa in agro Fusciacensi, 132.
MANUGAUDI, vel MAINGODI signum, 345.
MANUGRAVIDI signum, 230.
MANULFI signum, 336.
MARBACO (Artaldus de), testis, 4.
MARBERTI signum, 303.
MARBRASNI, vel MARBRASINI (Zacharia), testis, 595.
MARCANT (Hugonis et Aimini, fratrum de) signum, 476.
MARCELINI signum, 107.
MARCELLI terra, 207.
MARCELLINUS, servus, 260.
MARCHANT (Stephanus de), testis, 590, 596, 599.
MARCHEANT (Durannus de), obses, 586.
MARCHIANT (Stephanus de), obses, 586.
MARCIACO (in), locus, 421.
MARCIO (Curtilus vocatus), 448.
MARDUBRIO (Ecclesia de), 21.
MARDUBRIO (Decimæ ecclesiæ de), 565.
MARDUBRIO (Parrochia de), 532, 533, 534.
MARDUBRIO (Stephanus de), canonicus, 532, 607.
MARDUBRIO (Bernardus presbyter de), testis, 566.
MARDUBRIO (Girardus de), testis, 21.
MARDUBRIUM, villa, 70.
MARDUN, rivus in agro Cubliacensi, 423.
MARENCHIA (Condamina de), 550.
MARENCHIAS (in), villa in pago Matiscensi, 386.
MARFONTANIS (in), villa, 516.
MARFONTANIS (Mansus de), 516.
MARGARITIS (Mansus de), 549.
MARGIANE (Durannus de), obses, 586.
MARIA, uxor Constabilis venditoris, 302.
MARIA ancilla et Bernart servus, donantur ecclesiæ, 463.
MARIÆ Virginis (Basilica almæ), 8.
MARIÆ, sororis David, signum, 377.

MARIÆ, uxoris Eremberti, signum, 432.
MARIÆ signum, 302.
MARINIACO (in), villa in agro Igiacensi, 424.
MARINSE, vel MARNISE (Pontius de), testis, 565, 566.
MARLENI, vel MARLINI signum, 137, 143, 236.
MARLIACENSIS ager, 334. (MARLIEUX en Dombes?)
MARLIACO (Gaufredi de) signum, 11.
MARNE (Rodulfus de), donator, 626.
MARNE (Enricus de), testis, 626.
MARONTIS villa, in fine Melionacensi, 364.
MARREILLERII tenementum, 576.
MARREO (Stephanus de), obses, 584, 602.
MARRIACO (Artaldus de), testis, 4.
MARRIACO (Guichardus de), verpitor, 4.
MARRIACO (Vicardus de), fidejussor, 621.
MARRIACO (Stephanus de), obses, 632.
MARSIOSACO (in), villa, 67.
MARTELNIS, locus in villa Cortocellas, 320.
MARTINI signum, 91, 126, 140, 212, 248, 258, 300, 303.
MARTINI terra, 95, 137, 177, 373.
MARTINI vinea, 381.
MARTINO vinea, 366, 424.
MARTINUS, genitor Gisleberti monetarii, 450.
MARTINUS, major Adalgisi levitæ, 204.
MARTINUS et Johannes, mansionarii, 546.
MARTINUS et uxor Aia, venditores, 300.
MARTINUS et uxor Beliart, 380.
MARTINUS et Ragemfridus, testes, 204.
MARTINUS de Cavaniaco, testis, 630. Vide Cavaniaco.
MARTINUS de Sancto Desiderio d'Avenais, testis, 624. Vide S. *Desiderio.*
MARTINUS de Sancto Verano, testis, 611, 629. Vide S. *Verano.*
MARTINUS servus cum uxore et infantibus donatur, 325.
MARTINUS servus datur, 332.

MARTISCAMPI (terra), 22.
MARTIUS servus, cum uxore et infantibus suis datur ecclesiæ S. Vincentii Matisconensis, 145.
MARUNACO (in), villa in agro Itgiacensi, 199.
MASCIACO (in), locus, 421.
MASCONEOLIS, VASCOMOLIS (de), villa, 531.
MASIACO (Stephanus de), testis, 598.
MASILIIS (Aimardus monachus de), testis, 570.
MATHEI camerarii signum, 631.
MATISCENSIS ecclesia, a laicali jurisdictione exempta, 65.
MATISCENSIS synodus, 445.
MATISCO, MATISCONENSIS urbs, 2, 3, 4, 9, 11, 13, 17, et passim..
MATISCONEM (Burgus Superior super), 161, 195.
MATISCONENSES comites, 7. Vide *Albericus, Fromaldus*, etc.
MATISCONENSES episcopi, 51. Vide *Adalrannus, Ado*, etc.
MATISCONENSIS ecclesia, ecclesiæ Lugdunensis filia, 584.
MATISCONIS (in suburbio), 471, 490.
MATISCONO (domus in), 471, 490.
MATSELINA, sponsa Livonis donatoris, 463.
MATSELINA, donatrix, 466.
MAUBIACO (in), villa in pago Lugdunensi, 54. (MANZIAT?)
MAURIENNENSES episcopi, 144, 518. Vide *Odelardus, Urardus*.
MEDIOLANO (Hugo de) et socii, donatores, 544.
MEDOBIUM, villa in pago Matisconensi, 70.
MELIACENSIS ager, 256, 257. Vide *Laliacensis*.
MELICE (Factum apud), villa, 626.
MELIONACENSIS ager, 75, 83, 95, 114, 115, 121, 122, 123, 124, 126, 128, 129, 134, 135, 138, 141, 160, 167, 168, 171, 175, 177, 187, 189, 194, 364.

MELONO terra, 388 bis.
MENOBIUS, fluvius, 356.
MENSURA falsa et falsum pondus, 632.
MENTONES (Bedi duo qui vocantur), 49.
MERCERIUS, 266. Vide *Nicerius*.
MERCURII signum, 184.
MEREEDI signum, 73.
MERGIAM (villa nova quæ ædificatur juxta), 619.
MERGIÆ pons, 649. Vide *Mertgi*.
MERLAN, vel MERLAUS, locus, 64, 70.
MERTANI mansus, 26.
MERTGI (Pons petrinus), 27.
MESERIACO (Bernardus de), 13. Vide *Muntiaco*.
MESERIACO (Joffredus de), 456.
MESPILIO (Berardus de), 456.
METGRIACO (in), villa, 392.
METIS (Actum in civitate), 66. (METZ.)
MICIACO, vel NUICIACO (in) villa, 220, 562. Vide *Minciaco*.
MILIANO (Petrus de), obses, 617.
MILLIACO (in), villa, 70, 235, 239, 403, 433, 473, 494.
MILO, Matisconensis episcopus, 51, 104, 133, 272, 289, 307, 319, 322, 410, 418.
MILO, donator, 272, 309.
MILO et HUGO filii Guichardi, vel Vicardi de Marriaco, 4.
MILO de Tort, donator, 603. Vide *Tort*.
MILO serviens, 484.
MILO, testis, 628.
MILONIS, Matisconensis episcopi, signum, 393, 522.
MILONIS signum, 272.
MINCIACO, MICIACO, vel CANCIACO (in), villa, 198, 220.
MINCIACO, vel MICIRIACO (in), villa, 495.
MINRIACO, vel MUCIACO (Wicardus de), 400.
MIOLANO (in), locus, 469.
MIOLANO (Petrus de), obses, 612.
MIRATORIO (Abbas de), 596.

MISERIACO, vel MISIRIACO (in), villa in agro Poriato, 489.
MISERIACO (Otgerii de) signum, 555.
MISERIACO (Berardi de) terra, 547.
MISONO (in), villa, 608.
MISPILIACO (in), villa in agro Ladinacensi, 315. (MÉPILLIAT.)
MISPILIACO (Berardus de), testis, 548.
MISPILIACO signum, 315.
MOCARISONO (Artaldus de), testis, 21.
MODONUM, locus, 157.
MODOY (in), villa, 236. Vide *Modoyo*.
MODOY (Teotardus de), 501.
MODOYO (in), villa, 392.
MODRENUS, vel MODORNUS, donator, 27.
MODUINO signum, 233.
MODUINUS, donator, 332.
MOENCIARCICUM, villa, 407.
MOLA, vel INSULA (Gautcerannus de), testis, 4. Vide *Gausccrannus de Molano*.
MOLICIA (in), campus in Verriaco villa, 221.
MOLICIA (in), pratum, 199.
MOMULUS, vel MOMMOLUS, Matisconensis episcopus, 51, 103.
MONACHI Cluniacenses, 473, 494, 521, 561, 578, 581 bis.
MONACHI S. Eugendi, monasterii Lurensis, LIRENSIS, vel JURENSIS, 359.
MONACHUS (Petrus), 589.
MONASTERIUM de Chapasia, 626. — Cluniacense, 519, 521. — Lasiaci, 631. — Miratorio (de), 596. — S. Rigaldi, 538. — Uchisiaci, 625.
MONCARDI signum, 45.
MONCELLIS (in), villa in agro Salorniacensi, 24, 67, 71, 149, 157, 197, 262, 392.
MONCELLO (Archimbaldi de) signum, 11.
MONCELLO (Argimbaldi de) terra, 537.
MONETA Cluniacensis, 570, 578, 585, 624, 628.
MONETA Gigniaci, 552.

MONETA Lugdunensis, 531, 533, 534, 604.
MONETA Matisconensis, 537, 551, 552, 577, 584, 585, 602, 627, 629.
MONETA S. Mariæ de Bosco, 537.
MONS, villa in pago Lugdunensi, 61, 101.
MONSBELETUS, castrum, 631.
MONS GUIDINIS, villa in pago Lugdunensi, 70. Vide *Monte Gudine*.
MONT (Stephanus de), obses, 588.
MONTANACO (in), villa, 327.
MONTANIACO (in), villa, 313, 336, 537.
MONTANIACO (Rotlanus de), 575.
MONTANIACUM, villa, 70.
MONTBELET (Adalardus de), fidejussor, 631.
MONTBELET (Stephanus de), testis, 508.
MONTE (de), villa, 456.
MONTE AGNIACO (Rotlanni de) signum, 483.
MONTE CHIMINO, CHANINO, vel CHIMICO (in), locus, 349.
MONTE ENGERANNO (de), villa, 403.
MONTE EVARTIO (de), villa, 403.
MONTE GIRBERTO (Garinus et Otgerius de), 536.
MONTE GUDINE (de), villa, 492.
MONTE GUDINI (de), villa, 326, 488, 496, 557, 582, 583.
MONTE GUDINI (Otgerius de), clericus, 558.
MONTE GUDINI (Stephanus de), 557.
MONTE GUDINO (de) terra, 555.
MONTE MAVIO (Durandus de), testis, 21.
MONTE MOBICIONO (in), locus, 423.
MONTE MORITO (Umberti de) signum, 13.
MONTE PAVONE (Hugonis de) signum, 481.
MONTE PAVONE (Uduldricus de), 30.
MONTE PAVONIS (Aimo de), testis, 548.
MONTE PULINO (in), villa, 513.
MONTE RINNO (Anserius de), frater Hugonis, 329.
MONTE SUPERBO (Mansus de), 586.
MONTELIO (de), villa, 396.
MONTEM GUDINUM (apud), villa, 595, 613.

MONTENAICO (Gauceranni et Ingelberti de) signum, 26.
MONTIS (Villa), in agro Respiciacensi, 37, 61, 100, 110, 430, 545.
MONTIS (Foresta), 38.
MONTIS PODIO (Pontius de), testis, 601.
MONTIS PODIO (Raimundus de), testis, 601.
MONTIS PULVII (Mansus), 593. Vide *Monte Pulino*.
MORANNUS, frater Artaldi de Marbaco, testis, 4.
MORBANACUS, villa, 338.
MORBANENSIS ager, 338.
MORCAMPI, MORCAMPINI terra, 9, 22.
MORCAMPO (in), villa in pago Lugdunensi, 36.
MORUM, vel NIORUM (Portus), 574. Vide *Niorum*.
MOTES (Gaufridus de), testis, 558.
MOYSIA (Durannus de), obses, 595.
MOYSON, villa, 43, 44, 70, 75, 80, 114, 115, 123, 128, 134, 166, 171, 175, 194, 439, 455, 457, 487, 502. Vide *Muison*.
MOYSON, silva in agro Fusciacensi, 169.
MUISON (in), villa in agro Fusciacensi, 125.
MUISON, MUYSON, villa in agro Meloniacensi, 124, 126, 138, 168.
MULTENCO (de), villa, 531.
MUNTIACO, vel MESERIACO (Bernardus et Ansedeus de), testes, 10.
MURINGAS (apud), villa, 591. Vide *Imirengis*.

N

NADALÆ signum, 238.
NANT (Umbertus de), obses, 604.
NANT (Umbertus, miles de), venditor, 605.
NANTUN (Villelma de), 625.
NARBONENSIS archiepiscopus, 144. Vide *Agius*.
NARBONENSIS (Albericus), comes Matisconensis, 7, 8, 38, 404, 488, 496. Vide *Albericus*.
NARDINI signum, 155, 420.
NARDINUS, fidelis comitis Matiscensis, 420.
NARDONII signum, 72.
NARDUINI signum, 27.
NARDUINI filii signum, 27.
NARDUINI, vel NARDINI signum, 243, 292, 488, 490.
NARDUINI terra, 94, 163.
NARDUINUS de Sala, commutator, 619. Vide *Sala*.
NARDUINUS de Sala et Raculfus de Berriaco, fidejussores, 553.
NARDUINUS, laicus, 243.
NASCIA, vel NASNA (Silva vulgaris quæ dicitur), 372.
NATALIA, uxor Salicherii petitoris, 460.
NATENNIS (Lambertus clericus de), testis, 612.
NAY (Wicardus de), obses, 612, 617.
NAY (Willelmus de) et Gaufridus de Soloniaco, obsides, 547.
NAZARENI signum, 310.
NEI, vel DEVEN, villa, 396.
NEIELLUS Rusticus, testis, 598.
NEMORA Velæ, 510. Vide *Vela*.
NEMORE (Stephanus de), testis, 620.
NEMUS juxta Ararim fluvium, 69, 70, 99.
NICERIO, vel MERCERIO terra, 266.
NICHOLAUS de Sancto Marcello, testis, 624. Vide *S. Marcello*.
NIGELLUS (Guigo), testis, 612.
NIGRO MONTE (Andreas de), 456.
NIORUM, vel MORUM (Portus), 574. Vide *Morum*.
NIVERNENSES episcopi, 100, 559, 601. Vide *Franco, Fromundus, Hugo*.

NIVERNENSIS comes, 559, 601. Vide *Willelmus*.
NIVERNENSIS pagus, 55, 100.
NOBLENT, locus, 70.
NOE, donator, 462.
NOE signum, 105, 462.
NOERII signum, 445.
NOLIACO (Vinleus de), testis, 534.
NOLIACO (Vilencus, Vinleus de), testis, 607.

NORBALT signum, 239.
NORBOLT signum, 282.
NORDONIUS, testis, 186.
NORDUINI terra, 236.
NORGAUDUS, Eduensis episcopus, 559.
NORTBERTI signum, 158.
NUCEACO, NUCIACO (in), villa in agro Iggiacensi, 253, 263.

O

OBLATO, OBLETO (Ansedeus de), testis, 10, 26, 31.
ODDO canonicus, filius Begonis, 441, 447.
ODDO canonicus, filius Gausmari et Aremburgis, 442.
ODEDI terra, 380.
ODEILA et maritus ejus Jotselinus, donatores, 355.
ODEISERT, uxor Evrardi, 258.
ODELA, uxor Ansedei, 395.
ODELARDUS, Mauriennensis episcopus, 144.
ODELIONUS, mallo præsens, 284.
ODIENTIAM, seu ODEVICAM Fredeconis (Via quæ pergit ad), 144.
ODILA, ADELA, vel ADDA, uxor Ottonis comitis, 471, 490.
ODILA et senior ejus Johannes, donatores, 13.
ODILA alia, neptis Odilæ donatricis, 13.
ODILANÆ terra, 274.
ODILARDI signum, 467.
ODILO, Cluniacensis abbas, 518, 519, 520.
ODILONIS signum, 154.
ODO, rex Francorum, 100, 284, 295, 423.
ODO, cancellarius, 25.
ODO, vel ODDO, abbas Matiscensis ecclesiæ, 27.
ODO, abbas Sancti Vincentii Matisconensis, 522.
ODO abbas, donator, 167. Vide *Maiolus*.

ODO, decanus Matisconensis, 25, 36, 31.
ODO decanus, testis, 541.
ODO, canonicus Matisconensis, testis, 10, 31.
ODO clericus, canonicus Sancti Vincentii Matiscensis, 406.
ODO, clericus et canonicus Sancti Vincentii Matisconensis, 478.
ODO, cognomine Rebutinus, canonicus, 572.
ODO Rebutinus, testis, 593.
ODO presbyter, testis, 603.
ODO et Ayminus, presbyteri, 376.
ODO et Rodulfus Buscheli clerici, testes, 626.
ODO de Petra Clauso, obses, 584, 602.
ODO de Vincellis, testis, 576.
ODO inlustris vir, donator, 243.
ODO, testis, 282.
ODOLERUS, testis, 36.
ODOLRICI signum, 111.
ODOMATO (in), locus, 67. Vide *Odromari*.
ODONI et Otbert terra, 358.
ODONIS, abbatis Matisconensis ecclesiæ, signum, 5, 22, 108.
ODONIS decani (per manum), 549, 566.
ODONIS, decani Matisconensis ecclesiæ, signum, 30, 31.
ODONIS emptoris (Radulfus filius), 327.
ODONIS, fratris Wichardi, signum, 472.

INDEX GENERALIS.

Odonis, Oddonis signum, 5, 110, 137, 146, 183, 184, 243, 270, 356, 363, 364, 365, 393, 443, 462, 467, 474, 475, 511, 562.

Odonis alterius signum, 474, 562.

Odonis terra, 255.

Odonis et Hugonis terra, 231.

Odonis et Rotrudis terra, 333, 340.

Odremarus, villa in pago Lugdunensi, 61, 70, 101, 505, 506, 569.

Odrenaris, villa cum ecclesia S. Andreæ, in pago Lugdunensi, 505. Vide Odremarus.

Odrici signum, 216.

Odromari, vel Obremari (Potestas), 506, 569. Vide Odremarus.

Oggerii (per manum), 84.

Oggerii signum, 113.

Oidelelda, seu Videlelda, donatrix, 480. Vide Evrardus senior.

Olderico signum, 295.

Oldrici signum, 151.

Omanco, vel Ornanco (in), villa, 401.

Omati signum, 358.

Omnigaudus, serviens, 484.

Oratorii (Ecclesia), 465.

Oratorio (in), villa, 76, 155, 265.

Orgilus, vel Otgisus, avunculus Odilæ, 13.

Orientalis (Ecclesia), 584.

Ornadi signum, 45, 196, 318.

Ornadus, clericus, 392

Ornadus et fratres ejus, Gislebert et Bernardus, 309.

Osam (ad portum), 589.

Osam (ad lacum), 99. Vide Osani.

Osananæ terra, 130.

Osani lacus, 69, 70.

Osanna, filia Constantii de Vallis, 527.

Osanna, uxor Humberti seu Vuitberti venditoris, 364.

Osanna, uxor Walberti donatoris, 181.

Osanna, uxor Rotberti, 388 ter, 390.

Osanna et Giraldus, mansionarii, 516.

Osanna et Sisberga, uxores Eldulfi, Virberti et Mainerii, 301.

Osannæ signum, 301.

Osannæ terra, 46.

Osarico signum, 320.

Osbert terra, 251.

Osberti signum, 178, 214.

Osbertus, donator, 250, 251.

Osbertus, pater Breidinci clerici, 459.

Osbertus, filius Gonsanæ donatricis, 214.

Ossellis (Prepositissa de) et filii ejus, donatores, 624.

Ostiensis episcopus, 521. Vide Petrus.

Ostraldi, vel Ostroldi, signum, 191, 231, 305.

Ostralt signum, 255.

Otalani signum, 338.

Otbergia, uxor Boni Filii emptoris, 262.

Otbergia et Ausieldis, uxores Boni Filii et Pontii, 149.

Otbert signum, 310.

Otbert et Oddoni terra, 358.

Otberti (a parte), 205.

Otberti, vel Ocberti signum, 171, 227, 304, 368.

Otberto terra, 383.

Otberto et Dodoni terra, 348.

Otbertus, donator, 288.

Otbertus Calvus, testis, 595.

Otbran signum, 205, 213, 233.

Otbranni signum, 199, 202, 203, 215, 429.

Otbranni alterius signum, 205.

Otbranni terra, 107.

Otelini signum, 148.

Otgerii prepositi (per manum), 554.

Otgerii prepositi signum, 11, 13, 548.

Otgerii levitæ signum, 53, 309.

Otgerii de Miseriaco signum, 555. Vide Miseriaco.

Otgerii de Vela signum, 548. Vide Vela.

OTGERII de S. Sulpicio (per manum), 630. Vide S. *Sulpicio.*
OTGERII (per manum), 81, 450.
OTGERII planta, 516.
OTGERII signum, 46, 110, 236, 260, 431, 464.
OTGERII terra, 239.
OTGERIUS de Sancto Cirico, donator, 597.
OTGERIUS miles et uxor Ilia, donatores, 545.
OTGERIUS et frater ejus Stephanus, venditores, 513.
OTGERIUS, filius Giraldi de Viriseto, 574.
OTGERIUS, filius Stephani de Lorres, 598.
OTGERIUS, frater Hugonis de Cavannis, 443.
OTGERIUS, germanus Humfredi de Vela, 510.
OTGERIUS, patruelis Berardi, 329.
OTGERIUS de Monte Gudini, clericus, 558.
OTGERIUS et Garinus de Montgirberto, 536.
OTGERIUS scrip., 43, 47, 450, 453.
OTGERIUS, testis, 55, 615, 626.
OTGERIUS Buicha, testis, 548.
OTGERIUS, nepos Umberti archipresbyteri, testis, 606.
OTGERIUS presbyter, testis, 478.
OTGERIUS, extraneus sacerdos, 572.

OTGERIUS et Bernardus, testes, 554.
OTGERIUS de Cegiaco, vel Ceciaco, testis, 508. Vide *Cegiaco.*
OTGERIUS de Sancto Sulpicio, testis, 630.
OTGERIUS de Vela, testis, 590.
OTGISI signum, 177, 363.
OTGISO terra, 324.
OTGISO signum, 324.
OTGISTI signum, 95.
OTMAN signum, 255.
OTTELINI signum, 156.
OTTO comes (filius Alberici comitis), 272, 409, 410, 471.
OTTO, comes Matisconensis, 96, 174, 268, 464, 487, 490.
OTTO, comes, et Ainardus canonicus, donatores, 464.
OTTO, miles de Berriaco, donator, 527.
OTTO et Archimbaldus, testes, 601.
OTTONIS comitis signum, 174, 268, 272, 464.
OTTONIS comitis et uxoris Addæ signum, 471, 490.
OTTONIS adolescentis comitis signum, 487.
OTTONIS signum, 2, 527.
OUDRADA vel UNDRADA, sponsa Vuitradi donatoris, 210. Vide *Umtradus.*
OYLART terra, 463.

P

PACIACO (in), locus, 484.
PAGANUS, prepositus Trenorchiensis, testis, 611.
PAGANUS (Bernardus), testis, 612.
PAGANUS scolasticus scrip., 608.
PAGANUS, testis, 593.
PAGUS Donobrensis, 55. — Pagus Dunensis, 420. — Pagus Lugdunensis, 8, 36, 37, etc. — Pagus Matisconensis, *passim.* — Pagus Nivernensis, 55, 100. — Pagus Scodingensis, 8, 38, 206, 404. — Pagus Torvedonensis, 39, 416, 425.
PAIRLIACO, vel PATRINIACO super Ligerim (Ecclesia de), 70.
PALAMUS (Hugo nomine), donator, 328.
PALATINUS (Ugo), testis, 595.
PALUDE (Christianus de), tenementarius, 551.
PAREDONIUS Hebræus, emptor, 153.
PAREDUM (Actum apud), 559.

PARENODIUS Hebræus, 86.
PARISIOS et Senones (inter), 631.
PARROCHIA, 144, 397, 403, 455, 479, 509, 511, 518, 531, 532, 533, 534, 535, 544, 553, 567, 570, 579, 582, 584, 585, 593, 594, 596, 597, 601, 602, 604, 605, 606, 624, 625, 633.
PASCHALIS (II), papa, 559, 561, 579, 580.
PASCHALIS signum, 302.
PASIACO (Stephanus de), canonicus Matiscensis, 573, 587.
PASIACO (Stephanus de), testis, 4.
PASIACO (Gausceranus de), miles, 19.
PASIACO (Alardus de), pater Gauceranni, testis, 19.
PASIACO (Ardradus de), testis, 21.
PASQUALIS signum, 437. Vide *Pascalis*.
PASQUERIO (Terra quæ vocatur), 281.
PATRICIACENSIS monasterii fratres, 465.
PATRICIACO (Rotbertus, clericus de), 465.
PAULA (in), locus, 67.
PAULI sententiam (secundum), 581 bis.
PEDRONACUM (Pratum ad), 46.
PEIROL (Colonica de), 4.
PELAGI, PELAGII, vel PILATI (Monasterium), in villa Avenaco, 61, 70, 101, 586.
PELERINUS, filius Maleti, obses, 604.
PELERINUS, testis, 615, 626.
PERROLIUM (apud), villa, 546.
PERROY (in), villa in episcopatu Matisconensi, 473, 494.
PERTUS, vel PERTUSUS (Stephanus), testis, 611, 620.
PERVADI signum, 140.
PESEIO (Guichardo de), vidente et laudante, 560. Vide *Piseis*.
PESEIR (Gausmari de), signum, 483. Vide *Piseis, Piseur*.
PETRA CLAUSO (Parrochia de), 596, 602.
PETRA CLAUSO (Decima parrochiæ de), 584.
PETRA CLAUSO (Consuetudo et libertas cimiterii de), 632.

PETRA CLAUSO (Vincentius de), regularis de Rupe, testis, 632.
PETRI decani Matisconensis (per manum), 584, 602.
PETRI vocati Monachi (per manum), 571.
PETRI, notarii regionarii (per manum),579.
PETRI Rudilli (per manum), 578.
PETRI presbyteri signum, 310.
PETRI signum, 84, 115, 186.
PETRI terra, 513.
PETRI de Soltison templarii (testimonium), 630.
PETRI de Stodis signum, 610.
PETRINI signum, 123, 124.
PETRO de Berriaco, teste, 560.
PETROIO (in), villa in pago Matisconensi, 453.
PETRONILLA, venditrix, 168.
PETRONO (terra), 200.
PETRUS, ecclesiæ Romanæ presbyter cardinalis, 6.
PETRUS, legatus, Ostiensis episcopus, 521.
PETRUS canonicus, donator, 310.
PETRUS sacerdos, donator, 549.
PETRUS presbyter, testis, 624.
PETRUS capellanus, testis, 632.
PETRUS diaconus, testis, 39.
PETRUS, juratus, 359.
PETRUS cognomine Monachus, tenementarius, 1.
PETRUS Monachus, testis, 574.
PETRUS notarius scrip., 631.
PETRUS, filius Hugonis de Germola, 600.
PETRUS, filius Jotceranni de Centarbens, 573, 587.
PETRUS, frater Hugonis de Germola, 620.
PETRUS Fuldradus et uxor ejus, venditores, 534.
PETRUS et Rotbertus, mansionarii, 546.
PETRUS de Civione, testis, 570. Vide *Civione*.
PETRUS de Prinusico, vel Primiscio sacerdos, testis, 572.

PETRUS de Sancto Albano, testis, 612, 621. Vide S. *Albano.*

PETRUS de Sancto Andrea, testis, 621. Vide S. *Andrea.*

PETRUS de Sancto Nicetio, testis, 573, 587. Vide S. *Nicetio.*

PETRUS de Stodis, fidejussor, 610. Vide *Stodis.*

PETRUS de Torculari, testis, 632. Vide *Torculari.*

PETRUS de Varennis, testis, 586, 599. Vide *Varennis.*

PETRUS Athanaldus, testis, 612.

PETRUS Calliot, testis, 624.

PETRUS Chasten, testis, 627.

PETRUS Fulcolt, testis, 624.

PETRUS Lingonensis, testis, 609.

PETRUS Provincialis, testis, 604.

PETRUS Sapatinus presbyter, testis, 572.

PETRUS servus datur canonicis, 585.

PETRUS, testis, 626.

PHILIPPUS (I), rex (Francorum), 11, 13, 24, 25, 26, 29, 30, 32, 33, 34, 37, 50, 192, 400, 456, 527, 541, 547, 559, 566, 585, 631.

PIARCLERIA, vel PIARDERIA (Achardus de), obses, 578, 612, 617.

PINO (Stephanus de), testis, 553.

PIPINUS, majorum domus maximus, 66.

PIPINUS Francorum rex, 65, 67, 98.

PIRETA, silva in villa Montis, 430.

PINO (Condamina de), 550.

PISEIS (Aimino de), archidiacono, teste, 508.

PISEUR (Wicardus de), testis, 578.

PISIACO (Vicardus de), testis, 564.

PISTINACENSIS ager, 319.

PLACITUM de sepultura mortuorum, 540.

PLACITUM coram Gundulrico, vassallo comitis Willelmi, 204.

PLACITUM inter monachos Gigniaci et canonicos Sancti Vincentii, 552.

PLACITUM inter canonicos S. Vincentii et filios Rotberti de Cantriaco, 554.

PLANTARIIS (Bernardus de), mansionarius, 516.

PLECTRUDIS, uxor Umberti, 371.

PLECTRUDIS, uxoris Raculfi, signum, 177.

PLOTENSIS ager, 70, 429. Vide *Cardonaco.*

PODINIACENSIS finis, 313.

PODINIACO (in), villa in pago Lugdunensi, 313.

POILLIACUM, villa in agro Salorniacensi, 81, 218.

POLLIACO (in), villa, 478.

PONCIÆ mansus, 516.

PONCIUS, abbas Cluniacensis, 561.

PONCIUS et Wichardus, canonici, donatores, 551.

PONCIUS, cantor Sancti Vincentii Matiscensis, 557.

PONCIUS cantor, testis, 557.

PONCIUS de Bammiers, testis, 508. Vide *Bammiers, Bameriis.*

PONTE (mansus de), 597.

PONTII episcopi (per manum), 584.

PONTII scriptoris (per manum), ad vicem Rannulfi, 192.

PONTII signum, 262, 511.

PONTII et hæredum terra, 37.

PONTII VACENSIS (per manum Hugonis abbatis), 596.

PONTINIACUS abbas, 600. Vide *Guillelmus.*

PONTINUS (Stephanus), archipresbyter Dunensis, 586.

PONTIO, venditor, 184.

PONTIONE teste, 291.

PONTIONIS signum, 41, 113, 179, 252, 338.

PONTIUS (I), Matisconensis episcopus, 51, 584, 600, 602, 611, 613, 616, 618, 620.

PONTIUS (II), de Toriaco, 51.

PONTIUS episcopus, testis, 604, 605, 606.
PONTIUS, Beljocensis decanus, testis, 586.
PONTIUS capellanus, testis, 615.
PONTIUS conversus, cognatus Stephani 603.
PONTIUS, pater Artaldi decani Matiscensis ecclesiæ, 568.
PONTIUS, frater Wicardi de Curte, 565.
PONTIUS et Bonus Filius, et uxores eorum Ausieldis et Otbergia, 149.
PONTIUS et Hyldebertus, filii Raculfi petitoris, 37.
PONTIUS scrip., ad vicem Rannulfi cancellarii, 24, 30, 32.
PONTIUS scripsit ad vicem Rannulfi, 50.
PONTIUS Seuglarius, donator, 477.
PONTIUS, testis, 267.
PONTIUS Auricula, testis, 4, 571, 574, 576.
PONTIUS de Loasia, testis, 617. Vide *Loasia*.
PONTIUS de Cava Rocca, testis, 531, 532, 534, 535. Vide *Cava Rocca*.
PONTIUS de Cava Rupe, testis, 531, 532, 534, 535, 607.
PONTIUS de Marinse, testis, 565, 566. Vide *Marinse*.
PONTIUS de Vinsellis presbyter, testis, 603. Vide *Vinsellis*.
PORCARIUS (Bernardus), testis, 603, 605, 623.
PORCARIUS, vel PORCHERIUS (Bernardus), dapifer, testis, 603, 604, 605.
PORCELLUS (Umbertus), testis, 612.
PORDUINI signum, 471.
PORIACENSIS, vel POTIACENSIS ager, 231. Vide *Priacensis*.
PORIATO (in agro), 489.
PORTA (Arnulfus de), venditor, 534.
PORTA (Tetbaldus de), testis, 632.
PORVADI signum, 331. Vide *Pervadi*.

POTESTAS Obremari, vel Odromari, 506, 569. Vide *Odromari*.
POTESTAS et parrochia Romanaca, 327, 493.
POTIACENSIS ager, 164, 231. Vide *Poriacensis*, *Priacensis*.
PRATA Sagonica, 310.
PRATO (Fratres de Sancto Johanne de), 463.
PRATUM cum capella S. Vincentii, 70. (ST-VINCENT-DES-PRÉS.)
PREPOSITI Matisconenses, 45, 270, 317, 378. Vide *Arembertus*, etc.
PREPOSITURÆ officium canonicis Matisconensibus restitutum, 33.
PRESIDIS (Forestaria), 586.
PREVISCO (in), villa in pago Lugdunensi, 341.
PRIACENSIS, PRISCIACENSIS ager, 312.
PRINCIACUM, vel PRINTIACUM et Caveinias (inter), 71, 157. Vide *Prisciaco*.
PRIORATUS. Vide *Chapasia*, *Sancti Petri Matisconensis*, *Uchisiaci*.
PRISCIA (in), villa, 497.
PRISCIACENSIS ager, 241, 252.
PRISCIACO (Ecclesia de), 411, 415, 465, 497, 514.
PRISCIACO (in), villa, 157, 241, 252, 392, 411, 415, 618.
PRISCIACO (Terra de), 149.
PRISCIACO (Rotfredus de), in mallo juravit, 501.
PRISCIACO (Wichardus de), testis, 576.
PRISCIACUM et Corbonacum (inter), 71, 157.
PRIVATI signum, 191.
PRIVATI et Berardi terra, 207.
PROBALDI signum, 160.
PROPRIO (S. Johannes in), 110. Vide *S. Johannes*.
PROVADO signum, 199.
PULCHERII editui signum, 5.
PULMO (Stephanus), testis, 615.

Q

Quelto, prepositus, 359.
Quelto archipresbyter, testis, 359.
Quelto presbyter, donator, 423.
Quelto presbytero signum, 423.
Quelto et frater ejus Anastasius, donatores, 419.
Queltonis signum, 77, 304, 419.

Quercu (Cimiterium S. Petri de), 623.
Quercu (Ecclesia de), 536.
Quercu et Cantriaco (Parrochia de), 553.
Quercu (Radulfus de), testis, 554.
Quintana (in), villa, 374.
Quintana (Colonica de), 516.

R

Rabodi signum, 305.
Raconis signum, 511.
Raculfi vicecomitis filia, 7.
Raculfi presbyteri (per manum), 503, 504.
Raculfi sacerdotis signum, 475.
Raculfi terra, 95, 163, 322.
Raculfi et S. Vincentii terra, 177.
Raculfi vinea, 384.
Raculfi signum, 86, 110, 111, 142, 164, 196, 318, 330, 335, 346, 358, 486, 487.
Raculfo signum, 419.
Raculfus, donator, 94, 163, 286.
Raculfus vocatus comes, 284.
Raculfus, canonicus Matisconensis, 37.
Raculfus de Berriaco et Narduinus de Sala, fidejussores, 553. Vide Berriaco.
Raculfus et uxor Plectrudis, donatores, 95, 177.
Raculfus et uxor Wandalmodis, donatores, 164.
Raculfus et Warnerius, venditores, 44.
Raculfus et Leutrada, infantes Rocconis, 100.
Raculfus, frater Raginardi, 109.
Raculfus, testis, 409.
Raculfus et Amgardus, vel Euvrardus et Auscherius, testes, 204.
Rado, sacerdos, 56.
Radulfi constabularii signum, 631.
Radulfi (per manum), 89.

Radulfi signum, 93.
Radulfo et uxori Gisbergæ signum, 312.
Radulfus clericus, filius Odonis emptoris, 327.
Radulfus prepositus, testis, 531, 532.
Radulfus de Quercu, testis, 554.
Radulfus, testis, 55.
Radulphi mansus, 546.
Ragembertus, testis, 36.
Ragemodis, Ragemundis, nobilis matrona, 92, 498. Vide Abda.
Raginandus, Raginardus Baugiaci domnus, fidejussor, 613.
Raginardus, vassallus Warini marchionis, 109.
Ragnardus, Ermenardus et Constancius, filii Adelelini, 365.
Ragnoardi signum, 432.
Ragnoart signum, 279.
Raimberga, sponsa Osberti donatoris, 250.
Raimbodus cum uxore et infantibus suis datur, 427.
Raimfredi signum, 221.
Raimfredus, presbyter, 221.
Raimfredus notarius, ad vicem Ludovici scrip., 59.
Raimodis, uxor Teotberti donatoris, 330.
Raimundi signum, 76.
Rainaldi, filii Ottonis comitis, signum, 471, 490.

Rainaldi præcentoris (ad arbitrium), 628.
Rainaldi signum, 116, 317, 471, 490.
Rainaldi et Teutgerii terra, 115.
Rainaldus comes, filius Guillelmi comitis, 7, 13, 589, 590.
Rainaldus de Vergeio, cantor, 508.
Rainaldus de Vergeio, 619.
Rainaldus cantor, testis, 619.
Rainaldus præcentor, testis, 628.
Rainaldus miles et uxor ejus Bertrada, 391.
Rainardi signum, 313.
Rainardus de Jassiaco, 507.
Rainardus, vel Ramardus et uxor Bertreda, donatores, 318.
Rainart signum, 439.
Rainati terra, 117.
Rainaudi, vel Raimundi signum, 155.
Rainerii signum, 227, 489.
Rainerii emptoris terra, 129.
Rainerii terra, 166.
Rainerius levita, emptor, 246.
Rainerius, levita, 166.
Rainerius, emptor, 129.
Rainerius, servus, 48.
Rainerius, vel Ragnoardus, tenementarius, 486, 487.
Rainfredi signum, 213, 267.
Raingardis et infantes Landrici, senioris ejus, 185.
Rainodis, mater Grossæ, 603.
Rainol terra, 125.
Rainoldi signum, 401.
Rainoldo signum, 291.
Rainolt signum, 105.
Rainolt, mallo publico præsens, 284.
Rainterii signum, 221.
Rainulfi levitæ signum, 268.
Ramalti signum, 228.
Ramardi et Bertradæ (Aymo filius), 196, 318.
Ramardi et uxoris ejus Bertradæ signum, 318.

Ramardus et uxor Bertrada, donatores, 196.
Rambaldi signum, 168, 174, 277, 452.
Rambaldi et Tortelini terra, 189.
Rambaldi terra, 212.
Rambaldus, testis, 535.
Rambaldus, Rotardus, Leutbaldus, et sorores Iusegerdis et Doda, 277.
Rambaldus, Gislardus et Bernardus cum uxoribus eorum, Ingelelde, Aalelde et Sufficia, 186.
Rambalt signum, 169.
Ramberti signum, 140, 175, 186, 315, 383.
Rambertus servus, datur cum uxore et infantibus suis, 164.
Rambertus et Sendelenus, commutatores, 383.
Rambertus, frater ejus Teodosius et uxores Wareldis et Ainina, 171.
Ramerii signum, 421.
Ramfredi signum, 210, 228, 242.
Ramfredi terra, 77.
Ramfredo terra, 412.
Ramfredo (a sero), 93.
Ramfredus, tenementarius, 103.
Ramfredus, Amalbertus et Bernardus, donatores, 82.
Ramnoldi signum, 364.
Ramnusius, camerarius, 11, 13. Vide *Rannulfus cancellarius.*
Ramolt terra, 75.
Ramualdi levitæ signum, 182.
Rance (Ugonet de), testis, 626.
Rancusas (in), villa in agro Aganacense, 240.
Rannaldi, Rainaldi signum, 133, 175, 180, 181, 488, 496.
Rannaldi militis signum, 527.
Rannaldi terra, 138, 181.
Rannaldus de Fetins miles, testis, 557.
Rannaldus, testis, 460.

RANNALT signum, 212, 230.
RANNERII signum, 408.
RANNEUS levita, testis, 497.
RANNODIS, uxor Teotberti, 265.
RANNODUS, RAIMODUS, vel RAINODIS, sanctimonialis, 183.
RANNOLDI signum, 379, 467.
RANNOLDI terra, 237.
RANNOLDI Carpini mansus, 516.
RANNOLT terra, 213.
RANNULFI junioris (in manu), 529.
RANNULFI levitæ (per manum), 142, 471, 490.
RANNULFI (per manum), 489.
RANNULFI, præcentoris et cancellarii Matisceusis, signum, 5.
RANNULFI præcentoris signum, 562.
RANNULFI levitæ signum, 475.
RANNULFI signum, 30, 31, 60, 78, 106, 139, 165, 220, 236, 373, 513.
RANNULFO signum, 274.
RANNULFO terra, 122, 320.
RANNULFUS, tenementarius, 62.
RANNULFUS, bonus homo, 501.
RANNULFUS cancellarius scripsit, 11, 13, 24, 29, 30, 32, 34, 37, 50, 192, 400, 527.
RANNULFUS prepositus Matisconensis ecclesiæ, 35, 110, 429, 459, 524.
RANNULFUS, canonicus Matiscensis, testis, 10, 31.
RANNULFUS levita scripsit, 53, 54, 113.
RANNULFUS scrip., 29.
RANOLDUS, tenementarius, 516.
RATBERT, scamineus Matisconensis, 284.
RATBERTUS, vassalus episcopi Matiscensis, 485.
RATBERTUS, vassallus episcopi Geraldi, 40.
RATERII filii, mansionarii, 473, 494.
RATERII signum, 403, 155, 157, 272.
RATERIO signum, 319, 330.

RATERIUS, fidelis comitis Matiscensis, 156, 420.
RATFREDI signum, 159.
RATHERII signum, 71, 76, 488, 496.
RAVEL (Ugo), testis, 625.
RAVELERIO (in), locus in villa Buidoni, 418.
RAVIRARDI signum, 154.
RAYNALDUS Balgiacensis domnus, 622.
RAYNALDUS, filius Ulrici de Balgiaco, 622.
RAYNALDUS, cantor et canonicus Sancti Vincentii Matisconensis, 622.
RAYNALDUS cantor, testis, 622.
RAYNARDI signum, 49, 159.
RAYNARDO, serviente, 484.
RAYNERII signum, 2.
REBUTINUS (Odo cognomine), canonicus, 572.
REBUTINUS (Ansedeus), testis, 512.
REBUTINUS (Maiolus), testis, 508, 612.
RECLANUS, mansionarius, 173.
RECULANDA (in), villa in pago Lugdunensi, 496.
REDBALDI dapiferi signum, 631.
REGES Francorum. Vide Carolus, Gondradus, etc.
REGINARDUS servus cum uxore et infante datur, 224.
REGNIACO (Ecclesia S. Martini in), 40, 68, 70, 120.
REGNIACUM, villa in pago Matisconensi, 70.
REMESTAGIUS, vel REMESTAGNUS, filius Gibrardi de Emurenda, 434.
REMFREDI signum, 187, 555.
REMFREDUS et filii ejus concordant cum canonicis S. Vincentii, 555.
REMIGII, vel REMPYY (per manum), 495.
REMIGIUS monachus, commutator, 283.
REMIS (Actum), 99. (REIMS).
RENALDUS et frater Willelmus de Altreset, milites, 606. Vide *Altreset*.
RENARDUS de Corent, testis, 604, 605.

INDEX GENERALIS. 525

RENAUDUS, REGINALDUS, RAYNALDUS de Vergiaco, Matiscensis episcopus, 51, 558.
RENCHO (Bernardus), tenementarius, 483.
RENCO, senior Eufemiæ donatricis, 474.
RENCONIS signum, 431, 450.
RENI (in aqua), 534.
RENUS, fluvius, 416.
RENUS, rivus, 422.
REOTBERTUS et Livo, tenementarii, 465.
REPLUNGIUM, villa, 598.
RESCIOSA, RESOSIA, fluvius, 321, 331.
RESPIACENSIS, RESPICIACENSIS ager, 310, 311, 430, 458.
RESTAIGA, terra, 187.
RESTISEUGIA (in), villa in pago Lugdunensi, 330.
RETSENDÆ, vel BERSENDÆ signum, 239.
REVENA (Ylio de), testis, 590.
REXERII mansus, 569.
RICARDI de Campis mansus, 516. Vide *Campis*.
RICARDI de Fontana mansus, 27. Vide *Fontana*.
RICARDI signum, 468.
RICARDI presbyteri signum, 27.
RICARDI terra, 150.
RICARDUS servus, maritus Beliardæ, 400.
RICFREDUS, donator, 280.
RICHARD signum, 316.
RICHARDI signum, 399, 432.
RICHARDI et Benedicti terra, 150.
RICHARDUS, apostolicæ sedis legatus, 559.
RICHARDUS de Sanciaco, fidejussor, 626. Vide *Sanciaco*.
RICHARDUS de Senicia, testis, 626.
RICHELDÆ, conjugis Constantini donatoris, signum, 437.
RICHELDÆ, sororis Ardradi, signum, 49.
RICHELDIS monachæ (terra), 385.
RICHELT, emptrix, 388 bis.
RICOARÆ, uxoris Guichardi de Bellojoco, signum, 483.

RICOARIÆ, uxoris Wicardi, et filii eorum Humberti signum, 476.
RICULFUS, tenementarius, 484.
RIGOLT terra, 366.
RIMACENSIS, RINIACENSIS ager, 9, 36.
RINILE (apud), locus, 626.
RINILE, vel RIVALT (Ugonet de), testis, 626.
RINILOIS et Villelma, filiæ Enrici de Marne, 626.
RINPLONGIO (in), villa, 371. Vide *Replungium*.
RISPACHAPELS, vircaria, 597.
RITBODI signum, 115.
RITFOLDI, vel RICHODI signum, 138.
RITFREDO terra, 417.
RIXOSÆ mansus, 516.
RIXOSAM (ad), locus, 493.
ROBERT signum, 284.
ROBERTI de Brecis signum, 26, 553. Vide *Brecis*.
ROBERTUS Filinnus, venditor, 27.
ROBERTUS Incathenatus, 589, 590.
ROCART signum, 240.
ROCART (Vinea), 422.
ROCCO, vassallus, 100.
ROCHIA (Wicardus de), fidejussor, 578.
ROCHIA (Vichardo de), teste, 560.
ROCIACO (in), villa, 70.
ROCLENI signum, 153.
ROCLENO signum, 122.
ROCLENUS clericus, petitor, 523.
ROCLENUS, clericus de Branceduno, 465.
ROCLIANÆ, vel ROCLANIÆ infantes, 27.
Roco signum, 320.
RODEGUS scrip., 66.
RODELINUS, KARLINUS, vel RAOLINUS prepositus, testis, 607.
RODELINUS prepositus, testis, 534.
RODENI signum, 358.
RODENI et Ermengardæ signum, 289.
RODENUS, testis, 426.

RODENUS et uxor Ermengarda, donatores, 289.

RODOARDI signum, 276.

RODOARDUS, canonicus Sancti Vincentii Matiscensis, 280.

RODOARDUS et uxor Girberga, venditores, 173, 176.

RODULFI de Marne (V. Saldini et V. de Runle nepotes), 626. Vide *Rinile*, *Rinilois*.

RODULFI presbyteri (per manum), 462, 486, 500.

RODULFI indigni sacerdotis (per manum), 505.

RODULFI levitæ (per manum), 543.

RODULFI molendinum, 516.

RODULFI archidiaconi signum, 359.

RODULFI levitæ signum, 43.

RODULFI, filii Widonis, signum, 236.

RODULFI signum, 75, 108, 148, 174, 178, 225, 265, 269, 270, 296, 323, 324, 327, 347, 357, 373, 374, 398, 412, 487.

RODULFI alterius signum, 174, 347.

RODULFI presbyteri terra, 79.

RODULFI terra, 342.

RODULFO, uxori Ingelbergæ et filio eorum concessio, 209.

RODULFO et matri suæ Eldradæ donatio, 43.

RODULFO signum, 352.

RODULFUS rex (Francorum), 8, 38, 279, 292, 293, 294, 310, 314, 398, 404, 405, 480, 496, 501.

RODULFUS, rex, 324, 327, 334, 335, 352, 355, 370, 505, 542, 543.

RODULFUS, Balgiaci dominus, petitor, 2.

RODULFUS et uxor Engelberga, donatores, 312.

RODULFUS et Concelinus, tenementarii, 201.

RODULFUS archidiaconus, testis, 480.

RODULFUS et reliqui canonici, 376.

RODULFUS presbyter, donator, 112.

RODULFUS presbyter, testis, 470, 598.

RODULFUS levita, donator, 373.

RODULFUS levita, testis, 478.

RODULFUS clericus, donator, 374.

RODULFUS et Odo Buscheli clerici, testes, 626.

RODULFUS scrip., 75, 80, 462, 486.

RODULFUS Trioli, testis, 506.

RODULFUS, testis, 460.

ROGERIUS Vicrius, obses, 604.

ROGO (Condamina de), 550.

ROISSOSA, amnis, 328.

ROLMANT, scamineus Matisconensis, 284.

ROMAM (Karolus rex venit), 23.

ROMANA (Ecclesia), 518, 521, 538.

ROMANA (Synodus), 521.

ROMANACA (Potestas et parrochia), 327.

ROMANACA (in), villa, 493.

ROMANACO (in), villa in fine Romanacensi, 316, 493.

ROMANACO (in), villa, 67.

ROMANACO (Guido de), testis, 4, 556.

ROMANASCA (in), villa in agro Fusciacensi, 170.

ROMANORUM (villa), in agro Torrensi, 357.

ROMANUS legatus (Hugo, Diensis episcopus), 14, 17, 20, 456.

ROMENACENSIS terra, 631.

RONCHIVOL, RUNCHEVOL (Hugo de), testis, 534, 586.

ROORTERIO, RICORTERIO (Umbertus de), testis, 605.

ROSARIAS, villa in pago Lugdunensi, 58, 62.

ROSARIAS (ad), locus, 101.

ROSCELINA, mater Joceranni militis, Walterii et Wicardi, 585.

ROSTRANI et Landrici terra, 169.

ROTALDI signum, 336.

ROTARD signum, 402.

ROTARDI signum, 252, 277.

ROTARDUS presbyter, donator, 252.

ROTARDUS, Leutbaldus, Rambaldus et sorores eorum, Insegerdis et Doda, 277.

ROTARDUS et uxor ejus Jotseldis, venditores, 402.

ROTART signum, 298, 352.

ROTOART et uxor Girbergia, venditores, 162. Vide Rotbert.

ROTOART signum, 162, 244.

ROTBERT et uxor Girbergia, donatores, 303.

ROTBERT signum, 233, 249, 402.

ROTBERTA, venditrix, 248.

ROTBERTANÆ signum, 248.

ROTBERTI signum, 46, 75, 103, 156, 157, 220, 239, 253, 423, 487, 495, 513.

ROTBERTI Garruli signum, 224.

ROTBERTI monachi signum, 197.

ROTBERTI sacerdotis signum, 555.

ROTBERTI terra, 461.

ROTBERTI et Woldi terra, 487.

ROTBERTI vircaria, 516.

ROTBERTO et Aldoni terra, 136.

ROTBERTUS, rex (Francorum), 47, 49, 53, 54, 142, 218, 260, 268, 269, 287, 300, 344, 347, 362, 363, 372, 373, 374, 377, 380, 383, 384, 387, 388, 462, 463, 468, 470, 471, 486, 487, 489, 490, 491, 494, 500.

ROTBERTUS, fidelis comitis Matiscensis, 156, 420.

ROTBERTUS miles, donator, 469.

ROTBERTUS, frater Gausleni militis, 475.

ROTBERTUS de Altreset, testis, 606.

ROTBERTUS de Brecis, testis, 553.

ROTBERTUS de Cantriaco, frater Bladini, 553, 554.

ROTBERTUS de Cantriaco, testis, 512, 601, 615, 621, 623.

ROTBERTUS et Garinus de Chantriaco, testes, 633.

ROTBERTUS de Sancto Sulpicio, testis, 624, 633.

ROTBERTUS de Canciaco, archidiaconus, 508.

ROTBERTUS, archipresbyter, testis, 576.

ROTBERTUS, canonicus, 620.

ROTBERTUS, nepos Stephani canonici, 603.

ROTBERTUS, frater congregationis Floriacensis et prepositus monasterii Patriciaci, 197.

ROTBERTUS, clericus de Patriciaco, 465.

ROTBERTUS, presbyter de Cantriaco, testis, 617.

ROTBERTUS clericus et Ivo, 394.

ROTBERTUS atque Livo, clerici, 499, 515.

ROTBERTUS et Livo, petitores, 499.

ROTBERTUS, commutator, 253.

ROTBERTUS, petitor, 522.

ROTBERTUS, venditor, 388 bis.

ROTBERTUS, filius Elgaudi et Atelanæ, 393.

ROTBERTUS, filius Elgaudi, 465.

ROTBERTUS, filius Rotardi et Jotseldis, 402.

ROTBERTUS, pater Natalis, 465.

ROTBERTUS, vassus et uxor Gerbergana, 410.

ROTBERTUS et uxor Girberga, emptores, 299.

ROTBERTUS servus et uxor Susanna, 324.

ROTBERTUS et uxor Osanna, incautionatores, 388 ter, 390.

ROTBERTUS servus datur, 562.

ROTBERTUS, servus, 220.

ROTBERTUS et Petrus, mansionarii, 516.

ROTBERTUS Cubili, testis, 537.

ROTBERTUS Galchols, testis, 596.

ROTBERTUS, testis, 558.

ROTBOLDI terra, 503.

ROTCELINI signum, 380.

ROTCERIO, RORTCERIO, ROBTIERO (Ymbertus de), testis, 604. Vide Roorterio.

ROTCO, mallo comitali præsens, 501.

ROTFREDI signum, 241, 489.

ROTFREDUS de Prisciaco, 501.

ROTGERII signum, 119, 159, 172, 173, 176.

ROTGERII terra, 150.

ROTGERII et Ardradi terra, 159.

ROTGERIO pratum, 331.
ROTGERIO signum, 274.
ROTGERIUS de Abans, testis, 590. Vide *Abanis (Rotbertus de)*.
ROTGERIUS Vicrius, 604.
ROTGERIUS Vierius, testis, 605, 606.
ROTGERIUS, filius Rotgerii Vierii, testis, 605.
ROTHALDI archicapellani signum, 5.
ROTLAN, mallo publico præsens, 284.
ROTLANNI signum, 110, 131, 135, 277, 344, 388, 475.
ROTLANNI Berardi signum, 48.
ROTLANNI de Monte Agniaco signum, 483.
ROTLANNI terra, 503.
ROTLANNI vinea, 364.
ROTLANNO (Terra data), 503.
ROTLANNO campus, 504.
ROTLANNUS, prior Gigniacensium fratrum, 552.
ROTLANNUS et uxor Berunicia, emptores, 262.

ROTLANNUS, avunculus Remestagii, 434.
ROTLANNUS, testis, 376.
ROTLENI filii signum, 325.
ROTLENUS clericus, petitor, 444.
ROTRANNI signum, 339.
ROTRUDIS, uxor Flotberti donatoris, 486.
ROTRUDIS, uxor Gislardi donatoris, 320.
ROTRUDIS, uxor Wicardi donatoris, 215.
ROTRUDIS signum, 320.
ROTRUDIS et Odonis terra, 333, 340.
ROTRUDIS terra, 104, 211, 232, 242, 381.
ROTRUT terra, 366.
ROTSELINI signum, 260.
ROTSELINUS, canonicus Matisconensis, donator, 380.
ROTUERII signum, 357.
RUBRO MONTE (Garnerius de), obses, 604.
RUELS (Ugo), testis, 623.
RUELS, vel RIVOLS (Ugo) et Rotbertus de Cantriaco, testes, 624.
RUFIACENSIS ager, 244.
RUPE (Adalardus de), 603.

S

SAGINIUS Rufus, testis, 618.
SAGONA, fluvius, 47, 72, 87, 130, 190, 266, 279.
SAGONA (Bena in), 589.
SAGONAM (Silva supra fluvium), 72.
SAGONNICA prata, 310.
SALA (Castrum de), 631.
SALA (Narduinus de), fidejussor, 553.
SALA (Seguinus de), testis, 625.
SALA (Velardus, vel Alardus de) miles, testis, 626.
SALDINI (V.) et V. de Runle, nepotes Rodulfi de Marne, 626.
SALECONIS signum, 222.
SALGIA (in), villa, 533.
SALICAM legem (Emptio secundum), 117.

SALICHERII petitoris, (Teutbaldus et Adalgerius filii), 460.
SALICHERIUS et uxor ejus Natalia, petitores, 460.
SALINÆ quæ sunt in Jugis, 64.
SALMACENSIS ager, 417.
SALMOIACUM, villa in pago Lugdunensi, 96.
SALOMON et Bonignus seu Bruignus Hebræi, donatores, 273.
SALOMONIS signum, 195, 271, 273.
SALOMONIS terra, 183.
SALOMONIS verba, 142.
SALORNACO (Mansus de), 598.
SALORNACUM, villa, 113.
SALORNIACENSIS ager, 28, 32, 35, 43, 44, 50, et passim.

INDEX GENERALIS. 529

Salvagnis, vel Salvagius (Vicardus), obses, 595.
Salvamentum, Salvamacum, villa in pago Scodingensi, 8, 404.
Salvatoris, S. Mariæ et S. Amoris (Capella in honore), 87, 118, 131, 179, 190.
Sambadino terra, 75.
Sambannus, vel Sambadinus, venditor, 106.
Sammuel signum, 244.
Saminerico terra, 241.
Sanciacensis ager, 277, 279, 290, 291, 293, 298, 302, 305.
Sanciaco, Sanctiaco (in), villa, 28, 54, 61, 70, 101, 266, 268, 269, 272, 276, 277, 279, 285, 286, 287, 288, 289, 290, 292, 293, 294, 295, 296, 297, 298, 299, 302, 304, 305, 306, 309, 372, 392, 454, 470, 486, 487.
S. Eulaliæ terra, in villa Flaciaco, 281.
S. Mariæ Virginis basilica, 8, 404.
S. Mariæ ecclesia, ad Agroledas, 39, 425.
S. Mariæ de Amoniaco ecclesia, 479, 562.
S. Mariæ Belmotesia terra, 242. Vide *Belmontensis*.
S. Mariæ capella, in villa Cantriaco, 70, 154, 421.
S. Mariæ ecclesia, in villa Cantriaco, 74.
S. Mariæ capella, in villa Lornant, 70.
S. Mariæ Matisconum abbatia, 401.
S. Mariæ capella, in Montaniaco villa, 70.
S. Mariæ ecclesia, in Monte, 70.
S. Mariæ ecclesia, in monasterio Pelagi, 70.
S. Mariæ ecclesia, in loco qui vocatur Monasterium Pilati, 61, 101.
S. Mariæ capella, in villa Uriniaco, 70.
S. Mariæ capella, in villa Verchisono, 70.
S. Mariæ de Vinosa parochia, 509.
S. Mariæ, S. Vincentii et S. Amoris capella, in villa Alburniaco, 87, 190.
S. Mariæ et S. Vincentii ecclesia, infra muros Matisconum, 357.

S. Mariæ et S. Philiberti terra, 260.
S. Mariæ et S. Stephani (ex ratione), 392.
S. Mariæ colonica, 54, 392.
S. Mariæ terra, 47, 79, 119, 158, 181, 188, 195, 229, 283, 300, 342, 354, 357, 366, 383, 384, 388, 429, 443.
S. Mariæ vinea, 377, 381, 551.
S. Mariæ Magdalenæ capella, in Mardubrio villa, 532.
S. Susannæ (Albertus cardinalis tituli), 579. Vide *Albertus*.
S. Albani locus et capella, 59, 60, 62, 70, 97, 102, 359, 382.
S. Albani cellula, in Gisariis, 62, 70, 101.
S. Albani cellula, ad locum Gisarias, 62, 70, 101.
S. Albani ac S. Vincentii cellula, 97.
S. Albani decimæ, 69, 70.
S. Albani curtile, 359.
S. Albani terra, 352.
S. Albani (inter terras), 619.
S. Albani et Widoni terra, 368.
S. Albano (Petrus de), 612, 621.
S. Amor, locus, 206.
S. Amore (Iterius de), testis, 605. Vide *Iterius*.
S. Amoris villa, 604.
S. Amoris de Albuciniaco capella, 421.
S. Amoris ecclesia, in pago Lugdunensi, 25, 38, 514, 604.
S. Amoris parochia, 604, 605, 606.
S. Amoris et S. Viatoris ecclesia, in villa Vinciaco, 8, 404.
S. Amoris, B. Mariæ et S. Vincentii capella, in villa Alburniaco, 87, 190.
S. Amoris pratum, 552.
S. Amoris (de ratione), 358.
S. Amoris terra, 322.
S. Amoris et S. Eustachii terra, 37.
S. Andrea (Petrus de), testis, 621.
S. Andreæ capella, in villa Arnant, 428.
S. Andreæ ecclesia, 465.

S. Andreæ Genoliaci ecclesia, 52, 465.
S. Andreæ capella, in Odremaro, 61, 101. Vide *Odrenaris*.
S. Andreæ ecclesia, in Odremaro villa, 52, 70, 465, 505, 506, 507.
S. Andreæ (Teotfalensis terra), 422.
S. Andreæ terra, 126, 569.
S. Aniani (de Potestate), 100.
S. Austrumenii monasterium, 6.
S. Babilæ et S. Innocentis ecclesia, in agro Romanacensi, 391.
S. Bartholomei capella, in villa Fabricas, 8, 70, 404.
S. Benedicti Floriacensis abbas, 12.
S. Benedicti regula, 538.
S. Benedicti terra, 197, 240.
S. Benedicti terra, in villa Moncellis, 149.
S. Benedicti et S. Marcelli terra, 199, 432.
S. Boneti cimiterium, 593.
S. Boneto (Stephanus presbyter de), testis, 607.
S. Boniti capella, 478.
S. Boniti capella, in Carbonerias, 406.
S. Boniti parochia, 422.
S. Boniti terra, 463, 466.
S. Christophori capella, in villa Manciaco, 70.
S. Christophori capella, in Milliaco villa, 70.
S. Christophori terra, 607.
S. Christophori vinea, 212, 213.
S. Cirici capella, in Viriaco villa, 70.
S. Cirici de Viriaco ecclesia, 353, 355.
S. Cirici Nivernensis ecclesia, 100.
S. Cirici parochia, 597.
S. Cirici (de potestate), 100.
S. Cirici terra, 216, 256, 343.
S. Cirico (Marrigleria de), 597.
S. Cirico (Otgerius de), testis, 569.
S. Cirico (Stephani de) signum, 511.
S. Cirico (Stephanus de), testis, 511, 537, 569, 578, 586.

S. Clemens, papa, 579.
S. Clemens, villa, 354.
S. Clementem (prope villam), 188.
S. Clementis abbatia, in suburbio Matisconis, 69, 70, 71, 99, 157, 292, 392.
S. Clementis obedienciarius, 567.
S. Clementis rectores, 297.
S. Clementis parochia, 144, 455, 567.
S. Clementis campus, 378.
S. Clementis pratum, 89.
S. Clementis terra, 127, 168, 189, 241, 272, 302, 305, 354, 427, 452, 472, 486.
S. Crisogoni (Bernardus, cardinalis tituli), 579.
S. Cypriani terra, 491.
S. Desiderii ecclesia, in villa Verciaco, vel Vergiaco, 69, 70.
S. Desiderii terra, 205, 353, 362, 491.
S. Desiderio d'Avenais (Martinus de), testis, 624.
S. Desiderium (apud), locus, 27.
S. Eptadio (ecclesia de), 465.
S. Eugendi ecclesia, supra fluvium Borbontiam, 359.
S. Eugendi monachi et ministri, 27.
S. Eugendi monasterii Jurensis, monachi, 359.
S. Eugendi terra, 353, 357, 369.
S. Eusebius, episcopus Matisconensis, 51, 103.
S. Ferreoli terra, 212, 213.
S. Franconei (ex rebus), 100.
S. Genesii ecclesia, in agro Cosconiacensi, 542. (St-Genis-sur-Menthon).
S. Genesii (de rebus), 100.
S. Genesii terra, 314.
S. Geraldus, Matiscensis episcopus, 36, 40, 44, 51, 121, 122, 144, 190, 193, 200, 240, 244, 295, 305, 310, 320, 337, 354, 357, 359, 397, 402, 423, 427, 428, 485.
S. Germani de Cardonaco ecclesia, 396.

INDEX GENERALIS.

S. GERMANI capella, in Cardenaco villa, 70.
S. GERMANI terra, 366.
S. GERMANI vinea, 381.
S. GERVASII, S. PROTASII et S. Vincentii martyrum, basilica, 496.
S. GERVASIUM (a S. Johanne ad), 493.
S. HUGO, abbas Cluniacensis, 552, 561, 586.
S. IMITERII cellula apud Rosarias, in pago Lugdunensi, 62, 101, 109.
S. IMITERII ecclesia, 70.
S. IMITERII mansus, 484.
S. INNOCENTIS martyris et S. Petri crypta, 142.
S. JANGULFI ecclesia, in Siciaco villa, 68.
S. JANGULFI capella, 108.
S. JANGULFI terra, 345, 361.
S. JOHANNE de Prato (Fratres de), 465.
S. JOHANNE (a) ad S. Gervasium, 493.
S. JOHANNIS capella, in Odremaro villa, 70.
S. JOHANNIS in Proprio capella, 70, 110, 408.
S. JOHANNIS et S. STEPHANI (Canonici), 580.
S. JOHANNIS pratum, 126.
S. JOHANNIS terra, 32, 114, 126, 174, 175, 209, 278, 312, 313, 455.
S. JULIANI capella, 61, 101.
S. JULIANI in Rocha ecclesia, 70.
S. JULIANI (decimæ), in villa Sulistriaco, 204.
S. JULIANI (de ratione), 67.
S. JULIANI terra, 478.
S. JULIANI ex Roca terra, 406, 478.
S. JULIANI in Rupe ecclesia, 603.
S. JUSTUS, episcopus Matisconensis, 51, 103.
S. LAURENTII abbatia, 2.
S. LAURENTII beneficium, 204.
S. LAURENTII pontenarii, 501.
S. LAURENTII terra, 106, 226, 285.
S. LEODEGARII capella, in villa Vitriaco, 402.

S. LEODEGARII (de ratione), 119.
S. LEODEGARII terra, 451.
S. MAMMERTIS terra, 105.
S. MARCELLI ecclesia, in suburbio Cabilonis civitatis, 144.
S. MARCELLI de Varennis parochia, 455.
S. MARCELLI terra, 105, 178, 424.
S. MARCELLI et S. BENEDICTI terra, 199.
S. MARCELLO (Nicholaus de), testis, 624.
S. MARCELLUS, villa apud Cabillonem, 590.
S. MARTINI de Athenaco ecclesia, 465.
S. MARTINI Athenacensis terra, 268.
S. MARTINI Briendonis ecclesia, 70.
S. MARTINI de Bufferiis parochia, 570.
S. MARTINI ecclesia, in villa Castello, 62, 70.
S. MARTINI capella, in villa Clipoiaco, 70.
S. MARTINI de Clipiaco ecclesia, 245.
S. MARTINI ecclesia, in Colonicas, 444.
S. MARTINI ecclesia, apud Diviacum, 68.
S. MARTINI ecclesia, in Dunacum, 120.
S. MARTINI decimæ, in Floriaco villa, 265.
S. MARTINI parochia, in Floriaco villa, 397.
S. MARTINI de Liciaco ecclesia, 420.
S. MARTINI decimæ, in Oratorio villa, 265.
S. MARTINI ecclesia, in villa Regniaco, 70.
S. MARTINI ecclesia, in Prisciaco villa, 241, 252, 411.
S. MARTINI ecclesia, in villa Verchison, 70.
S. MARTINI monasterium, apud Matisconem, 520.
S. MARTINI (ex rebus et de ratione), 100.
S. MARTINI terra, 32, 200, 231, 241, 266, 268, 279, 289, 294, 295, 298, 309, 336, 337, 375, 427, 537.
S. MARTINI et Constantini terra, 290.
S. MARTINI vicus, 40, 485.
S. MAURICII villa, 374.
S. MAURICII terra, 140, 181, 238, 324, 357.
S. MAXIMII capella, in villa Previsco, 341.

S. Nazarii vinea, 212, 213, 366, 381.
S. Nerei (Ugo), testis, 630.
S. Nicetii terra, 225.
S. Nicetio de Burnant (Ecclesia de), 465.
S. Nicetio (Petrus de), 573, 587.
S. Nicetius, episcopus Matisconensis, 51, 103.
S. Odilo, Cluniacensis abbas, 518, 519, 520.
S. Pancratii ecclesia, in comitatu Avalensi, 398, 480.
S. Pauli (Abbas), 14.
S. Pauli terra, 366, 381, 436.
S. Pauli et Hebræorum terra, 147.
S. Petri abbatia et hospitale, in suburbio Matisconis, 406, 478.
S. Petri Matiscensis prior (Gausmarus), 576, 589.
S. Petri Matiscensis (Priores). Vide *Christianus de Silva*, etc.
S. Petri Matiscensis (Canonici regulares), 511, 540.
S. Petri ecclesia, 67.
S. Petri ecclesia, in Appugniaco villa, 8, 404.
S. Petri Appuniaci capella, 38.
S. Petri capella, in villa Buciaco, 406.
S. Petri capella, in villa Carnaco, 406, 478.
S. Petri de Colonicas capella, 70.
S. Petri et S. Innocentis martyris crypta, ad ecclesiam Matisconensem, 142.
S. Petri ex Crotula (terra), in villa Rinplongio, 371.
S. Petri cimiterium, 123.
S. Petri de Quercu cimiterium, 623. Vide *Quercu*.
S. Petri curtilus, 78.
S. Petri decimæ, 204.
S. Petri rectores, 466.
S. Petri (ex ratione), 103.
S. Petri (ad servos), 267.

S. Petri terra, 24 50, 83, 94, 104, 105, 106, 116, 141, 163, 167, 174, 182, 184, 188, 193, 199, 207, 211, 212, 213, 215, 217, 221, 228, 241, 244, 261, 266, 267, 273, 277, 279, 283, 286, 289, 307, 337, 351, 354, 375, 380, 417, 418, 424, 452, 455, 461, 481, 526, 528.
S. Petri et S. Mariæ terra, 244.
S. Petri Luxoviensis terra, 184, 525.
S. Petri et Arlebaldi terra, 372.
S. Petri terrula, 69.
S. Philiberti terra, 429.
S. Quintini ecclesia, in villa Brigia, 92, 465.
S. Quintini terra, 129, 167.
S. Rigaldi de Aveisa monasterium, 5, 6, 538.
S. Romani ecclesia, apud Ansam, 518.
S. Romani ecclesia, in Cathenaco, 69, 70.
S. Romani terra, 193.
S. Romanum (ad), locus, 493.
S. Salvatore (Brito de), 601.
S. Stephani et S. Johannis (Canonici), 580.
S. Stephani capella, in villa Lintiniaco, 9, 22.
S. Stephani capella, sub vico S. Martini, 40.
S. Stephani Lugdunensis terra, 125, 172.
S. Stephani et Aydoardi terra, 252.
S. Stephani terra, 37, 45, 77, 112, 119, 129, 130, 141, 145, 148, 154, 159, 186, 208, 267, 338, 342, 343, 401, 455, 461, 487, 491, 504.
S. Sulpicii terra, 284.
S. Sulpicio (Bernoldus de), testis, 554.
S. Sulpicio (Rotbertus de), testis, 624, 633.
S. Symphoriani Viriacensis (ad locum), 453.
S. Valeriani terra, 47.
S. Verani terra, 44, 118, 122, 131, 179, 190, 487.

S. Venano (Martinus de), testis 611, 629.
S. Viatoris et S. Amoris ecclesia, 8.
S. Victoris capella, in Satonaco villa, 70.
S. Vincentii Matiscensis basilica, 2.
S. Vincentii Matisconensis ecclesia, 1, 2 et passim.
S. Vincentii Matiscensis abbates. Vide Ado, etc.
S. Vincentii Cabilonensis curtilus, 224.
S. Vincentii advocatus, 282.
S. Vincentii capella, in villa Gerii, vel Geru, in curtile S. Albani, 62, 70.
S. Vincentii capella in curtile S. Albani, 359.
S. Vincentii de Mardubrio capella, 21.
S. Vincentii de Prato capella, 70.
S. Vincentii de Prato ecclesia, 34.
S. Vincentii de Prato (Bernoldus presbyter), 573, 587.
S. Vincentii ecclesia, in Sologniaco, 70.
S. Vincentii parochia, 534.
S. Vincentii, S. Gervasii et S. Protasii, martyrum, basilica, 496.
S. Vincentii terra, 32, 35, 37, 43, 44, 48, 50, 89, 95, 104, 105, 106, 112, 114, 115, 125, 134, 135, 138, 141, 146, 148, 169, 177, 187, 188, 191, 197, 198, 202, 207, 214, 216, 225, 227, 228, 229, 232, 233, 237, 238, 242, 248, 250, 253, 255, 260, 261, 263, 264, 267, 272, 275, 275 bis, 277, 285, 286, 287, 288, 290, 292, 298, 302, 303, 308, 312, 314, 316, 317, 319, 322, 336, 342, 343, 349, 352, 354, 357, 363, 364, 367, 368, 371, 373, 376, 377, 378, 380, 382, 383, 384, 385, 387, 388, 388 bis, 424, 430, 436, 437, 439, 448, 449, 450, 452, 455, 457, 459, 463, 466, 470, 481, 487, 489, 493, 495, 513, 524, 526, 528, 569, 574, 588, 619.
S. Vincentii vinea, 294.
S. Vincentii et Raculfi terra, 177.
S. Vincentio (Bernoldus de), testis, 592.

Sanguedis et Gitsaberna, sorores Ingelerii, 376.
Santiniacum, vel Lantiniacum, villa in parochia S. Clementis, 144.
Sarciaco (in), villa, 479.
Sargo Villaro (in), villa in agro Salmacense, 417.
Sarliamentum, 8, 404. Vide Salvamentum.
Sarreres (Stephanus, capellanus de), 632. (Serrières.)
Satgiacum villa, in pago Scodingensi, 8, 38.
Satonaco (in), villa in agro Fusciacensi, 127, 136.
Satonaco terra, 87, 190.
Satonacum, villa in pago Matisconensi, 62, 70.
Satonacum et Valles (inter), 101.
Saumnaciensis, vel Saviniacensis finis, 208.
Savarius, filius Duranni Rufi venditoris, 605.
Scodingensis pagus, 8, 38, 206, 404.
Scola (in), villa, 562.
Scola (Mansus vocatus in), 467, 468.
Scoleriii signum, 128.
Seciaco (Vitfredus de), obses, 604.
Seccuinis, vel Selichinis (per manum Bernardi de), 554.
Sedelinus et Gauserannus, filii Vicardi, 26.
Seduno (Bernardus presbyter de), 570.
Seillonis (Umbertus quondam Lugdunensis archiepiscopus, prior), 622.
Seiranni signum, 191.
Selifredi signum, 244.
Selonacus, vel Satonnacus, villa, 356.
Seloniaco (in), villa in fine Viriacensi, 349.
Semertus, advocatus S. Vincentii, 152.
Semiriacum, villa, 8, 404.
Semiriacum et Castanedum, villæ, 404.
Sendeleni, archidiaconi Matisconensis, signum, 5, 34.
Sendeleni presbyteri signum, 362.

SENDELENI, SENDELINI signum, 78, 108, 149, 167, 263, 265, 269, 270, 327, 525.
SENDELENUS archidiaconus, testis, 500, 543.
SENDELENUS, presbyter et canonicus Sancti Vincentii, donator, 362.
SENDELENUS canonicus, donator, 269.
SENDELENUS, canonicus Matisconensis, testis, 10, 31.
SENDELENUS levita, donator, 372.
SENDELENUS levita, testis, 478.
SENDERIUS, SENDERON, vel SENDENCUS et ejus uxor Landrada, donatores, 251.
SENDERONIS signum, 251.
SENECIACO (Vincentius de), testis, 627.
SENESCALI (ministerium), 76, 155.
SENICIA (Richardus de), testis, 626.
SENONES et Parisios (inter), 631.
SENOSACUM, villa in pago Matisconensi, 19.
SEPTEM CANIBUS (Bernardus de), 536.
SEPTEM MOLINIS (villa de), 458.
SEPTEM MOLINIS (molendinum de), 430.
SERO OPPIDO *(Matisco?)*, 235.
SERVADI terra, 138.
SERVI, franci facti, 195.
SEUDA, uxor Aimfredi donatoris, 346, 348. Vide *Aimfredus*.
SEVANNO et Bernoni donatio, 352.
SIBRIANICENSIS, SIBRANICENSIS ager, 39, 425.
SICANI signum, 450.
SICHELINI signum, 147.
SICHERIUS, scamineus Matisconensis, 284.
SICIACUM, villa, 26.
SICIACUM, villa cum ecclesia S. JANGULFI, 68.
SICIONO, vel SACONO (condamina de), 550.
SIDOLDI signum, 304.
SIESALNUS, vel CHALINUS, presbyter, 139.
SIEVERT et Wido advocatus Sancti Laurentii, 284.
SIEVERT, scamineus Matisconensis, 284.
SIGBALT terra, 418.
SIGEBERTI terra, 183.

SIGIBOLDUS, serviens, 484.
SIGIFREDI signum, 244.
SIGOLENUS et Sirannus, manentes, 67.
SIGOVESUS, tenementarius, 67.
SIGUALDI, vel SIGNALDI signum, 113.
SIGUALDI terra, 113.
SILVA (Christianus de), prior Sancti Petri Matisconensis, 622.
SILVA NASNA, vel NASCIA, 372.
SILVA PIRETA, in villa Montis, 311, 430.
SILVA vulgaris quæ dicitur Nasna, 342.
SILVA et lacus Usæ, 267. Vide *Usam*.
SILVANI signum, 231.
SILVESTRI mansus, 516.
SILVESTRO (cancione de), 316.
SILVINIACO, vel SILMUIACO (in), villa in comitatu Lugdunensi, 196, 318.
SILVINIACUM, villa in pago Scodingensi, 206.
SIMALDI signum, 292.
SIMINUS, tenementarius, 465.
SIMONIS, vel AIMONIS terra, 461.
SIMPLICIÆ signum, 474.
SIMUALDI signum, 180.
SINICIACI villa, 525, 526.
SINISIACO vel Suisiaco (Hugo de), 10.
SINMOLES (campus vocatus ad), 160.
SINNALDI signum, 86, 373.
SINNOLT, testis, 409.
SINTIACUM, vel SEMINIACUM, villa in pago Lugdunensi, 38.
SIRANNUS et Sigolenus, 67.
SISBERGA et Osanna, uxores Virberti, Eldulfi et Mainerii, 301.
SISBERGÆ signum, 301.
SISBERTI signum, 228.
SISBERTI et uxoris ejus Ermengardis signum, 378.
SISBERTUS, serviens Sancti Vincentii Matisconensis, donator, 378.
SISLENI signum, 429.
SISMUNDUS, frater Guigonis de Germola, testis, 594.

SISMUNDUS, testis, 55.
SOLBREN, locus, 36.
SOLIDI Cluniacenses, 570, 578, 585, 624, 626.
SOLONIACI parochia, 633.
SOLONIACO, SULINIACO, vel SOLOIGNIACO (in) villa, 407, 414, 433.
SOLONIACO (Gaufridus de), et Willelmus de Nay, obsides, 547.
SOLONIACO (Hugo de) et Hugo Truandus, obsides, 547.
SOLTISON (Petrus de), Templarius, 630.
SOMMERIACI (in vico), 197.
SOMMERIACI villa, 197, 392.
SPELUCA (pratum quod dicitur), 455.
SPINA et de Bosco Captivo (tertia pars de), 508.
SPINACENSIS ager, 371.
SPINACENSIS finis, 49, 324.
SPINACO (in), villa in pago Lugdunensi, 49.
STABULI signum, 338.
STATEVERT, STADEVERT signum, 187, 295.
STATEVERTUS et uxor ejus Goda, donatores, 295.
STEPHANA, uxor Abonis, 118, 131, 136.
STEPHANA et Ingeldis uxor Bernardi venditoris, 387.
STEPHANIA, Adalberti uxor, 238.
STEPHANI, archidiaconi et dapiferi (per manum), 584.
STEPHANI monachi signum, 555.
STEPHANI prepositi signum, 555.
STEPHANI vicecomitis signum, 188, 354.
STEPHANI Bursæ (per manum), 571.
STEPHANI de Judeis signum, 548.
STEPHANI de Monte Gudini (hæredes), 557.
STEPHANI de Sancto Cirico signum, 511.
STEPHANI de Vilaris signum, 476.
STEPHANI et fratris Adonis signum, 384.
STEPHANI et fratris ejus Otgerii signum, 513.
STEPHANI nepotis Adonis signum, 526.

STEPHANI signum, 5, 34, 75, 104, 105, 110, 174, 182, 275 bis, 334, 359, 453, 467, 513, 525, 546.
STEPHANI alterius signum, 467.
STEPHANI presbyteri terra, 283.
STEPHANI terra, 93, 412.
STEPHANO terra, 240.
STEPHANO monacho, teste, 560.
STEPHANUS (I) de Balgiaco, episcopus Matisconensis, 51, 508, 622, 626, 631.
STEPHANUS episcopus, testis, 626.
STEPHANUS de Balgiaco, Eduensium episcopus, 570, 581 bis.
STEPHANUS, prepositus Matisconensis ecclesiæ, 555.
STEPHANUS archidiaconus, testis, 558, 601, 615.
STEPHANUS archidiaconus, tunc dapifer, 602.
STEPHANUS, archidiaconus et Beljocensis decanus, testis, 604.
STEPHANUS, Beljocensis decanus, testis, 605, 606.
STEPHANUS canonicus, donator, 603.
STEPHANUS filius Rotberti, receptus canonicus, 554.
STEPHANUS, canonicus de Calomonte, donator, 511.
STEPHANUS, canonicus de Mardubrio, testis, 532, 534.
STEPHANUS capellanus de Sarreres, testis, 632.
STEPHANUS capellanus, testis, 574.
STEPHANUS clericus, testis, 569.
STEPHANUS monachus, venditor, 533.
STEPHANUS, presbyter, 283.
STEPHANUS presbyter, scriptor, 45.
STEPHANUS presbyter, testis, 478.
STEPHANUS, comes Matisconensis, 7, 631.
STEPHANUS vicecomes, 188, 354.
STEPHANUS Boninus, vel Bruinus, donator, 537.

STEPHANUS et Carlo, mansionarii, 516.
STEPHANUS, cognatus Bernardi Blanci, 627.
STEPHANUS, consanguineus Letbaldi donatoris, 440.
STEPHANUS, filius Artaldi, 459.
STEPHANUS, filius Artaldi, donator, 512.
STEPHANUS, filius Duranni donatoris, 502.
STEPHANUS et frater ejus Ado, commutatores, 384.
STEPHANUS et frater Otgerius, venditores, 513.
STEPHANUS et uxor Tedrada, donatores, 342.
STEPHANUS et uxor sua Raimodis, filia Vicardi, 26.
STEPHANUS, donator, 148.
STEPHANUS Blancus, donator, 30.
STEPHANUS Blancus, obses, 595.
STEPHANUS chasatus, 2.
STEPHANUS tenementarius, 563.
STEPHANUS, vir illustris, 398.
STEPHANUS vir illustris, petitor, 480.
STEPHANUS dapifer, testis, 611, 613.
STEPHANUS medicus, testis, 612.
STEPHANUS (magister), testis, 557.
STEPHANUS de Bascnens, 595, 596.
STEPHANUS de Bassiniaco, vel Blassimaco, testis, 512.
STEPHANUS de Bosco, testis, 598, 604, 605, 610.
STEPHANUS Buterie, testis, 565.
STEPHANUS Crassus, testis, 590.
STEPHANUS Darbot, testis, 565.
STEPHANUS Dentatus, testis, 620.
STEPHANUS Dentucius, testis, 615.
STEPHANUS Bernardi Gaufridi filius, testis, 596.
STEPHANUS de Frepis, testis, 21.
STEPHANUS de Maliaco, testis, 508.
STEPHANUS de Montbelet, testis, 508.
STEPHANUS de Monte Gudini, 557, 558.
STEPHANUS Nasilardus, testis, 574.

STEPHANUS de Pasiaco, testis, 4.
STEPHANUS de Pino, testis, 553.
STEPHANUS de Sancto Cirico, testis, 537.
STEPHANUS de Valaca, testis, 617.
STEPHANUS de Vernutico, vel Vernicio, fidejussor, 617.
STEPHANUS de Vinosa presbyter, testis, 592.
STEPHANUS, testis, 511, 534, 598, 626, 630.
STITIS terra, 245.
STODIS (Petrus de), fidejussor, 610.
STOGIUM, locus, 485.
STOGIUM et Curtem villæ, 485.
SUBERTI terra, 375.
SUFFICIA, uxor Duranni donatoris, 491.
SUFFICIANÆ terra, 133.
SUFFICIÆ, uxoris Duranni, signum, 491.
SUFFICIÆ, uxoris Vendranni, signum, 436.
SUISIACI villa, 564.
SUISIACO (Willelmus de) canonicus, donator, 564.
SULISTRIACO (in), villa, 204.
SULPICIA, uxor Adalardi donatoris, 431.
SULPICIÆ, uxoris Aadalardi, signum, 431.
SUPPLICIA, filia Eufemiæ donatricis, 474.
SUPPLICIÆ signum, 474.
SUSANNA, donatrix, 234.
SUSANNA, uxor Ermenberti donatoris, 207.
SUSANNA, uxor Rotberti servi, 324.
SUSANNA et filius Udolricus, donatores, 241.
SUSANNÆ et filii ejus Udulrici, signum, 241.
SUSANNÆ signum, 234.
SUSANNÆ terra, 424.
SYLVINIACUM, villa cum capella, in pago Scodingorum, 206.
SYNODUS apud Ansam, 518.
SYNODUS apud Cabilonem, in ecclesia B. Marcelli martyris, 144, 521.
SYNODUS Matiscensis, 445.
SYNODUS Romana, 521.

INDEX GENERALIS.

T

TARDEVERTI signum, 91.

TARENTASIENSIS archiepiscopus, 318. Vide Amiso.

TARUNNUS, TRUANNUS (Bernardus) et Durannus Bordelinus, testes, 624.

TASIACO (Ansedeus et Galterius de), testes, 586.

TASIACO (in), villa in agro Dipgiacensi, 427.

TAURIACO (in), villa, 405.

TAXONIACI (in villa), 569.

TECARDO terra, 424.

TECTARDUS, diaconus, 74.

TEDBALDI signum, 49.

TEDBERTI signum, 29.

TEDBERTUS et filius ejus Uduldricus, 465.

TEDINI signum, 90, 405.

TEDRADA, uxor Stephani donatoris, 342.

TELBALDI (Molendinum), 516.

TELBALDUS, mansionarius, 516.

TELINA, soror Arlulfi, 10.

TELLOSA (Bernardus de), mansionarius, 516.

TELOLFI signum, 54.

TELONEI (tertia pars), in civitate Matisconensi, redditur S. Vincentio, 64, 539.

TEMPLARIUS (Petrus de Soltison), 630.

TENSANA, vel Teutsa, uxor Drogonis donatoris, 108, 361.

TEOBALDUS canonicus, testis, 601.

TEOBRANNUS presbyter, testis, 36.

TEODERICI signum, 197, 339.

TEODERICUS, archipresbyter, 415, 497.

TEODONI signum, 365.

TEODOSIO signum, 417.

TEODOSIUS, frater ejus Rambertus, et uxores eorum Ainina et Wareldis, 171.

TEODULFI signum, 488, 496.

TEODULFUS, fidelis comitis Matisconensis, 156.

TEOLON et frater ejus Adalgaudus, 39, 425.

TEORNI et Baroni terra, 207.

TEOTARDI et Constantini signum, 281.

TEOTARDUS, scamineus, 501.

TEOTARDUS de Modoy, 501. Vide Modoy.

TEOTBERGIA, uxor Hugonis Fuldradi donatoris, 534.

TEOTBERT signum, 258.

TEOTBERT terra, 219, 247.

TEOTBERTI signum, 205, 232, 252, 323, 383.

TEOTBERTI et uxoris ejus signum, 330.

TEOTBERTUS, testis, 359, 409, 426.

TEOTBERTUS et uxor Gitberga, donatores, 205, 389.

TEOTBERTUS et uxor Raimodis, donatores, 330.

TEOTBERTUS et uxor Rannodis, 265.

TEOTBRANNI, vel BERTRANNI signum, 244.

TEOTELINI, seu BERTELINI signum, 246.

TEOTELINI signum, 122, 125, 171.

TEOTFALENSIS, vel TERSALENSIS terra Sancti Andreæ, 422.

TEOTFREDI signum, 47.

TEOTGERII signum, 275.

TEOTGERIUS et uxor ejus Gisberga, incaucionatores, 389.

TEOTGRINUS, frater Braidenci, 152.

TEOTGRINUS, vel TEUTGRINUS, vir nobilis, 397.

TEOTPHANUS, testis, 378.

TERGENII mansus, 516.

TERTARDI signum, 241.

TERTELINI et Rambaldi terra, 189.

TERTGERIUS, testis, 55.

TERTINIO signum, 74.

TETALDUS presbyter, testis, 570.

TETALFI signum, 174.

TETBALDI mansus, 516.

TETBALDI signum, 74.

TETBERTO terra, 424.
TETBERTUS, venditor, 24.
TETBERTUS, pater Udulrici, 142.
TETBOLDI signum, 375.
TETBOLT signum, 368.
TETENUS et uxor Alderudis, donatores, 127.
TETGERIO terra, 314.
TETONI signum, 387.
TETSA, uxor Gundulfi venditoris, 202.
TEUCARDO terra, 311.
TEUDERICI signum, 165, 325.
TEUDO et uxor ejus Leugaris, vel Leutgara, venditores, 121.
TEUDO et uxor Leutiaris, venditores, 187.
TEUDO, filius Airoardi et Teotaldis, 356.
TEUDO, scriptor, 49.
TEUDO presbyter, testis, 470, 500.
TEUDO, testis, 356.
TEUDOLDI signum, 270.
TEUDONI signum, 128.
TEUDONIS sacerdotis (per manum), 494.
TEUDONIS (per manum), 78.
TEUDONIS presbyteri signum, 505.
TEUDONIS signum, 80, 346, 347, 359, 367.
TEUDONO terra, 128.
TEUDONUS et uxor ejus Leutiar, venditores, 128. Vide *Teudo*.
TEUDONUS, avunculus Rotardi presbyteri, 252.
TEUQUARD, testis, 408.
TEUQUARDI signum, 227, 412.
TEUQUARDUS et Bernardus, canonici S. Vincentii Matisconensis, 334.
TEUQUARDUS, tenementarius, 90, 405.
TEUQUARDUS, canonicus et sacerdos, 414.
TEUQUARDUS, TENQUARDUS, presbyter, 170, 277, 294, 302, 309.
TEUQUARDUS presbyter, emptor, 189.
TEUSERIO signum, 320.
TEUTARDI signum, 2.
TEUTBALDUS et Adalgerius, filii Salicherii petitoris, 460.

TEUTBERT signum, 350.
TEUTBERTI et Benedicti terra, 350.
TEUTELINI signum, 126.
TEUTGERII signum, 271.
TEUTOLDI signum, 381.
TEUTRADA, vel Teudrada et Raculfus, infantes Roconis, 100.
TEUTSANE et Vuitberti, vel Humberti, terra, 463, 466.
TEUTSENI signum, 128.
THEOTARDUS, Lugdunensis camerarius et capellanus, 559.
THOMORACENSIS, TURNIACUS ager, 334, 337, 464. Vide *Torniacensis ager*.
TILIO (Hugo de), testis, 559.
TITSELINI signum, 384.
TOLANA, mater comitis Leotaldi, 488.
TOLANE, vel TELONE, emptore, 159.
TOLLANUS, emptor, 176.
TOLLANUS, vel TOLLE, venditor, 172.
TOLON, locus in pago Matisconensi, 70.
TOLONE, emptore, 162.
TOLONICO (in), vicus, 235.
TOLONIS terra, 191.
TORIA (Willelmus de), verpitor, 506.
TORIACO (in), villa, 88, 89, 90, 91, 158, 191, 405, 575.
TORIACO (Bernardus de), testis, 554.
TORIACUM, villa in pago Matisconensi, 70.
TORIACUM (juxta), locus, 609, 614.
TORNACA (in), villa in pago Lugdunensi, 323.
TORNACI (hæres), 323.
TORNAI, villa in agro Torniacensi, 334.
TORNATI (villa), in pago Lugdunensi, 322.
TORNIACENSIS, vel TOROMACENSIS ager, 39, 464. (TORNAS.)
TORNUTIUM, castrum in pago Cabilonensi, 56.
TORRENTE (in fine), 140.
TORVEDONENSIS, TOLVEDONENSIS pagus, 39, 416, 425.

INDEX GENERALIS. 539

Tramaias (Parochia de), 596.
Tramaias (in), villa, 70.
Tramaias (Ecclesia de), 435.
Tramayes, cum ecclesia S. Germani, 413.
Trasdo (Pratum vocatum in), 212, 213.
Trecas (Actum), 62. (Troyes).
Tresmontis vinea, 388 ter, 390.
Trinorchiensis (Ecclesia), 609, 614.
Trioli (Rodulfus), 506.
Trion (in), villa in agro Salorniacensi, 362. Vide *Ceptio.*
Triono (in), villa, 70, 73.

Troiæ (Data), 580. Vide *Trecas.*
Trucimundi signum, 405.
Tueni signum, 439.
Turbaannus et uxor ejus Letiardis, 270.
Turiaco, vel Turiciaco (in), villa in fine Viriacensi, 385, 516.
Turonenses solidi, 30.
Turre (in), villa, 140.
Turreamata (Vincentius de), testis, 632.
Turribus (Mansus Duranni de), 516.
Turumbertus clericus, fidejussor, 605.
Turumbertus, cum uxore et filiis, venditor, 605.

U

Uberti Nigri (Videlia filia), 530.
Uberti prepositi signum, 497.
Uberti levitæ signum, 53, 505.
Uberti clerici signum, 505.
Uberti signum, 260, 265, 463.
Ubertilini signum, 479.
Uberto signum, 282.
Ubertus, prepositus ecclesiæ Matisconensis, 243, 317.
Ubertus prepositus, donator, 70.
Ubertus levita, testis, 478.
Ubertus subdiaconus scrip., 62.
Ubertus, mansionarius, 204.
Ubertus, testis, 330.
Uceciensis episcopus, 518. Vide *Hambaldus.*
Uchisiaci (Actum), 625.
Uchisiaci (Prior), 625. Vide *Ugo de Belfort.*
Udalrico signum, 74.
Udininus, tenementarius, 319.
Udonis donatoris signum, 526.
Udonis alterius signum, 526.
Udrici signum, 339.
Udulardi signum, 338.
Uduldrici signum, 73, 464.
Uduldrici terra, 24.

Uduldricus et uxor Ermengardis, donatores, 201.
Uduldricus, senior Ermengardis donatricis, 458. Vide *Udulricus.*
Uduldricus, filius Ermengardis, 458.
Uduldricus, filius Tedberti, 465.
Uduldricus de Monte-Pavone, 30.
Udulgario serviente, 484.
Udulrici de Balgiaco (ad Defensum), 510.
Udulrici et Ermengardis signum, 201.
Udulrici, filii Tetberti, signum, 142.
Udulrici pueri signum, 142.
Udulrici signum, 330.
Udulrici terra, 432.
Udulricus de Balgiaco, 456.
Udulricus, senior Ermengardis donatricis, 430.
Udulricus, filius Udulrici et Ermengardis donatricis, 430.
Udulricus, filius Teotberti et Raimodis, vel Rannodis, 265, 330.
Udulricus servus datur canonicis S. Vincentii cum uxore et infantibus suis, 379.
Udurices, testis, 55.
Ugo comes, donator, 70, 72, 73, 156. 282.

Ugo vicecomes et uxor Eufemia, 96, 113, 268.
Ugo, electus abbas S. Rigaldi, 5.
Ugo de Belfort, prior Uchisiaci, testis, 625.
Ugo canonicus, donator, 526.
Ugo, donator, 481.
Ugo de Asirias, donator, 400.
Ugo de Baisenens, vel Basenens, testis, 618, 623.
Ugo Cantriaci, de Chantriaco, testis, 621, 633.
Ugo de Damenches, testis, 508.
Ugo de Vela, testis, 620.
Ugo de Vinzellis, fidejussor, 631.
Ugo de Vitriaco, donator, 563.
Ugo, nepos Araldi Albi, 25. Vide *Araldus*.
Ugo et Bernardus, fratres Willelmi de Toria, 506.
Ugo et frater ejus Garardus, testes, 563.
Ugo, testis, 626.
Ugo Bastardus, testis, 572.
Ugo Buscardus, vel Boscardus, testis, 4.
Ugo Fuldradus, testis, 565.
Ugo Grassus, testis, 618.
Ugo Ravel, testis, 625.
Ugo Recans, testis, 507.
Ugo Ruels, testis, 623.
Ugo Rufus de Quintiniaco, donator, 625.
Ugonis vicecomitis signum, 268.
Ugonis præcentoris et camerarii signum, 5.
Ugonis Burdini signum, 31.
Ugonis et Eldini fratris ejus signum, 32.
Ugonis signum, 27, 146, 220, 400, 495.
Ugonis terra, 491.
Uldierii signum, 261.
Uldrici signum, 164.
Uldrico signum, 284.
Uldricus vir nobilissimus, petitor, 543.
Uldricus de Vilars, 576.
Uldricus, testis, 378.
Uldulurici (Beneficium), 37.
Uldurii, vel Oldierii signum, 344.

Ulrici, filii Ulrici et Ermengardis, signum, 489.
Ulrico signum, 321.
Ulricus, filius domni de Balgiaco, 622, 631.
Ulricus et uxor Ermengardis, donatores, 489.
Ulricus, testis, 489.
Umbaldi signum, 168.
Umbaldus, Lugdunensis archiepiscopus, 582, 583.
Umbergia, uxor Humberti, 465.
Umbert signum, 205, 249, 259.
Umberti levitæ (per manum), 46.
Umberti (Marki esterlini), 586.
Umberti signum, 2, 44, 47, 141, 142, 174, 267, 341, 487.
Umberti de Cortevacio signum, 223.
Umberti de Monte Moritto signum, 13.
Umberti (Acaris nepos), testis, 572.
Umberti Ungri signum, 26.
Umbertus et Letoldus, vel Leutaldus, filii comitis Alberici, 8, 38, 404.
Umbertus, Lugdunensis archiepiscopus, 5, 15, 612, 622.
Umbertus Bellijoci, 21. Vide *Humbertus Bellijoci*.
Umbertus Beljocensis, donator, 599.
Umbertus de Brancion, archidiaconus, 508.
Umbertus de Brancion, testis, 615, 616, 620, 622, 625, 627.
Umbertus, archidiaconus, 586.
Umbertus archidiaconus, testis, 586.
Umbertus archipresbyter, testis, 573, 604, 605, 606.
Umbertus, prepositus Matiscensis ecclesiæ, 9, 22, 253. Vide *Humbertus*.
Umbertus, prepositus, 27.
Umbertus ypodiaconus, testis, 500.
Umbertus Burgius, testis, 629.
Umbertus clericus, testis, 548.
Umbertus scutarius, testis, 572.

UMBERTUS de Insula, 3. Vide *Insula*.
UMBERTUS de Ricorterio, testis, 605.
UMBERTUS et Brendencus, propinqui Aymonis, 512.
UMBERTUS et uxor ejus Plectrudis, 371.
UMBERTUS, filius Johannæ ancillæ, 330.
UMBERTUS et filii ejus, petitores, 27.
UMBERTUS Dentatus, testis, 596, 618.
UMBERTUS, laicus, 30.
UMBERTUS, mansionarius, 516.
UMBERTUS, testis, 36, 558.
UMFREDUS de Vela, testis, 576, 578.
UMMISSI (per manum), 71.
UMORANO, vel Wiriaco (in), villa, 348.
UMTRADUS, vel Vuitradus, donator, 210.
UNBERGIA, mater Rodulfi de Marne, 626.
UNCIONELIS, seu Warnelis, villa, 533.

UNDRADA, vel OUDRADA, sponsa Vuitradi donatoris, 210. Vide *Umtradus*.
UNDRADA, donatrix, 261.
UNDRADÆ signum, 261.
UNDRADO terra, 210.
URARDUS, episcopus Maurianensis, 518.
URBANUS (II), papa, 514.
URICUS subcantor, testis, 557.
URICUS (magister), testis, 558.
URINIACENSIS ager, 140, 148, etc.
URINIACI villa, 300, 473, 494.
URINIACO (in), villa, 140, 148, 278, 389, 403, 440.
URINIACUM, villa in agro Salorniacensi. 70, 82.
USA, silva et lacus, in pago Lugdunensi, 267. Vide *Osani lacus*.
UVI (Aqua quæ dicitur), 336.

V

VALDINI signum, 151.
VALENTINENSIS episcopus (Guigo), 518.
VALLE SAONA (Factum in), 607.
VALLIS finis, 370. Vide *Avistas*.
VALLIS, villa in pago Lugdunensi, 406, 445, 478.
VALLIS, villa in fine Saumniacensi, vel Saviniacensi, 208. Vide *Isallis*.
VALLIS, villa in pago Matiscensi, 445.
VALLIS et Satonnacum, villæ, 62.
VALLIS, terra, 478.
VALTERIUS, levita, 27.
VALTERIUS filius Goffredi, testis, 10.
VANERA, VAINERA silva, 517.
VANRICO (Berardi de) signum, 25.
VARENGO (in), villa, 392.
VARENNA, vel VERENA (in Planteriis de), 516.
VARENNÆ, villa, 45, 431.
VARENNAS (in), villa, 117, 121, 130, 139, 146, 150, 151, 178, 185, 459, 471, 490.

VARENNAS (in), villa super Craona, 161.
VARENNIS (villa de), 455.
VARENNIS (sub villa), in ripa Graonæ, 608.
VASNERIAS (in), villa in pago Matisconensi. 70, 419.
VELA, amnis, 69, 70, 99, 548.
VELA (Concordia dominæ de), 508.
VELA (Andreas de), testis, 508.
VELA (Bernardus de), testis, 510.
VELA (Eustachii de) signum, 548.
VELA (Otgerii de) signum, 548.
VELA (Humfredus de), donator, 510.
VELA (Nemora a rivulo), usque ad Defensum Udulrici de Balgiaco, 510.
VELÆ (Nemora), 510.
VELÆ (in ripa), 464.
VELAM et Bey (Nemus inter), 508.
VELLIAS (Campus inter), in villa Maniciaco, 247.
VENDENESSA (Hugo de), donator, 34.
VENDBANNI signum, 368, 382, 436.

VENDRANNI vinea, 372.
VENDRANNUS, vel VENDRAMNUS, donator, 436.
VENDRANUS et uxor Meldis, commutatores, 382.
VENIERE (vox mendosa), adi chartam, 555.
VENTIACUM, villa, 8, 404.
VER (Bertranni de) signum, 26.
VERCHESONO (in), villa, 452, 528.
VERCHESOTIS, villa in agro Salorniacensi, 219.
VERCHISON (in), villa, 70, 478.
VERCHISOTO (in), villa in agro Idgiacensi, 424, 430, 458.
VERCHISOTO (Bernardus de), testis, 628, 629.
VERCHISOTO (Mansus Garnerii de), 516.
VERCIACO (in), villa, 73, 99, 205, 424.
VERCIACO pro *Circiaco*, adi chartam, 240.
VERGEIO (Rainaldus de), cantor, 508.
VERGIACO (Decima clausi de), 593.
VERNEDO (Campus vocatus a), 241.
VERNERIUS, chasatus, 2.
VERNETO (de), praeria propè portum Niorum, vel Morum, 574.
VERNEX (Berardus de), obses, 586.
VERNOL (Bernardus de), testis, 596, 630.
VERNOLIO (in), villa, 252.
VERNUL, locus, 477.
VERNUL (Bernardus de), 477.
VERRASANNO (in), villa, 67.
VERRIACENSIS, VIRIACENSIS ager, vel finis, 34, 202, 222, 259, 260, 342, 344, 349, 352, 368, 376, 378, 379, 382, 385.
VERRIACO (Parochia de), 593.
VERRIACO (in), villa, 34, 199, 201, 211, 215, 221, 229, 232, 233, 242, 261, 342, 343, 383, 384.
VERRIANUS, testis, 632.
VERRINII (Berardus), testis, 565.
VERTIONIS (Medietas villæ) cum ecclesia, 70.
VESUNTIONENSIS archiepiscopus, 144. Vide *Gymnus, Cyminus*, vel *Leoninus*.

VETULA (Bernardus), testis, 596.
VICARDI (post mortem), 26.
VICARDI signum, 13.
VICARDUS Beljocensis, et Hugo abbas, donatores, 586.
VICARDUS, decanus Matiscensis ecclesiæ, 622.
VICARDUS decanus, testis, 618.
VICARDUS presbyter, testis, 615.
VICARDUS presbyter de Anches, testis, 605, 606.
VICARDUS de Cavanis, testis, 563.
VICARDUS de Marriaco et filii ejus, donatores, 4.
VICARDUS de Pisiaco, testis, 564.
VICARDUS puer, canonicus, 26.
VICARDUS Vetulus et fratres, donatores, 618.
VICARDUS, testis, 615.
VICECOMITALIS terra, 183.
VIDALI signum, 134.
VIDELANÆ signum, 183.
VIDELIA, filia Uberti, vel Umberti Nigri, donatrix, 530.
VIENNÆ (Data), 583.
VIENNENSES episcopi et archiepiscopi, 5, 17, 23, 518. Vide *Armannus, Bertherius, Burchardus*.
VIERIUS (Rotgerius), testis, 605, 606.
VIGNIACO et Vincalis (Nemora de), 38.
VILARS (Adalardus de), homo Udulrici de Balgiaco, 456.
VILELMUS Vetulus, testis, 618.
VILLANA, soror Rodulfi de Marne, 626.
VILLA URBANA (ecclesia de), 465.
VILLEBERTI signum, 243.
VILLELMI Viriaci (in præsentia), 622.
VILLELMUS de Viriaco archidiaconus, testis, 619.
VILLELMUS Vetulus obses, 547. Vide *Achardinus de Brueria*, etc.
VILLELMUS, testis, 626.

VILLIACENSIS ager, 347, 351, 365, 375, 387, 483. Vide *Avenacus* et *Brurerias*.

VIMUGISI levitæ signum, 435. Vide *Wingisi*.

VINCEACO (in), villa in agro Iggiacensi, 237. Vide *Vinciaco*.

VINCELLA, villa, 77, 93, 154, 159, 162, 172, 173, 176, 412, 421.

VINCELLA (Maioli de) signum, 13, 30. Vide *Vinzella*.

VINCELLA (Maiolus de), miles, 30.

VINCELLA (Mayolus de), testis, 544, 553.

VINCELLAS (in), villa, 464.

VINCELLIS (Galterius, presbyter et prepositus de), 596.

VINCELLIS (Maiolus de), testis), 400.

VINCENTII signum, 89.

VINCENTIUS, donator, 146.

VINCENTIUS, filius Josleni et Ingelsendæ, 150, 151.

VINCIACO (in), villa, 205, 404.

VINCIACUM, villa in pago Lugdunensi, 38.

VINGAUDO, Gondomico et Dutino (Prata), 310.

VINIACI et Vincalis (Nemora), 38.

VINIANUS, testis, 359.

VINIMACI terra, 199.

VINLEUS de Noliaco, testis, 534. Vide *Noliaco*.

VINNERII signum, 331.

VINNISII signum, 388.

VINNISIUS levita, testis, 443.

VINNUSII signum, 398.

VINOSA, villa, 509.

VINSELLIS (per crucem de), 609, 614.

VINZELLA (Maiolus de), testis, 4.

VINZELLIS (in), villa, 512.

VINZILIACI (Actum), 631.

VINZILIACUM (Castrum), 631.

VIRBERTUS, Eldulfus et Mainerius et uxores Sisberga et Osanna, venditores, 301. Vide *Mainerius*.

VIRCIONIS ager, 460. Vide *Chinimaco*.

VIRGIACUS, villa in agro Iggiacensi, 207.

VIRIACENSIS, vel VIRIENSIS ager, 260, 317, 360, 367, 383, 384, 385, 388, 462, 463, 466, 516.

VIRIACI (in villa), 343.

VIRIACI (in præsentia Villelmi), 622.

VIRIACO (Villelmus de), archidiaconus, testis, 619, 624.

VIRIACO (in agro), 367.

VIRIACO (in), villa in agro Viriacensi, 384.

VIRIACO (in), villa in fine Viriacensi, 383.

VIRIACO (in), villa, 107, 110, 355, 373, 388 bis, 403.

VIRIACUM, villa in agro Viriacensi, 1, 67, 70, 260, 318.

VIRIANNI (villa) et finis Curiacensis, vel Viriacensis, 407.

VIRISETI (Redditus), 516.

VIRISETO (Willelmus de), obses, 604.

VIRISETUM, villa, 516.

VIRISIACO (in), villa, 516.

VISCURTIS (Ecclesia), 441, 442.

VISLEMARUS et uxor ejus Anna, petitores, 9, 22.

VITALIS, testis, 563.

VITRIACO (in), villa, 402, 563.

VITRIACO (Hugo de), testis, 537, 556.

VITSAACUS, fidejussor, 529.

VOLFARDI terra, 311.

VOLFARDUS, testis, 55.

VOLFART presbyter, emptor, 311.

VOLGERIO (Boscus de), 105, 331.

VOLVENCUS servus datur cum [...]bus suis, 400.

VUALDI signum, 382.

VUARMENDI (per successionem), 434.

VUIALDI signum, 258.

VUICART signum, 41.

VUICHARDO de Rochia, teste, 550. Vide *Rochia*.

VUICHARDUS decanus, testis, 611.

VUICHARDUS Dauvens, testis, 623. Vide *Dauvens.*
VUIGO, GUIGO, seu UGO et Stephanus, germani, 554.
VUILLELMI (per manus), 429.
VUILMARI signum, 183.
VUIRIACO (in), villa, 107, 433.
VUITBERT signum, 481.
VUITBERTI signum, 364, 452.
VUITBERTI, vel HUMBERTI et Teutsanæ terra, 466.
VUITBERTO, Madalulfo, Gaucelino et Datfredo (pratum), 310.
VUITBERTUS, vel UMBERTUS et uxor Osanna, venditores, 364.

VUITRADI signum, 210.
VULFARDI, VOLFARDI signum, 114.
VULFERARIUS servus, datur cum infantibus suis, 208.
VULFERII signum, 160.
VULFLAGIO (pratum), 77.
VULFLAI, VULFLAGI et fratri suo Desiderio (pratum), 93, 412.
VULPECULÆ (Mansus), in villa Viriaci, 1.
VULRADUS, testis, 55.
VUTMARDI signum, 90.
VYDELARDI signum, 180.
VYDELELDA, vel OYDELELDA, Evrardi uxor, donatrix, 180.

W

WALBERTUS, donator, 181.
WALCAUDUM (terra ad), 284.
WALCAUDUS, mallo præsens, 284.
WALCHERII signum, 462.
WALCODI signum, 355.
WALCOLDI signum, 147.
WALCONONO signum, 332.
WALDERIO signum, 312.
WALDINI signum, 194.
WALDINI (Hæreditas), 73.
WALDO, testis, 139, 279.
WALDONI signum, 246, 305.
WALDONIS signum, 324.
WALDONISCA (Curtis), 325.
WALDRICI, seu WALDONIS signum, 166.
WALDRICI signum, 427.
WALO et uxor Farelda, donatores, 158.
WALO, testis, 312.
WALONIS signum, 178, 487.
WALRULFI (ad filios), 211.
WALTERII vicecomitis signum, 157, 292, 420.
WALTERII episcopi signum, 475, 562.
WALTERII decani signum, 443.

WALTERII, decani et nepotis Walterii episcopi, signum, 475.
WALTERII prepositi signum, 43, 260, 562.
WALTERII, archidiaconi Matisconensis, signum, 198.
WALTERII archidiaconi signum, 495.
WALTERII presbyteri signum, 247.
WALTERII, nepotis Letbaldi, signum, 347.
WALTERII Pomilionis signum, 142.
WALTERII signum, 106, 201, 226, 234, 333, 340, 344, 345, 462, 486.
WALTERIO terra, 200.
WALTERIUS, vicecomes, 71, 103, 157, 186, 292, 420.
WALTERIUS, fidelis comitis Matisconensis, 156.
WALTERIUS episcopus Matiscensis, donator, 461, 465, 475.
WALTERIUS (de Bellojoco), Matisconensis episcopus, 35, etc.
WALTERIUS, Cabilonensis episcopus, 540, 581 bis.
WALTERIUS, Albanensis ecclesiæ episcopus, 579.

WALTERIUS, nepos Walterii episcopi, Matisconensis ecclesiæ decanus, 110, 443, 459, 475.

WALTERIUS, decanus Sancti Vincentii Matisconensis, 459.

WALTERIUS, archidiaconus et decanus Matisconensis, 110.

WALTERIUS archidiaconus et canonicus, petitor, 562.

WALTERIUS, prepositus Matisconensis ecclesiæ, 43, 53, 260, 562.

WALTERIUS presbyter et frater ejus Atto, donatores, 217, 222.

WALTERIUS clericus, filius David et Wandinodis, 140.

WALTERIUS, filius Udulrici donatoris, 201.

WALTERIUS, frater Alsendæ donatricis, 314.

WALTERIUS, Hugo, Herbertus et Drogo, filii Eufemiæ donatricis, 474.

WALTERIUS et Leotaldus, filius Bernardi, habentes precariam, 465.

WALTERIUS et Wicardus, fratres Joceranni militis, 585.

WALTERIUS, donator, 345.

WALTERIUS, venditor, 200.

WALTHERII signum, 123.

WANDALBERTI signum, 216.

WANDALBERTUS, testis, 55.

WANDALGERIO serviente, 484.

WANDALGERIUS et uxor ejus Archenelt, venditores, 314.

WANDALMARI signum, 450, 453.

WANDALMARUS et Bertelarius, 67. Vide *Bertelarius*.

WANDALTRUGIS, cum infantibus suis Ingelerio, Gitsaberna et Sanguedis, 376.

WANDELMODIS, mater Walterii presbyteri et Attonis, 222.

WANDINODIS, uxor David donatoris, 140, 160.

WARAMBALDUS, testis, 55.

WARELDIS et Ainina, uxores Ramberti et Teodosii, 171.

WAREMBERT signum, 251.

WAREMBERTI terra, 250.

WAREMFREDI signum, 159.

WAREMFREDUS et ejus uxor Aaltrudis, donatores, 191.

WARINI marchionis (Raginardus vassallus), 109. Vide *Raginardus*.

WARINUS comes et uxor ejus Albana, 52, 55.

WARINUS, Sancti Vincentii Matisconensis canonicus, 376.

WARINUS, clericus, 158.

WARINUS levita, testis, 478.

WARNERII, abbatis Sancti Vincentii Matisconensis, signum, 267.

WARNERII et Heldiardis signum, 455.

WARNERII (pro remedio animæ), 239.

WARNERII signum, 46, 77, 78, 113, 119, 141, 143, 149, 197, 201, 251, 284, 304, 336, 365, 450, 562.

WARNERII terra, 269.

WARNERIO signum, 316.

WARNERIO teste, 409.

WARNERIUS, abbas Sancti Vincentii Matisconensis, 267.

WARNERIUS et uxor Heldiardis, donatores, 455.

WARNERIUS, filius Erici et Annæ, 105, 446.

WARNERIUS Cautellus, 507.

WARNERIUS, mallo præsens, 284.

WARNERIUS, mansionarius, 198, 495.

WARNERIUS, testis, 376, 426.

WARNETUS, testis, 426.

WARULFI, filii Flotberti, signum, 486, 487.

WARULFI et uxoris ejus Atelanæ signum, 324.

WARULFI signum, 75, 142, 272, 491.

WARULFI et fratrum ejus terra, 472.

WARULFI terra, 205, 215, 240, 245, 246.

WARULFO signum, 419.

WARULFO terra, 247.

WARULFUS et uxor Atela, donatores, 324.
WARULFUS de Berriaco, testis, 547. Vide *Berriaco*.
WARULFUS et filius ejus, testes, 563.
WARULFUS, tenementarius, 465.
WASONO signum, 316.
WICARDI nepotis Hugonis de Monte Pavone, signum, 481.
WICARDI signum, 60, 62, 130, 215, 216, 226, 238, 269, 304, 317, 325, 333, 340, 356, 425, 476, 491.
WICARDUS decanus, testis, 613, 615, 616, 617.
WICARDUS canonicus, donator, 472.
WICARDUS, donator, 256, 333, 340.
WICARDUS et uxor Rotrudis, donatores, 215, 216.
WICARDUS, filius Arlulfi donatoris, 386.
WICARDUS de Anton et Guigo Incathenatus, 583.
WICARDUS Beljocensis, . 590
WICARDUS de Bellojoco, 476.
WICARDUS, pater Wicardi de Bellojoco, 476, 483.
WICARDUS de Curte, frater Pontii et filius Giraldi de Curte, donator, 565.
WICARDUS de Minriaco, vel Muciaco, testis, 400.
WICARDUS miles, testis, 507.
WICARDUS, vir industris, 254.
WICARDUS, jurat in placito, 359.
WICARDUS, tenementarius, 465.
WICARDUS, Bernardus, Sibertus et Walterius, servi, donantur canonicis Sancti Vincentii, 546.
WICART signum, 310.
WICART terra, 366.
WICHARDI filia, precariam habens, 465.
WICHARDI signum, 317, 362, 443, 472.
WICHARDI terra, 436, 526.
WICHARDUS, Matisconensis episcopus et archicancellarius, 120.

WICHARDUS, decanus ecclesiæ Matisconensis, 622, 623, 624, 626, 627, 628, 629, 630. Vide *Guichardus*.
WICHARDUS de Piseir, decanus Matisconensis ecclesiæ, 110, 443, 459, 475.
WICHARDUS, prepositus Sancti Vincentii Matisconensis, 548.
WICHARDUS decanus, testis, 593, 619, 620.
WICHARDUS, miles de Bellojoco, donator, 483.
WICHARDUS, donator, 174, 257.
WICHARDUS, frater Hugonis de Cavannis, 443.
WICHARDUS et frater Bernardus, donatores, 525.
WICHARDUS et uxor Attala, donatores, 372.
WICHARDUS Lingua anseris, de Tramais, testis, 593.
WICHARDUS, mansionarius, 511.
WICHARDUS Rebutinus, testis, 558.
WICHART, filius Bernart, testis, 626.
WIDALDI signum, 323.
WIDO, abbas Matisconensis, 149.
WIDO, advocatus Sancti Laurentii, 284.
WIDO levita, venditor, 299.
WIDO d'Arbent, testis, 569.
WIDO de Estreis, testis, 611, 618. Vide *Estrais et Guigo de Streis*.
WIDO et uxor ejus Eldebergia, donatores, 236.
WIDO, filius Aremberti et Girtrudis, 401.
WIDO et frater ejus Hugo, testes, 585.
WIDO, mansionarius, 516.
WIDO dapifer, testis, 574.
WIDO, testis, 314, 324.
WIDONI terra, 367, 462.
WIDONIS et Sancti Albani terra, 368.
WIDONIS signum, 72, 132, 156, 165, 168, 180, 276, 299, 325, 336, 384, 428, 443, 474.
WIDONIS alterius signum, 156, 299.
WIDONIS (in præsentia), 223.

WIDONIS terra, 378, 466.
WIDRADI signum, 211, 232.
WIDRADI presbyteri terra, 205.
WIDRADO signum, 199.
WIDRADUS et Bladinus presbyteri, donatores, 219.
WIGO, filius Willelmi, 492.
WIGO, Dalmatius et Villelmus, fratres Hugonis de Mediolano, 544.
WIGONIS signum, 148.
WILLEBERTI signum, 230.
WILLEBERTUS illustris vir, petitor, 497.
WILLEBERTUS, petitor, 415.
WILLEBERTUS clericus, filius Willeberti petitoris, 415, 497.
WILLELMI comitis signum, 269.
WILLELMI vicecomitis signum, 48.
WILLELMI, fratris Wigonis vicecomitis, signum, 48, 268.
WILLELMI signum, 153, 198, 220, 315, 330, 464, 495.
WILLELMI (per manum), 432, 436, 451, 452, 475.
WILLELMI terra, 181.
WILLELMO signum, 320.
WILLELMUS, GUILLELMUS Alemannus, comes Matisconensis, pater alterius Willelmi, 7, 590.
WILLELMUS comes Matisconensis, filius Rainaldi comitis, 7.
WILLELMUS comes, frater Regnaldi comitis, 589, 590.
WILLELMUS, comes Matisconensis, 152, 204.
WILLELMUS, comes (Matisconensis), donator, 615, 623.
WILLELMUS comes, testis, 623.
WILLELMUS, comes Nivernensis, 559, 604.
WILLELMUS, filius Willelmi comitis Nivernensis, 604.
WILLELMUS, cancellarius, 28, 44, 429, 432, 436, 451, 452, 475.

WILLELMUS miles, donator, 260.
WILLELMUS de Boent, obses, 604.
WILLELMUS de Brectes, testis, 558.
WILLELMUS de Castellione, 508.
WILLELMUS de Nay et Gaufridus de Soloniaco, obsides, 547.
WILLELMUS de Toria verpitionem facit, 506.
WILLELMUS de Viriseto, obses, 604.
WILLELMUS Viriaci, testis, 622.
WILLELMUS de Viriaco archidiaconus, testis, 624.
WILLELMUS archipresbyter, testis, 506.
WILLELMUS et Jotcerannus Vetulus, 612.
WILLELMUS, seu VICELINUS de Suisiaco, canonicus, donator, 564.
WILLELMUS clericus, testis, 604.
WILLELMUS subdiaconus et Hugo, 532.
WILLELMUS Vetulus, obses, 560.
WILLELMUS alius, filius Giraldi, 574.
WILLELMUS, filius Hugonis de Castellione, 517.
WILLELMUS, filius Humberti venditoris, 605.
WILLELMUS, filius Maioli de Varennis, testis, 633.
WILLELMUS, filius Verriani, testis, 632.
WILLELMUS, Dalmatius et Wigo, fratres Hugonis de Mediolano, 544.
WILLELMUS et Hulricus, filii Gaufredi de Cluniaco, 547.
WILLELMUS et uxor Gertrudis, donatores, 220.
WILLELMUS Grassus, testis, 508, 629.
WILLELMUS Grossus, testis, 627, 628.
WILLELMUS, scriptor, 28, 44.
WINAVERGÆ signum, 334.
WINCULFI signum, 108.
WINEBALDI terra, 199.
WINERII signum, 246.
WINISI (per manum), 86.
WINISI signum, 415.

Winisius levita, testis, 478, 497.
Winusius subdiaconus, testis, 480.
Winusius, testis, 406.
Witbert signum, 316, 317.
Witchardi signum, 110.
Witcheranni signum, 76, 103.
Witcherannus, fidelis comitis Matisconensis, 156.
Witcherannus et uxor ejus Gertrudis, donatores, 48.
Witgerii signum, 374.

Witsa, filia Ragemundis nobilis matronæ, 92, 498.
Witselina, precariam habens, 465.
Woldi et Rotberti terra, 487.
Woldus, mansionarius, 487.
Wolfinci signum, 172.
Wolfranni et uxoris Annæ signum, 307.
Wolfrannus et uxor ejus Anna, donatores, 307.
Wolvendi et Adami terra, 47.

Y

Yda, uxor Willelmi filii comitis Nivernensis, 604.

Yvo et uxor Attala, vel Ettela, donatores, 46.
Yvo, testis, 335.

DICTIONNAIRE GÉOGRAPHIQUE.

A

Acunandres, vinea in agro Itgiacensi ; territoire peu important qui dépendait de l'*ager* d'Igé, arrondissement de Mâcon, canton de Cluny. *V.* Cimandras.

Ad Maciaco, locus in agro Caniniacensi, vel Cassiniacensi, Amanzé? arrondissement de Charolles, canton de La Clayette.

Adveisa, silva, Avaise, forêt située sur les communes de Ligny, St-Maurice-lès-Châteauneuf, etc., arrondissement de Charolles, cantons de Semur et de Chauffailles.

Aganacensis *ager*, le chef-lieu de cet *ager* devait être Aynand, commune de Bonnay. *V.* Agenacum, Agniacensis, Aynacensis.

Agenacum, Aynard *(Saint-Hippolyte d')*, hameau de la commune de Bonnay, arrondissement de Mâcon, canton de Saint-Gengoux-le-Royal.

Agniacensis, Aynacensis ager, Aynard. *V.* Agenacum.

Agriliaco, Agrillo, La Gresle (Loire). *V.* Agroledas.

Agrinio, Aginno (actum), Agen (Lot-et-Garonne).

Agroledas (Ecclesia S. Mariæ ad), N.-D.-de-la-Gresle (Loire), arrondissement de Roanne, canton de Belmont. Cette paroisse dépendait de l'archiprêtré de Beaujeu et du diocèse de Mâcon.

Albam Spinam (Pratum ad), pré de l'Aubépine, commune de Sancé, canton nord de Mâcon.

Albanensis episcopatus, Albano (Italie), l'un des six évêchés suffragants de Rome.

Albiniaco (in), Arbigny (Ain), arrondissement de Bourg, canton de Pont-de-Vaux.

Albo Spino (de), l'Aubépin, hameau de Villette-lès-St-Amour (Jura), arrondissement de Lons-le-Saunier, canton de Saint-Amour.

ALBUCINIACO, ALBUCONACO, ALBUNORACO, ALBURNIACO (in), BUISSONNAT, hameau de la commune de St-Amour, arrondissement de Mâcon, canton de La Chapelle-de-Guinchay.

ALICHIER, mansus in agro Arpaiacensi; territoire peu important situé près d'Arpayé, commune de Fleurie (Rhône). V. ARPAIACENSIS ager.

ALONIACUM, ALLOGNIACUM, AYLONIACUM, LES ALOGNIERS, hameau de la commune de St-Sorlin, canton nord de Mâcon.

ALSACI FOSSA, villa in agro Salorniacensi. V. FOSSA ALSACI.

ALTERA CURTE, ALTRA CURTE (ad), HAUTECOUR (Ain), arrondissement de Bourg, canton de Ceyzériat.

AMALBERTUM, villa in agro Salorniacensi, ANAMERET, lieu-dit de la commune d'Hurigny, canton nord de Mâcon.

AMARIACO, AMARICO (curtilus vocatus), LES MORATS? écart de Varennes-lès-Mâcon.

AMONIACUM, AMUNIACUM, AMEUGNY, arrondissement de Mâcon, canton de Saint-Gengoux-le-Royal.

ANAI, territoire situé non loin de Marigny, commune de Verzé, canton nord de Mâcon.

ANDELIACO (de), LES ARDILLATS (Rhône), arrondissement de Villefranche, canton de Beaujeu.

ANICIENSIS episcopatus, LE PUY (Haute-Loire), évêché suffragant de Bourges.

ANSAM (Concilium apud), ANSE (Rhône), arrondissement de Villefranche.

ANSELLE (portus), ANCELLES, port sur la Saône, dépendant de la commune de St-Romain, arrondissement de Mâcon, canton de La Chapelle-de-Guinchay.

ANTONE (de), ANTHON (Ain), commune de St-Maurice-de-Gourdan, arrondissement de Trévoux, canton de Meximieux.

APAGIACO (de), APAGNIÉ (Rhône), commune de Lantignié, arrondissement de Villefranche, canton de Beaujeu.

APUNIACI terra, APEUGNY, écart d'Hurigny, canton nord de Mâcon.

APPUGNIACUM, APPUNIACUM, APONIACUM, villa in pago Scodingensi.

AQUACALIDA, source d'eau minérale, près les Charmonts, ham. de Leynes, cant. de La Chapelle-de-Guinchay, arrondissement de Mâcon. V. CALDAQUA.

AQUISGRANI (actum), AIX-LA-CHAPELLE (Allemagne).

ARAR, fluvius, la SAÔNE, rivière.

ARCHINGIIS (de), ARCINGES (Loire), arrondissement de Roanne, canton de Belmont.

ARCIACO (de), ARCIAT ou ARCIEU (St-Jean-de-Thurigneux, en Dombes) [Ain]..

ARCUS, seu AREA Sancti Petri, quem vocant Casno, LES CHANAUX et LA GRANGE-ST-PIERRE, domaines situés près Mâcon.

ARCUS (campus qui vocatur ad), in villa Varennas, AUX ARTS, commune de Varenne-lès-Mâcon.

ARDERIA (de), ST-JEAN-D'ARDIÈRE (Rhône), arrondissement de Villefranche, canton de Belleville.

ARNANT, villa in agro Cosconiacensi, ARNANT (Ain), aujourd'hui St-André-de-Bâgé, ou St-André-d'Huiriat?

ARPAIACENSIS ager, ARPAYÉ, ancien doyenné de l'ordre de St-Benoît, commune de Fleurie (Rhône), arrondissement de Villefranche, canton de Beaujeu.

ARSIS (Vercheria ad), ARS en Dombes (Ain), arrond. et canton de Trévoux.

ARVERNORUM (in civitate), CLERMONT en Auvergne (Puy-de-Dôme).

ASNERIAS, villa in agro Cosconacensi, ASNIÈRES, ou ESNE et VÉSINE (Ain), arrondissement de Bourg, canton de Bâgé-le-Châtel.

ATHANACENSIS abbas, AINAY (ST-MARTIN-D'), Lyon (Rhône), abbaye de l'ordre de Saint-Benoît.

ATHENACO (Ecclesia de), ATHANEINS, ou BANEINS en Dombes (Ain), arrondissement de Trévoux, canton de St-Trivier-sur-Moignans.

AUBLIACENSIS, AIBLIACENSIS, CUBLIACENSIS ager, CUBLIZE (Rhône), arrondissement de Villefranche, canton de Thizy. *V.* CUBLIACENSIS ager.

AUDERIIS, ANDERIIS, ARDERIIS, LES AUGÈRES ou ARDIÈRE? (Rhône).

AUDINITA (in), locus in oppido Matisconensi; nom d'une ancienne localité, qui n'a pas d'équivalent moderne.

AUGUSTENSIS episcopatus, AOSTE (Piémont), évêché suffragant de Moutiers-en-Tarantaise.

AUTISSIODORENSIS episcopatus, AUXERRE, évêché suffragant de Sens.

AVALENSIS comitatus, le comté d'AVALLON (Yonne).

AVENACO (in), villa in pago Matisconensi, Varennes de la Flûte d'*Avenas*? lieu-dit de la commune d'Azé, arrondissement de Mâcon, canton de Lugny.

AVENACUM, AVANACUM, villa in agro Viliacensi, AVENAS (Rhône), arrondissement de Villefranche, canton de Beaujeu.

AVENAIS. *V.* S. DESIDERIUS D'AVENAIS.

AVISTAS, villa in agro Viriensi, in fine Vallis, AVITTES et *Reyssouze* (Ain); arrondissement de Bourg, canton de Pont-de-Vaux.

AYGUERRUELS, colonia in agro Cosenacensi. *V.* COSCONACUM, COSENACENSIS ager.

AVLONACO (in), villa, LES ALOGNIERS, hameau de Saint-Sorlin, canton nord de Mâcon. *V.* ALONIACUM.

AYNIACENSIS ager, AYNARD. *V.* AGANACENSIS, AGNIACENSIS ager.

B

BAISINISCO, BASUNCIO (de), BAISENENS, commune de Crêches, arrond. de Mâcon, canton de La Chapelle-de-Guinchay.

BAIVERIIS, BAMERIIS (de), BEYVIERS, commune de Marsonnas (Ain), arrondissement de Bourg, canton de Montrevel.

BALBILONA (condamina de), BALBIGNY (Loire), arrondissement de Roanne, canton de Néronde.

BALGIACUM, BALGIACUS, BALGIE, BAGÉ (Ain), chef-lieu de canton, arrondissement de Bourg. *V.* BAUGIACO.

BARBARESCHIS (de), BARBARESCHES (Ain).

BARBARIACO, BARBEREIS, non loin de Cublize (Rhône).

BARRONACO (ad), locus; nom de territoire.

BARVERS (de). *V.* BAIVERIIS.

BASINIACO, BASSINIACO, BLASSIMACO (de). *V.* BAISINISCO.

BECIS (Decimæ de), BOS (Ain), arrondissement de Bourg, canton de Pont-de-Vaux.

BELIARDUM lucus, le bois de CHATENAY, Sancé, canton nord de Mâcon. *V.* CASTANETUM.

BELICENSIS, BELLICENSIS episcopatus, BELLEY (Ain), évêché suffragant de Lyon, aujourd'hui de Besançon.

BELJOCUS, BELLOJOCO (de), BEAUJEU (Rhône), arrondissement de Villefranche.

BELLOMONTE (de), BELMONT (Loire), arrondissement de Roanne.

Belmontensis, Belmontissa (terra), in villa Avenaco, in agro Viriacensi ; nom de territoire, commune de Viré, arrond. de Mâcon, canton de Lugny.

Belnam castrum (actum prope), Beaune (Côte-d'Or).

Beloysti (in villa), La Belouze, hameau de St-Sorlin, canton nord de Mâcon.

Belplanum, villa ; localité disparue.

Belucias (in), campus in villa Verriaco, Les Beluses, nom d'un territoire de la commune de Verzé, canton nord de Mâcon.

Beraciaco, Beresiaco, Berriaco, Bergiaco, Berziaco (in), villa in agro Viriacensi. Berzé, arrondissement et canton nord de Mâcon.

Bericiacensis ager, Bereysiat (Ain), arrondissem. de Bourg, canton de Montrevel.

Berlectum, Berlectinis, terra ; nom de territoire dont la situation ne nous est pas connue.

Besornaco (in), locus, Besornay, hameau dépendant des communes de St-Vincent-des-Prés et de Vitry, arrondissement de Mâcon, canton de Cluny.

Betis portus, le port de Bey ou By (Ain), rive gauche de la Saône. V. Bey.

Bey, Bex, villa in pago Lugdunensi, Bey (Ain), arrondissement de Bourg, canton de Pont-de-Veyle.

Bigorti, vel Bidocti fons, fontaine de Bioux, près Charnay-lès-Mâcon.

Biliacus ager, Villié (Rhône), arrond. de Villefranche, canton de Beaujeu.

Birisiaco (colonica de), Bereysiat (Ain), arrond. de Bourg, cant. de Montrevel.

Bisiaco, vel Buciaco (in), Saint-Huruge, arrondissement de Mâcon, canton de Saint-Gengoux-le-Royal.

Blandaco, Blandiaco, Blaniaco (in), Blany, hameau de Laizé, cant. nord de Mâcon.

Blitannidis, Blemundis, villa in pago Matisconensi, Les Blémonds, hameau de La Chapelle-de-Guinchay, arrondissement de Mâcon.

Bo, villa in pago Lugdunensi, Boz (Ain), arrondissement de Bourg, canton de Pont-de-Vaux.

Boent, Buenc, commune d'Hautecour (Ain), arrond. de Bourg, canton de Ceyzériat.

Bogenis, villa, Bouzon ? commune de Vauxrenard (Rhône), arrondissement de Villefranche, canton de Beaujeu.

Boonisco (in), vinea ; territoire peu important près Verzé, canton nord de Mâcon.

Borbontia, fluvius, La Bourbince, petite rivière qui sort de l'étang de Longpendu, alimente le canal du Centre, dont elle longe le cours jusqu'à son embouchure, et se jette dans l'Arroux, à 3 kilomètres de Digoin.

Bornesia, vinea in Verciaco villa ; nom d'une vigne au territoire de Verzé, canton nord de Mâcon.

Boscedo, Boscido, Bosciaco (in), villa, Bioux, hameau de Charnay, arrond. et canton sud de Mâcon.

Bosco (S.-Maria de), Le Bois-Ste-Marie, commune de l'arrond. de Charolles, canton de La Clayette.

Bosco Captivo et Spina (tertia pars de) ; Le Bois-Chétif et de l'Epine (Ain), occupait la prairie de la Saône entre la Veyle et Saint-Laurent-lès-Mâcon.

Branceduno, Branciono (de), Brancion, commune de l'arrondissement de Mâcon, canton de Tournus.

Brandono (in), Briendonis villa, Brandon, commune de l'arrondissement de Mâcon, canton de Matour.

Brechiis, Brecis (de), Bresches ou Bréchoux, arrondissement de Charolles, canton de Saint-Bonnet-de-Joux.

DICTIONNAIRE GÉOGRAPHIQUE.

Brigia, Bray, commune de l'arrondissement de Mâcon, canton de Cluny.

Broder, Brodex (Decima de), Brodey? commune de Saint-Cyr (Ain).

Brueria, Brugeria (de), La Bruyère, commune de Sologny, arrondissement et canton nord de Mâcon.

Brunirolles, territoire près Cluny.

Bruretias (in), villa in comitatu Matiscensi, Les Bruyères, comm^{ne} de Villié (Rhône), arrondissement de Villefranche, canton de Beaujeu.

Brutoria (in), La Bouteresse? (Loire).

Bucenno, Buciano, Buchanno (in), Le Buc? hameau de Viré, arrondissement de Mâcon, canton de Lugny.

Buciaco (Capella Sancti Petri in), localité disparue.

Bufferias (in), villa in agro Mediolanensi, Buffières, arrondissement de Mâcon, canton de Cluny.

Buidoni, villa in agro Garloniacensi, Burde? hameau de Jalogny, arrondissement de Mâcon, canton de Cluny.

Burgundia (Mansus de), Bourgogne, domaine de la comm^{ne} de St-Point, arrondissem^{nt} de Mâcon, canton de Tramayes.

Burgus Superior, prope murum Matisconis, le *Bourg-Savoureux*, anciennement suburbe de Mâcon.

Burnant, Burnand, comm^{ne} de l'arrond^{nt} de Mâcon, canton de St-Gengoux-le-Royal.

Buronico (in), locus, Buron? (Ain).

Busciaco (in), villa in agro Salorniacensi, Bucie? et *Bussière*, au territoire de Salornay, hameau d'Hurigny.

Busciaco (de), Saint-Huruge? commune de l'arrondissement de Mâcon, canton de Saint-Gengoux-le-Royal.

Buscido (in), Bioux, hameau de Charnay, arrondissement et canton sud de Mâcon. V. Boscedo.

Buton, Breon, Les Barons? hameau de Chasselas, canton de La Chapelle-de-Guinchay.

Butsongi villa, Bussonge, lieu-dit de Saint-Martin-de-Senozan, arrondissement et canton nord de Mâcon.

Buxeria (de), St-Jean-la-Bussière? (Rhône), arrondissement de Villefranche, canton de Thizy.

Buxiaco (de), Buxy, hameau de Fleury-la-Montagne, arrondissement de Charolles, canton de Semur-en-Brionnais.

C

Cabannas (in), Cabannis (de), Chavannes, hameau de Clessé, arrondissement de Mâcon, canton de Lugny.

Cabillo, Cabillonica civitas, Chalon (Saône-et-Loire).

Cacellaco (in), villa, Chasselas, arrondissement de Mâcon, canton de La Chapelle-de-Guinchay.

Cacenaco, Cacenato (in), villa in pago Cabilonensi, Chazeaux? hameau de Saint-Cyr, arrondissement de Chalon, canton de Sennecey-le-Grand.

Caderias (in), villa in agro Fusciacensi, Les Cadots, hameau dépendant de Vinzelles et de Chaintré, arrondissem^{nt} de Mâcon.

Cadinico, Cadenaco (in), villa, Chanillon? hameau de Saint-Symphorien-d'Ancelles, arrondissement de Mâcon, canton de La Chapelle-de-Guinchay.

Caimmenva, Camnemia, Cavenna, Cavigenna, silva, Chevignes? (bois de), situé sur les communes de Prissé et de Davayé, canton sud de Mâcon.

CALCEDONENSE, CUALCEDONENSE (Concilium), CHALCÉDOINE, ville de Bithynie (Asie-Mineure).

CALDAQUA, villa, CHAUDES-AIGUES (Cantal), arrondissement de Saint-Flour.

CALOMONTE, CHALAMONT (Ain), arrondissement de Trévoux.

CAMBONAS (in), villa, CHAMPBON? hameau de Cortevaix, arrondissement de Mâcon, canton de Saint-Gengoux-le-Royal.

CAMENAS, CAMNEAS (in), villa, CHEVIGNES? hameau de Prissé, arrondissement et canton sud de Mâcon.

CAMMILIACO (in), CHAMELET? (Rhône), arrondissement de Villefranche, canton de Bois-d'Oingt.

CAMVENTUS, CAVENICUS, CHAMPVENT, hameau de Chardonnay, arrondissement de Mâcon, canton de Lugny.

CANDEVERUS (in), villa in pago Nivernensi, CHAMPVERT (Nièvre), arrondissement de Nevers, canton de Decize.

CANTRIACUM, villa, CHAINTRÉ, arrondissement de Mâcon, canton de La Chapelle-de-Guinchay.

CANTRIACENSIS AGER ; le chef-lieu de cet *ager* était CHAINTRÉ, commune de l'arrondissement de Mâcon, canton de La Chapelle-de-Guinchay.

CARBONACUM, villa, MARBOU? hameau de Charnay, ou peut-être NARBONNE, hameau de Prissé, canton sud de Mâcon.

CARBONERIAS (in), villa in fine Viriacensi, CHARBONNIÈRES, arrondissement et canton nord de Mâcon.

CARDONACUM, CARDONIACUM, CARDENACUM, villa in fine Cardoniacensi, CHARDONNAY, arrondissement de Mâcon, canton de Lugny.

CARDONERIAS (in), campus in villa Lornant, lieu-dit près LOURNAND, arrondissement de Mâcon, canton de Cluny.

CARILOCUS, CAROLOCO (de), archipresbyteratus, CHARLIEU (Loire), archiprêtré du diocèse de Mâcon.

CARIMIACO (in), villa, LA CHARME, hameau de Jalogny, arrondissement de Mâcon, canton de Cluny.

CARNACUM, villa in agro Salorniacensi, CHARNAY, arrondissement et canton sud de Mâcon.

CASAL DULCISO, in agro Cubliacensi, territoire situé près Cublize (Rhône), arrondissement de Villefranche, canton de Thizy.

CASANOVA, villa in pago Matisconensi, MAISON-NEUVE, commune de Romanêche, arrondissement de Mâcon, canton de La Chapelle-de-Guinchay.

CASILLUS, CHOISEAU, hameau de la commune de Saint-Albain, arrondissement de Mâcon, canton de Lugny.

CASINNA moneta, monnaie de l'abbaye du *Mont-Cassin* (Italie).

CASNO (Curtilus cum vinea vocatus), EZ CHANAUX. V. ARCUS, AREA Sancti Petri.

CAZOTIS (in), villa in agro Salorniacensi, CHAZOUX, hameau d'Hurigny, arrondissement et canton nord de Mâcon.

CASSANIAS, CASSAMAS (in), locus in pago Matisconensi, LA CHANAYE (St-Clément-lès-Mâcon), ou CHEVIGNES? hameau de Prissé, arrondissement et canton sud de Mâcon.

CASSISIACO, CASSINIACO (in), locus, LA CHASSAGNE? hameau de St-Gengoux-le-Royal, arrondissement de Mâcon.

CASTANEDELLUM, boscus, le bois de CHATENAY, commune de Sancé, arrondissement et canton nord de Mâcon.

CASTANEDO (in), locus in agro Ibiacensi, CHATENAY, lieu-dit situé près d'Azé, arrondissement de Mâcon, canton de Lugny.

CASTANEDUM, villa, CHATENAY, hameau de Sancé, canton nord de Mâcon.

CASTANEDUM et *Semiriacum*. Vide SEMIRIACUM.

CASTANELLA silva, le bois de CHATENAY, commune de Sancé, arrondissement et canton nord de Mâcon. Vide CASTANEDELLUM.

CASTANETUM et LUCUM BELIARDUM, CHATENAY, hameau de Sancé, *V.* LUCUS BELIARDUS.

CASTELLIONE (Mansus de), CHATILLON, domaine près Viré, arrondissement de Mâcon, canton de Lugny.

CASTELLUM, villa in agro Galoniacensi, CHATEAU, près Jalogny, arrondissement de Mâcon, canton de Cluny.

CAUSAL MAMBERT (in), colonica, nom d'une ferme près Arnant? (Ain), arrondissement de Bourg.

CAUSEL, CAUSELLIS, CAUSELLUM, CAUSELLUS, villa in agro Viriacensi, CHOISEAU, hameau de St-Albain, arrondissement de Mâcon, canton de Lugny.

CAVANIACI (Decima), CHEVAGNY-LES-CHEVRIÈRES, arrondissement et canton nord de Mâcon. *V.* CAVANIACUM.

CAVANIACO (in), villa in agro Torniacensi, CHEVAGNY-SUR-VEYLE (Ain). *V.* CHAVAIGNIACUM ad *Velam*.

CAVANIACUM, villa in agris Fusciacensi et Salorniacensi, CHEVAGNY-LES-CHEVRIÈRES, canton nord de Mâcon.

CAVEINIA, CAVANNAS, CAVINAS (in), CHEVIGNES, hameau de Prissé, arrondissement et canton sud de Mâcon.

CENSANICA (in), villa, SANCÉ, canton nord de Mâcon. *V.* SANCIACUS.

CENVA, CENVES (Rhône), arrondissement de Villefranche, canton de Montsol.

CEPTIO (in), locus in agro Salorniacensi, lieu-dit situé près Salornay, hameau d'Hurigny, canton nord de Mâcon.

CHACELACO (in), CHASSELAS, commune de l'arrondissement de Mâcon, du canton de La Chapelle-de-Guinchay.

CHAGNOT, CHAIGNOT, CHAIGNET, boscus, bois situé sur la commune de Sennecé, canton nord de Mâcon.

CHAPASIA (Monasterium de). Les Bénédictins de Saint-Pierre de Chalon avaient leur noviciat à Chapaize, arrondissement de Mâcon, canton de Saint-Gengoux-le-Royal.

CHASAL DOLCIN, mansus, domaine situé près Cublize (Rhône), canton de Thizy. *V.* CASAL DULCISO.

CHAVAIGNIACUM AD VELAM, CHAVANNES? hameau de Crottet, ou CHAVAGNAT, hameau de Polliat (Ain). *V.* CAVANIACO.

CHIGIACI (Parochia), SIGY-LE-CHATEL? commune du canton de Saint-Gengoux, arrondissement de Mâcon.

CHIMINACO, CHINIMACO, vel CLUNIACO? *V.* VIRCIONIS.

CICIACO (in), villa, ST-GENGOUX-DE-SCISSÉ, commune de l'arrondissem[nt] de Mâcon, canton de Lugny.

CIMANDRAS (in), locus in villa Ibiaco, territoire près d'Igé, arrondissement de Mâcon, canton de Cluny. *V.* ACUNANDRES.

CIRCIACO (in), villa in pago Matisconensi, VERZÉ? arrondissement et canton nord de Mâcon. *V.* VERCIACO.

CIRGOS (Ecclesia de), CIERGUES, hameau de Donzy-le-Royal, arrondissement de Mâcon, canton de Cluny.

CIVIONE (de), villa, SIVIGNON, hameau de Suin, arrondissement de Charolles, canton de St-Bonnet-de-Joux.

CLASSIACO, CLASSEACO (in), villa in agro Iggiacensi, ULESSÉ, arrondissement de Mâcon, canton de Lugny.

CLAVERIAS (in), lieu-dit situé près d'Igé, arrond[nt] de Mâcon, canton de Cluny.

CLIPPIACO, CLIPGIACO, vel DIPGIACO (in), villa, PIERRECLOS? arrondissement de Mâcon, canton de Tramayes.

CLOSELLOS (ad), locus, lieu-dit près de Sermoyer (Ain), canton de Pont-de-Vaux. *V.* SALMACENSIS ager.

CLUNIACUM, villa, CLUNY, chef-lieu de canton de l'arrondissement de Mâcon.

COLONIAS (in), villa, COLONGES-LA-MACONNAISE, hameau de Cruzilles, arrondissement de Mâcon, canton de Lugny.

COLONICAS, COLONGIAS (in), villa, COLLONGES (en Charollais), canton de La Guiche. Une charte de l'évêque Adon place cette localité dans le Chalonnais, *Colonicas in pago Cabilonensi.*

COLONICAS et Moncellis (in), COLLONGES et MONTCEAU, hameaux de Prissé, arrond^t et canton sud de Mâcon. *V.* MONCELLIS.

CONCULA (in), locus juxta Matisconem, localité disparue qui n'a pas d'équivalent moderne. *V.* CONTLA.

CONDAMINAS (in), villa in agro Meloniacensi, CONDEMINES, hameau de Charnay, canton sud de Mâcon.

CONFLANS, villa, CONFLANS, hameau d'Azé, arrond^t de Mâcon, canton de Lugny.

CONTLA (in), locus in oppidum civitatis Matisconis. *V.* CONCULA.

CORBONACUM et Prisciacum (inter); nom fautivement écrit: il faut sans doute lire SALORNACUM, SALORNAY, hameau d'Hurigny, canton nord de Mâcon.

CORCELLA, CORCELLE, hameau de Bourgvilain, arrondissement de Mâcon, canton de Tramayes.

CORCELLAS, vel CORTOCELLAS (in), villa, CORCELLES près Grièges (Ain), canton de Pont-de-Veyle.

CORCELLO, (Capella de), CORCELLE? près Romenay, arrondissement de Mâcon, canton de Tournus.

CORMARENCHIA, CORMERENCHIA, CORMOLINGIAS (in), villa, CORMORANCHE (Ain), canton de Pont-de-Veyle.

CORTASIONE (in), villa in agro Marliacensi, CORLAISON, hameau de Chaveyriat (Ain), arrondissement de Trévoux.

CORTEFRANCIONIS, CURTIFRANCIONIS, villa, CONFRANÇON (Ain), arrondissement de Bourg, canton de Montrevel.

CORTEFREDONE (in), villa in fine Cosconacensi, CURTAFOND (Ain), arrondissement de Bourg, canton de Montrevel.

CORTEVACIO (de), CORTEVAIX, commune de l'arrondissement de Mâcon, canton de St-Gengoux-le-Royal.

COSCONACUM, villa in pago Lugdunensi. De cette localité il ne reste plus que le domaine de COCOGNE, situé sur la commune de St-Genis-sur-Menthon (Ain), arrondissement de Bourg, canton de Pont-de-Veyle.

COTOMACO (ad), locus; localité située près St-Ythaire, peut-être CORTEVAIX?

COTTA (Ecclesia in villa): l'église et les habitations de cette localité ont disparu, il n'existe plus que le bois de COTTE, commune de Cortambert, arrondissement de Mâcon, canton de Cluny.

CRAI (in), villa, CRAY, hameau de Saint-Marcelin, arrondissement de Charolles, canton de La Guiche.

CRAIA (Via de) ad rivum fontis, lieux-dits situés près d'Igé, canton de Cluny. On trouve en effet sur cette commune des localités que l'on nomme encore *La Via*, *En Crayaux*, et un ruisseau qui met en mouvement plusieurs moulins.

CRAIS, locus, CRAY, hameau de Clessé, arrond. de Mâcon, canton de Lugny.

CRAONA, amnis, LA GROSNE, rivière, *V.* GRAONA.

CROCHIO (de), villa, CRÊCHES. *V.* CROPIO.

CROPIO (in), villa, CRÈCHES, commune de l'arrondissement de Mâcon, canton de La Chapelle-de-Guinchay.

CROS, mansus in parochia de Petra Clauso, LES CRUES, domaine situé à Pierreclos, arrondissement de Mâcon, canton de Tramayes.

CROSO VALLA (de), locus, nom de territoire près Cublize (Rhône), arrondissement de Villefranche, canton de Thizy.

CROTELDI villa, in agro Tornacensi, CROTTET (Ain), arrondissem. de Bourg, canton de Pont-de-Veyle.

CUBLIACENSIS AGER ; le chef-lieu de ce territoire était CUBLIZE (Rhône), arrondissement de Villefranche.

CUCCRIATO (in), campus, territoire situé près de Crèches, arrondissement de Mâcon, canton de La Chapelle-de-Guinchay.

CUMRIACO (in), villa, CUINZIER? (Loire), arrondissem^{nt} de Roanne, canton de Belmont.

CUPRIACENSIS AGER. V. AUBLIACENSIS AGER.

CURCIACO (in), villa, localité près Verzé, arrondissement et canton nord de Mâcon. V. VERCIACO.

CURIACENSIS finis, CURIACO (in) ; nom d'une localité disparue près d'Igé ou de Verzé, arrondissement de Mâcon.

CURTE, CURTIS et *Stogium*, COURTES (Ain), arrondissement de Bourg, canton de St-Trivier-de-Courtes. V. STOGIUM.

CURTE (de), villa, COURS (Rhône), arrondissement de Villefranche, canton de Thizy.

CURTE SUPERNENSE, villa in agro Cubliacensi, AUCOUR, près Cublize (Rhône), arrondissement de Villefranche.

CURTEVIENTINE, vel CURTERIENTANE (in), villa, CURTARENGES? (Ain), arrondissement de Bourg.

CURTILIS (Ecclesia), CURTIL-SOUS-BURNAND, arrondissement de Mâcon, canton de Saint-Gengoux-le-Royal.

CURTILIS MARIANI, villa, MAUSONNAS? (Ain), arrondissement de Bourg, canton de Montrevel.

CURTIS WALDONISCA, villa, CURTAVOCHE, hameau de Romenay, arrondissement de Mâcon, canton de Tournus.

CUSTE COMITE, CURTE COMITE (in), villa in agro Foldringus, COURCENAY? hameau de Mardore (Rhône), fief et comté qui appartenait à la maison de Foudras.

CUSTERIENTANE, CURTERIENTANE (in), villa. V. CURTEVIENTINE.

D

DALAINACO, AYLONACO (in), locus, LES ALOGNIERS, hameau de Saint-Sorlin, arrondissement et canton nord de Mâcon. V. ALONIACUM.

DASCIACO, vel SANCIACO (in), villa, SANCÉ? commune du canton nord de Mâcon.

DAVAIACUM, villa in agro Fusciacensi, DAVAYÉ, près Fuissé, arrondissement et canton sud de Mâcon.

DAVENACO (in), villa, AVENAS (Rhône), arrondissement de Villefranche, canton de Beaujeu. V. AVENACUM.

DIENSIS episcopatus, DIE, ancien évêché suffragant de Vienne-en-Dauphiné.

DIGOINA (de), DIGOINE, hameau de Palinges, l'une des quatre anciennes baronies du Charollais.

DIMINIACUS, villa in agro Riniacensi, LENTIGNIÉ (Rhône). V. LENTINIACUS.

Dipgiaco, Clipgiaco (in), villa in agro Priacensi vel Prisciacensi, Pierreclos? commune de l'arrondissem.t de Mâcon, canton de Tramayes.

Disiaco, Diviaco (facta). *V.* Diviacum.

Diviacum, vel Davaiacum, cum ecclesia S. Martini, villa in agro Potiacensi, Saint-Martin de Prissé ? *V.* Davaiacum.

Dodaloria, vel Doloria (Campus vocatus), nom de territoire près de Sancé, canton nord de Mâcon.

Domanaco (in), villa in fine Verriacensi, vel Itgiacensi, Domange, hameau d'Igé, arrondissement de Mâcon, canton de Cluny.

Donobrensis pagus ; le chef-lieu de ce territoire devait être Chatel-de-Neuvre (Allier), arrondissement de Moulins, canton du Montet.

Dranaco, vel Draciaco (in), villa, Dracé, hameau de Crèches, arrondissement de Mâcon, canton de La Chapelle-de-Guinchay.

Dulon, vel Oulon, villa in pago Nivernensi, Oulon (Nièvre), arrondissement de Cosne, canton de Prémery.

Dunensis ager, territoire dont le chef-lieu était Dun-le-Roi, hameau de St-Racho, arrondissement de Charolles, canton de La Clayette.

E

Eduensis episcopatus, Autun (Saône-et-Loire), évêché suffragant de Lyon.

Elablif, localité qui devait être située près d'Igé, arrondissement de Mâcon, canton de Cluny.

Elva, rivus, petit cours d'eau près Grandris (Rhône), arrondissement de Villefranche, canton de Lamure.

Emuranda, Emurenda, villa in pago Lugdunensi, peut-être Esquerande, près Vendeins (Ain), arrondissement de Trévoux.

Escociolis (de), Ecussolles, hameau de Saint-Pierre-le-Vieux, arrondissement de Mâcon, canton de Tramayes.

Evesaco, Evesco, Evesar (prata vocata), ad fluvium Ararim, nom de territoire dans la prairie de la Saône, en amont de la ville de Mâcon.

Exartellis (in), campus in agro Ruflacensi, nom d'un territoire situé près Ruffey, arrondissement de Mâcon, canton de Cluny.

Exartis, villa, Esserteaux ? hameau de Bussière, arrondissement et canton sud de Mâcon.

Exarto (Condamina de), lieu-dit près de Saint-Sorlin, arrondissement et canton nord de Mâcon.

Exsartis (Decima de), infra parochiam Soloniaci, Les Essarts, lieu-dit de la commune de Sologny, arrondissement et canton nord de Mâcon.

F

Fabricas (in), villa, Farges, arrondissement de Mâcon, canton de Tournus.

Felineis (Terra de), Feillens (Ain), arrondissement de Bourg. *V.* Felins.

FELINS, villa in fine Spinacensi, FEILLENS, (Ain), arrondissement de Bourg, canton de Bâgé-le-Châtel.

FENERICIO (Campus vocatus), nom d'un territoire près Thoiria, hameau de Crèches, arrondissement de Mâcon, canton de La Chapelle-de-Guinchay.

FESTIVIACUM (ad), locus; nom d'un territoire dont la situation ne nous est pas connue.

FINIS AVENACUS, AVENAS (Rhône), arrondissement de Villefranche. V. AVENACUM.

FINIS BERIACENSIS, vel VIRIACENSIS? in pago Lugdunensi, BIRIEUX? (Ain), arrondissement de Trévoux. V. VIRIACENSIS.

FINIS CURIACENSIS, localité disparue qui devait être située près de Verzé, canton nord de Mâcon.

FINIS FLACIACUS, FLACÉ, arrondissement et canton nord de Mâcon.

FISCIACO (in), villa in pago Matisconensi, FISSY? hameau de Lugny, arrondissement de Mâcon.

FLACIACI (Gageria), FLACÉ, canton nord de Mâcon. V. FLACIACO (in), FLACIACUM.

FLACIACI villa, in agro Torniacensi, localité située près Tournus (Ain), hameau de Saint-Cyr-sur-Menthon, canton de Pont-de-Veyle.

FLACIACUM, villa in agro Salorniacensi, FLACÉ, arrondissement et canton nord de Mâcon.

FLORIACENSIS (Abbatia), FLEURY-SUR-LOIRE (Nièvre), arrondissement de Nevers, canton de Decize; ancien monastère de l'ordre de Saint-Benoît.

FLORIACI (Ecclesia), FLEURIE? (Rhône), canton de Beaujeu.

FLORIACO (Ecclesia de), FLEYRIAT? hameau de Viriat (Ain), arrondissement et canton de Bourg.

FOLDRINGUS AGER; cette localité, dont on ne connaît pas la situation exacte, devait se trouver dans le Beaujolais.

FONTANA (Colonica de), domaine qui devait être situé près de Péronne, arrondissement de Mâcon, canton de Lugny.

FONTANAS (in), villa, LA FONTAINE, hameau d'Hurigny, arrondissement et canton nord de Mâcon.

FONTANILIAS (in), villa, FONTENAILLES, hameau qui dépendait de Saint-Clément-lès-Mâcon.

FONTANILLAS, FONTANILIAS (in), villa in agro Melionacensi, EN FONTENAILLES, lieu-dit dépendant de la commune de Bussière, canton sud de Mâcon.

FONTANILIAS (in), villa in agro Salorniacensi, LA FONTAINE? hameau d'Hurigny, canton nord de Mâcon. V. FONTANAS (in).

FOSSA ALSACI, villa in agro Salorniacensi, ancienne localité située près Salornay, hameau d'Hurigny, mais dont le nom ne s'est pas conservé.

FRANCIA, villa, LA CHAPELLE-DU-MONT-DE-FRANCE, arrondissement de Mâcon, canton de Matour.

FRANNERIO (Curtilus vocatus), lieu-dit de la commune de Viré, arrondissement de Mâcon, canton de Lugny.

FRONTANACO (in), villa, FONTENAILLES? hameau de St-Clément-lès-Mâcon.

FURNUS pontis Matisconensis; ancien four qui n'existe plus depuis longtemps.

FUSCIACENSIS AGER, FUISSÉ, canton sud et arrondissement de Mâcon. La commune de Fuissé était le chef-lieu d'un *ager* assez étendu. V. FUSCIACUM.

FUSCIACUM, villa in pago Matisconensi, FUISSÉ, commune de l'arrondissement et du canton sud de Mâcon.

G

GALONIACUM, villa, JALOGNY, commune de l'arrondissement de Mâcon, canton de Cluny.

GALONIACENSIS, GARLONIACENSIS AGER; le chef-lieu de cet *ager* était JALOGNY. V. GALONIACUM.

GAUGE, vel GAUDO, cum capella B. Mariæ, villa in pago Matisconensi, LA CHAPELLE-DE-GUINCHAY, arrondissement de Mâcon.

GAUSLENUS (Vinea dicta), lieu-dit dépendant de la commune de Chevagny-les-Chevrières, canton nord de Mâcon.

GENOLIACUM, GENULIACUS, cum capella, villa in pago Matisconensi, GENOUILLY, arrondissement de Chalon, canton de Mont-St-Vincent; cette localité dépendait anciennement du Mâconnais.

GERII, GERU, vel GEON, villa in agro Cardinacensi, nom d'une localité située près de Chardonnay, arrondissement de Mâcon, canton de Lugny.

GERMOLA (in cimiterio de), GERMOLLES, commune de l'arrondissement de Mâcon, du canton de Tramayes.

GIBORDINAS, vel GIRBODINAS (in), locus; cette localité devait être située sur la rive gauche de la Saône, entre Bâgé-le-Châtel et Pont-de-Veyle (Ain).

GIGNIACI (Ecclesia et monachi), GIGNY (Jura) arrond^{nt} de Lons-le-Saunier; monastère d'hommes de l'ordre de Cîteaux.

GIGNIACO, vel CLIPGIACO (in), villa in agro Igiaco, V. CLIPPIACO, CLIPGIACO.

GINACIENSIS, GINACIACENSIS AGER, localité disparue qui devait être située près de Saint-Sorlin, arrondissement et canton nord de Mâcon.

GINELGO seu GIVELGO (in), villa; localité dont la situation n'est pas connue.

GISARIO, GISARIIS (in), locus in pago Matisconensi, LA GRISIÈRE, nom d'un monticule qui s'étend depuis Flacé jusqu'à Saint-Martin-de-Senozan et Charbonnières, canton nord de Mâcon.

GLATINOR vel GLATMOR, rivus, petit cours d'eau, près de Montbelet, dont le nom ne s'est pas conservé.

GOROLEDAS (in), villa in agro Sibriacensi, vel Sibranicensi, LA GRESLE (Rhône). V. AGROLEDAS.

GORREVOLDO (Terra de), GORREVOD (Ain), canton de Pont-de-Vaux; ancien fief du Chapitre de St-Vincent de Mâcon.

GRAONA, GRAHAUNA amnis, LA GROSNE, petite rivière qui prend sa source dans les montagnes de Beaujeu, passe à Germolles, Cluny, etc., et se jette dans la Saône entre Sennecey-le-Grand et Chalon.

GRATIANOPOLITENSIS episcopatus, GRENOBLE (Isère), évêché suffragant de Lyon.

GRECIO, vel GREGIO (in), villa, GRIÈGES? (Ain), canton de Pont-de-Veyle.

GUINCHEYUM, villa, LA CHAPELLE-DE-GUINCHAY, arrondissement de Mâcon.

H

HIEROSOLIMITANA (Expeditio), JÉRUSALEM (Palestine).

I

IBIACENSIS, ITGIACENSIS ager, IGÉ, canton de Cluny, était le chef-lieu de cette circonscription territoriale.

IBIACUM, IBIACO (in), villa, IGÉ. *V.* IGGIACUM, ITGIACUM.

IOGIACENSIS, villa in agro Verriacensi, IGÉ, arrondissement de Mâcon, canton de Cluny. *V.* IBIACUM, IBIACENSIS AGER, IGGIACO (in).

IGGIACO (in), villa, IGÉ, arrondissement de Mâcon, canton de Cluny. *V.* IBIACUM IOGIACENSIS, villa.

IMIRENGIS (in), villa, Emeringes (Rhône), canton de Beaujeu. *V.* MURINGAS.

INNUCIONO, vel NUCIONO (in), villa in comitatu Lugdunensi, localité qui dépendait du comté de Lyon.

ISPANIAS (Achardus profecturus), l'ESPAGNE.

ISRAHEL, terra, in pago Matisconensi, lieu dit situé près de St-Sorlin, canton nord de Mâcon.

ITGIACO, DITGIACO (in), villa, IGÉ, canton de Cluny. *V.* IGGIACO (in), IBIACUM.

J

JAIACO (de), JAYAT (Ain), arrondissement de Bourg, canton de Montrevel.

JANINA FONTANA, in agro Marliacensi; lieu dit près Marlieux (Ain), arrondissement de Trévoux, canton de Chalamont.

JHEROSOLIMITANA (expeditio), JÉRUSALEM (Palestine). *V. Hierosolimitana* expeditio.

JONCIACO (in), villa, au lieu de *Buciaco*, localité disparue.

JUDEIS (de), JUIS, hameau de Savigneux (Ain), arrondissement de Trévoux.

JUGIS (Salinæ in), ANJOUX, ou plutôt en JOUX, hameau de Sagy, arrondissement de Louhans, canton de Beaurepaire.

JURENSE monasterium, ST-OYAN-DE-JOUX, ou *Saint-Claude* (Jura), monastère de l'ordre de saint Benoît.

L

LADINACENSIS, LADUNACENSIS ager, LAGNAT, hameau de Mépillat (Ain), arrondissement de Bourg, canton de Pont-de-Veyle.

LADONII (Placitum), LAGNIAT, hameau de Mépillat (Ain), canton de Pont-de-Veyle. *V.* LADINACENSIS ager.

LALIACENSIS, vel MELIACENSIS ager (MILLY), canton nord de Mâcon.

LALIACO (in), villa in agro Meliacensi, localité disparue, près de Milly, canton nord de Mâcon.

LANCIACO (de), vel LANGIACO, LAIZÉ, canton nord de Mâcon. *V.* LASIACO.

LANCIACO, vel LASIACO (in), villa, LAIZÉ, canton nord de Mâcon.

LANTINIACUM, villa; nom fautivement écrit. *V.* SANTINIACUM.

Lasiaci monasterium, Laizé, ancien monastère dépendant de Cluny.

Lasiaco (in), villa, Laizé, commune du canton nord de Mâcon.

Laterani (datum), Latran, palais pontifical à Rome.

Laucanico (ad), locus; localité qui devait être située non loin d'Uchizy, canton de Tournus.

Ledornaco, vel Lidornaco (in), villa in agro Ibiacensi. V. Ledornay.

Ledornay (in), villa in agro Iggiacensi, localité située près d'Igé, arrondissement de Mâcon, canton de Cluny.

Leireitena fons, ad Matisconem, Léritan, fontaine située dans la partie haute de la ville de Mâcon, près l'hôpital des Malades.

Lentiniaco (in), villa, Lantignié (Rhône), arrondissement de Villefranche, canton de Beaujeu. V. Lintiniacus.

Leodetrico (in), villa in pago Tolvedonensi, Lurcy (Rhône), V. Leotorciso.

Leornaico, Leorniaco, vel Leornaco (in), villa in agro Ibiacensi. V. Ledornay.

Leotorciso (in), villa in agro Cubliacensi, Lurcy, hameau de St-Vincent-de-Rheins (Rhône), non loin de Cublize, arrondissement de Villefranche.

Leuriso (in), villa, Lurcy? (Rhône). V. Leotorciso.

Liciacum, villa in pago Dunensi, Saint-Martin-de-Lixy, arrondissement de Charolles, canton de Chauffailles.

Lierenco (in), villa in pago Lugdunensi, Lurcy? localité située sur la rive gauche de la Saône, non loin de Saint-Trivier-en-Dombes.

Ligeris, fluvius, La Loire, fleuve qui a donné son nom à plusieurs départements.

Linconensis episcopatus, Langres, évêché suffragant de Lyon.

Lintiniacus, villa, Lantignié (Rhône), canton de Beaujeu.

Lipiaco (in), villa in agro Baiodacensi, St-Martin-de-Lixy? qui dépendait de l'ancien archiprêtré de Beaujeu.

Litevineis (in), villa in pago Donobrensi, localité située près Châtel-de-Neuvre, sur l'Allier.

Liviniacum, villa, in agro Salorniacensi, Levigny, hameau de Charnay, canton sud de Mâcon.

Loasia, Loyse, fief qui a donné son nom à une ancienne famille, arrondissement de Mâcon, canton de La Chapelle-de-Guinchay.

Lopchiaco (in), villa in agro Fusciacensi, Loché, commune du canton sud de Mâcon.

Loptaniaco (in), villa in pago Nivernensi, Lurcy-le-Bourg (Nièvre), ou Lucenay-lès-Aix, arrondissement de Nevers.

Lornant (in), villa in agro Ruffiacensi, Lournand, arrondissement de Mâcon, canton de Cluny.

Lugdunensis archiepiscopatus, Lyon, église primatiale et métropolitaine.

Lurense monasterium (leçon fautive dans la copie de Paris comme dans celle de Mâcon). V. Jurense monasterium.

Lurniacum, Lurnicum, vel Liernicum, villa in pago Lugdunensi; localité située près Saint-Didier-sur-Chalaronne (Ain).

Luxoviensis (S. Petrus), Saint-Pierre-de-Luxeuil, monastère de l'ordre de saint Benoît au diocèse de Besançon.

Lyornaco (in), villa in agro Iggiacensi. V. Ledornay.

M

Maciaco (ad), villa in pago Lugdunensi, in agro Caniniacensi, vel Caviniacensi, Manziat, hameau de Crottet (Ain); ancienne localité qui porte maintenant le nom de Buyrel.

Maciensium ager, le chef-lieu de cet ager était Massy, arrondissem^{nt} de Mâcon, canton de Cluny.

Madornensi, Modornensi vel Matornensi (in), locus in agro Cardoniacensi; lieu dit près Chardonnay, arrondissem^{nt} de Mâcon, canton de Lugny.

Madriaco (in), villa in agro Giniacensi, Mary? hameau de Berzé-la-Ville, canton nord de Mâcon.

Magnaco (in), localité dont la situation n'est pas connue.

Maisiriaco (de), Mézériat (Ain), arrondissement de Trévoux, canton de Châtillon-sur-Chalaronne, ou Misériat, hameau de St-Didier-sur-Chalaronne.

Malespina, nom de fief fautivement écrit: l'Aubépin, près de St-Amour (Jura.)

Maliaco, vel Miliaco (in), villa, Milly? canton nord de Mâcon.

Malum Pertuisum (per), locus, Malpertuis hameau de Vinzelles, canton sud de Mâcon.

Manciacum, villa in agro Respiciacensi, Manziat (Ain), arrondissem^{nt} de Bourg, canton de Bâgé-le-Châtel.

Maneciacum, villa in agro Salorniacensi. V. Maniciacum et Manesiaco.

Manesiaco (in), villa in agro Verriacensi, Vanzé, hameau de Verzé, canton nord de Mâcon.

Maniciacum, villa in agro Ibiacensi, le Munet, hameau d'Igé, arrondissement de Mâcon, canton de Cluny.

Mansiaco (in), villa in agro Fusciacensi, Maiziat, hameau de Vinzelles, situé non loin de Fuissé, canton sud de Mâcon.

Marbaco (de), Marbé, ancien fief avec château, situé près Mâcon.

Marchiant, Marcheant, vel Marcant, Marchampt (Rhône), canton de Beaujeu. V. Martiscampi, Morcampo.

Marcio (Curtilus vocatus), Malcus, écart de Charnay-les-Mâcon, qui dépendait anciennement de la paroisse d'Hurigny, canton nord de Mâcon.

Mardubrio (Ecclesia de), Mardore (Rhône), arrondissem^{nt} de Villefranche, canton de Thizy.

Mardun, rivus in agro Cubliacensi, le Mardonnet, petit cours d'eau qui arrose le territoire de Cublize (Rhône), canton de Thizy.

Marenchia (Condamina de), la Condemine; nom de plusieurs lieux dits situés sur les communes de Pierreclos, Charnay-les-Mâcon, etc.

Marenchias (in), villa in pago Matiscensi, les Moras, hameau de Davayé, ou Moranchin, hameau de Sennecé-les-Mâcon.

Marfontanis (in), villa, Marfontaine, hameau de Montbelet, arrondissement de Mâcon, canton de Lugny.

Margabitis (mansus de), situs in villâ Casotis, nom d'un domaine situé à Chazoux, hameau d'Hurigny, canton nord de Mâcon.

Mariniaco (in), villa in agro Iggiacensi, Marigny, hameau de Verzé, canton nord de Mâcon.

Marinse, vel Marnise, localité dont le nom paraît être fautivement écrit ; c'est peut-être la commune d'Emeringes (Rhône), arrondissement de Villefranche, canton de Beaujeu.

Marliacensis ager ; le chef-lieu de ce territoire devait être Marlieux en Dombes, arrondissement de Trévoux (Ain).

Marne (de), Marnay, écart de la commune de Buxy, arrond^{nt} de Chalon, ou Mornay, hameau de Saint-Mauris-de-Satonnay, arrond^{nt} de Mâcon, canton de Lugny.

Marreo (de), Mary, hameau de Berzé-la-Ville, arrondissement et canton nord de Mâcon. V. Madriaco.

Marriaco (de); c'est également Mary, hameau de Berzé-la-Ville, arrondissement et canton nord de Mâcon.

Marsiosaco (in), villa ; cette localité paraît être encore Mary près Berzé-la-Ville, canton nord de Mâcon.

Martelnis, locus in villa *Cortocellas*, le grand et le petit Mortier, hameaux de Grièges situés près Corcelles (haut et bas), hameaux de Cormoranche (Ain), canton de Pont-de-Veyle.

Martiscampi (terra), Marchampt (Rhône), arrondissement de Villefranche, canton de Beaujeu. V. Morcampo.

Marunaco (in), villa in agro Itgiacensi, Marigny, hameau de Verzé, canton nord de Mâcon. V. Mariniaco.

Masciaco (curtilus in villa), Méziat, hameau de Vinzelles, arrondissement et canton sud de Mâcon.

Masconeolis (de), villa, Martignon, localité située près de la commune de Mardore (Rhône), arrondissement de Villefranche, canton de Thizy.

Masiaco (de), locus, Manziat (Ain), arrond^{nt} de Bourg, canton de Bâgé-le-Châtel.

Masiliis (Monachi de), Mazilles, ancien monastère dépendant de Cluny.

Matiscensi (Acta in medio synodo), fait en assemblée synodale, à Mâcon.

Matiscensis (Ecclesia), Mâcon, ancien siége épiscopal suffragant de Lyon.

Matisco, Matisconensis urbs, Mâcon, chef-lieu du département de Saône-et-Loire.

Matisconem (Burgus Superior super), le Bourg Savoureux, dit aujourd'hui le faubourg Saint-Antoine.

Matisconenses (Episcopi). V. ch. 51, 103 et passim.

Matisconenses (Prepositi); ch. 33, 45, 270, 317, 378.

Matisconensis (Ecclesia), ecclesiæ Lugdunensis filia.

Matisconensis (Moneta). V. ch. 537, 551, 552, 577, 584, 585, 602, 627 et 629.

Matisconensis (Pagus). V. *Pagus*. (Index generalis.)

Matisconensium Comitum successio. V. ch. 7, et passim.

Mauriaco (in), villa in pago Lugdunensi ; nom fautivement écrit pour Manciaco, Manziat (Ain), canton de Bâgé.

Mauriennenses (Episcopi), Saint-Jean-de-Maurienne (Savoie), ville épiscopale.

Mediano, vel Modiliaco (de), Mouhy, hameau de Prissé, ou Mioland, hameau d'Hurigny, canton nord de Mâcon.

Mediolano (de), Meulin, canton de Matour, ou peut-être Milly, canton nord de Mâcon.

Medobium, villa in pago Matisconensi ; c'est probablement Mouhy, hameau de la commune de Prissé.

Meliacensis ager, Milly, commune du canton nord de Mâcon, qui devait être le chef-lieu de ce territoire.

Melice (Factum apud), **Mellecey**, arrondissement de Chalon, canton de Givry.

Melionacensis ager, **Mioland**, hameau d'Hurigny, était probablement le chef-lieu de cet ager, qui avait une assez grande étendue.

Menobius, fluvius, la **Mouge**, petite rivière qui a son embouchure dans la Saône, au-dessus du village de La Salle, canton de Lugny.

Mentones (Bedi duo qui vocantur), le **Menthon**, petite rivière qui passe à St-Genis-sur-Menthon (Ain), puis va se perdre dans la Veyle, au-dessus de St-Jean, canton de Pont-de-Veyle.

Mergle (Pons), le pont de la **Mouge**, situé sur la commune de La Salle, canton de Lugny. *V.* **Mertgi**.

Mergiam (Villa nova quæ ædificatur juxta), la **Mouge**, petite rivière qui se jette dans la Saône entre les communes de Senozan et de La Salle.

Merlan, vel **Merlaus**, locus in pago Matisconensi, **Merloz**, aujourd'hui **Merloux**, hameau de St-Point, arrondissement de Mâcon, canton de Tramayes.

Mertgi (Pons petrinus), pont en pierres sur la **Mouge**. *V.* **Merglæ**.

Meseriaco (de), **Misériat** (haut et bas), hameaux de St-Didier-de-Chalaronne (Ain), arrondissement de Trévoux, canton de Thoissey.

Mespilio (de), **Mépillat** (Ain), arrondissement de Bourg, canton de Pont-de-Veyle. *V.* **Mispiliaco**.

Metgriaco (in), villa, **Mary**, hameau de Berzé-la-Ville, canton nord de Mâcon.

Metis (Actum in civitate), **Metz** (Moselle).

Miciaco, vel **Nuiciaco** (in), villa, **Vanzé**, hameau de Verzé, canton nord de Mâcon. *V.* **Minciaco**.

Miliano (de), **Meulin**, canton de Matour, ou **Milly**, canton nord de Mâcon.

Milliaco (in), villa, **Milly**, canton nord de Mâcon. *V.* **Meliacensis** *ager* dont Milly était le chef-lieu.

Minciaco (in), villa in agro Iggiacensi, **Vanzé**, hameau de Verzé, canton nord de Mâcon. *V.* **Miciaco** et **Nuciaco**.

Minciaco, vel **Muciaco** (de), **Méziat**, hameau de Vinzelles, canton sud de Mâcon.

Miolano (in), locus, **Mioland**, hameau d'Hurigny, canton nord de Mâcon.

Miratorio (Abbatia de), Le **Miroir**, monastère d'hommes de l'ordre de St-Bernard, situé au nord-ouest de Cuiseaux, arrondissement de Louhans.

Miseriaco, **Misiriaco** (in), villa in agro Poriato, **Mézeriat** (Ain), arrondissement de Trévoux, canton de Châtillon-sur-Chalaronne.

Misono, vel **Musono** (in), villa, **Mouhy**, hameau de Prissé, canton sud de Mâcon.

Mispiliaco (in), villa in agro Ladinacensi, **Mépillat** (Ain), arrondissement de Bourg, canton de Pont-de-Veyle.

Mocarisono (de), nom d'un fief dont nous ne connaissons pas la situation.

Modonum, locus, **Mouhy**, hameau de Prissé, canton sud de Mâcon.

Modoy, **Modoyo** (in), villa, **Mouhy**, hameau de Prissé. *V.* **Moyson**.

Moenciarcicum, villa: c'est probablement **Moins**, hameau de Sologny, canton nord de Mâcon.

Mola, vel **Molano** (de), ancien fief, Le **Molard**, hameau de St-Jean-sur-Veyle (Ain), ou Le **Molard**, hameau de Saint-Sorlin, canton nord de Mâcon.

Molicia, villa in Verriaco, nom fautivement écrit pour **Belucia** qui doit être La **Belouse**, écart de Saint-Sorlin, près Verzé, canton nord de Mâcon.

MONCELLIS (in), villa in agro Salorniacensi, MONTCEAUX, hameau de Prissé, canton sud de Mâcon.

MONS, villa in pago Lugdunensi, MONS, hameau de Replonges (Ain), arrondissement de Bourg, canton de Bâgé-le-Châtel.

MONSBELETUS (Castrum), MONTBELET, arrondissement de Mâcon, canton de Lugny.

MONS GUIDINIS, villa in pago Lugdunensi, MONTGOIN, hameau de Garnerans (Ain), arrond^{nt} de Bourg, canton de Thoissey.

MONTANACO (in), villa, MANTENAY-MONTLIN (Ain), arrondissement de Bourg, canton de Saint-Trivier-de-Courtes.

MONTANIACO (in), villa in pago Lugdunensi, MONTAGNY près Thizy, qui dépendait autrefois du diocèse de Mâcon, mais appartient actuellement au département de la Loire, arrondissement de Roanne, canton de Perreux.

MONTANIACO (de), locus, MONTAGNY, hameau de Prissé, canton sud de Mâcon.

MONTE CHIMINO, CHANINO, vel CHIMICO, locus in agro Pistinacensi ; c'est peut-être MONTCHERIN, hameau de Romenay, canton de Tournus.

MONTE ENGERANNO (de), villa, MONTANGERAND, hameau de Bourgvilain, arrondissement de Mâcon, canton de Tramayes.

MONTE EVARTIO (de), villa, MONTVAL, hameau de Bourgvilain, arrondissement de Mâcon, canton de Tramayes.

MONTE GIRBERTO (de), MONTGILBERT, fief dont nous ne connaissons pas exactement la situation.

MONTE MAVIO (de), MONTMAIN, localité située près La Mure (Rhône), arrondissement de Villefranche.

MONTE MODIO (de), MONTMOYEN, hameau de Serrières, arrondissement de Mâcon, canton de Tramayes.

MONTE MORICIONO (in), locus, MONTRACHET, hameau de La Salle, arrondissement de Mâcon, canton de Lugny, ou MORANCHIN, hameau de Sennecé-lès-Mâcon.

MONTE PAVONE (de), MONTPONT, arrondissement de Louhans.

MONTE PULINO (in), villa, PLUVIER près des Ardillats (Rhône), canton de Beaujeu. *V.* MONTIS PULVII mansus.

MONTE RINNO (de), MONTRIN, hameau de Chavannes-sur-Reyssouse (Ain), canton de Pont-de-Vaux.

MONTE SUPERBO (mansus de), SPIERRE ? écart de Saint-Didier-sous-Beaujeu (Rhône), arrondissement de Villefranche.

MONTELIO (de), villa, MONTILLET, hameau de Tramayes, arrondissement de Mâcon, ou MONTILLET près Cluny.

MONTIS (villa), in agro Respiciacensi, MONS, hameau de Replonges (Ain), canton de Bâgé-le-Châtel.

MONTIS PODIO (de), LE PUITS, ancien fief situé entre Amplepuis et Saint-Jean-la-Bussière (Rhône), canton de Thizy, ou LE PUITS, à l'ouest d'Avenas, canton de Beaujeu.

MONTIS PULVII (mansus), PLUVIER, non loin du château des Ardillats (Rhône), canton de Beaujeu. *V.* MONTE PULINO.

MORDANACUS, villa ; ce nom paraît avoir été fautivement écrit, au lieu de MONTANACUS qui se trouve dans l'exemplaire de Bouhier.

MORBANENSIS, vel MONTANENSIS ager ; le chef-lieu de cette circonscription est MONTAGNY près Thizy, ou peut-être MARNAND, commune du canton de Thizy, arrondissement de Villefranche.

MORCAMPO (in), villa in pago Lugdunensi, MARCHAMPT (Rhône), arrondissement de Villefranche, canton de Beaujeu.

Morum, vel Niorum (portus); c'est peut-être le port Brouard, commune de St-Albain. *V.* Niorum.

Motes (Gaufridus de), La Motte, fief et château, commune de Cuisiat (Ain), arrondissement de Bourg.

Moizia, pour Mézeriat (Ain), ancien fief avec château et poype.

Moyson, villa in pago Salorniacensi, Mouhy, hameau de Prissé, canton sud de Mâcon. *V.* Modoy.

Multenco (de), villa, Mulsant, hameau de Mardore (Rhône), arrondissement de Villefranche, canton de Thizy.

Muntiaco, Mutciaco, vel Meseriaco (de), Manziat (Ain), canton de Bâgé-le-Châtel, ou Mézériat, hameau de Saint-Didier-de-Chalaronne.

Muringas (apud), villa, Emeringes (Rhône), arrondissement de Villefranche, canton de Beaujeu. *V.* Imerengis (in).

N

Nant, Nanc (Jura), arrondissement de Lons-le-Saunier, canton de St-Amour.

Nantum (Villelma de), Nanton, arrond^{nt} de Chalon, canton de Sennecey-le-Grand.

Narbonensis archiepiscopatus, Narbonne (Aude), ancien siége archiépiscopal réuni maintenant à celui de Toulouse.

Nascia (silva vulgaris quæ dicitur), le bois de Naisse, commune de Sennecé-lès-Mâcon.

Natennis (Lambertus clericus de); nom fautivement écrit pour *Varennis*. *V.* Varennas.

Nay (Willelmus de), Nay, fief près de Tramayes, arrondissement de Mâcon.

Nei, villa, Nay, hameau de Tramayes, arrondissement de Mâcon.

Nemora Velæ, les bois de la Veyle. *V.* Vela.

Nemore (de), le Bois, hameau de Château, canton de Cluny.

Nemus juxtà Ararim fluvium : les bois situés sur la rive gauche de la Saône, depuis la Veyle jusqu'à Ozan, hameau de Boz (Ain), canton de Pont-de-Vaux.

Nigro Monte (Andreas de), Niermont, hameau de Bâgé-la-Ville (Ain), arrond^{nt} de Bourg, canton de Bâgé-le-Châtel.

Niorum, vel Morum (portus), aujourd'hui le port Brouhard (St-Albain). *V.* Morum.

Nivernensis episcopatus; évêché de Nevers, suffragant de Sens.

Nivernensis pagus, le Nivernais.

Noblent, Noblens, locus, Neublans (Jura), arrond^{nt} de Dôle, canton de Chaussin.

Noliaco (de), La Noaille, hameau de St-Pierre-la-Noaille, arrondissement de Roanne, canton de Charlieu.

Nuceaco, Nuciaco (in), villa in agro Iggiacensi, Vanzé, hameau de Verzé, canton nord de Mâcon.

O

Oblato, Obleto (Ansedeus de), La Tour-du-Blé, ancien fief situé sur la commune de Massy, canton de Cluny.

Odientiam, seu Odevicam Fredeconis (Via quæ pergit ad); nom d'une *Obédiencerie* qui devait être située près de Saint-Clément-lès-Mâcon.

Odomato (in), locus, Odenas (Rhône), canton de Belleville.

Odremarus, villa in pago Lugdunensi, St-André-d'Huiriat (Ain), ou St-André-de-Bâgé-le-Châtel, arrond^{nt} de Bourg.

Odrenaris, villa cum ecclesia S. Andreæ, in pago Lugdunensi. *V.* Odremarus.

ODROMARI, vel ODREMARI (Potestas), cum ecclesia S. Andreæ. *V.* ODREMARUS.

OMANCO, vel ORNANCO (in), localité située près Collonges, hameau de Prissé, canton sud de Mâcon.

ORATORII (Ecclesia), OUROUX (Rhône), arrondissement de Villefranche, canton de Monsol; l'église de St-Antoine-d'Ouroux dépendait du diocèse de Mâcon (archiprêtré de Vauxrenard).

ORATORIO (in), villa in agro Fusciacensi, OUROUX (Rhône), canton de Monsol. *V.* ORATORII (Ecclesia).

ORIENTALIS (Ecclesia), l'Eglise d'Orient.

OSAM (ad portum); OZAN (Ain), de l'arrondissement de Bourg et du canton de Pont-de-Vaux, avait un port sur la rive gauche de la Saône.

OSAM (ad lacum), le lac d'OZAN (Ain), canton de Pont-de-Vaux.

OSSELLIS (Prepositissa de) et filii ejus, UXELLES, ancienne prévôté qui dépendait de Chapaize, arrondissement de Mâcon, canton de Saint-Gengoux-le-Royal.

OSTIENSIS episcopus, OSTIE, ancienne ville et siège épiscopal de La Campagne de Rome.

P

PACIACO (in), locus, PASSY, canton de St-Gengoux-le-Royal, ou PÉZIEUX (Ain), canton de Thoissey.

PAGUS, regio. *V. Donobrensis, Dunensis, Lugdunensis, Matisconensis, Nivernensis, Scodingensis, Torvedonensis.*

PAIRLIACO, vel PATRINIACO super Ligerim (Ecclesia de), PERRIGNY-SUR-LOIRE, arrondissement de Charolles, canton de Bourbon-Lancy.

PALUDE (de), LA PALUD, nom d'un ancien fief situé près Quincié (Rhône), arrondissement de Villefranche, canton de Beaujeu, ou LA PALU, près d'Ecoles, hameau de Verzé, canton nord de Mâcon.

PAREDUM (Actum apud), PARAY-LE-MONIAL, arrondissement de Charolles, ou PARAY-LE-FRÉZY (Allier), arrondissement de Moulins.

PARISIOS et SENONES (inter), PARIS (Seine), et SENS (Yonne).

PASIACO, PASCIACO, POSIACO (de). *V.* PACIACO.

PASQUERIO (Terra quæ vocatur), au PASQUIER, lieu-dit de la commune de Flacé, canton nord de Mâcon.

PATRICIACENSIS monasterii (Fratres), PERRECY, arrondissement de Charolles, ancien monastère d'hommes, O. de St-Benoît de l'Etroite Observance.

PATRICIACO (Rotbertus, clericus de), PERRECY, arrondissement de Charolles.

PAULA (in), locus, POULE (Rhône), commune du canton de La Mure.

PEDRONACUM (Pratum ad), PRÉAUD, lieu-dit de la commune de Prissé, canton sud de Mâcon.

PEIROL (Colonica de), PÉROLET, hameau de Loché, ou les PÉRELLES, hameau de Crêches, canton sud de Mâcon.

PELAGI, PELAGII, vel PILATI (Monasterium), in villa Avenaco, ancien monastère près d'AVENAS (Rhône), canton de Beaujeu.

PERROLIUM, villa, PÉRONNE, arrondissement de Mâcon, canton de Lugny.

PERROY (in), villa in episcopatu Matisconensi, les PERROUX, hameau de Charnay-lès-Mâcon.

PESEIO (Guichardo de), PIZEY, fief et château à Saint-Jean-d'Ardière (Rhône), arrondissement de Villefranche, canton de Belleville. *V.* PESEIR, PISEIS, PISEUR.

PESEIR (Gausmarus de), PIZEY (Rhône), canton de Belleville. *V.* PESEIO.

PETRA CLAUSO (Parochia de), PIERRECLOS, arrond* de Mâcon, canton de Tramayes.

PETRA CLAUSO (Vincentius de), regularis de Rupe, testis. *V.* RUPE.

PETROIO (in), villa in pago Matisconensi, les PERROUX, hameau de Charnay, canton sud de Mâcon. *V.* PERROY.

PETRAFICTA, PIERREFITTE, près Ronno (Rhône), ou SAINT-QUENTIN-DES-AULX, hameau du Rousset, arrondissement de Charolles, canton de La Guiche.

PIARCLERIA, vel PIARDERIA (Achardus de), LA PICARDIÈRE ou la PICHAUDIÈRE, arrondissement de Louhans.

PINO (Stephanus de), le PIN, fief et château sur la commune de Morancé (Rhône), arrondissement de Villefranche; ou le PIN, domaine dépendant de la commune de St-Genis-sur-Menthon (Ain), canton de Pont-de-Veyle.

PIRETA, silva in villa Montis, nom d'un bois situé près de Mons (Ain), hameau de Laiz, canton de Pont-de-Veyle.

PIRO (Condamina de); nom d'un lieu-dit situé non loin de Sologny, peut-être le moulin PERRON, commune de Milly, canton nord de Mâcon.

PISEIS, PISEIR (Aiminus de), PIZAY, localité située au nord-est de Menthon (Ain), ou PEYZIEUX, au sud de Thoissey.

PISECR (Wicardus de), PIZAY, près Menthon (Ain). *V.* PISEIS.

PISIACO (Vicardus de), PIZAY, fief à Saint-Jean-d'Ardière (Rhône). *V.* PISEIS, PISEIR.

PISTINACENSIS ager, PRÉTY, commune du canton de Tournus, était le chef-lieu de cette circonscription territoriale.

PLANTARIIS, PLANTERIIS (in), locus, les PLANTÉS, commune de Davayé, canton sud de Mâcon.

PLOTENSIS ager, PLOTTES, commune du canton de Tournus.

PODINIACENSIS finis; le chef-lieu de cette circonscription est probablement PIONEINS (Ain), canton de Thoissey.

PODINIACO (in), villa in pago Lugdunensi, PIONEINS, près Illiat (Ain), canton de Thoissey.

POILLIACUM, villa in agro Salorniacensi, POUILLY, hameau de Fuissé, canton sud de Mâcon.

PONTE (mansus de): nom d'un territoire dont la situation est incertaine.

PONTII VACENSIS abbatia; nom fautivement écrit pour *Pontiniacensis* abbatia, PONTIGNY. *V.* PONTINIACUS.

PONTINIACUS abbas, PONTIGNY (diocèse d'Auxerre), monastère d'hommes de l'ordre de Cîteaux.

PORIACENSIS ager, PRISSÉ, canton sud de Mâcon, paraît être le chef-lieu de cet ager. *V.* PRIACENSIS.

PORIATO (in agro), PERREX (Ain), canton de Pont-de-Veyle, est le chef-lieu de cette circonscription territoriale.

PORTA (Arnulfus de), LA PORTE, fief avec château sur la commune de St-Nizier-d'Azergues (Rhône), canton de La Mure.

POTIACENSIS ager, PRISSÉ, commune du canton sud de Mâcon. *V.* PORIACENSIS, et PRIACENSIS ager.

PRATO (fratres de Sancto Johanne de), SAINT-JEAN-DES-PRÉS, ancien monastère d'hommes dont nous n'avons pas retrouvé la situation.

PRATUM cum capella S. VINCENTII, SAINT-VINCENT-DES-PRÉS, commune de l'arrondissement de Mâcon, canton de Cluny.

PRESIDIS (Forestaria), la forêt de PARDON près d'Avenas (Rhône), arrondissement de Villefranche, canton de Beaujeu.

Previsco (in), villa in pago Lugdunensi, Perreux (Loire), ancienne prévôté qui dépendait de l'archiprêtré de Beaujeu et du diocèse de Mâcon.

Priacensis ager, Prissé, commune du canton sud de Mâcon, était le chef-lieu de cette circonscription territoriale. *V.* Prisciacensis.

Princiacum, Printiacum, Prissé, canton sud de Mâcon. *V.* Prisciacum.

Prisciacensis ager, Prissé, commune du canton sud de Mâcon.

Prisciaco (Ecclesia de), Pressy-sous-Dondain, arrondissement de Charolles, canton de Saint-Bonnet-de-Joux.

Prisciaco (Terra de), Prissé, canton sud de Mâcon.

Prisciacum et Carbonacum, fautivement écrit au lieu de *Carnacum*, Prissé et Charnay, communes du canton sud de Mâcon.

Proprio (S. Johannes in), Saint-Jean-le-Priche, commune de l'arrondissement et du canton nord de Mâcon.

Q

Quercu (Cimiterium de), Chanes, arrondissement de Mâcon, canton de La Chapelle-de-Guinchay.

Quercu (Ecclesia S. Petri de), Chanes, arrondissement de Mâcon, canton de La Chapelle-de-Guinchay.

Quercu et Cantriaco (Parochia de), Chanes et Chaintré, paroisse de l'ancien diocèse de Mâcon, de l'archiprêtré de Vauxrenard.

Quintana (in), villa, Quintaine, hameau de Clessé, arrondissement de Mâcon, canton de Lugny.

Quintana (Colonica de), Quintaine, hameau de Clessé, canton de Lugny.

R

Rance (Ugonet de), Rancy, arrondissement de Louhans, ou Rancé (Ain), arrondissement de Trévoux.

Rancusas (in), villa in agro Aganacensi, La Ranche, écart de La Vineuse, arrondissement de Mâcon, canton de Cluny.

Ravalerio (in), locus in villa Buidoni, Ravery, et Borde, hameaux de la commune de Château, canton de Cluny.

Reculanda (in), villa in pago Lugdunensi, Reculande, hameau de Confrançon (Ain), arrondissement de Bourg, canton de Montrevel.

Regniaco (Ecclesia S. Martini in), Régnié.

Regniacum, villa in pago Matisconensi, Régnié (Rhône), arrondissement de Villefranche, canton de Beaujeu.

Remis (Actum), Rheims (Marne).

Renus, fluvius, Le Reins, petite rivière qui a sa source dans le Beaujolais, non loin du village de Ranchal (Rhône), canton de La Mure, et va se perdre dans la Loire, au-dessous de la ville de Roanne.

Replungium, villa, Replonges (Ain), arrond' de Bourg, canton de Bâgé-le-Châtel.

Resciosa, Resosia, fluvius, La Reyssouze, petite rivière de la Bresse qui a son embouchure dans la Saône, à la hauteur de Pont-de-Vaux, et sa source dans le Revermont.

Respiacensis ager, Replonges (Ain), était le chef-lieu de cette circonscription. *V.* Replungium.

Restiseugia (in), villa in pago Lugdunensi, Reyssouze (Ain), village situé près de l'embouchure de la rivière de même nom. *V.* Resciosa.

Revena (de), En Revernay, écart de Digoin, arrondissement de Charolles.

Rigniacensis ager, Régnié (Rhône), canton de Beaujeu. *V.* Rimacensis.

Rimacensis ager, fautivement écrit pour *Riniacensis*, Régnié (Rhône), arrondissement de Villefranche, canton de Beaujeu.

Rinile (Ugonet de), leçon fautive ; c'est sans doute le Reuil, commune de Mary, canton du Mont-Saint-Vincent.

Rinplongio (in), villa, Replonges (Ain), arrondissement de Bourg, canton de Bâgé-le-Châtel. *V.* Replungium.

Rispachapels, vircaria, lieu-dit situé près de Saint-Cyr en Bresse.

Rixosæ mansus, Reyssouze (Ain), domaine ainsi nommé à cause de sa situation près de la commune ou de la rivière de même nom.

Rixosam (ad), locus ? Reyssouze (Ain). *V.* Restiseugia, Resciosa.

Rochia (Wicardus de) ; il existe dans le Beaujolais et dans le Mâconnais plusieurs fiefs du nom de La Roche. *V.* Rupe.

Rociaco (in), villa, Rousset, hameau de Clessé, arrondissement de Mâcon, canton de Lugny.

Rogo (Condamina de), La Rochette, lieu-dit situé sur la commune de Milly, canton nord de Mâcon.

Roissosa, amnis, La Reyssouze, rivière de la Bresse. *V.* Resciosa, Rixosa.

Roma, Rome (Italie), ville capitale de la chrétienté.

Romana Ecclesia, l'Eglise Romaine.

Romana Synodus, Concile de Rome.

Romanaca (Potestas et parochia), Romenay (Saône-et-Loire), paroisse du canton de Tournus, de l'arrondissem^{nt} de Mâcon.

Romanacum, villa in fine Romanacensi, Romenay. *V.* Romanaca.

Romanasca (in), villa in agro Fusciacensi, Romanèche, commune de l'arrondissement de Mâcon, canton de La Chapelle-de-Guinchay.

Romanorum (villa), in agro Torrensi, Romanèche, commune du canton de La Chapelle. *V.* Torrensis ager.

Romenacensis terra, Romenay, canton de Tournus. *V.* Romanacum.

Ronchivol, Runchevol (Hugo de), fief situé près St-Pierre-la-Noaille (Loire), canton de Charlieu.

Roorterio, Rotcerio (Umbertus de), Riottier, ancienne baronie, dans l'archiprêtré de Dombes.

Rosarias, villa in pago Lugdunensi, Rosay, lieu-dit près Coligny (Ain), arrondissement de Bourg.

Rosarias (ad), locus, Les Rosiers, hameau du Mont-de-France, arrondissement de Mâcon, canton de Matour.

Rubro Monte (Garnerius de), Rougemont, écart de St-Vincent-en-Bresse, canton de Montret, ou Montrouge, ancien fief et château sur la commune de La Chapelle-de-Guinchay, arrondissement de Mâcon.

Rufiagensis ager, Ruffey, hameau de Cluny, était le chef-lieu de cette circonscription territoriale.

Rupe (Vincentius, regularis de), le prieuré de la Grange-du-Bois, situé sur la commune de Solutré (S.-et-L.), au lieu-dit *La Roche*.

Rupe, Adalardus de, La Roche, nom de plusieurs fiefs situés dans le Beaujolais et dans le Mâconnais.

S

Sagona, fluvius, La Saône, rivière qui a sa source dans les Vosges et son embouchure dans le Rhône, au-dessous de la ville de Lyon.

Sagonica prata, prés de la Saône, lieu-dit de la commune de Sancé, canton nord de Mâcon.

Sala (Castrum de), le château de La Salle, sur la commune de ce nom, canton de Lugny, arrondissement de Mâcon.

Sala (Narduinus de), La Salle, ancien fief, de l'arrondissement de Mâcon et du canton de Lugny.

Salenciaco (in), villa in agro Agniacensi, Saint-Martin-de-Salencey, au territoire d'*Aynard*, près Bonnay.

Salgia (in), villa, Saugey, hameau de Sancé, canton nord de Mâcon.

Salmacensis ager, Sermoyer (Ain), commune du canton de Pont-de-Vaux, paraît être le chef-lieu de cette circonscription. *V.* Salmoiacum.

Salmoiacum, villa in pago Lugdunensi, Sermoyer (Ain), arrondissem^{nt} de Bourg, canton de Pont-de-Vaux.

Salornaco (mansus de), nom d'un domaine situé au territoire d'Hurigny.

Salornacum, villa, Salornay, hameau d'Hurigny, canton nord de Mâcon.

Salorniacensis ager, Salornay, ancien fief avec château fort, était le chef-lieu de cette circonscription. *V.* Salornacum.

Salvamentum, Salvamacum, villa in pago Scodingensi, Sauvement, hameau de Mantry (Jura), arrondissement de Lons-le-Saunier, canton de Sellières.

Salvatoris, S. Mariæ et S. Amoris capella, in Albucionaco, ancienne chapelle du Sauveur, de la Vierge Marie et de St-Amour, à Arbigny (Ain), ou à Arbigny, hameau de Varennes près Mâcon.

Sanciacensis ager, Sancé était le chef-lieu de cette circonscription territoriale. *V.* Sanciaco.

Sanciaco, Sanctiaco (in), villa, Sancé, commune du canton nord et de l'arrondissement de Mâcon.

Sanctæ Agathæ capella, in Matiscone, chapelle Ste-Agathe de Mâcon.

Sanctæ Annæ de Blany capella, chapelle Sainte-Anne de Blany, commune de Laizé, canton nord de Mâcon.

Sanctæ Catherinæ de Abergamento ecclesia, Sainte-Catherine de l'Abergement, hameau de Saint-Martin-de-Salencey, canton de La Guiche.

Sanctæ Catherinæ capella, chapelle Ste-Catherine de Matour.

Sanctæ Catherinæ capella, in ecclesia cathedrali, la chapelle de Ste-Catherine de St-Vincent de Mâcon.

Sanctæ Ceciliæ ecclesia, Sainte-Cécile, commune du canton de Cluny.

Sanctæ Columbæ capella, chapelle à St-Martin-de-Salencey, canton de La Guiche.

Sanctæ Elisabeth capella, in Matiscone, chapelle Ste-Elisabeth de St-Vincent de Mâcon.

Sancta Eulalia, in villa Flaciaco, Sainte-Eulalie de Flacé, commune du canton nord de Mâcon.

Sanctæ Fidis de Cenva ecclesia, Sainte-Foy de Cenves (Rhône), canton de Monsol, de l'ancien diocèse de Mâcon.

Sanctæ Mariæ ecclesia, ad Agroledas, Ste-Marie de La Gresle (Loire), canton de Belmont, ancien diocèse de Mâcon.

SANCTÆ MARIÆ de AMONIACO ecclesia, NOTRE-DAME d'AMEUGNY, commune du canton de St-Gengoux-le-Royal.

SANCTÆ MARIÆ d'ARCINGES ecclesia, SAINTE-MARIE d'ARCINGES (Loire), canton de Belmont, ancien diocèse de Mâcon.

SANCTÆ MARIÆ de AULA ecclesia, NOTRE-DAME de LA SALLE, canton de Lugny.

SANCTÆ MARIÆ d'AVENAS ecclesia, NOTRE-DAME d'AVENAS (Rhône), canton de Beaujeu, ancien diocèse de Mâcon.

SANCTÆ MARIÆ BELLIJOCI ecclesia collegiata, NOTRE-DAME de BEAUJEU (Rhône).

SANCTA MARIA de BELLOMONTE, NOTRE-DAME de BEAUMONT-SUR-GROSNE, canton de Sennecey-le-Grand.

SANCTÆ MARIÆ BERZIACI VILLÆ ecclesia, NOTRE-DAME de BERZÉ-LA-VILLE, canton nord de Mâcon.

SANCTÆ MARIÆ de BONNAYO ecclesia, NOTRE-DAME de BONNAY, canton de St-Gengoux-le-Royal.

SANCTÆ MARIÆ de BOISSETO ecclesia, NOTRE-DAME de BOISSET (Loire), canton de Perreux, ancien diocèse de Mâcon.

SANCTA MARIA de BOSCO, le BOIS-STE-MARIE, commune du canton de La Clayette.

SANCTÆ MARIÆ ad BRANCIDUNUM capella, LA CHAPELLE-SOUS-BRANCION, arrondissement de Mâcon, canton de Tournus.

SANCTÆ MARIÆ CANTRIACI, CHINTRIACI ecclesia, NOTRE-DAME de CHAINTRÉ, canton de La Chapelle-de-Guinchay.

SANCTÆ MARIÆ CAPELLÆ SUBTUS DUNUM ecclesia, STE-MARIE de LA CHAPELLE-SOUS-DUN, canton de La Clayette.

SANCTÆ MARIÆ de CHASSELAY ecclesia, NOTRE-DAME de CHASSELAS, commune de La Chapelle-de-Guinchay.

SANCTÆ MARIÆ de CHAZELLES ecclesia, STE-MARIE de CHAZELLES, annexe de Taizé, canton de St-Gengoux-le-Royal.

SANCTÆ MARIÆ de CLARMANT ecclesia, NOTRE-DAME de CLERMAIN, canton de Tramayes.

SANCTÆ MARIÆ CLEISSIACI ecclesia, NOTRE-DAME de CLESSÉ, canton de Lugny.

SANCTÆ MARIÆ in CLUNIACO ecclesia, NOTRE-DAME de CLUNY.

SANCTÆ MARIÆ ad CORTIMANUM ecclesia, NOTRE-DAME de CORMATIN, canton de Saint-Gengoux-le-Royal.

SANCTÆ MARIÆ de CURTILLI SUBTUS BUFFERIAS ecclesia, NOTRE-DAME de CORTIL-SOUS-BUFFIÈRES, canton de Cluny.

SANCTÆ MARIÆ de DURETA ecclesia, NOTRE-DAME de DURETTE (Rhône), canton de Beaujeu, ancien diocèse de Mâcon.

SANCTÆ MARIÆ GRANDIS RIVI ecclesia, NOTRE-DAME de GRANDRIS (Rhône), canton de La Mure, ancien diocèse de Mâcon.

SANCTÆ MARIÆ de GUINCHAY ecclesia, NOTRE-DAME de LA CHAPELLE-DE-GUINCHAY, arrondissement de Mâcon.

SANCTÆ MARIÆ HURIGNIACI ecclesia, NOTRE-DAME d'HURIGNY, canton nord de Mâcon.

SANCTÆ MARIÆ de JULLENAY ecclesia, NOTRE-DAME de JULLIÉNAS (Rhône), arrondissement de Villefranche, canton de Beaujeu.

SANCTÆ MARIÆ ad LOCUM CARUM ecclesia, NOTRE-DAME de LANCHARRE, ancien prieuré de bénédictines, transféré à Chalon-sur-Saône.

SANCTÆ MARIÆ capella, in villa LORNANT, NOTRE-DAME de LOURNAND, arrondissement de Mâcon, canton de Cluny.

SANCTÆ MARIÆ de LIZ ecclesia, NOTRE-DAME de LYS, aujourd'hui hameau de Chissey, canton de St-Gengoux-le-Royal.

SANCTÆ MARIÆ capellania in ecclesia cathedrali (Saint-Vincent de Mâcon).

SANCTÆ MARIÆ capella, in Portâ dictæ ecclesiæ, NOTRE-DAME de la PORTE (St-Vincent de Mâcon).

Sanctæ Mariæ de Praello, Notre-Dame du Préal (Saint-Vincent de Mâcon).

Sanctæ Mariæ capella in Claustro, Notre-Dame du Cloître (Saint-Vincent de Mâcon).

Sanctæ Mariæ Matisconum abbatia, ancien monastère de Mâcon dédié à la Sainte Vierge Marie.

Sanctæ Mariæ Virginis Basilica, cette église, dédiée à la Mère de Dieu, n'existe plus; elle était probablement située à Mâcon.

Sanctæ Mariæ et Sancti Vincentii ecclesia, infra muros Matisconum, église dédiée à la Sainte Vierge et à Saint Vincent, sous les murs de Mâcon.

Sanctæ Mariæ de Maleto ecclesia, Notre-Dame-de-Grâce de Malay, canton de Saint-Gengoux-le-Royal.

Sanctæ Mariæ de Miratorio abbatia, Notre-Dame du Miroir, monastère d'hommes de l'Ordre de Cîteaux.

Sanctæ Mariæ in villâ Monte ecclesia, Notre-Dame du Mont, canton de Matour.

Sanctæ Mariæ capella, in Monte, croix et ancienne chapelle de Notre-Dame sur le sommet de la montagne de Pruzilly, canton de La Chapelle-de-Guinchay.

Sanctæ Mariæ capella, in Montaniaco villa, chapelle de la Sainte Vierge à Montagny (Loire), de l'ancien diocèse de Mâcon.

Sanctæ Mariæ de Pray ecclesia, Notre-Dame de Prayes, aujourd'hui hameau de Chissey, canton de Saint-Gengoux-le-Royal.

Sanctæ Mariæ de Pristiaco ecclesia, Notre-Dame de Préty, arrondissement de Mâcon, canton de Tournus.

Sanctæ Mariæ de la Crost capella, Notre-Dame de la Levée, à La Crost, canton de Tournus.

Sanctæ Mariæ de Rastenella ecclesia, Notre-Dame de Ratenelle, canton de Tournus.

Sanctæ Mariæ capella ad Sanctum Eusebium, chapelle de Notre-Dame de Pitié, à St-Huruge, canton de St-Gengoux.

Sanctæ Mariæ Santiniaci, vel Centigniaci ecclesia, Sainte-Marie de Saint-Igny-de-Roche, canton de Chauffailles.

Sanctæ Mariæ de Trambly ecclesia, Notre-Dame de Trambly, canton de Matour.

Sanctæ Mariæ capella, in villa Uriniaco, Notre-Dame d'Hurigny, canton nord de Mâcon.

Sanctæ Mariæ capella, in villa Verchisono, chapelle de Notre-Dame à Vergisson, canton sud de Mâcon.

Sanctæ Mariæ de Verneto ecclesia, Notre-Dame du Vernay (Rhône), canton de Beaujeu, ancien diocèse de Mâcon.

Sanctæ Mariæ de Vinosa parochia, Notre-Dame de La Vineuse, canton de Cluny.

Sanctæ Mariæ in Romanaco capella, Notre-Dame-de-Pitié à Romenay, arrondissement de Mâcon, canton de Tournus.

Sanctæ Mariæ colonica, lieu-dit dont la situation est incertaine.

Sanctæ Mariæ terra, nom de divers territoires dont la situation ne peut être indiquée d'une manière précise.

Sanctæ Mariæ vinea, Notre-Dame des Vignes, nom donné à plusieurs vignobles du Mâconnais.

Sanctæ Mariæ, S. Vincentii et S. Amoris capella, in villa Alburniaco, ancienne chapelle à Arbigny (Ain), à Arbigny près Mâcon, ou à Saint-Amour, canton de La Chapelle-de-Guinchay.

Sanctæ Mariæ et S. Mariæ Magdalenæ Taisiaci ecclesia, Ste-Marie et Ste-Marie-Madeleine de Taizé, canton de Saint-Gengoux-le-Royal.

Sancta Maria de Vineis, chapelle et croix de Notre-Dame des Vignes, à Charnay-lès-Mâcon.

Sancta Maria de Montchery, hermitage de Notre-Dame de Montchery, à Chauffailles.

Sancta Maria, Notre-Dame-de-Pitié, chapelle près Ecussolle, hameau de Saint-Pierre-le-Vieux, canton de Tramayes.

Sancta Maria de Felins, chapelle de Notre-Dame à Feillens (Ain).

Sancta Maria in Floriaco, chapelle de Notre-Dame des Bois à Fleurie (Rhône).

Sanctæ Mariæ in Fusciaco capella, Notre-Dame de Pitié à Fuissé, canton sud de Mâcon.

Sanctæ Mariæ in Genesta capella, Notre-Dame de la Geneste, canton de Cuisery.

Sanctæ Mariæ crux, croix de Notre-Dame d'Hurigny, canton nord de Mâcon.

Sanctæ Mariæ d'Iguerande capella, Notre-Dame des Cinq Plaies à Iguerande, canton de Semur-en-Brionnais.

Sanctæ Mariæ de Insula capella, Notre-Dame de l'Isle à Saint-Jean-le-Priche, canton nord de Mâcon.

Nostræ Dominæ Veteris capella, chapelle de Notre-Dame-la-Vieille à St-Pierre de Mâcon.

Sanctæ Mariæ Angelorum capella, Notre-Dame des Anges, ancienne chapelle sur la levée de Saint-Etienne près Mâcon.

Sanctæ Mariæ de Curtili capella, Notre-Dame-de-Grace à Curtil-sous-Buffières, canton de Cluny.

Sanctæ Mariæ in Poilliaco capella, Notre-Dame-de-Pitié à Pouilly, hameau de Solutré, canton sud de Mâcon.

Sanctæ Mariæ de Vers capella, chapelle de Notre-Dame au hameau de Vers, commune de St-Igny (Rhône), canton de Monsol, ancien diocèse de Mâcon.

Sanctæ Mariæ de la Verriere capella, Notre-Dame de la Verrière à St-Martin-de-Salencey, canton de La Guiche.

Sanctæ Mariæ in Saviniaco capella, Notre-Dame-de-Grace à Savigny-sur-Grosne, canton de St-Gengoux-le-Royal.

Sanctæ Mariæ de Ancella capella, Notre-Dame de Pitié à St-Symphorien-d'Ancelle.

Sanctæ Mariæ ad Seneciacum capella, Notre-Dame des Prés à Sennecé, canton nord de Mâcon.

Sanctæ Mariæ Lauretanæ capella, Notre-Dame de Lorette, ancienne chapelle près Tournus.

Sancta Maria Magdalene d'Aigueperse, Sainte-Marie-Madeleine d'Aigueperse (Rhône), ancienne église collégiale, du diocèse de Mâcon.

Sanctæ Mariæ Magdalenæ prioratus, in Cadrilla, le prieuré de la Madeleine de Charolles.

Sanctæ Mariæ Magdalenæ de Chanelette ecclesia, Chenelette (Rhône), canton de La Mure, diocèse de Mâcon.

Sanctæ Mariæ Magdalenæ de Charnayo ecclesia, Charnay, canton sud de Mâcon.

Sanctæ Mariæ Magdalenæ de Comblans ecclesia, Coublanc, arrondissement de Charolles, canton de Chauffailles.

Sanctæ Mariæ Magdalenæ de Cuinzier ecclesia, Quincié (Rhône), de l'ancien diocèse de Mâcon.

Sanctæ Mariæ Magdalenæ capella in Mardubrio villa, la chapelle de Ste-Marie-Madeleine à Mardore (Rhône), de l'ancien archiprêtré de Beaujeu.

Sanctæ Mariæ Magdalenæ de Perrona ecclesia, Sainte-Marie-Madeleine de Pérone, canton de Lugny.

Sanctæ Mariæ Magdalenæ de Villario ecclesia, Sainte-Marie-Madeleine du Villars, arrondissement de Mâcon.

SANCTÆ MARIÆ MAGDALENÆ de VILLARIS prioratus, le prieuré du Villars, canton de Tournus.

SANCTI ALBANI locus et capella, ST-ALBAIN, commune du canton de Lugny.

SANCTI ALBANI cellula, ad locum *Gisarias*, Celle à SAINT-ALBAIN, au lieu-dit la *Grisière*, canton de Lugny.

SANCTI ALBANI et SANCTI VINCENTII cellula, c'est sans doute la même *Celle*, qui était dédiée à ST-ALBAIN et à ST-VINCENT.

SANCTI AMORIS de ALBUGINIACO capella, SAINT-AMOUR et BUISSONNAT, son écart, canton de La Chapelle-de-Guinchay.

SANCTI AMORIS et SANCTI VIATORIS ecclesia et burgus, l'église et le bourg de SAINT-AMOUR (Jura).

SANCTI ANDREÆ capella in ecclesia cathedrali, la chapelle de SAINT-ANDRÉ de Saint-Vincent de Mâcon.

SANCTI ANDREÆ ecclesia, SAINT-ANDRÉ-LE-DÉSERT, canton de Cluny.

SANCTI ANDREÆ capella, in villa ARNANT, chapelle de SAINT-ANDRÉ, à Arnans, ou de SAINT-ANDRÉ d'HUIRIAT (Ain).

SANCTI ANDREÆ in ODREMARO capella, SAINT-ANDRÉ de BAGÉ ou d'HUIRIAT (Ain).

SANCTI ANIANI (de POTESTATE), SAINT-AGNAN, en Nivernais.

SANCTI ANTONII capella, in Matiscone, la chapelle de la Commanderie St-Antoine de Mâcon.

SANCTI AUSTRUMENII monasterium, SAINT-AUSTREMOINE, monastère d'hommes en Auvergne.

SANCTI BABILÆ et SANCTI INNOCENTIS ecclesia, in agro ROMANACENSI, SAINT-BABILAS et SAINT-INNOCENT au territoire de Romenay, canton de Tournus.

SANCTI BARTHOLOMEI capella, in villa Fabricas, SAINT-BARTHÉLEMY de Farges, commune du canton de Tournus.

SANCTI BENEDICTI Floriacensis, FLEURY-SUR-LOIRE (Nièvre), ancien monastère de l'Ordre de Saint Benoît.

SANCTI BENEDICTI terra, in villa Moncellis, la terre de Saint-Benoît, nom d'un lieu-dit au village de Montceau, hameau de Prissé, canton sud de Mâcon.

SANCTI BLASII, in ecclesia cathedrali, capella, la chapelle de SAINT-BLAISE, à Saint-Vincent de Mâcon.

SANCTI BONITI in CARBONERIAS capella, ST-BONNET de CHARBONNIÈRES, commune du canton nord de Mâcon.

SANCTO BONETO (Stephanus, presbyter de), SAINT-BONNET-LE-TRONCY (Rhône), canton de La Mure, de l'ancien diocèse de Mâcon.

SANCTI CHRISTOPHORI in villa MANCIACO, capella, SAINT-CHRISTOPHE de MANZIAT (Ain), canton de Bâgé-le-Châtel.

SANCTI CHRISTOPHORI capella, in MILLIACO villa, ST-CHRISTOPHE, ancienne chapelle à MILLY, canton nord de Mâcon.

SANCTI CIRICI, parochia, SAINT-CYR (Ain), canton de Pont-de-Veyle.

SANCTI CIRICI Nivernensis ecclesia, SAINT-CYR de Nevers (Nièvre).

SANCTI CIRICI capella, in Viriaco villa, SAINT-CYR et *Sainte-Julitte* de Viré, canton de Lugny.

SANCTI CLEMENTIS abbatia, in suburbio Matisconis, ancien monastère de SAINT-CLÉMENT-LÈS-MACON.

SANCTI CLEMENTIS parochia, la paroisse de SAINT-CLÉMENT-LÈS-MACON.

SANCTI CYPRIANI terra, nom d'un territoire situé près de Boy (Ain), canton de Pont-de-Veyle, arrondissement de Bourg.

SANCTI DESIDERII terra, SAINT-DIDIER de Chalaronne (Ain), canton de Thoissey.

SANCTUS DESIDERIUS d'Avenais; c'est sans doute ST-DIDIER-SOUS-BEAUJEU (Rhône).

SANCTUM DESIDERIUM (apud), locus, SAINT-DIDIER de Sennecé-lès-Mâcon.

SANCTI DESIDERII ecclesia, in villa VERCIACO, vel Vergiaco, VERNEY, hameau de la commune de Sennecé-lès-Mâcon, qui a conservé le vocable de Saint-Didier.

SANCTO EPTADIO, EUSTADIO (de), ecclesia, ST-YTHAIRE, arrondissement de Mâcon, canton de St-Gengoux-le-Royal.

SANCTI EUGENDI ecclesia, supra fluvium Borbontiam, SAINT-OYEN, hameau de Montbelet, sur le ruisseau de *Bourbonne*, canton de Lugny.

SANCTI EUGENDI monachi et ministri, ancien prieuré situé à SAINT-OYEN-MONTBELET, et qui dépendait du monastère de SAINT-OYAN-DE-JOUX (Jura).

SANCTI EUGENDI monasterii Jurensis monachi, ST-OYAN-DE-JOUX (Jura), monastère d'hommes de l'Ordre de St Benoît.

SANCTI FRANCONEI (ex rebus), ST-FRANCHY (Nièvre), canton de Saint-Sauge.

SANCTI GENESII ecclesia, in agro Cosconiacensi, SAINT-GENIS-SUR-MENTHON (Ain), arrondissement de Bourg, canton de Pont-de-Veyle.

SANCTI GENGULPHI castrum, ST-GENGOUX-LE-ROYAL, arrondissement de Mâcon. *V. S.* JANGULFI.

SANCTI GEORGII DE RENAIN ecclesia, SAINT-GEORGES-DE-RENEINS (Rhône), arrondissement de Villefranche, canton de Belleville. ✳

SANCTI GERMANI capella, in CARDONACO villa, la chapelle de SAINT-GERMAIN à Chardonnay, canton de Lugny.

SANCTI GERVASII, SANCTI PROTASII et SANCTI VINCENTII martyrum, basilica, ancien vocable de l'église cathédrale de Mâcon.

SANCTI IMITERII capella, SAINT-IMETIER, ancienne chapelle située sur la commune de Farges, canton de Tournus.

SANCTI IMITERII cellula, apud Rosarias, in pago Lugdunensi, petit prieuré qui était situé dans le Lyonnais.

SANCTI IMITERII mansus, nom d'une métairie qui devait être située non loin de la commune d'Uchizy.

SANCTI INNOCENTIS martyris et S. PETRI (crypta), ancienne chapelle souterraine qui était dédiée à Saint Innocent et à Saint Pierre.

SANCTI JANGULFI ecclesia, in Siciaco villa, ST-GENGOUX-DE-SCISSÉ, arrondissement de Mâcon, canton de Lugny.

SANCTI JANGULFI capella, SAINT-GENGOUX-DE-SCISSÉ, commune du canton de Lugny.

SANCTI JOHANNIS de BUXERIA, SAINT-JEAN-LA-BUSSIÈRE (Rhône), canton de Thizy, ancien diocèse de Mâcon.

SANCTI JOHANNIS capella, in Odremaro villa, ancienne chapelle, sous le vocable de Saint Jean, qui devait être située près Bâgé-le-Châtel (Ain). *V.* ODREMARUS.

SANCTO JOHANNE de Prato (Fratres de), SAINT-JEAN-DES-PRÉS, ancien monastère situé sur les bords de la Guye, près de Confrançon, hameau de Cortevaix.

SANCTI JOHANNIS in PROPRIO (capella), paraît être ST-JEAN-LE-PRISCHE, commune du canton nord de Mâcon.

SANCTI JOHANNIS ad Velam ecclesia, SAINT-JEAN-SUR-VEYLE, ou *des Adventures* (Ain), canton de Pont-de-Veyle.

SANCTI JOHANNIS et SANCTI STEPHANI canonici, les chanoines de Saint-Jean et de Saint-Etienne, églises de Lyon.

SANCTI JULIANI ex Rocha (ecclesia), ancienne chapelle au lieu-dit LA ROCHE, près Solutré, canton sud de Mâcon.

SANCTI JULIANI in RUPE (capella), la même chapelle de SAINT-JULIEN-DE-LA-ROCHE.

SANCTI JULIANI et SANCTI PETRI (Parochiani), ST-JULIEN de Davayé et ST-PIERRE de Solutré, communes du canton sud de Mâcon.

SANCTI LAURENTII abbatia, ancien monastère de SAINT-LAURENT-LÈS-MACON.

SANCTI LAURENTII (Pontenarii), pontonniers de St-Laurent (Ain), préposés au péage de la Saône.

SANCTI LEODEGARII in Chapasia capella, chapelle de Saint-Léger à Chapaize.

SANCTI LEODEGARII capella in villa Vitriaco, ancienne chapelle près Vitry, commune du canton de Cluny.

SANCTI MAMMERTI terra, lieu-dit situé au territoire d'Igé, canton de Cluny.

SANCTI MARCELLI abbatia, in suburbio Cabilonis civitatis, l'abbaye de SAINT-MARCEL, ancien monastère de bénédictins, près Chalon-sur-Saône.

SANCTUS MARCELLUS, villa apud Cabilonem, SAINT-MARCEL, commune du canton sud de Chalon.

SANCTI MARCELLI de VARENNIS parochia, VARENNES, commune de l'arrondissement et du canton sud de Mâcon.

SANCTI MARCELLI et SANCTI BENEDICTI terra, nom d'un territoire situé près de Verzé, canton nord de Mâcon.

SANCTI MARCELLINI VARENNARUM ecclesia, la chapelle de SAINT-MARCELIN de VARENNES, commune du canton sud de Mâcon.

SANCTI MARTINI de ATHENACO ecclesia, ST-MARTIN d'*Athaneins* ou Baneins en Dombes, arrondissement de Trévoux.

SANCTI MARTINI in villa BRANDONO ecclesia, ancienne chapelle à BRANDON, commune du canton de Matour.

SANCTI MARTINI de BUFFERIIS parochia, ancien vocable de l'église de Buffières, canton de Cluny.

SANCTI MARTINI ecclesia, in villa CASTELLO, CHATEAU, paroisse du canton de Cluny.

SANCTI MARTINI capella, in villa Clipoiaco; c'est probablement l'église de Pierreclos, canton de Tramayes.

SANCTI MARTINI ecclesia, in COLONICAS, ancienne chapelle à COLONGES, dont Prissé paraît avoir conservé le vocable.

SANCTI MARTINI ecclesia, apud Diviacum, vel Dunacum, ancienne chapelle qui devait être située près de Prissé, commune du canton sud de Mâcon.

SANCTI MARTINI parochia, in FLORIACO villa, SAINT-MARTIN de FLEURIE, canton de Beaujeu, ancien diocèse de Mâcon.

SANCTI MARTINI de LICIACO ecclesia, SAINT-MARTIN-DE-LIXY, arrondissement de Charolles, canton de Chauffailles.

SANCTI MARTINI monasterium, apud Matisconem, monastère de ST-MARTIN-DES-VIGNES, près Mâcon, dépendant de l'abbaye de Cluny.

SANCTI MARTINI decimæ, in Oratorio villa, dîmes de SAINT-MARTIN de Fleurie, au village d'Ouroux (Rhône), arrondissement de Villefranche, canton de Monsol.

SANCTI MARTINI ecclesia, in PRISCIACO villa, PRISSÉ, canton sud de Mâcon.

SANCTI MARTINI ecclesia, in villa REGNIACO, ancienne chapelle à RÉGNIÉ (Rhône), canton de Beaujeu, diocèse de Mâcon.

SANCTI MARTINI ecclesia juxta Sedriacum Castrum, SAINT-MARTIN-LA-PATROUILLE, près Sigy-le-Châtel, canton de Saint-Gengoux-le-Royal.

SANCTI MARTINI DE SENOZANO ecclesia, ST-MARTIN-DE-SENOZAN, commune du canton nord de Mâcon.

SANCTI MARTINI capella, in villa TARSIACO, ancienne chapelle à Taizé, canton de St-Gengoux, ou à Theizé (Rhône).

SANCTI MARTINI ecclesia, in villa VERCHISON, VERGISSON, commune de l'arrondissement et du canton sud de Mâcon.

SANCTI MARTINI terra, nom donné à divers lieux-dits du Mâconnais et du Beaujolais.

SANCTI MARTINI vicus, le faubourg SAINT-MARTIN de Beaujeu (Rhône), de l'ancien diocèse de Mâcon.

SANCTI MAURICII villa, ST-MAURIS-DES-PRÉS, canton de Lugny.

SANCTI MAURICII DE EXARTELLIS ecclesia, ancienne chapelle au lieu-dit ESSERTAUX, près Bussière, canton sud de Mâcon.

SANCTI MAURICII terra, nom de divers territoires dépendant de Saint-Maurice.

SANCTI MAXIMII capella in villa PREVISCO, ancienne chapelle à PERREUX (Loire), de l'ancien diocèse de Mâcon.

SANCTI NAZARII vinea, in agro Iggiacensi, nom d'un territoire qui devait être situé près d'Igé, canton de Cluny.

SANCTO NICETIO de BURNANT (ecclesia de), BURNAND, commune de l'arrondissement de Mâcon, du canton de St-Gengoux-le-Royal.

SANCTI PANCRATII ecclesia, in comitatu Avalensi, SAINT-BRANCHER, de l'archiprêtré de Quarré, au comté d'Avallon (Yonne).

SANCTI PAULI abbatia, monastère de Saint-Paul-Trois-Châteaux (Drôme).

SANCTI PAULI et Hebræorum terra, in agro Salorniacensi, lieu-dit situé sur le territoire de Salornay, hameau d'Hurigny, canton nord de Mâcon.

SANCTI PETRI abbatia et hospitale, in suburbio Matisconis, monastère de Saint-Pierre, hors des murs de Mâcon.

SANCTI PETRI Matiscensis Canonici regulares, les Chanoines réguliers de St-PIERRE de Mâcon.

SANCTI PETRI ecclesia, ST-PIERRE-LE-VIEUX hors les murs, à Mâcon.

SANCTI PETRI capella, in APPUGNIACO villa, ancienne chapelle à APPUGNY, commune d'Hurigny, canton nord de Mâcon.

SANCTI PETRI capella, in villa BUCIACO, ancienne chapelle dont la situation n'est plus connue.

SANCTI PETRI capella, in villa CARNACO, ancienne chapelle près LA GRANGE-ST-PIERRE, commune de CHARNAY, arrondissement et canton sud de Mâcon.

SANCTI PETRI in COLONICAS capella, chapelle à Collonges, hameau de Cruzilles, arrondissement de Mâcon, canton de Lugny.

SANCTI PETRI et S. INNOCENTIS martyris (Crypta), ad ecclesiam Matisconensem, ancienne chapelle de l'église cathédrale de Mâcon.

SANCTI PETRI et S. PAULI in JUILLIACO ecclesia, JULLIÉ (Rhône), paroisse de l'archiprêtré de Beaujeu et de l'ancien diocèse de Mâcon.

SANCTI PETRI ex CROTULA in villa Rinplongio (terra), le CREUX, hameau de Replonges)Ain), canton de Bâgé.

SANCTI PETRI de QUERCU (Cimiterium), CHÂNES, commune du canton de La Chapelle-de-Guinchay.

SANCTI PETRI in ROMANACO (ecclesiæ reedificatio), l'église Saint-Pierre de Romenay, canton de Tournus.

SANCTI PETRI decimæ, dîmes de St-Pierre de Solutré, canton sud de Mâcon.

SANCTI PETRI (terra ad servos), lieu-dit situé au territoire de Salornay, hameau d'Hurigny, canton nord de Mâcon.

SANCTI PETRI rectores, ST-PIERRE de Mâcon.

SANCTI PETRI terræ, divers fonds et lieux-dits dépendant de l'église de St-Pierre de Mâcon.

SANCTI PETRI Luxoviensis terra, St-Pierre de Luxeuil, au diocèse de Besançon.

SANCTI PHILIBERTI et S. MARIÆ terra, in villa Cardonaco, lieu-dit situé à Chardonay, canton de Lugny.

SANCTI QUINTINI ecclesia, in villa BRICIA, SAINT-QUENTIN de BRAY, commune du canton de Cluny.

SANCTUS QUINTINUS de ALIIS, ST-QUENTIN-DES-AULX, hameau du Rousset, canton de La Guiche.

SANCTI RIGALDI de Aveisa monasterium, l'ancienne abbaye de ST-RIGAUD, qui était située dans la forêt d'Avaise, sur la commune de Ligny, canton de Semur-en-Brionnais.

SANCTI ROCHI in villa Draciaco capella, la chapelle ST-ROCH de Dracé, hameau de Crêches, canton de La Chapelle-de-Guinchay.

SANCTI ROMANI ecclesia, apud Ansam, église de ST-ROMAIN, près d'Anse (Rhône).

SANCTI ROMANI ecclesia, in Cathenaco, ancienne chapelle près de St-Symphorien-d'Ancelles ou de St-Romain, canton de la Chapelle-de-Guinchay.

SANCTUM ROMANUM (ad), locus, écart de la comᵐᵉ de Romenay, canton de Tournus.

SALVAMENTUM, SALVAMACUM, villa in pago Scodingensi, SAVIGNAT (Jura), canton d'Arinthod.

SANCTO SALVATORE (Brito de), ST-SAUVEUR (Nièvre).

SANCTI STEPHANI capella, in villa LINTINIACO, LANTIGNIÉ (Rhône), de l'ancien diocèse de Mâcon et de l'archiprêtré de Vauxrenard.

SANCTI STEPHANI capella, sub vico S. MARTINI, ancienne chapelle près le faubourg Saint-Martin de Beaujeu (Rhône).

SANCTI STEPHANI Lugdunensis terra, in agro Fusciacensi, lieu-dit dépendant de l'église de Saint-Etienne de Lyon et situé au territoire de Fuissé, arrondissement et canton sud de Mâcon.

SANCTO SULPICIO (Rotbertus de), SAINT-SULPICE (Ain), canton de Bâgé-le-Châtel.

SANCTUS SYMPHORIANUS Viriacensis, doit être ST-SYMPHORIEN de Vérizet, arrondissement de Mâcon, canton de Lugny.

SANCTI VALERIANI et S. MARIÆ terra, nom d'un lieu-dit situé non loin de Fuissé, canton sud de Mâcon.

SANCTO VERANO (Martinus de), ST-VERAND, canton de La Chapelle-de-Guinchay.

SANCTI VIATORIS et S. AMORIS ecclesia, SAINT-AMOUR (Jura).

SANCTI VICTORIS capella, in villa SATONACO, SATONNAY, aujourd'hui réuni à la commune de Saint-Mauris, canton de Lugny.

SANCTI VINCENTII Cabilonensis curtilus, in Amoniaco situs, domaine de St-Vincent de Chalon à Ameugny, canton de Saint-Gengoux-le-Royal.

SANCTI VINCENTII Matiscensis basilica, l'église de SAINT-VINCENT de Mâcon.

SANCTI VINCENTII capella in villa Gerii, in curtili S. Albani, ancienne chapelle de Saint-Vincent, à Saint-Albain, au lieu-dit la Grisière.

SANCTI VINCENTII de Mardubrio capella, chapelle de Saint-Vincent à Mardore (Rhône), canton de Thizy, de l'ancien diocèse de Mâcon.

SANCTI VINCENTII de PRATO ecclesia, SAINT-VINCENT-DES-PRÉS, arrondissement de Mâcon, canton de Cluny.

SANCTI VINCENTII ecclesia, in SOLOGNIACO, l'église de SAINT-VINCENT de SOLOGNY, canton nord de Mâcon.

SANCTI VINCENTII parochia, SAINT-VINCENT-DE-REINS (Rhône), du canton de La Mure, ancien diocèse de Mâcon.

SANCTI VINCENTII, S. GERVASII et S. PROTASII martyrum basilica, ancien vocable de l'église de Mâcon, qui était aussi dédiée à la Sainte Vierge.

SANTINIACUM vel LANTINIACUM, villa in parochia S. Clementis, LANTE, hameau de St-Clément-lès-Mâcon.

SARCIACO (in), villa in parochia S. Mariæ de Amoniaco, LA GRANGE-DE-SERCY, hameau d'Ameugny, canton de Saint-Gengoux-le-Royal.

SARGO VILLARO (in), villa in agro Salmacense, VILLERET, hameau de Curciat-Dongalon, canton de Saint-Trivier-de-Courtes, ou VILLAROUX, hameau de Romenay, canton de Tournus.

SARRERES (Stephanus capellanus de), SERRIÈRES, arrondissem^{nt} de Mâcon, canton de Tramayes.

SATGIACUM, villa in pago Scodingensi, SAGY, commune du canton de Beaurepaire, arrondissement de Louhans.

SATONACO (in), villa in agro Fusciacensi, SATONNAY, hameau de St-Amour, canton de La Chapelle-de-Guinchay.

SATONACUM, villa in pago Matisconensi, SATONNAY, commune réunie à celle de Saint-Mauris-des-Prés, canton de Lugny.

SATONACUM et VALLES (inter), SATONNAY, hameau de St-Mauris, et VAUX, hameau de Verzé, arrondissement de Mâcon.

SAUMNACIENSIS finis, nom de territoire fautivement écrit pour *Saviniacensis*, Savigny-sur-Grosne, canton de Saint-Gengoux-le-Royal.

SAVINIACUM cum ecclesia S. Stephani, l'église de St-Etienne de SAVIGNY-SUR-GROSNE, canton de Saint-Gengoux.

SCODINGENSIS pagus, le pays de *Scoding*, qui était situé entre le Varais et le pays d'Amaour.

SCOLA (in), villa, ECOLE, hameau de Verzé, canton nord de Mâcon.

SECCHINIS, vel SELICHINIS (Bernardus de), SACHINS, fief de la Bresse, situé sur la rive gauche de la Saône.

SECIACO (Vitfredus de), obses, CESSIAT, hameau de St-Jean-des-Treux, canton de St-Amour (Jura).

SEDUNO (Bernardus presbyter de), SUIN, commune de l'arrondissement de Charolles, canton de St-Bonnet-de-Joux.

SEILLONIS (Umbertus prior), SEILLON, ancienne Chartreuse située près de Bourg en Bresse.

SELONACUS (leçon fautive), pour *Satonacus*, Saint-Mauris-de-Satonnay, arrondissement de Mâcon, canton de Lugny.

SELONIACO (in), villa in fine Viriacensi, SOLOGNY près Verzé, arrondissement et canton nord de Mâcon.

SEMIRIACUM et CASTANEDUM, villæ in pago Scodingensi, SEISERIAT et CHATAGNAT (Jura), canton d'Orgelet.

SENECIACO (Vincentius de), SENNECÉ, arrondissement et canton nord de Mâcon.

SENICIA (Richardus de), SENNECEY-LE-GRAND, arrondissement de Chalon.

SENONES et PARISIOS (inter), SENS (Yonne), et PARIS (Seine).

SENOSACUM, villa in pago Matisconensi, SENOZAN, commune de l'arrondissement et du canton nord de Mâcon.

SEPTEM CANIBUS (Bernardus de), SEPT-CHIENS, ancien fief dont la situation n'est plus connue.

SEPTEM MOLINIS (de), villa in agro Idgiacensi, SEPT-MOULINS, lieu-dit situé sur les bords de la Mouge et dans les environs d'Igé, arrondissem^{nt} de Mâcon.

SERCIACO (in), villa, LA GRANGE-SERCY, écart d'Ameugny, canton de St-Gengoux-le-Royal.

SESIACO (de), villa, CESSIAT, hameau de Saint-Jean-des-Treux, canton de Saint-Amour (Jura).

SIBRANIGENSIS ager; le chef-lieu de cet ager devait être situé près de la montagne de SOUBRAN, à l'ouest de Marchampt (Rhône).

SICIACUM, villa, CHISSEY, commune du canton de Saint-Gengoux-le-Royal.

SICIACUM, villa cum ecclesia S. JANGULFI, SAINT-GENGOUX-DE-SCISSÉ, commune du canton de Lugny.

SICIONO, vel SACONO (Condamina de), lieu-dit de la commune de SOLOGNY, arrondissement et canton nord de Mâcon.

SILVA (Christianus de), LA FORÊT, nom d'un fief situé sur la commune de Cormoranche (Ain), canton de Pont-de-Veyle.

SILVA vulgaris quæ dicitur NASNA, le bois de NAISSE, sur la commune de Sennecé, canton nord de Mâcon.

SILVA PIRETA, in villa Montis, nom d'une ancienne forêt près Mons, hameau de Replonges (Ain), canton de Bâgé-le-Châtel.

SILVINIACO, vel rectius SILMUIACO (in), villa in comitatu Lugdunensi, SERMOYER (Ain), canton de Pont-de-Vaux.

SILVINIACUM, villa in pago Scodingensi, SAVIGNY-EN-REVERMONT, canton de Beaurepaire, ou SAVIGNAT (Jura), commune du canton d'Arinthod.

SINICIACO, SINISIACO (in), villa, SENNECÉ, commune de l'arrondissement et du canton nord de Mâcon.

SINMOLES (campus vocatus ad), lieu-dit situé près Fontenailles, hameau de St-Clément-lès-Mâcon.

SINTIACUM et Castanedum, in pago Lugdunensi, SANCIA (Jura), arrondissement de Lons-le-Saunier, canton d'Orgelet. *V.* SEMIRIACUM.

SOLBREN, locus, SOUBRAN, montagne du Beaujolais, à l'ouest de Marchampt (Rhône), canton de Beaujeu.

SOLONIACO, SULINIACO, vel SOLOIGNIACO (in), villa, SOLOGNY, commune du canton nord de Mâcon.

SOLTISON (Petrus de), Templarius, SOTISON, hameau de Vaux (Rhône), arrondissement de Villefranche.

SOMMERIACI villa, SOMMÉRÉ, hameau de Saint-Sorlin, canton nord de Mâcon.

SPECULA (pratum quod dicitur), lieu-dit qui dépendait de la commune de Prissé, canton sud de Mâcon.

SPINA et Boscus Captivus, le Bois de l'EPINE et le Bois Chétif, situés sur la rive gauche de la Saône, près de Replonges et de Feillens (Ain).

SPINACENSIS ager, EPINOUX ou l'EPINE (Ain), était le chef-lieu de cette circonscription territoriale.

SPINACO (in), villa in pago Lugdunensi, EPINOUX ou l'EPINE, localité qui était située près des bois de ce nom, sur Feillens et Replonges (Ain).

STODIS (Petrus de), AUDOUR ou LA TOULE, hameau de Dompierre-les-Ormes, canton de Matour.

STOGIUM, locus, les ETOUX, hameau de Beaujeu (Rhône).

STOGIUM et CURTEM villæ, LES ETOUX et les COURS, localités près de Beaujeu (Rhône).

SUISIACI villa; ce nom paraît être fautivement écrit, c'est peut-être LOYSE, canton de La Chapelle-de-Guinchay.

SULISTRIACUM, SOLESTRIACUM villa, cum ecclesia S. Petri, SOLUTRÉ, canton sud et arrondissement de Mâcon.

SYLVINIACUM, villa cum capella in pago Scodingorum, SAVIGNY-EN-REVERMONT, arrondissement de Louhans, canton de Beaurepaire. *V.* SILVINIACUM.

T

TARENTASIENSIS archiepiscopatus, l'archevêché de TARANTAISE (Savoie).

TASIACO (in), villa in agro Dipgiacensi, nom fautivement écrit pour LASIACO, LAIZÉ, qui dépendait de l'ager dont Igé était le chef-lieu.

TAURIACO (in), villa in agro Fusciacensi, THOIRIAT, commune de Crêches, canton de La Chapelle-de-Guinchay.

TAXONIACI villa, TEYSSONGE, ou la TEYSSONNIÈRE, hameau de Buellas (Ain), arrondissement de Bourg.

TELLOSA (Bernardus de), TILLOUZOT, écart de Massilly, canton de Cluny.

TELO, TILIO, LE THYL, seigneurie et château sur la commune de Vauxrenard (Rhône), canton de Beaujeu.

THOMARAGENSIS, TORNIACENSIS ager, TORNAS, ancien fief avec château, sur la commune de Saint-Cyr-sur-Menthon (Ain), canton de Pont-de-Veyle.

TOLON, locus, in pago Matisconensi, THULON, château et fief près de Lantignié (Rhône), canton de Beaujeu, ancien diocèse de Mâcon.

TOLONICO (in), vicus, leçon fautive; il s'agit ici de Saint-Vincent de SOLOGNY, canton nord de Mâcon. *V.* SOLONIACO.

TORIACUM, villa in pago Matisconensi, THOIRIA, hameau de Crêches, canton de La Chapelle-de-Guinchay.

TORIACO (Bernardus, Ugo et Willelmus de), THOIRIA, fief et château sur la commune de Crêches (Saône-et-Loire).

TORNACA, TORNAY, TORNATUM, TORNAS, ancien fief et château dépendant de la commune de St-Cyr-sur-Menthon (Ain), canton de Pont-de-Veyle.

TORNIACENSIS ager, TORNAS (Ain), commune de St-Cyr-sur-Menthon, était le chef-lieu de ce territoire.

TORNUTIUM, castrum in pago Cabilonensi, TOURNUS, qui dépendait du Chalonnais et de l'évêché de Chalon.

TORRENSIS ager, les THORINS, commune de La Salle, canton de Lugny; localité qui paraît être le chef-lieu de cette circonscription territoriale.

TORRENTE (in fine), in agro Uriniacensi, les THORINS, écart de la commune de La Salle, canton de Lugny.

TORT (Milo de), lieu-dit ou fief situé près de Cenves (Rhône), ou de Vergisson, canton sud de Mâcon.

TORVEDONENSIS, TOLVEDONENSIS pagus, le chef-lieu de ce pagus était TOURVÉON, ancien château-fort dont il existe encore quelques vestiges sur la montagne de même nom, près la commune de Chenelette (Rhône), canton de La Mure.

TRAMAIAS (in), cum ecclesia S. Germani, TRAMAYES, arrondissement de Mâcon.

TRASDO (pratum in), lieu-dit situé dans les environs d'Igé, canton de Cluny.

TRECAS (Actum), TROYES (Aube).

TRESMONTIS vinea, lieu-dit situé dans l'ager dont Salornay (hameau d'Hurigny), était le chef-lieu.

TRINORCHIENSIS (Ecclesia), TOURNUS, de l'ancien diocèse de Chalon, aujourd'hui de l'arrondissement de Mâcon.

TRION, TRIONO (in), villa in agro Salorniacensi, localité située dans l'ager de Salornay, commune d'Hurigny, canton nord de Mâcon.

Turiciaco, Turiaco (in), villa in fine Viriacensi, Thurissey, hameau de Montbelet, canton de Lugny.

Turonenses solidi, *sols Tournois*, monnaie de Tours (Indre-et-Loire).

Turre (in), villa, La Tour de Champagne, écart de Péronne, arrondissement de Mâcon, canton de Lugny.

Turreamata (Vincentius de), Matour, arrondissement de Mâcon.

U

Uceciensis episcopatus, Uzès (Gard), siége épiscopal aujourd'hui supprimé, suffragant de Narbonne (Aude).

Uchisiaci (actum), Uchizy, commune de l'arrondissement de Mâcon, du canton de Tournus.

Uchisiaci (Prioratus), Uchizy, ancien prieuré de Bénédictins ; dépendant de l'abbaye de Tournus.

Umorano (in), villa, Marignat, hameau de Gorrevod (Ain), canton de Pont-de-Vaux.

Uncionelis, seu Warnelis, villa, Sonchonnière ou Suchet, près Mardore (Rhône).

Uriniacensis ager, Hurigny, commune du canton nord de Mâcon.

Uriniacum, villa in agro Salorniacensi, Hurigny, de l'arrondissement et du canton nord de Mâcon.

Usæ (silva et lacus), in pago Lugdunensi, Ozan (Ain), canton de Pont-de-Vaux.

Uvi (Aqua quæ dicitur), Us, petite rivière qui se jette dans la Loire, près de Pradines.

V

Valentinensis episcopatus, Valence, siége épiscopal, suffragant de Vienne, aujourd'hui d'Avignon.

Valle Saona (Factum in), Valsonne (Rhône), arrondissement de Villefranche, canton de Tarare.

Vallis, villa in pago Matiscensi, Vaux-Verzé, de l'arrond^{nt} et du canton nord de Mâcon.

Vallis et Satonnacum, villæ, Vaux, hameau de Verzé, et Satonnay, aujourd'hui réuni à Saint-Mauris-des-Prés, arrondissement de Mâcon.

Vallis, villa in fine Saviniacensi, Vaux, hameau de St-Ythaire, canton de St-Gengoux-le-Royal.

Vallis (in fine), Pont-de-Vaux (Ain), arrondissement de Bourg.

Vanera, Vainera, silva, Vanère, ancienne forêt près Cormoranche (Ain), canton de Pont-de-Veyle.

Varengo (in), villa, Varanges, hameau de Cortambert, arrondissement de Mâcon, canton de Cluny.

Varennas (in), villa super Graonam, Varennes, sur la petite Grosne, commune du canton sud de Mâcon.

Varennis (Maiolus de), Varennes près Mâcon, seigneurie qui a donné son nom à une ancienne famille.

Vasnerias (in), villa in pago Matisconensi, Venières, hameau de Boyer, arrondissement de Mâcon, canton de Tournus.

Vela, amnis, La Veyle, petite rivière de la Bresse qui prend sa source près Chalamont en Dombes et a son embouchure dans la Saône, près Mâcon.

Vela (Domina de), Veyle, seigneurie qui a donné son nom à une ancienne famille de la Bresse.

Vellias (Campus inter), in villa Maniciaco, le Munet (entre Vaux-sur-Aine et Vaux-Pré), hameau d'Igé, arrondissement de Mâcon, canton de Cluny.

Vendenessa (Hugo de), Vendenesse, arrondissement et canton de Charolles.

Veniere, mis fautivement pour Vanère, nom d'une ancienne forêt située sur la rive gauche de la Saône, entre Cormoranche et Garnerans (Ain).

Ventiacum villa, Vincennes, ancien nom de Saint-Amour (Jura).

Ver (Bertrannus de), Vers, commune du canton de Sennecey-le-Grand.

Verchesono, Verchisono, Verchesotis (in), villa in agro Salorniacensi, Verchiseuil, hameau de Verzé, arrondissement et canton nord de Mâcon.

Verchison (in), villa, Vergisson, commune du canton sud de Mâcon.

Verchisoto (in), villa in agro Idgiacensi, Verchiseuil, hameau de Verzé, canton nord de Mâcon.

Verciaco (in), villa, Verzé, commune de l'arrondissement et du canton nord de Mâcon.

Verciaco, au lieu de Circiaco, fautivement écrit, Verzé, commune du canton nord de Mâcon.

Vergeio (Rainaldus de), Vergy, hameau de Vers, canton de Sennecey-le-Grand, ou Vergy en Bourgogne.

Vergiaco (Decima clausi de), le Verger, écart de Lantignié (Rhône), canton de Beaujeu.

Vernedo (a), campus in agro Prisciacensi, Le Vernay, lieu-dit situé dans les environs de Prissé, canton sud de Mâcon, ou les broussailles du Vernay, commune de Vérizet, canton de Lugny.

Verneto (Praeria de), la prairie du Verney, sur la rive gauche de la Saône, près Gorrevod (Ain), canton de Pont-de-Vaux.

Vernex (Berardus de), obses, Vernay (Rhône), arrondissement de Villefranche, canton de Beaujeu.

Vernol, Vernolio (in), villa, Verneuil, hameau de Charnay, arrondissement et canton sud de Mâcon.

Vernul, Vernutico (Stephanus de), Verneuil, fief et château sur la commune de Charnay-lès-Mâcon.

Verrasanno (in), villa, St-Verand, commune du canton de La Chapelle-de-Guinchay.

Verciaco, Verriaco, Virgiaco, Viriaco, Vuiriaco (in), villa in agro Itgiacensi, Verzé, commune de l'arrondissement et du canton nord de Mâcon.

Verriacensis, Viriacensis ager; Viré, canton de Lugny, était le chef-lieu de cette circonscription.

Verriaco, Viriaco (de) parochia, Viré, commune du canton de Lugny.

Vertionis, Vircionis villa, cum ecclesia, la chapelle Verjon, près Saint-Amour (Jura).

Vesuntionensis archiepiscopatus, Besançon, siége métropolitain.

Viennæ (Data), Vienne en Dauphiné, autrefois siége archiépiscopal.

Viennenses episcopi et archiepiscopi, Vienne (Isère), siége supprimé puis réuni à l'église métropolitaine de Lyon.

Vigniaco, Viniaco et Vincalis (Nemora de), in pago Scodingensi? Dignat, commune du canton de St-Amour (Jura), et Vaux, hameau de Champagnat (S.-et-L.), ou Vincelles, du canton de Beaufort, arrondissement de Lons-le-Saunier.

Villars (Uldricus de), Villers, hameau de Manziat (Ain), canton de Bâgé-le-Châtel.

VILLA URBANA (Ecclesia de), VILLORBAINE, commune aujourd'hui réunie à Mornay, arrondissement de Charolles, canton de Saint-Bonnet-de-Joux.

VILLIACENSIS ager, VILLIÉ (Rhône), commune de l'arrondissement de Villefranche, du canton de Beaujeu. *V.* BILIACUS ager.

VINCEACO, VINCIACO (in), villa in agro Iggiacensi, VANZÉ, hameau de Verzé, canton nord de Mâcon.

VINCELLA, VINCELLAS (in), villa, VINZELLES, commune de l'arrondissement et du canton sud de Mâcon.

VINCELLA, VINCELLIS (Maiolus de), VINZELLES, ancien fief et château près Mâcon.

VINCIACUM, villa in pago Lugdunensi, ST-AMOUR (Jura). *V.* VENTIACUM.

VINOSA (parochia de), LA VINEUSE, commune de l'arrondissement de Mâcon, du canton de Cluny.

VINZELLA, VINSELLIS, VINZELLIS, VINZELLES, commune du canton sud de Mâcon. *V.* VINCELLA.

VINZILIACI (Actum), VINZELLES, du canton sud de Mâcon.

VINZILIACUM (Castrum), VINZELLES, ancien fief et château près Mâcon.

VIRCIONIS ager, cum villa *Chinimaco* (leçon fautive) ; il s'agit probablement de VERJON, ancien fief avec château, et de COLIGNY (Ain), arrondissement de Bourg.

VIRGIACUS, villa in agro Iggiacensi, VERZÉ, commune de l'arrondissement et du canton nord de Mâcon.

VIRIACENSIS, VIRIENSIS ager, VIRÉ, commune de l'arrondissement de Mâcon et du canton de Lugny.

VIRIACUM, villa in agro Viriacensi, VIRÉ, commune du canton de Lugny.

VIRIANI (villa), et finis Curiacensis, au lieu de VIRIACENSIS (mauvaise leçon) ; c'est encore VIRÉ, du canton de Lugny.

VIRISETUM, VIRISIACUM, villa, VÉRIZET, commune de l'arrondissement de Mâcon et du canton de Lugny.

VISCURTIS (Ecclesia), VESCOURS (Ain), arrondissement de Bourg, canton de St-Trivier-de-Courtes.

VITRIACO (in), villa in agro Maciensium, VITRY, commune de l'arrondissement de Mâcon, du canton de Cluny.

VOLGERIO (Boscus de), bois situé dans les environs d'Igé, canton de Cluny, ou près de Marlieux, canton de Chalamont en Dombes.

VUALDONISCA CURTIS, CURTAVOCHE, hameau de Romenay, canton de Tournus. *V.* CURTIS WALDONISCA.

VULPECULÆ (Mansus), in villa Viriaci, lieu-dit de la commune de Viré, arrondissement de Mâcon, canton de Lugny.

FIN DU DICTIONNAIRE GÉOGRAPHIQUE.

ADDITIONS ET RECTIFICATIONS.

[CHARTA BERNONIS EPISCOPI MATISCONENSIS PRO CLUNIACO[1].]

929.

Speciale Christi præceptum dilectionem esse nemo est qui dubitet, quæ licet inter seculares nimium frigescat, tamen inter spiritales ubicumque sint, necesse est hanc aliquatenus reservari, ad quam videlicet plenius nutriendam debent ipsi quoque in exterioribus sibi mutuo suffragari. Quapropter ego Berno Matiscensis ecclesiæ præsul in Christi nomine notum facio cunctis successoribus meis, tam episcopis, quam archidiaconis, ac reliquis hujus ecclesiæ prælatis, quia Cluniacensis cœnobii congregationem speciali nobis familiaritate conjunctam in quantum possumus solatiari congruum ducimus, ut ipsorum bonis operibus Deo largiente participemus. Siquidem tempore prædecessoris nostri beatæ memoriæ Geraldi quasdam contradictiones de suis ecclesiis habuisse noscuntur. Et quia præcipuum est illis ut quieti suum ordinem tenere possint, placuit tam mihi quam omni nostræ congregationi, ut quidquid vel ad episcopum, vel ad archidiaconum de ecclesiis pertinet, excepto hoc quod ad synodales eulogias vel ad paratam, totum habitatoribus prædicti loci concedimus : ita ut ipsas ecclesias, res, decimas vel tenere, vel dare sine ullius contradictione valeant, dummodo neque opus ecclesiæ neque divinum officium negligatur. Sunt autem hæ cædem ecclesiæ Copta[2], Lancus[3], Blanuscus, Galuniacus, cum aliis capellis, quæ ad easdem pertinent. Synodale vero servitium, vel paratæ, vel ab his quos ibi præfecerint reddantur : quæ si neglecta fuerint liceat monachis emendare, et quod eis concedimus tenere. Sit autem hæc scriptura etiam pro signo societatis, ut tam vivi quam defuncti vel illorum, vel nostri communiter participentur bonis actibus, quos per Dei gratiam

---

(1) Cette charte de l'évêque Bernon a été omise dans les deux copies de notre Cartulaire; nous réparons cette omission, autant qu'il est en nous, en lui donnant ici une place. V. *Gallia Christiana*, instrumenta ecclesiæ Matisconensis, xv, pag. 274.

(2) Cote, ancienne paroisse près Cluny.

sserimus. Noverint autem qui lecturi vel audituri sunt hanc auctoritatem, quod nostra sedes ex antiqua consuetudine pro lege teneat, ut id de nostris decimis facere liceat. Si autem ex successoribus nostris aliquis hoc infringere tentaverit, revereatur illud, *maledictus qui transgreditur terminos*, est consuetudines, *proximi sui*, et ne forte pro sua crudelitate B. Petrum offendat, quem nos per beneficium collatum placare credimus. Ut autem hæc auctoritas firmior sit, hanc manu propria firmo, nostræque congregationis fratres firmare rogavi. Berno episcopus, Bernardus presbyter, Iraldus presbyter, Ayminus archidiaconus, Adalardus archidiaconus, Algisus levita, Berno et Gislardus presbyteri, Giraldus et Aldo subdiaconi, Beraldus et Arnulfus levitæ. Data est mense januario, anno VI° regni Rodulfi regis, qui de eadem donatione præceptum jussit fieri et sigillo suo signiri. Actum publice apud Matisconensem urbem omnibus primoribus unanimiter consentientibus. Bernardus rogatus scripsit.

Page ccxcv, colonne 1re, ligne 20, *lisez* Guido de Foro.
Pag. 24, note 2e, Pariensi, *lisez* Parisiensi.
Idem, vigenti, *lisez* viginti.
Pag. 30, lig. 14, Diminiacus, *lisez* Lintiniacus.
Id., lig. 15, Rimacensi, *lisez* Riniacensi.
Pag. 32, lig. 21, *lisez* Teoloni.
Pag. 40, lig. 17, Genoliacum, *lisez* Galoniacum.
Pag. 50, note 2e, hoc, *lisez* hîc.
Pag. 63, charte 76, 953, *lisez* 960.
Pag. 81, lig. 6, *lisez* 996-1018.
Pag. 109, lig. 31, *lisez* Waremfredi.
Pag. 113, lig. 30, Lectrudis, *lisez* Plectrudis.
Pag. 139, note 1re, *rectifiez ainsi :* Nuiciaco, Bouhier; Chifflet, *Lettre touchant Béatrix*.
Pag. 149, ch. 243, 962, *lisez* 958.
Pag. 151, lig. 10, CCLXV, *lisez* CCXLV.
Id., lig. 20, CCLXVI, *lisez* CCXLVI.
Pag. 160, ch. 267, 698-971, *lisez* 968-971.
Pag. 161 (note à ajouter au bas de la page). Chifflet, *Lettre touchant Béatrix*, pag. 150.
Pag. 193, lig. 22, Colobrio, *lisez* Cotobrio (Coutouvre).

Pag. 207, lig. 16, Lurensis, *lisez* Jurensis.
Pag. 231, ch. 403, 872, *lisez* 873 c.
Pag. 283, ch. 488, 941, *lisez* 955.
Ibid., lig. 20, et Tolane, *lisez* Attalane.
Pag. 284 (note à ajouter au bas de la page), CCCCLXXXVIII. Guichenon, *Biblioth. Sebus.* cent. II, cap. 4; regnante *Lothario*.
Pag. 298, note 1re, *ajoutez* nostris, Baisenens.
Pag. 322, lig. 26, Raganum de S. Pontio, *lisez* Paganum de S. Pontio.
Pag. 339, lig. 21, et pag. 358, lig. 2 et 4, Petrus de Bainers, *lisez* Petrus de Beyviers.
Pag. 340, ch. 571, 1007-1037, *lisez* 1108-1137.
Pag. 343, lig. 1, Correvoldo (de), *lisez* Gorrevoldo (de).
Pag. 362, ch. 599, 1167-1184, *lisez* 1077-1096.
Pag. 375, ch. 619, 1144-1166, *lisez* 1186-1199.
Pag. 490, col. 2, Fromaldi hæreditas, *ajoutez* 10.
Pag. 516, col 2, Nuceaco, *ajoutez* 220.
Pag. 538, col. 1, Teuquardus presbyter, 170, *lisez* 171.

MONSIEUR,

Une copie authentique de l'ancien *Cartulaire de Saint-Vincent*, de Mâcon, généralement connu sous le nom de LIVRE ENCHAINÉ, a été récemment retrouvée dans les Archives de la Préfecture de Saône-et-Loire. Une découverte si heureuse ne pouvait manquer d'attirer l'attention des hommes studieux. La Société académique de Mâcon s'empressa de choisir dans son sein une Commission qui fût chargée de faire un examen approfondi de ce manuscrit précieux et de lui rendre compte de son travail. Sur les conclusions favorables du rapport de cette Commission, l'Académie vient de décider l'impression du *Cartulaire de Saint-Vincent* et de voter, dans ce but, une première allocation de 500 fr. La Commission a été, en outre, autorisée à faire imprimer son rapport et à le répandre en faisant un appel de souscription à tous ceux qui s'adonnent aux études historiques et archéologiques.

Le *Cartulaire de Saint-Vincent*, imprimé sur papier vélin superfin, dans un format et avec des caractères semblables à ceux de la présente circulaire, formera un beau volume in-4.°, qui ne le cèdera en rien aux Cartulaires déjà publiés sous les auspices du Ministre de l'instruction publique. Néanmoins, le prix, fixé à DIX FRANCS seulement, pour les souscripteurs, ne sera exigible qu'après la remise de l'ouvrage complet. La liste des souscripteurs sera publiée à la fin du volume ; il est juste que les noms des hommes intelligents, qui auront contribué à tirer de l'oubli un monument d'une telle importance, soient signalés à l'estime publique.

En prenant connaissance du *Rapport* ci-joint, que nous avons l'honneur de vous adresser, vous pourrez juger par vous-même, Monsieur, de la valeur incontestable de l'ouvrage, et nous osons espérer que vous ne refuserez pas votre concours à une publication qui sera du plus haut intérêt pour l'histoire générale et surtout celle de notre département.

Veuillez agréer l'assurance de notre parfaite considération.

Le Secrétaire perpétuel de l'Académie,
LÉONCE LENORMAND.

NOTA. Les demandes de souscription doivent être adressées *franco* au secrétaire perpétuel de l'Académie, à Mâcon.

RAPPORT

Commission chargée d'étudier la question relative à la public[ation] par les soins de l'Académie, du Cartulaire de Saint-Vincent.

[M]essieurs,

[indivi]dus meurent, les générations se succèdent, mais soli[daires] [u]nes des autres, pour former les nations ; les nations res[tent]... ce titre que les histoires locales, aussi bien que l'histoire [on]t un vif intérêt pour ceux aux yeux desquels le présent [dou]t, et qui regardent quelquefois en arrière pour ap[prendre à m]archer en avant.

[La ville de] Mâcon, moins heureuse que les autres cités du même [rang]? Tournus qui possède trois histoires, Autun quatre et... Mâcon n'a inspiré que de rares et incomplètes notices ; [l'Histoire] de Fustailler, pendant long-temps inédite ; quelques [de] Julien de Balleurre ; une compilation de Bugnon, avo[cat à la sé]néchaussée de Lyon, qui a copié et donné, comme sien, [ce qu']il pu recueillir de Fustailler, et, enfin, Jacques Severt, [Chron]ique des Évêques de Mâcon.

[Ces auteu]rs auteurs ont puisé, en grande partie, leurs documents [chez Fustai]ller, sur le compte duquel St. Julien de Balleurre s'ex[prime ains]i : « M. Fustailler, advocat mâconnais, avait extrait [d'un] livre enchaîné au Thrésor de l'église cathédrale que... mémoires qu'il avait pu recueillir, un sommaire de [l'histoire] mâconnaise, qu'il prétendait enrichir de la copie des chartes vidimées en icelui livre ; mais, prévenu par [la mort, son] dessein demeura simplement revêtu des dates d'iceux, [préamb]ules preuves et approbations. Or, ce livre enchaîné... saccagement dudit Thrésor par les auteurs des troubles (1667), et les copies extraites par ledit Fustailler per[dues, il ne] restait plus que certain sommaire qui vaguait par les [mains de] bon nombre d'hommes curieux de le faire transcrire.

[Pour en re]lever un chacun de cette peine, M. Bugnon l'a fait [imprimer et] traduire en français, à l'utilité publique. L'intention [de l'aut]eur était de dédier son œuvre à Claude de Longvy, [évêque de] Mâcon. Qu'ainsi soit. En la copie que j'en ai, il y a [plus de 1]30 ans, est une épître audit sieur. »

[Bugnon n']avait si bien relevé chacun de la peine de traduire Fus[tailler, qu'i]l avait fait imprimer cette traduction comme œuvre de [lui, « a]insi que s'en plaint Guichenon, dans son Histoire de [Bresse. L]e Mâconnois gâta ce bel ouvrage par les fautes qu'il y [fit, s'ex]posant d'en être l'auteur. »

[Rendo]ns donc des actions de grâces à rendre à M. Baux, ar[chiviste à] Bourg, qui a rendu au monde lettré l'ouvrage original [de Fustaill]er, traduit par lui à la suite du texte. Les frais en ont été [faits par M.] Yemeniz, riche amateur, qui a la noble passion d'atta[cher son n]om à de rares éditions. La ville de Mâcon ne saurait trop [se louer] d'une publication qui remet son nom en honneur. Le [manusc]rit qui a servi à cette impression est, à ce qu'annonce [le titre,] le manuscrit original de Fustailler, légué à la ville de [Bourg av]ec d'autres documents historiques, par Guichenon, l'au[teur con]nu et si estimé de l'Histoire de Bresse. Nous ne contes[tons pas] l'authenticité du legs ; mais, à la vue des nombreuses [fautes con]tenues dans le texte de ce petit volume, il nous est venu [quelques] doutes sur l'authenticité réelle du manuscrit apparte[nant à Gui]chenon. Nous avons pensé qu'il pourrait bien être une [des cop]ies qui « vaguaient par les mains des curieux, » copie [que Guich]enon croyait être l'original et qu'il légua comme telle à la [ville de Bo]urg. Nous nous sommes procuré une de ces copies de [Fustaille]r qui fait actuellement partie de la bibliothèque de M. de... [e]t exemplaire, que nous avons comparé avec le volume [édité par] M. Baux, non-seulement présente de nombreuses diffé[rences dan]s les mots, ce qui s'expliquerait par l'ignorance du co[piste, mais] encore il donne des phrases entières qui n'existent pas...

Rien ne nous obligerait assurément, à propos du Car[tulaire, de] critiquer Fustailler, si ce n'était un devoir pour l'Ac[adémie de] Mâcon de signaler de telles erreurs, sous peine de pass[er dans le] monde lettré pour n'avoir pas lu l'histoire de son propre [pays ; mais] ces erreurs nombreuses dans un livre destiné à être cons[ulté par les] érudits ne faisaient pas autorité, puisque l'auteur est c[ensé avoir] puisé tous ses documents à bonne source. Cette source [est le] Cartulaire de St.-Vincent, qu'il a mal lu et surtout m[al traduit.] Une bonne fortune historique inespérée, la découverte [du Cartu]laire lui-même, a mis M. Ragut à même de signaler à M. [Baux la] foule de fautes qu'il avait commises dans sa traducti[on, fautes que] celui-ci a négligé de rectifier dans sa seconde édition ; [et les] des fautes encore plus graves commises par Fustailler, [et cela] fautes que l'on ne pouvait corriger dans un texte respec[té litté]rément, mais qu'il était facile de signaler dans des notes [en bas de] pages.

L'exemplaire de notre Cartulaire, qui fait actuellemen[t partie des] archives du chef-lieu de Saône-et-Loire, est une copie a[ncienne] de l'original, qui était déposé au Thrésor de l'église ca[thédrale de] St.-Vincent. En 1750, un sieur Duson eut un procès [à soutenir] contre le chapitre de St.-Vincent. A titre de preuves, [il avait] de citer le Cartulaire ; mais, comme celui-ci était entre le[s mains de] ses adversaires, il s'en procura une autre copie de... [la main du] sieur Bernard, la même dont nous avons plus haut cité [l'exem]plaire de la Chronique de Fustailler ; et pour que cette co[pie fût] admise en justice, il obtint du Roi des lettres compuls[oires pour] forcer les chanoines à souffrir la collation, par les notair[es, de toutes] les pages, lignes et mots de cette copie, avec l'original [de l'église] cathédrale. Voici textuellement cette annotation appos[ée par les] notaires, avec leurs signatures, à la fin du Cartulaire, [dont toutes] les pages ont été timbrées le livre étant relié, et après [collation] et signature ; le reste du volume, qui contient d'autres [pièces] riques, n'étant point nécessaire au procès, n'est ni tim[bré ni pa]raphé.

« Collation faite du présent extrait contenu en ce livr[e depuis la]
» page 1.re jusqu'à la présente, cotée 308, par nou[s notaires]
» royaux au bailliage de Mâcon, y résidants, soussi[gnés, de la]
» copie ancienne manuscrite du Recueil des anciens titr[es et droits]
» de l'église cathédrale de Mâcon, qui forme un registr[e in-folio]
» parchemin, contenant 224 feuillets écrits, lequel a[ppartient aux]
» archives de ladite cathédrale, et nous a été exhibé [par messire]
» Balthazard Colin de Serres, chanoine et chantre, et m[essire]
» Coiffier, aussi chanoine, députés pour et par leur[chapitre et]
» assistés de messire Louis-Etienne Faraud, prêtre h[abitué de]
» ladite église, et son procureur-général, duquel extrai[t ladite col]
» a été faite en leur présence, et certifions icelui vérita[ble]
» même quant aux apostilles mises au bas des pages 64[...]
» 126, 129, 180, 217, 248, 250, 283, 297 et 302, m[ais non]
» quant aux notes marginales, non plus qu'aux titres pr[é]
» crits en tête des actes ; lesquelles notes et titres ne se [trouvent]
» plus dans l'original ; mais sont l'ouvrage du copiste [ainsi]
» que le superflu de son livre ; et icelle collation a été [faite en ré]
» quisition de maître Antoine Trécourt, procureur ès co[urs]
» et celui de messire Jacques-François-Marie Duson, [chanoine]
» prêtre, ayant le brevet de serment de fidélité pou[r être com]
» niçat en ladite cathédrale, et ce en exécution des ar[rêts et con]
» seils du Roy en date des 4 et 10 avril de la présen[te année,]
» forme de lettres compulsoires, signées LE MÉTAYE[R, en fa]
» vir audit sieur Duson, dans le procès qu'il soutien[t contre le]
» chapitre, ainsi que le tout est amplement contenu da[ns]

...mettra au jour des documents précieux pour l'histoire ...-seulement du Mâconnais, mais encore de la Bresse ..., de celle du département de l'Ain et même de quelques ... Jura. Ces chartes sont relatives aux donations, échanges, ... faites par le chapitre de St.-Vincent, aux transactions ...hanoines et les seigneurs du voisinage, à leurs droits res... contestations qui s'élevaient entre eux et ces seigneurs, ...et redevances des diverses églises à la cathédrale ; acces...

...il offre la nomenclature des comtes et des évêques de ...st vous dire, Messieurs, toute son importance, et combien ...es que l'on pourrait faire pour son impression seront bien...

...us avons parlé des erreurs que la chronique de Fustailler ... accrédité ; il serait trop long de vous les signaler toutes. ...us les avons notées avec soin, nous en choisirons deux ou ...rincipales.

...agne aurait fait don à l'église de Mâcon du domaine royal ...t Scissé ; dans notre charte 68, il n'est nullement ques-...uny, mais d'un village nommé *Diviacum*.

... abbé de Cluny, voulant se soustraire à l'obéissance de ...vêque de Mâcon, fait consacrer son autel par l'évêque ..., Walter fait citer Odilon, qui, condamné (par le concile), ...évêque de Mâcon un cheval estimé 10 livres et un vase ...agnifiquement orné d'or (charte 519). Walter consent ...ner les ordres sacrés à quelques moines de Cluny, et ...nt à Mâcon, supplier à genoux Walter de lui pardonner ...d'obéissance, et lui offre deux très-bons tapis (*optima* ...00 sols de monnaie du Mont-Cassin (charte 520). De ...ustailler fait un vase du poids de 110 livres et deux tapis ...e (*arabica*).

...*di sub præsulatu concilium in Claromonte agitatur.* »

...n'a été élu évêque de Mâcon qu'en novembre 1096, et n'a ..., en cette qualité, au concile de Clermont, qui s'est tenu ...26 novembre 1095. Notre charte parle du concile d'Anse, ...u vers la fin de l'an 1100, et dans lequel on s'occupa ... préparer un voyage pour la Terre-Sainte ; mais ce voyage ...voir eu lieu qu'en 1109.

...e Varin, dit Fustailler, fonda, en 825, le monastère de ...nsacré par l'évêque Hildebald, qui mourut en 850. Or, ... fut fondé qu'en 910, par le moine Bernon, aidé des libé-... Guillaume d'Aquitaine, comte d'Auvergne. La charte ...rapportée dans le *Gallia Christiana*, suffirait à cette preuve ; ...s encore celle du n.° 55 de notre *Cartulaire*.

...ustailler attribue à un certain Pons, au lieu d'Etienne, ...n appel fait au roi de France, au sujet de déprédations ...ise de Mâcon avait à souffrir de la part du comte Guil-... Mâcon, ligué avec ceux de Chalon et de Bâgé et le sire de ...ls furent cités, non pas à *Vezelai*, mais à Vinzelles, où le ...n personne et rendit son jugement. Voici la traduction ...harte, qui est la 631.° :

...om de la sainte et indivisible Trinité, *amen*. Louis, par la ...Dieu, roi des Français, après les guerres et les longues ...s qui ont existé entre nous et le comte Girard, et nos ...le seigneur Humbert de Beaujeu, nous sommes enfin ...nzelles, et là, par le conseil de nos barons, nous avons ...firmé la paix de cette manière. Le comte Girard s'est re-...tre vassal et a reçu de nous en fief, *in casamentum*, sauf ... de son frère aîné, le comte Etienne, les trois châteaux ...les, Montbellet et La Salle. Il nous a juré fidélité à nous et ...s Philippe, a promis de maintenir perpétuellement la paix ...et nos vassaux, et en particulier avec Humbert de Beau-...s siens, ainsi que d'observer fermement les conventions ...tre Humbert et lui. Il promet aussi, sous serment, de ...perpétuellement la paix avec l'église de Mâcon, lui, les ...surtout ceux qui, à son occasion, ont reçu de nous ou des ...elques dommages, à l'exception d'Ulric de Bâgé, pour qui il ...t son possible ; il restitue, avec le consentement de son ...évêque Etienne et à son église, le droit de gîte qu'il perce-

...les moines de Laizé, au sujet de la gagère de Flacé. Que si ...lui ou quelqu'un des siens vient à enfreindre le présent t...paix, il en fera réparation dans les 40 jours, et, s'il ne le ...comte Etienne jure que toutes les fois qu'il le saura, par lu...ou par avertissement, il se rendra, dans les 40 jours, en ...Paris, pour se mettre à notre disposition jusqu'à entière ré...Odon, comte de Champagne, fait le même serment, ou ...100 livres ; de même Gauthier de Salins, ou donnera 20...Humbert de Beaujeu et Jocerand-le-Gros, par ordre du ...Girard, jurent que chaque fois qu'ils connaîtront une ...tion du comte, ils viendront au secours du roi jusqu'à entiè...ration, et quand la réparation sera faite, ils rentreront dans ...lité du comte. Hardouin de La Salle, Adelard de Mont... Hugues de Vinzelles, par ordre du comte Girard, jurent ...de porter secours au roi, pour eux, leurs châteaux et leurs ...et lorsque réparation sera faite, ils rentreront dans la fi... comte, et, toutes les fois que le comte forfaira, ils revien... roi, à moins que réparation n'ait été faite dans les 40 jo...à Vinzelles, l'an de l'Incarnation mil cent septante-deu...présents de notre palais ceux dont les noms et signatures ...S. du Comte, S. de Rebald le pannetier, S. de Mathieu le ...S. de Guy le bouteiller, S. de Radulphe le connétable.

» La chancellerie étant vacante, Pierre le notaire a dres...

Vous pouvez juger par vous-mêmes, Messieurs, de la ...ce volume, d'après ces fragments pris au hasard et pour re...erreurs de Fustailler ; nous n'avons donc pas besoin d'insis...tage sur l'importance du *Cartulaire*. La commission vous ...à l'unanimité, l'impression de ces documents, et elle ins...ment pour que l'Académie prenne une détermination à c...Nous espérons que Mâcon ne restera pas en arrière des au...de France en fait de science et de patriotisme. Le comité ...ments historiques, sollicité de faire cette impression, n'a ...treprendre à cause des ouvrages qui sont en voie d'exécuti...il a jugé que ce livre méritait d'être pris en haute consi...Nous pouvons donc espérer des souscriptions de la part ...de l'instruction publique, et nous pouvons presque dire ...heureux que cet ajournement ait laissé à la ville de Mâco...d'une semblable publication. Il nous semble que notre h...est engagé, et comme corps scientifique et comme homma...tique à notre ville natale. Nous avons quelque espoir ...département s'associer à nos efforts. La ville de Mâcon, ...culiers studieux et lettrés nous seconderont sans doute ...aideront à faire la somme nécessaire à cette impression, qu...place dans toutes les bibliothèques d'élite, à côté des b...pressions du *Comité des monuments écrits de l'histoire de* ...La commission repousse vivement l'idée émise par quelqu...bres de faire un choix des chartes les plus intéressantes ...livrer seules à l'impression. Ce choix, dont nous serions se...ôterait toute authenticité à un corps de documents dont ...pièces s'appuient mutuellement, par leur assemblage en ...authentique. Nous n'aurions pu, d'ailleurs, nous prononc...tivement dans une semblable cause. Ces chartes sont des ...pour une histoire qui n'est pas encore faite, mais qui se ...fait, tel document qui nous paraîtrait, à nous, de peu ...tance, peut en avoir beaucoup dans la suite et trouver ...honorable dans l'édifice ; notre devoir est d'être éditeurs ...cieux.

S'il est possible d'arriver à ce but désirable, l'Académie ...aura fait beaucoup pour l'histoire de son pays, et nous ...dire aussi pour l'histoire générale, qui se compose d'hist...ticulières. L'Académie, en recueillant l'honneur que ré...elle une telle publication, désire, toutefois, en reporter ...considérable sur M. Ragut, celui de ses membres qui a...contribué, par ses soins, par ses recherches des noms de ...un mot, par sa patience archéologique, au bon succès de ...entreprise.

Le Rapporteur, A. DE SURIGN...